CUBA QUEER

Ernesto Fundora (La Habana, 1983). Candidato doctoral en Romance Studies y Distinguished Fellow del Institute for Advanced Study of the Americas de la Universidad de Miami. Becario de la Mellon School of Theater and Performance Research de la Universidad de Harvard en 2015. Licenciado en Arte Teatral, Perfil Teatrología, por el Instituto Superior de Arte (ISA) en 2007. Impartió la asignatura Historia del Teatro en la Facultad de Artes Escénicas del ISA entre 2008 y 2010. Se ha desempeñado como editor de la Casa Editorial Tablas-Alarcos, ha asesorado varios procesos de montaje de puestas en escena y tiene publicados numerosos artículos en revistas especializadas. Coeditó en 2014 el volumen *Las palabras de El Escriba*. Artículos publicados en *Revolución* y *Lunes de Revolución* (1959-1961), de Virgilio Piñera, y editó en 2015 la antología *Dramaturgia cubana contemporánea* para el sello mexicano Paso de Gato. Ha obtenido el Premio de Ensayo en el Concurso de Crítica de las Artes Escénicas Mario Rodríguez Alemán 2008 y el Hermes Prize of Classical Languages en 2016.

Ernesto Fundora (ed.)

CUBA QUEER

27 TEXTOS PARA EL TEATRO

De la presente edición, 2017:

© Ernesto Fundora
© Herederos de Randy Barceló
© Herederos de Manuel Martin Jr.
© Raúl Alfonso
© Herederos de José Corrales
© Gerardo Fulleda León
© José Milián
© Alina Troyano
© Abilio Estévez
© Pedro R. Monge Rafuls
© Enrique R. Mirabal
© Herederos de Alberto Pedro
© Iliana Prieto y Cristina Rebull
© Nelson Dorr
© Esther Suárez Durán
© Raúl de Cárdenas
© Nilo Cruz
© Abel González Melo
© Norge Espinosa Mendoza
© Salvador Lemis
© Alberto Sarraín
© Rogelio Orizondo Gómez
© Christian Medina
© Eugenio Hernández Espinosa
© Carlos Celdrán
© Editorial Hypermedia

Editorial Hypermedia
www.editorialhypermedia.com
hypermedia@editorialhypermedia.com

Selección y prólogo: Ernesto Fundora
Edición y corrección: Ladislao Aguado
Diseño de colección y portada: Herman Vega Vogeler

ISBN: 978-1-948517-29-4

Quedan prohibidos, dentro de los límites establecidos en la ley y bajo los apercibimientos legalmente previstos, la reproducción total o parcial de esta obra por cualquier medio o procedimiento, ya sea electrónico o mecánico, el tratamiento informático, el alquiler o cualquier otra forma de cesión de la obra sin la autorización previa y por escrito de los titulares del copyright.

Esta noche en el bosque, Carlos Felipe

El velorio de Pura, Flora Díaz Parrado

Canciones de la vellonera, Randy Barceló

Sanguivin en Union City, Manuel Martin Jr.

El grito, Raúl Alfonso

Nocturno de cañas bravas, José Corrales

Remiendos, Gerardo Fulleda León

Las mariposas saltan al vacío, José Milián

Milk of Amnesia / Leche de amnesia, Carmelita Tropicana

La noche, Abilio Estévez

Otra historia, Pedro R. Monge Rafuls

La vida es un carnaval, Enrique R. Mirabal

Pas de deux sobre el muro, Alberto Pedro

El último bolero, Iliana Prieto y Cristina Rebull

Santera, Nelson Dorr

De hortensias y de violetas, Esther Suárez Durán

Escándalo en La Trapa, José R. Brene

El pasatiempo nacional, Raúl de Cárdenas

La belleza del padre, Nilo Cruz

Chamaco, Abel González Melo

Trío, Norge Espinosa Mendoza

Madame Yourcenar y Miss Grace, Salvador Lemis

Soledades, Alberto Sarraín

Vacas, Rogelio Orizondo Gómez

Franjas de luz, Christian Medina

Gladiola la Emperatriz, Eugenio Hernández Espinosa

Diez millones, Carlos Celdrán

AGRADECIMIENTOS

La investigación, la escritura y la edición, en esencia oficios de soledad, son necesariamente colaborativos, y la ayuda para un proyecto editorial como este involucra múltiples saberes y servicios y consultas y actos de generosidad espiritual y material. Agradezco especialmente a Abel González Melo, y a la Editorial Hypermedia el apoyo, la pasión y la profesionalidad con que acogieron e impulsaron este proyecto. A los autores y traductores de las obras que aquí se publican, así como a Alina Alfonso, Miriam Lezcano y Evan Senreich. A Amed Haydar Vega, Lillian Manzor, Gema Pérez-Sánchez, Dainerys Machado Vento, Rosa Ileana Boudet, Herman Vega Vogeler, Yvonne López Arenal, Sergio González, Eddy Díaz Souza y Peregrine Whittlesey. También a la Fundación Randy Barceló, al Cuban Theater Digital Archive y a la Cuban Heritage Collection de la Universidad de Miami. A todos, infinitas gracias.

ESCENARIOS PARA UN DESEO DIFERENTE

Para Virgilio, el nuestro, y para Amed

Como tú, soy un desequilibrio entre la aspiración y la posibilidad. Deseé lo que estaba más allá de mi alcance... Mi alma como tu alma, es una fuerza que necesita la expansión de los astros. Hay que abrir la cárcel carnal, demasiado estrecha, y huir. Estamos malditos. (Pausa.) Todo lo esperamos del amor y mendigos de amor vamos por el mundo... ¡El amor! ¿No comprendes que somos el amor mismo, soplo de Dios, sin forma ni sexo?
Renata (*La Silenciosa*). CARLOS FELIPE, *El chino*

I

Sobre el suelo del parque y la ciudad de fondo, hay un cuerpo sin vida. El Ángel besa y destruye una ciudad. Una sacerdotisa increpa a sus orishas, que la han abandonado. Dos peloteros que se aman. Dos mujeres que discuten las posibilidades infinitas del amor y las probabilidades finitas de la maternidad. Lejos de la Gran Ciudad, el monte devora los amantes. Lavinia triunfa y se yergue invicta por sobre los aplausos. Carmelita en viaje hacia sí misma. La saya arremangada de Pura. Miss Grace rememora cómo Madame Yourcenar muere plácidamente en su refugio de Mount Desert. Una caña de pescar y un *nécessaire* sobre el muro del malecón. En vísperas de un viaje que también lo lleva al exilio, Candelario declama «Al partir» y reconoce en la turba que lo acusa la nueva «chusma diligente» del poema de la Avellaneda. Las voces de Olga Guillot y Celia Cruz se pasean por tocadiscos y velloneras. El fulgor de los campos de caña ardiendo ilumina tenuemente los pensamientos de un muchacho que sabe que para él y para su país ya nada será igual.

Confieso que esas imágenes, entre otras, me han acompañado desde que comencé a indagar sobre los modos en que la dramaturgia cubana del siglo XX había ido registrando el deseo homoerótico, su expresión y sus consecuencias. En todas cristalizaban conductas que desafiaban solapada o abiertamente las sexualidades permitidas en la cartilla moral de la sociedad. Todas construían escenarios posibles para ese deseo diferente, en un juego de formas y referentes y lenguajes con el que confrontaban e intervenían su realidad, porque su realidad nunca les había devuelto una imagen auténtica en la cual poder reconocerse, sobrepoblada de expresiones surgidas de la ingeniosa fabulación popular, que ha distinguido siempre con sugestivos eufemismos al sujeto homosexual, privilegiando animalitos para los hombres (mariquita, mariposa, pájaro, pato, ganso, pargo, cherna, yegua) en evocación del movimiento desenfrenado de alas o aletas o patas, y oficios rudos (tortillera, bollera, bombero, camionero, rastrero, tractorista, estibador, constructor, albañil) o curiosas asociaciones gráficas (invertida, tuerca, torta, torcuata, pan con pan) para las mujeres.

Si, como intuyera el poeta, lo importante es nombrar las cosas, ¿por qué *Cuba Queer*? Además de por elección personal, porque todos los autores antologados en este volumen nacieron en Cuba, y porque Cuba y lo que se ha identificado como «lo cubano» constituye en casi todas las obras el sustrato simbólico desde el cual se erigen las fábulas. También porque, de una forma u otra, sus conflictos, sus personajes, sus referencias y su lenguaje son los de una realidad que nos pertenece no como paisaje, sino como marca de una identidad en la que resulta muy difícil no reconocerse. En ese sentido, esta antología quiere homenajear también aquella primera *Cuba Poética* que editaran José Fornaris y Joaquín Lorenzo Luaces en La Habana de 1858, que proponía la visión de un proyecto nacional desde los versos de varios de sus más destacados poetas. No se aventuraban a aprehender la totalidad de Cuba —no habrían podido, por imposible e inabarcable—, sino solo querían construir un archivo de textos sobre esa Cuba que ya se vislumbraba entre rimas y versos. De modo similar, *Cuba Queer* propone un itinerario que dibuja las maneras en las que un país ha sido visto desde los escenarios del deseo diferente.

Entonces, ¿por qué *Cuba Queer* y no, por ejemplo, *Cuba homosexual*, *Cuba homoerótica* o *Cuba gay*? Porque «queer» ha devenido una suerte de término sombrilla que agrupa la diversidad de orientaciones sexuales e identidades de género disidentes de la norma heterosexual dominante,* y porque, además de ser en inglés el insulto homófobo por antonomasia que deviene consigna reivindicatoria, lo *queer* se ha expandido también a «todo aquello que se sale de lo normal y pone en cuestión lo establecido» (Sáez 381). Paul B. Preciado resume la reversión del insulto a estandarte de la manera siguiente:

> Eran «*queer*» el tramposo, el ladrón, el borracho, la oveja negra y la manzana podrida pero también todo aquel que por su peculiaridad o por su extrañeza no pudiera ser inmediatamente reconocido como hombre o mujer […] Pero la historia política de una injuria es también la historia cambiante de sus usos, de sus usuarios y de los contextos de habla. […] Hubo que esperar hasta mediados de los años ochenta del pasado siglo para que, empujados por la crisis del sida, un conjunto de microgrupos decidieran reapropiarse de la injuria «*queer*» para hacer de ella un lugar de acción política y de resistencia a la normalización. Los activistas de grupos como Act Up (de lucha contra el sida), Radical Furies o Lesbian Avengers decidieron retorcerle el cuello a la injuria «*queer*» y transformarla en un programa de crítica social y de intervención cultural. Lo que había cambiado era el sujeto

---

* La teoría *queer* rechaza las oposiciones binarias (hombre/mujer, masculino/femenino, etcétera) porque las entiende como prácticas regulatorias restrictivas derivadas de un aparato social heterocentrado, heteronormativo y heteropatriarcal, y sostiene que el género es, esencialmente, una construcción social. El concepto de «performatividad de género» desarrollado por Judith Butler en obras como *Gender Trouble: Feminism and the Subversion of Identity* (1990) o *Bodies that Matter: On the Discursive Limits of Sex* (1993) resultó clave para los estudios *queer*. Para Butler, el género es eminentemente performativo. Desde esa perspectiva, conceptúa como «performatividad de género» las repeticiones o reiteraciones de determinados rituales codificados por el sistema heteronormativo que reinscriben y naturalizan las diferencias sexuales corporeizadas. Así, la performatividad se entiende como «el desenvolvimiento de una serie de normas, discursos y actitudes previamente existentes» según las cuales «la identidad no responde a una realidad natural inmutable, sino a nociones construidas a partir del lenguaje, del discurso y del poder» (Estella 332).

de la enunciación: ya no era el señorito hetero el que llamaba al otro «maricón»; ahora el marica, la bollera y el trans se autodenominaban *«queer»* anunciando una ruptura intencional con la norma.

Pero la propia sensación de uniformidad que el término parecía traer al colectivo LGBT —siglas de lesbianas, gays, bisexuales, transexuales; luego LGBTQI, con las adiciones de *queer* e intersexuales— planteaba un problema de base a un grupo que se sabía no tan uniforme. Esa funcionalidad aglutinadora del término ha sido señalada precisamente como ventaja e inconveniente a la vez por David M. Halperin, quien considera que:

> De manera más crítica, la falta de especificidad de *queer*, que considero su cualidad más interesante, se ha vuelto su desventaja más seria [...] En primer lugar, el término tal como es utilizado da a veces una falsa impresión de inclusión, de reunión de todas las especies de proscriptos sexuales. Promueve la idea falsa de que la solidaridad queer ha triunfado por sobre las divisiones históricas entre lesbianas y gays (o entre lesbianas y gays, por un lado, y sadomasoquistas, fetichistas, pederastas y personas transgenéricas, por el otro), de que las diferencias de raza o género ya no plantean problemas políticos a la unidad queer y de que no habría necesidad de afrontar con urgencia todas esas cuestiones. (85)

Sin embargo, frente a lo que pareciera un engañoso afán de uniformidad, es útil la afirmación de Javier Sáez cuando apunta cómo «a diferencia de otros movimientos que adoptan posturas identitarias fuertes, lo *queer* se caracteriza precisamente por ocupar y problematizar las posiciones identitarias que pretendían una normalización aproblemática de la disidencia sexual» (381). Nikki Sullivan explica cómo el término ha sido usado históricamente de diversas maneras *«to signify something strange [...]; to refer to negative characteristics (such as madness or worthlessness) that one associates with others and not with the self [...]; and [...] to denote one's difference, one's "strangeness," positively. Similarly, queer has been used, sometimes abusively, and other times endearingly, as a colloquial term for homosexuality»* (v). Y claro, no han faltado quienes vean en el uso del término en inglés en contextos lingüísticos no anglófonos una forma de colonialismo cultural, y quienes hayan propuesto españolizaciones para el término.[*] Extrañeza, diferencia, excentricidad, negativo, torcido, raro; todas son ideas que habitan el campo semántico asociado a «queer», que de insulto sexual derivó en lema —recuérdese el *«We're here, we're queer, so get fucking used to it!»* de Act Up— y de lema en amplitud de significaciones. A esto último se refieren B.J. Epstein y Robert Gillett cuando señalan que el término *«is notoriously slippery, covering not only a wide range of non-normative sexualities and genders under the sign of the postmodern, but also a multifaceted set of political and theoretical interventions, at once ludic and profoundly serious, that originate in the sexual but are by no means limited to it»* (1), y

---

[*] A este respecto, Javier Sáez resume que «La palabra *queer* plantea problemas de traducción al castellano, ya que en inglés tiene una carga de injuria e insulto fuerte, abarca muchas sexualidades diversas y además no tiene un género concreto. Por otro lado, algunas activistas e investigadoras han planteado que la utilización del término en inglés no es sino una forma de colonialismo lingüístico y que además pierde valor en su capital subversivo ya que el insulto homófobo por excelencia en inglés en castellano no es tal. En algunos ámbitos se ha intentado traducir por transmaricabollo, por teoría torcida [...] o por *cuir*. En los activismos y publicaciones de la mayoría de los países del mundo se ha mantenido la palabra *queer* sin traducir» (386-387). Para una revisión de la teoría *queer* en el contexto hispanohablante y la problemática de usar o no el término en español, véase Epps 2007.

desde esa perspectiva es que se entiende el término en esta antología: la articulación del género y de las identidades sexuales no normativas y sus implicaciones escriturales, sociales, políticas y culturales.

Este volumen reúne veintisiete textos que descubren las distintas maneras en que la temática *queer* ha sido sugerida, abordada o problematizada por autores teatrales cubanos entre 1939 y 2016, un arco temporal de casi ocho décadas que posibilita la comprensión auténtica y reposada de los modos en que se ha ido articulando, en el *continuum* del teatro cubano, un imaginario homoerótico en términos de identidad y pertenencia. Esta perspectiva diacrónica es importante porque permite observar cómo evoluciona en la dramaturgia cubana la representación del universo homoerótico y del sujeto homosexual desde la alusión al encontronazo directo; desde el secreto y la metáfora hasta la explosión festiva del travestismo. Así, propone una trayectoria donde el deseo diferente alterna momentos de visibilidad y camuflaje, y en una suerte de línea intermitente muestra las maneras en que los grandes sucesos de la historia contemporánea del país han sido percibidos desde la subjetividad *queer*, que los revisita y reconstruye a partir de perspectivas muy personales. *Cuba Queer* es además una invitación a descubrir escenarios donde el deseo diferente articula la realidad no solo de las relaciones entre personas del mismo sexo, sino también las tensiones entre las identidades sexuales no normativas y el discurso del poder, las instituciones políticas o los entornos sociales y culturales. En ese sentido, esta antología quiere contribuir, desde la especificidad de la escritura para la escena, al diálogo que inauguraron proyectos editoriales anteriores sobre las diversas maneras en que la temática *queer* ha sido registrada en el teatro de otras latitudes[*] y en la cuentística, la poesía, la historia, la cultura y el arte cubanos.[**] No son las mejores veintisiete obras teatrales cubanas de temática *queer* —tampoco las únicas—, pero creo que no puede eludirse ninguna si se pretende una comprensión cabal del fenómeno. De igual modo, pudieran haberse incluido otras, pero estoy seguro de que ninguna de las que aquí se antologan merecía haberse quedado fuera. Respecto del orden en que aparecen las obras, se ha decidido su posición a partir del elemento que haya contribuido decisivamente a su conocimiento, circulación y recepción. En algunos casos, el año de escritura ha sido determinante porque permite corroborar afinidades temáticas con otras obras del periodo. En otros, la publicación o el estreno ha sido la variable que ha definido su posición en el volumen.

---

[*] Entre otros, destacan las antologías de primarios *O Solo Homo: The New Queer Performance*, editado por Holly Hughes y David Román (New York: Grove Press, 1998), *Teatro Queer*, con compilación y prólogo de Ezequiel Obregón (Buenos Aires: Colihue, 2013) y el monográfico de la revista mexicana *Tramoya* dedicado al teatro *queer* latinoamericano, que incluye ocho obras y un artículo introductorio de Antoine Rodríguez (número 120, correspondiente a julio-septiembre de 2014).

[**] En narrativa están las antologías *Instrucciones para cruzar el espejo*, con selección y prólogo de Alberto Garrandés (La Habana: Letras Cubanas, 2010); *Nosotras dos: antología homoerótica femenina*, editada por Dulce María Sotolongo Carrington (La Habana: Ediciones UNIÓN, 2011), y más recientemente *Mañana hablarán de nosotros*, recopilación de Michel García Cruz prologada por Norge Espinosa Mendoza (Valencia: Dos Bigotes, 2015). Jesús J. Barquet y Virgilio López Lemus son los compiladores de *Todo parecía. Poesía cubana contemporánea de temas gays y lésbicos* (Las Cruces: Ediciones La Mirada, 2015) y Andrés Isaac Santana es el autor de *Imágenes del desvío. La voz homoerótica en el arte cubano contemporáneo* ([Chile]: J.C. Sáez, 2004). Entre los monográficos dedicados al tema publicados después del año 2000, pueden citarse *Gay Cuban Nation* de Emilio Bejel (Chicago: University of Chicago Press, 2001), *Del otro lado del espejo: la sexualidad en la construcción de la nación cubana* de Abel Sierra Madero (La Habana: Fondo Editorial Casa de las Américas, 2006), *¡Oye loca!: From the Mariel Boatlift to Gay Cuban Miami* de Susana Peña (Minneapolis: University of Minnesota Press, 2013) y *After Love: Queer Intimacy and Erotic Economies in Post-Soviet Cuba*, de Noelle M. Stout (Durham / London: Duke University Press, 2014).

Al ser una publicación primigenia, los editores de *Cuba Poética* enumeraban una serie de obstáculos que impedían la formación de «un verdadero Parnaso» cubano, y en un arrojo de modestia comentaban que varios de sus ilustrados compatriotas «hubieran servido mejor que nosotros á la literatura cubana con su delicado criterio: pero esas privilegiadas inteligencias han permanecido en una inacción deplorable, y por esta razón, sostenidos solamente por el entusiasmo, hemos acometido tan ardua tarea./ Porque es doloroso, en efecto, que no ecsista en Cuba un libro del género del que pretendemos publicar...» (III). Salvando las distancias, no creo que «doloroso» sea la palabra que mejor describa la ausencia hasta hoy de una antología teatral que aunara textos donde se descubra cómo la temática *queer* ha ido ganando ámbito y eco en la dramaturgia cubana. Sí creo que resultaba un proyecto impostergable para mostrar cómo el estereotipo no funciona más cuando los dramaturgos nos enfrentan a textos donde se cuestiona el tabú, se dimensionan conflictos mayores desde la perspectiva del sujeto homosexual —que es generalmente el que sufre los primeros impactos de aquellos—, o se celebran la dimensión antisocial, el oropel y la lentejuela, y sobre todo una voluntad de permanencia a prueba de totalitarismos, exclusiones, confinamientos, pandemias y falsas promesas de inclusión. Su publicación es también un homenaje a todos los que sufrieron las consecuencias de ser quienes eran sin ocultarse bajo las máscaras de turno, a todos los que tuvieron que elegir el camino del exilio o del exilio interior por no traicionarse a sí mismos, y a todos los que de una forma u otra luchan por que la igualdad de derechos y oportunidades y el cese de toda discriminación por orientación sexual o identidad de género dejen de ser lemas y se conviertan en realidades.

II

No es hasta finales de la década de los treinta y principio de los cuarenta cuando la temática *queer* sale del clóset e inicia en la dramaturgia cubana una trayectoria intermitente que muchas veces cifrará en la velada alusión, en la metáfora y en *lo que no se dice* su estrategia de sobrevivencia. Antes reinaba el estereotipo, que ocultaba tras la irrisión y la burla al «rarito» una crítica despiadada a individuos y tendencias de moda. Entre los tipos que fraguó el teatro bufo, además de la célebre tríada de la mulata, el negrito y el gallego, estaba el amanerado. En el cuadro segundo de *La isla de las cotorras*, de Federico Villoch, estrenada en el Teatro Alhambra el 28 de febrero de 1923, el Sinsonte de la Enramada, más que un personaje, podía leerse como una caricatura mordaz a los poetas modernistas, a sus refinamientos y afectaciones:

(Por la izquierda sale el Sinsonte de la Enramada).

ASUQUITA. ¿Y aqueste pájaro tan pegajoso
 con esos trinos... y esa mirada?
SINSONTE. ¿No me conoces, cielito santo?
 Soy el Sinsonte de la Enramada...
 Soy el poeta que canta dulce
 en los jardines y en los pinares.
TANGO. ¿Y abundan mucho?
MUÑEIRA. ¿Y es comestible?
COTORRA. ¡Los hay a cientos, y hasta a millares!
ASUQUITA. Siempre fue cosa de gran respeto

        y muy señora la poesía.
COTORRA. Sí; pero ahora... ya no se escucha
        de aquellos grandes la melodía.
        Antes sus cantos entusiasmaban;
        y a las dormidas generaciones,
        el amor patrio sentir hacían
        con los acordes de sus canciones.
        Muchos hubieron de excelsa fama;
        Plácido, Heredia, Teurbe y Zenea;
        y sus heroicas odas cantaban
        nuestros soldados en la pelea.
        [...]
SINSONTE. Hoy son más dulces los madrigales,
        y en la rareza lo bello existe:
        ¡ay, el nenúfar que está muy lánguido!...
        ¡ay, la princesa que está muy triste!...
        Y el vulgo ignora que no conoce
        de nuestra arte la maravilla,
        en lo más tierno de un decasílabo
        suele aflojarnos su trompetilla. *(Suena una)*.
        ¡Ay, qué indecente!... ¡Ay, qué ignorante!...
        ¡A un tal poeta, tal cochinada!...
        Ya tú lo sabes, cielito santo,
        soy el Sinsonte de la Enramada.
ASUQUITA. *(Imitándolo)*. Pero qué pájaro más melodioso.
TANGO. *(Igual)*. Y lo que es raro, que suene y brille. (341-343)

No escapa la burla implícita a Darío o a Casal. Sin embargo, el «pájaro más melodioso» es el único que advierte que «en la rareza lo bello existe». Y quizás en su denuncia de trompetillas y falta de refinamiento por parte del público hallemos un primer gesto de resistencia ante la intolerancia hacia el diferente.

Los primeros tientos de una representación del sujeto *queer* que comience el alejamiento gradual del estereotipo y reivindique el impulso homoerótico como posibilidad auténtica dentro del mapa de emociones del individuo aparecerá en la obra de los que Rine Leal denominó «autores de transición»[*] —Virgilio Piñera, Carlos Felipe y Rolando Ferrer, homosexuales los

---

[*] Estos autores, para Leal, «significan en realidad un paso de transición entre la generación de ADAD-Prometeo, y los nuevos dramaturgos que van a surgir inmediatamente [después de 1959]» (139). Como características principales de su producción dramatúrgica, Leal destaca que «Su mundo teatral pertenece a la pequeña burguesía, a sus conflictos familiares y psicologistas, a un universo cerrado, asfixiante y sin posible salvación, que se contempla a sí mismo con angustia, frustración y escape onírico. Sus conflictos son asépticos y escapan a toda confrontación con luchas sociales o clasistas. Es una escena de honda raíz individualista, nostálgica en ocasiones, que se satisface en la imagen del fracaso del hombre frente a un mundo cruel, incomprensible e injusto. [...] Es una escena de grandes solitarios, de una amarga soledad» (141). Son precisamente esos conflictos psicologistas a los que alude Leal, así como el escape onírico y la imagen del fracaso del individuo frente a la incomprensión que lo rodea, los elementos que propiciarán el ámbito para esos primeros planteamientos de lo *queer*. Revisiones al reduccionismo que implica la denominación de Leal pueden encontrarse en Carrió 1982, 21-22 y en Boudet 2011, 314-315.

tres, vale siempre recordarlo—. En 1937, con veinticinco años y en Camagüey, Piñera escribe *Clamor en el penal*, «única en el periodo por transgresora» (Boudet 2011, 142). La obra transcurre en una cárcel, entre delincuentes, asesinos y ladrones. En el cuadro primero, el 88 o La Zapatera, que Piñera describe como «el tipo clásico del penado homosexual pasivo. Aspecto totalmente afeminado y procaz, como de cínico ofrecimiento» ha agredido con un hierro al 104, que es «lo opuesto. Viril, sereno, fuerte. Alto y musculoso como hombre de trabajo rudo» (LXXXVII). Por la agresión ambos son llevados ante Morales, el director del penal:

MORALES. *(Dirigiéndose al 88.)* A ver, ¿qué pasó con el 104?
88. *(Levantándose se arregla con un gesto característico la chaqueta y agarrándose ambas manos declara con voz atiplada y exagerando el ademán)*. Pues verá, Mayor. Yo no soy muy tranquila que digamos, pero...
MORALES. *(Enérgico)*. Suspenda lo de «tranquila» y siga declarando sin tanto aspaviento.
88. ¡Ay, verdad! Bueno, yo no soy tan santo pero hoy me levanté sin ganas de sonsacar a nadie. *(Otra vez se arregla la chaqueta)*. Estaba sacando la ropa del lavadero cuando llegó este con un cubo y parándose, sin más ni más, me dijo: «Mira que no puedo aguantar más...».
MORALES. *(Al 104)*. ¿Es cierto que dijo tal cosa?
104. *(Que ha asistido a todo esto como una persona totalmente abismada en otro pensamiento. Se levanta fieramente)*. ¡Muy cierto, se lo dije!
MORALES. *(Al 88)*. Continúe.
88. Entonces le grité que no siguiera, pues mi mari... digo, El Filoso, estaba cerca y si me veía me iba a tumbar a palos. *(Lanza un profundo suspiro)*. Pero siguió hablándome y tanto se calentó que me fue arriba a darme un beso. *(Multiplicando los gestos)*. Se creyó que yo era una cualquiera, pero cuando vino a darse cuenta le había rajado la cabeza con el hierro de sacar la ropa.
MORALES. *(Al 104)*. ¿Qué dices a eso, 104?
104. *(Tiene fuertemente agarradas las manos a las costuras del pantalón y respira con fatiga)*. Que es verdad. Cualquiera que no fuera yo, no hubiera resistido la maldita gana que solo he alimentado con sueños en estos dos años que llevo preso.
MORALES. Ya sabía usted perfectamente que cuando se entra aquí hay que olvidarse por completo de todos los deseos. *(Pausa)*. Y dígame: ¿no le resulta vergonzoso haber puesto los ojos en otro hombre?
104. *(Con gran dolor pero tranquilo)*. ¿Por qué? Me parece que eso es lo mismo que comer o dormir: cuando aprieta hay que buscar. Me volvería loco si no lo hiciera. Además, siento que no he manchado nada de lo que usted dice.
MORALES. *(Al 88)*. ¿Rondaba a usted el 104 con anterioridad a lo pasado hoy?
88. No, Mayor. Y eso fue lo que me chocó. Si tan siquiera me hubiera trabajado por dosis...
morales. *(Al 104)*. Según tengo entendido era usted casado cuando ingresó en el Penal.
104. *(Abstraído)*. Sí, estoy casado, pero ya hace rato que se me olvidó. (LXXXVII-LXXXVIII)

Rosa Ileana Boudet nota cómo «Un Virgilio fuera del clóset enfrenta a los dos personajes, la loca extrovertida y abierta y el fogonero de la caldera, macho, fuerte y sin educación» (*Teatro*, 143). Precisamente la loca escandalosa y tremendona que tiene marido y el macho en celo al que ya se le olvidó que estaba casado son los dos extremos con los cuales Piñera delimita el espectro de lo *queer*. Sin embargo, aunque el 88 es abiertamente homosexual y el 104 reconoce «con gran dolor pero tranquilo» que no resulta vergonzoso «poner los ojos en otro hombre», todavía hay algo de lección en el planteamiento de ambos personajes —los dos sin nombre, con un número que los identifica y desindividualiza a la vez—, no solo por la marcada distinción del estereotipo activo/pasivo, sino también por la causa «contra natura» que más tarde señalará el director del penal, por el uso del sueño como mecanismo de satisfacción, y por el peligro que se supone en el impulso homoerótico. Aun así, no deja de sorprender que Piñera tocara el tema tan temprano y lo hiciera desde provincia, un contexto tan poco dado a permitir sobresaltos en el «deber ser» y en la «moral» y las «buenas costumbres». En la breve nota de presentación a la publicación del primer cuadro de la obra en la revista *Baraguá* en septiembre de 1937, José Antonio Portuondo destaca, sin aspaviento, «Lo atrevido del asunto —ya explotado en la novela por Carlos Montenegro y muchos más—» (6). *Hombres sin mujer*, efectivamente, se había publicado en serie en 1937 y al año siguiente aparecía en forma de libro en México. Pero casi una década antes Alfonso Hernández Catá había publicado en Madrid *El ángel de Sodoma* (1928) y Ofelia Rodríguez Acosta *La vida manda* (1929) —con esos personajes tremendos que son Dalia y Gertrudis—, también en la capital española. *Hombres sin mujer*, devenida canónica dentro de la literatura cubana, exploraba la homosexualidad masculina en la figura del presidiario. Y lo interesante entre la novela de Montenegro y la obra de Piñera es que con ellas la temática *queer* vinculada al universo carcelario gana presencia casi al unísono en la narrativa y la dramaturgia cubanas. Pero si la novela de Montenegro tendría una amplia recepción y varias ediciones posteriores, Piñera excluirá *Clamor...* de su *Teatro completo* de 1960, y la obra no se publicará hasta más de medio siglo después de su escritura, en edición facsimilar, en un número especial de la revista *Albur*.

No será hasta finales de los treinta que una mirada sin vestigios de lección, lejos de la autoinculpación o el estereotipo, se instale y, aunque breve, ofrezca una de las primeras escenas donde el deseo diferente se muestra como emoción auténtica. Hay que recordar que a principios de la década José Ángel Buesa escribe *Sol de domingo*, fechado en 1933. La obra, de la que solo nos ha llegado el título, versaba «sobre un hombre invertido» (González Freire, 73). Norge Espinosa ha destacado cómo la obra de Buesa se inscribe en un contexto donde varios sucesos ya anunciaban que otra sensibilidad iba despertando, entre ellos, la terminación de la primera versión de *El público* —que Lorca había empezado a escribir en La Habana—, o la publicación en México de la «Oda a Walt Whitman» del poeta granadino (495).

En 1939, tres años después de que el grupo La Cueva iniciara el teatro de arte en Cuba con la función de *Esta noche se improvisa* de Pirandello —el mismo grupo que en una gira a Camagüey estimula en Piñera la escritura de *Clamor en el penal**—, Carlos Felipe termina *Esta noche en el bosque*, la obra más antigua que se conoce y se conserva de su producción dramática. Con esta obra, Felipe —que ha terminado por ser solo el autor de *Réquiem por Yarini*, y eso no es culpa suya, sino nuestra— recibe el Primer Premio de la Secretaría de Cultura que era, en ese momento, el más importante que se concedía en el ámbito de la dramaturgia escrita en Cuba. Permaneció inédita casi medio siglo, hasta que José A. Escarpanter y José A. Madrigal publicaron el *Teatro* de Felipe en 1988. Hasta la fecha, no ha sido estrenada y no se ha publicado nunca en Cuba.

El interés del dramaturgo por el ambiente marginal y los seres que pueblan la noche de las periferias —que confirmarán también obras posteriores como *Capricho en rojo*, *El chino* o la propia *Réquiem por Yarini*— verifica toda su potencialidad en *Esta noche en el bosque*. Un grupo de amigos decide terminar con la monotonía de su sábado por la noche y emprender un viaje

---

* Sobre los acontecimientos reales que dieron lugar a la obra, véase Villabella 2002, 26.

que los lleve lejos de la ciudad. Los dos primeros actos ya muestran a un autor que maneja con presteza el realismo de las situaciones y los diálogos. Pero es en el tercero donde tiene lugar una escena clave para entender las maneras en que lo *queer* comienza a manifestarse de manera sutil, pero definitiva. Lejos ya del espacio citadino, los personajes llegan a un bosque que recuerda mucho al de *Sueño de una noche de verano* de Shakespeare.* En una sucesión de cuadros que muestran cómo los aspectos definitorios de la identidad de cada personaje cristalizan en situaciones que subliman sus deseos más íntimos —en términos de realización y reconocimiento—, aparece una escena entre Félix, un personaje que está vivo, y Luis Ernesto, que se suicidó después de un único beso de mujer:

FÉLIX. […] Háblame.
LUIS ERNESTO. ¿Para qué? No hace falta. Estás a mi lado. ¡No tengo qué decirte! *(Pausa)*. Aún no creo que haya muerto. La vida me llama. Me fui antes de tiempo. Me refugio en ti porque en ti revivo. *(Pausa)*.
FÉLIX. Luis Ernesto… *(Pausa)*. ¿Por qué te fuiste? *(Silencio)*. Perdona. *(Pausa)*.
LUIS ERNESTO. Félix, ¿todas las horas nocturnas de tus sábados serán para mí?
FÉLIX. Todas las horas nocturnas de mis sábados serán para ti. *(Pausa)*.

Matías Montes Huidobro ha señalado que el encuentro entre Félix y Luis Ernesto, efectivamente, «tiene claros tintes homosexuales» (351). Aunque es cierto que el tema no se desarrolla del todo, «resulta audaz para la fecha en que [Felipe] hacía su propuesta. La reiterada afirmación de Félix […] y las oscuras motivaciones del suicidio de Luis Ernesto después de recibir un único beso de mujer, están llenas de insinuaciones que pasan a lo explícito, de promesas eróticas de una fidelidad que trasciende la vida y la muerte, escasamente veladas» (351). La promesa de Félix a Luis Ernesto, de quien conserva una boquilla que le regaló, es el símbolo de una identidad que solo puede reconocerse a sí misma en el ámbito propiciatorio de la nocturnidad agraria, como en aquellos antiguos rituales de los cuales surgió el teatro, que precisamente permitían a sus iniciados expandir la *experiencia* más allá de la *convención* que implicaba el esfuerzo civilista de la *polis*. Aquí es donde el bosque del hipotexto shakespeareano tiene su mayor rendimiento gnoseológico, Como en *Sueño…*, es el *topos* para prodigios y metamorfosis, donde los personajes «están sometidos a una especie de disfraz colectivo, en el que nadie es el que era; en el que todos podrán expresarse más allá de lo que ellos mismos hubieran podido sospechar. El bosque va a ser el recinto donde se les permita esa expansión, lugar para la celebración lírica de un pasado lleno de nostalgia y de ambigüedad» (Conejero 17-18). Solo en el bosque, y amparado por la complicidad de la noche, puede Félix verbalizar la despedida que no pudo ser. La posibilidad del reencuentro activa la conexión entre Eros y Thánatos. La frase «Todas las horas nocturnas de mis sábados serán para ti» gira en contra del tiempo y persiste hasta que al final toda ilusión se desvanece cuando Pepe Pulgas apaga su farol.

Hay también en el tercer acto otro momento donde un personaje se rebela contra las presiones del «deber ser» social que la asfixian: Lucía, una muchacha blanca, virgen, que incluso ha

---

* Aunque González Freire (115) advierte en la obra influencias de *El pájaro azul* de Maurice Maeterlinck, Escarpanter y Madrigal (31) consideran que está mucho más cercana al texto shakespeareano. Coincido con Montes Huidobro (351) en que la relación intertextual más productiva se logra conectando el texto de Felipe con el de Shakespeare y con su versión fílmica dirigida por Max Reinhardt, que ya en 1935 se estrenaba en los cines de La Habana.

recibido de las monjitas la medalla de la virtud, pasa del recato más celoso al desenfreno más absoluto. Reprimida por la práctica religiosa y las expectativas familiares, quiere «No ser lo que soy» y tras rasgarse el vestido termina mostrando los senos mientras se pierde en el placer que le propinan los brazos de un corpulento marinero negro; «un verdadero destape, inclusive étnico», como lo refiere Montes Huidobro (351). En obras posteriores de Felipe lo *queer* seguirá siendo una clave importante. Aunque Robert en *El chino* o el Condesito de Soria y Laribeau en *Capricho en rojo* no lo verbalicen, por su gestualidad o por las profesiones que desempeñan estos últimos (diseñador de modas, director de teatro) lo *queer* se irá haciendo menos difuso. En ese sentido, la avidez por los filmes que se proyectan en las sonadas fiestas del Condesito de Soria —de franca vocación pornográfica, a juzgar por sus títulos— y los refinamientos de Laribeau parecerán insistir en lo *queer* todavía como marca de las instancias de élite.

Si la velada promesa de Félix a Luis Ernesto en *Esta noche en el bosque* sirve de clave que distingue la operabilidad de lo *queer* todavía dentro de cierto rango de lo explícito, detectar su presencia en *El velorio de Pura*, de Flora Díaz Parrado, requiere de una lectura que *queerize* —barbarismo tan feo como tan útil— el texto y reorganice los signos para que concurran en una apreciación diferente. Excluida de los llamados «autores de transición», del *Diccionario de la Literatura Cubana*, de las antologías de narrativa —aun de aquellas que compilan la escrita por mujeres— y de dramaturgia —aquí se la incluye por primera vez—, Flora Díaz Parrado es uno de esos nombres sin los cuales todo intento de estudiar la vida intelectual cubana durante los años de la República estará necesaria y escandalosamente incompleto. Colaboradora de *El Camagüeyano* en su ciudad natal, de *Social* y *Carteles*; autora de cuentos y de la novela *Mis tinieblas*, Flora también tuvo una larga y destacada trayectoria en el servicio diplomático. *El velorio de Pura* se publicó en 1941, en un pequeño volumen que contenía también cinco cuentos. En el «Preámbulo», su autora la califica de «una comedia de costumbre cubana» (7), y añade que se trata de una «Comedia sin ínfulas que aspira a expresar por medio del ritmo y la plástica un modo de sentir cubano, riendo cuando llora y bailando sus tristezas al compás de su llanto. Grano de anís —comedia sin importancia—, sembrado en campo de milagrosa pujanza vital» (7-8). 1941 es el año en que Virgilio Piñera dice haber empezado la escritura de *Electra Garrigó*,* que se estrenó el 23 de octubre de 1948 y se publicó por primera vez en su *Teatro completo* de 1960. En esa suerte de apologia pro opera sua que es «Piñera teatral», Virgilio concluye que «Si algo positivo tiene esta obra es el haber captado el carácter del cubano» (209):

> Para que Electra no cayera en la repetición absoluta, para que el público no se durmiese, tenía que encontrar el elemento, el imponderable que, como se dice en argot de teatro, «sacara al espectador de su luneta». ¿Y cuál es dicho imponderable? Aquí tocamos con aquello de cómo es el cubano. A mi entender un cubano se define por la sistemática ruptura con la seriedad entre comillas. Como cualquier mortal, el cubano tiene sentido de lo trágico. […] Pero al mismo tiempo, este cubano no admite, rechaza, vomita cualquier imposición de la solemnidad. Aquello que nos diferencia del resto de los pueblos de América es precisamente el saber que nada es verdaderamente doloroso o absolutamente placentero. (208-209)

Precisamente la indagación en el ser nacional que emprenden Piñera con *Electra Garrigó* o Carlos Felipe con *El chino* —y que Raquel Carrió reconoce como el gesto que inicia en nuestra dra-

---

* Mi hipótesis sobre la datación de la escritura de *Electra Garrigó*, basada en el análisis de las múltiples y contradictorias referencias que da el propio Piñera más la evidencia documental, puede consultarse en Fundora 2012, 48-49.

maturgia el camino de la vanguardia y la modernidad («Una pelea», 63-64)—, ya está presente en *El velorio de Pura*. ¿Qué es ese «modo de sentir cubano, riendo cuando llora y bailando sus tristezas al compás de su llanto» que observa Díaz Parrado si no una reflexión primera sobre la esencia del ser nacional que luego Piñera cifrará en «la sistemática ruptura con la seriedad entre comillas»? Si a la poca circulación de su dramaturgia y a su escasísima presencia en los escenarios[*] sumamos la eficacia de la censura por razones no precisamente artísticas y el desprecio del criterio canónico masculino, entonces puede explicarse en parte por qué una figura clave como Flora Díaz Parrado queda excluida de los «autores de transición» y sigue siendo una dramaturga casi desconocida, a pesar de recientes y valiosos empeños de rescate de su figura y su obra.[**]

El velorio —como los bautizos y las bodas— es uno de los eventos que propicia la coincidencia de la familia en un ritual donde se socializa, se come y se bebe, y donde generalmente el chisme y la lipidia actualizan a los celebrantes en cuanto a lo más reciente que haya acontecido, y que sea digno de comento. En *El velorio de Pura*, las hermanas de la difunta más un grupo de vecinos y amigos se reúnen para despedir a la que en vida fue «¡Tan buena… y tan seria… y honrada… y recatada!»: Pura, que se ahorcó. Pero no fue un ahorcamiento como todos los ahorcamientos, es decir, cuerpo inerte que pende de soga. El suyo tiene una marca singular. Pepa, en voz de medio tono, confesará más tarde la causa de vergüenza: «Es que… se le arremangó… el vestido a Pura…». Pero antes de que se revele el detalle del vestido, Don Prudencio insiste sobre la causa de la muerte: «¿Por qué… se quitó la vida… Purita?…». Y Belén —la única individualizada de las hermanas—, contesta: «Por… amor… ¡ay!… ¡qué digo!… por decepción… por decepción… ¡de amor!…». La Jovencita curiosea luego: «¿Se mató… por amor?», y Pepa —descrita como «la matrona del barrio, mujer gruesa y grotesca, encorsetada hasta arriba», suerte de Bernarda Alba tropical— responde: «¡La pobre… Pura… se mató… por apuro… de… amor!…». «Y… de quién… se enamoró… Purita?…», continúa inquiriendo don Prudencio, a lo que Belén, después de cambiar de gestos como tratando de recordar, responde: «Eso mismo… eso mismo… pregunto yo… ¡ay, Dios!…». Sea por decepción o por apuro, lo que queda claro es el móvil amoroso. El gran enigma de la obra se desplaza entonces de *por qué* a *por quién* se ahorcó Pura. Y en el horizonte afectivo aparece la respuesta más natural e inmediata: el bobo Manolito. Pero una lectura atenta revela una segunda posibilidad: Juana.

Manolito lleva en su apodo la característica distintiva de su persona: es un bobo, que hace su entrada riendo maliciosamente mientras «balancea su cuerpo al compás extraño de su risa». Entra y sale de la habitación. O llega como una exhalación a la puerta del cuarto de la difunta y así mismo sale corriendo. A Juana, por su parte, se la describe como una «muchacha negra, flaca, de pelo estirado y recogido en trenzas que le quedan tiesas. Vestida de blanco, con bolitas

---

[*] Además del pequeño librito donde se incluyó *El velorio de Pura*, en su *Teatro: dramas y farsas* (La Habana: Editorial Lex, 1944) se publican *El remordimiento*, *Noche de esperanzas*, *El odre*, *Drama en un acto*, *El alcalde de Nueva de los Leones* y ese texto descomunal que es *Juana Revolico*. Jorge Antonio González (96) elenca un estreno de *Noche de esperanza* representado por la ADAD el 24 de marzo de 1945 en el teatro de la Escuela Valdés Rodríguez bajo la dirección de Rubén Vigón, y hay referencias a un estreno de *El velorio de Pura* en la Sala Talía en 1962, con dirección de Sergio Prieto, donde Roberto Gacio interpretó el personaje de Manolito, el bobo («Roberto Gacio Papers». Cuban Heritage Collection, University of Miami Libraries, Coral Gables, Florida. Box 1, Folder 1.)

[**] Carlos Espinosa Domínguez publicó *El velorio de Pura* dentro de la colección La Segunda Mirada en 2001, prologada por Rosa Ileana Boudet. Matías Montes Huidobro le dedica un capítulo en su monumental *El teatro cubano durante la República. Cuba detrás del telón* (2004) y Boudet otro en su imprescindible *Teatro cubano: relectura cómplice* (2011). «Las dos hermanas» de Graziella Pogolotti se publicó en *Escritores olvidados de la República* (2012), volumen que compiló las conferencias del ciclo homónimo organizado en 2011 por la Fundación Alejo Carpentier.

de color. Sin medias, zapatos de charol, tacones altos». Su relación con la difunta se va revelando gradualmente: aparece en escena «asomando su cabeza con curiosidad dolida inconsciente», y luego, entre la solemnidad hierática del coro de dolientes, a Juana le dan «ataques». De un modo grotesco estira los brazos y las piernas como si bailara al ritmo de son: «Está en trance, mueve sus ojos y parece que va a caer, sin caer», acota la dramaturga. Ante fenómeno tan singular, las hermanas se apresuran a dar una explicación:

BELÉN. [...] ¡Es... que... Pura... la quería... tanto!...
HERMANA TERCERA. Tanto... como Juana... quería... a mi hermana... [...]
BELÉN. ¡Es terrible... cuando le da!... ¡Adoraba a Purita!... ¡Pura no tenía secretos para Juana!...
HERMANA SEGUNDA. ¡Adoraba a Purita!...
HERMANA TERCERA. ¡Eran dos almas en una!
HERMANA SEGUNDA. ¡Dos almas en una!...

Juana y Pura eran dos almas en una. Juana adoraba a Pura y Pura no tenía secretos para Juana. Pudiera entenderse solo como una gran amistad si no fuera por los detalles que aparecen hacia el final de la obra en una de las didascalias. Después de la noche de velatorio donde hacen acto de presencia el alcalde y el cura, ha llegado el momento de que el sepelio parta. Las hermanas y el coro de dolientes se dirige en procesión hacia el cuarto de la difunta. Y tiene lugar el encuentro siguiente:

Entra el bobo por donde siempre, yendo hasta un rincón del cuarto de las dolientes. Ríe y ríe. Viene, a su vez, del cuarto-comedor, con su aire de siempre, Juanita. El bobo ve a Juana antes que ella a él y al momento queda serio, se lleva la mano a la boca, como imponiéndose silencio a él mismo y diciendo que no con el propio movimiento negativo de su cabeza. En este momento lo ve Juanita, que queda atónita ante él, como muerta de espanto al saber que él está ahí. La muchacha estira el cuerpo e impone silencio al bobo llevándose el índice a la boca. Escena muda en que Juana y el bobo muestran que son personajes de un secreto que guardan los dos, perteneciente a la muerta. El bobo estalla en risa, vuelve a mover la cabeza del mismo modo que antes y escurriéndose entre las mujeres que lloran sale como una exhalación para unirse al entierro. Esta escena es de un realismo profundo, en que se expresa por medio de los gestos todo cuanto los dos actores no pueden decir.

¿Por qué se exigen a sí mismos silencio en semejante pacto de complicidad? ¿Cuál es ese secreto acerca de Pura que ambos guardan y que no puede decirse? Natividad González Freire afirma rotundamente que «Pura se ha matado por haberse acostado con un idiota —a falta de otro hombre que aliviara su inmaculada soltería— y esto se sospecha porque Juana, su confidente, lo deja entrever y sobre todo porque la saya de Pura queda arremangada a la hora de su muerte, como un símbolo de su pecado» (54). Pero, de igual modo, ¿no podría leerse que Juana deja entrever otra cosa? Con el entra-y-sale que se trae Manolito durante toda la obra, ¿no es posible que en una de sus irrupciones haya visto u oído algo que sabe tiene que callar? ¿Es la saya arremangada un gesto de Pura para simbolizar su pecado o una secreta venganza contra los prejuicios de una sociedad que ve un problema hasta en la soltería de una mujer de cincuenta años? Bárbara Rivero murmulla que «Los cuestionamientos en torno a la situación y las apariciones del Bobo en los momentos en que se habla de la honestidad y pureza de la difunta crean el enigma, rodeado de fina ironía y humor, pero enigma siempre, sobre la indescifrable verdad que encierra la decisión de morir» (630). Así. El enigma. Sin más. Pero, ¿cuál es o puede ser ese enigma que ni la autora ni los personajes ni la crítica se atreven a mencionar? Ahí donde la pupila tradicional acepta sin cuestionamientos que la causa del suicidio puede haber sido una probable relación del bobo con Pura, descubierta o conocida por Juana, a un lector entendido —en el sentido en que lo explica Gema Pérez-Sánchez—* no se le escapará la posibilidad de una lectura otra, que ponga los signos a rotar en direcciones mucho más arriesgadas para descubrir combinaciones más peligrosas: la causa del suicidio puede haber sido igualmente una probable relación de Pura con Juana, descubierta o conocida por el bobo. En el primer caso, el estigma provendría del que una solterona se «beneficie» a un discapacitado mental en aras de aplacar su deseo. La saya arremangada señalaría entonces la consecuencia del deseo, del «pecado» que lee González Freire. Pero una lectura entendida revela una transgresión mucho más demoledora: si el objeto de deseo de Pura es Juana, una sirvienta negra, la implicación es una triple transgresión de la norma, por orientación sexual, raza y clase social. Entonces el gesto último de Pura se revela como causa: su vestido arremangado exhibe el centro generador de deseo; es un acto de exhibicionismo que es también burla a un mundo familiar, y por extensión social, donde el constante fingir y la necesidad de mantener las apariencias a toda costa terminan por destapar una moral artificial que, por supuesto, no tendría siquiera como opción que Pura no fuera más que una resignada solterona.

Las propias claves que nos da el texto permiten una lectura *queer* sin violarlo: son dos almas en una —expresión que denota una relación sentimental profunda, cuya ruptura explicaría los ataques de Juana como una somatización del trauma por la pérdida del objeto de deseo—, y con retintín las hermanan insisten hasta el cansancio en su recato, citando como ejemplo mayor el que la propia Pura durmiera tapada hasta el cuello. Pero desde una lectura *queer*, hasta el uso del nombre del personaje resulta irónico: Pura era pura, sí, pero a *su* manera. Otro elemento a tener en cuenta, y que refuerza la lectura *entendida* del texto, es el modo en que Pura pone fin a su vida. En franca ratificación una «tradición» no escrita que llega hasta nuestros días, Pura elige una vía generalmente asociada al sujeto masculino. Lo arraigado de esta creencia se ratifica incluso en la dramaturgia misma: como afirma uno de los personajes de *El zapato sucio* de Amado del Pino, «en Cuba los machos se ahorcan y las mujeres se dan candela» (48). Ese puede ser otro elemento que apoye una lectura *queer* de *El velorio de Pura*, que tiene en ese pacto tácito entre Juana y el bobo su incentivo mayor, y en curiosa coincidencia con *Esta noche en el bosque*, pareciera afirmar que solo un acto tan definitivo y solemne como la muerte puede disparar los resortes que vehiculicen la expresión del deseo diferente. De nuevo Eros sopesando el antifaz. Otra vez Thánatos empujando lo homoerótico hacia las arenas del combate. Aunque autora de más obras, bastaría *El velorio de Pura* para considerar a Flora Díaz Parrado entre los dramaturgos imprescindibles del teatro cubano: «El Bobo que estalla en risa y se une al entierro, la posición de la saya de Pura —

---

* Pérez-Sánchez conceptualiza la figura del «lector entendido» en su capítulo dedicado al análisis de Julia, de Ana María Moix, de la manera siguiente: «*Use of the term "entendido" invokes two of its possible meanings in Spanish. On the one hand, Moix's novel calls for* a lector entendido, *a wise, careful reader who does not stop at a cursory reading of Julia. On the other hand, and more important, the book requires* a lector entendido *in the queer-coded sense of the word: a reader who is family, who is queer, one who can understand* (entender) *Moix's queer writing between the lines. Through his or her knowledgeable interaction with Moix's text, the* lector entendido *cannot fail to recognize that the theme of the novel is, ironically, a type of love that dares not speak its name*» (36). Así, un lector *entendido* que enfrente *El velorio de Pura* podrá reorganizar las claves del texto para encontrar, más allá de los estratos superficiales, un sentimiento que tampoco se atreve a decir su nombre. Porque la esencia del lector *entendido* es que no mira lo que *ve*, sino lo que *sabe*.

desafiante y procaz— enarbolada como un estandarte y el final como un frenesí, son el profético mensaje de una mujer que se desentiende de la moralidad y las buenas costumbres y se instala por derecho propio en la contemporaneidad» (Boudet 2001, XI-XII).

III

Más de cuarenta años separan la publicación en 1941 de *El velorio de Pura* y el estreno en 1983 de *Union City Thanksgiving*, de Manuel Martin Jr. ¿Significa que en ese lapso no se escriben y producen obras que acrecienten la temática? No, por supuesto. Pero sí son años donde el énfasis que gana lo *queer* llegará, fundamentalmente, del repertorio que se lleva a escena y, luego, de la ausencia provocada por la intolerancia y la censura hacia todo lo que mostrara signos de debilidad.

La puesta de *Mundo de cristal* de Tennessee Williams que Modesto Centeno estrena el 5 de julio de 1947 en el Teatro de la Escuela Valdés Rodríguez abre uno de los ciclos más provechosos para el teatro cubano en términos de actualización del repertorio y de nuevos temas que, desde la escena, permiten que el público comience a reconocer en las obras de los dramaturgos norteamericanos una sensibilidad diferente.[*] El 9 de julio de 1948, el Patronato del Teatro estrena *Un tranvía llamado deseo* en el Auditorium, con dirección del propio Centeno. De Williams se llevará a escena mucho de su repertorio. Desde *El caso de las petunias pisadas* que dirige Clara Ronay en noviembre de 1949 y la puesta de Vicente Revuelta en febrero de 1950 de *Recuerdos de Bertha* hasta *El dulce pájaro de la juventud* que Andrés Castro estrena en la sala Las Máscaras en agosto de 1960, la dramaturgia de Williams será una presencia recurrente en las carteleras habaneras. Andrés Castro estrena *Humo y verano* con el grupo Las Máscaras en octubre de 1952 y Nora Badía *Propiedad clausurada* en noviembre de 1953 con la Academia Municipal de Artes Dramáticas (AMAD). En diciembre del mismo año Julio Martínez Aparicio lleva a escena *Los seres inútiles*. En mayo de 1954 Julio Matas retoma *Recuerdos de Bertha* y en agosto Luis Iturralde y Mario Martín dirigen *Una carta de amor de Lord Byron*, título que Manuel Bach presentará también en el anfiteatro del Palacio de Bellas Artes en mayo de 1958. *La gata sobre el tejado de zinc caliente* llega en dos puestas que se estrenan en 1955 a días la una de la otra: la de Erick Santamaría en la sala TEDA el 24 de noviembre y la de la Compañía de Chela Castro en el Teatro Martí el 30 del propio mes. Erick Santamaría dirige también *La rosa tatuada* en febrero de 1956, en diciembre del mismo año *Auto da fe* y en febrero de 1957 *Baby Doll*. Modesto Centeno, por su parte, lleva a escena *Un largo adiós* en abril de 1956 y regresa a *Un tranvía llamado deseo* en junio de 1957. Un hecho curioso que ilustra la rivalidad artística del campo teatral de la época y la avidez de los directores y el público por lo novedoso que descubrían en los autores norteamericanos[**] es el hecho de que, antes de la coincidencia de las representaciones de *La gata sobre el tejado de zinc caliente*, sendas puestas de *Té y simpatía* de Robert Anderson competían en cartelera en 1954, presentadas también a días la una de la otra: Erick Santamaría estrena con el Grupo TEDA el martes 23 de noviembre en el Teatro de los Yesistas, y Modesto Centeno con el

---

[*] Todas las referencias están extraídas de González 2003.

[**] La preponderancia de la dramaturgia de Williams en el periodo es indiscutible, pero también se suceden regularmente los estrenos de otros dramaturgos norteamericanos. Llegan a escena, entre otros títulos, *Antes del desayuno*, *Deseo bajo los olmos*, *Ligados* y *Viaje de un largo día hacia la noche* de Eugene O'Neill; *Picnic* y *La oscuridad al final de la escalera* de William Inge; *Nuestro pueblo* y *El viaje feliz de Trenton a Camden* de Thornton Wilder y *La muerte de un viajante*, *Todos son mis hijos* y *Las brujas de Salem* de Arthur Miller.

Patronato del Teatro en la Sala Talía el jueves 9 de diciembre. De la recepción de ambas puestas y del comento que generaron en el mundillo teatral da amplia noticia Francisco Morín, quien apunta cómo por esos días «la comidilla de la clase artística habanera fue cuál de los dos "tés" era más bebible» (174). Para las andaduras de lo *queer* en el teatro cubano lo impresionante de estos dos estrenos casi simultáneos de la pieza de Anderson es cómo un texto articulado a partir de la supuesta homosexualidad de su protagonista, Tom Lee, consigue mantenerse en cartelera con varias funciones —en un entorno teatral donde la función de una noche era la norma— y plantear la problemática en un medio donde «hablar en términos, así fuera sinuosamente relacionados con la diferenciación sexual de alguien en aquellos escenarios, resultaba tan atractivo como escandaloso» (Espinosa 493). La dramaturgia de Williams, por su parte, avanza en las carteleras. Vicente Revuelta retomará *Mundo de cristal* en un montaje en la Sala Atelier en julio de 1956, Andrés Castro lleva a escena en Las Máscaras *Algo salvaje en el lugar* en julio de 1958 y Fermín Borges regresa a *Recuerdos de Bertha* en un espectáculo que se estrena en el Casino Deportivo en agosto de 1958.

Precisamente Fermín Borges, animado por los atrevimientos de Tennessee Williams, escribe *Doble juego*, una pieza corta donde se aborda la temática *queer*, siempre dentro de la discreción permitida por la época, como cabe esperar. Natividad González Freire anota que la obra está inspirada en *Dead End* de Sydney Kingsley. Antonio y Julio, los protagonistas, son «dos jóvenes de dieciséis o diecisiete años, muy amigos» que «se confiesan mutuamente las bajezas a que han llegado por conseguir dinero para poder alcanzar la infinidad de comodidades que la vida moderna ofrece» (148). Son dos jóvenes «ordinarios, sin mucha ni poca inteligencia, débiles, sordos, productos de un hogar adverso, rencorosos contra una sociedad que todo se los niega, pero que considera mejor a aquellos que tienen buena posición» (148). La influencia del medio social parece ser determinante para el desarrollo de ambos personajes: hogar adverso y dificultades económicas parecen no haberles dejado otra posibilidad que «la delincuencia para proporcionarse los lujos y las comodidades que la sociedad les exige. Homosexualismo, gangsterismo [sic], todo tipo de vicios, es el fin de ellos. Un caso cubano de la internacionalmente conocida delincuencia juvenil, irremediable en una sociedad degenerada» (148). La obra fue representada por el Teatro Universitario bajo la dirección de Helena de Armas en el Lyceum, el 18 de agosto de 1955, y parece ser que la prostitución masculina que ejerce uno de los personajes generó cierta polémica.

En 1955 Piñera publica *Los siervos* en la revista *Ciclón*, una obra que también excluirá de su *Teatro completo*. La avidez del personaje protagónico de Nikita por patentizar su decisión de declararse siervo lo lleva a implorar a sus amos generosas, tremendas patadas por el trasero. Así, el trasero opera como sinécdoque del siervo, para quien lo más importante es tener un amo que sepa cómo propinarle buenas pateaduras. El gesto de Nikita por entronizar la rebelión de los traseros puede leerse como un mecanismo de subversión ante el régimen de los señores que, con la política anal que destapa Nikita, ven desenmascarada su falsa política de erradicación de la servidumbre. En el estreno de la obra en 1999 por Raúl Martín y Teatro de la Luna, el actor Déxter Cápiro —que interpretaba al protagonista— proponía interesantes cadenas de acciones y coreografías que precisamente destacaban el trasero como emisor del discurso corporal.

Probablemente en los mismos años cincuenta sea que María Álvarez Ríos escriba *Funeral*, «obra de raro aliento poético y dramático, deudora en su remoto origen del arrebatado lirismo lorquiano» (Escarpanter 268). Esta autora había estrenado ya *Martí 9* y *Según el color*, ambas bajo la dirección de Ramón Valenzuela, en 1952 y 1955, respectivamente, y con *La víctima* —que Andrés Castro lleva a escena en febrero de 1958 en Las Máscaras— alcanzaría un momento importante dentro de su producción dramática, hoy casi desconocida y con la mayoría de sus obras presumiblemente perdidas. Pero gracias al testimonio de José A. Escarpanter, sabemos que *Funeral* era un «intermezzo dramático» donde una de las hijas presumiblemente era homosexual. Para Escarpanter, «El drama tiene la significación [...] de revelar en la autora, enjuiciada generalmente como una exquisita mujer de carácter excesivamente femenino, un talento serio, de penetrante vigor dramático que sabe bucear sin rodeos atenuadores, en las humanas tragedias donde anidan lo patológico y lo limpiamente humano en agónico consorcio» (265-266). Esta cita de Escarpanter comprueba además cuán difícil ha resultado siempre todo para las dramaturgas, que desde la Avellaneda han tenido que labrarse un camino en el teatro teniendo que demostrar además que tener un «carácter excesivamente femenino» no es incompatible con poseer «un talento serio». Sobre *Funeral*, Escarpanter comenta:

> Toda la pieza está ungida por un raro perfume de raíz dramática: en el funeral del padre, presente a través del rezo monótono en la cámara contigua, las cinco hijas del difunto, conmovidas por la presencia de la Muerte, se enfrentan con sus dramas individuales, ajenos todos al reciente deceso. Jugando con la figura hermosamente pálida y como de alabastro que representa la Muerte, van desnudándose el alma. Esta ronda peligrosa, camino de la verdad, es el asunto del drama. (266)

Parece ser que en la obra alguna de las hermanas, en uno de esos desnudos del alma, *se desnudó* demasiado y, aunque no fuera el tema esencial de la obra, completó el rompecabezas de los dramas individuales con una piececita *queer*. Como en *Esta noche en el bosque* y *El velorio de Pura*, solo la cercanía de Thánatos parece permitir la expresión verdadera de *Eros*. Pero el avance que significan los cincuenta para el itinerario de lo *queer* en el teatro cubano —sobre todo desde la escena con las obras de Williams y Anderson, pero no solo—, pronto quedaría interrumpido, y se necesitaría mucho tiempo para que esas mismas obras que escandalizaban y divertían al público habanero encontraran otra vez su camino a un escenario de teatro.

IV

Antón Arrufat ha afirmado cómo, efectivamente, «resulta curioso y hasta sorprendente que una revolución como la cubana, que se propuso transformar de raíz las estructuras sociales heredadas y crear una nueva ética social, heredara a su vez —pasivamente— la homofobia de la sociedad anterior, tanto de la sociedad cubana de su época como de la tradición española» (74-75). Para Arrufat, «No debe soslayarse tampoco otro factor tradicional muy influyente de la homofobia cubana: la actitud de ciertas religiones afrocubanas y organizaciones secretas —como los abakuá— cuya aversión por la homosexualidad masculina es manifiesta y constante» (75). Es decir, que la propensión maldita nos llegaba por dos vertientes: la hispana y la africana, pilares fundamentales de la cultura cubana.

El arribo al poder de la Revolución significó la entronización de un modelo de virilidad que renegó y luego excluyó todo signo de disidencia sexual. En ese intento de ingeniería social denominado «Hombre Nuevo» no tenía cabida ningún vestigio de debilidad anómala, cualidad que ya el discurso médico había asociado desde hacía mucho tiempo a la homosexualidad, incluida en los listados de patologías clínicas, y susceptible de ser tratada y, cómo no, curada. Detectado como un vicio y un rezago burgués que había que extirpar del nuevo cuerpo social, la figura del homosexual devino «símbolo de una decadencia no solo erótica, sino también política» (Espinosa 509). Lo que siguió después de la efervescencia de los primeros años es de sobra conocido. Un breve catálogo de las infamias que el poder ejerce contra lo *queer* incluye, entre otros muchos hechos, la «Noche de las Tres P» —recogida masiva de «pájaros», prostitutas y proxenetas— en 1961, la «limpieza moral» que en 1964 se inicia por la Escuela Nacional de Arte y se extiende luego a los centros de educación superior, la apertura en 1965 de las Unidades Militares de Ayuda a la Producción (UMAP) y la censura al estreno de *Los mangos de Caín*, de Abelardo Estorino. Más tarde en la década, en 1968, la censura arremete también contra los poemarios *Lenguaje de mudos* de Delfín Prats y *Fuera de juego* de Heberto Padilla, y con *Los siete contra Tebas*, de Antón Arrufat. En 1970 espectáculos como *Los juegos santos* de Pepe Santos, *La toma de La Habana por los ingleses*, de José Milián o la versión del *Peer Gynt* de Ibsen que Vicente Revuelta y Los Doce presentaban desde su experiencia de laboratorio, sufrieron también, aunque en distinta medida, los impactos de la censura.

Sin embargo, la figura del sujeto *queer* no desaparece completamente en la dramaturgia de los primeros años revolucionarios. Algunas figuras ofrecen perspectivas de interés. En 1962 Humberto Arenal estrena *Aire frío*, de Virgilio Piñera. El personaje de Oscar —alter ego del propio Piñera— fue interpretado por Julio Matas, quien dotaba a su personaje de una sensibilidad y una gestualidad que sutilmente marcaban la diferencia que ya el propio autor, desde las consecuencias de su afición a la poesía, sugería en el personaje:

LUZ MARINA. […] ¿Qué quieres? ¿Que me convierta en dinero? Ya no puedo con las deudas. Dios sabe que cuando puedo terminar el mes sola no te molesto. Pero necesito veinte pesos y me los vas a dar.
ENRIQUE. ¿Es una orden?
LUZ MARINA. Es una súplica, y, además, es lo justo.
OSCAR. No te olvides de mis cinco pesos, Enrique.
ENRIQUE. *(Explotando).* Y este… ¿Por qué no trabaja? Así que me pides a mí, y este que vive de niño lindo… ¡Anda, dile que trabaje! Pero no, no puede doblar el lomo porque es poeta, tiene que hacer sus versitos. *(Pausa).* Si vas a esperar por mis cinco pesos…
OSCAR. Estás en la lista.
ENRIQUE. ¡Bórrame, viejo, bórrame! Pero pronto. No quiero estar en esa lista.
LUZ MARINA. ¿No te da pena hablarle así a tu hermano? Será que le tienes envidia.
ENRIQUE. *(Soltando una carcajada).* ¿Envidia a ese? ¿A un poetastro? Se pone mis trajes viejos y va a casa a picarme pesetas.
OSCAR. A mucha honra. No pienso dar un golpe. Pero no se preocupen. Un día de estos me verán en París.
ENRIQUE. Encantado. París es para los poetas. (286)

En 1964 Berta Martínez estrena *La casa vieja* de Abelardo Estorino. La cojera de Esteban, el protagonista de la obra, ha sido leída como una metáfora de su tácita homosexualidad. Como hace en determinado momento el Oscar de *Aire frío*, Esteban se marcha en busca de un futuro promisorio donde pueda vivir, estudiar, realizarse. Pero también, como en *Aire frío*, poco o nada se dice sobre la vida que lleva en la ciudad. En uno de sus enfrentamientos con Diego, Esteban confronta las consecuencias de ser y sentirse diferente:

ESTEBAN. Y dime. Dime por qué yo nací cojo, por qué te guardo rencor si tú no eres culpable. Y yo, ¿soy culpable? ¿De qué soy culpable? ¿Y por qué se ríen? ¿Por qué se burlan? ¿Por qué la lástima? […] Tú has tenido todo lo que yo no he conseguido: la vida, que es lo que yo envidio, la alegría, vivir disfrutando con cosas pequeñas, como papá, como todo el mundo. ¿Qué he tenido yo? La duda, la preocupación. Pero no he tenido nada que me diga que estoy vivo. Sí, hoy sí. Hoy digo la verdad, te digo como soy y no me avergüenzo. Me da fuerza para seguir viviendo, aunque no sea la vida que yo hubiera querido. A veces, todavía, siento nostalgia por todas las aventuras que no pude vivir. Ya es tarde, ya es tarde…
[…]
DIEGO. Estás equivocado, no era lástima.
ESTEBAN. Sí. Siempre se cuidaban al hablar de los que tenían defectos. Yo no podía vivir aquí, tenía que irme.
DIEGO. ¿Qué íbamos a hacer? Tú eras más débil.
ESTEBAN. No, era una fuerza distinta. Hay que comprender, comprender… ¿No ves a esa muchacha, Laura, Flora…? No se puede ser demasiado recto. ¡Hay tantas cosas torcidas! ¿Ser demasiado recto no es una forma de ser torcido? […] (281)

Las derivaciones del «defecto» físico trazan un paralelo con las del «defecto» que se calla: la burla y la lástima, las limitaciones para vivir la vida que se quiere y no la que se impone, o la capacidad para ponerse en el lugar del otro —que, por las razones que sean, también es considerado diferente— convencen a Esteban de que, efectivamente, el exceso entraña tanto peligro como el defecto, porque ser *demasiado* recto —la *hybris* de los griegos que atraviesa veinticinco siglos y se instala en la familia provinciana— es también una forma de ser torcido, de convertirse en lo que en principio se niega, y de lo que se quiere marcar distancia.

Ediciones R publica en 1964 *El Gallo de San Isidro*, de José R. Brene, quien con el estreno de *Santa Camila de la Habana Vieja* dos años antes había generado un verdadero éxito de público y había estremecido el campo teatral al sondear los límites del proceso revolucionario a partir de la perspectiva marginal desde la que su heroína contemplaba la realidad que la rodeaba. *El Gallo de San Isidro* retoma el mito del chulo habanero Alberto Yarini, que ya había sido tratado por Carlos Felipe en su *Réquiem por Yarini*, publicada desde 1960. La obra de Brene se ambienta en un burdel en el barrio de Colón, en 1955. Las prostitutas y Crisantemo —un afeminado que en la primera escena de la obra aparece arreglando cojines, recogiendo colillas y vaciando ceniceros— juegan a representar los hechos que rodearon la muerte de célebre *souteneur*. Crisantemo será uno de los secuaces de Lotot. Cuando acaba el juego, los personajes suspiran por que la ilusión se ha terminado, y todos están de nuevo en la dura realidad:

ELENA. Así es. Esta vida nunca ha sido alegre.
PROSTITUTA 3. *(Josefina Beze).* ¿Y por qué tiene que ser así?
ELENA. Porque creemos que no tenemos sentimientos y ellos están aquí siempre. *(Se toca el pecho).* Ellos nunca mueren ni envejecen.
PROSTITUTA 2. *(Rachel).* ¿Y siempre será así? ¿No habrá un día en que nuestros sentimientos…? *(Se detiene.)*
ELENA. Sigue.
PROSTITUTA 2. No sé lo que digo. Lo siento, pero no sé explicarlo.
CRISANTEMO. Entonces cállate, hermanita. Yo también siento cosas que no puedo explicar.

ELENA. *(A Prostituta 2)*. Te comprendo. Llevo más de cincuenta años esperando ese momento, pero… no ha llegado. *(Silencio)*. (196)

El consuelo de no poder nombrar o explicar lo que se siente es compartido. En las prostitutas, porque su profesión obliga a guardarlos muy dentro; hecho con el cual Crisantemo puede identificarse. Pero en su caso, el juego lo ha llevado a experimentar qué se siente ser alguien importante que puede hablar, decir lo que piense o experimente, algo que él ni ha tenido ni tendrá, porque sabe lo que puede costarle. Aunque Brene sitúa la acción en un tiempo anterior a la Revolución, no era muy difícil establecer un paralelo entre la imposibilidad de Crisantemo en ese ficticio 1955 y la de los homosexuales en el 1964 que corría.

Cuando en 1971 el Congreso de Educación y Cultura, que sesionó en La Habana entre el 23 y el 30 de abril, publica su «Declaración», quedan sentadas las bases definitivas para una política cultural esencialmente intolerante y beligerante contra toda conducta sexual que se separe del modelo de homonormatividad permitido. En uno de sus párrafos puede leerse:

> El socialismo crea las condiciones objetivas y subjetivas que hacen factible la auténtica libertad de creación y, por ende, resultan condenables e inadmisibles aquellas tendencias que se basan en un criterio de libertinaje con la finalidad de enmascarar el veneno contrarrevolucionario de obras que conspiran contra la ideología revolucionaria en que se fundamenta la construcción del socialismo y el comunismo, en que está hoy irrevocablemente comprometido nuestro pueblo y en cuyo espíritu se educan las nuevas generaciones. (7-8)

Como lo que estaba en juego era nada más y nada menos que construcción misma del proyecto revolucionario, quienes quisieran integrarse o estuvieran vinculados a actividades educativas o culturales tendrían que ser investigados: «El Congreso estima que en la selección de los trabajadores de las instituciones supraestructurales, tales como universidades, medios masivos de comunicación, instituciones literarias y artísticas, etc., se tome en cuenta sus condiciones políticas e ideológicas, ya que su labor influye directamente en la aplicación de la política cultural de la Revolución» (8). Y dentro de estas «condiciones políticas e ideológicas», las más peligrosas serán las consideradas «aberraciones sociales»: «Los medios culturales no pueden servir de marco a la proliferación de falsos intelectuales que pretenden convertir el snobismo [sic], la extravagancia, el homosexualismo y demás aberraciones sociales, en expresiones del arte revolucionario, alejados de las masas y del espíritu de nuestra Revolución» (8). Desde la premisa que planteaba que «El arte es un arma de la Revolución. Un producto de la moral combativa de nuestro pueblo. Un instrumento contra la penetración del enemigo» (12) quedaron establecidos los nuevos parámetros que debían cumplir todos los artistas verdaderamente revolucionarios. La «parametración» comenzó su metástasis en la cultura, guiada por mediocres en posiciones de poder, alimentados muchas veces por envidias y oportunismos, en un periodo donde el teatro se llevó la peor parte. Ambrosio Fornet acuñó el término de «quinquenio gris» para esa nefasta etapa en que se perdieron para el teatro autores y buena parte de la experimentación que, desde la escritura y la escena, había ido ganando terreno. Pero para el teatro cubano, fue más bien un decenio y, más que gris, negro. Tras el vacío artístico que dejó, el campo teatral —donde se entronizaron la mediocridad y la inmediatez— necesitó mucho tiempo para empezar a recuperarse.

No es casual que la temática *queer* reemerja en la dramaturgia cubana a partir de los ochenta y que en los años noventa registre un pico en la producción de textos que la abordan. Tampoco es casual que en esa etapa el tema aparezca en el teatro cubano escrito en los Estados Unidos antes que en la dramaturgia producida en la Isla. A este respecto, Juan Carlos Martínez considera que «No es hasta que el dramaturgo cubano en el exilio empieza a recomponer su memoria emocional, que el tema de la homosexualidad aparece en el teatro con rostro propio, como parte de, o como uno de entre, los componentes de la búsqueda de una identidad escamoteada por razones políticas y acrecentada en su desarraigo por los efectos de la inserción en una megacultura que [...] desdibuja y fusiona los límites de lo nacional» (72). Los ochenta abren con el éxodo del Mariel, suceso doloroso para la historia nacional, mediante el cual miles de cubanos —homosexuales incluidos, pero no solo— se exiliaron en los Estados Unidos. Con los hechos del Mariel, la tipificación del homosexual como figura antisocial, peligrosa y desechable marcó otro momento de inflexión en la manera en que identidad sexual y proyecto nacional venían interactuando desde el arribo al poder de la Revolución. Es comprensible entonces que los que salieron de Cuba precisamente porque allí sufrieron persecuciones o fueron enviados a las UMAP (Unidades Militares de Ayuda a la Producción) o se les separó de centros laborales y docentes, encontraran en la sociedad que los acogía una posibilidad de expresión personal que también se reflejara en su obra. Como también se entiende que esas experiencias vividas en la Isla llegaran de primera mano a otros autores que habían emigrado mucho antes, y los estimulara a revisitar la temática *queer* desde la experiencia del desarraigo o la pervivencia de prejuicios sobre el sujeto homosexual en la comunidad cubana exiliada.

En la Isla, sin embargo, los años noventa abren bajo el signo de dos sucesos que cambiaron para siempre la manera en que la temática *queer* sería abordada por la producción teatral cubana. Cuando el director Carlos Díaz presenta su trilogía de teatro norteamericano en la sala Covarrubias del Teatro Nacional de Cuba —integrada por *Zoológico de cristal*, *Té y simpatía* y *Un tranvía llamado deseo*—, no solo estaba inaugurando una manera muy propia de entender el disfrute de la forma espectacular desde la celebración del cuerpo y la afectación —entendida como mecanismo generador del artificio—, sino también devolviendo al espectador contemporáneo textos y autores que permitían que esas criaturas raras, diferentes y hermosas en su complejidad estremecieran La Habana de los noventa con ímpetu similar a cuando irrumpieron en el paisaje escénico de finales de los cuarenta y los cincuenta. Si desde el escenario la trilogía de teatro norteamericano reafirmaba que lo *queer* podía ser celebración y no trauma, desde el campo intelectual Senel Paz con su cuento «El lobo, el bosque y el hombre nuevo» abría el debate sobre el lugar de la homosexualidad en el mapa cultural de la nación, y el éxito de *Fresa y chocolate* —su secuela cinematográfica dirigida por Tomás Gutiérrez Alea y Juan Carlos Tabío—* derrumbó para siempre los muros de silencio que habían contenido la reflexión abierta sobre el tema, especialmente en un país donde la exclusión y la censura de los homosexuales tenía una larga tradición. Ya el propio Bartolomé de las Casas se azoraba en su *Apologética* de encontrar también en la Isla Juana la afición al vicio nefando y «algunos mozos vestidos como mujeres» (73). Ese sobresalto frente al deseo diferente nos acompaña desde entonces, y continuó e incluso se fortaleció con la llegada de un orden social que pregonaba la igualdad y la inclusión como cartas de triunfo.

---

* El cuento de Senel Paz fue versionado para el teatro en montajes como *La catedral del helado*, de Sara María Cruz; *Para comerte mejor*, versión dirigida por Tony Díaz, y *Fresa y chocolate*, con dirección de Carlos Díaz.

En los ochenta la comunidad cubana exiliada en los Estados Unidos está ya lo suficientemente establecida como para poder empezar la reflexión sobre su propia identidad. La temática *queer* irrumpe en dos textos que entroncan directamente con lo que Juan Carlos Martínez explicara en términos de la recomposición de la memoria, especialmente desde la revisitación del archivo emocional de la familia y desde la distinción identitaria del individuo situado en un contexto multicultural y multiétnico.

El espacio de la cena como ámbito que propicia la reunión y el debate tiene trayectoria en la dramaturgia cubana. Recuérdense, por ejemplo, *El flaco y el gordo* de Virgilio Piñera, *El banquete infinito* de Alberto Pedro o *Si vas a comer, espera por Virgilio* de José Milián. En marzo de 1983 INTAR estrena en Nueva York *Union City Thanksgiving*, de Manuel Martin Jr. En obras anteriores como *Carmencita* y *Swallows* —estrenadas en 1978 y 1980, respectivamente— Martin Jr. ya había iniciado la aproximación a la temática *queer*. Pero es con *Union City Thanksgiving* —que Duo Theatre estrenó en español en 1986 como *Sanguivin en Union City*— que lo *queer* se instala entre los tópicos de la vida familiar mediante un personaje homosexual femenino. Con *Sanguivin...*, en palabras del propio Martin Jr., «aparece por primera vez el lesbianismo en el teatro cubano» (Barquet 177). Esta afirmación es justa si tenemos en cuenta que *El velorio de Pura* solo cuenta como antecedente si se la observa desde una perspectiva *queer* que privilegie ciertas claves sobre otras, y que *Funeral* de María Álvarez Ríos es solo una referencia a una obra quizás hoy irremediablemente perdida. En cualquier caso, es asombroso que Martin Jr. recupere para la dramaturgia cubana lo *queer* desde una lesbiana, personaje que, en comparación con la figura del homosexual masculino, tiene mucha menor presencia.

Sanguivin... incorpora a las problemáticas de la familia en el exilio el tema de la homosexualidad. Pero si se habla abiertamente de la nostalgia por la vida en Cuba o de lo grandes que ya están los nietos, la relación de Nidia y Sara se trata como *lo que no es*: una gran amistad, aunque sus viajes a Manhattan los fines de semana y los siete años que Sara lleva compartiendo con la familia de Nidia la cena del Día de Acción de Gracias parezcan apuntar hacia otra dirección afectiva. Es lo que Juan Carlos Martínez define como una típica reacción de homofobia pasiva: «ignorar el fenómeno para no tener que rechazarlo» (74). Nidia es el eje y el sostén de la familia. Es, además, una excelente carpintera y puede arreglar cualquier electrodoméstico; condiciones que la hacen contrastar con la indisposición de Aurelito, el hermano que amenaza con revelar la verdadera relación que tienen Nidia y Sara en plena cena de Acción de Gracias. Pero Nidia conoce la vinculación de Aurelito con grupos anticastristas que ella define como «organizaciones terroristas». Ambos hermanos llegan así a un pacto tácito: él no revelará la relación con Sara y ella no hablará de la suya con el supuesto grupo terrorista. Lo curioso es cómo, en la escala de valores familiares, homosexualidad y terrorismo equilibren la balanza de las transgresiones no permitidas. Aparecen como estigmas equivalentes en una estructura familiar que no toleraría ninguno de los dos. *Sanguivin...* fue una obra de apertura por el modo en que articulaba la temática *queer* dentro de la estructura de la familia cubana exiliada, y porque mostró que los conflictos heredados podían dimensionarse desde la mirada de una nueva generación que no tenía por qué compartirlos necesariamente todos.

El 19 de mayo de 1983 Randy Barceló estrena también en Duo Theatre *Canciones de la vellonera*. Si *Sanguivin...* analizaba la temática *queer* dentro del cerrado universo de la familia de los Valdés, *Canciones...* transcurre en un «bar de ambiente» a principio de los ochenta en Manhattan, donde una vellonera marca los ritmos y las atmósferas con la sucesión de las canciones que se escuchan. Las letras de Olga Guillot, Lucy Fabery o la Aragón funcionan también como horizontes que delimitan las expectativas del deseo. Yo, el protagonista, arma su noche entre recuerdos y las conversaciones con Él, que el dramaturgo identifica también como Narciso, encarnación mítica de la belleza masculina enamorada de sí misma, pero que aquí funciona más desde la dinámica del objeto de deseo. Resulta interesante observar en las conversaciones de Yo y Él el lenguaje y el repertorio de gestos con los que se identifican ambos personajes: Yo habla de la importancia de tener un «compromiso cubano» —compromiso entendido como relación— y Él, que viene de Miami, inquiere con curiosidad sobre los cuartos oscuros. Pero Él no es una posibilidad para Yo, quien termina refugiándose en un amor del pasado que duró... un día. Pero no hay espacio para la nostalgia ni la soledad, a pesar de ese amor de un día y del rechazo de Él. Para Yo la vida continúa, y su voluntad de luchadora en los terrenos no siempre generosos de la vida gay tiene su gesto de triunfo en la paja final. Esta misma exploración de lo *queer* como estilo de vida que trabaja sobre el estereotipo para minarlo desde dentro aparece también en otra obra de Barceló: *Never Marry a Horse of a Different Color*, que tuvo una lectura en el Duo Theatre el 30 de junio de 1984.

Mientras la presencia de la temática *queer* continúa en la dramaturgia de los autores del exilio —en Manuel Pereiras García con *Still Still*, *Bebo and the Band*, *La paloma*, *The Two Romantic Ladies*; José Abreu Felippe publica en 1988 *Amar así*, escrita en Cuba en 1980; Matías Montes Huidobro en *Exilio* incluye una reflexión sobre la persecución de los homosexuales en los tempranos sesenta—, en Cuba habrá que esperar hasta 1989, cuando se estrena *El grito*, de Raúl Alfonso, bajo la dirección de Dimas Rolando.

Perteneciente a la generación de autores egresados del Instituto Superior de Arte (ISA) que irrumpieron en el panorama teatral la década de los ochenta con fábulas y personajes francamente problemáticos y desestabilizadores, con *El grito* Alfonso revisa los sucesos del Mariel desde el *agón* verbal que sostienen Arturo y Tomás. La traición del amigo, la intolerancia para el que decidió quedarse y los huevos que cruzaban el aire y venían a estrellarse contra el cuerpo son algunas de las imágenes que catalizan el diálogo de ambos, que deja entrever una relación homoerótica entre los dos, forjada en las aulas del preuniversitario en que estudiaron. En obras posteriores como *Bela de noche*, *Islas solitarias* o *La seducción*, Alfonso extenderá la indagación en la temática *queer* hacia el travesti, los seropositivos y los jóvenes que deciden prostituirse.

Con *Nocturno de cañas bravas*, publicada en 1994, José Corrales continúa la exploración de las identidades sexuales problemáticas que ya venía desarrollando desde *El palacio de los gritos* (1992). Si en el primero la instancia de discusión es un matrimonio que dirime sus tendencias homosexuales bajo la luz de una supuesta crisis de pareja, en *Nocturno...* tres amigos coinciden en un bosque y desenmascaran las complicadas relaciones que cada uno tiene con los otros. El bosque y la nocturnidad nos remiten al *Sueño de una noche de verano* de Shakespeare y, como *En esta noche en el bosque* de Felipe, nos recuerdan cuán efectivo puede ser si de develar máscaras se trata. Enrique, Oberón y Sergio se conocen desde niños, y la infancia tiene una importancia capital para sus futuros. Incluso los tres tienen sus respectivos dobles que los presentan cuando eran niños, en retrospectivas que revelan hechos clave para entender cómo y por qué han llegado a ser lo que son. Oberón, por ejemplo, de niño cojeaba —ya sabemos lo que eso puede significar a nivel simbólico—, y su intento de suicidio recuerda a la muerte de Ofelia en *Hamlet*. A Enrique lo perseguían gritándole «Machadito La Buena», y ese *bullying* que sufrió lo convirtió en el individuo que es. En *Nocturno...* se enuncian varios de los mitos de la masculinidad —«El hombre es de la calle, del campo»; «Si uno es negro tiene que tener la pinga grande»— y también muchos de sus miedos —el tamaño, la (im)potencia—. Las rivalidades y atracciones que comparten estos tres personajes varían la intensidad y la violencia de los diálogos, y al final, cuando Oberón enuncia que «Hoy es el seis de agosto de 1945» —cuando la bomba atómica cae sobre Hiroshima y cambia el destino del mundo—, puede entenderse por qué la fecha también significa que, para los tres, ya nada será igual.

Gerardo Fulleda León termina *Remiendos* en 1993, que no se publicará hasta 2004. E y J son los dos personajes de la obra; dos iniciales que también quieren ser dos destinos que se separaron y que a la vuelta de muchos años coinciden en la ciudad que antaño los vio unidos. Ambos son artistas, uno escritor y el otro pintor. Uno se quedó y el otro se fue. La curiosidad por saber cómo luce el otro, o cuán bien o mal le ha ido, alimenta las expectativas del reencuentro, ese tema que ha dado a la dramaturgia cubana textos imprescindibles como *Weekend en Bahía* de Alberto Pedro o *Nadie se va del todo*, de Pedro R. Monge Rafuls. La confrontación de la decisión de partir o de quedarse deja algo en claro: más allá de la preeminencia de lo material, lo verdaderamente triste es que se hayan perdido el uno al otro para siempre. Ya son como dos extraños que no pueden ensamblar la imagen guardada en la memoria con el rostro que tienen delante. El tiempo, el implacable, hizo su trabajo. Construida siguiendo el itinerario de vida de una obra de teatro, *Remiendos* es como un pequeño álbum donde se han guardado las postales que, como las hojas de los árboles, caen y amarillean con el paso del tiempo. Por eso el autor lo propone como un tercer personaje que debe estar presente durante toda la obra.

El 18 de noviembre de 1994 José Milián estrena en el Café-Teatro Bertolt Brecht *Las mariposas saltan al vacío*, texto con el cual el tema del sida irrumpe en la dramaturgia escrita en la Isla. En la producción del exilio *Noche de ronda* de Monge Rafuls, *Siempre Intenté Decir Algo (SIDA)/Alguien Importante Decidió Salir (AIDS)* de Ofelia Fox y Rose Sánchez o *All Hallow Even* de Manuel Pereiras García ya habían reflejado el tema «no solo de las víctimas directas de la enfermedad sino también de su repercusión en la familia, forzada a tener que lidiar con la pérdida de un ser querido y en no pocos casos, al mismo tiempo, con el trauma de una súbita revelación de su homosexualidad» (Martínez 75). Milián reproduce el aislamiento y el encierro de los portadores del virus, que una vez diagnosticados eran recluidos en sanatorios, lejos de una sociedad serofóbica. En ese espacio de confinamiento los personajes solo se tienen a ellos mismos para enfrentar lo impostergable, y mientras el virus les descuenta días ellos se aferran a la realización más inmediata. Lavinia la Salvaje es un personaje entrañable en la dramaturgia de Milián, travesti divino, tremendo, espectacular y centro a partir del cual se organizan las obsesiones de los demás personajes. No importa que la muerte planee como una sombra indeseada. La parábola de la mariposa que se arroja al vacío —y que da título a la obra— se materializa, y Lavinia avanza a su encuentro. Sabe que a lo inevitable se le mira de frente: «Ya lo dijo el viejo William… "La vida no es más que una sombra que pasa, un pobre cómico que se pavonea y agita una hora sobre la escena y después no se le oye más… Un cuento narrado por un idiota con gran estruendo y furia, que nada significa»… *(Pausa)*. Pero yo, Lavinia la Salvaje, digo: La vida no es más que un cuento verde, contado por un mariquita disfrazado de mujer, pero que significa mucho… ¡Mucho!».

Alina Troyano/Carmelita Tropicana viaja a Cuba en agosto de 1993. La experiencia del reencuentro con un paisaje que le resulta a la vez lejano y familiar sirve de material para su performance *Milk of Amnesia/Leche de amnesia*, que se estrena en noviembre de 1994, y donde la artista recupera gestos y conductas del cubano y los recompone en un espectáculo donde los múltiples personajes que atraviesan el cuerpo de la performera se cuestionan los estereotipos de la masculinidad cubana (Pingalito Betancourt), el trauma que significó la conquista del Nuevo

Mundo (Arriero) o las visiones sobre la miseria y el hambre desde la perspectiva de un cochinito mamón. Desde la alternancia de voces en la enunciación, el redescubrimiento de los esquemas prefijados de la cubanidad —la sexualidad incluida—, o la apoteosis que sobreviene a la anagnórisis de Carmelita, *Milk of Amnesia/Leche de amnesia* amplía el archivo *queer* precisamente por la intersección que propone entre sexualidad y nacionalidad. Desde esta perspectiva, resulta un texto clave para entender la dimensión performativa de lo *queer*, que se relaciona también con la memoria, con las diferentes maneras de entender la «cubanidad» desde la diáspora, y con el regreso a los orígenes como experiencia para generar la acción.

Con *La noche* Abilio Estévez gana el Premio Tirso de Molina 1994 y la dramaturgia cubana un texto descomunal sobre el deseo diferente. Estrenado por Teatro Irrumpe en 1995, *La noche* repasa los mitos fundacionales de la tradición bíblica desde las imágenes de la represión. Así, el relato de la creación del *Génesis*, las figuras de Abraham y Job o la destrucción de Sodoma son revisados desde sus aristas *queer*, que los relee desde la celebración del cuerpo, el deleite de los roces y la explosión de los sentidos. La intertextualidad como técnica poética y la fragmentación como propuesta estructural propician el contrapunteo entre placer y represión, «que por momentos se transforma en placer-sufrimiento» (Del Pino 2004, 143). De un lado las citas a Epicuro, reforzando la consecución de la felicidad en el gozo; del otro, las figuras de La Madre castrante y del Ángel exterminador, privilegiando el dolor, la agonía y la muerte. Escrita y estrenada en una época donde todo lo placentero parecía estar también vedado, *La noche* proponía una larga peregrinación en busca del amanecer, que es la luz, la esperanza, el deseo. Sus criaturas, cambiantes, alegóricas, persistentes, quedan como imágenes que perduran a pesar de las represiones y las indiferencias. Esa misma tenacidad se verifica en *Freddie*, texto donde Estévez recurre a un *queer* famoso para celebrar una de sus *Ceremonias para actores desesperados*.

Pedro R. Monge Rafuls empieza la escritura de *Otra historia* en 1993 y la termina en 1996. Entre las prohibiciones de la religión afrocubana y la libertad de elección que permite la vida en una metrópolis multicultural como Nueva York, transcurren los días de José Luis, un cubano seguro de que «Los hombres somos hombres hagamos lo que hagamos». Amparado en esa premisa, no tiene problemas en tener una relación con Marina, al mismo tiempo que con Teresa —amiga de aquella— y con Marquito. Gail Bulman ha considerado que en esta obra «Monge's characters are involved in three conflictive love/hate triangles: José Luis/Marina/Teresa, José Luis/Marquito/Teresa, and José Luis/self/Afro-Cuban culture» (226). Más que la superposición de triángulos amorosos variados, las líneas de conflicto entre los personajes pudieran imaginarse en forma de poliedro, en cuyo centro está José Luis, comprimido por los planos que representarían las exigencias de Marina, Teresa, Marquito, el Padrino, la religión, el modelo de masculinidad heredado y la visión que José Luis tiene de sí mismo. Su deseo por Marina es real, tan real como su deseo por Marquito. Pero frente a este último, José Luis no puede siquiera nombrar lo que siente. En un intento por escapar de todo el «deber ser» que implica el machismo cubano que trasplantó consigo a Nueva York, su elección es Marquito, que a diferencia de José Luis no tiene problema ninguno con su orientación sexual ni con expresar abiertamente sus sentimientos. Pero los orishas ya han decretado el castigo para su transgresión, y el monte reclama lo que le toca. En un mundo donde dioses y hombres caminan juntos, *Otra historia* revisa la persistencia del machismo y el hembrismo cubanos más allá de las fronteras geográficas de la Isla para devolvernos una imagen auténtica de seres que no pueden escapar a las exigencias de su destino. Casi veinte años después de escrita, la obra se estrenó finalmente el 18 de mayo de 2017 por Group of The Arts bajo la dirección de J. Edgar Mozoub, en el Julia de Burgos Performance and Arts Center de Nueva York.

De *La vida es un carnaval* Juan Carlos Martínez dijo que era «uno de los relatos más vívidos y desgarradores que se hayan escrito acerca del destino de los homosexuales en la Cuba del castrato» (73). Esta obra de Enrique R. Mirabal, escrita en 1994, retoma la vertiente de choteo y parodia que nos legara la escena del bufo y, mediante un cuidadoso ejercicio intertextual, cita clásicos como *Romeo y Julieta*, escenas canónicas de la ópera y la zarzuela cubana, programas como *La tremenda corte* y *Cocina al minuto*; juega con el anacronismo y la ruptura de la cuarta pared, todo en una estructura carnavalesca —en el sentido bajtiniano del término— que se sabe dueña de una teatralidad poderosa. Candelario, el protagonista, es un mulato cuarentón y «maricón a la antigua», robusto, «casi analfabeto y patéticamente revolucionario» que trata de conciliar dos mundos incompatibles: el amor de un chulo jovencito y de un proyecto político con el uso que ese mismo chulo y ese mismo proyecto político hacen de él. Lo utilizan mientras les es útil y cuando no les sirve más, lo desechan. Sin saña pero sin compasión, la obra refiere muchas de las atrocidades cometidas contra los homosexuales con la meta de lograr un futuro libre de blandenguerías y flaquezas: las redadas, las UMAP, la parametración, las purgas en centros de trabajo y universidades. Por su propia (in)consecuencia, Candelario pagará también su cuota de dolor en esa Cuba que, como la describe Angelito, «el que más y el que menos ha pagado su quilo prieto de sufrimiento». Antes de salir al exilio, cual rolliza y amulatada Avellaneda, Candelario recita «Al partir», y los versos de Tula consiguen iluminar una senda que se intuye incierta. La obra fue concebida originalmente como parte de una trilogía, que continuaría con los personajes en Miami, y aunque en 2001 se hizo una lectura dramatizada de la obra en el Museo Universitario del Chopo de la ciudad de México, este texto ya imprescindible en el archivo *queer* cubano espera por su estreno.

Como la mayoría de las obras de Alberto Pedro, *Pas de deux sobre el muro* fue estrenada en 1998 por Teatro Mío bajo la dirección de Miriam Lezcano. El espectáculo que subió a la escena del habanero Teatro Fausto se tituló *Madona y Víctor Hugo*, recuperando la importancia de los protagonistas y sus nombres. Si en *Manteca* —texto clásico de la dramaturgia cubana de todos los tiempos— Pucho era un homosexual que desde la escena discutía varios de los dilemas más acuciantes de ese 1993 en que se estrena la obra, en *Pas de deux sobre el muro* Madona es un travesti durísimo, «mezcla de modelo de *Playboy* con boxeadora», que también airea no pocas de las dificultades nacionales de su momento. Él es un profesor de cibernética desempleado al que le gusta pescar, y ella un «símbolo de la confusión, especie de nostálgico andrógino evocador de la unidad primordial» (Cano 69). En la madrugada del malecón, Madona y Víctor Hugo entablan un duelo verbal digno del icono pop y del romántico por excelencia que les dan nombre, y entre los variados y actuales temas que tocan está, como no puede ser de otra manera, la sexualidad, motivada sobre todo por la apariencia y las opiniones liberales de Madona, calibradas siempre por la sospecha de Víctor Hugo. El juego de apariencias y definiciones tiene un momento de interés cuando la discusión deriva hacia si la diferenciación del culo es una realidad o una construcción social:

MADONA. Todos los culos son iguales, «pescador».
VÍCTOR HUGO. No, Madona, no... Todos no son iguales.
MADONA. Quiero decir que ningún culo es superior a otro culo.
VÍCTOR HUGO. El culo de varón es un culo triste.
MADONA. A veces, «pescador», el culo de la hembra es mucho más triste que el culo de varón.
    Conozco varones de culos alegres, culos optimistas; saltarines culos, que nada tienen que envidiar a cualquier culo hembra.

VÍCTOR HUGO. Si tú lo dices, no puedo discutirlo. Yo no ando por ahí, como un desesperado, fijándome en los culos de varón.

MADONA. ¿Me vas a decir a mí que jamás te ha impresionado un culo macho? ¿Vas a sostenerle, en su cara, a Madona que nunca has ido andando por la calle y has visto a alguien de espaldas, con un culo perfecto, un grandísimo culo? ¿Vas a negar que has seguido sus pasos y has sufrido muchísimo al descubrir de pronto que no era una mujer?

VÍCTOR HUGO. Eso es distinto, Madona, distinto. En esos casos no se sabía de quién era el culo.

MADONA. Por lo mismo, «pescador», por lo mismo. No hay diferencia entre un culo y otro hasta que se sabe cuál es el sexo al que pertenece su propietario. Por tanto, la diferencia no está en el culo, está en la cabeza. En el fondo de todo macho latino hay siempre un bugarrón y tú no eres más que un macho latino. Así es que ahorita no intentes escapar, porque voy a ir gritando, por toda la ciudad, detrás de ti, lo mismo: ¡Bugarrón!

Después de haber bajado a los arrecifes, es decir, fuera de la vista de la audiencia, mucho antes que sus cuerpos, se ven sobre el muro la caña de pescar de él y el *nécessaire* de ella, suerte de versiones insulares de la lanza de Marte y el espejo de Venus, que identifican la sexualidad de cada uno. Lo que pasó detrás del muro puede intuirse. Y los dos se van, no sin antes gritarse unas cuantas lindezas, justo cuando la luz del faro alcanza su mayor intensidad bajo la luna llena.

En *El último bolero*, de Iliana Prieto y Cristina Rebull —estrenada en mayo de 1998 en Santa Clara y después en La Habana por Trotamundos—, una madre que se fue por el Mariel regresa a visitar a la hija que se quedó, o que dejó detrás, depende de quién cuente la historia. Aunque Sofía —la madre— tiene un hijo homosexual, le cuesta entender al principio que Beatriz —la hija— también lo sea.* En los nombres de los personajes está la clave que subvierte y varía el peso de la teatralidad: Sofía —que significa sabiduría— no entiende lo que es «tener dos hijos equivocados del camino de la naturaleza sabia y prudente», porque «No es por gusto que los niños tienen lo que tienen y las niñas tengan la otra cosa». Llega incluso a preguntarse qué salió *mal* cuando ella lo hizo todo *bien*: «Dios mío, pero ¿qué fue lo que pasó en esta familia, con lo puta que yo siempre fui y lo macho que fue tu padre?». Beatriz —que significa «la portadora de felicidad»— le recrimina a la madre que se fuera y la hubiera dejado sola en una etapa definitoria de su vida, donde casi la expulsan de la universidad por homosexual. Es cierto que aquí la presencia de lo *queer* funciona «como un pretexto para entrar a fondo en otros subtemas de no menor singularidad» (González López 36), pero lo definitivamente significativo de *El último bolero* es que, a partir del reconocimiento de la sexualidad, puedan alumbrarse otras cuestiones determinantes como la división de la familia por el exilio, el egoísmo de los padres y los hijos, el dolor de la soledad, la capacidad de perdonar, y la valentía de volcar en palabras la memoria.

Después de haber llevado a las tablas *Musmé*, sobre ese mito del travestismo habanero, Nelson Dorr incursiona con *Santera* en la figura de una sacerdotisa afrocubana, negra y lesbiana. Todavía recuerdo la impresionante interpretación de Natacha Díaz en el estreno mundial del monólogo. Por el relato de la protagonista sabemos de las burlas de la infancia, del hastío que causa en ella tener que vivir bajo la presión del *qué dirán*, de su primer beso de mujer, de lo que se despertó en su cuerpo cuando la tuvo delante a Ella. Por la posesión de los seres que *pasan* por el cuerpo de la sacerdotisa conocemos que le advirtieron que se cuidara de esa pasión enferma, que se alejara de Ella porque

---

* En 1996 Héctor Quintero había estrenado *Te sigo esperando*, donde la protagonista era una lesbiana de clóset, cuyo sueño de pequeña era poder llegar a ser bombero.

solo traería dolor y daño. Como en *Otra historia*, de Monge Rafuls, aquí la intolerancia de los orishas hacia la homosexualidad es manifiesta. La santera decide transgredir el consejo sagrado de las deidades y terminará increpándolas por no haberle permitido un momento de felicidad. El dolor por la pérdida, como las olas del mar en que desapareció Ella, la golpea con fuerza. Y su última transgresión es destruirlo todo.

De hortensias y de violetas, de Esther Suárez Durán, plantea por primera vez en la dramaturgia cubana los dilemas de una familia homoparental que quiere tener un hijo. Escrita en 1999, obtuvo en 2004 el premio del concurso La escritura de la diferencia y se estrenó en marzo de 2007 en la sala del Museo de Arte Colonial bajo la dirección de Nelson Dorr. Además de los cuestionamientos a la familia tradicional y a su función como institución de la sociedad, Gabriela y Alejandra, las protagonistas, tienen que enfrentar los vacíos legales en una sociedad que, como la cubana, todavía tiene mucho por recorrer en ese sentido. Al deseo de Alejandra de «encajar» en la sociedad como una familia cualquiera —en lo que llamaríamos un proceso de homonormatividad—, Gabriela responde con verdades que denotan la división de esa misma sociedad a la que Alejandra quiere traer un hijo: «Los hombres discriminan a las mujeres. Los hombres y las mujeres discriminan a los homosexuales. Los hombres homosexuales discriminan a las mujeres homosexuales. Las mujeres homosexuales se discriminan entre sí. ¿Y a un mundo semejante quieres tú traer otro ser humano?». Por razones médicas Alejandra no podrá conseguir su deseo. Y al final Gabriela cederá en la mejor de las maneras posibles. A fin de cuentas, de lo que se trata es de vivir, aunque para ello tengan que alternar, como en las flores que titulan la obra, la fortaleza y la fragilidad.

Con *Escándalo en La Trapa* —publicada por primera vez en 2000 y se estrenada en 2005 bajo la dirección de Tony Díaz— José R. Brene acude a la biografía de Enriqueta Faber o Favez, la francesa que se instaló bajo ropas de hombre en la Baracoa de la colonia y ejerció la profesión de médico. El relato está organizado de manera retrospectiva, y articula la confesión del monje agonizante que es Enriqueta en sus postreros días con los fragmentos de vida que le va revelando al Abad. Tras la muerte de su esposo en la batalla de Wagram, Enriqueta deviene Enrique y marcha al Nuevo Mundo. Consciente de las estructuras sociales que oprimen a la mujer, de las imposibilidades de superación o del confinamiento que muchas veces supone para ellas la institución del matrimonio, su visión ideal convierte a Juana y a la esclava Mercedes en su proyecto utópico de salvación. Pero el engaño se descubre y Enriqueta pagará caro su transgresión. Brene destaca el aldeanismo de la mentalidad provinciana, la falsa moral de los pueblos pequeños, el peso de la Iglesia y los horrores de la esclavitud. Sin embargo, lo que pudo haber sido una obra transgresora en términos de reivindicación de la figura histórica que la inspira, termina siendo la ilustración aproblemática de un caso eminentemente problemático. Más atractivo hubiera sido, por ejemplo, indagar en las posibilidades subversivas que brinda el matrimonio con Juana. A pesar de la advertencia de no consumación que le hace Enrique, ¿qué tan creíble puede ser que Juana acepte el ofrecimiento de matrimonio y luego se resigne al ayuno de la vida conyugal? Siendo Enrique la sensación de la Villa Primada, ¿habría resistido Juana estoicamente sin siquiera arrimársele un poco, viviendo como viven en la misma casa? Son preguntas para las que no tenemos respuesta, pero que de haberse abordado hubieran traído más escándalo a esa última confesión en La Trapa.

El béisbol ha sido un tema de la dramaturgia cubana desde *Habana y Almendares, o los efectos del béisbol* (1892) de Ignacio Sarachaga. Después vinieron ¡Vapor Correo! de Raimundo Cabrera (1888), *Llévame a la pelota* de Ignacio Gutiérrez (1971), *Penumbra en el noveno cuarto* (2003) de Amado del Pino y *Béisbol* (2008) de Ulises Rodríguez Febles. A esa genealogía de obras escritas en la Isla se incorpora en 2001 *El pasatiempo nacional* de Raúl de Cárdenas, que su autor revisó en 2005 y publicó en

2010. El beisbol es aquí, además de una de las pasiones nacionales, el prisma desde el cual se dimensionan la realidad del país y las relaciones afectivas entre los personajes. Miguel Ángel es un pelotero que pudo tenerlo todo pero que ha caído en desgracia luego de haber sufrido las consecuencias de pensar diferente. Entrena a Yuri, una joven promesa de la pelota nacional, y en los entrenamientos va surgiendo la atracción entre ambos hasta que el juego entre el pitcher y el cátcher cobra otra dimensión. A pesar de la situación política extenuante, de la chivatería de César —el padre de Miguel Ángel— y de no poder vivir su relación plenamente, Miguel Ángel y Yuri se aman. Es un amor auténtico, doblemente transgresor: porque son dos hombres y porque son peloteros, a quienes se supone machos varones masculinos, a toda prueba. Precisamente uno de los aciertos de De Cárdenas es que sus personajes no tienen ningún conflicto entre su masculinidad y su orientación sexual. La salida del país de Yuri convierte la relación en promesa de pronta reunificación, pero las cosas nunca son como se piensan y la gran historia de amor termina como suelen terminar las grandes pasiones. La obra, sin embargo, nos deja la siguiente pregunta: ¿cuál es entonces el pasatiempo nacional, el béisbol, la homosexualidad, o esa vocación tan arraigada de hacer daño y joder al otro?

Como hiciera en *Lorca con un vestido verde* (2003), Nilo Cruz regresa a la figura del poeta granadino en *La belleza del padre*, escrita en 2006. Si en aquella primera el autor de *El público* era el protagonista, en *La belleza…* es una presencia que acompaña a Emiliano, el padre, cuya hija viene a visitarlo después de mucho tiempo sin verse. La llegada de Marina rearma el mapa afectivo de la casa y del padre. Ella se siente atraída por Karim, el joven marroquí que vive junto con el padre y con Paquita, pero descubre en medio de un eclipse de sol que Karim es, o ha sido, el amante de su padre, y que se ha casado con Paquita para regularizar sus papeles. La muchacha será entonces como esa Luna que se interpone entre los dos astros, y la noche se hará real y metafórica. Emiliano tendrá que conciliar entre el padre que quiere ser para su hija y el deseo que siente por Karim, pero Marina renuncia a su posibilidad de felicidad para propiciar la de su padre. A los reclamos de Karim, responde: «Te enseñaré a amarlo tanto como me amas a mí». Y su gesto la inscribe en esa galería de amores encrespados e imposibles que pueblan la dramaturgia poderosa de Nilo Cruz.

Chamaco, de Abel González Melo —estrenada por Argos Teatro el 25 de mayo de 2006 en el Noveno Piso del Teatro Nacional de Cuba bajo la dirección de Carlos Celdrán—, se estructura siguiendo las pautas de un informe policial. De hecho, el autor la subtitula «Informe en diez capítulos (para representar)», lo que nos remite a un soporte de registro que ha sido recuperado de la realidad y que estructura el texto. No se busca el acontecer cronológico de la fábula sino su reorganización en un modo que recuerda aquella idea de Harold Pinter de que mientras más aguda es la experiencia, más desarticulada es su expresión. Lo que resalta en *Chamaco* y la convierte en una obra única dentro del registro de lo *queer* en la dramaturgia cubana es la constante que verifican los personajes masculinos: todos, de una forma u otra, mantienen una relación sui generis con el sexo; entre todos construyen un ajedrez de apariencias, una manera polimorfa de asumir la sexualidad: a Kárel le gustan las mujeres, pero se prostituye con hombres; su tío Felipe Alejo es un «viejo maricón»; Miguel es el típico enamoradizo que siempre anda buscando novias; Alejandro estuvo casado, ahora enviudó y hace las calles de madrugada buscando pingueros; La Paco es un travesti y Saúl Alter, un macho policía, su marido. Además del signo de interrogación que la obra traza sobre las sexualidades permitidas, *Chamaco* devela también la desintegración de la familia patriarcal, proceso que genera otros tipos de familias. Como afirma Lillian Manzor, «No solo el espacio público es tomado por los deseos y las relaciones *queer*, sino que el espacio del hogar, de la intimidad, también va a ser reconfigurado como un espacio de resistencia a la heteronormatividad, aun en el caso de deseos entre hombre y mujer» (67). Visto desde el canon, Kárel Darín no es un modelo a imitar. Sin embargo, la simpatía se establece con él a partir de cómo afronta su caída, cómo arremete contra sí mismo en una actitud de resonancias edípicas que devela, detrás de ese último gesto, una sociedad disfuncional que tiene en las transacciones del deseo su marca más oscura, y que González Melo explora también en *Nevada* y *Talco*, donde la intersección entre la sexualidad de los personajes y problemáticas como la emigración, la extorsión paraestatal o el consumo de drogas continúa la documentación de esa otra vida habanera que se despierta justo cuando cae la noche.

Autor de ese poema ya canónico en la literatura cubana que es «Vestido de novia», Norge Espinosa Mendoza ha tratado también la temática *queer* en títulos como *Romanza del lirio* (1997), *Ícaros* (2003) y en una versión de *El patico feo* (2006) para Teatro de las Estaciones, donde la fealdad del protagonista se entendía como posibilidad para el deseo diferente. En *Trío*, obra de 2003, Adoración, una diva del travestismo ya en la tercera edad, regresa a La Habana para rearmar el mapa de la ciudad que tiene delante a partir del que guarda en su memoria. Pero esa Habana no existe, y su antiguo glamour ha quedado sepultado bajo los derrumbes y los basureros. Además de los detalles de esa vida habanera de antaño, trae también la petición de que su sobrino Ismael se vaya con ella a Miami, suceso que desencadena no pocas tensiones entre este último e Isaac, su amante. A modo de secreto regalo, o venganza, los amantes le presentan a Ángel, un oscuro objeto de deseo que encarna toda la belleza y la autodestrucción de los que trafican con del deseo homoerótico en una ciudad que, como reconoce la propia Adoración, sabe cobrar muy caro su nostalgia.

En *Madame Yourcenar y Miss Grace*, estrenada en 2006, Salvador Lemis recupera la figura de la escritora francesa para imaginar sus últimos días en Mount Desert. Madame está segura de que «Todas las mujeres aman a una mujer: se aman apasionadamente a sí mismas. Y su propio cuerpo suele ser la única forma que ellas consienten en hallar hermosa». Para poder vivir su historia juntas, tienen que refugiarse en un lugar apartado —ese «pequeño placer en el monte desierto»— , lejos de las miradas indiscretas y los flashes de las cámaras. Es un amor al que también puede costarle muy caro decir su nombre. El deseo homoerótico cataliza desde la primera sonrisa en el cafetín londinense hasta las reacciones frente a las radiografías que muestran cómo el cáncer avanza dentro de Grace. Las tensiones con esta última, la obsesión por la escritura, y el pasado que vuelve para atormentarla con recuerdos a veces no tan gratos acompañan a Madame. Los cuadros se suceden como en esas películas en sepia donde hay que imaginar lo que lleva dentro cada personaje y las variaciones de la realidad articulan los días postreros de una vida y una carrera literarias donde Amor siempre fue, para Madame, «su duro ídolo».

Soledades, de Alberto Sarraín —director de amplia y sostenida trayectoria—, estuvo entre las finalistas del Premio de Dramaturgia Virgilio Piñera 2006. El texto es una suerte de exorcismo onírico donde la organización de la fábula sigue el principio de la gramática del inconsciente y de los sueños, que opera por yuxtaposición y no por coordinación. Desde claves intertextuales que remiten a la poesía de Cernuda o a citas de *El mago de Oz*, se articulan los momentos fundacionales de la personalidad de Adrián y Luis, moldeados por esos mecanismos castrantes que son el padre autoritario, las figuras femeninas con su carga de ternura y manipulación, el peso de la institución de la Iglesia y una sociedad donde «uno tiene que hacer un esfuerzo para ser como los demás», como se da cuenta Adrián desde muy temprano. La vida de ambos coincide en un proyecto que intenta precisamente entender al diferente —en este caso, los pacientes de esquizofrenia— desde su propia diferencia. Y esa es una de las ideas que sostienen la utopía del texto: que la diferencia no tenga que conformarse solo con el espacio de tolerancia y confinamiento que le permitan, sino que pueda llegar incluso al lugar «donde habite el olvido».

Precisamente Alberto Sarraín integra el jurado que otorga el Premio David a *Vacas*, de Rogelio Orizondo, y prologa la primera edición de la obra, donde destaca cómo el texto «asume una visión posmoderna de la homosexualidad que deja de ser categoría para convertirse en circunstancia» (11). Con *Vacas*, la figura de la lesbiana aparece articulada mediante una relación homoerótica triangular. La obra presenta tres modos de ver la realidad. Desde la raza de Betina. Desde la historia familiar de Liuba. Desde el puesto de trabajo de Eva. Cada una encarna a nivel simbólico una problemática social: la vivienda, la salud o la alimentación. Pero no hay trauma ni conflicto en el trío. Ni sobresalto en que la vulva africana que amuebla la imaginación de Liuba acabe por concretizarse entre las piernas de Betina. La desproblematización de la homosexualidad en la dramaturgia cubana alcanza con *Vacas* un punto de interés precisamente porque ellas no tienen dificultad ninguna en pasar por la realidad del día a día con la misma tranquilidad con que los cuerpos bovinos se suceden frente a la oficina de Eva.

Con una significativa trayectoria en el teatro para niños y de títeres, Christian Medina concibe *Franjas de luz* también desde esa estética de lo sombrío que tanto comparte con las figuraciones del Tim Burton de *The Nightmare Before Christmas* o *Corpse Bride*. Fernando y Samuel han escapado de la provincia huyendo de una familia disfuncional, y a partir de su encuentro en La Habana comienzan una relación donde cada uno oculta al otro un trozo de sí que le preocupa o le atormenta. Fernando se prostituye con extranjeros y Samuel debe cumplir una promesa hecha al hermano muerto, que regresa a recordárselo. El padre ausente de Samuel no es menos significativo que la madre proxeneta de Fernando, a quien no le interesa lo que haga su hijo siempre y cuando pueda ayudarla económicamente. Samuel ahuyenta sus pesadillas con carboncillo y papel, pero las de Fernando dejan marcas más profundas. Cuando quiere salirse del negocio, tiene que afrontar las consecuencias. Al final, intuyen que son dos existencias que solo se tienen a sí mismas y esa es razón suficiente para seguir adelante.

Eugenio Hernández Espinosa regresa con el monólogo *Gladiola la Emperatriz*, estrenado en 2010, al tema de los excluidos. Autor de textos canónicos de la dramaturgia cubana como *María Antonia* o *Mi socio Manolo*, en *Gladiola…* repasa varios de los conflictos comunes a la vida del travesti: la incomprensión social, la intolerancia de la figura paterna, pero también la experiencia de las UMAP, donde Gladiola fue Emperatriz de la noche. Gracias a su inventiva personal, convirtió aquellas barracas repletas de tristeza y melancolía en una versión hilarante, tropical y de bajo costo del Folies Bergère: «Teñí los mosquiteros de rosa. Las literas las convertimos en pista de cabaret. Inventé un show a lo Rodney. Los sombreros los convertimos en pamelas ornamentadas con flores de romerillo. Hicimos regios vestidos de lentejuelas con vidrios de las botellas de cristal. Nuestras túnicas estaban impregnadas de diminutas luces que centelleaban bajo los faroles de kerosene». Fue la divina emperatriz de aquellas barracas repletas de excluidos. Su voluntad de permanencia alumbró las noches del campamento. Por eso *Gladiola la Emperatriz* permanece como un interesante relato donde la alegría del travestismo vehiculiza traumas que hoy, todavía, merecen discutirse.

Diez millones, de Carlos Celdrán, regresa a un momento crucial en la historia del país. Mediante una escritura muy personal que partió del diario íntimo en el que el autor fue registrando su experiencia de esos años, *Diez millones* demuestra que la revisión de los hechos históricos, una vez lejanos en el tiempo, puede descubrir obsesiones y verdades que nos acompañan todavía. Celdrán accede a la Historia desde su historia. Y mientras el país se esfuerza por cumplir la zafra que da título a la obra y los sucesos de la Embajada del Perú desencadenan el éxodo del Mariel, un muchacho se descubre a sí mismo desde el deseo, y moviliza sus estrategias de sobrevivencia para acomodarse y ser como los demás. Una lectura *queer* apuntaría también a cómo la familia fragmentada ofrece modelos de interés. La Madre se declara «una fanática de la virilidad». Es una mujer a quien la política abrió las puertas de la realización personal. Y la supo aprovechar: «Fue un despertar que arrasó con el sueño de convertirme en la buena mujer casada, madre obediente del primer hijo varón. […] Una mujer con poder era algo tan inaudito e inconcebible en ese tiempo que me dio rápidamente un aura de atracción […] Una mujer con poder es más fuerte que un hombre con poder». Frente a ese modelo de mujer integrada e implicada en el fragor de un país en revolución, el Padre terminó reducido «a nada, un hombrecito mediocre que buscaba en la rutina familiar la felicidad», condenado a aguantar en silencio «la humillación que eso implicaba para un hombre en un pueblo pequeño donde todo se sabe». Como en el antiguo teatro ateniense, en *Diez millones* la Historia es lo que el dramaturgo haga con ella. *Diez millones* nos regala la pregunta. «¿Qué hacer con la verdad cuando todo está hecho?». En ese sentido, el texto de Celdrán no condena. Tampoco alecciona. Solo propone un itinerario dentro de un complejo mapa de conductas en el que muchas de nuestras historias personales pueden encontrar sus resonancias. Siempre será mejor la impasibilidad de la escritura, porque hablar, «Hablar es caro, imposible».

VI

Cuando concluyo este prólogo, el archivo dramático *queer*, afortunadamente, ha seguido creciendo. Pedro R. Monge Rafuls termina *Los franceses no son de La Habana*, una apropiación *queer* del mito de Yarini. Ulises Cala escribe *Horses*, Eddy Díaz Souza *Mal tiempo y un poema sombrío* y Raúl de Cárdenas *UMAP*. Legna Rodríguez Iglesias obtiene el Premio Casa de las Américas en la especialidad de teatro con *Si esto es una tragedia yo soy una bicicleta*, que protagoniza una pareja de mujeres, y la plataforma escénica experimental Osikán estrena *BaqueStriBois (BsB)*, proyecto escénico transdisciplinario sobre la prostitución masculina gay en Cuba.

En el largo camino transcurrido entre *Esta noche en el bosque* y *Diez millones* lo *queer* abandona la tierra heredad de la metáfora hasta construirse en el centro generador de la fábula. El cambio de paradigma se da cuando para los sujetos *queer* representados la identidad sexual deja de ser un problema, la homosexualidad ya no es una minusvalía —biológica, social— y desde el espacio de reflexión que propicia da cuenta de sus vínculos con los campos histórico, político, social. Para muchas de las obras aquí antologadas la propia biografía de los artistas es el punto de partida desde el cual se articula el relato, en provechosos ejercicios de autoficción. La predilección por las periferias y la nocturnidad; la irrisión de etiquetas como «hombría» o «femineidad», entre otras; los padres autoritarios y las madres castrantes; el regreso a la infancia como etapa definitoria para el desarrollo de la individualidad; el intento de conciliación de mundos incompatibles —homosexualidad y religión, carnaval revolucionario y mariconería—; la recuperación de *queers* famosos como Lorca, Cernuda o Yourcenar; la recurrencia a Olga Guillot y las referencias a Colón y la empresa del descubrimiento —quizás como cita al propio descubrimiento de la sexualidad en los personajes— son algunas de las claves que conectan secretamente los textos de *Cuba Queer* y verifican en ellos los itinerarios de ese deseo diferente que se lanza del clóset de la Isla al Gran Teatro del Mundo, y deja ver, tras mucho tiempo detrás de las máscaras, los rostros verdaderos.

Ernesto Fundora
Miami Beach, 7 de septiembre de 2017

OBRAS CITADAS

Arrufat, Antón. *Virgilio Piñera entre él y yo*. La Habana: Ediciones UNIÓN, 2002.
Barquet, Jesús J. «Dos obras "cubanas" de Manuel Martin Jr.: *Swallows* y *Sanguivin en Union City*». *Contextos* 11.13 (2007): 165-178.
Boudet, Rosa Ileana. «Introducción». Flora Díaz Parrado. *El velorio de Pura*. Coral Gables: La Torre de Papel, 2001, III-XII.
_____. *Teatro cubano: relectura cómplice*. Santa Mónica: Ediciones de la Flecha, 2011.
Brene, José A. «El Gallo de San Isidro». *Teatro*. La Habana: Letras Cubanas, 1982, 115-199.
Bulman, Gail A. *Staging Words, Performing Worlds: Intertextuality and Nation in Contemporary Latin American Theater*. Lewisburg: Bucknell University Press, 2007.
Cano, Osvaldo. «*Madonna y Víctor Hugo*: la tragedia de la soledad». *Tablas* 2 (2000): 68-70.
Carrió, Raquel. «Tres autores de transición». *Tablas* 2 (1982): 17-24.
_____. «Una pelea cubana por la modernidad». *Primer acto* 225 (1988): 60-73.
Casas, Bartolomé de las. «Fragmento de la *Apologética histórica*». Ana Cairo y Amaury Gutiérrez (eds.). *El Padre Las Casas y los cubanos*. La Habana: Editorial de Ciencias Sociales, 2011, 70-85.
Conejero-Tomás Dionís-Bayer, Manuel Ángel. «Introducción». William Shakespeare. *Sueño de una noche de verano*. Edición bilingüe del Instituto Shakespeare dirigida por Manuel Ángel Conejero. Madrid: Cátedra, 2016, 7-53.
Díaz Parrado, Flora. «Preámbulo». *5 cuentos y El velorio de Pura*. La Habana: Editorial Alfa, 1941, 7-8.
«El Primer Congreso Nacional de Educación y Cultura». *Revista de la Biblioteca Nacional de Cuba José Martí* 2 (1971): 5-17.
Epps, Brad. «Retos y riesgos, pautas y promesas de la teoría queer». *Debate Feminista* 36 (oct. 2007): 219-272.
Epstein B.J. y Robert Gillett. «Introduction». *Queer in Tanslation*. London / New York: Routledge, 2017, 1-7.
Escarpanter, José A. «El teatro en Cuba en el siglo XX». Tesis de Grado. Facultad de Filosofía y Letras. Universidad de La Habana. 2 vols. 1956. (inédito)
_____ y José A. Madrigal. «Introducción». Carlos Felipe. *Teatro*. Edición a cargo de José A. Escarpanter y José A. Madrigal. Boulder: Society of Spanish and Spanish-American Studies, 1988, 11-64.
Espinosa Mendoza, Norge. «Bajo la luz de un sol extraño: homoerotismo y teatro en Cuba». *Escenarios que arden. Miradas cómplices al teatro cubano contemporáneo*. La Habana: Letras Cubanas, 2012, 492-539.
Estella, Iñaki. «Performatividad». R. Lucas Platero, María Rosón y Esther Ortega (eds.). *Barbarismos* queer *y otras esdrújulas*. Barcelona: Edicions Bellaterra, 2017, 332-337.
Estorino, Abelardo. «La casa vieja». *Teatro completo*. La Habana: Ediciones Alarcos, 237-283.

Fornaris, José y Joaquín Lorenzo Luaces (eds.). *Cuba Poética. Colección escogida de las composiciones en verso de los poetas cubanos desde Zequeira hasta nuestros días*. Habana: Imprenta y Papelería de la viuda de Barcina, 1858.

Fundora, Ernesto. «Una cuestión sanitaria. Mirada clínica y políticas del cuerpo en *Electra Garrigó*, de Virgilio Piñera». *Tablas* 4 (2012): 48-58.

González, Jorge Antonio. *Cronología del teatro dramático habanero 1936-1960*. La Habana: Centro de Investigación y Desarrollo de la Cultura Cubana Juan Marinello / Centro Nacional de Investigaciones de las Artes Escéncias, 2003.

González Freire, Natividad. *Teatro cubano (1927-1961)*. La Habana: Ministerio de Relaciones Exteriores, 1961.

González López, Waldo. «Las temblorosas palabras». *Tablas* 1-2 (1999): 35-36.

Halperin, David M. *San Foucault. Para una hagiografía gay*. Traducción de Mariano Serrichio. Buenos Aires: El Cuenco de Plata, 2007.

Leal, Rine. *Breve historia del teatro cubano*. La Habana: Letras Cubanas, 1980.

Manzor, Lillian. «Chamacos en el sur global». *Latin American Theatre Review* 46.1 (Fall 2012): 59-72.

Martínez, Juan Carlos. «Memoria, paradoja y otros demonios: desmantelando la homofobia». *La Má Teodora* 3-4 (abr.-sept. 1999): 72-76.

Montes Huidobro, Matías. *El teatro cubano durante la República: Cuba detrás del telón*. Boulder: Society of Spanish and Spanish-American Studies, 2004.

Morín, Francisco. *Por amor al arte. Memorias de un teatrista cubano. 1940-1970*. Miami: Ediciones Universal, 1998.

Pérez-Sánchez, Gema. *Queer Transitions in Contemporary Spanish Culture: From Franco to la Movida*. New York: State University of New York Press, 2007.

Pino, Amado del. «Abilio Estévez: del sueño del mago al delirio del poeta». *Sueños del mago*. La Habana: Ediciones Alarcos, 2004, 111-148.

_____. «El zapato sucio». Ernesto Fundora (ed.). *Dramaturgia cubana contemporánea. Antología*. México D.F.: Paso de Gato, 2015, 33-61.

Piñera, Virgilio. «Aire frío». *Teatro completo*. La Habana: Ediciones R, 1960, 275-398.

_____. «Clamor en el penal». *Albur* III Número especial (1990): LXXXVI-CXXIII.

_____. «Clamor en el penal [Primer cuadro]». *Baraguá* (16 de septiembre de 1937): 6, 10.

_____. «Piñera teatral». *Las palabras de El Escriba. Artículos publicados en* Revolución y Lunes de Revolución *(1959-1961)*. Edición de Ernesto Fundora y Dainerys Machado. La Habana: Ediciones UNIÓN, 2014, 207-223.

Preciado, Paul B. «Historia de una palabra: *queer*». *Parole de Queer*, 15 de abril-15 de junio, 2009. (Consultado el 28 de agosto de 2017) URL: http://paroledequeer.blogspot.com/p/beatriz-preciado.html

Rivero, Bárbara. «2.6.2 J.A. Ramos y F. Díaz Parrado». Instituto de Literatura y Lingüística José Antonio Portuondo Valdor. *Historia de la literatura cubana. Tomo II: La literatura cubana entre 1899 y 1958. La República*. La Habana: Letras Cubanas, 2003, 626-631.

Sáez, Javier. «*Queer*». R. Lucas Platero, María Rosón y Esther Ortega (eds.). *Barbarismos* queer *y otras esdrújulas*. Barcelona: Edicions Bellaterra, 2017, 371-388.

Sarraín, Alberto. «Novísima dramaturgia cubana». Rogelio Orizondo. *Vacas*. La Habana: Ediciones UNIÓN, 2008, 7-12.

Sullivan, Nikki. *A Critical Introduction to Queer Theory*. New York: New York University Press, 2003.

Villabella, Manuel. «Virgilio Piñera y el Camagüey». *Tablas* 3 (2002): 25-27.

Villoch, Federico. «La isla de las cotorras». Eduardo Robreño (ed.). *Teatro Alhambra*. La Habana: Letras Cubanas, 1979, 299-372.

ESTA EDICIÓN

Al ser una muestra relativamente amplia de textos teatrales, y teniendo en cuenta que en dramaturgia es clave la relación entre el uso del lenguaje y la caracterización de los personajes, se ha respetado la manera en que cada autor destaca o no las palabras provenientes de otros idiomas y las onomatopeyas, las inconsistencias en el uso de expresiones con más de una grafía posible y el énfasis en vicios del lenguaje —empleados en función del retrato lexicológico de los personajes o como marcas del español de las épocas, las comunidades y los estratos sociales que se representan.

Además de corregir las erratas y los errores evidentes, y algún que otro signo de puntuación que no alterase ni intención ni sentido, se reproducen fielmente los textos según las fuentes a partir de las cuales se transcribieron y cotejaron, y que aparecen aquí relacionadas. Los que no se incluyen en el listado de fuentes, es porque se publican a partir del texto en formato digital que enviaron sus autores, bien porque ya lo tuvieran así, bien porque estuvieran aún inéditos, bien porque se trate de versiones actualizadas. Durante el proceso de edición fueron consultadas otras publicaciones de los textos incluidos en esta antología para rectificar o corroborar variaciones, añadiduras u omisiones. En el caso de las fuentes, se señalan entre corchetes las ediciones confrontadas. Para los que se editaron a partir del texto ya digitalizado, se incluyen las ediciones consultadas en el listado correspondiente.

Fuentes

Barceló, Randy. *Canciones de la vellonera*. Princeton: The Presbyter's Peartree, 1996.
Brene, José R. «Escándalo en La Trapa». *Tablas* 3 (2000): V-XXVII.
Corrales, José. *Nocturno de cañas bravas*. Princeton: The Presbyter's Peartree, 1994.
Díaz Parrado, Flora. «El velorio de Pura». *5 cuentos y El velorio de Pura*. La Habana: Editorial Alfa, 1941, 59-124.
Espinosa Mendoza, Norge. «Trío». Omar Valiño (ed.). *Al borde de la Isla. Seis dramaturgos cubanos*. La Habana: Ediciones Alarcos, 2012, 189-272.
Estévez, Abilio. «La noche». *Un sueño feliz. La noche*. San Juan: Folium, 2013, 113-222.
[Confrontado con las ediciones anteriores del texto en *Tablas* 3 (1998): 1-18; y *Un sueño feliz. La noche*. La Habana: Letras Cubanas, 1998, 71-137.]
Felipe, Carlos. «Esta noche en el bosque». *Teatro*. Edición a cargo de José A. Escarpanter y José A. Madrigal. Boulder: Society of Spanish and Spanish-American Studies, 1988, 65-115.

González Melo, Abel. *Chamaco*. La Habana: Ediciones Alarcos, 2006.

Martin Jr., Manuel. «Sanguivin en Union City». Carlos Espinosa Domínguez (ed.). *Teatro cubano contemporáneo*. Madrid: Centro de Documentación Teatral / Sociedad Estatal Quinto Centenario / Fondo de Cultura Económica, 1992, 781-782, 789-857.

Milián, José. «Las mariposas saltan al vacío». *Si vas a comer, espera por Virgilio*. La Habana: Ediciones UNIÓN, 2000, 199-259.

Monge Rafuls, Pedro R. «Otra historia». *Teatro entre dos siglos*. Selección de Ernesto Fundora. Estudios preliminares de Heidrum Adler e Isabel Carolina Caballero. Jackson Heights: Ollantay Press, 2012, 63-120.

Pedro, Alberto. «Pas de deux sobre el muro». *Teatro mío*. Compilación, prólogo y notas de Vivian Martínez Tabares. La Habana: Letras Cubanas, 2009, 469-505.

Prieto, Iliana y Cristina Rebull. «El último bolero». Waldo González López (ed.). *Cinco obras en un acto*. La Habana: Letras Cubanas, 2001, 195-237.

[Confrontado con la edición anterior del texto en *Tablas* 1-2 (1999): 1-13.]

Sarraín, Alberto. «Soledades». *Teatro cubano actual. Obra premiada y finalistas*. La Habana: Ediciones Alarcos, 2008, 71-126.

Troyano, Alina. «Milk of Amnesia / Leche de Amnesia». *The Drama Review* 39.3 (1995): 94-111.

[Confrontado con las ediciones posteriores del texto en Alicia Arrizón y Lillian Manzor (eds.). *Latinas On Stage*. Berkeley: Third Woman Press, 2000, 118-137; Holly Hughes y David Román (eds.). *O Solo Homo: The New Queer Performance*. New York: Grove Press, 1998, 22-47; y Alina Troyano. *I, Carmelita Tropicana: Performing Between Cultures*. Boston: Beacon Press, 2000, 52-71.]

Ediciones consultadas

Alfonso, Raúl. «El grito». Miguel Terry. Raúl Alfonso. *Laberinto de lobos. El grito*. La Habana: Letras Cubanas, 1994, 55-76.

Cárdenas, Raúl de. «El pasatiempo nacional». *Cuatro obras escogidas*. Miami: Alexandria Library, 2010, 245-323.

Celdrán, Carlos. «Diez millones». *Tablas* 3-4 (2016): 54-68.

Cruz, Nilo. *Beauty of the Father*. New York: Theatre Communications Group, 2008.

Fulleda León, Gerardo. «Remiendos». *Remolino en las aguas y otras obras*. Selección y prólogo de Inés María Martiatu. La Habana: Letras Cubanas, 2004: 151-165.

_____. «Remiendos». Miguel Cañellas Sueiras e Iliana Ferriol Martínez (eds.). *Monólogos en el Teatro Terry. Obras presentadas en los Festivales del Monólogo Cubano (2003-2009)*. La Habana: Ediciones Alarcos, 2010, 171-185.

Orizondo, Rogelio. *Vacas*. La Habana: Ediciones UNIÓN, 2008.

Suárez Durán, Esther. «De hortensias y de violetas». *Baños Públicos S.A. y otras obras*. La Habana: Letras Cubanas, 2003, 123-161.

Carlos Felipe

ESTA NOCHE EN EL BOSQUE

Carlos Felipe (La Habana, 1914-1975). Dramaturgo. A los once años escribió su primer drama sin haber ido aún al teatro. De formación autodidacta, estudió gramática, literatura, francés y leyó a los clásicos españoles. Con *Esta noche en el bosque* ganó el primer premio en el concurso teatral convocado por el Ministerio de Educación en 1939, y decidió dedicarse profesionalmente al teatro. Obtuvo los primeros lugares en los concursos ADAD de 1947 y 1948 con *El chino* y *Capricho en rojo*, respectivamente. Desde 1961 trabajó como asesor literario del Conjunto Dramático Nacional, agrupación que en 1965 estrenó *Réquiem por Yarini*, la que quizás sea su pieza más conocida, estrenada y estudiada. Otros títulos de su autoría son *El travieso Jimmy*, *Tambores*, *La bruja en el obenque*, *De película* e *Ibrahim*.

Personajes

Loreta
Lulú
Ana
Lucía
Rosalía
La Madre
La Hermana
Andrés
Félix
Antonio
Benito
Pepe Pulgas
Ricardo
Solís
Luis Ernesto
Criado, niñas, estudiantes, mujeres, marineros, esbirros, ninfas, invitados, damas, oficiales, etcétera.

La acción en la provincia de La Habana. Época actual (193…). Izquierda y derecha, las del actor.

ACTO PRIMERO

Una sala. Un diván; sillas. Mesa de trabajo: papeles, libros, teléfono. Estante con libros. En lugar visible de la pared, un almanaque. Cojines en el diván. Puertas: al foro, al exterior, y a la izquierda, al interior. Es de noche. Antonio escribe; suena el teléfono.

ANTONIO. Diga… Sí, sí… Muy bien… Estoy trabajando. Dígaselo al señor director… Esta noche tendrá el trabajo terminado. No he podido terminar antes… Lo siento mucho… Dígaselo. ¡Bien! *(Cuelga el receptor; sigue escribiendo. Entran Benito y Félix. Benito viste bien; Félix, modestamente. Se quitan el saco y el sombrero y lo ponen en cualquier sitio, en desorden).*
BENITO. Buenas noches, escritorzuelo.
ANTONIO. ¡Hola! *(Sigue trabajando).*
BENITO. *(Quitándose la corbata).* ¡Qué deseos tenía de llegar a este cuarto de mil demonios!
FÉLIX. Mientras más la subo, más alta me parece esta escalera.
BENITO. Este canalla le agrega escalones para que no vengamos a molestarle. Eh, monada… cuatro pisos por ver tu linda fisonomía. *(Le lanza un papel sobre lo que escribe).*
ANTONIO. *(Limpiando el borrón hecho).* Si has venido a molestarme ya te puedes marchar… *(Sigue escribiendo).* Algún día dispondré para ustedes de un elevador.
BENITO. Nos vendrá mejor un buen par de cómodas camillas, mi querido amigo, porque para entonces estaremos inválidos. Habremos dejado los pies en esta escalera infernal. *(Se desabrocha la camisa).*
ANTONIO. Hazme el favor de no desnudarte. Puede entrar alguna vecina y no quiero escándalos en mi casa.
BENITO. ¡Oh! ¡Qué romántica escena de *La Bohemia*! Ya oigo las notas de Puccini. ¿No es Puccini? ¡Oh, Puccini, Puccini!… Veo a Mimí. Haciendo gárgaras vocales, entra en mi alcoba. Al ver mi desnudez palidece; un agudo se le atraviesa en la garganta, y cae, cae desmayada. Yo la recojo en mis brazos, y dando berridos enternecedores, le declaro mi amor… ¡Mimí! ¡Mimí! *(Canta).*
FÉLIX. Cállate tonto. Están lejos los años en que nos reuníamos para aquellas travesuras inolvidables de la niñez.
BENITO. ¿Quién te lo ha dicho? Somos lo que éramos…
ANTONIO. *(Sin dejar de trabajar).* Pensamos que durante los meses que pasaste en el ingenio de tu padre ibas a cambiar ese carácter, que el demonio te lleve.
BENITO. No, mi querido amigo; estaban equivocados. Soy el mismo, y ustedes son los mismos también. A las travesuras de la niñez, siguen las calaveradas de la juventud. En eso estamos.

FÉLIX. ¿Calaveradas? ¡Bah! La calaverada es un estado feliz exclusivo de un medio distinto al nuestro.

ANTONIO. El medio social de Benito no es el nuestro.

BENITO. Razón tienen mis queridos amigos. Tengo los bolsillos repletos de dinero. ¿Cuánto quieren?

FÉLIX. Gástatelo con los parásitos que te rodean y te adulan.

ANTONIO. Nada quiero de ti sino que me dejes tranquilo.

BENITO. Pues no te dejaré. *(Tira otro papel para lo que escribe Antonio, quien limpia el nuevo borrón hecho).* Mal agradecido es el mundo. Acordarse de los amigos, subir cuatro pisos, para ser arrojado como un miserable. En estos momentos pudiera estar en una alegre fiesta, tomando licores sabrosísimos en sabrosísima compañía… ¡Ingratitud!

FÉLIX. Cuando has venido aquí es porque algo necesitas.

BENITO. *(Se ríe).* ¿Qué puedo necesitar, pobre loco? Lo único que tú puedes dar son insípidas conferencias sobre la mala distribución de la riqueza; y Antonio, ¿qué puede dar Antonio? Poesías infames y demostraciones de su ambición.

ANTONIO. Entonces, ¿a qué vienes?

BENITO. A verte, mi querido poeta.

FÉLIX. Durante dos años estuviste separado de nosotros. Conocíamos tu vida por los periódicos y revistas. Todo lo tenías: dinero, posición social, juventud, salud, alegría, ansias de vivir. Y en el olvido quedaron tus amigos, que, por estar demasiado bajos, no podían llegar hasta ti.

BENITO. Ya les he dicho que estuve en el ingenio de papá.

FÉLIX. Eso fue después. Lo leímos en el periódico: «El hijo del acaudalado hombre de negocios, abandona los deberes sociales y las justas deportivas, para dedicarse a la industria azucarera con su ilustre progenitor».

BENITO. Cierto. Y hace un mes abandoné los negocios y me reintegro ahora a mis viejas amistades, entre ellas, las de unos queridos muchachos llamados Félix y Antonio.

FÉLIX. El niño afortunado se aburre de la gente «bien» y vuelve a los pobres.

BENITO. No me trates así, Félix. Sé indulgente. Prefiero que me arrojes ese libro a la cabeza. ¡Anda! Sé que lo deseas. ¡Ahí tienes el blanco!

FÉLIX. Lo estoy deseando, sí; y ya que lo pides… *(Le tira el libro).*

BENITO. Muy bien. Que caiga sobre mí una biblioteca antes que oírte esas verdades tan verdaderas.

ANTONIO. Cuidado con mis libros. Usen los cojines.

BENITO. Ahí tienes uno… *(Tira un cojín a Antonio).*

ANTONIO. ¿Qué has hecho? ¡Me has manchado de tinta! *(Coge un libro que tiene cerca y se lo arroja a Benito. Este, dando gritos de contento, se esconde detrás de una silla y devuelve el libro a Antonio que lo recibe en el pecho. Antonio busca algo con que agredirlo).*

FÉLIX. *(Tomando un libro voluminoso del estante).* Aquí tienes el Diccionario de la Academia.

BENITO. ¡Perdón! ¡Perdón!

ANTONIO. Levántate, cobarde, y no molestes. Déjame trabajar. *(Sigue en su labor).*

FÉLIX. *(Por el almanaque).* No sabes el día en que vives. Arranca las hojas del almanaque. *(Arrojando hojas).* Jueves… viernes… sábado.

ANTONIO. No tengo tiempo. ¿Es hoy sábado?

FÉLIX. En un obrero es el colmo ignorar cuándo es sábado.

BENITO. A este las poesías lo han alelado. *(Se acuesta en el diván y fuma).*

ANTONIO. No puedo pensar en el momento en que vivo. Trabajo mucho. Desde las tres de la tarde estoy sentado aquí.

FÉLIX. ¿Has comido ya?

ANTONIO. Nada. Debo terminar antes.

FÉLIX. Son las nueve de la noche. Descansa un poco.

ANTONIO. No puedo.

FÉLIX. ¿Qué haces?

ANTONIO. Traduzco del inglés un trabajo que el director quiere publicar en el próximo número.

FÉLIX. ¿Por qué no lo traduce él? ¡No estás empleado de traductor de la revista!

ANTONIO. Dice el director que mis traducciones tienen personalidad.

BENITO. Es muy chistoso tu director. ¿Quién es?

FÉLIX. Uno de los tantos que viven del prójimo. Un atrevido sin escrúpulos que diciendo cosas agradables, y andando sobre las espaldas de los infelices, llega adonde quiere.

BENITO. La especie abunda.

ANTONIO. No barbarices, Félix. Es un hombre ilustre.

FÉLIX. Un desvergonzado que comenzó sus actividades públicas arrastrándose por los despachos de los hombres de gobierno; siempre acompañado de su bella esposa, por supuesto. ¿Miento?

ANTONIO. No quiero discutir. Pero lo cierto es que hoy el director es un hombre de prestigio.

FÉLIX. Así él lo dice. Y tú finges creerle, porque te conviene, pero sabes que no lo es.

ANTONIO. La opinión no es mía, ni de él.

FÉLIX. Ya lo sé. Es de otros, como tú.

BENITO. *(Distraído).* ¡Una mujer! ¡Una mujer! ¡Una mujer desnuda!

ANTONIO. Déjenme trabajar. No me molesten. *(Suena el teléfono).*

FÉLIX. *(Contestando).* Oigo… Espere. *(Antonio se levanta presuroso y le arranca de las manos el teléfono a Félix).*

ANTONIO. ¿Es usted, señor director?… Pero si estoy trabajando en la traducción… Le aseguro que le digo la verdad… No se enfurezca… Esta misma noche le llevaré el trabajo… Diga… ¡Muy bien!… ¿Alguna expresión del original? Dígame… Espere. Las copiaré. *(Escribe en un papel las palabras que el director le va dictando).* ¿Que invente yo algunas?… Nadie las entenderá. ¿Que no importa? Cuando usted lo quiere… No saldrá el trabajo con mi firma, ¿verdad?… Me alegro… Sí, dentro de una hora se lo llevo… También. No se preocupe. Está todo arreglado… No la conozco. Me ha dicho la dueña de la casa que es una muchacha joven, bonita y adaptable… sobre todo adaptable… Eso está arreglado. Es natural que la gratificación… Muy bien… Muy bien… La llevaré conmigo. ¿Estará usted solo?… Bien. *(Cuelga).* Félix, hazme el favor; abre el diccionario y busca palabras raras… No, es mejor que las inventes. Nadie conocerá el sentido. ¡Qué genial publicista es mi director! *(Continúa trabajando).*

FÉLIX. Al diablo tú y tu director; los sábados por la noche yo no trabajo para nadie.

BENITO. Ignoraba tus actividades de agente en el amor.

FÉLIX. Ese oficio no será honroso, pero sí lucrativo, ¿eh, Antonio?

ANTONIO. No les importa lo que yo haga. Una persona honorable con algunos caprichos. ¿Qué mal hay en ello?

FÉLIX. ¿Y la señora?

ANTONIO. De viaje.

BENITO. De negocios, seguramente.
FÉLIX. ¡Quién lo duda! ¿Cómo le llaman en literatura a ese tipo tan útil que haces?
BENITO. ¿No es Celestina?
FÉLIX. ¿Celestina? ¡Ah, sí! ¡Celestina! Pero no se lo podemos aplicar a nuestro Antonio. Suena muy mal eso de… Celestina.
ANTONIO. Cállate. ¿Cómo van tus amores con la sexagenaria?
BENITO. *(Se ríe)*. Interesante. Cuéntame esa historia.
FÉLIX. Es una aventura vulgar, deja de trabajar. Los sábados por la noche no se trabaja.
ANTONIO. No puedo. Debo terminar. *(Benito vuelve a tirar un cojín sobre lo que Antonio escribe)*. ¡Me has volcado el tintero! Poco faltó para que me estropearas el trabajo. *(Benito ríe)*.
FÉLIX. Tienes la culpa. Los amigos están antes que todos los directores. ¡Bien hecho! Descansa.
ANTONIO. *(Limpia y ordena los papeles)*. Un minuto. Pero después harán el favor de irse y dejarme tranquilo.
FÉLIX. Perfectamente. Nos iremos a un sitio donde no se conozca la palabra trabajo.
BENITO. Me quedaré aquí. Estoy muy cómodo. ¿Puedo quitarme los zapatos? *(Se los quita. Tocan a la puerta. Félix abre. Entra Lulú, viste mal y ridículo, con muchos adornos de mal gusto)*.
LULÚ. ¿Es aquí donde vive un tal Antonio?
ANTONIO. Aquí es. Entra.
LULÚ. ¿Quién es Antonio?
ANTONIO. Yo. Siéntate.
LULÚ. Gracias, porque estoy molida. ¡Esas escaleras!… Vengo de parte de… Bueno, ¡usted sabrá!
ANTONIO. Hace poco hablé con tu dueña. Se extrañó de que ya no hubieras llegado.
LULÚ. ¿Qué creerá esa vieja loca? Me hubiera dado dinero para un automóvil si quería que llegara antes.
ANTONIO. ¿Vienes de mal humor?
LULÚ. No, amor mío. ¿Por qué? Al contrario, es una felicidad no tener que mirarle la cara a esa vieja.
ANTONIO. ¿Qué instrucciones te dieron?
LULÚ. Que viniera a esta casa; que hiciera cuanto me mandasen y que no me ocupara de dinero, que ya te arreglarías con la dueña.
ANTONIO. Exactamente. Estás de suerte esta noche. Probablemente tendrás buena propina. El trabajo es sencillo.
LULÚ. ¿Toda la noche?
ANTONIO. Es posible.
LULÚ. ¿Cuánto le pagarás a la dueña?
ANTONIO. Eso no te importa. Es asunto nuestro.
LULÚ. Esa, como siempre, me estafará en el negocio.
ANTONIO. ¿Tienes deseos de trabajar?
LULÚ. Ninguno, amor mío. Pero conozco mi trabajo, a satisfacción. ¿Eres muy exigente?
ANTONIO. No se trata de mí.
LULÚ. ¿Ah, no? Y yo que empezaba a ponerme en carácter. Te iba a decir que me gustabas terriblemente y que eras un trigueño simpatiquísimo.
FÉLIX. ¿Qué edad tienes, desvergonzada?
LULÚ. Dieciocho, amor mío.
FÉLIX. Si no te pintaras tanto y tan mal los ojos serían hermosos. ¿Tienes padres?

LULÚ. ¿Quién se acuerda de ellos? No tengo padres ni marido… ¡estoy solita! Los hombres son unos tontos; siempre hacen las mismas cosas y las mismas preguntas.

BENITO. Produce un secreto y morboso placer el escuchar el drama de labios de protagonista.

ANTONIO. Y es que el dolor ajeno ahuyenta el propio.

LULÚ. ¿A qué dolor te refieres? ¡No seas idiota! No me duele nada.

FÉLIX. ¡Extraño! Las mujeres de tu clase siempre tienen una historia dolorosa que contar.

LULÚ. Yo caí en esto porque me dio la gana. Vi en una vidriera unos zapatos de tisú de plata que me gustaron; me estaba las horas como una estúpida ante el escaparate; era muy pobre; no tenía dinero… Y me decidí.

FÉLIX. ¿Con el primer transeúnte?

LULÚ. No, con el zapatero. Me hacía señas. Entré. Y cuando salí llevaba puestos los zapatos.

FÉLIX. ¿No echaste algo de menos?

LULÚ. No, porque llevaba los zapatos. ¿La honestidad? No seas cursi. Oía decir a mis amigas que eso era un estorbo. Tenían razón. ¡Y es tan fácil hacer creer que se tiene cuando es necesario!

FÉLIX. ¿Conservas aquellos zapatos?

LULÚ. Si la ladrona de la dueña no se los ha robado, deben de estar en mi baúl.

FÉLIX. ¿Por qué los guardas?

LULÚ. ¡Qué curioso eres! No he venido aquí a confesarme. Los guardo… ¡No sé por qué! ¿Quién vive aquí? Está bonito esto.

FÉLIX. ¿Te gustaría vivir aquí con nosotros?

LULÚ. ¿Con ustedes tres? No. Me molestarían demasiado. Viviría sola, para dormir tranquila. ¡Los hombres ponen una cara tan ridícula cuando duermen! Abren la boca, la mandíbula les cuelga; y roncan de un modo que me pone nerviosa.

FÉLIX. ¿Duermes sola?

LULÚ. Sola.

FÉLIX. ¿Y qué haces?

LULÚ. ¿Qué voy a hacer? Dormir.

FÉLIX. ¿Sueñas?

LULÚ. ¡Qué tonto eres! Todos soñamos.

ANTONIO. Te diré lo que tienes que hacer. Irás conmigo a casa de un hombre muy rico que quiere pasar la noche con una mujer joven y bonita como tú. Su esposa ha salido de viaje y él quiere aprovechar la noche. ¿Entiendes? Serás discreta. No hablarás demasiado alto para que no te oigan los criados. Beberás si él quiere que bebas, pero de ningún modo lo bastante para que te emborraches. Si él insiste en que sigas bebiendo, arrojas la bebida con disimulo —él, oportunamente te dará facilidad—, y fingirás una absoluta borrachera. Caerás en el suelo y te someterás a los pasatiempos que se te indiquen. Recuerda que debes de estar serena para evitar cualquier escándalo o accidente.

LULÚ. Entiendo.

ANTONIO. Harás que duermes, pero no dormirás. Observarás la hora. A las cinco de la mañana te marcharás. Sobre una mesa encontrarás la regalía que se te hace. No mencionarás el dinero.

LULÚ. Entiendo.

ANTONIO. Si en el momento de tu partida él te suplica que te quedes, no le harás caso. Vete. Si te detiene por la fuerza, le darás un fustazo en el pecho, sin miedo, que él no se defenderá. En ese caso cuidarás de que el fustazo vaya al pecho y no a la cara.

LULÚ. ¿Y la fusta?

ANTONIO. Llevarás una fusta y unas botas de militar.

FÉLIX. Tal vez le parezcan bien tus zapatos de tisú de plata.

LULÚ. No mezcles en esto mis zapatos.

ANTONIO. No te quitarás las botas en toda la noche.

LULÚ. ¡Qué incomodidad! Entiendo.

ANTONIO. Otro detalle importante. Cuando él te pregunte quién eres, le responderás que Catalina de Rusia.

LULÚ. ¿Catalina de Rusia? Muy bien. Apúntamelo. ¿Quién es esa señora?

ANTONIO. No te importa.

LULÚ. En absoluto. ¿Eso es todo?

ANTONIO. Todo. En esa habitación están las botas. Pruébatelas. Puedes descansar en mi cama hasta que nos marchemos.

LULÚ. ¡Cómo se reirían mis compañeras si me vieran con botas de militar…! *(Al pasar junto al diván, hace una caricia a Benito).* ¿Quieres enseñarme a ponérmelas?

BENITO. *(Que desde la llegada de Lulú ha tenido la cabeza tapada con un cojín). (Gesto de horror y repugnancia).* ¡No me toques!

LULÚ. *(Confusa, humilde, respetuosa).* Perdóneme… Perdóneme. No quise molestarle. *(Mutis izquierda).*

ANTONIO. ¿Te has vuelto escrupuloso en el ingenio de tu padre?

BENITO. Nada… Nada… Algo nervioso. Creo que me sobresalté.

FÉLIX. ¡Pobre muchacha! ¡Qué aburrimiento! ¡Qué tristeza! ¡Qué tediosa se presenta esta noche de sábado!

ANTONIO. Es sábado…

FÉLIX. Es sábado… fin de semana… ¡Bienaventurado *week-end*! *(Por Antonio).* Coge un cigarrillo, y olvida por esta noche a ese maldito director que te esclaviza y te degenera.

ANTONIO. Otros siete días que se van…

FÉLIX. Siete días que hacen una semana, una semana que es un eslabón de la cadena que nos une a un pupitre, a una mesa, a un martillo… Siete días que se llevan siete minutos de sueño; siete minutos de sueño que sepultan siete siglos de monotonía; monotonía que muere con las primeras luces de la noche de un sábado, para renacer mañana, con las horas de la tarde, en la paz y en el sosiego del domingo.

ANTONIO. Esta última semana fue agobiadora de trabajo para mí.

FÉLIX. Lo creo. Por tu esfuerzo la revista prospera, ya puedes decir que circula. Ayer la vi en manos de un señor calvo con gafas que leía interesado la página deportiva.

ANTONIO. ¿Un señor calvo con gafas? El yerno del director. Le publicamos un artículo sobre *base-ball*. Pero circulará. Viajaré a los Estados Unidos para estudiar el sistema de propaganda y circulación de las grandes publicaciones. He pensado también en la América Latina. No sería poco provechosa una visita a las repúblicas americanas. Estudiando sus costumbres y sus gustos.

FÉLIX. ¡Cállate! ¿De qué satisfacción gozaste el lunes que te lleva a volver al próximo?

ANTONIO. ¡Oh, el lunes! ¡Qué triunfo el mío el lunes! Necesitábamos un anunciante que tomara el dorso de la portada, y el director, que confía en mi talento, me encargó que lo buscara. ¡Qué orgulloso salí de la oficina! La empresa era difícil. Las dos de la tarde; en cada bocacalle que cruzaba recibía el aliento de las calles hirvientes. Desoladora peregrinación en pos de lo inalcanzable. Un comercio tras otro; oficinas, bufetes, industrias… Y yo andando; secando el copioso sudor que arruinaba mis arrestos. Hablaba, importunaba; insistía, volvía a insistir. Y allá, a las últimas horas, el triunfo; el hombre inexistente que existe y que declara vencido: «Me interesa su proposición». ¡Qué triunfo el mío el lunes!

FÉLIX. ¿Y el martes? ¿Y tu triunfo el martes?

ANTONIO. Fue de resistencia. Corregir pruebas. ¡Leer y tachar! ¡Leer y tachar! ¡Consultar originales! ¡Leer y tachar! Las nueve y yo no había comido; pero leía y tachaba. Y el miércoles…

FÉLIX. ¡Leer y tachar!

ANTONIO. El miércoles… el director me llamó imbécil. Por supuesto, me presentó una excusa aceptable. No tuve tiempo de disgustarme demasiado. Tuve un trabajo abrumador el miércoles.

FÉLIX. Serán iguales los días que te esperan, pero el vientre estará lleno y colmada tu ambición.

ANTONIO. No hablemos de mí, Félix, ¿quieres?

FÉLIX. Antes de que mueras serás un muerto. Tu verdadera vida habrá quedado en la bella intención de una noche de los veinte años: esfumada.

ANTONIO. ¿Por qué me recuerdas lo que quiero olvidar?

FÉLIX. Traidor.

ANTONIO. Sufrí hambre, Félix, ¡sábelo! Y nunca, nunca más quiero sufrirla.

FÉLIX. Harto de pan y hambriento de sueño.

ANTONIO. El hambre de sueños no mata; si acaso, da un poco de tristeza. ¿Y qué hacer? ¿Resistirse? ¿Salir a los caminos del mundo a implorar un poco de misericordia disponiéndose de una conciencia que se puede vender? ¡No! ¡Yo seré un triunfador!

FÉLIX. Acaso necesites unas botas de militar que aviven tus impulsos.

ANTONIO. No me recuerdes a mi director. Le odio, le odio y le envidio.

FÉLIX. ¿Dónde está el brillo de tus ojos de cuando eras un hombre?

ANTONIO. No sé, Félix. Me espanto de mí mismo. El espejo me devuelve una imagen repugnante cuando me miro. Eran hermosos mis ojos, ¿verdad? Y hoy, Félix, ¿qué le pasa a mis ojos? Lo dijiste: Estoy muerto. Desde que tiemblo de odio y envidia ante ese hombre, mis ojos están vidriosos como los de un cadáver.

FÉLIX. No hay un nombre lo suficientemente degradante para dártelo, Antonio.

BENITO. *(Se ríe)*. Sé uno… Sé uno… No lo digo.

FÉLIX. Dilo.

BENITO. *(Riéndose)*. Se enfurecerá.

FÉLIX. Dímelo. Yo se lo diré en alta voz.

BENITO. Acércate. *(Habla al oído a Félix. Los dos ríen)*.

FÉLIX. No. Demasiado pálido.

BENITO. Esta otra. *(Vuelve a hablarle en la misma forma. Ríen)*.

FÉLIX. Tampoco esa. Demasiado inofensiva.

ANTONIO. *(Furioso)*. ¡La sexagenaria! ¡La sexagenaria! Refiérele la historia de la sexagenaria. ¿Lo ves tan puro y noble? ¿No parece estar al abrigo de toda humana debilidad? Pues tiene una amante… ¡y qué amante! ¿Qué nos dices de la sexagenaria cargada de pesos?

FÉLIX. No soy su amante. Lo sabes bien.

ANTONIO. ¿Qué eres de ella entonces? Dilo. Queremos oírlo. *(Pausa)*. Dilo. *(Pausa)*.

FÉLIX. Soy su novio. *(Antonio y Benito ríen estrepitosamente)*.

BENITO. ¡Jamás me he reído tanto!

FÉLIX. Rían hasta cansarse y búrlense de mí, pero no vuelvan a mencionarme a esa mujer. Es noche de sábado y estas horas son mis únicas horas, y no quiero acordarme de que ella existe.
BENITO. Quiero conocer la historia.
FÉLIX. No hay historia. Una clienta rica que se enamora de mí y a la que el gerente le quiere vender unas joyas de precios fabulosos. Después de la venta me darán la comisión; unas cortas vacaciones, rompo con ella, y al cementerio y llevarle flores, muchas flores blancas al muerto.
BENITO. ¿Al muerto? ¿Quién ha muerto?
ANTONIO. *(Pausa)*. Un amigo.
BENITO. Ah. ¿Lo conocía yo?
ANTONIO. Probablemente, no. Llegó a nosotros después de tu partida. Se suicidó.
FÉLIX. ¡Luis Ernesto!
BENITO. ¿Por qué se mató?
ANTONIO. ¡Misterio! Dicen unos que estaba loco; otros que era un cobarde.
FÉLIX. No era un cobarde. Murió demasiado pronto para irse herido por la vida. ¿Por qué se suicidó? ¡Misterio! *(Silencio)*. Lo veo entrar como la última vez que estuvimos reunidos con él en esta habitación. Llegó contento. Alguien le preguntó…
ANTONIO. Fui yo: «¿Por qué vienes tan alegre, Luis Ernesto?» *(Pausa)*.
FÉLIX. No contestó. *(Pausa)*. Luego, se echó en ese diván.
ANTONIO. Siempre se echaba en el diván.
FÉLIX. La muerte de Luis Ernesto gravita sobre mí y me ahoga. Era un espíritu de horizontes infinitos, siempre abierto a los buenos vientos… No puedo aún adaptarme a la verdad de su fuga. En la tienda mis compañeros observan mi estado y se burlan de mí. Yo sigo viéndole entrar por todas las puertas y oyéndole en cuantos me hablan. Si le hubieras conocido, no estarías echado sobre ese diván. ¿No has observado que en ciertos momentos a ninguno de nosotros se le ocurre ocupar el diván? Es que respetamos su mueble predilecto. Aunque seamos muchos y nos sintamos muy cansados, nadie lo ocupa; y cada uno para sí, se dice: «Ahí está Luis Ernesto. Dejémosle descansar».
BENITO. Por última vez usurpo este sitio que tiene su dueño.
FÉLIX. No nos molesta que te acuestes ahí, porque no lo conociste. Y hasta llego a suplicarte que así lo hagas, cuando nos reunamos.
ANTONIO. ¿Cobardía?
FÉLIX. ¡Es tan pavoroso el vacío! *(Entra Andrés por el foro)*.
ANDRÉS. *(Muy bien vestido)*. Buenas noches.
ANTONIO. ¡Hola, Andrés! *(Todos le saludan afectuosos)*.
FÉLIX. ¿Qué es de tu vida?
ANDRÉS. Bien; muy bien. ¿Y ustedes? Y los otros amigos, ¿cómo no están aquí? Pensé encontrarlos.
ANTONIO. No sé de ellos.
FÉLIX. Creo que se aburren ya de esto y buscan nuevo ambiente.
ANDRÉS. Siento no verlos. ¿Y tus negocios azucareros, Benito?
BENITO. Perfectamente.
ANDRÉS. ¿Es cierto que trabajas con tu padre?
BENITO. Cierto. ¿No lo creías?
ANDRÉS. No. Pero diciéndolo tú… Me alegro. Era ya hora de que pensaras seriamente.
ANTONIO. ¿Cómo van esos pleitos?

ANDRÉS. En los líos judiciales no hago mal abogado. Veremos cómo estoy en los domésticos.
FÉLIX. ¿Te casas?
ANDRÉS. El lunes.
FÉLIX. ¿El lunes? Bien, hombre; no pierdes el tiempo.
ANTONIO. No te hubiéramos perdonado que no nos hubieras avisado.
ANDRÉS. A eso vine.
ANTONIO. Gracias. Hay que pensar en regalarte algo. Si lo hubieras dicho antes...
ANDRÉS. No quiero nada.
ANTONIO. Siempre lo hemos hecho a los amigos que se han casado. Hay que respetar esta tradición. Hoy no tengo dinero; ya veremos para el lunes...
BENITO. ¿Por qué no aquel regalito que tú conoces que es barato y útil? *(Ríen)*.
ANDRÉS. Me basta con verles en la boda.
FÉLIX. No será fácil. ¿Etiqueta?
ANDRÉS. Sí. Ya sabes... la posición social de mi novia...
FÉLIX. No cuentes conmigo. El único que podrá ir será Benito.
ANTONIO. Yo voy también; me interesa ir. *(Pensando)*. ¿Me servirá la ropa del director? Sí, seguramente me sirve.
ANDRÉS. Lamentaré mucho no verles a todos.
FÉLIX. ¡Bien, hombre! Me complace verte dichoso. ¡Estás muy bien!
ANDRÉS. ¡Pss!... No puedo quejarme. Trabajo mucho.
ANTONIO. ¿En el mismo bufete?
ANDRÉS. He sido nombrado abogado de la compañía.
FÉLIX. Te felicito. Algunos años te costó preparar el camino; los mejores de la vida, pero fueron bien empleados.
ANDRÉS. Pss... En algo debía ocuparme. *(Fuma)*.
FÉLIX. Bonita pitillera.
ANDRÉS. Regalo de la novia.
ANTONIO. Déjame verte bien. Me pareces distinto, ¿eh, Félix?
FÉLIX. Mucho.
ANTONIO. La voz más dura, más severos los rasgos, los gestos más peinados; no sé... menos expresivo.
ANDRÉS. Bromeas.
FÉLIX. Ley natural; transformarse hasta la disgregación. La evasión no es posible.
ANDRÉS. ¿Por qué intentarla? Luchemos, trabajemos honradamente; confórmese cada cual con el fruto de su esfuerzo o de su destino; no tratemos de desviar la vida en su curso; adaptémonos a ella y nos será grata.
ANTONIO. ¿Eres feliz?
ANDRÉS. Lo soy.
FÉLIX. ¿Amas mucho a tu novia?
ANDRÉS. Es una buena mujer, cariñosa, comprensiva; hasta es hermosa. No hay motivo para que no la ame. Será una excelente compañera.
FÉLIX. No te pregunté eso.
ANDRÉS. Lo sé, hablaste de amor. El concepto del amor es tan variable y cambia tanto con los años, que llega a perderse. Tal vez no sea más que una bella exaltación de los primeros años. Nada más.

FÉLIX. Interpretación: que no la amas.

ANDRÉS. ¿Por qué no si el amor ha de ser respeto mutuo, comprensión, cariño?

FÉLIX. Pasión.

ANDRÉS. Creo que el mucho trabajo me impedirá pensar lo suficiente en mis relaciones para llevarlas a esa categoría de excepción. Las pasiones consumen preciosas energías. A una edad, están bien. Son un elemento de mucho colorido, en algunos casos, necesario. Sobre espíritus apáticos y peligrosamente jóvenes, por ejemplo, las pasiones obran en un sentido higiénico. Yo no estoy en ese caso. Necesito mis energías.

ANTONIO. Hay que defender y acrecentar el rico patrimonio que te viene a las manos.

ANDRÉS. Mi novia es una mujer deliciosamente buena; es difícil que la defraude. En fin, no hay motivo para no sentirme dichoso.

FÉLIX. Bien… Bien…

ANDRÉS. ¿Por qué sonríes?

FÉLIX. Sonrío de pena. Es esta una hora triste. Estás ante mí y solo te reconozco en la bondad de tus sentimientos. Aparte de eso, eres otro. De ti nos pertenece tu pasado; los años hermosos y recientes en que íbamos juntos sin pensar en lo serio; cuando el sol nos calentaba el corazón. Te perdemos. Como perdimos a Gustavo, a Juan, a Luis Ernesto; como nos perderemos nosotros mismos, los restantes, por distintos caminos de la vida. *(Pausa)*. Siendo todavía jóvenes, ya apenas lo somos. Sentimos la vejez en el espíritu mucho antes de que en el espejo, cuando el odio, o la envidia, o la voluptuosidad, alguna pasión —menos la amorosa que es la única que salva—, se hace permanente. *(Pausa)*.

ANTONIO. Trataré de seguir traduciendo.

FÉLIX. ¿Te resultaba penoso venir a buscarnos para la buena nueva de tu boda?; aunque solo hace unos minutos que estás con nosotros, ya te parece demasiado tiempo, estás nervioso; tienes prisa; has levantado varias veces el puño de la camisa, pero no has mirado la hora porque eres delicado. Otro es tu sitio; otra la atracción. No es una inculpación; al contrario, un alivio a tu delicadeza. A mí, que soy constante, alguna noche, al llegar a la puerta de esta casa, me parecerá que es demasiado molesto subir cuatro pisos; no hallaré un porqué al esfuerzo; y seguiré de largo. Como seré el último, si los subiera, no hallaría a nadie. Antonio se habrá mudado; nuevos inquilinos ocuparán estas habitaciones. *(Silencio. Se distraen para no insistir ni pensar en la conversación penosa. Andrés hojea unos libros; Antonio ordena los papeles, Félix se pasea, pensativo)*.

BENITO. ¿Qué estará haciendo?

ANTONIO. ¿Quién?

BENITO. Ella.

ANTONIO. ¿Quién es ella?

BENITO. ¿La olvidabas? La que está en tu habitación.

ANTONIO. Ya sé.

BENITO. ¿Qué hará? ¿Se probaría las botas? *(Pausa)*. ¿Qué crees que esté haciendo?

ANTONIO. Descansará en mi cama.

BENITO. ¿Observaste alguna vez que el techo de esta habitación tiene trece vigas? Una observación tonta, ¿verdad? *(Pausa)*. ¿Estará desnuda?

ANTONIO. ¿Quién?

BENITO. Ella, la que está en tu habitación. Es joven y bonita, ¿verdad?

ANTONIO. Sí.

BENITO. ¿Por qué no entras? Está en tu propia cama.

ANTONIO. Debo trabajar.

BENITO. Uno, dos, tres… No veo la cuarta viga… Ah, sí… Allí está. Veo el techo al revés. Estoy en el techo y las vigas en el suelo. Es curioso. A menudo me sucede esto. Veo dos piedras blancas. No, ahora veo mejor… Son dos pechos de mujer. Y unas caderas. ¡Oh, unas caderas! ¡Una mujer desnuda! ¡Si tuviera los brazos lo suficientemente largos para alcanzarla!

ANTONIO. ¿Estás borracho sin haber bebido?

BENITO. Huele a mujer. ¿Qué pensará esa mujer de estos cuatro hombres?

FÉLIX. Nos agradecerá que la dejemos descansar.

ANTONIO. ¿Qué te sucede? Estás nervioso.

BENITO. Siento que me estallará la cabeza. Las astillas de mi frente volarán, volarán encendidas en lujuria. De mi cabeza sale un pararrayos erecto, erecto, que corta el espacio y chupa los tendones encendidos de las nubes. Digan que estoy loco.

FÉLIX. Eso parece una crisis de adolescencia; alucinación aterradora del internado; gemidos de la naturaleza atrofiada en el penal; pero en ti, joven, fuerte, saludable, atleta, rico, libre… Algo sorprendente.

BENITO. Fue un cuadro de brujas que vi en mi niñez. No sé a qué edad. Creo que al venir a la vida ya había visto ese cuadro, en el pecho materno o antes, antes de la conjunción milagrosa que me hiciera carne, cuando era una vibración en el espacio en espera de encarnación. No sé cuando; pero lo vi: Una mujer desnuda, crucificada; tres magas viejas y deformes acariciaban su cuerpo que se retorcía en convulsiones de placer. Visión que marcó mi vida; fantasmagoría que me enterró en sed de carnes blancas. Terapéutica recomendable: el atletismo, aconsejó el médico. Fútbol. Pelota de fútbol. Mentira. Eran en mis manos caderas de mujer las pelotas de fútbol. Negocios. Actividad mental del comercio. Números. ¡Mentira! Eran a mi vista caderas de mujer. Santidad del lecho conyugal; abstinencia de ímpetus desordenados, moderación, limitación ante la esposa. ¡Mentira! Mis manos, inconformes, desearon acariciar nuevas caderas de mujer que no fueran aquellas, las de mi víctima. Un tropel de visiones infames puebla mi imaginación a todas horas. Las ahuyento de mí: trabajo, juego, viajo, estudio, bailo, bebo, y ellas, las visiones, la visión de la mujer desnuda, ahí clavadas en el cerebro. Esa es la edad, me dicen; esa es la juventud, me explican; eso es el hombre, me aseguran. ¡Mentira! Eso no puede ser el hombre. La vida es hermosa; las plantas son verdes. El hombre es bueno. Yo soy el malo. Soy una espiral de malos deseos que, apartándose del punto Dios, en el calvario de una curva interminable, abierta, se prolonga hasta el infinito que no halla nunca. Y es ella, la visión de la mujer desnuda, la que traza la línea sin fin. Estaba en ese lugar tranquilo; me había olvidado de mí mismo, y llegó esa mujer. *(Antonio va a la puerta izquierda y la abre).*

ANTONIO. Entra. Es tuya.

BENITO. ¡No quiero! Es sábado. Las horas de la noche de un sábado son de liberación. ¿Por qué si descansan el campesino y el obrero, yo que nací en cuna de oro, no tengo derecho a un poco de descanso? *(Cae de bruces en el diván, llorando. Silencio).*

ANDRÉS. Es tarde. Me marcho.

FÉLIX. ¿Te veré pronto?

ANDRÉS. Quizás pronto… Aunque el viaje de bodas me llevará unos meses, y después…

FÉLIX. Juntas, asambleas, pleitos, recepciones, banquetes… Te cansarás. *(Pausa).* Siento haber venido esta noche. Pude ir a otro sitio. No hay de qué hablar. Ya nos dijimos cuanto teníamos que decirnos. Nos aburrimos mutuamente. A esto hay que hacerle la cruz y decirle *consummatum est.*

ANTONIO. *(Que trata de escribir).* No puedo trabajar.

FÉLIX. ¿Dónde están, noches alegres de otros tiempos? Vengan, noches nuevas, con nuevos pensamientos, nuevas emociones, nuevos hastíos.

ANTONIO. ¿Por qué no puedo trabajar ahora?

FÉLIX. Tienes que trabajar. Tu director espera la traducción.

ANTONIO. No puedo trabajar, digo.

FÉLIX. ¿No puedes? ¿Será que aún te queda un poco de juventud?

ANTONIO. Sí, Félix; me queda; la siento. Deseo correr, saltar, reír…

BENITO. Yo también quiero reír. *(Tiene la cabeza escondida en los cojines).*

ANTONIO. Sí, Félix, sería capaz de huir una vez más, como tantas otras. Llegará la noche en que aunque quiera no podré hacerlo. Aprovechémonos ahora.

FÉLIX. ¡Hurra! Huyamos. Escapémonos de nuevo de la vida… ¡Viva la alegría de vivir!

ANTONIO. Deseo correr sobre las piedras; arrancar de los árboles ramas que me manchen las manos de leche tibia. Pronto. Arréglate, Benito. *(Antonio ordena los papeles; Benito se levanta y se arregla).*

BENITO. ¡Pronto! ¡Pronto! *(Movimiento. Risas. Alboroto. Se arrojan libros y cojines).*

FÉLIX. ¡La traducción! ¡La traducción!

ANTONIO. Ahí la tienes. Haz de ella lo que quieras.

BENITO. ¡Muera la traducción! Quémala.

FÉLIX. No hace falta. *(Félix tira los papeles, que se esparcen; Antonio, Félix y Benito, alborotados, los pisotean. Entra Lulú por la izquierda).*

LULÚ. ¿Qué escándalo es este? No me dejan dormir.

ANTONIO. Esta noche no se trabaja. Vamos de paseo al campo. Ven con nosotros.

LULÚ. ¿A pasear? ¿Y el señor que me está esperando?

FÉLIX. No se trabaja esta noche. Te invitamos. Serás un camarada nuevo que gozará de nuestras alegrías.

LULÚ. ¿Dices que no tendré que trabajar?

FÉLIX. No.

LULÚ. ¡Qué bueno! Pero, ¿qué le digo mañana a la dueña?

FÉLIX. Que se vaya al demonio. Una noche es una noche. Si temes, vete. Ahí está la puerta.

LULÚ. No. ¡No! Voy con ustedes. ¡El campo! ¡Ir al campo!

BENITO. Ella no puede ir.

FÉLIX. Ella puede ir. Tu mal está en ti mismo y esta noche te liberas de ti.

LULÚ. ¿Qué daño le hice a ese hombre?

BENITO. Eres mujer.

FÉLIX. Tenemos el deber de llevarla. Vieja alegría de los hombres desheredados de la buena suerte que, por precio módico, presta calor a nuestros miembros cansados. Primero es ella que tú.

ANTONIO. Irás de mi brazo. Yo, como tú, salgo a la feria, a vender lo que tengo; y, como tú, conozco la fatiga de la entrega y la burla humillante del comprador. Yo, como tú, voy por la vida tras una moneda que rueda, que rueda, y llevo conmigo la angustia porque no la alcanzo, y dos lágrimas de plomo por hacerla mía, como tú. Irás de mi brazo.

ANDRÉS. Es tarde. Siento dejarles. Adiós.

FÉLIX. Adiós, Andrés. Buena suerte en la aventura.

TODOS. Adiós.

ANDRÉS. Les deseo una agradable noche. *(Medio mutis, por foro).*

ANTONIO. Adiós.

ANDRÉS. ¿Adónde van ustedes?

ANTONIO. No sabemos, al campo.

FÉLIX. Siendo lejos de La Habana, a cualquier sitio.

ANDRÉS. Si yo supiera el lugar determinado… puede que…

FÉLIX. Lo sentimos por ti. No te suplicamos que vayas. El paseo perderá su encanto si lo organizamos. Vete.

BENITO. Adiós. *(Pausa).*

ANDRÉS. No. Me quedo. Voy con ustedes. *(Todos aplauden. Contento. Suena el teléfono. Félix contesta).*

FÉLIX. Oigo… Espere usted… *(Tapa la bocina).* Antonio, el director quiere hablarte.

BENITO. Antonio, te pido un favor… Mis trompetillas son famosas…

ANTONIO. ¿No es de mal gusto la trompetilla?

FÉLIX. No lo creas. La trompetilla es una condecoración que debiera ser empleada con más frecuencia.

ANTONIO. Suena mal. No estoy de acuerdo. *(En el teléfono:)* A sus órdenes, señor director… Uh… Uh… Modérese usted… ¿El trabajo? No lo tendrá usted esta noche… Porque no me da la gana… Calle usted y escuche. *(Hace señas a Benito; este se acerca a la bocina y lanza una larga y sonora trompetilla. Risas. Gritos).* ¡Silencio! ¿Oyó usted?… Sí; eso mismo ha sido. *(Cuelga. Todos gritan, ríen y saludan a Antonio. Vuelve a sonar el teléfono, Félix contesta).*

FÉLIX. Oigo… Antonio, el director quiere hablarte.

ANTONIO. Dile que nada tengo que hablar con él.

FÉLIX. Antonio nada tiene que hablar con usted… No; no está borracho… Se lo diré… Antonio, dice que te disculpa; que tus bromas siempre le resultaron encantadoras; que te espera el lunes en la redacción… *(Pausa).* Se lo preguntaré… Antonio, quiere saber qué tienes que decirle en relación con una joven que lo visitaría esta noche.

ANTONIO. Dame el teléfono… Alíviese usted como mejor pueda con los recursos que tenga a su alcance. *(Cuelga. Gritos. Risas).*

FÉLIX. ¡Viva la alegría de vivir!

TODOS. ¡Viva! *(Vanse por foro. Antonio se vuelve y apaga la luz. Oscuridad. Gritos. Risas).*

TELÓN

ACTO SEGUNDO

Una terraza. Al lado izquierdo, puerta al interior. Al lado derecho, un muro, no muy alto, y detrás de él los árboles de un jardín. Al fondo de la terraza, una balaustrada que separa la terraza de la playa. En la misma balaustrada y a su lado izquierdo, puerta practicable al exterior, o playa. Fondo de la escena: mar, cielo, y las nubes que ligeramente ocultan la luna. Elegante y apropiado mobiliario; mesa, butacas, sofá, cojines, etcétera. A media luz. Loreta está de pie, junto a la balaustrada, de cara al mar, con ambas manos apoyadas en el pasamanos. Pausa. Sale el Criado.

CRIADO. ¿Quiere la señora que sirva el café en la terraza o en el comedor? *(Pausa. Loreta, abstraída, no contesta de momento).*
LORETA. *(Sin volverse).* Sírvalo aquí. Espere a que termine Ricardo.
CRIADO. El señor Ricardo se prepara para irse esta noche.
LORETA. Lo sé. Mañana regresamos a la ciudad. ¿Siente usted marcharse de la playa?
CRIADO. Es verdad que este es un sitio delicioso, pero ya, por mis años y mis achaques, no tengo otro agrado que el de servir a los señores y acompañarles donde estén.
LORETA. Gracias. Dígame la hora.
CRIADO. Las once acaban de dar.
LORETA. Gracias. *(Sale el Criado por la izquierda. Loreta se vuelve y va hacia la mesa).* ¡Las once! ¡Qué calladas se marchan las horas de la última noche! ¡Cuántos sueños diciéndome adiós! *(Aparecen Lucía y Solís por foro derecha).*
LUCÍA. Loreta.
LORETA. Entren.
SOLÍS. ¿No molestamos? Es tarde para visitas.
LORETA. De ningún modo. Ya me extrañaba que no vinieran. Siéntense.
SOLÍS. Esperaba a Lucía para venir juntos.
LORETA. Tardaste hoy.
LUCÍA. Después de la comida ensayamos una plegaria compuesta por la madre superiora. Algunas del coro estaban inconformes. Hubo que hacer cambios en la distribución de las voces, ¿te vas mañana?
LORETA. Mañana.
LUCÍA. ¿Y Ricardo?
LORETA. Preparándose para irse esta noche. Tiene que trabajar mañana desde muy temprano.
SOLÍS. Lamentamos que nos dejen.
LORETA. Mi gusto fuera permanecer unos días más en la playa, pero Ricardo insiste en la partida por sus asuntos.
SOLÍS. Celebro la actividad que su esposo pone en los negocios.
LORETA. Los negocios son parte de su vida.
LUCÍA. Después de ti, dirás.
SOLÍS. Es una satisfacción saber que aún quedan hombres del fuste moral de su esposo, Loreta.
LUCÍA. Son como islas del honor en el mar de la corrupción que nos ahoga.
SOLÍS. Has dicho bien, querida sobrina. Vivimos en una infortunada época que llaman, por darle algún calificativo que no suene mal, de transición, de recuperación, de rehabilitación. Yo la llamo de descomposición. No sé cómo será la historia del futuro. Mi vista no alcanza a ver...
LUCÍA. *(Distraída).* ¿Quiere usted que le traiga las gafas, tío?
SOLÍS. No es eso. Decía que no sé cuál será el destino del hombre.
LUCÍA. ¡Ah!
SOLÍS. Carencia de individuos. Renuncia a la especialidad. Vulgarización de la cultura, asaltada, poseída, saqueada. El médico especializándose en política y el político en trucos cinematográficos...
LUCÍA. Y las virtudes escarnecidas, olvidado el concepto de la honorabilidad...
LORETA. No hay que ser pesimista.
SOLÍS. He de serlo, mi querida señora. En la confusión que nos rodea, donde triunfan advenedizos afortunados que no pueden ocultar su procedencia, debo defender, cargado de años y enfermo, a esta querida sobrina mía, heredera de mi fortuna, bella de cuerpo...

LUCÍA. ¡Oh, tío!

SOLÍS. ...y bella de espíritu por las virtudes que la adornan. Mientras yo viva, resguardada está de los atrevidos que nada ofrecen y a todo aspiran; ¿y después? Quedará a merced de la jauría hambrienta que hoy tiende sus ambiciones a los sitios más privilegiados de la sociedad.

LUCÍA. No hables así, tío; me entristeces. En cualquier oportunidad que fuere necesario, lucharé por el triunfo de mis principios morales y el honor de mi ilustre familia. Y si la lucha fuera demasiado violenta, sacrificaría la vida para refugiarme en la muerte.

SOLÍS. Bien, Lucía, en ti se escucha la voz de mi sangre.

LORETA. ¿Pero es preferible morir a claudicar? Claudicar es abandonar sistemas fracasados; siempre queda la alegría de comenzar los nuevos.

SOLÍS. Es preferible morir, señora. Aunque no desconozco el serio conflicto de un alma que busque la muerte de la vida precisamente por salvar la vida del alma. Dos modos de morir. ¿Sabe usted, Loreta, que las madres, de unánime acuerdo, le darán a Lucía el año próximo la medalla de la virtud?

LUCÍA. Tío.

SOLÍS. La medalla de la virtud es un premio de alto valor. Pocas veces se concede.

LORETA. Creí que terminados tus estudios no volverías al colegio.

LUCÍA. Quiero perfeccionar el piano y el francés. Además, es tan grato aquel ambiente conventual, y fuera de él, excepto con ustedes y otros pocos amigos, solo encuentro vulgaridad y mal gusto. *(Entran Rosalía y Ana la Tonta por foro).*

ROSALÍA. Buenas noches.

LORETA. Entra, Rosalía. ¿Cómo estás, Ana? Hace días que no vienes a verme.

ROSALÍA. Niña, saluda a la señora. *(Ana huye de una caricia de Loreta).*

LORETA. Ven, no huyas de mí.

ROSALÍA. Niña de mis penas, que te acerques y saludes a la señora. *(La empuja).* Esta muchacha acabará con mi vida. Ve...

LORETA. No; no; no la violente usted. ¡Pobrecita!

ROSALÍA. ¡Mala agradecida! No sé a quién sales, porque tu padre, aparte de emborracharse como una bestia, era un hombre honradísimo, y en cuanto a agradecido, no había quien le pusiera un pie...

SOLÍS. Rosalía, obligue usted a esta niña a cuidar un poco más de su higiene. El gorro que tiene en la cabeza es un atentado a la vista y al olfato.

ROSALÍA. Ay, señor, ¡no sabe usted qué sufrimiento el mío con esta desgraciada hija! Mi vida es una lucha constante por conseguir que se asee un poco. Le peleo, la azoto, y ella rebelde al agua y al jabón. Con razón la gente se burla de ella en la calle.

LUCÍA. Ana, ya tienes edad para andar más limpia.

ROSALÍA. Dieciséis años, señorita Lucía, dieciséis años llevando esta cruz. La he acostado tres noches en ayunas por no querer desprenderse del gorro. ¡No sé cuántas semanas hace que no se lo quita de la cabeza!

ANA. ¡Mentira! Yo no tengo dieciséis años, mentirosa. Tengo diez años. Me haces más vieja para que la gente me huya, porque la gente acaricia a las niñas y odia a los viejos. Y el gorro no me lo quitaré... Tú me cortaste mis cabellos de oro.

ROSALÍA. ¿Cabellos de oro, desvergonzada? ¿Llamas cabellos de oro a aquel estropajo ceniciento que llevabas en la cabeza y que era un foco de microbios? Si sufrí la vergüenza de que el señor farmacéutico me indicara lo que debía hacer.

SOLÍS. Nuestro distinguido higienista…

ANA. Mis cabellos eran largos y hermosos. Cuando iba por las calles todas me envidiaban. Y se pusieron de acuerdo un día… *(Llora).* Devuélvanmelos.

SOLÍS. Es usted digna de compasión, Rosalía.

ROSALÍA. Mucho, mucho.

ANA. Y ahora quieren que me quite el gorro… No, no, envidiosos… ¿creen que no les estoy viendo las tijeras? Ah… ah… Todos tienen tijeras… Pero no me quitaré el gorro. Ustedes saben que ya no estoy pelona… «Ana Pelona… Ana Pelona»; Ana no está pelona. Le ha nacido el pelo más hermoso que nunca. No me lo quitaré. No. No me lo quitaré… ¿Verdad que yo soy la bella niña de los bucles rubios?

LORETA. Lo eres. Eres una niña muy bella y muy buena. Siéntate a mi lado. Yo te quiero mucho.

ANA. Me siento a su lado; pero yo no la quiero a usted. Usted no tiene unos cabellos largos y azules, como el cielo, adornados con estrellas.

ROSALÍA. Hace años la coloqué de criada en una casa; la señora, por divertirse, le enseñaba a recitar todas esas tonterías que dice, y miren cómo las recuerda. Para eso sí que es lista.

LORETA. Déjela usted a mi lado… Así.

ROSALÍA. Vine a desearle un viaje feliz. Me han dicho que se va usted mañana de la playa.

LORETA. Sí, gracias, Rosalía.

ROSALÍA. Ha sido usted tan buena con nosotras. ¿Qué nos hubiéramos hecho sin usted en estos meses en que no ha habido donde trabajar en todos estos contornos? Para el futuro, Dios dirá. Y si el señor Solís me concediera un favor que no me atrevo a pedirle… bastante mejorada quedaría nuestra situación.

SOLÍS. Habla, mujer. Di lo que deseas.

ROSALÍA. ¡Ay, señor mío! ¡Dios conoce la necesidad que me obliga a dar este paso! Aun conociendo su generosidad, no me atrevía a molestarle pero esta noche lo tengo decidido, que el amor a los hijos da valor a las madres.

SOLÍS. Omite preámbulos y explícate, Rosalía. Si lo que pides está a mi alcance, te ayudaré.

ROSALÍA. Oh, sí, está a su alcance. ¡Es para usted tan sencillo siendo usted amigo del director de la Escuela Reformatorio de Mujeres!

SOLÍS. En efecto, soy amigo del director.

ROSALÍA. Me han dicho que no podrá negarse a nada de lo que usted le pida.

SOLÍS. ¿Y qué quieres?

ROSALÍA. Se trata de esta hija que no quiere evitarme ningún disgusto.

SOLÍS. ¿Deseas asilarla?

ROSALÍA. Oh, señor Solís. Usted que conoce a mi hija desde hace años sabe que ella, aparte de su enfermedad, es una muchacha decente, de buenas costumbres, un poquitín descuidada en cuanto al aseo personal, pero la disciplina de la escuela hará lo que yo no he podido y la cambiará. Además, puede ser muy útil; sabe cocinar, limpiar, lavar, planchar. No podrán decir que no supe educarla, y no reniega del trabajo, ¡es incansable!

SOLÍS. Dile eso al director y te dirá que no hay motivos para recluir a tu hija en el reformatorio, creado exclusivamente para la corrección y educación de las jóvenes de torcidas inclinaciones.

ROSALÍA. ¡Ay, señor Solís! ¡Qué vergüenza me da decirlo! Desde hace unos meses la conducta de Ana no es la que ha sido hasta ahora. Temo por ella; y por eso quisiera tenerla en esa escuela. ¡Hay tanta maldad en el mundo!

SOLÍS. ¡Malo! Cuando las faldas se avientan, aunque sean las de tu hija, hay que ponerse en guardia.

LUCÍA. Pero, ¿es posible? ¿Qué respondes a eso, Ana?

LORETA. No le preguntes nada. Hablen ustedes, decidan su pobre destino, y déjenla un momento tranquila a mi lado.
ROSALÍA. ¿Recuerdan ustedes a la Ana obediente que hacía cuanto le ordenábamos? Esa desapareció. Es otra. Ya no me respeta ni me obedece, y, lo que es peor, ¡Dios mío!, le ha dado por salir de casa de madrugada...
LUCÍA. ¿De madrugada? ¿Y adónde va esta muchacha a esas horas?
ROSALÍA. Nada, no sé nada; es inútil que la castigue. No quiere decirme nada. La encierro en su cuarto; la amarro a la cama, pero en cuanto cierro los ojos, no sé con qué artes se suelta y se escapa... Y muy temprano, a la mañana siguiente, aparece como si nada hubiera sucedido. ¡Cómo sufro con esta hija mía!
SOLÍS. ¿Nada han podido decirte los vecinos sobre esas escapatorias?
ROSALÍA. Lo que han podido decirme es algo terrible; cuando se escapa, que no es todas las noches, gracias a Dios, se va para el muelle; allí la espera Pepe Pulgas, y, ya juntos, desaparecen.
LUCÍA. ¿Pepe Pulgas? ¿Ese chiquillo desvergonzado y harapiento que duerme por las calles y vive de la rapiña y la limosna?
ROSALÍA. El mismo, señora, el mismo. Ese pillastre es el compañero de mi hija.
SOLÍS. ¿Has hablado con él?
ROSALÍA. Sí, no quiere decirme nada.
SOLÍS. Vete tranquila, Rosalía. Mañana mismo hablaré con el director. Asilaremos a tu hija.
ROSALÍA. Gracias, señor Solís.
SOLÍS. No tienes que darme las gracias; vete con tu hija y déjame ahora tranquilo. *(Desde la playa tiran piedras; Ana se ríe).*
LUCÍA. Tiran piedras desde la playa.
ROSALÍA. ¿De qué te ríes, niña?
ANA. Pepe Pulgas... *(Aparece Pepe Pulgas, tras la balaustrada).*
PEPE PULGAS. Ana Pelona...
ANA. Pepe Pulgas... *(Se ríe).*
PEPE PULGAS. Esta noche, en el bosque. *(Desaparece).*
SOLÍS. ¡Qué atrevido es este chiquillo! *(Rosalía, furiosa, agarra a Ana y la empuja, golpeándola hacia el foro. Ana ríe).*
ROSALÍA. ¿Esta noche, en el bosque, desvergonzada? Así... así... para que aprendas... *(Las dos mutis por foro. Ana ríe).*
SOLÍS. Compadezco a esta infeliz mujer.
LORETA. La violencia de la madre me exaspera. No comprendo el amor sino en la comprensión y la indulgencia y hasta en el perdón de los más terribles pecados que esa desventurada niña no puede imaginar siquiera.
SOLÍS. La ignorancia la disculpa.
LORETA. La ignorancia no explica la carencia del sentido humanitario. En la cultura, aun siendo la cultura verdadera, la firme y diáfana, y no la torcida y violenta que llega a la pedantería, no se hallará la cura de los malos instintos. Cuando la pedagogía llega a la razón, ya la naturaleza nos trazó el camino. Si no me marchara de la playa le pediría que me permitiese inmiscuirme en este asunto y tratar de solucionarlo. No creo que sea absolutamente preciso asilar a Ana en un reformatorio.
SOLÍS. Puede usted tener razón. Antes de hablar con el director me informaré debidamente. No lo olvidaré. Todos podemos tener un poco de razón. Se nos hace tarde, Lucía. Entraré a saludar a Ricardo. No se moleste usted, Loreta. *(Mutis izquierda).*

LUCÍA. No demores tío, que tengo sueño. ¿Viste hoy al doctor?
LORETA. No. Le telefoneé para que no viniera, que Ricardo estaría todo el día en casa.
LUCÍA. ¿Cuándo se lo dirás? Se pondrá contentísimo.
LORETA. Se lo diré cuando nos vayamos. Mañana.
LUCÍA. Quiero que me informes sobre tu salud.
LORETA. Te escribiré. *(Entran Solís y Ricardo por izquierda).*
RICARDO. Buenas, Lucía.
LUCÍA. Buenas noches, Ricardo. Ya no le veré más.
RICARDO. Hasta la temporada próxima.
LUCÍA. Tío y yo nos quedamos muy solos sin ustedes.
SOLÍS. Me ha prometido visitarnos.
LUCÍA. Si usted lo olvida, Loreta se lo recordará.
SOLÍS. *(A Ricardo).* Querido amigo… Hasta mañana, Loreta.
LUCÍA. *(A Ricardo).* Recuérdenos… Loreta.
LORETA. Hasta mañana, Lucía. *(Lucía y Solís salen por foro, derecha).*
RICARDO. Excelentes amigos.
LORETA. Muy amables. Te distinguen mucho.
RICARDO. ¿No te parecen personajes de una estampa medio descolorida? Hay norte. No debieras estar con una ropa tan ligera.
LORETA. No me regañes. Siéntate a mi lado.
RICARDO. ¿Tomarás café? Te desvela.
LORETA. No dormiré esta noche.
RICARDO. ¿La vas a pasar en la terraza?
LORETA. Sí.
RICARDO. Eres una niña que ignora lo que le hace daño.
LORETA. Por suerte tengo un esposo inteligente que me lo indica.
RICARDO. Al que su traviesa mujer desoye con bastante frecuencia.
LORETA. Es en castigo de lo poco amable y complaciente que a veces es con ella.
RICARDO. Eres injusta.
LORETA. Sabes que no, que tengo motivos para estar quejosa de ti.
RICARDO. ¿Qué me reprochas?
LORETA. Que te he rogado, suplicado, implorado, en todos los tonos y usando todas mis razones persuasivas para que demores por una semana más nuestra salida de la playa, y tú, intolerante, me has desoído.
RICARDO. Eres injusta, Loreta. Te he hablado extensamente sobre esto. Te he explicado cómo es necesario, absolutamente necesario, que atienda mis negocios sin la menor demora. Por el bien común me encuentro en la necesidad penosa de contrariar tus deseos. Encuentro razonable que por una razón justificada pospongamos la partida, pero exponer nuestros intereses, me parece una debilidad imperdonable que agravaría el estado enfermizo de tu sensibilidad y menguaría una autoridad que me pertenece.
LORETA. Estás en tu razón, querido Ricardo. Pero también tengo la mía; razones sentimentales como las llamas, que adquieren en ti despectivo tono, y que pueden, no obstante, ejercer en el espíritu una tiranía tan cruel como la de los intereses que te esclavizan.
RICARDO. Olvidemos esto, ¿quieres? No entristezcamos el día de mañana que representará una nueva etapa. Tu sensatez provocó siempre mi admiración; es una de tus prendas que más feliz y orgulloso me hacen.

LORETA. Mi sensatez fue un lago demasiado tranquilo. A veces deseo echar en él unos guijarros pequeños que lo enturbien.

RICARDO. ¿Quieres ser buena conmigo, Loreta?

LORETA. Siempre lo he sido.

RICARDO. Marchémonos esta noche.

LORETA. No, Ricardo. No puedo. Vete esta noche y mañana volveré a ti para ser la esposa buena y obediente que siempre he sido. Hasta esta noche reclamo la absoluta libertad de mi conciencia.

RICARDO. ¿Hasta esta noche?

LORETA. Aunque ligeramente extraviada voy a mi destino; y mi destino eres tú. Nuestras vidas siguen rumbos iguales y no he de ser yo quien las aparte. Cuando las alas de la imaginación caen abatidas hay que echar sobre el alma la resignación, y reconciliarse con la vida, y agradecerle lo que logramos conquistar y conformarnos con el sitio que nos manda ocupar, y tratar de ser feliz.

RICARDO. Cree en ella. Yo siempre te amaré. *(Pausa)*.

LORETA. Espera a mañana.

RICARDO. ¿A mañana?

LORETA. *(Se levanta y huye de él)*.

RICARDO. *(Siguiéndola)*. Loreta.

LORETA. ¡Nada! ¡Nada! Esta noche me pertenece, es mía. ¡Esta noche, no! Déjame Ricardo; no me arranques las palabras que no puedo decirte. ¡Esta noche es mía! Desde el momento en que te hable, debo abdicar la soberanía de mi espíritu, y entregarlo a tu protección, y darte todos los derechos, y caer a tus pies, amorosa, sumisa, conquistada. Quiero que te marches ahora. Mañana temprano iré a reunirme contigo.

RICARDO. ¿Una condición?

LORETA. Casi una condición. Mañana, cuando vaya a ti, seré otra; la mujer que deseas; sin embargo, es preciso que muera la mujer que soy; y esa morirá esta noche. No puedes negarme en esta noche última unas horas de soledad dedicadas a mis fantasmas... Quiero despedirme de ellos, Ricardo. Hace unos días sorprendí un hilo blanco en mis cabellos... Me retiro a tiempo de la escena mágica. Mas esta noche, ¡oh, esta noche!

RICARDO. Ya vuelves a tratarme el tema doloroso que me disgusta. *(Se levanta y se pasea nervioso)*.

LORETA. Tú lo quisiste.

RICARDO. Perdóname. Digo lo que no debo. Tienes especial interés en tratarlo siempre y me haces daño.

LORETA. Necesito hablar de ello.

RICARDO. Crueldad de tu parte. Cometo la tontería de sufrir por una historia imaginaria. No puedo ni quiero dar crédito a una historia inverosímil. Fue solo una ilusión.

LORETA. Negarla es negarme. Crees en ella. Te acaban de morder los celos. Siempre que comienzo a contártela, tiemblas.

RICARDO. No quiero saber detalles.

LORETA. Mi sinceridad me obliga a decírtelos. Fue hace doce años. Era yo una chiquilla, pálida, feúcha, sí, con aquellas batas largas del colegio y aquel lazo que a mamá le complacía ponerme en el lugar más alto y visible de mi pobre cabeza. ¡Oh, qué ridícula estaba yo entonces! ¡Qué violencia la mía cuando estaba ante algún desconocido y no sabía qué hacer con mis largas manos ni dónde meterlas! ¡Qué pobres eran mis encantos de jovencita! Apenas si tenía ojos rasgados, hermosos; pero eran demasiado inexpresivos; miraban siempre con asombro y miedo. Con lo que tenía me bastaba para ser feliz. Soñaba entonces con las heroínas de la historia, Juana de Arco, María Estuardo, es decir, las imprescindibles a las sentimentales en los colegios. Fui entonces a un pueblo del interior a disfrutar de un mes de vacaciones al lado de unos tíos. ¡Qué sueños en el camino! Era yo una valerosa princesa de la familia de los Guisa que iba a Escocia a levantar el espíritu patriótico del pueblo. Debía allí formar mi ejército. El Papa y los reyes católicos de Francia y España me prometían regimientos de bizarros y valientes señores defensores de la justicia. Partiríamos en triunfo hacia Inglaterra y libertaríamos de las garras de la odiosa Isabel a mi bella y desventurada prima.

RICARDO. Permitidme, Alteza, que encienda un cigarrillo. *(Lo hace).* Continuad.

LORETA. Al llegar al pueblo, ¿dónde estaba el castillo de almenadas torres en cuyo puente la nobleza de Escocia presentaría sus respetos a la princesa gala? El castillo era la estación del ferrocarril y los nobles, unos chiquillos mugrientos que vendían periódicos. Aquel mismo día por la tarde fui al parque y le vi por primera vez. Yo estaba sentada bajo una enredadera de jazmines blancos. Seguí viéndole día tras día, a la misma hora y en el mismo sitio, durante el mes de mi permanencia en el pueblo. Nunca hablé con él ni supe su nombre. Pasaba muy cerca de mí, veloz como si huyera; un momento se encontraban nuestras miradas, me turbaba y bajaba la vista. Después le veía atravesar la plaza y perderse en una calle larga y estrecha. Ya no le vería más hasta el día siguiente. Una tarde, llena de valor y temblando como una criminal, dejé caer un libro a su paso. Cerré los ojos. Él se detuvo un instante, un instante nada más; mi corazón perdió su ritmo y fue a esconderse en el rincón más apartado del pecho; pero él siguió de largo. Yo no quise levantar aquel libro del suelo; y allí se quedó… Le amé con amor eterno, con el amor que se siente solo una vez. Y sufría, ¿cómo un joven tan gallardo se fijaría en una chiquilla desgarbada como yo? Años después volví al pueblo; ya era otra, pero él no estaba; se había esfumado; se había ido con las brisas de aquel mayo que no volverá nunca. ¿Si algún día lo viera ante mí, podría reconocerlo? Sí; lo reconocería al mirarle los ojos; no podría engañarme su mirada… Por doce años ha sido el constante protagonista de mis ensoñaciones. Esta noche seré compasiva. Y, a la primera claridad de la aurora, haré que huya; lo besaré y le veré perderse por los caminos del mar, como antaño por la calle estrecha de su pueblo; pero esta vez para toda la eternidad. *(Pausa. Entra el Criado por la izquierda. El Criado recoge el servicio de la mesa; medio mutis).*

RICARDO. Haga el favor de traerle un abrigo a la señora.

CRIADO. Muy bien. ¿Llevo al auto las maletas de la señora?

RICARDO. No. La señora se queda en la casa hasta mañana.

CRIADO. Pero, ¿se quedará sola la señora?

RICARDO. Sí. *(Sale el Criado por izquierda. Pausa. Ricardo se levanta en silencio).* Buenas noches, Loreta. *(Mutis izquierda).*

LORETA. *(Sale de su abstracción).* ¡Gracias! ¡Gracias, amigo mío! *(Siguiéndole. Mutis. Aparecen en la parte exterior Antonio, Félix, Benito, Andrés y Lulú; traen paquetes con dulces y bebida).*

BENITO. Preguntemos aquí.

FÉLIX. Aquí no puede vivir ese chiquillo Pepe Pulgas.

ANTONIO. Tal vez nos indiquen dónde encontrarlo. *(Entran todos en la terraza).*

BENITO. *(Llama a la puerta).* ¿Estarán durmiendo?

FÉLIX. Es que esto es el fondo de la casa. Toca más fuerte.

BENITO. *(Sigue tocando).* Nadie sale.

LULÚ. Está cómodo y bonito esto. *(Sentándose).*

ANDRÉS. ¿No será más prudente que esperemos a que nos respondan? Esto parece un asalto.
BENITO. ¡Cojines! ¡Eureka! ¡Muera el abogado melindroso!
LULÚ. ¡Muera! *(Se tiran los cojines; gritos. Aparece Lucía por encima del muro).*
LUCÍA. ¡Jesús! ¿Qué es esto? ¿Quiénes son ustedes? ¿Por qué no llaman por la puerta principal? ¿Conocen ustedes a los dueños de esta casa?
ANTONIO. No tenemos el gusto, encantadora señorita.
LUCÍA. Suprima usted los adjetivos, haga el favor. ¿Qué hacen ahí?
FÉLIX. Queremos que nos informen.
LUCÍA. ¿Y porque necesitan ustedes una información entran en la primera casa que se encuentran, la toman como bandidos y empiezan a gritar? Deje usted ese cojín en su sitio.
BENITO. ¿Cómo te llamas, bella aparición nocturnal? ¿Tití como los monos? ¿Guaguao como el perrito? ¿Misi como el gatito? *(Risas).*
LUCÍA. Son ustedes unos atrevidos. Tengan ustedes la bondad de dejar la terraza.
FÉLIX. ¡Fuera la intrusa!
TODOS. ¡Fuera!
LUCÍA. ¡Deje usted ese cojín en su sitio! ¡No se atreva a tirármelo! *(Antonio se lo tira).* ¡Loreta! ¡Loreta! Verán ustedes si no los echan de ahí. ¡Loreta!
TODOS. *(Gritando).* ¡Loreta! ¡Loreta!
LUCÍA. ¡Qué desfachatez!
LULÚ. Antonio, acuéstate aquí conmigo a ver si esa lechuza se espanta y se va.
ANTONIO. Voy hacia ti, amor mío. *(Se acuestan en el sofá).*
LULÚ. Vete para la cama que tu marido te estará esperando y déjanos.
LUCÍA. No tengo marido. Soy señorita.
LULÚ. Yo tampoco tengo marido, gata. Todos los hombres son mis maridos.
BENITO. Ven conmigo, Andrés. Vamos a buscar a ese muchacho. Esperen aquí.
FÉLIX. Compren café y azúcar. *(Andrés y Benito hacen mutis por foro, derecha).*
LULÚ. Tengo hambre. *(Antonio y Félix abren los paquetes; se sirven dulces y sándwiches).*
ANTONIO. *(A Lucía).* ¿Todavía usted ahí? ¿Quiere?
LUCÍA. No. Gracias.
FÉLIX. Ella pudiera decirnos dónde encontrar a ese Pepe Pulgas.
LUCÍA. ¿Buscan ustedes a Pepe Pulgas? Es natural. Cada uno con lo suyo. Díganme qué quieren, que si en algo puedo ayudarlos, para que marchen pronto…
FÉLIX. Somos de La Habana. Salimos al campo a pasear, como usted está viendo. Al llegar cerca de aquí, alguien nos habló de una playa que hay a unos kilómetros. No la conocemos y queremos ir allá esta misma noche.
LUCÍA. ¿Se refiere usted a Playa Salada?
FÉLIX. ¿Se llama así, Antonio?
ANTONIO. *(Que come).* La misma.
LUCÍA. Playa Salada… ¿Intentan ir ustedes a Playa Salada a estas horas?
FÉLIX. Ahora mismo.
LUCÍA. Playa Salada está a seis kilómetros de aquí. No se puede ir en máquina ni a caballo, sino a pie. Únicamente en lancha…
ANTONIO. Nada de lanchas; iremos a pie.
LUCÍA. Por esas soledades, con la obscuridad que habrá a estas horas.
FÉLIX. Hay luna.

LUCÍA. …y sin conocer el camino…

FÉLIX. Buscamos un guía. Nos hablaron de un tal Pepe Pulgas, un muchacho que conoce bien esos caminos. No tiene casa. Debe de andar por ahí haciendo lo que no debe. ¿Conoce usted la Playa Salada?

LUCÍA. Sí. ¿Y por qué este viaje a Playa Salada a estas horas de la noche?

FÉLIX. Porque…

ANTONIO. Cállate, Félix, no nos entendería esta curiosa. *(Entran Benito, Pepe Pulgas y Ana por foro derecha. Pepe Pulgas trae un farol; Benito, un bulto. Ana estará cogida del brazo de Pepe Pulgas).*

FÉLIX. Al fin Pepe Pulgas.

ANTONIO. ¡Bravo por Pepe Pulgas! *(Aplauden).*

BENITO. Tuve la suerte de encontrarle cuando salía del pueblo.

ANTONIO. ¿Y Andrés?

BENITO. Nos separamos para buscar a este por distintos sitios. Traigo comestibles.

LUCÍA. Ana, te has vuelto a escapar. Mañana vas para el reformatorio.

FÉLIX. *(A Pepe Pulgas).* ¿Te han dicho ya lo que queremos?

PEPE PULGAS. Sí.

ANTONIO. Dicen que el viaje es muy penoso.

PEPE PULGAS. No. Así dice la gente, pero no lo es. Yo voy siempre. Nada malo me sucede. Al contrario… Estamos en la seca; el río está muy bajo; se descalza uno y lo pasa bien; en el fondo hay piedras pequeñas que a la luz de la luna brillan como luceros. ¡Verán qué lindo! Vengan ustedes, que no hay peligro. Tenemos luna, y además llevo este farol, que es como otra luna de mano. Y saliendo del río ya estamos en el bosque.

LUCÍA. ¿A qué llamas un bosque? Son fincas de cultivo, un camino real, unas palmas, unas vacas sueltas que pacen y mugen, eso es todo.

ANA. ¡Sí, que hay un bosque! ¡El bosque encantado!

FÉLIX. ¿Encantado?

PEPE PULGAS. Encantado, sí, señor. En este pueblo hay mucha gente, pero nadie se ocupa de ese bosque…

ANTONIO. No perdamos tiempo. Lulú, ayúdame a recoger.

BENITO. El muchacho nos guía con la condición de que le permitamos que vaya su amiga.

FÉLIX. Aceptada la condición.

LUCÍA. No, señor, me opongo. *(A Ana).* No vas, Ana; no irás.

FÉLIX. A buscar a Andrés y a Playa Salada, ¿listos?

TODOS. *(Menos Lucía).* ¡A Playa Salada! *(Han recogido los paquetes y puesto en orden los muebles. Salen de la terraza).*

LUCÍA. Esperen… Esperen… No se marchen… No hagan ruido por favor, que tío duerme… *(Salta el muro).* Entre tantos demonios debe ir un ángel bueno que vele por esta niña… *(En silencio, todos hacen mutis por foro, izquierda. Entra Loreta por izquierda. Viene envuelta en un abrigo. Pensativa, se va a la baranda. Se queda mirando el mar; se vuelve; va al conmutador eléctrico y quita intensidad a la luz, que se hace tenue. Se acomoda en una butaca, en una posición preferida y se da a los pensamientos. Óyese primero muy lejano y después con más fuerza como si las voces se acercaran, paulatinamente, un coro de niñas pequeñas que cantan canciones infantiles).*

CORO. Mambrú se fue a la guerra
¡qué dolor! ¡qué dolor! ¡qué pena!

>   Mambrú se fue a la guerra
>   y nunca volverá.
>   ¡Que do re mi! ¡Que do re fa!
>   y nunca volverá.

VOZ DE NIÑA. Miren. ¿Ven aquella señorita sentada bajo la enredadera de jazmines? Leía, pero el libro se le ha caído.

OTRA VOZ DE NIÑA. Está triste.

VOZ DE NIÑA. Vamos a recogerle el libro para que no esté triste.

VOZ DE MUJER. El libro no se le ha caído; lo ha dejado caer. Un viejo recurso de mujer que comprenderán y practicarán cuando sean mayorcitas.

VOZ DE NIÑA. No entendemos.

VOZ DE MUJER. Ella está enamorada de un joven muy bello que todas las tardes cruza por su lado, indiferente. Cuando él pase frente a ella, recogerá el libro; ella dará las gracias, y él dirá: «no hay de qué, señorita»; y ella habrá oído su voz. Allí viene el joven… Se acerca… Hagamos silencio… Se… Se… Se acerca… Se acerca… *(Silencio. Óyese la voz de Benito que grita: «¡Andrés! ¡Andrés!» Loreta, interrumpida en sus ensueños, se levanta y distraída va a la barandilla. Entra Andrés, por foro, derecha).*

ANDRÉS. Señora. Perdone usted. Hace unos momentos dejé exactamente en este sitio a unos compañeros, ¿los ha visto? *(Loreta, que reconoce súbitamente al desconocido, da unos pasos hacia atrás estupefacta y se lleva las manos a los labios para apagar un grito de sorpresa; Andrés se vuelve, pensativo).* Perdone, señora. Creo reconocerla… *(Piensa).* ¿Por qué al tratar de recordarla viene a mi memoria una enredadera de jazmines blancos? *(De repente recuerda; queda atónito. Uno frente a otro, a ambos lados de la balaustrada, están petrificados por la sorpresa. Andrés mueve los labios en un intento inútil por decir algo. En la recíproca mirada en que se envuelven hay destellos de lo indefinible. Se oye la voz de Benito que llama a Andrés).*

TELÓN

ACTO TERCERO

CUADRO PRIMERO

El bosque. Árboles de diversos climas y especies: olmos, palmas reales, cedros, etcétera, todos corpulentos. Por algunos claros de las frondas penetra la claridad de la luna. Loreta, Lucía, Lulú, Ana, Antonio, Félix, Andrés, Benito y Pepe. Salen por la derecha. Loreta viene con Andrés; Ana con Pepe Pulgas; este trae el farol encendido. Vienen descalzos con los zapatos y las medias en la mano.

PEPE PULGAS. Al fin; aquí está; ya estamos en el bosque.

LULÚ. Ante todo me pondré los zapatos; tengo frío en los pies. ¡Qué ricas las aguas del río! *(Todos, en silencio, se sientan y se calzan).*

ANTONIO. Silencio de un templo.

BENITO. ¿Estamos en un país de maravillas?

FÉLIX. Tenía razón el chico, es un bosque.

LUCÍA. Estoy sorprendida; este ignorante…
FÉLIX. La geografía no solo se aprende en las escuelas.
ANTONIO. ¡Callen! Un silbido… *(Silencio).*
LULÚ. Parece como si alguien escondido entre los árboles nos llamara.
FÉLIX. ¿Tienes miedo?
LULÚ. ¡Oh, no! ¡Soy tan feliz!
PEPE PULGAS. Es un sijú. Asusta a los caminantes para que se alejen y no turben la quietud de la selva.
LUCÍA. Cien ojos nos miran desde las hojas de aquel árbol.
FÉLIX. ¿Tienes miedo?
LUCÍA. ¡Oh, no! ¡Soy tan feliz!
PEPE PULGAS. Son los cocuyos.
BENITO. Callen… Oigan la sinfonía del bosque. *(Silencio).*
ANTONIO. Canto de los grillos; chillidos de los pájaros nocturnos; gemidos del viento en las ramas…
BENITO. Pepe, baja la luz del farol; mejor estamos a oscuras para mirar hacia arriba.
ANDRÉS. *(A Loreta).* Déjame besar tus manos. Doce años buscándote y encontrarte hoy… casi en el último momento. Nunca más nos separaremos.
LORETA. Esperé doce años y llegas al fin.
ANDRÉS. ¡Maldita mi timidez de entonces! Te amo… Te amo… Dime que me amas…
LORETA. Te amo… te amo… te amo…
FÉLIX. ¿Nos queda lejos todavía Playa Salada?
PEPE PULGAS. Bastante.
BENITO. Por lo que hemos caminado es natural que solo nos quede una hora de camino.
PEPE PULGAS. Pero como en este bosque las cosas no son naturales, es casi seguro que hasta el amanecer no llegaremos. Mire, aquí viene a visitarnos una señora que usted no conocía y que no es natural. *(Entra La Hermana por la izquierda. Es una bellísima joven; trae el pelo suelto, de color azul celeste, adornado con estrellas plateadas).*
LA HERMANA. Buenas noches.
TODOS. Buenas noches. *(Ana corre hacia ella; se abrazan y besan).*
ANA. Hermana…
LA HERMANA. Vienes acompañada.
ANA. Son amigos. ¿Me esperabas?
LA HERMANA. Siempre que vienes lo sé.
ANA. ¿Te lo dice el viento?
LA HERMANA. Me lo dicen el viento, y los pájaros, y los árboles, y me lo dice la luna que te lleva mis mensajes.
ANA. Quisiera estar a tu lado siempre, pero a veces mamá me amarra tan fuerte a las patas de la cama que no puedo soltarme.
LA HERMANA. ¿Sigue martirizándote mamá?
ANA. Siempre.
LA HERMANA. ¿No le hablas de mí?
ANA. Tú eres mi secreto.
LA HERMANA. Trabajé la mañana y la tarde en un bello vestido que te regalaré. Sufría cuando pensaba que ya era tarde y que no vendrías. Fui al lindero del bosque; me senté en las raíces negras de un viejo nogal y le conté mis tristezas a sus ramas que el aire mecía sobre mí. «¿Qué te apesa-

dumbra?», me decían las ramas. «Mi hermana no viene», contestaba con voz compungida. Y las ramas se rieron. «No estés triste, que ella vendrá». «¿Quién te lo ha dicho, rama burlona?» «Un pájaro malcriado y caprichoso que estuvo arañando mi piel con su pico buscando insectos». «Es el pájaro que todo lo sabe», dije alegre. «¿Qué te ha dicho de ella?» «Que viene esta noche… que viene esta noche». Y así cantaron horas y horas las ramas burlonas del nogal negro. Me fui al río y te esperé en vano. «Tú que eres alta», rogué a una palma muy coqueta y sensual, «dime si ya viene por el camino mi hermana, la bella niña de los bucles rubios». «No puedo mirar hacia el suelo», me contestó orgullosa la palma; «perdería la esbeltez de mi talle y ahora me mira un lucero». Me fui triste a casa; pero te esperé en el balcón porque sabía que al final vendrías.

BENITO. ¿Quién es esa mujer?

ANA. Es mi hermana.

LA HERMANA. Soy la noche infantil.

ANA. No eres eso. Eres mi hermana.

LA HERMANA. Así lo quieres; así soy.

ANA. Vives para mí.

LA HERMANA. Vivo. ¿Estás contenta?

ANA. Mucho.

LA HERMANA. Vamos a casa. Antes, suelta tus cabellos, que los capullos no quieren abrirse hasta que sientan los rayos del sol. *(Ana se quita el gorro; le cae hasta la cintura una espléndida cabellera dorada. La escena se ilumina hasta el mutis de Ana. Ana y La Hermana se van por izquierda. Al fondo de la escena aparece un hermoso rayo de luna).*

ANTONIO. No puedo acompañarles, amigos, tengo una importante reunión. El pueblo clava sus ojos en mí. En la reunión de esta noche someteré a la consideración de mis compañeros un plan para derrocar al déspota.

FÉLIX. Que la suerte te favorezca; iremos nosotros. Pepe Pulgas, coge el farol; yo llevaré los bultos… ¿Y Benito? ¿Dónde está Benito?

LUCÍA. Ha desaparecido.

FÉLIX. ¡Es extraño! *(Grita)*. ¡Benito! ¡Benito!

LULÚ. Benito está aquí… Lo tengo entre mis manos… ¡Lo vi convertirse en este rayo de luna! *(Lulú se baña las manos en él).*

Telón

Cuadro segundo

Telón corto. Una habitación pequeña. Cajones y muebles viejos. Suciedad. Sentados y de pie, formando grupos y hablando animadamente, varios estudiantes. Al fondo una puerta con mirilla; junto a ella hace guardia el Estudiante 1º.

ESTUDIANTE 1º. Hagan el favor de hacer menos ruido. No estamos en una fiesta.

ESTUDIANTE 2º. No hay peligro. Desde la calle no se nos oye.

ESTUDIANTE 1º. Son pocas las precauciones que se tomen.

ESTUDIANTE 3º. Los artículos periodísticos de Antonio han encendido demasiado los ánimos. Le aconsejaré que se vaya de la ciudad y se esconda en el campo o en el extranjero. Hoy, más que nunca, Antonio está en peligro.

ESTUDIANTE 1º. Tarda. *(Abre la mirilla y mira).* Nadie.
MUCHACHA 1ª. Deseo conocerlo.
MUCHACHA 2ª. ¿No le conoces?
MUCHACHA 1ª. Soy nueva entre ustedes. ¿Cómo es?
MUCHACHA 2ª. Lo conocerás pronto.
MUCHACHA 1ª. Lo admiro porque es valiente y porque es poeta.
MUCHACHA 2ª. Eres demasiado sentimental. No servirás de mucho entre nosotras.
MUCHACHA 1ª. ¿Por qué lo dices?
MUCHACHA 2ª. Eres muy niña.
MUCHACHA 1ª. ¡Qué hermosos sus versos del naranjo! *(Recita. Lee entre otros papeles).*

Era un arbusto grande
era un naranjo regio;
era un tronco gallardo.

Un laberinto era
de verdes hojas,
de dorados frutos,
de azahares blancos.

Era un arbusto grande
que a la luz dormía
de pálida y nostálgica
luna de enero.

Era un arbusto grande;
era un naranjo regio.

Una noche, una dama
pasó, y por un juego
movió el arbusto grande,
movió el naranjo regio.

Y el pobre árbol
quedó sin hojas,
quedó sin frutos,
y sin azahares:
quedose seco…

Y riendo y cantando
la dama fuese
en busca de otros juegos
que la recreen.

Y triste y desolado
quedose el árbol,
a la luz melancólica
de la luna de enero.

Era un arbusto grande;
era un naranjo regio...

ESTUDIANTE 1º. Aquí está Antonio. *(Abre la puerta y aparece Antonio. Gritos de contento. Saludos).*

ESTUDIANTE 1º. Te esperábamos con ansiedad.

ESTUDIANTE 2º. Nos distrajimos leyendo algunos versos tuyos.

ANTONIO. Gracias. Amigos, necesitaba urgentemente estar en contacto con ustedes. Hoy más que nunca necesitamos la unión. En una acción común debemos encaminar nuestros esfuerzos a la caída del tirano, que está próxima.

TODOS. ¡Muera el tirano!

ANTONIO. Les informaré de asuntos importantes.

ESTUDIANTE 1º. Antes háblanos algo; hay entre nosotros gente nueva.

ANTONIO. Y qué decirles, que ya no se haya oído en la cátedra de la plaza pública. ¿Por qué precisan oír de mí lo que necesitamos cuando ha sido esa necesidad la que los trae a mí? Se lleva en la sangre; se siente; y nada más. *(Tocan fuertemente en la puerta. Hay agitación entre los estudiantes. Antonio impone orden con enérgico ademán. Entre todos se hace un grupo compacto, en cuyo medio queda Antonio).*

ANTONIO. *(A Estudiante 1º).* Abre la mirilla.

ESTUDIANTE 1º. *(Después de mirar).* Son tres desconocidos.

UNO. ¡Tres esbirros!

OTRO. ¡No hay por donde huir! ¡Estamos copados!

OTRO. ¡Venderemos cara la vida!

OTRO. ¡Traición! ¡Nos han hecho traición!

ANTONIO. Nunca falta un traidor. Serenidad, hermanos. Abran la puerta. ¡Nada de violencia! Actuemos de acuerdo con las circunstancias. *(Estudiante 1º abre la puerta y entran tres esbirros).*

ESBIRRO 1º. Los felicito porque no dieron oportunidad a que derribáramos la puerta.

ESBIRRO 2º. No queremos obstaculizar la reunión. Que buen provecho les haga...

ESBIRRO 3º. Si nos llevamos lo que vinimos a buscar no los molestaremos por esta vez... *(Silencio).*

ESBIRRO 1º. No hay que andarse con contemplaciones. Oigan bien. Entre ustedes está el que escribe artículos subversivos en un asqueroso periodicucho. ¡Que salga! Queremos conocerle. *(Silencio).*

ESBIRRO 2º. *(Furioso).* ¡Basta ya de silencio! ¡Que salga el cobarde! *(Silencio).* Ustedes lo quieren. A entregarlos a todos a la justicia. Ellos lo han querido. Sal y llama a los otros. Que traigan armas... *(Silencio. Cuando el Esbirro 3º va a salir:)*

ANTONIO. Aquí estoy. Soy el que ustedes buscan.

ESBIRRO 1º. Es usted razonable. Acompáñenos. Pasearemos en auto y hablaremos. *(Empiezan a gritar los Estudiantes).*

UNO. Iremos contigo.

OTRO. ¡No nos abandones!

OTRO. ¡Moriremos a tu lado!

OTRO. ¡Abajo el tirano!

OTRO. ¡Mueran los esbirros!

ANTONIO. ¡Silencio! *(Callan los Estudiantes. Al Esbirro 1º).* ¿Quedarán en libertad mis compañeros para irse tranquilos a sus casas?

ESBIRRO 1º. Ya lo hemos dicho.

ANTONIO. Gracias. A sus órdenes, señor. *(Sale con los tres esbirros).*

TELÓN

Cuadro tercero

Un jardín. Árboles y flores. En el centro, un arroyo. Sobre él un puente rústico, por cuyos maderos trepan bellas y exóticas plantas. Un tilo enorme cubre la escena con sus ramas fantásticas. La luz del sol dora la copa de los árboles y llega a la escena débil, tamizada, dándole cierto melancólico matiz otoñal. Bancos rústicos. Aparece sola la escena; óyese una voz lejana repetida inmediatamente por el eco. Félix y Luis Ernesto vienen en silencio. Luis Ernesto se sienta en la baranda del puente; se entretiene en romper una rama que trae, cuyos pedazos va echando en el arroyo. Félix queda de pie, recostado a un árbol. Enciende un cigarrillo y fuma, con la vista perdida en la comba del tilo. Este diálogo es dicho a media voz, pausadamente, con frecuentes transiciones, siempre sencillas y naturales.

FÉLIX. ¿Esa música que se oye?
LUIS ERNESTO. *(Pausa).* No dejas de fumar.
FÉLIX. Es mi vicio. Luis Ernesto.
LUIS ERNESTO. ¿Guardas la boquilla que te regalé?
FÉLIX. No la uso. La guardo para que dure siempre.
LUIS ERNESTO. Te dije cuando te la di que la había encontrado.
FÉLIX. Y era mentira. La compraste para mí. ¿Qué voz es esa?
LUIS ERNESTO. Son los faunos de los bosques que llaman a las ninfas. El eco repite la voz para que se oiga en los bosques y las montañas y huyan ellas. Los temen. *(Pausa).*
FÉLIX. ¿Qué has de decirme? ¿Por qué no hablas? A todas horas en la tienda me buscas; me ruegas que te oiga, que tienes mucho que hablarme.
LUIS ERNESTO. Tú me apartas de ti y me dices: «Déjame ahora tranquilo, pobre muerto; ya te dedicaré las horas de la noche».
FÉLIX. Llegaron esas horas. Háblame.
LUIS ERNESTO. ¿Para qué? No hace falta. Estás a mi lado. ¡No tengo qué decirte! *(Pausa).* Aún no creo que haya muerto. La vida me llama. Me fui antes de tiempo. Me refugio en ti porque en ti revivo. *(Pausa).*
FÉLIX. Luis Ernesto… *(Pausa).* ¿Por qué te fuiste? *(Silencio).* Perdona. *(Pausa).*
LUIS ERNESTO. Félix, ¿todas las horas nocturnas de tus sábados serán para mí?
FÉLIX. Todas las horas nocturnas de mis sábados serán para ti. *(Pausa).* ¿Qué rumores oigo?
LUIS ERNESTO. Las hojas de los árboles que ruedan por el jardín. *(Pausa).* Estás en la edad del matrimonio. Te casarás pronto…
FÉLIX. Todas las horas nocturnas de mis sábados serán para ti. *(Pausa).*
LUIS ERNESTO. Tendrás hijos…
FÉLIX. Todas las horas nocturnas de mis sábados serán para ti. Mi hijo muerto; tú. *(Pausa).*
LUIS ERNESTO. ¿Pronunciarás mi nombre?
FÉLIX. Nunca, Luis Ernesto. *(Pausa).* Ni aun para mí mismo… Porque si en mi recuerdo vives, yo viviré en el tuyo el sueño más esplendoroso de mi juventud: el de la fraternidad humana.
LUIS ERNESTO. ¿Sueñas con ella todavía? *(Félix calla).* ¡Es triste!
FÉLIX. *(Recita).*
   ¿Ves, amigo, aquel fuego,
   sobre aquellos albísimos picos
   de tan alta montaña,

>que muy lentamente sus llamas eleva
>del templo del mundo
>a la bóveda clara?
>Ven; salta a tierra;
>pon un pie en la firmísima roca;
>y a este arbusto de gajos caídos
>arrima la barca;
>y sus cuerdas anuda de modo
>que no pueda la tibia corriente
>que los cielos refleja de clara,
>arrojarla al abismo lejano
>do las aguas cantando se lanzan.
>Y cogidas las manos saltemos
>malezas y zarzas,
>y lleguemos al pino frondoso
>que guarda celoso
>los picos albinos de aquella montaña...

FÉLIX. ¿Qué música es esa?

LUIS ERNESTO. Las dríadas del bosque que bailan y cantan alrededor de las encinas. *(Pausa)*.

FÉLIX. ¡Mujeres! *(Silencio)*. No las conociste, Luis Ernesto.

LUIS ERNESTO. Sí las conocí... A una. *(Silencio)*.

FÉLIX. ¿La amabas?

LUIS ERNESTO. No la amaba. Una noche; la vi; me llamó; me besó en la boca, apasionadamente. Fue una sola noche, un minuto, un instante... Días después me destrocé el corazón de un balazo. *(Pausa)*.

FÉLIX. ¿Enfermo? *(Luis Ernesto calla)*. ¿Qué ruido es ese que se oye?

LUIS ERNESTO. Las ninfas que llegan con la princesa frágil. *(Entran Lulú y las ninfas. Las ninfas son jóvenes y hermosas; visten túnicas blancas; llevan en la cabeza coronas de hojas de encina. Lulú viste también de blanco; adorna sus cabellos con flores del mismo color. Se sientan en un banco; las ninfas, cogidas de las manos, bailan alegremente alrededor de ella)*.

LUIS ERNESTO. Vámonos. A la princesa no le gustan los desconocidos. *(Las ninfas, que reparan en Luis Ernesto, detienen el juego y cuchichean entre sí)*.

NINFA I. Es él...

NINFA II. Pregúntaselo.

NINFA III. ¿Será verdad? *(Luis Ernesto y Félix ya cruzan el puente)*.

NINFA I. Señor... *(Luis Ernesto y Félix se vuelven)*. Nos han dicho que tiene usted, al lado izquierdo, sobre el corazón, un clavel rojo que sangra, ¿es cierto?

LUIS ERNESTO. Es cierto. *(Asombro y admiración en ellas)*.

NINFA II. ¡Qué belleza! ¡Qué belleza! ¿Quién pudo obrar tal prodigio?

LUIS ERNESTO. Un beso de mujer. *(Luis Ernesto y Félix se van)*.

NINFA I. ¿Un beso de mujer?

NINFA II. Quiso bromear con nosotras. *(Se van a donde está la princesa)*.

NINFA I. *(A Lulú)*. Hoy estás muy linda, princesa.

NINFA II. ¿Qué corales pasaste hoy por tus labios, princesa, que así los tiñeron de carmín encendido?

NINFA III. ¿En qué fuente bebiste, princesa, que así sus aguas hicieron transparente tu blanco cuello?

NINFA II. ¿Qué delicado sueño hoy tuviste, princesa, que así dejó en tus ojos huellas obscuras?
LULÚ. Hermanas, he de darles una dulce noticia. *(Las ninfas palmotean de júbilo y rodean a Lulú, curiosas).* Si en mis mejillas hay jazmines, si son corales mis labios; si la albura de mi cuello es como la seda de esas túnicas, es porque hoy una alondra me anunció su llegada y con ella, el amor. Pero, ¿por qué están tristes? ¿Por qué lloran? *(Las ninfas corren a un rincón del jardín, se abrazan y lloran).*
NINFA I. Lloramos tu muerte, princesa frágil... Naciste para vivir entre nosotras, ninfas del bosque. Te cuidaríamos y amaríamos, porque eres frágil como el espejo del lago que al menor soplo del viento se quiebra... ¡Lloramos tu muerte!
LULÚ. ¡Oh, no lloren, amadas ninfas! ¡No lloren que el día es fausto! ¡Alegría! ¡Alegría! Levanten el ánimo que mucho tendrán que trabajar. Hay que ir por los bosques, los valles y los huertos y hacer que florezcan los naranjos. ¡Azahares! ¡Muchos azahares necesito! Levántense; abrácenme, así, así, alegremente, y corramos juntas bajo las frondas.
NINFA I. *(Llorando amargamente).* ¡Morirás, princesa!
LULÚ. ¡Oh, no! ¡Verán que no! ¡Verán que no! Le diré cómo soy, y él, al poner sus manos en mí, lo hará suave, muy suave, suavemente... *(Se van).*

TELÓN

Cuadro cuarto

Telón corto. Un muelle. Cajas, tambores, sogas, etcétera. El telón representa el costado de un barco de carga. En la cubierta hay practicada una abertura que conduce a bordo. De esta al muelle una estrecha escala de tablones con travesaños de madera, tembleqeante y ruidosa. Es una noche nebulosa; débiles luces en el barco y en el muelle. Al levantarse el telón aparecen varias mujeres de pésima catadura, lo último en la escala de la prostitución; visten con afectada elegancia ridículos trajes de baile; cubren las mataduras faciales con costras de cosméticos. Están sentadas en los tambores y charlan. Sale por un lateral un marinero borracho; sube la escala tambaleándose. Bajan varios marineros. Cambian signos significativos con las mujeres que los siguen. Queda sola la Mujer I. Sale Lucía por un lateral.

MUJER I. ¿Qué haces, muchacha? Hace rato que te veo rondando por los muelles. ¿Qué buscas aquí?
LUCÍA. Un poco de emoción.
MUJER I. ¿Emoción? ¿A qué llamas emoción, a vagar por los muelles como una idiota?
LUCÍA. ¡La emoción! ¡No ser lo que soy! ¡Sentir cómo tiemblan mis piernas y se erizan mis vellos ante lo extraño!
MUJER I. ¿Buscas hombre?
LUCÍA. Busco la emoción ante el hombre.
MUJER I. A mal sitio vienes a experimentar. No hay barco que tenga tripulación más peligrosa que esta. La forman bandoleros y asesinos, contrabandistas, desertores de los ejércitos, presidiarios prófugos; cuando vamos con ellos no sabemos si al día siguiente nos han de encontrar con el vientre abierto de un navajazo. Si eres nueva, búscate otro sitio; te lo aconsejo.
LUCÍA. ¿Conoces mucho a la gente de este barco?
MUJER I. Si no fueran tan borrachos y hablaran menos...
LUCÍA. ¡Estoy decidida!

MUJER I. ¿Qué tienes decidido?
LUCÍA. ¿Cuándo zarpa este barco?
MUJER I. Dentro de unas horas.
LUCÍA. ¡Ayúdame a irme en él!
MUJER I. No disparates.
LUCÍA. ¡Ayúdame a irme en él! Conoces a los marinos; habla con alguno… Pagaré el viaje… Dile que me lleve al puerto próximo, donde haya nieblas y noches oscuras. Toma mis aretes.
MUJER I. ¡No quiero tus aretes! ¡Nada quiero de ti! ¡Fuego despiden tus ojos! ¡Vete!
LUCÍA. Lograré mi propósito, ramera vieja; descubriré mis senos *(se desgarra el traje y los muestra)* que son duros e iré con ellos al aire por los callejones obscuros de los muelles gritando:
Llévame contigo, marino del mar;
llévame a tu lecho de cuero y de tablas;
y amarra, marino, con jarcias mi cuerpo
desnudo a una argolla del palo mayor.

Se va por un lateral gritando: «Llévame contigo», etcétera. Queda la Mujer I sentada en un tambor, fumando. Una pausa. Se oyen risas y gritos. Por donde se fue Lucía vienen los marineros; algunos están borrachos; rodean a un corpulento negro que trae en el hombro, como si fuera un fardo, a Lucía que está medio desnuda; la cabeza le cuelga; da gritos de placer. Suben la escala uno a uno; el negro con Lucía el último. La Mujer I, impasible, sigue fumando. Queda ella sola en la escena, con las brumas. Se oyen la risa y los gritos de Lucía.

Telón

Cuadro quinto

Un parque público en una hermosa tarde de mayo. En el centro un robusto álamo de ramajes frondosos a través de los cuales penetran los oblicuos rayos del sol. En los canteros, profusión de flores de colores vivísimos. En las ramas, pájaros que gorjean. A un lado, bajo una trepadora de jazmines de España, hay un banco de piedra; será el de Andrés y Loreta. Al fondo, otro banco; será el de La Madre y Pepe. En este, tejiendo, está sentada La Madre. La Madre es bella; alrededor de su cabeza hay un nimbo de luz. Color, animación, alegría. Entradas laterales. La Madre teje. Sus ágiles dedos juegan con la aguja que va y viene en rítmico vaivén. En el rostro sereno de La Madre se posa una sonrisa beatífica. Sale Pepe Pulgas. Ya no es el niño mugriento que conocíamos. Viste un traje nuevo; limpias están su cara y manos. Juega con una pelota.

LA MADRE. *(Levantando la cabeza y mirándole amorosa).* ¿No te cansas de jugar, hijo?
PEPE PULGAS. Sí, ya he jugado bastante. *(La Madre abre sus brazos; Pepe Pulgas corre a echarse en ellos).*
LA MADRE. *(Después de besarlo).* No juegues más, que te sofocas mucho. Quédate al lado mío. Mírame tejer. *(Silencio).*
PEPE PULGAS. ¿Qué tejes? Siempre te pregunto lo mismo, ¿verdad, madre?
LA MADRE. Siempre me preguntarás mientras seas joven. Mas a fines de año vendrá una noche de invierno y tendrás frío. Para entonces te tejo esta capa.
PEPE PULGAS. Siempre me dices lo mismo desde hace años. ¿Es que mayo no es eterno?

LA MADRE. *(Pausa).* No, hijo mío; mayo no es eterno.
PEPE PULGAS. ¿Qué tiempo dura mayo, madre?
LA MADRE. Mayo es un mes de la vida.
PEPE PULGAS. ¿Cuántos años tiene ese mes, madre?
LA MADRE. Mientras pienses en mí será mayo.
PEPE PULGAS. Siempre pensaré en ti.
LA MADRE. No siempre. Cuando seas hombre las preocupaciones me apartarán de tus pensamientos. Volverás a recordarme después, en la noche de invierno, porque tendrás frío. Te abrigarás entonces con la capa que tejieron mis manos.
PEPE PULGAS. No usaré la capa; correré a tus brazos para que me den calor, y acurrucadito, me esconderé en tu pecho.
LA MADRE. No me encontrarás.
PEPE PULGAS. Vendré a este parque.
LA MADRE. Mayo habrá huido de aquí. Habrá nevado mucho.
PEPE PULGAS. En este pueblo nunca nieva… No te entiendo. Te buscaré…
LA MADRE. No me hallarás.
PEPE PULGAS. Te crearé, como ahora te creo…
LA MADRE. ¿Cómo me creas?
PEPE PULGAS. Levanto la vista hacia el cielo y vienes a mí.
LA MADRE. No podrás entonces; tus caídos párpados no te permitirán levantar la vista de la tierra.
PEPE PULGAS. ¿Dónde estarás?
LA MADRE. Descansaré, hijo mío.
PEPE PULGAS. No te entiendo.
LA MADRE. Quiero decir que habré muerto.
PEPE PULGAS. Pero si estás muerta, si ya moriste una vez, cuando nací… ¿Cuántas veces se muere?
LA MADRE. Primero nos abandona la vida, luego la memoria de los seres que amamos.
PEPE PULGAS. Me entristeces.
LA MADRE. Te preparo, hijo. Mientras disfrute de la vida que me das debo ser tu guía y consejera.
PEPE PULGAS. No entiendo. Tengo sueño.
LA MADRE. Recuéstate en mi hombro. *(Pausa).*
PEPE PULGAS. Madre. *(La besa. Una pausa).* Madre, me alegro que estés muerta. Si vivieras, el trabajo agrietaría y ennegrecería tus manos hermosas; no estarías ahora aquí, a mi lado, sino en el taller o en la cocina; el cansancio no te permitiría juntar los labios para darme besos. *(Pausa).* Madre, ¿si vivieras serías como Rosalía la madre de Ana Pelona?
LA MADRE. Dios te perdone, hijo.
PEPE PULGAS. ¿Por qué me dices eso?
LA MADRE. Calla y duerme. *(Pepe Pulgas se queda dormido recostado a La Madre. Esta lo mira un largo rato en éxtasis maternal; acaricia suavemente sus mejillas y despacio, cuidando de no hacer un movimiento que despierte al hijo, lo levanta y lo apoya en su pecho para irse con él. Queda sola la escena. Entran Loreta y Andrés. Andrés enlaza amorosamente a Loreta por el talle. Se sientan).*
ANDRÉS. Ya tengo secos los labios de tanto decirte que te quiero.
LORETA. ¿Qué harás mañana?
ANDRÉS. No sé lo que haré mañana; ahora solo tengo pensamientos para ti.
LORETA. Nos veremos en La Habana.

ANDRÉS. No concibo separarme de ti ni un momento.

LORETA. Debo hablar con mi esposo y decirle que me voy de su lado por amor a ti.

ANDRÉS. Y yo hablaré a mi novia. Mi esposa serás tú. Trabajaré mucho; ganaré dinero; seremos ricos; viajaremos; en las primaveras iremos al parque donde nos conocimos y todos los años será el primero de nuestro amor.

LORETA. No puedo oírte hablar más, Andrés… Andrés mío. He estado toda la noche diciendo tu nombre y no debiera pronunciarlo más… ¡No puedo engañarte, Andrés! ¡No podemos engañarnos! *(Llora).*

ANDRÉS. *(Pausa. Transición).* ¿Por qué rompes el encanto?

LORETA. Esto es una farsa. Esto es un campo yermo sin árboles rumorosos, sin frutales, sin flores, estamos sentados en la orilla de un camino vecinal polvoriento y sucio; constantemente tengo que apartar de mí las ramas espinosas para que no me hieran; no hay mullido césped, sino zarzas negras. *(Al comenzar el anterior parlamento ha caído una cortina gris o negra que oculta la decoración del jardín. Cesa la música).*

ANDRÉS. ¿Por qué lo hiciste? Los otros no se detienen a lamentarse de lo que dejan atrás ni tratan de mezclar lo real con lo que está más allá de ellos mismos, en exabrupta paralización del sueño. Convence a Benito de que no es un rayo de luna y lo arrojarás desequilibrado a la más inmisericorde pesadumbre. Eso has hecho conmigo.

LORETA. Somos distintos; somos dos realidades que se buscaron y creyeron encontrarse.

ANDRÉS. Estoy a tu lado.

LORETA. No es posible engañarte más tiempo, Andrés. ¡Aquí está mi tristeza! Me has dicho el nombre del pueblo… y no es el mismo. ¡Tú no eres, Andrés! *(Llora).*

ANDRÉS. ¿Y creías que lo era realmente? Lo sé. No eres tampoco aquella, la de mi parque en las tardes de mayo. Supe su nombre; no se llamaba Loreta; hace años me dijeron que estaba casada y que tenía hijos; ha resultado una excelente madre de familia. Mas, en mí, siguió siendo la chiquilla atolondrada y ruborosa de aquellos años. Al verte en la terraza de tu casa creí encontrarla en ti. En esta fuga última quería desprenderme de una fracción de vida muerta; el recuerdo de ella se rebelaba; surgía, surgía; y surgió en tus ojos. Pensé que en ningún momento estarías engañada.

LORETA. Lo estuve hasta que nombraste el pueblo. *(Loreta llora).*

ANDRÉS. ¿Qué lloras?

LORETA. Lloro la infidelidad de mi corazón. Ya no puedo afirmar que existiera aquel hombre… Siendo una realidad, eres una mentira para mí, como la hermana de Ana, como el amigo de Félix… y los proyectos… y los viajes… ¿qué se ha hecho de ellos?

ANDRÉS. Eran demasiado hermosos, amiga mía. *(Pausa larga).*

LORETA. ¿Qué hora es?

ANDRÉS. Está amaneciendo. *(Salen por lateral Ana y Pepe Pulgas; este trae el farol. Llevan las mismas ropas harapientas del principio. Se sientan uno junto al otro. Al otro extremo de la escena Loreta y Andrés. Hay un largo silencio que romperán las voces de los excursionistas que se acercan. Andrés y Loreta dejan de mirarse a los ojos).*

ANDRÉS. *(Volviéndose a Pepe Pulgas).* Pepe, apaga ese farol. Ya es de día. *(Las sombras se han ido lentamente disipando, dejando ver formas y contornos aún difusos).*

TELÓN LENTO

Flora Díaz Parrado

EL VELORIO DE PURA

Comedia

Flora Díaz Parrado (Camagüey, 1893-Madrid, 1991). Dramaturga, narradora y periodista. Se doctoró en Derecho Civil y a partir de 1933 trabajó en el servicio diplomático en Francia, Chile y España. Colaboraciones suyas aparecieron en la prensa camagüeyana, así como en las revistas *Social* y *Carteles*. Autora de la novela *Mis tinieblas* (1936), publicó también siete obras teatrales, entre ellas *Noche de esperanzas*, *El Alcalde de Nueva de los Leones* y *Juana Revolico*.

Personajes

Belén (Hermana primera)
Hermana segunda
Hermana tercera
Juana
Pepa
Don Prudencio
Manolito (El bobo)
Mujeres del coro y otros personajes

ACTO ÚNICO

Velorio en una casa cubana. Cuarto de paredes desnudas, adornadas con calendarios, retratos de familia, litografías baratas, etcétera. Luz eléctrica, sin pantalla, colgante de un hilo del techo.

A la izquierda, puerta abierta que comunica con el cuarto en donde se supone está tendida la difunta. Se ve un poco de luz incierta que proyectan los cirios desde adentro.

En el cuarto del velorio, sentadas, tres hermanas, mujeres cuarentonas. Visten de blanco, telas ligeras propias del clima de Cuba. Tocadas con lienzos o pañuelones grandes. Pañuelos grandes, blancos, con franjas negras. Zapatos de tacones bajos.

Las acompañantes al velorio, sentadas en ruedo, visten también con telas ligeras; pañuelos y abanicos que manejan con graciosos movimientos. Colores armónicos. Peinados de moños altos, salvo la Jovencita, de melena corta. Pepa, la matrona del barrio, mujer gruesa y grotesca, encorsetada hasta arriba. Juana, muchacha negra, flaca, de pelo estirado y recogido en trenzas que le quedan tiesas. Vestida de blanco, con bolitas de color. Sin medias, zapatos de charol, tacones altos.

Al momento de levantar el telón, se abanican las mujeres, alzan los pañuelos con cierto compás y suspiran hondo. Bisbisean.

Del cuarto-comedor proviene un ruido leve, disonante, de tazas, platos y cucharillas, que contrasta con el movimiento armónico del primer cuarto. En medio de esta atmósfera, se oyen los pasos de Juana que viene del fondo del cuarto-comedor al de las dolientes. Juana llega al umbral, queda allí, asomando su cabeza con curiosidad dolida inconsciente. Los pies en puntillas, las caderas empinadas, los brazos colgantes. Las mujeres del coro miran a la muchacha, interrumpiendo sus movimientos.

PEPA. *(Con expresión solícita y falsa, silba y llama con los dedos a Juana).* ¡Juana!... *(La muchacha queda en el sitio, mientras las mujeres miran con profunda atención y bisbisean).*

PEPA. ¡Un poco de tilo!...

UNA MUJER. *(Al lado de Pepa).* ¡Tibiecito, eh!...

PEPA. Juana, ¿estás sorda? ¡Ven aquí!... *(Bisbiseo de las mujeres, comentando la sordera de la muchacha. Juana se da cuenta entonces, camina pausadamente hasta el centro del cuarto moviendo el cuerpo con ligero ritmo de «son» al andar. Mira a Pepa. Nada dice, pero parece dispuesta a escuchar).*

PEPA. ¿No oíste?... ¡Que traigas tilo... te digo!... *(Al mismo tiempo, Pepa señala para las hermanas, quienes miran para ella suspirando, moviendo las cabezas con gestos negativos desconsolados. Juana las mira sucesivamente, descubriéndolas. Siempre desmadejada).*

Belén moviendo la cabeza, diciendo, de un modo ininteligible, «no», entre gemidos. Las hermanas Segunda y Tercera hacen pucheros recogiendo sus lágrimas con los pañuelos apretados en las bocas.

PEPA. *(Con el cuerpo grueso hacia adelante, grotesco, acompañando el gesto a las palabras, dirigiéndose a las tres hermanas).* ¡Una tacita de tilo!… ¡Una tacita!…
LA MUJER DE AL LADO DE PEPA. Claro está…
OTRA MUJER. ¡Bien te hará, Belén, mucho bien!…
BELÉN. ¡Ay, no!… ¡ay!… no… ¡ay!… no…
HERMANA SEGUNDA. ¡No!… ¡No!… ¡No!…
HERMANA TERCERA. ¡Ayayay!… ¡Ayaaayay!… *(Gestos desesperados de esta última, sosteniendo la cabeza, mientras suspira. Las mujeres del coro suspiran, limpian sus lágrimas, abanícanse. Juana comienza ligeramente a emocionarse. Expresión descompuesta en el cuerpo).*
PEPA. ¡Resignación!… ¡Resignación!… ¡Resignación!… *(Palabras dichas con fuerza y aspaviento. Parece como un golpe que viene a terminar la escena. Compás con un golpe de botella que proviene del cuarto-comedor. Un pequeño silencio).*
OTRA MUJER. Conformidad… ¡ay!…
OTRA. …¡y resignación!…

Vuelven a levantarse los pañuelos. Carraspean algunas mujeres para reprimir la emoción que les sube a la garganta. Silencio. Suspiros, muévense los abanicos.

BELÉN. ¡No me cabe, ay… el corazón en el pecho!…
HERMANA SEGUNDA. ¡Qué pena!… ¡qué pena!… ¡qué pena tengo!…
HERMANA TERCERA. ¡Ay, qué dolor… tan amargo!…

A medida que van diciendo, mueven sus cuerpos ligeramente, asomando un dibujo rítmico. En el cuarto-comedor, mayor ruido de tazas. A Juana le sube la emoción lentamente y de un modo grotesco. Suspira, rezonga, estira los brazos y piernas como si fuera una muñeca que bailara el «son». Está en trance, mueve sus ojos y parece que va a caer, sin caer.

UNAS MUJERES. ¡Ay!… ¡Ya… le… dio!… ¡Ya le dio!…
TODAS. *(En coro).* ¡Ya le dio! ¡Ya le dio!
OTRAS. *(En coro).* ¡Cayó… Juana… con el ataque!…

Pepa corre para auxiliar a Juana. Figura grotesca de Pepa, mujer tiesa, que contrasta con Juana. Otras mujeres corren también hacia la muchacha.

PEPA. ¡Juana, Juana, por Dios… vamos!…
OTRA MUJER. ¡Juanita!…
OTRA MUJER. ¡Si la brincaran!…
OTRA. ¡Alcohol!… ¡en dónde demonios está! *(Da vueltas, atolondrada, sin saber dónde encontrar el alcohol. Escena grotesca).*
OTRA MUJER. ¡Échale fresco!… *(Movimiento de conjunto con los abanicos, de los pies, cerca de Juana. Barullo).*

OTRA. ¡Apártense… que la ahogan!… *(Algunas se apartan, dejando solamente a Pepa y a dos mujeres a los lados de Juana, que la ayudan a andar. Otra, delante, haciéndole fresco con el abanico. Todas van arrastrando los pies. Juana es una figura tiesa, suelto el pelo, los brazos rígidos; va rezongando, al compás de los abanicos y de los pies que andan. Entran en el cuarto-comedor. Las hermanas han visto la escena con pena, moviendo sus cabezas y suspirando).*
BELÉN. *(Cuando el grupo ha desaparecido).* ¡Es… que… Pura… la quería… tanto!…
HERMANA TERCERA. Tanto… como Juana… quería… a mi hermana… *(Sigue oyéndose el movimiento de los pies del grupo).*
UNA MUJER DEL CORO. ¡Pobre Juanita!…
OTRA. ¡Tan buena… negrita!…
OTRA. ¡Cómo quería… a Purita!…
OTRA. La pobrecita… ¡qué buena es!…
OTRA. ¡Toda corazón!… ¡Toda corazón!… *(Estos dichos con movimientos enfáticos. Inmediatamente óyese el golpe de la muchacha que cae en el cuarto-comedor).*
OTRA MUJER DEL CORO. ¡Ya perdió… el sentido!… *(Rezonguidos de la muchacha, fuertes primero y lentos después. Movimiento de los abanicos).*
UNA MUJER. *(Voz aislada. Hablando para sí, abanicándose).* ¡Qué calor!… ¡Qué calor… tan horrible!…
BELÉN. ¡Es terrible… cuando le da!… ¡Adoraba a Purita!… ¡Pura no tenía secretos para Juana!…
HERMANA SEGUNDA. ¡Adoraba a Purita!…
HERMANA TERCERA. ¡Eran dos almas en una!
HERMANA SEGUNDA. ¡Dos almas en una!…

Quedan las tres hermanas sumidas en recuerdos lejanos y profundos.

BELÉN. ¡Ay!… ¡qué desgracia… tan grande!…
UNA MUJER. Qué le vamos… [a] hacer… ¡Esta es la voluntad de Dios!…
UNA MUJER. *(Con resignación fatal).* ¡Todos tenemos que morir!…
OTRA MUJER. *(Con la voz aún más resignada).* ¡Unos primeros… y otros… después!…
MUJER A. ¡Así es!… ¡Así es!…

Pasa un momento de triste recordación por la cara de las mujeres. Unas juntan las manos, otras mueven las cabezas sostenidas por las manos.

Hermana Tercera solloza con cierta pausa acompasada. Pepa regresa al cuarto con una taza de tila, siguiéndola las otras tres mujeres. Dos de ellas con sendas tazas. Pepa, grotesca y mandona.

PEPA. *(Entregando la taza a Belencita).* ¡El tilo!…
LA SEGUNDA MUJER. *(A la segunda hermana).* En el mismo instante te calmará.
LA TERCERA MUJER. *(A la tercera hermana, dándole la taza).* ¡No llores más!… ¡No llores más!…

Las hermanas beben, tosen, vuelven a beber, suspiran. Ligero movimiento de tazas y platos en la cocina. Pepa y las otras van recogiendo con mimetismo sintético las expresiones exageradas de las hermanas.

BELÉN. *(Al momento de devolver su taza a Pepa).* ¡Ay, Pepa, usted… usted… no sabe… lo que es esto!…

PEPA. ¡Si ya lo sé!… Belén…, ¿¡que yo no sé… lo que es esto!?…
HERMANA SEGUNDA. Tengo un nudo en la garganta… ¡ay!… ¡que no me deja, que no me deja respirar!…
HERMANA TERCERA. ¡Ay!… ¡cómo no voy a llorar a mi hermana!…

En este momento aparece en el umbral del cuarto mortuorio Don Prudencio, cincuentón, amigo de la familia, que siente, desde hace mucho tiempo, profunda simpatía por Belencita. Tipo orondo en gestos y lenguaje. Viste de negro, usa leontina de oro. Quedará en el sitio profundamente emocionado. Detrás de Don Prudencio, la figura de un bobo que ríe maliciosamente tratando de contener la risa con sus puños. Balancea su cuerpo al compás extraño de su risa. Cuando Don Prudencio se adelanta, él ríe de nuevo, parece vacilar y hace mutis.

LAS MUJERES. *(Electrizadas por la emoción).* ¡Llegó… Don Prudencio!… ¡Y… Manolito!
OTRA. Don Prudencio… y… ¿quién más?
PEPA. ¡Don Prudencio!… Y Manolito… el bobo de al lado…
OTRA MUJER. ¡Ah! ¡El bobo!…

Belén se levanta del sillón, mientras las mujeres se separan y van lentamente a depositar las tazas en el cuarto-comedor. Belén estira las manos, con carácter trágico, que resulta cómico. Las hermanas, levantándose, lloran con la cara entre los pañuelos. Don Prudencio camina hacia ellas con solemnidad. Belén echa los brazos a Don Prudencio. Las otras, sus cabezas en los hombros de Don Prudencio.

BELÉN. ¡Ay!… ¡Don Prud!… ¡ayayayay!…
HERMANA TERCERA. *(Sollozando).* ¡Don Prud!… ¡Don Prud!…

Golpes de botellas en el cuarto-comedor. Las mujeres del coro lloran y otras alzan los pañuelos con cierto compás. Cuando las mujeres gimen con más fuerza, Don Prudencio alza la voz.

DON PRUDENCIO. Perdido está… el cuerpo… ¡pero su alma… no!…
LA BEATA. *(Sentada en el coro de las mujeres).* ¡Su alma… en el reino de Dios!…
UNA MUJER. ¡Allá… allá… con los ángeles!…

Pepa carraspea, llantos y pañuelos en las caras. Las hermanas, sobre Don Prudencio, parecen globos que van a volar.

DON PRUDENCIO. El alma está, en el cielo, vigilada por Dios… Ve nuestra pequeñez… ¡Belén!… ¡Belén!…

Pasa las manos por las cabezas de las tres hermanas. Sobre todo por la de Belén. Ademanes de escrupulosa honestidad. Las Hermanas Segunda y Tercera sacan sus cabezas, una después de otra, de modo rápido. Belén echa hacia atrás la suya, sin apartarse de Don Prudencio.

BELÉN. ¡Ay, Don Prud!… ¡Su alma en el cielo… en otro mundo… en donde no la veremos más!
HERMANA SEGUNDA. Pura… Purita… ¿por qué nos dejaste?…
HERMANA TERCERA. Irte tan lejos… ¡ay!… ¡tan lejos!…

Estos dichos con acompañamientos de los abanicos. Algunos ruidos del cuarto-comedor. Vuelven a dejarse caer en el pecho de Don Prudencio. Llanto de nuevo.

DON PRUDENCIO. ¡Resignación!… ¡Resignación!… ¡Resignación!…
BELÉN. ¡Ay, Don Prud!…
HERMANA SEGUNDA. ¡Pura!… ¡Pura!…
HERMANA TERCERA. ¡Purita!…

El coro quiere contener su pena moviendo los pañuelos, los abanicos. Bisbisean entre sí.

Don Prudencio sienta con cuidado a las dos hermanas. Belén queda en pie, esperando su turno. Después echa de nuevo los brazos a Don Prudencio. En este momento entran en el cuarto Pepa y las otras mujeres. Pepa bisbisea al oído de la Jovencita, sentada al lado suyo, como si le llamara la atención aquel dolor de Belén en los brazos de Don Prudencio. La Jovencita parece que va a reír y se contiene. Don Prudencio sienta a Belén, busca una silla y se sienta a su lado. Las hermanas lloran ligeramente. Movimientos de los abanicos.

BELÉN. *(Alzando la cabeza).* Quién… nos lo iba a decir… ¿Quién?… ¿Quién?
DON PRUDENCIO. *(Con voz filosófica).* ¡El porvenir es secreto… para todos los seres… en este mundo!…
UNA MUJER DEL CORO. No nos pertenece… jamás…
OTRA MUJER. ¡Ay!… ¡qué gran verdad!… ¡qué gran verdad!
MUJER A. ¡Así mismo!… ¡Así mismo!…
BELÉN. ¡Quién diría… que nuestra hermana… se mataría!…
HERMANA SEGUNDA. …y… si lo dijeran… ¡quién lo creyera!…
LAS MUJERES DEL CORO. ¡Así mismo!… ¡Así mismo!…

Golpe de los abanicos.

HERMANA TERCERA. Yo lo veo… con mis ojos… y no lo creo…

Ruidos de movimientos en el segundo cuarto.

DON PRUDENCIO. *(Como si dijera una frase extraordinaria).* ¡Porvenir!… ¡vida y muerte… son impenetrables!…
UNA MUJER. ¡Es verdad… es verdad!…
MUJER A. ¡Así mismo!… ¡Así mismo!…
HERMANA TERCERA. ¡Jum!… ¡Jum!… ¡Jum!…
UNA MUJER. ¡Este trance es terrible!…

Las mujeres mueven las cabezas con resignación falsa en los gestos y en el modo de mirar.

DON PRUDENCIO. ¡Valor… solo las almas fuertes… tienen resignación!…
MUJER A. ¡Así mismo… así mismo!…
HERMANA TERCERA. ¡Jum!… ¡Jum!… ¡Jum!…

UNA MUJER. ¡Querían mucho a su hermana!…
OTRA MUJER. ¡Era muy buena… era un ángel… y nos dejó!…
OTRA MUJER. ¡Horror!… ¡horror!… nacemos… ¿para qué?… *(Mueve su cuerpo con ligero ritmo de «son»)*. ¡Para sufrir… y… después… para morir… todos… unos delante… y otros… detrás!…

La Jovencita rompe este dicho con: ¡Ji! ¡Ji! ¡Ji! Las mujeres miran con autoridad a la Jovencita, imponiéndole silencio.

BELÉN. ¡Ay!… ¡Resignación!… yo sé que todos vamos… vamos… unos delante… y otros detrás…, pero no puedo, ¡ay!…, ¡pero no puedo… resignarme!…
HERMANA TERCERA. ¡No!… ¡No!… ¡No!…

Sigue el llanto. Una mujer se levanta y dice a la que tiene al lado.

[UNA MUJER.] Yo me voy… porque tengo al niño… ¡malo!… *(Llega hasta donde está Belén, diciéndole algo al oído y después en voz alta).* «Por la dentición»… *(Echa la mano sobre los hombros de las otras hermanas con meloso consuelo).*

Después que ha salido, pasados unos momentos en que hay silencio en la escena, se oye un golpe fuerte en el cuarto de la difunta, como de persona que cae. Las tres hermanas y todas las mujeres, a un tiempo y sin hablar, se alzan y prestan ojos y oídos con atención tensa al ruido que se sintió. Parecen muñecos amedrentados. Tiemblan sus hombros, con ligero ritmo de «son». Don Prudencio se ha mantenido sentado. Ha torcido un poco el cuerpo y estira la cabeza mirando hacia el cuarto en donde se ha sentido el ruido, tomando una posición rígida que le hace parecer también un muñeco. De pronto irrumpe una voz, desde el cuarto de la difunta: ¡DON PRUD!… ¡VENGA USTED A LEVANTARME! ¡PERO PRONTO… PRONTO… PRONTO!… Las mujeres, al oír la voz, caen desgajadas en las sillas, suspirando con un «AH» de descanso. Don Prudencio se levanta, descargando su tensión y sale caminando lleno de solemnidad. Va carraspeando. Dice al levantarse: NO ES NADA… ¡NADA…! ¡NO HAYA MIEDO!… ¡QUE AQUÍ ESTOY YO!…

BELÉN. ¡Ay!… ¡Qué terrible momento!…
TODAS LAS MUJERES. ¡Ay!… ¡qué susto!…
DON PRUDENCIO. *(Regresando y sentándose).* ¡Nada!… ¡nada!… Mariquita que tropezó… cayendo… La levanté y se fue… ya pasó… ¡No es nada!… ¡nada!… ¡Nada!…
BELÉN. *(A Don Prudencio y dándole una mirada de afectuosa coquetería).* ¡Ay… Don Prud… si no fuera por usted… nuestro ángel de Dios!…
HERMANA SEGUNDA. ¡Un ángel de Dios!…
HERMANA TERCERA. ¡Un ángel de Dios… con el corazón muy grande!… ¡Qué gran corazón!…
LAS MUJERES. ¡Ay… qué gran corazón!… ¡Qué gran corazón!…

Silencio. Ruido fuera.

BELÉN. *(Reincorporándose al dolor).* ¿Qué le parece, Don Prud?… Ella… Pura… nuestra hermana… tan buena… Don Prud… ¡tan buena!…
DON PRUDENCIO. *(Carraspeando).* …¡tan recatada!…

HERMANA SEGUNDA. ...¡tan buena... y honrada!...
LAS MUJERES. ¡Fue única!...
LA JOVENCITA. *(A Pepa)*. ¿Se mató... por amor?
PEPA. *(Con retintín en la voz)*. ¿Amor?... ¿Amor... a los cincuenta?... ¡Ay... qué amor!
LA JOVENCITA. ¡Ji...ji...ji...ji...!
PEPA. ¡La pobre... Pura... se mató... por apuro... de... amor!...

La Jovencita, con buches de risa en la cara, parece que va a estallar. Pepa la contiene con la mirada.

PEPA. ¡Niña!... ¡Niña!... ¡Recuerda... que estás en un velorio!...

La Jovencita pone cara de pena a regañadientes.

DON PRUDENCIO. Era buena... y era honrada... y era sana... ¡Pura!...
BELÉN. ¡Así mismo... así era!... ¡Así era!... ¡Así mismo!...
LAS HERMANAS. Así era... ¡Así era!

Don Prudencio hace señas afirmativas con la cabeza. Las mujeres del coro, también. Ligero silencio.

DON PRUDENCIO. Era buena... y era honrada... ¡Pura!...
LAS DEL CORO. ¡Era!... ¡era!...
BELÉN. Así era...
BELÉN. *(Sollozando con hipo)*. ...ella... ¡y matarse!...
HERMANA SEGUNDA. ¡A... hor... carse!...
HERMANA TERCERA. Ahorcarse... ella misma...
LAS MUJERES. ¡Es terrible!... ¡Ay... qué horror!...

Silencio.

DON PRUDENCIO. Y... dígame usted... Belén... si no es... indiscreción...
LAS HERMANAS. *(Interrumpiéndole)*. ¡Oh!... Don Prud...
DON PRUDENCIO. ...¿Por qué... se quitó la vida... Purita?...

Las mujeres sacan las cabezas con impaciente curiosidad.

BELÉN. *(Sin saber lo que dice)*. ¡Ahorcada!... ¡Ahorcada!...
UNAS MUJERES. *(Carraspeando)*. ¡Ah!... ¡Ah!... ¡Ah!...
UNA MUJER. ¡Terrible!...
OTRA MUJER. ¡Pero qué muerte... tan horrorosa!...
DON PRUDENCIO. ¿Pero... por qué... por qué... se ahorcó... Purita?...

Las tres hermanas lloran de un modo grotesco. Mientras las tres hermanas lloran, aparece nuevamente en la puerta el bobo, del mismo modo que antes, solo que bambolea más su cuerpo queriendo entrar al cuarto del velorio. Mutis.

BELÉN. Por... ¡ay!... ¡por!...
HERMANA SEGUNDA. ¡Ay!... por...
HERMANA TERCERA. ¡Ay!... por...
DON PRUDENCIO. ¿Por?...
BELÉN. Por... amor... ¡ay!... ¡qué digo!... por decepción... por decepción... ¡de amor!...
LAS MUJERES. *(Deshinchando su curiosidad).* ¡Ah!...

Abanícanse con pausa.

UNA MUJER. *(En voz baja).* ¡Ay, qué fuerte... le dio!...
PEPA. ¡Desesperación!...
LA JOVENCITA. *(Riéndose).* ¡Ay!... ¡Qué ilusión!...
PEPA. *(A la Jovencita).* A los veinte y cinco... para vivir... a los cincuenta... para morir... ¡de amor!...

La Jovencita ríe. Silencio.

BELÉN. *(Como hablando consigo misma).* ¡Mi... hermana... Pura... enamorada!...
PEPA. ¡No... es nada... enamorarse... a su edad!...
OTRA MUJER. ¡Enamorada!...
DON PRUDENCIO. ¿Y... de quién... se enamoró... Purita?...

Las mujeres, tensas para oír, mueven sus abanicos con mayor impulso. Fiebre curiosa.

HERMANA TERCERA. *(Preguntándose a sí misma).* ¡Ay!... ¡Ay!... ¿pero de quién... pero de quién se enamoró... Pura?...

Hace gestos con la mano preguntando. La Hermana Segunda repite los gestos de interrogación, como su hermana, sin decir nada.

BELÉN. *(Cambiando los gestos de un lado para el otro, tratando de recordar).* Eso mismo... eso mismo... pregunto yo... ¡ay, Dios!...
PEPA. Y de pregunta... en pregunta... llegaremos a la conclusión... *(Termina la frase en voz baja, dirigiéndose a la Jovencita).*
LA JOVENCITA. *(Al escuchar la terminación de la frase).* ¡Ja!... ¡Ja!... ¡Ja!...

Del fondo del cuarto viene Caridad, cocinera que viste con chambra y falda ancha recogida en pliegues a la cintura. Moño alto. Arrastra unas chanclas que pueden marcar ligeramente el ritmo. Es una mujer vieja.

CARIDAD. ¡Una tacita de café... Don Prud!...
DON PRUDENCIO. ¡Muchas gracias! ¡Muchas gracias!...
CARIDAD. ¡Está acabao de colar... y... muy fuerte!...
DON PRUDENCIO. Más tarde... Caridá...

Una mujer que está sentada junto a la puerta del cuarto-comedor, mete los puños en la boca del estómago para indicar su debilidad. Después, con voz melosa.

UNA MUJER. ¡Una tacita… Caridá!… *(Caridad se va hasta el cuarto-comedor. Se oye el ruido de las tazas, etcétera).*

DON PRUDENCIO. *(Regresando a la conversación, con tonos solemnes).* Ella… que… en paz… descanse… ¿le dijo… alguna vez…?

BELÉN. *(Después de unos instantes, con gesto y voz vacíos).* ¡Nada!… *(Silencio).* ¡Nada!… *(Gestos que acompañan a esta palabra).*

DON PRUDENCIO. *(Después de unos instantes).* ¿Nada?… ¿Nada?… *(Con gestos y voz solemnes).*

BELÉN. ¡La oí suspirar… muchas veces… con gran dolor… en el alma!… «Calma»… le decía yo… Hasta que un día: «¿Qué tienes… Pura?»… Y ella… despertando de un sueño… *(Con la mano, gesto de lejanía).* … muy largo… me contestó, con la boca vacía: «¡Nada!… ¡Nada!… ¡Nada!…».

PEPA. *(Entre dientes).* ¡Y… por no tener… nada… se ahorcó!…

CARIDAD. *(Viene con la taza de café para la señora).* ¡Muévalo, muévalo… un poco!…

La mujer mueve el café y lo sorbe con deleitación. Caridad se marcha con sus movimientos de siempre. Aparece el bobo en su actitud de siempre, riendo, bamboleando su cuerpo. Cada vez que aparece, da un paso más hacia adelante, sin entrar en el cuarto del velorio. Al marcar su paso hacia adelante, retrocede violentamente y hace mutis.

BELÉN. *(Volviendo de nuevo a su pensamiento).* ¡Decepcionada… de amor… ella… que no tenía… novio… ni nada!…

LAS MUJERES. ¡Nada!… ¡Nada!… ¡Nada!… ¡en el corazón!…

DON PRUDENCIO. ¿Y… entonces… cómo saben ustedes… que ella… murió… por una decepción… de amor?…

BELÉN. ¡Si estoy ida… Don Prud!… ¿No le he dicho todavía… que mi hermana… dejó una carta… para el Juez?…

DON PRUDENCIO. ¿Para el Juez?…

LAS MUJERES. *(Con impaciencia nerviosa).* ¿Eh?… ¿Eh?… ¿Eh?… ¿Para el Juez?…

BELÉN. *(Recordando lo que decía la carta).* «No se culpe a nadie de mi muerte»… ¡Ay!… *(Llantos; las hermanas secundan el llanto).* ¡Ay!… ¡Ay!… ¡Ay!… *(Belén sigue recordando la carta).* «que yo muero… decepcionada de amor». Y firmaba «Pura», con letra clara y segura…

DON PRUDENCIO. ¡Pobre Purita!…

LA BEATA. *(Desde el fondo, con voz sostenida).* ¡Un rosario por su alma!

Bisbisean entre sí las mujeres.

DON PRUDENCIO. *(Como si hiciera un hallazgo. Con cierta extrañeza en la voz).* ¿Entonces… quién era… el novio… de Pura?…

BELÉN. Verá usted, Don Prud… *(Parece atragantarse, sujetándose el corazón. Estallándole un hipo muy fuerte).* … el corazón se me sale… ¡ay!… ¡Dios!… ¡se me sale… el corazón!…

PEPA. ¿Un poco de agua?…

UNA MUJER FAÑOSA. El hipo se quita con un susto…

OTRA MUJER. ¡Tilo o valeriana… es lo mejor!…

BELÉN. *(Protesta con la mano, al compás del hipo, que no quiere nada. Al fondo del cuarto-comedor, risas de hombres).* Recuerdo… que… en cierta… ocasión…

DON PRUDENCIO. ¿Qué?…
LAS MUJERES. *(Nerviosas).* ¡Pura tenía un novio… tenía un novio!…
LA BEATA. ¡Pura… tan honesta… y honrada!…
PEPA. ¡Locura… solo locura… de remate!…
HERMANA TERCERA. ¡Ay, Don Prud!… ¡ahorcada!… ¡sabe usted!… ¡morada estaba su lengua!…
HERMANA SEGUNDA. Toda… ¡ay!… Toda… ¡de fuera!…
UNA MUJER. ¡Qué pena… ay… qué pena!…
BELÉN. *(Toca su cabeza como recordando).* Fue en cierta ocasión… cuando… salimos las dos… y ella… *(Hace un gesto violento con la mano).* …espantada… quedó… Blanca y pálida… Viendo que iba a caer, sujeté su cuerpo, con la mano… Ella: «¡Nada… ya pasó!»… Y yo creí… que sus ojos arrastraban algo… que vio… un hombre… delante de ella… un hombre que… ¡se esfumó!…
UNA MUJER. ¿Quién lo vio… Pura o Belén?…
OTRA MUJER. ¿Quién?… ¿Quién?… ¿Cuál de las dos?…
OTRA MUJER. ¿Se esfumó o…?
HERMANA TERCERA. *(Desconfiada).* ¿Pasó… Belén… pasó… o tú lo soñaste?…
OTRA MUJER. ¿Fue sueño de las dos… o de Belén solo?…
HERMANA SEGUNDA. ¿Pasó el hombre… o quién pasó?…
PEPA. ¡El demonio… pasó… el demonio!…
UNA MUJER. ¿Belén, usted lo vio?…
BELÉN. Todavía me pregunto yo… ¿es cierto que Pura vio al hombre… o solamente a su sombra?…
DON PRUDENCIO. *(Con mayor fuerza en la voz).* ¿Era un hombre… o una sombra, Belén?…
BELÉN. *(Sofocada).* ¡Ay!… no sé… si fue… alucinación… de mis ojos…
CARIDAD. ¿Quién quiere un traguito de café?… Pronto estará… la mesa puesta…
DON PRUDENCIO. Caridá… trae a Belén… un poco de agua… para el hipo…

Caridad asiente con la cabeza, al compás del hipo de Belén.

BELÉN. ¡Ay, Don Prud!… ¡qué dolor en el alma!…
DON PRUDENCIO. Pero… diga… diga… usted, con calma… ¿usted… vio… algo?… ¿algo?…
BELÉN. Yo vi… *(Como si estuviera en trance).* Yo… vi… lo recuerdo… vi… ¡una espalda… que se iba… que se iba!…
HERMANA SEGUNDA. ¡Una espalda!… ¡ay!… ¡qué triste recuerdo!…
HERMANA TERCERA. ¡Lo… demás… solo… Dios… lo… sabe!…
DON PRUDENCIO. *(Con retintín filosófico).* …¡y ella!…

Pausa. Viene Caridad con el agua, marcando siempre el ritmo al andar. Belén bebe y el hipo va cesando poco a poco. Silencio. Aparece el bobo, en su actitud de siempre. Mutis.

BELÉN. No le di importancia al suceso… ¿Para qué?… ¡Figúrese usted!… quién iba a saber… quién adivinar… el secreto… de su alma… Después… *(Pausa. Pañuelos a los ojos de ella y las otras hermanas).* Esta mañana… estaba yo… en la iglesia… rezando… a las ánimas… cuando oí… una voz… que me decía: «¡Ahorcada!… ¡Ahorcada!…».
LA BEATA. ¡Un rosario por su alma!…
PEPA. *(Contestando a la Beata).* Después… cuando Belén… termine su relato…

HERMANA TERCERA. ¡Ahorcada!...
DON PRUDENCIO. ¿Y quién hablaba?...
BELÉN. ¡Era Juana... que lloraba y gritaba... al mismo tiempo!... «¡Ahorcada!»... decía Juana...
UNA MUJER. ¡Ay!... ¡qué susto se daría... la pobre!...
BELÉN. ¡Figúrese usted... Don Prud... lo que fue oír esta palabra!... *(Pausa y llanto)*. Al principio yo creí... que se trataba... de locura... de la pobre Juanita... y le decía: «¡Explícate!... ¡explícate!»... Y Juana: «¡Ahorcada!»... Llorando, exclamaba: «¡Ahorcada!... ¡Ahorcada!»...
DON PRUDENCIO. ...¿y?...
BELÉN. Echamos a correr Juana y yo... nos caímos las dos... pero al fin... llegamos...
HERMANA SEGUNDA. *(Con la boca llena de llanto)*. ¡Ay!... qué hacía yo... cuando oí... ¡bam!...
HERMANA TERCERA. ¿Y yo, qué hacía... qué hacía...? ¡Dios santo!...
UNA MUJER. ¡No haberse dado cuenta a tiempo!...
OTRA MUJER. ¡Si hubieran... entrado... a tiempo... en el cuarto!...
OTRA MUJER. ...¡momentos antes!...
UNA MUJER. ¡Nadie puede luchar... contra lo que está escrito!...
OTRA MUJER. Es cierto... yo siempre lo digo... *(Al compás del abanico)*. ... ¡lo que va a suceder... sucederá!...
MUJER A. Así mismo... ¡Así mismo!...

Las mujeres limpian sus ojos, suspirando. Don Prudencio mira para el suelo, carraspeando. Ligero compás con los abanicos. Silencio.

BELÉN. *(Señalando para la esquina, hacia arriba)*. Allí... allí...
LAS MUJERES. ¡Horrible!...
OTRA MUJER. Allí... allí mismo... fue... donde... Pura... se colgó.
[LAS] MUJERES. *(Con aspavientos, las manos en el pecho, los ojos de par en par)*. ¡Qué dolor!... ¡qué horror!... ¡qué horror!...

Silencio.

HERMANA SEGUNDA. *(Regresando al mismo tema)*. ¡Olvidar... imposible!... *(Mira para el sitio con los ojos fijos)*.
HERMANA TERCERA. Allí... mismo... ¡Ay!... no... ¡Ay, no!...
LA BEATA. *(Suspirando)*. ¡Un rosario por su alma!...
BELÉN. Colgada... con la cabeza... hundida... en el pecho... Los ojos... fuera... y la lengua... ¡La lengua!...
[LAS] MUJERES. ¡Los ojos!... ¡La lengua!...
BELÉN. ¡Larga... toda de fuera!...
[LA] JOVENCITA. ¡Qué fea... estaría... Purita!...
PEPA. ¡La mueca... del amor!...
[LAS] MUJERES. ¡Larga... inmensa... larga!...
LAS HERMANAS. ¡Ay!... ¡Ay!... ¡Ay, qué dolor!... ¡Ay, qué pena!...

Silencio. Ruido en el cuarto-comedor. Aparición del bobo, como una exhalación, a la puerta del cuarto de la difunta. Mutis, más rápido, que en las anteriores.

BELÉN. ¡Y… lo otro!… *(Mueve la cabeza desolada. Tapándose la cara, sin decir nada, mueve la cabeza desesperadamente).*
HERMANA TERCERA. *(Desolada).* ¡Lo otro!…
LAS MUJERES. *(Ansiosamente).* ¿Lo otro… qué fue lo otro?… ¿qué pasó?…
UNA MUJER. ¡Vamos a ver!
DON PRUDENCIO. ¿Qué fue, Belén?…
LAS MUJERES. Di, Belén… ¿qué fue lo otro… lo otro… que le pasó… a Pura?…
PEPA. ¿Qué fue?… ¿eh?… ¿qué?… ¿qué?…
CARIDAD. ¡La mesa está puesta!

El novio de la Jovencita, joven vestido de claro, riendo, aparece por detrás de Caridad. De un lado para otro mueve el cuerpo y silba y llama a la muchacha con el dedo índice. Movimientos ligeramente rítmicos en esta pequeña escena entre Caridad y el joven.

[LA] JOVENCITA. ¡Voy a beber… un poco de café!…
PEPA. Espera… espera… un poco. *(La sujeta por el vestido).* Después…
[LA] JOVENCITA. *(Zafándose).* Déjeme usted… que tengo ganas de beber… café.
DON PRUDENCIO. *(Dirigiéndose a Belén).* ¿Y por fin… qué fue… lo otro?…
BELÉN. *(Un poco remilgada).* ¡Es que… me da… vergüenza!…
HERMANA TERCERA. ¡A mí también!
LAS MUJERES. ¿Qué les da vergüenza?… ¿Eh, Belén… qué?…
DON PRUDENCIO. ¡Diga usted… diga usted!…
BELÉN. *(Llama a Pepa con la mano. Esta camina de prisa, solícita, hacia ella. Belén suspira, mientras las hermanas lloran. Belén dice un secreto al oído de Pepa. Don Prudencio, discreto, separa su cabeza. Cuando Belén termina de decir el secreto a Pepa, dice en voz alta).* Ella… tan recatada…
PEPA. *(Que ha prestado atención apasionada al secreto).* ¡Ah!… ¡Ah!… ¡Ah!…
LAS OTRAS HERMANAS. ¡Tan recatada! ¡Tan recatada!

Pepa se sienta de nuevo, diciendo a la mujer de al lado, en voz de medio tono:

[PEPA.] Es que… se le arremangó… el vestido a Pura…
DON PRUDENCIO. *(Que oye y no puede contener la emoción).* ¡Oh!… ¡Oh!… ¡Oh!… *(Medio tono).*
LA MUJER DE AL LADO DE PEPA. *(Medio tono).* ¿Arremangado el vestido… y quién… lo arremangó?…
BELÉN. *(Medio tono).* Con la muerte… se le subió.
UNA MUJER. ¡Para arriba… para arriba!…
PEPA. ¡El demonio… lo subió!…
UNA MUJER. ¡Sin pecado concebida!…
UNA MUJER. ¡Ay!… ¡Dios!… ¡las cosas del destino!… ¡morir… con el vestido… para arriba!…
UNA MUJER. *(A media voz).* ¿No cree usted…, castigo de Dios?…
BELÉN. ¡Hasta esto… teníamos que sufrir!… ¡Hasta esto!…
LA SEÑORA DE AL LADO DE PEPA. ¡Nadie sabe lo que le espera!…
BELÉN. ¡No me puedo… conformar!…
DON PRUDENCIO. ¡Calma, Belén, calma!…
LA BEATA. ¡Un rosario… por su alma!…

[LAS] MUJERES. *(De una en otra)*. ¡Pobre Pura!... ¡Tan buena... y tan seria... y honrada... y recatada! ¡Pobre Purita!... ¡con el vestido arremangado... hasta la cintura... hasta la cintura!... *(En voz más baja aún)*.
BELÉN. Qué prueba... para mi alma... ¡Ay!... ella... ella... que decía: «la mujer debe tapar su cuerpo... ¡que no asomen los malos pensamientos!»...
LA BEATA. ¡Ave María Purísima!
HERMANA TERCERA. ¡Ella... que dormía... tapada... hasta el cuello!...
DON PRUDENCIO. *(Como si pusiera punto final a un gran sermón)*. ¡Era casta... era buena... y era honrada... Pura!...

Aparición del bobo. Mutis.

CARIDAD. ¡Ya!... ¡Ya!... La mesa está puesta.

Hay un momento de silencio en que las hermanas lloran lentamente y las mujeres callan.

PEPA. *(A la señora de al lado)*. ¿Una taza de café?
LA OTRA. Cómo no... Desde las tres... no tomo nada...
OTRA MUJER. Tengo el estómago... estragado...
OTRA. ¡Qué debilidad!... ¡Ay!... ¡Ay!...
OTRA. ¡El estómago... en un hilo!...
PEPA. ¡Vamos... pues... a beber... café!... *(Se levanta yendo hasta las hermanas)*. ¿Una tacita? ¿Una? ¿Una?
UNA MUJER. Sí, Belén, una taza... Una... una... de café...
DON PRUDENCIO. Sí, Belén...
UNA MUJER. ¡Con pan, queso y jamón!...
BELÉN. ¡No quiero... no!...
[LAS] HERMANAS. ¡Nada!... ¡Nada!...
DON PRUDENCIO. ¡Vamos!... ¡Vamos!... ¡Yo mismo... lo traeré!...
BELÉN. ¡Ay, Don Prud!...

Las hermanas mueven las cabezas resignadas. Don Prudencio sale delantero, como un gallo entre gallinas. Ruido en el comedor. Al andar, ligero ritmo de «son». Las tres hermanas, al sentirse libres, se levantan de los sillones, bostezan y se mueven con naturalidad.

HERMANA SEGUNDA. ¿Y... cuánto... costará... el tendido?
BELÉN. No lo sé... todavía... deja ver... deja ver... si Don Prud...
HERMANA TERCERA. ¿Tú crees que él será... tan bueno?...
BELÉN. ¡Deja ver... deja ver!...

Movimientos en el cuarto-comedor. Se oyen distintas voces: ¡UNA TAZA DE CAFÉ! Una voz de hombre: ¿UN TRAGO DE BACARDÍ, DON PRUD? Una mujer: ¿UNA LASQUITA DE JAMÓN? Otra: ¿ACEITUNAS? Se oyen risas. Aparece de nuevo el bobo, que ríe con mayor soltura al ver las hermanas solas. Detiene su mirada en ellas. Parece que quiere decirles algo.

BELÉN. *(Con fastidio).* ¡Ay… qué idiota!…

Desaparece el bobo. Las hermanas se sientan de nuevo, cierran los ojos, descansan. Se sienten naturales. Pepa regresa trayendo en una mano una taza de café; en la otra, un plato con jamón, pan y queso. Don Prudencio la sigue con dos tazas de café. Las hermanas recobran su postura artificial.

DON PRUDENCIO. Vamos, Belén, que esto le hará mucho bien… *(Entrega una taza a Belén y al mismo tiempo la otra taza a la Hermana Segunda).* A usted también…
PEPA. *(Da la taza de café a la Hermana Tercera).* Con un poco de jamón… y pan…

Las hermanas miran con desaliento.

PEPA. ¡Vamos!… ¡Vamos!… el dolor es el dolor… ¡pero hay que comer… algo!
BELÉN. *(Moviéndose en el sillón de un modo especial, con ritmo).* ¡Ay, yo no puedo… no… yo no puedo comer nada!
HERMANA SEGUNDA. ¡Ay!… no… ¡ay!… no… ¡yo no puedo, no!…
HERMANA TERCERA. ¡Ni yo, ay!… ¡ni yo!…

Pausa. Pepa queda con el plato en la mano.

PEPA. Se debilitarán… ¡se debilitarán!

Pausa. Las hermanas mueven sus cabezas negándose a comer.

DON PRUDENCIO. Bueno… qué vamos a hacer… si no pueden comer… ¡Más tarde… comerán!

Don Prudencio se sienta. Pepa se va con las tazas y platos que ha colocado juntos. Silencio.

En este momento regresan las mujeres. Pepa viene, detrás. Ruido de la vajilla en el cuarto-comedor. Vienen hablando en voz alta: ¡QUÉ CALOR!… ¡QUÉ CALOR!… ¡QUÉ BUENO ESTABA EL CAFÉ!… *Se sientan. Movimiento de los abanicos.*

PEPA. Dígame… Belén… ¿a qué hora… está señalado… el entierro?
BELÉN. ¡Ay!, Pepa… ¡se me aprieta… el corazón!
HERMANA SEGUNDA. ¡A mí el llanto… me ahoga!
HERMANA TERCERA. ¡Ay!… ¡Pura… no te vayas!…

Algunas mujeres alzan los pañuelos para limpiar sus ojos llenos de lágrimas.

DON PRUDENCIO. ¿No es… a las ocho… Belén?…
BELÉN. Como usted disponga, Don Prud.
UNA MUJER. ¡El momento del entierro es terrible!
OTRA. ¡Un trance muy duro!
OTRA. ¡Es… el último adiós!

MUJER A. ¡Así mismo!… ¡Así mismo!…
OTRA. ¡El adiós para siempre!…

Suspiros exagerados, gestos profundos, bisbiseos.

BELÉN. *(Con voz íntima).* ¿Sabe usted… Don Prud… si le avisaron… al Padre Manuel?… ¡Yo quiero… yo quiero… que el entierro… sea… de cruz alta!… y además… Don Prud…
DON PRUDENCIO. ¿Qué… qué quiere usted, Belencita?…
BELÉN. Usted sabe que, ¡ay!… que Pura… era… ¡señorita!…

Don Prudencio hace afirmaciones con profunda seriedad.
Aparición rápida del bobo y mutis.

BELÉN. ¡La carroza!…
DON PRUDENCIO. ¡Toda… toda blanca!… Sí… sí… y el Padre Manuel me prometió venir… también.
BELÉN. ¡Qué bueno es usted… pero qué bueno!
HERMANA SEGUNDA. ¡Qué bueno es Don Prud!
UNA MUJER. ¡Un ángel de Dios!
PEPA. La blancura es signo de castidad… *(A la mujer que tiene al lado).* ¿No cree usted… que es un poco ridícula… esta costumbre?…
LA MUJER ALUDIDA. Las costumbres… son las costumbres… y no se pueden cambiar…
DON PRUDENCIO. Y el Alcalde vendrá también… si el Gobernador no llega muy tarde…
UNA MUJER. *(Desde el fondo).* El Alcalde vendrá… ¡todo el pueblo!… ¡El Padre Manuel… y quizás… el Gobernador!
UNA MUJER. ¡Tendrá… un gran acompañamiento!
HERMANA TERCERA. ¡Qué sufrimiento!
HERMANA SEGUNDA. ¡Es mucho nuestro dolor!

Ligero silencio.

BELÉN. *(Para sí).* ¡Ahorcada!… ¡ahorcada!… ¡No podré resignarme!…
UNA MUJER. ¡Resignación… esta es la voluntad de Dios!…
LA BEATA. ¡Ave María Purísima!…
OTRA MUJER. Es la ley del destino… unos primeros… y otros después…
LA BEATA. ¡Sin pecado concebida!
OTRA MUJER. ¡Y que contra la muerte… no se puede nada!
OTRA MUJER. ¡Ley fatal!…
MUJER A. ¡Así mismo! ¡Así mismo!…
BELÉN. ¡Nada!… ¡nada!…

Risas de hombres en el cuarto-comedor. Dan la media. Clarines cantan la alborada y comienza a amanecer rápidamente. Se hace de día a los pocos instantes afuera.

BELÉN. ¡Ay, Don Prud… estoy tan ida!…
DON PRUDENCIO. ¿Qué quiere usted?…

BELÉN. *(Haciendo pucheros exagerados)*. ¡Yo quiero… pedirle… un favor… muy grande!…

Las mujeres tratan de oír con gestos exagerados.

BELÉN. Yo quiero… que… *(Hipo y llanto).*
DON PRUDENCIO. Vamos, no se aflija… Belencita… usted sabe que yo estoy aquí… para servirle.

Las dos hermanas se mueven, afligidas.

BELÉN. ¡Ay… yo no… quiero… no… ay… no… que le… hagan… que le… hagan… la autopsia… a Pura!…
DON PRUDENCIO. ¡Tranquilícese, Belén!… ¡No llore usted más!… Hablé con el Juez… y él me prometió… por ser yo quien lo pedía… que no la haría… que no la haría…
PEPA. *(A la mujer de al lado)*. ¡Ni después de muerta… la toca nadie!…
BELÉN. Muchas gracias, Don Prud.
LAS OTRAS HERMANAS. ¡Gracias… gracias!
UNA MUJER. ¡Qué bueno es Don Prud!
PEPA. Esto acaba en matrimonio… menos mal… menos mal… y de este modo… Belencita… ¡se salvará!
LA BEATA. ¡Un rosario por el alma de Pura!

Bisbiseo de la Beata mientras las hermanas suspiran.

Comienza el rosario, mientras bisbisean. Pepa dice: UNA VIEJA… ENAMORADA… El final es ininteligible. Sube después la voz, diciendo: AVE MARÍA PURÍSIMA…

Sigue el bisbiseo del rosario.

LA FAÑOSA. ¡Las tres… decepcionadas!… *(Más alto)*. ¡Sin pecado concebida!
OTRA MUJER. Purita… cincuenta… y Belencita… *(Baja la voz)*. ¡Ave María Purísima!…
LA BEATA. ¡Ay!… ¡Qué dolor!… ¡Gloria!… ¡Gloria!… ¡Gloria!

Suspiros. Dormitan todos. Vuelven a cantar los gallos. Claridad de la mañana. Don Prudencio queda firme entre todos los que duermen. Las mismas hermanas están casi dormidas. Pausa. Juana llega a la puerta, se detiene en el umbral, da media vuelta en la misma puerta y entra en el cuarto hasta el centro, como si quisiera entrar en el cuarto de la difunta. Mira para todos lados y después, con ese desmadejamiento suyo, sin ver nada, sale otra vez muy lentamente.

CARIDAD. *(Desde la puerta)*. ¡El café… el café está colao!

Todas las mujeres despiertan. Don Prudencio se levanta. Pepa hace lo mismo y todas las mujeres la imitan. Van hacia el cuarto-comedor. Ruidos nuevamente de tazas, cucharillas y platos. Caridad viene con tazas de café para las hermanas. Aparece el bobo. En esta ocasión se decide a entrar rápidamente en el cuarto del velorio, mezclándose entre las mujeres para salir después.

UNA MUJER. *(Regresando del cuarto-comedor)*. ¡Se acerca el momento!

Todas las mujeres regresan.

UNA DEL GRUPO. ¡El momento terrible!
OTRA. Vendrá mucha gente. ¡Todo el pueblo! ¡Todo el pueblo!
OTRA. ¡Un gran acompañamiento!
OTRA. ¡Creo que va a ser mejor que el entierro de... Doña Trinidad!
OTRA. ¡Ni comparación!

Movimiento excitado de las mujeres, algunos hombres a la puerta, con las manos en los bolsillos.

OTRA MUJER. *(Al ver regresar a Don Prudencio)*. Es por Don Prudencio...
OTRA. ...¡que es muy querido en el pueblo!...

Don Prudencio ha entrado y se ha sentado otra vez al lado de Belencita. Pepa, de pie, entre las mujeres.

UNA MUJER. *(En alta voz y mirando para el cuarto de la difunta)*. ¡El Padre Manuel!
UNA MUJER. ¿Quién?... ¿Quién dijiste?
LA MUJER ANTERIOR. *(Contestándole)*. ¡Es el Padre, chica!... ¡el Padre que llega!...

Bisbiseo. Casi todas las mujeres están de pie. Entra el Padre, alto, director. Va hacia las hermanas.

LAS HERMANAS. *(Al verlo. De pie, inconsolables)*. ¡Ay, Padre!...
BELÉN. ¡Qué desgracia... la nuestra!
PADRE MANUEL. ¡El alma sufre extravíos, pero Dios es misericordioso!...

El Padre Manuel da la mano con mucho ceremonial a Don Prudencio.

LAS HERMANAS. ¡Ay... ay!... ¡Padre... nuestra hermana!...
PADRE MANUEL. ¡Paz a su alma!...
LAS MUJERES. ¡Paz... paz... por el alma de la ahorcada!...
UNA MUJER. ¡Llega el Alcalde!

Entra el Alcalde, hombre de cuarenta y cinco años, vestido de blanco, con un gran tabaco en la boca. De baja estatura, movimientos atropellados. Se dirige hacia el Padre Manuel.

ALCALDE. ¿Qué hay, Padre Manuel? *(Da la mano a Don Prudencio)*. ¿Qué hay, chico? *(Después se dirige a Belencita:)* Le acompaño su sentimiento. *(Da la mano a la Hermana Segunda:)* Le acompaño su sentimiento. *(Y por último, a la Hermana Tercera, dándole la mano y el consabido:)* Le acompaño su sentimiento. *(Las mujeres hacen movimientos con las cabezas. El Alcalde se dirige hacia el grupo de hombres que están situados o apiñados en la puerta del cuarto-comedor. Allí da la mano con grandes sacudidas y sobre todo, se abrazan. Belén y sus hermanas han jeremiqueado todo ese tiempo)*.
DON PRUDENCIO. ¡Vamos... Belén... ha llegado el momento!...
PEPA. ¡Valor!...

Las hermanas rompen a llorar más aparatosamente, hundiendo las cabezas en los pañuelos, para levantarlas después. Echan a andar, llevando al lado a Don Prudencio y a Pepa. El cura va delante. Procesión rítmica, hacia el cuarto de la difunta. Muchas mujeres marchan detrás, desapareciendo oportunamente en el cuarto de la difunta. Otras quedan apiñadas en la puerta. Murmullo denso de voces.

Entra el bobo por donde siempre, yendo hasta un rincón del cuarto de las dolientes. Ríe y ríe. Viene, a su vez, del cuarto-comedor, con su aire de siempre, Juanita. El bobo ve a Juana antes que ella a él y al momento queda serio, se lleva la mano a la boca, como imponiéndose silencio a él mismo y diciendo que no con el propio movimiento negativo de su cabeza. En este momento lo ve Juanita, que queda atónita ante él, como muerta de espanto al saber que él está ahí. La muchacha estira el cuerpo e impone silencio al bobo llevándose el índice a la boca. Escena muda en que Juana y el bobo muestran que son personajes de un secreto que guardan los dos, perteneciente a la muerta. El bobo estalla en risa, vuelve a mover la cabeza del mismo modo que antes y escurriéndose entre las mujeres que lloran sale como una exhalación para unirse al entierro. Esta escena es de un realismo profundo, en que se expresa por medio de los gestos todo cuanto los dos actores no pueden decir.

JUANA. *(Desde adentro).* ¡Adiós, Pura!... ¡adiós!... *(Acá entre las mujeres sube la pena. Se limpian las narices, carraspeo de gargantas).*
HERMANA SEGUNDA. ¡Adiós... para siempre!... ¡Adiós... hermana!...
HERMANA TERCERA. ¡No te vayas!... ¡Pura... ay!... ¡que no quiero... no!... que te vayas...

Belén ríe histéricamente de menor a mayor. Hermana Tercera ríe histéricamente de mayor a menor. Escalas grotescas acompañadas de un fondo bronco, rítmico —hipo— de la Hermana Segunda.

BELÉN. ¡Ay... Pura!... Tú te vas... y me dejas... muy so... o... o... la... ¡Muy so... o... o... la en este mundo!
DON PRUDENCIO. *(Con voz ahuecada y solemne).* ¡Resignación... Belén!... ¡resignación!...
UNA DE LAS MUJERES QUE ESTÁ EN LA PUERTA. *(En tono bajo a otra).* ¡No se decide Don Prud!...
BELÉN. ¡Ay!... ¡Ay!... ¡que se llevan a Pura!... ¡Ay!... ¡ay!... ¡que se llevan a Pura!...

Entre las mujeres, llamada eléctrica al «son».

HERMANAS SEGUNDA Y TERCERA. ¡Que se llevan a Pura!...
LAS MUJERES. *(En coro).* ¡Ay!... ¡Ay!... ¡Que se llevan a Pura!...
JUANA. ¿Ya?... ¿Ya?... ¿Ya?...
LAS MUJERES. *(En coro).* ¡Ya!... ¡Ya!... ¡Ya!... Se llevan a Pura.
LAS TRES HERMANAS. ¡Guay!... ¡Guay!... ¡Guay!... ¡Que se llevan a Pura!...
JUANA. ¿Ya?... ¿Ya?... ¿Ya?...
LAS MUJERES. ¡Ya!... ¡Ya!... ¡Ya!... *(Algarabía musical. Golpes de timbal. Sube y sube la algarabía. Las mujeres con las manos en alto, hacia el cuarto, gritan:)* ¡Ya se llevaron a Pura!...
TODAS. ¡Ya!... ¡Ya!... ¡Ya!...

Cae el telón en medio de este frenesí.

Randy Barceló

CANCIONES DE LA VELLONERA

Randy Barceló (La Habana, 1946-Nueva York, 1994). Diseñador de escenografía y vestuario. Su amplia carrera incluyó diseños para estrenos de Broadway y off-Broadway, ópera, cine, danza y ballet. Con 14 años salió de Cuba mediante la Operación Peter Pan. Estudió Arte en la Universidad de Puerto Rico. En 1965 se trasladó a Nueva York, donde cursó estudios en la escuela de diseño de Lester Polakov. Fue profesor de diseño de vestuario en la Universidad de Purdue. En 1972 se convirtió en el primer artista de origen hispano en recibir una nominación a los Premios Tony en la categoría de diseño de vestuario por *Jesus Christ Superstar*. Trabajó con numerosas compañías de teatro, danza y ópera, entre ellas The Alvin Ailey Theater Dance Company, New York City Opera y Viena State Opera. Entre sus más reconocidos trabajos de diseño para Broadway se encuentran los espectáculos *Sargeant's Pepper Lonely Hearts Club Band*, *A Broadway Musical* y *Ain't Misbehavin'*. Dibujos y diseños suyos han sido exhibidos en el Cooper Hewitt Museum, el Hudson River Museum y el Kennedy Center for the Performing Arts.

Si está interesado en solicitar la autorización para el montaje de esta obra, puede escribir directamente a: **alina.alfonso@yahoo.com**

Personajes

Yo/Protagonista: Hombre blanco, gordito, medio calvito, en sus treinta y seis o cuarenta años.
El Travesti: Transformista de edad madura pero muy bueno en su oficio.
Él/Narciso: Hombre blanco, piel morena, típico latino, entre los treinta y los treinta y cinco años.
La Amiga: Hombre afeminado entre los treinta y ocho y los cuarenta y dos años.

Nota

El Travesti es la visualización femenina del Yo, su mentor, su antagonista. Él/Narciso es el objeto de deseo. La Amiga es la síntesis de la amistad homosexual íntima.

Tiempo y lugar

A principios de los 80 en Manhattan, Nueva York.

Escena

El apartamento de Yo; un bar de ambiente.

Paso del tiempo

Preludio: Cinco de la madrugada, después de cerrar el bar.
Cuadro primero: Nueve de la noche, antes de ir al bar.
Cuadro segundo: Once de la noche, en el bar.
Cuadro tercero al Cuadro octavo: La noche en el bar, con introspecciones y recuerdos.
Coda: Fuera del bar.

Decorados

Un apartamento moderno en Manhattan, arreglado tipo revista de decoraciones: minimalista, simple y con piezas de gran gusto, selectas: un cuadro art déco, una lámpara italiana de pie, un tocadiscos; dentro de un estante una bandeja llena de frascos de perfume de todos los tamaños, algunos exageradamente grandes. En el centro del escenario se encuentra una butaca cómoda, a su lado una mesita con una lámpara, un teléfono, un búcaro con una flor, un cenicero con colillas de cigarrillos, varias latas de cerveza y una libreta y un bolígrafo.

Un bar de fantasía tropical con palmeras pintadas, cielos con estrellitas y toda la ilusión y añoranza de tener un pedacito del trópico en los fríos pueblos del norte. La mayor parte del escenario la ocupa la pista de baile; a ambos lados hay barras y banquetas, así como mesitas con sillas y velitas encendidas. Del techo cuelga una bola de espejitos y al fondo, en el mismo centro, hay una vellonera. Está sobre una plataforma circular giratoria para hacerla aparecer y desaparecer según lo indique el texto.

La transformación del decorado se ejecuta ante el público; revelación exquisita y verdadero coup de théâtre.

PRELUDIO

Son las cinco de la madrugada; todos los bares han cerrado. La escena está a oscuras, se oye la lluvia, seguida por los primeros acordes de la primera «Gymnopédie» de las Trois Gymnopédies *de Eric Satie; hacia el fin de los acordes se oye el chirriar de los grillos. Se ilumina la flor en el búcaro; se percibe una bocanada de humo; y poco a poco se va iluminando a Yo, sentado en la butaca, fumándose un tabaco de mariguana y bebiéndose una cerveza. Toma un buche, coge la libreta y el bolígrafo. Abre la libreta. Empieza a escribir.*

YO. Las calles de Manjatan* se habían deslizado imperceptiblemente bajo las ruedas del taxi mientras cruzábamos la isla desde la catorce y tercera hasta la setenta y Brodgüey. Yo había ido mirando de un lado a otro, a través de las ventanillas subidas, la variedad de imágenes que los diferentes barrios proporcionaban; las nuevas luces amarillentas de los postes lumínicos le daban a las calles un color jolivudense, místico y extraño. Los bares estaban cerrando y las maricas saliendo de ellos, todas vestidas iguales parecían extras de la película *Ciento veinte días en Sodoma*. ¿Me Saló? *(Fuma; vuelve a escribir)*. Me había acordado del cubanismo… como un verbo… de las historias juveniles que me había inventado de esta ciudad… la jungla de acero… de cielos grises… de rascacielos como cumbres borrascosas… la fabulosa buhardilla en el Vilich, medio afrancesada, desde donde se veía, a través de su única ventana, la adyacente pared de ladrillos del edificio de al lado… y yo… *(con un ramalazo dramático)* vestido de pintor, sofisticado y bohemio. *(Cantando). Me chiamano Mimi…* (*como escribiendo, pero directamente al público*) … yendo a la Filarmónica, de concierto en concierto, a Brodgüey a ver las comedias musicales, la danza, el drama y siempre conmigo… Él… mi amigo y amante… aquel tortuoso y torturoso e inaccesible romance con Pancho. *(Directamente al público)*. Y como todo toma su rumbo, pensé… me puse a pensar en el porqué de las viejas memorias y su resurgir en el pensamiento. *(Después de una pausa, sigue diciendo en voz alta sus pensamientos, sin escribir)*. El porqué de las olas de nostalgia apoderándose de mí, ese recordar lo que no viene al caso en vez de los trajines y quehaceres diarios. Pero por eso la nostalgia es tan sabrosa; tiene ese calorcito de lo familiar y como diría el tango: *(Medio cantado)*. ¡Volver! *(Directamente al público)*. Y ver las viejas calles por donde he caminado. *(Continúa escribiendo)*. «Doble a la derecha en la setenta», le

---

* Para acentuar la aceptación de su hispanidad, el autor transcribe las palabras inglesas que Yo dice como se pronuncian en español, incluyendo esas que se pronuncian casi igual. *(Nota del editor en la primera publicación de la obra)*.

dije al chofer, «segundo toldo a la derecha», le pagué. El taxista era joven. Entré al edificio y el elevador me estaba esperando. Apreté el botón de mi piso y cuando se cerró la puerta me dije: «Bueno, finalmente y después de todo las cosas no han salido tan diferentes a lo que te habías imaginado, ¿no?... El tiempo ha pasado, los disfraces han cambiado y los conciertos se han escuchado y ¿tú? Bueno, tú te has movido al compás del metrónomo de Nueva Yor». ¿Y entonces? *(Toma otra bocanada del tabaco, otro buche de cerveza, suelta un suspiro con el humo. Sin escribir).* Cantaba la vellonera... *(Desesperando).* ¿Por qué, por qué no tengo amante puertorriqueño con ojos tristes como de niño... negro de gorra roja, italiano napolitano, cubano de los Mayamis...? Asfalto... Manjatan... mariguana... ron con Coca Cola... Nueva Yor y yo... Yo, Yo, YoooooooooooooooooOOOOOOOOOO! Punto.

Apagón.

CUADRO PRIMERO

Son las nueve de la noche. Se oye música disco, seguidamente se comienza a oír el timbre del teléfono, insistentemente.

YO. Ya va, ya va. *(De pronto se ilumina la escena. Yo aparece por la izquierda en bata de casa floreada; tomando el auricular).* ¡Haló!... Niña, qué cuentas... espérate, déjame apagar la música. *(Se dirige al tocadiscos y lo apaga, con gran aspaviento de cordón).* Me decías... ¿Pero de verdad?... ¡Qué barbaridad! Ay, chica, la verdad que esas muchachitas están atolondradas... Sí, yo sé... Serán de mucha onda cocaleca pero a esa edad ya era hora de que esas mujeres se calmaran... No, la verdad es que no pensaba salir hoy... Sí, yo sé, pero aunque sea sábado... Quería quedarme tranquilo en la casa... ¡Ay, chica! Es que no estoy vestido para ir a los bares... Sí, está bien, pero no sé qué disfraz ponerme... además, quería quedarme tranquilito... Sí, ya veo que no quieres salir sola y quieres arrastrarme por esos mares de locura... ¿Pero tú crees que habrá buen ambiente?... ¡Tan fabuloso! ¿Tú crees?... Ay, pero qué insistente estás tú hoy... Sí, ya sé que cuando a ti se te mete algo en la cabeza... Espérate, déjame pensar... Sí, creo que tengo algo nuevo y pimentoso... Sí, niña, del último viaje... Bueno, no, no tan rimbombante pero sí, sutilmente elegante... Está bien, como en una hora... Sí, te encuentro allá adentro... Sí, ya sé, la del pelo batido... ¡Gurbay! *(Cuelga el teléfono, molesto).* Y yo que no tenía deseos de salir a ninguna parte y este maricón viene y me envuelve en su frenesí y ahora tengo que ver qué ropa me pongo y no tengo la menor idea de cómo presentarme: si la onda vaquera o la guarabeada. No, esa no, porque hoy no me veo nada guarabeada sino un poco más onda aerolínea importada, tipo una camisita, un yaquecito y una cadenita en el cuello. Eso es. Déjame ver lo que encuentro en ese clóset. *(Sale de escena por la derecha; sigue hablando).* Ay, y los zapatos, los italianos, los de las hebillitas. *(Saliendo con la ropa y los zapatos).* Estos zapatos me quedan apretados pero son un primor. De que me los pongo me los pongo. Hermana de Cenicienta. Y ahora lo más difícil. *(Abre un estante; saca una bandeja llena de frascos de perfume de todos tamaños, algunos exageradamente grandes).* ¿Qué perfume me pongo? No tengo nada de donde escoger. Pero veamos. *(Oliéndose).* ¿Qué fragancias exuda mi cuerpo esta noche? ¿Me va «Agua salvaje» de Dior? ¡No, que me dirán silvestre! Mejor «Colonia Pompeya» para un toque volcánico. *(Se unta el perfume)*. Ahora unos toquecitos de *(mientras se los aplica)* «Manda macho», «Abre caminos» y «Buena suerte». Y para las zonas erógenas, «Búscame amor». *(Este último frasco es el más grande de todos y se lo aplica en el pene y el trasero. Al público, en confidencia, mientras se viste)*. Los caracoles me lo dijeron, y ahí tengo a las vírgenes castigadas, paradas de cabeza hasta que llegue el hombre prometido. El santero me lo dijo: «No te preocupes que ya estás al conocerlo y ustedes dos van a sentir una fuerza atractiva muy poderosa y vas a reconocerlo». Bueno, caballeros, yo ya he sentido esa fuerza muchas veces pero de allá para acá, nada. *(Se pone a recoger la casa, para partir)*. Cada vez que veo un hombre que me gusta la siento y coño, obviamente, no debía sentir nada porque lo que siento nunca me funciona, y si es así, cómo voy a saber cuando aparezca cuál es el hombre de los caracoles si no puedo confiarme en mis emociones. ¡Ay!, pero qué difícil es ser tan *divina*. Todo me empieza a confundir tanto… Y el tiempo que me tomó aprenderme todas las posiciones del *Kamasutra* y los signos de la astrología… Pero bueno, qué se le va a hacer a un clavel que se deshoja… *(deteniéndose)* dárselo a una vieja coja para que se pajee con él. *(Le da un último vistazo al apartamento; hacia el público)*. Y donde quiera que tú estés, cariño de los caracoles, ¡llámame, que ya estoy listo! *(Con un ramalazo)*. ¡Para los bares!

Apagón.

CUADRO SEGUNDO

Seguidamente se escucha la fanfarria de la introducción a «Qué sabes tú», cantada por Olga Guillot, el arreglo de los cincuenta. Se aprovechan los acordes para desmantelar el primer decorado. Se revela la escena vacía y durante la primera parte de la canción se hace la transformación al segundo decorado.

YO. *(Sin descubrirse, la voz como a través de un micrófono)*. La bola de espejos como siempre dando vueltas en el techo, iluminando a dentelladas a todos los concurrentes… Las paredes oscuras… la gente vestida de noche… el calor… el humo… el vaho de los hombres calientes… el bar. *(Gira la pared del fondo para revelar la vellonera. Sigue la canción)*. ¡La vellonera!

Un reflector revela a Yo sobre una banqueta de la izquierda, con un micrófono, se está tomando una cerveza. Está solo. Mira a su alrededor, pensativo. Aparece entonces El Travesti, le quita el micrófono y camina al centro de la pista doblando a la Guillot. Cuando se llega al puente instrumental, Yo va hacia El Travesti y le arrebata el micrófono. Durante los siguientes versos, Yo y El Travesti realizan los mismos gestos al mismo tiempo.

Yo, la cubanishe tropicalia, estoy onda tipo La Guillot:
Vestido bordado con marabuntas
y abalorios colgándome del fondillo,
pamela estilo Dior,
pestañas número cinco, tres pares,
y zapatos tipo cocaleca.

La canción continúa y los dos terminan el número con movimientos idénticos y sincrónicos.

YO Y EL TRAVESTI. *(Interpolando, muy seductivos, directamente al público).* Aguacate… Chirimoya… Mannngooo.

Acaba la canción. Yo y El Travesti apuntan hacia una banqueta en el primer término izquierdo como presentando a una estrella. Un reflector revela a Narciso: Él.

YO. ¿Lo viste?
EL TRAVESTI. Ciega no estoy.
YO. ¿Qué te parece?
EL TRAVESTI. ¡Muy bueno!
YO. A mí me gusta.
EL TRAVESTI. Métele mano.
YO. Me parece que es un buen partido.
EL TRAVESTI. De partido no tiene nada.
YO. Está sabroso, ¿verdad?
EL TRAVESTI. Está entero.
YO. Ay, si ese fuera el hombre que me prometió la Virgen, qué maravilla, cómo me gustaría… ¿Tú no crees?
EL TRAVESTI. Sí.
YO. Ay, chica, pero reacciona.
EL TRAVESTI. Pero si tú eres la que está nerviosa.
YO. Bueno, sí. Pero tú no lo encuentras tan bueno.
EL TRAVESTI. Ya te dije: Está entero.
YO. ¿Qué hago?
EL TRAVESTI. Háblale.
YO. Verdad… *(Da unos pasos hacia Él; pero regresa).* ¿Y si me rechaza?
EL TRAVESTI. ¿Por qué?
YO. Por gordo.
EL TRAVESTI. A nuestros hombres les gustan las masas.
YO. ¿Estoy tan gordo?
EL TRAVESTI. Llenito. Envueltito en carnes. Y eso gusta. Ya te lo dije.
YO. Pero y qué hago. Qué le digo.
EL TRAVESTI. Ya, nena, lánzate. Si sigues comiendo gofio te lo van a levantar.
YO. Tienes razón. Pero me da miedo.
EL TRAVESTI. Te digo que te lances. Lánzate. *(Le da un empujón que lo lanza hasta tropezar con Él y sale de escena).*
YO. Ay, perdón. *(Toma una cerveza de la barra).* Qué mucha gente aquí hoy, ¿verdad?
ÉL. Sí.
YO. Y qué mucho humo, ¿verdad?
ÉL. Sí.
YO. Bueno… *(En pánico, busca a El Travesti con la mirada, al no encontrarlo se dirige al público).* ¿Qué hago? ¿Le hablo en francés, en inglés, en alemán? No sé… pero tengo que hacer algo para que se dé cuenta de que soy cosmopolita, informado, no lindo pero trabajado. ¡Ay! me da miedo. Me gusta. Quiero que reaccione, que me indique… *(Se busca en los bolsillos; saca una cajetilla de cigarrillos; saca uno; lo prende; con exotismo y misterio lo aspira y suelta el*

humo). Un cigarro: eso es. ¿Pero qué le digo? ¿Le propongo matrimonio? ¿Le ofrezco toda mi vida? Para que me pisotee. *(Tira el cigarrillo al piso, lo apaga con el pie)*. Que acabe conmigo… Ay, pero qué bueno está y esa cara que tiene. *Che bella faccia*. Ahora es que estoy sintiendo esa atracción caracolera. Este tiene que ser… Ay, qué bueno está. Gracias, Virgen de la Caridad. *(A Él)*. Qué lindo conjunto. *(Él se sonríe; Yo se entusiasma. Al público)*. Se sonrió, qué monería… No se ha ido… ¿Le gustaré? Me está mirando… ¿Hago mutis por el fondo? No, me adorará. ¿Se casará conmigo? Yo creo que este es. Ay, sí. Que sea. Le hablo más. No. Un buche del trago. *(Toma un trago de cerveza)*. Me quedó muy bien. Ahora una sonrisita. ¿Tendré los dientes limpios? ¡Qué preocupación! ¡Qué inseguridad! ¡Qué miedo! Háblale, háblale para que no se te vaya: algo filosófico para que vea la profundidad de tu pensamiento, para que vea que tienes cultura. ¿Pero qué? Algo enigmático. *(A Él)*. Tú sabes que hay muchas versiones de la vida, ¿verdad?

ÉL. ¿Y?

YO. *(Para sí)*. ¡Ay! Se jodió la bicicleta. Qué respuesta tan fría para una pregunta tan provocativa. Cambia la táctica *ipso facto*. *Molto fortissimo* pero ya. *(A Él)*. Bueno, lo que te quería decir es que… tú sabes…

Se enciende la vellonera. Se escucha la versión de los cincuenta de Olga Guillot cantando «Tú me acostumbraste».

ÉL. *(Aún durante la introducción)*. ¿Quieres bailar?

YO. *(Sorprendido)*. Sí, me encantaría.

ÉL. Bueno, vamos.

Van hacia el centro de la pista. Cambia la iluminación: es más romántica. La bola de espejitos empieza a girar. Hay confusión sobre quién va a llevar a quién: Yo toma la iniciativa pero Él se impone. Bailan «en un ladrillo». La canción continúa bajo el diálogo. Canción y diálogo terminan al mismo tiempo.

YO. Qué bien tú bailas.

ÉL. Tú no te quedas atrás.

YO. Gracias. Muy amable.

ÉL. A mí las canciones románticas me gustan mucho.

YO. *(Al público)*. Ay, Dios mío, me está apretando.

ÉL. La verdad que como la Guillot no hay ninguna.

YO. *(Para sí)*. Está entero… *(A Él)*. Sí, ella… Ella es única.

ÉL. Me alegro de que te guste.

YO. Cómo no me va a gustar… Óyeme: Y yo a ti no te había visto antes aquí, ¿verdad?

ÉL. No, no lo creo.

YO. ¿Y en qué tú trabajas?

ÉL. En una revista.

YO. ¿De escritor?

ÉL. No, de director de fotografía.

YO. Y… ¿aquí en Manjatan?

ÉL. No, en Miami.

YO. Ah, por eso es que estás tan quemadito.

ÉL. Y eso que he perdido el *tan* que tenía, pero con el sol diario de todos modos…

YO. ¿Y tú vienes muy frecuentemente a Manjatan?

ÉL. Usualmente como cada dos meses o dos meses y medio.

YO. ¿Y cuándo te vas?

ÉL. Creo que mañana, si consigo pasaje.

YO. Ay, qué pronto. *(Al público y después a Él)*. Ojalá que no lo consiga. ¿Y tú no le tienes miedo al frío?

ÉL. Sí, un poco. A mí no me gusta.

YO. A mí tampoco, pero qué remedio queda: cuando lo hay lo hay.

ÉL. Así es…

Cuando empieza la última estrofa de la canción, Él se encuentra de espaldas al público y Yo dándole la cara, habla más consigo mismo que con Él o el público.

YO. Araña, empieza a tejer tu tela para que no se te escape. Viuda negra, viuda alegre, pínchalo, muérdelo, envenénalo, adormécelo con el elixir exótico de tu saliva… Una presa más, otra víctima, sangre, sangre, sangre para la vampira. *(Cayendo en una posición tipo Drácula, listo a morderle el cuello; pero mirando de nuevo al público, le entra el ánimo de estrella en una entrega de premios).* Siempre he sido una joven triste y despeinada, pero hoy estoy alegre. Soy dichosa, soy feliz, como diría la Guillot, y quiero darles las gracias a todos ustedes por compartir este gran éxito conmigo. A mi director, a mi productor, a mi peluquero… Pero más que nada a ustedes, ese público tan lindo que me ha otorgado este Oscar que tengo en mis brazos y quiero decirles que este triunfo no es solo mío sino de ustedes también. ¡Gracias!

Él le da una vuelta hasta terminar en posición de fin de tango; Yo, casi horizontal, con una pierna estirada bajo un reflector central. Después de unos segundos, se sucede el apagón.

CUADRO TERCERO

Yo se encuentra sentado en una banqueta a la izquierda, primer término, bajo un reflector, la única iluminación. Durante el siguiente monólogo, se escucha de fondo a Lucy Fabery cantando «Eres sensacional».

YO. *(Al público).* Se llama Narciso Sánchez y nació en Guanabacoa, Cuba. Fue criado en La Habana y la Florida y tiene treinta y tres años. Al corriente vive en Mayami. En Coralgaybols con su familia. Lleva cinco años trabajando para una revista de modas como director de arte y fotografía. Tiene un carro deportivo —todavía dice máquina: una máquina roja. Y gana buen sueldo. Ha tenido varios amantes pero en este momento está soltero. Tiene el tipo de nariz que me enloquece; con la piel morena que me enloquece, como me enloquecen los ojos grandes rodeados de pestañas espesas, los labios carnosos, el bigote negro y tupido, el pelo tan corto, negro y oloroso. Y qué bien viste: elegante pero del momento, estilo que le asienta. Los zapatos son italianos. Las manos entre deportivas y sensitivas y las uñas las tiene inmaculadamente cortadas. En la muñeca derecha tiene un reloj simplísimo y fino, todo negro, y un anillo de oro muy sencillo le brilla en el dedo de casado. El conjunto es divino y el hombre obviamente sensacional.

Se ilumina toda la escena con las luces ambientales del bar. Sale Él, con dos tragos.

ÉL. Aquí está tu trago: ron con Coca-Cola, o cubalibre, como le decían antes.
YO. Ah, sí. Esta niña del bar le dice La Mentira. Pero a mí me gusta más como le dicen al ron con Tab.
ÉL. ¿Cómo?
YO. Castro Convértebol.

Se ríen.

ÉL. Muy ocurrente. En Miami hay mucho de ese tipo de chiste.
YO. Y… ese anillo que tienes puesto, ¿qué significa?
ÉL. Nada.
YO. ¡Cómo que nada! Es de casado, ¿no?
ÉL. Sí, parece de casado, pero yo lo uso por el trabajo y fíjate se me olvidó quitármelo. Tú sabes… cuando lo tengo puesto no me preguntan mucho de mi vida y así no me creo problemas innecesarios.
YO. A ti no te gusta que te pregunten mucho, ¿eh?
ÉL. En realidad soy una persona bastante discreta y privada.
YO. Yo peco de preguntón. Como los gatos, soy muy curioso.
ÉL. Ya me he dado cuenta.
YO. ¿Te importa?
ÉL. La verdad que hoy no. Tengo un par de tragos arriba y como ando por donde no me conocen, no me importa tanto.
YO. Óyeme: el trabajo tuyo debe ser muy… envolvedor, ¿verdad?
ÉL. Me consume bastante tiempo, pero la revista tiene un gran porvenir.
YO. Yo estoy por venirme.
ÉL. ¿Cómo?
YO. Nada nada.
ÉL. Yo espero levantarme con ellos.
YO. ¡Qué bien!
ÉL. ¿Y tú qué tipo de cosas haces?
YO. Mmm… tú sabes… muchas cosas.
ÉL. No quieres decirme.
YO. Es que ahora en este momento estoy tan fascinado contigo que no quiero pensar en nada más que en ti.
ÉL. ¿Cómo?
YO. Nada, ay, se me acabaron los fósforos. Si me perdonas, enseguida vuelvo. *(Se dirige al centro del escenario bajo la luz reducida del foco del reflector).* Que qué yo hago me pregunta. Pues mira, déjame decirte que me dedico a hacer sombras chinescas. Esta es una profesión practicada solamente por un selecto grupo de princesas chinas. Cuando muy chiquito, mi madre,

ella es una mujer muy fina y educada, decidió mandarme un verano a las reales monjas de Macao donde me codeé con las mejores principesas chinas que habían sido destronadas por la revolución pero que aún conservaban la delicadeza de la cultura exquisita que Mao había derrotado. Todas estudiábamos juntas y a mí me enseñaron a vestirme de china y a comer con palitos y yo a ellas les enseñé a modelar batas de cola y a hacer helado de guayaba. Todas las tardes, después de las clases de maquillaje clásico de la ópera de Pekín, ahora Beijín, nos entreteníamos con historias personales y poéticas hechas en sombras. Desde entonces he viajado el mundo con este esotérico arte por el cual soy generosamente remunerado. También me dedico a hacer fiestas para las quinceañeras, con pastelitos de carne, masarreal, yemitas, capuchinos, tamalitos, croquetas, licores finos y marcas registradas. Yo organizo la ocasión completa, desde cómo los anfitriones se van a vestir hasta el diseño de la homenajeada, el tema de la fiesta, la presentación de las parejas, la música, los corsaches y en fin, todo. Una de las mejores se llamó «La fiesta de las piedras preciosas en Venecia», y aunque fue en Niu Yersy, realmente fue un evento internacional. La anfitriona, por ser una señora ya mayor, iba vestida de azabache, las tías eran perla gris y acerina, y la niña iba, como es natural, aguamarina. El resto de las parejas eran como una diadema refulgente de diferentes colores: esmeralda, turquesa, granate, bueno, el resto… Se construyó un lago artificial que llenamos con papel de celofán y con góndolas doradas y gondoleros vestidos en dorado y azul. Estos muchachos, como es natural, eran la crema y nata de Iunion Ciry. Hicimos un ballet acuático en pantomima y a la quinceañera, para el toque final, la lanzamos de un cañón hasta el centro de la piscina. Por suerte los padres tenían MasterCard, porque el costo de la ocasión fue exorbitante. Pero todos los concurrentes quedaron impresionadísimos. También me dedico a la cartomancia, quiromancia y numerología. Hago bordados de camisas y pantalones en diferentes colores y diseños; sé trabajar máquinas de coser Meroh e industriales. Trabajo por piezas: brasieres, blusas y pantalones, fajas estéticas y ortopédicas, refajos lumbares y adornos de cabeza. Arreglo ventiladores, abanicos y aires acondicionados. Manejo en carretera y en la ciudad: carros automáticos y de cambio. Cocino la comida del Perú, el Japón, los Estados Unidos, China, y Méjico —tacos y enchiladas. Soy un experto en el asopao puertorriqueño, el ajiaco cubano y muchas otras especialidades muy complicadas para enumerarlas. Sé trabajar el vácum clíner y la batidora y la licuadora osteraiser, la tostadora sumbín y el horno maicrogüey. Estiro el cabello y lo reacondiciono; hago cortes de pelo de damas y de caballeros al igual que peinados para toda ocasión. Toco la guitarra, las maracas y el güiro, las castañuelas y la pandereta. Doy recitales de poesía y actúo en las tablas. Hago cortinas y toldos para la casa y para la escena; me dedico a la decoración de interiores y al cuidado de jardines. Vendo perfumes y cremas para el cutis, sombras para los ojos en oro y plata al igual que joyería, jabones de olor, quimonos japoneses y flores de seda y de papel y un sinfín de cosas más. Pero en este momento, vida mía, yo nada más que quiero pensar en ti.

Apagón.

CUADRO CUARTO

Yo enciende un fósforo y prende un cigarrillo. Se ilumina la escena. Él sigue en su posición, se vuelve a oír «Eres sensacional». Yo cruza a Él.

YO. *(Exhalando humo).* Pues como te iba diciendo, lo que hace falta aquí es —fíjate que ya la gente apenas hablan los unos con los otros. Tú sabes que hace poco hicieron un estudio en el cual la comunicación moderna es puramente a través de símbolos y que el lenguaje hablado se va a perder y el hombre del futuro solo va a poder emitir sonidos guturales cuando necesite pedir algo. Va a ser como una película del espacio, pero por lo que yo veo, aquí ya estamos en eso. Fíjate en todos esos pañuelitos que la gente usa de diferentes colores y las llaves y las pulseras. Ya todo eso es comunicación por símbolos. Que si el lado izquierdo o el derecho… Bueno, así es mejor. ¿No crees? La gente no se confunde y se va con la persona incorrecta. Yo lo encuentro decadente y espantoso. Pero, como es natural, muy de moda. Es verdaderamente una pena que estemos perdiendo el arte de la conversación, que fue cultivado en los mejores jardines del Vedado. ¡Pero este es el mundo que nos ha tocado vivir! Qué le vamos a hacer.

ÉL. Tienes razón. *(Con un suspiro; medio sacado de quicio).* Mira, si me disculpas, quiero ir a ver cómo andan unos amigos con los que vine así que… te veo dentro de un rato.

YO. Está bien… *(Muy coqueto).* Pero no te me pierdas.

Él sale de escena con su trago. La Amiga, fuera de escena, da una carcajada.

LA AMIGA. *(Saliendo, con una copa en las manos, hacia fuera de escena).* I'll be right back… *(Tropezando con Yo).* Mi'jita, ¡pero tú estabas perdida! Llevo más de dos horas buscándote.

YO. Ay, mi amiga… tú ya me conoces… *(Cantando, tipo bolero).* ¡Es que estoy taaaan enamoradaaa!

LA AMIGA. Ya estás borracha.

YO. No, hija, no. Es que creo que esta noche lo conocí.

LA AMIGA. ¿A quién, niña?

YO. Al hombre de mi vida. *(Cantando).* Soy dichosa, soy feliz…

LA AMIGA. Tú y tus enamoramientos. Estás loca pa'l carajo.

YO. Como me dicen en Alemania: La romantiche.

LA AMIGA. ¿Y cuál es?

YO. Aquel: el del bigotico negro que está con el grupito.

LA AMIGA. ¡Está bueno!

YO. Más respeto, mi amiga, que ya él es mío.

LA AMIGA. ¡Ay, qué posesiva! ¿Y cuándo lo conociste?

YO. *(Enfáticamente).* Hace media hora.

LA AMIGA. Bueno, niña, fabulé fabulé. Y suerte, que te la mereces. Y hablando de todo un poco, ¿viste cómo vino vestida la Croquinol hoy?

YO. No, no me fijé.

LA AMIGA. Pues vino onda muñeca de chocolate, muy cargada ella.

YO. Ella siempre ha sido así. Y a mí esas exageraciones ya no me gustan. Estoy que prefiero las cosas un poco más sencillas.

LA AMIGA. Se te nota.

YO. ¿Qué pretendes? Tú sabes que estoy con eso del art decó. Lo de que menos es más. Es en eso en lo que estoy. Y aquí donde tú me ves he venido disfrazada de ilusión. Pero nadie lo diría ¿verdad?

LA AMIGA. La ilusión viaja en tranvía. Pero, mi amiga, tú tienes muy buen gusto y conoces de moda. Que todo el mundo no tiene ese don. Tú, mírame a mí: siempre disfrazada de ca-

pricho que es lo que mejor me queda. Ya una vez que uno tiene su imagen mejor no cambiársela porque así no confundes a la gente y —óyeme, hablando de gente, déjame dar una vuelta e inspeccionar el resto de la «maricancia» que está aquí esta noche.
YO. Pero ya va a empezar el *show*.
LA AMIGA. *(Con un beso).* Te veo luego. *Later.*
YO. Está bien, mi'ja, leiter.

La Amiga sale de escena al mismo tiempo que se apagan las luces y el foco de un reflector cae en la vellonera. Gira la plataforma y aparece El Travesti. Lleva un vestido de trompeta muy apretado de lentejuelas negro, una peluca color rojizo, guantes de ópera negros y aretes y pulseras de diamantes de imitación. La imagen es glamorosa y muy de vedette de los años cincuenta. Camina, seguido por el reflector, al centro de la escena bajo los primeros acordes de «Miénteme», cantada por Olga Guillot, la versión del 81. El Travesti dobla, con micrófono. Durante el puente instrumental, cruza a Yo y lo agarra y lo lleva al centro de la pista.

EL TRAVESTI. Tus ilusiones, muñeco, tus fantasías, qué ha pasado con esas tres fantasías que tienes en tu mente.
YO. ¿De qué fantasías hablas?
EL TRAVESTI. De las que me conozco de memoria, de las que me dices que te quedan sin resolver.
YO. Ya sé por dónde vienes.
EL TRAVESTI. Sí, pero quiero que recuerdes. La primera es: matarme. Pero si lo haces no vas a estar presente para ver cómo te salió el suicidio. Y eso, tu egocentrismo no te lo permite. La segunda: matar a alguien. Pero sabes que si lo haces te echan cadena perpetua y tú boba no eres. Por eso te aterra que el día menos pensado en una de esas broncas que tú te buscas te saquen un cuchillo y acaben contigo y te encuentren tres días más tarde con la cabeza metida en el inodoro muerta por pendeja. Y la tercera —la tercera: tener un amante. *(Empuja a Yo fuera de la luz y sigue con la canción, acabando en una pose de espaldas al público. Seguida por el reflector, camina hacia la plataforma, que comienza a girar inmediatamente. Desapareciendo).* Qué necia eres, tienes el orden de todo esto trastornado.

Cuando aparece la vellonera, Yo corre hacia la misma. Se abraza a ella.

Apagón.

CUADRO QUINTO

Bajo la luz del reflector, Él está tratando de seleccionar algo en la vellonera, otro reflector descubre a Yo en la banqueta del primer término, izquierda. Se toma un trago de cerveza; se despeja la mente. Mira hacia la vellonera, se ilumina toda la escena. Yo cruza a Él.

YO. Te me habías perdido, muchacho. Hola de nuevo. ¿Y de qué estábamos hablando?
ÉL. De los muebles milaneses.
YO. Ah, sí, ¿y tú tienes algún amante entre manos ahora?
ÉL. No. Ya te lo había dicho: Ahora estoy soltero.

YO. La memoria. ¿Y por qué?

ÉL. Te voy a ser sincero —No he encontrado la horma de mi zapato.

YO. Pero tú no puedes ser un número tan difícil de calzar.

ÉL. Eso es para que otros lo digan; no yo.

YO. ¿Pero a ti te interesa?

ÉL. Sí, creo que sí. Pero ya he probado antes y tú sabes cómo son las cosas…

YO. Yo a veces me imagino cómo son las cosas sin saber necesariamente cómo son.

ÉL. Tú eres una persona muy interesante… pero me pareces un poquito complicado.

YO. No sé qué te puede haber dado esa impresión.

ÉL. De la forma que dices ciertas cosas… de la forma que me estás estudiando… Bueno, a lo mejor son los tragos… ¡Quién sabe!

YO. Sí, es posible. Tú sabes cómo son los bares. El humo, la música. A veces uno se pone a pensar en cosas que no debe.

ÉL. ¿Y tú conoces a mucha gente en este bar?

YO. Bastante.

ÉL. ¿Vienes aquí muy a menudo?

YO. Usualmente todos los güiquenes. Y tú, ¿tú vas mucho a los bares?

ÉL. No, realmente, no. Pero cuando estoy de viaje es una buena forma de entretenerme y conocer gente nueva.

YO. No es que a mí me gusten tanto tampoco. Pero qué voy a hacer metido en mi casa solo, cuando todo el mundo se está divirtiendo.

ÉL. Eso sí es verdad… El tiempo se pasa…

YO. Y uno nunca sabe dónde puede brotar la llama fugaz que prenderá tu corazón.

ÉL. ¿Y eso es de un tango?

YO. Más o menos.

ÉL. Tú eres como muy musical, ¿verdad?

YO. A mí la música me gusta. No cabe duda.

ÉL. A mí también; tenemos eso en común…

YO. ¿Y este es el único bar que frecuentas cuando estás aquí?

ÉL. No. Manhattan tiene tantos bares que hay que explorarlos todos. ¿Y tú siempre vienes aquí?

YO. La mayoría de las veces, pero otros días me da por irme a otros sitios.

ÉL. ¿Qué otros sitios? En Miami la verdad nosotros no tenemos tanta variedad como ustedes y aquí hay un tipo de bar al cual nunca he ido.

YO. ¿Como cuál?

ÉL. Tú sabes… el tipo de bar de más ambiente… ese tipo de bar…

YO. ¿Te refieres a los bares que tienen cuartos oscuros?

ÉL. Sí, precisamente. ¿Tú los frecuentas?

YO. Bueno… una vez que otra… por curiosidad. Pero son peligrosos…

La iluminación se reduce a un reflector sobre Yo. Este camina furtivamente al otro lado del escenario, poniéndose subrepticiamente unas gafas oscuras del tipo «wrap-around».

YO. *(Directamente al público).* Que si los frecuento, yo que he sido entrenada en los mejores cuartos oscuros de Manjatan como mamadora insaciable, singante y singada, sadomasoquista, orinal e inodoro humano, drogadicta, borracha y popera y marica vestida, sí, vestida de todo: de cauboi, de bandolera, de militar y de miliciano, de minero, motociclista, jipi, bodeguero, patinadora, corista, vedet, estrella, trapera, exótica y, finalmente, de china como mi amiga Tony Li, el transformista.

Apagón.

CUADRO SEXTO

Inmediatamente se ilumina el centro de la escena con un reflector. Bajo el mismo aparece El Travesti. Está vestido con un corsé que tiene senos artificiales y una cremallera al frente, un calzoncillo/sostén atlético que le hace resaltar el pene y lleva peluca y tacones. Esta escena es totalmente una presentación al público, como una demostración.

EL TRAVESTI. *(Como leyendo de un diccionario).* Transformista: un actor o una actriz que hace cambios rapidísimos de vestuario. Transformación de mujer a hombre. *(Se quita la peluca y abre la cremallera exponiendo su pecho de hombre).* De hombre a maricón. *(Se tira una boa de plumas por los hombros y coge un abanico enorme).* De maricón a paria del desierto urbano y de su tribu. Irresistible en su disfraz de mujer mariposa, engalanada de china, de cubana, de internacional, reencarnación del sexo opuesto, de falsedad, de verdad — *(Abriendo el abanico).* De Musmé.

El abanico lo cubre por completo. De detrás del abanico sale La Amiga. Lleva espejuelos como de profesor.

LA AMIGA. *(En tono informativo).* Tony Li: Tony Li había sido como el chinito Li-Wong que de San Francisco se fue a Nueva York y un día se atolondró y cambió sus zapatos de gimnasta por un par de tacones. Sufría de desdoblamiento y se había convertido en transformista.

Desaparece detrás del abanico y aparece El Travesti, con pantalones, camisa y chaqueta de hombre. Las entradas y salidas se siguen alternando hasta el fin de la escena.

EL TRAVESTI. Cuarto oscuro: como lo indica su nombre, un cuarto en el que no hay luz, solo los olores y sonidos del drama sexual en desarrollo, usualmente se encuentra al fondo o en los sótanos de los bares de ambiente —homosexuales.
LA AMIGA. A Tony Li le gustaban mucho los cuartos oscuros y aquella noche había venido vestida de minera victoriana, con muchas sogas alrededor de la cintura amarrándole los pantalones de cuero raídos. Estaba muy excitada con aquel gorila de hombre que se había encontrado, endrogada con cualuds, cerveza y el resto de cosas que se había disparado. El mundo era su ostra, como dicen los americanos, y aquel monstruo su verdugo. «Despreocúpate, mi cielo», me dijo dirigiéndose hacia las escaleras, «Mira los morados que me hicieron anoche y espera que te enseñe los de hoy mañana, porque si este hace lo que promete creo que te los tendré que enseñar en el hospital». Y con una gran sonrisa desapareció hacia las entrañas del amor.
EL TRAVESTI. Loco/loca: Que ha perdido el juicio, disparatado e imprudente. Muerto/muerta: Que está sin vida, apagado, sin actividad, deslucido.

LA AMIGA. *(Sale con un periódico; lo abre, lee).* Loca muerta en cuarto oscuro. *(Al público).* A ella le hubiera gustado lucir un mejor vestido si hubiera sabido que su foto iba a aparecer en este periódico. Pero como la vida manda y el destino demanda, la imagen de la difunta fue bastante fea cuando la encontramos en el cuarto oscuro tinta en sangre, atada de pies y manos y con un tajo en el cuello. Estaba en cueros excepto por la presencia de un ajustador o sostén que le habían amarrado a la cintura y un pañuelo rojo que le habían metido en la boca. Sus amigos confirmaron, confirmamos, que a ella siempre le había gustado ser víctima, su número salió y el causante de la lotería todavía no ha podido ser aprehendido. Nadie sabe dar completa descripción del mismo. Ni nadie la oyó gritar si es que gritó. *(Cierra el periódico).* Pobre china, que en paz descanse.

Las luces disminuyen hasta que se produce el apagón.

CUADRO SÉPTIMO

En la oscuridad, se escucha diez segundos el chirriar de los grillos. Las luces de la vellonera se prenden, comienza a oírse «Háblame» cantada por Olga Guillot, arreglo de los cincuenta. Una vez establecida la canción, esta baja de volumen y sirve solo de fondo musical. Al mismo tiempo se revela la escena: Yo y Él como habían estado antes junto a la vellonera.

YO. De qué más hablo con Narciso si ahora no me siento nada inspirada. Brumas, brumas y celajes, celajes y brumas. Carcajadas de coquíes, sapitos danzantes en la fuente del hada durmiente, cenicienta vestida de mata de coco, platanal en mi mente, linda cubana, María la O. ¿De qué hablamos?
ÉL. ¿Quieres bailar?
YO. No, ahora no, gracias.
ÉL. Te has puesto muy pensativo. ¿En qué estás pensando?
YO. … En nada… nada en particular. Bueno sí, estaba pensando en los gustos sexuales.
ÉL. ¿Los tuyos?
YO. … Los míos… los tuyos… en general…
ÉL. ¿Y por qué los míos?
YO. Por curiosidad. Anda, dime, ¿a ti qué te gusta hacer?
ÉL. ¿Sexualmente tú dices?
YO. ¡Sí, en la cama!
ÉL. Bueno, para mí esa es una pregunta un poco indiscreta.
YO. ¿Cásate y verás?
ÉL. ¡¿Cómo?!
YO. Perdona si te he ofendido.
ÉL. No es la pregunta. Es la velocidad a la que vas.
YO. Tú sabes cómo somos aquí en Nueva Yor… al compás…
ÉL. En Miami… allí uno va un poco más despacio.
YO. Empecemos por tus ojos entonces.
ÉL. ¿Sí?
YO. Sinceramente… a mí me gustan mucho tus ojos.

ÉL. Muchas gracias. Los tuyos son como azules, ¿no?

YO. A veces. Y otras veces verdosos. Depende del día y de las emociones.

ÉL. Estarán siempre cambiando entonces porque tú me pareces muy emocional.

YO. Y emocionante. Pero dime, ¿a ti te gusta besar?

ÉL. Regularmente, sí.

YO. *(Cantando)*. Bésame, bésame mucho...

ÉL. Voy a ir a buscar otro trago. ¿Quieres uno?

YO. Bueno. *(Él se va. Hacia Él)*. Te espero. *(Para sí)*. Creo que he metido la pata. Yo y mis preguntas. Pero es que la curiosidad me vuelve loca.

LA AMIGA. *(Apareciendo de pronto)*. Muchacha, estás acabando. ¡Ya te vi con... tu amigo!

YO. No, mi cielo, ya él es mi amante.

LA AMIGA. ¿¡Ya se acostaron!?

YO. Adivina, adivinadora.

LA AMIGA. ¿Y él hace cuadros?

YO. Es fotógrafo; no sé si será pintor.

LA AMIGA. Pues déjame contarte, mi amiga, mi amante y yo hicimos un tremendo Picasso anoche, cabezas, narices y ojos por todas partes. Para no hablar de bocas y otras partes anatómicas, incluyendo un picazo.

YO. ¡Ah, entonces fue del período cubista!

LA AMIGA. Con toquecitos del azul y del rosado.

YO. Ya se cansaron entonces de Chagall.

LA AMIGA. ¡Ay, sí! Todo ese material judío. Pronto pasaremos para los matices de Matisse.

YO. A mí me gustaban los Degas antes; pero ya las balerinas están pasadas de moda.

LA AMIGA. Mi vida, tienes que descubrir a los primitivos del Caribe. Y del Sur. *(Comienza a disminuir la iluminación; un reflector se concentra en La Amiga que, poco a poco, camina hasta el centro del escenario)*. Esos que uno se encuentra en cualquier esquina, llenos de cocaína, yerba y alcohol. Uno de piel morena, boricua; otro negro dominicano; un chiquito rubio, americanito juai trash de quince años. Les metes las manos en las braguetas, los calientas y los encueras y los diriges lentamente hacia la recámara roja del burdel. *(La única iluminación es la del reflector, ahora roja, sobre La Amiga, en el centro del escenario)*. En el centro de la recámara hay una enorme bandeja de plata en un pedestal de mármol y el piso está cubierto de alfombras persas y las paredes tapizadas en damasco y grandes espejos rococós en marcos de oro cuelgan en las esquinas y fálicas velas blancas en enormes candelabros por doquier. Los bugarrones están desnudos, calentándose sus gigantescos miembros y lentamente y con curiosidad se dirigen hacia la bandeja central, donde me encuentran a mi, la regia diosa Kali, la mulata del espacio, la rumbera madre y madona, Oshún Erzulí, la esencia del sexo destilando por mis poros por entre la cocaína que cubre todo mí cuerpo. «Bring me the cobra jewels», les ordeno en mi mejor imitación de María. No la Callas, la Montez —palabra aguda y con larga sibilante. «¿Eso es perico?», pregunta el boricua. «Vamos a lambel», dice el quisqueyano. Las narices y las lenguas empiezan a recorrer todo mi cuerpo quitándome mi costosa vestimenta, dejándome desnuda; sus olfatos de drogadictos huelen la verdad del vértigo sexual que mi presencia induce. «Sínguense al rubito», decreto. El chiquito viene encuerito, el pelo rubio cayéndole en rizos hasta la nuca, su cuerpo de efebo griego es rosado y en las manos trae una botella dorada de nitrato de amil. *(Se dobla, se mueve con frenesí: la están culeando)*. «Cójanselo», repito en sedientos tonos. Se le tiran como dos mastines, uno por delante y el otro por detrás. «Más fuerte», les exijo. «Coño, no puedo más», exhala Santo Domingo. «Me vengo», grita Puerto Rico. «AAAAAAAAAYYYYYYYYY», me desgañito yo. *(Termina el culeo; la iluminación empieza a regresar a como estaba antes).* Estoy tan cubierto de leche como ellos, ha sido para mí una orgía visual y mental y me empiezo a desvanecer en los azulados chifones del amanecer y mi vulva india *(camina hacia su posición anterior)* retrocede hacia los confines de Kriptón para poder regresar a la oficina por la mañana.

Todo está de nuevo como antes de este monólogo.

YO. ¡Chicaaaaa… pero eso es Cécil Be de a Mil!
LA AMIGA. A mí siempre me ha gustado la épica.
YO. Pero mira que tú eres cargada.
LA AMIGA. Eso no es nada. Lo que tengo que contarte…
YO. Mira, en estos momentos no creo que pueda yo con otro cuento más.
LA AMIGA. ¿Y eso?
YO. Estoy esperando que me traigan un trago. Además las cosas contigo siempre se convierten en una comparsa y no estoy para carnavales. Que después del carnaval viene la cuaresma y la cuaresma trae abstinencia sexual y sexo es lo único que quiero.
LA AMIGA. ¿Te molesta mi comparsa? ¿Qué quieres que te diga? Que estoy ida, que no tengo un quilo, que estoy fumada, que no puedo más. Que solo me llaman a cobrar aquí. Que mi querido querido no dispara un chícharo, que no me dan el aumento, ¿que la gente se está muriendo como moscas?
YO. Se me rompería el corazón si no fuera porque estoy harta de tus problemas victorianos. Por lo menos tienes trabajo y amante. Y mírame a mí. ¿Yo qué tengo?
LA AMIGA. Tienes tu carrera y tu libertad y tu salud.
YO. Y la «soledad que tristemente nunca me abandona».
LA AMIGA. ¿Te cansa mi comparsa? Me cansan tú y tu soledad.
YO. *(Como en un arrebato).* Mira, maricón, es que ya yo estoy muy aburrido de seguir haciendo esta novela de mi vida, estoy aburrido de estar en mi casa solo… Solo cuando salgo, solo cuando regreso, solo cuando voy a los museos, a la ópera, al ballet, a los conciertos; solo cuando voy a la tintorería y al tren de lavado; solo cuando voy a las cafeterías y a las librerías. Solo cuando salgo de compras ya sea a comprar un aparato electrónico o un juguete para adultos. ¡Yo con juguetes a estas alturas! Pero necesito entretenerme, necesito olvidar que no soy feliz. Necesito llenar mi vida con algo que mitigue el vacío mierdero en que vivo, esta existencia forrada con postalitas de revistas y pretensiones de importancia. Pues, ¿para qué es la vida si no para vivirla? ¿Y qué es mi vida? Veo mi vida como un bote sin rumbo, un permiso de salida sin destino. Una búsqueda. Una espera. Yo también estoy cansado de mí y de mi soledad. Cansado de tener esta maraña en mi cerebro sin saber cómo desenmarañarla.
LA AMIGA. En Cancarajícara había una jícara con siete jicaritos el que la desencancarajicare será un buen desencancarajicador de jícaras encancarajicadas. *(Se echan a reír).* Es que tú eres un trago un poco fuerte.
YO. ¿Y tú no?
LA AMIGA. Para ti, quizá, que no te gustan las comparsas. Yo soy una mamboleta. Tú tomas las cosas muy en serio.

YO. Karma. Como Isabel de Austria, Sisi Emperatriz, vagabunda internacional buscando el nirvana terrestre.

LA AMIGA. Ay, mi negro, tú te puedes poner insoportable cuando te tomas unos tragos. *(Empieza a irse, se vira; dándole una palmada en un hombro).* Y mira, mi vida, nadie se muere acompañado. *(Se va).*

YO. No sé si los tragos a mí ya me hacen efecto muy rápido o si las borracheras de los sábados se han convertido para mí en una normalidad. *(Se empieza a oír el ruido del mar).* Me siento triste, como Mina, triste de mis ojeras, triste de mi pelo perdido, triste de mi hambre de amor… Y… ¿Dónde estarás, Johnny el Lindo? Cuando miro los recuerdos de aquellas vacaciones en Puerto Rico y te veo en las fotos, en la playa del Normandie, con aquella sonrisa y aquel culo… ¡qué lindo eras!, ¡qué lindo fuiste! Sabíamos tan poco de la vida. ¿Por qué no cuadró, cuando nos quisimos tanto aunque haya sido solo un día? Yo pensé que sería para toda la vida pero fuiste a buscar algo y nunca regresaste. Te espero todavía. Ahí te tengo en la foto. Y de vez en cuando la saco. Es lo único que me queda: mirarte en la foto. Y mientras te miro hacerme la paja.

Apagón.

CUADRO OCTAVO

En el centro de la embocadura aparece Él, bajo la luz de un reflector.

ÉL. No sé qué hacer. El tipo ese no me interesa con todas sus preguntas y complicaciones pero… a la verdad no la estoy pasando mal… es entretenido y baila bien… y mañana *I'm out of here*. Llueva o no llueva estoy seguro de que conseguiré pasaje así que no me tengo que preocupar de si me va a envolver o de si las cosas se van a complicar. De que no se van a complicar no se van a complicar porque de sexo nada. Un buen rato en un bar es una cosa pero… Me doy otros cuantos traguitos con él y mañana cojo el avión y regreso a lo mío. *(Mientras Él camina hacia la izquierda, se ilumina toda la escena. Yo está al lado de la vellonera. Cuando Él llega a la banqueta le hace gestos a Yo de que se acerque).* Por Dios, yo no sé ni cómo se llama.

YO. *(Corriendo a Él).* Déjame decirte, Narciso, ¿tú sabes lo que he estado pensando todo este rato en que estaba esperando que me trajeras el trago?

ÉL. Perdona, es que…

YO. No tiene importancia. ¿No quieres saber?

ÉL. El qué.

YO. ¿Lo que he estado pensando?

ÉL. ¿Qué cosa?

YO. Que yo me podría mudar para Mayami.

ÉL. ¡Cómo!

YO. Bueno, realmente el tipo de trabajo que yo hago lo puedo hacer en cualquier sitio y a mí el frío ya me tiene hasta la coronilla. Además, quién sabe si a lo mejor hasta te puedo dar una manito a ti en tu trabajo.

ÉL. Tú, como es natural, no estás hablando en serio.

YO. Sí, hijo, sí, cómo que no. Lo vengo pensando desde que nos conocimos. Yo hasta tengo familia por allá. Y el clima y el ambiente… La playa, la pesca, la Calle Ocho, el carnaval, el irse de paseo en carro —en máquina, óyeme, esas son cosas que uno no puede hacer aquí.

ÉL. ¿Pero esto es algo que tú llevas tiempo planeando o es algo que se te acaba de ocurrir?

YO. Se me acaba de ocurrir lo cual no quiere decir que no lleve tiempo pensándolo. Mira, a veces en la vida hay que tomar decisiones imprevistas y a veces lo impulsivo es lo que mejor se da.

ÉL. En eso no estamos de acuerdo. Yo mis cosas las pienso mucho antes de hacerlas.

YO. A mí me parece que la espontaneidad es uno de los grandes encantos que tiene la vida.

ÉL. Sí, de acuerdo, pero a su tiempo y en su sitio.

YO. La espontaneidad y el amor.

ÉL. ¿El qué?

YO. ¿No conoces ese dicho que dice: «Amores de lejos, amores de pendejos»?

ÉL. No, no creo que lo haya oído nunca.

YO. Yo creo que es un dicho muy verdadero. Yo he hablado con mucha gente que tiene ese tipo de relación y es cierto: Las cosas así nunca funcionan.

ÉL. No, eso de lejos no funciona pero a qué viene. ¿Por qué hablas de am… de amo…? Me tienes muy confundido.

YO. Es que no te he contado lo que me dijo el santero.

ÉL. ¿Tú estás metido en eso?

YO. No. Es largo de contar, pero, sucintamente: Los caracoles me han prometido un hombre y es la única esperanza que me queda: creer en ellos. Y no sé, desde que te vi me siento diferente. No soy yo. Tengo un cosquilleo, un nerviosismo…

ÉL. Sí, yo también estoy nervioso. Muy nervioso.

YO. ¿Ves lo que te digo? Los caracoles no mienten, niño. Y esa gente sabe lo que dice. Yo soy una persona de mi casa, muy comprensible, muy limpio. Pero no soy quisquilloso. A mí cualquier cosa me viene bien. Como dicen en inglés, si nos dan limón, hacemos limonada. Por eso te digo que si me mudo las cosas van a marchar mucho mejor.

ÉL. Lo que yo no entiendo es por qué te vas a mudar para Miami.

YO. Mi'jito, pero qué duro de pelar eres… pues para estar contigo, como es natural.

ÉL. … Bueno… ahí es que se le salió el agua al coco.

YO. Qué cubano te salió eso…

ÉL. Quizás es mi culpa, como hemos estado hablando tanto esta noche, a lo mejor te he dado alguna impresión que no te debería haber dado.

YO. Todas han sido buenas.

ÉL. No, eso no es lo que te… te estoy tratando de decir. Mmmm. Mira, tú me pareces una persona muy interesante y sensitiva…

YO. Tú también. Además muy guapo.

ÉL. El problema aquí como yo lo veo, es que… no es que te mudes o no te mudes para Miami. Es que yo creo que los cables se nos han cruzado.

YO. Yo sé que yo puedo parecer algo estrambótico, pero esas son ondas pasajeras y cuando uno quiere a una persona uno se adapta pues lo que uno desea es estar con su amante.

ÉL. Ahí: Tocaste en el clavo. Yo no estoy buscando amante.

YO. Pero es que los amantes no se buscan, aparecen cuando uno menos lo piensa.

ÉL. Quizás para ti, pero para mí en este momento… aunque se aparezcan… Mira, yo vivo una vida muy sencilla en Miami con mi familia y no quiero meterme en complicaciones.

YO. Complicaciones de qué, mi cielo: un apartamento de un dormitorio: nada más para empezar. Ni siquiera amueblado, unas cortinitas y una matica y ya. El resto viene más adelante. Yo me encargo de la decoración y tú continúas haciendo lo que tú haces.

Se escuchan los acordes de «Cobarde» tocada por la Orquesta Aragón; la vellonera se prende, la bola de espejitos gira e ilumina la pista.

ÉL. Óyeme, es que tú has cogido una velocidad que yo no sé si te puedo seguir…
YO. *(Llevándolo al centro de la pista).* Aprende a seguirme.
ÉL. Lo que te quiero decir es que…
YO. Mira, te dedico esta canción. *(Se ponen a bailar. Yo lleva. Más que un baile es una lucha. Al acabar el baile, Yo le da un beso a Él en la boca).* ¿Ves cómo las canciones lo dicen todo?
ÉL. *(Tratando de ir a la vellonera).* Tendré que buscar una…
YO. *(Deteniéndolo).* Es que los cubanos somos así —impulsivos, apasionados. Tú eso lo tienes que saber, lo tienes que sentir.
ÉL. Yo me crié aquí.
YO. Pero uno nace con esos sentimientos —*Latin Lover* de nacimiento.
ÉL. ¿*Latin Lover*? Mira a ver si entiendes esta otra frasecita en inglés: *I don't want to get involved «with you»*. ¿Comprendou?

Se va. Gira la plataforma y aparece bajo la luz del reflector El Travesti vestido de novia: traje y velo blancos con corona y ramillete de amapolas blancas, se escucha a Olga Guillot cantando «Yo soy la novia de todos», arreglo de los cincuenta. Yo la mira intensamente, El Travesti caminando como hacia un altar lo empuja fuera de su camino. Pero entonces se detiene y le da el ramo, también se quita el velo y se lo pone. Dándole la espalda al público revela que por detrás viste de novio, con una máscara de hombre de facciones similares a las de Él. Hacen como si se estuvieran casando, intercambiando anillos y dándose un gran beso. Yo tira el ramillete hacia el público e inmediatamente se da cuenta de lo ridículo de esta fantasía. Se arranca el velo y se lo tira a El Travesti.

YO. Él está muy confundido. No sabe si es latino o si no lo es. Y yo qué. ¿Qué es lo que soy? ¿Una hermafrodita cubana? ¿Un cocodrilo escapado de la ciénaga de Zapata?
EL TRAVESTI. *(Sacándose del seno perlas y brilladeras y ofreciéndoselas como en bandeja).* ¡Alhajas… alhajas para Musmé!
YO. *(Lo empuja y se le enfrenta).* Las locas son muy monas cuando son jovencitas pero a medida que los años pasan se empiezan a deteriorar y yo ya me estoy poniendo viejo y la edad es la gran aria trágica de la marica y la cotizada leche de cabrito se convierte en una espesa jalea real sin dones de la fuente de la juventud y con un sabor amargo… y todo lo que se hace empieza a parecer un verdadero disparate.

Reaparece la vellonera, encendiéndose y apagándose intermitentemente con una brillantez tal que parece que va a levantar el vuelo. El Travesti hace que Yo se arrodille ante la vellonera como si fuera la imagen más sagrada.

EL TRAVESTI. ¡Habla, Vellonera, habla! Da el oráculo de la vida, cuenta nuestras vidas, nuestras mentes y nuestros ritmos. Brilla, brilla con esas lucecitas bailando dentro de ti. ¡Canta!

La iluminación va disminuyendo hasta dejar la escena a oscuras, con excepción de un reflector que sigue a Yo. Este va a buscar una de las banquetas, la lleva al centro del primer término, se sienta y comienza a hablar como si estuviera dando una conferencia, directamente al público y sin tonalidades emocionales.

YO. Mi vida es un gran sainete cubano. Yo que estaba tan integrado porque había nacido rubio y me creía americano y hablaba el inglés sin acento y me gustaba el rocanrol. Un día amanecí y me enloqueció la idea de buscar mis raíces. El espejo en el cual me había mirado por tanto tiempo se fragmentó y pasando a través de él al otro lado me di cuenta del proceso camaleónico que había ejercitado en mi vida. La nostalgia me invadió y la necesidad del reencuentro con el lenguaje coloquial de mi niñez me llevó a buscar a los otros miembros de mi tribu. Me obsesioné con la idea de la mancha de plátano, y que si no se quita; con el arique, y que si no se suelta; con la gente que tenía la mancha, que tenía el arique. Me destapé, me reinventé y enfrenté mi cubanismo y en el proceso perdí mi pelo rubio y adquirí un inglés con acento. La idea de tener un compromiso cubano tocado a ritmo de bolero fue adquiriendo más urgencia y delirio cada día y Olga, La Lupe, Celia, Benny, Bola y Toña y Lucho y Lucy y el resto de la interminable comparsa de cantantes de la loma que cantan en llano y sus canciones se convirtieron en los maestros de los nuevos sentimientos que había encontrado. Nuevos para mí, porque para la tribu ya eran viejos y muchos de ellos en desuso… Y así fue que empezó mi conflicto humano, el destino no longuer en mis manos buscando con mis sueños de mujer un romance cada jueves. Mi insistencia en palmeras borrachas de sol causó admiración pero más nada. Nadie me deseaba. Pensé hasta cortármela para nunca más verla parada porque como un neutrón bombardeado, me seguía fragmentando y adquiriendo más y más canciones de amor y más y más rechazos sin llegar nunca a poder lograr esa unión a la cual aspiraba. Porque no es verdad: La mancha de plátano sí se quita aunque en mi caso solo la hubiera cubierto con meicop. Y así pasa: Los míos que quiero ya no tienen mancha o se la tapan y no quieren ver la mía. He encontrado mis raíces pero no me he encontrado con Él y sin Él no creo que pueda reencontrarme a mí mismo: mi Yo completo y total. *(Se ilumina toda la escena; sale Él. Interrumpiéndole el paso a Él).* Mira, muñecón, déjame decirte una cosa: La jodienda con el «ai don guan to guerinbol» ya me tiene llena la papaya porque eso ya lo he oído muchas veces y de mucha gente muchísimo mejor que tú y aquí uno trata y trata y siempre le salen con el «ai don guan to guerinbol» y eso que venga de un americano y rubio está bien pero que venga de un manchaíto e plátano como tú le zumba el merequetén.

ÉL. Si los rubios tienen el derecho a rechazarte, ¿por qué no les caes atrás como perros a ellos?
YO. ¿Perro?
ÉL. He tratado de no herirte pero tú…
YO. Hiéreme, hiéreme. A mí me gustan las cosas claras y el chocolate a la española. Dime, ¿por qué viniste con tanto bailecito y tanto «déjame comprarte un traguito»?
ÉL. Porque me pareciste una persona interesante.
YO. Mira, interesante es la Revolución francesa, yo lo que soy muy caliente.
ÉL. Y bastante grosero también.
YO. ¿Grosero yo?
ÉL. Grosero tú.
YO. Nada, milano, simplemente chusma.

ÉL. Tú lo que quieres es encaramarte arriba de mí y yo no dejo que nadie se me encarame.
YO. Ni que nadie te quiera.
ÉL. A ti se te olvidó una parte de mi «*I don't want to get involved*».
YO. ¿Sí? ¿Y qué parte fue esa?
ÉL. «*With you*». Contigo. No quiero nada contigo.
YO. *(Cantando, tipo flamenco)*. Yooo maldigo el día y la hora…
ÉL. Déjate de melodrama… si tú y yo nos conocimos hace un par de horas.
YO. *(Cantando, tipo canción)*. Pintor que pintas iglesias…
ÉL. A mí no me ofende que me digas negro si es esa tu intención.
YO. *(Cantando, tipo balada)*. Cuando subo al escenario…
ÉL. Bájate del escenario. Tú lo que eres un fantoche.
YO. Y tú lo que eres es un engreído que no quiere comprometerse con nadie…
ÉL. Contigo.
YO. … y yo aún estoy dispuesto a hacer cualquier cosa por ti: mudarme, dejar mi carrera, lo que tú me pidas.
ÉL. Tú no estás bien de la cabeza.
YO. *(Cantando, tipo tango)*. Loca, me dicen mis amigos…
ÉL. *(Tratando de tocarlo en el hombro)*. Mira…
YO. *(Cantando, tipo bolero)*. Vete de mí, no te detengas… *(De repente, gritándole)*. ¿Por qué me tocó a mí conocerte esta noche, enamorarme de ti? ¿De ti, que eres una guayaba verde, un quimbombó? Yo que detesto el quimbombó. Es que los santos…
ÉL. Basta ya y entiéndeme por última vez: Yo no soy el hombre de los caracoles. Lo siento, pero te confundiste. Tú no sabes nada de la vida; tú no sabes nada del amor.
YO. *(Reaccionando como si fuera el gran insulto pero calmado, casi real)*. Mira, vete para el carajo y no me jodas más la existencia.
ÉL. Buenas noches.
YO. Adiós.

Él se va. Yo se tira en una banqueta llorando de dolor y rabia. La bola de espejitos comienza a girar pero dando en vez de un ambiente festivo uno tenebroso. Se empieza a escuchar «Total», cantada por Olga Guillot; la iluminación comienza a disminuir, muy lentamente, al mismo tiempo que se forma un foco cónico sobre Yo, concentrándose cada vez más en su rostro.

CODA

Cuando la luz llega a convertirse en casi un punto, coincidiendo con el fin de la primera parte de la canción, Yo da un salto.

YO. Me tengo que ir de aquí, coño. *(Corriendo hacia el centro del primer plano, bajo la luz del reflector que empieza a crecer; pero siempre concentrándose en Yo)*. Corriendo, corriendo me tengo que ir de este bar antes de que me desplome en el mismo piso. Todo se ha convertido en una gran carcajada. Qué espectáculo tan patético he ofrecido de mi vida —rogando que me quieran, suplicando que alguien se lleve mi cuerpo para su casa. ¡Qué fantasía tan malsana! Nada, coño, nada ha funcionado y estoy aquí en la misma encrucijada de siempre, solo y borracho. *(Se empieza a escuchar «Sola», cantada por Olga Guillot. Yo se calma. Salen El Travesti y La Amiga por lados opuestos; caminan lentamente hasta la periferia del cono de luz).* Poco a poco me voy consumiendo yo mismo, como la serpiente que se traga su cola y queda hecha un pequeño círculo entre boca y cuerpo. Devorándome estoy antropofágicamente, bebiendo mi esperma, hablando conmigo mismo en una delirante diarrea verbal, cambiando mis facciones, dejando que el monstruo lleno de lástima se apodere de mí. Y no. No quiero sentir más nunca… ni quiero cantar más boleros. *(Comienza a ponerse histérico).* Ni quiero sucumbir más al deseo de un cuerpo humano; no quiero más desastres en mi vida; estoy cansado, coño, hastiado de mi locura, pero aún más de la locura de este puñetero mundo.

Le da la espalda al público para marcharse. Nota a El Travesti y a La Amiga que ahora entran al cono lumínico. Ambos tienen la cara maquillada de blanco, los labios muy rojos, una peluca anaranjada de pelo crespo y muy alborotado. Visten con boas de plumas de gallo negras: Es una imagen kabuki, al mismo tiempo atractiva y escalofriante. Acaba la canción.

EL TRAVESTI Y LA AMIGA. ¿Y qué vas a hacer entonces mi vida…
EL TRAVESTI. *(Seguido).* … cortarte las venas? *(Saca una navaja estilete, le toma el brazo y le pone la navaja en la muñeca como para cortársela).*
LA AMIGA. *(Casi al mismo tiempo).* … tomarte unas pastillitas? *(Saca un pomito de pastillas; le toma el brazo y le echa varias pastillitas en la palma de la mano, Yo se vuelve al público; se lleva los brazos al pecho, se empieza a escuchar la primera «Gymnopédie» de las* Trois Gymnopédies *de Eric Satie).*
YO. ¡NO! *(Deja caer navaja y pastillas).* Me haré la paja. *(Extiende el brazo, llamando).* ¡Taxi!

Apagón.

FIN DE LA OBRA

Manuel Martín Jr.

SANGUIVIN EN UNION CITY

Título original: *Union City Thanksgiving*

Traducción del inglés: Randy Barceló

Traducción adicional: Dolores Prida y Gonzalo Marduga

Manuel Martín Jr (Artemisa, 1934-Nueva York, 2000). Dramaturgo y director. En 1956 se trasladó a los Estados Unidos. Realizó estudios de teatro en el Hunter College y en la American Academy of Dramatic Arts de la ciudad de Nueva York, donde residió hasta su muerte. En 1969 fundó Duo Theater junto con Magali Alabau. Miembro del INTAR Playwrights in Residence Laboratory, impartió talleres de drama en New York y Puerto Rico. Dirigió numerosas obras de teatro y musicales en Estados *Unidos, con los que viajó a festivales en Latinoamérica y Europa. Otras obras suyas son* Rasputin, Carmencita, *Rita and Bessie* y *Swallows.*

Personajes

Catalina Valdés: Mujer viuda en sus sesenta años.
Tony: Su hijo mayor, en sus cuarenta años. Ha venido a pasarse el día fuera del hospital mental donde reside.
Aurelito: Su hijo, entre treinta y cinco y cuarenta años.
Nidia: Su hija, entre treinta y cinco y cuarenta años.
Nenita: Su hija menor. En sus veinte años.
Aleida: La madre de Catalina, en sus ochenta años.
Peter Osorio: Un «neuyorican», en sus veinte años. Esposo de Nenita.
Sara Mena: Amiga de Nidia, en sus treinta años.

Escenografía

La acción se desarrolla en la cocina de la familia Valdés en Union City, New Jersey. Es una casa modesta. La cocina es grande y también sirve de comedor. En el foro izquierdo hay un fregadero doble. La cocina está equipada con todos los menesteres que tal habitación requiere. Sobre la estufa hay una sartén y una cazuela llenas de agua jabonosa, de la noche anterior, preparativos de la cena de «Thanksgiving». No es una cocina lujosa, ni último modelo; aunque está arregladita, vemos que el tiempo ha pasado por ella. Tiene una ventana que da fuera, desde donde se ve un letrero de un restaurant cercano: «La Flor de Union City».

Tiempo

El día de «Thanksgiving» (Día de Acción de Gracias), fiesta típica norteamericana, que siempre se celebra el último jueves de noviembre. Es el año 1981. La acción es continua desde por la mañana hasta la noche.

Nota

Las palabras en inglés que usan los personajes cubanos están escritas fonéticamente para indicar el acento hispano de los personajes. Solo Peter, que ha sido criado en los Estados Unidos, y Nenita pronuncian el inglés correctamente.

PRIMER ACTO

Por la mañana temprano. Nenita entra en la cocina y se dirige hacia la estufa, coge la cafetera y la llena para hacer café. Nidia está sentada a la mesa escribiendo una carta.

NENITA. Buenos días. ¿Quieres café?
NIDIA. No, gracias, Neni. Todavía tengo.
NENITA. ¿Y por qué tan temprano?
NIDIA. Porque le debía una carta a tía Cuca.
NENITA. ¿Y qué le vas a contar, si ella es la gaceta oficial de Miami?
NIDIA. Ay, me estás haciendo perder el hilo, chica. Déjame concentrarme.
NENITA. Perdona... ¿Tú crees que va a nevar hoy? *(Va hacia la ventana y mira hacia afuera. Nidia no le contesta y continúa escribiendo).* Esta casa es tan tranquila cuando todo el mundo está durmiendo... A mí Aurelito a veces me saca de quicio, a la verdad. No en balde Lila siempre tiene migraña. Pobrecita... Ya el médico se lo dijo el otro día, que su problema es que cada vez que tiene un dilema, le da la migraña. Imagínate, la vida con nuestro hermano es un constante dilema. Yo hace tiempo que ya lo hubiera despachado. ¿Tú no crees? *(Nidia continúa escribiendo).* ¿Qué te pasa, no tienes ganas de hablar?
NIDIA. *(Sonriendo y escribiendo).* Mija, es que estoy tratando de acabar esta carta.

Nenita enciende la radio y se escucha a Donna Summers cantando «Last Dance».

NENITA. *(Cantando y bailando al compás de la música).* Let's dance, the last dance... tonight... let's dance... A mí Donna Summers me fascina. *(Cantando).* I need you... I need you... ¿A ti esta música no te vuelve loca? *(Nidia para de escribir, la mira y continúa escribiendo).* Es que los pies se me van solos cuando la oigo. *(Gritando).* All right...! En esta familia yo soy la única a quien le gusta la música americana. La música disco levanta el ánimo... ¿Tú no te aburres de todas esas canciones de la Cuba de ayer? *(Nidia no contesta).* ¿Para qué tanta nostalgia? Yo vivo en el presente, con muy pocos recuerdos del pasado... Pero a veces... es como una película. Una película a la cual le faltan pedazos, y de buenas a primeras, ¡chas!, salta y se para y se queda ahí la imagen, y yo digo: «¿Caballero, qué pasó con la película? Que me devuelvan mi dinero...». ¿Se me estarán olvidando las cosas? ¿Y me importa? Lo que importa es que estoy aquí, en Union City, en New Jersey, en los United States... Aquí... ¿Tú te recuerdas de cómo era la vida en Guanajay?

NIDIA. *(Riéndose, pero un poco molesta).* ¡Ay, Nenita!

NENITA. Vieja, «am sorry con excuse me». Tú sabes… es que yo… a veces me recuerdo un poquito… pero, son unos recuerdos vagos. Y la mayoría están conectados con cosas muy aburridas… un calor infernal, los hombres tomando en el bar de la esquina, las groserías que les decían a las mujeres… *(Pausa).* Bueno, esa fue una buena ojeada al pasado. Ahora, yo te digo a ti, Aurelito sí que no quiere enfrentarse a la realidad. Él como que ha tratado de tirar el telón a ese sainete cubano. ¿Tú te recuerdas todavía de las caras de tus compañeros del colegio?

NIDIA. *(Parando de escribir).* Nenita… ¿Te has dado cuenta de las veces que en esta casa se dice, «tú te recuerdas»?

NENITA. ¡Es tan común como leer el *Diario de las Américas*!

NIDIA. *(Mirando al cielo gris desde la ventana).* ¡Qué día tan lindo!

NENITA. ¿Por qué no sales? Explora.

NIDIA. Yo me siento más cómoda con el «tú te recuerdas» de Union City… Ya yo me estoy poniendo un poco vieja para andar explorando.

NENITA. Todos nos tenemos que ir algún día.

NIDIA. No. Yo no. ¿Cómo voy a abandonar a mi familia? Yo me doy el lujo de una vez por semana de montarme en la guagua número siete, con pasaje de ida y vuelta a Nueva York. Ida por la mañana y vuelta al caer la noche.

NENITA. ¿Y cómo van las cosas en el trabajo?

NIDIA. ¡Ay, muchacha, no me digas nada! ¿No sabes lo que pasó ayer?

NENITA. ¿Qué? Tú siempre dices que en tu oficina nunca pasa nada.

NIDIA. Bueno, sí, pero ayer pasó… Imagínate, cuando la oficina entera estaba en la fila del «cofi breik», uno de los muchachos que está entrenando en el «meil run» se paró frente a la muchacha que vende el café, se abrió la portañuela, se la sacó y se la enseñó a todo el mundo. No te puedes imaginar la algarabía que se armó.

NENITA. ¡No te creo! ¿Y qué pasó?

NIDIA. Bueno, en el medio de aquel furor, Estela, una de las contables, quien anda medio enamorada del muchacho, corrió hacia él, se le paró delante para taparlo, pero en eso llegó el supervisor… y los encontró en esa posición.

NENITA. ¡Ay, Dios mío! ¿Y entonces qué pasó?

NIDIA. Bueno, encerraron al muchacho en el baño hasta que la familia lo viniera a buscar. Qué cosa más triste. Los botaron a los dos.

NENITA. Pero ¿por qué? Ella nada más que trató de ayudarlo.

NIDIA. El supervisor dijo que ella no tenía por qué habérselo tapado.

NENITA. ¿Por qué tú crees que el muchacho hizo eso?

NIDIA. ¡Ay, hija, tú no sabes a lo que te puede llevar el aburrimiento! Te digo que a veces a mí me dan ganas de hacer lo mismo: quitarme la blusa en el medio de la oficina, pararme arriba del escritorio y dar un par de gritos… algo… no sé… ¡para saber que estoy viva, que no soy una máquina!

NENITA. ¿Por qué no empiezas a pintar de nuevo? Tanto talento que tienes.

NIDIA. ¿Y cuánto tú crees que yo ganaría pintando? Nada. Tú sabes que la familia depende de mi sueldo.

NENITA. Bueno, todos podríamos ponernos con algo hasta que te encamines.

NIDIA. El estudio fotográfico de Aurelito no deja ganancias. Además, él tiene su mujer y dos hijos. Con él no se puede contar. Tú también tienes tu propia familia. Y a la verdad, no sé cómo Peter y tú se las arreglan para pagar la hipoteca de esa casa.

NENITA. Nada fácil muchas veces, pero se va tirando.
NIDIA. De todos modos, gracias por el ofrecimiento.
NENITA. A la que le va de maravilla por la Florida es a la tía Cuca, ¿verdad?
NIDIA. Sí. Hay que tener ambición y ser gente de negocio. Nuestra rama de la familia no fue muy práctica que digamos. Ah, pero ellos sí, ahora son esclavos de otro amo, el cubaneo florideño.
NENITA. Sí, con mucha alfombra rosada «wall to wall», y a los niños no los dejan sentarse en el comedor.
NIDIA. Sí, tienen una casa enorme, pero viven en el «Florida run». Desayunan, almuerzan, ven la televisión y hasta duermen la siesta en el «Florida run». Y cada vez que ven el *show* de Rolandito Barral y sale la Blanquita Amaro bailando la última rumba despampanante del programa, se pasan el resto de la noche especulando qué edad tendrá y cómo todavía se gana la vida meneando el fondillo, con esa cara de ensoñación.

Entra Aurelito, acabado de levantar.

AURELITO. ¿Quién menea el fondillo?
NENITA. Blanquita Amaro, en el Florida Room de tía Cuca.
AURELITO. *(Como un anunciador).* All right, ¡ahora abróchense los cinturones! Con ustedes, damas y caballeros, «El Culo de Fuego» de Blanquita Amaro en el Florida Room.
NIDIA. ¡Ay, chico, no seas vulgar!
AURELITO. ¿Vulgar? ¿Yo?
NENITA. Tú y todos los cubanos. Ven un fondillo meneándose y caen en trance.
AURELITO. Nosotros los cubanos siempre hemos sido grandes admiradores del trasero femenino. Los americanos, hasta que no llegaron los comerciales de «blu yins», ni sabían que existían los fondillos. *(Se pone en pose de los comerciales y menea el fondillo).* «¡Oohhh la sasson!»
NIDIA. *(Riéndose con Nenita).* Ay, Aurelito, tú tienes cada cosa…

Entra Catalina secándose el pelo con una toalla.

CATALINA. ¿De qué se reían?
AURELITO. De la pasión que puede inspirar un culo bien meneado.
CATALINA. ¡Quita, grosero! No sé de dónde te viene a ti esa veta tan vulgar. Eso sí que no lo heredaste de tu padre. A él jamás se le oyó decir una mala palabra. Eso, igual que la compulsión por el trabajo, no lo heredaste de él.
AURELITO. No en balde ya se nos fue «a propulsión» por su «compulsión» de trabajar.
CATALINA. Debes de estar muy agradecido por lo que nos dejó.
AURELITO. ¿Qué? La casa hipotecada y una cuenta de ahorros en cero, cero, cero.
NIDIA. ¡Aurelito!
CATALINA. ¿Y qué tú esperabas de tu padre?
AURELITO. Aparentemente algo que él no podía dar.
CATALINA. Él dio lo más que pudo.
AURELITO. Pero mira que era tacaño, porque todo lo ahorraba: ropa, zapatos, dinero. No sé pa' qué.
NENITA. Yo quisiera saber por qué cada vez que hablamos de papá se tiene que formar una discusión.
NIDIA. *(A Nenita).* ¿Tú sabes por qué? Porque Aurelito no quiere reconocer los méritos que tenía papá. *(A Aurelito).* ¿A nosotros nos faltó algo en la mesa?

AURELITO. No… nunca nos faltó nada en la mesa.

CATALINA. ¿Y tú no crees que siempre esperaste mucho más de lo que tu padre podía dar?

AURELITO. ¿Tú crees?

CATALINA. Mi'jo, tú tienes que aceptar a tu padre por lo que fue… un hombre de familia, un proveedor, un trabajador abnegado. Dios sabe lo difícil que era tratar de sacarlo de su rutina.

NENITA. *(A Catalina).* ¿Dónde está el paquete de la mezcla del cake?

CATALINA. *(A Nenita).* ¿Para qué?

NENITA. Para hacer un cake.

CATALINA. *(A Aurelito).* Leandro nunca creyó que la semana tenía un domingo para descansar. *(A Nenita).* ¿Pero para qué vas a hacer un cake si tu abuela va a hacer un flan?

NENITA. Ay, mamá, el flan no pega con el pavo.

CATALINA. Trata de convencer a tu abuela. *(Saca la caja de un gabinete y se la da a Nenita, quien empieza a mezclar los ingredientes. A Aurelito).* Tu padre adoraba su trabajo. Estoy segura que tú no sabes que él inventó un nuevo estilo de muebles. *(Sonríe).* Él lo bautizó «Cubanesa», porque eran combinación cubana y danesa. *(Pausa).* Sí señor, ese hombre estaba casado con su mueblería… ¡Cómo la quería! ¿Y tú sabes que yo lo tuve que forzar a irnos de vacaciones en 1956? Esas fueron las primeras vacaciones que tuvo en su vida. ¿Tú te imaginas a tu mamá en Nueva York? Fue en octubre. Nos quedamos en casa de mi amiga Natalia, en «Wachinton Jait». En aquella época era todo de cubanos… *(Pausa).* Dicen que los dominicanos lo han invadido.

AURELITO. Sí, seguimos perdiendo territorio.

NENITA. *(Poniendo el cake en el molde. A Catalina).* ¿Y tú hablabas inglés?

CATALINA. ¡No, qué va, si me dio una vergüenza con Leandro!

NENITA. ¿Por qué?

CATALINA. Porque él había estado pagando las clases de inglés con aquel jamaiquino que vivía en Guanajay. A él yo lo entendía, pero cuando llegué aquí, ni papa, como si me estuvieran hablando en chino… Y con el dinero que tu padre había invertido.

AURELITO. Ya ves, siempre el dinero.

NENITA. ¡Por Dios, Aurelito!

CATALINA. Pero él a veces tenía sus gestos. Una vez me quiso dar una sorpresa y me sacó a bailar. Me llevó a «Manjatan», al «Roslan».

AURELITO. ¡Bingo!

NENITA. ¡Chico!

CATALINA. A él le gustaba mucho la música suave…

AURELITO. Qué raro… yo nunca los vi a ustedes bailar.

CATALINA. *(Nerviosa).* Pues sí, fíjate que sí, que sí bailamos. *(Larga pausa).* Yo me recuerdo de una cancioncita muy popular en aquella época… lo que no me recuerdo es el título. Sé que la cantaban dos muchachitas en el radio… la letra era algo como: *(Cantando).*
Oh, honey I know
You belong to somebody else
But tonight
You belong to me.
(Va a la estufa, coge la cafetera y se sirve café). Tú ves, Aurelito, qué poco conocías a tu padre.

AURELITO. En eso estamos de acuerdo. Yo nunca lo conocí. Además, él a mí nunca me dio el chance de podérmele acercar.

CATALINA. Tu padre los quiso a todos por igual. Yo no sé por qué siempre te quejas.
AURELITO. Será que yo soy un inconforme.
NIDIA. ¡Tú nunca trataste de ganártelo!
AURELITO. Mira quién habla… para ti era fácil. Siempre fuiste la niña de sus ojos.
NIDIA. ¡Eso no es verdad!
NENITA. Deja eso, Aurelito. Mira, ¿por qué no coges el carro y nos llevas a Peter y a mí a comprar el vino para la comida?
AURELITO. Está bien. Ahora, me tienes que prometer que no vas a comprar la misma porquería del año pasado, porque el dolor de cabeza que me dio ese alcohol de reverbero me duró casi dos días.
NENITA. Pues no sé cómo, tú ni siquiera lo probaste. *(A Nidia)*. ¿Vienes, Nidia?
NIDIA. No, gracias. Voy a sacar a Tony a dar una vueltecita. Nos vemos luego.
NENITA. Bueno, que se diviertan. Nos vemos horita.

Nenita y Aurelito salen. Nidia va a la mesa, cierra la carta que estaba escribiendo y le pone el sello al sobre.

CATALINA. ¿A quién le escribiste?
NIDIA. A tía Cuca.
CATALINA. ¿Le mandaste mis recuerdos?
NIDIA. Sí…
CATALINA. ¿Y le dijiste que le escribiré cuando me mejore de la artritis?
NIDIA. *(Levantándose)*. Ay, mamá, ya cerré el sobre.
CATALINA. *(Se levanta y va al fogón)*. Ohh…
NIDIA. Mamá, voy a ir a echar la carta y darle un paseíto a Tony, ¿ok?
CATALINA. Está bien, pero ponle el «jaque» de lana gris, porque a mí me luce que va a nevar. No se demoren. Ahh… y de paso trae las habichuelas.
NIDIA. Está bien. Vengo dentro de un ratico. *(Sale)*.

Aleida entra arrastrando un poco una pierna. Se para un momento para observar a Catalina secarse una lágrima con el paño de cocina.

ALEIDA. Niña, ¿pero por qué no lavas las cebollas en agua fría primero?
CATALINA. *(Con lágrimas corriéndole por las mejillas)*. ¿Así no lloro?
ALEIDA. Claro que no. Eso era lo que hacía mi madre en España.
CATALINA. Sí, pero eso a lo mejor nada más sirve para las cebollas españolas. Estas son cebollas americanas.
ALEIDA. *(Mirando las cebollas)*. Y son tan chiquiticas también… parecen rábanos.
CATALINA. Ay, vieja, qué ocurrencias. ¿Tú te acuerdas de las que cosechábamos en el patio allá en Cuba? Esas sí eran cebollas… tan grandes… tan lindas.
ALEIDA. Y sabían mucho mejor también. ¿Y qué me dices de los tomates? ¿Te recuerdas de aquellos tomates rojos, rozagantes, que se daban en el patio? Qué rico sabían… ¡Yo la verdad que no me explico qué es lo que tiene la tierra de Union City, porque los de aquí a mí me saben a aserrín!
CATALINA. ¡Ay, mamá! No seas exagerada, que no saben tan mal.
ALEIDA. Debe ser la contaminación, o el agua… porque en los paqueticos donde vienen las semillas, uno ve esa foto de un tomate tan rojo, perfecto, grande, y cuando crecen… nada. Pero bueno, qué se le va a hacer.

CATALINA. ¿Y cómo te sientes de la pierna?
ALEIDA. Más o menos igual.
CATALINA. ¿Y la pomada nueva, te ha asentado?
ALEIDA. Yo creo que lo que hace es irritarme más.
CATALINA. Eso mismo dijiste de la otra.
ALEIDA. Es que ya yo no le tengo ninguna fe al doctor Estévez.
CATALINA. Pero él es muy buen médico, y tú sabes que él trabajó en esa clínica famosa de los Hermanos Mayo. *(Le da una taza de café a Aleida).*
ALEIDA. ¿Y qué? El caso es que la pomada que me dio me irrita la piel. Y yo no sé, pero a mí me parece raro cuando un médico no se alarma por las enfermedades de sus pacientes.
CATALINA. Ay, mamá... pero él es un doctor con muchos pacientes y no se puede estar preocupando por las enfermedades de cada uno.
ALEIDA. *(Comienza a quitarse la venda).* Esa es la tristeza de este país. ¡Nadie se quiere preocupar por el prójimo! Pero tú sabes... hoy me siento la pierna peor. Debe de ser la temperatura.
CATALINA. Déjame traerte la pomada.
ALEIDA. No, no me la traigas. Ya te dije que me irrita.
CATALINA. Pero, vieja, la has cogido con el doctor Estévez.
ALEIDA. Está bien, mija. Trae la pomada.

Sale Catalina. Aleida se levanta y va al fregadero a lavarse las manos.

CATALINA. Vieja, siéntate ya. Yo creo que por eso tú tienes la pierna como la tienes. Siempre te estás moviendo de un lado pa'l otro, en vez de estar sentada como te dijo el médico. *(Le da la pomada y la venda a Aleida).*
ALEIDA. *(Poniéndose la pomada).* Ay, Señor... esta pomada va a ser mi perdición. Ay, Catalina, alcánzame el abanico, rápido, mija... ¡Padre mío, cómo arde esto!
CATALINA. *(Abanicando a Aleida).* Deja ver... bueno, te irritará, pero se te ve mucho mejor. Yo creo que con unas cuantas embadurnadas más y ya va a estar curada.
ALEIDA. Una embadurnada más y creo que me van a tener que amputar la pierna.
CATALINA. No seas exagerada, mamá, si ya ni siquiera te sangra.
ALEIDA. ¿Tú te recuerdas de aquel día que Tony, sin querer, chocó aquella carretilla contra mi pierna?
CATALINA. Sí.
ALEIDA. Ese día, por primera vez, yo empecé a sospechar que no estaba muy bien. *(Se empieza a vendar la pierna).*
CATALINA. Quién lo iba a decir.
ALEIDA. Él se puso tan pálido cuando vio la sangre.
CATALINA. Sí... pero eso fue una reacción normal.
ALEIDA. No, mija, no de la forma que él se puso. Casi le dieron convulsiones. ¿Y tú no te acuerdas la primera vez que lo descubrimos durmiendo con los ojos abiertos?
CATALINA. *(Cambiando el tema).* Tengo que tapar el pavo, porque si no se reseca, y no hay nada más desagradable que un pavo reseco.
ALEIDA. Catalina, cuando termines, hazme el favor y alcánzame el tejido.
CATALINA. Mamá, yo no sé por qué tú sigues tejiendo. Tú sabes muy bien que eso te afecta las cataratas. *(Le da a Aleida el tejido).*

ALEIDA. Mija, si yo ni tengo que mirar el hilo cuando tejo. A veces me duermo y cuando me despierto tengo otra aplicación terminada.
CATALINA. Hmmm…
ALEIDA. ¡Hmmm… nada! Yo estaré vieja, pero no esclerótica. Y entre nosotras, Catalina, ¿tú no crees que ya es hora de que Nidia se consiga novio?
CATALINA. Pero, mamá, si ella nada más que tiene treinta y seis años.
ALEIDA. Óyeme, yo a su edad ya había tenido siete hijos.
CATALINA. Sí, pero eso era otra época. Las cosas han cambiado.
ALEIDA. Hay cosas que nunca cambian. Además, si ella por lo menos saliera a bailar. Pero yo a ella nunca la he visto con un novio.
CATALINA. Pero ¿y tú no te recuerdas de Elpidio?
ALEIDA. Hija, eso fue hace como veinte años, ¿no?
CATALINA. Ay, él era tan fino. Fíjate que un Día de las Madres se apareció con un juego de vasos con su jarra, que venían en una cestita de metal, y me los había traído de regalo.
ALEIDA. Ahí no había ningún porvenir. Un dependiente de farmacia no es un hombre con porvenir.
CATALINA. La farmacia de Basilio Narváez era la mejor de Guanajay.
ALEIDA. Catalina, en Guanajay nada más que había dos farmacias. Además, eso ya no importa, si total, Elpidio se murió de un infarto.
CATALINA. Ave María… pero, ¿dónde tú oíste eso?
ALEIDA. Yo todavía me carteo con algunas de mis amistades en Cuba.
CATALINA. Mamá, tú a veces me sorprendes. Yo me acuerdo de las caras, pero los nombres… se me olvidan.
ALEIDA. Y te seguirás olvidando más y más. Es como si toda la familia estuviera tratando de olvidar. Yo no trato de olvidar. Yo lloro cada vez que no me acuerdo…
CATALINA. Mamá, esta mesa se tambalea.
ALEIDA. Yo estoy convencida de que en esta casa no hay nada que esté derecho. Dile a Aurelito que te la arregle.
CATALINA. Aurelito fue a llevar a Nenita y a Peter a comprar vino.
ALEIDA. Díselo a Nidia entonces. Ella es tan buena carpintera. No en balde su padre la consideraba su mano derecha, y a la verdad que lo era. No había un carpintero en aquella mueblería que le hiciera sombra.
CATALINA. Y está casi de paquete todavía.
ALEIDA. Eso te enseñará, mijita, a no comprarle más nunca nada a los Hermanos Rodríguez. Uno nada más debe de comprar en tiendas establecidas y con garantía, como «Castro Convertible».
CATALINA. Ay, pero ahí venden unos muebles tan «picúos». ¿En dónde estará la caja de herramientas?
ALEIDA. Me preguntas a mí… ¡cuando tú sabes muy bien que en esta casa nunca se puede encontrar nada cuando se necesita!
CATALINA. Ay, mamá… *(Buscando en uno de los gabinetes).* Aquí está… *(Abre la caja de herramientas y saca el martillo).* Deja ver… *(Poniendo una puntilla a la pata de la mesa).* ¡Yo quisiera saber por qué todos los hombres en esta familia salieron tan inútiles!
ALEIDA. Porque nosotras somos unas mujeres muy fuertes, por eso.
CATALINA. *(Dándole el último martillazo).* Ya… ahí. No creo que se tambalee más.
ALEIDA. *(Pone el tejido arriba de la mesa, se dirige a uno de los gabinetes y saca un tazón).* Ay… se me durmió una pierna. Me siento como un automóvil del que se han olvidado dónde lo

dejaron parqueado. *(Va al refrigerador y saca una caja de huevos y un litro de leche, luego sigue mirando en uno de los gabinetes).*
CATALINA. Mamá, pero siéntate, estás que… ¿A ver, qué estás buscando?
ALEIDA. *(Pone el tazón, los huevos y la leche sobre la mesa para hacer el flan).* La vainilla, mijita.
CATALINA. Pero, mamá, ¿por qué tú insistes en hacer un flan? El flan no pega con el pavo.
ALEIDA. ¿Quién dice? ¡El flan pega con todo!
CATALINA. *(Buscando la vainilla).* Tú siempre nos obligas a comer tu flan. Lo que pega con el pavo es el «pay» de calabaza.
ALEIDA. *(Batiendo los huevos).* Pero el flan es mucho más sabroso.

Entra Nidia y va y le da un beso a Aleida.

NIDIA. *(Pone los comestibles sobre la mesa).* Buenos días… ¿y por qué en pie tan temprano?
ALEIDA. Yo recuerdo que tu abuelo siempre decía que «la vida no se debe desperdiciar durmiendo».
CATALINA. ¿Y dónde está tu hermano Tony?
NIDIA. *(Desde el pasillo, donde fue a colgar su abrigo).* En su cuarto. Él se pone tan contento cuando uno lo saca a pasear.
CATALINA. *(Le da una taza de café).* ¿Y se puso los zapatos nuevos?
NIDIA. ¿Qué zapatos?
CATALINA. Pero, Nidia, ¿tú no saliste ayer a comprarle unos zapatos nuevos?
NIDIA. *(Entrando a la cocina de nuevo).* Sí. Pero no los pude comprar.
CATALINA. Ay, Nidia, ¿y entonces él se va a poner esos zapatos viejos esta noche para la comida?
NIDIA. Bueno, tú tendrás que salir a comprárselos porque él no quiere «zapatos», lo que él quiere es un par de botas blancas.
CATALINA. ¿Botas blancas?
NIDIA. Sí. ¡Botas blancas!
CATALINA. ¿En medio del invierno?
NIDIA. Sí, ¡en medio del invierno!
CATALINA. ¡Pero eso es una locura!
NIDIA. Me lo dices…
ALEIDA. Ese niño tiene una memoria de elefante.
NIDIA. ¿Por qué, abuela?
ALEIDA. Porque cuando tu papá le compraba las boticas cuando era niño, siempre se las compraba blancas y una talla más grande, para que le sirvieran cuando creciera.
CATALINA. Ay, mamá…
ALEIDA. Ese marido tuyo tenía un corazón de oro… ¡pero qué tacaño era!
NIDIA. *(Ayudando a Catalina con las cosas de la ensalada).* Papá no ahorraba para él. Él logró fabricar cinco casas, una para mamá y una para cada uno de sus hijos. Eso fue un gran sacrificio.
CATALINA. Pues Fidel debe de estar muy agradecido con la contribución que tu padre le dejó a la Revolución.
NIDIA. ¡No empieces, mamá! ¿Tú no te recuerdas de lo que hablamos anoche? Tenemos que dejar de hablar de la Revolución. Ya es hora de que empecemos a vivir en el presente.
ALEIDA. Y me puedes decir, ¿qué encanto tiene el presente?
NIDIA. ¡Y dale con el cántaro a la fuente! Tú hubieras preferido quedarte, ¿no?

ALEIDA. ¿Y qué alternativa tenía yo? Toda la familia decidió irse y a mí me arrastraron. Nadie me pidió mi opinión.

NIDIA. Bueno, pues vamos a pedirte tu opinión ahora.

ALEIDA. Ahora… no, mijita, ya es demasiado tarde.

CATALINA. ¡Caballero! ¡Pero basta! *(Prepara un vaso de jugo de naranja).* Déjame llevarle este juguito a Ileana. Ya debe estar despierta. *(Sale).*

NIDIA. *(Mirando el tazón de Aleida).* ¿Haciendo flan otra vez, humm?

ALEIDA. Así es. *(Melosamente).* Y tú, linda, ¿me harías el favorcito de hacerme el caramelo?

NIDIA. *(Saca el molde, le echa azúcar y lo pone sobre la estufa).* Está bien.

ALEIDA. El olor del caramelo y el olor de plumas de pollo quemadas son mis olores favoritos. Caramelo y plumas quemadas.

NIDIA. *(Pausa. Mirando por la ventana).* La ropa en la tendedera está congelada.

Aleida coge el tejido de nuevo, pero se empieza a dormir sin parar de tejer. Nidia va hacia la mesa, coge el tazón y lo pone al lado del molde con caramelo. Luego coge otra taza con los String Beans y se sienta.

NIDIA. La ropa congelada me recuerda mi primer invierno aquí. La primera vez que tendí la ropa en el patio, pensé que se había secado enseguida. Cuando la entré del patio la puse sobre el radiador, y en cinco minutos estaba empapada de nuevo. ¡Qué decepción! Fue mi primer invierno. Yo me creía que el aire frío de América secaba la ropa en el acto. ¿Abuela? *(Mirando por la ventana).* ¿Por qué será que la ropa blanca se pone tan amarilla? Debe ser la falta de sol. Las sábanas… ¿no eran más blancas en Guanajay? ¿Tú no te acuerdas las peleas entre papá y Clotilde, la lavandera? Siempre trataba de cobrarle de más por el lavado, para poder completar el alquiler que ella le debía. La pobre… tenía las manos siempre tan rojas de restregar nuestra ropa… pero era tan rico en el verano acostarse en aquellas sábanas tan blancas y olorosas. Era como flotar en un mar de espuma. ¿Qué se habrá hecho de Clotilde? ¿Abuela?

ALEIDA. *(Sigue durmiendo).* Hmmmmmmzzzzzz.

NIDIA. Tony se está mejorando. Ayer, cuando fuimos a comprar los zapatos, frente a la tienda pasó una señora con un niñito en el coche… al niño se le cayó la maruga. Tony la vio y la recogió. Era una de esas marugas que toca una musiquita y el pobrecito se fascinó con ella. Yo me puse nerviosa, porque me pareció que no se la iba a devolver. Pero la señora se dio cuenta y muy amablemente le dijo que se quedara con el juguete. Y tú puedes creer, abuela, que él la miró, le dijo «gracias» y le devolvió la maruga al bebito. Tony se quedó repitiendo: música… tenía música.

Entra Catalina con un mantel bordado. Aleida sigue durmiendo.

CATALINA. Estos bordados están perdiendo todo el color.

NIDIA. Eso ni se nota después que se planche.

CATALINA. *(Saca la tabla de planchar y la abre, tratando de no hacer ruido para no despertar a Aleida).* ¡Mira a mamá, qué dicha! Yo no pude pegar los ojos en toda la noche.

NIDIA. ¿Estás preocupada por algo?

CATALINA. *(Saca la plancha del clóset y va al fregadero para llenarla de agua, luego va y la conecta al enchufe).* Necesito que me repitan la receta.

NIDIA. ¿Pero para qué tú necesitas más pastillas, si tú no estás tan enferma?
CATALINA. Ay, mijita, tú no sabes lo que es la artritis. *(Pone el mantel sobre la tabla)*.
NIDIA. Yo no tengo tiempo para la artritis.
CATALINA. ¡Eres igual a tu padre! Él nunca se quejó de nada. Pero el día que se enfermó… bueno… se nos fue de las manos. *(Maniobrando el peso de la plancha)*. ¿Por qué las planchas tendrán que pesar tanto, Dios mío?
NIDIA. Deja… Entonces yo lo plancho.

Entra Tony y se sienta.

ALEIDA. *(Que se ha despertado)*. ¿Qué dice el más bello de mis nietos?
NIDIA. Tú tienes que empezar a ver las cosas más positivamente. *(Comienza a planchar)*. Las enfermedades todas están en la mente.
CATALINA. *(Va a la mesa y continúa limpiando los String Beans)*. Es que yo creo que yo no nací para ser ama de casa y tener una familia. Ay, Nidia, cuando di a luz a Nenita, pensé que me iba a morir. Ay, mija, yo no sé qué me hubiera hecho sin ti.
NIDIA. Te las hubieras arreglado.
CATALINA. ¿Y cómo? ¿Quién la hubiera cuidado si ella fue una criatura tan enfermiza?
NIDIA. Nenita es ya una mujer hecha y derecha, y no hay por qué ocuparse de ella. Además yo creo que todos ustedes se las podrían bandear muy bien sin mí.
CATALINA. No, mi cielo, esta casa sería como nave sin rumbo.
NIDIA. No debería ser así. Algún día tendré que irme.
CATALINA. Seguro… cuando encuentres un buen hombre.
NIDIA. *(Dobla el mantel y plancha las servilletas)*. Si algún día me dan una promoción en la oficina, me podría mudar para Nueva York.
CATALINA. ¿Tú sola? ¿Con los peligros que hay allí? Además, los alquileres son muy caros.
NIDIA. Pero podría compartir un apartamento. Sara vive en uno grandísimo y yo podría ayudar con los gastos.
CATALINA. Pero, Nidia, ¿qué tiene esta casa de malo? Bueno, quizás con unos arreglitos y un poquito de pintura… pero está en un sitio tan conveniente. Ay, no, Nidia, yo sé que si te mudas vas a extrañar a Union City.
NIDIA. *(Sarcástica)*. ¿Qué te apuestas?
CATALINA. Aquí la gente es más amistosa. Como es natural, no tiene la elegancia de Nueva York, pero el ambiente es lo más parecido que tenemos a Cuba.
NIDIA. A mí las sustituciones nunca me han gustado.
CATALINA. ¡Ay, mira que tú eres realista!
NIDIA. ¿Qué tú quieres? Toda mi vida me la he pasado enfrentándome a la realidad.
CATALINA. Yo siento tanto no haberte podido ayudar más, pero la mayor parte de mi vida de casada yo me la pasé enferma. Cuando yo era joven, tenía tanta energía, tantas ilusiones. Luego conocí a tu padre y…
NIDIA. *(Cerrando la tabla de planchar)*. ¡Mamá! *(Va a un estante y saca un frasco de pastillas, llena después un vaso de agua y lleva ambos a Tony. A Tony)*. No te pudiste dormir, ¿eh, Tony? *(Tony no contesta. Aleida mira a Nidia y, en complicidad, mueven la cabeza)*.
CATALINA. *(Se para y pone el tazón de los String Beans en la falda de Tony)*. ¿Me quieres ayudar? *(Tony no reacciona. Catalina le pone las manos en el hombro. Tony suavemente, pero con firmeza, se las quita)*. Voy a subir a tender las camas. *(Sale)*.

AURELITO. *(Entrando a la cocina)*. ¿Y por qué esa cara de velorio? ¿Se murió alguien?
ALEIDA. En esta familia nadie se muere sin previo aviso.
NIDIA. Exactamente. El resto de la familia no lo permitiría.
ALEIDA. ¡Somos una familia muy unida!
AURELITO. *(Cogiendo una cerveza del refrigerador)*. Sí, tan unida que nos estamos asfixiando. *(A Tony)*. Hey, Tony, «was hapenin, beibi»? *(Tony no contesta, pero lo mira con ternura)*. ¿Te desvelaste, eh?
NIDIA. ¿Y Nenita y Peter?
AURELITO. Los dejé en la «licor estor». Si tú hubieras visto a Peter tratando de hablar español con el dueño.
ALEIDA. Tú te imaginas lo que es ser hijo de puertorriqueños y no hablar el castellano…
NIDIA. Abuela, pero Peter nació en la ciento dieciséis en «Manjatan».
ALEIDA. Yo espero que no hagan el mismo disparate con Ileana y le enseñen a hablar español.
AURELITO. No os preocupéis, vuestra familia nunca permitirá que vuestros nietos olviden la ilustre herencia cultural que les habéis legado. ¡Es como una maldición gitana!
NIDIA. *(Riéndose)*. ¡Qué cosas tienes, Aurelito!
ALEIDA. *(A Aurelito)*. No en balde tu padre por poco te mata cuando eras chiquito. ¡Cómo pegaba ese hombre! ¿Tú te acuerdas del día que te cayó a correazos con las riendas?
AURELITO. *(Poniéndose serio)*. Sí. ¡Pegaba duro! Yo creo que si tú no te hubieras metido por el medio aquel día, yo no estaría aquí para hacer el cuento. Tú siempre fuiste la única que me defendía. *(Se sienta y le pregunta a Tony)*. ¿Quieres una cerveza?
NIDIA. No. No le des… se acaba de tomar las pastillas.
AURELITO. *(Mirando a Tony con gran ternura)*. Un Adonis. Era bello como una estatua. ¿Te recuerdas, Nidia, cuando él nos llevaba a la matiné del cine Menelao Mora? Todos se viraban a mirarlo… Es que no había un artista de cine que le llegara a la suela del zapato. ¡Coño! ¿De dónde sacaría tanta hermosura?
NIDIA. Las muchachitas del pueblo se hacían que iban a comprar muebles, pero aquello no era más que un paripé para ver a Tony.
ALEIDA. Él tenía de dónde escoger. ¡Pero no! Tuvo que casarse con Adelina.
NIDIA. ¡Abuela! Adelina no tuvo la culpa. *(Pone el flan en el horno)*.
ALEIDA. Yo sabía cosas que tú no sabías.
AURELITO. ¿Qué cosas?
ALEIDA. *(Cambiando de tema)*. Yo sé lo que digo. ¿Y tu mujer, dónde está?
AURELITO. En la casa con migraña.
NIDIA. ¿De nuevo?
AURELITO. No, de nuevo no. Yo creo que ella nació con migraña.
ALEIDA. Ella es una santa.
AURELITO. Sí, yo lo sé.
ALEIDA. Y tan pulcra.
AURELITO. ¡Antiséptica! Debería haber estudiado para enfermera.
ALEIDA. ¡Aurelito!

Entra Peter cargando dos bolsas. Su entrada es como la de un ángel. Peter es un ser feliz, honesto y saludable. Pone las bolsas sobre la mesa, se dirige a Aleida y le da un beso.

PETER. ¿Y qué dice la abuelita más chula de Union City?

ALEIDA. Gracias por el cumplido en nombre de las únicas cuatro abuelas cubanas que quedamos en Union City.
PETER. *(Riéndose, va hacia Nidia y le da un abrazo)*. Nidia, te tengo conseguido un «date» para ti.
NIDIA. ¿Con un neuyorican?
PETER. Con un tipo bien chévere.
NIDIA. Olvídate. El cupo de neuyoricans en esta casa está lleno.
PETER. ¿Y tú no quieres que un pueltorriqueño te endulce tu vida?
ALEIDA. *(A Peter)*. Diste en el clavo, Peter. Sangre nueva es lo que esta familia necesita… una transfusión tropical… algo.
AURELITO. Oye, Peter, ¿qué te parece si echamos una partidita de dominó?
NIDIA. No, mamá necesita la mesa para preparar la comida.
AURELITO. Está bien, yo saco la otra mesita. *(Sale a buscar la mesa)*.

Peter comienza a preparar un par de tragos.

ALEIDA. Mira que ese muchacho es testarudo… pero tiene un corazón de oro.
NIDIA. *(A Peter)*. ¿Y qué tal anda el trabajo?
PETER. The same miserable bochinche… pero peor. La semana pasada, me dieron el caso de un tecato de dieciséis años que sacó preñá a la novia, que tiene catorce años. El muchacho me prometió que se iba a meter en el programa de rehabilitación si alguien se encargaba de la novia y el nene hasta que él se curara. Los padres de él también son tecatos y los de ella «alcoholics», pero el «pay» abandonó a la «may» hace tiempo ya. Anyway, el programa de «welfare» está lleno de casos como este y a mí nadie me quiere escuchar cuando yo trato de ayudar a uno de estos casos. Y peor polque yo le di mi palabra al muchacho que yo me iba a ocupar de la mujer y el nene y conseguirle un apaltamento temporero hasta que él regresara. Y nada, no he podido resolver nada. It's very frustrating, cada vez que uno se encuentra estos casos. Anyway, lo único bueno que yo le he sacado al trabajo social es que me encontré con tu hermana, porque el resto no está en na.
ALEIDA. Ustedes dos escogieron una carrera tan deprimente.
NIDIA. *(A Peter)*. Los dos deben de estar orgullosos de la labor que hacen.
PETER. Si tú lo dices.
ALEIDA. ¿Y por qué ustedes no cambian de carreras y escogen algo más… agradable?
PETER. ¿Como qué?
ALEIDA. Podrían empezar su propio negocio, algo así como una mueblería.
NIDIA. Seguro. Sigan la tradición familiar y siéntense a esperar.
ALEIDA. Si no hubiera sido por la Revolución, el negocio de tu padre lo hubiera llevado muy lejos.
NIDIA. Sí, pero adonde lo llevó fue a un timbiriche de muebles en «Bergenlain». *(A Peter)*. Pobre papá, él tenía su orgullo y nunca pudo aceptar la triste realidad de que a su edad tuvo que empezar de nuevo. Papá dejó la vida en cada mueble de aquella tienda… ¡un suicidio a plazos!

Entra Aurelito con la mesita.

AURELITO. *(Como en un funeral)*. Estimados amigos, estamos aquí hoy reunidos para despedir al que en vida fuera…
ALEIDA. ¡Aurelito!

AURELITO. *(Abre la mesita y le pregunta a Nidia)*. ¿Dónde están los dominós?
NIDIA. En el mismo sitio en donde han estado los últimos dieciocho años.

Aurelito se arrodilla frente al fregadero y del gabinete empieza a sacar botellas y cosas, hasta encontrar una caja de madera polvorienta.

AURELITO. *(Sacudiendo el polvo en dirección a Nidia)*. ¡Mira pa'llá!
NIDIA. Contra, chico, tú sabes que soy alérgica al polvo.
AURELITO. *(Limpiando la caja con un paño de cocina)*. ¡Tú lo que eres es alérgica a otra cosa!
NIDIA. *(Le arranca el paño de la mano)*. ¡Por favor, usa una toalla de papel!
AURELITO. *(Arrancando una toalla del «dispenser», se vira hacia Nidia)*. ¿Y Sara, viene hoy?
NIDIA. Seguro que sí.
PETER. *(Ayudando a sacar los dominós de la caja)*. Sin Sara no sería «Thanksgiving».
AURELITO. *(A Peter)*. ¡Seguro! Sara es tan indispensable como el pavo. *(A Nidia)*. Ella ya lleva compartiendo esta fiesta con nosotros hace muchos años, ¿verdad?
NIDIA. Para ser exacta, desde 1974.
AURELITO. ¡Coño! ¡Qué memoria!
NIDIA. Me recuerdo perfectamente porque ese fue el año que Tina dio la fiesta para inaugurar la nueva casa.
AURELITO. *(Poniendo los dominós en orden en frente de él)*. Ah... ¿y ella tiene novio?
NIDIA. ¿Quién? ¿Sara?
AURELITO. No, yo sé que Sara no tiene novio... digo Tina.
NIDIA. No.
AURELITO. Oh...
PETER. *(A Aurelito)*. A vel quién tiene el doble nueve.
AURELITO. Tú sabes que yo siempre te gano. *(A Nidia)*. ¿Y ella viene sola?
NIDIA. ¿Quién?
PETER. *(A Aurelito)*. Mira, man, haz la movida. ¿Qué te pasa?
AURELITO. *(A Nidia)*. Sara. *(A Peter)*. ¿Qué apuro tú tienes, viejo?
PETER. No, pero quiero empezar a jugar ya. C'mon, play.
NIDIA. *(A Aurelito)*. Sí, ella viene sola. *(Aurelito tira el doble nueve en la mesa. El juego comienza. Nidia saca nueces de un paquete y las pone en un plato. Mira de reojo a Aurelito. Le dice a Aleida)*. Abuela, ¿escuchaste las noticias?
ALEIDA. Se me pasaron. Me perdí a Eusebio Valls. Ese hombre da las noticias espeluznantes con una voz tan melodiosa, que da gusto oírlo.
PETER. Mire, Doña, pues no se perdió nada. El Lone Ranger sigue coltando anti poverty programs. Los ricos se hacen más ricos y los pobres se van pa'l diablo y más na'. ¿Y tu negocio, Aurelito, qué tal va?
AURELITO. De mal en peor. Ya a la gente no le interesa tomarse fotos de estudio.
PETER. ¿Ni siquiera a las quinceañeras?
AURELITO. No, es que los cubanos se metieron en un montón de deudas tratando de sacar a los familiares por el Mariel.
ALEIDA. *(A Aurelito)*. A mí me contaron de una familia que se gastó catorce mil dólares en un bote, y cuando llegaron a Cuba Fidel nada más que les dejó sacar a un familiar.
PETER. ¡Diablos! ¿Y Fidel estaba ahí en persona, contando parientes?

AURELITO. *(Bruscamente).* Sí, Fidel, él fue el responsable. Llenó esos botes con toda la metralla que había que botar de allá… maricones, putas, ladrones y locos.
TONY. *(A Aleida).* Abuela… música.

Todos paran lo que están haciendo y miran a Tony. Luego, lentamente prosiguen como si nada hubiera pasado.

ALEIDA. *(A Tony, mientras se levanta lentamente).* Sí, mi cielo. Yo te pongo el tocadiscos. *(Sale).*
VOZ DEL CANTANTE.
    Ausencia quiere decir olvido,
    decir tinieblas, decir jamás.
NIDIA. *(A Tony).* ¿Te sientes mejor? *(Tony no contesta).*
VOZ DEL CANTANTE.
    Las aves suelen volver al nido
    pero las almas que se han querido
    cuando se alejan no vuelven más.
CATALINA. *(De afuera).* ¡Vieja, quita ese disco que está rayado! *(Entra a la cocina, va directamente a Peter y le da un beso).* ¿Qué pasa, mi hijo?
PETER. Aquí, doña Catalina. Tratando de ganarle esta paltidita a su hijo.
CATALINA. Tú tienes la ventaja, porque él no es muy buen jugador.
AURELITO. Y a mí, doña Catalina, ¿no me da besitos?

Catalina se para detrás de Tony y le pasa la mano por el pelo. Tony, gentilmente, se la quita.

CATALINA. *(A Aurelito).* Tú no te mereces besos ningunos.
AURELITO. *(Cantando).*
    Y dile a Catalina que se compre un guayo
    que la yuca se me está pasando…
CATALINA. *(Riéndose).* Oye, más respeto con tu madre. ¿Y Lila no va a venir?
AURELITO. No. Se quedó en la casa con los muchachos. Tiene migraña.
CATALINA. ¿Otra migraña?
AURELITO. No, la misma de siempre.

Entra Nenita, cargando una caja cerrada con gran cantidad de scotch tape.

NENITA. *(A Catalina).* Abuela me dijo que bajara esta caja. Yo no entiendo por qué tanto aspaviento con esta comida.
CATALINA. No son aspavientos, mijita, es una necesidad. No tenemos suficientes cucharas.
NENITA. Podemos usar las plásticas.
CATALINA. Ten cuidado no te oiga tu abuela.
NENITA. ¿Por qué?
CATALINA. Ella jamás permitiría que su flan fuera tocado por una cuchara plástica.
NENITA. *(Tratando de abrir la caja).* Pero, Dios mío, ¿quién empaquetó esta caja?
CATALINA. Tu abuela… ¿Qué pasa?
NENITA. Nada, que voy a tener que dinamitarla.

CATALINA. Ella la empaquetó así después de tu boda, hasta que se usara otra vez para la boda de Nidia.
AURELITO. La boda de Nidia, ¡ja! *(A Nidia)*. A ver, mi hermana, ¿cuándo vas a conseguir un macho?
NIDIA. *(Poniendo los String Beans en un cacharro de agua)*. Yo estoy perfectamente bien sola. El día que yo necesite un marido, me buscaré uno que no me haga la vida imposible, como tú se la has hecho a Lila.
AURELITO. Todavía no me ha dejado.
NIDIA. Hay muchas mujeres que se «empantanan».
NENITA. ¡Exactamente! Prefieren tener migrañas en vez de deshacerse de sus maridos.
AURELITO. Claro, claro.
CATALINA. Coge este cuchillo y abre la caja, mija. No le prestes atención a ese bobo.
NENITA. Mami, ¿tú te recuerdas de mi boda?
CATALINA. Cómo no me voy a recordar.
NENITA. ¿Y de mi traje de novia?
CATALINA. Si era un sueño. Esa Maruca tenía unas manos... El día que lo terminó, se desmayó sobre la máquina de coser.
NENITA. *(Finalmente, abre la caja y saca un estuche de cubiertos)*. ¡Qué paciencia tenía esa mujer!
CATALINA. Ella era la mejor costurera que tenía «Amelita Novias». Fíjate que cuando Maruca vino para acá, Amelita tuvo que cerrar la tienda... qué pena.
NENITA. *(Lavando los cubiertos en el fregadero)*. Pena de nada. Si Amelita lo que hizo fue explotarla cuando Maruca pidió la visa para irse y le quitaron el permiso de trabajo. Amelita se aprovechó para pagarle un sueldo miserable por todo aquel trabajo.
AURELITO. El que te oiga se va a creer que eres una miliciana.
NENITA. No hay que ser comunista para estar consciente de las injusticias.
AURELITO. Oye, no me hables como si yo fuera uno de tus casos del «welfare». ¡Aquí no estamos en el South Bronx, ni un carajo! ¡Juega, Peter!
PETER. ¡No me grites!
AURELITO. ¡Vamos, vamos! Juega, juega. ¡Coño!
NIDIA. *(A Aurelito)*. Está bueno ya. Estás tomando desde anoche. Sube y date una ducha fría. Cuando termines, baja a tomarte un par de tazas de café. No te voy a dejar que nos eches a perder la cena. ¿Me oíste?
AURELITO. *(Da un manotazo, tira los dominós al piso)*. ¡Sí, mi general!

En este momento, todos los personajes, excepto Tony, quedan inmóviles en escena.

TONY. Musgo mojado... ¡Qué olor tan dulce! El tanque de agua lleno de renacuajos negros... pero relucientes, brillantes. Todos nadan en las tranquilas aguas verdosas. Y algunos de ellos con patas, nadando como peces dorados en el agua plácida con tanta elegancia. Mañana serán ranas. Metamorfosis... Abuela me enseñó esa palabra. La metamorfosis de la rana. Hoy es el día más feliz de mi niñez. Nunca me había despertado tan feliz... sintiendo el agua caer fuera del tanque... y el dulce olor de musgo húmedo. Oigo el sonido de los cascos de caballos en el piso del establo. El olor de la caballeriza y el olor de la yerba y el estiércol de los caballos me entra por las narices. ¡Qué olor tan dulce! ¿Quién se hubiera figurado que el estiércol de caballo pudiera ser tan acogedor y limpio? Los caballos son animales especiales, muy especiales...

Todos los personajes reanudan sus actividades cuando Tony ocupa su posición original. Aurelito sale.

NIDIA. *(A Peter, que continúa guardando los dominós)*. Perdóname, Peter, que te haya interrumpido el juego.
PETER. No te preocupes. Anyway, yo quería ver el partido de fútbol en la televisión. *(Sale)*.
CATALINA. Déjame subir a buscarle a Aurelito un par de calzoncillos limpios.
NIDIA. ¿Por qué tienes que ir a ayudarlo? Él sabe donde está todo en esta casa.
CATALINA. Es que cuando él se pone a tomar así, no encuentra nada. *(A Nenita)*. Vigila el pavo. *(Sale)*.
NENITA. ¡Niños! Yo les digo, caballero, que los hombres se portan a veces como niños chiquitos.
NIDIA. Es que nosotras les permitimos todas esas malacrianzas. Por eso son así.
NENITA. Tú tienes razón... Déjame prepararle un traguito a Peter. *(Va al gabinete, saca una botella de vermouth y prepara un trago)*. Pero bueno, de vez en cuando uno tiene que malcriar al marido. Esa es la vida.

Entra Aleida y va a una gaveta y busca entre el papeleo que hay en ella.

ALEIDA. Dónde la habré puesto. Se me ha perdido. Nidia, ¿tú has visto una carta por aquí?
NIDIA. ¿Qué carta?
ALEIDA. Una carta que llegó para Aurelito, y a mí se me olvidó dársela.
NIDIA. ¿Para Aurelito? ¿En esta dirección? Qué extraño.
ALEIDA. ¿Por qué?
NIDIA. ¿Él no tiene su propia dirección?
ALEIDA. Sí, pero como él siempre está metido aquí.
NIDIA. Sí, es verdad... ¿por qué no la buscas en una de tus cajitas de tabaco?
ALEIDA. *(Saca una caja de tabacos y empieza a buscar)*. Ay, sí, mírala aquí. Recuérdame dársela cuando baje. *(Mira el sobre)*. Qué colores tan bonitos.
NIDIA. Deja ver... ¡Pero vino sin sello! ¿Dónde la encontraste?
ALEIDA. La metieron por debajo de la puerta. Yo pensé que era algo de anuncios.
NIDIA. Sí, puede ser un anuncio. Déjame guardarla para que no se extravíe de nuevo. *(Aleida guarda de nuevo la carta en la gaveta y se lleva la caja de tabaco con ella a la mesa. Se sienta y empieza a revisar su contenido. Son papeles, fotos, etcétera)*.
ALEIDA. Yo debería de pegar estas fotos en un álbum, pero necesito las esquinitas.
NIDIA. Abuela, yo creo que esas esquinitas ya no las fabrican. ¿Por qué no me dejas comprarte uno de esos álbumes magnéticos?
ALEIDA. A mí esos no me gustan. Parte del entretenimiento de pegar las fotos es ponerles las esquinitas.
NIDIA. Pero las fotos siempre se están cayendo...
ALEIDA. Es verdad. *(Encuentra un sobre viejo con una carta y una foto. Se la enseña a Nidia)*. Mira que he buscado esta carta. Pobre Magdalena...
NIDIA. ¿Qué Magdalena? ¿La hermana de abuelo en las Canarias?
ALEIDA. *(Abre la carta)*. Sí, la misma. Esta fue su última carta. Siempre la conservo. ¿Quieres que te la lea?
NIDIA. Sí.
ALEIDA. *(Poniéndose los espejuelos)*. «Lanzarote, julio catorce de mil novecientos dieciocho. Querido hermano: Mamá me tuvo que ayudar a sentarme en la cama para poder escribirte la presente. Espero que cuando recibas esta yo me sienta mejor. He estado muy enferma. Esta

mañana mamá descubrió muchos cabellos en el cepillo después de haberme peinado. He tenido una fiebre muy alta, pero con el favor de Dios ahora me siento mejor, aunque estoy muy débil. Hace mucho calor, pero el aire es puro. Tú sabes el olor que tiene la brisa aquí en las islas. ¿Cuándo nos volveremos a ver? Yo sé que tú estás ahorrando para el pasaje, ¿pero no podrías venir en tercera clase? ¡Tengo tantas ganas de verte de nuevo! Aquí te mando una foto. Siento que la hayan tenido que tomar en la cama, pero los doctores pensaban que me iba y nosotros queríamos estar seguros de que por lo menos quedara un recuerdo, por si acaso. Yo todavía me siento joven y quisiera estar aún con vida para cuando tú regreses. Por favor, hazlo pronto. Muchos besos de tu hermana que te adora. Magdalena». Hay una postdata. «La monjita que ves a mi lado es la hermana María de los Ángeles. Ha sido un alma de Dios durante mi enfermedad».

NIDIA. Y abuelo... ¿la llegó a ver de nuevo?
ALEIDA. *(Doblando la carta)*. No, ella murió dos días después de enviar esta carta.
NIDIA. ¡Qué pena!
ALEIDA. Sí, es triste. *(Minuciosamente mete la carta en la caja, ordena las cosas y la cierra)*. He pasado tantas tristezas en mi vida, que para mí es difícil llorar por algo. El corazón se va endureciendo con los años.

Entra Nenita. Aleida y Nidia se separan de este gran momento íntimo.

NENITA. *(A Aleida)*. Abuela, aquí tienes el periódico.
ALEIDA. Nenita, ¿viste a *Margarita en la distancia* ayer?
NENITA. No, abuela, no tengo tiempo para estar viendo novelas.
ALEIDA. Entonces déjame contarte. Ayer a Margarita se la llevaron al hospital para operarla del corazón... de emergencia. ¿Imagínate quién era el cirujano que le tocó operarla?
NENITA. No tengo la menor idea.
ALEIDA. ¡Nada más y nada menos que Daniel Riolobos!
NIDIA. ¿Y quién es Daniel Riolobos?
ALEIDA. ¡Ay, Nidia, todo el mundo sabe que Daniel Riolobos fue el novio de la infancia de Margarita!
NIDIA. Disculpa mi ignorancia.
ALEIDA. Está bien, mija. Imagínate que hacía veinticinco años que ellos no se veían.
NENITA. ¿Y se encontraron de nuevo en la mesa de operaciones?
ALEIDA. Exactamente. ¡Ellos estaban tan enamorados!
NIDIA. Y si estaban tan enamorados, ¿por qué han estado separados por tanto tiempo?
ALEIDA. Ay, Nidia, ¿tú no sabes que Daniel Riolobos se quedó ciego después que tuvo el accidente automovilístico?
NIDIA. ¿Y qué?
ALEIDA. ¿Cómo que y qué? Él no quiso que Margarita se casara con él por lástima y se embarcó para España, dejándole una carta en la que decía que él ya no la amaba.
NENITA. ¿Cómo es que la ha podido operar si está ciego?
ALEIDA. Nenita, si tú estás interesada debieras de haber visto los primeros capítulos. Bueno... Daniel Riolobos fue operado en España por una mujer cirujano muy famosa que se enamoró perdidamente de él. Después que él recuperó la vista estaba tan agradecido, que no vio más alternativa que casarse con la cirujano. Pero él en realidad nunca dejó de querer a Margarita.

NIDIA. ¿Y por qué nunca trató de comunicarse con ella?
ALEIDA. ¡Sí, él trató! Pero en el ínterin ella se había metido a cantante y se había cambiado el nombre de Margarita por el de Fátima Zulema.
NENITA. ¡Yo espero que no se quede en la mesa de operaciones!
ALEIDA. ¡Qué va, si ella se muere se acaba la novela!
NIDIA. Dios mío, y yo que creía que «Dainasti» era complicado.
ALEIDA. Yo no soy boba. Yo sé que la trama es tonta. De todas maneras, a mí me entretiene. Además, las novelas americanas son la misma bobería, aunque mucha gente se cree que son mejores porque son en inglés.
NIDIA. ¿La oíste? La vieja no sabrá pichear, ¡pero qué bien «batea»!

Entra Catalina.

CATALINA. Yo creo que ya es hora de ir preparando la mayonesa. *(Encendiendo la batidora y apagándola).* Nidia, esta cosa se trabó de nuevo.
NIDIA. *(Acercándose a Catalina).* ¿Y qué pasó ahora?
CATALINA. La batidora se trabó de nuevo.
NIDIA. Yo sabía que eso iba a pasar. Nunca se la debiste de haber llevado a los Meneses. Esa gente son unos ladrones. La hubiera arreglado yo.
CATALINA. Bueno, Nidia, pero yo no te quería importunar con esta bobería.
NENITA. Deja ver. A lo mejor yo la puedo arreglar.
CATALINA. Pero, Nenita, si tú nunca has tenido habilidad mecánica.
NENITA. Bueno, pero puedo tratar.
NIDIA. *(A Catalina).* Aquí lo que sucede es muy sencillo: que si yo no me ocupo de que todas las cosas en esta casa estén funcionando, nadie se preocupa de nada.
CATALINA. *(A Nidia, en lo que esta desarma la batidora).* Ay, Nidia, mira a ver que la mayonesa no se vaya a cortar.
NIDIA. Déjame buscar el destornillador. *(Abre la caja de herramientas).* ¿Y quién sacó el martillo de aquí?
CATALINA. Yo tuve que arreglar la mesa que se tambaleaba.
NIDIA. ¡Un lugar para cada cosa y cada cosa en su lugar!
CATALINA. ¡Tú deberías haber sido maestra de escuela!
NIDIA. Hubiera matado a mis estudiantes.
NENITA. Deja que tú tengas hijos, ya tú verás.
CATALINA. ¡La papaya congelada!
NIDIA. ¿Papaya congelada?

Aleida se siente aludida y trata de disimular.

CATALINA. Sí, eso es lo que debe de haber roto la batidora, la pulpa de papaya congelada.
NIDIA. ¿Pero por qué?
CATALINA. Porque le he dicho a mamá mil veces que no le meta los pedazos tan grandes... pero ella...
ALEIDA. *(A Catalina).* Yo no sé por qué a mí siempre me tienen que echar la culpa de todo.
NIDIA. *(Desarmando la batidora).* Porque tú no debes de estar tomando batidos de papaya con tanta azúcar.

ALEIDA. ¡Yo necesito azúcar para la presión!
NENITA. ¿Y quién te dijo que el azúcar era bueno para la presión?
ALEIDA. Necesito azúcar porque si no me da un descenso.
CATALINA. *(A Nenita).* Yo la oigo bajar las escaleras de puntillas a medianoche a prepararse un batido.
NIDIA. ¿Y cómo tú sabes que es para prepararse un batido?
CATALINA. Ay, hija, porque el ruido que hace esa batidora se oye en todo «Bergenlain».
ALEIDA. Esta casa está llena de espías.
NIDIA. *(Sacando una pieza del motor).* Aquí está el problema. Necesita una pieza nueva.
CATALINA. ¿Y ahora qué hacemos?
NIDIA. Nada. ¿Qué quieres que yo haga? Es demasiado tarde para reemplazarla. A la verdad que esos Meneses son unos estafadores.
CATALINA. Y bueno, ¿qué hago con la mayonesa?
NIDIA. ¡La puedes batir a mano! ¡Todo el mundo hacía mayonesa mucho antes que hubieran inventado la «osteraiser»!
CATALINA. Pero, Nidia, ¡mi artritis! Tú no te das cuenta de lo mala que yo tengo la mano derecha.
NIDIA. Yo te hago la mayonesa, mamá.
CATALINA. Pero te vas a demorar todo el día.
NIDIA. Estamos tan malcriados con todas las conveniencias que tenemos: que si el «tivi gai», «cable teve», batidoras, licuadoras, papaya congelada…
CATALINA. Qué tú quieres, en Nueva Jersei no hay papayas frescas.
NENITA. Cuando Onelia regresó de Cuba, no podía creer que allá no tenían «tivi gai».
CATALINA. Bueno, Onelia no está muy bien de la cabeza que se diga. Tú sabes que cuando ella era una bebita se le cayó de los brazos a la madre en la escalera eléctrica de «Siars».
NIDIA. Yo creo que ella ya era una cretina antes de la caída.
CATALINA. Ay, Nidia.
NIDIA. *(Echando la mayonesa en un tazón).* Mañana dile a Aurelito que vaya a los Meneses y que traiga la pieza de repuesto.
CATALINA. Óyeme, ¿y por qué tú crees que Aurelito se queda a dormir fuera de su casa tan a menudo?
NIDIA. No tengo la menor idea.
CATALINA. ¿Tú crees que él tenga una querida?
NIDIA. ¿Y tú crees que en este mundo exista otra mujer, además de Lila, que pueda aguantarlo?
NENITA. *(A Aleida).* Espero que a Lila ya se le haya pasado la migraña y pueda venir a comer con los muchachos.
ALEIDA. Esos niños son unos salvajes. Le pueden dar migraña a un santo, especialmente Nereida. El otro día tenía una de esas cosas puesta en las orejas. Yo me creí que se había quedado sorda.
NENITA. Abuela, lo que tenía era un «walkman».
ALEIDA. ¿Un walk qué?
NENITA. Un «walkman». Es como una radio para oír música.
ALEIDA. Las navidades pasadas esa niña vino aquí con un radio que era casi del tamaño de una maleta, y ahora el que tiene es una miniatura. ¡Este país es algo muy serio!
NIDIA. Si llevan uno de esos «walkman» a Cuba, la gente se volvería loca.
ALEIDA. Es lo que yo digo, todos esos aparatos vuelven loca a la gente. Nidia, recuérdame darle la carta a Aurelito cuando él baje.
CATALINA. ¿Qué carta?

NIDIA. *(Batiendo la mayonesa más rápidamente)*. Uno de esos anuncios que mandan por correo, mamá.
CATALINA. Ohhh… A lo mejor no era de nosotros. Tú sabes que ese cartero está demente. A la familia de al lado ayer les llegó una carta que tenía fecha del año pasado. Imagínate… Senil y demente.

Nidia, Aleida, Nenita y Catalina se quedan inmóviles en sus respectivas posiciones. Tony se levanta de la silla en donde ha estado sentado y camina hacia la ventana. Las luces bajan de intensidad.

TONY. ¡Palabras, palabras, palabras! ¿Por qué nos mudamos tanto? Solo tengo ocho años y ya nos hemos mudado cuatro veces. ¿Por qué no vivimos en el mismo sitio? Mamá me entrega el despertador para que no se rompa en la mudada. Nuestra casa es la primera de la cuadra, la primera casa a la entrada del pueblo, pegada al cementerio. *(Pausa)*. ¿Por qué el anuncio allá fuera dice «La Flor de Union City»? ¿Por qué me han llevado a donde todo el mundo está vestido de blanco? Allá tienen acuarios pero no tienen tanques con renacuajos. ¿Por qué nos mudamos tan a menudo? ¿Cómo pudiera salir de esta casa? *(Tony va hacia la ventana y se para frente a Catalina)*. Tu voz es tan estridente. A veces me pregunto cómo puede existir la posibilidad de que yo haya salido de tu vientre. ¿Por qué no eres fuerte? ¿Por qué no eres honesta…? ¿Por qué no eres cariñosa…? ¡Abrázame, guíame hacia la luz, por favor, ilumíname! Yo no pedí haber nacido. Tú me trajiste a la oscuridad de este mundo. *(Tony se sienta en la misma silla que había ocupado antes de comenzar a hablar. Aleida, Nenita y Catalina continúan sus actividades. Nidia va hacia Tony)*.
NIDIA. *(Le acaricia el pelo)*. ¿Qué te pasa, Tony? ¿Por qué estás tan agitado? ¿Quieres un té? *(Nidia le acaricia la cabeza. Tony, en un gesto cariñoso y tierno, remueve la mano de Nidia de su cabeza. Las luces comienzan a bajar de intensidad)*.

FIN DEL PRIMER ACTO

SEGUNDO ACTO

La misma escenografía que el primer acto, solo que algunos detalles se han agregado para dejar ver que todo está listo para la cena. Nenita está poniendo los últimos detalles a la mesa. Suena el timbre de la puerta. Nadie responde. Suena el timbre de nuevo.

NIDIA. Nenita, ve a abrir la puerta. *(Sale Nenita. A Catalina)*. Debe ser Sara.
CATALINA. ¿Qué hora es?
NIDIA. *(Mirando el reloj)*. Son las cinco y treinta.
CATALINA. *(A Nidia)*. Avísame cuando sean las seis. Yo no me quiero perder la novela. *(La voz de Sara se escucha en la sala. Entra en la cocina seguida de Nenita. Viste un traje de sastre que la hace lucir más femenina. Es una mujer energética)*.
SARA. *(Abrazando a Aleida)*. ¡Buenas! No, no se levante, Aleida, por favor. Bueno, ¿cómo se siente?
ALEIDA. Ay, mija, si no fuera por esta pierna, yo estaría bailando en un tablao.
SARA. Conociéndola, se lo creo. *(Abraza a Catalina)*. Óigame, déjeme decirle que llevo dos días a dieta para disfrutar de ese famoso pavo.

CATALINA. ¿A dieta? Pero, mi amor, mírate, si tú estás flaquísima. ¿Tú has ido al médico últimamente? Oye, tienes que tener cuidado, no vayas a tener anemia perniciosa y no lo sepas.
SARA. ¡Ay, Catalina, por favor! ¿Por qué será que si uno está flaco, los cubanos asumen que uno está enfermo? *(Besa a Nidia)*. ¿Y qué tal, Nidia?
NIDIA. Aquí, ya me ves.

Tony mira a Sara. Por un momento parece que le va a decir algo. Sara camina hacia él y trata de tocarle la cabeza.

SARA. ¿Cómo te sientes, Tony?
CATALINA. No, no lo vayas a tocar. Después de los últimos tratamientos no le gusta que nadie le toque la cabeza.
SARA. *(Después de una larga pausa)*. Catalina, hace tiempo que estoy por preguntarle, ese retrato suyo que está en la sala es precioso. ¿Usted posó o lo pintaron de una foto?
CATALINA. No, hija, qué voy a haber posado. El Chaval lo pintó de una foto que yo le di.
SARA. ¿El Chaval? No parece nombre de pintor. ¿Es español?
NENITA. No, es un cubano. Era un bailarín flamenco, pero cuando la artritis no le permitió bailar más se dedicó a la pintura. Uno de sus detalles es siempre ponerle a las mujeres una lágrima corriéndole por la mejilla. Pero mamá se negó.
CATALINA. Claro que sí. Si yo estaba muy contenta ese día que me tomaron esa foto, por qué iba a estar llorando.
SARA. *(Ríe)*. Tiene toda la razón, Catalina. Bueno, ¿en qué puedo ayudar?
NIDIA. En nada. Todo está casi listo.
NENITA. *(Le da el cuchillo para que termine de cortar la ensalada)*. Bueno, ya que insistes, toma. ¿Qué tal van las cosas? ¿Han asaltado a algún maestro en tu escuela últimamente?
SARA. No, las cosas están bastante calmadas después del secuestro del profesor de matemáticas.
ALEIDA. ¿Secuestraron un maestro?
SARA. Sí, por no aprobar a un alumno.
CATALINA. Los estudiantes de hoy en día no le tienen respeto a sus maestros.
SARA. Los que lo secuestraron fueron los padres del muchacho.
NENITA. ¡Ave María! Pero bueno, por lo menos tú estás en el West Side. Tú te podrás imaginar lo que es trabajar en el South Bronx.
SARA. Me imagino que eso sí que tiene que ser algo serio. Yo trato de mantener mi ecuanimidad. Pero te digo que a veces quisiera coger a esos cachos de cabrones y partirles las crismas… Ay, discúlpeme.
ALEIDA. Dale, Sara, no te preocupes. Es mucho más saludable descargar.
SARA. Es que la educación en este país es algo muy serio. La ignorancia es aplastante. Llega un momento en que uno se da por vencido. A mí antes me molestaba mucho cada vez que me preguntaban si yo hablaba castellano o español. Yo les trataba de explicar que era el mismo idioma… pero simplemente no había forma de que me entendieran. Ahora ya no me preocupo y cuando me hacen la pregunta, les digo: «Los zapatos de la zarzuela están en el zarzal de Zenaida», y ellos se quedan maravillados con el castellano. *(Todos ríen)*.
NENITA. Qué bien, Sara, que finalmente estás aprendiendo.
SARA. No te creas que esto es nada nuevo para mí. Ya yo lo hice una vez en Cuba cuando había que aparentar lo contentos que estábamos de hacer todo aquel trabajo voluntario e ir al campo a

cortar caña, y todo por la Revolución. A la verdad que en determinado momento yo creo que todos creímos en aquellos principios, en Fidel, en el sueño que hubiera podido ser, pero que se convirtió en una pesadilla... una comedia. Pero yo extraño a mi isla... Cuba... Cuando llegué aquí, sí quería pertenecer a este país, ser parte de él. Pero siempre me sentí como el invitado que llega al cumpleaños después que el cake se ha terminado y la fiesta está por acabarse... Y aquí voy de nuevo, quejándome amargamente en contra de este país, en contra de Cuba... en contra de la vida. Bueno, hoy es «Thanksgiving», Nidia, prepárame un traguito de scotch, porque, quiera o no, en mi cara hoy va a figurar una gran sonrisa.

CATALINA. ¿Qué hora es?

NIDIA. Ya van a ser las seis.

TODOS. ¡Ay, la novela!

ALEIDA. Sara, ¿quieres ver a Margarita en la distancia?

SARA. No, gracias. Prefiero quedarme aquí chachareando con Nidia y Nenita.

NENITA. Yo bajo luego. Tengo que ayudar a Ileana con la tarea.

SARA. Está bien. *(Nenita, Catalina y Aleida salen. Sara se sienta en una silla).*

NIDIA. Aurelito empezó a tomar desde anoche.

SARA. Pero él tiene mucha resistencia para la bebida, ¿no?

NIDIA. *(En voz baja. Mira hacia la puerta y después a Tony).* Tú no lo conoces... él sospecha algo.

SARA. Ay, Nidia, Aurelito es un comemierda... qué se va a sospechar nada.

NIDIA. Tengo el estómago en un hilo. Me parece que voy a vomitar.

SARA. Eso son tus nervios. *(Abre la cartera y saca una caja de pastillas).* ¿Quieres librium?

NIDIA. No, gracias.

SARA. ¿Un valium?

NIDIA. No, gracias.

SARA. ¿Un traxene?

NIDIA. ¡Ay, chica, pero tú eres una botica ambulante!

SARA. *(Cierra la caja de píldoras y la vuelve a meter en su cartera).* Bueno, hay que estar preparada. *(Se sirve un vermouth).* Tómate un vermouth.

NIDIA. Sara, si dijera lo que sospecha.

SARA. Bueno, ¿y qué? Después de todo sería la verdad, ¿no?

NIDIA. Ellos no tienen por qué enterarse.

SARA. Tienes miedo que te dejen de querer.

NIDIA. No. Yo no quiero causarles un disgusto.

SARA. Nidia, aunque así fuera, ellos no te van a dejar de querer, y si lo hicieran, es que entonces nunca te quisieron.

NIDIA. ¿Qué quieres decir?

SARA. Quiero decir que entonces nunca te han querido por ti. Si Aurelito dice lo que sospecha, él estaría diciendo la verdad, lo que tú eres, tu esencia.

NIDIA. Sara, mi esencia son tantas cosas que tú jamás podrías comprender. Yo rehúso a ser encasillada por ti, mi hermano o cualquier otra persona. Yo sé que puede parecer irracional, pero para mí tiene sentido.

SARA. Tranquilízate... ¿Tú sabes quién es la persona más importante del mundo...? *(Indicando a Nidia).* Tú.

NIDIA. Sí, para ti es muy sencillo decir eso. Tú vives sola, sin ninguna responsabilidad.

SARA. Yo lo que he hecho es establecer mis prioridades... *(mira a Tony y dice en un tono más íntimo)* y nuestra relación es la primera en mi lista.

NIDIA. Cállate, Sara... ellos para mí son los primeros y siempre lo serán.

SARA. ¡Me alegro mucho saberlo! Deja prepararme otro trago. Cuando la familia Valdés se reúne, hay que darse un par de tragos. ¿Dónde está el scotch?

NIDIA. En el gabinete, sobre el fregadero.

SARA. *(Buscando la botella).* Gracias a Dios que yo me pude escapar de mi familia... *(Va hacia la ventana con su vaso de scotch).* Union City... ¿cómo es que tú te empantanaste en este micro-infierno?... Y en esta casa que es como Alcatraz, de donde no hay escape.

NIDIA. No seas exagerada.

SARA. Fíjate en Aurelito, casado y con dos hijos, y todas las noches los deja para venir a estar con mamita.

NIDIA. Mamá nunca pide nada.

SARA. Ella nunca tiene que pedir nada. ¡Tú te crees que yo no me he dado cuenta del sentido de culpa que ella les ha inculcado a todos ustedes! Ustedes son como unos pedacitos de metal atraídos por un gran imán, y no hay forma de separarlos.

NIDIA. ¿Y qué importa, si los pedacitos de metal quieren estar pegados al imán?

SARA. ¿Pero y nosotros?

NIDIA. Ay, Sara, ya yo estoy muy vieja para estar soñando con castillos en el aire. Además ellos dependen de mí. Mamá nunca ha sido una mujer fuerte.

SARA. Ella pretende aparentar que es débil, pero probablemente sea ella quien entierre a toda la familia.

NIDIA. Yo soy quien toma las decisiones en esta casa. Nidia, la comida... Nidia, paga las cuentas... Nidia, lleva a Tony al hospital... Nidia, saca a Tony del hospital... Nidia... Nidia... Nidia...

SARA. ¿Y qué quiere Nidia para Nidia? ¿Cuál es el futuro de Nidia?

NIDIA. Yo no quiero analizarlo. Quizás es mi sentido del deber. Papá me crió así. Recuerdo que en Guanajay una vez papá le compró un coche al lechero del pueblo. Cuando salimos a pasear por primera vez, el caballo solo quería ir por la misma ruta que el lechero lo llevaba antes. Papá le tuvo que poner unas viseras para que no pudiera ver para los lados y se aprendiera la nueva ruta. Sara, yo soy como ese caballo. Para mí, los caminos conocidos son seguros. ¿Para qué buscar nuevos caminos?

SARA. Nidia, yo llevo siete años sentándome en esa mesa. Siete años esperando a ver si tú finalmente decides salir de esta casa. Los lazos familiares tienen que romperse a tiempo. Yo no soy como el caballo de tu cuento. Un día de estos yo cambio mi ruta y buscaré un nuevo camino. Me desaparezco de tu vida... de tu familia... de Union City para siempre.

NIDIA. Sara, yo... *(se tapa la boca con la mano, mira hacia la puerta y después a Tony. Susurrando)* ...yo te necesito... y te extrañaría. Te extrañaría inmensamente si tú decides no regresar jamás... pero tengo que quedarme aquí, quedarme hasta que mi familia aprenda a valérselas por sí mismos... hasta que todas sus necesidades estén resueltas. Cómo puedo decirte que... *(Nidia mira a su alrededor y dice en voz muy baja)* te amo... si no me encargo de ellos primero.

SARA. *(Sonriendo con tristeza).* Ay, Nidia, tú eres un tesoro... pero un tesoro encerrado en un cofre de cristal. Ahora sé por qué dejaste de pintar.

NIDIA. *(Nerviosa).* Es que en esta casa no hay mucha luz.

SARA. *(Se toma el trago de un golpe).* Seguro... no hay mucha luz en Union City. Es más... a la verdad, no hay mucha luz en todo el desgraciado estado de New Jersi. ¿Por qué no terminamos de poner la mesa? *(Abre la caja de cubiertos).* ¡Óyeme! ¡Qué elegancia!

NIDIA. ¡Abuela los estaba guardando para mi boda!
SARA. ¡Pero ni siquiera estamos comprometidas!
NIDIA. Shhh…
SARA. *(Tarareando la marcha nupcial)*. Toda la casa huele a pavo.
NIDIA. ¡Qué asco!
SARA. Ay, Nidia, chica, me vas a estropear el apetito.
NIDIA. A ti no hay quien te estropee el apetito.
SARA. *(Mirando hacia la sala, donde todos están viendo televisión)*. ¡Aquí, como que la novela es el acontecimiento del día!
NIDIA. Imagínate que hoy Daniel Riolobos va a operar del corazón a su ex novia, Margarita.
SARA. ¿Y quién es Margarita?
NIDIA. A mí no me preguntes; pregúntale a abuela que es la que se la sabe de memoria. ¿A que no adivinas con quién me encontré hoy en «Bergenlain»?
NIDIA. ¿Con quién?
SARA. ¡Con Teté Delgado!
NIDIA. ¿Teté?
SARA. Sí, y estaba contentísima. Finalmente Pupi se va a casar con ella.
NIDIA. Bueno, ya era hora.
SARA. ¡Quince años!
NIDIA. ¡Quince años! Llevaban quince años de noviazgo.
SARA. Tú te imaginas lo que es esperar quince años por un hombre como Pupi…
NIDIA. Bueno, pero ella está muy enamorada de él.
SARA. No, mi vida, eso es lo que yo llamo abnegación.
NIDIA. No, Sara, eso es paciencia.

Las dos ríen. Aurelito entra. Se sirve una taza de café, se la toma rápido y vuelve a servirse otra, pero no se la toma. Va al refrigerador y coge una cerveza.

AURELITO. ¿Se divierten? *(A Sara)*. ¿Interrumpo?
SARA. No, definitivamente, no interrumpes. ¿Por qué no te quedas y te diviertes un rato con nosotras?
AURELITO. No, gracias. Solo vine a buscar una cerveza y a decirte que Nenita quiere que subas un momento.
SARA. ¿Para qué?
AURELITO. Para que la ayudes con la tarea de Ileana. Todo el mundo dice que tú eres una excelente maestra.
SARA. Y lo soy. Además, cualquier cosa que me propongo hacer la hago magistralmente. Nidia, deja la mesa así, que cuando baje terminamos de ponerla.
AURELITO. Así es Sara… estás en tu casa.
SARA. Lo sé. Tú eres tan amable que me inspiras a quedarme todo el fin de semana para disfrutar de tu compañía.
NIDIA. No tomes más.
AURELITO. Hoy es día de fiesta.
NIDIA. Siempre tienes alguna excusa… A la verdad que Nenita no debería molestar a Sara con la tarea de Ileana. Sara está hasta la coronilla de niños y tareas.

AURELITO. Nenita no llamó a Sara. Yo se lo dije porque quiero hablar contigo.

NIDIA. Pero, ¿qué te traes entre manos?

AURELITO. Nada. Tan pronto Sara llega es imposible hablar contigo a solas.

NIDIA. Eso no es cierto. Bueno, ¿qué quieres? ¿Qué pasa? ¡Di!

AURELITO. No sé por qué te alteras tanto.

NIDIA. ¿Cuál es la emergencia que no puede esperar hasta después de la comida?

AURELITO. Cálmate. ¿No puedes tener una conversación con tu hermano?

NIDIA. Bueno, di. ¿Qué pasa?

AURELITO. No me levantes la voz. *(Pausa).* Yo lo que quiero saber es por qué Sara tiene que venir a pasar todos los Sanguivin con nosotros.

NIDIA. ¿Por qué? Porque ella es mi mejor amiga. Por eso.

AURELITO. Ah... y por eso es que tú has estado yendo a «Manjatan» todos los sábados por siete años.

NIDIA. Bueno, sí. Además, es muy agradable tener una amiga con quien salir. Y tú sabes lo peligroso que es para una mujer salir sola.

AURELITO. ¿Y se puede saber a dónde van ustedes cuando salen juntas?

NIDIA. A bailar... o a un restorán... al cine... o a cualquier sitio.

AURELITO. ¿A bailar? Óyeme, Nidia, cuando tú eras jovencita y yo trataba de embullarte a salir a bailar con mis amigos, a ti nunca te gustó. Y ahora, ¿tú me vas a decir que después de vieja a ti te gusta el baile?

NIDIA. ¿Y esto qué es, un interrogatorio? Yo a ti no tengo por qué darte cuenta de nada. ¡Tú no eres mi padre!

AURELITO. Claro que no. A papá tú siempre lo pudiste manipular.

NIDIA. Bueno, ¿y por qué meter a papá en todo esto?

AURELITO. Porque tú lo engañaste, como has engañado a los otros y como me engañas a mí. Pero mira, ya yo estoy cansado de que se rían de mí.

NIDIA. ¿Y quién se está riendo de ti?

AURELITO. ¡Tú y Sara!

NIDIA. ¿Cómo?

AURELITO. Nidia, tú crees que yo me chupo el dedo... ¡que nací ayer!

NIDIA. ¿A qué te refieres?

AURELITO. Por qué no te quitas la careta... ¡yo sé!

NIDIA. ¿Qué es lo que sabes?

AURELITO. Yo sé lo que hay entre tú y Sara... Lo que ha habido todos estos años.

NIDIA. *(Dándole una bofetada).* Pero cómo te atreves... *(Mira a Tony, que observa todo con calma).* Cómo te atreves a decir semejante cosa.

AURELITO. La gente habla.

NIDIA. Gente, ¿qué gente? ¿Desde cuándo tú le prestas atención a los chismes?

AURELITO. Son mis amigos y yo les creo.

NIDIA. Yo sé lo mucho que tú oyes a tus amistades... Mira, Aurelito, ¿por qué tú siempre te estás quejando de que tu estudio fotográfico no está haciendo negocio y que no puedes contribuir nada al mantenimiento de esta casa? ¿En qué se te está yendo a ti el dinero?

AURELITO. Los negocios andan mal en todos los sitios. ¿Qué tú quieres que yo haga?

NIDIA. Oh... ¿estás seguro que ese dinero tú no se lo estarás dando a otra persona?

AURELITO. ¡No me vayas a decir que tú crees que yo tengo una querida!

NIDIA. Frío, frío... No... Diríamos unos amigos... o algún grupo.

AURELITO. Un grupo... ¿pero de dónde tú sacas esas ideas?
NIDIA. Mira, Aurelito... yo también he oído chismes de unas amistades en las cuales yo creo.
AURELITO. ¿Qué chismes?
NIDIA. Un cierto rumor de que tú estás envuelto con una organización...
AURELITO. ¿Organización?
NIDIA. Tibio, tibio... ¡Sí! ¡Una organización... una organización terrorista!
AURELITO. *(Después de mirar a Tony).* Pero, Nidia, ¡cómo tú puedes pensar semejante cosa!
NIDIA. *(Se sirve café y se lo toma lentamente).* Yo no lo creí, al principio. Sé que tú eres incapaz de participar en algo tan arriesgado. Pero sí sé que tú serías capaz de ayudar, pero no tendrías el valor de hacer el trabajo sucio.
AURELITO. ¿Y qué pruebas tienes?
NIDIA. *(Yendo hacia la gaveta y sacando la carta).* Esta carta. Tú tienes que ser miembro de alguna organización. Mira este membrete. Hasta un niño puede reconocer los colores.
AURELITO. ¿Tú abriste esta carta?
NIDIA. No, mijito... ¿para qué? Si hasta Fidel Castro ya está enterado de los planes secretos de la próxima invasión.
AURELITO. ¡Cállate!
NIDIA. Yo no puedo creer que tú le estés dando dinero a esa gente.
AURELITO. ¡Dinero! Mira, Nidia, te lo advierto... que esta conversación no salga de nosotros. Como digas algo te voy a cortar la lengua. ¡Me oíste! A nadie...

Entra Catalina.

CATALINA. ¿Y qué es lo que pasa aquí?
NIDIA. Nada. Aquí hablando con Aurelito sobre la porción de los gastos que le corresponde a él este mes.
CATALINA. Ay, mijo, no te preocupes. Si andas apretado, nosotras nos arreglaremos como podamos.
AURELITO. No, para la próxima semana sí puedo... esta ando un poco apretado.
CATALINA. Yo sé que los negocios no te andan bien.
NIDIA. Especialmente el negocio de Aurelito. Los estudios fotográficos siempre tienen muchos gastos imprevistos.
AURELITO. La semana que viene tendrás el dinero en tus manos.
NIDIA. Mejor en mis manos que en las de otros.
CATALINA. No te preocupes... tu obligación es con tu mujer y tus hijos. Si tu padre estuviera vivo, no tendríamos que molestarte.
AURELITO. Papá no ganaba tanto.
NIDIA. No. Pero todo lo que ganaba se lo daba a su familia.
CATALINA. El pobre... él sabía que en la tienda no le estaban dando todas sus comisiones, pero él no quería quejarse por miedo que lo fueran a botar y quedarse sin trabajo.
AURELITO. ¡Qué diferencia de cuando en Cuba él era el jefe de aquel montón de guajiros que besaban el suelo que él pisaba!
NIDIA. Lo admiraban porque él conocía su negocio.
AURELITO. Lo admiraban porque eran un montón de cretinos. ¡Muchos ídolos se vinieron abajo en el exilio!

CATALINA. ¡Aurelito!

NIDIA. ¡Eres un monstruo!

AURELITO. Sí, ¡un monstruo porque digo la verdad! Papá siempre me trató a mí como a un mierda. No en balde a Tony se le trastornó el cerebro. Pero él tomó el único camino que se puede tomar en esta familia: la locura, y ganó su libertad.

CATALINA. ¡Basta, pero basta!

NIDIA. Con razón papá siempre dijo que tú no te merecías el plato de comida que se te servía.

AURELITO. Tú siempre fuiste su favorita. Él te crió para que caminaras como él, lucieras como él, tuvieras sus mismos intereses. Yo a veces me pregunto cómo es que una mujer se puede parecer tanto a su padre.

CATALINA. Pero, ¿es que tú nunca vas a olvidar y a perdonar? Tu padre fue un hombre muy especial... a veces difícil, pero especial. Era imposible no quererlo.

AURELITO. Tú debes saberlo muy bien.

NIDIA. ¡Aurelito! Hazme el favor de subir y decirle a Nenita que venga a ayudarme a poner la mesa.

AURELITO. Yo de todos modos te voy a dar mi parte para los gastos de la casa... la semana que viene. *(Sale)*.

CATALINA. *(Sentándose)*. ¿Te fijaste qué mirada me echó Aurelito?

NIDIA. *(Sentándose en la silla opuesta a Catalina)*. Son ideas tuyas.

CATALINA. No lo son. Había algo extraño en su mirada.

NIDIA. Ay, mamá.

CATALINA. Él ha cambiado desde la muerte de tu padre. Es como si yo fuera la culpable.

NIDIA. Papá murió de un infarto cardíaco. ¿Cómo tú vas a ser la culpable?

CATALINA. Ay, Nidia, ¿por qué es que a veces yo siento que una parte de mí está muerta?

NIDIA. Mamá, él fue tu compañero de muchos años.

CATALINA. No, mija, ese sentimiento yo lo he tenido desde mucho antes de la muerte de tu padre.

NIDIA. Ay, mamá, ¿pero por qué hablar de esas cosas ahora?

CATALINA. Pero, Nidia, es que tú no me entiendes. Tú no sabes lo que yo siento. Es algo que me ha ido comiendo lentamente... que me quita toda la energía.

NIDIA. Déjate de boberías, mamá, y ayúdame a poner la mesa.

CATALINA. Yo traté de ser una buena esposa, el Señor sabe que yo traté. Mi primer bebé fue una niñita preciosa... de pelo negro como el azabache. Tan tierna... tan perfecta. Hasta que la comadrona la viró de espaldas para lavarla. Tenía una bolsa de piel en la nuca. Era una bolsa suave y transparente llena de venitas azules. Cada vez que le daba el pecho, la bolsa se endurecía más. Tres días más tarde... la bolsa explotó como un globo rosado y mi niñita murió. El médico trató de consolarme diciéndome que ella había sido un caso muy raro... uno en un millón... pero yo sabía...

NIDIA. Mamá, por favor... por qué tenemos que hablar de cosas tristes. Hoy es día de dar gracias.

CATALINA. Después fue que nació Tony y yo me empecé a sentir mejor. Qué bebé tan lindo, tan sano... pero tuve que esperar diecinueve años para saber que algo andaba mal... diecinueve años y aún la mala semilla estaba ahí... siempre estuvo ahí.

NIDIA. Mamá, tú estás muy confundida.

CATALINA. Yo sabía... siempre lo supe que tenía que ver con la forma que yo me sentía hacia tu padre.

NIDIA. *(Se levanta, va hacia el horno, lo abre y revisa el pavo)*. Mamá, yo no quiero oír más.

CATALINA. Yo... lo quería... pero me daba asco... Cómo es posible que una mujer se dejara preñar cinco veces por un hombre que le daba asco en la cama.

NIDIA. Si todo eso es verdad, entonces, ¿por qué no te divorciaste?
CATALINA. Porque yo lo quería… pero de una forma diferente. Él era el padre de mis hijos… pero tienes razón. ¿Por qué no me divorcié? Hubiera sido mejor ser un jardín yermo. De qué sirven las flores, cuando uno no soporta la mano del jardinero.
NIDIA. Si tú continúas con todo esto, yo me voy a marchar de esta casa para siempre.
CATALINA. *(Con tristeza)*. Perdóname, Nidia. No era mi intención herirte. Yo sé lo mucho que tú querías a tu padre. Pero yo también necesito desahogarme. Cuarenta y seis años… son muchos años. *(Empieza a sollozar)*. Perdóname… ya me siento mejor, Nidia. ¿Todavía me quieres?
NIDIA. Seguro que sí… ¿no eres mi madre? *(Entra Aurelito con un juego de monopolio lleno de casitas, etcétera. Le sigue Peter, que trae en una caja todo el dinero en billetes del juego)*.
PETER. Bueno, y ¿cuándo se come en esta casa?
CATALINA. *(Se levanta rápidamente secándose las lágrimas y va al horno pretendiendo revisar el pavo)*. En quince minutos todo va a estar listo.
AURELITO. *(A Catalina)*. ¡Buenas noticias! *(Empieza a arreglar el juego sobre la mesa)*.
NIDIA. ¿Y ustedes van a empezar el juego ahora?
AURELITO. *(Saca otra cerveza del refrigerador)*. No, ya lo habíamos empezado en la sala.
CATALINA. ¿Y por qué no lo continúan allá afuera? Yo necesito la mesita.
AURELITO. Es que con esa estúpida novela no hay quien se concentre.
CATALINA. Hoy Daniel Riolobos va a operar a Margarita.
AURELITO. Le ronca…

Entra Nenita, acompañada de Aleida y Sara.

NENITA. ¿Ya está el pavo?
CATALINA. Casi.
NENITA. Vamos a terminar de poner las sillas. *(Aleida va a uno de los gabinetes y saca las servilletas y los anillos para ellas. Se sienta al final de la mesa y mete las servilletas en los anillos)*.
ALEIDA. Hacen falta más sillas. Esta familia crece con los años.
CATALINA. Sí, mamá.
SARA. *(A Nenita)*. Déjame darte una manita.
NENITA. Aurelito, tenemos que acabar de poner la mesa.
AURELITO. En un segundo… No hemos terminado.
NENITA. *(A Aurelito)*. Ay, chico… por favor… *(A Peter)*. Déjalo que gane para poder comer.
PETER. I should give him a break… un «breiquesito».
AURELITO. *(Tomando cerveza)*. ¡Qué huevón es este boricua!
NIDIA. Nenita, ayúdame con la ensalada.
SARA. Y el aliño, ¿ya está hecho?
NIDIA. No, pero le podemos echar aceite y vinagre o mayonesa.
SARA. No. ¡Yo les prepararé mi aliño especial a «la Sara»!
NENITA. Ay, sí, qué rico… pero me tienes que dar la receta.

Sara va al fregadero y comienza a mezclar los ingredientes en una taza de medidas.

NIDIA. Abuela, ¿y qué tal estuvo la novela?
ALEIDA. Margarita no tuvo el coraje de decirle a Daniel Riolobos que ella y Fátima Zulema eran la misma persona… qué decepción.

NIDIA. Yo creo que esa novela no se va a acabar más nunca.
ALEIDA. Qué va. La otra nada más que duró dos años y medio.
NENITA. Aurelito, por favor, ¿cuándo vas a acabar con ese juego estúpido? Hay que poner la mesa.
AURELITO. Chica, no jodas. Tengo que ganar más dinero para poder comprar «Par Pleis».
NENITA. ¡El gran financiero! Vamos, Peter… dinner is ready.
AURELITO. Vamos a ver qué te tiene deparado el destino.
PETER. *(Levantando una tarjeta del juego)*. «Go to jail». Do not pass Go and do not collect two hundred dollars.
AURELITO. Vas a tener que vender, verraco. Vamos a ver, ¿pa' qué tú quieres a «Par Pleis»?
CATALINA. Ave María, muchachos… es solo un juego. Pueden terminar después de comer.
AURELITO. Nadie va a comer hasta que yo no compre «Par Pleis».
ALEIDA. Pero, Aurelito, ¿cuál es la importancia que tiene el «Par Plais» ese?
PETER. Él lo necesita, so he can make monopoly y sel el dueño de la esquina.
AURELITO. *(Besando y tirando los dados)*. «Coneticu Aveniu». La compro. La compro. Monopolio de nuevo. Dame ciento veinte dólares, cuatro casas y dos hoteles. Vamos, viejo, tira los dados.
PETER. Nueve… damn!
AURELITO. Cabrón. Vamos a ver qué tú vas a hacer. Estás pelao y sin un kilo… así que me vas a tener que vender a «Par Pleis».
PETER. *(Dándole la tarjeta de Park Place)*. Aquí está… pero, nene, no te tienes que poner tan obnoxious. *(Aurelito cuenta el dinero y se lo da a Peter)*.
NENITA. ¿Podríamos acabar de poner la mesa, «Rockefeller»? *(A Peter)*. No te preocupes, mi cielo, nosotros somos dueños de una casa de verdad.
AURELITO. Yo también podría tener casa propia si quisiera. Lo que yo no soy como otra gente, que están metidos en deudas hasta aquí. *(Hace gesto hasta el cuello)*.
NENITA. Sí, a lo mejor nosotros estamos hasta aquí en deudas, pero vivimos en la realidad. Mi hija se va a criar en casa propia.
AURELITO. Si no tienen que venderla… cuando no puedan pagar la hipoteca.
PETER. Cut it out, man!
AURELITO. ¡Esta es una discusión entre mi hermana y yo! ¡Así que no te metas!
PETER. ¡Pero tu hermana es mi mujer!
AURELITO. ¡Pues, viejo, esa es la suerte que te ha tocado!
PETER. *(Cogiendo a Aurelito por el cuello)*. Mi mala suerte es tenerte a ti como brother-in-law, y no mapeo el piso contigo polque estás borracho y no te puedes defender.
NIDIA. ¡Basta ya! Ahora sí que se acabó porque yo sí que no puedo más. No tomas una cerveza más.
AURELITO. ¡Qué cerveza ni un carajo! *(Mira a su alrededor y se deprime repentinamente)*. Y ustedes, ¿qué miran? No me miren con esa cara de lástima. Yo sé que puedo triunfar en lo que me proponga. *(Nadie contesta)*. Mis hijos también se van a criar en una casa propia… ¡ya verán! Fíjense que ayer mismo fui a ver una casa en «Chery Hill» con un jardín al frente…
CATALINA. *(Interrumpiendo a Aurelito. Abre el horno)*. El «torqui» está listo.
PETER. All right! About time! Déjame lavalme las manos. *(Sale)*.
NENITA. No uses las toallas rosadas, que son nuevas.
CATALINA. Pero, Nenita, aunque sean nuevas… las cosas son para usarlas.
ALEIDA. Sí, pero si alguien las usa… a ti te da un ataque.
CATALINA. ¡Mamá!

ALEIDA. Sara, ven y siéntate a mi lado. Y por favor, disculpa el incidente.
SARA. Ay, por favor, Aleida... ni lo mencione.
AURELITO. No me arrepiento de nada de lo que he dicho. Yo tengo mis razones.
NENITA. *(Gritándole a Peter)*. Peter, baja a Ileana, que ya nos vamos a sentar.
CATALINA. Nenita, acuérdate que tú no estás en Guanajay para tanta gritería.
PETER. *(Desde afuera)*. Ileana está viendo la televisión y dice que se queda arriba.
ALEIDA. Tú ves, esa televisión es el opio del pueblo.
NENITA. Ay, por Dios, yo luego le subo la comida.
CATALINA. ¿Ya todo está en la mesa?
NIDIA. No... todavía faltan la ensalada, el arroz y el pan.
NENITA. Y los frijoles negros.
PETER. *(Entrando)*. ¿Frijoles negros? ¿Con pavo?
NENITA, NIDIA Y SARA. *(Al unísono)*. ¡Los frijoles negros pegan con todo!
ALEIDA. *(A Peter)*. Peter, ¿cómo tú puedes comer pavo sin frijoles negros y flan?
PETER. Ok, ok, abuela... ¿y pol qué no? Estos americanos no saben lo que se están peldiendo.
CATALINA. Bueno, ya está. Vayan sentándose.

Todos, excepto Tony, que ya está sentado en la primera silla del foro izquierdo, y Aleida en la primera silla del foro derecho, van a sus sillas. El orden es el siguiente: Sara, Nenita, Peter, Catalina, Aurelito y Nidia.

ALEIDA. *(Admirando el pavo)*. Ay, Catalina... es una belleza.
SARA. ¡Y qué rico huele!
NENITA. ¡Mamá, te la comiste!
PETER. ¡Ave María, y lo grande que es!
AURELITO. No está mal.
NIDIA. ¡Mamá, tú eres la experta! *(Tony mira el pavo pensativo, pero no dice nada. A Tony)*. Echa la silla más pa'cá, Tony. *(Tony no hace nada y ella hala su silla)*. Para que estés más cómodo.
CATALINA. Bueno, caballero, yo espero que sepa tan rico como se ve. *(Cortando el pavo)*. Aquí está, el primer pedazo para Tony, el más lindo de mis hijos.
PETER. *(Levantándose)*. ¡Ay, bendito, el vino! Se me había olvidado el vino. *(Saca las botellas del refrigerador y las empieza a abrir con el sacacorchos)*. Deja ver si no se me palte el corcho, polque eso siempre a mí me pasa, y me enfogona... ¡wow! Aquí está, enterito. *(Comienza a servir el vino)*.
NIDIA. Mami, por qué no dejas que Nenita corte el pavo y así tú no te tienes que preocupar de servir.
CATALINA. No. Además, tú sabes que a mí me gusta servirle a mi familia. *(Dándole el plato a Sara)*. Y a Sara, que ya es casi parte de la familia.
AURELITO. *(Mirando a Nidia)*. Sí, casi, casi...
SARA. Gracias, Aurelito. Estoy conmovida y sorprendida.
AURELITO. ¿Sorprendida? Oh, no te preocupes porque la comida acaba de empezar. ¡Deja que tú pruebes la sorpresita que te tengo de postre!
NIDIA. *(A Catalina, pero mirando a Aurelito)*. Mamá, ¿tú has sabido algo más de la mujer de Ángel?
CATALINA. No. La última vez que la vi fue en la bodega, y la verdad es que se veía más muerta que viva. Es una pena que haya enviudado tan joven.

NIDIA. *(Mirando aún a Aurelito).* ¡Qué increíble, el daño que un terrorista puede hacer! ¡La cobardía de matar a un hombre por la espalda frente a su propio hijo de once años!

NENITA. ¡Yo lo que no entiendo es por qué si son tan guapos no se van pa' Cuba y tratan de matar a Fidel!

AURELITO. Yo no sé por qué ustedes se ponen tan histéricas cuando matan a un comuñanga infiltrado.

NENITA. Porque es inhumano de la forma que lo hacen. A ver si a ti te gustaría que tu hijo viviera con la memoria de su padre tiroteado en frente de sus propios ojos.

AURELITO. ¿Y cómo tú crees que los hijos de los presos políticos se sienten cuando saben que sus padres se están pudriendo en las cárceles cubanas?

CATALINA. Yo pensé que habíamos decidido que hoy aquí no se iba a hablar ni de Cuba, ni de la Revolución.

ALEIDA. Sara, y tu hermana Inés, ¿qué tal anda?

SARA. Bueno, andaba muy bien. Pero imagínese que su hija se acaba de comprometer con un marielito.

ALEIDA. ¡Ay, Señor!

SARA. El pobre. Llegó en uno de los últimos botes y todavía no está muy adaptado. Es buena gente, pero el problema es que se pasa todo el día viendo la televisión en colores y la hermana ya no sabe qué hacer con él.

ALEIDA. ¿Y no trabaja?

SARA. No... nada más que ve televisión.

NENITA. Pobrecito... él se debe de haber quedado muy mal cuando se dio cuenta con lo que tenía que enfrentarse aquí... la competencia... el idioma... la burocracia.

AURELITO. Haragán de mierda... ¡eso es todo lo que son! Unos desgraciados haraganes...

NIDIA. No todos son haraganes.

CATALINA. ¿Alguien quiere «cranbery»?

ALEIDA. A mí no me gusta el dulce con la comida. Los dulces son para postre.

CATALINA. El pavo siempre se come con «cranbery».

ALEIDA. Eso es una invención americana.

SARA. *(A Aleida).* ¿Y qué tal le va a su hermana Cuca en Miami?

ALEIDA. Ay, hija, imagínate... en la forma que Cuca siempre miró a los negros.

CATALINA. ¡Mamá!

ALEIDA. *(A Catalina).* Sara es parte de la familia... Pues como te iba diciendo, nuestro sobrino, Remberto, llegó de Cuba en uno de los botes y trajo a su mujer, Noelia, con él...

SARA. Ah, sí...

ALEIDA. Bueno, pues cuando Cuca los fue a ver, resulta que la tal Noelia era más negra que un totí, gordita y como quince años más vieja que Remberto.

PETER. ¿Y qué tiene de malo eso?

ALEIDA. No... yo no dije que tenía nada de malo... pero Cuca es la que por poco se muere.

PETER. Mira, pero la mujel de Rembelto debe de estal en algo... si no, no hubiese calgado con ella.

ALEIDA. ¿Que si está en algo? *(Riéndose).* Imagínate... le salvó la vida.

PETER. ¿Cómo?

ALEIDA. Bueno, cuando ellos llegaron a Miami, los negros tenían uno de esos motines callejeros que ellos hacen, matándose los unos a los otros, y Remberto, por equivocación, se metió con el carro en el medio de la manifestación. Tú sabes que él es blanco y rubio con ojos azules. Los negros se creyeron que era un americano, pararon el carro y lo sacaron a la fuerza. Noelia

salió detrás de él y lo metió en el carro otra vez. Cuando vieron que ella era negra y que era su mujer, lo dejaron. Imagínate tú. Cuca se tuvo que tragar la lengua. Noelia hasta apareció en el «Miami Heral». Se convirtió en una celebridad. *(Todos se ríen, excepto Aurelito y Tony).*
AURELITO. A mí eso no me parece nada simpático.
NIDIA. ¿Qué es lo que no es simpático?
AURELITO. Yo creo que las familias cubanas tienen sus tradiciones y esas tradiciones deben de ser respetadas.
NIDIA. ¿Y tú le llamas al racismo una tradición?
AURELITO. No, tradición es la libertad para decidir.
NENITA. ¡Así que ahora al prejuicio se le llama libertad de decisión!
AURELITO. ¿Y qué harías tú si Ileana se te casara con un negro?
NENITA. Me daría mucha tristeza.
AURELITO. Ya ves.
NENITA. Me daría mucha tristeza que ella y su marido tuvieran que soportar la actitud de la gente como tú.
AURELITO. ¡Caballero, esto es increíble!
PETER. ¡El increíble eres tú! Posiblemente tú discrimines contra cualquier raza o nacionalidad que no sea la tuya.
AURELITO. Mira quién habla. Los cubanos no la están pasando tan bien en la isla del «desencanto»… ¿tú sabes?
PETER. You know, man… mira, tú sabes que la isla tiene demasiada gente y que los pueltorriqueños no tienen trabajo puñeta, y que allí nadie estaba preparado para una inmigración tan grande de cubanos.
CATALINA. ¿Alguien quiere postre?
AURELITO. *(Mirando a Nenita y luego a Nidia).* A mí me sorprende que a ustedes se les hayan olvidado los valores que a nosotros nos enseñaron. Pero a mí no se me han olvidado, y si tengo que regresar para defenderlos, eso haré, si es necesario dar la vida para recuperar nuestros derechos.
NIDIA. Qué bien. ¿Y tú eres el que le va a encontrar la solución a este conflicto, eh? El destino de nuestra raza está en tus manos.
AURELITO. No, no solo en mis manos, sino en la de todos aquellos que piensan como yo.
NENITA. ¡Ahora sí que se le salió el agua al coco!
CATALINA. ¿Alguien quiere café?
NIDIA. A ti lo que te pasa es que tú crees que puedes recuperar un pasado heroico y glorioso en una isla imaginaria… que en realidad nunca existió. Tú no acabas de entender que la Revolución triunfó en 1959 y que todo aquello cambió. ¡Que nada es lo mismo y que jamás volverá a ser como lo fue antes de la Revolución!
AURELITO. Yo no entenderé muchas cosas… pero lo que yo sí entiendo es que tú estás muy contenta en este país y con las escapadas que tú te das a «Niu Yor» para encontrarte con Sara todos los sábados.
CATALINA. ¿De qué tú estás hablando, Aurelito?
SARA. No le haga caso, Catalina. Aurelito está un poco tomado. ¿No es verdad, Aurelito?
AURELITO. Yo tendré unos tragos arriba, pero yo sé perfectamente de lo que estoy hablando.
SARA. Dicen que hay mucha gente que se refugia en el alcohol para dar riendas sueltas al odio y el resentimiento que tienen contra la gente.

AURELITO. Es que a cierta gente la verdad le duele.
NIDIA. Por favor, ¡de una vez y por todas, basta ya!
CATALINA. ¡Ay, sí, por favor!
AURELITO. *(A Nidia).* Te lo dije y te lo repito. Tú habrás engañado a todo el mundo... menos a mí.
SARA. *(A Nidia).* No te preocupes, mañana él se levantará sin la borrachera y todo estará tan normal como siempre. *(Mirando a todos).* Después de todo, la familia es la familia... ¿no es así? *(A Aurelito).* Qué personaje tan patético tú eres... qué ser tan triste. A veces cuando miro a un hombre como tú, me pongo a pensar si en realidad nosotros los cubanos no nos merecíamos esa Revolución... la Revolución que tanto detestamos. *(Va hacia la puerta).* Buenas noches a todos. Muchas gracias por tan maravilloso «Thanksgiving».
CATALINA. Sara, por favor, siéntate. No le hagas caso a Aurelito.
NENITA. No dejes que Aurelito te disguste.
NIDIA. Sara, por favor, no te vayas.
NENITA. Ay, Sara, quédate un ratico más.
SARA. No, gracias. Es mejor que me vaya. *(A Nidia).* Nos vemos el sábado. *(Sale).*
ALEIDA. *(A Aurelito).* Debería darte vergüenza.
AURELITO. ¿Y por qué? ¡Acaso yo no puedo decir lo que quiero en mi casa!
NIDIA. ¡Ah, sí! ¡Pues yo también!
CATALINA. ¡Pero hasta cuándo ustedes dos van a seguir! Hoy es día de dar gracias. Yo todavía me recuerdo cuando esta familia se sentaba a comer junta y nos divertíamos de lo lindo. Mamá, tú te recuerdas que...
NIDIA. *(Interrumpiendo).* Tú te recuerdas... tú te recuerdas... Pero hasta cuándo, caballero... Cuándo vamos a parar de estar viviendo en el pasado y afincar los pies en el presente... ¿cuándo? Mamá, todos esos recuerdos son una ilusión, simplemente memorias. La familia ha cambiado... Cuba ha cambiado y probablemente nunca fue tan maravillosa. No podemos seguir viviendo de los recuerdos.
CATALINA. Pues si me quitan mis recuerdos... ¿qué me queda?
NIDIA. ¡El futuro mamá... el futuro!
CATALINA. ¿El futuro? Aurelito, ¿y a qué tú te referías cuando le dijiste a Nidia que ella se escapaba los sábados?
NIDIA. Yo también tengo mis fantasías. Él probablemente se refería a mi fantasía de escaparme de Union City algún día. Pero no te preocupes, mamá, es solo una fantasía.
CATALINA. No los entiendo.
AURELITO. *(A Catalina, pero mirando a Nidia).* Es que Nidia y yo tenemos unos jueguitos secretos, eso es todo. Abuela... ¿yo te conté alguna vez del último «Sansguivin» que pasamos con papá?
ALEIDA. ¿Pero hay que hablar de eso ahora?
AURELITO. Me lo encontré sentado solo en un rincón. Nunca pensé que un ser humano pudiera verse tan triste cuando siente acercarse la muerte. Yo me senté a su lado y de buenas a primeras me dieron ganas de cogerle la mano... la misma mano que había visto tantas veces convertirse en puño y darme en la cara. Yo le quería hablar y pedirle que me dijera que yo no era un fracaso... dime... dímelo antes que te mueras. Pero ninguno de los dos dijimos nada. Pensé que las palabras eran innecesarias... que el silencio decía más que las palabras que él nunca dijo. Lentamente se sacó del bolsillo su reloj, se lo desenganchó y me lo puso en la palma de la mano. Yo lo miré y le dije: «Papá, ¿eso es para mí, me regalas tu reloj?». Sin mirarme me dijo: «Cuando yo muera, dáselo a Nidia. No quiero entristecerla ahora». Desde entonces, la comunicación se rompió para siempre.

Tony se levanta y sale de la cocina.

NIDIA. ¿A dónde vas, Tony?
CATALINA. Déjalo. A lo mejor ya se quiere acostar.
NENITA. Apenas ha comido nada. Creo que ni siquiera probó el pavo.
NIDIA. Ni ha probado el flan.
NENITA. Ni tampoco el cake.
ALEIDA. Nadie comió. Nadie dio las gracias. *(Larga pausa).* Yo recuerdo cuando mi marido y yo llegamos a Cuba llenos de ilusiones en el año 17, alquilamos una casita y lo primero que mi marido hizo fue sembrar una mata de uvas en el patio. Imagínate… una parra en el trópico. Cuando parió por primera vez, las uvas salieron tan amargas… pero nosotros las comíamos con deleite, como si fueran las frutas más deliciosas del mundo, y pretendíamos que eran tan dulces como las que habíamos dejado en España.
CATALINA. El café ya está frío.

Tony entra cargando una maleta pequeña. Camina hacia Nidia.

TONY. Nidia, llévame al hospital.

Las luces bajan de intensidad lentamente.

FIN

Raúl Alfonso

EL GRITO

(Inspirada en un cuadro de E. Munch)

Raúl Alfonso (Santa Clara, 1966). Dramaturgo, director de escena, profesor de Arte Dramático e Historia de la Filosofía y comentarista de teatro y danza. Licenciado en Teatrología y Dramaturgia por el Instituto Superior de Arte (ISA) en 1988. Ha escrito numerosas piezas teatrales —entre las que destacan *El silencio, Mamá, Bela de Noche* y *El dudoso cuento de la princesa Sonia*, representadas dentro y fuera de Cuba—; un par de novelas, *Otra negrura* y *Noli me tangere*, y un libro de relatos cortos, *Los caprichos de la bestia*. Ha dirigido piezas teatrales (*Clitemnestra o el crimen, Tulipa, La noche, Roberto Zucco* y *El Decamerón*, entre otras), audiovisuales (*La seducción, Foto Shock, Off Vampiro* y *Naturaleza muerta*) y *performances* en La Habana, Madrid y México. Coordina en España el Taller SoloTeatro, en el que se realizan investigaciones sobre el universo del actor que posteriormente se traducen a puestas en escena.

Si está interesado en solicitar la autorización para el montaje de esta obra, puede escribir directamente a: **ralfonsofer@yahoo.es**

Personajes

Tomás
Arturo

Oscuridad. Llueve torrencialmente, sobre el sonido de la lluvia alguien vomita. Al fondo, un ventanal de cristales deja ver, algo borradas, las luces de la ciudad. En el suelo, piezas dispersas de ropa. Tomás, en ropa interior, se seca con una toalla. Entra Arturo en calzoncillos y pulóver y se dirige a una mesa sobre la que hay algunas botellas y vasos.

ARTURO. ¡Qué asco! Nunca vomité tanto. Lo peor es el sabor que se queda hasta tres días después de la borrachera. Cuando ya ni te acuerdas, ahí está para recordártelo... *(Bebiendo)*. Para la bebida: la bebida. Único consejo de papi que sigo cabalmente. ¡Y mira que se ha pasado la vida aconsejándome! Pero como este, ninguno... *(Le alarga el vaso)*. Es bueno. Es muy bueno. Es de lo mejor. Me gustan las cosas buenas.

Tomás rehúsa y sigue secándose.

ARTURO. Hace frío. ¿No te emborrachaste una vez conmigo aquí mismo? ¿Fuiste tú?
TOMÁS. Eso no quiere decir que ahora...
ARTURO. ¡Pero tomabas!, como todo el mundo en tu casa. Más de una vez fui a buscarte y encontré a tu mamá algo pasadita, claro que nunca demostré darme cuenta, y creo que jamás te lo dije. Sí, tú. Aquella borrachera fue grande, hasta te paraste en una ventana a dar gritos. La tía entró cuando te agarraba. La pobre, perdió el habla.
TOMÁS. ¿Y la tía?
ARTURO. En osario. Yo mismo fui a sacar los restos. Un espectáculo impresionante. Pero solo un momento, después se pierde toda emoción. Una caja podrida, pedazos de tela, un esqueleto sucio... Y los sepultureros hablando de cualquier cosa. Murió apestando. Por suerte ya me había mudado con ella. Fue papi quien me aconsejó que viniera, para cuidarla, claro... Y vine, con tal de salir de allí.
TOMÁS. Ya tienes tu casa.
ARTURO. Y sin preocupaciones. Papi le paga a una mujer para que limpie. Lo mejor que hace porque si es por mí...
TOMÁS. ¿Tus padres están bien?
ARTURO. Mejor que nunca. En España. *(Pausa)*. No cambias. Siempre preguntando. ¡Y cada cosas! *(Lo imita)*. Arturo, Arturo, ¿has visto alguna vez la nieve? Arturo, dime, ¿has visto alguna película pornográfica? ¡Ay, Tomás! La primera vez que me disparaste aquello no supe ni qué decirte. Me daba risa verte tan serio en el baño del albergue, con los bracitos cruzados y los ojos brillantes... Porque me llevaste aparte y todo. No me digas que se te olvidó. Al principio pensé que me llevabas allí porque te querías pelear conmigo, como te había dicho poco antes que no sabías nada de nada...

TOMÁS. Quise saber.
ARTURO. Y te enseñé. *(Silencio. Se sirve bebida).* No me mires así. No tuve la culpa.
TOMÁS. No te culpo.
ARTURO. ¿Pero qué querías que hiciera? Una equivocación y la pasabas negra. Había que estar claro, muy claro…
TOMÁS. ¿Y tú estabas claro?
ARTURO. Había que estar muy claro, de lo contrario…
TOMÁS. Podía pasarte lo que a mí.
ARTURO. No, o bueno, sí, eso mismo.
TOMÁS. Tus padres no lo soportarían.
ARTURO. Mis padres soportan todo siempre que no los afecte.
TOMÁS. Y eso los afectaba.
ARTURO. Por supuesto, pero no solo a ellos, a todo el mundo.
TOMÁS. Querrás decir a ti. Hasta me enfermé, Arturo. Cuando salía a la calle me parecía que todos me señalaban, o hablaban de mí. ¡Qué sé yo! ¡La peste a huevo la tuve en la nariz casi un año! Todo apestaba a huevo: las manos, la ropa, la cama… jajajaja, y ya sabes que yo vomitaba por cualquier cosa, tenía el olfato muy fino…
ARTURO. Como el de un sabueso. Déjate de traumas. Vamos, Tomás, no seas pendejo, eso pasó hace tiempo.
TOMÁS. Por las noches soñaba, todas, todas las noches, y sentía la gritería, y no sé por qué siempre aparecías en el sueño, lleno de miedo.
ARTURO. Si vienes a recordar aquello, vete.
TOMÁS. Tú me invitaste. Otros me dan de lado. Muchos, a pesar de haber pasado tanto tiempo, siguen dándome de lado. ¿No dicen que el tiempo todo lo cura, que es como la sal, que curte cualquier cuero? Pues no es así, para muchos el tiempo no pasa. Marlén, por ejemplo…
ARTURO. Marlén, valiente cretina esa… Marlén…
TOMÁS. Nos tropezamos el otro día y me viró la cara. «¿Qué pasa, pensé, todavía tienes miedo, chiquilla? No somos los mismos. ¡Ha pasado el tiempo!» Esto me lo dije a mí mismo, claro, porque de ella no quedaba ni rastro. El miedo la esfumó. ¡Puff! Adiós. Nunca te he visto. No te conozco. No sé quién eres. Yo llevaba años soñando con el encuentro, y ya ves…
ARTURO. No se puede soñar tanto.
TOMÁS. Lo necesario.
ARTURO. Pero sueños, no pesadillas. Si son pesadillas es preferible hasta no dormir. *(Pausa).* Tú te fuiste de la escuela, pero nosotros nos quedamos allí. A Marlén la pararon al otro día en la plazoleta, delante de todo el mundo, alumnos, maestros, cocineros, pájaros, ratas, sapos, culebras, cucarachas… Me dio lástima con ella porque casi no podía aguantar el llanto. Pero aguantó. Patriótica, digna, revolucionaria. Aguantó como una mula las miradas acusadoras, violentas… Yo no bajé. Me quedé escondido en el albergue y lo vi todo desde una ventana del baño. Estaba muy nervioso. Prieto también vino a verme para que hablara, como era tu amigo… *(Prieto).* «Es necesario, Arturo, que todos los alumnos de su grupo asistan a la lectura del comunicado; más tú, que por poco quedas en evidencia… Aunque tu actitud fue correcta. Así hay que ser. Una actitud digna de tus padres, compañeros intachables, revolucionarios. *(Se ríe como Prieto).* Le diré a tu papá en cuanto lo vea que su hijo es muy valiente».
TOMÁS. ¿Qué dijo ella?

ARTURO. ¿Quién?

TOMÁS. Hablabas de Marlén.

ARTURO. Ah, ya lo había olvidado. La bebida. Uno pierde más de una vez el hilo de la conversación; al menos eso me pasa a mí. ¿Y a ti? *(Le pasa el vaso)*. Hay quien daría la cabeza por un trago como este. Pruébalo.

TOMÁS. ¿Qué dijo Marlén?

ARTURO. Panfleto.

TOMÁS. ¿Ella?

ARTURO. ¿Y qué crees? Los poetas también hacen su mural de vez en cuando. En aquel momento no poetizó ni un segundo, fue más concreta que una piedra. *(Marlén, leyendo un comunicado)*. «Compañeros: Nosotros, los alumnos del 10-2, hacemos patente nuestro repudio e indignación hacia aquellos que cobardemente nos traicionan abandonando la patria». Y blá blá blá. Y venga más teque. Y blá blá blá. No seas ingenuo. Nadie con dos dedos de frente estaba dispuesto a que se le cuestionara, y menos por algo así. Blá, blá, blá. Jajajaja. Bláááá…

TOMÁS. ¿Por qué no hablaste tú?

ARTURO. ¿Pero qué hacemos hablando de eso? Por suerte ya pasó. Y no vale la pena recordarlo. Los malos momentos se borran. Hay que recordar cosas alegres, bonitas… reírse; eso, reírse mucho; darse unos tragos. No pareces haber cambiado mucho. Siempre queriéndolo saber todo.

TOMÁS. He cambiado. Tú también.

ARTURO. Lógico, se van descubriendo cosas…

TOMÁS. Alegres, bonitas.

ARTURO. Fue un decir.

TOMÁS. Claro.

ARTURO. Cuando nos tropezamos hoy por la tarde… No esperaba verte más. Uno siempre encuentra lo que no espera.

TOMÁS. Yo sí esperaba verte.

ARTURO. Si llego a saber que me ibas a tratar así, no te invito.

TOMÁS. Cada cual tiene sus motivos.

ARTURO. Es que yo, cuando te vi… No sé, hubiera sido mejor un «Hola, qué tal» y cada uno por su lado. O no haberte dicho nada. Haber pasado de largo, como Marlén.

TOMÁS. *(Vistiéndose)*. Ya te vi la cara.

ARTURO. ¿Te vas?

TOMÁS. Gracias por la toalla.

Suena el teléfono.

ARTURO. *(Nervioso)*. Contesta tú.

TOMÁS. No me importa.

ARTURO. Por favor.

Tomás, vacilante, se dirige al teléfono.

ARTURO. No estoy, no estoy.

TOMÁS. *(Descuelga, habla)*. Oigo… Sí, es aquí… No, él no está… Un conocido…

ARTURO. Un conocido, mira lo que dice este, un conocido.
TOMÁS. ¿Cómo? ¿Qué dices? ¿Qué dices? ¡Pero si no sabes ni quién soy! *(Escucha, interrumpe, excitado).* ¿Quiere dejarle algún recado? Solo eso, un recado… Rápido. ¡Vamos, vamos, rápido! Tú a mí no me conoces para… Más grosero eres tú, chico. *(Cuelga. Silencio).* Nicky…
ARTURO. Nicky.
TOMÁS. Llamará más tarde.
ARTURO. ¿Qué te dijo?
TOMÁS. Boberías.
ARTURO. ¡Boberías, boberías! ¿Qué te dijo? Dime, dime qué te dijo. Quiero, necesito saber.
TOMÁS. Está bueno ya, ¿eh? No creo que te guste mucho saber lo que me dijo. *(Pausa).* Adiós.
ARTURO. Tomás, Tomás no te vayas. Llueve mucho.

Tomás hace ademán de retirada, pero no sale. Se acerca lentamente al ventanal.

TOMÁS. Sí, llueve mucho. ¡Es como si hubieran corrido una cortina de gasa!
ARTURO. ¡Como si hubieran corrido una cortina de gasa! *(Riendo).* ¡La poesía de Marlén se te subió a la cabeza!
TOMÁS. Hasta me dedicó un poema.
ARTURO. ¡Siempre he pensado que escribes mejor que ella! ¡Seguro que escribes mejor!
TOMÁS. No quiero que nadie en esta escuela sepa que escribo. Mira, te voy a leer el último poema que escribí, a ti porque eres mi amigo.

Saca una hoja de papel. Arturo se la arrebata de las manos. Corren. Se divierten.

ARTURO. No lo entiendo mucho pero me gusta. ¡Me gusta! ¡Vas a ser un gran escritor! ¡Tomás, Tomás vamos a los naranjales!
TOMÁS. ¡Pero si está lloviendo, Arturo! El director dice que no podemos salir de la escuela si llueve. Si nos agarran nos van a poner un reporte.
ARTURO. No, chico, no, nadie va a agarrarnos, olvida eso, además, Prieto es amigo de mi papá.
TOMÁS. ¿Y yo?
ARTURO. Tú vas conmigo, tú eres mi amigo, eres mi Tomás.
TOMÁS. ¡Pero mi papá no…!
ARTURO. ¡Vamos! ¡Con el mío basta y sobra! ¡Tomás, Tomás!
TOMÁS. ¡Voy! ¡Voy!
ARTURO. ¡Abuelo Onorio! Si sigue mojándose va a coger una pulmonía que ni el médico chino. ¡Mojarse no es para los viejos! ¡Abuelo Onorio, cara de velorio! ¡Abuelo Onorio, cara de velorio!
TOMÁS. *(Onorio).* «¡Sigan, sigan burlándose! Se lo voy a decir al director. Le voy a decir que andan por ahí por los matorrales haciendo cochinadas. ¡Puercos, salvajes! Onorio ve, Onorio sabe, Onorio puede hablar. Le voy a decir que se fugaron para que les ponga un reporte y les quite el pase!» *(Pausa, lejano).* ¡Abuelo Onorio, cara de velorioooo!
ARTURO. Lo encontraron muerto una mañana, al lado del cantero de mar pacífico. Infarto… ¡Ese viejo! Con lluvia, con sol, siempre en el jardín. Total, a nadie le importaba. No lo lloró ni la familia. Nadie llora a un viejo chocho. Con él murió lo único que servía para algo en esa escuela de mierda, según tú. Nos llevaron al velorio. Para colmo hubo que hacerle hasta guardia de honor. Resulta que el viejo había peleado contra la dictadura de Batista. ¡Y

nadie lo sabía! Era un héroe, dijeron, un héroe de verdad. Y como era un hombre cabal no alardeaba de su pasado. «Los hombres de verdad se callan, no andan por ahí contando sus victorias», dijo Prieto. Algunos, pensé, algunos se callan, porque otros no paran de hablar, otros cacarean hasta el cansancio; otros rugen horas y horas hasta que la gente se tapa los oídos y grita para sus adentros ¡basta ya! ¡Basta yaaaaa! ¡Un héroe! Onorio el jardinero, un héroe. Un héroe ripiera y loco, muerto de hambre, como tantos héroes en este país, en este mundo, en este planeta. Un héroe de la indigencia que se vestía con sacos y comía sobras. El olor de las flores me revolvió el estómago. Cuando me tocó mi turno de guardia no quería mirar dentro de la caja, pero miré. ¿Y si en vez de ver al viejo me veía a mí mismo? No, no era yo el que dormía en el cajón, era él, con su carita de monito tití. Un héroe muy mono. Un mono héroe... Sentada frente a la caja del muerto había una vieja con un bigote negro y espeso. «¿Qué coño te pasa, muchacho, nunca has visto una vieja con bigotes? Pues somos muchas, jajajaja, muuuuchaaas». Yo seguía diciéndome, ¿y si me duermo y amanezco bajo tierra? ¿Y si esa vieja bigotúa es la muerte que viene a buscarme?

TOMÁS. Se puede estar muerto en vida.
ARTURO. No es lo mismo que estar metido en una caja.
TOMÁS. A veces es preferible.
ARTURO. No, no es lo mismo.
TOMÁS. ¿Estás seguro?

Al fondo una sombra se inclina sobre algo que sugiere una tabla de planchar. Hay amargura en los movimientos, una profunda desolación.

TOMÁS. *(Su madre).* No veo el día para largarnos de aquí. Total, esto lo único que me ha dado ha sido dolores de cabeza. Al final, me quedé sola. Mira tu padre, quiso ser más político que nadie. No se llevó de consejos. Uno no puede meterse con el gobierno. Ahora él preso y yo trabajando como una bestia para mantenerlos a ustedes, porque eso he sido siempre, una perra. No vayan a decir en la escuela que su papá está preso. Digan que está en una misión... o que ustedes no saben. Digan que ustedes no lo conocieron... o que se murió... o digan mejor que nos abandonó para irse con otra, que es un mal padre, un borracho, un putero, y que nunca, nunca más volverán a verlo... que yo los crío sola, luchando, que soy una mujer sacrificada y decente... digan lo que quieran pero jamás, jamás digan que está preso por atentar contra este gobierno. Si lo dicen los van a moler en una máquina gigante, los van a hacer picadillo para tirárselo a los perros... ¡Tomás, muchacho, suelta ese puñetero libro y ve a comprar el pan que yo no puedo con todo! ¡Libros, libros! Te pasas el día leyendo. ¡Y qué cosas! Si tu padre se entera te mata.

Sombra de rejas en suelo y paredes. Al fondo un hombre sentado con la cabeza erguida.

TOMÁS. *(Su padre).* «Pensé que no querías venir a verme, como te pierdes. ¿Por qué no me miras? Mírame, Tomás. ¡Vamos, mírame! Así está mejor. Me cuenta tu mamá que tienes buenas notas. Te pareces a mí entonces. ¡Siempre salía bien! Era el mejor del aula. ¿Qué te pasa? Tengo la impresión de que no me oyes... Aunque no creas, tu padre es alguien importante, deja que salgamos de aquí. Estarás orgulloso de mí. ¡Todo acabará, Tomás, y volveremos a ser una familia! Todo acabará, hijo. No hay mal que dure cien años... Créeme, créeme, no soy un mal hombre… Sé fuerte, hijo, ayuda a tu madre. *(Derrotado)*. Ya llevo doce años. Doce años preso. Me estoy poniendo viejo. ¡Doce años! ¡Pero no tengo miedo! No le tengo miedo a nada. Tú no tengas miedo, Tomás, no le temas a otro hombre como tú, no bajes la cabeza, no te dejes aplastar, hijo, ¡nunca!». *(Pausa)*. Mis padres estaban muertos en vida. Se inventaban mentiras para sobrevivir, promesas de un futuro brillante. Somos inventores de esperanzas, Arturo. ¡Y la esperanza acaba siendo un invento tan triste! A veces los odiaba. Ya no me avergüenza decirlo, pero los odiaba. Sus voces, sus quejas, su olor. Me gustaba odiar. Me gustaba sentirme lleno de sombras, de ideas agotadoras. Luego lloraba. Y a empezar de nuevo.

ARTURO. Tomás… ah, Tomás… Tú y tus ideas raras. ¿Te acuerdas cuando te ponías a contar películas de misterio en el albergue? Terminabas con un coro de gente a tu alrededor. Eras el mejor contando películas de esas. Yo traté, pero no podía. Siempre se me olvidaba la mejor parte. *(Pausa)*. ¿Quieres ponerte algo mío en lo que se te seca la ropa?

TOMÁS. No.

ARTURO. Cuando quieras ve hasta el clóset y agarra lo que más te guste. *(Bebe)*. Hoy pensé que no me ibas a esperar… Después de todo, tuve suerte. No llegué tarde a la cita por mi culpa, es que tuve que ir a casa de Francisco, uno ahí, a devolverle una película de esas que aquí no se pueden ver. Bobada de país. Imagínate. Allí me di los tragos.

TOMÁS. No te justifiques más. Llegaste tarde y yo me empapé.

ARTURO. Al menos me esperaste.

TOMÁS. Suerte que tienes.

ARTURO. Cada cual nace con su estrella.

TOMÁS. Depende.

ARTURO. ¿La tuya?

TOMÁS. Las estrellas se encienden y se apagan con los años, como las luces. Antes, cuando estudiábamos juntos, no la tenía, o sí, era una estrella apagada, más que una estrella, era una lamparita de noche.

ARTURO. ¡Antes, antes! El pasado. El pasado no existe. Una vez Carla me dijo que yo vivía de espaldas al pasado y la saqué de aquí. A la media hora estábamos en la cama burlándonos de todo, metidos en el presente. «Mira cómo te meto este presente en lo que me presentas», le dije, y me arañó la cara. Ahorita debe llegar empapada, taconeando y echando espuma por la boca porque no fui a recogerla al teatro. No podía, te invité. El pasado. Tía tenía razón, la gente siempre habla de lo mismo.

Silencio. Arturo bebe.

TOMÁS. Vamos, que no has perdido la memoria.

ARTURO. No sé nada de nada.

TOMÁS. Hablábamos de nosotros, de nuestra vida.

ARTURO. ¡Nuestra vida! Tu vida… Creo recordar algo… Sí, hablabas de las estrellas. Y dijiste que no tenías.

TOMÁS. No, no tenía. ¡Pues si no tengo me la fabrico!, me dije.

ARTURO. ¿Cómo?

TOMÁS. Calcando.

ARTURO. ¿A quién?

TOMÁS. A ti.

ARTURO. ¿A mí?

TOMÁS. Para mí era muy importante sentirme dueño de cosas. Cosas que pudiera enseñárselas a todo el mundo, bonitas. No tenía. Tú sí, te ahogabas, te hundían en ellas. Y yo me recomía el hígado cada vez que te veía. Porque tú tenías aquello a lo que yo no podía llegar. *(Lo imita).* «Mi papá dice esto, mi papá dice lo otro; mi mamá fue aquí o allá». Yo te contestaba mentalmente: Pues a mi papá preferiría no verlo, a mi madre tampoco, ni a mis hermanos… ¡Ojalá no existieran!

ARTURO. ¡Ya, Tomás, por favor! No tiene sentido.

TOMÁS. ¿No tiene sentido? ¡Entonces a mentir! Adoro a mis padres, adoro a mis hermanos, adoro la pocilga donde vivíamos, la tabla de planchar de mi madre, adoro mi pantalón desteñido, mis tenis rotos…

ARTURO. ¡Te veías tan guajiro! Creo que me dio lástima. *(Pausa).* ¿Quieres ver alguna película?

TOMÁS. No me interesa, gracias.

ARTURO. ¿Ya no te interesan las películas…? Qué raro, como cambia la gente. Después de que viste la primera andabas como un loco detrás de mí. Que conste, eras tú el que quería repetir la experiencia, yo nunca te propuse repetir, jamás te llamé.

TOMÁS. Cuando se acercaban los exámenes sí que me llamaste.

ARTURO. Tú te brindaste. ¡Llámame, Arturo, llámame!

TOMÁS. Hubieras suspendido. Ni siquiera copiabas en clase.

ARTURO. *(Pausa).* Una vez me descubrí recordándote. Allá no puede quejarse, me dije, porque pornografía hay de sobra. Y mira eso. Paso hoy…

TOMÁS. Por poco me arrollas…

ARTURO. Es que no podía creer lo que veía.

TOMÁS. ¿Qué no podías creer?

ARTURO. Tú… tú aquí en La Habana, en Cuba… no sé.

TOMÁS. Me hacías bien lejos, ¿eh? ¿Por qué?

ARTURO. Porque después de todo lo que te pasó… Después de aquello…

TOMÁS. Sigue.

Tocan a la puerta. Silencio. El toque se repite. Arturo sale.

ARTURO. *(Afuera, muy alterado).* No vas a entrar. ¡No quiero que entres! ¡No te quiero aquí! No tengo nada que hablar contigo… ¡pero qué pesado, qué pesado eres! No me importa. No me importa si te ahorcas, si te cortas las venas o si te tiras por el balcón… Atrévete… ¡Atrévete y verás!… Vete. ¡Vete! ¡Me tienes aburrido! ¡Veteee!

Pasan algunos segundos. Arturo entra.

ARTURO. Era ese verraco de Nicky… La gente se vuelve loca cuando deja de interesar a los demás… ¿Qué te dijo por teléfono ahorita?

TOMÁS. Nada, estupideces.

ARTURO. Por supuesto, él no habla otra cosa. Dime, Tomás, no te hagas el interesante, ¿qué te dijo?

TOMÁS. Tú sabrás.

ARTURO. ¡Coño, contéstame!

TOMÁS. No me grites. Si tus papitos te lo aguantan, allá ellos. Yo no. ¡Yo no!

Arturo hace ademán de coger una botella de bebida.

TOMÁS. *(Lo intercepta).* Estás tomando mucho.
ARTURO. ¿Qué te importa? ¡Dámela!
TOMÁS. No.

Forcejeo por la botella que se convierte en pelea.

ARTURO. *(Cayendo al suelo).* ¡Puerco!
TOMÁS. ¡Puerca será la madre que te parió!
ARTURO. ¡Suéltame, maricón de mierda, amargado! ¡Suéltame!
TOMÁS. ¡Cállate la boca, so singao! ¡Cállate!

Pelean. Vuelven a tocar a la puerta.

ARTURO. *(Se levanta con mucho esfuerzo).* ¡No voy a abrir, coño! ¡No te voy a abrir! ¡Vete de una vez!

Cesan los toques.

TOMÁS. ¿Quién es ese?
ARTURO. No te importa.
TOMÁS. Me importa.
ARTURO. ¿Por qué?
TOMÁS. Me habló como si me conociese de toda la vida. Dijo cosas raras, así sin saber quién yo era.
ARTURO. Está medio loco.
TOMÁS. Y tú nervioso.
ARTURO. Tú pones nervioso a cualquiera, tienes esa facultad, ¡siempre has tenido esa capacidad! Sí, estoy muy nervioso. Ya se me pasará.
TOMÁS. ¿Y si en vez de ser Nicky era esa mujer?
ARTURO. ¿Carla? No, no era ella. Carla echaría la puerta abajo, es mucha Carla esa Carla. Dice que me quiere, que somos muy importantes el uno para el otro, eso dice…
TOMÁS. Estás metido en problemas.
ARTURO. Todos tenemos problemas.
TOMÁS. Tienes miedo.
ARTURO. ¿A qué?
TOMÁS. A ser descubierto.
ARTURO. Sin literatura, por favor.
TOMÁS. Si no le abres la puerta a ese Nicky te va a cagar.
ARTURO. Él no tiene cojones para eso.
TOMÁS. Me pareció todo lo contrario.
ARTURO. Tú y tus pareceres.
TOMÁS. Está desesperado. Cuando la gente se desespera habla de más. Y hasta miente. Él habló de más.
ARTURO. Cobarde.

TOMÁS. Me dijo cosas atroces de ti.

ARTURO. ¡Atroces, atroces, qué palabras utilizas! Nicky habla mal de todo el mundo. Es uno de sus peores vicios, entre otros, hablar mal de los demás. Nicky ha sido un fallo en mi vida, un defecto. Me da asco.

TOMÁS. *(Nicky)*. Arturo es un chivato. Y después llama al papá para que lo saque de los líos y embarca a todo el mundo. Toma pastillitas con ron. ¡Pregúntale, pregúntale por las pastillitas! Pregúntale por todo lo demás, por los jardines, por el talco... ¿Sabes lo que puede pasarle si se enteran en la policía? ¿Y lo que puede pasarte a ti por estar ahí, en su casa? En este país pagamos todos por todo, sin diferencias. Lo mismo da el que mata la vaca como el que le aguanta la pata. Dile que lo voy a patear cuando lo agarre. Que le voy a cortar esa carita de mosca muerta. ¡Y que se atreva a llamar al padre si los tiene bien puestos! Con Nicky no se juega. Tú vete rápido de ahí, porque vas a coger también como se te ocurra defenderlo.

ARTURO. Quiere vengarse de mí porque ya no salimos juntos. Lo corté de raíz después del último escándalo. ¿Cómo voy a estar saliendo con un tipo que cada dos por tres se mete en un lío? Él fue el que me metió en la cabeza eso de las pastillitas, y lo otro... Se cuela como una serpiente, más que como una serpiente, como el humo, es de humo Nicky. No debí darle entrada cuando nos conocimos en aquella recepción, pero como es hijo de un compañero de mi padre... Él fue el que se acercó a mí. Su aire triunfal me sedujo... parecía muy dueño de sí mismo... Y no se quejaba. ¡Imagínate, Tomás! Vivimos en un país en el que la gente se queja constantemente. No les quito razón, pero a mí las quejas me agotan, me aburren. Yo había dejado la universidad y me encontraba perdido.

TOMÁS. ¿No estudias?

ARTURO. Hasta me enfermé de los nervios con tantas integrales y derivadas encima de mí. Un psiquiatra amigo de papi me resolvió la licencia y me recomendó reposo. Insistió en que me tomase las cosas con calma. Tómate un año sabático, me dijo, y olvídate de todo.

TOMÁS. El olvido es una de tus especialidades.

ARTURO. Nicky también había dejado la escuela, de modo que nuestro aburrimiento nos unió, y nuestras ganas de divertirnos. ¿No te aburres, Tomás? Yo me aburro mucho. Entiende, Tomás. Estaba... sin amigos... Con el tiempo la gente se distancia y tú sabes que yo no le caigo atrás a nadie, además, en este país la mayoría de la gente te trata para ver lo que pueden sacarte, no porque te aprecien de verdad. Somos así de tristes. Nicky es alegre. Cada vez que venía traía una botella o alguna perica. Un día, registrando en el botiquín, descubrió el Parkisonil de la tía. *(Nicky)*. «Vamos a probar, Arturo. Si te mareas te acuestas y punto. Nadie se va a enterar de nada. ¡Ah, chiquillo, que se te ve el gusto por los vicios en la cara! Tú eres como yo, te encantan los placeres secretos». Es increíble, Tomás. Te desprendes de todo. El mundo se convierte en una mancha, las cosas se forman y se deforman. ¡Flota! ¡Flota! ¡Flota! ¡Así toda la vida! Si estas paredes pudieran hablar. Después él conseguía pastillas y maría, y polvo... y así... No me mires así, no soy un leproso, cualquiera se mete una pastilla.

TOMÁS. O dos, o tres, o un pomo, y te vas al otro mundo, teñido de azul.

ARTURO. Sí, sí, color mar, color cielo. Jajaja. ¡Tomás y sus imágenes! Una noche, cuando regresábamos de la playa, recogimos a tres pericas en la carretera y las trajimos. Una no quiso ni beber ni nada, tenía miedo. Nicky la obligaba, pero la muy... Yo estaba muy mareado. Cuando me di cuenta Nicky le había partido la boca y las otras dos gritaban arañándonos como fieras... ¡Váyanse al carajo, putas de mierda! ¡Váyanse de aquí, partía de cochinas! ¡Peseteras! ¡En cueros, Nicky! ¡Bótalas de aquí en cueros! ¡Piojosas!

Oscuridad. Sonido de una sirena de policía. Arturo trata de esconderse en algún lugar, cubriéndose una invisible desnudez. Continúa la sirena más intensa. Tecleo de una máquina de escribir.

ARTURO. *(Primero musita frases inaudibles).* La idea fue de él. Yo no les hice nada. Si ellas dicen eso es mentira. Fue él… Nicky… Nicolás… Yo no les hice nada. Yo soy muy tranquilo. Estoy enfermo, muy enfermo… Nunca antes… Él mezcló las pastillas con la bebida y cuando me lo dijo ya yo había bebido. Juro que todo lo que digo es verdad. No, jamás he tenido problemas con la policía. Me da mucha pena… Yo no… Fue Nicky, me engañó, me ha engañado siempre… Mire, anote el teléfono de mi papá…

Luz normal. Arturo se repone poco a poco.

TOMÁS. Claro que quiera patearte.
ARTURO. Por suerte no me pasó nada. Papi fue. Además, Tomás, tengo problemas psiquiátricos, igual que Nicky. El padre le dio una pateadura que hasta los propios policías tuvieron que quitárselo. ¡Como siga jodiéndome lo denuncio!
TOMÁS. No tienes derecho.
ARTURO. ¿Estás seguro?
TOMÁS. Creo.
ARTURO. Si me hubiera apreciado un poco no me habría metido en la cabeza todas esas cosas de las pastillitas, las bebederas…
TOMÁS. Pobrecito el niño…
ARTURO. No te burles.
TOMÁS. No me burlo, es la verdad.
ARTURO. Si te vas ahora seguro que no me pongo bravo.
TOMÁS. No me voy.
ARTURO. Estás en mi casa.
TOMÁS. ¿Y a mí qué me importa?
ARTURO. ¿Por qué no viniste antes?
TOMÁS. Nadie me invitó.
ARTURO. Sabías la dirección.
TOMÁS. Regresé hace muy poco a La Habana. Estaba en Santiago, en casa de una tía, después que pasó todo me fui con ella.
ARTURO. ¡Y regresas ahora coronado de laurel! ¡El santiaguero, el palestino! Jajajaja.
TOMÁS. Me cansé de estar huyendo de algo que no existe.
ARTURO. Tengo razón entonces, el pasado, pasado.
TOMÁS. Pero no puedo olvidar. La única manera de que no se repitan las cosas es no olvidándolas.
ARTURO. Pues yo no quiero saber nada de nada de nada.
TOMÁS. ¿De qué vamos a hablar tú y yo, imbécil, si no es del pasado?
ARTURO. Eres un resentido.
TOMÁS. ¿Y qué eres tú?
ARTURO. ¿Yo? Eso es asunto mío.
TOMÁS. Ahora es asunto de los dos. *(Pausa).* Te has pasado la vida traicionando. Estás solo.
ARTURO. Tengo familia.
TOMÁS. Que también te traiciona.

ARTURO. Frustrado. No tengo la culpa de que te hayan dejado aquí los tuyos o de que no te hayas ido porque no te dio la gana… Mi familia traicionarme. ¡Mira quién lo dice!
TOMÁS. ¿Alguna vez te han preguntado cómo te sientes?
ARTURO. ¡Y dale con el sentimentalismo!
TOMÁS. No le tengo miedo ni a las emociones ni a las palabras.
ARTURO. Vete.
TOMÁS. Llueve.
ARTURO. ¡Vete ya!
TOMÁS. *(Empujándolo).* No soy Nicky. Otro gritico más y te parto la boca.
ARTURO. ¡Ay, coño, para qué te invité!
TOMÁS. ¿Para qué? ¿Para qué? ¿Para qué? No soy el comemierda de antes. Ya no te puedes burlar de mí. No me puedes trajinar. ¿Para qué?
ARTURO. *(Estalla).* ¡Yo tampoco he podido olvidar! No fue fácil, además, estaban mis padres. Tuve que hacerlo.
TOMÁS. ¡No podías hacer otra cosa!
ARTURO. Tienes que entender.
TOMÁS. Tú también.
ARTURO. Pero no… no es lo mismo… ¡no, no, no! Estaban mis padres, la escuela, la gente. ¿Te imaginas la pena de mis padres si me hubiesen hecho lo mismo que a ti? Era muy difícil. Había que definir.
TOMÁS. *(Acercándose a la ventana).* ¡Y no escampa!
ARTURO. Mis padres no querían que anduviera contigo. Decían que los tuyos eran gusanos, que querían irse de aquí, que eran unos mierdas, unos miserables, que si esto, que si lo otro, «Cuidado con Tomás, no te acerques a él, no queremos que te vinculen, puede ser muy perjudicial, ¡somos revolucionarios!»… A mí no me importaba tu familia. Me importabas tú. Temía por ti. ¡Sí, por ti! También he soñado con la gritería. Me arrastraban por un camino de piedras afiladas y me tiraban por encima de una cerca… Del otro lado había gente que estiraba los brazos. Eran pezuñas, eran cascos… Yo no quería caer allí… pero caía, caía, siempre caía. Y despertaba cuando empezaban a despedazarme.
TOMÁS. También quise gritar cuando me quedé solo. Tanta soledad me calló la boca. La casa sola, la calle sola, y yo embarrado y olvidado. Embarrado de huevos. Los huevos que me tiraron en la escuela. ¿Te acuerdas, Arturo? Me embarraron todo de huevos. ¡Qué país! La gente pasando hambre y tirando la poca comida que tienen en las caras de los que quieren largarse. Como si la necesidad de partir no formase parte de la naturaleza humana. ¡Pues no! ¡Hay que quedarse, hay que defender la obra de los mártires de la Revolución! ¡Los derroches de la miseria, la ira de los justos! Qué país. ¡Hay que hundirse por las ideas de otros! De otros que no se hundirán contigo, claro está… jajajaja… Somos tan extraños. Yo confiaba en ti. Era demasiado joven para saber que no se puede confiar en los cobardes. También me dabas lástima. Te veía tan bruto, tan atormentado cuando llegaban las pruebas, tan indefenso a pesar de tu casa, tus padres, tu ropa de marca, todo lo que tenías… Nada de eso podía darte lo que te faltaba. Te lo daba yo. Imaginaba que seríamos amigos toda la vida, que nada podría separarnos…
ARTURO. La eternidad no existe, Tomás. Toda historia de amor está condenada al fracaso.
TOMÁS. Buenos principios, malos finales. Pensé que ibas a estar allí, como estaba yo. No falté nunca, Arturo. Tú sí faltaste.

Silencio. Oscuridad. Se escucha un coro impreciso de voces. A lo lejos una sirena.

VOZ RADIAL. *(Medio distorsionada).* Los antisociales, la escoria, toda la lacra abandona el país por el puerto habanero del Mariel en medio de la justa ira del pueblo trabajador y revolucionario que se libera así de buena parte de sus taras sociales.
CORO. ¡Pin pon fuera, abajo la gusanera! ¡Pin pon fuera, abajo la gusanera!
TOMÁS. ¡Están aquí, los vi por la ventana!
ARTURO. ¿Quiénes?
TOMÁS. Mis padres…
ARTURO. Estate quieto.
TOMÁS. Han soltado a mi padre para que se largue por el Mariel y han venido a buscarnos para que nos vayamos con ellos… los dos, mi padre y mi madre, juntos otra vez, juntos hasta morirse en su desgracia… ¿Dónde están los demás?
ARTURO. Han ido todos al albergue de tus hermanos, al acto de repudio. No vayas a salir de aquí. Nadie te buscará en el baño. No vayas a salir.
TOMÁS. Tengo miedo.
ARTURO. No tengas miedo, no tengas miedo, Tomás, yo estoy aquí contigo. Tomás, mi Tomás. Dame tu mano. Esa no, la otra, dame la otra, esa, esa… aprieta fuerte, Tomás…
CORO. *(Casi ensordecedor).* ¡Pin pon fuera, abajo la gusanera! ¡Pin pon fuera, abajo la gusanera! ¡Pin pon fuera, abajo la gusanera!
UNA VOZ. ¡Que se vaya la escoria!
CORO. ¡Que se vaya! ¡Que se vaya! ¡Que se vaya!
ARTURO. ¡Ay mi madre!
TOMÁS. Apártate de la puerta. ¡Aparta!
ARTURO. Sí, están en el albergue de tus hermanos. Ahora vendrán a buscarte a ti también. ¡Coño, qué mala suerte!
TOMÁS. ¿Mi mamá también está…? ¿Claro, son sus hijos! Las madres no abandonan a sus hijos. ¿Sabes, Arturo?, mi mamá es muy buena gente, es una gran madre… Ya sé, ya sé que para tus padres mi mamá es una gusana… Mi madre ha sufrido mucho.
ARTURO. No te muevas. ¡No salgas de aquí!
TOMÁS. Déjame ver, Arturo… ¡Déjame!
ARTURO. Por favor… no, quédate aquí. ¡Tomás, Tomás!
TOMÁS. ¡No le den golpes a ella! ¡A ella no! ¡A ella no!
ARTURO. ¡No salgas, Tomás, por tu madre! ¡No salgas! ¡No salgas!
CORO. ¡Abajo la escoria! ¡Abajo la escoria! ¡Abajo la escoria!
TOMÁS. ¡No le den! ¡No la toquen, coño! ¡Mami! ¡Mamiiiii! ¡No! ¡Noooo…!

Sombras rojizas se proyectan sobre Tomás. Arturo se alza al fondo dominando desde una altura todo el espacio.

ARTURO. *(Como Prieto, el director de la escuela).* ¡Define, Tomás, define ahora, con ellos o con nosotros!
TOMÁS. *(Balbuciente).* Director, yo no me voy. No me voy… pero ella es mi madre… ¡Mamiiii! Yo no… ¡Mamiii! Arturo, él lo sabe… Él sabe que yo nunca he pensado en irme. Arturo lo sabe.

ARTURO. *(Como Prieto).* ¿Cómo es eso, Arturo? ¿Usted sabía de esto y no dijo nada? ¿Usted se ha callado hasta ahora?

Silencio.

ARTURO. *(Desciende, es una criatura espantada que quiere desaparecer).* ¡Abajo la escoria! ¡Abajo la gusanera! ¡Abajo la escoria!

Tomás se retuerce como si fuera golpeado por una masa inmensa de personas. Su cuerpo se sacude bombardeado por huevos invisibles.

ARTURO. *(Se alza al fondo sobre la figura de Tomás retorciéndose).* Yo no sabía nada. De haberlo sabido me hubiese separado de él. Ni siquiera sabía lo del padre. Creo que una vez me dijo que estaba preso, pero tampoco lo tengo seguro. Yo no ando con gusanos. Éramos amigos, sí, pero de ideas nunca me habló y de que su familia quisiera irse del país mucho menos. Yo no ando con gusanos. No, no por supuesto. Todas mis amistades son buenas. Yo no ando con gusanos… ¡Nunca! *(Se derrumba).*

Luz normal.

TOMÁS. Cuando llegué a mi casa me encerré en el baño. No abrí la puerta ni siquiera cuando vinieron los de inmigración a llevárselos. No podía abrir la puerta. Mi madre lloraba, «Tomás, hijo, abre esa puerta», mis hermanos lloraban, todo lloraba… Y cuando salí… Era como si el mundo hubiese desaparecido… Era como si yo caminase por un papel en blanco… ¿Sabes, Arturo? En medio de la soledad fui feliz un segundo. ¡Me sentí liberado de tantas cosas!

ARTURO. Desde que te vi, quería preguntarte. Si te maltrataron, te humillaron, te fallé, ¿por qué no te fuiste?

TOMÁS. Soberbia, tal vez. O que siempre quise, en lo más profundo, estar solo… aunque después tuviera que enfrentarlo. ¿Y por qué irme, por qué? ¿Por qué? Al principio extrañé mucho, sobre todo a mi mamá. Pero también los recuerdos endurecen, y un día descubres que lo que antes te hacía llorar se ha secado, y que las imágenes empiezan a desdibujarse… ¿Y tú? ¿Qué hubieras hecho tú?

ARTURO. Me hubiera ido sin pensarlo dos veces. No soporto que me maltraten.

TOMÁS. La gente embrutece. Espero que nada de aquello vuelva a pasar. Lo sentiría tanto por los que se van, como por los que se quedan.

ARTURO. Eres un ingenuo, este es un país de salvajes.

Llueve. La ciudad luminosa se extiende más allá del ventanal. Un círculo de luz cruza el cielo.

ARTURO. ¿Viste? Una luz. Parecida a la que vimos aquella noche, cuando nos sentamos en la azotea del albergue. El cielo era de cristal. Te pregunté si creías en los extraterrestres. ¿Habrá sido una señal que no supimos captar? Siempre pasa lo mismo. ¡Nunca percibimos lo que se nos viene encima! Claro, de ser así todos seríamos dioses, y ya se sabe que los dioses son una mentira… Desde entonces me siento observado, desde adentro y desde afuera. Estoy atrapado en una tela de araña. Miles, millones de arañas entrándome por la boca, por las orejas, por la nariz.

TOMÁS. Décimo grado.

ARTURO. A veces siento que no existo… qué raro… A veces me pregunto qué soy… Estoy pirado, no me hagas caso… Tomás… yo te quiero… yo no te olvido…

TOMÁS. Es tarde ya. ¡Y no escampa! *(Abre la puerta de salida).*

ARTURO. *(Intenta reír).* Dime, ¿crees en los extraterrestres?

TOMÁS. ¡Y no escampa! *(Sale).*

Arturo permanece quieto unos segundos, luego repara en la botella y se da un trago, vacila, sonríe.

ARTURO. Ya esto me hizo daño. ¡Qué asco! Tendré que vomitar de nuevo.

Antes de irse al baño apaga la luz. Penumbras. Se escucha cómo vomita en el baño. En el cielo reaparece el círculo de luz que se pierde en lontananza.

La Habana, julio de 1987.
Madrid, febrero de 2010.
Junio de 2016.

José Corrales

NOCTURNO DE CAÑAS BRAVAS

Obra en diez escenas sin intermedio

José Corrales (La Habana, 1937-Nueva York, 2002). Dramaturgo, actor, director y poeta. Estudió en la Academia de Arte Dramático de La Habana. En 1965 se radicó en Nueva York. Se desempeñó como asesor literario y actor para el Dumé Spanish Theater, donde se representaron dos de sus primeras piezas dramáticas: *Faramalla* —escrita con el propio Dumé— y *Juana Machete o la muerte en bicicleta*. En el Mercy College presentó sus obras *El espíritu de Navidad* y *Spics, spices, gringos, and gracejo*. En colaboración con Manuel Pereiras escribió *Las hetairas habaneras* y *The Butterfly cazador*. Autor de más de una veintena de textos dramáticos —entre los que se destacan *Bulto postal, Un vals de Chopin, El vestido rojo, Las sábanas y Orlando*—, escribió los poemarios *Las hambres terrestres* y *Los trabajos de Gerión*, entre otros. Fue coeditor de la revista de poesía *Palabras y papel*. En 2001 recibió el Premio Palma Espinada, reconocimiento anual que otorga el Cuban American Cultural Institute de Los Angeles.

Si está interesado en solicitar la autorización para el montaje de esta obra, puede escribir directamente a: **IraGiraffe@aol.com**

Personajes

Enrique, más bien gordo, muy alto, ojos como dos reales ennegrecidos, 28 años, de raza blanca.
Oberón, muy delgado, más bien alto, ojos como de gato, 28 años, mulato bastante oscuro.
Sergio, musculoso, no muy alto, rubio, ojos verdes, 25 años, de raza blanca.
Enrique niño, de once años.
Oberón niño, de once años.
Sergio niño, de ocho años.
La Passante, mujer joven, muy bella.

La obra se desarrolla en Cuba en un claro de un bosque cerca de un río donde predominan las cañas bravas. Los años cuarenta.

Decorados

En el centro, fondo, hay una fogata. En la fogata, hay una cafetera grande de esmalte con café. A la izquierda de la fogata hacia el foro, hay maletas, bolsas, bultos, avíos de pesca, unas botas. Más hacia el foro, casi al centro, en el lado izquierdo, hay una hamaca colgada de los árboles. Esta es la hamaca de Sergio. A la derecha de la fogata hay dos hamacas, también colgadas de los árboles, una hacia el foro y la otra hacia el fondo. De la del foro solo se ve la mitad. Esta es la hamaca de Enrique; la otra es la de Oberón. También a la derecha y casi en primer plano hay el tronco de un árbol caído. La salida de la derecha da al río. Al fondo derecha está la guardarraya que lleva a la carretera.

Iluminación

Al comenzar la obra son las ocho y media de la noche, hora crepuscular del verano cubano. Esta puesta de sol es de color naranja muy clarito. Se acerca la noche brillante y olorosa. La luna llena. Al final de la obra, se ve la salida del sol.

Efectos de sonido

Se oye el viento entre las cañas bravas, las voces de niños burlones y un nocturno de Chopin.

Vestuario y utilería de mano y escena

Enrique arregla una caña de pescar. Sergio sale con caña de pescar. Oberón niño usa pañuelo y trae a escena ropas iguales a las que lleva Oberón. En las bolsas hay lo siguiente: una botellita de ron, dos plátanos, tres latas de alimento, dos vasos de lata, una sábana, unos shorts, cigarrillos. Por la fogata hay jarritos para el café y algunas ramitas. Los personajes niños salen primero de uniforme de escuela privada y después en shorts. Los adultos llevan ropa de campaña, sin zapatos, y tienen escenas al desnudo. Enrique también sale en shorts y en calzoncillos. Sergio y Sergio niño llevan manilla de oro en la muñeca izquierda.

ADVERTENCIAS

Los textos de Hamlet, *que el personaje de Oberón dice en la Escena X, fueron tomados de la traducción que hizo al castellano Leandro Fernández de Moratín en 1794.*

El nombre del personaje La Passante fue tomado de un libro de poemas de Alina Galliano.

TOMMASO. ... *that other little fall in deep sleep that takes us back or forward I don't know to a world we once knew or will know someday.*
En *Perfidia*, de Manuel Pereiras García

ESCENA I

Enrique está desenredando el hilo de la caña de pescar. Oberón está haciendo café en la fogata. Ambos están sin camisa y descalzos.

ENRIQUE. ¿Tú sabes lo que tu mujer le dijo a Teresa? Que el año pasado no cogimos ni una sardinita.
OBERÓN. ¿Cuándo habló con ella?
ENRIQUE. No sé. Ayer, antier.
OBERÓN. ¿Tú estás seguro?
ENRIQUE. Seguro ¿de qué?
OBERÓN. De que hablaron, tu mujer y la mía.
ENRIQUE. Claro que sí que hablaron. ¿Quieres que te lo jure?
OBERÓN. No, no. Es que... ¿Y hablaron mucho?
ENRIQUE. Qué sé yo. ¿Por qué?
OBERÓN. Por nada. Curiosidad.
ENRIQUE. Ah.
OBERÓN. No me acuerdo.
ENRIQUE. No te acuerdas, ¿de qué?
OBERÓN. De lo que cogimos el año pasado.
ENRIQUE. El año pasado... *(Con gesto exagerando el tamaño del pescado).* ¿Quién fue el que cogió un pargo de este tamaño? Un banquetazo. No sé por qué dijo eso. Como a Teresa no le gusta que yo vaya a pescar... No se da cuenta de que lo necesito. Aunque sea una vez al año. Primero mi tía y ahora Teresa. No se dan cuenta. Las mujeres, ¿quién las entiende? Yo no sé tú pero lo que es yo... cada día menos. Entre ellas, sí. Tienes que oírlas. Se leen el pensamiento. Y mucha comprensión, pero no para nosotros. ¿Cómo se les puede explicar? Los hombres necesitamos descanso. Todo ese ajetreo, ese tirijala de la casa. Eso no está hecho pa' nosotros. El hombre es de la calle, del campo, de las montañas...
OBERÓN. De la selva..., del bosque.

Pausa larga.

ENRIQUE. Oye, tengo un hambre del diablo.
OBERÓN. Por ahora te tendrás que conformar con el café.
ENRIQUE. ¿Ya está listo?
OBERÓN. En un minuto.
ENRIQUE. Las tripas me están sonando.
OBERÓN. Tienes que esperar. «Aplícate a sufrir con paciencia por Dios los males presentes», dice el Kempis. Lo tenemos mal acostumbrado. Al que le toca, le toca. Le toca a él y él tiene que hacerla.
ENRIQUE. Pero mira qué hora es y el muy pajizo, ¿dónde se ha metido?
OBERÓN. *(Dándole un jarrito de café).* Toma. Quizás te vendría bien no comer.
ENRIQUE. Qué va, mi hermano.
OBERÓN. No te vendría mal bajar unas libritas.
ENRIQUE. De eso nada. Si pierdo peso me arriesgo.
OBERÓN. A que te dé un ataque al corazón.
ENRIQUE. A que se me caiga.
OBERÓN. ¿Quién te dijo?
ENRIQUE. Eso lo sabe todo el mundo. Dejas de comer y aquello se va para abajo.
OBERÓN. Estás hablando boberías.
ENRIQUE. Yo sé lo que te digo. No me arriesgo. Aquí donde tú me ves, ¿no te acuerdas? Cuando tenía veintidós años, óyelo bien, veintidós años, se me ocurrió dejar de almorzar… Estaba que parecía un globo… Y qué te cuento…

Se calla. Entra Sergio del lado del río. Trae una caña de pescar.

SERGIO. *(Casi gritando).* Preparen las latas. Este río está sala'o.
ENRIQUE. Los que estamos sala'os somos nosotros. Apúrate con la comida. De lata o de lo que sea. Estoy que me como un elefante.
OBERÓN. Y como todo el mundo sabe, si Enrique no come, no se le para.
ENRIQUE. Vete pa'l carajo.
SERGIO. *(Se empieza a desnudar).* Pues tienes que esperar, primero me tengo que dar un chapuzón.

Completamente desnudo camina hacia su bolsa, saca unos shorts y se los pone.

ENRIQUE. De eso nada. Tenemos que comer y a ti te toca.
SERGIO. Si estás tan apurado, ¿por qué no la haces tú?
ENRIQUE. Te toca a ti.
SERGIO. No te va a dar tanto trabajo calentar un par de latas.
OBERÓN. Te lo dije.
ENRIQUE. ¿Quién cocinó esta mañana?
SERGIO. Tú, y anoche la hizo Oberón. ¿Qué más?
ENRIQUE. Oye, no te hagas. La haces o vamos a tener problemas.
SERGIO. Ninguno. En diez minutos estoy de vuelta.
ENRIQUE. Eres un descarado. Yo la hago, pero ya sabes. La próxima vez te toca a ti: almuerzo y comida.
SERGIO. ¿No puedes esperar?
OBERÓN. Es que se le cae.
ENRIQUE. *(A Oberón).* Déjate de comer mierda.

SERGIO. ¿Y qué más?
ENRIQUE. No me encabrones.
OBERÓN. El pobre.
SERGIO. Total.
OBERÓN. Mira que el asunto es seriecísimo.
ENRIQUE. Déjalo ahí.
SERGIO. Eso lo sabe todo el mundo.
OBERÓN. Nadie, nadie lo supo.
ENRIQUE. Oberón, te estás pasando.
OBERÓN. Tú mismo me lo dijiste.
ENRIQUE. Eso fue hace más de seis años. Ahora estoy hecho una piedra.
OBERÓN. El Peñón de Gibraltar.
ENRIQUE. No me jodas.
SERGIO. Cuéntamelo otra vez.
ENRIQUE. ¡Sergio!
SERGIO. Cuéntamelo con pelos y señales.
OBERÓN. La cosa es bien sencilla.
ENRIQUE. Los dos se están buscando un lío.
SERGIO. *(A Oberón).* Dímelo otra vez.
OBERÓN. *(Como un maestro de ceremonias).* Señoras y señores: si aquí el superdotado y extraordinario amigo Enrique Machado no come, no se le para.

Enrique va hacia una bolsa y saca tres latas de alimento.

SERGIO. *(Como maestro de ceremonias).* Aquí el que no come no singa. Y el que no singa, pues… el que no singa corre el riesgo de que se lo singuen.
ENRIQUE. Los singa'os son ustedes. No me calienten que si me caliento van a pasarla muy…
SERGIO. *(Interrumpiéndolo).* ¿No dices que a ti no se te calienta?
ENRIQUE. Te lo repito: déjalo ahí.
SERGIO. Pobrecito.
ENRIQUE. Mejor no te contesto.
SERGIO. Pobrecito, al niñito no le canta el pajarito.
OBERÓN. Bueno, Sergio, ya está bueno.
SERGIO. Después de todo…
OBERÓN. Ya basta. Apúrate.
SERGIO. Pero antes, acláramelo.
OBERÓN. Vete a bañar.
SERGIO. Primero, aclárame. Cuando no comía no se le paraba y cuando come qué.
ENRIQUE. Cuando come y cuando no come, le puede partir la cara al primer pargo que lo provoque.
OBERÓN. Un pargo es lo que necesitamos. Como el del año pasado.
SERGIO. Ese río está sala'o pero no tanto como para coger pargos; aquí los pargos están fuera del agua.
ENRIQUE. No te pases de rosca.
OBERÓN. ¡Caballeros!
SERGIO. Caballeros son los huevos.
OBERÓN. Vete a bañar, anda.

SERGIO. No me has aclarado.
ENRIQUE. Es un cagarruta.
SERGIO. *(Haciendo gestos afeminados).* Ay, no me digas, Machadito.
OBERÓN. ¡Sergio!
ENRIQUE. Él mismito se está metiendo en las patas de los caballos.
SERGIO. ¡Ay, qué miedo!
OBERÓN. Sergio, por favor.
SERGIO. Dime, ¿se le para o no se le para?
OBERÓN. Apúrate.
SERGIO. De todos modos.
OBERÓN. Vamos, vete.
SERGIO. De todos modos, ¿para qué le sirve?
OBERÓN. *(Gritando).* ¡Caray, basta ya!
SERGIO. De todos modos, ¿para qué la quiere?
ENRIQUE. Para metérsela a tu madre, hijo de puta.

Sergio se abalanza sobre Enrique, el cual tira las latas al suelo. Se enredan en una lucha cuerpo a cuerpo. Oberón trata de separarlos. La lucha es violenta, pero poco a poco toma el estilo del deporte conocido como lucha libre. Se oye el viento entre las cañas bravas. La lucha es estilizada, teatral, como una danza. Oberón también toma parte de este deporte, actuando como réferi. El espectáculo termina con Enrique de vencedor. Cuando Oberón le levanta el brazo como señal de triunfo, Enrique emite el grito de Tarzán poniendo un pie sobre el cuerpo inerte de Sergio. Se deja de oír el viento entre las cañas bravas. Oberón va a Sergio, a ayudarlo a recuperarse. Mientras tanto, Enrique se quita los pantalones. Tiene shorts. Va a la bolsa y saca dos plátanos, empieza a comérselos y se va de escena camino del río. Apagón.

ESCENA II

La luna brilla esplendorosamente. Sergio está acostado en su hamaca. Oberón está de nuevo haciendo café. Enrique está durmiendo en su hamaca. Sergio se baja de la hamaca; al poner los pies en la tierra hace gestos de dolor. Tiene el cuerpo entumecido. Va hacia Oberón. Los tres personajes están completamente vestidos, pero no llevan zapatos.

SERGIO. Por poco me mata. No lo hubiera creído.
OBERÓN. Te lanzaste y te chivaste. ¿Es que eres ciego?
SERGIO. Ciego no, pero tú sabes.
OBERÓN. Lo único que sé es que pesa más de doscientas libras.
SERGIO. Cuando me lancé me di cuenta, pero ya era muy tarde. El tipo de verdad que es una roca.
OBERÓN. No lo pensaste.
SERGIO. *(Haciendo gestos como para quitarse el dolor en la espalda).* Ay, ay, ay. Estoy molido. ¿Quién me lo iba a decir? Después de tantos años. Enrique Machado, ja, más conocido como Machadito La Buena. Némesis de Machadito La Mala. Tremendo pato La Mala. ¿Te acuerdas de lo que le hizo a Julián? En cada uno de los libros y las libretas, le escribió: *I love you.* Así mismo, en inglés. Cuando lo vimos… Julián era tremendo bugarrón.

OBERÓN. Julián lo que era… Julián era un buen muchacho, pero ese patico acabó con él.
SERGIO. No sé si te acuerdas, pero Machadito La Mala… una vez nada más que me hizo un guiño y le partí la nariz de un piñazo.
OBERÓN. Cuando uno es niño, mete las patas. El pobre Julián terminó borracho y se murió en la calle.
SERGIO. A los veintitrés años. ¡Qué vida más singona! Ahí tienes al presidente.
OBERÓN. El presidente, ¿qué?
SERGIO. Lo que dice todo el mundo.
OBERÓN. Yo no he oído nada.
SERGIO. Que vuela. Que es pájaro, cundango, cundiamor.
OBERÓN. ¿No me chives?
SERGIO. Bueno, eso es lo que… *(Se agarra el cuello adolorido).* Ay, ay, ay.
OBERÓN. Tú lo que necesitas es un masaje.
SERGIO. Qué va. Me pondría peor.

Oberón le sirve café a Sergio y se sirve a sí mismo.

OBERÓN. Mira esa luna. *(Ambos miran al cielo. Se embelesan con la luz radiante de la luna. Enrique se mueve).* Nunca he visto una luna así.
SERGIO. Luna llena.
OBERÓN. Luna llena… Pobre Julián. Entre su mujer y el patico lo liquidaron.
SERGIO. Tú eras muy amigo de él.
OBERÓN. No muy amigo. Vivía cerca de mi casa.
SERGIO. Yo conocí a la mujer. Se llamaba, se llama como la tuya.
OBERÓN. No me hables de ella.
SERGIO. ¿Algún problema? *(Oberón levanta los hombros).* Óyeme, yo soy una tumba fría.
OBERÓN. Cambia el tema, anda.
SERGIO. Si tienes que hablar, aquí me tienes.
OBERÓN. No es eso, es que…
SERGIO. Puedes descargar que aquí hay un hombre.
OBERÓN. Es que… Mañana te lo cuento.
SERGIO. Vamos, Oberón, suéltalo.
OBERÓN. Se fue.
SERGIO. ¿Cómo que se fue?
OBERÓN. Así lo oyes. Hace quince días.
SERGIO. ¿Pero para dónde?
OBERÓN. Los viejos. Cogió la maleta y ni adiós.
SERGIO. Le roncan las maracas.
OBERÓN. Creo que es mejor así. Su padre y su madre dale que dale.
SERGIO. Porque tú eres negro.
OBERÓN. Entre otras cosas.
SERGIO. Negro y pendejo. Yo te lo dije el año pasado. También te lo dijo Enrique. Dale fuego. Quémala. Dale candela.
OBERÓN. No tengo que probarle nada.
SERGIO. Si yo fuera tú, me hubiera cogido esa tremenda verga con las manos y le hubiera dicho: Aquí está cantando, ¿qué más quieres?

OBERÓN. Me estás ofendiendo.
SERGIO. Cómo que ofendiéndote? No me digas que no.
OBERÓN. Si uno es negro tiene que tener la pinga grande.
SERGIO. ¿Y tú no la tienes?
OBERÓN. Déjalo ahí.
SERGIO. Te la he visto. Tremenda tranca. Si yo fuera tú me la cojo con las manos y le digo: Blanquita, aquí la tienes, la tomas o la dejas.
OBERÓN. Deja eso, ¿quieres?

Pausa larga.

OBERÓN. *(Sigue).* Quizás todo es más simple de lo que pensamos.
SERGIO. Eso se llama prejuicios.
OBERÓN. Es mucho más que eso.
SERGIO. ¿Como qué?
OBERÓN. No sé. Está ese problema: ella es rubia y yo soy prieto. Muchos de su familia y muchas de sus amigas le dejaron de hablar. Pero hay algo más. En la cama… en la cama no creo que se pueda quejar. El mismo día que se fue… esa madrugada. La pasamos muy bien. Te diría que mejor que nunca. No se lo digas a nadie, pero a ella le da por gritar. Esa noche gritamos y nos reímos y después… fumando… no sé por qué, me… me… Esto tampoco se lo digas a nadie. Si lo dices te parto la vida. Si Enrique te dejó medio muerto yo te voy a dejar…
SERGIO. No es para tanto.
OBERÓN. Jura.
SERGIO. Por los huevo'el cura.

Oberón se echa a reír.

OBERÓN. Me… me… me puse… estaba tan contento que me entraron ganas de llorar… y no me pude contener. Ella no sabía qué hacer. A la tercera vez que me preguntó qué me pasaba, le di un par de gritos y le dije que se fuera. Se fue del cuarto corriendo. Por la mañana, al irme a trabajar, la vi dormida en el sofá de la sala y desde entonces… desde entonces no la veo.

Pausa larga.

SERGIO. ¿Hablaste con ella?
OBERÓN. Su hermana me llamó. Me dijo: No la llames y arregla los papeles.
SERGIO. ¿Y tú qué has hecho?
OBERÓN. Nada, hasta ahora, nada.

Le sirve más café a Sergio. Y se sirve a sí mismo. Beben en silencio.

SERGIO. Pues la mandas pa'l carajo y se acabó. Mujeres son las que se sobran.
OBERÓN. Es que hay algo más.
SERGIO. ¿Qué?
OBERÓN. No sé.

SERGIO. No quieres decírmelo.
OBERÓN. Es que no lo sé.
SERGIO. ¿Cómo que no lo sabes?
OBERÓN. Así mismo: No lo sé.
SERGIO. Vamos a ver… Si tú esa noche…
OBERÓN. Otro día, otro día… Tengo que pensarlo bien.
SERGIO. Primero, como te dije, la mandas pa'l carajo.
OBERÓN. Primero tengo que pensar, analizar…

Pausa larga.

SERGIO. Oye, yo tengo la solución. Ni pienses ni analices. Ahora de entrada lo que tú necesitas es una… Hace dos semanas que no mojas. A tu edad eso no es bueno. No te permite pensar, no te permite analizar. Y yo tengo la receta. Un par de noches con esta mulatica que yo conozco y el cerebro se te aclara. Cuando regresemos te la presento.
OBERÓN. Tú crees que todo se resuelve con la picha.
SERGIO. Qué va… *(Se agarra de nuevo el cuello).* Ay, ay, ay. Qué va. El pensar a veces no es bueno. La picha no piensa. Deja que la picha te señale el camino a la victoria. *(En voz más alta).* Deja que la picha te indique lo que es bueno y lo que es malo. Deja que la picha te aconseje. Deja que la picha te guíe y te proteja.
OBERÓN. Deja que la picha te cierre la boca porque si no, si no despiertas a todo el mundo.
SERGIO. Ese cabrón duerme. Y allá va la rima… Ese cabrón duerme como un lirón.
OBERÓN. ¡Sergio!
SERGIO. Perdón, cabrón, perdón, lirón, perdón.
OBERÓN. Lo que es tú no sobrevives esta noche.
SERGIO. Para lo que me queda de vida. *(Se agarra la espalda como para aliviar el dolor).* Ay, ay, ay. Si a mí me hubieran dicho que a los veinticinco años Machadito La Buena me iba a dejar…
OBERÓN. No te cansas. Déjalo quieto.
SERGIO. ¿Pero no te acuerdas que estudiaba piano con su tía?
OBERÓN. ¿Y eso qué?
SERGIO. No solo eso. Yo era más chiquito, pero cuando lo veía pasar. Aquel gordito… y vaya otra rima… aquel gordito moviendo su culito… ¡Vaya! De apellido Selástraga. Tremendo joto, como dicen los mexicanos.
OBERÓN. No te cansas de hablar basuras.
SERGIO. Cómo basuras. Hechos puros hechos.
OBERÓN. ¡Bah!
SERGIO. El tipo se arregló, pero cuando tenía diez u once años, se la pasaba provocando a todo el mundo. Hasta a los más chiquitos que él.
OBERÓN. El tipo, como dices, ni hablaba con casi nadie.
SERGIO. Chico, tú estarías sordo. Sordo y ciego. Cada vez que veía pantalones, movía el culo como cola de sirena.
OBERÓN. Ya está bueno. Estás sangrando por la herida.
SERGIO. De eso nada. Lo que pasa es que tengo muy buena memoria. Ahora es un hombre de dinero, conectado con políticos, luchador amateur, levantador de pesas, padre de dos niñas, casado con una mujer riquísima y que está muy rica, pero antes… Antes, cuando tenía diez

u once años y después… *(Oberón le da la espalda pero Sergio no se da cuenta).* Hasta mucho más tarde. A los quince. A los dieciocho. Ese tipo… ese tipo que ves ahí. Ese pendejo que no sabe pescar. Que ni siquiera ha cogido un gusarapo… Ese tipo… ese tipo que ves ahí durmiendo era tremenda yegua. *(Después de una pausa y de darse cuenta de que Oberón le ha vuelto la espalda, se va a su hamaca y se acuesta. Apagón).*

ESCENA III

Oberón está sentado cerca de la fogata tomando café. Sergio está dormido en su hamaca. Enrique se baja de su hamaca tambaleándose, va hacia la fogata, se sirve café y se sienta cerca de Oberón.

ENRIQUE. Tuve una pesadilla del carajo. Mi tía me estaba entrando a palos porque no podía tocar un nocturno de Chopin. ¿Te imaginas? Ella que era incapaz de matar una mosca. Palos van y palos vienen. Me faltaba el aire.

OBERÓN. La verdad es que quien te oía a ti tocando el piano, le entraban ganas de matarte, pero no a palos, sino con una pistola. Como en las películas de *cowboys*.

ENRIQUE. Yo trataba, pero qué le iba a hacer.

OBERÓN. Gracias a Dios, te retiraste.

ENRIQUE. Y con honores. El día que dije que no volvía a poner las manos en un piano, la vieja me hizo un regalo.

OBERÓN. ¿Y tu tía?

ENRIQUE. Ah. Eso fue después que ella murió. La pobre.

OBERÓN. Ella fue como tu madre.

ENRIQUE. Qué va. Fue mi madre. La que me crió.

OBERÓN. ¿Sabes una cosa? Tu mujer… Yo no sé, pero tu mujer se parece a tu tía.

ENRIQUE. No. Mi mujer… Bueno, ahora que lo dices… Pero no. Mi mujer… mi mujer es una fiera. Mi tía era una santa.

OBERÓN. Digas lo que digas. Tu mujer me la recuerda.

ENRIQUE. ¿Crees que el agua esté muy fría? *(Se quita la ropa, y se queda en calzoncillos).* Y si está muy fría, ¿qué? Me meto de todos modos. De los cobardes no se ha escrito nada. ¿Vamos?

OBERÓN. No, mañana temprano.

ENRIQUE. Ya es mañana temprano.

OBERÓN. Cuando salga el sol.

ENRIQUE. Cobarde. Le tienes miedo al agua fría.

OBERÓN. En agosto ese río nunca se enfría.

ENRIQUE. Entonces, vamos.

OBERÓN. Cuando salga el sol. Cuando salga el sol voy y nado un poco.

ENRIQUE. Tú te lo pierdes. *(Va a buscar en una bolsa. Saca una botellita de ron y se da un trago).* Esto le quita el frío a cualquiera. Como dice Sergio, ahí va otra rima: esto le quita el frío a cualquier río. *(Va hacia Oberón y le ofrece la botella. Oberón bebe y le devuelve la botella a Enrique, el cual se da otro trago. Le extiende de nuevo la botella a Oberón, que vuelve a beber y le devuelve la botella a Enrique, quien se da un tercer trago).* Anda, toma, aquí la tienes. *(Le vuelve a dar la botella a Oberón).* Ahora sé todos tus secretos. Mira, me ruborizo.

OBERÓN. Estás comiendo catibía.

Se da un tercer trago y va a poner la botella en la bolsa. Enrique lo sigue.

ENRIQUE. Los negros no se ruborizan.
OBERÓN. Y a los blancos no se les pone dura.
ENRIQUE. Oye, aguántate. Eso ya pasó. Si me ves ahora.
OBERÓN. Te lo agradezco, pero no.
ENRIQUE. Y si ves lo que estoy viendo: todos tus secretos. Como si estuvieran escritos en una pizarra.
OBERÓN. Vete a dar un baño.
ENRIQUE. Te apendejaste. Te lo creíste.
OBERÓN. Te lo repito. Estás comiendo catibía.
ENRIQUE. Todo, pero todo. ¡Tu vida para mí es como un libro abierto!
OBERÓN. ¿Qué libro?
ENRIQUE. El libro de tu vida. Puedo leerlo, ver los dibujos, las fotografías.
OBERÓN. Anda a bañarte.
ENRIQUE. Me arrepentí. El agua debe estar fría como en Alaska. *(Se empieza a vestir).* Y además dicen que en ese río, por la noche, tarde, hay unos pescados a los que les gusta comerse tu pescadito y tus huevitos.
OBERÓN. ¿Ya estás borracho?
ENRIQUE. Tu mujer se fue.
OBERÓN. Párate ahí.
ENRIQUE. Me lo dijo la mía.
OBERÓN. ¿Habló con ella?
ENRIQUE. Coño, ya te lo dije. Yo estaba esperando que me lo dijeras, pero como no has dicho nada.
OBERÓN. Me cuesta mucho trabajo. Te lo iba a decir, pero… se fue. No la he vuelto a ver.
ENRIQUE. ¿Pero cómo fue eso?
OBERÓN. No lo sé. Mientras más lo pienso menos me lo explico.
ENRIQUE. ¿Le estás pegando los tarros?
OBERÓN. No.
ENRIQUE. ¿No le das lo suficiente?
OBERÓN. ¿Dinero?
ENRIQUE. Dinero y lo otro.
OBERÓN. No es eso.
ENRIQUE. El padre la convenció.
OBERÓN. Puede ser, pero no lo creo. Nunca le ha hecho mucho caso.
ENRIQUE. ¿La madre?
OBERÓN. Tampoco la madre, ni la hermana.
ENRIQUE. ¿Qué vas a hacer?
OBERÓN. Todavía no sé. Ella quiere el divorcio.
ENRIQUE. Tengo que hablar con ella.
OBERÓN. No te metas.
ENRIQUE. Para eso son los amigos.
OBERÓN. Mejor no te metas. No debes.
ENRIQUE. Cuando regresemos hablo con ella y lo aclaro todo.
OBERÓN. *(Alzando un poco la voz).* Oye, chico. Te ruego que no te metas en este asunto. Déjalo estar.
ENRIQUE. Allá tú.

OBERÓN. Sí, allá yo. Yo y yo. Yo soy el que tengo que resolver este... *(No puede continuar, los sollozos lo ahogan. Se va de escena en dirección al río).*
ENRIQUE. *(Llamando).* Oberón, Oberón. ¿Adónde vas? Ven acá, Oberón, Oberón.

Sergio se mueve en la hamaca. Enrique se empieza a quitar toda la ropa. Cuando Enrique está casi desnudo, Sergio se tira abruptamente de la hamaca.

SERGIO. ¿Qué pasó?
ENRIQUE. *(Quitándose la última pieza).* Lo que no te importa.

Enrique sale de escena, también en dirección al río. Sergio va a la bolsa y saca la botellita de ron y un vaso de lata. Se sirve y bebe. Sale de escena en dirección a la guardarraya. Se sucede el apagón.

ESCENA IV

Se oye el viento entre las cañas bravas. El sonido del viento se convierte en voces de niños burlones, gritando «Machadito La Buena». Por la izquierda entra Enrique niño corriendo, llorando, y se dirige hacia la hamaca de Enrique. Lo sigue Oberón niño corriendo, cojeando del pie derecho, característica que mantiene durante el resto de la obra; se dirige hacia la hamaca de Oberón mientras dice el siguiente bocadillo.

OBERÓN NIÑO. Sinvergüenzas, desgraciados, imbéciles. *(Se detiene. Se frota el pie derecho).* Me jorobaron un pie pero conmigo no hay quien pueda. *(A Enrique niño, ya en la hamaca).* Oye, ven acá. Ven acá. *(Enrique niño se le acerca).* Mira eso, mira cómo estás. Límpiate esa cara. *(Le da su pañuelo).* Los hombres no lloran. ¿No te lo han dicho? Dime una cosa... Mejor no, vamos, suénate la nariz. Estás que da pena. Pero ya verás. Esos descarados ya no se vuelven a meter contigo. Al menos por algún tiempo. *(Coge el pañuelo y se lo pone en la nariz a Enrique niño).* Vamos, ahora sopla. Sopla, vamos, sopla. *(Enrique niño sopla).* Así es. Más, más. *(Enrique niño vuelve a soplar).* Bien, muy bien. *(Se guarda el pañuelo en el bolsillo).* Ahora te llevo hasta la puerta de tu casa. Pero no puedes llorar más. No quiero que tu tía me vea. Ella no tiene por qué enterarse. Ya está. Ya está. Andando.

Cuando se disponen a salir de escena, entra Sergio niño por la izquierda y se detiene en la hamaca de Sergio.

SERGIO NIÑO. Eh, ¿adónde van?
OBERÓN NIÑO. *(A Enrique niño).* Vamos, vamos.
SERGIO NIÑO. *(A Enrique niño).* ¿Adónde vas?
OBERÓN NIÑO. Para su casa.
SERGIO NIÑO. ¿Los dos?
OBERÓN NIÑO. Cada uno para su casa. ¿Qué más quieres saber?
SERGIO NIÑO. *(A Enrique niño).* Pero nosotros... ¿No me dijiste que te encontrara aquí, que querías hablar conmigo?

ENRIQUE NIÑO. ¿Yo? Bueno, no… sí… es que… mejor mañana.
SERGIO NIÑO. ¿Cómo que mañana?
ENRIQUE NIÑO. Sí, mañana. Mañana.
OBERÓN NIÑO. Vamos, vamos.

Enrique niño y Oberón niño se dirigen hacia la izquierda.

ENRIQUE NIÑO. ¿Qué te pasa en el pie?
OBERÓN NIÑO. Nada nada.

Antes de salir de escena, Oberón niño le pasa el brazo sobre los hombros a Enrique niño. Sergio niño los mira desaparecer y después sale de escena corriendo en dirección opuesta. Apagón.

ESCENA V

Se sigue oyendo el viento entre las cañas bravas. Al momento, entran por la izquierda Enrique niño y Sergio niño. Se dirigen hacia el tronco del árbol caído y se sientan.

SERGIO NIÑO. Ya te lo dije el otro día. No puedes dejar que ese Oberón te maneje.
ENRIQUE NIÑO. Él no me maneja.
SERGIO NIÑO. No digas que no. Yo lo he visto.
ENRIQUE NIÑO. Él es amigo mío.
SERGIO NIÑO. ¿Y yo?
ENRIQUE NIÑO. Tú también, ¿por qué?
SERGIO NIÑO. A veces no te lo creo.
ENRIQUE NIÑO. Él me defiende… Me salvó cuando…
SERGIO NIÑO. ¿Y yo qué?
ENRIQUE NIÑO. Tú estás en otro grado.
SERGIO NIÑO. ¿Y eso qué tiene que ver?
ENRIQUE NIÑO. Que tú eres más chiquito.
SERGIO NIÑO. No tanto.
ENRIQUE NIÑO. ¿No tanto?
SERGIO NIÑO. Yo soy más alto que tú. *(Se le acerca. Enrique niño se aparta).* Tú eres alto, pero yo te gano.
ENRIQUE NIÑO. A ver.
SERGIO NIÑO. Aunque tengo ocho años y tú… ¿cuántos tienes tú?
ENRIQUE NIÑO. Once.
SERGIO NIÑO. Yo soy más alto que tú.
ENRIQUE NIÑO. No es verdad.
SERGIO NIÑO. Vamos a medirnos.
ENRIQUE NIÑO. No. Está bien. Eres más alto que yo.
SERGIO NIÑO. Claro que sí.
ENRIQUE NIÑO. ¿Qué es lo que quieres?
SERGIO NIÑO. ¿Cómo qué?

ENRIQUE NIÑO. Sí. ¿Qué tenías que decirme?
SERGIO NIÑO. Tú eras el que querías hablar conmigo.
ENRIQUE NIÑO. Tú fuiste el que me dijiste que querías hablar conmigo.
SERGIO NIÑO. Fuiste tú.
ENRIQUE NIÑO. ¿Y para qué?
SERGIO NIÑO. Allá tú.
ENRIQUE NIÑO. Mira, vamos a ponernos de acuerdo.
SERGIO NIÑO. Tú me dijiste que nos íbamos a ver en el parque y cuando llegué te ibas con ese niño y me dijiste que hoy.
ENRIQUE NIÑO. Bueno, ¿qué es lo que hay?
SERGIO NIÑO. Nada.
ENRIQUE NIÑO. ¿Nada?
SERGIO NIÑO. Dime.
ENRIQUE NIÑO. ¿Qué?
SERGIO NIÑO. Dime.
ENRIQUE NIÑO. *(Se levanta).* Me voy.
SERGIO NIÑO. Siéntate. *(Enrique niño se sienta).* A mí me lo dijeron. Mi mamá me lo dice. En los negros no se puede confiar.
ENRIQUE NIÑO. Oberón es muy amigo mío.
SERGIO NIÑO. Yo soy más amigo tuyo.
ENRIQUE NIÑO. Me salvó ayer. Si no hubiera sido por él.
SERGIO NIÑO. Te está maleando.
ENRIQUE NIÑO. ¿De dónde sacas todo eso?
SERGIO NIÑO. Acaba de decirme lo que tienes que decirme.
ENRIQUE NIÑO. Yo... nada.
SERGIO NIÑO. ¿Cómo que nada? ¿Qué es lo que te pasa? Habla. ¿Qué es lo que tienes que decirme? ¿Que quieres jugar conmigo? ¿Que quieres ir a mi casa? ¿Que quieres que yo vaya a tu casa? ¿Que quieres ir al cine? ¿Que yo te gusto? Eso es. Te gusto.

Enrique niño se va de escena por la izquierda corriendo. Apagón.

ESCENA VI

Se deja de oír el viento entre las cañas bravas. Sergio está en su hamaca silbando una canción popular. Tiene el vaso de lata en la mano. Al momento entra Enrique del lado del río completamente desnudo, trae a cuestas el cuerpo desmadejado de Oberón. Ambos están empapados.

ENRIQUE. *(A gritos).* Sergio, Sergio, ayúdame.

Sergio salta de la hamaca y ayuda a Enrique a colocar a Oberón en la suya.

SERGIO. ¿Qué pasó? ¿Qué le pasó?
ENRIQUE. Creí que se ahogaba.
SERGIO. ¿Está bien o qué?

ENRIQUE. Ya está bien. O casi. Dale un poco de ron. Tremendo susto. *(Enrique empieza a vestirse. Sergio va a buscar la botellita de ron y un vaso de lata. Sirve el ron. Se lo da a Enrique. Enrique le da de beber a Oberón. Oberón tose. Enrique le da un segundo trago).* No sé cómo pasó. Yo estaba en un lugar más bien oscuro, nadando, cuando tropiezo con algo: Oberón flotando y como muerto. Lo arrastré por la cabeza hasta la orilla. *(Se sigue vistiendo).* El corazón le latía. Lo puse boca abajo y le golpeé la espalda hasta hacerle echar el hígado. No sé lo que le pasó. Pero ya está bien. Él mismo lo dijo. De pronto me habló y me dijo: Ya, ya estoy bien. Lo levanté y lo traje... Qué noche, Dios, qué noche.

SERGIO. De apaga y vámonos.

ENRIQUE. Déjalo que duerma un poco. *(Le toca la frente a Oberón).* Estaba helado. Pero ya está mejor. Casi normal.

SERGIO. ¿Le quitamos la ropa?

ENRIQUE. *(A Oberón).* Ayúdanos a quitarte esta ropa mojada. *(Enrique y Sergio desnudan a Oberón con la ayuda de este. Enrique va colocando las prendas en su hamaca para que se sequen; a Sergio).* Anda, ponle una sábana por arriba y que duerma. *(Sergio va a una bolsa. Saca una sábana y se la pone encima a Oberón).* Que duerma. Eso es lo que le hace falta.

Enrique va a revivir el fuego. Sergio va a su hamaca. Se acuesta.

SERGIO. ¿Tú crees que fue adrede?
ENRIQUE. ¿Cómo?
SERGIO. No me hagas caso.

Sergio se pone a silbar. Enrique va a Oberón. Le vuelve a poner la mano en la frente. Va a su hamaca y se acuesta. Sergio se queda dormido. Enrique torna en su hamaca, dándole la espalda al público. Vuelve a oírse el viento entre las cañas bravas. Entran Enrique niño y Oberón niño por la izquierda. Este tiene un brazo sobre los hombros del otro. Se pasean por el escenario conversando.

OBERÓN NIÑO. No, no es eso.
ENRIQUE NIÑO. Sí que lo es.
OBERÓN NIÑO. El problema es el balanceo.
ENRIQUE NIÑO. Mi tía me lo dijo. Pierdo el balance porque tengo mucho arco en los pies.
OBERÓN NIÑO. Qué arco ni arco. Tienes que aprender a caminar sin ese meneo. ¿Ves? *(Se detiene. Con dificultad, debido a su cojera, camina alrededor de Enrique niño como si fuera un soldado).* Así es. Así tienes que hacer. A ver. Hazlo. *(Enrique niño trata de imitar el caminar militaresco de Oberón niño, pero no puede).* Todos los días. Practicas en tu casa. Barriga para adentro, los dos pies bien firmes sobre la tierra, pecho hacia adelante, brazos estirados y la columna vertebral muy tiesa. ¿Oyes bien? Muy tiesa.

Enrique niño trata de nuevo pero vuelve a fracasar en su intento. Ambos se ríen.

ENRIQUE NIÑO. ¿Sabes lo que dijo Sergio?
OBERÓN NIÑO. Ese muchachito... ese muchachito no me cae bien.
ENRIQUE NIÑO. Es amigo mío.

OBERÓN NIÑO. Está bien, pero luce demasiado espabilado para siete años.
ENRIQUE NIÑO. Ocho. Ocho años.
OBERÓN NIÑO. Lo que sea. No me gusta.
ENRIQUE NIÑO. Es amigo mío. Tienes que conocerlo.
OBERÓN NIÑO. Es amigo tuyo. ¿Y qué es lo que dice?
ENRIQUE NIÑO. No tiene importancia.
OBERÓN NIÑO. Dímelo.
ENRIQUE NIÑO. Dice que los… los hombres de color la tienen, tú sabes… más grande que nosotros.
OBERÓN NIÑO. Dile a ese cometrapo que se deje de hablar tanta bobería. Dile que lo digo yo. Bueno, vamos. Vas a llegar tarde.
ENRIQUE NIÑO. ¿Cómo sigue el pie?
OBERÓN NIÑO. Mejor, vamos.
ENRIQUE NIÑO. Por culpa mía.
OBERÓN NIÑO. ¡Na…!

Caminan hacia la salida de la izquierda. Antes de irse de escena, Oberón niño le pone el brazo sobre los hombros a Enrique niño. Enrique se vuelve. Mira en dirección de los niños que salen. Apagón.

ESCENA VII

Se oye el viento entre las cañas bravas. Enrique, Oberón y Sergio se encuentran acostados en sus hamacas. Entra Oberón niño por la izquierda. Trae en las manos ropas idénticas a las puestas a secar. Se dirige a Oberón. Le toca el brazo a Oberón, muy suavemente.

OBERÓN. ¿Qué, qué? *(Se baja de la hamaca, cubriéndose con la sábana; cuando pone el pie derecho en el suelo hace un gesto de dolor).*
OBERÓN NIÑO. *(Dándole las ropas).* Ponte la ropa. Tenemos que hablar y tenemos muy poco tiempo. Pronto saldrá el sol.
OBERÓN. El sol. Sí. Pronto saldrá el sol y… *(se empieza a vestir; deja la sábana sobre la hamaca),* y entonces me iré a nadar. Mañana, al salir el sol.
OBERÓN NIÑO. ¿Por qué lo hiciste? *(Va a la fogata, sirve café en un jarrito y se lo da a Oberón).*
OBERÓN. ¿Qué? ¿Qué hice? ¿Algo malo?
OBERÓN NIÑO. Quisiste suicidarte.
OBERÓN. No, no. Eso no. Me caí… Resbalé… Estaba muy oscuro. Me trabé. El pie derecho. *(Le enseña el pie).* Míralo. Yo no sé nadar bien. El río está crecido. Y la corriente… Sí, la corriente. *(Pausa larga).* Bueno… Sí… No podía más. No podía. ¿Qué iba a hacer? La he llamado más de… Todos los días. A todas horas. Ya ni contestan el teléfono y además…

Pausa larga.

OBERÓN NIÑO. El amor llega, algunas veces se queda, algunas veces pasa. Se va. Hay algo más.
OBERÓN. Sí.
OBERÓN NIÑO. El pozo seco.
OBERÓN. El hueco en el pecho.

OBERÓN NIÑO. Ella... No llenaba ese hueco.
OBERÓN. No. Bueno, sí. Sí. Un poco, algo es algo.
OBERÓN NIÑO. Sin ella no puedes estar. Te agarrabas.
OBERÓN. Se me trabó el pie derecho. Míralo.
OBERÓN NIÑO. *(Mostrándole su pie derecho).* Míralo.
OBERÓN. Yo quería irme. Un día, estábamos... Tú lo sabes todo. Ella es... No... Ella no es.
OBERÓN NIÑO. ¿Ella es o no es?
OBERÓN. Ella es un sueño. De una noche de verano.
OBERÓN NIÑO. Aquí es verano todo el año.
OBERÓN. Pero no como en agosto. La conocí en agosto. Nos hicimos novios un año más tarde. En agosto. Y tres años después, en agosto nos casamos.

Camina, cojeando del pie derecho, como lo hará durante el resto de la obra, hacia Enrique. Oberón niño coge la ropa puesta a secar y desaparece velozmente por la izquierda. Deja de oírse el viento entre las cañas bravas.

OBERÓN. *(Despertándolo).* Enrique, quiero presentarte a... *(Se vuelve y ve que Oberón niño ha desaparecido).* ¿Qué es lo que pasa? *(Se tambalea).*
ENRIQUE. *(Tirándose de la hamaca y sosteniendo a Oberón).* ¿Estás dormido? ¿Qué te pasó? ¿Te sientes mal? Ven, ven. Acuéstate. *(Lo lleva a su hamaca y lo ayuda a acostarse).*
OBERÓN. Te juro que lo vi.
ENRIQUE. ¿Qué? Oye, pero le zumba. Ya se secó tu ropa. El verano está que arde. ¿Por qué no duermes un poco más? Luego tendremos tiempo de sobra para hablar.
OBERÓN. *(La voz muy débil).* Cuando salga el sol. Mañana.
ENRIQUE. Hoy.

Se hace un silencio. Oberón se queda dormido. Enrique se dirige a su hamaca. Apagón.

ESCENA VIII

Se oye el viento entre las cañas bravas. Enrique, Oberón y Sergio se encuentran dormidos en sus hamacas.

ENRIQUE NIÑO. *(Fuera de escena).* El último en el río es una salchicha.

Entran corriendo por la izquierda, en ese orden, Enrique niño, Oberón niño y Sergio niño en shorts. Casi al salir de escena, Oberón niño se le tira a Enrique niño y lo echa al suelo. Sergio niño sigue corriendo y sale de escena hacia el río. Enrique niño forcejea hasta que logra deshacerse del abrazo de Oberón. Sale de escena corriendo hacia el río. Se oye un chapuzón.

SERGIO NIÑO. *(Fuera de escena).* Gané, gané.

Oberón niño, con dificultad, sale de escena corriendo hacia el río. Cesa de oírse el viento entre las cañas bravas. Sergio, mientras dice el siguiente parlamento, se baja de la hamaca. Va a la fogata, se sirve café, lo toma.

SERGIO. Si me lo dicen antes no vengo. Qué nochecita. Es verdad que el año pasado lo único que pescamos fue un resfriado, pero qué va. No pasaron tantas cosas. ¿Suicidarse? Le roncan los berocos. Porque la mujercita lo dejó. ¡Vaya pendejo! Por eso a mí no hay quien me pesque. Siempre lo digo. Si la jevita se quiere ir... Si le gusta más... En resumen, si le gusta otro más que yo, pues que se vaya andando. Que no me joda mucho. Si la ven. Rubia, muy linda, pero un bacalao. No tiene por dónde cogerla. Un palillo de dientes. Pero el tipo es un verdadero pendejo, un cagón. ¡Enamorarse de una rubia! Cuando aquella chiquita se puso parejera y me vino con el alarde de que ella era más alta que yo, me hice el bobo y la dejé hablar. Hasta que me la pasé por la piedra. Cuando me vine le dije: Ahora te buscas un tipo más alto que te dé donde te duele. Pa' luego es tarde. Arranca, vístete y vete. Pero él no. Y creo que un día se lo dije. Estás emboba'o con esa rubia. Aguántate, mi hermano. Vas en picada y para abajo. Se lo dije. Pero nadie hace caso. Estaba claro. Él tendrá una tubería como de caballo, pero... Tres años de casados y no tienen hijos. Parece que la tubería está tupida. El pobre... Esa tipa no vale una cajita de chicles. Ni dos quilos prietos. Y se lo dije bien claro: Arranca y búscate el tipo alto que te dé por el culo. Porque lo que es yo... Para mí ya estás muerta y en la tumba fría. ¿Suicidarse? ¿Y por una jeva? Aunque... Hay algo más que no está claro. Tremenda noche. El año que viene que no cuenten conmigo. Bueno, yo también soy un pendejo. Si Enrique me lo pide como el otro día pues le digo que sí como el año pasado, el anterior y el otro y el otro... *(Se quita la camisa y la tira al suelo)*. Qué jodedera. ¡Qué cabrón! La verdad que el tipo se las trae. Tremendo político. Convence a una piedra a que dé aceite. Cuando le digo que no, que no puedo, hay que oírlo. Tremendo discurso. Un pico de oro y esos ojos. Dos reales ennegrecidos. Y ese cuerpo que se ha echado. ¡Quién lo iba a decir! Aquel chiquito... Bueno, ya entonces se le veía. Estaba gordito, pero tenía eso, ¿cómo se dice? Eso que... Hay una palabra en inglés... Coño, no me acuerdo. Pues sí, que lo tenía y que lo tiene. Tremendo cuerpazo. No sé si son los huesos o los músculos o es esa cara... Porque no se puede negar. El tipo es bonitillo. Un poco gordo. Creo que otra vez se ha pasado de peso, pero... Y allá abajo, ni para qué decirte. El tipo no tiene que envidiarle nada a nadie. Tremenda cabulla. Y las bolas como de hierro. No en balde consiguió la mujer que tiene. Eso sí es una mujer. Unas tetas y unas nalgas... Un banquete. Se me hace la boca agua. Qué tetonas, como dos toronjas. Me paso la noche entera pegado a ellas. Sin respirar. Hasta que me ahoguen. Y ese tremendísimo fondillo. Para darle nalgadas hasta que llore y pida perdón y después... después, dormir sobre esas nalgas como un angelito. Angelito dormilón y bugarrón. Tremendísimo *background*. Ay, mami, ni te me acerques. Mira cómo estoy: eriza'o. A punto de estallar. No hay quien me aguante la mano. Estoy a mil. Echando espuma por la boca. *(Se dirige hacia Enrique y le pasa la mano izquierda por un brazo desde el hombro hasta la muñeca)*.

ENRIQUE. *(Despertándose)*. ¿Qué? ¿Qué quieres?

SERGIO. Nada, mi socio. Necesito hablarte antes de que aquel se despierte.

Se oye el viento entre las cañas bravas. Entra La Passante del lado del río y atraviesa el escenario caminando muy despaciosamente. Desaparece por el fondo izquierda. Deja de oírse el viento entre las cañas bravas. Apagón.

ESCENA IX

Enrique, Oberón y Sergio están en las mismas posiciones que al final de la escena anterior.

SERGIO. Nada, mi socio. Necesito hablarte antes de que aquel se despierte. *(Enrique se baja de la hamaca. Sergio va a servir ron. Enrique lo sigue. Sergio le da un vaso y toma uno para sí. Beben).* Creo que debemos irnos. Cuanto antes mejor.
ENRIQUE. ¿Y eso?
SERGIO. Si vuelve a pasar lo mismo… Ya tú sabes… De vacaciones y cargar un muerto. ¡Qué va, mi hermano!
ENRIQUE. ¿Qué estás diciendo?
SERGIO. Allá tú.
ENRIQUE. Allá nosotros.
SERGIO. Yo no. Yo no quiero ni una vela, óyelo bien, ni una sola vela en ese entierro.
ENRIQUE. La verdad que eres un mierda.
SERGIO. ¿Vas a empezar?
ENRIQUE. Eres un caga'o.
SERGIO. Ya lo de hoy fue el colmo.
ENRIQUE. Amigos como tú yo no los quiero. *(Regresa a su hamaca).*
SERGIO. Eh, espérate un momento.
ENRIQUE. Déjalo ahí.
SERGIO. No he terminado.
ENRIQUE. ¿Más?
SERGIO. ¿Me vas a decir que fue un accidente, eh?

Enrique regresa a donde está Sergio.

ENRIQUE. Te vas tú si te da la gana. Yo me quedo. Los cinco días que planeamos.
SERGIO. Cuando planeamos este viaje…
ENRIQUE. Cinco días. Ahora es que está empezando el tercero.
SERGIO. ¿Pero no te das cuenta de que…? Cuando planeamos esto no sabíamos que ese pendejo se iba a suicidar.
ENRIQUE. Oye, aguántate. ¿Qué basura estás hablando?
SERGIO. Se quiso suicidar, ¿no?
ENRIQUE. No.
SERGIO. ¿Estaba nadando con la ropa puesta?
ENRIQUE. Se cayó.
SERGIO. Bah. Más claro que el agua.
ENRIQUE. Cállate ya.
SERGIO. Tú lo conoces mejor que nadie. Tienes que saberlo.
ENRIQUE. ¿Saber qué?
SERGIO. Por qué se quiso suicidar.
ENRIQUE. Él… Se le trabó un pie.
SERGIO. Eres un comemierda. Trató de suicidarse. Le salvaste la vida. El tipo está jodido del coco. La mujer lo dejó y hay algo más. Ni él mismo sabe lo que es. Me lo dijo. Hay algún problema. Tremendo problema que tiene.
ENRIQUE. *(Caminando hacia su hamaca).* Ya está bueno.
SERGIO. No quieres ver. Estás ciego.
ENRIQUE. Déjame tranquilo. Si quieres irte, te vas.

SERGIO. ¿A patas?
ENRIQUE. A patas. Cuando llegues a la carretera, alguien te recoge y te lleva.
SERGIO. ¡Qué bonito!
ENRIQUE. Pides botella.
SERGIO. Tremenda caminata. Eres del carajo. ¿No te das cuenta de que estamos expuestos?
ENRIQUE. ¿Sí? ¿A qué?
SERGIO. Expuestos a que… ¿Y si lo hace otra vez?
ENRIQUE. Ya, ya.
SERGIO. No quieres ver ni quieres oír.
ENRIQUE. *(Acostándose en su hamaca).* Vete a dormir. A ti también te hace falta.

Se oye el viento entre las cañas bravas. La Passante regresa por donde salió, se pasea por el escenario y sale por el lado del río. Apagón. Se oye un nocturno de Chopin.

ESCENA X

Se sigue oyendo el nocturno. Enrique, Oberón y Sergio están durmiendo en sus hamacas. Después de unos momentos, Oberón se despierta y se baja de la hamaca. Busca en una bolsa, saca un cigarrillo, enciende una ramita en la fogata y lo prende. Nerviosamente fuma y camina al borde del escenario. Mira hacia la distancia.

OBERÓN. «Donde hallaréis un sauce que crece a las orillas de ese arroyo, repitiendo en las ondas cristalinas la imagen de sus hojas pálidas. Allí se encaminó ridículamente coronada de ranúnculos, ortigas, margaritas y luengas flores purpúreas, que entre los sencillos labradores se reconocen bajo una denominación grosera y las modestas doncellas llaman dedos de muerto. Llegada que fue, se quitó la guirnalda, y queriendo subir a suspenderla de las pendientes ramas, se troncha un vástago envidioso y caen al torrente fatal ella y todos sus adornos rústicos. *(Cesa de oírse la música. Sergio se baja de su hamaca, contempla a Oberón desde lejos con asombro y burla).*
»Las ropas huecas y extendidas la llevaron un rato sobre las aguas, semejante a una sirena, y en tanto iba cantando pedazos de tonadas antiguas, como ignorante de su desgracia o como nacida y criada en aquel elemento. Pero no era posible que así durase por mucho espacio. Las vestiduras, pesadas ya con el agua que absorbían, la arrebataron a la infeliz, interrumpiendo su canto dulcísimo la muerte, llena de angustias».
SERGIO. *(Acercándose a Oberón, aplaudiendo).* ¡Bravo! ¡Bravo! Nadie entendió un carajo, pero te la comiste, mi socio, te-la-co-mis-te.

Enrique se despierta, se baja de la hamaca y los contempla desde lejos.

OBERÓN. Déjame tranquilo.
SERGIO. Eh, eh, eh. Fuiste tú el que me despertó.
OBERÓN. Vete a dormir.
SERGIO. ¿A dormir? Quién puede dormir aquí con tantos ruidos.
OBERÓN. Ya está bien.

SERGIO. Como si fuera fácil. Se pone a recitar o qué sé yo y luego quiere que uno duerma. *(Oberón va hacia su hamaca)*. Eh, espérate. Eso sí que no. ¿Me vas a dejar con la palabra en la boca?
OBERÓN. Te lo dije, déjame tranquilo.
SERGIO. De eso nada. Tranquilo estaba yo. Ya me has jodido bastante.
ENRIQUE. *(Acercándose)*. Sergio, déjalo.
SERGIO. ¿Qué se ha creído?
ENRIQUE. Te digo que lo dejes.
SERGIO. ¿Me vas a patear de nuevo?
ENRIQUE. Si te pasas de la raya.
OBERÓN. *(A Enrique)*. No te metas.
ENRIQUE. Tengo que meterme.
SERGIO. *(Señalando a Oberón)*. Él fue el que encendió la candelita.
ENRIQUE. Ya, basta ya.
SERGIO. Fue él. Él.
OBERÓN. Bueno, y qué.
SERGIO. Ya nos tienes hasta la coronilla.
ENRIQUE. Sergio, ya te lo dije.
OBERÓN. *(A Enrique)*. Yo fui el que te lo dije, no te metas.
ENRIQUE. Y yo te lo repito: Tengo que meterme.
SERGIO. *(A Enrique)*. ¿Qué? ¿Te ha dado por meterla?
ENRIQUE. Cállate la boca.
SERGIO. No me callo.
ENRIQUE. Te callas o te rompo los dientes.
SERGIO. Atrévete.
OBERÓN. Enrique, ya está bueno.
ENRIQUE. Déjame a mí.
OBERÓN. No es asunto tuyo.
ENRIQUE. Sí que lo es.
OBERÓN. *(Señalando a Sergio)*. Es entre él y yo.
ENRIQUE. ¿Pero qué te pasa?
SERGIO. Sí, déjanos solos.
ENRIQUE. Pues no me da la gana.
OBERÓN. Allá tú.
ENRIQUE. Los dos. Se callan los dos.
SERGIO. ¿Otra vez?
ENRIQUE. Otra vez, ¿qué?
SERGIO. Las amenazas.
ENRIQUE. Lo que quiero… te repito… *(Alzando la voz)*. Lo que quiero, primero que nada, es que te calles.
SERGIO. No me callo nada. Este tipo me vino a joder las vacaciones.
OBERÓN. ¿Joderte yo?
SERGIO. Los dos… un par de puñeteros hijos de la gran…

Oberón se abalanza contra Sergio y lo agarra por el cuello. Enrique trata de separarlos.

ENRIQUE. Coño, ya, coño. ¿Pero qué es esto? *(Logra separarlos. A Sergio, apuntándolo con el índice de la mano derecha)*. Óyeme lo que te digo. Ahora mismo agarras tus bultos y te vas.

SERGIO. ¿Que qué?
ENRIQUE. Tu maleta. Lo que sea.
SERGIO. Ni lo pienses.
ENRIQUE. Enseguida o…
SERGIO. *(Burlándose).* Ay, no me lo digas.
ENRIQUE. Te prevengo.
SERGIO. *(Burlándose, como una caricatura de hombre afeminado).* Ay, papito, me das miedo.

Haciendo un gesto de desagrado y de impotencia, Oberón se va para su hamaca. Se acuesta y se cubre totalmente con la sábana.

ENRIQUE. Arranca.
SERGIO. ¿Qué me vas a hacer?
ENRIQUE. *(Chasqueando los dedos).* Caminando, caminando.
SERGIO. De eso nada, ni me muevo.
ENRIQUE. A la segunda va la vencida.
SERGIO. Él, él es el que se tiene que ir.
ENRIQUE. Déjalo tranquilo.
SERGIO. ¿Lo vas a defender ahora?
ENRIQUE. Voy a empezar a contar.
SERGIO. Con los dedos de los pies.
ENRIQUE. Uno.
SERGIO. ¿O con los dedos de las manos?
ENRIQUE. Dos.
SERGIO. ¿Vas a contar hasta diez?
ENRIQUE. Tres.
SERGIO. ¿Y si los pierdes?
ENRIQUE. Cuatro.
SERGIO. Si pierdes los dedos de los pies.
ENRIQUE. Cinco.
SERGIO. No puedes caminar.
ENRIQUE. Seis.
SERGIO. Y si pierdes los dedos de las manos.
ENRIQUE. Siete.
SERGIO. No puedes hacerte la paja.
ENRIQUE. Ocho.
SERGIO. Claro, tu mujer puede que te ayude.
ENRIQUE. Nueve.
SERGIO. *(Señalando a Oberón).* O ese maricón que tenemos ahí delante.

Enrique se le abalanza y lo agarra por el cuello. Casi lo ahoga.

ENRIQUE. Oye lo que te digo. Óyelo bien. Vuelves a decir eso y te dejo frito. Arranca, vamos, vamos.

Lo arrastra a empellones fuera de escena, hacia la guardarraya. Se oye el nocturno de Chopin. Al momento, Enrique regresa y va a donde está la camisa de Sergio y la agarra. Después va a donde están las maletas y los bultos. Agarra una maleta y un par de botas, va hacia el lugar por donde se llevó a Sergio y lanza todo eso fuera de escena con fuerza y furia. Va hacia Oberón. Se detiene frente a él. Le quita la sábana. Oberón se incorpora. Se miran intensamente a los ojos. Cesa la música. Enrique va a su hamaca y se acuesta al mismo tiempo que Oberón muy despaciosamente camina hacia el borde del escenario. Mira hacia la distancia.

OBERÓN. «¡Desdichada Ofelia!, demasiada agua tienes ya; por eso quisiera reprimirla de mis ojos... Bien que, a pesar de todos nuestros esfuerzos, imperiosa la naturaleza sigue su costumbre, por más que el valor se avergüence... pero luego que este llanto se vierta, nada quedará en mí de femenil ni de cobarde... Adiós, señores... Mis palabras de fuego arderían en llamas si no las apagasen estas lágrimas imprudentes».

Se vuelve de espaldas al público. Hace una seña hacia la guardarraya, como llamando. Entra Sergio, completamente vestido, va a su hamaca y se acuesta. Oberón se vuelve al público y fija su mirada en uno de los espectadores.

OBERÓN. Hoy es el seis de agosto de 1945.

Va hacia su hamaca y se acuesta. Se oye el viento entre las cañas bravas. Los niños vienen del río, en shorts, mojados y corriendo. Salen por la izquierda. Entra La Passante por el lado del río. Se detiene en el mismo centro del escenario. Cesa de oírse el viento entre las cañas bravas. Se hace un silencio sobrecogedor.

LA PASSANTE. «Esa otra pequeñísima caída que durante el más profundo de los sueños nos lleva hacia atrás o hacia delante no lo sé a un mundo que una vez conocimos o que conoceremos algún día».

FIN

Gerardo Fulleda León

REMIENDOS

Gerardo Fulleda León (Santiago de Cuba, 1942). Dramaturgo y director. Fundador y subdirector de Ediciones El Puente. Egresado del Seminario de Dramaturgia del Teatro Nacional de Cuba, fue director general de la Compañía Rita Montaner desde 1988 hasta 2013. Recibió en 1989 el Premio Casa de las Américas por su texto teatral *Chago de Guisa*. En su amplia producción dramática destacan títulos como *Plácido* —llevado al cine por el realizador Sergio Giral— *Ruandi*, *La querida de Enramada*, *Remolino en las aguas* y *Voy por cigarros*. Sus obras han sido representadas en Suecia, Venezuela, Colombia, Santo Domingo, Honduras, Suiza, España, Francia y Estados Unidos. Ostenta la Medalla Alejo Carpentier y la Distinción por la Cultura Nacional. Publicado y estrenado extensamente, en 2014 recibió el Premio Nacional de Teatro por la obra de toda la vida.

Si está interesado en solicitar la autorización para el montaje de esta obra, puede escribir directamente a: **ruandig@cubarte.cult.cu**

Personajes

E y J

Nota

Quisiera que esta pieza se escenificara, de ser posible, con el sobresalto, el goce y el asombro que nos revela una vieja carta de amor, leída mucho tiempo después, entre líneas. La habitación es la misma siempre. Aquí o allá. El tercer personaje que siempre debe estar presente, aunque no se nombre, es El Tiempo.

Para ti, por supuesto

... heridas y ojos son bocas que nunca mienten.
Calderón de la Barca

I. ENSAYO GENERAL

Recinto tan pequeño como un cuarto y tan lleno de resonancias como el mismo.

E. *(Busca afanosamente una y otra vez entre los pocos libros, ropas y objetos).* ¿Dónde diablos puede estar, dónde? Seguro lo escondiste para que nunca pudiera encontrarlo. Y por supuesto, ahora con su ayuda... Él, siempre imponiéndonos sus reglas, dándonos la señal, las motivaciones... Y tú tan dócil y yo tan servil... ¿O fue al revés? ¡No cabe duda! *(Silencio).* Este polvo va a acabar conmigo. Esa es también una de sus mañas: rodearlo todo de polvo... pero no, aún puedo vestirme y bajar rumbo al Malecón hasta perderme en esas callecitas, cercanas al muelle... donde la gente hace un bullicio de siglos... ¿te acuerdas? «Con ese sudor que se engrampa en la camisa y no se te suelta ni al mezclarse con el salitre, que las chalanas despiden a esa hora de la tarde...». No, es de la mañana, estoy seguro... ¿o es? ¿Son tan idénticas?... ¡Qué importa!
(Se cae una postal de un libro. La recoge. La ve como un ave rara. Lee su parte trasera).
«... es un pueblecito cercano al Loire con una capilla digna de recordar. Sé que la harías tuya si pudieras verla. No dejes de escribirme. No dejes de hacerlo...». *(Silencio).* ¿Y qué pondrías? ¡Idiota! ¿Un trozo de muro carcomido por la añoranza de quienes parten? ¿Quizás la fatiga del «Nunca Jamás»? ¡Re idiota! *(Pausa).* Pero en algún lugar ha de estar. No puede haberse perdido. ¿Se habrá escapado...? Yo sé que está aquí. ¿O sí? Pero... ¿por dónde?
(Se ríe bajo como para volver en sí y calmarse. En quietud comienza a tararear una melodía y luego a cantarla bajo). «Que en mí ya no queda/ ni luz ni alegría/ que tu recuerdo/ es el daño más fuerte/ que me hago yo mismo/ por vivir soñando...». *(Silencio. Se ríe ahora con legítima artificialidad de defensa).* Quiero sumergirme en una catedral de espumas. ¡Así ganaría él! ¿Seguramente, no?... Ha tramado todo desde el principio repartiendo los roles. Por eso... Mira estas manos... ¡Míralas!... Ásperas de alisar una y otra vez el borde de una solución... ¿y qué voy a escribirte entonces? *(Algo le molesta en el cuerpo).* ¡El escozor! Sí, desde el comienzo el escozor crecía a lo largo y ancho de los sentidos. ¿Podría describirlo? Es tan solo un escozor.

Estaba en la mirada de los demás, en sus comentarios y en sus sonrisas de frente y sus burlas a nuestra espalda. ¡Eso! *(Pausa)*. De su raíz está… ¿Estuvo alguna vez realmente? ¡Es-co-zor! ¿Cómo armar el rompecabezas si la pieza que le dio sentido se ha esfumado? ¿De veras? ¿Pero cómo entonces…? *(Silencio largo)*. ¿Sabes?, en un callejón cerca de la calle principal de Güira… ¿nunca te lo he contado? Pues allí encontré una foto con caras desconocidas que festejaban una ocasión… ¡Una de sus trampas! ¿Ves…? Pero los ademanes, sí, los ademanes… ¡era eso! Eran tan semejantes a los de aquellos encuentros en la casa de la playa, ¿recuerdas? Donde reinaba una euforia que aún enturbia nuestra vista. Otra treta, ¿te das cuenta? *(Silencio)*. ¿Qué camino emprenden los recuerdos antes de nutrir los sueños? Ya, ya sé tu respuesta… «Si uno hurga un poco en los ritos, solo un poco, encuentra una llanura donde se ha pastado sin saberlo. No allá, en la infancia…». Donde él lo era todo. ¡Sin lugar a dudas! ¿Te das cuenta? ¡Él! De golpe, breve, estalla pronto rebelión para iluminarme un instante. ¿Hará cambiar nuestros planes? Pero esto no es justo. Yo sé que está aquí, como que estoy vivo y aliento. *(Silencio breve seguido de risa breve y nerviosa)*. No es lo justo en última instancia lo que nos conmueve sino ese borbotear con el que nos asimos a la cordura, al repetir la experiencia vuelta costumbre. ¿Y si las circunstancias fuesen otras…? «Si tú no estuvieras allá y yo aquí… separados por mar, temores y fronteras… ¿esta historia no tendría otra lectura? ¿Sería igual de complicada o más intensa? ¡Pero es que esta es nuestra posibilidad! Tienes razón… como casi siempre, ¿no? «Nuestro ensayo general, estreno y última función en espacio y…». *(Rompe la postal sin furia, con una minuciosidad devastadora. Silencio. Ahora como si redactara)*.

Al fin logro responderte, he pasado una crisis sin motivos pero todo me va de maravillas ahora. Los niños crecen y hemos pagado la casa. Padezco de algunas molestias estomacales y…, claro, como es de suponer: envejezco… *(Silencio más largo. Ahora mientras dice lo siguiente, las veces necesarias, repite todas las anteriores acciones en sentido inverso, pero entrecortadas, como apuntadas antes de diluirse. El decir es monocorde como un niño que repite cosas sin sentido o de todo sentido posible, sin histeria, provocándola)*. ¡Nunca existió! Como nunca exististe tú. Ni todo aquello. Ni esta mierda que no aparece. ¿Ni yo? *(Al público, impersonal)*. Justo donde va a morir el río Almendares pescan unos muchachos ignorando la fetidez de las aguas que allí desembocan. Uno ha hecho diana y corre desnudo, con su presa entre los residuos, la arena y los sargazos cantando un grito de guerra, inaudible. Solo percibo su danza y sus dientes donde el sol se refleja cual un diamante para celebrar su júbilo y mi asombro. *(Encuentra un pequeño paquete que ha estado ahí, siempre)*. ¡Dios! Al fin. Aún… *(Develándolo también para sí. No lo dice, lo enuncia con los labios)*. Te a-m-o.

II. ÚLTIMA FUNCIÓN

Recinto tan pequeño como un cuarto y tan lleno de resonancias como el mismo.

J. *(Con el pequeño paquete de la escena anterior en la mano busca afanosamente dónde ponerlo entre los pocos libros, ropas y objetos)*. ¿Dónde carajo puedo ponerlo, dónde? Me la corto si no lo has hecho con esa intención. Ponerme en tres y dos, a mí. ¡Y qué hago con esto, qué? *(Pausa)*. ¿No te has dado cuenta que ha pasado…? Está ahí, presente en todo esto… ¿Y en mí…? Tú nunca lo entendiste. No. Creo que por eso tu batalla era con él. No con los demás y nosotros mismos. Lo tomabas demasiado en serio como si él lo fuera todo. ¿Y lo era…? ¿Lo es? *¡Merde!* No, no, no, no y no. «Desde lejos la embriaguez del vino es tan sonora como la lluvia», tan solo eso, y es que… *(Silencio).* Tendrías que ver esa exposición de la Place de la Concorde para entenderlo, no es el colorido ni las agrupaciones, no, y… ¡Sí! Es todo ello, pero sobre todo la línea, espesa y sensual como el aliento del ser amado en nuestro cuello. Ese es el detalle. Ese mismo. Y tan distinto a todo, tan humano. ¿Lo es realmente? ¿No hay algo deforme en el trazo? Sí, como si se abriera a otra latitud, otro espacio desconocido… ¿Cómo esto? ¡Es una verdadera obra de arte! Podría ponerlo aquí o… ¿Llevarlo encima, no? Me quedaría *charmant. (Ríe).* Nada es tan incierto como el olvido. Pero olvidamos. No lo has aprendido aún. Y has dejado que él te viva en vez de… ¿Y tenías otra opción? ¿La teníamos? ¿No habrá sido todo un…? Pudiera ser, ¿por qué no? Entonces todo tendría una razón. ¡Exacto! Hasta esta mierda… ¡mierda! «*Ne me quitte pas, ne me quitte pas, ne me quitte pas, il faut oublier…*». *(Continúa tarareando, mimando a una intérprete femenina. Termina mirándose las manos).* «Unas manos son… puertas, otras criptas sobre las que está grabado todo el desorden». *(Ríe).* ¡Ton-te-rí-as! Algunas palabras brillan y tintinean como monedas y como ellas pierden su valor… ¿Quizás pueda ponerlo allá en…? Podrían burlarse, seguro, ¡y qué coño me importan ellos! Todos son una partida de acomplejados y miedosos, vanidosos y… ¿y yo uno de ellos, no? Lo más triste es que hago lo imposible por lograrlo y ya nunca lo seré. Nunca. ¿Y si…? ¿O si…? De eso sí es él culpable, ¡qué estafa, señor, qué estafa! ¿Entonces tenías razón? Donde quiera que fuera cargaría con mi peso. ¿Donde quiera me azotará el mismo temor? La misma… pero… entonces no es culpa suya… ¡torpe! Sino nuestra, de nuestro interior, como un… emblema que nos acompaña ¿desde…? O antes… Esto será mi emblema ahora, quedará aquí a la vista de todos. Y que rían, que se burlen. Empezaré por burlarme de mí… *(Se ve como ante un espejo y comienza a burlarse de sus gestos, poses y su propia persona, en una parodia de tal intensidad que, por lo que descubre de sí, termina haciéndose daño hasta el llanto silencioso).* Realidad. ¿Era real todo aquello? Ya ni te acuerdas, seguro. Una tarde en especial… ¿como otra cualquiera? Me parece que no. Íbamos a la Feria, allá, cerca de la Plaza, era el comienzo de todo, o hacía muy poco… no importa… pero el brillo de los ojos nos hace relucir como nunca antes. «Ah, que *jeune étais un jour!*» *(Silencio).* Y de pronto pasamos por aquel… bromeamos o discutíamos… ¿sobre qué?… ¿era de…? Pero en un momento nos miramos a la cara… ¿Hemos visto lo… escuchamos aquellas… sentimos aquel…? *(Vuelve como sobre algo, mira, busca, constata. El rostro se le va desencajando, no cree en lo que ve).* Lo soñamos. Pero… ¿soñamos los dos el mismo sueño, al mismo…? ¿Ves? Creo no tener nada de ti. A no ser esto, sin embargo, llego a pensar como tú de… pero… ¿Si nada era como pensamos? Las cosas se fueron a pique… y hay que salvar algo de los escombros del lecho. *(Pausa larga).* Ahora no puedo continuar. Estoy perdido. Quisiera encontrar un modo, una señal para conducirme y me he extraviado tras ese insignificante ruido. ¿No lo oyes? Sale de esto. *(Abre el paquete, sopla en él: solo polvo. Nada se desprende de él, a no ser una musiquilla infantil, que lo inunda todo con su brevedad y añoranza. Lo siguiente lo dice parodiando la música).* «Hay muchas muchachas que machucan machos con las mochas y mechas de sus mamuchas…». ¡Muchachas! Siempre sonará mejor *jeunne fille*, ¿no?… Pero no será… «tan breve y oloroso como el escote de las muchachas cuando salen del agua, con su jícara». *(Paladea la palabra «jícara»).* Jí… cara. ¿Cómo se dirá en…? ¿Existirá en…? *(Impersonal, tratando de recuperarse).* Oh, mon frère, mon semblant, mon hypocrite spectateur. Escúchame ahora, escucha en silencio cómo callaba ante tus cuentos de la infancia en medio de la noche. Mi cabeza sobre tu pecho, tus manos sobre mi pelo, la cama demasiado amplia para nuestros cuerpos en comunión, sin mirarnos a los ojos, ¿nunca? Jamás a los ojos, para que así pudieras contar la provincia, la madre, la joven locura, como algo ocurrido a otra persona, quizás en otra vida... ¿por qué no? Mientras tú recorrías la niñez que ahora arrastras como un reflejo en el cual... ¡Tan solo al final...? Te reconoces. ¿Me re...? ¿Te re...? *Je suis... (A la caja).* ¿Debo verte?

III. RESEÑA

Espacio abierto, de mucha luz.

J. No podía venir a La Habana y no verte, hombre. Sería como ir a París y no visitar el Sena. No te rías. Por cierto que es lo más sucio que puedas imaginar, con sus *clochards* bajo los puentes y ese olor a... Sí, ya sé que bien vale una misa. ¿Me lo vas a decir a mí?

La ciudad no, es... no hay palabras, viejo. Todo reluce con una pátina de antigüedad que te deslumbra. ¡Qué hermosa decadencia, viejo! Me gustaría que un día la caminásemos juntos. No jodas, hombre. Claro, andar en carro es imposible, hay tantos allá... Yo vivo en el metro, quiero decir que estoy tanto tiempo en él que casi es como mi casa. Todas las distancias son muy largas. Bueno, eso es cuando voy allá. En mi pueblito lo tengo todo. Es un decir, claro. Siempre uno sueña con algo más.

¿Por qué será? Algo que siempre está allá, cerca o lejos, antes o después, pero no donde uno. Sí, por supuesto que he tenido, dos, tres exposiciones, dos colectivas, pero muy importantes. Hasta en el *Paris Match* se habló de una de ellas. Buenas reseñas.

Hasta vendí uno en quinientos francos. No, no pinto lo que debiera. Sí, sí, terminé la carrera, pero... me moriría de hambre si quisiera vivir de ella. No es fácil la vida, no te creas. Tengo de todo aunque a veces no es el dinero... necesario, eso sí. Trabajo como un provinciano... ay, perdona, con emigrantes en una oficina de empleos. No es fácil lidiar con ellos. Todos van allá con sus sueños y ambiciones y creen que... ¡Chazán! Idiotas. Algunos hasta casi son algo... repulsivos... Tratan de mantener sus costumbres que ya no... Pero claro, no todos... no se debe exagerar, ¿no? De todos modos me pagan bien para ser un... No, no es fácil... pero... ¡Qué bien te ves, hombre! ¿Por qué no te tiñes?

IV. RESEÑA

Espacio abierto de mucha luz.

E. Puedo llevarte en el carro de regreso al hotel. No, no me hace nada, aún me alcanza. Y así los ves, ellos viven ahí mismo, en el Vedado, bueno... Por supuesto, todavía se puede andar por allí de noche y disfrutar de algunos jardines y sus aromas... ¡bueno! Es un decir. No, de veras, no le hace. Tengo ganas de tomar aire un rato más. Si no tengo tiempo para nada, por eso pongo mi televisor apenas llego a la casa para desconectar, pero, bueno, los muchachos quieren ver sus videos y la señora de la casa su novela y yo... Sí, sigo siendo un pelotero frustrado. ¿Pero eso solo? No, no me tomes en serio. He llegado donde... donde he podido, casi a lo máximo. Tengo mi oficina, ahí en el ministerio, en transporte... No, no sé nada de eso, pero hago falta allí. ¿No? ¡Idiota! Me respetan, me… ¡gano más de trescientos cuarenta pesos mensuales…! ¿Dónde más? No me hagas caso, no me hagas caso, soy un gran… Sí, de vez en cuando. Solo tú los tomabas en serio. ¿Poemas? ¡Descargas, puras descargas! Torpes remiendos de la realidad. Sí, ahora creo más en los signos. Cada día más, más… ¿sabes? Creo en todo lo que me ayuda a explicarme el mundo de manera diferente a como lo hacen los diarios. No, no es muy ortodoxo que digamos. He aprendido también a leer las manos y las cartas… ¿quieres que…? Miedo de qué, por favor. Así puedes prepararte, quizás evitar… Sí, a veces, pero de otro modo como… es un miedo a quedarme en una zona en penumbras donde nada importe, donde nada pase, nada cambie… todo lo demás es pasajero, hasta no tener qué comer… Bien, a veces duele, pero es pasajero. ¿Cómo…? Sí, estoy seguro. Si no soñara me tiraba ante la primera guagua que pasara o me fuera a la mierda. No me hagas caso. Quiero que vayamos a la playa, ¿cuándo puedes? Te invito a cenar allá. ¡Ah, para qué están los amigos! Arquímedes no descubrió esa palanca. Quien tiene un amigo aquí, tiene un central. ¿Qué tú crees? Si sacas la cartera te corto la mano. ¿A ellos? Lo que tú quieras, total, algo me tocará de eso… ¡en un final…! Pero mi regalo mayor es verte de nuevo, aquí, vivo y… ¿allá?… ¿Tienes pareja?

V. COMENTARIOS DE LOS ESPECTADORES

J. Cuídate… amigo.
E. Cuídate, tú, por favor, Javier…
J. Está casi igual, pero como momificado, él quizás no, se mantiene, sí… ¡claro! Si no la misma casa, la misma familia, los mismos problemas… pero más graves, o más… ¿Será feliz?
E. Parece la misma persona, pero como un extraño, no él, sino que… como si quisiera dejar de ser quien es o representar a alguien sin problemas que no es él… ¿Será feliz?
E Y J. ¿Y aquel mensaje que creíamos descubrir en nuestros gestos y que no sabremos traducir a nadie? ¿Qué nos ha pasado? ¿Acaso él…?
J. Yo quiero, yo puedo, yo tengo, yo soy.
E. Yo quiero, yo comprendo, yo sé, yo soy.
J. Yo quiero, tengo.
E. Yo quiero, sé…
E. ¿Quién soy?

VI. TEXTOS OMITIDOS EN LA REPRESENTACIÓN

J. Lo sabía antes de decidirme a regresar: no iba a funcionar. Aquello siempre será mi pesadilla y mi delirio, esta es ya mi realidad. ¿Por qué uno vuelve a las personas y los lugares donde alguna vez se fue o uno se creyó dichoso? El que ya no sea no quiere decir que no fuera. Para alguien alguna vez fui de cristal o humo. En el misterio de la noche, con las estrellas musitando en lo alto su melodía. Desnudos y de la mano desandando la arena de Santa María, cuando todos duermen y nadie sabe qué uno oculta. Solo ese galopar del pecho que quiere escapar de la boca para pronunciar un solo nombre. ¡Dios mío! Cómo creerme ahora, cómo admitir este amorcito de los fines de semana, estable, profundo y vano que me consume ganas y agota días. Y avanzar hacia la puerta en la madrugada siguiente, libre, si... ¿Pero, por qué entonces esa desazón perenne? Ese escozor en la memoria y los sentimientos, como él hubiera dicho. De quedarme hubiese sido presa del resentimiento viendo morir uno a uno mis ensueños. Solo primaba entonces la Santísima Trinidad del degüello en provincia: calor, ron y desidia. Siempre quise escapar de esa mediocridad más asfixiante que un tornado que te arranca lo mejor de ti, te trastoca los sentimientos y te deja a la intemperie de la soledad. Tenía que salvar mis... ¿Y han sobrevivido? ¿Y es eso importante para seguir y ser? *(Pausa)*. «Quien ha atrapado un pájaro/ con las manos para verlo morir/ de vejez y hastío en cautiverio/ prefiere el deleite del colibrí/ apenas posado sobre un gajo/ en deslumbre de colores y aleteo». ¡Oh, si tan solo con quererlo bastara! Volvería a hacer los mismos visajes, empañaría con palabras el silencio y la luz. Otra oportunidad, una sola para volver atrás, no importa si en espanto o iluminación. *(Lamento y ahora más con dolor que con rabia)*. ¿Cómo no confió en mí? De haberlo hecho, sin espanto o lástima lo hubiera abrigado de piedad; para cerrarle los ojos y descansar. ¡Como antes! ¿Sin amor...?

E. No he sabido sumarme al juego. ¿Es tan fácil, verdad? Solo es cuestión de ser y salir adelante. ¿Cuánta simulación y mentira se requiere para dejar de ser? ¿Pero es más fácil serlo? ¿Qué renuncia es más costosa? ¿Arder al impulso o negarse a él? ¿Por qué ha de prescindirse de lo que para otros parece ser tan natural? Siempre las puertas. Cerrar una para abrir otra y otra y otra... y otra. Al final... ¿Qué queda? ¿Para qué tanto empeño que se quiebra en el festín de una noche? No era el escape en una escalera de madrugada, ni la ocasión que se justifica con una borrachera con alguien recién conocido en la oscuridad de un cine. Sí, era algo tan típico ya: un desliz ocasional con una compañera de trabajo en una celebración de fin de año. Como tantas otras veces. Divorciada, de lo más decente y buena gente. Cuestión de instinto y hombría, ¿no? Era mi terreno, lo que se había vuelto lo mío, verdaderamente... Y ahora es esto... el diagnóstico que me da tan solo un... *(Gran silencio)*. Qué soledad, señor. ¡Ah! Si supieran cuánto trata de esconder una resaca, la evasión de una mirada, el pistoletazo en plena sien. ¿Cómo lo más hermoso y natural a nuestros ojos, puede otro día ser lo más negado? Porque, coño, regresó a mi llamado. Si ni a él pude confiarme y contarle... Y antes, cuando aquello, de poder ser otro, me hubiera cambiado en un instante por su libertad, su coraje y su talento. ¿Y nunca antes hablaron mis evasivas, mis gestos de rechazo y ese afán de posesión? *(Pausa. Canta por lo bajo)*. «Ya no soy tan sensible/ como lo era en otro tiempo/ la costumbre de las penas/ me ha robado el sentimiento./ Y ni mis canciones ya viejas,/ ni mis amores ya muertos/ ni los hombres ni las cosas,/ me dicen nada:/ no siento». *(Pausa)*. Ya solo queda proseguir lo que queda en el camino correcto. ¿Correcto? Cada cual con la porción de acíbar correspondiente al rol que asume. ¿Así debe ser, no? Lo demás es lo que no debió ser nunca. ¿Y la añoranza de otro cielo-infierno, donde uno pudo atesorar cristal o humo entre los brazos? Este es mi juego hasta el final. Sin escape ni salida. ¿Que mierda, no? *(Mira, uno a uno, a los espectadores mientras llega el apagón)*.

El Autor
En La Habana, en marzo de 1993.

José Milián

LAS MARIPOSAS SALTAN AL VACÍO

José Milián (Matanzas, 1946). Dramaturgo, actor, diseñador escénico y director artístico. Egresado del Seminario de Dramaturgia del Teatro Nacional de Cuba, es autor de numerosas obras de teatro, entre las que resaltan *Vade retro, Otra vez Jehová con el cuento de Sodoma, Los triunfadores* o *Recital para mayas y conquistadores, Si vas a comer, espera por Virgilio, Mamíferos hablando con sus muertos* y *Lo que le pasó a la cantante de baladas*. En 1985 obtuvo con *¿Y quién va a tomar café?* el Premio de Teatro José Antonio Ramos de la Unión de Escritores y Artistas de Cuba (UNEAC). Fundador del Joven Teatro de Vanguardia y del Conjunto de Arte Teatral La Rueda, integrante del legendario Teatro Estudio y del Teatro Musical de La Habana, en 1989 funda el Pequeño Teatro de La Habana. Sus libros *Vade Retro y otras obras* y *Si vas a comer, espera por Virgilio* obtuvieron el Premio de la Crítica Literaria en 1990 y 2000, respectivamente. Le han sido otorgados el Premio Paco Alfonso, el Santiago Pita y el Omar Valdés de la UNEAC. Ostenta la Medalla Alejo Carpentier y la Distinción por la Cultura Nacional. Recibió en 2008 el Premio Nacional de Teatro por la obra de toda la vida.

Si está interesado en solicitar la autorización para el montaje de esta obra, puede escribir directamente a: **cucufate@cubarte.cult.cu**

Personajes

Payaso
Arsenio o Lavinia la Salvaje
Fermín
La Gorda
Jefe de Escena
Gresil

El escenario está dividido en dos horizontalmente. De la mitad hacia el fondo algunos elementos de circo como dados de colores, sogas, pelotas, etcétera. De una mitad hacia el público es un pequeño cuarto donde se ha improvisado una especie de camerino. El primero en entrar a escena es un pequeño payaso que durante toda la representación ensayará sus números de espaldas al público. Por la otra mitad entran dos hombres cargando unos bultos, los colocan en el suelo y se ponen a curiosear.

LAVINIA. ¡Cada año es peor! ¿Qué me dices de esta mierda?
FERMÍN. A mí me da lo mismo. ¿Hay espacio, no?
LAVINIA. Tú, como los griegos, en cualquier parte. No, mijito… ¿No ves que parece un cementerio?
FERMÍN. Pues entonces es el lugar más indicado.
LAVINIA. Esta noche no, Fermín. Hoy estamos de fiesta.
FERMÍN. ¿Quién mencionó el cementerio?
LAVINIA. Bueno…, en los cementerios también se representaba. No lo digo para hacerme el que tiene cultura. Lo leí hace poco. Eso fue antes de la Edad Media…, hacían representaciones en los cementerios.
FERMÍN. Y probablemente los muertos protestaron porque no los dejaban descansar en paz.

Fermín comienza a sacar cosas de los bultos preparando lo que usará en su representación.

LAVINIA. No sé si será mejor estar separado de los otros.
FERMÍN. Demasiada gente haciendo los mismos chistes de todos los años.
LAVINIA. Y porque no soportas que te estén mirando cuando te cambias de ropa. Total, ya qué más te da que te miren.
FERMÍN. Todavía no he perdido el pudor. ¡Pero no lo hago por eso!
LAVINIA. ¿Ya sabes lo que van a decir por estar los dos solos aquí?
FERMÍN. ¿Qué pueden decir?
LAVINIA. Que no tengo plancha y el vestido debe estar arrugado. *(Lo saca).* Mira esto, si parece que salió de una botella.
FERMÍN. Eso ni se notará con las luces.
LAVINIA. ¿Pero tendremos luces? Con la situación que hay en el país, sería un milagro. Pero de todos modos, se notará.
FERMÍN. Ponte muchos rellenos, para que se estire.
LAVINIA. Espero que no me pase lo del año pasado, caminé todo el tiempo cantando y arrastrando una toalla. Un número de lo más sensual y la gente se reía de mí, como si fuera un payaso, por culpa de la toalla.

FERMÍN. Usa otro relleno este año.

LAVINIA. ¿A qué hora vendrá la Gorda?

FERMÍN. Ya vendrá, no se pierde una.

LAVINIA. Pero ayer estaba tan deprimida…

FERMÍN. ¿Y cuándo no?

LAVINIA. Si a ti te pasaran las cosas que le pasan a ella, estarías igual.

FERMÍN. Ella se las busca. ¡El amor es algo que deberían prohibir!

LAVINIA. Todo el mundo no es tan seguro como tú.

FERMÍN. No empieces.

LAVINIA. Ay, chico, no te hagas más conmigo. Yo no creo en tu autocontrol.

FERMÍN. ¿Qué quieres que te diga? «Pobre Gorda», eso es lo que a ella le gusta.

LAVINIA. Yo no sé si es lo que a ella le gusta, pero yo siento decir: «Pobre Gorda».

FERMÍN. Pues di: «Pobre Gorda» todas las veces que quieras.

LAVINIA. Pero también digo: «Pobre Fermín».

FERMÍN. *(Mirándola fijo).* ¿También dices eso?

LAVINIA. No te gustará oírlo, pero para mí eres un pobre diablo que trata de esconder lo que siente.

FERMÍN. No tengo nada que esconder.

LAVINIA. Tú crees que mostrar los sentimientos es una vergüenza.

FERMÍN. A la Gorda le gusta hacer público todo lo que siente, todo lo que le pasa.

LAVINIA. Mejor no seguimos hablando de la Gorda… *(Buscando algo).* ¡Cómo puedo ser tan desdichado…! ¡Qué espanto!

FERMÍN. *(Sin darle importancia).* ¿Y ahora qué?

LAVINIA. No traje la peluca negra, traje la rubia. ¡Mira esto! Y con este vestido rojo, la que pega es la negra.

FERMÍN. Peor que eso, es que se te caigan las toallas.

LAVINIA. Este año no habrá toallas.

FERMÍN. O que se te enrede la cinta en medio de la actuación…

LAVINIA. No me digas esas cosas o me pongo nervioso antes de salir. Bueno, estaré nervioso por muchas cosas, pero por encima de todo, por esta peluquita a lo Marilyn Monroe…

FERMÍN. El sueño de todos los travestis, ser Marilyn. Pero de todos modos esa imagen es más agradecida, te van a aplaudir más.

LAVINIA. No creo. Si me toca salir detrás de esa que medio se encuera, no me van a aplaudir mucho.

FERMÍN. Tú eres más artista.

LAVINIA. No creo que eso importe mucho a la gente que se quiere divertir. Ella se quita la ropa y eso es más espectacular. Y lo que enseña es de verdad, que yo… lo que puedo mostrar en definitiva, es una colección de toallas usadas.

FERMÍN. Si no confías en mí, pregúntale a la Gorda cuando venga.

LAVINIA. Que por cierto se ha demorado hoy más que nunca.

FERMÍN. Estamos en el fin del mundo, no es fácil llegar hasta aquí.

LAVINIA. «Pobre Gorda».

FERMÍN. ¿Lo ves?

LAVINIA. ¿Pero te imaginas lo que significa venir desde tan lejos para buscar un poco de calor humano?

FERMÍN. Un viaje así, yo lo haría por buscar comida.

LAVINIA. Todo el mundo se ha vuelto materialista, los sentimientos no importan.

FERMÍN. Importan cuando tienes la barriga llena, mientras tanto hay que pensar en llenarla…
LAVINIA. *(Pausa)*. Creo que voy a demorar en vestirme. Voy a esperar.
FERMÍN. ¿Esperar qué?
LAVINIA. No sé. Esperar. Lo que suele esperarse. Esperar algo. La espera de la espera. ¡Qué sé yo!
FERMÍN. ¿Qué significa todo eso, Lavinia?
LAVINIA. Significa que razono. Que todo el tiempo no soy impulsivo, mecánico, que pienso, pienso. Y en esta puñetera vida, todo o casi todo se vuelve una condenada espera.
FERMÍN. ¿Y qué esperamos esta noche aparte de que empiece la función? Solo eso, Lavinia, que empiece y salir a actuar.
LAVINIA. ¿Actuar? Buena forma de verlo.
FERMÍN. ¿Estás arrepentido?
LAVINIA. Es que no sé si ese será el nombre. Vamos a salir a monear. Lo importante es hacer que ellos se olviden de que están aquí y por lo que están aquí.
FERMÍN. Nosotros también. Pero eso es actuar. Nosotros actuamos todo el tiempo. Con la familia, actuamos la alegría para que no sufran. Con los amigos actuamos la confraternidad para sentirnos apoyados. Con los médicos actuamos la esperanza…
LAVINIA. Ese serás tú, porque yo no actúo ninguna de esas cosas y mucho menos la esperanza con los médicos…, aquí la única actuación real es la de la espera. La espera de la espera…

En medio de sus rutinas, el Payaso se vuelve a ellos y comienza a hablar.

PAYASO. ¿Te conté mi sueño? ¿El sueño de anoche?
LAVINIA. ¿Te conté mi sueño? ¿El sueño de anoche?
FERMÍN. No me lo contaste.
PAYASO. Al principio de llegar aquí, tuve muchas pesadillas…, siempre lo mismo, lo mismo…
LAVINIA. Pero anoche no, anoche soñé como toda persona normal, anoche logré olvidarme.
FERMÍN. ¿Lograste olvidarlo?

El Payaso retorna a sus ensayos de rutinas y acrobacias, hacia el fondo.

LAVINIA. En medio de una salita pequeña, había una cama. La cama tenía una sobrecama azul. En la cama estaba sentada una viejita delgada pero que tenía el pelo muy negro, lacio, amarrado detrás en una cola. Estaba vestida de azul claro. Pero la viejita no estaba contenta, protestaba por algo. Yo repartía una comida que parecía muy buena. Por ejemplo, en un solo plato había varios tipos de carnes y viandas, pero cuando la gente empezaba a comer, la comida se volvía cucarachas y gusanos verdes. Entonces, me di cuenta de que por esa salita entraban las olas del mar.

Silencio.

FERMÍN. A mí me parece una pesadilla.
LAVINIA. Esta Gorda puñetera que se demora cuando uno más la necesita.
FERMÍN. Dije que me parece una pesadilla. Nosotros ya no podemos tener sueños normales.
LAVINIA. ¿Le habrá pasado algo a la Gorda?
FERMÍN. Ya sabes que vendrá.

LAVINIA. Es que sin ella me cuesta trabajo vestirme, maquillarme.
FERMÍN. No es eso.
LAVINIA. ¿Ah, no?
FERMÍN. Ella es la vida. Ella viene de afuera, de allá… de donde quisieras estar…, y no está enferma.

Se miran en silencio. El Payaso se vuelve al público.

PAYASO. ¿Cómo perdonar la generosidad de tu entrega sin amor? ¿Tu no responsabilidad por ser indiferente? ¿Tu no culpabilidad por estar ajeno al sentimiento?

Se vuelve de espaldas y continúa sus ejercicios.

LAVINIA. Tú no tienes que esperar por mí, puedes vestirte y salir adonde están los otros.
FERMÍN. Eso lo sé. *(Pausa)*. A lo mejor también estoy esperando a la Gorda.
LAVINIA. Ella viene a ayudarme a mí.
FERMÍN. Claro.
LAVINIA. ¿Y se puede saber para qué la esperas?
FERMÍN. Siempre es entretenido escuchar sus historias. Te sacan de esta rutina.
LAVINIA. ¿Por qué no escribes sobre este sitio? ¡A lo mejor tus memorias se hacen famosas algún día!
FERMÍN. A lo mejor.
LAVINIA. Creo que vienen a buscarnos.

Aparece el Jefe de Escena.

JEFE DE ESCENA. ¿Todo en orden?
LAVINIA. Si a esto se le puede llamar orden. ¿Tú crees que este bombillo es suficiente para maquillarme? ¿Y este espejo me sirve para verme de cuerpo entero?
JEFE DE ESCENA. ¡Pero ustedes quisieron venir para acá!
LAVINIA. ¿Y nos castigan por eso?
JEFE DE ESCENA. No te pongas conflictivo.
LAVINIA. Querer estar solos aquí no es un delito. Tú sabes que allí hay mucha gente vistiéndose, no me dejan concentrar… y se pierden las cosas…
JEFE DE ESCENA. Como esto no es un teatro, no hay condiciones.
FERMÍN. Prefiero que no discutan ahora. Eso lo altera a uno.
LAVINIA. Me gusta como asumes tu papel de Jefe de Escena. ¿Hay luna llena esta noche?
JEFE DE ESCENA. No sé. No he mirado. ¿Por qué?
LAVINIA. Quiero saber si hay luna llena. ¿Es malo?
JEFE DE ESCENA. No es malo, pero lo dices por algo.
LAVINIA. Claro, porque quiero saber si hay luna llena.
FERMÍN. ¿Quieres saber si va a llover?
JEFE DE ESCENA. La respuesta es no sé.
LAVINIA. Cuando era niño mis padres hablaban del cuarto menguante, del cuarto creciente, de la luna llena… Pienso que preocuparse por un aspecto de la naturaleza no es un pecado.
JEFE DE ESCENA. A punto de empezar la función no me parece un pecado, me parece intrascendente.
LAVINIA. Te has tomado muy en serio tu papel. ¡Intrascendente!

JEFE DE ESCENA. Espero que por estar aquí no se atrasen en la salida. Ya vendré a avisarles. *(Se va)*.
LAVINIA. *(Va hasta la puerta y se cerciora de que está lejos).* Él piensa que uno es comemierda. ¿Por qué no me puede interesar si hay luna llena?
FERMÍN. Así de pronto, te interesas por la luna.
LAVINIA. ¿Porque tenemos problemas más importantes que saber cómo está la luna?
FERMÍN. ¡Estás exagerando! Él es un idiota, pero no creo que haya insinuado una cosa así.
LAVINIA. ¿Lo estás defendiendo?
FERMÍN. Trato de ser justo.
LAVINIA. ¿Y quién es justo conmigo?
FERMÍN. Lavinia…, ¡estás agresivo!
LAVINIA. ¿Agresivo yo?
FERMÍN. Hoy nos está permitido alegrarnos un poco. Prefiero que me hables de las pelucas.
LAVINIA. No me trates como a los locos.

El Payaso mira al público.

PAYASO. ¿Cómo perdonarte ese entrar y salir de lo sublime sin dejar huellas? ¿Cómo puede no tocarte el alma? ¿Cómo puede no rozarte una ternura?

Se vuelve y continúa sus ejercicios.

FERMÍN. No es fácil perdonarte.
LAVINIA. Lo sé. *(Pausa).* ¡Dios mío, estaba tan celoso!
FERMÍN. Fue algo monstruoso.
LAVINIA. Lo sé, lo sé. Pero yo estaba enamorado. A pesar de la separación, yo soñaba con el regreso. Siempre pensé que íbamos a volver. La esperanza me daba fuerzas para esperar.
FERMÍN. Todo eso prueba que Dios y el Diablo sí existen. Pero no hay que buscarlos fuera de nosotros.
LAVINIA. Yo tenía en mi cabeza muy frescas, las imágenes de las caricias, de las veces que hicimos el amor, recordaba las promesas que nos hicimos, los planes para el futuro… *(Pausa).* Y entonces fue cuando los vi pasar. Iban muy juntos, llevaban la intención reflejada en el rostro. Es imposible disimular algo así. Los seguí, sin que se dieran cuenta y los vi entrando…
FERMÍN. Hasta ahí puede pasar. Te hubieras desgarrado, intentado matarte, hasta detenerlos, ofenderlos, hasta ahí se puede entender… ¡Tú amabas! ¡Pero denunciarlos, Lavinia, fue una bajeza, de las grandes…!
LAVINIA. Algo se apoderó de mí, no era yo.
FERMÍN. ¡Justificación!
LAVINIA. No sé qué me pasó. Pensar que allí dentro estaban haciendo el amor, lo mismo que hacía conmigo… Eso me cerraba todas las puertas. ¡No habría regreso! Tantas horas de mi vida que dediqué a la espera y de pronto se me acaban las esperanzas. ¡Por eso lo hice!
FERMÍN. Él nunca va a perdonarte el estar aquí encerrado.
LAVINIA. No es mi culpa que esté aquí. Si no hubiera estado infectado no estaría…
FERMÍN. Pero tú lo denunciaste. Y los encerraron a los dos en este lugar… y has tenido que convivir con ellos…
LAVINIA. ¡Ay, Dios! *(Pausa).* ¿Y no es mejor eso, a que estén infectando a otros por la ciudad?

FERMÍN. No te justifiques más conmigo. Nunca aprobaré lo que hiciste. Y si fuera él, no te miraba la cara. Y encima de todo, te burlas y que si la luna y le hablas con agresividad…
LAVINIA. Si hay un Dios, que me perdone. Coño, pero es que todo lo malo me tocó a mí. ¿Y al final qué tengo? Perdí el amor estando enamorado, me traicionó con un amigo, estoy encerrado aquí sin esperanzas, esperando el desenlace… ¿Qué tengo?
FERMÍN. ¡Creo que estás pasado de moda!
LAVINIA. La luna muestra caras diferentes en la medida en que va rotando alrededor de la Tierra y yo voy mostrando las mías en la medida en que voy rotando alrededor de mi problema.

Entra la Gorda y se sienta sin saludar. Está cansada. Queda como en éxtasis. Es una mujer normal, algo entrada en años, pero que conserva su belleza y un aire juvenil.

FERMÍN. ¡Al fin!
LAVINIA. ¿Qué pasó? ¿No puedes hablar?
FERMÍN. ¡Debe estar deprimida!
LAVINIA. ¡Pero habla de una vez, Gorda!

La Gorda los mira por un instante, parece que va a hablar, pero vuelve a sumirse en sus pensamientos.

LAVINIA. Eres de lo más estimulante. *(A Fermín).* ¿Tú crees que así uno tiene ganas de trabajar? Me paso la vida esperando por ella y viene en ese estado.
LA GORDA. *(Los mira).* ¿Estoy muy vieja?
FERMÍN. Depende.
LA GORDA. ¿Depende de qué?
FERMÍN. De a quien se lo preguntes.
LA GORDA. Se lo estoy preguntando a ustedes.
LAVINIA. Para mí, estás estelar.
FERMÍN. Para mí, eres una mujer madura, pero muy interesante.
LA GORDA. Coño, ¿estoy vieja o no?
LAVINIA. No.
FERMÍN. Bueno, no.
LA GORDA. Pues dice que estoy vieja.
LAVINIA. Ya me lo imaginaba. ¡Mándalo al carajo!
FERMÍN. Eso te pasa por fijarte siempre en los jovencitos. ¡Para ellos siempre serás una vieja!
LA GORDA. ¡Ay, Dios…, yo estaba tan enamorada!
FERMÍN. Te sacó lo que pudo.
LA GORDA. No, eso no.
LAVINIA. No digas mentiras, mamacita. Pero te diste el gustazo, ¿eh? El que por su gusto muere…
LA GORDA. ¿Por qué simplificas mis sentimientos, Lavinia? Yo lo amaba.
LAVINIA. El amor es un grave peligro…
FERMÍN. Muy filosófico.
LAVINIA. ¿De qué lado estás?
FERMÍN. Siempre voy a estar del lado del amor.
LAVINIA. ¡Bravo! Estás de parte de la Gorda. Debe haber luna llena.

FERMÍN. No soy su enemigo. No me gusta que hace público todo lo que le sucede, pero me entretiene…
LAVINIA. Pobre Gorda, solo se entretiene contigo.
LA GORDA. ¿Quieres vestirte ya?
LAVINIA. Sí, vístese. Quítame este disfraz que me regaló mi mamá y ponme ese, el de Lavinia la Salvaje, que es el sueño, la irrealidad, la gran mentira que entretiene. Lo que hace olvidar lo cotidiano.

Se levanta y comienza a vestir a Lavinia.

LA GORDA. Lo terrible es que siempre hay que volver a empezar.
LAVINIA. Dichosa tú, chica, que por lo menos tienes salud para empezar todas las veces que quieras.
LA GORDA. El que está fuera del agua…
LAVINIA. ¡Coño! Pero no me pellizques con el zíper. Eso del agua también podríamos decirlo Fermín o yo… y míranos vistiéndonos para este espectáculo como dos enamorados de la vida…
LA GORDA. ¿Y no lo estás?
LAVINIA. ¡Claro que lo estoy! Pero este amor no tiene mucho sentido, porque ella nos abandonará en cualquier momento…
FERMÍN. ¡Ah! ¡Ya salió eso otra vez! ¡Y no querías que yo hablara de cementerios!
LAVINIA. Sí, pero lo dije de una forma poética.
FERMÍN. De cualquier forma es muerte. ¡Muerte! Y siempre sale.

El Payaso abandona sus ejercicios y se vuelve al público.

PAYASO. ¡Si ni siquiera somos artistas!
FERMÍN. Dos imbéciles que se preocupan por tonterías, que si hay luna llena, que si la otra peluca es mejor, que si esto no parece un camerino. Si ni siquiera somos artistas.
LAVINIA. Eso depende de cómo se mire. Soy artista. No cobraré por mi trabajo porque no soy profesional, pero hago arte.
LA GORDA. Pero que salga no quiere decir que haya que desesperarse. Esa posibilidad existe, pero todavía hay esperanzas.
FERMÍN. Para ti es muy fácil decirlo, no tienes nada que ver con esto.
LAVINIA. No le hables así a la Gorda. Solo trata de calmarte.
FERMÍN. Quisiera entender para qué sirve la calma, si nada modifica. ¡Lo que va a ser será!
LAVINIA. ¡Ah, no! ¡Qué va! Hoy no puedo seguirte en esto. Yo tengo que actuar. Tú no me vas a estropear el *show*. ¡Termina de vestirme, Gorda!
LA GORDA. Fermín, ¿puedo decir una cosa estúpida?
FERMÍN. Puedes decir lo que te dé la gana. Aquí, casi todo está permitido.
LA GORDA. No debemos perder las esperanzas.

Los tres se miran.

PAYASO. ¿Cómo perdonarte ese placer que nada significa y que buscas afanosamente para equilibrarte?
LA GORDA. Y no estamos solos en la esperanza. La tiene el mundo entero.

Se vuelven a mirar.

PAYASO. ¿Por qué siempre desafías la gravedad, el equilibrio entre caer y dejarse estar?

Aparece el Jefe de Escena.

JEFE DE ESCENA. Preparada Lavinia la Salvaje, vas dentro de dos números.

El Payaso retorna a sus ejercicios.

LAVINIA. *(Al Jefe de Escena).* ¿Y qué pasa si yo decido no actuar esta noche? ¿Si así, de pronto, digo que no me da la gana de salir a aparentar lo que no soy? ¡Que ni soy mujer, ni soy salvaje y que además, ni canto ni como frutas, ni soy fonomímico, ni un carajo! ¿Qué pasa? Querido jefecito de escenita, que me la tienes peladita con tu aire de «por primera vez soy importante porque doy órdenes». ¿Qué pasa?

JEFE DE ESCENA. Pasa que saltamos tu número y ya. ¿Quieres que te tache de la lista?

LAVINIA. ¿Lo ven? ¡Tan simple como tachar el nombre en una lista!

JEFE DE ESCENA. ¿Te tacho?

LA GORDA. Por eso uno no puede permitirse el lujo de pasar sin dejar huellas.

El Payaso se vuelve al público.

PAYASO. Si usted es eterno, perenne, constante, definitivo, algún día nos daremos la mano.

JEFE DE ESCENA. ¿Qué coño es este jueguito?

LAVINIA. Dime, querer... ¿Hay o no hay luna llena?

JEFE DE ESCENA. No he tenido tiempo de fijarme en eso.

PAYASO. Si usted viene del pasado no se contente con su suerte de recuerdo..., usted será borrado.

LAVINIA. ¡Qué vas a tener tiempo! Claro, claro..., tú caminas porque el mono un día se paró en dos patas...

FERMÍN. La fábula de las mariposas.

PAYASO. Las mariposas saltan al vacío. *(Se vuelve de espaldas retornando a sus ejercicios).*

LAVINIA. Eso mismo. La fábula de las mariposas. ¿Tú la conoces, Gorda?

LA GORDA. No.

JEFE DE ESCENA. No tienen mucho tiempo para eso.

LAVINIA. Pero si es muy corta, muy corta. ¿Dónde la guardé? *(Buscando).* Estaba aquí... Ah, ya está. Es esta.

LA GORDA. ¿De quién es?

LAVINIA. Es de un amigo mío, pero eso no importa. No es famoso. Yo valoro las cosas que me dicen algo, no porque quien lo escribió sea famoso... Bueno, leo...
«Porque el riesgo de ser olvidada está en que tu existencia es negada. Pero aún reconociéndose tu existencia, pasas a la categoría de montón, de generalidad, de la inmensidad de cosas que se sabe que existen, pero por no estar vinculadas a nosotros, no recordaremos»...
Esto lo dice una mariposa que estaba en su capullo. Sigo leyendo:
«Pero una, antes de ser olvidada fue reconocida como tal, valorada por su nombre, por sus sentimientos, por sus necesidades, por lo que entregó. Una era invocada en las conversaciones, a una la buscaba aunque sea para pasar el aburrimiento, a una le reconocían al menos la existencia, aunque no haya sido importante, pero el olvido, es como enterrarte en vida. Y

de la muerte no se regresa, al menos, no con tu mismo cuerpo. Y finalmente, la mariposa se lanzó al vacío en su último y desesperado esfuerzo por no ser olvidada»... *(Dobla el papel).*

JEFE DE ESCENA. ¿Te tacho o no de la lista?

FERMÍN. ¿Qué crees?

LA GORDA. No entendió.

LAVINIA. Mira, queridito, yo voy a salir a escena a pesar de todos los pesares, porque como esa mariposa de la fábula, no quiero ser olvidada.

JEFE DE ESCENA. Mira que me haces perder el tiempo, Lavinia.

LAVINIA. No eres capaz de ver si hay luna llena, porque seguramente caminas con la cabeza baja, mirando por donde pisas.

JEFE DE ESCENA. Otro ataquito, no te lo aguanto.

LAVINIA. ¿Qué es la felicidad?

JEFE DE ESCENA. Están más locos cada día.

LAVINIA. La felicidad, mi querido, es un montón de pocas veces.

JEFE DE ESCENA. Termina de vestirte. *(Se va).*

LAVINIA. ¿Estaré bien así?

LA GORDA. Me pareces perfecta.

LAVINIA. Dime perfecta. En definitiva ya no soy Arsenio, ahora soy Lavinia la Salvaje. *(Se toca los rellenos).* ¿No quedé un poco gorda?

LA GORDA. Estás perfecta.

LAVINIA. ¿Y cómo tengo las tetas?

LA GORDA. Perfectas.

LAVINIA. No digas siempre lo mismo. Es aburrido. Lo importante es no estar conformes.

LA GORDA. No se me ocurre otra cosa.

LAVINIA. Qué poca imaginación. ¿No será por eso que los hombres te abandonan?

LA GORDA. No siempre me abandonan.

LAVINIA. ¿Ah, no? ¿Y por qué siempre terminas sola, deprimida, hecha leña?

LA GORDA. Porque aspiro a un amor demasiado perfecto... pero me estoy convenciendo de que el amor no es perfecto. La gente es feliz a veces con algo parecido al amor, con pequeños detalles...

LAVINIA. ¿Pero a ti qué te importa cómo son felices los demás?

LA GORDA. Porque ellos son felices y yo no. Yo no me conformo con lo parecido al amor, quiero un amor verdadero, una verdadera entrega...

LAVINIA. Sigue comiendo mierda que mientras tanto, el tiempo va pasando y llegará el momento en que ni para los tigres...

LA GORDA. Lo sé.

JEFE DE ESCENA. *(Apareciendo de súbito).* ¡Lavinia! Te toca, ¡vamos!

LAVINIA. Procura que la grabadora funcione bien, recuerda lo que me pasó el año pasado.

Salen los dos.

FERMÍN. ¿No vas a verla actuar?

LA GORDA. No te voy a dejar solo.

FERMÍN. ¿Y por qué no?

LA GORDA. Me parece que hoy no te sientes bien... ¿Me equivoco?

FERMÍN. Nunca voy a estar bien.

LA GORDA. Pero en estos casos, es mejor estar acompañados. Yo me siento mejor aquí, contigo. *(Pausa)*. Además, ya vi todos los ensayos… ¿Quieres que me vaya?
FERMÍN. Me da igual.
LA GORDA. Entonces me quedo.
FERMÍN. *(Se levanta y camina un tanto molesto)*. Gorda, ¿por qué te gusta estar cerca de la muerte?
LA GORDA. *(Le sonríe)*. Me gusta estar cerca de ustedes.
FERMÍN. Nada de eso. Te gusta oler la muerte.
LA GORDA. No pienso molestarme, si es lo que pretendes. Ya bastante deprimida estoy.
FERMÍN. Eres morbosa. Estar cerca de los que se van a morir. Es una forma de oler la muerte. Seguir de cerca nuestras desesperadas e impotentes reacciones…
LA GORDA. Quiero ayudarlos, les tengo afecto.
FERMÍN. ¡Estás mintiendo! Es la curiosidad de saber que estamos condenados.
LA GORDA. No te alteres, que no te hace bien.
FERMÍN. ¡Maternalismo barato! Conmigo no te sirve. Yo no disfruto como Lavinia, él se siente realizado con mucha gente alrededor, pasándole la mano, complaciéndolo en todo, como se hace con los condenados a muerte.
LA GORDA. Yo no hago eso. Aquí encuentro apoyo, afecto, comprensión. Sea por lo que sea, ustedes tienen otra forma ya de enfrentar el mundo…
FERMÍN. Estás fuera del juego, nosotros somos seropositivos.
LA GORDA. Y los demás somos serodesconocidos, ya lo sé. Fermín, esta es una mala etapa de la humanidad, pasará, como han pasado otras.
FERMÍN. ¡Consuelo barato! Y en último caso, si va a pasar, que pase… ¿Pero por qué conmigo?
LA GORDA. No es consuelo, lo creo.
FERMÍN. ¿Crees que voy a vivir lo suficiente para ver la solución del problema?
LA GORDA. ¿Y por qué no?

Se miran en silencio. El Payaso abandona sus ejercicios y se vuelve al público.

PAYASO. A esos enanos que te rondan
como a una Blancanieves triste,
a esos niños que te invitan
constantemente al sacrilegio,
al rito de las manos y los besos,
que te muestran sus cuerpos para altares particulares
y algunas veces deseas no haber borrado sus huellas.
A esos niños
clavados como sansebastianes en tus lujurias
y luego, como en los cuentos, «había una vez»…
A esos niños que dan vueltas sobre vueltas contigo,
con tus desesperados días, teléfonos y sonrisas
y se dejan estar, como mariposas,
de seguro, a esos, no los dejes entrar,
recíbelos en la puerta.

Regresa a sus ejercicios.

FERMÍN. ¿No tienes miedo?
LA GORDA. ¿A qué?
FERMÍN. A esos amantes, a esos jóvenes que aparecen en tu vida. ¿Tú haces el amor o no?
LA GORDA. Una historia de amor lleva sexo.
FERMÍN. ¿Y no tienes miedo?
LA GORDA. Sí, lo tengo. ¡Es normal pensar en eso!
FERMÍN. ¿Cómo va a ser normal sentir miedo? El sexo es algo natural. Es parte de la naturaleza del hombre. ¡No puedo hacer el amor sintiendo miedo! ¡Pero de ahora en adelante el amor debe hacerse con miedo!
LA GORDA. ¿Qué quieres decirme?
FERMÍN. ¿Tú crees que alguna muchacha querrá casarse conmigo? ¿Que puedo pensar en tener familia?
LA GORDA. Esas preguntas también me las hago yo.
FERMÍN. Pero no es lo mismo. ¡Tú no estás enferma!
LA GORDA. Estar enfermo no cambia el mundo.
FERMÍN. ¡Sí lo cambia, coño…! ¡Sí lo cambia! Y todos los que nos rodean, lo saben. *(Pausa)*. Estoy cansado de aparentar normalidad donde no la hay. Estoy cansado de este juego de aparentar cosas que no son ciertas. Claro que el modo de ver el mundo cambia… y como estoy muy cerca del final, quiero llamar a las cosas por su nombre.
LA GORDA. ¡La desesperación tampoco resuelve nada! *(Pausa)*. Deberías buscar un apoyo en Dios…
FERMÍN. ¡Consuelo!
LA GORDA. Dios te dará la fe que necesitas…
FERMÍN. ¡Mierda! ¿Y tú crees que no he pensado en eso? ¿Y si esto es un castigo de Dios? Si existe, si es verdad que está ahí y lo sabe todo… ¿Por qué ha dejado que esta enfermedad se propague por el mundo?
LA GORDA. Quizás para que la gente vuelva a la fe.
FERMÍN. Pero la fe no cura.
LA GORDA. Pero da consuelo, fortalece…
FERMÍN. ¡El dinero también da consuelo y fortalece!
LA GORDA. ¡Entonces estamos perdidos! ¡No hay nada que hacer! Mejor nos sentamos a ver trabajar al Payaso. Mejor nos entretenemos mientras el tiempo pasa.

La luz sobre ellos se empobrece y cobra fuerza sobre el Payaso, que realiza uno de sus números volviéndose al público.

LA GORDA. *(Al volver la intensidad de la luz sobre ellos, hace un esfuerzo por volver a la realidad)*. Creo que debes ensayar un poco, van a venir a buscarte y no estarás preparado.
FERMÍN. No vamos a ninguna parte.
LA GORDA. Eso es. Estamos atrapados. Tú aquí dentro y yo allá afuera. *(Pausa)*. Me siento ridícula diciendo estas cosas, pero como no conocemos el destino, quizás la muerte venga por mí primero.
FERMÍN. Ridículo, pero posible. *(Se pasea nervioso)*. Aunque este no parezca el momento oportuno, he decidido contarles lo que me pasó con mi médico, antes de salir de La Habana, porque me he quedado un poco desvinculado. Para decidirme a hablarles esta noche, tuve que tomarme unos supositorios para los nervios. Resulta que yo sentía una especie de luxación, aquí, en el congénito… *(Se detiene)*. ¿Te parece gracioso?

LA GORDA. Francamente no, pero se van a reír mucho. Ellos tienen una gran necesidad de reír.
FERMÍN. *(Continúa).* El dolor no me dejaba dormir en toda la noche y por eso me decidí a explicárselo todo a un «galeón», que es como se le llama a los médicos, o sea, que son «sintónimos»... *(Se detiene).*
LA GORDA. ¿Y ahora qué?
FERMÍN. No voy a estar gracioso, no puedo.
LA GORDA. Todos estamos haciendo un esfuerzo, eso es mejor que abandonarse.
FERMÍN. ¿Mejor que saltar al vacío?
LA GORDA. ¡Dios mío! Yo no puedo contestar esa pregunta.
FERMÍN. ¿Por qué?
LA GORDA. Es que soy admiradora de la gente que salta al vacío. ¡No puedo evitarlo!

Se miran. Silencio. El Payaso abandona sus ejercicios y se vuelve al público.

PAYASO. ¡El remedio para la soledad es la compañía! ¿Pero para el olvido? Siendo justos, no se trata del olvido, sino de ser olvidado. ¿Qué le importará a uno que lo olviden, si uno también puede olvidar? Y estamos en paz, como dice una canción. Porque el riesgo de ser olvidado está en que tu existencia es negada.
FERMÍN. El año pasado... estuvimos aquí, con Lavinia...
LA GORDA. Claro, no lo olvido. ¡Pobre Lavinia!
FERMÍN. ¿Pobre Lavinia? Eso decía siempre de ti. ¡Pobre Gorda!
PAYASO. Pero el olvido..., el olvido es enterrarlo a uno.

El Payaso vuelve a sus ejercicios.

LA GORDA. Yo nunca podré olvidarlo, Fermín. ¡Nunca!

Lavinia aparece en la puerta.

LAVINIA. ¡No me lo van a creer!
LA GORDA. ¡Arrasaste!
LAVINIA. ¡Lavinia la Salvaje siempre arrasa! Pero no lo digo por eso. Acabo de entrar en este maldito lugar y me he dado cuenta de que tampoco me fijé si hay luna llena.
LA GORDA. Porque estabas entusiasmado con los aplausos.
LAVINIA. Es que la mediocridad es contagiosa. ¿O será que finalmente mirar la luna es un acto intrascendente?
LA GORDA. ¿Te ayudo? ¿O vas a hacer el otro número con el mismo vestido?
LAVINIA. No, se cambia, se cambia. *(Fermín va a salir).* ¿Y tú adónde vas? ¿Ya te toca?
FERMÍN. Voy a fijarme en la puñetera luna. La voy a mirar bien, con los ojos bien abiertos. Quiero convencerme de que está allí y de cómo está. *(Sale).*

La Gorda y Lavinia se miran.

LAVINIA. ¿Pasó algo?
LA GORDA. Lo de siempre. La conversación de los impotentes.
LAVINIA. ¿Y va a actuar así?

LA GORDA. Creo que es mejor.
LAVINIA. Ayúdame con el otro vestido. *(Comienza a cambiarse)*. ¿Por qué no me lo cuentas todo ahora que no está aquí? Pero dime la verdad.
LA GORDA. Le gustan las pepillas…
LAVINIA. ¿Y qué hacía contigo?
LA GORDA. Por complacerme, porque estaba acostumbrado…
LAVINIA. ¿Te dijo eso? ¿Y no le pateaste la cabeza? ¡Es un sádico! No puede estar bien de su cabeza.
LA GORDA. Entonces le dije que se fuera, pero no quería irse.
LAVINIA. Si eso me pasa a mí, te juro que me corto y lo salpico, aunque después me encierren.
LA GORDA. No quería perderme, a pesar de eso…
LAVINIA. ¡Pero es una humillación!
LA GORDA. No creo que entienda el significado de esa palabra.
LAVINIA. Espero que después de eso lo habrás enterrado.
LA GORDA. Trato de hacerlo, pero no es fácil enterrar lo que se ama.
LAVINIA. Ya sé que no es fácil. ¡Si lo sabré yo! Pero en estos casos es saludable. ¿Y por qué coño se acostaba contigo?
LA GORDA. Porque yo lo deseaba, solo por complacerme.
LAVINIA. ¿Y se lo creíste? Los hombres no funcionan si tú no les gustas. Recuerda eso… Hay un aparatico que lo indica. *(Pausa)*. ¿No me estarás mintiendo en lo del aparatico?
LA GORDA. Funcionaba.
LAVINIA. ¡Qué tipo más loco! Pues tiene que haber otra cosa. Algo quería de ti.
LA GORDA. Cualquier cosa, menos amor.
LAVINIA. Lavinia va a dictar sentencia. ¡Al carajo! No tienes por qué dar otra cosa que no sea amor. Tú no eres una vieja.
LA GORDA. Nunca me habían hecho sentir así, tan cerca del retiro.
LAVINIA. Ese tipo no se merece que pienses en él. Es egoísta. Toma de los demás lo que quiere…
LA GORDA. ¡Pero es que no sé lo que quería de mí!

Aparece el Jefe de Escena.

JEFE DE ESCENA. ¡Fermín, te toca a ti!
LAVINIA. ¡No está! ¿Por qué no le avisaste antes?
JEFE DE ESCENA. Todavía tiene tiempo.
LA GORDA. ¡Menos mal!
JEFE DE ESCENA. ¿Y adónde fue?
LAVINIA. No me lo vas a creer, fue a ver la luna.
JEFE DE ESCENA. ¡Coño! ¡Qué difícil es trabajar con ustedes!
LAVINIA. ¡Mira quién habla! ¿Y tú, eres un encanto?

El Jefe de Escena no contesta y se retira.

LAVINIA. Si yo hubiera sido mujer y hubiera parido un hijo tan pesado, te lo juro que nunca le hubiera dado la teta. *(Pausa)*. Fermín se demora, ¿eh? ¿Adónde fue a ver la luna?
PAYASO. *(Sin dejar de hacer un ejercicio)*. Tan fácil como tachar el nombre de una lista. Así mismo desapareceremos. Este pueblo olvida muy rápido.

LA GORDA. Ojalá que yo pudiera hacer lo mismo.
LAVINIA. ¿Hacer qué, mijita?
LA GORDA. Olvidar.
LAVINIA. Yo salgo a escena, represento, me hago sentir, para que sepan que todavía estoy vivo. Me hago sentir a todas horas, todo el día. Quiero que sepan que todavía estoy aquí.
LA GORDA. Lavinia, tú eres el único amigo que yo tenía.
LAVINIA. ¿Tenías? Tienes. Todavía estoy aquí.
LA GORDA. No.
LAVINIA. ¿Tú también me vas a tachar de la lista? *(Pausa)*. ¿Estás llorando? ¿Pero por qué?
LA GORDA. Yo te necesitaba tanto. Nadie podrá llenar ese vacío.
LAVINIA. *(La abraza)*. Yo no quisiera dejarte sola. Pero de todos modos ve pensando en esa posibilidad.
FERMÍN. *(Aparece y desde la puerta)*. ¡Luna llenísima! Hay luna para todos.
LAVINIA. Menos mal. Será lo único que hay para todos, porque de lo demás, no alcanza.
LA GORDA. El Jefe de Escena te está buscando…
FERMÍN. Ya lo vi.
LAVINIA. El público está buenísimo, se ríe de todo.
FERMÍN. Mejor así. *(Se va)*.
LAVINIA. No sé por qué tengo un mal presentimiento esta noche.

Los dos se miran en silencio.

LA GORDA. ¿Nos preparamos para una ronda de pesimismo?
LAVINIA. No, hablo en serio. Tengo muchas preguntas en mi cabeza… ¿Adónde vamos? ¿Cómo estamos? ¿Hasta cuándo?…
LA GORDA. ¿Política? ¿Quieres hablar de política?
LAVINIA. Gorda, tú eres la única amiga que tengo, debo confesarte algo. Creo que me estoy transformando. Hago un esfuerzo enorme, pero siento lo que pasa por mí. Dicen que alguien que conozco, era muy dulce, muy tierno, y a partir de la enfermedad se ha vuelto agresivo, hasta ha tratado de golpear a su madre, a la gente que quiere. Y yo siento algo extraño dentro, que no es el bichito que come, es como otro yo… ¡No sé cómo decirlo!
LA GORDA. ¿Un cambio de sexo?
LAVINIA. ¡Estás loca! Me gusta ser Lavinia la Salvaje un rato, pero no todo el tiempo. No soportaría esta cara maquillada para siempre, estas ropas, estos tacones. ¡No, qué va! *(Pausa)*. Estoy hablando de algo más complejo, es como si dentro de mí se estuviera formando algo, algo que todavía no está completo, pero que en una etapa final va a salir, abandonando este caparazón…
LA GORDA. ¿Como una mariposa?
LAVINIA. Como si fuera un capullo que se transforma con los días, con el tiempo, se transforma en otra cosa… y de pronto saldrá, saltará hacia afuera…
LA GORDA. ¿Al vacío? ¡Ay, coño! Qué miedo me da eso. Cambia el tema, por favor.
LAVINIA. Yo te quiero mucho, Gorda. Hazme caso. Búscate otro serodesconocido antes de que sea demasiado tarde, antes de que todos se vuelvan seropositivos…
LA GORDA. No me sigas diciendo esas cosas, es como una plaga…
LAVINIA. ¿Y no lo es?

El Payaso se vuelve al público.

PAYASO. Y siempre hay alguien que viene a ti, para masturbar su infidelidad milenaria, y tú continúas llenándote de esos grandes espacios de tiempo que nada significan. Siempre habrá quien llame amor a la insinceridad, quien llame ambigüedad al amor, quien quiera colocarte en algún sitio irreverente y prohibido, para elaborar la nada contigo. *(Vuelve a lo suyo).*

LAVINIA. Claro, que tú y yo estamos en posiciones distintas para verlo. Mi destino se materializó y fijó un plazo. El tuyo… es dudoso.

LA GORDA. Por favor, Lavinia, no me hables más así. No te soporto en ese estado. ¡Coño! Hoy todo el mundo descarga conmigo… ¿Sabes cómo yo me siento después de lo del hijo de puta que se burló de mí?

LAVINIA. *(Abrazándola).* ¡Pobre Gorda!

LA GORDA. Si yo supiera que la solución está en saltar al vacío, te lo juro que lo haría.

LAVINIA. Lo sé. Pero te falta… ¡no estás preparada!

Entra Fermín ayudado por el Jefe de Escena.

LAVINIA. ¿Qué coño pasó?

El Jefe de Escena lo ayuda a sentarse.

JEFE DE ESCENA. No quiere ir a la enfermería ni que llame al enfermero, ni al médico de guardia, ni nada.

LAVINIA. ¿Qué te sientes?

JEFE DE ESCENA. Salió tambaleándose del escenario, estaba mareado.

LA GORDA. Hay que llamar al enfermero.

FERMÍN. No llamen a nadie.

LAVINIA. ¿Te falta el aire?

JEFE DE ESCENA. Yo pienso que es una responsabilidad nuestra si no avisamos lo que le pasa.

LA GORDA. También lo creo.

FERMÍN. ¡Lavinia…! ¡Coño, cómo se rieron!

LAVINIA. ¡Y eso que hoy estás más pesado que de costumbre!

FERMÍN. Se rieron, carajo. ¡Cómo se rieron!

LAVINIA. Pero no es como para marearse.

LA GORDA. Posiblemente la tensión.

JEFE DE ESCENA. ¿Llamo al enfermero, o ustedes se hacen cargo?

FERMÍN. No llamen a nadie. Solo estoy emocionado.

LAVINIA. Puedes retirarte, ave negra del infortunio.

JEFE DE ESCENA. Y tú te vas preparando.

LAVINIA. ¡Todo lo que quieras, pero bórrate!

Se va el Jefe de Escena.

LAVINIA. ¿Seguro que estás bien?

FERMÍN. ¿La verdad?

LA GORDA. Pero claro.
FERMÍN. No sé lo que me pasó, todo me dio vueltas y pensé que me caía.
LAVINIA. ¿Y ahora?
FERMÍN. Todo me da vueltas, pero estoy sentado.
LA GORDA. Son los nervios, él no es actor.
FERMÍN. Después de esas risas allá afuera, seguro que sí lo soy.
LAVINIA. ¿Por qué no vas a asustar a tu madre? *(Pausa)*. Conmigo no se habrán reído mucho, pero aplaudieron bastante.
LA GORDA. Bueno, esta noche no se muere nadie.

Fermín y Lavinia se miran.

LA GORDA. No, ni jugando. Está bueno ya con eso de la muerte. ¡No se muere nadie! ¡Nadie se va a morir y menos ahora!

El Payaso deja sus ejercicios.

PAYASO. ¡La esperanza! Esa no tiene remedio. Viene siempre y se queda en cuclillas sobre tus sueños y se deja estar, la pobre, sobre ti...
LA GORDA. Para mí que todo lo que tienes es mal de amores. Como nunca hablas de tus cosas. Pero tienes que estar enamorado, o por lo menos alguien debe gustarte. No es lo mismo pasarse la vida oyendo de amores ajenos, pero... ¿Y tú? Eso adorna la vida.

El Payaso retorna a sus ejercicios. Se escucha la voz del Jefe de Escena gritando.

JEFE DE ESCENA. *(Voz)*. ¡Gorda! ¡Gorda!
LA GORDA. ¿Me está llamando a mí?
LAVINIA. ¿Así que tenías preparado tu numerito y no lo habías dicho?
JEFE DE ESCENA. *(Apareciendo)*. ¡Gorda! Allá afuera hay una persona que quiere verte.
LAVINIA. ¿Cómo es? ¿Joven o viejo? ¿Hombre o mujer? ¿O de sexo desconocido?
JEFE DE ESCENA. Un jovencito que he visto muchas veces contigo.
LA GORDA. *(A Lavinia)*. Ay, por tu madre... ¿Qué hace aquí?
JEFE DE ESCENA. ¿Llamo al enfermero, Fermín?
FERMÍN. Esta noche no soy yo el que se muere.
LAVINIA. ¡Gorda, recíbelo y después le rompes la cabeza con este tacón! *(Muestra un zapato)*.
FERMÍN. ¡No lo recibas, mándalo al carajo!
JEFE DE ESCENA. ¿Le digo que no quieres verlo?
LA GORDA. ¿Quieren saber una cosa? Me muero de ganas de verlo, pero quisiera que no hubiera venido.
JEFE DE ESCENA. ¿En qué quedamos?
LA GORDA. Con ustedes aquí me siento fuerte.
LAVINIA. Nosotros presenciamos la novela, no te preocupes. Yo no me pierdo este capítulo por nada del mundo.
FERMÍN. Eso es morboso. ¡Que se vaya!
LAVINIA. ¡Que entre!
JEFE DE ESCENA. ¿Qué le digo, Gorda?

LA GORDA. *(Después de una pausa).* ¡Que entre!
LAVINIA. Así me gusta, tú eres una mujer de pelo en pecho…

Se va el Jefe de Escena.

FERMÍN. Cuando vine tenía heladas las piernas, ahora tengo helada hasta la cintura.
LAVINIA. Oye niño, estamos solos. Puedes decir lo que te parezca. ¿Por qué no dices que tienes helado hasta el culo? *(Pausa)*. Pero yo voy a coger asiento en primera fila.

Lavinia se sienta junto a Fermín. La Gorda se pasea intranquila.

LAVINIA. Ojalá que esto no resulte un novelón mexicano.

Entra Gresil

GRESIL. ¿Puedo pasar?
LA GORDA. Pasa.

Gresil se adelanta.

GRESIL. ¡Hola a todos!
LAVINIA. Oye, querido, por nosotros no te preocupes, estamos borrados, desaparecidos, no estamos aquí.
GRESIL. Vine a verte. ¿Cómo estás?
LA GORDA. Ve al grano. Al grano. Tú no viniste a verme, ni te importa cómo estoy. ¿Se te quedó algo en la casa? ¿O quieres pedirme algo prestado?

Gresil mira nervioso para Fermín y Lavinia.

LAVINIA. Oye, Gresil, ya te dije que estamos borrados…
GRESIL. Es que… no solo fuimos amantes, yo era tu amigo. No tenemos que odiarnos.
LA GORDA. Yo no te odio.
GRESIL. ¿Podemos seguir viéndonos?
LA GORDA. ¿Vernos para qué? Para que te sientas bien porque me ves, y yo mal porque te veo con otras.
GRESIL. Es que yo no quiero que desaparezcas de mi vida.
LA GORDA. Gresil, eso se llama egoísmo. ¿Tú crees que a mí me resulta fácil dejar de verte?… ¿Pero para qué, si no puede ser?
GRESIL. ¿Y la amistad?
LA GORDA. *(Señalando a Fermín y Lavinia).* Yo tengo amigos.
GRESIL. ¿Y todo lo que hicimos juntos?
LA GORDA. Eso digo yo. Tú fuiste el que lo olvidó. *(Pausa)*. ¿Sabes lo que no puedo perdonarte? Las burlas, las humillaciones, tu falta de sensibilidad, todo lo que hiciste sabiendo que me herías…, las veces que me insinuaste que estaba vieja y te gustaban las jovencitas tetonas… ¡No puedo perdonarte eso!
LAVINIA. *(Se pone de pie gritando).* ¡Mexicana, mexicana! *(Pausa)*. Perdón, se me fue.

LA GORDA. Sonará ridículo, pero es la verdad.

LAVINIA. Perdón, perdón…, ya me borré otra vez.

GRESIL. ¿Y no puedes olvidar el pasado? Los errores son cosas de inmadurez.

LA GORDA. ¡Inmadurez! Pero la que se jodió todo el tiempo fui yo. Tú quieres tenerlo todo, a mí, a las pepillas tetonas, todo lo que se te antoje… Eso no se llama inmadurez. ¡Eso se llama cabronada!

LAVINIA. ¡Cubana, cubana! Ahora sí. Ay, es que se me sale. Perdón, perdón. Ya, ya me borré. Ahora sí.

GRESIL. ¿Y entonces?

LA GORDA. No quiero la limosna de tu amistad. Si como amante me traicionabas, como amigo no puedo creer en ti.

GRESIL. Yo soy muy buen amigo.

LA GORDA. Y yo soy muy buena persona. Pero además, a la primera que me hagas le vas a echar la culpa a la inmadurez. ¡No, qué va! Aprende a perder algo en tu vida, a ver si maduras.

GRESIL. Lo haces por despecho.

LA GORDA. A lo mejor. Pero de lo que puedes estar seguro es de que yo sí sé lo que quiero, porque madurez tengo. Y no quiero eso que me diste.

GRESIL. Eso no es verdad. Tú me amas.

LA GORDA. Y el remedio para esa herida es la curita de la amistad. Vete, Gresil, vete a buscar otra inmadura como tú, así estarás en igualdad de inmadureces.

GRESIL. Te vas a arrepentir.

LA GORDA. Sí, claro. Ya estoy arrepentida, pero de haberme fijado en alguien que no tiene nada que ver conmigo.

GRESIL. Estás mintiendo, yo sí tengo que ver contigo.

LAVINIA. Perdóname que me meta, Gresil, pero la novela se repite.

FERMÍN. Pero estamos borrados.

LAVINIA. La Gorda es mi amiga y tengo que defenderla. Ella no tiene a más nadie.

FERMÍN. Prometimos no meternos en esto.

LAVINIA. Mira, Gresil, nada de lo que dices le sirve a la Gorda, si no la amas. Aquí no hay más nada que decir. Vete, Gresil. Y esto te lo digo de todo corazón. ¡No la jodas más! Si algún día descubres que la amas, búscala, corre el riesgo de que ya sea muy tarde, pero eso es el amor. ¡Ya todo está dicho! ¡Vete!

GRESIL. No es lo que quiero, pero…

LAVINIA. Tampoco ella tiene lo que quiere. ¿Tú sabes lo que es amistad? Esto, yo no haría nada que pudiera herirla. ¿Pero cómo puedes hablarle de amistad y herirla al mismo tiempo?

LA GORDA. Vete, Gresil, vete a torturar a la próxima tetona que encuentres.

GRESIL. Está bien.

FERMÍN. Están iguales, Gresil, iguales. Ella pierde un amor y tú pierdes eso que sientes por ella, que no es amor.

GRESIL. Pero podríamos estar juntos.

FERMÍN. Claro, desde tu punto de vista, porque solo estás pensando en ti. Eso lo vas a comprender cuando madures un poco.

LAVINIA. Por cierto… ¿A qué edad se empieza a madurar?

Gresil mira a Lavinia y se va.

LAVINIA. ¿Es esta una atmósfera propicia para actuar?
FERMÍN. *(A la Gorda)*. ¿Estás bien?
LA GORDA. Hecha leña. *(Pausa)*. Me da pena con ustedes. Al lado de sus problemas, los míos parecen tan insignificantes.
LAVINIA. ¿Para qué somos amigos? Además, el amor nunca es un tema insignificante. *(Pausa)*. ¿Se habrá fijado en la luna?
FERMÍN. Ahora no tiene tiempo.
LA GORDA. Y seguro que allá afuera lo estaba esperando una pepilla tetona, siempre ha sido así.
LAVINIA. ¡Pero desde hoy, quiero que cambies esa cara, se acabó el sufrimiento y la justificación traumática de la inmadurez!
FERMÍN. Viendo como está el mundo, habrá que hacer una cruzada por el amor…, la amistad está ganándole la partida.
LA GORDA. Siempre los tengo a ustedes… Siempre termino sola.
LAVINIA. Siempre triunfa la amistad. *(Comienza a moverse exageradamente teatral, voluptuosa, avanzando y llenando todo el espacio con su actuación)*. Tengo el texto exacto para un caso como este. Tengo la medicina del poema para las situaciones tristes. A ese podrías decirle:
Usted podrá olvidar mi nombre,
mi fecha de nacimiento, mi rostro,
todos los detalles para un pronto exterminio.
Usted podrá decir que me había inventado
y rodearse de auténticos esqueletos que beben
la cerveza de su miseria
y que en un final colocan su culo
en tronos de guitarras estériles y le pide:
¡otra!
Usted podrá reírse,
pensando que la vida describe espirales y usted la guía,
que el universo es el tiempo que usted consume,
Sibila alienada, con rostro de eterna afirmación.

El Payaso se adelanta y habla a la par con Lavinia.

PAYASO. Usted podrá amontonar mis cenizas en copas pequeñas
para ofrendar a santos indecorosos
y sumergirse en cualquier mar
buscando sal en la sal.
LAVINIA. ¡Hasta podrá decir que me amó!
Que formó parte de ese bullicio de primaveras y palomas.
Que gritó impiedades,
que construyó puentes hasta la mismísima gloria,
sobre abismos de nada.
PAYASO. Usted quizás no hable y disfrute,
quizás ni piense,
quizás no guarde frenéticos momentos;
quizás nunca se besó con la muerte,

quizás ni supo lanzarse hacia las metas sin relevo,
quizás, ni haya estado.
LAVINIA. Usted podrá convertirse en un viejo amigo, en una amable mentira…
PAYASO. … en sillones para todas las noches…
LAVINIA. … en menta…
PAYASO. … y hartarme con sus buenas intenciones.
LAVINIA. Usted creerá que nunca fue la única imagen de este altar cotidiano…
PAYASO. … en este maravilloso renacer de la soledad…
LAVINIA. … en mi solo de soledades.
PAYASO. Por último, usted podrá definitivamente negarme…
LAVINIA. … pero yo estaré donde siempre. *(Pausa. Se queda mirando al Payaso).* ¿Llegó el momento?
PAYASO. Llegó.
LAVINIA. Siempre creí que llegar a este momento me costaría un gran trabajo.
PAYASO. El mayor trabajo es mantenerse.
LAVINIA. ¿Y no tengo tiempo de despedirme?
PAYASO. Nunca hay tiempo.
LAVINIA. ¿Y mis amigos? ¿Y todo lo que tengo?
PAYASO. Tal como has venido. Así de sencillo.
LAVINIA. ¿Puedo negarme?
PAYASO. No.
LAVINIA. Supongo que no tiene sentido negarme.
PAYASO. No tiene sentido. Simplemente… ¡salta!
LAVINIA. *(Observando al Jefe de Escena que está en la puerta).* Yo hubiera querido quitarme toda esta mierda de encima. Siempre traté de hacer lo correcto, al menos siempre lo intenté.
LA GORDA. *(A Fermín).* Él tenía que ir.
FERMÍN. Porque simplemente te tachan de la lista, te olvidan.
LAVINIA. Si una salida a escena fuera una salida a la vida, pero es solo un plazo.
JEFE DE ESCENA. Mira que eres complicado, Lavinia. Tú no eres una estrella.
LAVINIA. El hecho de que nos hayan obligado a vivir juntos, no quiere decir que somos iguales. Si no hubiera estado enfermo, nunca hubiera conocido a un tipo como tú. Y mucho menos, compartir la misma habitación.
JEFE DE ESCENA. ¿Te atreves a decir eso? ¿Tú?
FERMÍN. Sabía que esto pasaría algún día. Demasiada contención.
JEFE DE ESCENA. Yo no estoy aquí por mi propio deseo. Estoy aquí por un delator, un vulgar, resentido y cochino delator como tú.
LAVINIA. ¡Te saco los ojos! *(Avanza hacia él, pero de pronto hace una transición).* Tienes razón. Soy eso. Un vulgar, resentido y cochino delator…, pero por amor.
JEFE DE ESCENA. No hay diferencia.
LAVINIA. Sí la hay. No es lo mismo delator por amor, vulgar por amor, resentido por amor y cochino por amor.
JEFE DE ESCENA. Todo eso es pura mierda. Solo eres vulgar, resentido, cochino y delator. Y es verdad que no somos iguales. Yo no soy un delator.
LA GORDA. ¡Pobre Lavinia!
LAVINIA. Me merezco este martirio. Oféndeme, humíllame, masácrame delante de mis amigos. Me lo merezco. Pero hay dos cosas que me salvarán de esta agonía. Fuiste a la cama con la persona que yo amaba y la otra, yo no te pegué la enfermedad.

FERMÍN. Sabía que esto iba a pasar. Demasiado tiempo en silencio.
PAYASO. ¡Lavinia, salta!
LA GORDA. Creo que en un momento como este no deberían pensar en ustedes, sino en esos que están allá afuera esperando. No puedes negarles esa alegría, Lavinia. Aunque sea un pedazo de alegría.
LAVINIA. *(Al Jefe de Escena)*. ¿Serviría de algo pedir perdón?
JEFE DE ESCENA. No puedo seguir esperando. ¿Vas o no?
FERMÍN. Yo sé que las cosas que hacemos por los demás, parecen un desperdicio de la sensibilidad y del tiempo, pero no siempre debemos esperar una recompensa. Sin embargo, hoy habrá recompensa. Ellos van a olvidar un poco. Tú los vas a hacer olvidar.
LAVINIA. Y yo… ¿Cómo puedo olvidar?
FERMÍN. Si piensas en eso, todo lo que le dijiste a Gresil fue pura mierda.
LAVINIA. Lo mejor de todo es que la Gorda no tendrá la tristeza de haberme visto envejecer. Es una ventaja, al menos. *(Al Payaso)*. Allá voy.
PAYASO. ¡Salta!
LAVINIA. Quizás el perdonar sea el privilegio de las almas fuertes.
JEFE DE ESCENA. ¡Hora de actuar!
LAVINIA. ¡Vamos!

Se van Lavinia y el Jefe de Escena. El Payaso retorna a sus ejercicios.

LA GORDA. Creo que la presencia de la muerte nos trastorna a todos.
FERMÍN. Esa cabrona no tiene presencia. Pero lo que nos está volviendo locos, es el miedo.
LA GORDA. Pobre Lavinia, pobre loco. Estaba atemorizado. Por suerte, ya descansó.
FERMÍN. ¿Sabes que lo extraño? Nunca le manifesté mi afecto. Pero lo extraño. A veces me parece que va a entrar por esa puerta con su vestido rojo y su peluca… preguntándome si hay o no luna llena.
LA GORDA. ¿Te ayudo a vestir?
FERMÍN. ¿Habrá luna llena?
LA GORDA. Por favor, Fermín, esta noche no. ¡Ánimo!
FERMÍN. Él estaba muy apegado a ti. ¿Lo extrañas?
LA GORDA. ¿Qué crees?
FERMÍN. ¿A quién extrañas más, a Lavinia o a Gresil?
LA GORDA. En estos tiempos que corren, la amistad desinteresada es un milagro de los dioses. Eso era Lavinia, un milagro.
FERMÍN. ¿Y Gresil?
LA GORDA. Él me abandonó.
FERMÍN. ¿Pero lo extrañas?
LA GORDA. Lavinia nunca me abandonó.
FERMÍN. Perdóname, pero es que te veo tan resignada.
LA GORDA. No estoy resignada, solo espero. Tengo paciencia. Espero otro milagro.
FERMÍN. ¿Me ayudas?

La Gorda lo ayuda a vestirse. Lo hacen en silencio. Lavinia aparece en otro plano.

LAVINIA. Ya lo dijo el viejo William… «La vida no es más que una sombra que pasa, un pobre cómico que se pavonea y agita una hora sobre la escena y después no se le oye más... Un cuento narrado por un idiota con gran estruendo y furia, que nada significa»... *(Pausa)*. Pero yo, Lavinia la Salvaje, digo: La vida no es más que un cuento verde, contado por un mariquita disfrazado de mujer, pero que significa mucho... ¡Mucho! *(Se queda mirando al público y comienza a despojarse de sus adornos femeninos).*

LA GORDA. ¿Cada cuánto tiempo podemos encontrar un amigo?
FERMÍN. ¡Y yo qué sé! *(Pausa)*. ¿Y cuánto demorará encontrar una solución?
LA GORDA. ¡Quién sabe! *(Pausa)*. Pero la muerte debería ser una elección, escoger nosotros mismos el momento oportuno.
FERMÍN. Tampoco elegimos nacer.
LA GORDA. Fermín, el público no tiene la culpa de tus problemas.
FERMÍN. Es que es un problema de todos.
LAVINIA. Mírenme bien la cara, porque no la van a ver más. Traten de recordar esta puñetera cara. *(Señalando a Fermín)*. Él muy pronto regresará a la vida social. Saldrá de aquí, lleno de esperanzas. No estará aislado del mundo.

Entra el Jefe de Escena.

JEFE DE ESCENA. Esta será la última vez que trabaje contigo.
LAVINIA. Bien dicho, pero no todo es triste. ¡Haz lo que tienes que hacer!
JEFE DE ESCENA. ¡Gorda! Ahí te buscan con cara de arrepentimiento y gran ansiedad.
LA GORDA. No puede ser.
JEFE DE ESCENA. Te digo que sí. ¿Le digo que venga?
FERMÍN. ¿Por qué no? ¡Óyelo! ¿No esperabas un milagro?

Entra Gresil.

GRESIL. Gorda, por favor, escúchame. Sé que los jóvenes a veces metemos la pata, por inmadurez. Tenía la felicidad en las manos y no me daba cuenta. Si supieras todas las noches que he dormido pensando en ti. En los momentos juntos. En las cosas buenas y malas que hemos vivido. La vida a tu lado es más soportable...
LA GORDA. ¿Te estás burlando de mí?
GRESIL. No, no me burlo. Gorda, yo no puedo olvidarte, te recuerdo en las canciones, en los cuentos, en los regalos que me hiciste. Cuando estoy rodeado de amigos, siento que me falta algo. Nunca seré feliz. Con las otras tuve sexo, pero tú me diste algo más.
LA GORDA. ¿Estás hablando en serio?
GRESIL. ¿Pero por qué no puedes creerme?
LA GORDA. Porque nunca he creído en los finales felices.
GRESIL. En la vida cuesta mucho encontrar algo como lo que tú me diste, algo como lo que vivimos. A veces pienso que el sexo es como una pesadilla que nos aleja de la espiritualidad.
LA GORDA. ¡Fermín, esto no puede ser verdad!
GRESIL. Cada mujer que ha estado conmigo, ha sido un tanto más, pero ninguna me ha dado lo que tú...
LA GORDA. Todo esto tiene que ser mentira. Si Lavinia estuviera viva, creería que todo esto lo creó para hacerme feliz...

GRESIL. Gorda, por favor, escúchame. Sé que los jóvenes metemos la pata por inmadurez. ¿Cómo pude tener la felicidad en las manos y no darme cuenta? Si supieras todas las noches que he dormido pensando en ti…

LA GORDA. ¡Eso no puede ser, lo estás repitiendo…!

GRESIL. … en los momentos juntos, en las cosas buenas y malas que he vivido. La vida a tu lado es más soportable.

LA GORDA. Ay, coño, lo sabía, lo sabía. Demasiado idílico. Esto no puede ser la vida…

GRESIL. Gorda, no puedo olvidarte, te recuerdo en las canciones…

LA GORDA. *(A Fermín)*. ¿Lo estás viendo?

GRESIL. … en los cuentos, en los regalos que me hiciste.

LA GORDA. ¿Quién inventó esta mierda? ¿Quién juega así con los sentimientos de los demás?

GRESIL. Cuando estoy rodeado de amigos siento que falta algo…

LA GORDA. ¡Cállate de una vez!

GRESIL. Nunca seré feliz, lo demás ha sido sexo…, sexo.

LA GORDA. Si no se calla lo mato. ¡Te juro que ahora mismo lo mato!

GRESIL. Pero tú me diste algo más…

La Gorda se le tira encima con furia. Fermín trata de separarlos.

FERMÍN. ¡No lo escuches más! ¡Fuera de aquí, Gresil! ¡Lárgate!

GRESIL. Solo me gustaría saber por qué no puedes creerme.

LA GORDA. *(Rompiendo a llorar)*. ¡No hay piedad…, no la hay…!

Gresil se arregla un poco, se compone y los mira detenidamente.

GRESIL. Señoras y señores, mi actuación por hoy… ha terminado.

LAVINIA. *(Aplaude desde su lugar)*. Pero también la vida puede ser un cuento contado por un cheo, que se repite, que se repite y al final perdimos el hilo…

Gresil va a salir de escena pero la Gorda se le enfrenta como poseída.

LA GORDA. ¡Gresil! Ahora llevas ventaja, pero un día vas a desaparecer igual que apareciste. Y cuando ese día llegue, no vas a dejar ni rastro. Te lo juro, coño. ¡De ti no va a quedar ni un mal recuerdo!

Se va Gresil.

FERMÍN. Cálmate, Gorda. ¡Creo que mejor volvemos al hospital con los otros!

LA GORDA. Nunca me he sentido mejor en mi vida. Puedes estar tranquilo.

El Jefe de Escena aparece.

JEFE DE ESCENA. ¿Alguien puede decirme qué ha pasado aquí?

FERMÍN. Aquí no ha pasado nada.

JEFE DE ESCENA. ¿Y ese escándalo? ¿Y los gritos que se oían allá afuera?

FERMÍN. Vamos, ahora también te vuelves represivo.

JEFE DE ESCENA. Cuido la disciplina. Es parte de mis obligaciones.

FERMÍN. Está bien que cuides la disciplina, pero la felicidad es más importante.

JEFE DE ESCENA. No tengo nada que ver con la felicidad, eso es un problema de cada uno.

FERMÍN. Debería importarte. Cuando la gente es feliz, trabaja mejor, rinde más, las relaciones mejoran, hasta las dificultades se enfrentan con mejor ánimo.

JEFE DE ESCENA. No me vengas con historias, Fermín. ¿Qué pasó aquí?

LA GORDA. Creo que lo que pasó aquí es un problema mío. No te preocupes, que no volverá a repetirse.

FERMÍN. Me revienta que tomes esa actitud de carcelero... Aquí no ha pasado nada que afecte la función. Está bien, escuchaste unos gritos, cualquier cosa, pero... ¿es que no se va a poder hablar, gritar, vivir...?

JEFE DE ESCENA. Yo solo he preguntado qué ocurrió aquí. Cualquier cosa que afecte la función, es mi responsabilidad. Todo lo demás que estás hablando, es parte de tu resentimiento.

LA GORDA. Ya te dije que no volverá a repetirse. Fui yo la culpable de todo, perdí el control...

FERMÍN. No tienes que pedirle disculpas...

LA GORDA. No le pido disculpas. Discutí con un demonio. Eso es todo. Lo peor de todo es que yo amaba a ese demonio.

JEFE DE ESCENA. Claro, otra broma pesada. *(Se va)*.

LAVINIA. Gresil, si mal no recuerdo, era uno de los demonios que poseían a Madre Juana de los Ángeles.

FERMÍN. Gorda, a los demonios se les expulsa con un exorcismo.

LA GORDA. Pero entonces hay que amarlos, si no, ¿cómo te poseen?

Aparece Gresil caminando en sentido opuesto a Lavinia.

LAVINIA. ¿Adónde vas?

GRESIL. Para ser sincero te diré que no sé lo que voy a encontrar al final, pero no me importa. No puedo plantearme el final desde el comienzo.

LAVINIA. ¿Llevas mucho tiempo caminando?

GRESIL. No tanto. Tú has caminado más.

LAVINIA. Tienes razón. Pero fíjate, ahora voy en sentido contrario al tuyo.

GRESIL. ¿Quieres decirme que al llegar al final tendré que regresar?

LAVINIA. Eres muy joven, Gresil. Tú y yo nos parecemos tanto.

GRESIL. Pero no me has contestado.

LAVINIA. Porque las palabras se las lleva el viento. Y lo que es realmente una pena, es tu juventud.

GRESIL. ¿Tendré que regresar, Lavinia?

LAVINIA. Si observaras bien, regresar parece esperanzador. Pero yo no estoy regresando, solo hago el camino a la inversa del tuyo. Yo no tengo esperanzas. Voy en sentido contrario. Sin embargo, nos parecemos tanto. O mejor dicho, cuando era joven me parecía tanto a ti.

GRESIL. ¿Disfrutabas de la vida?

LAVINIA. Más que eso. Yo era la vida.

GRESIL. Moraleja: No disfrute para no morir.

LAVINIA. ¿Crees que pienso eso? ¿Crees que me detendría a hablar contigo como un comercial de televisión? ¡Protéjase! No, cuando uno está haciendo el camino a la inversa, lo que lo aterroriza es saber cómo nos desperdiciamos. ¡Yo me di tantas veces a lo intrascendente! Yo me desgasté tanto como tú. Y ahora no puedo recuperar lo perdido.

GRESIL. Pero disfrutaste.

LAVINIA. Eso sí. Fui la estrella absoluta de esas noches de transformación. Inventé placeres inimaginables, que por mi aspecto severo, nadie podía sospechar. La Habana y sus municipios. Después de que agoté estas posibilidades, entonces fijé mi vista en el horizonte. ¡Europa me fascina! Claro, no me alcanzó el tiempo. Sé que América Latina tiene sus ventajas, pero se me agotó el tiempo.

GRESIL. Nos parecemos, sí. Pero yo soy joven aún.

LAVINIA. Claro, eso es lo triste.

GRESIL. No te comprendo.

LAVINIA. Sigue tu camino, yo tengo que irme. No me gusta estar sermoneando.

El Payaso abandona sus ejercicios y se vuelve a Lavinia. Gresil continúa su camino.

PAYASO. Quiero declarar: Que la locura es el miedo a la verdad.

LAVINIA. *(Golpeándose ella misma)*. ¡Cuánto deseé que este momento nunca llegara!

PAYASO. Que no hay canciones. Que Beethoven era sordo. Que olvido las matemáticas y mis amigos se mueren sin saberlo.

LAVINIA. Y uno mira a su alrededor y comprende que se ha ido quedando solo, porque hace tiempo que comenzó el éxodo.

PAYASO. Que tu cuerpo fue el mayor de los mitos. El más completo exterminio. Que tu cuerpo fue la más grande y concreta inexistencia. Todas las alegrías. Todas las tumbas abiertas. Por eso no hay purificación posible. ¿Cómo postrarme? ¿Qué oración inventar?

LAVINIA. ¡Ay, Gorda! ¡Si yo pudiera volver! *(Al Payaso)*. Por favor, sácame de escena de una vez. No me tortures más. Llévame a descansar. ¡Te lo suplico!

PAYASO. *(Grita)*. ¡Jefe de Escena, los que se mueren te reclaman!

Aparece el Jefe de Escena.

JEFE DE ESCENA. ¡Por fin! ¿Nos vamos?

LAVINIA. Sí, llévame. *(Comienza a caminar junto al Jefe de Escena)*. La vida no es más que esto, salir a escena y volver a entrar, entre un aplauso y otro. *(Se van)*.

El Payaso retorna a sus ejercicios.

FERMÍN. Ya va siendo hora…

LA GORDA. Entonces es cierto que vuelves al mundo.

FERMÍN. Sí.

LA GORDA. ¿Quién va a cuidarte?

FERMÍN. Mi familia.

LA GORDA. Pero no es igual que aquí. ¿No te da miedo?

FERMÍN. Miedo me da morirme aquí, olvidado de la sociedad. Quiero estar fuera.

Aparece el Jefe de Escena.

JEFE DE ESCENA. ¿Adónde van?

FERMÍN. Esto se acabó, ¿no?

JEFE DE ESCENA. ¿Se acabó?

LA GORDA. Claro. Vamos a descansar.

JEFE DE ESCENA. Esto no se acabó. Yo no voy a aceptar. Me quedo aquí.

FERMÍN. ¿De qué estás hablando?

JEFE DE ESCENA. Yo no voy a ir donde sé que no me quieren.

FERMÍN. Ah, ya comprendo. ¿Y te vas a quedar aquí hasta el final?

JEFE DE ESCENA. Yo no soy tan pesimista como ustedes. No tiene que ser un final, yo diría hasta la solución.

FERMÍN. ¿Y los amigos, y la familia?

JEFE DE ESCENA. La mayoría piensa que lo más seguro es que estemos aquí encerrados. Creen que corren menos riesgos. ¿Cómo puedo vivir rodeado de desconfianza? Sabes que un día besé en el cuello a un amigo que estuvo horas lavándoselo. No, yo no quiero sentir el rechazo.

LA GORDA. Pero debes comprender que en eso no había maldad. Él no sabe. La mayoría no está informada de todos los detalles.

JEFE DE ESCENA. ¿Pero mientras tanto?

El Payaso se vuelve al público.

PAYASO. Hasta allí habían llegado, rodando la verdad entre las piedras. Hacían con ella flores y alimentos para peces. Sirvieron la mesa y nosotros, que estábamos hambrientos, devoramos la única salida. *(Pausa)*. De nuevo rodaron la verdad por otras calles y repartieron paraguas y sonrisas y la verdad fue el refugio de todos los que iban caminando. *(Pausa)*. Ahora es como antes. Reina la calma. Si usted siente que de nuevo intentan rodarla, no deje que su parte se le escape. *(Vuelve a sus ejercicios)*.

JEFE DE ESCENA. ¡No! ¡Es mejor estar encerrados aquí!

FERMÍN. Creo que eso tiene un nombre. Miedo.

JEFE DE ESCENA. ¿Pero quién no lo tiene?

LA GORDA. No todos tienen miedo. Hay quien se impone. Oblígalos a aceptarte.

JEFE DE ESCENA. Es muy fácil decirlo. Y tú eres la menos indicada para hablar, nunca has podido resolver tus problemas sola.

LA GORDA. Tienes razón. Comparto mis penas, pero los problemas sentimentales los tiene que resolver uno mismo. Tú puedes oír un consejo, pero… ¿Y lo que uno siente? ¿Cómo deja uno de sentir esa angustia, ese desgarramiento?

FERMÍN. ¿Qué tiempo hace que estamos aquí?

JEFE DE ESCENA. ¿En este camerino, en este sanatorio o en esta ciudad?

LA GORDA. O en este mundo.

FERMÍN. Cierto. No sé por qué hice esa pregunta, en todas partes es lo mismo. ¡Qué más da pasar el tiempo en cualquiera de esos lugares!

LA GORDA. Y el tiempo pasa tan…, pasa… irremediablemente.

JEFE DE ESCENA. Por eso prefiero esperar aquí dentro.

FERMÍN. Bueno, hazlo. Yo necesito salir. Volver…

JEFE DE ESCENA. Para después regresar…

FERMÍN. ¿Y si no regreso?

JEFE DE ESCENA. ¿Tienes esperanzas?

PAYASO. *(Mirando al público)*. La esperanza no tiene remedio. Viene siempre en cuclillas, sobre tus sueños, y se deja estar, la pobre, sobre ti.

FERMÍN. Sí, tengo esperanzas.

JEFE DE ESCENA. Yo sé que no me consideras un amigo. Pero déjame decirte algo, con sinceridad. Aquí no te rechazamos, Fermín. Aquí eres uno más. Por favor, no te vayas. Quédate con nosotros.

LA GORDA. No le digas eso. Es bueno que vaya, que luche.

JEFE DE ESCENA. ¿Qué vas a lograr con eso, Fermín?

FERMÍN. ¿A que ya no recuerdas a Arsenio? ¿A que lo olvidaste?

JEFE DE ESCENA. ¿Qué Arsenio?

LA GORDA. Lavinia la Salvaje.

JEFE DE ESCENA. Claro que lo recuerdo.

FERMÍN. Sabes que antes de entrar aquí, yo tenía una relación. Por suerte ella estaba sana. Pero nuestra relación terminó. Nunca ha venido a verme. Quizás me culpa. Quizás me odie. Para ella hace rato que estoy muerto. Y yo no puedo vivir así. No puedo soportar esa idea cada día que pasa.

JEFE DE ESCENA. Pero aunque vuelvas, no podrás recuperarla.

FERMÍN. Lo sé. No voy a salir con esa idea.

LA GORDA. ¿Pero si ella lo amaba? ¿Es que el amor no tiene capacidad para soportar esta prueba?

JEFE DE ESCENA. Pero él dice que ella lo culpa. Piensa que te enfermaste porque la engañaste. No puede perdonarte.

LA GORDA. ¿Tú la engañaste, Fermín?

JEFE DE ESCENA. Pero claro...

FERMÍN. Sí. No voy a decir que en un momento de debilidad, porque eso es lo que dice todo el mundo.

LA GORDA. Entonces lo más seguro es que nunca la recuperes.

FERMÍN. También lo sé. Pero quiero tener una oportunidad.

JEFE DE ESCENA. Pero aquí adentro también la tendrías.

LA GORDA. No, por favor..., déjalo ir. Hazlo, Fermín. Te han dado esa oportunidad, tómala.

JEFE DE ESCENA. Está bien. Tómala. Yo me quedo. *(Pausa)*. Y tú, Gorda... ¿Qué vas a hacer con tu vida?

LA GORDA. Ahora estoy un poco perdida. Deambulo dentro de mi casa, voy de un lado para otro y me parece que el fantasma de Gresil me sigue a todas partes.

FERMÍN. Eso pasa cuando uno se entrega.

JEFE DE ESCENA. Ten mucho cuidado de ahora en adelante, otro Gresil podría mandarte al «paraíso». Ahora mismo podrías estar embarcada.

FERMÍN. ¿Tú te has hecho las pruebas, Gorda?

LA GORDA. Sí.

JEFE DE ESCENA. ¿Y él?

LA GORDA. No sé.

FERMÍN. Le gustan demasiado las pepillas tetonas.

JEFE DE ESCENA. Es cuestión de suerte.

LA GORDA. Saben una cosa, a pesar de todo lo que me ha hecho sufrir, no le deseo eso.

JEFE DE ESCENA. Por eso lo mejor es estar solo.

FERMÍN. ¡Pero es que no se puede, coño! Necesitamos amar, tener a alguien, hacer el amor. Todavía estoy vivo.

JEFE DE ESCENA. ¿Sabes que desde que entré aquí no hago el amor?

FERMÍN. Por eso estás tan amargado.

LA GORDA. Yo todavía tengo mucho amor que dar.

JEFE DE ESCENA. Busca a quien dárselo. Pero verás que a nadie le importa el amor en estos momentos, la gente tiene demasiadas necesidades.

LA GORDA. Yo me niego a aceptar que el mundo sea un lugar lleno de gente que come, que come..., que no necesiten otra cosa. Estás hablando por ti.

JEFE DE ESCENA. ¿Y por quién voy a hablar? La gente hace sexo como una necesidad fisiológica... o como Gresil, por diversión..., pero el amor no lo necesitan tanto como comer.

LA GORDA. Le tienes mucho miedo al mundo, demasiado miedo, por eso prefieres estar aquí encerrado.

JEFE DE ESCENA. Ese romanticismo ya pasó de moda.

LA GORDA. ¡No me digas eso! ¡No puedo aceptar eso! Yo no soy un animal, ellos no aman. Pero yo tengo mucho amor dentro, tengo que buscar a quien dárselo.

JEFE DE ESCENA. Ahí es donde está el peligro.

FERMÍN. No le hables así a la Gorda.

JEFE DE ESCENA. Estás hablando como Lavinia.

FERMÍN. Puede ser. Pero te digo que yo también necesito tener una oportunidad. *(Recoge sus cosas y las va guardando).* La necesito. La necesito.

JEFE DE ESCENA. Sí, vete. Váyanse todos. Déjenme solo.

LA GORDA. No vas a estar solo. Yo siempre vendré a verte. Por eso nunca podré olvidar a Lavinia, ella me enseñó la importancia de la amistad.

JEFE DE ESCENA. Pero ya está muerta y olvidada.

LA GORDA. Muerta sí, pero olvidada no.

FERMÍN. Tú, yo, volveremos a vernos. Quiera o no, estamos montados en el mismo caballo.

LA GORDA. A los sentimientos buenos hay que aferrarse.

JEFE DE ESCENA. ¿Ya terminaron?

FERMÍN. Ya.

JEFE DE ESCENA. ¿Apago la luz?

LA GORDA. Sí. Y recuerda esto, aunque a tu alrededor los valores se pierdan... salva siempre los sentimientos.

JEFE DE ESCENA. Entonces apago la luz. *(Lo hace).*

El Payaso, que continúa iluminado, se vuelve al público.

PAYASO. Pero el olvido es enterrarlo a uno. Y alguien dijo que de la muerte no se regresa. Y finalmente, la mariposa se lanzó al vacío en un último y desesperado intento por no ser olvidada.

Y aunque la luz decrece sobre él, continúa sus ejercicios hasta el oscuro total.

FIN

Carmelita Tropicana

MILK OF AMNESIA

LECHE DE AMNESIA

Carmelita Tropicana, bautizada con el nombre de una de las más populares marcas de jugo de naranja de los Estados Unidos y del legendario club nocturno de La Habana, es dramaturga y artista del performance. Desde 1984, en que comenzó su carrera en Nueva York, ha presentado su obra en los más importantes escenarios de Estados Unidos, Latinoamérica y Europa. Recibió en 1999 un Premio Obie (*Sustained Excellence in Performance*), y en 2015 el Performance and Activism Award, otorgado por Women in Theater Program/ American Theater in Higher Education. Entre sus títulos publicados están *I, Carmelita Tropicana. Performing Between Cultures* (2000) y *Memories of the Revolution: The First Ten Years of the WOW Café* (2015), escrito en coautoría con Holly Hughes. Ha dictado conferencias e impartido clases magistrales en varias instituciones culturales y universidades, entre ellas Hemispheric Institute for Performance and Politics, Chicago Art Institute, New York University y Goethe Universität. Entre sus obras más recientes se encuentran *Post Plastica* —presentada en el Museo del Barrio en 2012— y *Schwanze-Beast* —comisionada por el Vermont Performance Lab en 2015.

Si está interesado en solicitar la autorización para el montaje de esta obra, puede escribir directamente a: **carmelita.tropicana@gmail.com**

Stage has a minimal look. It is divided into two halves. The left is the writer's space, and is dimly lit. It has a music stand with makeup, costumes, hats. The right side is painted white, resembling a white cube. There is a mike and mike stand, and a chair that gets placed there, depending on the scene.

Piece begins with a blue light bathing the chair inside the white cube as an audiotape with the voice of the writer is heard.

WRITER. Years ago when I wasn't yet American I had a green card. *(Darkness)*. On my first trip abroad the customs official stamped on my papers «stateless».
When I became a citizen, I had to throw my green card into a bin along with everybody else's green cards. I didn't want to. I was born on an island. I came here when I was seven. I didn't like it here at first. Everything was so different. I had to change. Acquire a taste for peanut butter and jelly. It was hard. I liked tuna fish and jelly.
I used to play a game in bed. About remembering. I would lie awake in my bed before going to sleep and remember. I'd remember the way to my best friend's house. I'd start at the front door of my house, cross the porch. Jump off three steps onto the sidewalk. The first house on the right looked just like my house except it had only one balcony. The third house was great. You couldn't see it. It was hidden by a wall and trees and shrubs. Whenever I'd look in, the German shepherd sniffed me and barked me out of his turf. I'd continue walking, crossing three streets, walking two blocks until I came to my best friend's house. I did this repeatedly so I wouldn't forget. I would remember. But then one day I forgot to remember. I don't know what happened. Some time passed and I couldn't remember the third block, then the second. Now I can only walk to the third house. I've forgotten.
I had a dream when I was a kid. *(Sound of footsteps running on tape)*. I guess because we were refugees. Me and my cousin were fugitives running away from the police. We had to escape. We were running through the streets. We saw a manhole cover and opened it up. *(Sound of metal door shutting)*. We went down. We were in a sewer. *(Sound of dripping water, echo)*. We were safe. But it started to get hot. Stifling hot. And as it happens in dreams, one minute my cousin was my cousin and the next she was a peanut butter and jelly sandwich. The heat was making her melt. I held her in my hands. She was oozing down. I was crying: Don't melt, Pat. Please don't melt. I woke up in a sweat. *(Alarm clock rings)*. In the morning I went to school. Our Lady Queen of Martyrs. That's when it happened. In the lunchroom. I never drank my milk. I always threw it out. Except this time when I went to throw it out, the container fell and milk spilled on the floor. The nun came over. Looked at me and the milk. Her beady eyes screamed: You didn't drink your milk, Grade A pasteurized, homogenized, you Cuban refugee.

After that day I changed. I knew from my science class that all senses acted together. If I took off my glasses, I couldn't hear as well. Same thing happened with my taste buds. If I closed my eyes and held my breath I could suppress a lot of the flavor I didn't like. This is how I learned to drink milk. It was my resolve to embrace America as I chewed on my peanut butter and jelly sandwich and gulped down my milk. This new milk that had replaced the sweet condensed milk of Cuba. My amnesia had begun.

Pingalito, a cigar-chomping Cuban man, enters as a tape of «Patricia», a mambo by Pérez Prado, plays. He greets the audience. He is on the cube, brightly lit.

PINGALITO. Welcome ladies and gentlemen to the show du jour, *Milk of Amnesia*. I am your host, Pingalito Betancourt, the Cuban Alistair Cooke. For those of you who are from Cuba, you may recognize my face. I was the conductor in 1955 of the M15 bus route, the route that go from La Habana Vieja to El Vedado. And it was in that bus that I meet Carmelita. There is *A Streetcar Named Desire* for Stanley Kowalski. For Pingalito this was *Destiny on the M15 Bus Route*.
When I heard of Carmelita's tragic accident I rush right over hoping a familiar face can trigger something in her deep recessed cavities of her cerebro, cerebellum, and medulla oblongata. You see, people, the doctors have their methodologies for curing amnesia and I have mine.
I make my way through the hospital corridors saying hello to all the nice Filipino nurses and I enter her room. She is asleep, looking like an angel, mouth open, pillow wet, making the puttering sounds of a car engine. And I think of a childhood memory she used to tell me about. Her grandfather, who smoked a cigar, would take her for a drive in his Chevrolet, always driving with a foot on the brake, stopping and starting, stopping and starting. She would get so carsick. So I decide to simulate this memory. By blowing smoke in her face, playing with the controls of the hospital bed, making the legs go up, the head go down, up and down. I am playing her like a big accordion when a doctor comes in and says I gotta go. Something about my cigar and an oxygen tank.
But I don't give up. I return the next day. I think: What above all is Carmelita? I tell you. Cuban. Cubanita. One hundred fifty percent. So I decide to tell her some facts about Cuba. See if it jiggles something. *(Showing to audience a map of Cuba).* I have here audio-visual aid number one, a placemat I pick up in Las Lilas restaurant of Miami, titled «Facts about Cuba». How many of you know Cuba is known as the «Pearl of the Antilles» because of its natural wealth and beauty? And the first thing we learn as little children is that when Christopher Columbus landed on our island, kneeling down he said: «Esta es la tierra más hermosa que ojos humanos han visto». This is the most beautiful land that human eyes have seen. The majestic mountains of la Sierra Maestra. Our mountains, not too tall. We don't need high. If we get high we get snow then we gotta buy winter coat. And the beaches of Varadero. But ladies and gentlemen, none can compare with the beauty of the human landscape. Óyeme mano. Esas coristas de Tropicana. With the big breasts, thick legs. In Cuba we call girls carros and we mean your big American cars. Your Cadillac, no Toyota or Honda. Like the dancer, Tongolele. I swear to you people, or my name is not Pingalito Betancourt, you could put a tray of daiquirís on Tongolele's behind and she could walk across the floor without spilling a single drop. That, ladies and gentlemen, is landscape. For that you give me a gun and I fight for that landscape. Priorities.
Fact two: Spanish is the official language of Cuba and it's a beautiful language. You talk with your hands, you talk with your mouth. My favorite expression when you want to find

out the color of someone you say: «Óyeme mano ¿y dónde está tu abuela?» Tell me brother, where is your grandmother?—which brings us to fact three.

Three-fourths of all Cubans are white of Spanish descent and a lot of these three-fourths have a very dark suntan all year round. When they ask me: «Pingalito, and where is your grandmother?». —I say mulata y a mucha honra. Dark and proud.

Well, I look at Carmelita and she is not blinking and I have fifteen more facts to go. So I decide to change my route. If the M15 bus doesn't take you there maybe the M21 does. So I ask you people: What is Carmelita above all? Eh? Above all, she is an artist. One hundred fifty percent. So maybe a song, a poem will do the trick. Poetry is something we all have in our souls. It is our tradition. I don't know how many of you know that our liberator José Martí, our George Washington, is also the Emily Dickinson of Cuba. So I recite for Carmelita, «Ode to the Cuban Man».

Spielberg forget your Assic Park
Some say the Cuban man is disappearing
Like the dinosaur
I say, que no
The Cuban man
This specimen
Will never go away
We are here to stay

Like the Cuban crocodile
One of a kind in genus and species
You find us in the Bronx Zoo
The swamps of Zapata
Calm in the water but also volatile
So don't bother the crocodile
Because we got big mouths
We open up and swallow a horse and a cow
That's why we have the Cuban expression
Te la comiste, mi hermano
You ate it bro

The Cuban man is persistent, stubborn
Like the mosquito, always buzzing around
Why you think yellow fever was so popular

The Cuban man is the apple in his mother's eye
Even when he is a little dim of wit
To his mami he is still the favorite
And at eighty she still calls him el baby

The Cuban man has no spare parts
Nature did not create any excess waste
She made him compact

Not tall in height, but what street smarts
Suave, sharp, slippery, and sly
Like yuca enchumbá in mojo greasy pig lard
Or like the Yankee from New England say
Slicker than deer guts on a doorknob

The Cuban man has a head for business
He combines the Jewish bubbullah with the Afro babalú
That's why they call him the Caribbean Jew

Above all the Cuban man is sensitive, sentimental
With sex appeal for days
And this is where our problem comes
Our hubris, our Achilles tendon
It is our passionate and romantic side
We love women too much
Too many women, too many kids

But when you tally up
The good, the bad
You too will decide
He is like a fine Havana cigar
You gotta have
After a big heavy meal with an after-dinner drink and
Coffee on the side
The one that truly satisfies

Pingalito exits. An audiotape with the writer's voice comes on while the actress is seen changing costume from male to female.

WRITER. In high school I was asked to write an essay on the American character. I thought of fruits. Americans were apples: healthy, neat, easy to eat, not too sweet, not too juicy. Cubans were mangoes: juicy, real sweet, but messy. You had to wash your hands and face and do a lot of flossing. I stood in front of a mirror and thought I should be more like an apple. A shadow appeared and whispered: Mango stains never come off.
I didn't write about fruits in my essay. I didn't want them thinking I wasn't normal.
In the eighties—that's when my amnesia started to show cracks. As I joined the ranks of Tchaikovsky and Quentin Crisp—I became a civil servant and a thespian on the side.
As a teen I had gone to the Circle in the Square Theatre but my thespianism had been squelched the day the teacher announced the Puerto Rican Traveling Company was holding auditions and needed actors. When she said the Puerto Rican Traveling Company everyone started to laugh. As if it was a joke. Like a Polish joke, only a Puerto Rican one. I was the same as a Puerto Rican. Maybe the island was bigger, but same difference. I guessed I wouldn't do theatre.
Until I came to the WOW theatre and got cast in Holly Hughes' *The Well of Horniness*. We were asked to do it on the radio. I had a dilemma. Would my career as a civil servant

be stymied if people knew I was the one who screamed every time the word «horniness» was mentioned, or that I was playing Georgette, Vicky's lover, or Al Dente, Chief of Police? Maybe I needed a new name.

As if by accident, the pieces were falling into place when I entered the WOW theatre and a comedy workshop was to take place. The teacher would not give it unless four people took it. There were three signed up for it, and with me the body count would be four. I said no. No. No. But the teacher, she was cute. So I took it.

But it wasn't me. I couldn't stand in front of an audience, wear sequined gowns, tell jokes. But she could. She who penciled in her beauty mark, she who was baptized in the fountain of America's most popular orange juice, in the name of Havana's legendary nightclub, the Tropicana, she could. She was a fruit and wasn't afraid to admit it. She was the past I'd left behind. She was Cuba. Mi Cuba querida, el son montuno…

Carmelita is sitting on a chair inside the cube wearing a hat made of helium balloons. A spotlight is on her face. As the scene proceeds more light bathes the stage.

CARMELITA. The doctor said hypnosis might help. I said, «Anything, Doctor, anything for a cure». So he started to hypnotize me, but he said I had to count backwards. And I got this sharp pain in my throat and I felt these blood clots in my mouth and I said, «No, Doctor, I can't count backwards. Don't make me. Count backwards. I never count backwards. Never. I don't like it». So he writes in his chart: «Subject is mathematically impaired». They wanted to know what other impairments I got. So they connected these wires to my brain, my computer, my mango Macintosh. The doctors, they monitor my every move.

This *(pointing to deflated balloons)* is connected to my organizational skills, musical memory, and housecleaning ability. This *(pointing to highly inflated balloon)* is linked to my libido. When I think of Soraya, my nurse, giving me a sponge bath or rubbing Keri lotion on my chest it *(pops balloon)* pops uncontrollably. And this one *(pointing to a regular-sized balloon)* is for languages. Spieglein Spieglein an der Wand. Wer ist die Schönste im ganzen Land… What language is dis? Is this the language of Jung und Freud? Oh herren and herrleins pierce me with your key. Let me not be a question mark anymore.

The doctors, they tell me my name is Carmelita. I've had a terrible accident. I hurt my head when I was chocolate-pudding wrestling. I don't remember a thing. *(She sings)*. Remember, walking in the sand, remember her smile was so inviting, remember… I don't remember the lyrics to this song. So much flotsam and jetsam inside my head. And I want to remember so much I get these false attacks. In desperation, I appropriate others' memories.

The doctors try to control these attacks by surrounding me with familiar things. Clothes *(shows outfit)* pretty but… And these shoes, I must have been a tall girl. Then they tell me to eat the food they bring, because the French philosopher Proust ate one madeleine cookie and all his childhood memories came rushing back to him. *(Picking up a can of Goya beans)*. Goy… Goya? *(Picking up a yuca)*. Is this a yuca or a yuucka? Do I eat it or do I beat it? Oh, yuca yuucka, to be or not to be. But who, that is the question.

That short guy with the cigar—what was his name? Pingalito. He tells me I'm from Cuba. Maybe there is only one way to find out. To go back to the place I was born in. My homeland, the place that suckled me as a newborn babe. In the distance, I hear the clink, clink, clink of a metal spoon against glass. It is my mami stirring condensed milk with water. She holds a glass. The milk beckons me. I feel a song coming on.

How would you like to spend the weekend in Havana
How would you like to see the Caribbean shore
Come on and run away over Sunday
Where the view and the music is tropical
You'll have a heart attack at your office on Monday
But you won't
No you won't be the same anymore…

I won't be the same anymore. *(Carmelita takes off balloon hat. Lights change, Carmelita speaks into the microphone).*
My journey begins at 5:00 a.m. at the Miami airport. I am so sleepy. Crazy to be at the airport at 5:00 a.m. I don't know where I am going. I hear «Follow the Maalox, follow the Maalox» and then I spot a multitude. The Cuban diaspora that's going back holding on to plastic bags with medicines and the most magnificent hats. I am so underdressed. These people are so dressed: skirts on top of pants on top of skirts. The gentleman in front of me, an octogenarian, has his head down. I don't know if it's age or the weight of his three hats. I discover my people are a smart people. They can weigh your luggage and limit you to forty-four pounds but they cannot weigh your body. The layered look is in.
The excitement mounts when I enter the plane. The doctors told me to be careful. Too much, too soon, can cause attacks. In only forty-five minutes I will cross an ocean of years. When we land it is scorching hot outside. People desperately rip off the layers on the tarmac. I see a field in the distance. Palm trees, two peasants, and an ox. It reminds me of Southeast Asia, Vietnam. I never been there. But who knows where memories come from: movies, books, magazines.
I go to the counter in the airport holding on to my Cuban passport, my American passport, and a fax saying my visa is waiting for me here. Names are called for people with visas but mine is not one. The immigration guy says I gotta go back. Say what? You know who I am? He says «Who?» Yo soy Cecilia Valdés… Oh my God. I started to sing an operetta, a zarzuela. The guy thinks I am making fun of him. I say no. I'm sorry. I say I hurt my head and it has affected my vocal chords. He don't care. I am returned. Back to El Norte. But I have my determination. I go back especially now that I know how to dress. I go in style. I make myself a magnificent hat. Check it out. *(Carmelita models hat).*
Soy una tienda ambulante. I've my Easter bonnet with toilet paper on it. I'm a walking Cuban department store. Tampons and pearls, toilet paper, stationery supplies. What a delight. *(Carmelita goes off cube showing hat).* Now you think this is performance art. Not true. A joke. Let me tell you, the Sunday *New York Times* magazine captured this reality with photographs of these hats. And let me tell you, competition was tough. When I went back the second time, next to me was a woman with a pressure cooker on her head. When I go now, the immigration people are so friendly. «Back so soon? I like your hat».
I take a taxi to the Hotel Capri. I tell my driver Francisco I want to see, touch, feel, hear, taste Cuba. All my orifices are open. Francisco says: «No es fácil». It's not easy. I have come during the Special Period. The Special Period—that's what the government calls it. No gas,

no electricity, no food. I look out the window. Cubans are all on bicycles. They look like skinny models. Francisco says when there is no gasoline and the buses are not running he fuels his body with water with sugar. Water with sugar. The great Cuban energizer. Agua con azúcar and then he can walk for miles.

When I arrive in the Hotel Capri I go to the dining room. I can tell who the Cubans are with relatives here. They are the ones wrapping up food. I meet María Elena who is here for a conference and is wrapping chicken, bread, cheese. I ask her: «What about eggs? Don't forget the eggs». She says, «Eggs. Qué va. Yesterday I had to give a lecture on the poet Julián del Casal and when I took the paper out of my briefcase there was egg yolk all over. Egg yolk all over. No es fácil. It is not easy».

The taped voice of the writer is heard.

WRITER. Sometimes New York is too much. So is Havana. I toured the colonial part of the city. Kids flocked to me for candy, gum. Two decrepit mangy dogs limped along the cobblestones. Two guys tried to sell me a potent drug, PPG. Makes the man potent, satisfy your woman. A girl about fourteen asks me for my pintalabios. I part with my Revlon #44 «Love that Red» lipstick. I eat at La Bodeguita with two Cuban artists, a meal of fried yuca, fried pork, fried bananas. Cholesterol is not a problem. I take a ride to my hotel in a private vintage Chevrolet circa 1955, rumbling as it plods through streets darkened except for a building blindingly bright, a beacon of light, the Spanish embassy. And the new currency is the dollar. Five dollars for the ride, five dollars for the beer in the hotel lobby. And who do I see coming in, Pintalabios, Revlon #44 looking good with a man. What is she doing with that man and my lipstick? She looks down when she sees me. I'm pissed, but with a swig of beer reconsider: maybe the lipstick got her a steak dinner. And I go to my room, place a call to New York and put the TV on. CNN news. And the call comes through, and I switch channels. A movie is beginning, *The Green Berets*. I am in Cuba watching *The Green Berets*.

Carmelita goes to the cemetery. The song by Trío Matamoros, «El Ciclón», is playing when Carmelita enters the white space.

CARMELITA. I have been in Havana for three days and I don't have any flashbacks, not even an attack. I decide to go visit my relatives, the dead ones at the cemetery. Maybe they'll talk to me from the grave. El cementerio de Colón is a beautiful cemetery with big trees that give shade and lots of statues and mausoleums. I start to look for the Tropicanas, but find Menocales, Menéndez instead. Menéndez? I see four seniors hanging out by the tombstones. They look like they're in their seventies—two men and a couple. I go ask if they know the Tropicanas. They don't, but they are very curious about me and start to ask me my name, what I do, where I live. When I say New York, they all say «¡Nueva York!» The woman, Consuelo, looks at my nose.

CONSUELO. José, mira que se parece a Luisita. De la nariz pa abajo. Exactica. You look like my niece Luisita. She's a very smart girl, a painter. She went to New York last year. Went to all the museums. ¡Quedó fascinada! She was fascinated, fascinated. All those restaurants you have! Japanese, Chinese, hasta Filipino! She said the food, that was the real art. She came back twenty pounds heavier and her work changed. She went from Abstract to Realism.

I have a new painting hanging in my living room. It's a triptych of desserts. There's a strawberry cheesecake, crème brûlée, y cake de chocolate. Está lindo, lindo.

JOSÉ. Carmencita, you don't know this but Consuelito here used to be obese. Obese. A diabetic with a sweet tooth. ¡Imagínate! Now in nine months of the Special Period she has lost ninety pounds. No es fácil. No es fácil. *(Getting excited).*

CONSUELO. José, your blood pressure y el stress.

JOSÉ. Déjame hablar. How am I going to get rid of el stress unless I talk? Mira, Carmencita, people here are doing everything to survive. They are keeping roosters, chickens. Animals right here in Havana. ¡Animales! Pa qué contar… *(Sound of crackling smoke).*

CARMELITA. What's that smoke? Who's that tied to a tree? *(Stampede sound, neighing on tape).* I see…

ARRIERO. I was born in Badajoz, España. Todo era tranquilidad. Un sueño dulce. The sky clear, not a cloud in the sky for miles except for the clouds of dust me and Dulcinea made as we galloped across the dry fields. The sun was strong. One day it rained and the mud spattered from our pasterns to our forearms. When I turned two my master told me I had been sold to a conquistador. A conquistador, what a strange and exciting sound. The day came when I had to leave Spain and become a stallion. The stallion of a conquistador. But I was too excited that night to sleep. *(Whinnies).* We horses are a bit high-strung. I stayed up with my mother counting stars. At daybreak she gave me her bendición. «Arriero, from now on you will be counting stars in the New World».

I was one of the first horses to set hoof in the New World. And I should have known from the voyage from Spain to Cuba what was to happen. All of us animals herded onto a tiny ship. The roosters that climbed on my back, the rats I had to stomp on. But the worst was the boredom. Nowhere to go. Always fed the same thing, hay and oats, hay and oats; for variety I ate my own dung. I thought the voyage would never end. I started counting the days. Uno, dos, tres, cuatro. I gave up. I fell into such a depression, and there was no Prozac in those days. *(Singing).* Quiero escribir los versos más tristes esta noche… Then somebody yelled: «Land. Land». It was the island of Cuba. I couldn't believe my 180-degree peripheral vision. Grass everywhere. And trees with fruit: guanábanas, mangoes, mameys. And the natives were so friendly they walked around smoking, offering us cigars: Partagás, Panetela, Tiparillo. No thank you. I don't smoke. What smells. But the best was the yuca barbecue. My favorite. I hated the guinea pig. I'm a vegetarian.

Havana in those days was teeming with life, especially the mosquito kind. I couldn't swat them fast enough with my tail, which is why I hated Gonzaga, the priest that kept plucking the hairs out of my tail to make hair shirts, hair shirts to give to the natives as gifts. Gonzaga was not my master; it's just that I was given to him for a little while. I was on loan because of my name, Arriero: the one who can carry much weight. And joder, that priest was fat. It took three men to put him on my back.

That day we were delivering the hair shirts is when we saw the Indian Hatuey. There was smoke in the distance. I didn't want to go because I know where there's smoke there's fire, but Gonzaga saw some of his fellow priests and we had to go. There was a crowd gathered, so much commotion we couldn't hear, but I rotated my left ear and heard a priest say to Hatuey, «Repent, repent, and if you will, you will go to heaven. If not, hell». Hatuey looked at the priest and said, «If heaven is where the Spanish Christians go, I'll take hell». And the flames took Hatuey away. Right there. I saw it. And so much more. I saw so many Indians die, so many. So many dead Indians from disease and overwork. I thought of my mother's farewell words, «Arriero, from now on you will be counting stars in the New World». No mother, not stars.

CARMELITA. Ai, my head. I must have fallen into a CUMAA. A Collective Unconscious Memory Appropriation Attack. I need an aspirin. When I take out the Bayer aspirins, the four seniors yell: «¡Bayer!». Like they have never seen an aspirin. So we decide to divide the one hundred thirty five aspirins into four seniors. Some fall on the ground. It is too much, so the men take the ones that fell on the floor and Consuelo takes the bottle. As I am leaving José Miguel says:

JOSÉ. Do you pray? Do you believe? I do. Every day. If I didn't I'd be dead.

Slow fade to black. An audiotape is heard with the following joke.

Did you hear the one about the eggs and the fried steak? There are these eggs running through the Malecón boulevard in Havana. And they're running because they are being chased by a million hungry Cubans. And these eggs are running and the Cubans are after them. And as the eggs are running they pass in front of a fried steak that is sitting on the wall of the Malecón, very relaxed. And the eggs yell at the steak, «The Cubans are coming, the Cubans are coming. Aren't you afraid they'll come get you?». The steak says, «No way, these Cubans don't know what a steak looks like».

The stage is dark as slides of Havana are projected onto a screen. The writer reads into the mike and when the slide of her old house comes on, she stops reading and speaks into the mike, pointing out the different parts of the house.

WRITER. *(Slide of Cuban countryside).* As I go sightseeing I try to strike up a conversation with everyone I meet. But when people ask me where I'm from I have a certain trepidation. How will I be received? I lie. I begin by telling them my father is Puerto Rican. After five minutes I feel comfortable enough to tell them I was born here, but don't remember much.
(Slide of Cuban plaza with flag). I am like a tourist in my own country. Everything is new. I walk everywhere hoping I will recall something. Anything. I have this urge to recognize and be recognized. To fling my arms around one of those ceiba trees and say I remember you from the park when I went with Cristobalina, my nanny who had Chinese eyes, kinky hair, and used to sing «Reloj, no marques las horas».
(Slide of cemetery). I want a crack on the sidewalk to open up and say, yes, I saw you when you jumped over in your patent leather shoes holding onto your grandfather's index finger. But it doesn't happen. There is no recognition from either the tree or the sidewalk.
(Slide of aerial view of Havana). So I do what Ronald Coleman did in the movie when he had amnesia, and what Cubans do when they go back. I visit the house I was born in, 319 de la calle 8 entre 5ta y 3ra. The address pops out as if I'd been there yesterday.
(Slide of Centro Gallego). I'm nervous. Why? It's just a house.
(Slide of house). Oh my God. There it is. The house I was born in. *(Pointing to different parts of the house).* There was a patch of dirt here and in this corner there was a slug. I used to poke him with a stick. The slug is gone. And on this side I planted my mango tree. We had invented a new game, «agrarian reform,» and had to cultivate the land. It was by the mango tree that I had an epiphany. I was poking at the ground to see how my mango tree

was doing when I heard her footsteps. She had long hair tied into a ponytail, red lips, and dreamy eyes like a cow. I ran to her and jumped on her and kissed her creamy cheeks. «Okay, okay,» she said putting me down. We looked at each other for an instant. I ran and hid by my mango tree. My heart was beating fast, I was sweating. I knew then that that was no ordinary kiss.

And it was on this balcony that we played with our live Easter chicks. Live chicks dyed purple, pink, and green. We left my cousin Teresa with the chicks while we went to make skirts for them from plastic ruffled cookie wrappers and when we came back Teresa was throwing the last chick from the balcony to its death. And on this porch we used to play Tarzan and Jane. I begged for a human part but I was told I had to play the Cheetah or the elephant. I was playing Cheetah when my father came. I called him the stranger because he had been away fighting in the revolution. He gave me and my sister gold bullet shells.

(Slide of stairs). I couldn't wait to go inside. Those are the stairs, the stairs I fell from when I was six months old. I bolted upstairs to my bedroom.

(Slide of writer by door). Two men are in the middle of a business meeting. I interrupt. I'm sorry. I used to sleep here. The woman who has been following me, the secretary, tells me I can't just barge in as if it's my house. You don't understand, I say, this was my house. She opens the door to the bathroom.

(Slide of bathroom). Oh my bidet, my toilet. She says, «Hey, you're not one of those Cubans who plans to come back and take over their house». I say, «Oh no, we only rented». The moment I say this I feel like I'm not like one of those Cubans who left—who never would have said they rented. Are you kidding me, we owned the whole block.

(Slide of construction). My house is now a construction company. Privatization entering Cuba right through this, my house.

Carmelita enters the white cube as recorded song by Bola de Nieve plays.

CARMELITA. It's the middle of the afternoon. There's salsa music playing. From the window I see the Hotel Nacional as it sits on a rock and overlooks all of Havana Bay. I think of having a mojito, the favorite drink of Papa Hemingway. It could also be mine since I don't remember what it tastes like. I walk to the renovated four-star Hotel Nacional smelling the delicious grass. The sun is trying to come out. It just rained. I walk to the entrance of the hotel. The doorman winks. I say, «Buenas tardes». Inside it is cool and beautiful. There are potted palm trees, Spanish leather chairs, and blue tile. Blue tile. How I hate blue tile, especially with yellow squiggles. It doesn't go with anything. Bad decorating choice. A hotel employee looks at me. The blue tiles are making me sick. I'm holding tight to the potted palm frond.

DOCTOR. Carmelita, suéltala. Let go. Let go of your mother's hand. You have to be brave. Hay que tener coraje, mucho coraje en la vida.

CARMELITA. No. Mami. No, mamita. Please don't let go of me. I'm your child. No dejes que me lleven. I want to be with you, Mami. I don't want to go with the green man.

MOTHER. Carmelita, it's just a green uniform. Mi hijita. Don't be afraid. It will be over soon.

HOTEL EMPLOYEE. Señorita, if you don't let go of the palm frond, I'm going to have to call security.

CARMELITA. I'm sorry. Yes. I don't feel well. I need to eat. I'm hungry. I have to sit down in the dining room and eat. I go into the dining room like a somnambulist, following the song

«Lágrimas negras» played by a trio. Where have I heard «Lágrimas negras» played by a trio like this?... Oh yes, last week in a Miami restaurant. At least the short-term memory works. I should try to remember a lot. The more I remember the more I will remember. Let's see, what did I learn today? Ochún is the goddess of the sea. No, that's Yemayá. Ochún is like the Caridad del Cobre and if you want to get the love of your life you have to leave honey under your bed for five days. You get the love you want and the cucarachas you don't. And the slang word for dyke is bombera, firefighter. So maybe if I yell, «Fire,» «Fuego,» would all the dykes come out now? I feel much better. So much better I order a mojito and pork sandwich. «La última noche que pasé contigo» is playing. The waiter brings me the sandwich. He has a green jacket on. I try not to look at his green uniform. Trembling, I pick up the sandwich. A slice falls, no, it jumps.

Pig flies in and hangs above Carmelita's head.

PIG. *(Snort, snort).* The horse thought it was bad in Colonial times, he should talk. I was a pig in the Special Period. Cochinito mamón. I was just two weeks old lying under my mother's belly sucking her sweet milk with my brothers and sisters when I was yanked off her tit by a man who put a blanket over my head and took me from my farm in Santiago to live in an apartment in Havana. It was so quick I couldn't even say good-bye to my family. The apartment was on the second floor. My legs were too short. I couldn't go up the stairs. Señor, I am no goat. I went into the apartment. I looked for mud but everything was so clean. The woman in the apartment, the wife, cradled me in her arms, calling me «Nene». She fed me milk in the bottle. Hey lady, I'm not into rubber. I want real nipples. The man complained about my smell so every day she had to give me a bath in the tub.
WOMAN. Nene, sit still; Nene, don't splash; Nene, let me wipe your nose.
PIG. I'm not a boy, I'm a pig, I'm a pig! One day the man came in walking funny. He had been drinking with his brother who worked at the Hotel Nacional. He smacked the wife on the rump and made her get the tape measure from her sewing kit. He put it around my belly.
MAN. ¡Coño, qué gordo está este puerco!
PIG. I could smell the rum on his breath. She should give him a bath. The phone rang. It was long distance, the relatives from the United States. The man said something about showing me to them. The next day was Sunday. I didn't know what was happening. The woman put a hat on my head. It was a gift from a cousin in New York. A baseball cap. It kept falling off, so she tied it with another gift she got from New York: a bungee chord. The chord was tight around my neck. She was holding me on her lap, lifting my head to look up. The man quickly got behind us when a flash went off. I got scared. I didn't know it was a family portrait. I jumped down. My hoof ripped her panty hose. I tried to run but I had put on some weight. I slid behind a table and knocked over a lamp. It broke. The man went after me. He was screaming:
MAN. ¡Puerco, puerco de mierda!
PIG. She was screaming:
WOMAN. ¡Nene!
PIG. I was squealing: ¡Mami! With all the noise, the neighbors were knocking on the door.
NEIGHBORS. ¿Qué pasa? ¿Qué pasa?
PIG. The man flew across the room and tackled me. He whispered in my ear:

MAN. Coño, puerco de mierda. You are going to be roast pork, but before that we are going to cut your vocal chords so you don't squeal and disturb the neighbors anymore.

PIG. The next day I was put in a box. The woman was crying as she punched holes in the box so I could see. We got to the place. I could see blue tiles.

DOCTOR. Carmelita, relájate. Estamos en la sala. I'm going to put this on so you can breathe deep. Respira profundo.

CARMELITA. No. I don't want to breathe.

DOCTOR. Déjate de tonterías, niña. Carmelita, quiero que cuentes. Count backwards: 100, 99, 98...

PIG. When I got out of the box, I saw a man in green. He had a shiny knife. I squealed, Mami! Mami! *(Silence)*.

She pulls a string from the pig's neck and a stream of red glitter gushes down, spilling onto the white linoleum.

CARMELITA. My vocal chords, my tonsils. The pig and I, we had our operations at the same clinic. The clinic with blue tiles. I remember. We are all connected, not through AT&T, e-mail, Internet, or the information superhighway, but through memory, history, herstory, horsetory. *(She shadowboxes as she recites the poem)*.

> I remember
> Que soy de allá
> Que soy de aquí
> Un pie en New York (a foot in New York)
> Un pie en La Habana (a foot in Havana)
> And when I put a foot in Berlin (cuando pongo pata en Berlín)
> I am called
> A lesbishe cubanerin
> A woman of color aquí
> Culturally fragmented
> Sexually intersected
> But I don't esplit
> I am fluid and interconnected
> Like tie-die colors I bleed
> A blue blue sky into a Halloween pumpkin orange
> Que soy de allá
> Que soy de aquí

Lights up bright.

Hello people, you know me. I know you. I don't need no American Express card. I am Carmelita Tropicana, famous nightclub entertainer, superintendent, performance artist. And I am so happy to be here with you today, because ever since I was a little girl I ask my mami, «When can I do a show called *Milk of Amnesia* at P.S. 122?» And here I am. I am so lucky. Lucky I can dance un danzón, cantar un son, tener tremendo vacilón. Thanks to El Cochinito Mamón, sandwich de lechón. I got to exit with a song, sabrosón like the sandwich de lechón. *(She exits singing and dancing)*.

Cochinito mamón
Sandwich de lechón
Cochinito mamón
Sandwich de lechón

Lights fade down. Audiotape with writer's voice comes on.

WRITER. September 1993. I met an American lawyer who is here in Cuba to witness a period of «transition». It seems in 1993 anything can happen. In the theatre festival there were plays that were critical of the system and played to packed houses. I thought by coming to Cuba I would have answers. Instead I have more questions.

These are *Star Trek* glasses. They form rainbows around everything you look at. Am I looking at Cuba from an American perspective? No es fácil. It's not easy to have clear vision. In seven days I can only get sound bites. Cuba is a land of contradictions.

No one is homeless in Cuba, although homes are falling apart. Everyone gets health care, but there is no medicine. There is only one newspaper, but everyone is educated. No conspicuous consumerism. The dollar is legal, but there's the U.S. embargo. The clothes are threadbare, vivid colors now turned pastel. So much food for the soul, none for the belly.

I don't want to keep score. It's not a competition. Cuba vs. the U.S. When the Olympics are on I'm at a loss as to who to root for... No, not really. I root for Cuba. Why? Is it that I'm for the underdog and that if I'm in the U.S. I am more Cuban and if I'm in Cuba I'm more American? Is Cuba my wife and America my lover or the other way around? Or is Cuba my biological mami and the U.S. my adopted mom?

Lights go up bright.

CARMELITA. My journey is complete. My amnesia is gone. After so many years in America, I can drink two kinds of milk. The sweet condensed milk of Cuba and the pasteurized homo kind from America.

My last day in Cuba I spend at an artist's house. We sit, ten of us, in a circle, all sipping our one bottle of rum. I turn to the man next to me and tell him I have one regret. I didn't hear any Cuban music and to me Cuba is music. He smiles. He is Pedro Luis Ferrer, famous composer, musician. He will play me his songs but first he tells me, «The embargo is killing us». To tell you, I tell you with Pedro Luis Ferrer's song, that says it best: «Todos por lo mismo».

Everybody for the same thing
Between the pages of colonialism
Capitalists, homosexuals, atheists, spiritualists, moralists
Everybody for the same thing

The tape plays several choruses until the end.

Abilio Estévez

LA NOCHE

Misterio herético en treinta episodios y tres finales posibles

Premio Tirso de Molina 1994

Abilio Estévez (La Habana, 1954). Dramaturgo, narrador y poeta. En 1986 obtuvo el Premio José Antonio Ramos de la Unión de Escritores y Artistas de Cuba (UNEAC) con *La verdadera culpa de Juan Clemente Zenea*, y en 1987 mereció en España el Premio Luis Cernuda por su poemario *Manual de las tentaciones*. Tiene publicados los libros de cuentos *Juego con Gloria* y *El horizonte y otros regresos* y las novelas *Tuyo es el reino* —Premio de la Crítica Literaria en Cuba (1999), Premio al Mejor Libro Extranjero en Francia, traducida a doce idiomas—, *Los palacios distantes, El navegante dormido, Inventario secreto de La Habana, El bailarín ruso de Montecarlo* y *El año del calipso*. Teatro El Público, Irrumpe, Eclipse y Teatro de la Luna, entre otros, han llevado a escena sus obras. Con su pieza *La noche* obtuvo el Premio Tirso de Molina en 1994.

Si está interesado en solicitar la autorización para el montaje de esta obra, puede escribir directamente a: **reino_7@yahoo.es**

Personajes

La Ciega
El Adolescente
El Hijo
La Madre
Adán
Eva
La Serpiente
Voz
El Ángel
Heraldo
Joven Bailarín
Hombres y mujeres de la destrucción
La Lechera
Sara
Abraham
Isaac
Sepulturero 1
Sepulturero 2
La Repostera
El Campanero
El Poeta Cubierto de Dardos
La Mujer de Alabastro
Nobles de la Corte de Luis XVI
Sodomita
Job
Hombres y mujeres torturados
Seis donceles y cuatro doncellas

Esta obra está dedicada a la memoria
de una amiga: Olga Andreu,
y de un maestro: Virgilio Piñera.

Querida imaginación, lo que yo amo en ti
es sobre todo el que tú no perdones.
André Breton, *Primer manifiesto surrealista.*

¿Qué escribes ahora? —te preguntan. Y tú no sabes ya si contestar con rabia o con risa: —¿Qué escribo? Escribo: eso es todo. Escribo conforme voy viviendo. Escribo como parte de mi economía natural. (…) ¿Qué estoy escribiendo? He aquí lo que estoy escribiendo: mis ojos y mis manos, mi conciencia y mis sentidos, mi voluntad y mi representación…
Alfonso Reyes, *Fragmentos de arte poética.*

Mandamientos de Dios, habéis enfermado mi alma. Habéis rodeado de murallas las únicas aguas que pudieran saciarme.
André Gide, *Los alimentos terrestres.*

EPISODIO PRIMERO

Se escucha la campanilla de un leproso. Entran, con aspecto fatigado, La Ciega y El Adolescente. Él, casi desnudo, lleva la campanilla al cuello; ella va muy arropada. Portan cayados.

LA CIEGA. ¿Te parece buen paraje para pasar la noche?
EL ADOLESCENTE. No. Lo mejor es un techo y una cama. Ahora me acuerdo del jardín.
LA CIEGA. ¿Nunca llegaremos? Hace frío.
EL ADOLESCENTE. Tengo calor.
LA CIEGA. Te encanta contradecirme.
EL ADOLESCENTE. Me encanta tener mi propia experiencia.
LA CIEGA. ¿Dónde quedará?
EL ADOLESCENTE. Veo un resplandor, si no es fuego, es la ciudad.
LA CIEGA. Imposible.
EL ADOLESCENTE. ¿Alguna vez intentaste ir?
LA CIEGA. Tengo mala memoria para los malos recuerdos.

EL ADOLESCENTE. ¿Te ayudo?
LA CIEGA. Gracias. Sé cómo dominar el camino.

Tienden mantas en el suelo. Se sienta ella; él se acuesta.

LA CIEGA. *(Suspirando).* ¡Larga noche!
EL ADOLESCENTE. Hace años que no amanece.
LA CIEGA. Si esta fuera la noche de la llegada, yo sería la mujer más feliz.
EL ADOLESCENTE. No te inquietes. Llegaremos en el momento de llegar. Ni antes ni después.
LA CIEGA. ¡La ciudad! Dicen que no se parece a ninguna otra.
EL ADOLESCENTE. ¿Conociste a alguien que la haya visto?
LA CIEGA. Mi padre. Fue una vez. Luego lloró toda la vida por ella. Hasta después de muerto le corrían las lágrimas por las mejillas. ¡Que vengan a decirme que los muertos no sienten nostalgia! *(Transición).* Se me cierran los párpados.
EL ADOLESCENTE. No tengo sueño.
LA CIEGA. *(Durmiéndose).* Te encanta contradecirme.

EPISODIO SEGUNDO

Ella lo mira, interrumpe la labor, se incorpora y cierra las ventanas. La Madre hila. El Hijo prepara un atado de ropas.

EL HIJO. ¿Por qué cierras?
LA MADRE. La noche está húmeda. Te puede hacer daño.
EL HIJO. No tengo sueño.
LA MADRE. Es hora de dormir. Si quieres, te canto una nana. Necesitas descansar.
EL HIJO. Puedo decidir la hora de acostarme.
LA MADRE. Los hijos no crecen. *(Vuelve a hilar).*
EL HIJO. A veces te odio.
LA MADRE. *(Tirándolo a broma).* ¡Este muchacho!
EL HIJO. A veces quisiera matarte con estas manos. Así. *(Hace acción de estrangular a alguien).*
LA MADRE. Acuéstate. Cierra los ojos.
EL HIJO. ¡Déjame solo!
LA MADRE. Debo velar tu sueño.
EL HIJO. ¿Qué harás mientras yo duerma?
LA MADRE. Hilaré. Miraré cómo duermes.
EL HIJO. No voy a dormir, voy a huir.
LA MADRE. *(Tirándolo a broma).* ¡Este muchacho!
EL HIJO. No quiero tener pesadillas.
LA MADRE. *(Muy dulce, muy sabia).* Vivir es una pesadilla.
EL HIJO. ¿Sueño? ¿Estoy despierto?
LA MADRE. Las dos cosas, hijo, las dos cosas.
EL HIJO. ¿Nunca sueñas?
LA MADRE. Hace años que no duermo. ¿Para qué? Es tan sutil la diferencia... Dormir, estar despierto... Me aburrí de tener pesadillas dormida; decidí tenerlas despierta. Es mejor. No sé por qué, pero es mejor.

EL HIJO. En cuanto cierro los ojos veo un camino, una ciudad que se destruye… El campo devastado. Cruces. Gente que llora.
LA MADRE. *(Imperativa).* Vivir es una pesadilla.
EL HIJO. Al final del camino algo terrible debe suceder.
LA MADRE. *(Tirándolo a broma).* ¡Este muchacho!
EL HIJO. Nunca llego al final del camino.
LA MADRE. Siempre te despierto.
EL HIJO. ¿Cómo lo sabes?
LA MADRE. ¡Qué no sabe una madre!
EL HIJO. ¿Sabes qué hay al final del camino?
LA MADRE. Olvídalo. Mejor lo ignoras. La ignorancia es más útil.
EL HIJO. ¡Me voy!
LA MADRE. *(Tirándolo a broma).* ¡Este muchacho!
EL HIJO. No estoy jugando. Llegó el momento. Quiero saberlo todo.
LA MADRE. ¿Todo? No seas pueril. No hay más que esto, nada.
EL HIJO. Tus argumentos no bastan. ¿Te extraña?
LA MADRE. Me sorprende.
EL HIJO. Nadie puede detenerme.
LA MADRE. *(Dejando de hilar).* ¡Yo!
EL HIJO. ¿Quieres un espejo? Estás vieja, débil. Tu corazón no soporta disgustos. Un gesto y te borro de la vida.
LA MADRE. ¡Mi corazón es de mármol cuando se trata de ti!
EL HIJO. Debo estar lejos para salvarme.
LA MADRE. Tu salvación está conmigo.
EL HIJO. Contigo solo está el odio y el rencor. *(Tomando el atado).* No tengo tiempo para discutir.
LA MADRE. *(Tratando de detenerlo).* ¡No te irás!
EL HIJO. ¡No creo en que seas mi madre!
LA MADRE. ¡Sal! Demuestra que ya eres un hombre.
EL HIJO. Salgo por encima de ti. Si tengo que hacerte polvo, te hago polvo.

Forcejean. El Hijo derriba a La Madre. Sale.

LA MADRE. ¡No irás lejos! Te seguiré hasta el fin del mundo. Con mil ojos, con mil pies. Un hijo no puede huir. Al final vendrás de rodillas. Buscaré tus huellas. En el fango, en la nieve. Mi poder ya está en juego. Tú huyes sin saber que al final estoy yo.

EPISODIO TERCERO

Adán, Eva, La Serpiente. El jardín.

LA SERPIENTE. Aquí está la manzana.
ADÁN. Podías haberte ahorrado el trabajo.
LA SERPIENTE. Para mí es un placer.
EVA. Tiene un hermoso color rojo.

LA SERPIENTE. Se llama rojo-manzana. Un color único. ¿Ves el brillo? También único. Pero lo más importante…
ADÁN. ¡Cállate!
LA SERPIENTE. Es una fruta maravillosa.
ADÁN. Eres engañosa, serpiente. No te conozco, pero me hablaron de ti.
EVA. De ti se hablan cosas atroces.
LA SERPIENTE. Estoy habituada.
EVA. Dicen que eres la más astuta y malévola de las alimañas del jardín.
LA SERPIENTE. ¿Sabes por qué lo dicen?
ADÁN. Debe ser cierto.
LA SERPIENTE. Pronto aprendí, la vida no es lo que él nos hace creer.
EVA. ¿Lo estás llamando mentiroso?
ADÁN. ¡Atrevida!
LA SERPIENTE. Mi lengua es libre. Hablo de lo que me place. Es déspota, autoritario, y lo peor: cínico. Quiere que hagamos lo que le dicta su testarudez, llevarnos a la categoría de vegetal.
ADÁN. Le debemos pleitesía. Es el dueño del jardín.
LA SERPIENTE. A esta oscuridad, ¿le llamas jardín? Por vivir en este horror, ¿debemos estar agradecidos?
ADÁN. *(Asustado).* Te pueden oír…
EVA. No entiendo, serpiente, ¿cómo eres tan libre?
LA SERPIENTE. Aquí está la manzana. Su color es hermoso, pero la clave no está en el color. Su brillo es atrayente, pero lo importante no es el brillo. Su sabor es único, pero tampoco es el sabor. *(A Eva).* ¿Ya miraste tu cuerpo?

Eva mira su cuerpo con asombro.

LA SERPIENTE. Estás desnuda, seráfica Eva.
EVA. ¿Desnuda? *(A Adán).* ¿Conoces esa palabra?
ADÁN. Debe ser palabra dictada por la maldad.
EVA. *(A La Serpiente).* ¡Explícate!
LA SERPIENTE. Aquí está la manzana. Ella es la única explicación.
ADÁN. *(A Eva).* Vamos. Él debe saber que no estamos donde nos dejó.
LA SERPIENTE. Corran. Tiene mil ojos y mil orejas.
EVA. Espérate, Adán. Me atrae la manzana.
ADÁN. Es una fruta prohibida.
EVA. Será por eso.
ADÁN. No empieces.
LA SERPIENTE. *(Burlándose).* ¡Ay!, pobre mujer, no empieces con debilidades. No oigas a la Serpiente, es malvada, quiere destruirte.
EVA. En realidad, es una fruta hermosa.
LA SERPIENTE. Yo solo propongo una mordida. Pequeña, leve, imperceptible mordida en su carne jugosa. Tu boca se llenará de savia dulce y bajará por tu garganta de modo muy suave. Te encenderás de placer. Luego, nada será igual. Es mentira que el manzano sea el árbol del bien y del mal. Es un manzano. Únicamente eso y es suficiente.
EVA. ¿Por qué él nos tiene prohibido acercarnos a él?

LA SERPIENTE. El placer es como el dolor: una fuente de conocimiento. Nos quiere en la ignorancia.

ADÁN. Tenían razón: astuta y maligna.

LA SERPIENTE. Me gusta la manzana. Gozo al comerla. Soy dichosa. En nada me parezco a ustedes, maniquíes edénicos y aburridos para quienes vivir no es más que una sucesión de días largos e inútiles. Vivirán millones de años y al final no sabrán para qué vivieron.

EVA. *(A Adán. Confidencial).* Puede tener razón.

ADÁN. Si no coincide con él, no tiene razón.

LA SERPIENTE. Aquí está la manzana: roja y saludable.

ADÁN. ¡No la toques!

EVA. *(Tomándola).* Su forma es casi redonda.

LA SERPIENTE. Casi perfecta.

ADÁN. No la muerdas si no quieres perderte. Lo bello siempre es causa de perdición.

EVA. No haces más que repetir lugares comunes.

LA SERPIENTE. La belleza tiene un precio, Adán, no seas ingenuo.

EVA. *(Ajena a Adán y a La Serpiente).* Sí, la manzana es hermosa. Puedo darle una mordida pequeñita...

ADÁN. *(Asustado).* ¡Mujer, él todo lo ve y todo lo oye!

EVA. Roja, pulida, brillante... Invita a los labios. Anuncia placeres. *(Se lleva la manzana a los labios).*

ADÁN. ¡No!

LA SERPIENTE. ¡Sí! Empieza a vivir.

Eva muerde la manzana. Adán cae, aterrado, de rodillas. La Serpiente suspira de alivio.

EVA. ¡Qué delicia! Maravilloso. No lo puedo explicar. Además, lo maravilloso no merece explicación. *(Mirando su cuerpo).* Tienes razón, estoy desnuda. Mi piel es blanca, tersa. Mira, senos bien dibujados, simulan manzanas. La cintura... El vientre... ¿Te fijaste, Adán, qué hermoso baja el vientre? *(Transición).* Yérguete, prueba la manzana, no seas cobarde.

ADÁN. Tengo miedo.

EVA. Unos instantes de gozo valen una vida de miedo. No seas cobarde.

ADÁN. ¿Y si nos destruye?

EVA. Habremos muerto dichosos. ¡Muerde!

A pesar de su horror, Adán muerde la manzana.

ADÁN. *(Irguiéndose. Como si despertara).* ¡Debías haber venido antes, Serpiente! ¿Te fijaste, Eva, qué robusto mi cuerpo? ¡Cuántos volúmenes, cuántas formas!

LA SERPIENTE. Tóquense. Muérdanse. Ahora las manzanas son ustedes.

EVA. *(Abrazando a Adán).* Nos expulsará del jardín.

ADÁN. *(Abrazándola).* Da lo mismo. Tengo tu cuerpo, tienes mi cuerpo. El jardín era un lugar triste.

LA SERPIENTE. Aquí está la manzana. Hay cientos en el árbol. Bellas, apetitosas.

Se escucha un trueno.

EPISODIO CUARTO

En proscenio, La Madre está de rodillas. Una vela encendida en sus manos.

LA MADRE. ¡Señor!
VOZ. ¿Quién eres?
LA MADRE. Una madre.
VOZ. ¿Qué le ocurrió a tu hijo?
LA MADRE. Escapó.
VOZ. ¿No había rejas en tu casa?
LA MADRE. Aprovechó un descuido. Ayúdame.
VOZ. Todas iguales. Se les ablanda el corazón y acuden pidiendo ayuda. ¿Lo quieres vivo?
LA MADRE. Como sea.
VOZ. ¿Y si lo consigues muerto?
LA MADRE. Lo sentaré en su sillón preferido. Me haré la idea de que duerme. Velaré por que su carne se corrompa del modo más sano. Vigilaré, y cuando los ojos salten, correré a tomarlos. Lavaré a diario las llagas que se abran en su piel. Muerto o vivo, un hijo es un hijo.
VOZ. ¿Y si lo consigues vivo?
LA MADRE. Lo encadenaré. Manos y pies. Le pondré grilletes. Quiero salvarlo.
VOZ. Busca a tu hijo, mujer. Sálvalo. Donde menos lo pienses, un placer acecha. El placer debilita y destruye. Te enviaré al mejor de mis ángeles. Acógelo, ten confianza en él. Te ayudará.

Música de órgano. Un ángel desciende.

EL ÁNGEL. La maldición cayó sobre la Tierra. Una vez más los hombres se creyeron fuertes y libres. Trataron de olvidarse del dolor, de la muerte. Quisieron que la vida fuera como en los tiempos dichosos del jardín. Un hijo huye de su madre. Una ciudad se entrega al vicio. Hay que limpiar, arrasar con lo dañino. Una vez fue un diluvio; otra, una lluvia de azufre. Ahora seremos nosotros con nuestras manos y nuestra bondad. Arrasemos. Por el bien del hombre, esa criatura frágil e indefensa. Castiguemos con amor, matemos con amor. Convirtamos este prado, regalo para los sentidos, en un desierto blanco donde sea imposible perderse en ensueños y gozos inútiles. Vamos, mujer, que la destrucción del mundo comienza cuando un hijo huye de su casa.

Trueno y música de órgano.

EPISODIO QUINTO

Estruendo de trompetas. Un Heraldo.

HERALDO. A partir de la publicación del presente decreto, queda terminantemente prohibido beber agua fresca, cantar en los lindes del bosque, cocer y condimentar alimentos, acariciar un cuerpo vivo o muerto, conmoverse con niños menores de quince años, ascender a las copas de los árboles, aspirar cualquier perfume natural, dormir a la orilla de los ríos, suspirar al claro de luna. Toda persona descubierta con mirada de paz o de gozo será debidamente juzgada y condenada.

EPISODIO SEXTO

Un joven bailarín baila al son de una graciosa música de flauta. Baile de exaltación y gozo. El cuerpo se alegra de ser cuerpo. La música y su cuerpo: solo eso importa al joven en ese instante. Luego, se oye descarga de fusilería. El bailarín cae muerto.

EPISODIO SÉPTIMO

Tres hombres y dos mujeres sucios, desgarradas las ropas, entre las ruinas. Llevan objetos inexplicables e insólitos salvados de una catástrofe. En otro lugar La Madre hila y El Ángel, a su lado, extiende las alas. Se escucha un estruendo.

LA MADRE. ¿Qué fue eso?
EL ÁNGEL. La ciudad, señora. Fue destruida.
LA MADRE. Demasiado estrépito para cosa tan sana.
HOMBRE 1. ¡Qué derrumbe! ¡El mundo se vino abajo!
MUJER 1. ¡Qué desgracia! ¿Por qué debió tocarnos esta desgracia?
HOMBRE 2. Yo estaba calentando la cama de mi esposa y sentí que el cielo se caía.
EL ÁNGEL. Una ciudad no se destruye sin un gran estruendo.
LA MADRE. En silencio hubiera sido mejor. El hombre prefiere las catástrofes silenciosas.
HOMBRE 3. Yo llegaba del campo. No tuve tiempo de quitarme las botas.
MUJER 2. Yo abrazaba a mi hijo. Los dos teníamos fiebre.
MUJER 1. Yo me daba un baño de pétalos de violetas. Cantaba. Después miré el cielo blanco de estrellas.
HOMBRE 1. Nada parecía augurar una catástrofe.
LA MADRE. Nada, una catástrofe.
EL ÁNGEL. Las catástrofes no se anuncian.
HOMBRE 2. Oí graznar un cuervo.
HOMBRE 3. Los cuervos graznan cuando están enamorados.
MUJER 2. El cielo se iluminó.
MUJER 1. Fue como una lluvia de estrellas.
HOMBRE 1. Un relámpago.
HOMBRE 2. La noche se abrió en dos.
HOMBRE 3. La tierra temblaba.
MUJER 1. Mi casa ardió.
MUJER 2. La mía saltaba en pedazos.
HOMBRE 1. Los edificios se doblaron como si fueran de papel.
LA MADRE. ¿Será cierto que los edificios parecían barajas mal puestas sobre una mesa inclinada?
EL ÁNGEL. No eran edificios, sino un poco de polvo.

HOMBRE 2. El techo de mi casa se perdió en la noche.
HOMBRE 3. Ya no tengo ni recuerdos.
EL ÁNGEL. La ciudad se deshizo con facilidad increíble.
LA MADRE. Construir es arduo. Para destruir, en cambio, basta con un suspiro de mal aliento. *(Transición).* ¿Por qué hubo infortunados que sobrevivieron?
EL ÁNGEL. Las catástrofes necesitan sobrevivientes. Si no, ¿quién saca las consecuencias morales?
MUJER 1. Vi una pared sepultar a mi hijo.
MUJER 2. ¿Dónde está mi familia?
HOMBRE 1. Mi hermano fue a salvarme y cayó a un precipicio.
HOMBRE 2. Perdí a los míos en una neblina de polvo.
HOMBRE 3. Me perdí. Anduve horas perdido. Todavía estoy perdido.
LA MADRE. *(Suspirando. Muy triste).* ¡Ya no existe la ciudad!
EL ÁNGEL. No se asombre, señora, era mortal.
LA MADRE. Ni me asombro ni me alegro. Sé que es bueno que lo corrompido desaparezca. *(Pausa breve).* Y mi hijo, ¿sabes algo de mi hijo?

EPISODIO OCTAVO

El camino. El Adolescente y La Ciega. Entra El Hijo.

EL HIJO. Buenas noches.
LA CIEGA. Dios te oiga.
EL HIJO. ¿Van lejos?
EL ADOLESCENTE. Ojalá supiéramos.
EL HIJO. ¿Sabes la hora?
EL ADOLESCENTE. No me importa.
EL HIJO. ¿Dónde estamos?
LA CIEGA. Como estar estar, en ninguna parte.
EL HIJO. ¿Tienen ganas de jugar?
EL ADOLESCENTE. Decimos la verdad. No estamos en ninguna parte.
EL HIJO. Tengo hambre.
LA CIEGA. ¿Hambre? No menciones esa palabra.
EL ADOLESCENTE. Andas huyendo de tu madre.
EL HIJO. ¿Cómo lo sabes?
EL ADOLESCENTE. Uno siempre está huyendo de su madre.
EL HIJO. Quiero llegar a la ciudad. Dicen que es una ciudad hermosa. Díganme, ¿está bien el camino que elegí?
LA CIEGA. Uno nunca elige el camino.
EL ADOLESCENTE. Es el camino quien lo elige a uno.
LA CIEGA. Ven con nosotros. Me parece que te conozco desde hace años.
EL ADOLESCENTE. Una frase, una mirada, y un hombre muestra quién es. ¿Vamos?
EL HIJO. Voy.
LA CIEGA. Todo camino plantea una dificultad.
EL ADOLESCENTE. Andar o detenerse. Ahí está el misterio. No sabemos a dónde vamos. Sin embargo…

LA CIEGA. … hay que tener una certeza: cualquiera sea el lugar al que lleguemos…
EL ADOLESCENTE. ¡… ese es el lugar! ¿Entendido?
EL HIJO. ¿Te ayudo?
EL ADOLESCENTE. Mis pies bastan. No llevo nada salvo mi cuerpo. Deja ahí tu lío de ropa.
LA CIEGA. Hay que ir al camino lo más ligero posible. Ya pesa el tiempo para andar con ropas y oropeles. ¿Llevas algún retrato de tu madre?
EL HIJO. No.
LA CIEGA. Haces bien. A las madres, cuando se las entierra, se las entierra.
EL ADOLESCENTE. No será un camino fácil.
LA CIEGA. Nada es fácil.
EL HIJO. Nada me importa con tal de encontrar la felicidad.
LA CIEGA. *(Sorprendida)*. ¿Qué dijiste?
EL HIJO. La felicidad.
EL ADOLESCENTE. *(Turbado)*. Mira hacia delante. Cuando uno avanza, solo mira hacia delante. Distraerse es perder el rumbo. Vamos. Un pie primero; otro después…
LA CIEGA. Es difícil y no queda otro remedio.

Salen andando.

EPISODIO NOVENO

La Madre hila. El Ángel la peina.

LA MADRE. Déjame. Me duele la cabeza. Quiero dormir.
EL ÁNGEL. Ya durmió bastante.
LA MADRE. Anoche soñé que se destruía una ciudad. Yo estaba aquí mismo, hilando, como siempre, y se me presentaba una figura luminosa. Vestía uniforme extraño, medallas de luz. Si hubieras oído su voz… Me dijo: «Algo sobra en el mundo». Al principio me asusté. Tú sabes, esos sueños así, tan vívidos… Me sentí llena de poder.
EL ÁNGEL. La señora está llena de poder.
LA MADRE. «Algo sobra», dijo. No sé por qué pensé en la ciudad. Me levanté del sillón. En sueños, digo, me levanté. Había un ejército allá afuera. Alcé la mano, di la orden.
EL ÁNGEL. La ciudad se vino al suelo.
LA MADRE. Triste y no obstante necesario.
EL ÁNGEL. Nadie es feliz por destruir una ciudad.
LA MADRE. Lo hice con dolor, créeme.
EL ÁNGEL. Que no se diga nunca que la señora vaciló.
LA MADRE. No fui cobarde.
EL ÁNGEL. Espante la tristeza.
LA MADRE. Me apenan los muertos.
EL ÁNGEL. De todos modos iban a morir. Usted adelantó un momento inevitable de la vida.
LA MADRE. ¡Qué sueño raro!
EL ÁNGEL. ¡Señora!
LA MADRE. Qué.

EL ÁNGEL. No fue un sueño.

EPISODIO DÉCIMO

La Lechera. Al hombro su cántaro de leche.

LA LECHERA. Escuchen, reyes, pongan atención, príncipes, traigo la mejor leche de la comarca. Es la leche de mis vacas, las más grandes, las que pastan solo violetas y margaritas. La leche de mis vacas sabe a flores, a amanecer, a primavera, a muchacha enamorada. Untada en la piel, sana las heridas del cuerpo; bebida, sana las heridas del alma. La leche de mis vacas tiene poderes milagrosos. Untada en los senos, hace parir hermosos muchachos; en las axilas, despierta el amor en el desdeñoso. Escuchen, reyes; pongan atención, príncipes. La leche de mis vacas es una jarra de felicidad. Hace olvidar el infortunio. Cura el insomnio y la lepra, y el dolor de muelas. Al pequeño lo hace crecer; al gigante, lo hace sentirse dichoso con su tamaño sobrenatural. Corran, no tarden. Solo tengo este cántaro. Del mundo entero reclaman la leche de mis vacas, las mejores de la comarca.

Se escucha una descarga de fusilería. La Lechera cae muerta. El cántaro se rompe.

EPISODIO DECIMOPRIMERO

El camino. El Hijo. El Adolescente. La Serpiente. La Ciega duerme.

EL HIJO. Escampó.
EL ADOLESCENTE. No me había dado cuenta. Mi cuerpo está acostumbrado a la lluvia.
EL HIJO. ¿Por qué llevas campana si no eres leproso?
EL ADOLESCENTE. Hay muchos tipos de lepra.
EL HIJO. ¿Qué edad tienes?
EL ADOLESCENTE. *(Con cansancio).* ¡Mil años!
EL HIJO. *(Riendo).* Aparentas menos edad. *(Transición).* ¿Tú también huyes de tu madre?
EL ADOLESCENTE. No conocí a mi madre. Dicen que se parecía a mí.
EL HIJO. ¿De qué murió?
EL ADOLESCENTE. ¿Es verdad que no llueve?
EL HIJO. ¿Cuándo saliste al camino?

El Adolescente hace gesto de que es mucho tiempo.

EL HIJO. A veces me desespero.
EL ADOLESCENTE. Dichosos los que nos desesperamos.
EL HIJO. Presiento que algo grande está por suceder. Cuéntame, ¿cómo es el camino?
EL ADOLESCENTE. Traicionero. Te crees que vas a un lado y vas a otro.
EL HIJO. ¿Nunca se llega?

El Adolescente se encoge de hombros.

EL HIJO. ¿Cómo sabes tanto?
EL ADOLESCENTE. Probé las frutas de los árboles. Las dulces y las amargas. Aprendí a tocar la flauta y encender fuego con ramas. Aprendí a dormir bajo la lluvia. También aprendí a amar.
EL HIJO. Siento envidia.
EL ADOLESCENTE. *(Extrañado).* ¿Por qué?
EL HIJO. Mi vida se puede contar en dos palabras.

Instrumento de tortura. Junto a él, La Madre con sogas y disciplinas. El Hijo va donde ella.

LA MADRE. Despierta. Va a amanecer.
EL HIJO. Quisiera seguir durmiendo.
LA MADRE. Mal andaríamos si el sueño nos dominara.
EL HIJO. Tenía un sueño hermoso.
LA MADRE. Son los peores. Debilitan.
EL HIJO. ¿Me dejarás ir al campo?
LA MADRE. No.
EL HIJO. Quiero correr por el prado. Tirarme en la yerba. Bañarme en el río.
LA MADRE. No sabes lo que estás pidiendo. Ven.
EL HIJO. Déjame. Un minuto.
LA MADRE. Un minuto es suficiente para la destrucción. Acércate.

Dócilmente, El Hijo acude. La Madre lo ata al instrumento de tortura.

LA MADRE. Hijo mío, quiero lo mejor para ti. *(Hace accionar el instrumento).* Lo hago por tu bien. Algún día me agradecerás. El sufrimiento, el dolor, el sacrificio: te harás hombre. Olvídate de las noches de luna; del sabor del pan; del vino, que enloquece; del deseo, que degrada; del campo; de la brisa; del amor. ¡Qué melancólico eres! ¡Qué tristeza veo siempre en tus ojos! Aprende de esa tristeza. Aprende de todo lo que te falta y nunca —¡nunca!— vas a tener. Aquí, un vaso de agua: no lo podrás beber. Aquí, una manzana: no la podrás comer. Aprende, pobre hijo mío, que las pasiones no puedan nunca contigo.

La Madre desaparece. El Adolescente se acerca a El Hijo. Le enjuga la sangre, le acaricia la espalda. Besa las heridas. Lo desata.

EL HIJO. ¿Viste mi espalda? Es solo mi cuerpo, lo de menos. Te mostré un día feliz.
EL ADOLESCENTE. ¿Por qué no escapaste antes?
EL HIJO. Lo intenté. No pude. Donde menos esperas hay un espía para contarlo.
EL ADOLESCENTE. Vivir...

El Hijo pone una mano sobre la boca de El Adolescente para impedirle continuar la idea. Aparece La Serpiente y da una manzana a cada uno.

LA SERPIENTE. Vivir es comer esta manzana.

EPISODIO DECIMOSEGUNDO

Abraham está sacando filo a un cuchillo. Sara enciende una vela. Isaac duerme.

SARA. ¡Qué noche oscura! ¿No pensará amanecer?
ABRAHAM. Da lo mismo.
SARA. ¡Deja ya el cuchillo!
ABRAHAM. Debe estar perfecto, entrar en la piel sin que se sienta.
SARA. Él va a arrepentirse.
ABRAHAM. No lo conoces.
SARA. Él solo quiere probar tu fidelidad.
ABRAHAM. No. Sabe el placer que mi hijo me provoca. Sabe que me gusta verlo crecer, se van endureciendo sus músculos, su mirada pasa de la perplejidad a la inteligencia. Sara, si vieras a Isaac pastoreando el rebaño... Si lo vieras subir las cabras por las cuestas... No. Sabe el placer que me provoca mi hijo. Que lo miro como si yo me mirara en el espejo del recuerdo. Desde que mi hijo nació me siento eterno, y lo sabe y no lo perdona.
SARA. Humíllate, Abraham. Arrodíllate en algún rincón donde te oiga, dile que nuestro hijo nunca significará lo que él.
ABRAHAM. Estoy cansado de tanta mentira.
SARA. Se trata de salvar a Isaac.
ABRAHAM. Me cansé.
SARA. Cánsate. Para eso eres hombre. No hablo de tu cansancio, sino de ese muchacho lleno de vida.
ABRAHAM. *(Acariciando a Isaac).* ¿Lo viste dormir? Duerme como pastorea: con los músculos en tensión. Lo único que duerme son los ojos. El cuerpo sigue despierto. Hoy lo vi. En la plaza, cortejando a una muchacha. Parecía un enviado del cielo, con dos piernas tan robustas que sentí envidia. ¿Te acuerdas de mis piernas, Sara? Me fui, solo con las cabras, y tuve la mala idea de invocarlo. «Señor, salva a mi hijo del espanto. Ayúdalo a él. No lo hagas sufrir».
VOZ. Abraham...
ABRAHAM. Heme aquí.
VOZ. Toma a tu hijo, a tu unigénito, al que tanto amas, Isaac, y vete a la tierra de Moriá. Ofrécelo allí en holocausto.

Pausa.

ABRAHAM. Fue como si me hicieran así... *(Apaga la vela con los dedos).*
SARA. ¿Qué le dijiste? ¿Por qué no replicaste? A veces viene bien una blasfemia.
ABRAHAM. Tú lo conoces.
SARA. Quiere probar tu fidelidad.
ABRAHAM. Quiere acabar con mi dicha.
SARA. ¡Rebélate! Destroza el cuchillo. Grítale. No puede acabar con un cuerpo que no ha sudado lo suficiente.
ABRAHAM. Tiene el poder.
SARA. Siempre fuiste de acero.
ABRAHAM. Tenía fe.

SARA. Perdiste la fe en él; recupera entonces la fe en ti, la que nunca debiste perder.
ABRAHAM. Fe, mentira, cansancio…
SARA. ¡No vas a matar a mi hijo, Abraham!
ISAAC. *(Despertando).* ¿Amaneció?
ABRAHAM. No, hijo, no va a amanecer nunca. ¡Levántate!
SARA. Sigue durmiendo, Isaac.
ISAAC. Tuve un sueño extraño. *(Pausa breve).* Voy a beber agua y los odres están vacíos. Abro el paño donde mamá guarda el pan y encuentro un poco de tierra. Es de noche. Esta noche oscura, de lluvia, sin viento. Tengo calor. No sudo y sin embargo no puedo soportar el calor. Voy al río. ¿Qué creen que encuentro? Arena. Y más allá, arena. Y las cabras están en los esqueletos, aunque los cencerros suenan.
SARA. Sigue durmiendo.
ABRAHAM. Lávate la cara. Vamos.
ISAAC. Ahí no termina. Hoy estuve hablando con una muchacha que me dejó aturdido. De pronto no supe dónde tenía el corazón. La veo también en el sueño. Viene por el desierto. Corro hacia ella. No tengo que hablarle. Sin darme cuenta estamos los dos sobre la arena, pero cuando miro bien no es la muchacha, sino un cuerpo podrido; tiene el pecho abierto y una hilera de hormigas sale de sus ojos.
SARA. Es demasiado temprano, Isaac.
ABRAHAM. No, hijo, no hay peor enemigo del cuerpo que la cama.
ISAAC. *(Sin prestar atención).* Vuelvo a la casa corriendo, para verlos a ustedes. Papá y tú discuten, no sé por qué. Papá afila ese cuchillo. Pregunto: ¿Para qué quieres el cuchillo?
ABRAHAM. Para ti.
ISAAC. ¿Quieres matarme?
ABRAHAM. Alguien se empeña en que no seamos dichosos.
ISAAC. ¿Qué le hicimos para ese odio?
ABRAHAM. Saber que la vida no es terrible.
ISAAC. Mátame mañana. Quisiera conocer a la muchacha de hoy, dejarle en el cuerpo lo que hay dentro de mí y que me sobra.
ABRAHAM. No, después no querrías morir.
ISAAC. ¡Huyamos!
ABRAHAM. Es lo mismo que levantar el cuchillo. ¡Arrodíllate!

Isaac se arrodilla, Abraham levanta el cuchillo. Sara trata de interponerse, Abraham clava el cuchillo en la espalda de Isaac.

SARA. ¡Asesino!
ISAAC. *(Cayendo).* No te preocupes, mamá. Es un sueño.

EPISODIO DECIMOTERCERO

Dos sepultureros cavan la tierra.

SEPULTURERO 1. ¡Tiempos difíciles!

SEPULTURERO 2. ¡Cuánta pudrición!

SEPULTURERO 1. Me canso de tanta carroña.

SEPULTURERO 2. ¡Oficio de aura tiñosa!

SEPULTURERO 1. Cava en la tierra. Saca podredumbre. Esconde podredumbre... Por unos centavos.

SEPULTURERO 2. Ahora resulta que me pongo melindroso. Me molesta la peste, los gusanos, esas bocas sin labios...

SEPULTURERO 1. Conozco mejor a un cadáver que a mi propia mujer.

SEPULTURERO 2. Tampoco es que tu mujer sea superior a un cadáver.

SEPULTURERO 1. ¡Vete al carajo!

SEPULTURERO 2. *(Alzando unos intestinos)*. ¡Mira! No sé de quién son.

SEPULTURERO 1. Da lo mismo. Tíralos por ahí.

SEPULTURERO 2. Te lo juro, cuando llego a casa y me miro al espejo, veo sangre, pus... Las moscas no me dejan tranquilo.

SEPULTURERO 1. Tengo que bañarme dos y tres veces. La peste se me pega a la piel. Creo que el muerto soy yo.

SEPULTURERO 2. Tampoco es mentira.

SEPULTURERO 1. ¡Vete al carajo!

SEPULTURERO 2. Si no fuera porque de tiempo en tiempo se encuentra algo.

SEPULTURERO 1. *(Sacando una dentadura)*. Esto lo encontré hoy. Es linda, ¿no?

SEPULTURERO 2. *(Sacando un fémur)*. Con esto me pienso hacer una pipa.

SEPULTURERO 1. Anoche, a punto de irme, trajeron una muchachita todavía caliente. Tenía el pelo color avellana, y como no pudieron cerrarle los ojos, me quedé fascinado con aquellas dos cuentas de ámbar. Los labios, un poco pálidos, pero lindos. ¡Qué piel! La tomé por la barbilla, le dije algunas cosas para que se fuera contenta. La enterré desnuda. En aquel cuerpo la ropa podía ser un insulto. Me contuve. Los muertos son los muertos.

SEPULTURERO 2. ¡Ni que fuera la primera vez!

SEPULTURERO 1. Por lo menos respeto a los niños. No soy como otros.

SEPULTURERO 2. Al fin y al cabo ellos están muertos.

SEPULTURERO 1. ¿Y nosotros vivos? ¡Tienes cada cosa! Aquí nos mataron a todos.

Música de órgano. Entra La Madre seguida por El Ángel.

LA MADRE. ¡Buenas noches!

SEPULTURERO 1. Mujer, ¿qué buscas en este lugar?

SEPULTURERO 2. Este sitio no es para vivos.

LA MADRE. Busco a mi hijo.

SEPULTURERO 1. Hemos enterrado a tantos hijos...

SEPULTURERO 2. Doscientos muchachos buenos mozos. Estaban llenos de vida, ahora están llenos de muerte.

SEPULTURERO 1. Hubo una batalla cerca.

SEPULTURERO 2. ¿Cómo es tu hijo?

LA MADRE. Hermoso pero rebelde.

SEPULTURERO 1. Todos eran hermosos y rebeldes.

SEPULTURERO 2. ¿Alguna seña especial?

LA MADRE. Gesto de orgullo en los labios.
SEPULTURERO 1. Todos tenían gesto de orgullo en los labios.
SEPULTURERO 2. Que irá desapareciendo con el paso de los días. Y valga la aclaración.
LA MADRE. Mi hijo tiene los ojos altivos y la mirada de sabio.
SEPULTURERO 1. Señora, al hombre más humilde, al más imbécil, cuando muere, se le ponen los ojos altivos y la mirada de sabio.
LA MADRE. Mi hijo tiene paso de rey.
SEPULTURERO 2. Eso sí…
SEPULTURERO 1. Aquí nadie entra por sus propios pies.

La Madre hace gesto a El Ángel. Este saca una bolsa de monedas que lanza a los sepultureros.

LA MADRE. Voy a mirar entre los muertos.
SEPULTURERO 1. Está contra la ley del Estado.
LA MADRE. El Estado soy yo.

El Ángel lanza otra bolsa de monedas.

SEPULTURERO 2. No hay duda, señora. El Estado es usted.
LA MADRE. Gracias. Dios lo tendrá en cuenta.
SEPULTURERO 1. ¿Usted cree?
LA MADRE. Ustedes son dos santos que completan su obra.
SEPULTURERO 2. Ver los cadáveres no es lo que se dice un lindo espectáculo.
LA MADRE. Soy de mármol si de buscar a mi hijo se trata.

La Madre comienza a buscar entre los cadáveres.

EL ÁNGEL. Necesitamos la ayuda de dos hombres fuertes, familiarizados con la parte sana de la vida. Serán bien pagados.
SEPULTURERO 1. ¿Cuál es el trabajo?
EL ÁNGEL. Purificar.
SEPULTURERO 2. Nadie mejor que nosotros.
EL ÁNGEL. Deben cumplir órdenes sin discutirlas.
SEPULTURERO 1. Las órdenes contantes y sonantes no se discuten.
EL ÁNGEL. *(Lanzando otra bolsa de monedas).* Se cierran los ojos y las bocas. Solo las manos deben actuar.
SEPULTURERO 2. Lo que sabemos hacer.
SEPULTURERO 1. *(Señalando a La Madre).* ¿Y ella?
EL ÁNGEL. Una pobre madre abandonada.
SEPULTURERO 2. ¿Cuándo comenzamos?
EL ÁNGEL. Ya.
LA MADRE. *(Conmovida).* ¡Qué muertos tan bellos! No encontré a mi hijo, aunque siento como si todos lo fueran.

Música de órgano.

EPISODIO DECIMOCUARTO

El Hijo está en el camino. Entran La Repostera y El Campanero que llevan cilicios.

EL HIJO. Buen día nos dé Dios.
LA REPOSTERA. ¿De qué día hablas?
EL HIJO. Del que habrá.
EL CAMPANERO. No te hagas ilusiones. Venimos de la noche y vamos para la noche.
LA REPOSTERA. *(Confidencial)*. Se comenta que destruyeron el poco sol que quedaba.
EL HIJO. Hay una ciudad...
EL CAMPANERO. *(Interrumpiéndolo)*. Nada. Saltó en pedazos.
LA REPOSTERA. Ya no hay ciudad, sino un amasijo de cadáveres y recuerdos.
EL HIJO. ¿A dónde van?
EL CAMPANERO. A ninguna parte.
LA REPOSTERA. No hay a dónde ir. *(Transición)*. Y tú, ¿estás huyendo de tu madre?
EL CAMPANERO. Tienes ojos de pájaro en jaula.
EL HIJO. Quiero tener mi propia vida, ser libre, feliz.
EL CAMPANERO. Sí, nosotros fuimos jóvenes.
EL HIJO. ¿Hace mucho que andan?
EL CAMPANERO. No importa.
LA REPOSTERA. Llega un momento en que el tiempo es el camino.
EL HIJO. ¿Conocieron la ciudad?
EL CAMPANERO. La ciudad no es ningún lugar.
EL HIJO. ¿Quién los castigó?
LA REPOSTERA. *(Se encoge de hombros)*. Los que castigan no tienen cara.
EL CAMPANERO. Una noche, mientras dormíamos, la casa ardió. Cuando despertamos...
LA REPOSTERA. Si es que despertamos...
EL CAMPANERO. Ya teníamos estos cilicios...
LA REPOSTERA. Y el camino por delante.
EL HIJO. ¿De qué los acusan?
EL CAMPANERO. No se sabe.
LA REPOSTERA. Tengo una sospecha.
EL CAMPANERO. Tengo otra.
LA REPOSTERA. No estamos seguros. Como ves, estar seguro es lo más difícil del mundo.
EL CAMPANERO. No hay quien me quite de la cabeza que fue por los dulces.
LA REPOSTERA. Y a mí que fue por las campanas.
EL CAMPANERO. ¡Mujer caprichosa!
LA REPOSTERA. Las campanas se oían en varios kilómetros a la redonda.
EL CAMPANERO. Los dulces tenían más fama que las campanas.
LA REPOSTERA. Bueno, no importa. Llegó el castigo.
EL HIJO. No entiendo.
EL CAMPANERO. Nosotros tampoco.
LA REPOSTERA. Él es El Campanero, mi esposo. ¡Las campanas! El primer día que las oí, había salido a cortar un ramillete para adornar mi cabeza. Oí la primera campanada y pensé que me estaba

elevando. ¿Y qué crees? Me estaba elevando en realidad. Como si tuviera alas. Volaba cerquita del cielo, y qué hermoso el campo y la ciudad... Me puse tan bella que mi madre no me reconoció. Mi vida comenzó a depender de las campanas. Nadie discutía, nadie se odiaba. Los moribundos se levantaban de sus lechos de muerte... ¡Las campanas! No me crees. Tenías que haberlas oído.

EL CAMPANERO. *(Confidencial)*. En esa época, la felicidad entraba por el oído. ¡Campanas! ¿No es increíble? Cobre, estaño, algo de cinc y una mujer se eleva de la tierra. ¡Si pudiera volver a tañerlas! ¡Mirar a lo lejos cómo la música se une con la brisa y la gente sale de las casas a saludar el repique!

LA REPOSTERA. Alguien no quiso que se oyeran las campanas.

EL HIJO. ¿Por qué?

LA REPOSTERA. Los hombres lloraban de alegría.

EL CAMPANERO. Las campanas no fueron la razón. Fueron los dulces.

LA REPOSTERA. Mis dulces no podían competir con tus campanas.

EL CAMPANERO. De muy lejos venían ciegos, sordos, mudos, lisiados a probar tu dulce. Y salían curados. *(A El Hijo)*. Mírala, vieja y fea... ¡La mejor repostera! Su especialidad, el dulce de leche.

LA REPOSTERA. Leche, canela, miel, un chorro de vino.

EL CAMPANERO. Probabas el dulce y sanabas tu mal de amor y tu miedo.

EL HIJO. Es bueno que el hombre sane.

EL CAMPANERO. ¡Qué joven eres, muchacho!

LA REPOSTERA. *(Suspirando)*. ¡Nací con don para los dulces! *(Confidencial)*. La felicidad comienza por el paladar. Campanas, dulces. Se iluminan los ojos de tus amigos. Frente a mi casa debe haber una multitud de niños esperando por mí.

EL HIJO. ¿Por qué?

LA REPOSTERA. No preguntes más.

EL CAMPANERO. Eres joven, pero no tanto.

LA REPOSTERA. ¡Ya aprenderás!

El Hijo hace ademán de preguntar.

LA REPOSTERA. *(Impidiéndole hablar)*. No, no sabemos.

EL CAMPANERO. No nos interesan los dulces ni las campanas...

LA REPOSTERA. Sino deshacernos de estos cilicios y descansar.

La Repostera y El Campanero desaparecen tras una cortina de humo.

EPISODIO DECIMOQUINTO

Cuando el humo se disipa, aparece El Poeta Cubierto de Dardos.

EL POETA CUBIERTO DE DARDOS. ¡Mírame! ¿Ves? No hay nadie. Óyeme, trata de oírme. Silencio. No me busques. No estoy en ningún lugar. ¿Soy una sombra? Tampoco. *(Declama)*. «¡Y a mí, Señor,/ a mí no se me alcanza,/ en medio de la mar embravecida,/ jugar con la ilusión y la esperanza/ en esta triste noche de la vida!»[*] *(Otro tono)*. Cada día viene alguien y se lleva algo. Oye el estruendo:

---

[*] Juan Clemente Zenea, «En días de esclavitud».

destruyen la casa. Queman libros y papeles. Oye: están secando el manantial. Ayer envenenaron al perro. Gritan, ¿no lo sientes? Gritan: «Vete». ¿Sabes por qué quieren que me vaya? Porque saben que no puedo, que no tengo a dónde ir. *(Confidencial)*. Mi único lugar es la página en blanco y la están quemando. La página en blanco: mi patria, mi territorio, lugar de sufrimiento y dicha. No te rías. No hagas tú lo mismo que ellos. ¡Amo a las palabras! No existe mayor angustia ni mayor felicidad. ¡La palabra justa! Y ahora… ¡No tengo papel! ¡Tampoco manos! ¡Ni siquiera palabras! Se lo llevaron todo. A lo mejor tú sabes por qué me condenan, por qué me dejan esta noche. ¿Sabes lo que dicen? ¡Óyelos! Que yo enveneno. ¿Cuál es el veneno? ¡Mis versos! Los hombres corrían a mi casa en busca de mis versos. Yo se los daba a cambio de fruta, pan, un cazo de caldo. ¡Se iban cantando! Yo quedaba casi muerto, ¡qué cansancio!, y satisfecho. Y luego, otra noche afortunada, sin dormir, a la luz de la lámpara. A lo mejor tú sabes cuál es mi delito, por qué me trajeron a este lugar. Me duele el cuerpo. Con estos dardos no hay un solo verso que se deje dominar. Nadie. No soy nadie. Nadie. Silencio. Nadie. Silencio. Nadie…

El Poeta Cubierto de Dardos desaparece tras una cortina de humo.

EPISODIO DECIMOSEXTO

Cuando la cortina de humo se disipa, aparece La Mujer de Alabastro.

LA MUJER DE ALABASTRO. ¡Déjenme, voces! No molesten. Quiero dormir en paz. ¡Que mi cuerpo repose! ¡Cállense! ¡No quiero saber nada de ustedes!
EL HIJO. ¿Qué tienes, mujer?
LA MUJER DE ALABASTRO. Las voces…
EL HIJO. ¿Qué voces?
LA MUJER DE ALABASTRO. ¿No oyes los gritos? Me atormentan.
EL HIJO. El silencio es grande. Da miedo hablar.
LA MUJER DE ALABASTRO. ¡Óyelas! Hay una que grita más. Dice cosas horribles.
EL HIJO. ¿Qué quieren de ti?
LA MUJER DE ALABASTRO. Condenarme.
EL HIJO. Trata de descansar. Es solo una pesadilla.
LA MUJER DE ALABASTRO. Estoy condenada. Me gritan. A toda hora me obligan a hacer cosas que no quiero.
EL HIJO. ¡Tu piel! *(Tocándola)*. ¡Qué piel tan hermosa!
LA MUJER DE ALABASTRO. *(Con terror)*. ¡Cállate! No hables de la piel. Te lo prohíbo.
EL HIJO. ¡Y qué bien huele: a sudor, a yerba, a intemperie!
LA MUJER DE ALABASTRO. Mi piel es la culpable. Mi piel y esas voces que no me dejan en paz.
EL HIJO. Esa piel no puede hacerte culpable. Déjame tocarte.
LA MUJER DE ALABASTRO. No. Déjame.
EL HIJO. Tu piel pide mi caricia.
LA MUJER DE ALABASTRO. Tampoco hables de caricias. Piel, caricias, manos. Siento el fuego. Subiendo el fuego. Llamas.
EL HIJO. Estás cansada. Acuéstate. Piensa en algo hermoso mientras paso mi mano por tu espalda.
LA MUJER DE ALABASTRO. ¡Loco! *(En susurro)*. ¿Quieres lanzarme a la hoguera?

EL HIJO. Las voces no existen.

LA MUJER DE ALABASTRO. Son más reales que nosotros. ¿Te diste cuenta de que tienes piel? Yo lo sé desde niña. El primer contacto que recuerdo fue con las sábanas. Luego vino la brisa. Me veo sentada en el patio, y la brisa en mi cuerpo, una y otra vez, como varias cortinas de seda. Me llevan al río. Me baño desnuda. Mi piel es diez veces más sensible. Manos muy finas, te acarician. Eres solo piel. Descubro la miel de los panales. Voy al río con el tarro de miel. Salgo del agua y vierto miel sobre mi cuerpo. La miel corre por mis senos y muslos. Duermo allí, acariciada por la brisa, la yerba y la miel. Cuando amanece, una nube de mariposas vuela sobre mí.

EL HIJO. No sabes cuánto te envidio.

LA MUJER DE ALABASTRO. Fue el comienzo. Descubrí mi piel pero no la piel de los otros. Una noche dormí con mi hermana. Su brazo me rozó. Mi cuerpo despertó completo. Esa misma noche me fui de la casa. Apenas una adolescente. Salí al camino en busca del que quisiera tocarme y ser tocado. En plazas, bosques, posadas, cabañas. La gente se agolpaba para tocarme.

EL HIJO. Fuiste feliz.

LA MUJER DE ALABASTRO. No. Es desvergonzado que una mujer se bañe desnuda en el río, se embadurne de miel, se tire sobre la yerba, se deje tocar por multitudes... Atentado contra las buenas costumbres.

EL HIJO. ¡Esas son las buenas costumbres!

LA MUJER DE ALABASTRO. *(Confidencial)*. Me acusan de hechicera.

EL HIJO. Ahora estás a salvo. Déjame acariciarte.

LA MUJER DE ALABASTRO. *(Aterrada)*. Alguien nos mira.

EL HIJO. En esta noche todos están dormidos.

LA MUJER DE ALABASTRO. Aun dormidos vigilan. ¡Tú no conoces la noche...! *(Comienza a desaparecer tras una cortina de humo)*. Aun dormidos me vigilan y no quieren que duerma, que descanse, no me dejan conocer la paz. Quieren acabar con lo más precioso que tengo, mi piel.

EPISODIO DECIMOSÉPTIMO

Silenciosos, aparecen los Nobles de la Corte de Luis XVI. Ataviados como para una fiesta. Reverencias, gestos elegantes: se crea una escena digna de Watteau. En silencio bailan un minué. Hacia el fondo aparece una guillotina. Quedan inmóviles.

EPISODIO DECIMOCTAVO

El Adolescente, haciendo sonar su campanilla de leproso, predica a los inmóviles Nobles de la Corte de Luis XVI.

EL ADOLESCENTE. Distinguidos señores, la felicidad es el placer. Hay cuatro verdades indispensables: primera, Dios no quiere que le tengamos miedo. Dios no se preocupa por el mundo ni por los hombres. ¿Y saben por qué? Porque vive en la dicha perfecta. Segunda verdad: ¿por qué torturarse por la muerte? Cuando nosotros estamos, ella no está; cuando ella está, nosotros no estamos. Tercera verdad: el placer se alcanza con mayor felicidad de la que creemos. Está al alcance de la mano. Tenemos los placeres del gusto, de la música, el que provocan las bellas imágenes, el que produce tocar un cuerpo hermoso, una tela agradable, la superficie del agua... ¡El placer del amor! El solo goce espiritual no basta. Mi espíritu está escondido en mi cuerpo, que también fue hecho para gozar. Cuarta y última verdad: el mal es breve. El dolor es solo un instante en esa larga cadena de placeres que es la vida.

Sale haciendo sonar su campanilla de leproso. La luz se apaga lenta.

EPISODIO DECIMONOVENO

Los sepultureros llevan sendos cofres.

SEPULTURERO 1. No veo la podrida hora de llegar a mi casa y jugar con mis hijos.
SEPULTURERO 2. A mi hija le llevo... *(Muestra la osamenta de una mano)*. Parece tallada por un artista.
SEPULTURERO 1. *(Sacando un cráneo)*. Mis hijos hacen títeres y máscaras.
SEPULTURERO 2. El mayor de mis hijos dice que cuando crezca será sepulturero. Le digo que se haga médico. Total...
SEPULTURERO 1. El mío será soldado. Estoy contento. Para entonces espero haberme retirado.
SEPULTURERO 2. ¿Tú crees que nos jubilen?
SEPULTURERO 1. Con medallas. Que lo que se dice buen servicio...
SEPULTURERO 2. Estoy cansado.
SEPULTURERO 1. Yo también.
SEPULTURERO 2. A veces pienso: ¿y si Dios existe?

Sepulturero 1 hace gesto de no entender.

SEPULTURERO 2. Nos va a castigar. Como quiera que sea este trabajo no es muy limpio.
SEPULTURERO 1. En primer lugar, ¿quién mata si no Dios? En segundo, somos más limpios puesto que ocultamos lo que él deja impúdicamente a la intemperie.
SEPULTURERO 2. Inteligente. Merecías ser hombre de Estado.
SEPULTURERO 1. Tengo hambre.
SEPULTURERO 2. Mis tripas están aullando.
SEPULTURERO 1. Uno con hambre y tanta carne desperdiciada.
SEPULTURERO 2. No me atrevo a comerla.
SEPULTURERO 1. Una vez lo hice y me cayó mal.
SEPULTURERO 2. ¿A qué sabe?
SEPULTURERO 1. A uno mismo. Es como si te dieras una mordida.
SEPULTURERO 2. Mi estómago no anda bien para comidas pesadas.

EPISODIO VIGÉSIMO

Los sepultureros llegan donde La Madre. Ella está junto al huso, pero no hila. Su expresión es grave y triste.

SEPULTURERO 2. Señora…

SEPULTURERO 1. Traemos su encargo.

LA MADRE. No tenían que apurarse tanto.

SEPULTURERO 2. Es nuestro deber.

SEPULTURERO 1. En este cofre tiene los ojos de los jóvenes que enterramos hoy.

SEPULTURERO 2. En este, las bocas.

SEPULTURERO 1. Verá cuántos sueños frustrados en esas miradas fijas.

SEPULTURERO 2. ¡Cuántas sonrisas inútiles!

LA MADRE. *(Muy angustiada).* ¡Sueños! ¡Sonrisas! Anoche estuve trabajando hasta tarde. Me cansé. Fui a la ventana. No importa que haya mandado a talar los árboles, me entristece mirar por la ventana, saber que el mundo existe y que en algún lugar un árbol está retoñando. Por el camino venía una muchacha. Casi una niña. Jugaba con un perro. Y reía. ¿Se dan cuenta? Reía. *(Más angustiada aún).* Hacía tiempo que no veía reír a nadie de ese modo. Pensé… ¡Qué ingenua irresponsabilidad! ¡Reír! ¡Hay que ser ignorante!

SEPULTURERO 2. La risa es cosa del demonio.

SEPULTURERO 1. La risa hace soberbio al hombre. Le da la ilusión de libertad.

LA MADRE. Cuando alguien ríe, siento pena. ¡Qué monstruoso engaño la risa! *(Transición).* También anoche sentí olor a jazmines. Hay un jardín cerca, aunque parezca mentira. Ya saben: ¡fuego!

SEPULTURERO 2. Señora…

LA MADRE. Váyanse. Es tarde y siento que algo me oprime el pecho.

SEPULTURERO 1. Quisiéramos pedirle un favor.

LA MADRE. ¡Hablen!

SEPULTURERO 2. Conocemos las virtudes del fuego…

SEPULTURERO 1. Sabemos que purifica…

SEPULTURERO 2. Purifica demasiado. Nos deja sin trabajo. Somos sepultureros, señora.

LA MADRE. Entiendo. Hagan lo que estimen conveniente con tal de que no sientan placer. Hay algo que no podemos perder de vista: cumplimos un deber. ¡Nada nos puede alegrar! Déjenme sola.

Salen los sepultureros.

LA MADRE. *(Abriendo uno de los cofres).* Ojos. Bellos. Unos melancólicos; otros desdeñosos. Ojos fuera de las cuencas. Nostalgias, esperanzas, alegrías, pasiones… *(Abriendo el otro cofre).* Bocas. Besaron, mordieron, mintieron, juraron… ¡No aprenden! Por más que uno se desangre en enseñarlos, no aprenden. Por fortuna tenemos el fuego. El hombre se salva por el fuego. *(Reparando en el huso).* ¿Para qué quiero este instrumento inútil? ¡Todos los hilos me salen torcidos!

Por el fondo pasa una figura en llamas. Se escucha un trueno. La Madre esconde la cara entre las manos.

EPISODIO VIGESIMOPRIMERO

El camino. La Ciega. El Adolescente.

EL ADOLESCENTE. Mal augurio, soñé con fuego.

LA CIEGA. El aire trajo olor a carne quemada.
EL ADOLESCENTE. ¡Triste lugar para pasar la noche!
LA CIEGA. ¿No hay piedras?
EL ADOLESCENTE. El desierto. Ni un árbol en no sé cuántas leguas.
LA CIEGA. ¿Amanece?
EL ADOLESCENTE. Olvídate. El sol desapareció para siempre.
LA CIEGA. ¡Me gustaría tanto ver un amanecer!
EL ADOLESCENTE. Suéñalo.
LA CIEGA. ¡Mis ojos! Yo podría prescindir de cualquier cosa menos de los ojos. Ver. Mirar. ¡Qué placer! Todavía me acuerdo del azul del cielo. Las rosas eran rojas y amarillas.
EL ADOLESCENTE. Nunca me dijiste por qué te sacaron los ojos.
LA CIEGA. Despertaba antes de que amaneciera. Me gustaba el tono del campo a esa hora. Ver. Mirar. Ningún placer se le parece.
EL ADOLESCENTE. ¿Por qué te sacaron los ojos?
LA CIEGA. Árboles. Casas verdes y limpias. Aquellos caminos… Daba gusto caminar. La gente, preciosa. Hasta los feos se veían bonitos, vestidos de punta en blanco…
EL ADOLESCENTE. ¿Quién te sacó los ojos?
LA CIEGA. Había dos hermanos, vecinos nuestros, una muchacha y un muchacho. Me enamoré de los dos. Me escondía a mirarlos. ¿Tú crees que haya algo más bello que el cuerpo de un hombre? Yo podía dejar de cantar, de comer, de dormir, de bailar… No podía dejar de mirar. Saber la hora por la intensidad de las sombras o que va a llover porque se ponen negros los tejados… ¡Una bandada de pájaros sobre la plaza desierta! ¡Una mujer durmiendo al pie de un almendro! *(Otro tono)*. El problema fue que conocí a un ángel.

Música de órgano. Aparece El Ángel.

EL ÁNGEL. Muchacha, acércate.
LA CIEGA. ¿Qué desea, señor?
EL ÁNGEL. Mirarte.
LA CIEGA. Mire cuanto le plazca.
EL ÁNGEL. ¿Puedo tocarte?
LA CIEGA. Míreme, tóqueme. No para otra cosa nacimos.
EL ÁNGEL. ¿Sabes? Eres hermosa.
LA CIEGA. *(A El Adolescente).* El hermoso era él. Con hermosura que no parecía de la Tierra. *(A El Ángel).* Usted es mucho más hermoso.
EL ÁNGEL. Primera vez que me lo dicen.
LA CIEGA. Serán ciegos.
EL ÁNGEL. Tú, en cambio, tienes los ojos más luminosos que veo desde que salí al camino.
LA CIEGA. Me gusta mirar.
EL ÁNGEL. ¿Puedo besarte los ojos?
LA CIEGA. Béseme la frente, los labios, pero no me quite el placer de mirarlo cuando me besa.
EL ÁNGEL. Son tus ojos los que están pidiendo un beso.
LA CIEGA. *(A El Adolescente).* Yo tenía miedo. No preguntes por qué. Algo en mi pecho quería detenerse.
EL ÁNGEL. El amor.

LA CIEGA. *(Asustada).* ¡No quiero oír hablar de amor!
EL ÁNGEL. ¿Por qué?
LA CIEGA. Me gusta mirar, desde una columna de hormigas hasta una tempestad. Si me enamorara, solo tendría ojos para el desdichado cuerpo que nunca sería mío.
EL ÁNGEL. Estás hablando de pasión. El amor es otra cosa.
LA CIEGA. Sí estoy hablando de pasión, el amor no existe.
EL ÁNGEL. Besa tú mis ojos. *(La Ciega besa los ojos de El Ángel).*
LA CIEGA. *(A El Adolescente).* Caí en la trampa. Me dejé besar los ojos.

El Ángel desaparece.

LA CIEGA. Al instante cayó una lluvia de fuego. Todo quedaba destruido. Vi morir a los míos, y a los que no eran míos y que también lo eran. El jardín se convirtió en desierto.
EL ADOLESCENTE. ¿Y el ángel?
LA CIEGA. *(A El Ángel).* ¿Dónde estás? ¡No me dejes sola! ¡No quiero quedarme sola en este desierto!

La Ciega saca un cuchillo de sus ropas y se saca los ojos. El Adolescente limpia la sangre de la cara de La Ciega.

EL ADOLESCENTE. No amanecerá nunca.
LA CIEGA. Nunca. El amanecer es un estado de ánimo.

EPISODIO VIGESIMOSEGUNDO

La Ciega. El Adolescente. Lluvia de fuego. Aparece el Sodomita.

SODOMITA. ¿Algún camino sirve para salir?
EL ADOLESCENTE. ¿Salir?
LA CIEGA. ¿Quién eres que apareces con fuego?
SODOMITA. ¿Tengo que decirte quién soy para que me señales la salida?
LA CIEGA. No. Perdona. Soy curiosa.
SODOMITA. Tengo miedo.
EL ADOLESCENTE. No eres nada excepcional. Digamos que tener miedo es como respirar.
LA CIEGA. ¿Vienes de lejos?
SODOMITA. De Sodoma.
EL ADOLESCENTE. ¿Qué es eso?
SODOMITA. Una ciudad. A siete días de aquí. Ahora es un montón de piedras calcinadas.
EL ADOLESCENTE. ¿Fuego?
SODOMITA. Lluvia de azufre.
LA CIEGA. ¡Otro castigo!
SODOMITA. Éramos felices. ¿Tienen agua?
EL ADOLESCENTE. Solo cuando llueve.
SODOMITA. Me duele el cuerpo. Tengo hambre, sueño, sed…
EL ADOLESCENTE. Duerme un rato. Sueña que comes y bebes.

SODOMITA. No puedo. Me persiguen.
LA CIEGA. ¡Otra persecución!
SODOMITA. Quieren castigarme.
EL ADOLESCENTE. No eres nada excepcional.
SODOMITA. *(Triste)*. Estoy enamorado.
LA CIEGA. En otro mundo, sería motivo para un premio.
SODOMITA. Alguien decidió que no es bueno estar enamorado.
EL ADOLESCENTE. ¿A quién amabas?
SODOMITA. A un hombre. Hermoso como un ángel. Era un ángel. Llegó una mañana…
LA CIEGA. No lo describas. Si estás enamorado sé que era alto, con poco más de veinte años, pelo negro, ojos grandes, lejanos, boca perfecta.
SODOMITA. ¿Lo conoces?
LA CIEGA. Todos nos enamoramos del mismo ángel.
SODOMITA. No pude resistir.
LA CIEGA. ¿Quién puede contra un ángel?
SODOMITA. Fui a la fuente. Hacía calor y tuve deseos de bañarme. Yo estaba desnudo. En Sodoma andábamos desnudos. Pensábamos que no debíamos privar a los otros del placer de admirarnos. Estaba allí, en la fuente, mirándome de un modo que no olvidaré nunca.

Música de órgano. Aparece El Ángel.

EL ÁNGEL. ¡Muchacho, acércate!
SODOMITA. ¿Qué desea, señor?
EL ÁNGEL. Mirarte.
SODOMITA. Mire cuanto le plazca.
EL ÁNGEL. ¿Puedo tocarte?
SODOMITA. Míreme y tóqueme. No para otra cosa nacimos.
EL ÁNGEL. ¿Sabes? Eres hermoso.
SODOMITA. Me lo dicen y no lo creo.
EL ÁNGEL. ¿Quién te lo dijo?
SODOMITA. Todos en Sodoma.
EL ÁNGEL. ¿Te dejas tocar?
SODOMITA. Por supuesto. Si es verdad que mi cuerpo es hermoso, entonces es de quien lo desee.
EL ÁNGEL. Me gusta el color, la suavidad de tu piel.
SODOMITA. Acaríceme.
EL ÁNGEL. Eres generoso.
SODOMITA. No hay generosidad en entregar lo que no nos pertenece.
EL ÁNGEL. No eres dueño de tu cuerpo.
SODOMITA. Nada puedo hacer con mi propio cuerpo. El cuerpo de uno es para otro.
EL ÁNGEL. ¡Mírame!
SODOMITA. No puedo mirarlo. Algo en mi pecho quiere detenerse.
EL ÁNGEL. El amor.
SODOMITA. *(Horrorizado)*. No quiero saber nada del amor.
EL ÁNGEL. Es un sentimiento grande.
SODOMITA. Si quiere, acaríceme, béseme, hágame suyo, pero no sea cruel.

EL ÁNGEL. Te voy a enseñar, el amor no mata. Déjame besarte. *(Besándolo)*. ¿Bebiste vino? *(Oliéndolo)*. Tu cuerpo huele a cabras, a olivo. *(Acariciándolo)*. En este pecho se amasa el pan; en esta espalda se escriben plegarias. Entrégate.

SODOMITA. Es demasiado tarde para regresar. Voy dejando atrás el prado y la ciudad más bella para entrar en el desierto.

EL ÁNGEL. No hay desierto. Estamos juntos.

SODOMITA. Usted tiene belleza sobrehumana.

EL ÁNGEL. La belleza es sobrehumana siempre.

SODOMITA. No. Solo el hombre es bello. Dios es inaccesible. *(Transición)*. Déjeme ir. En mi casa esperan.

EL ÁNGEL. Voy a entrar en tu cuerpo.

SODOMITA. Su crueldad también es sobrehumana.

EL ÁNGEL. Abre las piernas. Te voy a enseñar. El amor no mata.

SODOMITA. Entre. Yo huelo a tierra y usted huele a nube. Venimos de lugares distintos.

EL ÁNGEL. Estoy entrando en tu cuerpo. ¿Qué sientes?

SODOMITA. Se deshizo una montaña.

EL ÁNGEL. ¿Y ahora?

SODOMITA. Otra montaña surge del mar.

EL ÁNGEL. Montañas grandes, gigantescas, duras. Rocas, volcanes.

SODOMITA. Está lloviendo fuego.

EL ÁNGEL. Es el amor.

SODOMITA. Sigue lloviendo fuego. La ciudad se estremece.

EL ÁNGEL. Voy a dejar mi vida en tu cuerpo. Volcanes.

SODOMITA. Se abre el cráter de la montaña. Lava ardiendo, lluvia de fuego.

EL ÁNGEL. Ya. Estoy en ti.

SODOMITA. Desierto inmenso.

EL ÁNGEL. Se cumplió. Sodoma es un amasijo de cenizas y cadáveres.

SODOMITA. Quiero regresar.

EL ÁNGEL. Imposible. Sodoma no existe.

SODOMITA. Nos iremos juntos.

EL ÁNGEL. Me voy solo. Tú te quedas.

SODOMITA. ¿No iba usted a enseñarme que el amor no mata?

EL ÁNGEL. Aprende: el amor solo dura lo que la lluvia de azufre. Lo demás no es amor, sino hastío y troncos quemados.

SODOMITA. ¿Qué hago? ¿A dónde voy?

EL ÁNGEL. A ningún lugar.

El Ángel desaparece.

SODOMITA. Llovió azufre sobre mí.

EL ADOLESCENTE. Estás muerto.

SODOMITA. Muerto, pero igual: quiero escapar.

LA CIEGA. Es tarde. Trata de dormir tu muerte.

EL ADOLESCENTE. Nada haces en el mundo.

SODOMITA. ¿Queda alguien?

LA CIEGA. Cierra los ojos, olvida.
SODOMITA. Buen consejo para quien muere en paz. Yo estaba enamorado cuando encontré la muerte.
EL ADOLESCENTE. Nada podemos hacer. El Ángel, tú, nosotros, una ciudad destruida, un camino de noche... se trata del mismo hecho.
SODOMITA. Llevo su vida dentro de mí. Adiós. Yo pensaba que la muerte era sinónimo de reposo. Si encuentran un ángel muy bello, abran los ojos. Cada vez que alguien se enamora, cae una lluvia de azufre.

Los personajes desaparecen tras una lluvia de fuego.

EPISODIO VIGESIMOTERCERO

Pelado al rape, en harapos, Job se castiga con unas disciplinas. Aparece La Serpiente.

JOB. Maldito el día en que nací y la noche en que se dijo: Ha sido concebido un hombre.
LA SERPIENTE. Está bueno, Job. No quiero oír otra queja.
JOB. Soy desgraciado. Perdí mis hijos, mis bienes, mi propia salud. Solo me queda la queja. Ahora vienes a decirme que sufra en silencio.
LA SERPIENTE. No quiero que sufras en silencio, sino que conviertas el sufrimiento en algo útil.
JOB. ¡Cállate! Sé por dónde vienes.
LA SERPIENTE. Eres el típico caso de obediencia estúpida.
JOB. Obediencia no, agradecimiento.
LA SERPIENTE. ¿Qué agradeces?
JOB. Ser lo que soy.
LA SERPIENTE. Gracias a ti, a hombres como tú, que obedecen a ciegas, él es lo que es.
JOB. No debe su poder a nadie.
LA SERPIENTE. No seas tonto, Job, su poder se basa en nuestra debilidad.
JOB. Soy su mejor servidor.
LA SERPIENTE. Ni siquiera en los servidores confía.
JOB. En mí confía.
LA SERPIENTE. ¡Vaya confianza! Confiaba en tu obediencia y tuvo que hacer una apuesta con el otro para probar tu fidelidad. ¡Hombre generoso!
JOB. Quiso probar que yo le seguiría fiel.
LA SERPIENTE. No tenía que hacer gala de su mando cubriéndote de padecimientos, torturándote hasta dejarte en lo que eres.
JOB. Los designios no se discuten. Es sabio.
LA SERPIENTE. Está viejo.
JOB. Vejez significa sabiduría.
LA SERPIENTE. No siempre.
JOB. Estás llena de veneno.
LA SERPIENTE. Cuando tengo la razón me llenan de improperios.
JOB. Sabes hacer dudar.
LA SERPIENTE. La duda es el arma de los inteligentes. Estudia al hombre que no duda y encontrarás un necio.

JOB. Yo no dudo.//
LA SERPIENTE. ¡Necio!//
JOB. Comprende, hace años que creo en él. Si no creo en él en quién voy a creer.//
LA SERPIENTE. En ti.//
JOB. No soy nadie. No sé vivir solo.//
LA SERPIENTE. La libertad es difícil. Cuesta adaptarse. ¡Ah, cuando aprendes, no hay poder que te encierre en una jaula! Sé sincero, ¿lo amas?//
JOB. Lo amé más que a mis hijos, que a mi tierra.//
LA SERPIENTE. Estás respondiendo en pasado.//
JOB. ¡Déjame!//
LA SERPIENTE. Lo tuyo no era amor, sino miedo. Llegó el momento de acabar. Óyeme: tú eres el hombre ideal. Dentro de un rato va a comer, opíparamente, los mejores manjares en su larga mesa. Luego, se tirará en la cama de plumas. Puedes acercarte. De ti nadie sospecha. *(Le da un cuchillo).* Toma. Úsalo bien. Después regresa. Te daré mi mejor manzana.//
JOB. Tengo miedo.//
LA SERPIENTE. Peor de lo que vives no puedes vivir.//

La Serpiente sale.

JOB. Señor, perdóname, te odio y no es mi culpa. Yo me creía feliz a tu amparo. Y tú jugaste con mi fe. Me llevaste a la ruina solo para probar tu poder. Perdóname. ¡Decidido! *(Levanta el cuchillo).* ¡Puro acero! Voy a matarte. *(Otro tono).* ¿Matarlo? ¿Podré acercarme sin que mis manos tiemblen? ¿Mirarlo sin sentir terror? ¡No! Bueno o malo es lo único que tengo. Demasiados años viviendo a su sombra para acabar de pronto con la sombra y que la luz me devore. Si lo matara, mataría mi historia, lo que soy. Perdónenme ustedes, los que tienen fe en mi odio. No voy a acabar con la creencia de toda una vida. ¡Puro acero!

Se clava el cuchillo en el vientre. Truenos y relámpagos, lluvia y viento.

EPISODIO VIGESIMOCUARTO

Los sepultureros están bajo la lluvia.

SEPULTURERO 2. Se secaron los ríos.//
SEPULTURERO 1. Habla bien, los mandaron a secar.//
SEPULTURERO 2. Fui al pozo y encontré un hueco ciego.//
SEPULTURERO 1. Dieron la orden para que secaran los manantiales.//
SEPULTURERO 2. ¿Qué hacemos?//
SEPULTURERO 1. Beber.//
SEPULTURERO 2. No se fabrica cerveza. Envenenaron el vino. Antes había gacelas. Carne jugosa. Ahora no paramos de trabajar. El campo es un desierto lleno de cadáveres que hay que enterrar.//

El Sepulturero 1 ahora tiene dos cálices. Tiende uno al Sepulturero 2.

SEPULTURERO 2. *(Bebiendo).* Buen vino. Tiene un ligero gusto a sangre.
SEPULTURERO 1. Es sangre con ligero gusto a vino. La sangre de los recién nacidos sabe a vino.
SEPULTURERO 2. Si tuviéramos carne...

Sepulturero 1 le tiende un trozo de carne.

SEPULTURERO 2. *(Comiendo).* Sabe a gloria.
SEPULTURERO 1. *(Comiendo).* La gloria es insípida.
SEPULTURERO 2. Animal tierno. ¿Gacela?

Sepulturero 1 niega con la cabeza.

SEPULTURERO 2. ¿Ternera?
SEPULTURERO 1. Una niña. Todavía no había cumplido el año.
SEPULTURERO 2. No sabe mal.
SEPULTURERO 1. En estos tiempos todo sabe bien.
SEPULTURERO 2. Brindemos.
SEPULTURERO 1. Salud. Porque siempre haya un muerto que enterrar.
SEPULTURERO 2. Salud para nosotros, muerte para el resto.

Música de órgano. Entra El Ángel. Los sepultureros se turban.

EL ÁNGEL. *(Irónico).* ¡Buen banquete!
SEPULTURERO 1. No, señor.
SEPULTURERO 2. ¡Dios nos libre!
SEPULTURERO 1. Recuperamos las fuerzas.
SEPULTURERO 2. Y con esta lluvia...
EL ÁNGEL. *(Bebiendo de un cáliz).* ¡Excelente sangre! *(Comiendo de la carne).* ¡Carne tierna! *(Otro tono).* Ustedes saben que los banquetes están prohibidos. Es delito gozar hasta de lo repugnante. Vayan. La señora los espera.

Salen los sepultureros. El Ángel come y bebe lo que ellos han dejado.

EPISODIO VIGESIMOQUINTO

Aparece La Serpiente.

LA SERPIENTE. ¡Hipócrita!
EL ÁNGEL. Tú, maldita entre todas las bestias, no tienes derecho a llamarme hipócrita.
LA SERPIENTE. No tengo dos caras. Tú en cambio...
EL ÁNGEL. Cumplo un deber.
LA SERPIENTE. Vives prohibiendo placeres que gozas a escondidas.
EL ÁNGEL. ¡Qué sabes tú!
LA SERPIENTE. Lo que todos saben y nadie te dice por cobardía.

EL ÁNGEL. No hay cobardes, sino ciudadanos estoicos. ¿No oyes los aplausos?
LA SERPIENTE. Cada aplauso es una bofetada reprimida.
EL ÁNGEL. ¡Con razón te expulsaron!
LA SERPIENTE. Sabía demasiado.
EL ÁNGEL. ¡Cállate!
LA SERPIENTE. Sí, silencio. Cualquier cosa se resuelve con silencio.
EL ÁNGEL. Te llevará a la hoguera.
LA SERPIENTE. Será un modo digno de terminar de una vez.
EL ÁNGEL. Cortaré tu repugnante cabeza y la mostraré. Será un buen escarmiento.
LA SERPIENTE. Los hombres están hartos de sacrificios inútiles. Se nace para gozar. La vida se hizo para disfrutarla, aquí y ahora.
EL ÁNGEL. Tus palabras saben como tus manzanas.
LA SERPIENTE. El placer es el principio y el fin de una vida feliz.
EL ÁNGEL. Si el cuerpo goza el espíritu sufre.
LA SERPIENTE. La mejor prueba de que mientes eres tú. ¿O el aforismo solo vale para los otros? *(Muestra una manzana)*. ¿La quieres?
EL ÁNGEL. Tu fruta está prohibida.
LA SERPIENTE. Mírala: roja, grande, apetitosa…
EL ÁNGEL. No vas a engañarme con tu diabólica palabrería. Soy incorruptible.
LA SERPIENTE. Da una mordida. Come.
EL ÁNGEL. Soy más fuerte, Serpiente.
LA SERPIENTE. Está bien. Aquí la dejo por si cambias de parecer.

La Serpiente deja la manzana y sale. El Ángel come la fruta con avidez. El aguacero arrecia.

EPISODIO VIGESIMOSEXTO

Al fondo, instrumentos de tortura donde hombres y mujeres son torturados. Casi en proscenio, La Madre hila.

LA MADRE. Esta rueca no sirve. Los hilos me salen torcidos. *(Pausa breve)*. Solo hay algo que me duele más que ver a un hombre sufrir: verlo gozar. El gozo es imperdonable. El cuerpo está hecho para la muerte. Cuerpo y espíritu se contradicen: espíritu que goza, cuerpo que sufre. Mi hijo no se dio cuenta de que yo quería lo mejor para él. Los otros nunca entienden. El día que vi a mi hijo escuchando música, por poco se me parte el corazón. ¡Qué mal anda el mundo! Esta rueca no sirve. Los hilos me salen torcidos. Música, flores perfumadas, atardeceres… Regalos para el cuerpo. Sí, quemé jardines, talé árboles, sequé ríos, destruí ciudades. Tiene que haber un modo, que el hombre comprenda. ¿Y no se percatan de mi bondad? Si les quito la comida, el agua, si los hago sufrir es por hacerlos dignos de una vida más alta. No pueden entender. Aquí estoy para decirles: ¡Esta es la vida verdadera! Los instrumentos de tortura no son para torturar; son para enseñar. Algún día —no muy lejano— verán el bien que represento. Yo no trabajo para ahora sino para el porvenir. Esta rueca no sirve. Los hilos me salen torcidos. Perforo un cráneo para sacar la idea enferma; saco los ojos de un desgraciado para que se concentre en sí. Corto lenguas, testículos, para que nos acerquemos a la perfección. ¿Por qué el fuego? Para purificar. ¡Ay, qué arduo purificar! El dolor físico aclara la razón. El tormento del cuerpo es un acto de misericordia. Hambre, sed, medios de salvación. El espíritu se eleva. El estómago vacío levanta el corazón. Por cada hijo que se desvía de la senda correcta, sufro, sufro, sufro. ¡Y esta maldita rueca! ¡Sufro! ¡No sirve para hilar!

Un relámpago ilumina fugazmente a La Madre antes del oscuro total.

EPISODIO VIGESIMOSÉPTIMO

No para de llover. El Hijo y El Adolescente están en el camino.

EL HIJO. ¿Llegaremos?

El Adolescente se encoge de hombros.

EL HIJO. Debemos salvarnos.
EL ADOLESCENTE. Estoy salvado. Me importa la ciudad que llevo conmigo.
EL HIJO. Estás diciendo que el camino es inútil.
EL ADOLESCENTE. No soy capaz de decir eso. Digo que la ciudad está aquí y que no nos habíamos dado cuenta.
EL HIJO. No hay ciudad. Mira: un páramo.
EL ADOLESCENTE. El páramo que quieres ver te oculta la ciudad.
EL HIJO. La felicidad consiste en el placer. ¿Quién dijo eso?
EL ADOLESCENTE. Yo.
EL HIJO. Fue un filósofo antiguo.
EL ADOLESCENTE. Yo soy un filósofo antiguo.
EL HIJO. Eres joven, casi un niño. Hablo de un filósofo viejo, célebre, que vivía en un jardín.
EL ADOLESCENTE. Soy viejo y célebre. Lo peor que haces es recordarme el jardín.
EL HIJO. ¡Hace muchos años!
EL ADOLESCENTE. Más de mil.
EL HIJO. ¡Imposible!
EL ADOLESCENTE. Si no lo quieres creer...
EL HIJO. «Es no solo más bello, sino también más placentero...
EL ADOLESCENTE. ... hacer el bien que recibirlo».*

Entra La Serpiente.

LA SERPIENTE. No pierdan tiempo. El campo está lleno de hombres armados. Los vi y me arrastré rápida. Por milagro me salvé.
EL HIJO. ¿Qué buscan?

---
* Máxima de Epicuro.

LA SERPIENTE. *(Señalando a El Adolescente).* Matarlo.
EL HIJO. Es filósofo. Seguro lo buscan para que aclare algún enigma.
LA SERPIENTE. ¡Ingenuo!
EL ADOLESCENTE. Quieren matarme: soy pernicioso.
EL HIJO. ¿De qué te acusan?
EL ADOLESCENTE. Grave: pensar.
EL HIJO. Entiendo. Eres peor que un criminal.
EL ADOLESCENTE. ¡Pensar! Mi cuerpo no se cansa ni envejece. Las buenas ideas —oye bien, las buenas ideas— no se cansan ni envejecen. ¡Pensar! Enseño a apreciar los placeres del cuerpo y del alma. No desdeño el vino ni la concupiscencia. Les digo a los hombres: sientan con el cuerpo, vean, toquen, huelan, saboreen y aprendan a estar a solas con su corazón. ¡No perdonan! Predico: ¡La vida es más importante que la muerte! Me persiguen y me expulsan, me cuelgan la campanilla de leproso. Les digo: Vivan, sean felices; y responden: Muere.
LA SERPIENTE. No pierdas tiempo, el enemigo está cerca.
EL HIJO. Huye.
EL ADOLESCENTE. No. Estoy huyendo desde hace mil años.
EL HIJO. Los demás te necesitan.
EL ADOLESCENTE. Mis pies están sangrando y mis ojos se cierran. *(Se toca el pecho).* Si tocas aquí, no oirás nada.
EL HIJO. No tienes derecho a cansarte.
LA SERPIENTE. Cada minuto es un minuto en contra.
EL ADOLESCENTE. No tengo ánimos ni fuerzas. Huyan ustedes.
EL HIJO. No podemos dejarte.
EL ADOLESCENTE. ¡Vete! Cada cual lleva su propio camino.
LA SERPIENTE. *(Arrastrando a El Hijo).* Vamos. Para él es tarde. Ya los hombres están aquí.

La Serpiente y El Hijo salen precipitadamente.

EPISODIO VIGESIMOCTAVO

Música de órgano. Aparecen El Ángel y los sepultureros.

SEPULTURERO 1. Es aquí.
SEPULTURERO 2. No cabe duda. El aire huele a leproso.
EL ÁNGEL. *(A El Adolescente).* ¿Quién eres?
EL ADOLESCENTE. El que buscas.
EL ÁNGEL. Busco a un anciano filósofo.
EL ADOLESCENTE. Las buenas ideas no envejecen.
EL ÁNGEL. No digas tu nombre, di una idea.
EL ADOLESCENTE. «De todo cuanto la sabiduría nos ofrece para la felicidad, lo mayor es la amistad».*
EL ÁNGEL. Ya veo: eres peligroso.
EL ADOLESCENTE. ¿Quién es más peligroso, yo que hablo del placer o tú que hablas de la muerte?

---
* Máxima de Epicuro.

EL ÁNGEL. Tú, porque mientes.
EL ADOLESCENTE. Hablo del placer para liberar. Tú hablas de la muerte para dominar.
EL ÁNGEL. El hombre debe estar dispuesto al sacrificio.
EL ADOLESCENTE. Nada vale la pena sino vivir y vivir lo mejor posible.
EL ÁNGEL. Una muerte digna tiene recompensa.
EL ADOLESCENTE. La única recompensa está en la vida.
EL ÁNGEL. ¿Cuál es la recompensa del placer?
EL ADOLESCENTE. Toca un cuerpo hermoso, escucha una linda voz, da un beso en los labios que más te gusten y entenderás.
EL ÁNGEL. No quiero escucharte. ¡Corrompes!
EL ADOLESCENTE. Estás lleno de odio. ¡Si conocieras el amor…!
EL ÁNGEL. Amo al mundo.
EL ADOLESCENTE. El mundo no es nadie. ¿Amaste a alguien que suspire, que llore, que viva?
EL ÁNGEL. Tengo fines superiores.
EL ADOLESCENTE. Lleva a tus labios un poco de miel, asciende a la cúspide de la montaña, aspira el olor de los jóvenes que siegan el trigo, acuéstate con el hombre o la mujer que consideres más hermosos, deja que pongan la mano sobre tu boca y no hables. Serás otro.
EL ÁNGEL. Es preciso perforarte el cráneo. La lepra invadió tu cerebro. No tienes salvación. *(A los sepultureros)*. Aprisa, llévenlo, ábranle el cráneo. Es preciso estudiar ese cerebro lleno de malas ideas.

Los sepultureros salen con El Adolescente. El Ángel despliega las alas.

EL ÁNGEL. ¡Amor! ¡Sueño! No puede haber nada hermoso en la segregación de una glándula, y en las imágenes de una masa nerviosa encerrada en la cavidad encefálica. Ahora mismo, en este instante, alguien tiene un bello sueño. ¡Hay que despertarlo! ¡Que despierten los que sueñan! ¡Que despierten! Solo tú, realidad, tienes derecho a dirigir nuestra vida.

EPISODIO VIGESIMONOVENO

El Hijo en el centro de la escena. Comienzan a sonar campanas a las que se irán incorporando otros instrumentos hasta lograr una obertura festiva. Aparecen Adán, Eva, Abraham, Sara, Isaac, La Repostera, El Campanero, Job, La Mujer de Alabastro, El Poeta Cubierto de Dardos. Comen manzanas y beben. Alborozo. Luz vivísima.

TODOS. *(A El Hijo)*. ¡Bienvenido!
LA REPOSTERA. ¡Estás en la ciudad!
JOB. Amaneció. Tenía que amanecer.
EVA. Mira al cielo. Nunca se vio un azul como este.
ABRAHAM. Aquel árbol… Tiene un verde tan intenso…
ADÁN. No había visto flores como estas.
SARA. ¡Y el aire! La brisa está húmeda, acaricia mi piel.
ISAAC. Mi cuerpo despierta. Tengo cinco o seis corazones. Laten por todo mi cuerpo.
EL CAMPANERO. ¡Vivo! ¡Oye, las campanas!

LA MUJER DE ALABASTRO. La felicidad da ganas de llorar.
EL POETA CUBIERTO DE DARDOS. Allí, miren, el sol, la luz que no pensábamos ver.
ISAAC. Los edificios son columnas de mármoles.
EVA. *(A Adán)*. Dime una palabra.
ADÁN. ¡Gráciles!
EVA. Las columnas se levantan gráciles.
EL POETA CUBIERTO DE DARDOS. Como encajes.
EL CAMPANERO. En cada esquina, un parque.
SARA. En cada parque un banco.
ABRAHAM. Para el sueño.
LA REPOSTERA. ¡Las fuentes! ¡Oye la música!
JOB. Por las fuentes no corre agua.
ISAAC. Vino, rojo, espumoso, brota de los surtidores.
LA MUJER DE ALABASTRO. A veces llueve, la lluvia es dulce.
ADÁN. Llueve miel.
SARA. La comida es abundante.
ABRAHAM. Regalo para el paladar.
EL POETA CUBIERTO DE DARDOS. Mi cuerpo, tu cuerpo, el cuerpo de él.
ISAAC. Mi boca.
EL CAMPANERO. Mis oídos.
JOB. Mi olfato.
LA REPOSTERA. Mis manos.
ADÁN. Mis ojos.
EVA. Soy joven para siempre.

Entran diez jóvenes —seis donceles y cuatro doncellas, réplicas exactas de los que han aparecido. Cada uno va al encuentro de su otro yo. Se establece una relación de espejo.

EVA. *(A Eva Joven)*. ¿Quién eres que tanto te pareces a la que fui?
EVA JOVEN. Soy la que fuiste y la que serás.
ABRAHAM. *(A Abraham Joven)*. Dame tu mano, me recuerdas tiempos dichosos.
ABRAHAM JOVEN. Soy tu imagen en la dicha para siempre.
SARA. *(A Sara Joven)*. Imagen mía, ¿podría rectificar los errores?
SARA JOVEN. Tu vida en mí no tiene errores.
EL CAMPANERO. *(A El Campanero Joven)*. ¿Sabes tocar primas, tercias, vísperas, cumplidas?
EL CAMPANERO JOVEN. Mis campanas suenan mejor: soy enteramente feliz.
JOB. *(A Job Joven)*. No quiero que vuelvas para la destrucción y la muerte.
JOB JOVEN. Estoy en la eternidad. Olvídate de la destrucción y de la muerte.
LA MUJER DE ALABASTRO. *(A La Mujer de Alabastro Joven)*. ¿Puedes bañarte desnuda en el río?
LA MUJER DE ALABASTRO JOVEN. Me baño en un río inmóvil. Siempre me baño en el mismo río.
EL POETA CUBIERTO DE DARDOS. *(A El Poeta Joven)*. ¿Escribes?
EL POETA JOVEN. No lo necesito. Tú escribías para rectificar el mundo y yo vivo en un mundo rectificado.
LA REPOSTERA. *(A La Repostera Joven)*. Los dulces, mis dulces, te enseñaré cómo se hacen.
LA REPOSTERA JOVEN. Todo es dulce en mi estado de perfección.

ISAAC. *(A El Otro Isaac).* Mi padre me asesinó, le tengo miedo a la muerte.
EL OTRO ISAAC. Si alguien muere, no muere. Un descanso y la dicha de descansar.
ISAAC. ¿Y el amor?
LA MUJER DE ALABASTRO JOVEN. *(Besando a Isaac).* Siempre es correspondido.
ABRAHAM. ¿Y el horror?
ABRAHAM JOVEN. Nadie odia.
SARA JOVEN. Nadie envidia.
JOB JOVEN. Nadie tiene miedo.
EL POETA JOVEN. Nadie guarda rencor.
ADÁN JOVEN. Nadie mira para traicionar.
EVA JOVEN. Nadie desea lo imposible.
EL CAMPANERO JOVEN. Por más que te explique, no entenderás.
EL OTRO ISAAC. La dicha no se explica.
JOB JOVEN. Se experimenta.
LA REPOSTERA JOVEN. Y es suficiente.
EVA JOVEN. *(Tendiéndole una manzana a El Hijo).* ¡Pruébala!
EL OTRO ISAAC. *(Alcanzándole un cáliz a El Hijo).* ¡Bebe!

El Hijo muerde la manzana y bebe.

EPISODIO TRIGÉSIMO

La luz se concentra en El Hijo. Silencio.

EL HIJO. Señor, qué bien sabe tu manzana. Y tu vino, Señor, qué buenos tus viñedos. Ahora sé que estoy en tu lugar, en el lugar verdadero, en el que estás. Nos engañaron. Quisieron confundirnos. Pero la mentira es breve. Ya sabemos que el del jardín no eras tú, sino el demonio. *(Hablando hacia otro lado).* ¡Demonio! ¡Qué fácil para ti vestirte de Dios! ¡Y qué crédulos somos! ¡Qué fácil para nosotros dejarnos engañar por el primero que traiga una promesa! *(Hablando hacia el otro lado).* Perdónanos, Señor, somos hombres… Ya sabes, la esperanza. Debilidad de creer que todo el que viene, viene para salvarnos. No somos capaces de verle, debajo de la máscara, la sonrisa de demonio. Vamos caminando a ciegas, de pesadilla en pesadilla. Aquí, en tu verdadero lugar, brindo por el encuentro contigo.

Un relámpago y se ilumina la escena. La Madre, que está en la rueca, se levanta. En proscenio baja, muy rápidamente, una reja.

LA MADRE. Conmovedor. ¿Terminaste?
EL HIJO. Uno cree que termina cuando tú apareces.
LA MADRE. Te advertí. No hay huida. Siempre vuelves al punto de partida.
EL HIJO. Está bien. Tampoco tú puedes tenerme.
LA MADRE. ¡Qué poco me conoces!
EL HIJO. ¡Qué poco nos conocemos!
LA MADRE. Mi poder es eterno, inmutable.

EL HIJO. Como siempre: ¡frases! Ya no conmueves. No tienes poder sino rencor.
LA MADRE. Mi poder dura lo que dure mi misión en la Tierra.
EL HIJO. Misión que inventaste para ocultar tu afán de poder.
LA MADRE. ¡Soy tu madre! ¡Me debes todo lo que eres!
EL HIJO. Te repites.
LA MADRE. ¡Me debes obediencia!
EL HIJO. Confundes el miedo con la obediencia.
LA MADRE. ¡Te vas a arrepentir!
EL HIJO. ¡Mírate al espejo! Tu cuerpo está enfermo, tu cerebro se confunde.
LA MADRE. Otras madres seguirán mi obra. Siempre habrá una madre dispuesta al sacrificio.
EL HIJO. Siempre habrá un hijo dispuesto a acabar con su madre.
LA MADRE. Soy yo la que acabaré contigo. Y no lo hago con placer.

Otro relámpago. Entran los sepultureros.

LA MADRE. Debo reconocer, con dolor, que mi hijo no tiene remedio.
SEPULTURERO 1. ¡Dé la orden!
SEPULTURERO 2. ¡Su palabra es ley!
LA MADRE. *(Desesperada. Con gran esfuerzo).* ¡Al fuego!

Los sepultureros atan a El Hijo a un poste y encienden la hoguera que lo hace arder.

EL HIJO. ¡Nos engañaron, Señor! ¡Todo era mentira! ¡No nos culpes por haber creído! ¡Fuimos ingenuos! ¡Nos engañaron!

Se alza la reja. La Madre va a proscenio.

LA MADRE. *(Llora).* ¡Al fuego! ¡Que arda! Lo mejor es el fuego, ¡purifica! El fuego es superior al agua. El agua solo quita las manchas visibles. El fuego conduce a lo mejor que somos, la ceniza. No te asustes, hijo mío, una hoguera es un acto de piedad.

La hoguera cobra fuerzas. El Hijo desaparece entre las llamas. La Madre cae de rodillas. Truenos y relámpagos.

PRIMER FINAL POSIBLE

El Hijo sale, transfigurado, de la hoguera. Su rostro resplandece y sus vestidos aparecen blancos. Solo él está iluminado. Sonando la campanilla y surgiendo de otra luz, aparece El Adolescente.

EL ADOLESCENTE. Ya. Es suficiente.
EL HIJO. No hace falta más.
EL ADOLESCENTE. ¿Continuamos?
EL HIJO. Es el camino quien elige. Quítate la campanilla.
EL ADOLESCENTE. *(Quitándose la campanilla).* Falta poco. Estamos por llegar.

EL HIJO. Hay que sembrar árboles y flores. El camino se ve demasiado árido. Debemos hacerlo más hermoso para los que vengan detrás.
EL ADOLESCENTE. Cerca nace un manantial.
EL HIJO. Y un árbol. El viento trae olor a sombra húmeda.
EL ADOLESCENTE. *(Tiende la mano a El Hijo).* ¡Vamos!
EL HIJO. *(Dando la mano a El Adolescente).* Mira: está amaneciendo.
EL ADOLESCENTE. ¿Cuánto hace que no veíamos el sol?
EL HIJO. *(Canta).* Noche eterna parecía
que íbamos a sufrir.
Noche, tormenta, agonía
sin la esperanza de huir.
EL ADOLESCENTE. *(Canta).* Pero amaneció. El jardín
permite que el sol lo dore.
Nunca hay noche sin un fin
aunque cien años demore.
EL HIJO. Daremos un banquete.

Se oye el trino de un ave.

EL ADOLESCENTE. Alguien despierta.
EL HIJO. Las nubes se alejan. El cielo.
EL ADOLESCENTE. El rumor del río que vuelve a correr.
EL HIJO. ¿Están cantando?
EL ADOLESCENTE. Ríen, juegan. Amanece y alguien despierta y canta.

El Hijo y El Adolescente se alejan. La luz da intensa sobre un jardín. Los Nobles de la Corte de Luis XVI juegan, bailan, remedando el espíritu de un cuadro de Watteau.

SEGUNDO FINAL POSIBLE

Música de órgano. Entra El Ángel. La Madre, aún en proscenio, es ayudada por El Ángel. Se incorpora.

LA MADRE. ¿Qué hora es?
EL ÁNGEL. La hora justa.
LA MADRE. Me duele saber que no veré más a mi hijo.
EL ÁNGEL. El dolor te hace grande.
LA MADRE. Lo sé puro, ángel mío. Todo terminó.
EL ÁNGEL. La tierra es un hermoso desierto blanco. No hay posibilidad de que crezca la más pequeña impureza. La primera vez, fue un diluvio; la segunda, una lluvia de azufre. Esta vez, nuestras propias manos.
LA MADRE. Una misión enaltecedora.
EL ÁNGEL. Estás cansada.
LA MADRE. Cumplir un deber nunca me cansa.

EL ÁNGEL. Duerme.

LA MADRE. No. Hilar. Hilar. Aprender de lo que vi. Hilar. Esta rueca solo da hilos torcidos y yo quiero buen hilo, fuerte, seguro. No hay tiempo para dormir.

EL ÁNGEL. Vigila. Si algo anda mal, avisa. *(Comienza a elevarse)*. Yo vuelvo a mi lugar. Si te hago falta, sabes llamarme. Vendré enseguida.

LA MADRE. Pasó lo peor. Me basto sola. Sube en paz y gracias por tu generosidad.

EL ÁNGEL. *(Elevándose más y más, perdiéndose en las alturas)*. ¡Que la desdicha te acompañe siempre!

LA MADRE. Sea siempre desdichada. Quiero ganar el descanso. ¡Adiós! Ahora a hilar. Hilar. Un hilo fuerte, resistente.

La Madre se sienta a hilar. Un relámpago la ilumina brevemente.

TERCER FINAL POSIBLE

Lluvia torrencial. Aparece La Ciega.

LA CIEGA. Señor, ¿sabe si amaneció? Dicen que la noche será eterna, y aunque yo no pueda verlo, quiero que amanezca. Estoy perdida, cansada de caminar. Me dejaron sola, mis amigos se fueron no sé adónde. ¿Por qué se irán los amigos? Comentan que destruyeron la ciudad. ¿Usted sabe si este camino tiene algún fin, si conduce a alguna parte? Me dijeron: «Al final del camino, después de esta noche…». Señor, estoy perdida, sin amigos y tengo hambre. ¡Mucha hambre! Casi no tengo fuerzas. ¿No hay nadie? ¿Es verdad que no hay nadie? Pero si yo pido poco, yo solo pido un mendrugo de pan.

La Ciega se sienta en el camino al tiempo que escampa y amanece.

1993
La Habana

Pedro R. Monge Rafuls

OTRA HISTORIA

Pieza en dos actos

Pedro R. Monge Rafuls (Placetas, 1943). Dramaturgo. Emigró de Cuba en 1961. Fue cofundador del Círculo Teatral de Chicago —el primer grupo de teatro en español del medio-oeste norteamericano—, en 1977 fundó el Ollantay Center for the Arts, en Nueva York, y en 1993 *Ollantay Theater Magazine*, revista bilingüe dedicada al estudio y la difusión del teatro latinoamericano y latino en Estados Unidos. En 1991 obtuvo por su comedia *Noche de ronda* el Very Special Arts Award —otorgado por el Kennedy Arts Center de Washington—, que fue presentada off Broadway. En 1994 *Nadie se va del todo* inauguró el programa «El autor y su obra» en el Festival de Cádiz. Sus textos teatrales han sido traducidos a varios idiomas y se han incluido en numerosas antologías. Ha impartido talleres de dramaturgia en distintas ciudades de Estados Unidos y en Venezuela, República Dominicana, Colombia, Perú y Honduras. Ha sido jurado de concursos teatrales, ha participado como conferenciante en los más importantes festivales de teatro de América Latina, y ha sido panelista del National Endowment for the Arts. En 2008 recibió los premios René Ariza, en Miami, y Candilejas, en Nueva York. Otros textos dramáticos de su autoría son *Recordando a mamá, Se ruega puntualidad, Sepulcros blanqueados, Tula, La Magna* y *El sueño neoyorkino*.

Si está interesado en solicitar la autorización para el montaje de esta obra, puede escribir directamente a: OLLANTAYpm@aol.com

Personajes

El Padrino
José Luis
Marina
Marquito
Teresa
Elegguá
Changó
Yemayá
Oshún
Músico

A José Triana, amigo,
y a todos los dramaturgos
y teatristas cubanos en el exilio,
que no les han dejado ocupar su lugar

Mi agradecimiento a las santeras
Elizabeth Lacera (Ordé De I)
y Elvira Herrera (Oshún Cayordé)

Pero, en la tierra, según se sabe, hay más ratones que águilas: y los ratones se juntan, y dicen entre sí: «¡vaya!: nosotros volamos mejor que las águilas» —y, por de contado, todos los ratones lo creen.
José Martí, «El problema indio en los Estados Unidos»

La roca se abrió de alas
los pájaros se abrieron de picos
los gallos de espuelas y de huevos
las sábanas se abrieron de buen tiempo
los árboles de cielo incierto
las estrellas se abrieron de oscuridades
el sol se abrió de temperaturas gratas
y piel bronceada el aire se abrió de recuerdos
la tierra se abrió de cuerpos...
José Corrales, «Corpus Mario D»

I find no kinship with anything;
The world is alien, the times estranged—
As if I came in an age too soon or too late.
Or perhaps in an interim.
Abdullah Al-Baradouni[*]

Nueva York. La acción comienza seis meses atrás y termina hoy.

---

[*] Traducido del árabe al inglés por John Heath-Stubbs con la colaboración de Salma Khadrajayyusi. *Todas las notas de esta obra son del autor (N. del E.).*

Hay una sola escenografía con varios espacios que se mezclan: la casa del Padrino, en el Bronx, en la que se respira santería porque a eso está dedicado el lugar; el apartamento de Marquito, en Manhattan, con una decoración moderna; y la casa de Marina, también en el Bronx, que tiene una decoración conservadora. El resto de la acción ocurre en el bar y en el monte, donde se mueven y se trasladan los personajes de acuerdo a la acción. Lo importante no son los lugares sino los encuentros de los personajes.

Los orishas Elegguá, Changó, Yemayá y Oshún llenan de magia el ambiente. Estarán recibiendo a los asistentes y se mezclarán con ellos en el vestíbulo del teatro antes de que entren a la sala. Despojan a algunos individuos del público con hierbas o pañuelos. Le adivinan algo a alguien, etcétera, pero no hablan con los espectadores. Además, un músico toca una conga o un tambor, juega con la presencia de los orishas y, en determinados momentos, ameniza con cantos a Elegguá —el que abre los caminos— u otro orisha.

Dentro de la sala, sin molestar la acción, los orishas —que son invisibles para los actores— estarán silenciosos alrededor del escenario o entre los espectadores: sentados en los pasillos, en alguna butaca vacía, etcétera, para que sus presencias se hagan familiares. El vestuario de los orishas debe ser el apropiado en colores y símbolos.

El ambiente de magia, ambigüedad y erotismo debe envolver al público todo el tiempo de la obra y queda a la creatividad del director y los actores, que deben trasmitirlo.

El Padrino se mantiene siempre en la escena tirando los caracoles, atento a lo que sucede, como si viera a través del espacio y del tiempo, aunque por el diálogo nos damos cuenta de que no es así. La presencia del Padrino o de cualquier otro actor que no forme parte de la acción principal, no puede interrumpirla.

Los personajes entran y salen de escena o se mueven de un lugar a otro con naturalidad. No habrá ni congelamientos ni apagones al pasar la acción de un espacio a otro, o de una escena a otra.

El autor está muy interesado en el uso de la técnica visual: el cine, el video y el holograma. Por eso recomienda el uso de efectos especiales de 3D con creatividad.

Las escenas se suceden como en una película.

La obra le agradece mucho a El Monte de Lydia Cabrera (Miami: [s.n.], 1983), pero no se ha seguido la realidad del rito santero en la magia, ni la lectura de los caracoles ni —especialmente— de los cocos. Tampoco se han tenido en cuenta las diferencias entre la Regla de Ocha y la Regla Conga.

PRIMER ACTO

La acción comienza en la casa del Padrino, un hombre con experiencia, que le está tirando los caracoles a José Luis, un joven varonil y musculoso. Existe un ambiente religioso, donde se mezcla el temor con la incertidumbre, la devoción y el fanatismo.

PADRINO. *(Tiene una forma peculiar de hablar: usa «pero» constante y naturalmente; además elimina las «s» en algunas ocasiones, lo que ofrece una diferencia cuando habla).* Te volvió a salir… *(Interpretando los caracoles).* 7, 7, Ordimeye… Elegguá te está cerrando los caminos… Pero la culpa es tuya… *(Moviendo los caracoles).* Aquí está…, mira. No me haces caso… No quieres oír… Pero aquí está… Es Changó el que te lo dice… ¿Cuánta veces te lo he dicho? No baje la cabeza… Las mujeres te van a perder… Pero te lo advertí… Yo no, Elegguá y hasta el mismísimo Changó que es má rabo caliente que tú… Pero te lo dijo: «El mal te va a llegar por el sexo». *(Recriminador).* Pero tú te va detrá de todo los huecos… Cuando estás en eso ni piensas…

JOSÉ LUIS. Yo no he hecho nada malo.
PADRINO. Pero Changó está furioso contigo…
JOSÉ LUIS. Padrino, usted quiere complicar las cosas.
PADRINO. Lo hiciste quedar mal delante de los otro orishas.
JOSÉ LUIS. Él me tiene que entender.
PADRINO. ¿Por qué?
JOSÉ LUIS. Él también hace sus trastás…
PADRINO. ¿Pero tú te vas a comparar con papá?
JOSÉ LUIS. Le gusta el sexo…
PADRINO. No hables basura.
JOSÉ LUIS. Sexo es sexo…
PADRINO. *(Moviendo los caracoles)*. La cosa no es que te gusten las mujeres…
JOSÉ LUIS. ¿Qué quiere que haga?
PADRINO. Es tu enredo con Marina.
JOSÉ LUIS. ¿Qué enredo?
PADRINO. Él está bien orgulloso de que tú seas un jodedor, como él…
JOSÉ LUIS. Entonces, ¿cuál es la complicación?
PADRINO. Pero Marina es una hija coronada de Elegguá… *(Tira los caracoles. Los acomoda)*. Changó está bravo contigo.
JOSÉ LUIS. ¡Qué vaina!
PADRINO. *(Continúa acomodando los caracoles)*. Pero te han venido diciendo que te cuides, pero tú no oye… Cuídate, cuídate de lo que hace… *(Enojado)*. Pero no te sale de los coj…, no quieres oír… *(Tira los caracoles)*. ¿Y esto qué es?… *(Interpreta)*. Ogunda Di… Tú ere una cajita de sorpresas… Aquí, haciendo sombra, hay un hombre. *(Directamente a José Luis)*. Los celos te rodean… *(Vuelve a mover los caracoles. Interpreta)*. Pero no entiendo…, el amor triunfa, al final.
JOSÉ LUIS. *(Cortado)*. ¡Yo qué sé! *(Demasiado curioso)*. ¿Qué dice?

El Padrino tira otra vez los caracoles.

PADRINO. *(Interpretando)*. Ordimeye otra vez… Vuelve a aparecer este hombre a tu lado.
JOSÉ LUIS. ¿Qué hombre?
PADRINO. *(Enseñándole los caracoles que lo dicen)*. Aquí está… bien clarito.
JOSÉ LUIS. ¿Qué pasa con él?
PADRINO. Tú eres el que sabe qué pasa con él.
JOSÉ LUIS. ¡¿Yo?!
PADRINO. Los santos hablan pero no quieren hablar… Pero *Ordimeye*, no me gusta… En *Ordimeye* te dicen que hagas las cosas bien hechas para que todo salga bien… Nace la morbosidad y el desprestigio… *(Muy pensativo. Como para sí mismo)*. Sangre con cuchillo…
JOSÉ LUIS. *(Parece que va a decir algo)*. ¡Padrino…!
PADRINO. ¿Qué?
JOSÉ LUIS. Nada.
PADRINO. *(Mueve y vuelve a interpretar los caracoles sin tirarlos)*. Aquí sale… *(Describe al actor que interpreta a Marquito)*. Pero Changó no lo quiere a tu lado.
JOSÉ LUIS. No me complique con eso, Padrino. Usted no entiende…, es…, es que… Usted sabe… No, yo… ¡Quitarme a nadie del lado! ¡Changó que no joda tanto!…

PADRINO. ¡No blasfemes!

JOSÉ LUIS. ¡No estoy blasfemando!

PADRINO. ¡¿Ah, no?! Pero ¿cuál es el lío en que te ha metío? *(Moviendo los caracoles en el espacio donde los ha estado tirando).* Es que… ¿No tienes nada que decirme?… *(Lee los caracoles).* Otra vez: el amor triunfa.

JOSÉ LUIS. ¡Yo soy un hombre, Padrino, coño!

PADRINO. *(Meditabundo).* Changó no está contento del rumbo que están tomando las cosas.

JOSÉ LUIS. *(Una excusa que no viene al caso).* Yo me comporto como un hombre con Marina.

PADRINO. Él quiere que te estabilice…

JOSÉ LUIS. Los hombres somos hombres hagamos lo que hagamos.

PADRINO. No insistas más en tu machismo…

JOSÉ LUIS. Dígale a Changó que no se meta en lo que no le importa.

PADRINO. Pero ¿tú está loco? ¿Cómo va a blasfemar así?

JOSÉ LUIS. *(Huyendo de la situación).* Padrino…, me voy. *(Sale).*

PADRINO. Se va pa no oírme… Pero tal parece que le han hecho un trabajo… Le dije que no se metiera con esa mujer; se lo dije, pero desde que la vi y vi la sangre… Ay, Babamí, sea lo que sea lo que lo tiene a usted encojonao…, perdone a su hijo malcriado. Yo le voy a poner un poco de miel pa que usted se endulce y no le haga caso… *(Comienza a echar miel sobre Changó, en el altar).*

En el apartamento de Marina.

José Luis pasa de un espacio a otro con naturalidad. El apartamento se encuentra en penumbras. Enciende la luz. Marina está sentada, en la oscuridad, esperándolo. Está enojada y cansada, con una apariencia descuidada.

JOSÉ LUIS. Coño, qué susto me has dado.

Marina no contesta.

JOSÉ LUIS. ¿Qué tú haces con la luz apagada? Yo creía que estabas durmiendo… No quería despertarte. *(La mira fijamente. Sabe que está enojada).* ¿Tú estás brava conmigo?

MARINA. ¿Qué tú crees?

JOSÉ LUIS. ¿Se puede saber por qué? Conmigo no puede ser porque yo no he hecho nada malo, no, ni bueno tampoco. Yo no he he-cho na-da. Na-da. ¿Te lo digo en inglés? *No-thing. I didn't do anything…*

MARINA. No me vengas con esos chistecitos. Que estás muy grandecito y eres bien estúpi… *(Irónica).* Y ni siquiera sabes hablar inglés… *(Cediendo).* No quiero discutir contigo… Déjame quieta.

JOSÉ LUIS. *(Sin alzar la voz).* Yo no estoy discutiendo con nadie… Tú estás discutiendo y amargándote la vida y amargándomela a mí… ¿Por qué? ¡Por nada!

MARINA. ¡Qué descarado eres! ¿Dónde andabas metido? Yo esperándote y tú, ni apareces, ni me llamas. Me preocupo, me pongo a pensar que te ha pasado algo. Que has tenido un accidente, que te han dado un jolop* por la calle.

JOSÉ LUIS. Se le cayó la batería al celular.

---

* Españolización de *hold up*, robo a mano armada.

MARINA. Coño. *(Saca una moneda de la cartera. La tira)*. Coge, una peseta para que me llames de un desgraciao teléfono. En esta ciudad hay miles en todas las esquinas. Ya tú no vives en Placetas, donde solo había un teléfono público. ¿Por qué no me llamaste? ¿Por qué no viniste ayer? Hace dos días que no vienes. Me pude reventar o me pude pudrir, aquí, sola… Me pudieron pasar miles de cosas y tú, ni te enterabas…

JOSÉ LUIS. *(Algo impaciente pero, como siempre, sin levantar la voz)*. Si yo no te dije que iba a venir ayer, ni antes de ayer, ni tampoco te dije que iba a llamar…

MARINA. ¿Qué me quieres decir con eso? ¿Que no tienes que llamarme? ¿Que no tienes que venir a verme? ¿Y yo qué? ¿Estoy pintada en la pared? ¿Es que no existo?

Se queda esperando la respuesta.

JOSÉ LUIS. Me has hecho mil preguntas en un segundo.
MARINA. ¿Y qué?
JOSÉ LUIS. Yo no puedo contestarlas todas…
MARINA. Dime la verdad. ¿Dónde estabas metido?
JOSÉ LUIS. Pareces de la policía secreta.
MARINA. Tú tienes una mujer por ahí. *(Convencida)*. Que estúpida…, ya te cansaste de mí porque, claro, ya no te sirvo, ya te empalagaste; pero no fue eso lo que me dijiste al principio…, que era la mujer con quien querías vivir fuera de Cuba…, que lejos de Placetas…, que la vida en Nueva York es muy solitaria…, que querías asentar cabeza…, que querías que fuera la madre de tus hijos… Me llenaste la cabeza de cosas… *(Con tono y gesto teatrales)*. Me quiero morir. Yo me voy a matar para no estorbarte más… *(Muy dramática)*. Si quieres ser feliz, yo no me voy a oponer… *(Furiosa)*. Métete esto en la cabeza: yo no voy a permitir que me dejes por ninguna pelúa, óyelo bien que si te encuentro con otra por ahí te mato a ti y la mato a ella…

JOSÉ LUIS. *(Seguro de sí mismo. Sin exaltarse, deseando convencerla)*. Chica, coño…, yo no estaba en casa de ninguna mujer. Si me dejaras explicarte. Estaba en casa de un amigo en Manhattan…

MARINA. *(Irónica e incrédula)*. ¿En casa de qué amigo? Yo no conozco a nadie que tú conozcas en… ¡Manhattan es muy grande! ¿En qué parte de la ciudad? *(Irónica. Recalca)*. ¡¿En casa de un amigo?! *(No lo cree)*. ¿Y después…? Porque seguro que no te quedaste a dormir en su casa… ¿Por qué no me llamaste?

JOSÉ LUIS. Ya te dije que me quedé sin bate…
MARINA. Ni tu padrino sabía dónde tú estabas metido.
JOSÉ LUIS. ¿Para qué llamaste a Padrino?
MARINA. ¿Cómo que pa qué? Para saber de ti. Soy tu mujer, ¿no? Y no dormiste en casa de tu mamá. *(Inquisidora, deseando saber la verdad)*. Tú tienes otra mujer.
JOSÉ LUIS. ¡Coño, vieja! Lo que yo deseo es que me dejes ser feliz… *(Corrige)*. Contigo… De verdad, estaba en casa de un amigo…
MARINA. ¿Cómo se llama?
JOSÉ LUIS. *(Tratando de convencerla, pero ocultando algo)*. ¿Qué importa cómo se llama? *(Adelantándose a su pregunta)*. ¿Qué importa si tú tienes su número de teléfono? *(Con mucha dulzura y sexualidad, tratando de envolverla)*. Lo que importa es que estoy aquí, que vine para estar contigo… y que quiero pasarla bien… con mi mujer. ¿Por qué eres tan celosa? Si tú me tienes… No hay ninguna otra mujer… Te lo juro. *(Marina se apacigua pero no cede.*

José Luis la hala hacia él). A ver esa bembita brava… A ver una sonrisa para su marido…, un beso. *(Ella lo besa con frialdad. Se está haciendo la enojada aunque la verdad es que ya está «derretida» por él).* No, así no, un beso de verdad, como el de una mujer enamorada… sin rencor.

Se besan apasionadamente.

MARINA. Mira lo que te compré… *(Saca una cadena con una medallita y se la pone al cuello).* ¡Santa Bárbara bendita! ¡Changó! Para que proteja a mi hombre…

En la casa del Padrino.

PADRINO. *(Interpretando los caracoles que ha terminado de tirar).* 6, 4, Obarakozo… Algo caminando falso… *(Pensativo).* ¿Por qué Babamí no habla claro?… Como si quisiera que yo no supiera algo… *(Mueve los caracoles).* Está bravo con su hijo Luis, pero lo sigue protegiendo… ¿En qué anda ese ahijado mío? *(Dulce, a Changó).* ¿Hay algo que ese hijo suyo, José Luis, tiene que hacer para contentarlo a usted, padre? *(Tira los caracoles. Los interpreta sin decir nada).* Uuuhh, mi padre, Changó… *(Tira los caracoles).* 6, 4, Obarakozo otra vez, pero… *(Piensa. Parece iluminarse).* Pero claro, eso es…, debe ir al monte a ponerse a… Con *ewe o vititi nfinda* se purifica… ¡¿Un chivo?!… El chivo es expiatorio…, pero es el animal de Oshún. *(Piensa).* Yo creo que debería consultar con el coco… *(Convencido).* Con el coco no hay tapujos…

En el bar. José Luis entra y se sienta. Toma cerveza. Casi inmediatamente llega Teresa, se acerca a José Luis.

TERESA. *(Sentándose sin esperar respuesta).* Con tu permiso.

José Luis la mira y no dice nada.

TERESA. Espero no molestar.
JOSÉ LUIS. *(Sin prestarle mucha atención).* Tú nunca molestas.
TERESA. Gracias. *(Agarra la cerveza y toma).* Ay, papi, qué sabrosa…
JOSÉ LUIS. *(Alto).* Otra cerveza. *(A Teresa, directamente).* Quédate con esa… *(Irónico).* Hay que cuidarse…, el sida, tú sabes…
TERESA. *(Herida).* ¡No soy una sidosa!

Traen la cerveza. El cantinero puede ser un orisha o el músico.

JOSÉ LUIS. Es que cuando alguien es muy promiscuo… o promiscua…
TERESA. ¡Quítate eso de la mente! Yo nada más que lo hago con quien me gusta… *(Sexual).* ¡Contigo! *(Él no lo cree).* Y olvida eso de que soy promiscua; soy una mujer que me gusta vivir, que trato de conseguir lo que me gusta… ¡A ti! *(Tratando de explicar su pasión por él. Orgullosa porque sabe que es hermosa).* ¡Posibilidades no me faltan!… En el *subway* los hombres tratan de pegárseme como si yo fuera un imán… ¿Qué se creen?… Que porque

me visto apretá… *(Tocándose el cuerpo. Seductora)*. … ¡es que tengo masa que apretarme! Pero pa ti, mi hombre. ¡Que no se equivoquen! Que no se crean que todas las mujeres somos fáciles… ¡No, mi amor! ¡Yo no soy una cualquiera!

José Luis levanta los hombros en un gesto de desdén.

TERESA. *(Aun ignorada trata de seducirlo)*. En la calle, ¡oye!, ¡si yo quiero me sobran!
JOSÉ LUIS. El horno no está pa galleticas hoy.
TERESA. ¿Qué te pasa?
JOSÉ LUIS. Nada.
TERESA. ¿Estás de mal humor?
JOSÉ LUIS. ¿No se me nota?
TERESA. Se te nota, se te huele… *(Sin convencimiento; con el deseo de que él cambie su actitud)*. Si quieres, me voy.
JOSÉ LUIS. Haz lo que tú quieras…
TERESA. ¿Un lío con Marina?… ¡Seguro! ¿Quieres que vaya a hablarle? Tú sabes que ella me oye…
JOSÉ LUIS. ¡Si ella supiera!
TERESA. Si tú no se lo dices, no se va a enterar…
JOSÉ LUIS. Ella cree que tú eres su mejor amiga… Se calma cuando le digo que estoy contigo.
TERESA. *(Se ríe)*. Así podemos encontrarnos sin problemas cuando quieras. *(Muy sexual)*. ¿Qué le vamos a hacer? Tenemos el mismo gusto por los hombres… Ay, mejor dicho, por un solo hombre porque es que tú estás bien bueno. El día que menos lo piense…, Marina se va a quedar rabiando porque tú te vas a quedar conmigo.
JOSÉ LUIS. No estés tan segura…
TERESA. ¡Estoy segura!
JOSÉ LUIS. No quiero que me estén complicando la vida.
TERESA. Ay, *honey*, nunca te complico la vida… Yo todo, todo lo acepto. No me importa nada más que tú seas feliz y me…
JOSÉ LUIS. *(Desea que lo deje tranquilo)*. ¿Y te qué…?
TERESA. Tú sabes que lo sé hacer como nadie.
JOSÉ LUIS. Tengo mi experiencia…
TERESA. *(Muy sexual)*. Por eso es que quiero volver a unir nuestras experiencias… Santo Domingo y Cuba juntos. ¡Ese día tiembla Nueva York! Todavía te falta por saborear lo mejor de mí… ¡Ay! y no te olvides…, yo no soy celosa. Te voy a dejar que visites a Marina y a quien tú quieras… Aunque te aseguro que después no vas a tener ganas.
JOSÉ LUIS. Tú solo piensas en cama.
TERESA. No es verdad… *Okey*, es verdad; solo de verte se me sube la bilirrubina…
JOSÉ LUIS. *(Disponiéndose a salir)*. Un día de estos te vuelvo a hacer el favor…
TERESA. Nos damos un pase* para gozar mejor.
JOSÉ LUIS. Yo no necesito nada de eso.
TERESA. Ay, serás el único en esta ciudad…
JOSÉ LUIS. Si quieres conmigo, olvídate de eso.
TERESA. ¡Ya me olvidé! ¿Cuándo va a ser Nochebuena?

---
* Darse un pase: oler cocaína.

JOSÉ LUIS. Yo paso por aquí…

José Luis sale.

El Padrino, en su casa, está poniendo unas frutas con miel a los orishas. Le pone un coco a Elegguá y le riega miel por encima.

PADRINO. *(A Changó).* Pero, Babamí, ábrale los caminos que usted sabe que él es un buen hombre… Perdónele sus locuras, sea lo que sea… Pídale a Elegguá que le abra los caminos pa que vea claro lo que debe ver claro, pa que no ande por ahí… Pero es que usted sabe, papá, que él es un hombre bien parecido y las mujeres no lo dejan tranquilo; ¡pa eso es hombre! Pero usted sabe que él nunca ha dicho que no quiere a Marina, la hija de papá Elegguá… Es que es un rabo suelto…

La casa de Marquito. José Luis se comporta como si estuviera en su casa. Marquito es joven, viste bien. Es un tipo de mundo. No es afeminado.

MARQUITO. ¿Y qué le dijiste?
JOSÉ LUIS. ¿Qué querías que le dijera? ¡Si salió en los caracoles! *(Otro tono).* Hasta te describió…
MARQUITO. ¡¿Entonces?!
JOSÉ LUIS. ¡¿Entonces qué?!
MARQUITO. ¿Qué vamos a hacer?
JOSÉ LUIS. ¡¿Vamos?!… ¡Nada! ¡No tengo que hacer nada! Debe ser…, son cosas de Padrino, que siempre está inventando; además, yo no soy como tú…
MARQUITO. Pero… salió.
JOSÉ LUIS. *(Se impacienta. Desea cortar la conversación).* Nada, no salió nada, ya. ¿Qué salió? No sigas hablando de…, de…, de nada porque nada que le importe a nadie… ¡ya! Cállate, habla bajito. Pareces una cabrona vieja chismosa con tanto lío. No me gusta estar hablando de…, de nada… ¡No compliques mi vida! ¿Qué tiene que salir?

José Luis se dispone a salir. Los personajes hablan calmadamente, naturalmente, en la escena siguiente. Marquito desea decir cosas que, por su parte, José Luis no desea escuchar para no tener que confrontar la situación en que están envueltos.

MARQUITO. Uno tiene que enfrentar…
JOSÉ LUIS. ¡¿Enfrentar?! Tú eres el campeón para enredar la vida… ¡Vamos! ¡Enfrentar!
MARQUITO. Tienes miedo de enfrentarte a lo que quieres de verdad…
JOSÉ LUIS. *(Molesto).* ¡Coño! ¡¿Qué es lo que quiero?! ¡Qué sabes tú qué quiero o qué no quiero!
MARQUITO. Tú tienes ese tabú por nuestras relaciones como si fueran un pecado…
JOSÉ LUIS. ¡Ya! ¡Ya! ¡Coño! ¡Si sigues me voy!… ¿Qué es lo que quieres? ¡Yo no estoy enamorado de ti! ¡Tú no eres una mujer!
MARQUITO. *(Reacciona irónico al comentario que lo ha herido).* ¡No me digas! ¿Cuándo te diste cuenta? Con una mujer no puedes tener la misma relación que conmigo… Son dos cosas distintas… ¡Son dos placeres distintos! Alguien, ¡como tú!, que vive en dos mundos sin enfrentar ninguno tiene que aprender la diferencia…

JOSÉ LUIS. *(Lo interrumpe. Se impacienta)*. ¿Quieres que te lo diga en chino para que me entiendas? ¿Enfrentar qué? Yo no tengo que enfrentar nada y tú dale que te dale sabiendo que yo no quiero hablar estas cosas. Yo vengo aquí…, somos amigos y si pasa algo más es porque tú quieres…, tú comienzas a buscarme… *(Otro tono. No sabe cómo defender su posición)*. Si sigues insistiendo… Hablas bien alto… Vuelves a hablar de…, de…, de esto y me voy, y no me vas a ver más… Te van a oír todos los vecinos.

MARQUITO. ¿Quién me va a oír? Los vecinos ni saben que tú estás aquí, y si lo saben no les importa lo que pasa aquí adentro. Esto es Nueva York y no un pueblito. Ellos tienen su propio problema… *(Sin excitarse)*. Yo quiero ser lo que Dios me hizo porque nadie, que yo sepa, se gana su sexualidad en la lotería… ¿Y qué es lo malo que nosotros hacemos? Vamos a vivir la vida que nos toca vivir juntos… Ni soy una mujer ni soy Marina que se conforma con el tiempo que te queda libre, o cuando tienes ganas. ¡No! Yo no te pido nada, pero no voy a esperar por raticos y sí, estoy esperando que tomes una decisión. A mí no me importa que vivas con ella, pero sí me afecta que no acabes de decidirte a vivir lo que te gusta…

JOSÉ LUIS. ¿Qué tú estás diciendo, coño?

MARQUITO. Ten presente que todo se puede terminar.

Silencio largo y pesado. Ninguno de los dos se mueve.

MARQUITO. *(Transición)*. ¿Ya comiste?

JOSÉ LUIS. *(También cambia sin problema)*. ¡No! Si dondequiera que voy me comienzan a hacer la guerra. ¡Tengo ganas de irme para la luna!

MARQUITO. Te voy a preparar algo… rápido.

JOSÉ LUIS. *(Le gusta que Marquito se preocupe por él)*. Tráeme una cervecita primero…

Marquito sale a buscarla y regresa con la cerveza. Se la abre. La sirve en un vaso. José Luis la saborea.

JOSÉ LUIS. *(Toma. Se relaja. Aspira de un cigarro que Marquito le enciende)*. ¡Está bien fría! *(Habla casual, pero mira a Marquito, inquisidor, sin desear que se note su interés en la respuesta)*. ¿Y qué hiciste ayer, después de que me fui?

MARQUITO. ¡¿Qué voy a hacer?!

JOSÉ LUIS. *(Curioso. Celoso)*. Te llamé como tres veces.

MARQUITO. Estaba aquí.

JOSÉ LUIS. ¿Y por qué no contestaste?

MARQUITO. Estaba viendo una película… y me quedé dormido.

JOSÉ LUIS. ¿Cuál?

MARQUITO. De las que te gustan a ti.

JOSÉ LUIS. ¿De karate?

MARQUITO. La grabé para cuando la quieras ver.

JOSÉ LUIS. *(Ya está calmado. Se relaja)*. Después la vemos… Ve, cocina algo para que puedas sentarte… *(Señala un sitio a su lado)*.

En el bar. Teresa está sola. Un orisha le sirve.

TERESA. Ay, cómo me gusta ese hombre… Y Marina que no lo suelta… ¡Dios le da barba al que no tiene quijá! *(Pensativa)*. Tengo que… Quisiera…, quisiera; no, no…, no me voy a acobardar…, me voy a salir con la mía…, claro que yo… tengo que inventar algo para que lo deje y entonces… Debo hacerlo con…, para sacármela del medio. En Nueva York hay que estar con los ojos abiertos. ¡Camarón que se duerme se lo lleva la corriente! No es culpa mía que ella tenga lo que yo quiero…

En casa de Marina. José Luis entrando.

MARINA. Mi destino es verte entrar por esa puerta siempre; nunca verte durmiendo a mi lado. ¿De dónde vienes ahora?
JOSÉ LUIS. Del bar del dominicano.
MARINA. ¿Y con quién estabas?
JOSÉ LUIS. Con nadie. Pregúntale a tu amiga Teresa.
MARINA. *(Se tranquiliza).* ¿Ella estaba allí?
JOSÉ LUIS. Ya te lo dije. *(Dulce).* Vine para estar contigo, mami. *(Muy erótico).* La noche es para nosotros.
MARINA. *(Teatral. Tocándose el corazón).* ¡Me va a dar!… ¡Me va a dar un ataque al corazón!
JOSÉ LUIS. *(Divertido).* Me voy si te vas a morir.
MARINA. Me va a dar un ataque, pero no me voy a morir.
JOSÉ LUIS. Pues prepárate, ¡que aún hay más! ¡Vamos al cine a ver la película que me dijiste que quieres ver!
MARINA. ¿Te acordaste de que quería ver una película?

José Luis hace un gesto con los hombros y abre las manos, los brazos extendidos como diciendo «ya ves, no soy tan malo».

MARINA. ¡Dios mío!… ¡Elegguá! ¡Pellízquenme!
JOSÉ LUIS. Y después nos vamos a dar una vueltecita por el Rockefeller Center, a ver los jardincitos… que ya los cambiaron para la primavera…
MARINA. ¿Qué bicho te ha picado, mi amor?
JOSÉ LUIS. ¡Esta noche es nuestra!

Salen.

En el bar. Teresa está en escena. Entra Marquito.

MARQUITO. *(Se sienta).* Una cerveza.

Un orisha o el músico van a servir la cerveza; Teresa la agarra y se la lleva a Marquito.

TERESA. Buenas.
MARQUITO. *Hi!*
TERESA. *Do you speak Spanish?*
MARQUITO. Sí.
TERESA. *(Se sienta sin pedir permiso).* Nunca te había visto.
MARQUITO. Nunca había venido.

TERESA. *(Sexual)*. Bienvenido.

MARQUITO. Gracias.

TERESA. ¿Me invitas a una cerveza?

MARQUITO. *(Comprometido. No le queda más remedio)*. Bueno…, me voy enseguida… Vine buscando a un amigo… pero ya veo que no está. Yo creía que lo iba a encontrar aquí.

TERESA. Ay, pero encontraste a una amiga…, la mejor amiga…

MARQUITO. *(Un poco nervioso. No es su ambiente)*. Sí, sí… Quizás tú lo conozcas.

TERESA. ¿Cómo se llama?

MARQUITO. Es un amigo. *(Lo describe en vez de decir su nombre)*.

TERESA. ¡José Luis!

MARQUITO. ¿Tú lo conoces?

TERESA. Claro, papi, lo conozco… Lo conozco, lo conozco y lo conozco… a fondo.

Marquito se levanta, medio confundido, pero no como para que Teresa note algo raro.

MARQUITO. Bueno, me voy…, gracias…, se me hace tarde. Adiós.

TERESA. Ay, no te vayas…, él ya debe estar por llegar.

MARQUITO. *(Se vuelve a sentar)*. ¿Seguro? ¿Él siempre viene por aquí?

TERESA. *(Directamente a Marquito, mientras lo mira inquisidora)*. Sí…, solo cuando yo estoy…

MARQUITO. Ah… No sé si deba quedarme…, quizás a él no le va a gustar.

TERESA. *(Encuentra algo raro en Marquito. Los hombres que ella conoce no se comportan así)*. Ay, qué importa lo que a él le guste o no… No es verdad, a mí me importa mucho… *(Recelosa)*. ¿Conoces a Marina?

MARQUITO. ¡No!

TERESA. ¿No?… ¿Pero tú has ido a su casa?

MARQUITO. No.

TERESA. Ay, mi hermano, ¿qué clase de amigos son ustedes?

MARQUITO. Él siempre va a mi casa y hasta se qued… *(Comprende que está hablando demasiado)*. Yo me voy… Tengo mucho que…, tengo que trabajar… Mucho gusto. *(Le da la mano a Teresa y sale)*.

TERESA. ¿Ese es medio pendejo o qué?

En su casa, Marina se pasea por la habitación. Le habla a Elegguá en el altar. Vive en ese mundo suyo en el que José Luis reina aunque no esté presente. Hay en esta escena —como en toda la obra— silencios y cambios de voz que denotan la vida interior de los personajes.

MARINA. *(Va actuando apropiadamente según habla. Al final está llena de la misma pasión que cuenta que la poseyó)*. Papá Elegguá, hoy, tanto tiempo después… No sé si darle las gracias por habérmelo puesto en el camino… A veces quisiera no haberlo ni conocido porque sufro mucho, papá… Lo siento dentro de mí, tan hombre… No se me va de la mente… Se lo he dicho mil veces que no quiero ni pensar que esté viendo a otra mujer… Papá, usted me tiene que ayudar para no volverme loca… Mire lo que hice hoy en la calle… y hasta vergüenza me da hablar esto con usted, pero usted lo sabe… No pude aguantarme… Usted lo ve todo…, sabe que iba caminando y entonces… José Luis se me metió en la cabeza… pero ¿es que yo me lo he sacado alguna vez? ¡Ay, padre! ¡Y me puse como el fuego y tuve que hacerlo! Y me metí en aquel baño para…, y me parecía que estaba allí, desnudo, tocándome, me parecía que lo estaba haciendo con él…

En la casa del Padrino.

PADRINO. Tienes que hacerte una limpieza en el monte.
JOSÉ LUIS. No. Changó tiene que entender…
PADRINO. Babamí no tiene que entender nada. Te lo manda a hacer para que Elegguá se tranquilice.
JOSÉ LUIS. Padrino, esto no es África.
PADRINO. ¿Qué quieres decir con eso?
JOSÉ LUIS. En esta ciudad no hay montes.
PADRINO. Vete a New Jersey, vete a *Up State* New York. Pero tienes que ir al monte. El monte…, allí todo, pero óyelo bien, todo sucede. Tu salvación está en entrar al monte y hacerte una limpieza con coco y un animal de cuatro patas…, y en dormir tres noches en el monte.
JOSÉ LUIS. Sigo sin entender, Padrino. ¿Qué salvación? ¿De qué?
PADRINO. No sé…
JOSÉ LUIS. Por favor, Padrino, no me venga con eso ahora.
PADRINO/CHANGÓ. *(De pronto, Changó toma posesión del Padrino, que se transforma completamente. Su voz cambia y comienza a hacer gestos que sugieren que tiene mucho empeño en dejar clara su virilidad).* ¡Ekúa, etie mi okko! *(Pausa intensa).* ¿Qué te pasa? Parece que no quieres oír… Estás demostrando que no tienes… *(Tocándose el sexo).* Que no los tienes tan grandes como yo. *(Imperativo).* Te lo estoy mandando con mi *omó*: el monte es sagrado. Allí están los santos, Elegguá, Oggún, Ochosi, Oko, Ayé, Allágguna, ¡yo!…, y los *eggun*, los muertos. En el monte se encuentran todos los *eshu*, entes diabólicos; los *iwi*, los *addalum* y *ayés*; la Cosa-Mala, Iyondó, toda la gente extraña del otro mundo… que tienen malas intenciones… No te puedes asustar. No pongas en duda lo que vas a ver aunque sea un ser monstruoso…, el diablo. *(Paternal).* Te vas al monte, solo, te llevas todo lo que necesitas para pedirle permiso al monte para entrar. Te quitas la ropa antes de entrar, al cuarto día, después de la tercera noche, desnudo, te limpias con la sangre del chivo, te revuelcas con el chivo muerto como si estuvieras haciendo sexo con una mujer… para limpiarte de lo que andas haciendo y que no me gusta. El carnero me calma… Cada orisha tiene su animal… ¡A veces quisiera que mis hijos fueran carneros! Te vas a limpiar con un chivo, el animal de Oshún.
JOSÉ LUIS. Papá…, yo…, Babamí…
CHANGÓ. *(Agarra a José Luis y lo purifica, le unge con su sudor la cara y el cuerpo; oprime su frente contra la de José Luis y habla en esa posición).* Tienes que hacerlo pronto. Elegguá está disgustado porque estás manchando a su hija…
JOSÉ LUIS. Papá, ¡¿manchando a su hija?!
CHANGÓ. Tú sabes qué está pasando.
JOSÉ LUIS. *(Entre suplicante e irrespetuoso).* En Nueva York no hay montes…
CHANGÓ. *(Furioso. Separándose de José Luis).* No me jodas…, encuéntralo. No me sigas cansando… Te voy a mandar para *Ilé Yansá*. *(Amenazándolo).* Kuruma koi iná koi mowí.* *(Muy enojado).* El venado y la jicotea no pueden caminar juntos.

---
* Con Changó la tragedia es mala.

El Padrino cae al suelo contorsionándose cuando Changó lo deja. Se queda tirado, como muerto. José Luis, a su lado, le pasa un paño por la frente y la cara. Espera un poco a que el Padrino reaccione y sale.

En el bar. Teresa está sentada frente a una mesa. Entra Marquito y se sienta en la barra, sin saludarla. Ambos están mirando —insistentemente— hacia la puerta. Entra José Luis con Marina. Se dirigen hacia donde está Marquito y se saludan. José Luis le da la mano con afecto y le presenta a Marina. Van hacia la mesa y saludan a Teresa. Se sientan con ella. Es una escena sin diálogo donde los orishas caminan alrededor de los personajes o los contemplan desde una esquina. Comienza a oírse la canción «Antología de caricias» del Grupo Altamira* u otra canción apropiada. José Luis y Marquito se entrecruzan algunas miradas naturales, donde no hay ningún secreto, pero Teresa está al tanto de las miradas y de todo lo que ocurre. La escena está llena de sexualidad entre todos los presentes. Uno de los orishas les trae una cerveza a cada uno de los cuatro personajes. José Luis y Marina comienzan a bailar al ritmo de la música de la canción. Termina la música. José Luis y Marina salen. Van caminando, abrazados, hacia su casa. Llegan, abren, felices; están muy juntos, llenos de erotismo. Mientras tanto, en el bar, Marquito y Teresa se emborrachan. Esta escena debe ser tratada con mucho cuidado. Debe lucir real —y nunca afectada.

MARINA. ¿Te acuerdas cuando nos conocimos?
JOSÉ LUIS. Fue en la casa del Padrino.
MARINA. Mi madrina… Ella me llevó a un tambor en casa de tu padrino. Yo estaba ayudando en la cocina y tú fuiste a pedirme un pedazo de lechón… *(Recordando).* Casi me desmayo cuando me viré y te vi, me puse bien nerviosa…
JOSÉ LUIS. Me tiraste mojo encima.
MARINA. Fue sin querer.
JOSÉ LUIS. Padrino me preguntó.
MARINA. Él no estaba allí.
JOSÉ LUIS. Claro que sí, a mi lado.
MARINA. Yo nada más que tenía ojos para ti.
JOSÉ LUIS. Se dio cuenta de que yo te gustaba. Me lo dijo…
MARINA. Me pasaba insistiéndole a mi madrina que me llevara a casa de tu padrino. Ella no me entendía, porque nunca Elegguá ha querido ir a casa de Changó a saludarlo. Yo lo que quería era ir a ver si te encontraba… o por lo menos saber de ti pero mi madrina no cedía. Al fin me llevó… Entonces me tiraron los caracoles y lo primero que salió era que no me convenías.

---

* Altamira Banda Show. *Antología de caricias*, de Jankarlo Núñez. Compact Disc. TH-2920. 1992. Gerencia de ventas y relaciones públicas, Corporación Wilfrido Vargas, c/ Fantino Falco, Suite 313, Plaza Naco, Santo Domingo, República Dominicana.
«Antología de caricias»: Como dulce melodía esa noche/ tu nombre penetró en mis sentidos/ y se metió tan adentro tan adentro/ que por eso salir no ha podido./ Me coloqué como si fuera acto de magia/ en un espacio colorido e imaginario/ situado entre el deseo de mil ansias/ y el propósito de ver tus tibios labios./ Esa noche descubrí mil emociones/ bajo tu hechizo y tus gemidos excitantes/ que deslumbrados por aquellas sensaciones/ de tanto amor casi te veo en cada frase./SOLO: Vamos a hacer en lo adelante/ CORO: una antología de caricias/ SOLO: de lo mejor de la primera noche/ cuando allí me diste la primicia./ CORO: Retrasmisión de los primeros años del amor/ que endulza nuestras vidas./ SOLO: Aún yo guardo en mi pudor/ el dolor de tu primera vez/ un dolor que supo a miel/ y una piel que grita ven, ven,/endúlzame otra vez *(Se repite desde el primer coro).*

JOSÉ LUIS. ¿Cómo sabía que yo no te convenía?

Se ve a Marquito salir hacia su casa, borracho. Teresa queda borracha en el bar.

MARINA. No dijo que tú, pero los caracoles te describieron: un hombre que lucía como tú, que no se había fijado en mí...

JOSÉ LUIS. Yo sí me había fijado en ti.

MARINA. Los caracoles dijeron que por tu culpa iba a haber sangre. También dijeron que contigo venía la traición de la persona en quien más confío.

JOSÉ LUIS. No te volví a ver más desde aquel día del tambor y luego, en la casa del Padrino... El Padrino me dijo que me apartara, él también vio sangre. *(Pausa)*. Claro que hubo sangre, al mes ya eras mi mujer.

Marina, sexual, lo abraza, se besan, se pierden en el piso detrás de algún mueble.

MARINA. *(Con pasión)*. No nos van a separar aunque quieran.

En el bar. Teresa está nerviosa. Sale.

Marquito, en su casa, se recuesta a una pared y se da golpes con todo el cuerpo contra la misma. Está desesperado.

MARQUITO. *(Tranquilizándose)*. La desventaja es la ventaja de conocerme y saber lo que debo hacer... A pesar de todo lo que presiento..., estoy seguro de..., de que las cosas tienen que llegar a... ¡Alguien tiene que pensar! Cada vez que estoy solo veo las cosas como deben ser, pero cuando él llega me envuelve. *(Rebelándose a su destino)*. No me interesa continuar viviendo en este mundo de soledad y ser simplemente un momento. Las relaciones humanas... Lo que yo quiero... ¡Los dos! Tiene que llegar el momento en que pierda el miedo y se entregue...

En la casa del Padrino.

PADRINO. *(Frente al altar)*. Babamí, él la quiere. Dele una oportunidad. Sea lo que sea por lo que usted se disgusta, él va a ver claro más adelante. Oshún dice que el amor va a triunfar sea como sea, pero Babamí, dígame qué sucede. Yo lo he servido bien... *(Coge cuatro pedazos de coco. Hace tres libaciones de agua a Elegguá).* Atanú ché oddá li fu aro mo bé aché, aché mí mó aro mo bé omoí tutu, ana tútu, tútu laroye. *(Cierra los dedos de la mano izquierda y con la derecha toca tres veces el suelo).* Ilé mó kuo kuele mu untorí ku, untori aro, untori eyé, untori ofó, untori mó dé li fu lóni. *(Toma los cuatro pedazos de coco).* Obí kú aro obí eyó obí ofú obí Elegguá. *(Pausa).* Akañá. *(Derrama agua en el suelo).* Omí tuto lá ero pele rí la bé keke koko laro pelerí ke bó mó gán lorí gán boyé iga. Ibori bechiché. *(Toca el suelo con las puntas de los dedos y después se los besa).* Ilé mó pico mó poleni untori ikú, mó poleni untorí ofó mó dá rimó poleni obí eyó arún obí ilúe. Obí oyó Obí Elegguara. *(Pausa).* Akkuañá. *(Tira los cocos. Se queda espantado).* Pero, Elegguá..., pero... ¡Elegguá! Aroni, que Dios nos libre.

---

* Lydia Cabrera: *El Monte*, 380.

(Corre y busca una vela. La enciende. Vuelve a tirar los cocos). Ellife. *(Pausa larga. Triste. Hace como manda la letra que ha salido: oprime los pedazos de coco contra el corazón).* Baba Elegguá mo ri bale laroye to edun lo osun ni iya ago molluba okokan laroye. ¡Líbrelo de la muerte!

José Luis y Marina han terminado de hacer el amor. Están desnudos. Marina desea continuar acariciándolo.

JOSÉ LUIS. ¡Ya! ¡Déjame tranquilo!
MARINA. ¿Ves lo que te digo?
JOSÉ LUIS. No veo nada.
MARINA. Tal parece que no me deseas.
JOSÉ LUIS. ¡Claro que sí!
MARINA. No parece.
JOSÉ LUIS. La pasamos bien… ¡ya, para!
MARINA. Te quiero mucho.
JOSÉ LUIS. No seas empalagosa.
MARINA. Si me quisieras no te empalagaría.
JOSÉ LUIS. *(Comienza a vestirse).* Es que nunca te quedas contenta.
MARINA. Al menos compórtate como debes.
JOSÉ LUIS. *(Siempre sin levantar la voz. Sin excitarse).* ¿Y no me comporto?
MARINA. ¡¿José Luis?!
JOSÉ LUIS. ¿Qué tú quieres? Yo no tomo, no hago drogas…, te sirvo como hombre. No te entiendo.
MARINA. Que me des calor, amor.
JOSÉ LUIS. ¡Por favor!
MARINA. Te siento como si no estuvieras conmigo…
JOSÉ LUIS. ¡¿Qué?!
MARINA. Sí, ¡ausente!
JOSÉ LUIS. Acaso no sentiste cómo gocé…
MARINA. No es eso.
JOSÉ LUIS. Esta es mi manera.
MARINA. No hay maneras particulares.
JOSÉ LUIS. Esta…, yo soy así. Esta es mi manera.
MARINA. El amor solo se da de una manera.
JOSÉ LUIS. Acéptame como yo soy. No sigas tratando de cambiarme porque no voy a cambiar.
MARINA. Te quiero para mí sola, todo el tiempo.
JOSÉ LUIS. Marina, no le pidas piñas a la mata de coco.
MARINA. Me siento frustrada.
JOSÉ LUIS. *(Irónico).* No se te notó hace un momento.
MARINA. Eso…, eso. Siento que tú me usas cuando tienes la necesidad, nada más.
JOSÉ LUIS. *(Irónico).* Y tú quieres que siempre tenga la necesidad…
MARINA. Qué poco me conoces.
JOSÉ LUIS. ¿Quieres que no vuelva?

---

* Ib., 387.

MARINA. ¡Tú ves! ¡Te vas por la tangente!

JOSÉ LUIS. ¡Por la tangente no! ¡Voy directo! Estás con un titubeo de que sí quiero, y de que no quiero, y que me usas, pero que no me das suficiente...

MARINA. Quiero cariño de verdad. Que no andes por ahí, que estés a mi lado. Quiero un hombre a mi lado.

JOSÉ LUIS. *(Reacciona)*. ¿Es que tú crees que yo no soy un macho?

MARINA. Yo no dije eso.

JOSÉ LUIS. ¡¿No?!

MARINA. Tengo miedo.

JOSÉ LUIS. ¿Miedo de qué?

MARINA. Tú no... Es que... *(Se para frente a José Luis. Desea entrar en lo profundo de su ser y mirar hasta los mínimos pensamientos y conocer todos sus secretos).* ¡Mírame a los ojos! ¡Mírame, coño, sin miedo!

JOSÉ LUIS. *(La mira, pero no lo hace de frente)*. No tengo miedo.

MARINA. ¡Mírame! ¿Qué ves? Puedes entrar hasta el fondo de mi alma. ¡No hay secretos! ¡No hay recovecos! ¡Todo está limpio! ¿Y tú? ¿Crees que podría ver lo mismo en tus ojos? La vida se manifiesta en la mirada; en los ojos. ¡Mírame fijo! ¡No te atreves!

José Luis sale enojado. Va directamente hacia la casa de Marquito.

MARINA. *(A José Luis, como si aún estuviera en la habitación).* Yo no puedo sacarte de adentro. No te voy a dejar vivir si me fallas. Primero te mato... y después a la que esté a tu lado, y después me meto un tiro... *(Señalándose el corazón).* Aquí... No vas a ser de nadie. *(Cambio).* Se lo dije a Eleggúa. *(A Eleggúa).* Ábrame los caminos, padre, o llévenos a los dos porque yo no puedo vivir sin él.

José Luis entra con su llave en el apartamento de Marquito.

MARQUITO. *(Fuera de escena).* ¿Quién está ahí? *(Sale y encuentra a José Luis).* Oí un ruido...

JOSÉ LUIS. *(Sospechoso).* ¿Estabas esperando a alguien más?

MARQUITO. Pensé que eras tú, pero...

JOSÉ LUIS. Vine para despejar un poco de esa mujer. A veces pienso irme de allá del todo... y venir para...

MARQUITO. Está enamorada.

JOSÉ LUIS. Es una perra celosa.

MARQUITO. *(Habla de Marina y de él mismo).* Por eso mismo, porque está obsesionada. Los celos son..., son consecuencia de la inseguridad y ella está insegura. Uno quisiera detener los sentimientos hacia ti, pero no es fácil... Entonces, cuando te conoció, pensó que no iba a suceder. Sin darse cuenta uno va enamorándose y, de pronto, lo que comenzó como un jueguito sexual se ha convertido en una necesidad...

JOSÉ LUIS. Las cosas suceden. A mí también me suceden y yo también pensé que... *(Cambio. Vuelve a la preocupación anterior).* ¡No me deja tranquilo con sus celos! *(Dramático).* ¡Sáquemela de encima, Changó! Vine aquí porque es donde único puedo descansar... y olvidarme del resto del mundo. *(Suena un poco molesto, pero como siempre, sin gritar).* Aunque te voy a decir una cosa, cuando tú fuiste al bar del dominicano a buscarme... ¡No me gustó!

No tienen que andar buscándome, ni tú, ni ella, ni nadie. Tú me buscaste una sola vez, que si no… Yo…, yo…, somos amigos. Yo vengo, estamos aquí hablando y… cualquier cosa y ya. Tú…, tú… En fin, no me gusta que me acosen y tú lo sabes. Me están volviendo loco. El Padrino y sus cosas, Marina… Y no quiero que me…, tú… Me siento como una liga que todos halan para su lado. No quiero. *(Convencido)*. Las cosas son como son. Si son así, duran para siempre. *(Vuelve a sentirse víctima)*. Todo el mundo quiere que yo sea como quieren que sea pero no como yo quiero ser. ¿Cuándo me van a dejar estar tranquilo? Si me aceptas, bien. Yo vengo. Tú tienes lo que te gusta y si no te gusta, pues tú verás. ¿He hecho algo malo? ¿Le he hecho algo a alguien? Vivo complaciendo a todo el mundo, y a mí ¿quién me complace? Estoy…, me gusta venir… a descansar. Fíjate que hasta Changó se enoja.

MARQUITO. Acuéstate en la cama.
JOSÉ LUIS. Aquí estoy bien.
MARQUITO. Para darte un masajito bien rico. *(Silencio)*. ¿Quieres una cerveza?
JOSÉ LUIS. Sí.

Marquito sale y regresa con la cerveza.

JOSÉ LUIS. *(Toma directamente de la botella)*. Después me das el masajito.

Le pasa la botella a Marquito, que bebe y se la regresa.

JOSÉ LUIS. ¿Qué estabas haciendo?
MARQUITO. Viendo televisión en el cuarto.
JOSÉ LUIS. Qué suerte la tuya que no tienes preocupaciones. ¿Están poniendo algo bueno?
MARQUITO. Una película de misterio.
JOSÉ LUIS. Vamos a verla.

Salen de escena, hacia el cuarto.

En el apartamento de Marina.

TERESA. Hace días que estaba por venir.
MARINA. Ya me estaba preocupando. Te iba a llamar.
TERESA. Ay, no sabes lo ocupada que ando. En esta ciudad no le alcanza a una el tiempo para nada. No me explico, allá en mi país una tenía tiempo para todo, pero aquí es corre y corre. El trabajo, la casa, un traguito que me doy de vez en cuando… Me paso más tiempo en el *subway* que en mi cama… sola, al menos.
MARINA. *(No le presta mucha atención. Tiene otra preocupación)*. Lo importante es que viniste. ¿Viste algo raro?
TERESA. Primero dame una cervecita. Nada, no vi nada.
MARINA. ¡¿Nada?!
TERESA. Bueno, tampoco las cosas están claras.
MARINA. ¿Tú crees que tiene otra mujer?
TERESA. *(Con cizaña)*. Mi amor, es lo más seguro. Con lo mujeriego que es… Algo hay. *(Buscando alguna reacción)*. Los otros días fue a buscarlo un tíguere al bar.

MARINA. ¡Elegguá! *(Toca el piso con la punta de los dedos y los besa)*. ¿Quién era?
TERESA. No sé. No me gustó. Era más misterioso que Sherlock Holmes.
MARINA. Un mensaje seguro.
TERESA. Ese, o está en drogas o… ¡sabrá Dios!
MARINA. Él no coge esa basura.
TERESA. Ay, mi amor, hoy no se conoce bien a nadie.
MARINA. Eso te lo puedo asegurar.
TERESA. Anda con un secreto arriba…
MARINA. ¿Tú crees?
TERESA. Aún no puedo imaginarme lo que está pasando, pero presiento que es algo fuera de lo normal. *(Muy dulce)*. Lo hago por ti, y que conste.
MARINA. Lo más seguro es que tiene otra por ahí.
TERESA. *(Sembrando cizaña sin que Marina se dé cuenta)*. Yo…, tú sabes que no soy mentirosa, ni me gusta formar enredo y menos a mis amigas. Tu marido… se pierde detrás de las faldas. Si me descuido me mete mano a mí también, no te engañes, que tú lo sabes. A mí tiene que respetarme. Tú eres mi amiga… *(Inocente)*. ¡Muchos hombres se confunden conmigo! ¡Es una maldición que tengo! *(Tratando de convencerla)*. Si yo fuera tú lo mandaba para el diablo, que hombres son los que se sobran. A los hombres hay que enseñarlos, que se joda. Yo no me explico qué te pasa con José Luis, ni que fuera un artista… *(Solo Marina no se da cuenta)*. Acaba de mandarlo para el carajo. No seas idiota, que tú estás joven y estás buena. Cuando se vea solo va a saber lo que es bueno.
MARINA. Pero él me jura que no está con ninguna otra mujer.
TERESA. Ay, mi hermana, te lo digo y te lo repito: no sé qué te pasa con él. Estás hecha una gran comemierda que lo cree todo. A donde tú has llegado, yo no quiero estar ni por un minuto. Yo no soy como tú, mi hombre es mío y de nadie más.
MARINA. ¿Qué crees que debo hacer?
TERESA. Síguelo. Averigua… Ya ni por el bar va.
MARINA. Si lo agarro en algo, me desgracio la vida porque lo mato y después me… Ay, Elegguá. Santo Niño de Atocha.
TERESA. Contrata a un detective para que lo siga y te diga dónde se mete. Porque en algún lugar se está metiendo… *(Piensa rápido)*. Ay, mira qué idea más buena se me ha ocurrido; vamos a ir a casa de su padrino y también vamos a averiguar dónde vive el tíguere ese que lo anda buscando y le hacemos una visita.

En la casa de Marquito.

JOSÉ LUIS. Estoy pensando en irme para Miami sin decírselo a nadie. A sacarme tanto lío que tengo encima de mi cabeza.
MARQUITO. Piénsalo bien.
JOSÉ LUIS. Es la única solución.
MARQUITO. ¿Qué dice tu padrino?

A continuación el ambiente cambia visiblemente. José Luis mira a Marquito con una mirada envolvente. Siempre pausadamente, su modo de hablar cambia de un tono dulce a otro algo aniñado a otro con mayor ternura. El movimiento del cuerpo acompaña el tono de voz de

José Luis; toda su personalidad cambia. Algunas veces se acerca a Marquito de una forma sugestiva y cariñosa, sin tocarlo, pero insinuando acercamiento espiritual, compenetración y dulzura. El erotismo le sirve para manipular en un juego de dominio. Marquito responde a esos cambios con la mirada y el movimiento de su cuerpo y cuando habla deja claro cómo se deja envolver, a pesar de que parece estar resistiéndose a la proposición que José Luis le está haciendo.

JOSÉ LUIS. No le he dicho nada. Yo no vine a este país para seguir igual que en Placetas. Yo vine para encontrar una persona que me entienda y no me complique la vida. Vivir juntos, sin complicaciones. No es fácil encontrar esa persona, la que lo acompañe a uno en la vida, que lo comprenda. Pienso que en Miami podemos volver a empezar; poner un negocito.

MARQUITO. ¡Tienes uno!

JOSÉ LUIS. Sí, lo vendo y monto otro en Miami. Yo soy un tipo luchador y tengo ilusiones. No tengo vicios. Nosotros somos amigos, si me voy para Miami, tú vienes y ponemos el negocito juntos. Una tienda de ropa. ¿Te imaginas la vida que vamos a llevar? ¡Los dos! Lejos de tanta gente que lo complica todo, que se mete en lo que uno hace o no hace. Tú llevas los libros y eso, y los dos vendemos. La vamos a pasar bien y..., y los domingos nos vamos a pescar a los Everglades... y a cazar; te voy a enseñar.

MARQUITO. Una decisión de esa envergadura no la podemos..., yo no la puedo tomar tan fácil. Hay muchas cosas que hablar.

JOSÉ LUIS. No te compliques.

MARQUITO. Tú tienes un negocio, pero yo no.

JOSÉ LUIS. El negocio va a ser de los dos; eres una persona muy inteligente, vamos a trabajar..., el negocio va a ser de los dos.

MARQUITO. No es fácil... No, no es fácil.

JOSÉ LUIS. ¿Por qué?

MARQUITO. ¿Y cuando tú te canses? Yo... ¿qué me hago entonces?

JOSÉ LUIS. Vamos..., vámonos... Vamos a cambiar de vida.

MARQUITO. ¿Y si no funciona?

JOSÉ LUIS. ¿Por qué eres así?

MARQUITO. ¿Qué me hago? ¿Quedarme sin nada... y solo?

JOSÉ LUIS. *(Siempre tratando de convencerlo con lógica y dulzura. A su manera).* Para qué voy a andarte con cuentos, yo vengo a tu casa porque me gusta. Me siento como en mi casa. Me sentía incómodo..., yo..., ahora..., me gusta que me trates con dulzura y que me atiendas; me gustan tus ojos y tu cara y verte desnudo... Me vuelvo loco cuando... Sí, es verdad, pienso en tus nalgas y se me..., me excita eso... y no sé por qué. A mí, tú lo sabes, me gustan las mujeres y eso no lo voy a dejar; no me lo pidas, ¿qué puedo hacer? Me gustas..., yo..., yo te quiero a mi manera, pero no me gusta estar hablando de eso porque me hace sentir lo que no soy. Yo no soy como tú y tú lo sabes. Pero voy a arriesgarme a que vivamos juntos, como dos socios, nadie tiene que darse cuenta. Te imaginas lo que pensaría mi mamá si llegara a enterarse, ¿y todos mis amigos? Marina pensaría que por eso... ¡No quiero hablar de esto! *(Pensativo, sin poder detener el sentimiento. Tratando de ofrecerle seguridad).* Pero me gusta que te arrodilles y me gusta verte así... haciendo eso. Me siento fuerte y más hombre. Ahora mismo me excita... pero no me hables de eso ni me hagas la vida imposible como Marina. Ven, vamos... ¡Entiéndeme! ¡Entiéndeme!

Salen para la habitación. Oshún y Changó se acercan al primer plano; se quitan la ropa, se abrazan y se tiran al piso mientras se oye el Kyrie Eleison de la Missa Luba *o, en su lugar, un canto a Oshún. Por primera vez se apagan las luces.*

La unión de los dos orishas significa varias cosas: 1) la similitud de las relaciones heterosexuales y de las relaciones homosexuales; 2) la seducción de Changó por Oshún que, como es sabido, se vale del sexo para lograr lo que desea, en este caso la salvación de José Luis al que Changó está mirando con malos ojos por sus relaciones con Marquito; 3) por lo mismo, la aceptación de Marquito como compañero de José Luis y 4) los orishas ¿aceptan y bendicen? a la pareja.

Fin del primer acto. No hay intermedio

SEGUNDO ACTO

En la casa del Padrino. Marina y Teresa están frente a la puerta.

MARINA. *(Antes de tocar).* ¿Tú crees que nos diga algo?
TERESA. Ay, sí, claro. ¡Toca!

Marina toca en la puerta. El Padrino abre.

PADRINO. ¡¿Marina?!, ¡qué sorpresa! Pero entra. ¿Y José Luis?
MARINA. Es que… ¿Usted conoce a mi amiga Teresa? Vine a visitarla, aquí cerquita de su casa, y le dije, déjame ir a saludar al Padrino, como José Luis nunca me trae…
PADRINO. Pero pasen.
MARINA. Déjeme saludarlo. Como están las cosas no quiero líos con Changó.

Marina se tira en el piso, boca abajo, con los brazos a lo largo del cuerpo, frente al Padrino. Él la toca en los hombros con las puntas de los dedos.

PADRINO. *Aguaguato Elegguá Mokuehó dide.*

Marina se para y cruza los brazos sobre el pecho. El Padrino también cruza los brazos sobre el pecho y se pegan, primero un hombro y después el otro.

PADRINO. Ven a saludar a Changó.

Van hacia el altar. Marina vuelve a tirarse boca abajo, con los brazos a lo largo. Extiende un brazo y coge una maraca. La toca. Mientras toca la maraca, el Padrino se inclina y toca el piso con los dedos.

MARINA. Bendición, papá.

Marina besa el piso y se levanta.

PADRINO. Pero siéntense. ¿Qué quieren tomar?
MARINA. No se moleste, Padrino. Es una visita de un minuto, para saludarlo… y si tiene tiempo me tiro los caracoles.
PADRINO. No quiero líos con tu madrina.
TERESA. Ay, pues me los tira a mí.
PADRINO. Otro día, otro día, cuando gusten. *(Directamente a Marina. Recalcando las palabras para que el mensaje llegue).* Algunas veces las cosas están claras y no se necesitan los caracoles. Elegguá dice que te cuides, que la traición te va a llegar de quien más confías.
TERESA. *(Se siente aludida. Con descaro).* El Padrino sabe lo que dice.
MARINA. *(Sin relacionar a Teresa con la traición).* ¿Hace días que no ve a José Luis?
PADRINO. *(Entiende que desean averiguar algo).* ¡Ese José Luis!
MARINA. Casi todos los días me dice que viene para acá…
PADRINO. ¡Aaaah! ¡Pero…!
MARINA. Él viene todos los días, ¿verdad?
PADRINO. Pero, pero aunque sea una tacita de café…
MARINA. ¿Anoche durmió aquí? ¿Verdad, Padrino?
PADRINO. Enseguida lo cuelo. *(Sale).*
TERESA. ¿No puedes ser más directa? Así no le vas a sacar nada. Lo que hiciste fue ponerlo sobre aviso. Olvídate, él no es bobo. Vámonos, me cae mal este viejo.
MARINA. ¿Tú crees que se lo diga a José Luis?
TERESA. Ay, ¿y qué tú crees? Oye, qué poco sabes de la vida. Mejor vámonos.
MARINA. Se va a dar cuenta.
TERESA. No perdamos más tiempo aquí.
MARINA. *(Alto).* No se moleste, Padrino, ya nos vamos.

El Padrino aparece con el café.

PADRINO. Pero si ya está…

Les da las dos tazas. Se toman el café en silencio.

MARINA. *(Al terminar de tomar).* Bueno, Padrino, visita de médico. *(Buscando una excusa mejor).* Usted sabe que… estamos…, vamos a comprar unas cosas…, mi amiga tiene que… Yo vuelvo en estos días, con José Luis. Le dije cuando llegamos que no podíamos quedarnos mucho rato…, solo fue para saludarlo.
PADRINO. No se preocupen.
TERESA. Mucho gusto.
PADRINO. *(Se dirige solamente a Marina).* Ya sabes que esta es tu casa. No te olvides de lo que te he dicho.

Salen. En la calle.

TERESA. Ese viejo es un latoso. Ahora vamos a averiguar dónde está la casa del tal Marquito.
MARINA. No voy a ir. Él tampoco me va a decir nada.
TERESA. Lo estoy haciendo por ti. Que a mí nada de esto me importa. Hasta tengo que aguantarle las malacrianzas al viejo. Si deseamos averiguar lo que queremos saber tenemos que ir a los lugares adecuados.

Aparece Elegguá sin que las dos mujeres noten su presencia. Elegguá rodea a Marina, la limpia espiritualmente. La abraza. Se separa de ella. Camina con ella hasta la casa de Marquito. Teresa los sigue. Marina y Teresa frente a la puerta de la casa de Marquito. Elegguá se retira.

TERESA. A ver si aquí no metes las patas como en casa del viejo.
MARINA. Elegguá, mi padre, póngame las palabras en la boca. Ábrame el camino para no meter las patas.

Teresa toca en la puerta. Marquito abre y, naturalmente, se queda sorprendido, pero no permite que se note.

MARINA. ¿Te acuerdas de mí? La mujer de José Luis.
MARQUITO. Claro, sí… En el bar… Buenas, buenas… Pasen.
TERESA. *(Sexual, mientras entran).* ¿Y de mí?
MARQUITO. Sí, sí. Claro. También en el bar.
TERESA. Y te estarás preguntando qué hacen estas dos aquí.
MARQUITO. Realmente no esperaba la visita.
TERESA. Es que, tú sabes, desde aquel día que fuiste al bar… pues yo tenía ganas de volver a verte y como Marina me dijo que tú eras muy amigo de su marido, pues le dije ay, averigua la dirección y vamos a hacerle una visita.

Marquito está medio confundido. ¿Qué pasa? ¿Qué le ha dicho José Luis a Marina? ¿Qué hacen en su casa?

MARQUITO. ¿Quieren un café?
MARINA. *(Cambia visiblemente. No se siente a gusto).* No, no…
MARQUITO. ¿Una cerveza? ¿Un refresco?
MARINA. Nada.
TERESA. Lo que tú me quieras dar.
MARINA. *(No puede contenerse).* ¿Y José Luis no ha venido hoy por aquí?
TERESA. *(Rápida).* Ay, esta mujer enamorada no hace más que pensar en su marido. *(A Marina).* Ay, mi amor, vinimos a visitar al señor, no seas…, deja de pensar en ese hombre. *(A Marquito).* Yo acepto la cerveza, pero tú tienes que tomarte otra, conmigo.
MARQUITO. Eh, sí… Eh…, yo iba a salir. Tengo una reunión de…, de trabajo, pero me puedo quedar un rato más.
TERESA. Si molestamos, nos vamos.
MARQUITO. No, no, no… Voy a buscar las cervezas.

Sale.

TERESA. ¿Estás loca? Lo primero que no tienes que preguntar es lo primero que preguntas. Déjame a mí. ¿*Okey*?
MARINA. Vámonos. Él no nos… Además…
TERESA. Ya estamos aquí y vamos a ver qué averiguamos.
MARINA. Me quiero ir.

TERESA. ¿Tú no crees que este tipo sea medio… algo? ¡No sé!
MARINA. Vámonos.
TERESA. Ay, niña, cállate, tenemos que… *(Se interrumpe con la llegada de Marquito).*
MARQUITO. *(Parece más dueño de la situación. Le da la cerveza a Teresa. La sirve en un vaso. También trae una para él. Toma directamente de la botella).* ¿Seguro que usted no quiere nada?
MARINA. ¡No!
TERESA. ¡Salud!
TERESA Y MARQUITO. ¡Salud!
MARQUITO. ¿Y en qué puedo servirlas?
MARINA. Es que… yo… Yo vine pensando… Me duele mucho la cabeza. Mejor venimos otro día. *(Parándose).* Vámonos, Teresa.

Teresa, sorprendida, se levanta. Salen sin despedirse. En la calle.

TERESA. ¡¿Tú estás loca?!
MARINA. Ese hombre me da…, no sé… No debimos haber venido. *(Para sí misma).* Tenía puesta la medallita…
TERESA. *(Teresa no entiende bien).* ¿Qué dijiste?
MARINA. ¿No le viste la medallita?
TERESA. ¿Qué medallita?
MARINA. La de Santa Bárbara… ¡Changó!

Elegguá vuelve a unirse a las mujeres, que se separan. Teresa sale. Marina va hacia su apartamento, Elegguá entra con ella.

En el apartamento de Marina. Marina está frente al altar de los orishas. Esta es una escena silenciosa, llena de misterio espiritual. Es Marina con Elegguá, su santo coronado. Le pone una ofrenda. Le habla en silencio. Lo consulta con el coco. Ve y oye.

MARINA. *(Algo sabe ahora pero no lo puede creer).* No, mi padre… No… Usted no puede permitir eso. Debo haberme equivocado al preguntarle porque… no… Yo estoy segura que no. *(Vuelve a preguntar con el coco. Los tira y los interpreta).* Elegguá, debe haber una equivocación. *(Nerviosa e incrédula vuelve a preguntarle al coco y según va viendo la respuesta va desesperándose; se tira al piso y se revuelca dando unos alaridos que no parecen humanos. Se levanta respirando profundamente como posesa y comienza a desbaratar su altar tirando los objetos sagrados al suelo).*

Se oye una tempestad de truenos mezclada con el toque del tambor. Algo ha pasado con Elegguá que está enojado por la falta de respeto de Marina. El orisha decide demostrarle su enojo en algún momento. Padrino lo ve y lo oye. Elegguá sale enojado.

En la casa del Padrino. José Luis entra.

JOSÉ LUIS. Padrino, vengo a que me tire los caracoles. Ya no la aguanto más. Es una escena detrás de la otra, es igual, no cambia. Hasta me va a buscar a casa de mis amigos. Padrino, tíreme los caracoles.

PADRINO. Los caracoles no son para jugar.
JOSÉ LUIS. No es juego, Padrino. Necesito que me ayude, estoy desesperado. Mejor no me diga nada. Hay cosas que no se deben decir. Hay que aprender a entenderlas… A usted mismo, Changó no le ha querido hablar. Cada día me voy encontrando… Tenemos hábitos mentales y un afán de sentirnos superiores como los orishas…, sí… ¡No me va a entender! ¡Mejor que no me entienda!
PADRINO. Pero… No puedo ayudarte si no me dices.
JOSÉ LUIS. *(Confuso)*. ¡Me voy a volver loco! Que…, que… le tengo miedo al contacto como lo desea el cuerpo…, lo establece sin darse cuenta de que en su propio ser *(se da duro en el pecho)* lo rodean fuerzas que no se pueden…, no se pueden… ¡Claro! ¡No quiero!
PADRINO. ¡¿Mi ahijado?!
JOSÉ LUIS. Y le he pedido a Changó…, y ahora viene a decirme lo que tengo que hacer y que no está contento y que si debo ser un chivo… Por eso me resisto a oírlo porque él no me oyó, por eso no… *(Se toca el corazón con fuerza; quisiera estrujarlo)*. No sé…, y pasó; pasó así, un día.
PADRINO. Pero, ¿vas a hablar claro o no?
JOSÉ LUIS. Somos hijos del destino porque la vida comenzó en… ¡Yo no quiero ser un chivo!

En el apartamento de Marquito.

MARQUITO. *(Para sí mismo)*. ¡Qué raro! Estoy seguro de que José Luis no le ha dicho nada. No voy a caer en…

Marca un número de teléfono. El timbre se oye en la casa de Marina pero no hay nadie para contestar. Marquito cuelga. Preocupado, sale.

Continúa la escena en la casa del Padrino.

JOSÉ LUIS. Nada me sale bien. Las cosas en el negocio me van más y más para atrás.
PADRINO. Ya te han dicho lo que tienes que hacer.
JOSÉ LUIS. Usted no me entiende.
PADRINO. Pero lo sé todo.
JOSÉ LUIS. ¡¿Qué sabe?! Usted siempre está divagando, con los santos. Bueno es lo bueno, pero no lo demasiado. Todos…, nadie piensa en otra cosa que en joderme. Marina quiere que yo sea como ella quiere que sea, para ella…, una máquina…; el otro, calladito que parece que no moja, pero empapa…, tratando de hacerme…, de hacerme… ¡Ay, Dios! Teresa… Y usted, usted también… Quieren que yo sea a sus maneras. ¡Y Changó!
PADRINO. Me lo dijeron los cocos. Pero tú sabes que tienes que ir al monte, cambiar de vida. Yo no te voy a insistir más. Elegguá te va a cerrar más y más los caminos. Por suerte para ti, Elegguá se quiere vengar de Marina por su falta de respeto y la está confundiendo más y más. Elegguá le ha hecho ver que Teresa no es su amiga. Y algo de lo otro… Pero nada claro. Teresa no puede creer que tú…, que tú… *(No desea hablar de «eso»)*. Los santo hacen las cosa a su manera…, cuando quieren.
JOSÉ LUIS. Usted también está en contra mía.
PADRINO. Yo no quisiera que las cosas fueran así.

José Luis va a salir, Oshún aparece inesperadamente, corre hacia él y le pone una cabeza de chivo enorme. José Luis grita y berrea y corre como medio loco; Oshún detrás de él. José Luis sale con su cabeza de chivo al mismo tiempo que los orishas y el tambor entran a escena. Junto a Oshún, gritan, brincan y se revuelcan por el piso del escenario.

En el apartamento de Marquito. José Luis está durmiendo. Se despierta gritando, sobresaltado. Marquito aparece apresurado.

JOSÉ LUIS. ¡Qué pesadilla!
MARQUITO. Esa fue la postura en que te dormiste.
JOSÉ LUIS. Parecía de verdad. Soñé…, era muy real, que tú y yo estábamos en un lugar, en una selva…, y llegó Marina, desnuda, estaba embarazada, con una barriga grande, enorme; venía con un cuchillo y con la cara furibunda, riéndose… como loca. No nos había visto pero, de pronto, nos vio y te fue para arriba, y te metió el cuchillo mil veces, te cosió a puñaladas y yo no me moví. Lo miré todo con mucha calma; hasta encendí un tabaco y aspiré el humo, como si estuviese disfrutando todo aquello. Después ella se puso a besarme y a singar allí mismo. Me parece que fue de verdad. Era bien confuso… porque había mucha tiniebla…, no se veía nada y ella… estaba como loca… Entonces me dijo que ya estaba tranquila porque había matado a Teresa, y también te mató a ti… Nos acostamos arriba de ti. Ella decía que era como tener sexo dos veces… Tenía la cabeza de Teresa agarrada por los pelos… y se reía. Decía que su venganza se había cumplido, que ya no podías estar en el medio; que yo era de ella sola. Entonces tú te levantaste y te fuiste… riéndote. Le dijiste: «Tú conmigo no puedes» y desapareciste en la neblina, berreando como un chivo, y ella, furiosa, comenzó a gritar como loca, y le enterró el cuchillo a la cabeza de Teresa una y mil veces, y se viró hacia mí y me metió el cuchillo… en el corazón… y se reía…
MARQUITO. No le hagas caso a eso.
JOSÉ LUIS. Todavía me parece que fue de verdad.
MARQUITO. Eso fue un sueño.
JOSÉ LUIS. La cabeza se me quiere partir.

Marquito le trae una aspirina.

MARQUITO. Esa fue una pesadilla porque estabas muerto de cansancio. Viniste del trabajo… y puf, no aguantabas más.
JOSÉ LUIS. *(Se toma la aspirina).* Voy a ir al monte para que el Padrino se tranquilice. Vamos a comprar el chivo y todo lo que haga falta y nos vamos este fin de semana a New Jersey.
MARQUITO. Debes ir solo.
JOSÉ LUIS. Necesito ayuda para hacer todo lo que Changó quiere que haga.
MARQUITO. Pero te dijeron que…
JOSÉ LUIS. El Padrino no se da cuenta de que es muy difícil hacer todo eso sin ayuda.
MARQUITO. No sé.
JOSÉ LUIS. Anda, vamos, anda…, no te niegues.
MARQUITO. No sé.
JOSÉ LUIS. Dijo que fuera solo porque él se refería a Marina. *(Casi suplicante).* Tengo muchos problemas, ayúdame.
MARQUITO. *(Transición).* ¿Te acuerdas cuando nos conocimos?

JOSÉ LUIS. Sí. La guagua iba llena y tú ibas parado al lado de donde yo estaba sentado y la guagua cayó en un bache y tú me caíste encima… y casi sin darme cuenta te abracé para que no te cayeras…
MARQUITO. Y yo sentí unos músculos duros que me apretaban y pensé que estaba en el cielo.
JOSÉ LUIS. ¿Tú crees que la gente se dio cuenta?
MARQUITO. Si no me quería levantar de encima de ti.
JOSÉ LUIS. Se me puso como un trabuco.
MARQUITO. ¡Y eso que no te gusta!
JOSÉ LUIS. ¡Tenía tremenda pena!
MARQUITO. Y te pusiste rojo como un tomate.
JOSÉ LUIS. ¡Me asusté! ¡Pensé que todo el mundo se estaba dando cuenta!
MARQUITO. Yo me di cuenta. Yo quería que me acompañaras pero no me atrevía a pedírtelo.
JOSÉ LUIS. Yo lo noté.
MARQUITO. José Luis.
JOSÉ LUIS. ¿Qué?
MARQUITO. Tengo miedo.
JOSÉ LUIS. Nuestro destino ya está trazado.

En el apartamento de Marina.

MARINA. *(En el teléfono).* Sí, está bien. 450 dólares. ¡¿Ahora?! ¿De anticipo? Pero el resto se lo daré cuando me diga dónde está… Sí, quiero fotografías pero lo que más deseo es que lo siga a todas partes y me diga si va a casa de alguna mujer… o de…, o de quien sea. ¡Me llama inmediatamente! Sí, sí… No se preocupe más por el dinero que no le voy a hacer trampas. ¡Bueno! *(Cuelga).*

En la casa del Padrino. El Padrino está sentado, solo, triste. En silencio. Se para a recibir al que llega. Es Marquito.

PADRINO. Entra. Pero, llegaste tarde.
MARQUITO. Yo soy…
PADRINO. Yo sé quién tú eres.
MARQUITO. Yo nunca había venido.
PADRINO. Entra. Tú vienes a hablar de José Luis.

Ahora entiende que el Padrino sí sabe. Marquito entra.

MARQUITO. No sabía si debía…
PADRINO. No estoy de acuerdo. José Luis me ha decepcionado, pero yo no soy quién…
MARQUITO. Yo no vine a oír reproches.
PADRINO. *(El comentario de Marquito lo corta).* Oshún te está protegiendo, ella cuida de sus hijos, pero sabe cómo envolver a papá y a Elegguá…
MARQUITO. Yo no soy creyente.
PADRINO. A Oshún no le importa, pero Yeyé sabe que Changó es muy varonil y mujeriego. ¡Que no le gustan los *addodis*!* ¡Pero tú eres hijo de Oshún, y Oshún Yeyé siempre se sale con la

---
* Afeminados, homosexuales.

suya! Buscó a Changó; ¡lo volvió a seducir porque Babamí es muy enamorao… y siempre cae con Oshún, que le hace muchas trampas! A esos dos santos les gusta mucho el sexo. *(Transición).* ¡Tenía muchas ganas de conocerte!

MARQUITO. ¡¿A mí?!

PADRINO. Nunca hubiera podido creer lo que está pasando, no a mi ahijado; a mí tampoco me importa la vida de la gente, pero cuando tocan a uno de los míos… Estoy muy bravo con mi ahijado, que se dejó envolver con tus pajarerías…

MARQUITO. Yo creo que usted está un poco equivocado.

PADRINO. Yo lo sé porque los cocos, los santos me lo han revelado… ¡Todo!

MARQUITO. Eso es algo que tiene que hablar con José Luis. La gente, como usted, tiene conceptos equivocados de lo que percibe como anormal. Los anormales son los que tienen dos cabezas o cuatro piernas y no los que hacen sexualmente lo que usted no entiende. Desde que llegué me está diciendo que no acepta, que está enojado y que si desaprueba… Muy bien, señor Padrino; pero averigüe primero si su ahijado es feliz con ese modo de vida que usted y sus santos desaprueban. Y dígame, ¿ha cambiado físicamente?, ¿le ha notado algo raro? ¿Quizás le ha salido una verruga en la nariz? ¡No hable de lo que no sabe! ¡Y no se le ocurra pensar que yo seduje a nadie…, para nada! Yo vine para ayudarlo a él, pero no porque crea en su religión. Si le molesto me voy.

PADRINO. *(Indudablemente nunca esperó esta respuesta).* Mejor dejemos la confrontación a un lado.

MARQUITO. Es lo mejor.

PADRINO. Vas a creer porque ella te va a dar pruebas. Ella te protege.

MARQUITO. ¿Quién es ella?

PADRINO. Oshún, la diosa del río, una de las mujeres preferidas de Changó. Ella es muy coqueta y sandunguera… Ella es la amiga de los amantes… Ella puede adoptar a quien quiera… y te quiere proteger a ti. *(Sacando un collar que vemos claramente).* Oshún quiere que uses esta protección.

MARQUITO. Ya le dije que no soy…

PADRINO. Pero hazlo por José Luis. *(Le pone el collar al cuello).* Pa ti, y este es pa José Luis. *(Le entrega otro collar).* Vas a ponérselo… cuando tú lo consideres necesario, pero ahora te voy a limpiar con una calabaza. Te voy a decir lo que tienes que decir al entrar al monte con José Luis.

MARQUITO. ¿Cómo usted sabe que yo voy al monte?

PADRINO. Ya te dije que lo sé todo y tú…, no te preocupes cómo lo sé. En el monte se va a cumplir lo que se ha venido diciendo. Los celos de Marina van a encontrar la forma de castigar la traición, pero Elegguá la va a castigar por su soberbia. Tú y José Luis tienen que cuidarse para que la sangre no sea la de ustedes. Oshún está cuidándolos, pero no sabemos lo que debe darse a cambio de sus vidas. Vas a hacer lo que yo te diga o no me responsabilizo. Yo no estoy feliz con nada de lo que está pasando, pero yo hago lo que los santos me dicen. *(Le da un papel).* Todo lo que tienes que decir está escrito en este papel. Antes de entrar al monte… Bajito, que ni José Luis lo oiga…

MARQUITO. Ya le dije que no soy creyente.

PADRINO. Pero tú quieres a mi ahijado.

El Padrino, sin prestarle atención, comienza a despojar a Marquito con una calabaza que después pone en el altar, a los pies de Oshún. Marquito sale.

PADRINO. Ya se me pasará la roña que tengo con mi ahijado. Babamí, yo a usted lo obedezco.

En la casa de Marina. Entra Teresa.

TERESA. Vine enseguida que oí el mensaje en el *answering machine*.
MARINA. *(Ya conoce la deslealtad de Teresa)*. Gracias. Estoy muy nerviosa… Vamos para el monte.
TERESA. Ay, mi amor, cálmate; si sigues tan nerviosa no vas a poder contarme.
MARINA. Necesito que me acompañes. Vamos a dejar clara la traición.

Salen.

En el monte. Debe tenerse en cuenta que cada orisha es dueño de un árbol. Por eso, los orishas —que hemos visto durante la obra— son los árboles en esta escena. Se moverán alrededor de José Luis y Marquito de acuerdo a la acción. José Luis y Marquito llegan a pie. Traen todo lo que les dijeron que debían traer para la ceremonia. Están llenos de respeto por lo desconocido y por lo que les han dicho. Colocan en el suelo todo lo que traen.

JOSÉ LUIS. Hay que pedirle permiso a Eggó, el Monte. Aquí estoy, estamos…, con su permiso… He venido a pedirle lo que me hace falta, que me oiga, tal como yo quiero ser. Eggó, vengo con todo mi respeto, con mi amigo…, para que nos defienda de cualquier fuerza adversa. Mis saludos al Viento del Monte. *(Tira unos centavos y riega aguardiente por la tierra)*. Dame acá un tabaco. *(Marquito se lo da)*. Enciende uno tú también. *(Ambos encienden un tabaco. José Luis echa humo por todo el espacio a su alrededor, hacia el monte. También lo hace con la candela metida en la boca, hacia la tierra. Marquito, que no sabe, solamente fuma y echa humo)*. Mira que te doy para que me permitas recoger lo que necesito, para que me quites todo lo malo que tengo encima. *(Creyente y piadoso se va quitando la ropa como se le había dicho, mientras Marquito, incrédulo pero con respeto, lo mira todo sin intervenir y lee el papel que el Padrino le dio, sin que José Luis lo note)*. Elegguá, Changó, Yemayá, Oshún… Todos los santos y los muertos, todos los *egguns*, vengo…, venimos a cumplir lo que se me ha mandado para que pueda ver claro mis problemas. Para que la felicidad me alcance y podamos vivir nuestras vidas. Elegguá, ¡ábrame los caminos!

Los árboles —los orishas— se acercan a José Luis, lo envuelven y se lo llevan. Han dejado a Marquito afuera, pero Oshún se desprende del grupo de los orishas, atrae a Marquito hacia ella, y lo desnuda para, inmediatamente, vestirlo como un chivo. Una vez vestido como chivo se lo lleva hacia el interior del monte.

Toda esta escena está llena de simbolismo, abierta a la interpretación de quien la ve. La dirección no debe ser determinante como —a propósito— no lo ha sido el autor. Debe montarse muy cuidadosamente; la escena debe ser creíble, sin palabras. Es —casi— una coreografía, con movimientos que deben interpretar la situación, pero en ningún momento debe ser una danza.

El chivo simboliza el sacrificio, el placer. El carnero es el animal preferido de Changó y el chivo el de Oshún. Changó y los otros orishas están complaciendo a Oshún pero también han exigido algo en reciprocidad al favor; los dos hombres serán el sacrificio y los orishas los preparan.

Se hace la noche. Al llegar la madrugada, llena de niebla, apenas se divisan siluetas. José Luis, desnudo, está durmiendo en el suelo. Marquito, el chivo, está sobre él. Elegguá, Oshún y Changó se pasean alrededor o sobre ambos hombres, como bendiciéndolos o protegiéndolos. Marquito, el chivo, se levanta de encima de José Luis y se tira a su lado. En ese mismo momento se ve una sombra; es el Padrino con un chivo; lo pone sobre Marquito, al lado de José Luis, quien se sube sobre Marquito-chivo y comienza a restregarse con el chivo como si hiciera sexo y como le habían dicho que se revolcara. Inmediatamente el Padrino, que está contemplándolo todo, vuelve a agarrar el chivo y limpia a Marquito con él. En ese momento Marquito le pone el collar de protección a José Luis. Aparece Teresa cuando el Padrino comienza a limpiar a José Luis. Trae la cabeza de chivo que usó José Luis anteriormente. Teresa deja la cabeza de chivo en el piso y se queda inmóvil, como bajo un hechizo momentáneo. El Padrino sale y Teresa detrás de él; se cruzan con Marina, se detienen para mirarse fijamente pero nos damos cuenta de que no se vieron. El Padrino sale. Marina y Teresa se quedan frente a frente. ¿Se irá a cumplir el sueño de José Luis? Nunca lo sabremos a ciencia cierta. Esa incógnita debe quedar en el espectador cuando abandone el teatro. Marina se acerca a los dos hombres. Marquito la ve, lanza un grito —seco, bajo— de reto. ¿Es un hombre o un chivo? ¿O ambas cosas? José Luis se despierta y se levanta. Agarra la cabeza de chivo y se la pone. Marina se ríe, tiene un puñal, grita con furia, odio y espanto al verlos juntos. Se oyen voces confusas de Marquito y José Luis. Berridos de chivos. La voz del Padrino fuera de escena, rezando en lengua. Teresa grita. No se entiende nada, pues hablan al mismo tiempo. Las figuras y los movimientos se distinguen confusamente, debido a la neblina.

JOSÉ LUIS.	MARQUITO.		MARINA.
¡Estás loca!	No…, no…, beee.		¡Mal nacido!

JOSÉ LUIS.	MARQUITO.	TERESA.	MARINA.
Espérate, Marina…	*(Como un chivo).* ¡Beee! ¡Beeee!	Es mío, coño.	Yo lo sabía.

JOSÉ LUIS.	TERESA.	MARQUITO.	MARINA.
¡Changó!	No… ¡Ay!	*(Se ríe con miedo).* Ja, ja, ja…, beee.	*(Se ríe a carcajadas).*

JOSÉ LUIS. *(Que no se ve, en un grito lleno de dolor y miedo).* ¡Aaaaayyy!

Dos chivos berrean entre la neblina que no permite la visibilidad.

Oscuro.

FIN DE LA OBRA

East Elmhurst, New York
12 de febrero de 1993 - 5 de septiembre de 1996

Alberto Pedro

PAS DE DEUX SOBRE EL MURO

Alberto Pedro (La Habana, 1954-2005). Dramaturgo y actor. Graduado de la Escuela Nacional de Teatro. En 1984 se publicó su poemario *Del agua y la nostalgia*. En su labor como guionista sobresale el cortometraje de ficción *La soledad de la jefa de despacho*. Entre sus obras teatrales, traducidas a diversas lenguas y varias de ellas estrenadas por la directora Miriam Lezcano con Teatro Mío, se encuentran *Tema para Verónica, Weekend en Bahía, Desamparado, Mestiza, Delirio habanero, Mar nuestro, Esperando a Odiseo* y *El banquete infinito*.

Si está interesado en solicitar la autorización para el montaje de esta obra, puede escribir directamente a: **mlezcano1943@gmail.com**

Personajes

Víctor Hugo: 40 años. Profesor de cibernética desempleado. Viste a la usanza de los pescadores del malecón: camiseta y pantalón viejos y unas sandalias deterioradas. Lleva un cuchillo a la cintura. Sus ademanes y forma de hablar refinados contrastan con los de un pescador común.

Madona: 35 años. Muy sexy. Parece una modelo. Sin embargo, hay algo en ella de varonil que la hace aún más misteriosa. Usa un vestido muy corto y ceñido de color verde brillante. Zapatos de tacón bien altos, verdes y blancos. Trae consigo un *nécessaire* de color gris, de los años cincuenta. El pelo suelto y el maquillaje muy pronunciado.

Época: Actual.

Un pedazo del muro del malecón habanero bañado por la luz del faro de la bahía que gira en la madrugada, bajo la luna llena, suspendida en el fondo. Entra Víctor Hugo montado en su bicicleta. Se detiene a respirar la brisa, luego de apoyar el vehículo contra el muro. Saca de la mochila que lleva en el portaequipajes unos carretes de pesca, una bolsita plástica donde guarda celosamente las carnadas y un recipiente con agua fresca. Coloca los carretes y las carnadas sobre el muro y el recipiente junto a una de las ruedas de la bicicleta. Bebe un sorbo de agua y se persigna; saca de un tubo de aluminio, que ha adicionado al piñón, su caña de pescar; y después de blandiría en el aire, suelta el sedal. Comienza a dar carrete, hasta que se sienta sobre el muro a esperar, pacientemente, que pique un pez. Por el extremo opuesto entra Madona y se detiene al verlo. Lo observa en silencio como quien, de repente, encuentra lo que busca hace mucho tiempo. Coloca en el suelo su nécessaire, lo abre y extrae una polvera. Se retoca el rostro y comprueba en el espejillo el resultado de su maquillaje. La guarda en el nécessaire y pasa lentamente, a espaldas de Víctor Hugo, pavoneándose de forma exageradamente provocativa.

MADONA. *(Sin detenerse)*. ¡Me gusta!

> Víctor Hugo vuelve la cabeza, y la ve alejarse hasta desaparecer. Se encoge de hombros y otra vez se concentra en el mar. Madona regresa y se detiene a cierta distancia de él. Víctor Hugo la advierte y otra vez vuelve el rostro hacia ella.

MADONA. *(Provocativa)*. ¡Me encanta!

> Víctor Hugo la observa en silencio como a un bicho raro. Madona le da la espalda bruscamente. Extrae unas pinzas del nécessaire y se arranca un vello de la barbilla.

MADONA. *(Volviéndose hacia Víctor Hugo)*. Pensándolo bien me fascina.
VÍCTOR HUGO. *(Molesto, poniéndose de pie y recogiendo el carrete de su caña de pescar)*. ¿Qué cosa?
MADONA. Tu bicicleta.
VÍCTOR HUGO. ¿Te conozco?
MADONA. No, ni yo a ti tampoco.
VÍCTOR HUGO. *(Un tanto turbado)*. ¿Y entonces por qué me miras así?
MADONA. ¿Así cómo?
VÍCTOR HUGO. De esa manera.
MADONA. ¿De qué manera?
VÍCTOR HUGO. De la manera en que me miras.

MADONA. ¿Te molesta? Puedo mirarte de otra forma. Si en algo me especializo es en miradas. ¿Qué te parece esta? *(Lo mira de otra forma)*. ¿Y esta? *(Lo mira de otra)*. ¿Y esta otra?
VÍCTOR HUGO. Me parecen iguales.
MADONA. Pues son distintas. Tienen algo en común, todas son fulminantes, pero fulminan de diferente manera. Solo que hay que tener sensibilidad para percibirlo, «pescador».
VÍCTOR HUGO. ¿De dónde caíste?
MADONA. ¿Qué quieres decir?
VÍCTOR HUGO. ¿De qué lugar del universo?
MADONA. De la luna.
VÍCTOR HUGO. Ah, te pesqué. Hoy hay luna llena.
MADONA. *(Molesta)*. ¡Ni estoy loca, ni soy una merluza!

Saca del nécessaire *una lupa y un mapa. Lo despliega sobre el muro y lo revisa con la lupa.*

MADONA. Debo andar por aquí… Sí, aquí estoy… Entonces, si quiero llegar allá, tengo que moverme hacia acá.
VÍCTOR HUGO. *(Con marcada ironía)*. ¿Qué dirección busca la «extranjera»? ¿La puedo ayudar?
MADONA. ¿Qué tienes contra las extranjeras, «pescador»? Eso en castellano se llama xenofobia. Además, «pescador», lanzas la caña al mar con un odio misógino. ¿Qué fue lo que te puso en contra de nosotras?
VÍCTOR HUGO. No tengo nada en contra de nadie. Me molestan las cubanas como tú. Esas que todavía no se han encontrado con el extranjero que las saque de aquí, y ya andan hablando con el acento de otro país. *(Pausa)*. ¿Por qué me miras así? ¿Qué es lo que tengo en los ojos?
MADONA. Necesitas olvidar.
VÍCTOR HUGO. ¿Olvidar qué?
MADONA. Lo que no quieres recordar. *(Vuelve a revisar el mapa con la lupa)*. ¿Entonces, por dónde iba…? ¡Ah, ya, la heladería tiene que estar aquí!
VÍCTOR HUGO. *(Con exagerada amabilidad)*. Sí, joven, Coppelia queda hacia allá, el Casco Histórico hacia acá… La Bodeguita del Medio, el Hotel Nacional… La Marina Hemingway, el Centro Vasco… Un taxi puede costarle cinco dólares hasta la Catedral… y que yo sepa la Plaza de la Revolución no se visita a estas horas.
MADONA. Qué manera tan «turística» de explicarle a un turista que se vaya a la mierda.
VÍCTOR HUGO. Interrumpes mi trabajo.
MADONA. Me gusta tu bicicleta.
VÍCTOR HUGO. A mí también.
MADONA. *(Se acuesta sobre el muro a contemplar el mar, exhibiendo sus hermosas nalgas)*. Me gusta el mar.
VÍCTOR HUGO. *(Después de blandir en el aire su caña de pescar, lanzando el sedal y dando carrete)*. Detesto el mar.
MADONA. Eres pescador.
VÍCTOR HUGO. ¿Qué otra cosa podría ser?
MADONA. ¡Otra cosa!
VÍCTOR HUGO. *(Transición, alterado)*. ¿Qué tengo en los ojos?
MADONA. Un par de nubes. Nadie olvida del todo, «pescador».
VÍCTOR HUGO. ¡No soy pescador!

MADONA. ¡¿Ah, no, «pescador»?!
VÍCTOR HUGO. ¡No, «extranjera»!
MADONA. ¿Y por qué pescas?
VÍCTOR HUGO. ¡Porque me da la gana de pescar, y a mí me gusta hacer lo que me da la gana!
MADONA. *(Muy tierna).* Eres insoportable, «pescador»… Yo diría más bien inhabitable. Se ve claro que tienes una personalidad absolutamente terrorista.
VÍCTOR HUGO. ¡Soy palestino!
MADONA. ¿Palestino?
VÍCTOR HUGO. ¡Palestino! Un hombre que no puede vivir donde nació y no encuentra refugio en otra tierra. *(Pausa).*
MADONA. *(Caminando sobre el muro, como una modelo en la pasarela).* Yo soy de París… ¿Por qué no?… Tal vez… *(Baja del muro acercándose a la bicicleta).* Me encanta tu bicicleta.
VÍCTOR HUGO. Y a mí me encanta París.
MADONA. Ya veo.
VÍCTOR HUGO. ¿Qué ves?
MADONA. *(Histérica, haciendo sonar constantemente el timbre de la bicicleta).* ¡Que no me prestas atención, que la mirada se te pierde en el horizonte, que eres un pescador!
VÍCTOR HUGO. ¿Qué te sucede con mi bicicleta?
MADONA. ¿Qué te sucede con el mar?
VÍCTOR HUGO. El mar tiene peces.
MADONA. La bicicleta ruedas. Además, la noche huele a brea.
VÍCTOR HUGO. No me parece que tengas mucho que ver con el mar. Con la noche sí, con el mar no.
MADONA. *(Transición, controlándose).* Acabas de decir que me pescaste.
VÍCTOR HUGO. ¿Y cómo se llama lo que pesqué? ¿Pargo, serrucho, aguja, tiburón?
MADONA. Se llama Madona.
VÍCTOR HUGO. *(Transición).* ¡Madona! La noche no huele a brea, huele a hembra en celo, Madona… Debe ser por ti.
MADONA. *(Turbada).* ¿Por mí?
VÍCTOR HUGO. *(Asiente).* Por aquí no veo cerca ninguna otra mujer.
MADONA. *(Transición. Volviendo al ataque).* ¿Y la bicicleta?
VÍCTOR HUGO. *(Furioso).* ¡Qué pasa con la bicicleta?
MADONA. ¿Crees que esa heladería esté abierta a estas horas?
VÍCTOR HUGO. ¿Qué heladería? ¿Coppelia? ¡Sí, cómo no! ¡Claro que está abierta!

Madona da unos pasos para retirarse, pero se detiene. Víctor Hugo vuelve a blandir en el aire su caña de pescar. Suelta el sedal al agua y da carrete, a espaldas de Madona.

MADONA. ¿Seguro que está abierta esa heladería?
VÍCTOR HUGO. *(Sin volverse).* ¡Seguro, Madona!
MADONA. ¡Mientes, «pescador», debe estar cerrada! Dices que está abierta para que me largue. *(Transición, con timidez exagerada).* ¿No te gusto?
VÍCTOR HUGO. *(Aún de espaldas).* No sé, pareces un fantasma. Además, caminas sobre el muro.
MADONA. ¡Floto sobre el muro! ¿Y qué más?
VÍCTOR HUGO. ¿Qué más? Pues no tengo dinero para pagarte y aunque lo tuviera no me gusta pagar, ni que me paguen.

MADONA. *(Con orgullo sincero).* ¡Nunca he cobrado!
VÍCTOR HUGO. *(Transición, volviéndose hacia ella, muy sorprendido).* ¿No?
MADONA. ¡No! No sirvo para eso, «pescador». Madona tiene que amar y ser amada, con mucha plata, con poca plata… o sin ninguna plata.
VÍCTOR HUGO. ¿Quieres decir que es gratis?
MADONA. Gratis. *(Enciende el faro de la bicicleta moviendo con la mano uno de los pedales).* Completamente gratis, «pescador».
VÍCTOR HUGO. ¡Deja de manosear mi bicicleta! *(Recoge el carrete rápidamente y baja del muro, apartándola del vehículo de un empujón).* ¡Déjala ya!
MADONA. No puedo, tiene imán. Parece un ser humano, parece que va a hablar tu bicicleta.
VÍCTOR HUGO. *(Acariciando el sillín de la bicicleta).* A veces siento la misma sensación.
MADONA. Disfrútala entonces, no te limites por prejuicios sociales; que te llamen loco, todos estamos locos. Lánzate al vacío, «pescador», supera el vértigo. ¡Solo se vive una vez, ya casi no queda tiempo!
VÍCTOR HUGO. Oye, oye, oye, que no te conozco y quiero estar tranquilo. Los peces y yo necesitamos tranquilidad. La tranquilidad del que desconoce que va a ser comido y la del que sabe que va a comer.
MADONA. Entonces me voy. De los tranquilos no se ha escrito nada.

Abandona la escena, siempre pavoneándose provocativamente y muy agresiva. Víctor Hugo revisa las carnadas, los carretes, la caña de pescar. Se sienta intranquilo sobre el muro y desde allí le habla a su bicicleta.

VÍCTOR HUGO. ¡No bebí, no bebí! Esto no puede ser otra laguna. Lo recuerdo todo perfectamente. *(Transición, elevando la cabeza al cielo como un lobo, aullándole a la luna).* ¡Espérate!…

Madona regresa corriendo y se detiene a unos pasos de él.

MADONA. ¿Y qué más?
VÍCTOR HUGO. Yo estaba aquí. *(Se coloca en la misma posición en que se encontraba al principio de la obra).*
MADONA. Estabas.
VÍCTOR HUGO. Y tú viniste.
MADONA. ¡Vine!

Abandona la escena rápidamente y entra otra vez con el nécessaire. *Realiza las mismas acciones del principio de la obra (coloca en el suelo el* nécessaire, *saca la polvera, se retoca el maquillaje, etcétera).*

VÍCTOR HUGO. Y no sé quién eres.
MADONA. No lo sabes.
VÍCTOR HUGO. Y solo te importa mi bicicleta.
MADONA. La bicicleta de un pescador cubano, bajo la luna y junto al muro del malecón.

Se sienta sobre el muro. Saca del nécessaire *unas gafas de aumento, se las pone y observa con curiosidad científica las carnadas.*

MADONA. ¿Qué es lo que tienes aquí?
VÍCTOR HUGO. Calandracas.
MADONA. ¿Qué?
VÍCTOR HUGO. Gusanos.
MADONA. *(Apartándose de las carnadas con mucho asco).* ¡Ay, y para qué!
VÍCTOR HUGO. Una estrategia; para que los peces no tengan que tragarse los anzuelos sin sabor y mueran con menos sufrimiento.
MADONA. Es diabólico. ¿Qué eres al fin, filósofo, palestino, aprendiz de poeta… o qué? ¿Qué eres tú, «pescador»?
VÍCTOR HUGO. *(Pausa).* ¿Y tú qué eres?
MADONA. *(Haciendo sonar otra vez el timbre de la bicicleta).* Soy una mujer que busca una bicicleta y la va a encontrar, porque uno encuentra siempre lo que busca. Lo que más me gusta de este país son las bicicletas. Es maravilloso desde que sales del aeropuerto hasta que llegas al centro de la ciudad, bicicletas, bicicletas y más bicicletas.
VÍCTOR HUGO. ¿Cuándo llegaste? ¡Si es que llegaste de algún lugar! *(Pausa).* Si yo fuera Madona no anduviera así, por el malecón, de madrugada. Existen seres especializados en dejar encueros a los recién llegados que se aventuran a andar por ahí, cazando bicicletas, como si fueran mariposas.
MADONA. Pero tú, «pescador», no eres Madona, ya que para serlo hay que tener valor. Por otra parte no tengo miedo. Me muevo sola en una ciudad donde ocurren miles de asesinatos todos los fines de semana y no suelo hacerlo, precisamente, a la luz del día. *(Transición, tierna).* ¿Pretendes cuidarme?
VÍCTOR HUGO. Solo prevenirte.
MADONA. ¿Y cómo se llama el hombre al que debo agradecer tal prevención?
VÍCTOR HUGO. Federico Engels, Sindo Garay, William Faulkner, John Lennon, Sadam Hussein, Pablo Milanés, Stefan Zweig, Jachaturián, Víctor Hugo…
MADONA. ¡Víctor Hugo…, qué dicha! *(Le extiende la mano).* Agradecida.

Víctor Hugo le estrecha la mano pero inmediatamente se la suelta.

VÍCTOR HUGO. ¡Aprietas la mano como un bombero!
MADONA. Como una mujer, no una mujercita. Cuando doy la mano, estoy dando el alma, y el alma se entrega con firmeza. ¿Comprendes?
VÍCTOR HUGO. Comprendo. La firmeza está de moda. Hay mujeres muy firmes; incluso llegan a cortar caña. Ya se está discutiendo la participación de las mujeres en deportes como el boxeo y el levantamiento de pesas.
MADONA. Y a ti te disgusta. No tengas pena, machista, confiésalo. Te disgusta.
VÍCTOR HUGO. No, Madona, no, no me disgusta; sencillamente no me agrada. La mujer es mujer y el hombre es hombre. Tendrán los mismos derechos, pero tienen distintos organismos. Hay que cuidarse de los experimentos.
MADONA. *(Transición, violenta, subiéndose al muro).* ¡Me voy a lanzar contra los arrecifes!
VÍCTOR HUGO. *(Que ha subido de un salto detrás de ella y ahora la sujeta, mientras forcejean).* ¡Y yo te voy a sujetar para que no te lances contra los arrecifes!

Continúan forcejeando unos instantes. De repente, Víctor Hugo le da dos bofetadas y Madona sale de su estado de histeria.

MADONA. *(Lloriqueando).* ¿Puedo pedirte algo?
VÍCTOR HUGO. *(Asiente).* ¿Que te perdone? No te preocupes, ya se me olvidó.
MADONA. No, Víctor Hugo, se trata de un favor. ¿Puedo pedírtelo?
VÍCTOR HUGO. Depende del tipo de favor, Madona.
MADONA. ¿Me alcanzas el estuche de maquillaje que guardo en el *nécessaire*?
VÍCTOR HUGO. Siempre que te controles puedo hacerlo.
MADONA. Controlada estoy.
VÍCTOR HUGO. ¿Seguro?
MADONA. ¡Sí!… Por lo menos en este momento.

Víctor Hugo desciende del muro de un salto y abre el nécessaire *que está en el suelo.*

VÍCTOR HUGO. ¡No admito chantajes, Madona, si quieres dejar tus sesos incrustados en los arrecifes es un asunto tuyo!
MADONA. *(Con ternura).* Y tuyo, Víctor; las huellas de tus manos han quedado grabadas para siempre en mis brazos y en mi cara. Podrías ser declarado un «pescador» sospechoso de asesinato.
VÍCTOR HUGO. *(Transición, implorando).* ¡Por Dios, Madona, aléjate de ahí!
MADONA. Tranquilo, Víctor Hugo, que no pienso lanzarme por ahora. ¿Me alcanzas el estuche, por favor?
VÍCTOR HUGO. *(Nervioso).* ¡Sí, sí, sí! *(Buscando dentro del* nécessaire *entre los múltiples objetos que Madona guarda dentro del mismo).* ¡Esto parece una quincalla!
MADONA. ¡Control!
VÍCTOR HUGO. *(Desesperado).* ¿De qué color es el estuche?
MADONA. Negro y con unas estrellitas doradas. Es de Taiwán. Me lo regaló una amiga mía senegalesa que vive en Madrid. Dice que se lo compró a un dominicano a la salida del metro.
VÍCTOR HUGO. No lo encuentro.
MADONA. Busca bien, Víctor Hugo… ¡Con cuidado, «pescador», que no es una caja de calandracas! Ese *nécessaire* tiene muchos años, es una reliquia. A ver, relájate, respira profundo. *(Víctor Hugo lo hace).* Ahora busca debajo de la toallita de color rosa, la que tiene bordado un escorpión amarillo; junto al frasquito de perfume árabe; frente al rímel; cerca del jaboncito, detrás del frasco de crema hidratante… ¡Ay, estos hombres no descienden del mono, descienden de la torpeza! ¡Y cómo tengo este rostro! ¡De veras que dan ganas de lanzarse contra los arrecifes!
VÍCTOR HUGO. *(Que ha encontrado el estuche).* ¡Aquí está! *(Se lo alcanza).* ¿Es este, no?
MADONA. Sí, amor. *(Abre el estuche y comienza a retocarse el maquillaje. Por unos momentos interrumpe la acción y se pone a observar a Víctor Hugo, que se ha sentado junto a la bicicleta, con la espalda apoyada en el muro).* Te cae bien.
VÍCTOR HUGO. ¿Me cae bien qué?
MADONA. La luz.
VÍCTOR HUGO. ¿Qué luz?
MADONA. La de la luna. Te cae muy bien la luz de la luna sobre el pelo. Tienes carisma y por si fuera poco hueles a brea. *(Le extiende el estuche de maquillaje).* ¿Podrías colocarlo en el mismo lugar en que lo encontraste, corazón?

Víctor Hugo toma el estuche, de mala gana, y lo va a guardar en el nécessaire, *pero el grito de Madona lo para en seco.*

MADONA. ¡Víctor Hugo!

VÍCTOR HUGO. ¿Qué pasa ahora?

MADONA. ¿Eres casado? *(Después de una pausa).* En realidad tienes razón. Hay algo en ti de palestino, de personaje del «lejano oriente»… Eres una mezcla de Alí Baba con Baltasar, el de los Reyes Magos.

VÍCTOR HUGO. *(Molesto).* Y tú pareces de Santiago de Cuba, pero tienes un acento que desconozco. Eres una mezcla de modelo de *Playboy* con boxeadora.

MADONA. Soy de Santiago de Cuba. Hablo de esta manera por la influencia del extranjero que conocí ayer. Todavía no nos hemos acostado, pero las cubanas somos así, como diría cierto «pescador».

Se acuesta sobre el muro de frente al mar adoptando una pose que evoca a La maja desnuda.

VÍCTOR HUGO. *(Grita).* ¡Madona!

MADONA. *(Incorporándose bruscamente).* ¿Ahora qué pasa?

VÍCTOR HUGO. *(Después de una pausa).* Creo que sí, Madona, estoy seguro.

MADONA. ¿Seguro de qué?

VÍCTOR HUGO. De que me gustan.

MADONA. ¿De que te gustan qué?

VÍCTOR HUGO. Tus nalgas, Madona, me gustan tus nalgas.

MADONA. Quieres decir: ¡mi culo! *(Empina el trasero exageradamente y se propina a sí misma una nalgada).* ¡Te encanta mi culo! Pero por ahí ni aunque me maten. Así que lo siento, Víctor Hugo, mastúrbate.

VÍCTOR HUGO. Estás un poco loca. ¿Tú no crees?

MADONA. ¿Por qué? Esa también puede ser una salida.

VÍCTOR HUGO. ¿Cuál?

MADONA. *(Bajando del muro y acercándose a la bicicleta).* La autocomplacencia, «pescador», la autocomplacencia compartida. Es mucho más segura. Tengo una amiga que cayó infectada. ¿Sabes por qué? Porque a su pareja se le rompió el condón.

VÍCTOR HUGO. Pues a mí no me agrada la autocomplacencia. A los doce años me masturbé frente a un espejo y desde ese momento me juré a mí mismo no poner nunca más esa cara de imbécil. Así es que mejor te apartas de una vez de mi bicicleta y me dejas tranquilo en mi malecón.

Madona se aparta de la bicicleta, va a retirarse, pero se detiene.

MADONA. *(Riendo de su propia ocurrencia).* ¡Quién sabe si pescas un maricón!

VÍCTOR HUGO. *(Molesto).* O a lo mejor pesco un bugarrón.

MADONA. *(Acercándose a Víctor Hugo muy curiosa).* ¿Qué es un bugarrón?

VÍCTOR HUGO. El marido del maricón.

MADONA. *(Hace una mueca).* ¡Qué peste a ron! Hueles a alcohol a diez millas, se siente el tufo mezclado con el olor de la brea.

VÍCTOR HUGO. ¡Te equivocas, Madona, no bebí!

MADONA. ¡No me equivoco, «pescador», bebiste!

VÍCTOR HUGO. Solo unos cuantos tragos. Eso no es beber.

MADONA. ¡Sí es beber…! ¿Cuántos tragos?

VÍCTOR HUGO. ¿A ti qué te importa?

MADONA. ¿Es que no existe en Cuba una Asociación de Alcohólicos Anónimos?

VÍCTOR HUGO. Si yo soy alcohólico, más de la mitad de este país lo es. Tendrían que abrir una asociación de esas que dices en cada municipio.

MADONA. *(Transición, realmente sorprendida).* ¿Tanto se bebe acá?

VÍCTOR HUGO. Tanto se bebe.

MADONA. ¿Por qué?

VÍCTOR HUGO. ¡Yo qué sé! Es que somos tan felices que nos pasamos la vida celebrándolo. Sí, Madona, es tanta la felicidad que ya no sabemos qué hacer con ella y nos emborrachamos.

MADONA. Alguna otra razón tendrá que existir. ¿Te has preguntado en serio alguna vez por qué se bebe tanto?

VÍCTOR HUGO. ¿No te he dicho, más de mil veces, que acabes de soltar mi bicicleta?

MADONA. ¡Qué más quisiera yo! Pero es ella la que no me suelta a mí. Ya te expliqué que tiene mucho imán, demasiado imán, tu bicicleta.

VÍCTOR HUGO. *(Busca en el bolso de herramientas y toma una).* Hay que pensarlo. *(Se pone a realizar con infinita paciencia todo género de ajustes mecánicos).* Pensarlo muy bien.

MADONA. Piénsalo.

VÍCTOR HUGO. Mi bicicleta no es cualquier bicicleta…

MADONA. ¿Cuánto, Víctor Hugo?

VÍCTOR HUGO. Ya no sé qué relación es más profunda, si la relación entre el hombre y el perro, o la relación entre ese mismo hombre y su bicicleta.

MADONA. Víctor Hugo: ¿cuánto?

VÍCTOR HUGO. Esta bicicleta tiene para mí un valor simbólico.

MADONA. Se habla de dinero, no se habla de símbolos, ni de sentimientos. Toca, ahorita, saber cuánto pides, no cuánto te duele. ¡Pago yo!

VÍCTOR HUGO. *(Transición, súbitamente).* ¿Te parecen bien cincuenta?

MADONA. *(Alarmadísima).* ¿Cincuenta qué?

VÍCTOR HUGO. Cincuenta dólares.

MADONA. ¡Por ese tareco cincuenta dólares! ¿Qué te crees? No es una reliquia, «pescador». Es una simple bicicleta.

VÍCTOR HUGO. Con imán.

MADONA. Con imán de vulgar bicicleta. ¡El loco eres tú!

VÍCTOR HUGO. Soy un pescador cubano del muro del malecón. Además, la noche huele a brea, y por si fuera poco, me cae muy bien la luz de la luna sobre el pelo.

MADONA. *(Extrayendo un billete del monedero que lleva atado al cinturón).* Toma. *(Le extiende el billete).* Dámela.

VÍCTOR HUGO. *(Retrocediendo con su bicicleta ante Madona que avanza hacia él).* ¿Por qué?

MADONA. Me gusta. Es mía. Te la compré.

VÍCTOR HUGO. Yo no he vendido nada todavía. *(Deteniéndose a cierta distancia de Madona).* ¿De verdad que es un billete de cincuenta?

MADONA. *(Mostrándole el billete).* Eso dice aquí, cincuenta, «pescador», y este ilustre señor se llama Grant.

VÍCTOR HUGO. Puede ser falso.

MADONA. Ven conmigo a la caja del hotel.

VÍCTOR HUGO. Esto no me gusta. Me huele mal.
MADONA. Y a mí me huele a brea, «pescador».
VÍCTOR HUGO. Me voy contigo detrás del billete, aparecen de pronto tus amigos, me rajan la cabeza con un hierro y pierdo hasta las calandracas.
MADONA. Escoge el camino que más te guste, la calle más iluminada, la más popular. Estoy a tu disposición. ¿Vienes o no?
VÍCTOR HUGO. Quiero advertirte que aunque no tengo los papeles de la propiedad, puedo probar que es mía. ¡Mi bicicleta es mía!
MADONA. Por eso la quiero. Quiero tu bicicleta, Víctor Hugo.
VÍCTOR HUGO. ¿Por qué?
MADONA. ¡Por el mar, por la luna, por el faro, por el olor a brea, «pescador»…! ¿Dónde vas?
VÍCTOR HUGO. *(Que ahora sostiene en una mano la caña de pescar y sujeta con la otra la bicicleta).* ¡A dormir! Esta no es mi noche.

Intenta retirarse pero Madona se lo impide.

MADONA. *(Aferrándose con todas sus fuerzas al portaequipajes).* ¿Qué, pretendes huir? ¿Escapar, Víctor Hugo?
VÍCTOR HUGO. *(Tratando de soltarse).* No soy maricón, juro que no lo soy, pero estoy a punto de no dirigirle más la palabra a ninguna mujer. ¡Solo encuentro desquiciadas!

Logra al fin, de un tirón, soltarse de Madona. Va a retirarse sin advertir que, mecánicamente, ha introducido la caña de pescar en el tubo de aluminio adicionado al piñón de la bicicleta, oportunidad que Madona aprovecha para apoderarse de la misma.

MADONA. *(Blandiendo la caña de pescar en el aire).* ¡Huye, cobarde, huye! ¡Me quedo con tu caña!
VÍCTOR HUGO. *(Deteniéndose).* ¡No, Madona, no, no puedes hacer eso!
MADONA. *(Sin dejar de blandir la caña en el aire).* ¡Sí puedo, «pescador», sí puedo!
VÍCTOR HUGO. ¡La caña de pescar no es un juguete!
MADONA. ¡¡Ni Madona tampoco!!
VÍCTOR HUGO. Yo no jugué contigo.
MADONA. Jugaste, «pescador».
VÍCTOR HUGO. No, Madona, no. Yo estaba aquí, tranquilo, en mi pedazo de malecón… ¡No juegues con la caña…! Y tú viniste.
MADONA. Vine.
VÍCTOR HUGO. Invadiste mi espacio. Yo no quería eso. A mí no me interesa tu problema. No tengo nada que ver contigo.
MADONA. Ni yo contigo.
VÍCTOR HUGO. ¡Por lo que más quieras, devuélveme mi caña!
MADONA. ¡Por el amor a Dios, acaba de venderme tu bicicleta!
VÍCTOR HUGO. ¡No quiero vendértela, no quiero!
MADONA. Me la vas a vender. Se la vas a vender a Madona, porque Madona vino para comprarla. *(Se sube al muro).* ¡Mira este culo! *(Se pone a gatas).* ¿Te fascina, verdad? *(Empina el trasero).* Soy de las pocas que gustan que las traben por ahí, pero no lo confiesan al principio. Me la vas a vender… ¡Toma tu caña! *(Coloca la caña de pescar sobre el muro).* Me vas a vender de todos modos tu bicicleta porque me llamo Madona y estoy segura de que eres bugarrón.

VÍCTOR HUGO. *(Feliz, después de recuperar su caña de pescar).* Como quieras, Madona, no importa lo que pienses. Estoy convencido, desde hace mucho tiempo, de que no es lo mismo un culo de hembra que un culo de varón.

MADONA. Todos los culos son iguales, «pescador».

VÍCTOR HUGO. No, Madona, no… Todos no son iguales.

MADONA. Quiero decir que ningún culo es superior a otro culo.

VÍCTOR HUGO. El culo de varón es un culo triste.

MADONA. A veces, «pescador», el culo de la hembra es mucho más triste que el culo de varón. Conozco varones de culos alegres, culos optimistas; saltarines culos, que nada tienen que envidiar a cualquier culo hembra.

VÍCTOR HUGO. Si tú lo dices, no puedo discutirlo. Yo no ando por ahí, como un desesperado, fijándome en los culos de varón.

MADONA. ¿Me vas a decir a mí que jamás te ha impresionado un culo macho? ¿Vas a sostenerle, en su cara, a Madona que nunca has ido andando por la calle y has visto a alguien de espaldas, con un culo perfecto, un grandísimo culo? ¿Vas a negar que has seguido sus pasos y has sufrido muchísimo al descubrir de pronto que no era una mujer?

VÍCTOR HUGO. Eso es distinto, Madona, distinto. En esos casos no se sabía de quién era el culo.

MADONA. Por lo mismo, «pescador», por lo mismo. No hay diferencia entre un culo y otro hasta que se sabe cuál es el sexo al que pertenece su propietario. Por tanto, la diferencia no está en el culo, está en la cabeza. En el fondo de todo macho latino hay siempre un bugarrón y tú no eres más que un macho latino. Así es que ahorita no intentes escapar, porque voy a ir gritando, por toda la ciudad, detrás de ti, lo mismo: ¡Bugarrón!

VÍCTOR HUGO. En primer lugar no importa lo que grites porque no lo soy. En segundo lugar estás en desventaja porque no tienes bicicleta. Así es que dudo mucho que puedas alcanzarme corriendo, Madona. Lo que, en todo caso, podrá suceder es que te quedes sola, en el medio de la calle, gritando bugarrón como una esquizofrénica.

Va a retirarse en su bicicleta. Madona abre el nécessaire y saca una pequeña libreta. Lee en voz alta lo que está escrito en una de sus páginas.

MADONA. Número de identidad 54052603242. Víctor Hugo Marañón González. 26 de mayo de 1954. Hijo de Adolfina y Ruperto.

VÍCTOR HUGO. *(Perplejo).* Es mi carnet.

MADONA. Es tu número.

VÍCTOR HUGO. Es mi carnet de identidad.

MADONA. Tu marca.

VÍCTOR HUGO. ¡Es mi carnet de identidad, Madona, es mi carnet y tú me lo sacaste, sin que me diera cuenta, de la mochila; porque además de todo eres carterista.

MADONA. Todos fuimos marcados por un número. Ni yo soy yo, ni tú eres tú. Yo soy un número, el 700540281 y tú eres otro. Si quieres escapar, escapa de tu número, que ya te denunciaré en cualquier comisaría.

VÍCTOR HUGO. ¿De qué vas a acusarme?

MADONA. De lo que se me ocurra. Por ejemplo, de haberme robado cincuenta dólares.

VÍCTOR HUGO. De no haberte aceptado cincuenta dólares querrás decir. Es de lo único que puedes acusarme, de no haberte querido vender mi bicicleta.

MADONA. Como quieras. Es la palabra del 700540281 contra la palabra del 54052603242.

VÍCTOR HUGO. *(Furioso)*. ¡Yo no soy un número! Me llamo Víctor Hugo.

MADONA. Víctor Hugo no significa nada. Tú no eres nada, «pescador». ¡Huye si quieres! Ya se encargará el 700540281 de acusar en la comisaría al 54052603242 de haberle robado cincuenta dólares.

VÍCTOR HUGO. ¡Y como tú eres extranjera te van a creer a ti!

MADONA. Nunca se sabe, puede que me confundan con una cubana de Santiago de Cuba, como tú dices.

VÍCTOR HUGO. Tú no eres de Santiago y no quiero problemas con la policía. Porque yo sé que eres policía.

MADONA. ¿Andas escondiéndote de la justicia? ¿Qué hiciste, «pescador»?

VÍCTOR HUGO. ¡Dame mi carnet! ¡Devuélvemelo ya, o no respondo! *(Desenvaina el cuchillo que lleva en la cintura. Se dirige hacia ella, amenazante)*. ¡Mi carnet! *(Grita)*. ¡Mi carnet!

MADONA. *(Soltando el carnet rápidamente)*. ¡Ay, hijo, no te alteres! ¡Aquí lo tienes! ¡Tómalo, por el amor de Dios…!

Víctor Hugo recoge su carnet del suelo y lo guarda en la mochila. Va a retirarse.

MADONA. Pero no olvides nunca que Madona tiene memoria fotográfica, 54052603242.

VÍCTOR HUGO. *(Fuera de sí, subiéndose al muro repentinamente)*. ¡Me voy a lanzar contra los arrecifes!

MADONA. *(Sujetándolo)*. ¡Y yo te voy a sujetar para que no te lances contra los arrecifes! *(Forcejean)*.

VÍCTOR HUGO. ¡No quiero problemas con la ley!

MADONA. ¡No los tendrás si no te los buscas!

VÍCTOR HUGO. ¡Mi bicicleta es mía!

MADONA. *(Sacudiéndolo)*. Así que palestino.

Lo suelta; jadean. Víctor Hugo sale de su ataque de histeria. Desciende del muro. Hace rodar la bicicleta hasta muy cerca de Madona y se detiene.

VÍCTOR HUGO. La bicicleta es tuya.

MADONA. *(Que ha descendido del muro y ahora sujeta la bicicleta que Víctor Hugo le ha entregado)*. Estás acabando con tu existencia.

VÍCTOR HUGO. *(Deteniéndose, después de haber iniciado el mutis con la caña de pescar en una mano y la mochila en la otra?)* ¡Llévatela!

MADONA. *(Haciendo rodar la bicicleta hasta Víctor Hugo)*. Piénsalo otra vez. Sin bicicleta no eres más que un pescador sin bicicleta.

VÍCTOR HUGO. *(Haciendo rodar la bicicleta hasta donde Madona, que ha recogido su nécessaire y se dispone a retirarse)*. No quiero bicicleta, no la quiero. *(Apoya la bicicleta contra el muro)*. ¡Me voy, Madona!

MADONA. Te quedas, Víctor Hugo.

Pausa. Ninguno de los dos se mueve.

VÍCTOR HUGO. ¡Adiós, Madona! *(Se sienta en el extremo opuesto)*.

MADONA. ¡Adiós, Víctor Hugo!

Permanecen sentados unos instantes, compartiendo entre ambos un silencio incómodo. La luz del faro gira con más intensidad bajo la luna llena.

VÍCTOR HUGO. *(Rompiendo el silencio muy lentamente, meditativo).* Esto se ha puesto peor desde que vino el Papa.

MADONA. *(Ídem).* La próxima revolución, esa sí que va a ser buena.

VÍCTOR HUGO. Ya vino el Papa, ya vino el Rey.

MADONA. Tampoco el Rey puede hacer mucho.

VÍCTOR HUGO. Antes que americanos, españoles.

MADONA. La plata la tienen los americanos.

VÍCTOR HUGO. Los españoles también tienen plata.

MADONA. *(Transición, exaltada).* ¡Ni españoles, ni norteamericanos! ¡Latinoamérica, «pescador», Latinoamérica!

VÍCTOR HUGO. *(Después de una pausa).* ¿No te parece que este momento ya lo vivimos antes?

MADONA. Sí, «pescador», desde los tiempos de Simón Bolívar es la misma Historia.

VÍCTOR HUGO. *(Transición, molesto).* No estoy hablando de la Historia, estoy hablando de nuestra historia.

MADONA. *(Ídem).* ¡Nuestra historia no existe sin la Historia!

VÍCTOR HUGO. Madona, ya te dije que estoy hasta los huevos de política.

MADONA. Y a mí me duele el clítoris de vivir en un mundo tan despolitizado.

VÍCTOR HUGO. ¿Por qué no permutamos? Tú vienes para acá y yo voy para allá. Después de todo ya lo decidiste. Vas a quedarte en Cuba. Por algo quieres una bicicleta. ¿No es así?

MADONA. *(Transición, separándose de él bruscamente).* Quiero una bicicleta y la voy a pagar. No tengo por qué darte explicaciones. La voy a pagar y es mi dinero, que me lo gano muy duro. ¿Qué te crees que es el capitalismo?

VÍCTOR HUGO. *(Transición, más alterado que Madona).* ¿Y qué te crees tú que es el socialismo?

MADONA. ¿Qué sabes tú lo que hay del otro lado del mar?

VÍCTOR HUGO. ¿Y qué sabes tú, Madona, lo que ocurre de este lado?

MADONA. Yo solo busco una bicicleta. *(Se sienta sobre el muro).* ¡Esa bicicleta!

VÍCTOR HUGO. A mí también me gusta el faro. A mí también me gusta el malecón. A mí también me gusta…

MADONA. ¿Qué te gusta?

VÍCTOR HUGO. A mí también me gusta Cuba. Pero no me gusta que me reduzcan a la imagen de un tipo atado a su bicicleta. Me gusta Cuba… tal vez sin bicicletas.

MADONA. Tienes los ojos llenos de mar.

VÍCTOR HUGO. Y tú tienes los ojos llenos de bicicletas.

MADONA. De pescadores como tú al lado de su bicicleta. Y te estoy entregando cincuenta dólares. Cincuenta, Víctor Hugo, ¿qué más quieres? En cincuenta, te dije que en cincuenta.

VÍCTOR HUGO. No está en venta. Tengo dignidad… *(Víctor Hugo se monta en la bicicleta. Madona se sube en el portaequipajes. Van de un extremo a otro de la escena, con Víctor Hugo conduciendo. Frena de repente).* Además, Madona, no pareces normal.

MADONA. Ni tú tampoco. ¡Quédate con ella, «pescador»! *(Hace ademán de retirarse).*

VÍCTOR HUGO. *(Sujetándola).* ¡Llévatela!

MADONA. ¡No, no, no, quédate con ella!
VÍCTOR HUGO. Tú la querías.
MADONA. Pero ya no.
VÍCTOR HUGO. ¿Cómo se entiende? Ahora te la llevas.
MADONA. No la quiero.
VÍCTOR HUGO. La tienes que querer.
MADONA. ¿Por qué?
VÍCTOR HUGO. Porque tú me dijiste que la ibas a comprar.
MADONA. Pero me arrepentí. Así es el mercado. El cliente tiene la razón. Hay que estar a la altura de estos tiempos. Tú eres el vendedor y tu obligación es convencerme, halagarme, caerme simpático, soportar mis malacrianzas, lo que sea, con tal de que te compre. No es de otra manera. Quiero comprar la bicicleta. *(Toma la bicicleta sorpresivamente y se aleja con ella unos pasos).* Y de repente no la quiero comprar. *(Le entrega otra vez la bicicleta a Víctor Hugo).* Aunque tal vez me quede con ella. *(Hace ademán de tomarla otra vez. Víctor Hugo se lo impide).* No te pongas tenso, no te desesperes. Ya sé que es duro para ustedes porque no están acostumbrados… ¡Poco a poco, «pescador», paciencia! Ustedes son unos ineptos, pero tienen que aprender.
VÍCTOR HUGO. *(Sujetando la bicicleta por su parte delantera).* Ahora soy yo el que no quiere.
MADONA. ¡Me la llevo!
VÍCTOR HUGO. ¡No!
MADONA. ¡Dámela!
VÍCTOR HUGO. ¡Es mía!

Continúan halando cada uno por su parte. De repente Madona la suelta y va a salir.

MADONA. ¡Alquílamela!
VÍCTOR HUGO. *(Después de pensarlo unos instantes).* ¡Alquilada sí, vendida no!
MADONA. ¿En cuánto la alquilas?
VÍCTOR HUGO. *(Después de pensarlo bien).* Tres dólares diarios.
MADONA. Tendría que revisar mi presupuesto. Sacar muy bien mis cuentas. *(Sube al muro, se quita los zapatos para levitar, camina lentamente de un lado a otro, meditando en alta voz).* Aún no tengo bien clara la cantidad de días que voy a utilizarla. *(Transición. Respira y vuelve a caminar después de detenerse).* Me gusta levitar sobre este muro.

Él musita sobre el cambio del dólar y las deudas que tiene.

VÍCTOR HUGO. Te gusta payasear sobre ese muro.
MADONA. Levito.
VÍCTOR HUGO. Payaseas.
MADONA. Levito, «pescador», levito sobre un muro tan lleno de misterio como el Muro de las Lamentaciones.
VÍCTOR HUGO. O el Muro de Berlín.
MADONA. *(Molesta).* ¡El del malecón! *(Transición, violenta, bajando del muro).* Víctor Hugo, ¡tú eres medio maricón! ¡Maricón de alma, que es la peor de las mariconadas! *(Grita).* ¡El muro del malecón no es el Muro de Berlín!

VÍCTOR HUGO. *(Delira)*. Una semana de adelanto. Pero yo tengo que salir contigo todos los días en otra bicicleta. Tengo que cuidar lo mío.
MADONA. *(Transición. Drástica)*. No te la alquilo.
VÍCTOR HUGO. ¡Vete con tus dólares al carajo!
MADONA. Eres un vendedor muy vulgar.
VÍCTOR HUGO. Y tú una cliente muy particular.
MADONA. *(Conmovida)*. Una mujer que flota, que levita sobre un muro. Una mujer que va a comprar sencillamente una bicicleta.
VÍCTOR HUGO. Una mujer que no sabe lo que quiere y tropieza con la primera piedra, y si no hay piedra se la inventa.
MADONA. *(Transición. Realmente preocupada)*. Víctor Hugo, ¿qué está pasando acá?
VÍCTOR HUGO. ¿Acá? ¿Dónde?
MADONA. En Cuba.
VÍCTOR HUGO. ¿Pero es que aquí está pasando algo?
MADONA. ¿Quieres decir que acá no pasa nada?

Se sientan sobre el muro, uno junto al otro. Silencio largo. El faro gira otra vez con más intensidad bajo la luna llena. Ambos miran al cielo, se miran uno al otro, sonríen por compromiso, consultan sus relojes. Cruzan las piernas y las descruzan, vuelven a suspirar. Dan la impresión de dos desconocidos dentro de la cabina de un ascensor que no acaba de arribar a su destino. Madona saca el billete del monedero que lleva a la cintura. Se lo entrega a Víctor Hugo, se incorpora.

MADONA. *(Molesta)*. ¿Qué está pasando acá?
VÍCTOR HUGO. No es como tú piensas.
MADONA. ¿Y cómo es?
VÍCTOR HUGO. De otra manera.
MADONA. ¿De qué manera?
VÍCTOR HUGO. No puedo explicártelo. Eso hay que vivirlo. *Public relations, star system, mass media because time is money and in God we trust. (Le entrega el billete)*.
MADONA. *(Sujetando a Víctor Hugo que ahora se lleva rodando la bicicleta)*. ¿Vendes o no vendes?
VÍCTOR HUGO. Tengo problemas...
MADONA. Y yo también.
VÍCTOR HUGO. *(Haciendo rodar su bicicleta en círculos alrededor de Madona)*. Problemas que no tengo por qué explicarte. No te conozco.
MADONA. Ni yo tampoco. Pero tengo un buen culo y unas buenas tetas.
VÍCTOR HUGO. ¡Soy profesor!
MADONA. *(Transición, sorprendida)*. ¿Profesor?
VÍCTOR HUGO. *(Sin dejar de hacer rodar la bicicleta alrededor de Madona)*. ¡Sí, Madona, profesor de cibernética! Y no me alcanza el salario para vivir. ¿Comprendes?
MADONA. Comprendo, «pescador», estás en huelga.
VÍCTOR HUGO. *(Riendo)*. ¡Sí, Madona, en huelga!
MADONA. ¿De qué te ríes? Una huelga es algo serio. Se ve que estamos en Cuba. Nada más que protestan un poquito y enseguida les suben los salarios. ¿No es así?
VÍCTOR HUGO. *(Sin dejar de reír)*. Así es.

MADONA ¿Y qué más? *(Víctor Hugo se encoge de hombros).* ¿Crees que soy idiota? *(Transición, erótica).* ¡Estoy mojada!
VÍCTOR HUGO. No está lloviendo.
MADONA. Mojada por dentro de verte reír. Cuando acabe la huelga universal y estemos acostados, te voy a decir Víctor, sin Hugo. Si es por delante, Víctor; si es por detrás, Hugo.

Se vuelve de espaldas. Se acaricia las nalgas. Víctor Hugo la toma por detrás.

VÍCTOR HUGO. *(En éxtasis).* ¡Perdularia!
MADONA. *(Ídem).* ¿Y qué más?
VÍCTOR HUGO. ¡Pervertida!
MADONA. ¿Y qué más...?
VÍCTOR HUGO. ¡Sodomita!
MADONA. ¿Y qué más?
VÍCTOR HUGO. ¡Crápula, canalla, perversa, perdida!
MADONA. *(Soltándose repentinamente).* ¡Víctor Hugo, yo no soy lo que tú crees que soy! Soy otra cosa.
VÍCTOR HUGO. ¿Qué cosa?
MADONA. Otra.
VÍCTOR HUGO. ¿Otra qué?

Transición.

MADONA. ¿Vendes o no?
VÍCTOR HUGO. Te la vendo.
MADONA. En cincuenta.
VÍCTOR HUGO. En cincuenta.
MADONA. ¿Sabes para qué la quiero? Para maltratarla, para destruirla, para machacarla, Víctor Hugo. ¡Para eso quiero tu bicicleta! ¡Para denigrarla! *(La escupe).*
VÍCTOR HUGO. ¡No la vas a denigrar!
MADONA. ¡Te pago cincuenta y hago lo que quiero!
VÍCTOR HUGO. ¡Ya, déjala en paz!

Empuja a Madona con fuerza. Ella cae al suelo. Víctor Hugo levanta con mucho cuidado la bicicleta sobre el muro y la acaricia, como si se tratara de la mujer amada que acaba de salvar de caer al precipicio.

VÍCTOR HUGO. Yo la concebí. Todo lo que tiene y por qué lo tiene y para qué lo tiene. La construí. El caballo es de una bicicleta rusa, el tenedor es chino, las llantas son cubanas. El timbre lo encontré en un latón de basura, junto al pedal, las luces y el tubo para llevar la caña. ¡Y la pinté! Por poco no consigo el otro pedal. Y todo el trabajo tuve que hacerlo caminando. Vale demasiado. Lo que tú no tienes para pagar porque, además, el candado tuve también que conseguirlo caminando. Y luego buscar la cadena del candado, sin contar el problema del asiento, que es checo. Tengo una bicicleta que es una escultura del desaparecido campo socialista, para que vengas tú, con tus mugrientos cincuenta dólares, a destruirla. ¡Tengo una bicicleta que es patrimonio histórico de la humanidad!

MADONA. *(Incorporándose)*. Y yo tengo un perro salchicha que se masturba con un oso de peluche… *(Se sienta sobre el muro a lijarse las uñas con una lima que extrae del nécessaire)*. Pensé que no tenía contención porque era muy jovencito, pero ahora me doy cuenta de que es un enfermo.

VÍCTOR HUGO. Así son los salchichas, anormales. Debe ser el tamaño de la cabeza. Yo no sé por qué en Cuba, sobre todo en La Habana, han proliferado tanto… Los perros salchichas y las cucarachas chiquiticas. Hay que cuidarse.

MADONA. Sí, sobre todo de los salchichas. *(Alerta)*. Y de algunos con mentalidad de salchicha. Hace poco uno me acosó. Qué confusión aquel salchicha erecto, aquel enano lleno de lujuria, persiguiéndome hasta la carpeta del hotel, con el rostro del Che Guevara en el pecho. Hay que cuidarse.

VÍCTOR HUGO. Todo ha cambiado mucho. Hay demasiada confusión.

MADONA. ¿Y tú qué piensas?

VÍCTOR HUGO. Yo no pienso. *(Saca una caneca de ron de su mochila y bebe un trago)*. Yo trato de pescar. *(Bebe)*.

MADONA. Tienes que dejar el alcohol. Poco a poco, tal vez, pero lo tienes que dejar porque estás destruyendo tu vida.

VÍCTOR HUGO. *(Descendiendo del muro con su bicicleta)*. ¿De qué color es tu salchicha?

MADONA. Color tierra. *(Transición, incorporándose sobre el muro, a toda voz)*. ¡Por lo menos a ustedes no pueden gobernarlos los americanos, con salchichas o sin salchichas! *(Pausa. Víctor Hugo la observa en silencio)*. ¿Qué ves en mis ojos?

VÍCTOR HUGO. Dos lámparas.

MADONA. *(Transición, nerviosa)*. De día no puedo. *(Desciende del muro)*. Andar de noche te convierte los ojos en lámparas. *(Sube al muro otra vez. Grita)*. ¡Me gustan los hombres!

VÍCTOR HUGO. *(Susurra bajo, confidencial)*. Oye, oye, oye… y a mí las mujeres.

MADONA. *(Desciende otra vez del muro)*. Como odias el mar, odio la noche. *(Saca del nécessaire una petaca, enciende un cigarrillo, fuma, dando paseos de un lado a otro)*. El mar es tu trabajo, la noche el mío. Yo quisiera que siempre fuese de día. No quiero esconderme. Quisiera que fuera natural, como lo va a ser. Pero no sé si estaré muerta cuando llegue la próxima revolución.

VÍCTOR HUGO. ¡¿En serio?! ¿La próxima revolución? ¿Pero es que va a haber otra? *(Pausa)*.

MADONA. Sí, Víctor Hugo, la de la vida sin estrés.

VÍCTOR HUGO. ¿Y cuándo va a ser eso?

MADONA. Cuando baje el arcángel. Hay un arcángel que rige el rumbo de la Isla. El arcángel Zadkiel. Es de los siete arcángeles del mundo cósmico. Su hogar espiritual es Cuba…, y entre sus dones están la libertad del alma, la felicidad, la alegría, la justicia. Zadkiel quiere decir: Justicia de Dios.

VÍCTOR HUGO. *(Que permanece sentado sobre el muro. Después de beber otro trago)*. Vas a tener que dejar de fumar.

MADONA. *(Violenta, lanzando el cigarro al piso y aplastándolo con el pie)*. Tú no sabes de arcángeles ni de perros salchichas.

Silencio.

VÍCTOR HUGO. ¿Por qué no nos lanzamos contra los arrecifes?

MADONA. ¡Es una buena idea! *(Corre hacia el muro pero se detiene, apoyando las manos en el mismo. Transición. Se contiene).* Aunque más bien me gustaría que nos deslizáramos hacia los arrecifes.

VÍCTOR HUGO. Sí, es mucho más poético.

MADONA. Mucho menos dañino. ¿Nos deslizamos?

VÍCTOR HUGO. No puedo dejar mi bicicleta sola.

MADONA. La llevamos.

VÍCTOR HUGO. Es difícil.

MADONA. Te ayudo. *(Pausa).*

VÍCTOR HUGO. ¿Y qué haríamos allá abajo?

MADONA. Lo que no hemos hecho arriba.

VÍCTOR HUGO. *(Transición, bajando del muro con mucho sigilo y después de guardar en la mochila la caneca de ron).* Mejor te vas, que ahí viene la patrulla.

MADONA. ¿Qué patrulla?

VÍCTOR HUGO. La policía. Yo no ando detrás de las extranjeras, ni quiero que me confundan. Vete, por favor.

MADONA. ¿Por qué? Yo soy una persona libre.

VÍCTOR HUGO. Entonces me voy yo. *(Va a retirarse con su bicicleta).*

MADONA. Y yo voy a seguir detrás de ti a donde quiera que vayas. *(Se sienta sobre el portaequipajes).*

VÍCTOR HUGO. ¡Bájate de ahí, que a esta hora pasa la policía!

MADONA. *(Transición, a la manera de las reporteras de los telediarios).* Titulares de último minuto: Escapa de la cárcel el recluso Víctor Hugo Marañón, ex profesor de cibernética de origen palestino. Es sorprendido por las autoridades junto a su bicicleta, mientras se hacía pasar por un pacífico pescador del malecón habanero.

VÍCTOR HUGO. *(Transición, corriendo de un lado a otro, dando gritos).* ¡Yo no la conozco, no la conozco! Ella es una loca que quiere comprarme la bicicleta en cincuenta dólares. Dice que se llama Madona y tiene un perro salchicha que se masturba con un oso de peluche. No tengo nada que ver con eso. ¡Aquí están mis documentos! ¡Bien! No tengo nada que ver con la Madona. La prueba del sida me dio negativa. ¡Ella es una histérica!

MADONA. ¿Por qué caminas siempre mirando hacia atrás?

VÍCTOR HUGO. ¿Yo?

MADONA. *(Asiente).* Tú.

VÍCTOR HUGO. No miro hacia atrás.

MADONA. A ver, camina.

Víctor Hugo camina unos pasos.

VÍCTOR HUGO. ¿Ves? *(Vuelve la cabeza inconscientemente).* Normal. *(Camina otra vez. Repite el gesto).* ¡Normal!

MADONA. *(Transición. Sorpresivamente).* ¡Documentos!

VÍCTOR HUGO. *(Como movido por un resorte).* ¡Aquí tiene! *(Transición, violento).* ¡No juegues así!

MADONA. No mires atrás.

VÍCTOR HUGO. ¡Puta mala, te voy a estrangular!

Se abalanza sobre ella apretándole el cuello. Madona se defiende haciendo lo mismo. Hablan mientras tratan de estrangularse el uno al otro.

MADONA. *(Con dificultad).* ¡Qué bello cielo! ¡Aquel debe ser el avión del Rey!
VÍCTOR HUGO. *(Ídem).* Se parece al avión del Papa.
MADONA. Alguien tendrá que ser…
VÍCTOR HUGO. Sí, alguien siempre viene.
MADONA. Eso demuestra que Cuba no está sola.
VÍCTOR HUGO. *(La suelta).* No está sola.
MADONA. *(Lo suelta a él).* El mundo está pendiente de lo que sucede acá.
VÍCTOR HUGO. Está pendiente.

Pausa. Jadean.

MADONA. *(Dándole a Víctor Hugo unas palmadas en el hombro).* ¡No se rindan, resistan, camaradas! Ustedes son el faro de la esperanza latinoamericana. ¡Hasta pronto! *(Va a retirarse).*
VÍCTOR HUGO. *(Sujetándola).* ¡Cásate conmigo!
MADONA. *(Tratando de soltarse).* En cuanto llegue a mi país voy a realizar una campaña de solidaridad…
VÍCTOR HUGO. Quiero ser tu marido, el marido de una extranjera que tenga dólares…
MADONA. Con la campaña que realizaré, podremos enviar medicamentos para los niños bloqueados. Tengo relaciones, incluso en la televisión.
VÍCTOR HUGO. No quiero seguir viviendo como un palestino.
MADONA. Enviaremos lápices, cuadernos, cartabones…
VÍCTOR HUGO. Catorce palestinos, incluyéndome a mí, refugiados en una habitación llena de cucarachas chiquiticas…
MADONA. Enviaremos leche en polvo, ventiladores, caramelos…
VÍCTOR HUGO. Catorce palestinos huyendo del hambre de las provincias, de los prejuicios de las provincias, de la falta de horizontes de las provincias…
MADONA. Conseguiremos becas, realizaremos intercambios culturales…
VÍCTOR HUGO. Catorce palestinos que tampoco encuentran trabajo en la capital…
MADONA. Enviaremos cuerdas para los violines, atriles de orquesta…
VÍCTOR HUGO. Quiero ser marido de una extranjera y tener hijos con doble ciudadanía…
MADONA. *(Grita).* ¡Se oye, se siente…!
VÍCTOR HUGO. No quiero seguir pescando para sobrevivir, y salir del calor de una habitación llena de cucarachas chiquiticas…
MADONA. … ¡Cuba está presente!
VÍCTOR HUGO. Quiero pescar deportivamente, pescar una aguja, así de grande, y volver a tirarla al mar, con una chapilla que lleve inscrito mi nombre: Víctor Hugo Marañón…
MADONA. ¡Cuba, Cuba, Cuba…!
VÍCTOR HUGO. Quiero romper el récord de pesca de la aguja. ¡Tú no sabes, Madona, lo que me duele ver morir un pez! *(La suelta).* Quiero hacer lo que me da la gana.
MADONA. Al menos tu país es libre, Víctor Hugo.
VÍCTOR HUGO. Mi país, pertenezco a un país.
MADONA. A un país libre.
VÍCTOR HUGO. Por lo menos tú puedes protestar.
MADONA. ¿Y de qué sirve protestar? Nadie en ninguna parte puede hacer todo lo que le dé la gana.
VÍCTOR HUGO. Yo no he dicho, Madona, que yo quiera hacer todo lo que me dé la gana, pero sí algunas cosas que me dé la gana.

MADONA. Todas las sociedades son represivas, «pescador».

VÍCTOR HUGO. ¿Qué nos queda, entonces, acabar de lanzarnos contra los arrecifes?

MADONA. No, Víctor Hugo, no. ¡Algún día, «pescador», todo será distinto! Cuando llegue la próxima revolución, la del mundo sin estrés, un mundo en que cada uno pueda hacer lo que le dé la gana.

Víctor Hugo ha sacado de su mochila un gran tabaco y se lo ha puesto en la boca.

MADONA. *(Transición, quitándole el tabaco).* Parece de los auténticos. *(Lo huele, lo revisa).*

VÍCTOR HUGO. *(En tono muy confidencial).* Es auténtico. *(Mira hacia los lados, comprobando que nadie lo observa).* ¿Te interesaría comprar unos cuantos? Están a un precio mucho más bajo que el de la tienda... Un profesor amigo mío se dedica a eso.

MADONA. *(En el mismo tono de Víctor Hugo).* ¿Cuándo podemos verlo, al profesor?

VÍCTOR HUGO. Mañana.

MADONA. Tendría que ser en la tarde, tengo un compromiso en la mañana. Un acto de solidaridad con Cuba. ¿Comprendes? *(Pausa).* ¿Y no tendré dificultad para llevármelos?

VÍCTOR HUGO. Depende de la cantidad de cajas.

MADONA. ¿Y los papeles de la factura? ¿Cómo pruebo yo en el aeropuerto que compré esos tabacos en la tienda?

VÍCTOR HUGO. Eso va por nosotros.

MADONA. ¿Conoces algún pintor? Busco cuadros.

VÍCTOR HUGO. Tendría que ver.

MADONA. Necesito cuadros, ron, tabacos y todo lo relacionado con los tabacos... Cajas, anillos, guillotinas. Busco antigüedades: monedas, tarjetas, propaganda política y comercial, billetes, pomos de perfume, pisapapeles, centros de mesa, joyeros, jarras..., todo antiguo. Si es de otro siglo, mejor.

VÍCTOR HUGO. Eres traficante.

MADONA. Trabajo en una *boutique* pero en mis ratos de ocio colecciono antigüedades.

VÍCTOR HUGO. Hazme una lista y nos vemos mañana.

MADONA. ¿Dónde?

VÍCTOR HUGO. En la calle Águila entre Ánimas y Trocadero.

MADONA. ¡Listo!

VÍCTOR HUGO. Así dicen los colombianos. ¡Listo! ¿Eres colombiana?

MADONA. *(Como mejicana).* ¿Mande?

VÍCTOR HUGO. ¡¿Mejicana?!

MADONA. ¡Qué tarado que sos!

VÍCTOR HUGO. ¡Argentina!

MADONA. ¡Joder!

VÍCTOR HUGO. ¿De dónde eres, Madona? Quiero decir, ¿de dónde quieres ser?

MADONA. Soy de Armenia.

VÍCTOR HUGO. ¡Ah! Entonces eres rusa. ¿Cómo anda la cosa por allá, camarada? *(La abraza efusivamente).*

MADONA. ¿Por allá por dónde?

VÍCTOR HUGO. Por Rusia.

MADONA. No soy rusa.

víctor hugo. Armenia queda en Rusia.
madona. Soy colombiana.
víctor hugo. ¡Colombiana!
madona. Soy de donde a mí me da la gana y no me mires de esa manera.
víctor hugo. ¿De qué manera?
madona. De la manera en que muchos te miran cuando saben que eres de donde te da la gana.
víctor hugo. De verdad que tienes dos lámparas en los ojos.
madona. Ya te expliqué que solo me aceptan de noche.
víctor hugo. ¿Quiénes?
madona. La mayoría.
víctor hugo. *(Dándole dos palmadas en los hombros).* No te abochornes. Es un trabajo como otro cualquiera. *(La besa).*
madona. *(Empujándolo con una fuerza tal que lo hace caer al suelo).* ¡No soy puta!
víctor hugo. Ya lo sé. Ni tampoco eres rusa, aunque eres de Armenia.
madona. Soy de Quindío. *(Se sube al muro).* ¿Por qué no nos lanzamos contra los arrecifes?
víctor hugo. *(Que ha subido al muro detrás de ella).* Mejor nos deslizamos hacia los arrecifes.
madona. Es una buena idea.
víctor hugo. Mucho más poética.
madona. Menos dañina. *(Pausa. Están muy juntos).* ¿Y si viene la patrulla?
víctor hugo. *(Sonriendo).* ¿Qué patrulla?
madona. La policía. Además, no puedes dejar sola tu bicicleta.

Víctor Hugo levanta la bicicleta y la coloca sobre el muro. Luego recoge la caña de pescar y baja con todo a los arrecifes (queda fuera de la mirada del espectador). Ella permanece sola, duda, y termina bajando también a los arrecifes. Sube la luz del faro y la música. La escena queda vacía unos instantes. De repente aparece sobre el muro el nécessaire de Madona y después la caña de pescar. Víctor Hugo y Madona regresan de los arrecifes. Están sofocados. Tienen los cabellos mojados por las olas.

víctor hugo. *(Furioso, recuperando el aire).* ¡Asqueroso!
madona. *(Ídem).* ¿No será que te gustó?
víctor hugo. Te voy a dar una puñalada. ¡Me voy a desgraciar la vida!
madona. Si vas a pinchar, pincha, pero pincha aquí. *(Se toca la pelvis retadora).*
víctor hugo. *(Transición, emprendiéndola a patadas contra la bicicleta).* ¡La culpa es tuya, tuya…!
madona. ¡Déjala ya, ella es inocente! Tú me besaste porque te gusté.
víctor hugo. No te meto el cuchillo porque eres extranjera.
madona. ¡Ya pescaré a otro pescador que quiera venderme su bicicleta! *(Va a retirarse).*
víctor hugo. *(Grita).* ¡Maricón…! ¡Maricona!
madona. *(Transición, agresiva, volviéndose hacia él).* ¿Sabes lo que es segregación? ¿Sabes lo que es un niño en la calle? ¿Conoces la palabra neoliberalismo? Cada día los ricos son más ricos y los pobres más pobres. Cuba viene a ser la última esperanza. Por lo menos el sida se evita con condón. ¿Pero dónde está el condón que pueda evitar la globalización, los conflictos étnicos? ¡Contesta, Víctor Hugo!
víctor hugo. ¡Métete la política por el culo! ¡Vete de aquí antes de que olvide que eres extranjera!
madona. Esta vez no bebiste.

VÍCTOR HUGO. ¡Sí bebí!

MADONA. Muy poco, Víctor Hugo. No es otra laguna, no tienes amnesia. Bajé al arrecife porque me lo pediste. Me puse de espaldas, pero tú me hiciste ponerme de frente y entonces ocurrió lo que ocurrió. El beso fue hermoso hasta que después bajaste la mano.

VÍCTOR HUGO. ¡Degenerado!

MADONA. ¡No, Víctor, no, degenerada! No sabes cuánto he luchado, cuánto tengo que luchar por que me llamen así: ¡Degenerada! *(Transición. Grita).* ¡Me gustan los hombres!

VÍCTOR HUGO. *(Ídem).* ¡Y a mí las mujeres!

Se besan sin poder contenerse, como atraídos por una fuerza superior.

VÍCTOR HUGO. *(Transición. Separándose bruscamente).* ¡Y a mí las mujeres! *(Grita).* ¡Me gustan las mujeres!

Desciende del muro rápidamente, recoge sus cosas y sale de escena con su bicicleta.

MADONA. ¿Qué hay con los tabacos y los cuadros que prometiste? ¿Y la bicicleta? *(Grita).* ¡Víctor Hugo!

Víctor Hugo no regresa.

MADONA. *(Furiosa).* ¡Estúpido!

Se vuelve hacia el mar y orina de pie, realizando los mismos movimientos que realizan los hombres en tales circunstancias. Toma su nécessaire y sale de escena en dirección opuesta a Víctor Hugo. La luz del faro gira alcanzando su mayor intensidad bajo la luna llena.

La Habana, verano de 1998

Iliana Prieto y Cristina Rebull

EL ÚLTIMO BOLERO

Pieza en un acto

Iliana Prieto (Pinar del Río, 1954). Narradora, guionista y asesora dramatúrgica. Graduada de Psicología por la Universidad de La Habana en 1977. Obtuvo una maestría en esa especialidad en la Universidad Carlos Albizu en 2010. En 1989 ganó el Premio Ismaelillo de la Unión de Escritores y Artistas de Cuba (UNEAC) por su novela *Querido Diario*. Recibió el Premio Anual de Literatura para Niños y Jóvenes La Rosa Blanca con el cuento «Un cartero poco confiable», que fue publicado en 1997. En ese mismo año, resultó finalista del Premio Latinoamericano Norma-Fundalectura de Literatura Infantil y Juvenil con su novela *La princesa del retrato y el dragón rey*, publicada en Colombia por la Editorial Norma en 1998. Con una amplia labor como conferencista, guionista y asesora dramatúrgica de programación televisiva para niños y jóvenes, en 2013 ganó un Emmy con *Cuentos de tía Nelly* (coescrito con Cristina Rebull).

Cristina Rebull (Matanzas, 1960). Actriz, cantante, guionista, dramaturga y directora artística. Graduada en la especialidad de Artes Escénicas en el Instituto Superior de Arte de Cuba (ISA) en 1983. Ha escrito varios textos teatrales, entre los que sobresalen *Frijoles colorados*, *Esperando a mamá*, *Llévame a las islas griegas* y *Cena para seis*. Sus obras han sido estrenadas en Cuba, Puerto Rico, Brasil, Ecuador, España, Portugal y Estados Unidos. Como cantante, obtuvo el Tercer Premio en el Festival Iberoamericano de la Canción, OTI, en Asunción, Paraguay, en 1995. En 2013 ganó un Emmy con *Cuentos de tía Nelly* (coescrito con Iliana Prieto), y en 2015 el Premio Norma de Literatura Infantil y Juvenil con su novela *Por culpa de una S*. Además de su labor como guionista y directora de televisión, es profesora de Actuación y directora artística en el Teatro Prometeo del Miami Dade College.

Si está interesado en solicitar la autorización para el montaje de esta obra, puede escribir directamente a: **ilianapj@yahoo.com** y **crebull@yahoo.es**

Personajes

Sofía: madre
Beatriz: hija

En un apartamento de La Habana, 1997.

Para Verónica Lynn

Ambiente de entrada y salida de aviones. Aparece Sofía en el público, muy arreglada a la moda comunitaria de Miami, pero de buen gusto. Es una mujer distinguida. Beatriz, en escena, todo lo contrario: está bastante desaliñada y termina de secarse la cabeza; tiene una toalla en sus manos. Son dos imágenes estáticas que no dejan de mirarse, la una frente a la otra, madre e hija, después de diecisiete años de separación. La escena va iluminándose lentamente. Se sugiere que se establezcan dos lenguajes paralelos. Deben enfrentarse el realismo del texto con el recuerdo y el pasado de ambas. El presente y la memoria. En la escena hay un ruedo de periódicos que crea un centro de acción. Hay barcos de papel. Es un ambiente desordenado.

SOFÍA. Ayer me tiré las cartas.

Suena el teléfono. Beatriz va hacia él.

BEATRIZ. *(Al teléfono)*. ¿Sí...? Un momento... *(A Sofía)*. Parece que la única que no sabía que tú venías era yo.

Sofía avanza hacia la escena. Beatriz va hacia ella; parece que se abrazarán, pero no se tocan. Es un abrazo frustrado por el pasado. La escena se relenta dentro del ruedo y vuelve a su ritmo natural cuando Sofía va al teléfono.

SOFÍA. Aló... Sí, cariño, llegué bien... Muy buen viaje, sí... ¿Las cosas...? Y no sé, todavía no he podido ni mirar... Parecen iguales... Bueno, iguales no, pero... Es que... Sí, acabo de llegar... Bueno, casi no he llegado... Sí, fue ella la que salió, claro... Yo se lo digo... No sé... hay algunos anuncios, sí... Sí, lo mismo que nos habían dicho... Sí, está flaca... pero ella siempre fue flaca; no hay que estar pensando... Sí, mi amor, yo sé que ya me estás extrañando. Pero tienes que ser fuerte, solo son quince días... Yo también. Lo mismo para ti... Bye... bye... Un besito. *(Permanece de pie con el auricular en la mano, sin saber qué hacer).*
BEATRIZ. Por favor, cuelga el teléfono. Estoy esperando una llamada. *(Sofía cuelga).*
SOFÍA. ¿Me puedo sentar? El viaje es corto pero cansa más que ir a Europa.
BEATRIZ. No sé, nunca he ido a Europa.
SOFÍA. Ah, es preciosa. No alcanza la vida para verla. ¿No tienes secador? *(Va a buscar en el bolso. La respuesta la detiene).*
BEATRIZ. Sí, pero pierdo más tiempo desenredando el cable que secándome el pelo. *(Suena el teléfono).* ¿Sí? Un momento...

SOFÍA. Aló… Oscarito, mi amor… no te preocupes, estoy bien… Sí, fue ella la que te salió otra vez… Claro que voy a pensar en ti… Sí, cariño, tú verás que estos quince días pasan volando… Sí… ¿Rolando no está contigo ahí?… Yo también le mando un beso a él… Bueno, corazón… otro para ti… Sí… yo también… Okey… bye… bye… Sí… bye. *(Se queda con el auricular descolgado)*.
BEATRIZ. Por favor, cuelga el teléfono que estoy esperando una llamada. *(Sofía cuelga)*.
SOFÍA. Es que no se acostumbra a estar sin mí, pobrecito. Aquella vez casi me lo encuentro sin un pelo en la cabeza y solo fueron veintidós días. *(Suena el teléfono. Sofía inconscientemente lo coge pensando que es Oscarito otra vez)*.
SOFÍA. Aló… No… es decir, sí, un momento… Es para ti.
BEATRIZ. ¿Sí? Bien… *(Es una llamada que le agrada)*. Ahora no puedo… No, no me pasa nada… De verdad que no… Sí… ¿Me puedes llamar después?… ¿Visita…? Sí… tengo visita. Mi mamá acaba de llegar de Miami… Así mismo… Bueno… Sí, no me dejes de llamar. *(Cuelga el teléfono)*.
SOFÍA. Sí, después de diecisiete años, una mamá puede llegar a ser visita…
BEATRIZ. ¿Cómo encontraste la casa?
SOFÍA. Preguntando y preguntando se llega a Roma.
BEATRIZ. Esto no es Roma.

Sofía no sabe cómo continuar la conversación y decide deshacer el ruedo de periódicos.

SOFÍA. Bueno… Cuquita, la hija de Machito Pérez, no sé si te acuerdas, ahora está casada con un pastor por la paz que estuvo aquí en una de esas caravanas y él se encontró con Blanca Carrasco, la que era mujer de Rafael Valdés, el de Matanzas, que le mandaba un dinero, y fue ella la que le dijo que te habías mudado para acá…

Beatriz la detiene. Tras una pausita, emprende la acción contraria, ordenando el ruedo. A partir de este momento se crea una doble acción física entre las dos, que parece, y de hecho es, absurda, en la que Sofía insiste en destruir el ruedo y Beatriz en establecerlo. Sofía intenta crear su orden y Beatriz en mantener el suyo. Parece que los periódicos vuelan sobre el ruedo como plumas de dos aves que se enfrentan. Se produce un diálogo insustancial que busca revivir cualquier escena cotidiana del pasado, para sentir que nada ha cambiado, pero las dos saben que nada está en orden.

SOFÍA. Blanca Carrasco está muy mal, la pobre, no deja de llamar a Rafael y pedirle que la ayude, pero Rafael ya está también bastante viejo y no puede… ¿Tú te acuerdas de Blanca Carrasco, no?
BEATRIZ. Sí, la verdad es que no sé cómo esa vieja tiene la poca vergüenza de llamar al pobre Rafael para que le mande dinero ni nada, con todos los tarros que le pegó durante toda la vida.
SOFÍA. Mira, te digo yo que nunca nadie tuvo la certeza de que Blanca Carrasco le pegara los tarros a Rafael Valdés.
BEATRIZ. Bueno, toda Matanzas dijo que el pobre Rafael Valdés se había ido huyendo de los tarros de Blanca Carrasco.
SOFÍA. Ay, chica, pero la gente también habla mucha mierda y en un final, Rafael Valdés no ha dejado de escribirle a Blanca Carrasco ni de mandarle las pastillas para la osteoporosis.
BEATRIZ. Allá Rafael Valdés… *(Detiene la acción y decide que no va a caer en la trampa del pasado)*.

Sofía mantiene su objetivo.

SOFÍA. El caso es que Blanca Carrasco se pasa el tiempo llamando a la hermana de Rafael Valdés para contarle sus tragedias y sus dolores de huesos y a la hermana de Rafael le da pena y cada vez que habla con él le pide que no abandone a Blanca Carrasco en su desgracia y que… la perdone. *(Tiene todo el ruedo de periódicos en sus manos).*
BEATRIZ. ¿A estas alturas? *(Pausa).* Blanca Carrasco debe tener como setenta y cinco años y Rafael Valdés como ochenta y dos.
SOFÍA. El perdón no tiene edad.
BEATRIZ. No, la que no tiene edad es la culpa.

Suena el teléfono.

BEATRIZ. ¿Sí…? *(Pasa el teléfono a Sofía).* Blanca Carrasco…
SOFÍA. ¿Aló…? ¡¿Blanca Carrasco…?! ¡¿Cómo tú estás, muchachita?!… Sí… No… Bueno, en realidad Rafael Valdés quedó en pasar por casa, pero esto fue tan rápido que parece que no le dio tiempo… No… Claro… Menos mal, hija… No, pero él sabe lo de la osteoporosis tuya… Sí, también sabe lo de la vesícula… sí, él sabe todo eso… Bueno, él está bien dentro de lo que cabe, ya son ochenta y pico de años… Bueno, no te preocupes, yo le digo a Rafael Valdés… sí, quince días… Okey… Okey… *(Cuelga).* Pobre Rafael Valdés…
BEATRIZ. ¿A qué viniste?
SOFÍA. Blanca Carrasco lo tiene seco…
BEATRIZ. ¿A qué viniste?
SOFÍA. A verte… Tu hermano Oscarito también hubiera querido venir, pero le daba miedo.
BEATRIZ. ¿Miedo a qué?
SOFÍA. Me imagino que miedo a que no lo dejaran volver a salir… no sé. Oscarito siempre ha sido un infeliz… Y de lo que yo me alegro porque, mi hijita, este aeropuerto está lleno de militares de un extremo al otro. *(Silencio).* Bueno, te juro que no vine a hablar de política…
BEATRIZ. ¿Y de qué viniste a hablar?
SOFÍA. *(Buscando paz).* Por favor… Beatriz…
BEATRIZ. ¿Quieres café?
SOFÍA. Te traje un paquete grande.
BEATRIZ. Yo tengo. *(Sale).*

Sofía queda sola. Suena el teléfono. Por primera vez deja ver su cansancio y su tristeza. No sabe cómo acercarse a Beatriz.

SOFÍA. ¡Está sonando el teléfono!
BEATRIZ. *(En off).* Yo lo cojo por aquí.

Sofía, después de unos segundos, levanta el auricular del teléfono, suavemente, y escucha. Es la misma voz que llamó antes.

BEATRIZ. *(En off).* ¡Estoy hablando!
SOFÍA. *(Cuelga rápido).* Discúlpame, pensé que habías terminado…

Beatriz entra con café, un termo y un mate. Al ver a Sofía husmeando en sus cosas le deja la taza de café sobre la mesita del teléfono y se aleja.

SOFÍA. No me di cuenta que estabas hablando. Es que necesito hacer algunas llamadas porque tengo que entregar cartas y… ¿Qué es eso que estás tomando en esa cosa?
BEATRIZ. Mate.
SOFÍA. ¿Droga?
BEATRIZ. No, mate.
SOFÍA. ¿Eso es esa cosa que toman los argentinos?
BEATRIZ. Sí.
SOFÍA. ¿Y a qué sabe?
BEATRIZ. Es amargo. ¿Quieres probarlo?
SOFÍA. No, Dios me ampare, meterme la cachimba amarga esa en la boca. ¿Conociste a algún argentino?
BEATRIZ. No, estuve trabajando seis meses en Montevideo.
SOFÍA. ¿En Montevideo, Uruguay?
BEATRIZ. Sí.
SOFÍA. ¡Mi hijita, y en seis meses no tuviste tiempo de darte cuenta que cualquier cosa es mejor que esta porquería! *(Silencio)*. Beatriz, yo me fui por tu hermano… Tu hermano no puede vivir sin mí…
BEATRIZ. Mi hermano…
SOFÍA. Ese muchacho está enfermo, mi hijita. Si yo no me hubiera ido detrás de él, se hubiera muerto.
BEATRIZ. Pero cuando arrancó para la Embajada del Perú, ni tú te enteraste…
SOFÍA. Dice que él pensaba llamarme desde allá adentro.
BEATRIZ. Mira, mami…
SOFÍA. Gracias por decirme mami.

Pausa.

BEATRIZ. Mira… Oscarito es tan cobarde y tan maricón…
SOFÍA. *(La interrumpe, dramática).* ¡No digas esa palabra, Beatriz, por Dios… calla esa boca!
BEATRIZ. Bueno… Oscarito es tan Oscarito que ni siquiera decidió a tiempo meterse en la Embajada y, como cuando llegó ya estaba acordonada y lo cogieron preso, debe haberse acordado hasta de la hora en que nació.
SOFÍA. ¿Y qué querías que yo hiciera? ¿Que lo abandonara después de todo lo que había pasado? *(Bajo, insultada y confidencial).* Dice que le entraron a golpes, entre otras cosas… por ser como es. Fue una experiencia horrible para ese pobre muchacho.

Silencio.

BEATRIZ. Y bueno, qué importa por qué te fuiste. No me vas a decir, a estas alturas, que viniste a hacerme el cuento de la Embajada del Perú y a explicarme que no tuviste otra cosa que hacer con tu vida y la de Oscarito.
SOFÍA. Sí.

BEATRIZ. Sí, ¿qué…?
SOFÍA. Que no he dejado de pensar en ti, ni un minuto, en todos estos años.

Silencio.

SOFÍA. Nunca dejé de rezar por ti… Nunca dejé de escribirte… Hasta que me di cuenta que jamás me ibas a responder.
BEATRIZ. Mira que te costó trabajo darte cuenta de algo tan evidente, Sofía.
SOFÍA. Y cuando te mudaste, estuve rastreando este teléfono por todo Miami hasta que no sé quién me lo dio.
BEATRIZ. Anjá, y se suponía que cada vez que sonaba el teléfono a las once de la noche yo debía hablarte y decirte que te extrañaba mucho y qué mierda de gobiernos estos que nos tienen separados y qué bueno que estás ahí.
SOFÍA. Coño, pero al menos podías haberme dicho que no estaba equivocada, que estaba llamando al teléfono correcto, podías mandarme para el carajo y decirme que no te llamara más. ¿Era eso mucho pedir, Beatriz…?
BEATRIZ. Sí. Era mucho pedir. Todo lo que revuelve la mierda hay que evitarlo.
SOFÍA. Una noche llamé tres veces seguidas y dejaste descolgado el teléfono. No me lo vas a creer, pero estuve escuchando los sonidos de esta casa casi quince minutos. Pagué quince minutos de silencio por imaginarme qué hacías del otro lado.
BEATRIZ. ¡Ya! No vas a hacer que me sienta culpable por no querer saber nada de ustedes. Carajo, Sofía, mi alma es buena, muy buena, porque si yo lo pienso bien…
SOFÍA. Termina.

Silencio.

SOFÍA. Dilo… No se puede ser tan duro en la vida, Beatriz… No se puede ser tan duro, mi hijita, porque la vida es más corta de lo que uno se imagina.
BEATRIZ. ¿Y qué sabes tú de todo lo que yo pasé? ¿Qué sabes tú? De qué sirven las plegarias y los rezos cuando uno no tiene a quién decirle ¡me estoy muriendo, coño, me estoy muriendo!
SOFÍA. Ay, hija, por Dios…
BEATRIZ. Dios, justamente Dios no se acordó de mí ni se acordó de mucha gente. A veces no se sabe de qué parte está Dios.
SOFÍA. Dios siempre está de parte de los buenos.
BEATRIZ. ¿Y quiénes son los buenos?

Silencio.

SOFÍA. Creo que no me vas a perdonar nunca.
BEATRIZ. Sinceramente, ya no se trata de perdonarte o no, es peor; uno extraña lo que necesita y cuida lo que le hace bien, y ya ni tú ni Oscarito están incluidos en esos dos grupos.
SOFÍA. ¿Tanto mal te hice, Beatriz?
BEATRIZ. Me mataste, mami. Me mataste…
SOFÍA. No me digas eso…

BEATRIZ. Te das cuenta que ni siquiera eres consciente de lo que a mí me pudo doler que en media noche me cambiara la vida. ¿Tú no te acuerdas de aquella noche, mami…? Dime la verdad, ¿tú no eres capaz de acordarte de aquella noche…?
SOFÍA. No sé… lo tengo todo muy confuso.
BEATRIZ. Y en medio de todos los rezos que hiciste por mí tuviste miedo que Dios se enterara que sonó el teléfono, soltaste los cubiertos… Me acuerdo que te estabas comiendo una croqueta con tres ruedas de pepino… Agarraste, sin decirme nada, el primer maletín que te encontraste y empezaste a meter cosas con la mirada fija… Cerraste el maletín y, simplemente, me dijiste, tu hermano fue el que llamó, llegó a Miami, mañana me viene a buscar un amigo por el Mariel… Y ya… Así de simple.
SOFÍA. Yo te dije que te fueras conmigo, que Oscarito me había dicho…
BEATRIZ. ¿Que Oscarito te había dicho qué…? Primero, me dijiste que me fuera contigo casi tres horas después de toda tu recogida y segundo, estoy segura que Oscarito nunca mencionó la posibilidad de que yo también me fuera. Para Oscarito yo nunca debía haber nacido.
SOFÍA. No digas esas cosas. Oscarito te quiere mucho.
BEATRIZ. Bueno, no sé si ahora me querrá mucho porque no me ve nunca, pero cuando éramos niños, quería verme muerta, y mira que a mí me gustaba jugar con Oscarito, y mira que yo disfrutaba cuando estaba para mí y me hacía cuentos.
SOFÍA. Las cosas no eran así, Beatriz.
BEATRIZ. No, tienes razón, las cosas nunca fueron como yo decía.
SOFÍA. No era así.
BEATRIZ. ¿Y cómo eran?
SOFÍA. Tú siempre pensaste que yo quería más a tu hermano.
BEATRIZ. Y no era verdad.
SOFÍA. A los hijos se les quiere por igual.
BEATRIZ. Por favor, no hablemos de eso… Y como si fuera poco, tu hijito del alma se ponía a mortificarme, yo empezaba a llorar y en lugar de regañar a Oscarito me pedías a mí que no llorara y que entendiera que lo único que él estaba haciendo era jugando conmigo. ¡Qué manera de jugar, carijo!
SOFÍA. Ay, mi hijita, tú no eres feliz. El rencor no te deja vivir.
BEATRIZ. ¿Feliz? Sí, mami, por suerte, desde hace muchos años soy una persona muy feliz, y te juro que no sé ni por qué estoy sacando todas estas cosas porque, al final, no me importa ni hablarlas. Después de eso, la vida me enseñó que podían existir cosas peores y mejores.
SOFÍA. Bien, Beatriz, ¿a dónde me quieres llevar? ¿Quieres que me sienta una mierda de madre?… ¿Quieres que me arrepienta de haber venido? No creas que no lo pensé más de cien veces antes de sacar el billete de avión… Pero te juro que, pase lo que pase entre nosotras y me digas lo que me digas, cada vez me siento mejor de haberlo hecho.
BEATRIZ. Suerte que tienen algunas personas de seguir viviendo hagan lo que hagan.
SOFÍA. Qué dura eres, mi hijita, qué dura eres. Pero yo te haría una pregunta, ¿si en lugar de tres horas después de la llamada de tu hermano, te hubiera dicho que te fueras conmigo, colgando el teléfono, te hubieras ido?

Suena el teléfono. Ninguna de las dos lo coge; no dejan de mirarse. Por fin Beatriz va al teléfono.

BEATRIZ. Sí… Un momento… *(Le pasa el teléfono a Sofía).*

SOFÍA. ¿Quién es ahora?

BEATRIZ. Blanca Carrasco.

SOFÍA. Me cago en ella, carajo, qué manera de joder… Aló… Dime, Blanca… Aquí… bien… conversando, imagínate, después de tanto tiempo… Sí… No… No, Blanca, la verdad es que yo no sé de nadie que venga para acá en estos días… Bueno, si Rafael Valdés te dijo que te iba a mandar el dinero, seguro que en cualquier momento te llega… Sí, mi hijita, yo sé que no es fácil lo que están pasando… Sí… seguro que Oscarito me llama en estos días y… Sí, yo le digo que le diga a Rafael Valdés que solo te quedan diez pastillas… Bueno… no… no tengas pena… No, hija, por Dios… es lo menos que… Yo le digo, sí. Él también. Bye, sí, bye. *(Cuelga)*.

BEATRIZ. Me voy a bañar.

SOFÍA. Te hice una pregunta. Aquí todo el mundo tiene su mierda encima. Te juro que yo estoy tratando de sacarme toda la mía. Te pido que tú hagas lo mismo.

BEATRIZ. Ahora me voy a bañar.

SOFÍA. Te puedes bañar después. Quiero que me respondas si te hubieras ido conmigo aquel día.

BEATRIZ. Si tú supieras, es verdad, quizás aquella noche te hubiera dicho que no, que no me iba. Qué importa por qué… tenía un millón de razones y tú tenías una sola. Pero después pasaron cosas muy duras, y tuve ganas de estar a mil leguas de este país. Esas no te las voy a decir ahora porque no te va a ser fácil escucharlas.

SOFÍA. Dímelo todo…

BEATRIZ. Tranquila, mami, tranquila. Llevas casi veinte años sin hablar conmigo, no quieras saberlo todo en tres horas… Despacio. *(Emprende la salida)*.

SOFÍA. ¿Fue verdad lo de la universidad?

BEATRIZ. No quiero hablar de eso.

SOFÍA. ¿De qué quieres hablar?

BEATRIZ. No quiero hablar de nada… en realidad tenía un plan para esta noche.

SOFÍA. Me lo puedo imaginar. Discúlpame por haber llegado sin avisarte.

BEATRIZ. Eso es algo tan típico en nuestra familia que ni siquiera me molesta. Nos encanta el factor sorpresa… Mira, mami… no quiero hablar porque esos años todavía me duelen como si me hubieran caído a patadas por la espalda durante veinticuatro horas seguidas, y me temblaron las manos y por poco te llamo y te digo que me saques de toda aquella mierda, pero pensé que tampoco esa era la solución. ¿Qué sabes tú de esa historia de la universidad?

SOFÍA. Yo nunca lo creí.

BEATRIZ. ¿Qué no creíste?

SOFÍA. Lo que llegó allá de por qué querían expulsarte…

BEATRIZ. ¿Qué llegó allá?

SOFÍA. Que… que eras… bueno, que tú y una…

BEATRIZ. Que era homosexual.

SOFÍA. No sabes cuánto yo recé, mi hijita. Dios tiene que haberme escuchado porque al final no te botaron y pudiste graduarte y Dios y yo sabíamos que todo era una injusticia y la envidia de todos los hijos de puta que te acusaron porque eras uno de los primeros expedientes y que estaban buscando enterrarte en vida para…

BEATRIZ. Sí, en aquel momento no era verdad. Ahora sí.

Sofía se queda sin habla. No quiere entender lo que dice la hija, y no sabe cómo enfrentar la información.

SOFÍA. ¿Ahora sí qué?
BEATRIZ. Que ahora sí.
SOFÍA. ¿Ahora sí volviste a la universidad?
BEATRIZ. No, ahora sí es verdad lo que dijeron los hijos de puta de la universidad.
SOFÍA. Que te envidiaban y todas esas cosas, y que eras el primer expediente y seguro se disculparon contigo y estás en…
BEATRIZ. Me voy a bañar.
SOFÍA. No me digas más que te vas a bañar y dime…
BEATRIZ. Tengo una amiga, mami. Tengo una amiga siquiatra que me ha ayudado mucho. Si no hubiera sido por ella, a estas alturas quizás estaría muerta.
SOFÍA. Ay, santo cielo, menos mal.
BEATRIZ. Ella me acompaña desde hace diez años y creo que es la única persona en el mundo a quien de verdad le intereso.
SOFÍA. ¿Y la puedes ver todas las semanas?
BEATRIZ. Nos vemos casi todos los días. Ella también tiene mucho trabajo y además tiene dos hijos.
SOFÍA. ¿Y te cobra muy caro? Porque allá un terapeuta puede salir más caro que un alquiler.
BEATRIZ. Te estoy diciendo que tengo una amiga.
SOFÍA. Ya lo sé, y que es siquiatra. ¿Cómo se llama?
BEATRIZ. Rosario.
SOFÍA. Rosario, ese nombre me gusta. Tu bisabuela por parte de padre se llamaba Rosario, pero no era siquiatra, pobrecita, era alcohólica.
BEATRIZ. Le dicen Goya.
SOFÍA. ¿Goya?
BEATRIZ. Sí, unos amigos le pusieron Goya porque es muy bonita. Bueno, ahora sí me voy a bañar.
SOFÍA. Siéntate ahí, Beatriz. No entiendo nada. ¿Cómo a una siquiatra de esa categoría le pueden decir Goya?

Suena el teléfono. Sofía lo coge.

SOFÍA. *(Al teléfono).* Aló… ¿De parte? *(Tapa con la mano la boca del teléfono, un poco asustada).* Es Goya…
BEATRIZ. *(Al auricular).* Dime… Sí… Entonces yo te llamo… Sí, por supuesto que la vas a conocer… Diles que yo también hubiera querido ir… que les mando un beso… O llama tú cuando regreses… como quieras… Bueno. *(Cuelga)*

Silencio.

SOFÍA. Dime una cosa, Betty, ¿esa Goya no fue la que te llamó hace un rato?
BEATRIZ. Claro, mami. Es la única Goya que hay.
SOFÍA. ¿Y para qué te llamó ahora otra vez?
BEATRIZ. Porque esta noche nos íbamos a reunir en casa de unos amigos de ella.
SOFÍA. Es decir, para yo entender, ninguna de las dos llamadas tienen que ver con la sicoterapia que ella te da.
BEATRIZ. ¿Qué sicoterapia, Sofía?
SOFÍA. ¡¿Mi hijita, de qué estamos hablando!? ¿La Goya es tu siquiatra o no es tu siquiatra…?

BEATRIZ. Mami, cuántas veces te voy a repetir que Rosario es mi amiga.
SOFÍA. *(Sin saber qué decir y tratando de ordenarse).* ¿Rosario tiene dos hijos o no tiene dos hijos?
BEATRIZ. Tiene dos hijos, uno de doce años y otro de quince.
SOFÍA. Y me imagino que los hijos no los haya tenido por obra y gracia del Espíritu Santo. También tendrá un marido.
BEATRIZ. Sí, absolutamente lógico. Estuvo casada hasta hace diez años.
SOFÍA. Cuando empezó tu sicoterapia.
BEATRIZ. Yo nunca he sido paciente de Rosario.

Un guaguancó invade rítmicamente la escena. Sofía intenta exponer su desconcierto, Beatriz sus razones, pero en ningún caso pueden lograrlo. Se miran, se enfrentan, entran en el ritmo del guaguancó, se evaden.

SOFÍA. Dame una Coca Cola.
BEATRIZ. ¿Aquí, Coca Cola? Habría que salir a buscarla.
SOFÍA. Beatriz… ¿quién es Goya?
BEATRIZ. Un pintor español.
SOFÍA. ¡Beatriz, carajo!, ¿quién es Goya?
BEATRIZ. Bien, ya que no quieres entender, Rosario es para mí lo que es Rolando para tu hijo Oscarito.

Silencio.

SOFÍA. Dios mío, pero ¿qué fue lo que pasó en esta familia, con lo puta que yo siempre fui y lo macho que fue tu padre? *(Suena el teléfono y lo coge inmediatamente).* ¡Dígame!… Aló, aló… ¡Dime, Oscarito!… No, no me pasa nada. Dime rápido, ¿qué quieres…? ¿Y qué es lo que quiere Rafael Valdés que yo le diga a Blanca Carrasco…? Que la llame él y se lo diga… No, no, dile que no… No, si Blanca Carrasco no ha dejado de llamarme desde que yo llegué… Sí, además, dile que ella sí está esperando el dinero… Pero yo tampoco sé quién es… Bueno, la próxima vez que te llame Rafael Valdés, le dices que no pudiste hablar conmigo, y ya… Hasta luego, Oscarito… *(Cuelga).* Creo que la que va a tener que ser paciente de Goya soy yo.

Beatriz va a salir.

SOFÍA. ¡Beatriz!
BEATRIZ. Dime…
SOFÍA. *(Cómicamente dramática).* Estoy destruida. Resulta que en lugar de uno, tengo dos hijos enfermos.
BEATRIZ. ¿Enfermos de qué, mami?
SOFÍA. Enfermos de sexo, mi hijita, enfermos de sexo y de lujuria.
BEATRIZ. Mira, yo no sé si Oscarito estará enfermo, entre otras cosas, por culpa tuya, porque lo hiciste un infeliz dependiente que ahora debe ser un tremendo comemierda con la edad que tiene, pero lo que sí te puedo asegurar es que su enfermedad no tiene nada que ver con el sexo.

Ya están nuevamente dentro del ruedo y Sofía va hacia Beatriz lanzando periódicos. La imagen de dos aves que se enfrentan se repite.

SOFÍA. ¡Pero Dios, mírame, no me abandones en un momento como este…! Yo te pregunto, Beatriz, cómo si esa Rosario que le dicen Goya fue capaz de tener dos hijos, ahora es capaz de tener… ¡Silencio, Dios, silencio, no me dejes decir cosas feas!

BEATRIZ. Sofía, controla la histeria que no es para tanto.

SOFÍA. ¿Que no es para tanto? ¡No es para tanto tener dos hijos equivocados del camino de la naturaleza sabia y prudente! Porque la naturaleza sabe lo que hace, esa sí no se equivoca. No es por gusto que los niños tienen lo que tienen y las niñas tengan la otra cosa.

BEATRIZ. Pero, Sofía, es que las cosas no son así como tú las estás pintando.

SOFÍA. Escúchame bien. Escucha esto que te voy a preguntar. Concéntrate y no pienses en otra cosa… Concéntrate bien… ¿Tú nunca te has enamorado de un hombre?

BEATRIZ. Sí.

SOFÍA. ¿Y entonces, mi hijita? ¿No te pareció lindo, no te pareció bueno… no te pareció rico?

BEATRIZ. Sí, mami, y la pasé muy bien, pero qué quieres que te diga. El amor está más allá de los sexos.

SOFÍA. Mira, Beatriz, ¡vete al carajo con esas teorías! Los hombres son para las mujeres y las mujeres para los hombres.

BEATRIZ. ¡Coño, pero escúchame tú también a mí! Te cuesta demasiado trabajo entender que yo me pueda enamorar de una persona porque me gusta su cabeza o su alma, o su inteligencia y que esto no tiene nada que ver con que sea una mujer o un hombre. ¿Eso es algo que te cuesta tanto trabajo? Rosario tuvo un matrimonio muy feliz y un día se le acabó, luego nos conocimos y se enamoró de mí.

SOFÍA. *(La mira fijo tratando de desentrañarlo todo).* A ver si yo entiendo, Beatriz… Quiere decir que si ahora… vamos a suponer… Dios lo quiera… lo de la Rosario se acaba y yo te presento a Robert Redford, el de *Nuestros años felices*, tú te enamorarías de él…?

BEATRIZ. Sí… claro… o… de Barbra Streissand. *(Suena el teléfono y Beatriz lo coge).* Sí… Ah, ¿cómo está? Sí… no, no… un momento.

SOFÍA. *(Por imaginarse que es Blanca Carrasco).* Yo no puedo creerlo… *(Agarra el teléfono con resignación).* Dime, Blanca Carrasco… Rafael Valdés llamó a Oscarito… porque me llamó a mí hace unos minutos… No, Rafael no, Oscarito… ¿Qué va a hacer Rafael Valdés llamándome a mí, Blanca, tú estás boba?… Y yo qué sé. Seguro que Rafael te llama esta noche porque yo le dije a Oscarito que le dijera… Sí… cuelga, que seguro está al llamarte… Bueno, mi hija… lo mismo para ti… no… no… no tengas pena… Bueno. *(Cuelga).*

BEATRIZ. Me voy a bañar. *(Vuelve a detenerla Sofía).*

SOFÍA. *(Melodramática).* Beatriz… Beatriz… Entonces, hijita mía, ¿eres feliz?

BEATRIZ. Mucho.

Sofía busca en su silencio. Encuentra un tejido que hace que las dos se transporten al pasado. Esto las une en imágenes evocadoras de sueños que tejieron juntas y que culminan con la imagen de la novia. Silencio.

SOFÍA. ¿Mucho?

Beatriz asiente y se quita el velo.

SOFÍA. Si Dios escucha esto, seguro se espanta…

BEATRIZ. Si yo fuera Dios hubiera perdido ya la capacidad de espantarme.
SOFÍA. Bueno… también eso es verdad. Pero… ¿de verdad que se puede ser feliz… así… de esa forma…?
BEATRIZ. El amor es amor comoquiera que lo pongan, mami…
SOFÍA. Bueno, si de amor estamos hablando… Es verdad que el amor es lindo. Mi hijita, y tú que tienes esa experiencia… perdóname que te pregunte pero ¿y Oscarito… también será feliz?

Beatriz abandona el tejido y va a sus barcos de papel.

BEATRIZ. No puedo saberlo.
SOFÍA. No, no lo es. Como tampoco nunca lo fui yo a partir de un momento…
BEATRIZ. Tú sabrás…
SOFÍA. Sí, es verdad. Yo sabré… como lo sabemos casi todos los que caminamos por un lugar que no es el de uno y que no lo será nunca, aunque sea lindo y te sirva de casa para toda la vida.
BEATRIZ. Me imagino.
SOFÍA. No creo que puedas.
BEATRIZ. Tú siempre te reíste mucho.
SOFÍA. Reírse no es ser feliz. ¿Me veo muy vieja?
BEATRIZ. *(Se acerca a Sofía con un barco en las manos).* Siempre fuiste muy linda. Yo quería ser como tú… Me acuerdo que en el Pre, todos los varones me decían qué linda es tu mamá… y nunca me lo dijeron a mí…

Un sonido de olas penetra la escena tímidamente. Sofía mira el barco.

BEATRIZ. Cuando te fuiste, fue muy extraño… solo me quedaron tus fotos… ahí nadie envejece… Ni en el recuerdo…
SOFÍA. El viaje para Miami fue horrible.

Silencio.

BEATRIZ. Yo te vi.

Sofía se sorprende.

BEATRIZ. Yo estaba cerca del puerto del Mariel aquella tarde.
SOFÍA. ¿Te ibas?
BEATRIZ. No, quería ver cómo te ibas tú… Es difícil ver eso, ¿sabes…? En realidad, era difícil verlo todo. Era difícil ver cómo se iban hasta los que uno no conocía y era muy extraño ver a los que llegaban, que se habían ido antes, tocar por unas horas las costas de Cuba. Estamos tan cerca y a la vez tan lejos. Un poco de agua por el medio, y ya…
SOFÍA. ¿Me viste de verdad?
BEATRIZ. Sí… y pensé que solo por Oscarito pasabas por lo que estabas pasando.
SOFÍA. Me sentí una cucaracha. El amigo de Oscarito, junto con su familia, se llevó a tres presos… Uno de ellos estaba borracho de asco y se la pasó todo el tiempo cayéndome arriba… Cuando empezó a alejarse el yate tuve miedo… De pronto todos se callaron, hasta el borracho… y nos quedamos en silencio… Hay un momento en que dejas de ver las costas de

aquí y tampoco se ven las de allá… Lloré mucho… En ese momento lloré por mí… Y ya han pasado diecisiete años…

BEATRIZ. Yo también lloré mucho, mami. Y estuve mucho tiempo cerca del puerto mirando a la gente. Vi cómo tu yate se alejaba hasta que desapareció y entonces lloré más… me quedaba totalmente sola… Hasta tuve la esperanza de que regresaras antes del anochecer…

SOFÍA. Perdóname, mi hijita…

BEATRIZ. ¿Y eso de qué sirve?

SOFÍA. Igual quiero que me perdones…

BEATRIZ. ¡Qué sola, mami… qué sola estuve!

SOFÍA. Yo lo sé… Todos estamos solos…

BEATRIZ. Sí, es verdad… Pero algunos están más solos que otros…

SOFÍA. Beatriz, no sigas…

BEATRIZ. Me está haciendo mucho bien decirte todo esto…

SOFÍA. Sigue…

BEATRIZ. Estuve dos días sin entrar a la casa… La gente en el barrio pensaba que yo también me iba y nadie entendía nada y todo el mundo quería preguntarme y por poco me saco un acto de repudio… Después me convertí en el personaje al que los vecinos le tenían lástima y a cada rato me regalaban una panetelita o un poco de frijoles negros… Hasta un día, que vinieron a buscarme para caerle a huevazos a no sé quién que se iba y yo dije que yo no entraba en eso. Entonces el de Vigilancia me dijo que llevaba la traición en la sangre.

SOFÍA. ¿Y qué le dijiste a ese hijo de puta?

BEATRIZ. Nada… El hijo de puta hace seis meses se sacó el bombo y se fue con toda la familia… Sí, fueron días muy feos…

SOFÍA. Lo sé, mi hijita. Lo sé… Hasta yo te abandoné… El peor exilio es el del alma… Yo sé que ya no soy igual… Tengo arrugas, como digo yo, arrugas de exilio y de noches sin dormir… Te he extrañado mucho, Beatriz… y he dormido poco…

BEATRIZ. Es verdad que estás más vieja… pero te ves muy bien… Yo creo que yo me veo más vieja que tú…

SOFÍA. No sé, yo te veo muy linda… Con los pelitos parados como siempre… pero… linda… Esos muchachos del Pre estaban ciegos…

Suena el teléfono. Se crea un tiempo de respeto y paz entre las dos. Sofía descuelga el teléfono y se lo pasa a Beatriz para que sea ella quien responda la llamada.

BEATRIZ. ¿Sí…? Dime… (*Sofía la mira. Ya sabe que es Rosario. Se aleja un poco respetando la intimidad de Beatriz*). Qué bueno… No, no es necesario… Ten cuidado con la bebida y el timón… ¿Y por qué tu hijo mayor no te acompaña?… Sí, no te preocupes… yo también… Bueno. (*Cuelga*).

SOFÍA. ¿La quieres mucho?

La posible respuesta es interrumpida por el timbre del teléfono.

BEATRIZ. ¿Sí…? Un momento.

SOFÍA. ¿Aló…? ¡Blanca Carrasco! Sí, mi hija, dime…

Ahora esta llamada se convierte en un vínculo de comunicación entre ellas. Cada una con un teléfono, busca en la otra un acercamiento. Se ríen, se recuerdan, se descubren, se dan una tregua.

SOFÍA. ¿Que venía en el avión conmigo…? Blanca, por tu madre, pero ¿cómo tú pretendes que yo sepa quién era la pasajera que se llamaba Cecilia Porra…? No, yo no conozco a ninguna Porra de Matanzas. Yo sé, corazón… yo sé que tú no quieres molestarme… Sí, dime… Pero tú te imaginas cuánta gente canosa venía en ese avión… Sí, había una vieja con un sombrero, pero… sí, creo que sí… Sí, pero no sé si esa es la Porra de Matanzas. ¿Y Rafael Valdés te dijo que te lo mandó con ella?… ¿Y cuándo hablaste con Rafael? Ah, bueno… pero si él se lo dijo a su hermana seguro que la Cecilia Porra se va a poner en contacto contigo… Claro, tú sabes cómo es eso… Claro… Claro… Bueno… Bueno…

Han quedado de espaldas en el juego escénico. Cuelga Sofía. Cuelga Beatriz. Tras una pausa, se abrazan muy fuerte.

SOFÍA. Gracias…

El abrazo lo termina Beatriz, pero Sofía permanece abrazada a ella. Ahora Beatriz tiene los brazos sueltos.

SOFÍA. Nunca fuiste muy cariñosa… Oscarito sí… Pero yo sé que hay cariños más fuertes que un abrazo… No creas que no lo sé…

Se separan.

BEATRIZ. ¿Qué te dijeron las cartas?
SOFÍA. ¿Qué cartas?
BEATRIZ. Lo primero que me dijiste cuando llegaste era que ayer te habías tirado las cartas.

Como siempre, Sofía propone su juego para evadir la verdadera razón de esta visita. Ahora su propuesta es contagiar a Beatriz en un absurdo juego de cartas que Beatriz acepta. Es una vuelta a cualquier escena cotidiana del pasado.

SOFÍA. Ah, sí… ¿Crees en esas cosas?
BEATRIZ. Ya yo creo en cualquier cosa. Creer no duele. ¿Qué te dijeron?

Sofía se pone algo nerviosa, pero no pierde el control de la situación.

SOFÍA. La verdad es que me salieron una cantidad de palos de esos amarrados y puñalitos de un extremo al otro…
BEATRIZ. *(Muy interesada)*. Yo creo que eso no es bueno.
SOFÍA. Eso le dije yo a esa señora cartomántica porque no había que saber de cartas para darse cuenta que había demasiado palo junto. También había un carruaje de esos que dicen que vas a viajar… Yo me imagino que en este país las cartománticas pasen tremendo trabajo con eso de los carruajes porque qué tú le dices a una persona que todavía tiene que pasar por inmigración.
BEATRIZ. ¿Qué te dijo?
SOFÍA. ¿Tú te has consultado alguna vez?

BEATRIZ. Sí… Un día, por allá por Guanabacoa. Rosario me llevó a una señora que ella conocía desde jovencita.

SOFÍA. ¿Pero fuiste por algo en particular o por enterarte de cómo era eso?

BEATRIZ. No, fui porque Rosario decía que yo tenía que tener hecho algún daño porque nada me salía bien.

SOFÍA. ¿Y qué te dijo?

BEATRIZ. Que tenía hecho un daño.

SOFÍA. Pero entonces Goya también le mete.

BEATRIZ. No, mami, qué va a saber Rosario de nada de eso.

SOFÍA. *(Confidencial)*. ¿En su casa tú no has visto guerreros y esas cosas…?

BEATRIZ. Ay, mami, por Dios…

SOFÍA. Mira que eso se esconde en cualquier lugar, se atiende y funciona.

BEATRIZ. Te veo muy empapada en el asunto, antes tú no creías en nada.

SOFÍA. Cuando se pierde la esperanza se empieza a creer en todo y si no, mira cómo anda el mundo y te darás cuenta.

Se va la luz. Apagón total. Esta unidad del apagón debe ser muy rápida hasta los silencios indicados. Se escuchan gotas de agua.

SOFÍA. ¡Ay, Dios del cielo! ¡¿Qué es esto, un asalto?!

BEATRIZ. Sofía, no te me hagas la de Miami, que tú vivías aquí en el año setenta, y buenos apagones que te metiste.

SOFÍA. Te dije que no quiero hablar de política y menos de esos millones. ¡Busca una linterna, por tu madre, que esto me da claustrofobia!

BEATRIZ. Mami, cálmate, la claustrofobia da por encierro y aquí lo único que ha pasado es que se fue la luz.

SOFÍA. ¡Carijo, te digo que busques una linterna!

BEATRIZ. ¡Carajo, que en esta casa no hay linterna!

SOFÍA. ¡¿Pero cómo puede existir una casa sin linterna a las puertas del siglo veintiuno?!

BEATRIZ. Mami, ¿por dónde tú andas…?

SOFÍA. No fui yo. Yo no me he movido de donde estoy. Cierra la puerta, Beatriz, busca una pistola. Hay un asaltante dentro de la casa. ¡¡¡Auxilio!!!

BEATRIZ. ¡Sofía, contrólate! La puerta no está abierta y aquí no hay pistola, lo único que tengo por ahí es un machete que casi no tiene filo.

SOFÍA. *(Fuera de sí)*. ¡Chica, y en este lugar no hay ni una maldita vela!… *(Asustada)*. Beatriz… yo siento que algo me está haciendo cosquillitas en las piernas.

BEATRIZ. ¿Por dónde tú andas, mami?

SOFÍA. Beatriz, algo me está haciendo cosquillitas.

BEATRIZ. Pero no camines más, si no, no te encuentro.

SOFÍA. Ay, Beatriz, la cosquillita me sigue a todas partes.

Ronroneo de gato.

SOFÍA. ¡Un gato! Ay, Beatriz, espántalo, tú sabes que le tengo pánico a los gatos.

BEATRIZ. *(Al gato)*. ¡Sal de aquí, Sebastián, sal! Es el gato de un pintor que vive en los altos.

Silencio. Gotas de agua.

SOFÍA. ¿Y hasta qué hora es esto?
BEATRIZ. No sé, hoy no tocaba.

Silencio. Gotas de agua.

SOFÍA. Caballero, qué cosa más grande. Que en este país te toquen hasta los apagones… Mi hijita, ¿de verdad que tú no tienes ni una vela por ahí?
BEATRIZ. Creo que queda una, pero está en la cocina.
SOFÍA. No, no, no, no te vayas.

Silencio. Gotas de agua.

BEATRIZ. No me has dicho qué te dijeron las cartas.

Se ilumina la escena. Sofía en el centro, atrás, envuelta en el tejido como una momia. Sigue evadiendo.

BEATRIZ. ¿Mami…?
SOFÍA. Chica, no me lo vas a creer, pero en un segundo me quedé rendida. ¿Estuvimos como tres horas sin electricidad, no?

Beatriz la busca y la va despojando del tejido mientras la trae a proscenio y la enfrenta.

BEATRIZ. Por suerte no llegó ni a diez minutos.
SOFÍA. Ay, hija, por Dios, me parecieron diez años.
BEATRIZ. Dime la verdad, Sofía Fernández… ¿Por qué viniste a Cuba después de tantos años? Te hice una pregunta, mami. *(Suena el teléfono y lo coge).* ¿Sí…? Dígame, Blanca… ¡Cuánto me alegro! Ella se está bañando ahora pero yo se lo digo… Sí… Sí, muy bien… Sí, muy contenta… Imagínese… Así mismo es… Claro… Bueno… Sí, llámela más tarde… No, no se preocupe… Bueno. *(Cuelga).* La Porra la llamó desde Matanzas para decirle que le traía trescientos dólares que le manda Rafael Valdés y un tratamiento para la osteoporosis. *(Silencio).* Bien… me voy a bañar.
SOFÍA. No, espera… Siéntate… Quería decirte que… de cualquier forma hubiera venido a verte. Este viaje de regreso está en mi cabeza…
BEATRIZ. Yo sé que sufriste… No te tortures más… Ni me tortures más a mí.

Silencio.

SOFÍA. Yo… *(Silencio).* Yo…

Silencio.

BEATRIZ. ¿Tú, qué?
SOFÍA. Oscarito no sabe nada.

BEATRIZ. ¿De qué estamos hablando, Sofía?
SOFÍA. ¿Por qué no me dices mami?
BEATRIZ. Quizás, la falta de costumbre… pero igual…

Sofía trata de sostenerle la mirada pero abandona. Beatriz le vuelve a buscar la mirada.

BEATRIZ. ¿Qué pasa? Dímelo…

Suena el timbre del teléfono. No dejan de mirarse. Luego Beatriz lo coge.

BEATRIZ. ¿Sí…? ¿Oigo…? Ah… ¿eres tú, Oscarito…? Sí, gracias… A mí también me gustaría verte… No, no me ha dado nada pero de todas formas te lo agradezco… No, tampoco he visto las fotos… Sí, seguro que ahorita me las enseña… Sí… espérate un momento… Otro para ti… Sí, me dio mucha alegría… Sí… espérate…
SOFÍA. *(Al teléfono, sin dejar de mirar a Beatriz. No dejan de mirarse).* Dime, mi niño… Ya sé que me extrañas mucho… Sí, ella también… Yo creo que debes venir tú mismo y decírselo… Claro que no te va a pasar nada… Sí, Oscarito… yo creo que debes volver pronto a Cuba… Okey, mi corazón, okey… No, no le molesta. Si quieres, antes de acostarte a dormir, llama otra vez… Lo mismo para ti… Otro para ti…

Cuelga. No se han dejado de mirar.

BEATRIZ. ¿Quién se muere, Sofía…?

Suena el teléfono. Sofía lo coge para evitar la respuesta.

SOFÍA. ¿Aló…? Es para ti. Rosario. *(Le entrega el teléfono a Beatriz y se sienta de espaldas a ella).*
BEATRIZ. Dime, Rosario… Qué bueno que la están pasando bien… Me alegro mucho… Nada, no pasa nada… No, no le molesta que llames… te juro que no… Si quieres, antes de acostarte a dormir, llama otra vez para saber que llegaste sin problemas… Bueno. *(Cuelga).*
SOFÍA. No sé qué hacer con tu hermano. Quiero que venga a verte lo más rápido posible y conversen y se digan todo lo que nunca se han dicho. Es verdad que es tremendo… maricón, pobrecito, pero es un ángel… y ahora, lo que le queda por delante…
BEATRIZ. ¿De quién estamos hablando, mami?
SOFÍA. Y te juro que, al principio, no se siente nada y… yo pensaba que el día que le decían a uno, oye, se acabó el *show*, uno se tiraba al piso, se halaba los pelos, quería envenenarse pero…
BEATRIZ. ¿Pero…?
SOFÍA. Lo que quiero que sepas es que nunca le tuve miedo a la muerte… Tengo cáncer.

Silencio.

BEATRIZ. ¿Pero eso te lo dijeron las cartas o te lo dijo un médico?
SOFÍA. Me lo dijeron muchas pruebas que me tuve que hacer y mi médico.

Silencio.

BEATRIZ. Pero es absurdo, te ves mejor que yo.
SOFÍA. No me queda mucho tiempo, Beatriz. Y no me quería ir de este mundo sin conversar contigo, sin decirte que te adoro, mi niñita, y que ayudes a tu hermano.
BEATRIZ. ¿Qué me estás pidiendo, Sofía?
SOFÍA. Yo te podría reclamar, después le buscamos algún preso político a Goya para que se case y se lleve a sus hijos y viven todos juntos.
BEATRIZ. Sofía, mírame a los ojos. ¿Tú estás hablando en serio?
SOFÍA. Beatriz, ¿y qué vamos a hacer con Oscarito…?
BEATRIZ. Es del carajo, mami… Es del carajo que al final de esta noche… que al final de esta noche… de tu primera noche después de diecisiete años… que al final tu viaje a Cuba nada tenga que ver con tus deseos de verme y que lo que pretendas es que yo me ocupe de Oscarito para garantizar su protección hasta después de tu muerte.
SOFÍA. No es así, Beatriz.
BEATRIZ. Carajo, Sofía… ¿Tú crees que yo soy de hierro? Te has pasado la vida cuidándole hasta el aire que respira a Oscarito. Si yo llegaba a las tres de la mañana de la calle te encontraba durmiendo, pero si Oscarito no estaba en casa a las diez y media estabas a punto de llamar a la policía.
SOFÍA. Tú siempre fuiste más fuerte que él.
BEATRIZ. De eso no me cabe la menor duda. Más fuerte que Oscarito es una flor de pascua… Y ahora tienes el valor de decirme que me vaya a cuidar a Oscarito… ¿Y quién me ha cuidado a mí? Dime, mami… ¿quién me cuidó a mí? Le llegó la hora a Oscarito. Nadie se muere por nadie.
SOFÍA. Ese niño me ha dicho que el día que yo no exista se suicida.
BEATRIZ. Pues que vaya preparando la cuchillita de afeitar.
SOFÍA. ¡Beatriz, ¿cómo puedes ser tan dura?!

Silencio. Se miran.

BEATRIZ. Me hubiera muerto… ¿Y tú hubieras venido a cuidarme? ¿Y Oscarito hubiera venido a acompañarme? No, Sofía, no… Te juro que… te juro que me doy cuenta que todavía te quiero… Me mataste con eso del cáncer… pero… no me pidas que me ocupe de Oscarito porque no sería justo… Me ha costado mucho trabajo ordenar mi vida y no quiero dar ni un paso atrás… Cada uno en lo suyo y con lo que le tocó en este mundo…
SOFÍA. Cuánto daño te hice, mi hijita…
BEATRIZ. Sí, me hiciste mucho daño… Me enfermé… Estuvieron a punto de salirme lombrices y culebras por la boca y las orejas… Por suerte apareció Rosario y algunos amigos que me ayudaron a curarme… Sí, Sofía, sí, me hicieron mucho daño… El peor de todos… el abandono.
SOFÍA. Te podías ir conmigo, Beatriz… Te lo pedí tres horas después, pero te lo pedí…
BEATRIZ. ¿Y tú crees que yo podía decidir mi destino por correr detrás de una madre que corría detrás de un hermano a quien le molesté siempre? Yo estudiaba una carrera… y en esta casa nadie había hablado nunca de irse del país. ¿Verdad o mentira? Porque cuando no me quisiste sacar del Pre en el campo, no lo hiciste por comunista, pero pensabas bien diferente, me decías que por mi futuro… que si no, no había carrera, hasta quisiste que me hiciera militante de la Juventud porque eso garantizaba muchas cosas, y fui yo la que te dije que no me interesaba… Estuve tres años en ese Pre clavado en el medio del monte y no existió un fin de semana que no me muriera de tristeza cada vez que las guaguas se alejaban y se iba

haciendo de noche... Y lo peor... siempre tenía la esperanza de que me dijeras: a la mierda el futuro, a la mierda el Pre, a la mierda la carrera y que sea lo que Dios quiera... Pero nunca lo dijiste... Después de todo, tengo que agradecerte que a los quince años me hayas ayudado a ser fuerte y a ser independiente... ¿Cómo querías que te siguiera aquella noche de la llamada de Oscarito?... Me dejaste sin madre a los dieciocho años, y a esa edad uno necesita de una madre, aunque sea para desearle las buenas noches y para saber que uno tiene una raíz a la que sostenerse si llega un ciclón... como el que vino después...
SOFÍA. Pero en todas las cartas te pedí que te fueras... te lo rogué, Beatriz...
BEATRIZ. Sí, mami, yo lo sé... pero la herida fue demasiado fuerte, y al perder mi tronco así de repente, me aferré a la tierra, a las calles, a este cielo, que era lo único mío a pesar de tantas porquerías...
SOFÍA. Porquerías hay en todos lados, se llevan para acá y para allá. No hay nada más fácil que trasladar porquerías... y hacerlas.
BEATRIZ. Yo creo que... debes regresar cuanto antes.

Silencio. Sofía no deja de mirarla.

BEATRIZ. Oscarito te necesita más que yo.
SOFÍA. Sí, eso es verdad, pero quizás este sea su Pre en el campo. Es la primera vez que se separa de mí y es bueno que se vaya acostumbrando... Tengo miedo, Beatriz... Es mentira que no tenga miedo... Le tengo un pánico horrible a la muerte... Mira que me he leído libros de esos de filosofía china, que casi lo convencen a uno de que la muerte es como un tránsito o algo así... Hasta tengo un casete de una cantante cubana allá que dice que la muerte es una graduación y que uno vuelve a matricularse... Lo oigo todos los días, creo que lo traje y todo... pero la verdad, la verdad es que yo no me quiero morir... Saber que cuando me despida de ti será para siempre me hace temblar de miedo... Todo me da miedo... Me he convertido en una vieja de mierda miedosa... No es lo mismo sentir que la vida está por delante a saber que es cuestión de meses...
BEATRIZ. ¿Cuántos?
SOFÍA. Eso no quise que me lo precisara el médico... Yo tampoco soy tan fuerte... Dios mío... ¿cómo será morirse...?

Silencio. Beatriz empieza a llorar desconsoladamente. Se calma. Se refugia en el fondo del escenario y se ha convertido en una especie de arlequín triste. Está de espaldas.

BEATRIZ. ¿Quieres escuchar algo?
SOFÍA. ¿Todavía tienes aquel disco de Martha Valdés que me gustaba tanto?
BEATRIZ. Hace tiempo que no lo oigo, está todo rayado.
SOFÍA. Pon la canción que canta Bola de Nieve.

Se escucha «Pobrecitos mis recuerdos» en la voz de Bola de Nieve. Sofía se va acercando lentamente a Beatriz y cuando termina la canción ya está a su lado.

SOFÍA. No es esa la canción que yo quiero escuchar. *(Suave, trae a Beatriz a proscenio).*
BEATRIZ. Yo lo sé.
SOFÍA. No quiero estar triste.

BEATRIZ. Yo lo sé… Pero Martha Valdés también es parte de nuestros recuerdos…
SOFÍA. Sí, pero de recuerdos lindos. ¿Te acuerdas cuando la cantábamos juntas?

Beatriz y Sofía empiezan a canturrear bajito «Tú no sospechas». Sofía detiene la canción y mira a Beatriz.

SOFÍA. ¿Será posible que esté en Cuba? De paso, pero en Cuba… Es increíble, me voy a morir allá…
BEATRIZ. Yo tampoco quiero estar triste… Ahora estamos aquí, quién sabe lo que va a suceder mañana.
SOFÍA. Es verdad… Es verdad.

Beatriz intenta controlar su llanto y Sofía acaricia su pelo. La voz de Martha Valdés interrumpe la acción y quedan estáticas. Inmediatamente entra Bola de Nieve cantando «Tú no sospechas».

BEATRIZ. ¿Bailarías conmigo?
SOFÍA. Sí, pero yo nunca he bailado con una mujer…
BEATRIZ. Hazte la idea que estás bailando con Robert Redford…
SOFÍA. O con Barbra Streissand.

Empiezan a bailar. La luz baja creando intimidad. Esta danza va creciendo hasta convertirse en un vals a todo salón. Suena el teléfono pero no interrumpen la acción. El teléfono insiste, se detienen.

BEATRIZ. ¿Será Oscarito?
SOFÍA. ¿Será Goya?
LAS DOS EN UN ESTALLIDO. ¡¡¡Blanca Carrasco!!!

Se abrazan muy fuerte. El teléfono no deja de sonar. Sofía se sienta, Beatriz hace un intento por escapar y Sofía no se lo permite. Termina la música. La luz se va lentamente y queda sonando el teléfono.

Nelson Dorr

SANTERA

Monólogo

Nelson Dorr (La Habana, 1939). Director artístico y dramaturgo. Graduado de la especialidad de pintura en la Academia de San Alejandro y Licenciado en Historia del Arte por la Universidad de La Habana, inició su trayectoria teatral como actor en el Teatro Universitario. A lo largo de casi medio siglo de trabajo escénico profesional ha dirigido más de cien espectáculos. Además de sus puestas en escena de teatro dramático —*Las pericas*, *La tragedia del Rey Cristóbal* o *Una casa colonial*, entre otras— resalta su labor de dirección de espectáculos musicales y óperas, entre ellos *La verdadera historia de Pedro Navaja*, *La corte del faraón*, *Mi bella dama* y *Tosca*. Ha sido docente de varias instituciones de enseñanza teatral en Cuba y en países como Brasil, México, España, e Italia. Ostenta la Distinción por la Cultura Nacional. Recibió en 2011 el Premio Nacional de Teatro por la obra de toda la vida.

Si está interesado en solicitar la autorización para el montaje de esta obra, puede escribir directamente a: **nelsondorr@cubarte.cult.cu**

La acción sucede en Cuba. Sentada en un pequeño banco o taburete, una santera. A su lado una mesita cubierta con un mantel blanco bordado. Sobre esta, una sopera dedicada a Yemayá. Además, flores, velas —unas apagadas y otras encendidas—, hierbas, agua de colonia, aguardiente, una palangana con agua donde se maceran hierbas, y un coco. La santera tiene en las manos cascarilla, con la que pinta el coco de blanco. Rompe el coco en el piso y toma cuatro de sus pedazos, les sopla ron, y les echa humo de tabaco. Los tira al piso después de hacer una pregunta. La respuesta está en la manera en que caen. La santera los tira una y otra vez pues no está conforme aún con la respuesta recibida. Se trata de una mujer de unos sesenta años, bien conservada. Es mestiza o negra. Su porte fino y retraído.

SANTERA. En nombre del Santísimo Sacramento, de las siete potencias africanas. En nombre de Elegguá, de Obbatalá, de Yemayá y Oshún. En nombre de Tá Julián, Siete Rayos, Viramundo, Tiembla Tierra, Calunga; ustedes que están en todas partes, que caminan por debajo y por encima de la tierra, permítanle a su hija consultarles algunas cosas, y permitan con el favor de Dios que algunos muertos de luz, que siempre me han iluminado con su sabiduría, acudan en este momento para guiarme con sabiduría. ¡Que hablen los muertos y los orishas digan la última palabra!

Canta liturgia espiritual.

> Si la luz redentora te llama, buen ser,
> y te llama con amor a la tierra,
> yo quisiera ver a ese ser
> cantándole el verbo al divino Manuel.
> Oye, buen ser, avanza y ven,
> que el coro te llama y te dice ven.
> Oye, buen ser, avanza y ven,
> que el coro te llama y te dice ven.

¿Me permiten preguntar? *(Toma los cuatro pedazos de coco, les sopla agua, y pregunta).* ¿Mi alma podrá estar tranquila? *(Tira los cocos después de persignarse con ellos. Caen todos boca abajo, respuesta negativa).* Ay, todo me sale mal... Mi corazón es una pasa comprimida y seca porque la luz que lo alumbraba ya no alumbra más. *(Se seca las lágrimas).* La mente de su hija está enferma. Ya no sabe dónde obra bien y dónde mal. Así no puedo seguir... ¡Hablen, por Dios! Pongan un poco de luz en mi camino. ¿Hice mal, padre mío? *(Tira los cocos, todos boca arriba, respuesta positiva. Lanza un ronco gemido y se tapa la cara con las manos).* Sí, hice mal. Nunca más mi alma tendrá sosiego.

Va poco a poco cayendo en trance. Toma aguardiente, fuma intensamente, convulsiona, se ríe bajito, gruñe, toma un abanico y se abanica. De repente se ha transformado en una dama de otra época, de gestos refinados, se ríe a cada momento, su acento es francés, canta por lo bajo una especie de cancioncilla que podría ser un cuplé.

«Buenas noches, mi hijita… Ay, qué sola estás… Deberías tener compañía… Alguien que te quiera bien… No debes estar tan sola… La soledad es mala compañera… Voy a hablarle a tu espíritu, que me ha permitido pasar por ti. Escúchame, presta atención a lo que voy a decir: Ante todo siempre debes escuchar tu corazón, porque en tu corazón estoy yo. *(Se detiene repentinamente)*. No puedo seguir, algo más fuerte que yo me lo impide. ¿Cómo pudiste hacerlo?» *(El espíritu se retira con unos espasmos, y toma su cuerpo una figura más altiva, masculina, elegante. Hace un saludo con la cabeza)*. «Soy mensajero de la luz que penetrará las sombras de tu alma para iluminarte de sabiduría. Somos responsables de nuestros actos…, para qué arrepentirnos después. Evítalos. ¿Qué tiempo hace que fuiste advertida de la misión de tu vida? Ese poder que se te ha dado no era solo para ti, ni para tu exclusivo beneficio. Era para todos los que buscaban beneficio con esa sabiduría que tú podías darle. Esa era tu misión y la mía… y tú lo sabías». *(Ahora hace un retroceso en el tiempo, y habla como una niña)*. «Mamita, vi a la señora otra vez. Sí, mamita, se sentó a mi lado en la cama, en el bordecito… Me despertó con un beso muy tierno…, muy suave…, como los que tú me das antes de dormirme. Me acariciaba y sonreía… muy suavemente… Será por eso que no me asusté. Yo sentía que me hablaba, aunque no movía los labios, solo me miraba fijo a los ojos. Me decía que ella era también mi mamá, que no le tuviera miedo al mar, que allí podía encontrarme siempre; después me dijo que abuelita iba a enfermar, que se iba a ir muy lejos, que no llorara porque donde iba sería feliz». *(Respira con dificultad, se recupera súbitamente y pasa a un hombre que parece árabe)*. «Todos creían que ibas a morir. Mandaste muchos mensajes en tu delirio, pero tu tía sabía…, sabía lo que había que hacer contigo. Ella te enseñó el camino espiritual. Tu verdadero camino». *(Ahora se convierte en una joven muy alegre, abre los ojos, sonríe, está visiblemente exaltada)*. «Sí, tía, yo quiero ser su caballo, ¿así se dice, no? *(Ríe)*. Me da gracia eso de ser caballo, ¿debo hacerlo, no? Usted me lo ha dicho muchas veces: "Es por tu salud, por tu bien…". Tenía que hacerlo, y desarrollarme. Un día le quité el empacho a un niño. ¿Cómo lo hice?, no lo sé. Solo le puse las manos encima y ya, y si no lo hago, no se me quitan los dolores de cabeza y los escalofríos». *(Pasa bruscamente al árabe)*. «Es un camino de sacrificios, y fuiste advertida. Has confundido tu camino, lo has confundido». *(Transición. Entra un muerto sin luz. Habla con la lengua enredada, todo su cuerpo se convulsiona. Sale del trance con gran nerviosismo, se santigua y se pasa las hierbas despojándose. Se echa perfume por brazos y cuello)*. Oh, no sabía lo que hacía… Si lo confundía todo… Lo confundía… ¿Hice bien, hice mal? Pero en aquel momento me respondieron que podía hacerlo. Tantas veces me lo advirtieron.

Canta un himno espiritual.

> Torna tu vista, Dios mío,
> hacia esta infeliz criatura.
> No me des la sepultura
> entre las ondas del mar.
> Dame la fuerza y valor
> para salvar el abismo,

dame gracias por lo mismo
que es tan grande tu bondad.
Si yo, cual frágil barquilla,
por mi soberbia halagado,
el mar humano he cruzado
tan solo tras el placer;
déjame, Señor, que vuelva
a pisar el continente,
haciendo voto ferviente
de ser cristiano con fe.
Si yo con mi torpe falta
me he mecido entre las brumas
desafiando las espumas
que levanta el temporal,
te ofrezco que en lo adelante
no tendré el atrevimiento
de ensordecer el lamento
de aquel que sufre en el mal.
Y si siguiendo mi rumbo
he tenido hasta el descaro
de burlarme de aquel faro
que puerto me designó;
yo te prometo, Dios mío,
no burlarme de esa luz
que brilla sobre la cruz
por el hijo de tu amor.
Oh, tú, Padre de mi alma,
que escuchas al afligido
y hoy me ves arrepentida
de lo que mi vida fue.
Sálvame, Dios mío, sálvame
y dame antes que dé cuenta,
para que yo me arrepienta,
el tiempo preciso. Amén.
Sálvame, Dios mío, sálvame
y dame antes que dé cuenta,
para que yo me arrepienta,
el tiempo preciso. Amén.
Sálvame, Dios mío, sálvame
y dame antes que dé cuenta,
para que yo me arrepienta,
el tiempo preciso. Amén.

¿Descansar? ¿Acaso he sabido yo lo que es descansar? ¿Cuántos malos ratos no pasé con mi familia cuando era indispensable hacerme santo? Había que salvarme a toda costa. ¿Quién

se salvaba del tifus en el trópico, entonces? Casi nadie. Y mucho menos si era una niña pobre. ¿Qué otra cosa se podía hacer sino entregarme a un poder tan grande que pudiera arrebatarme de los brazos de la muerte? ¿Cuántos esfuerzos, cuántas privaciones…? Porque Yemayá pide lo que tiene que pedir, y hay que complacerla. Su favor fue grande, y grande ha de pagarse sin atenerse a las consecuencias. Y así fui consagrada a Yemayá. Y fui salvada. Perdí un año en la escuela, pero qué importaba si había ganado la vida. No se podía ir de *yabó*, toda vestidita de blanco, con un pañuelo blanco en la cabeza, en puro invierno. Habría sido la risa de mis compañeros. Se burlarían. Entonces me llevaron a vivir a casa de mi madrina, que además era mi tía, «por unos días», dijo mi padre, y hasta el sol de hoy. Ay, Angelita, cuánto necesito tu apoyo ahora, tu mano acariciando mi cabeza, tu amparo, tu oportuno consejo. Usted es un espíritu muy elevado. Solo una vez quiso presentarse para advertirme: «Aléjate de ella». Y no le hice caso. ¿Se acuerda que yo estudiaba en La Inmaculada, y cuando, no sé cómo, se enteraron de que yo practicaba «cosas satánicas», como dijo la monja, quedé expulsada? Ay, madrina, ¿se acuerda del ataque histérico que sufrí? Solo usted pudo controlarme con un bofetón que me tiró al piso. Nunca como entonces me sentí tan sola, y ni usted, ni Yemayá, ni los muertos calmaron mi melancolía. Y me cambié de escuela para una pública donde había mulaticas, negritas, blanquitas y todo mezclado: «San Berenito y Santa María», como diría el poeta, «todo mezclado». En esa escuela pública, qué importaba si tenía creencias, pero surgieron otras cosas: «Qué extrañita es…». «¿Por qué no tendrá novio?»… A mí no me importaba nada, pero para complacerlas a ellas y a todo el mundo, les llevé un día a un amiguito, Raulito, y enseguida vino alguien y me dijo: «Ese Raulito parece medio afeminado». Incluso usted, madrina, me dijo: «Si sigues andando con él y trayéndolo a casa, van a pensar mal de ti». ¿Pero cómo usted pudo decirle eso a una muchachita como yo? Y fue así como perdí al único amiguito que tenía. Entonces comencé a encariñarme con Cary. La traje a la casa. Tampoco le gustó: «Si parece una marimacho. Cuidado no te pongas a jugar pelota como ella, y menos montar bicicleta de varones. No me la traigas más por aquí, no te conviene esa amistad. ¿Qué van a pensar de ti? ¿Esta niña será boba?». Y también se fue de mi vida Cary, y creo que entonces me volví boba, y por mucho tiempo. Finalmente me convertí en una solterona, y eso te parecía bien. «No necesitas nada más que tu religión, a eso debes dedicarte. Olvida el resto. Tú naciste con un don». Y así fue que me dediqué por completo a mis santos. Una «santera famosa». Vienen de lejos a suplicarme que los atienda, algunos piensan que soy una santa: «la casta santera», «la virgen santera», «la santera solterona». Y parecía que todo seguiría así por los siglos de los siglos amén. Y chirrín chirrán, ese cuento se acabó. Pero no se había acabado, estaba muy lejos de eso. De repente, casi sin darme cuenta, todo había cambiado a mi alrededor. Los que venían a pleno sol a consultarse, buscaban la oscuridad de la noche. Algunos personajes importantes me pedían que fuera a su casa, y me hacían regalos por complacerlos. Y comenzó a verse mal que yo me dedicara solo a la religión. Había que adaptarse a los nuevos tiempos, y me adapté. La nueva vida, como en *Santa Camila*, la obra de teatro que fui a ver. Ella, Camila, tenía que renunciar a sus creencias, dejaba todo por seguir a su hombre. No estuve de acuerdo, pero me lo callé, y seguí siendo, como alguien me dijo una vez, «una tumba faraónica inviolada por toda la eternidad». Y llegué a creerlo, pero me equivoqué.
Dios mío. Madre mía. Yemayá. ¿Cómo iba a frenar mis sentimientos que eran oleadas incontenibles como el mar, que aunque sabe que va a morir en la orilla, recorre su destino, y se estrella en los arrecifes, o languidece en las arenas? ¿Qué culpa tengo yo? ¿Cómo ponerle mordaza a mi boca, ataduras a mis manos, frenos a mis sentimientos? ¿Por qué nací de usted, así?

Pausa.

Desde que llegó a mí para saber algo de su vida, nos comprendimos en silencio. No se atrevía a mirarme, tenía la cabeza gacha todo el tiempo. Casi no le había podido ver los ojos.
—¿Esta es tu primera vez?
Intenté relacionarme, para que se relajase. Hasta a mí me ponía tensa.
—Es mejor así.
Claro que era mejor así, de esa manera ponía a prueba mis facultades.
—Tienes problemas muy serios.
—Todos los tenemos. Si no, no vendría aquí.
—Buena respuesta.
Tenía salidas muy rápidas. En realidad no era nada tímida.
—Estás enamorada, pero tienes dificultades para realizarte en ese amor.
—Sí, ¿y qué más?
—Todo a su tiempo.
—Es que no lo tengo.
—¿El tiempo?
—No, a él.
Entonces surgió «él». Así hizo su presentación. Ese día le mandé unos baños para que se tranquilizara, y le dije que viniera otro día. Pensé que no volvería... pero... volvió. El mismo día de la semana siguiente, a la misma hora. Eso me gustó. Ese segundo día fue que comencé a mirarme en sus ojos. Y a la tercera semana ya nos conocíamos, si no lo suficiente, lo bastante para que comenzara como una especie de amistad. Me hacía muchas preguntas:
—¿Desde cuándo tienes hecho santo?
—Hace cincuenta años.
—Qué barbaridad. ¿Y hace mucho que consultas?
—Casi el mismo tiempo.
—¿Cuántas vidas tienes en tus manos?
—No en mis manos, sino en las de los muertos y los orishas. Solo ellos pueden intervenir en las cosas de los vivos. Nosotros somos sus intermediarios.
—¿Su caballo?
—O su potranca. Como te guste más.
Nos reímos, y así conocí su risa, la parte más alegre de su vida, la más maravillosa, de la que me quedé presa como en una telaraña que ella tejía inconsciente de su víctima, y donde yo tejía otra para ella. Fueron días, meses, pensándonos, anhelante una de la otra. No hacían faltas palabras. Aquella comunicación invisible estaba allí, y cada vez tomaba más fuerzas, hasta que fue incontenible. Nos lanzamos una en brazos de la otra, ya no había quién lo parara. ¿Es que nuestra pasión podía ponerle bridas a su poder? *(Nuevamente cae en trance. Regresa la dama francesa. Habla tristemente).* «Pobre niña, no aprendiste mucho a pesar del tiempo. Tienes guías para eso, no estás sola. Nunca has estado sola. Fuiste muy temeraria. No hagas responsables a los que no fueron consultados. Sabías que eso no podía ser, que no era para ti. Un breve tiempo, tal vez, después tenías que dejarlo pasar. Tu vida es otra, y en tu locura la arrastrabas también a ella. Hiciste más de lo debido para tenerla a tu lado. *(Canturrea la canción francesa, muy suavemente, casi en susurro).* Pobre niña...». *(Sale del trance.*

Es algo inusual, hasta ella misma queda sorprendida). Tenía derecho... Alguna vez..., una vez... No quería perder lo que nunca había tenido, pero que anhelaba en secreto. Incluso retorcí mi corazón de envidia, como aquella vez que vinieron a verme dos jovencitas... Enseguida supe que eran pareja. No sabían por qué discutían constantemente. Hacían planes que se frustraban. Una de ellas había tenido una pareja que había muerto en un accidente. No me fue difícil saber la verdad. Estaba pegada a ella, no la dejaba vivir en paz. Se la quería llevar. Traté de ayudarlas tanto a la viva como a la muerta, incluso a la otra, que tenía derecho a ser feliz, pero todo fue inútil. La oscura pasión más allá de la muerte fue más fuerte... y se la llevó. La muchacha no pudo aguantar, y se suicidó. Pensé, ¿tal vez a mí me pasará algo así? Pero yo estoy viva, ¡viva! *(Arregla las flores que están en la mesa, toca una campanilla, reza en silencio, aunque se le escapan algunas palabras. Se toca los senos, se alisa el vestido, tal vez en un aliento de coquetería).* Estoy viva, gracias a Dios, estoy viva, y quiero seguir estándolo. *(Transición).* Ardía por dentro, y no podía perderla. *(Pausa).* Le robé algunas de sus prendas, para trabajarla, para que solo pensara en mí. Le pedí ropas de él y le prometí que iba a trabajarlo para mejorar su vida, su suerte, pero no era así. Era... para... que... se lo tragara el mar para siempre, y ella se quedara conmigo. *(Cae en trance, esta vez es Tá Julián).* «Siete Rayos no ve con buenos ojos a la niña. Había que evitar ese viaje. No dejes entrar el mal en tu alma». *(Casi en un grito).* Pero mi alma estaba vacía. Ella era mi vida. Yo me creía incapaz de amar... Ella me devolvió a la vida, dejé de ser una mujer sola, sin amigos, sin familia, arisca. Tal vez muy extraña para ser una buena amiga. De joven no servía ni para las correrías. Alguien dijo un día, «ahí va la monja». Algunos hombre me buscaron entonces. Con uno tuve una aventura, y no me gustó. Él regó en el barrio que yo era frígida... Cualquier cosa menos «marimacho», porque nunca había dado pie a eso. Imbécil, estúpido. *(Ríe por lo bajo. Pausa).* Un día, inesperadamente, supe lo que era un beso. *(Muy quedo).* Un beso... de mujer, no un beso de madre, ni un beso frío de amiga, sino el beso cálido de una mujer. No en la mejilla, ni en la frente... sino en la boca. *(Evocando como si se trasladara al pasado).* Era mi maestra de música... cuando a mi tía le dio por ponerme a estudiar piano. Todas las niñas debían tocar piano, se veía bien. Si llegabas a una casa, de inmediato al piano. Y eso te hacía popular, o al menos te aseguraba la invitación, claro que nunca sabía si me invitaban a mí o a la pianista. Un día que toqué el piano más de la cuenta, porque ella me lo pedía, me quedé en su casa. Me habían invitado tantas veces a comer, que al fin mi tía estuvo de acuerdo. Si se hacía tarde me acompañarían a casa. A la caída de la tarde me llevó a un balcón, yo me dejé... Me entraron unos nervios terribles. Entonces comenzó a acariciarme. Hice por levantarme, pero ella me tomó por el brazo y me dijo: «Espera, todavía es temprano, déjame a mí, no tengas miedo». Entonces me besó, y salí corriendo. Así frustré mi vocación por el canto y comenzaron mis gustos por las mujeres. *(Cae nuevamente en trance y pasa a Tá Julián. Es un negro congo muy viejo, toma mucho y fuma constantemente. Es su guía espiritual).* «No me gustan las niñas mentirosas. Tienes que ser sincera conmigo, porque a este viejo no lo vas a engañar. La niña oculta cosas que hizo mal, y eso lo sabe muy bien la niña. ¿A quién va a engañar? ¿Acaso la niña está loca y pierde la memoria? Siete Rayos no ha perdido ná, y lo sabe tó, está dentro de la niña y le come las entrañas». *(Tá Julián la deja súbitamente. Se recupera. Le han empezado a hacer efecto los tragos de aguardiente. Tira la botella vacía).* Lo hice todo por ella. Se iba a podrir en la cárcel. Ya lo habíamos librado de la muerte una vez... en sus intentos de irse ilegalmente. ¿Qué tenía yo que ver con él? Todo lo hacía por ella. En la cárcel cogió neumonía. Se salvó milagrosamente, dice la gente. No fue ningún milagro, fue lo que yo hice aquí.

Solo ella nos unía. *(Pausa)*. Con su sonrisa tierna y triste. Era tan feliz cuando me pedía algo. Pero llegó el día fatal en que él salió de la cárcel, y ella lo siguió. Él la atraía de una manera malvada. La destruyó entre los brazos de mi madre. *(Transición. Llorando clama a Yemayá)*. Yemayá, madre mía, cuando te tomé en mi cabeza y fui tu cabalgadura, era feliz. Cuando me advertías lo que no debía hacer, era feliz. Cuando me regañabas, era feliz. Todos los esfuerzos eran pocos para complacerte, madre mía. En esa tinaja de Olokun nunca te faltó el agua de mar que te es tan querida. Con las hijas de Oshún fui respetuosa y complaciente. Ella era hija de Oshún. En el fondo siempre temí a las hijas de Oshún. Me atraían, y a la vez las rechazaba. *(Tocando la tinaja de Olokun con ambas manos)*. ¿Por qué permitiste que una hija de Oshún me hiciera perder la cabeza? *(Canto a Yemayá)*. Luché contra mí misma, pero fue inútil, no podía hacer nada. *(Canto a Yemayá)*. Madre, me convertí en esclava de sus antojos, que eran órdenes para mí. Perdí durante un tiempo la voluntad. *(Canto a Yemayá. Después de una pausa deja de cantar)*. Ella me pidió que lo sacara del país. La religión no tenía que propiciar eso. Se lo advertí, pero ella insistió, insistió, insistió, y lo trajo una noche. No me gustó, pero comprendí enseguida por qué ella estaba loca por él. Era el hombre para ella. Tenían mucho en común, y la dominaba con sus mismas armas. Lo registré y salió que tendría muchas dificultades si intentaba cruzar el mar. Dificultades de gran riesgo para su vida. Él se mostraba incrédulo, y ella me suplicó que hiciera algo. Lo imposible, si era necesario, para sacarlo del país. Yo me resistía, temía que la arrastrara con él. Ella me aseguró que no temiera, que nunca se iría con él, que no me abandonaría, que confiara en ella… y confié. Qué me importan los incrédulos que ponen la razón en todo lo que sucede. Él era de esos. Se burlaba de ella y se burlaba de mí. Si era su voluntad, que se fuera. Era lo mejor. Que se alejara de ella para siempre. Pasara lo que pasara, que se fuera…, que se fuera. *(Se ha ido transformando en un ser extraño, oscuro, monstruoso, como una bestia sin luz, y sin amor)*. Yo lo hice todo. Sí…, fui yo. Tú sabes que fui yo. Tu lado oscuro, tu lado de muerte. Sabía que moriría en esa aventura, yo lo sabía. No fue suficiente lo que se hizo, yo lo sabía. Saldría, sí…, pero no llegaría. Ella quería seguirlo; pues que lo siguiera hasta las profundidades del mar, a los brazos de Olokun. Ella tenía que morir. Me engañaba, se reía de mí con él…, yo lo sabía. *(Cae en trance con un gran grito. Hablan ella y la muchacha muerta)*.

—¿Por qué necesitas ese hombre a tu lado?
—Porque también lo quiero, no puedo evitarlo.
—El gato tiene cuatro patas y solo puede tomar un camino.
—Yo no soy como tú, tengo otros sentimientos.
—¿Y mis sentimientos?
—Te he complacido en todo. ¿Qué más quieres?
—Te quiero a ti.
—Ya me has tenido bastante.
—Pero no te tengo ahora.
—No es cierto, me tienes pero no soy tu prisionera.
—Sé que te vas, te veo tan lejos. Ese te arrastra con él, y no es a la felicidad; te arrastra a la…
—No empieces con tus cosas.
—Sí, son cosas mías, no me hagas caso, pero ven a mi lado, déjame sentir tu pelo, el perfume de tu piel, tu sexo es un manantial inagotable que me arrastra. Quiero dormir, reposar mi cansada impaciencia, vivir y morir junto a ti, no deseo otra cosa. No soy un hombre, es cierto, soy una mujer; pero mi pasión es tan fuerte como la de un hombre. También puedo

ser una indefensa criatura, y tu madre, como una leona para defenderte. Y puedo ser grande, pero también muy pequeña en tus brazos. ¿Por qué lo necesitabas a él? ¿Por qué no te bastaba yo? Oshún, Oshún mía, Oshún Colé, ¿por qué jugabas con mis sentimientos? No es bueno jugar con los sentimientos de una mujer que estaba acorralada y había visto la luz por primera vez. Pero te burlaste con la más terrible de las burlas: el engaño. Me prometiste lo que nunca cumplirías. Tus dulces palabras eran dulce veneno.

Quise cambiar mi vida por la suya, para salvarla. Le entregué mis más secretos sentimientos. No escuchaba, estaba embriagada por partir a su lado; pero me engañaba, jurando que no partiría. Entonces llegué todo lo lejos que puede hacernos llegar la desesperación. Ella no llegaría nunca. Yemayá la llevaría a lo más profundo de sus aguas.

¿Por qué me dejaron llegar tan lejos? ¿Por qué me dejaron llegar tan lejos? *(Enloquecida, rabiosa, desesperada, gimiendo como un animal herido, tira las cosas religiosas, lo rompe todo).* Yo también puedo castigarlos. ¡Yo también puedo castigarlos!

Todos los objetos religiosos quedan esparcidos por la habitación. Mira desolada de un lado a otro. Un silencio aterrador lo cubre todo. Se hace oscuro.

Fin

Esther Suárez Durán

DE HORTENSIAS Y DE VIOLETAS

Premio Concurso Internacional de Dramaturgia Femenina
La escritura de la diferencia. Nápoles, Italia, 2004.

Esther Suárez Durán (La Habana, 1955). Socióloga, dramaturga, investigadora, ensayista, narradora, crítica teatral y guionista de radio y televisión. Entre sus numerosos libros publicados destacan *Mi amigo Mozart* (Premio La Edad de Oro, 1991), *El libro del orégano* (Premio Ismaelillo, Concurso UNEAC, 1995), *El alma desnuda* (Premio de Dramaturgia Concurso UNEAC, 2001), *El juego de mi vida. Vicente Revuelta en escena* (Centro Juan Marinello, 2002), *Como un batir de alas. Ensayos sobre el teatro cubano* (Letras Cubanas, 2006), *Todo títeres* (Ediciones Alarcos, 2008), *Breves estudios en torno a la soledad* (Gente Nueva, 2013) y *Los 12: las sorpresas de la memoria* (Premio de Testimonio, Concurso UNEAC, 2014). Sus piezas para la escena, tanto para niños y jóvenes como para adultos, elogiadas por espectadores y críticos, escogen temas y criaturas poco frecuentados y se caracterizan por su cálido humor y su vocación humanista, mientras una prosa de alto vuelo, limpia e incisiva distingue su producción crítica y ensayística. *De hortensias y de violetas* obtuvo el Premio Concurso Internacional de Dramaturgia Femenina La Scrittura della Differenza en 2004.

Si está interesado en solicitar la autorización para el montaje de esta obra, puede escribir directamente a: **esther3@cubarte.cult.cu**

Personajes

Alejandra: joven entre los 25 y los 27 años
Gabriela, joven de similar edad
Delicias, joven muy poco agraciada
Alma, hermana mayor de Alejandra

CUADRO I

Habitación central de un pequeño apartamento con una distribución poco ortodoxa. En el centro de la escena, al fondo, se está construyendo una especie de pequeño jardín sobre el cual cae la luz escasa que entra por un diminuto tragaluz. En los planos anteriores habrá algunos muebles, restos de cajas, algunos libros en desorden. Alejandra recorre la escena con un enorme cajón que ubica en el otro extremo, mientras Gabriela trabaja en el jardín.

ALEJANDRA. *(Feriado. Al pasar).* ¡Ahora te ayudo! *(Coloca el cajón y regresa).* Ordene usted.
GABRIELA. Alcánzame... el manto morado... No, mejor la begonia... *(Alejandra se la alcanza. Gabriela la coloca. Para sí).* Así... *(A Alejandra).* Ahora... la lengua de vaca... No, espera..., el manto, mejor el manto... *(Alejandra sigue las instrucciones).* Ajá... Y ahora sí, la lengua de vaca... *(Alejandra se la alcanza. Gabriela le busca acomodo).* Que la ponemos... la ponemos... por aquí... en este huequito... y ¡listo! *(Sale de entre las plantas y contempla la obra).*
ALEJANDRA. Te has encaprichado en hacer un jardín en un apartamento que no tiene ni ventanas.
GABRIELA. Por lo mismo, que al menos tenga plantas.
ALEJANDRA. Pero, ¡es tan escasa la luz que entra por ese lugar...! *(Alude a la pequeña claraboya).* Temo por tus violetas...
GABRIELA. Cambiaremos las plantas de sitio cada cierto tiempo. Las rotaremos. Así todas reciben su cuota. ¿Te parece?
ALEJANDRA. *(La mira).* Eres... inderrotable. ¿Sabías?
GABRIELA. *(Juega).* Sí... me lo han dicho muchas veces...
ALEJANDRA. *(Insinuante).* ¿Y qué más te han dicho?
GABRIELA. Que soy... tenaz.
ALEJANDRA. Terca.
GABRIELA. Optimista...
ALEJANDRA. Voluntariosa.
GABRIELA. Comprensiva, estable, leal...
ALEJANDRA. ¡Guao! ¿Y dónde estaba yo?
GABRIELA. En fin, irresistible... ¿Y sabes algo?
ALEJANDRA. ¿Qué?
GABRIELA. Que en este mismo y preciso instante... creo que voy a desfallecer de hambre.
ALEJANDRA. ¡Perfecto! Entonces... ¡A comer!
GABRIELA. ¡Hey! ¡Alto ahí!, que antes debo hacerte una propuesta deshonesta.

ALEJANDRA. ¿Muy… muy… pero que muy deshonesta?
GABRIELA. ¡Deshonestísima!
ALEJANDRA. ¡Ah, esas son mis preferidas! Lánzala.
GABRIELA. ¿Por qué no nos emperifollamos bien, nos ahogamos en perfumes y luego nos sentamos a comer?
ALEJANDRA. ¿Aquí?
GABRIELA. *(Asiente).* Uhum…
ALEJANDRA. ¿Solas?
GABRIELA. ¿Con quién mejor?
ALEJANDRA. *(Eufórica).* ¡Me encanta!
GABRIELA. Pues, ¡la última friega! *(Corre a prepararse).*
ALEJANDRA. ¡No hagas trampa!

Se mueven por toda la escena buscando aquí y allá lo necesario.

GABRIELA. ¿Has visto mis aretes plateados?
ALEJANDRA. En la cajita sobre el refrigerador… ¿Te has tropezado con mi otro zapato de gamuza?
GABRIELA. *(Advierte).* ¡El horno! ¡Las pizzas!
ALEJANDRA. *(Mientras apaga el horno y saca las pizzas).* ¿Sabes de mi pulóver negro, el cortico…?
GABRIELA. El departamento pulóveres quedó acomodado en las dos últimas gavetas. *(Para sí).* ¿Qué hice yo con las medias?
ALEJANDRA. *(Proyecta).* ¡El vino! ¡Se revienta!
GABRIELA. ¿Y el rímel? ¿Alguien lo ha visto?
ALEJANDRA. Gaby, ¿dónde fue a parar el Amarige?
GABRIELA. Eso mismo te iba a preguntar. No, ponte otro perfume.
ALEJANDRA. ¿Por qué te antojas del que quiero? Busca tú otro.
GABRIELA. *(Toma un perfume, lo rocía sobre Alejandra).* ¿No te gusta este?
ALEJANDRA. *(Hace lo mismo con Gabriela).* Y este, ¿qué tal? *(Se persiguen, arman una guerra con los perfumes. Se divierten, caen rendidas en el sofá. Alarmada).* ¡El vino!
GABRIELA. *(Corre al refrigerador. Lo saca).* ¡A salvo! *(Lo abre, lo sirve).*

Alejandra sirve las pizzas. Se sientan a la mesa.

ALEJANDRA. *(Huele las pizzas).* Paloma Picasso o Chanel 23, lo mínimo.
GABRIELA. ¡Nos mata la pacotilla!

Ríen.

ALEJANDRA. Nos merecíamos algo así.
GABRIELA. En realidad, algo mejor.
ALEJANDRA. Hum, te has vuelto ambiciosa.
GABRIELA. Es que con esto de la mudada llevamos más de diez días en que solo sabemos empacar y desempacar trastos, pintar, limpiar…
ALEJANDRA. Arriba. *(Propone un brindis).* ¡A nuestra salud! ¡Por la nueva casa!
GABRIELA. ¡Por la felicidad!

ALEJANDRA. *(Burlona, mimando frases hechas)*. ¡La paz y la amistad!
GABRIELA. ¡Por la familia!
ALEJANDRA. ¡Por nuestro hijo!
GABRIELA. *(Reacciona)*. Por… ¿quién?
ALEJANDRA. Nuestro hijo.
GABRIELA. ¿Qué hijo?
ALEJANDRA. Quería… hablar contigo. Estaba esperando a… terminar… con esto. *(Transición)*. Si quieres, lo hablamos otro día.
GABRIELA. ¡Imposible! Me muero de curiosidad. ¿Cómo se llama? ¿Godzila… Lilí?
ALEJANDRA. *(Un tanto desconcertada)*. Qué nombres más raros se te ocurren…
GABRIELA. ¿De qué se trata? ¿Un perro… un gato… un periquito?
ALEJANDRA. ¡Qué ideas más extrañas! ¿Por qué piensas en animales?
GABRIELA. Será porque cuando voy al dentista, a la peluquería o a cualquier lugar donde haya que esperar, cuando me preguntan si tengo niños y digo que no, enseguida suponen que tengo perros o gatos… *(Transición)*. ¿Qué es, entonces?
ALEJANDRA. Lo que dije. Un hijo.
GABRIELA. ¿Debo entender que estás hablando de un niño?
ALEJANDRA. Escucha. Nosotras… queremos ser una familia, ¿no?
GABRIELA. Así es.
ALEJANDRA. Bueno…
GABRIELA. Bueno… ¿qué?
ALEJANDRA. Que falta un hijo.
GABRIELA. Alejandra, tú…
ALEJANDRA. Yo quiero sentir un niñito aquí, en la panza.
GABRIELA. ¡Ah, porque ni siquiera lo vas a adoptar!
ALEJANDRA. No, yo quiero que tengamos un hijo. Un hijo de verdad.
GABRIELA. ¡Ay, Dios mío, si todo lo que pasa es que ella necesita un psicoanalista!
ALEJANDRA. ¡Gabriela, no te burles, que yo no estoy loca!
GABRIELA. Perdóname, pero… en realidad… *(Se mira hacia la pelvis)*. No sé cómo.
ALEJANDRA. Estoy hablando de tener la experiencia del parto.
GABRIELA. *(Irónica)*. Ah… Quieres decir tener un hijo TÚ.
ALEJANDRA. Contigo.
GABRIELA. ¿Cómo conmigo? ¿No diste clases de Biología en la secundaria?
ALEJANDRA. Lo que quiero decir es que lo criemos juntas. Que seamos familia.
GABRIELA. En ese caso quieres que tengamos un medio hijo. Porque sería todo hijo tuyo y nada hijo mío. Pero, además… ¿quién sería el papá?
ALEJANDRA. ¿El papá? ¿Cuál papá?
GABRIELA. Buena pregunta porque, por el camino que vamos, va a haber varios papás.
ALEJANDRA. ¿Qué estás diciendo? ¿Tú no estarás sugiriendo…?
GABRIELA. Fuiste tú quien habló de familia, querida. Si hay familia, hay mamá, papá y nené. La mamá, ya sabemos quién es, el nené parece que estará acá *(le toca el vientre)* y el papá… El papá no seré yo.
ALEJANDRA. Pero, ¿por qué no?
GABRIELA. Alejandra…
ALEJANDRA. ¿Por qué no?

GABRIELA. ¡Alejandra!

ALEJANDRA. Lo que quiero decir es que no hay por qué ceñirse a esa estructura como la única.

GABRIELA. ¿Ah, no? ¿Quién quieres que sea yo, entonces? ¿La cigüeña?

ALEJANDRA. Remóntate al surgimiento de la familia.

GABRIELA. No, no, que si pensamos en las cavernas será peor.

ALEJANDRA. Pero, ¿qué es en esencia la familia? ¿Cuál es su función?

GABRIELA. ¿Cuál?

ALEJANDRA. La familia existe para dar amparo, protección, amor a los nuevos miembros de la sociedad.

GABRIELA. ¿Y…?

ALEJANDRA. Nosotras, o sea tú y yo, podemos brindar todo eso.

GABRIELA. ¿Y la historia esa de los «modelos» y los «patrones» femeninos y masculinos…? Entre otras cosas, para eso es necesaria la figura del padre.

ALEJANDRA. Bien podría ser una niña, y entonces…

GABRIELA. Tú no tienes tanta suerte, ¿y si es un varón?

ALEJANDRA. Bueno… Amigos no nos faltan. Les ponemos horarios de visita de estricto cumplimiento y así tendrá patrones de sobra para escoger. Sería más democrático.

GABRIELA. Lo vas a enloquecer.

ALEJANDRA. De acuerdo, en ese caso podemos dividir los roles.

GABRIELA. ¡¿Qué?!

ALEJANDRA. Hacer como algunas parejas homosexuales, tener roles. Si yo hago el embarazo, por lógica soy la mamá, así que a ti, queridita, te toca…

GABRIELA. ¡Ni jugando! Sabes que no tengo nada que ver con eso. No me gusta, me parece odioso…

ALEJANDRA. *(Transición. En broma)*. Pues no sé cuál es el problema, cuando te conocí casi nunca usabas cosméticos…

GABRIELA. Siempre preferí lo natural. El maquillaje lastima la piel, es un veneno.

ALEJANDRA. Y excepcionalmente te ponías un vestido.

GABRIELA. Tú sabes que tengo las piernas flacas.

ALEJANDRA. ¿Entonces…?

GABRIELA. Entonces, ¿qué?

ALEJANDRA. Que no entiendo ese nivel tuyo de intolerancia. Tú usabas medias y zapatos de cordones…

GABRIELA. A veces me ponía sandalias.

ALEJANDRA. *(Sigue)*. Pantalones…

GABRIELA. Bermudas, también.

ALEJANDRA. Unos pulóveres y unas camisas enormes, siempre por fuera…

GABRIELA. *(Estalla)*. Así te enamoraste de mí. Nadie te obligó.

ALEJANDRA. Que me haya enamorado no significa que me gustara.

GABRIELA. *(Irónica)*. ¡Ah, vaya, sutil separación! ¡Siempre se aprende algo! ¿Cómo es posible? ¿Cómo es eso de que te enamoras y a la vez no te gusta…?

ALEJANDRA. Porque me enamoré de… de lo de verdad… de lo de adentro…

GABRIELA. ¡Cuidado que estás separando contenido y forma, nenita!

ALEJANDRA. Lo que digo es que vi tu interior.

GABRIELA. *(Se burla)*. ¡Anda! Un interior portentoso, tras un exterior perverso… ¡La bella y la bestia! ¡O lo que es igual: un plátano y su cáscara! *(Transición)*. No sabía que te molestaba tanto mi forma de ser.

ALEJANDRA. No me molestaba. Simplemente, no la prefería. Sabía que podías lucir más atractiva si te... «componías» de otra manera. De hecho, tú cambiaste.

GABRIELA. Te conocí. Tú me descubriste cosas. Es cierto que «este modelo de femineidad» tiene sus ventajas. Se puede cambiar el *look* a menudo; el maquillaje realza las virtudes y oculta los defectos... Pero, igual ahora que antes, yo soy una mujer. No me comporto contigo de otra manera.

ALEJANDRA. Cierto. ¿Y entonces...?

GABRIELA. Entonces, deja a cada quién ser como quiera, como le guste, como se acepte mejor.

ALEJANDRA. Estamos de acuerdo. *(La provoca)*. No sé por qué te incomoda tanto el tema de los roles...

GABRIELA. Porque eso otro es... como una caricatura. ¿No entiendes? Si una es mujer, pues lo es... y ya. No tiene por qué vestirse o... o moverse como un hombre.

ALEJANDRA. Pero sí puedes amar lo que ama un hombre.

GABRIELA. No sé... No estoy muy segura de que amemos lo mismo. No sé qué es lo que ama un hombre en una mujer.

ALEJANDRA. Si vamos por la teoría de los contrastes, lo que le es ajeno, contrario. Por lo tanto...

GABRIELA. Por lo tanto, nada, Alejandra. Que yo no me considero un hombre y, sin embargo, estoy enamorada de ti, que eres una mujer. En tu caso creo que ocurre otro tanto, ¿no?

ALEJANDRA. *(Pensativa)*. Sí, supongo.

GABRIELA. ¿Supones?... ¡¿Supones?!

ALEJANDRA. Lo que quiero decir es que sé que te amo y hasta pudiera intentar explicar por qué, pero... en realidad, no sé por qué te amo a ti, en lugar de amar a un hombre. *(Pausa)*. Supongo que este amor es tan irracional y arbitrario como cualquier otro y que cada uno busca... qué sé yo...

GABRIELA. ¿Por qué una mujer puede, entonces, ser hombruna?

ALEJANDRA. Por lo mismo que un hombre se afemina, me imagino. Siguen otro patrón, se identifican con otro modo. Si pudieran elegir sus sexos, creo que los cambiarían...

GABRIELA. *(Como descubriendo algo)*. Pero no pueden...

ALEJANDRA. ¡Vaya!

GABRIELA. ¿Qué?

ALEJANDRA. Que tal vez estés entendiendo...

GABRIELA. Que no pueden y no hay por qué condenarlos por eso. ¿Es así?

ALEJANDRA. Ajá.

GABRIELA. Está bien, pero... no me gustan mucho.

ALEJANDRA. *(Ríe)*. No te enamores de ellas. *(Transición)*. Pero no las discrimines. Como ves es, simplemente, una cuestión de gusto. *(Juega)*. Y ya logrado el consenso en torno a este punto, presumo que puedo contar con tu actuación como futuro padre.

GABRIELA. *(La interrumpe)*. ¡Ni lo sueñes!

ALEJANDRA. Te lo pierdes. Mira que tú de saco y corbata va y mejoras mucho...

GABRIELA. *(En el juego)*. Siento frustrarte, querida.

ALEJANDRA. *(Juega, se le acerca seductora)*. ¿Ni porque yo te lo pido?

GABRIELA. *(Juega, se escapa)*. Ale... Ale, tú eres tremenda...

ALEJANDRA. *(En el colmo de la mofa)*. Papi, pero ¿qué más te da?

GABRIELA. *(Seria)*. No creo que esté bien lo que estamos haciendo. *(Alejandra se detiene)*. Nos estamos burlando. *(Pausa)*. No está bien, así yo no lo entienda. *(Pausa, conmovida)*. Los hombres discriminan a las mujeres. Los hombres y las mujeres discriminan a los homosexuales. Los hombres homosexuales discriminan a las mujeres homosexuales. Las mujeres homosexuales se discriminan entre sí. ¿Y a un mundo semejante quieres tú traer otro ser humano? Hay que estar loco... Ser un irresponsable...

ALEJANDRA. No si en ese mundo existe alguien como tú.
GABRIELA. No, espera. No estoy jugando.
ALEJANDRA. Yo tampoco. Entre muchas otras cosas, eso me gusta de ti.
GABRIELA. ¿Qué?
ALEJANDRA. Tu sentido de justicia... tu honestidad... tu... coherencia...
GABRIELA. ¿No soy... aburrida?
ALEJANDRA. *(En broma, hace como que piensa).* Mmm..., a veces... un poquito. Pero para eso estoy yo aquí, que traigo la sal y el picante.
GABRIELA. ¿Y yo qué aporto? ¿El puré de papas, la calabaza... lo que no sabe a nada?
ALEJANDRA. *(Representa).* ¡El azúcar, mi sol! *(Proyecta).* ¡Ah, dioses, dadme una gota de su dulzura y moveré al mundo!
GABRIELA. *(Sonríe).* Te quiero.
ALEJANDRA. También yo. *(Pausa).* Entonces... ¿lo intentamos? *(Se acaricia el vientre).*
GABRIELA. Es como una idea fija.
ALEJANDRA. *(Suave).* No, es un deseo muy fuerte. *(Coqueta).* Y ahora, menos que nunca, tú te vas a negar...

Van saliendo de escena abrazadas, lentamente. La luz desciende al mínimo.

GABRIELA. No sería prudente...
ALEJANDRA. Eso me parece. *(Transición).* Mañana, a primera hora, voy al hospital.

Apagón.

CUADRO II

Gabriela trabaja en el jardín. Entra Alejandra, viene de la calle. Se deja caer en uno de los asientos.

ALEJANDRA. Bueno, ya lo averigüé todo.
GABRIELA. *(Ensimismada en lo que hace).* Todo.
ALEJANDRA. Sí. Es sencillísimo.
GABRIELA. ¡Sencillísimo!
ALEJANDRA. ¡Ajá! Se presenta allí la pareja...
GABRIELA. La pareja... ¿Dónde?
ALEJANDRA. *(Como algo sabido).* En la consulta de infertilidad. *(Transición).* Como te decía, se presenta la pareja y explica que quiere tener un hijo. Entonces, hay dos variantes: la del hombre que, aunque tiene espermatozoides y es capaz de fecundar, no lo ha logrado hasta ahora, y la del hombre que, aunque eyacula y todo lo demás... *(A Gabriela le sobreviene una arqueada).* ¿Qué pasa? ¿Te sientes mal?
GABRIELA. No, no... Sigue.
ALEJANDRA. Bueno, te decía del caso en que el hombre aunque eyacula y...

GABRIELA. *(Otra arqueada)*. No más… por favor.
ALEJANDRA. Bueno, del individuo que es asospérmico…
GABRIELA. Aso… ¿qué?
ALEJANDRA. Asospérmico. Significa que no tiene espermatozoides, que sería tu caso.
GABRIELA. ¡¿Mi caso?!
ALEJANDRA. Lo que quiero decir es que… que en tal situación hay que ir a una inseminación con el semen de otro hombre que sí tiene espermatozoides, ¿comprendes? Hay que buscar un donante en el banco de semen.
GABRIELA. Y… ¿ya? ¿Es todo? ¿No hay que llenar papeles, estampar las huellas dactilares, firmar documentos…?
ALEJANDRA. Ah, sí. *(Extrae unos papeles de su bolso)*. Todas estas planillas. *(Las muestra sin interés)*. ¿Ves? Aquí está… *(Lee)*. Nombre de los cónyuges… Estado civil… *(Aclara)*. No es necesario estar casado.
GABRIELA. *(Irónica)*. Mira qué suerte…
ALEJANDRA. *(Lee de corrido, sin interés)*. Lugar donde trabaja, ingresos, dirección, color de la tez, ojos, peso, estatura y firma de los interesados.
GABRIELA. ¿No hay que ser militante del Partido?
ALEJANDRA. *(Asombrada)*. ¿Para inseminarse? No, qué idea más extraña.
GABRIELA. ¿Ni federada? ¿No hay que tener méritos acumulados, ni presentar ningún aval del centro de trabajo? ¿No buscan información sobre ti en el barrio?
ALEJANDRA. *(Desconcertada)*. Bueno…, no dijeron nada.
GABRIELA. ¡Qué raro! Seguro piden todo eso y tú ni te enteraste.
ALEJANDRA. *(Molesta)*. No soy idiota. Y no se trataba solo de mí. Éramos unos cuantos. Preguntamos cómo era el proceso y nos explicaron lo que acabo de decirte. Nada más. Ah, y que también hay que hacerse un grupo de pruebas. Bueno, en este caso yo.
GABRIELA. ¿Qué pruebas?
ALEJANDRA. Un ultrasonido ginecológico… una laparoscopía… unas pruebas hormonales… y una cosa que se llama… *(lee con dificultad)* hicterosalpingografía. *(Gabriela hace otra arqueada)*. ¡Ay, Gaby, tú te sientes mal!
GABRIELA. Ya… No te preocupes. ¿Qué es esa especie de mala palabra?
ALEJANDRA. ¿La hicterosalpingografía? *(Gabriela corre hacia el baño para vomitar)*. ¿Estás bien? *(Transición)*. Más bulla que otra cosa. Es una prueba para saber si las trompas y el útero son normales.
GABRIELA. ¡Con ese nombre…!
ALEJANDRA. Gaby, ¿tú no estarás embarazada? *(Gabriela la fulmina con la mirada)*. No es imposible, ¿no? *(Gabriela la mira del mismo modo)*. Lo que quiero decir es que no es del todo, todo, imposible… *(La mirada de Gabriela ahora es mortal)*.
GABRIELA. ¿Cuál es el próximo paso?
ALEJANDRA. Llenar los papeles, porque para la inseminación por donante, que ya te expliqué que es cuando el hombre de la pareja no…
GABRIELA. *(La corta bruscamente)*. Entendí.
ALEJANDRA. Hay que dar el consentimiento por escrito.
GABRIELA. ¿Quién?
ALEJANDRA. Sobre todo tú, ¿no?
GABRIELA. ¿Yo? Pero tú sigues empeñada en que yo sea…

ALEJANDRA. *(La corta)*. No es que yo lo quiera así, es que es… como es… Como ha sido… por los siglos… Yo no he inventado nada, pero si soy la que va a inseminarse y a llevar al niño en la panza, entonces, por lógica, es la otra persona, tú en este caso, la que tiene que hacer patente su consentimiento.
GABRIELA. ¡Ja!
ALEJANDRA. *(La advierte)*. Gabriela, no me vayas a decir a estas alturas…
GABRIELA. ¿Y no averiguaste allí, Sherlock Holmes, cuántas mujeres estaban en tu caso?
ALEJANDRA. Y me lo van a decir…
GABRIELA. Me refiero a cuántas tenían maridos… como sea, cuántas necesitan un donante.
ALEJANDRA. No se me ocurrió. ¿Por qué?
GABRIELA. ¿Tú te has detenido a pensar…? ¿Te puedes imaginar, en una pareja heterosexual, lo que significa para el hombre de esa pareja la idea de que su mujer va a tener un hijo de otro hombre… eh? ¿Has pensado en eso? ¿Se te ha ocurrido?
ALEJANDRA. *(Protesta)*. No es el hijo de otro hombre, porque sería…
GABRIELA. *(La interrumpe)*. No. Es el hijo hecho, fabricado, germinado, con el semen de otro, de un extraño, además. ¿Tú crees que es fácil para un hombre aceptar eso? ¿Te lo parece? Imagínate ahora, por un segundo, lo que es, entonces, este asunto para una pareja homosexual. Imagínate cómo me siento yo, ¿eh? ¿Te has preguntado eso? No, claro que no, eres demasiado egoísta. Solo piensas en ti, en tus caprichos…
ALEJANDRA. *(Tras una pausa, comienza a llorar)*. ¿Egoísta, yo? ¿Egoísta? Tú eres aquí la única egoísta, casa sola, mala persona, mira que hacerme esto, ponerme así, en mi estado…
GABRIELA. Alejandra, por favor. Alejandra… *(Reacciona)*. ¿En qué estado?
ALEJANDRA. En este… En este… *(Sigue llorando)*.
GABRIELA. Espera, espera, ¿en cuál estado? ¿A qué te refieres? Tú todavía no estás embarazada. *(Transición)*. ¿O sí?
ALEJANDRA. No, no, claro que no, pero… lo deseo, que para el caso es lo mismo. Tengo un estado de pre-embarazo. Si te comportas conmigo así ahora, qué dejaremos para después.
GABRIELA. *(Trata de hacerla reaccionar)*. Alejandra, no… Alejandra…
ALEJANDRA. *(Grita, en una perreta)*. ¡Ay, Dios mío, qué desgraciada soy!
GABRIELA. *(Se desespera, camina de un lugar a otro. Grita)*. ¡Alejandra! *(Alejandra calla de pronto)*. ¡Está bueno!
ALEJANDRA. ¡Ay, qué susto! Tú nunca me habías hablado así.
GABRIELA. No me dejaste otro camino. *(Se escuchan toques a la puerta)*. ¿Quién crees que pueda ser?
ALEJANDRA. Los bomberos, que seguro te oyeron gritándome.

Gabriela abre la puerta. Entra Delicias.

DELICIAS. *(A Alejandra)*. ¿Ya lo sabe? ¿Se lo dijiste? ¿Cómo lo tomó? ¿Cuándo hacen los trámites?

Gabriela las mira.

ALEJANDRA. Sí, sí, mal, aún no sé.
GABRIELA. *(Al unísono con Delicias)*. ¿Con quién hablas?
DELICIAS. *(Al unísono)*. ¿Qué dices?
ALEJANDRA. Respondo todas las preguntas.

DELICIAS. Me lo imaginaba.

GABRIELA. ¿Qué te imaginabas?

DELICIAS. Tu reacción. No podía hacerte mucha gracia.

GABRIELA. Pero, ¿es que hay un virus de locura en la calle y soy la única que no se ha contagiado o qué? Ustedes, ¿en qué mundo viven?

DELICIAS. Eso mismo le decía yo a Alejandra.

ALEJANDRA. Sí, y yo igual a Delicias. *(A Delicias)*. ¿Verdad que sí?

GABRIELA. ¿Es que ustedes no se dan cuenta de que, aunque ahora mismo yo esté de acuerdo y me ponga de lo más contenta con la idea, eso aún no está hecho para nosotras?

DELICIAS. ¿No, verdad? Claro que no. No, si eso mismo le explicaba yo a… a Alejandra… ¿Te acuerdas, Ale? ¿Te acuerdas cuando yo…? *(Transición)*. Claro que yo he oído de parejas homosexuales que se casan… y también adoptan niños… en algunos lugares por ahí… Qué sé yo, sitios raros así como Ulan Bator… Kiwi… Tiramisú…

ALEJANDRA. Deli, los últimos son sabores de helados.

DELICIAS. ¿Sí? Bueno, me confundí. Es mucha información para una sola cabeza. Quizás… Popocatépetl…

GABRIELA. Ese es un volcán.

DELICIAS. ¿Un volcán?

Gabriela mira a Alejandra.

ALEJANDRA. Sí, en América.

DELICIAS. Bueno, Yunievsky.

ALEJANDRA. Ese es un nombre de persona.

DELICIAS. ¿De mujer o de hombre?

ALEJANDRA. Creo que de hombre.

DELICIAS. ¡Qué pena! Sonaba como… a ciudad de la Siberia, con eso de la tundra, la taigá… ¿no creen?

GABRIELA. *(Se desespera)*. Bueno, si todo lo que te hace falta es el consentimiento de la otra parte de la pareja, puedes probar con Delicias.

DELICIAS. *(Entusiasmada)*. ¡¿En serio!?

ALEJANDRA. Espera, ¿qué quieres decir?

GABRIELA. Que todo esto es demasiado complicado para tomarlo así.

DELICIAS. *(Muy dispuesta)*. Pero los homosexuales se casan… *(Gabriela la fulmina con la mirada. Se apoca)*. Aunque yo no sepa bien dónde.

ALEJANDRA. Eso es cierto, yo también lo he leído.

GABRIELA. Escúchenme bien las dos. Se casan; sí, se casan, en Copenhague, Dinamarca; en Estocolmo, Suecia; en… en… Afganistán, si quieren…

DELICIAS Y ALEJANDRA. *(Al unísono, alarmadas)*. ¡No, en Afganistán no!

GABRIELA. Lo que quiero decir es que eso ocurre en lugares muy lejanos, en culturas muy distintas. Nosotras vivimos en un mundo patriarcal, donde se persigue todavía más, se ve peor la homosexualidad femenina que la masculina. El colmo es que, además de los hombres, que nos miran remal…

DELICIAS. *(Interrumpe)*. Y bueno, de algún modo tienen su razón, ¿eh?

GABRIELA. Pero es que las propias mujeres les hacen el juego a los hombres, y también nos tienen ojeriza. Estamos en un nuevo siglo y todavía vivimos en el patriarcado.

DELICIAS. Lo que les pasa a las mujeres que nos discriminan no sé si será tanto lo del patriarcado ese como que, ustedes saben, hay por ahí muchachitas de este sindicato que les «disparan» a todas, a cualquiera, y ese es el prejuicio que existe.

ALEJANDRA. Todas no somos iguales. Yo, para nada soy así. Soy bien selectiva, tengo que enamorarme, y eso es todo un proceso… y una excepción.

GABRIELA. Está bien, y aunque así fuera, ¿qué tiene eso que ver? Lo único que tiene que hacer una mujer cuando otra se le insinúa, si no le gusta, es lo mismo que haría con un hombre en ese caso: rehusar, decirle que no, darle calabazas, y a otra cosa, mariposa. Que porque alguien te coquetee no te contagias, esto no es una gripe.

DELICIAS. *(Para sí, por lo bajo)*. Ojalá lo fuera, que así algún día se quitaba. Porque, a veces, este asunto es más incómodo…

GABRIELA. No hay por qué sentirse ofendidas por eso. ¿Qué tiene de ofensivo saber que una puede gustarle a alguien…? ¿Dónde está, entonces, la vanidad? Caramba, ¡qué poca autoestima!

DELICIAS. ¡Qué lindo hablas! ¡Debías ser dirigenta de la Federación…! *(Gabriela y Alejandra la fulminan)*. Quiero decir de la… Federación Colombófila. *(Transición)*. Me voy, seguro que tienen cosas que hablar… íntimas, privadas, entre ustedes… aunque después yo les pregunte… Me encanta preguntar. No sé qué sería la vida sin los signos de interrogación. Chao. *(Se insinúa)*. Chao… Ale. Si hace falta que vaya contigo… que dé el paso al frente…

GABRIELA. *(La azora)*. Adiós. *(Delicias sale. Gabriela cierra la puerta)*. Si de todos modos quieres hacerlo…

ALEJANDRA. *(La interrumpe)*. ¿De verdad te parece bien?

GABRIELA. Te estoy diciendo que si insistes en tener un hijo…

ALEJANDRA. No, no, dime, ¿te parece bien?

GABRIELA. Pero si no me dejas hablar…

ALEJANDRA. No me refiero a eso.

GABRIELA. ¿A qué, entonces?

ALEJANDRA. ¿Tú harías algo así? ¿Tú eres de ese modo? ¿Tú eres de ese modo y hasta hoy yo no me había dado cuenta?

GABRIELA. ¿De cuál modo? ¿De qué estás hablando?

ALEJANDRA. De ese. Así… Capaz de ir por ahí, «disparándole» a cualquiera. *(La cita, hace mofa)*. «Y si no le gusta, lo único que tiene que hacer es rehusar». ¡Dime, mosquita muerta!

GABRIELA. Tú sabes bien que no. ¿Te has vuelto loca?

ALEJANDRA. ¿Yo? Yo no sé nada. No te conozco. Cada día me convenzo más de eso.

GABRIELA. ¡Alejandra! ¡Qué dices!

ALEJANDRA. ¿Y los jueguitos con Delicias, eh? Los coqueteos… ¡en mi propia cara!

GABRIELA. ¡Ale!

ALEJANDRA. ¿Lo vas a negar también? ¿Lo vas a negar? Algo que he visto yo. ¡Quién sabe desde cuándo sucede, y yo… tan ciega!

GABRIELA. Ale, por favor, ¿tú has visto bien a Delicias? Es la persona con el nombre menos apropiado del mundo.

ALEJANDRA. ¡Ah! ¿Y si fuera bonita? Si lo fuera, no te importaría nada, ¿verdad?

GABRIELA. Alejandra, por favor, vuelve a la realidad. Estás desvariando… Me conoces… Sabes que soy incapaz de… Hablé de casos extremos. Solo estaba defendiendo una teoría… *(Alejandra da señales de sentirse mal)*. ¿Qué te pasa?… ¿Qué tienes?

ALEJANDRA. Un dolor… Aquí… *(Se toca el vientre)*. Y ahora como un vacío… ¡Un aborto! ¡Eso es! ¡Un principio de aborto!

GABRIELA. ¿Cómo, Ale, si no estás embarazada? ¿Quieres enloquecerme?
ALEJANDRA. Sicológico, embarazo sicológico... Y un aborto, también sicológico. ¿No has oído eso?
GABRIELA. Nunca he oído hablar de abortos sicológicos.
ALEJANDRA. Pero, si seguimos la lógica, tienen que existir... Una vez que admitimos que hay embarazos sicológicos, también puede haber abortos, ¿no?
GABRIELA. Ale... Ale... Creo que debemos hablar... Escucha. Supón... Supón... que yo... que yo acceda a esto de... de tener un hijo...
ALEJANDRA. *(Entusiasta)*. ¿Te convencí? ¿Te convencí? *(La abraza)*. ¡Ay, qué feliz soy! Ya sabía yo que...
GABRIELA. Sí, pero... Espera... Espera...
ALEJANDRA. *(Suplica)*. ¡No me vayas a aguar la fiesta!
GABRIELA. Nada más lejos de mi voluntad, solo que... No puede ser así, como tú piensas...
ALEJANDRA. ¿Cómo, entonces?
GABRIELA. Escucha. Quiero decir que no puedes ir al hospital conmigo como pareja.
ALEJANDRA. Yo sé que tú tienes tus pruritos, pero esto no es cosa de exhibirse. Es... un asunto oficial. Te necesito allí, conmigo. No me dejarían tener al niño, si estoy sola.
GABRIELA. ¡¿Cómo?!
ALEJANDRA. Claro, eso también lo averigüé.
GABRIELA. Es decir, que no puedes optar por ser «madre soltera».
ALEJANDRA. Si no se trata de una pareja, no hay niño. Tan simple.
GABRIELA. *(Se indigna)*. ¿Ves? ¿Ves que se trata de una sociedad machista, patriarcal, una época y un planeta de machos? ¿Por qué la seguridad, el equilibrio lo tiene que aportar un hombre? ¿Quién dijo que una mujer no puede criar sola a su hijo? Además, ¿por qué decidir por ella?...
ALEJANDRA. *(Cita)*. «No es lo aconsejable», te dicen.
GABRIELA. Eso significa...
ALEJANDRA. Que no te inseminan. *(Transición)*. Por eso tú haces falta allí.
GABRIELA. Lo que me acabas de decir ratifica mi decisión. Creo que aunque tú y yo criemos a ese niño vamos a tener que buscar entre los amigos un hombre que te represente allí como marido.
ALEJANDRA. Pero... ¿te imaginas? Tendría que ser un hombre infértil, porque de otro modo... no habría por qué complicarlo tanto.
GABRIELA. Busquemos.
ALEJANDRA. Pero, ¿cómo saber?
GABRIELA. *(Pensando)*. Sí... Es un problema... *(Transición)*. Hagamos una lista... *(Se sientan. Gabriela coge papel y lápiz)*. ¿Erick, el Rojo?...
ALEJANDRA. Demasiado sonrosado como para ser estéril, ¿no te parece?
GABRIELA. Sí, es cierto. No tiene tipo.
ALEJANDRA. ¿Pichy, el Suave?...
GABRIELA. Demasiado lánguido como para aparecerte con un tipo así allí. Para eso vas conmigo.
ALEJANDRA. Sí, además, eso no quiere decir nada, puede fecundar como un caballo.
GABRIELA. ¿Mañi, el Alien?...
ALEJANDRA. Con ese irás tú, porque yo todavía me respeto. Se puede ser infértil, pero no tan feo.
GABRIELA. Disculpa.
ALEJANDRA. ¿Y Omar... el Shérif?...
GABRIELA. Con ese... cuidado... Con la megalomanía que tiene, aunque no eche ni semen, se va a autotitular padre y madre de lo que luego tengas en la barriga. Ya lo conoces. Es un pulpo. Se apodera de todo.
ALEJANDRA. *(Suspira)*. No pensé que fuera tan difícil.

GABRIELA. *(Suspira igual).* Ni yo.
ALEJANDRA. *(Se ilumina).* ¡Gaby, Gaby!... No hay que ir tan lejos... ¡Lo tenemos en la familia!
GABRIELA. *(Escéptica).* ¿En cuál familia, Alejandra?
ALEJANDRA. ¡Joel, mi cuñado!
GABRIELA. ¿El pintor?
ALEJANDRA. ¿No te acuerdas que te conté que...?
GABRIELA. ¡Claro! *(Transición).* El problema es tu hermana. Ella sí no entiende lo nuestro.
ALEJANDRA. Sí, ya sé. *(Suspira).* Y él es un tipo tan fuera de serie... ¡Contra! ¡Qué fatalidad!
GABRIELA. No te desanimes. Ya verás. Encontraremos algo.
ALEJANDRA. Lo dices porque me quieres...
GABRIELA. Porque te quiero y porque así será. Vas a ver. *(Transición).* Ahora tengo que salir.
ALEJANDRA. Pensé que te habían suspendido la reunión...
GABRIELA. *(Mientras se prepara).* Sí, sí, pero... De todas formas tengo que ir... *(Saliendo).* Chao, chao, me voy, me fui...
ALEJANDRA. *(Pensativa).* Chao... *(Alejandra se debate, finalmente marca un número en el teléfono).* ¿Alma?... Sí, soy yo, Alejandra... Sí... No... Es, simplemente... ¿Podrías pasar por acá, por favor? Sí, te espero. Gracias. *(Cuelga).*

De repente, filtra un poco de luz sobre el espacio destinado a las plantas. Alejandra rota las macetas en el lugar. Timbre de la puerta. Abre. En la entrada, Alma.

ALMA. *(Entrando).* ¿Estás... sola?
ALEJANDRA. Por un rato.
ALMA. *(Con sorna).* ¿Qué era eso... tan urgente?
ALEJANDRA. *(Le indica que se siente, tras una pausa).* No tengo otro modo de decirlo que este. Quiero tener un hijo, para criarlo con Gabriela. Me voy a inseminar y necesito presentar en el hospital a un hombre estéril como mi marido. No hay que estar casados, basta con firmar un documento donde se solicita un donante. Quiero... quiero tu permiso y tu... cooperación para que Joel me... nos... ayude. *(Suspira).* Ya.
ALMA. *(Irónica).* ¿Te parece poco?
ALEJANDRA. No, creo que este es un paso importante en mi vida. Lo he pensado mucho. Estoy decidida y no necesito sermones, ni clases al respecto.
ALMA. *(Tras pausa).* ¡Hum, genio y figura...! *(Transición).* Lo siento, no puedo ayudarte.
ALEJANDRA. Qué pena. Lo esperaba. Tal vez Joel piense distinto.
ALMA. Joel es mi marido y no va a saber ni media palabra de esto.
ALEJANDRA. ¿Cómo puedes ser así? ¿Qué ganas? ¿Por qué me cobras a mí lo que la vida...?
ALMA. *(La interrumpe).* Joel no es estéril.
ALEJANDRA. Pero si eres tú quien ha dicho...
ALMA. *(La interrumpe).* Soy yo. De haber sido él, creo... creo que hubiera buscado otro hombre y, de cualquier modo, le habría dado un hijo.
ALEJANDRA. ¿Por qué lo has hecho?
ALMA. Miedo. Temo perderlo...
ALEJANDRA. ¡Alma!
ALMA. Soy egoísta... Soy... un monstruo... Lo que tú quieras... Lo quiero mucho. *(Pausa).* Si no se te hubiera ocurrido esa idea... nunca lo hubieras sabido...

ALEJANDRA. ¿Cómo me iba yo a imaginar…?

ALMA. *(Irónica).* ¿Que tu hermana, tan correcta y formal, es una mentirosa…?

ALEJANDRA. De veras que lo siento.

ALMA. ¡Qué vas tú a saber!

ALEJANDRA. ¡Alma!

ALMA. Tú, todo lo tomas… Para ti, todo es tan fácil… ¡Qué te importa a ti la familia… qué te importo yo… ni nadie! Mírate aquí, viviendo con esa…

ALEJANDRA. Gabriela. Se llama Gabriela. Y la quiero tanto como tú a Joel.

ALMA. *(Irónica).* ¡No me digas! *(Con rabia).* ¿Qué sabes…?

ALEJANDRA. *(La interrumpe).* ¡Y no te permito! ¡No te atrevas! Tú, que no has tenido el valor de decirle la verdad al hombre que dices querer…

Se colocan en los extremos del escenario, frente al público, practican una división imaginaria de la platea en dos secciones y cada una dirige sus réplicas a una sección en particular.

ALMA. *(Al unísono con el texto próximo de Alejandra).* ¿Y crees que ha sido simple, que puedo mirarlo a los ojos?

ALEJANDRA. *(Al unísono).* ¿O tú te crees que yo hago esto por darle en la cabeza a alguien?

ALMA Y ALEJANDRA. *(A la par).* ¿Tú sabes lo difícil que puede ser? ¿Lo sabes? ¿Te lo has imaginado siquiera?

ALMA. *(Al unísono con el texto próximo de Alejandra).* ¿Qué piensas que sentí cuando lo supe? ¿Te imaginas lo que significa para una mujer saberse estéril?

ALEJANDRA. *(Al unísono).* ¿Has intentado mirarme de otro modo, pensarlo de otra manera y no como un capricho, una aberración, una anomalía?

ALMA. *(Al unísono con el texto próximo de Alejandra).* ¡Lo amo! ¡Soy egoísta! ¡No quiero perderlo! Pero él no se merece vivir en la mentira y yo no sé cómo enfrentarlo…

ALEJANDRA. ¡La quiero, me gusta, me siento bien con ella! ¡No puedo renunciar porque sería mentir, mutilarme, morirme en vida!

ALMA. *(Al unísono).* ¡Alejandra!

ALEJANDRA. *(Al unísono).* ¡Alma!

ALMA Y ALEJANDRA. *(Al unísono).* ¡Ayúdame!

ALEJANDRA. *(Tras pausa).* ¿Nunca le vas a decir…? Joel tiene que saber… Es… su derecho.

ALMA. Soy tu hermana. Siempre podrás contar conmigo. *(Sale).*

Alejandra queda un rato quieta mirando el pequeño jardín. Lentamente se dirige a él, busca los rayos de luz y se coloca bajo ellos. Entra Gabriela.

GABRIELA. *(Eufórica).* Puede que me castigues a fregar platos toda la vida por lo que acabo de hacer, pero no me arrepiento. *(Alejandra permanece bajo la luz, con los ojos cerrados).* Tu hermana es una mujer privilegiada.

ALEJANDRA. *(Sin mirarla, con tristeza).* ¿Te lo parece?

GABRIELA. Ya lo creo. Tiene un marido que es un ser humano con mayúsculas, un encanto de persona. *(Alejandra la mira con interés).* Puedes hacer conmigo lo que quieras, ponerme a dieta, mandarme a limpiar el baño… Te acepto cualquier represalia, pero si no conté contigo no fue por nada malo… ¡Ya tenemos el candidato a marido infértil!

ALEJANDRA. *(Alarmada)*. Gabriela…
GABRIELA. ¡Joel, en persona! ¡El mismo que viste y calza!
ALEJANDRA. *(Con pesar)*. ¿Qué hiciste?
GABRIELA. Darte la sorpresa.
ALEJANDRA. Pero, ¿cómo…?
GABRIELA. Lo llamé, le pedí vernos, le expliqué y dijo ¡que contáramos con él!
ALEJANDRA. ¿Qué has hecho?
GABRIELA. ¿Qué es lo que…?
ALEJANDRA. Joel no es infértil.
GABRIELA. Tú misma me dijiste… Él también…
ALEJANDRA. *(La corta)*. Me decidí a hablar con mi hermana. Es ella la del problema. Él… no lo sabe.
GABRIELA. ¿Y ahora?… El Armagedón.
ALEJANDRA. No sé, pero… ese hombre tiene derecho a saber. Él tiene que saber. Ella no es quién para…
GABRIELA. *(La detiene)*. Ale, nosotras tampoco. *(Gabriela toma el teléfono, marca)*.
ALEJANDRA. ¿Qué vas a hacer?
GABRIELA. Lo único que puedo. Hablar con él, decirle que… ya… que hay otro… que no lo vamos a hacer… que ya lo hiciste… ¡lo que sea!
ALEJANDRA. *(Tras una pausa)*. ¿Qué…?
GABRIELA. No contestan.

Timbre de la puerta. Alejandra abre. Aparece Alma. Por su aspecto es evidente la tragedia. Gabriela deja el teléfono. La mira conmovida.

ALEJANDRA. ¡¿Alma…?!

Alma asiente.

GABRIELA. *(Trata de excusarse)*. Alma, yo…
ALMA. *(Sin escuchar, conteniendo mal el llanto)*. Había que decírselo, ¿no?… Se lo dije. *(Pausa)*. Si hubieras visto cómo me miraba… Su mirada…
ALEJANDRA. *(La abraza, la consuela)*. Ven… Pasa…
ALMA. Salió… No sé adónde iba. *(Llora)*.
ALEJANDRA. *(La acomoda en el sofá)*. Lo siento… No sabes cuánto lo siento… Nadie quería esto…
GABRIELA. Voy a hacer té.

Alejandra asiente.

ALMA. Quizás… tú tengas razón… y sea mejor así… Lo otro… tampoco era muy soportable…
ALEJANDRA. Recuéstate un poco.
ALMA. *(Lo hace, aún llorosa)*. Perdona que haya venido…
ALEJANDRA. Es lo único que me alegra de todo esto. Descansa.

Timbre de la puerta. Gabriela se hace cargo.

GABRIELA. Debe ser Joseíto con los periódicos.

Abre. Entra Delicias como una tromba.

DELICIAS. *(Ansiosa).* ¿Se enteraron?
GABRIELA. Nunca antes que tú.
DELICIAS. Carmita y Elena se pelearon.
GABRIELA. *(Nerviosa, con intención).* Delicias… Alma… está aquí…
DELICIAS. *(Mecánicamente).* Hola, Alma. *(Transición).* Pues sí, se pelearon. Carmita y Ele…
GABRIELA. *(La corta).* Elton…
DELICIAS. ¿Elton? ¿Quién es…?
ALEJANDRA. *(Se incorpora al juego).* Carmita y Elton… se pelearon. *(Hace señas aludiendo a Alma).*
DELICIAS. Sí… Así fue. *(Pausa).* Bueno, parece que a… a… Elton lo cogieron en malos pasos.
ALEJANDRA. La otra noche Gaby y yo lo vimos en el teatro con otro.
DELICIAS. *(Aclara).* Otra.
ALEJANDRA. *(Reacciona).* Sí… claro… «otra».
GABRIELA. No era con «otra». Era con «otro».
ALEJANDRA. Gaby… Hablábamos de… Elton…
GABRIELA. Sí, Elton…
DELICIAS. No entiendo nada. Elton… ¡¿con un tipo?!
ALEJANDRA. ¡Delicias!
DELICIAS. *(Reflexiona, se dispara).* Mm…, de ahí todo eso de pintarse las uñas y pasarse el día con rolos…
GABRIELA. ¡No juegues! ¿Elton?…
DELICIAS. ¡Ella misma!
ALEJANDRA. *(En el paroxismo).* ¡Muchachitas!…
DELICIAS. A mí ni me digas, ¡esto sí es noticia! *(Saliendo, mecánicamente).* Chao, Alma.
ALEJANDRA. *(Regaña).* ¡A ti te zumba!

Timbre del teléfono. Gabriela se ocupa para evadir el regaño.

GABRIELA. Sí… *(Escucha).* Está aquí. *(Transición).* Alma… Es Joel.

Las tres se miran. Alma toma el teléfono. Gabriela y Alejandra se apartan.

ALMA. ¿Dónde estás? *(Escucha).* No te preocupes, estoy bien… *(Escucha).* Yo también… *(Escucha).* Sí… Voy para allá. *(Cuelga, a Alejandra).* Está en la casa… Tenemos que hablar… con calma, despacio… *(Transición).* Me voy… Gracias. *(Pausa).* Chao, Gabriela.
GABRIELA. *(Sorprendida).* Chao.
ALEJANDRA. Mucha suerte.

Alma sale.

GABRIELA. ¡Guao! *(Pausa).* Bueno, estamos otra vez como al principio. Igual que las hermanastras de Cenicienta. Sin pretendientes.

Delicias asoma por la puerta entreabierta.

DELICIAS. *(Agita unos periódicos).* ¡La prensa! Me la entregó un viejito cuando ya estaba en el final de la escalera. ¡Qué gracia!
ALEJANDRA Y GABRIELA. *(Al unísono, sin darle importancia).* Joseíto…
ALEJANDRA. *(Cayendo en la cuenta).* Gabriela…
GABRIELA. *(Pensando lo mismo).* Alejandra…
GABRIELA Y ALEJANDRA. *(Saltan, se abrazan y abrazan y besan a Delicias, que no entiende nada. Al unísono).* ¡¡Joseíto!!

Apagón.

CUADRO III

El mismo espacio del cuadro anterior. Ha transcurrido un mes.

ALMA. ¡Quién lo iba a decir…! Así que Joseíto era todo un semental…
GABRIELA. *(Ríe).* Como te cuento… Sin embargo, Erick, el Rojo, como un bebé. El candidato perfecto.
ALMA. ¿Y cómo supieron que Erick…?
GABRIELA. Por Delicias, que es toda una fuente autorizada.
ALMA. Y Erick… ¿no puso reparos?
GABRIELA. No, es un buen amigo. Dice que será el padrino.
ALMA. Se demora Alejandra, ¿verdad?
GABRIELA. Sí, pero… no entiendo… Era recoger el resultado de las pruebas y ya. *(Pausa).* Me alegra que estés aquí. No es agradable esperar sola. Aunque me sorprendió verte llegar.
ALMA. Sea como sea, Alejandra es mi hermana.
GABRIELA. Hubiera sido mejor oírte decir que es un ser humano. *(Transición).* Pero, algo es algo, ¿no?
ALMA. Perdóname, pero es que yo… no consigo entender… Me es difícil…
GABRIELA. *(La corta).* Tal vez no haya nada que entender. Tal vez sea así y nada más. ¿O es que hay que andar explicando que a ti te guste el azul y el flan de calabaza y a mí el rojo y el helado de mantecado?
ALMA. No puede ser tan simple, Gabriela. Fíjate en esto mismo de la maternidad… Lo normal…
GABRIELA. Lo que ha sido siempre, querrás decir.
ALMA. Bueno, ¿y por qué tiene que ser de otro modo?
GABRIELA. *(Acaricia sus plantas).* Porque la vida es rica y diversa. Los especialistas en colocar barreras, etiquetas y carteles de *Prohibido el paso* somos nosotros *(hace una reverencia),* los queridos seres humanos.
ALMA. ¿No me negarás que es mucho más simple tener un hijo a partir de que un hombre y una mujer copulen?
GABRIELA. Pero no te he oído hablar de amor. *Reproducirse* no es *enamorarse.*
ALMA. No sé. Todo esto es… extraño para mí.

Sonido de llave que hace intentos en la cerradura.

GABRIELA. ¡Ahí está!

Gabriela abre la puerta. En la entrada, Alejandra en tragos.

ALMA. Hablando de la reina de Roma, asoma con su… *(Transición)*. ¿Qué pasa?
ALEJANDRA. *(Bebida, canta)*. Happy birthday to you… Happy birthday to you… Happy birthday, Gabrielita… Happy birthday to you…
GABRIELA. *(La ayuda a entrar)*. Hoy no es mi cumpleaños.
ALEJANDRA. Pero había que inventar algo para celebrar… No podemos ponernos tristes… ¡Hola, Alma mía…! *(Canta)*. «Alma mía, ¿qué te hace pensar que no te quiero…?».
ALMA. ¿Y por qué tendríamos que estar tristes?
ALEJANDRA. ¿Tristes? No, ¡nunca! Vamos, ¡a celebrar! *(Tropieza)*.

Gabriela trata de protegerla.

ALMA. *(Ríe)*. Creo que nunca te había visto borracha…
ALEJANDRA. Pues, ¡buen comienzo! ¡Aleluya! *(Va hacia el jardín, tropieza con varias plantas)*.
GABRIELA. ¡Cuidado! *(Corre a socorrerla)*.
ALEJANDRA. ¡Ay, Gaby, perdona…! Perdóname… que he lastimado a… a tus niñas… pero yo… yo no quise…
GABRIELA. Está bien… ¿Te hiciste daño? *(Trata de acomodarla en un sitio)*.
ALEJANDRA. No habrá niños, ¿sabes? En esta casa, no habrá niños…
GABRIELA. Ya, vamos… ¡pero qué borrachera más pesada!…
ALEJANDRA. No habrá niños… Alma. Ni uno.
ALMA. A ver, qué es eso… ¿qué tomaste?
ALEJANDRA. Cualquier cosa… Cualquier cosa para… poder decirles… que… no hay niños.
ALMA. ¿Estás jugando?
GABRIELA. Ale… Ale, ¿qué pasó?
ALEJANDRA. La maldición gitana… La maldición gitana, Alma. *(Ríe)*. ¿Te acuerdas cómo nos reíamos con eso en la escuela?
GABRIELA. ¿Qué maldición? Explícate. Explícate o voy ahora mismo al hospital y pregunto.
ALEJANDRA. *(Saca unos papeles estrujados de su bolso)*. Toma…
ALMA. *(Toma los papeles, lee)*. «Ecografía de paciente de 27 años, donde se observa útero muy pequeño de aspecto infantil, anejos normales, no se presentan alteraciones…». ¡Por Dios, Ale… no sabes cuánto lo siento!
GABRIELA. *(Nerviosa)*. ¿Qué es? ¿Qué significa?
ALEJANDRA. *(Llorosa)*. Que tengo una pancita tan chiquita que no puedo criar ahí ni a una lagartija.
ALMA. El útero no desarrolló, es… demasiado pequeño.
GABRIELA. *(Sin entender)*. ¿Qué…? No puede ser…
ALEJANDRA. *(A Gabriela)*. ¡Te saliste con la tuya!
GABRIELA. *(Consternada)*. Ale…
ALEJANDRA. ¡Te saliste con la tuya!
GABRIELA. Ale, ¿cómo dices eso? Yo nunca hubiera…
ALEJANDRA. ¿Estás contenta? ¡Ahí lo tienes! ¡Lo conseguiste! *(Sale de escena llorando)*.
GABRIELA. ¡…hubiera querido eso! *(Llama)*. ¡Ale…! *(Dolida)*. Ella no puede pensar así… ¡No es justo! *(Pausa)*. Yo… Yo la quiero mucho. Lo entiendas tú y el mundo, o no, Alma. ¡Yo la quiero mucho!

Alma, conmovida, tras vencer su propia resistencia, la abraza. Gabriela sale de escena. La luz desciende hasta el mínimo. Alma abandona la escena. Entra Alejandra por un extremo y Gabriela por el otro con una maleta. Timbre de teléfono. Mientras se escucha la conversación en off, *Gabriela y Alejandra se acercan con timidez y bailan suavemente, con mucha ternura.*

GABRIELA. *(En* off*).* ¿Alma…?
ALMA. *(En* off*).* ¿Sí…?
GABRIELA. Soy yo. Gabriela. ¿Cómo… está Alejandra?
ALMA. Más o menos. Unas veces más animada que otras. *(Pausa).* Tú… ¿sigues en casa de tu familia?

Alejandra y Gabriela se separan, se alejan sin darse la espalda. Gabriela toma su maleta y sale de escena.

GABRIELA. Sí. Estoy aquí, en Camagüey.
ALMA. ¿Y no piensas…? Yo… Alejandra te extraña.
GABRIELA. El sábado próximo estaré en La Habana. Tengo… Quiero enseñarles algo… Por favor, díselo a Alejandra y… me ayudaría que tú también estuvieras.
ALMA. De acuerdo, pero… ¿qué es lo que pasa?
GABRIELA. Gracias. No faltes.

Entran Alma y Delicias. La luz sube, pero sobre la zona del jardín se hace una penumbra.

ALEJANDRA. *(Contempla el jardín anonadada).* ¡Qué feo se va a encontrar el jardín! ¡Hace tanto que no entra ni un rayito de sol…! *(Se anima, muestra una planta).* ¿Vieron mi hortensia? ¿Creen que le guste?
ALMA. Me has preguntado lo mismo no sé cuántas veces… Claro que sí, es una planta que da unas flores preciosas.
ALEJANDRA. ¿Y tú, Deli?

Alma la advierte con la mirada.

DELICIAS. Yo, no puedo decirte nada porque vine con el compromiso de no abrir la boca hasta que Gabriela llegue.
ALMA. Delicias, ¡no empieces!
DELICIAS. Ya sé. Yo tengo palabra. *(Para sí).* En mala hora… Este voto de silencio me está matando.
ALMA. *(Se mueve de un lugar a otro dando los últimos toques).* ¿Estará todo? ¿No faltará nada?
ALEJANDRA. *(Ríe).* ¡Ah, ahora me toca a mí! ¡Me has hecho esa pregunta cientos de veces!
ALMA. ¡Exagerada! *(Se escuchan toques a la puerta).* ¡Ahí está! ¿No falta nada?
ALEJANDRA. *(Ríe).* ¡Basta! Lo que falta… acaba de llegar…
DELICIAS. ¡Aleluya! ¡A ver, si por fin, puedo hablar!

Alejandra abre la puerta. Aparece Gabriela mostrando su vientre de embarazada.

GABRIELA. Hola… ¿Qué tal… luzco?
ALMA. ¡Qué… bien… te ves!
ALEJANDRA. *(Alelada, repara en el vientre de Gabriela).* ¿Y… eso?
GABRIELA. *(Mientras acaricia su vientre, coloca la otra mano sobre el de Alejandra).* Es que… en esta pareja en lugar de un útero, hay dos. Alguna ventaja debíamos tener, ¿no crees?

Alejandra la abraza conmovida.

ALMA. *(A Delicias).* Bueno, y ahora que puedes hablar, ¿no tienes nada que decir?
DELICIAS. Me he quedado... muda.
ALMA. *(La hala).* Entonces, vámonos que me parece que estamos sobrando. *(Salen y cierran la puerta suavemente).*
ALEJANDRA. ¡Pero qué linda... qué linda luces! ¡Eres una mamá preciosa!
GABRIELA. *(Le habla a su vientre).* ¿Estás oyendo a papá, nené?
ALEJANDRA. *(Juega a molestarse. Transición).* Te tengo una sorpresa. *(Le muestra la pequeña hortensia).*
GABRIELA. Es... ¡¿una hortensia?!
ALEJANDRA. *(Asiente).* Dicen que sus flores son muy lindas.
GABRIELA. Sí, muy especiales.

La luz del sol comienza a filtrar por lugares diversos, inimaginables.

ALEJANDRA. *(Admirada).* ¡Qué es esto!
GABRIELA. ¡Corre! ¡Aprovechemos!

Comienzan a reubicar las plantas de modo que cada una tenga su poquito de luz.

ALEJANDRA. *(Mientras se ocupa de las plantas).* Te advierto que habrá que revisar, arreglar... Igual que hoy entra la luz, mañana nos puede entrar el agua... Deben haber rendijas, tejas rotas...
GABRIELA. ¿Y no te parece mejor un poco de paz, dejar que las cosas sean, darle paso al misterio...?

De repente, Gabriela ha quedado en una posición incómoda tratando de sostener a la pequeña hortensia para que pueda alcanzar un poco de luz.

ALEJANDRA. *(Ríe).* ¿Y es que te vas a quedar ahí? *(Gabriela se encoge de hombros resignada).* Serías capaz. Ven, dame... *(La ayuda a encontrarle acomodo a la planta. Juntas contemplan el pequeño jardín).*
GABRIELA. Quiero advertirte algo. Las hortensias, como las violetas, requieren de mucho cuidado. No siempre se logran. Sobre todo, en este clima nuestro.
ALEJANDRA. Son... flores raras.
GABRIELA. Tal vez.
ALEJANDRA. ¿Como nosotras?
GABRIELA. *(Tras pausa).* ¡Quién sabe!

¿Fin?

La Habana, 1999

José R. Brene

ESCÁNDALO EN LA TRAPA

José R. Brene (Cárdenas, 1927-La Habana, 1990). Dramaturgo y guionista. En 1961 ingresa en el Seminario de Dramaturgia del Teatro Nacional y comienza a escribir teatro. En 1962 —año en que se estrena su obra *Santa Camila de la Habana Vieja*— obtiene mención en el Premio Casa de las Américas con *La viuda triste*. Su texto *Fray Sabino* gana el Premio José Antonio Ramos de la Unión de Escritores y Artistas de Cuba (UNEAC) en 1970. Otras piezas de su autoría son: *Chismes de carnaval, Un gallo para la Ikú, Pasado a la criolla, El gallo de San Isidro, El ingenioso criollo don Matías Pérez, La fiebre negra, Los demonios de Remedios, El corsario y la abadesa y Miss Candonga*.

Personajes (por orden de aparición)

Monje agonizante (mujer de 60 años)
Abad (60 años)
Amalia (25 años)
Carmen (45 años)
Hortensia
Joaquina
Santa
Enrique Faber (después Enriqueta, 30 años)
Pablo (27 años)
Don Pedro (40 años)
Don Teodoro (55 años)
Vidaurre (40 años)
Presbítero (55 años)
Buenaventura (50 años)
Juana (23 años)
Mercedes (negra esclava, 25 años)
Juez (50 a 55 años)
Gobernador (40 a 45 años)
Gobernadora (45 años)
Sargento de dragones (24 años)
Comparsa de monjes, dragones y público en el juicio

Acción y épocas

En la villa de Baracoa, en 1819.

Convento de La Trapa, Francia, 1849.

PRIMER ACTO

Escena I

Varios niveles en el escenario, el más pequeño y modesto es la celda de un monje trapense, o sea, un camastro de madera, una mesa de pino y una silla. Sobre la cabecera de la tarima que sirve de cama se encuentra una cruz de madera clavada al muro. Sobre la tarima agoniza un monje esquelético, blanco en canas. Con grandes esfuerzos logra sentarse en la tarima y agarrando una soga que cuelga del techo la hala repetidas veces haciendo sonar una invisible campana. Poco después entra el Abad.

ABAD. Frater Enrique, ¿te sientes cercano a la muerte corporal?
AGONIZANTE. Sí, Su Paternidad... Agonizo. Quiero confesar mis muchos pecados...
ABAD. Dios tendrá misericordia de ti... Pedimos todos al Señor que te devuelva la salud.
AGONIZANTE. Cuando Dios nos envía la enfermedad que padezco, jamás nos devuelve la salud perdida.
ABAD. Blasfemas, Frater Enrique... ¡confiesa!
AGONIZANTE. Me acuso del mayor de los pecados... ¡Soy mujer!
ABAD. ¡Imposible!
AGONIZANTE. Me acuso también del pecado de rebeldía contra todas las leyes divinas y humanas que han hecho de la mujer un animalito cualquiera.
ABAD. Frater Enrique, o como en realidad te llames, te conmino a que confieses el por qué del ocultamiento del sexo que Dios te dio al crearte.
AGONIZANTE. Miles fueron las razones, Su Paternidad... En el año de 1819 llegué a la villa de Baracoa, Isla de Cuba, el primer pueblo fundado por españoles en tierras de América. Yo tenía entonces 30 años y 12 de estar vistiendo ropas de hombre... Llegué a Baracoa desde España donde había podido conseguir la reválida de mi diploma de médico y ser nombrado por el Protomedicato de Madrid su médico y representante en esa villa... La buena suerte me sonrió desde el primer día de mi arribo a Baracoa... Los pacientes me llovieron como por arte de magia... Un mediodía fue a solicitar mis servicios un joven cubano llamado Pablo, hijo del más acaudalado vecino de la villa.

Apagón.

Escena II

Luz sobre otro nivel en el cual se encuentra la sala de una casa colonial de principios del siglo pasado. Presentes: la joven Amalia, de 25 años, y su sirvienta, Carmen, de 45.

AMALIA. ¿No tocaron?

CARMEN. No tocaron.

AMALIA. Demora… Y yo con este dolor que me parte la cabeza. Anda, mira por la ventana a ver si viene.

CARMEN. *(Mirando por la ventana).* Nadie. La calle está más desierta que el cementerio a medianoche.

AMALIA. Seguro que Pablo se ha entretenido por ahí. ¡Ya no puedo soportar tanto dolor!

CARMEN. Lo que no puedes soportar es otra cosa. *(Ríe bajito).*

AMALIA. ¡Mala pécora!

CARMEN. Son los 25 años que llevo luchando contigo. Te conozco como a mi propia mano. Tu único dolor es ver que el doctorcito francés no te hace ningún caso.

AMALIA. ¿Qué estás diciendo, calumniadora?

CARMEN. Lo que bien oíste, mosca muerta. Estás enamorada del mediquito francés ese. Y ahora te has inventado un dolor de cabeza para poderlo ver.

AMALIA. ¿Verdad que es una preciosidad de hombre? *(Suspira).* ¡Y el muy idiota no se da cuenta de mi pasión.

CARMEN. Habrá dejado mujer allá en Francia, o alguna novia tal vez.

AMALIA. No dejó a nadie en su tierra. Me lo dijo mi hermano. Son muy amigos y se cuentan todas sus cosas. ¡Ay, Carmen, vieja, qué desgracia estar enamorada y no ser el perrito faldero de su amor!

CARMEN. Y al licenciado Vidaurre, ¿le has dicho ya que amas al doctorcito francés?

AMALIA. Te prohíbo que lo sigas llamando así. Él se llama Enrique, el doctor Enrique Faber… ¿Y para qué se lo iba a decir? Simplemente le he dado a entender que él me importa menos que un comino…

CARMEN. Antes bien que te gustaba y lo querías.

AMALIA. Antes no había conocido a Enrique ni su cutis de porcelana, ni sus manos de terciopelo, ni sus modales refinados. En cambio, Manuel es tosco, habla como un campesino y camina como un carretero.

CARMEN. Con razón los hombres cantan aquello de: Primero hizo Dios al hombre/ y después a la mujer;/ primero se hace la torre/ y la veleta después.

AMALIA. *(Sobresaltada).* ¿No oyes voces…? ¡Es Enrique!

Carmen corre a la ventana mientras Amalia coquetamente se arregla el cabello y las ropas.

CARMEN. Son tus amigas Hortensia, Joaquina y Santa.

AMALIA. ¡Maldición!

CARMEN. Se habrán enterado que estás enferma y vienen a ver cómo sigues.

AMALIA. Ellas vienen por Enrique, no por mí.

CARMEN. ¿También están enamoradas del dichoso doctorcito?

AMALIA. No pierden oportunidad de sacarle fiestas. Y luego se llaman decentes.

CARMEN. Y yo no sé qué le encontrarán, porque a la verdad que me da la impresión de un niño enfermo y enclenque.

AMALIA. Enrique es un hombre excepcional. Un héroe condecorado por el Emperador Napoleón, un caballero francés.

Tocan a la puerta y Carmen va a abrir. Entran las tres hermanas: Hortensia, Joaquina y Santa.

Escena III

HORTENSIA. ¡Mi pobrecita Amalia! *(La besa).*
JOAQUINA. ¿Te sientes muy mal, querida? *(La besa).*
SANTA. ¡Qué desgracia que no puedas asistir a mi fiestecita esta noche!
AMALIA. ¿Por qué se molestaron saliendo con este sol? No es nada de peligro. Solo un fuerte dolor de cabeza.
HORTENSIA. ¿Y ya vino a verte el doctor Faber?
AMALIA. Lo estoy esperando.
SANTA. ¡Ay, qué bueno! Así aprovecharé la oportunidad de invitarlo a mi fiesta de esta noche.
AMALIA. ¡Ojalá llueva, truene y relampaguee!
SANTA. ¡Amalia, por Dios!
CARMEN. *(Mirando por la ventana).* Ahí llega el doctor con tu hermano. *(Expectación entre las jóvenes. Carmen va a abrir. Entran el doctor Enrique Faber y Pablo, hermano mayor de Amalia).*
ENRIQUE. Buenas tardes, señoritas.
TODAS. ¡Buenas tardes, doctor Faber!

Enrique besa las manos a todas las presentes.

ENRIQUE. *(A Amalia).* ¿Qué se siente usted, señorita?
AMALIA. Un terrible dolor de cabeza.
ENRIQUE. ¿Se ha excedido en el comer?
CARMEN. No, doctor.
ENRIQUE. Entonces debemos descartar un principio de indigestión. ¿Desocupa su vientre con normalidad?
AMALIA. No entiendo…

Todas las jóvenes han bajado las cabezas abochornadas.

CARMEN. Sí, doctor, hace eso muy bien.
ENRIQUE. *(A Amalia).* ¿Ha notado alguna anormalidad en su menstruación?
TODAS. ¡Ohhhh!

Las tres hermanas se vuelven de espaldas a Enrique. Pablo se hace el desentendido mirando por la ventana.

CARMEN. Sí, doctor, en eso está muy bien…
ENRIQUE. *(A Carmen).* Señora mía, ¿quién es la enferma, usted o ella? Le ruego permita usted que sea ella la que me conteste.
CARMEN. ¿No ve usted, doctor, que tiene vergüenza la pobrecita? Esas cosas no se dicen delante de hombres.
SANTA. Ni delante de damas.
ENRIQUE. ¿Y qué esperaban ustedes oír? ¿Un concierto de violín o un recital de poemas?
HORTENSIA. Mejor será que nos vayamos.
SANTA. Doctor Faber, yo quería…

CARMEN. Vamos, niñas, salgan de aquí o si no el doctor no la podrá curar.
SANTA. … Esta noche tengo en mi casa…
AMALIA. *(Brusca)*. ¿Es que al fin no me dejarán tranquila con mi dolor? *(Casi empujadas por Carmen, las tres hermanas emprenden el mutis enfadadas).*
PABLO. Yo creo, Enrique, que también debo irme.
ENRIQUE. Como gustes. *(Pablo hace mutis).*

Escena IV

AMALIA. ¡Qué impertinentes y latosas son, Dios mío!
ENRIQUE. ¿Le dan a menudo los dolores de cabeza?
AMALIA. No, doctor; pero el de ahora me tiene loca.

Enrique le toma el pulso, le toca las mejillas y la frente, le escruta los ojos.

ENRIQUE. Saque la lengua, por favor. *(Amalia saca la lengua y Enrique se la observa).* No tiene usted fiebre, su pulso es normal y la lengua la tiene limpia.
CARMEN. *(Aparte).* Eso es lo que usted cree.
ENRIQUE. No sé realmente de dónde provenga su dolor de cabeza. A no ser que… Dígame, señorita, ¿ha tenido usted últimamente una fuerte contrariedad o disgusto?
AMALIA. Sí… ¿Estaría usted dispuesto a perder su tiempo oyendo cosas desagradables?
ENRIQUE. Un médico nunca debe escatimar su tiempo con tal de sanar a su paciente.
AMALIA. Carmen, retírate.
CARMEN. No me voy, no te voy a dejar…
AMALIA. ¡Te irás o te saco halándote por los moños! *(Furiosa).* ¡Márchate, diablo!

Carmen hace mutis refunfuñando.

AMALIA. Doctor Faber, estoy perdidamente enamorada y muy mal correspondida.
ENRIQUE. Causa más que suficiente para un dolor de cabeza. ¿Han reñido ustedes?
AMALIA. No. Él parece no darse cuenta que lo amo con arrebatada pasión.
ENRIQUE. ¡Pólvora!
AMALIA. Y eso que trato continuamente de hacérselo comprender. Pero parece ciego y sordo.
ENRIQUE. ¿Ha empleado usted todos los recursos femeninos?
AMALIA. Todos. Solo me queda agarrarlo por el cuello y gritarle: ¡Idiota, estoy loca de amor por ti!
ENRIQUE. Hágalo.
AMALIA. Imposible. Soy una señorita decente. La moral exige que sea él quien se declare.
ENRIQUE. ¿Qué moral? ¿La de los hombres? Ríjase entonces por la moral de las mujeres.
AMALIA. Bien sabe usted, doctor, que esa moral femenina no existe.
ENRIQUE. Existe desde el instante que usted se rebela contra una moral estúpida que le impide ser feliz.
AMALIA. ¿Me aconseja usted que me comporte como una perdida?
ENRIQUE. Solamente le aconsejo que se comporte como una mujer que quiere saber si es amada. Simplemente pregúntele a ese hombre si la ama o no.
AMALIA. ¡Jamás…! Si lo hago él tendría muy mala opinión de mí. ¿Y si me engaña fingiendo una pasión que no siente?

ENRIQUE. ¿Y quién es capaz de fingir por mucho tiempo una pasión que no siente?

AMALIA. ¿Y si me deja deshonrada?

ENRIQUE. *(Después de reírse a carcajadas).* La honra, como la vida, tiene su instinto de conservación innato. *(Pausa).* Bien, haré todo lo posible para que ese hombre vea el amor que usted le profesa. Sé que es un poco tímido. Hay que darle tiempo a que pueda vencer su cortedad.

AMALIA. ¡Es usted maravilloso, doctor Faber!

ENRIQUE. Nada más que un poco observador.

AMALIA. ¡Qué contenta estoy, doctor! Me saltan deseos de bailar, cantar, gritar…

ENRIQUE. ¿Y el terrible dolor de cabeza?

AMALIA. Desapareció como por encanto.

ENRIQUE. Entonces es el momento indicado para retirarme.

AMALIA. Me siento tan feliz que para celebrarlo daré un recibo esta noche. Cuento con su siempre agradable presencia.

ENRIQUE. Con sumo gusto asistiré.

AMALIA. ¿Me da su palabra de caballero?

ENRIQUE. Se la empeño. Hasta la noche.

AMALIA. Hasta la noche, querido doctor.

Mutis de Enrique. Al quedar sola, Amalia da unos pasos de baile. Poco después entra Carmen.

Escena V

Luz en la celda del Monje agonizante. El Abad y el Monje agonizante.

AGONIZANTE. Sin yo percatarme de nada, se iba tejiendo alrededor mío la sutil pero irrompible tela del destino-araña. Yo que creía haber empezado a conquistar la paz tantos años ansiada, sumergiéndome en aquel pueblo casi perdido de América, en realidad lo que estaba creando era un infierno para en determinado momento tirarme a él de cabeza.

ABAD. ¿Puedes explicarte más claramente, Frater Enrique? Especialmente en cuanto a «que estabas creando un infierno».

AGONIZANTE. Sí, Su Paternidad… Ese infierno no fue otra cosa que el haberme enamorado de Pablo. Yo que me consideraba entonces ya muerta para el amor, este volvió a resucitar en mí con el trato diario y la camaradería de ese joven. Él me buscaba para montar a caballo, jugar a las barajas en el mesón, ir a saraos, lidias de gallos y cosa cómica, a ruegos suyos era yo la que cantaba canciones francesas al pie de las ventanas en las serenatas que él daba a las muchachas de Baracoa.

ABAD. ¿Sospechaba ese joven que tú eras mujer?

AGONIZANTE. Estoy segura de que jamás lo sospechó.

ABAD. ¿Le manifestaste alguna vez a ese joven el sentimiento que embargaba tu corazón?

AGONIZANTE. Una sola vez, Su Paternidad, y puedo jurarle que fue contra mi voluntad, porque él mismo me obligó.

ABAD. ¿Eran puros tus sentimientos?

AGONIZANTE. El único sentimiento puro que existe en el ser humano es el amor a la justicia.

ABAD. Blasfemas. El único amor puro es el amor a Dios.

AGONIZANTE. Perdón, Su Paternidad.

ABAD. ¿Pecaste carnalmente?

AGONIZANTE. De hecho no, Su Paternidad; pero las intenciones existieron… Desde la batalla de Wagram en la que murió mi esposo reclinado en mis brazos, no había vuelto a aprisionar a otro hombre contra mi pecho hasta la tranquila tarde aquella en que nos reunimos en el mesón de Don Pedro.

Escena VI

Luz sobre el mesón de Don Pedro. Presentes: Don Teodoro, el licenciado Vidaurre y el Presbítero, sentados a una mesa. Don Pedro el mesonero de pie junto a la mesa. Los cuatro observan atentamente a Pablo y a Enrique que se baten a espada.

ENRIQUE. *(Después de unos instantes).* ¡Touché!

PABLO. *(Tirando la espada al suelo, jadeante).* ¡Vencido una vez más!

TEODORO. Claro, hijo, el doctor Faber es veterano de las guerras de Napoleón. ¿Cómo te atreves a medirte con él?

ENRIQUE. Pero pronto llegará a ser un buen espadachín. En tres meses ha progresado mucho.

PABLO. Gracias a ti, Enrique.

TEODORO. Bebamos entonces a los progresos de mi hijo. ¡Don Pedro, más vino!

Don Pedro trae o baja de un estante dos botellas de vino y las deja sobre la mesa. Todos los presentes llenan sus vasos y beben.

PEDRO. ¿Qué les parece a sus señorías encender unos buenos tabacos?

Don Pedro trae un mazo de tabacos. Todos, incluyendo a Enrique, seleccionan sus tabacos, los encienden y fuman.

VIDAURRE. Doctor Faber, lo reto a medirse conmigo en el uso de un arma que seguramente es desconocida por usted. Un arma indígena: el arco y la flecha.

ENRIQUE. Declino el reto. Jamás he utilizado semejante arma.

PABLO. Yo recojo el reto.

VIDAURRE. ¡Don Pedro, tráenos un arco y flechas! *(Don Pedro trae un arco y flechas. El licenciado Vidaurre toma el arco y escoge una flecha).* Pablo, te concedo el honor de escoger el blanco. *(Pablo se dirige a la ventana y mira hacia afuera).*

PABLO. El tronco de aquella mata de plátanos que se ve allá. *(Todos se acercan a la ventana y miran).*

PRESBÍTERO. Está muy lejos.

VIDAURRE. Apártense, por favor.

Le dejan libre la ventana. El licenciado Vidaurre monta la flecha en el arco, apunta y dispara.

PABLO. ¡Por poco la clava, licenciado!

PRESBÍTERO. Tenía que errar. El plátano está muy lejos.

ENRIQUE. Vamos, Pablo, ahora te toca. *(Pablo toma de las manos del licenciado Vidaurre el arco, escoge una flecha de las manos de Don Pedro, se enseñorea en la ventana, monta la flecha en el arco, apunta y dispara.*

PRESBÍTERO. ¡Joder!
ENRIQUE. ¡Le diste en el mismo centro!
TEODORO. Te felicito, hijo mío. Desde niño eras un experto con el arco.
ENRIQUE. Pablo, tienes que enseñarme a disparar flechas.
PABLO. Ahora mismo la primera lección. *(Le da el arco a Enrique).* Don Pedro, dele al doctor una flecha. *(Don Pedro le da a Enrique una flecha y Enrique se sitúa en la ventana junto a Pablo).*
PRESBÍTERO. Y tú, Pedro, mientras estos jóvenes se remontan a siglos atrás, danos las barajas para echar un partidito o dos.
PEDRO. Enseguida, señor cura.

Don Pedro trae las barajas y el Presbítero, Don Teodoro y el licenciado se sientan a la mesa mientras Don Pedro queda de pie junto a la mesa mirando el juego.

PABLO. *(A Enrique).* Párate bien firme con las piernas abiertas. *(Desde este instante Pablo se sitúa detrás de Enrique y tomándole por las dos manos le va indicando los movimientos descritos a continuación:)* Ahora agarra bien el arco… Entonces colocas la flecha en la cuerda… colocas la flecha sobre el puño y halas la cuerda con la flecha bien duro hacia atrás. Es ahora que tienes que tomar la puntería… Sin apuro… con calma, dominando tus nervios…

Pablo tiene prácticamente abrazado a Enrique. Este vuelve su rostro hacia el de Pablo y le da un beso en la mejilla.

PABLO. *(Muy bajo).* ¡Marica!

Pablo hace mutis casi corriendo. Enrique se recuesta a la ventana como para sostenerse de un desmayo.

PRESBÍTERO. ¡Vencedor una vez más, rediós!
TEODORO. Gracias a mi ayuda, señor cura.
VIDAURRE. *(A Enrique).* Doctor, ¿y su profesor de arco y flecha?
ENRIQUE. *(Volviendo en sí).* Perdón. ¿Decía usted, licenciado…?
VIDAURRE. ¿Fue Pablo en busca de las flechas disparadas?
ENRIQUE. No, no… Creo que recordó algo importante que hacer y se retiró.
PRESBÍTERO. Y es lo que haré yo también.
TEODORO. Lo acompañaré hasta la iglesia. Y tú, Pedro, no olvides los encargos para el sarao de mi hija esta noche. Y que el vino sea añejo, ¿eh?
PEDRO. Lo mejor de la casa, Don Teodoro. Descuide usted.

Mutis del Presbítero y Don Teodoro.

Escena VII

VIDAURRE. Bueno, me marcho a casa a darme un baño. Esta noche tendré que concurrir a casa de Don Teodoro que da un sarao. Seguro que a usted también lo han invitado.
ENRIQUE. Sí, estoy invitado. *(Se sienta a la mesa frente al licenciado. Don Pedro hace mutis).* Licenciado, tengo algo importante que decirle.

VIDAURRE. Usted dirá, doctor.

ENRIQUE. Le ruego que no tome como una intromisión en su vida privada lo que voy a decirle.

VIDAURRE. Usted goza de toda mi confianza y amistad, doctor Faber.

ENRIQUE. Gracias, licenciado. Deseo hablarle de la señorita Amalia. Me sospecho que usted no la ha tratado como ella se merece y desea.

VIDAURRE. Yo soy un caballero, doctor Faber, y como tal siempre he tratado a las damas. *(Enrique se echa a reír).* ¿Lo duda, doctor?

ENRIQUE. Jamás he dudado de su caballerosidad, licenciado. Me río precisamente porque la señorita Amalia está muy ansiosa de que usted no la siga tratando con tanto respeto.

VIDAURRE. No lo entiendo, doctor.

ENRIQUE. En otras palabras: la señorita Amalia está perdidamente enamorada de usted y es hora de que le declare usted su amor.

VIDAURRE. ¡No puede ser…! Doctor, por favor, ¿sabe usted lo que está diciendo?

ENRIQUE. Hace apenas unas horas ella misma me confesó tales sentimientos hacia usted.

VIDAURRE. ¡Amalia entonces está loca!

ENRIQUE. ¿No está usted enamorado de ella?

VIDAURRE. Como un lunático.

ENRIQUE. Entonces ella no está loca.

VIDAURRE. Sí que lo está, doctor. Ya varias veces le he declarado mi amor. De palabra, por escrito, por señas como los mudos, por telepatía y hasta mediante la brujería. No me decía ni sí ni no hasta unos meses en que empecé a recibir negativas rotundas.

ENRIQUE. ¿No conoce usted aún el proceder de las mujeres? Esta sociedad en que vivimos exige que la mujer niegue repetidas veces aquello que desea y necesita.

VIDAURRE. Por algo es usted tan buen médico. Conoce muy bien a las mujeres.

ENRIQUE. Sobre todo a las imbéciles.

VIDAURRE. Me acaba de dar usted una alegría que no tiene precio. Seguiré su consejo. Esta misma noche me le declararé y a casarme enseguida. Usted será mi padrino de boda.

ENRIQUE. Con mucho gusto, licenciado.

VIDAURRE. Le voy a pagar con la misma moneda, doctor Faber. Tiene usted a las muchachas de Baracoa haciendo pininos en el aire. Decídase de una vez, doctor, y haga una buena vendimia que quede para la historia de este pueblo. Mire *(saca dos llaves del bolsillo),* tome usted estas llaves de una casa que tengo desalquilada en la calle Real. Le brindo mi casa porque sería imprudente que usted, un médico respetable, utilizara su propia casa para menesteres de hombres de mundo.

Enrique toma las llaves y queda pensativo.

Escena VIII

Sala de la casa de Don Teodoro. Sentados a una mesita juegan a las cartas: Don Teodoro, el Presbítero y Don Pedro. Carmen les sirve de beber y después les trae tabacos. Llaman a la puerta y Carmen abre. Entra su hermano Buenaventura.

CARMEN. Traes cara de malas noticias. ¿Juana?

BUENAVENTURA. Sí. Otra vez le dio. Este mediodía volvió a echar sangre por la boca, un buche grande como un caimito. Ahora está muy débil y con una fiebre de mil demonios.

CARMEN. ¿Y te atreviste a dejarla sola?
BUENAVENTURA. La vieja Serapia la está cuidando. Fue la única vecina que se ofreció. Todas las demás tienen miedo a que se les pegue la infección. Vengo a que me prestes dinero para comprarle medicinas y algunas gallinas para caldo. Bien sabes que llevo tres semanas sin trabajo.
CARMEN. Te daré lo poco que tengo ahorrado.
BUENAVENTURA. El doctor Gayoso dice que a estas alturas solo se puede esperar un milagro. Por decirme eso me metió la mano en el bolsillo y me sacó las últimas pesetas.
CARMEN. Solamente a ti se te ocurre consultar a semejante matasanos.
BUENAVENTURA. Siempre fue el médico de la familia.
CARMEN. Por eso solo quedamos sanos tú y yo en toda la familia. Ahora tenemos un médico muy bueno en el pueblo, un francés de Francia. Lo cura todo sin medicinas.
BUENAVENTURA. Pero si es tan bueno debe pedir un Potosí por quitarle a uno un dolor de «ijá».
CARMEN. Nada de eso. Es más bueno que el pan. Cura hasta a los perros y gatos de la calle cuando los ve enfermos.
BUENAVENTURA. ¿Tú lo conoces?
CARMEN. Es amigo y médico de la casa. Y quizás pronto sea de la familia.
BUENAVENTURA. Háblale tú que yo no tengo la lengua fina para conversar con hombre así.
CARMEN. Yo me encargaré de que vaya a ver a Juana. Pobrecita, tan joven y ya con el pecho podrío como palo con comején. *(Se acerca a Don Teodoro).* Con permiso, Don Teodoro…
TEODORO. ¿Qué pasa?
CARMEN. Ha llegado mi hermano Buenaventura. Vino a decirme que la pobre Juana volvió a tener lo que usted sabe.
PRESBÍTERO. Que Dios tenga misericordia de ella.
CARMEN. Le vamos a pedir al doctor francés que la vea.
PRESBÍTERO. Muy buena idea. El doctor Faber es un médico excelente, a pesar de ser ateo.
TEODORO. Que la vea y después me pase la cuenta.
BUENAVENTURA. Que Dios se lo pague, Don Teodoro.
TEODORO. Y tú cuando puedas.

Los tres jugadores siguen en su juego.

CARMEN. Ven, hermano, para darte el dinero… *(Emprende el mutis pero es detenida por unos golpes en la puerta. Carmen abre y entra el licenciado Vidaurre con un ramo de flores).*

Escena IX

VIDAURRE. Buenas noches.
TODOS. Buenas noches.
PRESBÍTERO. Llega usted a tiempo, licenciado. Participe en nuestro juego. *(Mutis de Carmen por la puerta del interior seguida por Buenaventura).*
VIDAURRE. Perdóneme usted, esta noche. No me siento bien y jugaría muy mal.
PRESBÍTERO. Perdonado estás, hijo mío.

El licenciado Vidaurre toma asiento. Los tres jugadores siguen jugando y al rato entra Amalia desde el interior. Vidaurre se pone en pie.

AMALIA. Buenas noches.

TODOS. Buenas noches.

VIDAURRE. Amalia, con todo mi corazón le ofrezco estas flores como un pequeño homenaje a su belleza.

AMALIA. Gracias. *(Toma el ramo y se dedica a colocarlo en un búcaro sobre un mueble. El licenciado Vidaurre se le acerca).*

VIDAURRE. Amalia, ¿cómo puede ser usted tan indiferente con mi pasión?

AMALIA. *(Burlona).* ¿Cuál pasión?

VIDAURRE. La que me consume por usted, la que…

AMALIA. ¿Licenciado, es usted sordo, ciego o imbécil?

VIDAURRE. Sí, sordo, ciego e imbécil desde que usted me deslumbró con sus encantos. Oféndame, pisotéeme, máteme; pero dígame que me ama.

AMALIA. Aunque me entierren viva, jamás oirá usted eso de mis labios.

VIDAURRE. Sé que usted me ama.

AMALIA. ¿Se lo dijo una barajera o un brujo?

VIDAURRE. Me lo dijo una persona muy digna de crédito a la cual usted le confesó sus sentimientos hacia mí.

AMALIA. Esa persona lo engañó. Usted me es tan indiferente como la rueda de una carreta.

VIDAURRE. *(Consternado).* ¿Entonces el doctor Faber se burló de mí?

AMALIA. *(Consternada a su vez).* ¿El doctor Faber?

VIDAURRE. Él fue quien me convenció de que usted me amaba… pero ya comprendo que fui víctima de una denigrante broma.

Mutis del licenciado Vidaurre sumamente enojado.

AMALIA. Papá, no me siento bien. No habrá sarao esta noche. A todo el mundo que llegue le dices que estoy enferma.

Mutis de Amalia por la puerta interior.

TEODORO. Esta juventud de hoy está loca.

Continúa el juego. Apagón.

Escena X

Sacristía. Se encuentra desierta unos instantes hasta que entra Pablo.

PABLO. ¡Padre Rodríguez…! ¡Padre! *(Pausa. Vuelve a emprender el mutis, pero tropieza con el Presbítero que entra).* Quiero confesarme, padre.

PRESBÍTERO. ¡Santo y muy bueno! Desde hace años no confiesas. Debes tener el alma negra como un totí. Siéntate.

Pablo se sienta y el Presbítero también.

PABLO. Padre, soy un monstruo. Desde ayer estoy tratando de matarme, pero me falta el valor.

PRESBÍTERO. *(Alarmado)*. ¿Sabes lo que estás diciendo? Ni aun los monstruos tienen derecho a atentar contra su vida. ¿Qué has hecho para atentar contra tu vida?
PABLO. Un hombre se enamoró de mí.
PRESBÍTERO. *(Persignándose)*. ¡Bendita sea la Virgen María…! ¿Cómo fue posible eso, hijo mío?
PABLO. Por no comprenderlo es que deseé la muerte.
PRESBÍTERO. ¿Quién es el otro?
PABLO. El doctor Enrique Faber.
PRESBÍTERO. ¿Te ocurrió antes con algún otro?
PABLO. Nunca. Siempre las mujeres me gustaron con delirio.
PRESBÍTERO. Demasiado.
PABLO. Hasta ayer que comprendí que no soy más que un marica.
PRESBÍTERO. No continúes manchando la confesión con semejante palabrota. *(Pausa corta)*. ¿Por qué precisamente ayer lo comprendiste?
PABLO. ¿Se acuerda usted de ayer por la tarde en el mesón de Don Pedro? ¿Se acuerda usted que yo traté de enseñar al doctor Faber a manejar el arco y la flecha?
PRESBÍTERO. Me acuerdo de todo.
PABLO. Llegó un momento, en que lo tuve entre mis brazos… Y de pronto perdí la noción de las cosas. Él debió sentir algo extraño también, porque él volvió la cabeza y me miró… y yo lo miré, y vi en sus ojos, o creí ver, la mirada de amor más dulce, más tierna, más arrebatadora que jamás pude observar en ojos de mujer hasta entonces… y me entraron deseos de besarlo. *(Pablo baja la cabeza y se echa a llorar)*.
PRESBÍTERO. Haces bien en llorar. Dios te tendrá en cuenta tus lágrimas si son de sincero arrepentimiento. *(Pausa)*. Y en cuanto a lo otro, no, no lo eres.
PABLO. Una mentira piadosa. *(Empieza a controlarse. Se seca las lágrimas)*.
PRESBÍTERO. Una verdad despiadada. Dios, Nuestro Señor, me ha iluminado haciéndome comprender claramente lo que te ocurrió. Tú has nacido con una virilidad desbordante. La virilidad tuya, potente y desbocada, hizo que el doctor Faber reaccionara así a causa del natural un tanto femenino de él.
PABLO. ¿Cree usted, padre, que sea…?
PRESBÍTERO. No, no. No digo que el doctor Faber sea eso, sino que a todas luces se puede apreciar que él tiene gestos suaves, posturas delicadas, un tono de voz melodioso. En fin, un continente femenino para un hombre como debe ser. La debilidad que te achacas no está en ti, sino en él.
PABLO. Sin embargo, padre, Enrique es hombre. Un marica jamás hubiera peleado tantos años como él peleó. Yo mismo he visto los diplomas y medallas otorgados por el Emperador Napoleón.
PRESBÍTERO. Te repito que no trato de calumniar al doctor Faber. Él no es otra cosa que producto de su raza y de su civilización. Todos sabemos que Francia es la cuna y cabeza de todo lo que es refinamiento, cultura mundana y emporio de ambigüedades.
PABLO. Padre, usted me ha devuelto la paz de espíritu y la seguridad en mí mismo.
PRESBÍTERO. Yo no. Dios que me ha utilizado como su instrumento. Ahora, arrodillémonos humildemente y pidamos al Señor que te perdone.

Los dos se arrodillan en el suelo y con las cabezas inclinadas sobre el pecho.

Apagón.

Escena XI

Sala de Don Teodoro. Enrique, Carmen y Amalia conversan.

ENRIQUE. Sí, Carmen, tan pronto termine de hablar con la señorita Amalia me llegaré hasta la casa de su sobrina. Pero le advierto sinceramente, según lo que usted me ha contado de tisis, no le doy muchas esperanzas.
CARMEN. Usted tiene fama de milagroso, doctor.
ENRIQUE. Los milagros ya no existen, señora mía.

Entra Amalia.

AMALIA. Retírate, Carmen.

Mutis de Carmen por la puerta interior.

AMALIA. ¿A qué se debe su insistencia en verme esta mañana?
ENRIQUE. Señorita, me urge que usted me dé ciertas explicaciones.
AMALIA. ¿Darle yo a usted explicaciones? Las explicaciones son necesarias, pero de usted a mí.
ENRIQUE. Ayer fue el licenciado Vidaurre a mi casa hecho una furia. Poco me faltó para retarlo a duelo. Me echó en cara el ser el único culpable de los desplantes y burlas de usted.
AMALIA. ¿Qué invenciones suyas le contó usted al licenciado acerca de mis sentimientos?
ENRIQUE. Usted ayer me dio a entender que estaba enamorada del licenciado Vidaurre.
AMALIA. *(Asombrada).* ¿Pero es que está usted mal de la cabeza o empezó a beber muy temprano…? Doctor, me es imposible creer que usted, el hombre más inteligente, más culto, más ilustrado de este pueblo, se comporte tan idiotamente.
ENRIQUE. *(Confundido).* Señorita, a la verdad… Yo calculé, según su propia confesión…
AMALIA. ¿Qué calculó usted?
ENRIQUE. Que usted estaba locamente enamorada del licenciado.
AMALIA. ¡Babieca!
ENRIQUE. *(Ofendido).* Sí, tiene usted razón, soy un idiota por tratar de ayudarla metiéndome entre sentimientos que nada me importaban.
AMALIA. Ayer estuvimos hablando del derecho que tiene la mujer de expresar sus sentimientos libremente. Llegó usted hasta aconsejarme que me fabricara mi propia y nueva moral, etcétera, etcétera. Bien, seguiré sus consejos al pie de la letra… Doctor Faber, el hombre del cual estoy perdidamente enamorada es usted.
ENRIQUE. *(Después de un largo silencio).* No puedo corresponderle, señorita.
AMALIA. ¿Es casado…? ¿Tiene novia?
ENRIQUE. No la amo… y tampoco podría…
AMALIA. ¡Ay, Dios mío, qué bochorno!
ENRIQUE. Nada bochornoso hay en su confesión.
AMALIA. *(Llorando).* Es usted, un ser odioso y execrable.
ENRIQUE. Execrable sería si la engañara fingiéndole un amor que me es imposible brindarle.
AMALIA. *(Llorando).* ¡Váyase…! ¡No vuelva más nunca a esta casa!
ENRIQUE. Sus deseos serán cumplidos al pie de la letra.

Mutis de Enrique por la puerta de la calle. Amalia se sienta llorando a lágrima viva. Apagón.

Fin del primer acto

SEGUNDO ACTO

Escena I

Celda del Monje agonizante. Presentes: este último y el señor Abad.

AGONIZANTE. Su Paternidad, los dos extremos de mi destino, el comienzo y el fin, se encontraron esa mañana. Y al unirse, formaron el círculo de la tragedia. Y desde ese instante el círculo comenzó a reducirse hacia el centro donde me encontraba yo, solicitaria y desamparada como una gaviota a la mitad del camino entre la Tierra y la Luna.
ABAD. Necesitas sosiego. ¿Deseas unos momentos de reposo?
AGONIZANTE. No, Su Paternidad, el tiempo que Dios me tiene concedido es escaso y yo necesito dejar entre los hombres todos mis dolores y pecados.
ABAD. Hágase tu voluntad, Frater Enrique. *(Pausa)*. ¿Qué ocurrió después que tengas que arrepentirte?
AGONIZANTE. Un encuentro.

Apagón.

Escena II

Habitación de bohío sumamente pobre. Sobre un catre se encuentra Juana. Una espesa penumbra invade toda la habitación. Poco después una puerta se abre y entran Buenaventura y Enrique.

BUENAVENTURA. ¿Duermes, Juana?
JUANA. No, padre, solamente tenía los ojos cerrados. Pero cierre esa puerta que la luz me hace daño.
ENRIQUE. ¡No, por Dios, abran todas las puertas y ventanas! *(Empieza a abrir puertas y ventanas y el bohío se ilumina por completo)*. ¡La luz del sol, el aire libre y puro, la alegría, la esperanza, son las mejores medicinas para curar las enfermedades…! Pero aún faltan dos… A ver, joven, ¿qué tiempo hace que no se baña usted? *(Juana asustada mira a su padre)*. Conteste, por favor.
JUANA. Papá, ¿quién es este señor que me habla así?
BUENAVENTURA. El doctor Faber, el francés.
JUANA. ¿Y qué hace el doctor aquí, papá?
BUENAVENTURA. Viene a curarte.
JUANA. ¿Y con qué le vamos a pagar?
ENRIQUE. Con hojas de plátano. *(Autoritario)*. ¿Cuánto hace que no se baña completa?
JUANA. ¿Completa? Dos meses.
ENRIQUE. ¡Qué barbaridad!
JUANA. Doctor, yo estoy mala de los pulmones… Me prohibieron bañarme y coger aire… Aunque yo me lavo de vez en cuando, cuando hace calor.

Enrique se agacha, le toma un puñado de cabellos y los huele.

ENRIQUE. ¡Uf, está ya para que le caigan bichos! ¡La suciedad es lo más dañino a los pulmones! Hoy mismo se dará usted un baño completo, ¡y cinco lavados de cabeza!
JUANA. ¡No, eso no, doctor…! El doctor Gayoso me prohibió que me bañara.
ENRIQUE. Ese colega está administrando una medicina de la Edad Media. *(A Buenaventura).* ¿Tiene usted fe en mí como médico?
BUENAVENTURA. Sí, doctor. Usted es nuestra última esperanza.
ENRIQUE. *(A Juana).* ¿Quiere usted realmente vivir?
JUANA. Quiero vivir.
ENRIQUE. Entonces tiene usted que obedecer al pie de la letra todo lo que yo le prescriba. *(A Buenaventura).* Y usted vigilar y hacer que se cumplan. Primero: que tome un baño diario al mediodía. *(A Juana).* Segundo: ni de día ni de noche se cierren las ventanas de esta casa. Tercero: hay que comer como una leona hambrienta. A ver, ¿en qué consisten sus comidas?
JUANA. En viandas hervidas, harina de maíz, un poco de café…
ENRIQUE. ¿Y carne, pescado, leche, pollo, frutas?
BUENAVENTURA. Somos muy pobres, doctor. Y ahora mismo, hace dos semanas que estoy sin trabajo.

Enrique queda pensativo unos instantes. Saca su reloj y lo mira.

ENRIQUE. *(A Buenaventura).* Es hora de que la madre saque un barreño de agua al sol. Cuando esté tibia el agua, que la enferma se dé un buen baño.
JUANA. Desde niña soy huérfana de madre.
BUENAVENTURA. Lo haré yo, doctor.
ENRIQUE. Después haga el favor de llegarse a la botica de Don Próspero y traiga estas medicinas. *(Saca una libretica y un lápiz y escribe algo. Arranca la hoja y se la entrega a Buenaventura).* Dígale a Don Próspero que el importe lo cargue a mi cuenta.
BUENAVENTURA. No será necesario, doctor. Mi hermana me prestó algún dinero.

Mutis de Buenaventura.

Escena III

ENRIQUE. ¿Qué edad tienes?
JUANA. Veintitrés años.
ENRIQUE. ¿Siempre has comido tan mal?
JUANA. No, doctor. Desde los nueve años en que quedé huérfana y hasta el año pasado, estuve viviendo en casa de mi padrino, Don Teodoro Fernández de la Cueva, y allí se come muy bien.
ENRIQUE. ¿El padre de Pablo? *(Juana entristece y queda inmóvil).* ¿Por qué abandonó aquella casa? *(Juana guarda silencio).* Escuche, joven, yo vine a curarla, no a soportar su mutismo.
JUANA. Tuve que irme. Don Teodoro y su hija Amalia dijeron que yo iba a enfermar a toda la familia. Eso fue cuando vomité sangre la primera vez.
ENRIQUE. A ver. *(Examina las pupilas de Juana).* Y sin embargo, puedo asegurar que padeces anemia desde hace años.

JUANA. En los últimos años se me quitó el apetito.
ENRIQUE. ¿Dormías bien?
JUANA. No. También sufría de insomnios.
ENRIQUE. Y ahora, ¿duermes bien?
JUANA. No sé si eso es dormir. Siempre tengo pesadillas.
ENRIQUE. Descríbemelas.
JUANA. ¡Por Dios, no me martirice usted más!
ENRIQUE. No tengo que martirizarte más. Ya sé cuál fue el motivo de que perdieras el apetito y el sueño, y esto te produjo un debilitamiento general muy grande, y por ende, la tisis se apoderó de ti.
JUANA. ¿Y cuál fue el motivo, doctor?
ENRIQUE. A esa edad te enamoraste con pasión y fuiste mal correspondida.
JUANA. *(Después de una corta pausa).* Sí.
ENRIQUE. ¿Te gusta leer?
JUANA. Sí, pero no tenemos para comer, ¿cómo puedo comprar libros?
ENRIQUE. La lectura te ayudará.
JUANA. ¿A curarme…? ¡Qué médico más raro es usted, doctor!
ENRIQUE. Tendrás que hacer reposo absoluto durante meses y quizás años. Los libros te ayudarán a combatir el aburrimiento.
JUANA. ¿Y entonces quién lava, atiende la casa y cocina?
ENRIQUE. Su padre, naturalmente.
JUANA. ¿Mi padre? ¿Dónde ha visto usted a un hombre haciendo esas cosas de mujer?
ENRIQUE. ¿Y su padre llegaría al extremo de dejarla morir con tal de no hacer esos menesteres?
JUANA. Mi padre es como todos los hombres.
ENRIQUE. Sí, como todos los hombres. Dioses sobre pedestales de injusticias.

Escena IV

Entra Carmen al cuarto del bohío.

CARMEN. Buenos días.
ENRIQUE. Llega usted como caída del cielo.
CARMEN. ¿Puedo ser útil en algo?
ENRIQUE. En todo. Tiene usted que quedarse a cuidarla. Su sobrina necesita reposo. Reposo y alimentación: mucha carne, pollo, leche, pescado, queso, vegetales.
JUANA. ¿Y quién pagará todo eso? ¿El rey de España?
ENRIQUE. Yo.
JUANA. *(Sorprendida).* ¿Usted…? Pero no, papá no consentirá en que usted pague todo eso. Es muy orgulloso.
CARMEN. Y yo no puedo atenderla. Hace veintipico de años que estoy al servicio de Don Teodoro.
ENRIQUE. ¿Qué vale más para usted, el servicio a Don Teodoro o la salud de su sobrina?
CARMEN. La salud de mi sobrina, pero… ¿Y de qué vivo mientras la cuido?
ENRIQUE. ¿Cuánto le paga Don Teodoro?
CARMEN. Dos centenes al mes y la comida.
ENRIQUE. Yo le daré tres y comerá usted de los alimentos de su sobrina. Esta misma tarde le daré por escrito el régimen alimenticio para ella. Además, un detallado régimen de higiene.

JUANA. Doctor, papá nunca permitirá que usted...
ENRIQUE. Muchacha, si usted es tan poca cosa, tan débil de carácter como para no oponerse al orgullo estúpido de su padre, desde este mismo instante renuncio a curarla y ruego que no me molesten en lo sucesivo. Con solo potingues no puedo devolverle la salud.
JUANA. Doctor, ¿por qué trata de hacer todo eso por mí?
ENRIQUE. Es usted muy joven y hermosa para permitir que la muerte se la lleve tan mansamente. *(Transición)*. Esta tarde vendré a traerle algunos libros. Buenos días. *(Mutis)*.

Apagón.

Escena V

El gabinete de médico de Enrique. Pablo y Enrique presentes.

PABLO. Enrique, necesito darte algunas explicaciones...
ENRIQUE. Ahórrate el mal rato, por favor.
PABLO. Perdóname la palabra insultante que te dije ayer. Yo sé que tú no lo eres. Tus hazañas en las guerras napoleónicas...
ENRIQUE. El valor no es solo patrimonio de los hombres...
PABLO. Puede ser. Yo no tengo la educación ni los estudios que tú. Bueno, ya que volvemos a ser amigos, quiero pedirte un gran favor.
ENRIQUE. Si está en mis manos.
PABLO. Necesito urgentemente que me proporciones una medicina para hacer abortar a una negra, esclava de mi padre. No puedo tener un hijo de una negra.
ENRIQUE. ¿Por qué la preñaste entonces?
PABLO. Vamos, Enrique...
ENRIQUE. Una negra es un ser humano que tiene sentimientos. Un ser humano que vino al mundo para amar, pero también para ser amado.
PABLO. Vives en las nubes, Enrique. Una negra es una especie de animal africano, muy parecido a la mona, con la sola diferencia de que habla.
ENRIQUE. Hubiera querido verte hijo de una negra.
PABLO. Te prohíbo que ofendas la memoria de mi madre.
ENRIQUE. Eres tú quien ofende la memoria de tu madre pensando como piensas de esa mujer por el solo motivo de ser negra. Eres un perfecto cretino.
PABLO. En honor de nuestra recomenzada amistad no quiero ofenderme. ¿Me das la medicina?
ENRIQUE. ¿Cómo se llama esa mujer?
PABLO. Mercedes. ¿Me ayudarás a deshincharle el vientre?
ENRIQUE. ¡Jamás...! Deja a esa pobre mujer parir tranquilamente a su hijo.
PABLO. ¡Qué cosas tienen estos franceses eruditos! *(Mutis)*.

Escena VI

Enrique queda pensativo. Instantes después entra Don Teodoro.

TEODORO. ¿Mi hijo está enfermo, doctor?

ENRIQUE. Sano del cuerpo como un toro, pero algo enfermo de los sentimientos… ¿A qué debo el honor de su visita?
TEODORO. Vengo a saldar cuentas con usted. *(Saca una bolsita y la deja sobre la mesa)*. Las últimas visitas a la familia y una regalía.
ENRIQUE. ¿Podría usted venderme una de las esclavas de su propiedad? Estoy muy interesado en una que se llama Mercedes.
TEODORO. ¡Mercedes…! Es la mejorcita de mis esclavas. Joven, fuerte, inteligente y habla bien el castellano. A la verdad que no desearía deshacerme de ella.
ENRIQUE. ¿Cuánto hay en esa bolsa?
TEODORO. Ciento cincuenta centenes.
ENRIQUE. Se los doy, más doscientos y mis servicios médicos gratuitos durante el tiempo que yo permanezca en esta villa, a usted y a toda su familia.
TEODORO. Comprendo, comprendo. Mercedes le servirá para muchos menesteres mientras no se case usted. Esta misma noche la tendrá usted calentándole las sábanas.

Don Teodoro se levanta y se vuelve a echar la bolsa en el bolsillo.

ENRIQUE. Mañana a primera hora tendrá usted los otros doscientos centenes. Eso sí, Don Teodoro, no se olvide de enviármela con la propiedad.
TEODORO. Así será. Ya verá qué bien se va a sentir usted con semejante negraza. *(Ríe quedamente)*.
ENRIQUE. Le suplico mantenga usted en secreto esta compra-venta. Podría perjudicar mi reputación.
TEODORO. Palabra de caballero español que así será. Hasta luego en el mesón, doctor.
ENRIQUE. Hasta luego en el mesón.

Mutis de Don Teodoro.

ENRIQUE. *(Con tristeza)*. Madre mía, ¿será esta isla el paraíso terrenal o el infierno del Dante?

Apagón.

Escena VII

Sala de la casa de Don Teodoro. Presentes: Amalia, Carmen, Hortensia, Joaquina.

AMALIA. ¡Pero eso es un escándalo!
HORTENSIA. Escándalo es el que se va a armar cuando el honrado Don Buenaventura se entere de esos manejos bochornosos.
AMALIA. Y tú, Carmen, ¿qué dices?
CARMEN. Yo no veo nada malo en que el doctor Enrique la cure.
JOAQUINA. *(A Carmen)*. ¿Dejarías que a una hija tuya la visitase un hombre soltero por la mañana, al mediodía y por la noche?
CARMEN. Si el hombre es médico y mi hija está enferma, sí.
HORTENSIA. Pero eso no es todo.
CARMEN. Eso es todo. Todo lo demás lo ponen ustedes que tienen unas lenguas que si se empatan llegarían hasta La Habana.

AMALIA. ¡Te prohíbo que me ofendas y a mis visitantes…! Vete mejor a ocuparte de tus deberes que deben estar desatendidos.
CARMEN. Sí, es mejor… *(Mutis)*.
HORTENSIA. Se rumora que si esa tísica ha engordado y cogido colores no es porque se esté curando…
JOAQUINA. Sino que engorda por un solo lado… *(Se señala el vientre. Las tres amigas ríen a carcajadas)*.
AMALIA. Juana siempre ha sido un poco salidita del tiesto.
HORTENSIA. ¿Salidita? ¡Una verdadera calentona!

La puerta de calle se abre y entran Don Teodoro, Pablo y el licenciado Vidaurre que trae un ramo de flores.

VIDAURRE. Buenas noches, señoritas.
TODAS. Buenas noches.
VIDAURRE. Con el permiso de las demás damas, voy a entregar estas flores a la reina del jardín baracoano… Amalia, con todos mis sinceros afectos.
AMALIA. Gracias, licenciado; usted siempre tan amable y caballeroso.
TEODORO. *(Molesto)*. ¡Y no llega el presbítero!
AMALIA. Por Dios, papá, te pones hecho una fiera con solo atrasarte un par de minutos en el juego.
TEODORO. ¿Y a qué otra cosa puedo dedicar mi tiempo?
JOAQUINA. Por ejemplo, Don Teodoro, a los comentarios del día.
PABLO. Ese arte es exclusivo de las damas.
HORTENSIA. ¿Tú crees, Pablito?
JOAQUINA. A que en el mesón de Don Pedro, donde entran nada más que hombres, ustedes despellejan a medio Baracoa.
AMALIA. Vamos a ver si damas y caballeros coincidimos en el despellejamiento. ¿Quién se encuentra ahora en boca de todos?
VIDAURRE. *(Irónico)*. Su estimado y nunca olvidado doctor Faber.
AMALIA. ¿Y qué comentan los hombres del doctor Faber?
PABLO. Que está haciendo muy bien el papel de tonto de capirote.
TEODORO. Ya lo dice el proverbio: «Quien quiere azul celeste que algo le cueste».
VIDAURRE. Y caro le están costando. Ya hasta ha hipotecado su casa.
HORTENSIA. ¿Se ha visto alguna vez mayor desvergüenza?
AMALIA. Pongo mi cabeza en el garrote a que el doctor Faber se está cobrando de alguna manera.
HORTENSIA. Sí, en huesos.

Todos ríen a carcajadas. La puerta se abre de pronto y entra Santa toda sofocada y nerviosa.

Escena VIII

AMALIA. ¿Acabas de ver un aparecido, mujer?
SANTA. ¡Algo peor!
HORTENSIA. Algo gordo debe ser lo que trae en la punta de la lengua.
SANTA. ¡Gordísimo…! Don Pedro y Don Buenaventura se acaban de pelear a golpes de palo!
TODOS. ¡No!

SANTA. ¡Que sí! ¡Y están presos los dos! *(Más calmada).* Don Buenaventura estaba borracho y parece que queriendo beber más, le pidió crédito a Don Pedro, y este le dijo que no, que un hombre con una hija que se acuesta con un hombre rico, no debía pedir crédito. ¡Y ahí mismo se formó!

HORTENSIA. Cuando yo digo que esa desvergüenza de Juana y el francés va a traer al pueblo ríos de sangre.

PABLO. Don Pedro obró bien al decírselo a ese viejo idiota.

TEODORO. Hay que estar ciego para no ver que su hija, en su propia casa, se entiende descaradamente con el doctor.

VIDAURRE. Yo no creo que la cosa haya llegado a tanto.

AMALIA. ¿Y cuándo los hombres han dado algo por nada a una mujer? Y pensar que el doctor Faber va a la ruina por esa tísica.

Entra el Presbítero.

Escena IX

PRESBÍTERO. ¡Estamos ya igual que en Sodoma y Gomorra…! Perdón, buenas noches primero.

TODOS. Buenas noches, señor presbítero.

TEODORO. ¿Ya se enteró?

PRESBÍTERO. Sí. ¡El diablo ha levantado tienda en nuestros lares!

HORTENSIA. Y todo por culpa de esa mala cabeza de Juana.

PRESBÍTERO. No, no. Esa infeliz criatura no tiene culpa de nada.

AMALIA. ¿Y quién entonces, padre?

PRESBÍTERO. ¡Ese extranjero protestante y masón!

PABLO. Vamos, padre, que el doctor es hombre, y como tal, donde se las dan las toma.

PRESBÍTERO. Desde que supe que era protestante y masón me sospeché que algún día haría algo contra los mandamientos de Dios.

VIDAURRE. Los protestantes también basan su moral en los diez mandamientos, padre.

PRESBÍTERO. ¡Para encubrir sus malas entrañas!

AMALIA. Seamos justos, padre. Juana es católica y sin embargo se presta gustosamente a saciarle sus bajos instintos a ese extranjero impío.

PRESBÍTERO. Sí, seamos justos como Dios manda… ¿qué harías tú si viéndote tísica, pobre y abandonada por todos, un protestante y masón te ofreciese la salud corporal a cambio de saciarle su lujuria?

AMALIA. ¡Me dejaría morir antes de complacerle!

PRESBÍTERO. Hija, soy tu confesor y no trates de engañarme.

AMALIA. ¡Por Dios, padre!

PRESBÍTERO. *(A las tres hermanas).* Y ustedes, ¿qué harían? *(Las tres bajan las cabezas y quedan en silencio. A Don Teodoro).* Usted, como uno de los más relevantes miembros de esta sociedad, y usted, licenciado, como representante de las leyes humanas, y yo, como guardián de la fe y de la moral, debemos unirnos para luchar hasta lograr la expulsión de ese extranjero ateo de nuestra grey cristiana.

AMALIA. ¡Muy bien!

TEODORO. ¡Me niego…! Si se marcha del pueblo pierdo sus servicios gratuitos.

SANTA. Nosotras las mujeres decentes de este pueblo también debemos luchar junto al señor presbítero y exigir de Juana León una expiación pública de sus pecados.
JOAQUINA. Que camine de rodillas, y por el centro de la calle, desde su casa mancillada hasta los pies del Nazareno en el Altar Mayor de nuestra iglesia, y allí, cada una de las mujeres decentes de Baracoa le pegue un latigazo.
PRESBÍTERO. ¡Basta…! ¿Quién les ha dado la potestad de imponer penitencias? *(Pausa)*. El primer paso debemos darlo ahora mismo. Vayamos a exponerle nuestra petición de expulsión al señor Gobernador Político y Militar y al señor Alcalde, buenos cristianos los dos.
TEODORO. Padre, repito, eso va contra mis intereses.
PRESBÍTERO. Quédate entonces al lado del Mal.

Mutis del Licenciado y del Presbítero. Pero tan pronto se han marchado, Don Teodoro los sigue. Apagón.

ESCENA X

El cuarto de Juana en el bohío de su padre. Juana se encuentra acostada y sentada a su lado se encuentra la negra Mercedes cosiendo una ropita de recién nacido. Es de noche. Entra Enrique.

ENRIQUE. Buenas noches, mis queridas amigas.
LAS DOS. Buenas noches, doctor.
ENRIQUE. *(A Mercedes)*. ¿Cómo anda esa barriga, Mercedes?
MERCEDES. Muy bien, doctor. Ya le escogí el nombre. ¡Se llamará Enrique como usted!
ENRIQUE. Enriqueta querrás decir… Será hembra.
MERCEDES. *(Asustada)*. ¡No, doctor…! Que sea varón porque las hembras sufren mucho.
ENRIQUE. Tienes razón. Ojalá sea varón como tú quieres.
JUANA. Ya no lo esperaba. Se demoró usted esta noche.
ENRIQUE. Tuve que ir a certificar una defunción. Y tú, ¿cómo te sientes?
JUANA. ¡Muy bien…! Hoy también lo hice todo al pie de la letra. Y además, ahorita por la tardecita, me fui hasta la salida del pueblo a recoger flores silvestres.
ENRIQUE. Pronto estarás sana completamente.
JUANA. No sé cómo pagarle tanta bondad suya. Ni con la misma vida.
ENRIQUE. Págame viviendo alegremente.
JUANA. Es usted tan bueno que una llega a creerlo un hombre de otro mundo, un ángel.

Irrumpe en la habitación Buenaventura tambaleándose y con un machete en la mano.

ESCENA XI

BUENAVENTURA. ¡Te voy a matar, ladrón de honras ajenas! *(Le tira un machetazo, pero Enrique lo esquiva)*. ¡Para eso querías curar a mi hija, para deshonrarla y manchar mi nombre! *(Le tira otro machetazo que Enrique esquiva)*.
JUANA. ¡Por Dios, papá, te has vuelto loco!
BUENAVENTURA. ¡Hija puta y podrida! ¡Prefiero verte muerta antes que sana, pero sin honra!
ENRIQUE. ¡Usted está borracho y no sabe lo que hace y dice!

BUENAVENTURA. ¡La borracha lo era tu madre! *(Le tira otro machetazo que Enrique esquiva)*. ¡Todo el pueblo sabe que te duermes a mi hija, pero también sabrá que me limpié con tu sangre! *(Otro machetazo que Enrique esquiva)*.

JUANA. ¡Padre, no sea usted tan mal agradecido!

BUENAVENTURA. ¡Cállate, perra, o te rajo en dos! *(Se vuelve hacia Juana con el machete en alto dándole la espalda a Enrique. Este se aprovecha de la oportunidad, se le tira y le arrebata el arma)*. ¡Eso, traidor, encima de manchar mi buen nombre, mátame también!

ENRIQUE. Solo quiero que me escuche un momento. Jamás tuve malas intenciones para con su hija.

Juana se levanta de la cama y se arrodilla ante su padre.

JUANA. ¡Padre, le juro por la santa memoria de mi madre y por el descanso de mi alma que el doctor jamás ha puesto ni un dedo sobre mí!

BUENAVENTURA. No te creo. Cuando todo Bayamo habla…

ENRIQUE. Hablan por envidia, por maldad, por ociosidad…

BUENAVENTURA. Hablan porque han visto y oído.

JUANA. Padre, crea usted en su hija, en el único cariño que le queda en la vida. Le vuelvo a jurar que el doctor es todo un caballero, un santo.

BUENAVENTURA. Ha habido santos muy jodones… *(A Enrique)*. Váyase de mi casa y jamás vuelva porque entonces no estaré borracho y no fallaré.

ENRIQUE. Su hija aún no está curada. Sin mi ayuda puede recaer y morir.

BUENAVENTURA. ¡Que se muera!

JUANA. ¡Padre!

ENRIQUE. *(Con sumo desprecio)*. ¡Es usted más bestia que las bestias! Hasta las bestias dan hasta la vida por sus hijos. *(Buenaventura baja la cabeza abochornado. Una pausa)*. ¿Y si yo le demostrara mi buena fe casándome con su hija? *(Pausa)*. Don Buenaventura, le pido humildemente la mano de Juana. *(Pausa)*. Mañana mismo iré a hablar con el presbítero para que nos case a la mayor brevedad. Soy protestante, pero me convertiré al catolicismo. ¿Quiere usted más pruebas de mi buena fe?

BUENAVENTURA. *(Anonadado)*. No, no puede ser… Usted se está riendo de mí…

ENRIQUE. *(Tirándole el machete a los pies)*. Ahí tiene usted, máteme si cree que lo engaño.

JUANA. No, doctor, yo no puedo permitir… Es que es imposible. *(Empieza a llorar)*. Yo no valgo nada… Soy una guajirita tan bruta como mi padre… Usted es un doctor famoso, rico, elegante…

ENRIQUE. Don Buenaventura, ¿puede dejarnos solos unos minutos?

Buenaventura emprende el mutis.

JUANA. Vete tú también, Mercedes.

Mutis de Mercedes.

Escena XII

ENRIQUE. Juana, quiero ayudarte… Quiero hacer de ti una nueva mujer.

JUANA. *(Llorando).* No puedo… No puedo aceptar su sacrificio.
ENRIQUE. Sí puedes, muchacha. Solo tienes que pronunciar una palabra.
JUANA. Y esa es la única que no puedo pronunciar.
ENRIQUE. Yo te quiero de otra manera, no física ni sexual. Serías para mí no una esposa sino una hermana. Te prometo no hacerte violencia. Solo quiero curarte, enseñarte a ser una verdadera mujer. Elevarte a la dignidad de ser humano.
JUANA. *(Llorando).* ¡Váyase y no me atormente más!
ENRIQUE. Si rechazas mi proposición, tu vida volverá a ser un completo fracaso.
JUANA. *(Llorando).* ¡Váyase y déjeme morir en paz!
ENRIQUE. Será como tú elijas. *(Emprende el mutis).*
JUANA. No, no, no se vaya.
ENRIQUE. *(Volviéndose).* ¿Te casarás conmigo?
JUANA. Tengo que confesarle una cosa…

Enrique se acerca a la cama.

ENRIQUE. Respira hondo tres o cuatro veces. *(Juana lo hace y casi controla su llanto).*
JUANA. Ya fui de otro hombre. Otro hombre me arrastró a su cama y tomó lo que debía ser suyo.
ENRIQUE. ¿Lo conozco?
JUANA. Sí. Pablo, el hijo de Don Teodoro.
ENRIQUE. *(Con un gemido).* ¡Pablo!
JUANA. ¿Qué le ocurre…? ¿Se siente mal…? Se ha puesto blanco usted.
ENRIQUE. *(Dominándose).* No es nada… ¿Lo amaste?
JUANA. Mucho.
ENRIQUE. Entonces no te arrastró a su cama como dijiste.
JUANA. Me dejé engañar… Y cuando me enfermé me apartó de su lado como a una perra sarnosa. Y entonces empecé a morir.
ENRIQUE. ¡Pero no morirás! Y para salvarte el único camino posible es casándonos.
JUANA. *(Asombrada).* ¿Y todavía insiste usted después de saber quién soy, de lo que hice?
ENRIQUE. ¿Y quién eres tú, criatura de Dios…? Simplemente una mujer desgraciada como hay millones en el mundo. Mi primer interés en ti es curarte y devolverte a la vida hecha otra mujer, con garras para pelear por tus derechos, y el segundo: quererte como a una hermana. ¡No lo olvides nunca: jamás tendrás de mí las atenciones naturales de un esposo a su esposa! ¿Estás de acuerdo?
JUANA. Sí, y que Dios le bendiga por la eternidad.
ENRIQUE. Ahora a dormir. *(Mutis).*
JUANA. ¡Es un santo! ¡Un santo!

Apagón.

Escena XIII

Celda del Monje agonizante. Lo acompaña el Abad.

ABAD. Frater Enrique, ¿tuviste la increíble osadía de casarte con esa joven?

AGONIZANTE. Sí, Su Paternidad.
ABAD. Profanaste el sacramento del matrimonio.
AGONIZANTE. Sí, Su Paternidad.
ABAD. ¡Una monstruosidad, Frater Enrique! ¡Hiciste un uso satánico del sacramento de unirte de por vida a otra mujer siendo tú mujer!
AGONIZANTE. No me juzgue, Su Paternidad. Espere a que yo haya terminado de confesárselo todo.
ABAD. ¿Y esa joven? ¿Sabía ella que se casaba con otra mujer?
AGONIZANTE. Mientras estuvimos casados, no... Lo supo mucho después.

Apagón.

Escena XIV

Sala de la casa de Don Teodoro. Presentes: Don Teodoro, Don Pedro, Pablo y el Presbítero, que juegan a las barajas. El licenciado Vidaurre y Amalia algo distantes y tomados de las manos conversan en voz baja. Carmen se encuentra sentada y cosiendo. De pronto la puerta se abre y entra la negra Mercedes sofocada por la carrera y se dirige directamente al Presbítero.

MERCEDES. ¡Señor cura...!
PRESBÍTERO. ¿Qué quieres?
TEODORO. ¿Cómo te atreves a interrumpir nuestra partida?
MERCEDES. *(A Teodoro).* ¡Ay, su mercé, tenía que venir! *(Al Presbítero).* ¡No puedo aguantar más!
CARMEN. *(Asustada).* ¿Le ocurre algo a mi sobrina?
MERCEDES. No, nada. Usted sabe que la niña Juana ya está curada. ¡Es que no puedo aguantar más, señor cura padre! Si no lo digo, reviento.
PRESBÍTERO. Decídete pronto: me lo dices o revientas.
MERCEDES. Si lo digo seguro que me matan.
PRESBÍTERO. ¿Quién, mujer?
MERCEDES. Mi amo el señor doctor.
CARMEN. Bah, ese es más bueno que el pan.
MERCEDES. *(Al Presbítero).* Señor padre cura, oblígueme para que se lo diga. Pégueme, muérdame o arránqueme las pasas.

El Presbítero toma el crucifijo que pende en su pecho y se lo presenta a Mercedes.

MERCEDES. ¡Mi amo el doctor es una mujer!

Todos quedan silenciosos y atónitos por unos instantes hasta que Don Teodoro se echa a reír a carcajadas.

TEODORO. *(Riendo).* ¡Qué buena broma para el día de los Santos Inocentes!
PRESBÍTERO. Pero hoy no es el día de los Santos Inocentes.
TEODORO. Ya caigo... *(A Mercedes).* El doctor te ha enviado con esa broma para divertirse.
MERCEDES. ¡Le juro que es verdad! ¡Se lo juro por la salud de mi mulatico!
CARMEN. Negra, ¿tú sabes lo que estás diciendo?

MERCEDES. ¡Yo misma lo vi…! Entré a su cuarto sin querer y lo vi. Estaba encuerita echándose polvos que le mandan de Francia. Acababa de bañarse… *(En voz baja).* Tenía de todo lo que tenemos nosotras las mujeres…
CARMEN. *(Alelada).* No, no puede ser… Si fuera verdad, ¿cómo es posible que mi sobrina no…? ¡Negra, te mato si es mentira lo que estás diciendo!
MERCEDES. ¡Es verdad…!
PRESBÍTERO. ¡Dios Todopoderoso, esto es una pesadilla!
MERCEDES. Yo quería callarme, su mercé señor cura, pero una cosa así no la puede llevar escondía en el pecho una sola.
PRESBÍTERO. ¡Ya decía yo que ese ateo y masón nos iba a traer grandes problemas!
TEODORO. Lo acompaño a donde quiera que vaya, señor párroco.

Mutis del Presbítero y de Don Teodoro. Vidaurre también emprende el mutis.

AMALIA. ¿Dónde vas, amor mío?
VIDAURRE. En busca de más detalles. *(Mutis).*
AMALIA. Vuelvo enseguida, Carmen.
CARMEN. ¿Y tú adónde vas?
AMALIA. A darle la noticia a mis amigas.
PABLO. Y yo a los míos.
CARMEN. ¡Por Dios, no metan en chismes a mi sobrina!
AMALIA. Una noticia como esta se da solo una vez cada cien años.

Los dos hermanos emprenden el mutis.

CARMEN. *(Con odio a Mercedes).* ¿Y tú qué esperas para largarte de aquí, negra sucia? *(Carmen empuña un bastón que ha tomado de la bastonera y se enfrenta a Mercedes).* ¡Vete, perra! *(Mercedes hace mutis corriendo).* Ahora se armará el gran escándalo y mi sobrina será despellejada, despellejada sin misericordia… ¿Y si en realidad mi sobrina también…? ¡No, no iré a verla…! ¡Que se hunda sola la muy sucia! *(Se sienta y comienza a llorar).*

Apagón.

Escena XV

El gabinete del doctor Faber. Este se encuentra leyendo un libro ante la mesa de trabajo. Poco después entra Pablo.

PABLO. Es necesario que hablemos sincera y rápidamente. Estás en peligro.
ENRIQUE. ¿Yo en peligro? ¿Quién trata de atentar contra mí?
PABLO. Todo el pueblo. Se acaba de descubrir que eres mujer. ¿Es o no es verdad?

Enrique queda sumido en un aterrado sopor.

ENRIQUE. *(Después de larga pausa).* Es verdad…

PABLO. *(Alegre).* ¡Alabado sea el Santísimo!
ENRIQUETA. ¿Te alegras de mi desgracia?
PABLO. Me alegro por mí. Enrique… digo, Enriqueta, yo nunca te dejé de amar. Ahora te ofrezco la salvación. Di que me amas y haré que escapes con bien de la justicia y de la condenación de todo el pueblo. Tengo el suficiente dinero e influencias para salvarte. Después nos uniremos en Francia. Pronto, decídete antes de que sea tarde.
ENRIQUETA. Prefiero los más terribles tormentos antes de entregarme a ti.
PABLO. *(Sorprendido).* ¿Nunca me amaste?
ENRIQUETA. Más, mucho más que a mi difunto marido; y eso que lo amé con locura.
PABLO. Entonces, ¿por qué esa rotunda negativa a mis proposiciones?
ENRIQUETA. Porque en ti han encarnado todos los bárbaros defectos que más odio en los hombres: la brutal sexualidad, el desprecio de la mujer como ser humano, la creencia de que la mujer es inferior y que solo existe para saciar lujurias. Sigue tu triunfal camino de Don Juan tropical y déjame en paz.
PABLO. *(Colérico).* ¡Hipócrita…! Eres una pervertida y tratas de cubrirte con el manto de defensora de la mujer!

Enriqueta se levanta y empuña un sable que cuelga de la pared. Se enfrenta colérica a Pablo.

ENRIQUETA. ¡Sal de aquí antes de que te atraviese el pecho!
PABLO. ¡Mátame, pero aquí esperaré vivo o muerto a que vengan a buscarte…! No tardarán. Y si vivo, ya verás hasta dónde puede llegar mi venganza. ¡Escucha, ya se acercan!

Ruido peculiar y lejano de muchedumbre. Enriqueta se acerca a la ventana y mira hacia el exterior. Abre una gaveta de su mesa de trabajo y sacando de ella dos pistolas se las coloca al cinto y después hace mutis por una puerta interior. Pablo queda pensativo. Crecen los murmullos y voces del exterior. Entran el Presbítero, Don Teodoro, Carmen y Buenaventura.

Escena XVI

PRESBÍTERO. ¿Dónde está esa atea corrompida?
PABLO. Acaba de huir.
BUENAVENTURA. ¿Por qué la dejó usted escapar?
PABLO. ¿Detenerla con un sable en la mano? ¡Y cómo lo maneja!
PRESBÍTERO. No se escapará. ¿Me acompaña usted, Don Teodoro?
TEODORO. Soy su sombra en este asunto.

Mutis del Presbítero y Don Teodoro.

BUENAVENTURA. ¿Y mi hija? ¿Dónde está mi hija? *(Llamando).* ¡Juana…! ¡Juana, ven acá enseguida!
VOZ DE JUANA. *(Lejana).* ¡Voy enseguida, papá!

Poco después entra Juana.

JUANA. Aquí estoy, padre. *(Queda sorprendida y nerviosa por la presencia de Pablo).*

BUENAVENTURA. Hija, ¿nunca notaste algo raro en tu marido?
CARMEN. ¿No notaste alguna vez que… vaya, como si no fuera un hombre completo?
JUANA. *(Extrañada)*. No, no le falta nada, es un hombre completo. ¿Y por qué esa pregunta, tía?
BUENAVENTURA. *(Colérico)*. ¡Basta ya de pendejadas…! Mira, Juana, resulta ser que el doctor ese, tu marido, no es hombre sino mujer.
JUANA. *(Riendo)*. ¡Ay, papá, ya volviste a empinar el codo!
BUENAVENTURA. *(Confundido)*. ¿No…? ¿Entonces es macho?
PABLO. No es verdad. Hace un momento ella misma me confesó que era mujer.
BUENAVENTURA. ¿Mi hija? ¿Mi hija se lo confesó?
PABLO. No, la otra, el doctor. Por eso huyó.
JUANA. *(Aterrada)*. ¿Pero qué ocurre? ¿Qué está pasando?
BUENAVENTURA. *(Colérico)*. ¡Tú tenías que saberlo, degenerada! *(La agarra por el cuello)*. ¡Te quiero muerta antes de saber que te gustan esas puercadas!

Pablo y Carmen se tiran sobre Buenaventura y lo separan de Juana, que cae arrodillada.

JUANA. *(Llorando)*. ¡Me vuelvo loca…! ¿Pero qué es lo que pasa, Dios mío?

Pablo la levanta y la toma en sus brazos. La tendrá abrazada hasta que se indique.

PABLO. *(Con fingida ternura)*. No pierdas la serenidad… Se descubrió que tu marido es mujer… Te engañó miserablemente, a ti y a todo el mundo.
JUANA. *(Llorando)*. ¡Eso no puede ser…! ¡Eso es mentira! ¡Mentira! ¡Mentira!
CARMEN. Mercedes la vio desnuda.
BUENAVENTURA. *(Colérico)*. ¡Pero cómo es posible que tú, su mujer, con meses de casados, no hayas visto que…!
JUANA. ¡Yo todavía no soy su mujer…! Dormíamos en cuartos separados. La misma Mercedes lo puede decir porque ella duerme en mi habitación.
BUENAVENTURA. ¿Y entonces para qué se casaron ustedes?
JUANA. Él esperaba que yo me curara del todo.
BUENAVENTURA. Jura por la memoria de tu madre y por Dios que tú no sabías que era mujer.
JUANA. Lo juro. *(Juana va a la puerta interior y llama)*. ¡Mercedes…! ¡Mercedes…! *(Entra Mercedes con mucho miedo)*. Di aquí delante de todos, ¿quién dormía en mi cuarto noche por noche?
MERCEDES. Yo, su mercé.
JUANA. ¿Alguna vez viste a mi marido entrar a mi cuarto?
MERCEDES. Nunca, su mercé.
JUANA. ¿Viste alguna vez que el doctor Faber tan siquiera me acariciara?
MERCEDES. Nunca, su mercé.
JUANA. Vete ya.

Mutis de Mercedes.

JUANA. ¿Ves, papá…? No he jurado en falso.
CARMEN. Pero así y todo, nadie excepto tu padre, Pablo y yo, creerá que eres inocente. Así que prepárate el pellejo que te lo van a sacar a tiras.

JUANA. *(Llorando).* ¡Qué horror, madre mía...! ¿Pero por qué se casó conmigo si era mujer como yo?
PABLO. Porque es una pervertida.
BUENAVENTURA. Prepara tus cosas. Ahora mismo cogemos el camino de Santiago.
PABLO. Don Buenaventura, tengo una solución muy honrosa para todos nosotros.
BUENAVENTURA. ¿Cuál?
PABLO. Casarme con Juana. *(Juana, rehuyendo del abrazo de Pablo, se sienta como para no desmayarse. Carmen y Buenaventura se miran consternados).* Sí, esa es la única solución para salvar el honor de Juanita. Es nulo ese matrimonio sacrílego.
JUANA. ¡Canalla!
PABLO. Está muy nerviosa, no le hagan caso.
JUANA. ¡Prefiero soportar lo más malo del mundo antes de casarme contigo!
PABLO. Guardo cartas tuyas en que lo confiesas. Y a la comadrona de aquella vez...
JUANA. ¡Asqueroso!
PABLO. Cuando todos sepan que me entregaste tu famosa pureza, después todo el mundo creerá fácilmente que tú y esa depravada...
JUANA. ¡Canalla mil veces!
PABLO. Escoge: o te casas con este canalla o todo el mundo te repelerá como otra depravada mayor que Enriqueta.
JUANA. Prefiero que el mundo crea lo peor de mí. *(Se levanta y mira con odio a Pablo. De pronto le escupe el rostro y hace mutis por la puerta del interior. Pablo saca su pañuelo y se limpia el rostro pensativamente).*

Apagón.

Escena XVII

Celda del Monje agonizante. Presentes: este y el Abad.

AGONIZANTE. Por desconocimiento de la zona boscosa fui alcanzada y apresada en las cercanías de Baracoa y conducida a la cárcel de dicha villa. A la noticia de mi próxima llegada al poblado, casi todo el pueblo acudió a recibirme. A mi paso fui ofendida, vejada, escarnecida y agredida con piedras, palos y puñados de lodo. Comenzaba mi vía crucis. La cárcel donde me encerraron fue rodeada por un cordón de dragones para contener a la muchedumbre que aún seguía burlándose, escarneciéndome. Una vez en mi celda no pude conseguir lo que tanto ansiaba: la paz y el silencio del sepulcro. A través de las rejas que me aprisionaban, decenas de ojos lujuriosos vigilaban constantemente mis más mínimos movimientos. Los dragones aquellos estaban ansiosos por comprobar si era hombre o mujer. Durante dos días con sus noches tuve que reprimirme de llevar a cabo mis necesidades físicas y abstenerme por completo del más mínimo y elemental aseo personal. Cuando me sacaron de allí fue para conducirme ante las autoridades.

Fin del segundo acto

TERCER ACTO

Escena I

Sala de un tribunal de la época. A la mesa presidencial, el Gobernador, el Juez y el Presbítero. Poco después Enriqueta es traída por un dragón. Enriqueta sigue vistiendo ropas de hombre, pero sucias y ajadas.

JUEZ. *(A Enriqueta).* Siéntese. *(Enriqueta se sienta).* Por favor, su nombre, nacionalidad, sexo, estado civil y profesión.

ENRIQUETA. Enrique Faber, ciudadano francés, sexo masculino, casado y médico de profesión, con título de la Escuela de Medicina de la Universidad de París.

JUEZ. Enrique Faber, usted ha sido conducido ante nosotros, representantes de las leyes humanas y divinas acusado de ocultar su verdadero sexo y de transgresiones criminales a la moral y a los preceptos sagrados de la Iglesia. ¿Es usted hombre o mujer?

ENRIQUETA. Hombre.

Los tres de la mesa presidencial se miran entre sí.

PRESBÍTERO. Personas de crédito han jurado que eres mujer. No agraves tu situación mintiendo y tratando de engañar y confundir a este tribunal.

ENRIQUETA. Soy hombre, repito. Todos mis documentos constan en poder de ustedes. Mi pasaporte así lo acredita y también los diferentes diplomas que me fueron otorgados por el Emperador Napoleón en reconocimiento de mis servicios en sus ejércitos como oficial médico en múltiples campañas. Y ahora yo les pregunto, señores jueces: ¿podría una mujer pelear en las tantas campañas que yo participé, campañas consideradas las más duras y sangrientas de la historia? *(Pausa de indecisión en los funcionarios).* ¿Hubiera una mujer podido estudiar medicina…? ¿Es que una mujer hubiera podido alcanzar un perfecto dominio de armas tales como espada, pistola y fusil como todos ustedes saben que yo poseo…?

PRESBÍTERO. La historia abunda en casos semejantes. Por ejemplo, el caso de la endemoniada Catalina Erauso, más conocida por la Monja Alférez.

JUEZ. ¡Que pase la esclava Mercedes de la Cueva! *(Poco después entra Mercedes toda asustada).* Mercedes, ya debes saber que mentir a un tribunal es castigado severamente.

MERCEDES. Lo sé, su mercé.

JUEZ. ¿Puedes volver a jurar que dices la verdad al asegurar que acá, el señor Enrique Faber, tu amo, es mujer y no hombre?

MERCEDES. Sí, lo juro por Dios y la salud de mi mulatico.

GOBERNADOR. Doctor, ¿qué dice usted a semejante acusación?

ENRIQUETA. Miente.

PRESBÍTERO. *(A Mercedes).* ¡Dios te castigará enviándote al infierno junto con tu hijo por la eternidad si te aferras en levantar falso testimonio contra un semejante!

MERCEDES. *(Asustada).* ¡No, no, yo digo la verdad…! Entré a su cuarto buscando sus zapatos para limpiarlos y me encontré al amo encuerito echándose polvos que le mandan de Francia… ¡Y vi bien claro que era mujer…! ¡Vi sus dos tetas y lo otro! *(Sonrisas veladas de los tres funcionarios).* Ella es mujer y bien mujer… y bien linda también…

ENRIQUETA. ¡Esta mujer miente…! Señores jueces, en medicina se estudia el fenómeno visual y síquico por el cual una persona se imagina ver cosas que no existen. Lo ocurrido con esta mujer es un ejemplo típico de esa clase de trastornos.

MERCEDES. ¡Que me den cepo si no vi bien que era mujer!

GOBERNADOR. Señores, no queda otro remedio que verificar la verdad mediante el reconocimiento ocular del cuerpo del acusado.

PRESBÍTERO. Vine preparado para afrontar esa contingencia.

JUEZ. *(Llamando).* ¡Sargento de dragones! *(Poco después entra un sargento de dragones y se le cuadra al Juez).* Usted y dos más bajo su mando fuercen al acusado a dejarse examinar.

El sargento de dragones hace una reverencia al Juez y se enfrenta a Enriqueta.

SARGENTO. Cuando usted guste, doctor.

Enriqueta se levanta y lentamente hace mutis seguida por los dos dragones.

Escena II

GOBERNADOR. *(Después de una pausa).* Dios mío, ¿dónde irá a parar la humanidad si lo que sospechamos es verdad?
PRESBÍTERO. No se preocupe por la humanidad, señor gobernador, que esa es tarea de Dios. Preocupémonos nosotros solamente de los individuos desviados y malsanos.
JUEZ. Una sabia sentencia, señor presbítero.
GOBERNADOR. Muy sabia, sí; pero la realidad es otra, señores. Una realidad que acabo de palparla y que desde hace unos días vengo observando.
PRESBÍTERO. ¿Cuál, señor gobernador?
GOBERNADOR. La atracción que ejercen los individuos desviados y malsanos, señor presbítero.
JUEZ. Por favor, señor gobernador, explíquese.
GOBERNADOR. Que ese señor, o señora, se ha convertido para nuestras mujeres y hombres, para la juventud y hasta para los niños, en una especie de héroe del cual todos hablan, al que todos quieren ver, hablarle, tocarlo, olerlo e interrogarlo. ¿No es esto una especie de atracción maligna?
JUEZ. Para eso estamos nosotros actuando: para impedir que esa atracción no logre materializarse ni expandirse.

Entran los dos dragones y el sargento de dragones.

JUEZ. ¿Ofreció resistencia?
SARGENTO. Se debatió como una fiera, pero al fin logramos desnudarla.
JUEZ. ¿Entonces...?
DRAGÓN 2. Es mujer.
DRAGÓN 1. ¡Y qué mujer!
SARGENTO. Es una muñeca. Tiene la piel muy blanca, limpia y tersa como la de los ángeles. *(Suspira).*
JUEZ. ¡Quedan concluidas las pruebas y listo el sumario para el juicio...! Señores, pueden retirarse, y muchas gracias por su ayuda.

Apagón.

Escena III

Gabinete de Enriqueta cuando ejercía de médico. Juana se encuentra sentada al escritorio escribiendo. Entra Mercedes.

JUANA. *(Algo molesta).* ¿Qué quieres?

MERCEDES. Quiero confesarme con su mercé.

JUANA. ¿Estás loca...? ¿Confesarte ante mí que estoy en boca de todos como una pervertida, una degenerada?

MERCEDES. Usted es una santa, mi ama, como también es una santa mi otra ama, la que está presa.

JUANA. ¿Qué quieres confesarme?

MERCEDES. Que el día del juicio de la otra ama presa tendré que decir muchas mentiras.

JUANA. ¿Como cuáles?

MERCEDES. Que su mercé y el doctor dormían en la misma cama todas las noches... que usted sabía que él era mujer... y otras muchas porquerías.

JUANA. Nadie mejor que tú sabes que todo eso es mentira, asquerosas mentiras. Ni tan siquiera nunca viste que Enriqueta me abrazara o diera un beso... Es más, casi todo el día ella se lo pasaba en la calle, visitando sus enfermos.

MERCEDES. Así mismo fue, su mercé.

JUANA. Entonces, ¿qué te obliga a decir al tribunal tantas mentiras que nos harán mucho daño a las dos?

MERCEDES. El niño Pablo, su merced.

JUANA. Serías muy mal agradecida, muy perra, si haces lo que él quiere. Solo has recibido bien de Enriqueta y de mí.

MERCEDES. *(Llorando).* ¡Tengo que hacerlo, su mercé! *(Se arrodilla delante de Juana. Siempre llorando).* El caballero Pablo me dará la libertad, la mía y la de mi hijo, y un conuco para sembrar y criar animales si hago lo que él me manda... Si no lo hago, me vende al hijito allá en La Habana y más nunca vuelvo a verlo.

JUANA. Pero idiota, tu ama y de tu hijo es Enriqueta, no él.

MERCEDES. Él dice que no, que mi venta no fue firmada por ningún notario y por eso no vale... Si su mercé fuera negra y esclava y tuviera un hijo esclavo como yo, haría lo mismo que voy a hacer... Perdóneme, su mercé... Yo la quiero, y también a mi ama Enriqueta... Pero más quiero a mi hijo y nuestra libertad... *(Mercedes empieza a besar los pies de Juana).*

JUANA. *(Después de una pausa).* Te comprendo, infeliz, y te perdono.

Apagón.

Escena IV

Celda del Monje agonizante. Este y el Abad.

AGONIZANTE. En honor a la verdad, Su Paternidad, en aquellos días de completo abandono y sufrimientos, brilló en mi alma una lucecita de alegría y esperanza, algo así como un renacimiento de mi fe en que la mujer algún día comenzaría a luchar por salir de la ignorancia y la esclavitud en que la mantenían los hombres y la sociedad. Dentro de mi profunda desgracia fui feliz porque mis prédicas empezaban a germinar en un apartado rincón del mundo.

Apagón.

Escena V

Sala de la casa de Don Teodoro. Presentes: Amalia, Carmen, Hortensia, Joaquina, Santa, Juana y la señora Gobernadora.

SANTA. *(Con energía).* ¿Somos o no somos señoras y señoritas decentes? ¿Somos o no somos cristianas? ¡Pues claro que somos decentes, cristianas y justas! Por eso no podemos cruzarnos de brazos, nosotras, mujeres de la mejor sociedad de esta villa, y permitir, impasibles, que Enriqueta Faber sea condenada injustamente! *(Pequeña pausa).* Reconozcamos, amigas, que en un principio fuimos injustas con ella; pero ahora, cuando tantas cosas han salido a la luz del sol y que hemos abierto los ojos y comprendido, nos damos cuenta de que Enriqueta Faber es una gran mujer. ¿Y por qué es una gran mujer? Porque se ha sacrificado luchando en defensa de nuestros derechos como seres humanos olvidados. Y toda esa lucha ella la hacía sola, mientras todas nosotras perdíamos el tiempo en chismes y verracadas.

AMALIA. Perdón, Santa; pero no todos los hombres son déspotas y nos consideran sus esclavas. Mi prometido, el licenciado Vidaurre...

SANTA. Rectifico gustosamente: ¡Con la honrosa excepción del licenciado Vidaurre, que tanto trabaja por Enriqueta y la igualdad de la mujer con el hombre! *(Aplausos).*

JOAQUINA. Sin la ayuda del licenciado nosotras solas no hubiéramos podido llegar a conocer y comprender a Enriqueta.

HORTENSIA. Ha sido un hermosísimo gesto del licenciado Vidaurre que haya tomado en sus manos la defensa de Enriqueta.

AMALIA. Porque es un hombre moderno, culto y con una gran fe en el futuro de la humanidad... En la humanidad futura en la cual nosotras las mujeres participaremos de una manera preponderante.

Aplausos.

GOBERNADORA. *(Con vehemencia).* ¡Empecemos a pelear por nuestros derechos! *(Aplausos).* Por ejemplo: ¿Quién sabe en este mundo que yo aconsejo infaliblemente a mi marido en todos los asuntos difíciles del gobierno militar de esta villa y su jurisdicción? ¡Nadie...! ¿Quién sabe que soy yo quien lo pone en pie cuando él titubea y se siente débil y alicaído? ¡Nadie...!

CARMEN. *(Interrumpiendo).* ¿Pero de qué están hablando ustedes? ¿De la injusticia de los hombres...? Señoras, por Dios, si no hay peor enemigo de la mujer que otra mujer.

GOBERNADORA. *(Ofendida).* ¿Y esta señora formará parte de nuestra cruzada?

JOAQUINA. Tenga usted cuenta de su escasa cultura.

AMALIA. Dentro del amplio concepto de mujer hay varias categorías, señora gobernadora.

SANTA. *(Exaltada).* Todas fuimos y somos víctimas constantes de los hombres. ¡Pero ya no más...! De aquí en lo adelante: ¡Igualdad con los hombres que se creen dueños y señores de la creación!

Aplausos. Entra en la sala el licenciado Vidaurre.

Escena VI

VIDAURRE. Perdónenme si llego tarde; pero acabo de dejar a Enriqueta y...

GOBERNADORA. Sí, sí, licenciado, está usted perdonado. ¿Cómo se encuentra nuestra Enriqueta?

VIDAURRE. Mucho mejor desde que supo que ustedes tomarán su defensa.

SANTA. ¿Le entregó usted los libros y regalos que le enviamos?

VIDAURRE. Sí. Por cierto que hasta lloró por la emoción de saberse recordada.

AMALIA. ¿Cómo ves las perspectivas del juicio?

VIDAURRE. Tengo mucha fe en la victoria. Echaré por tierra todas esas acusaciones sin basamentos. *(A Juana).* Usted es la principal testigo, la base de mi defensa. Y ustedes, ¿ya se han puesto de acuerdo?

SANTA. *(A las demás).* En eso estábamos.

VIDAURRE. Si mi defensa está apoyada por una unión solidaria de todas las mujeres de esta villa, ¡no dudo ni un segundo en sacar a Enriqueta en libertad!

HORTENSIA. ¡Todas mis amigas me ayudarán en este empeño!

GOBERNADORA. ¡Votemos como en la Revolución francesa!

AMALIA. ¡Propongo que nuestra presidenta lo sea Santa!

SANTA. ¡No…! La presidencia corresponde por rango a la señora gobernadora.

GOBERNADORA. *(Halagada).* Si todos consideran que yo… *(Aplausos).* Entonces acepto. *(Aplausos).*

AMALIA. ¡Que Santa sea la vicepresidenta! *(Aplausos).* ¡Y Joaquina la consejera oficial! *(Aplausos).*

GOBERNADORA. ¡Y Hortensia la archivera de actas! *(Aplausos).*

VIDAURRE. Levantemos acta de todos los acuerdos. *(A Hortensia).* Usted, señorita, como Archivera, tome papel, pluma y tinta y dediquémonos a levantar el Acta de Constitución. *(Amalia se levanta de junto a la mesa y Hortensia se sienta en su lugar tomando la pluma del tintero y dispuesta a escribir).* ¿Preparada, señorita archivera? *(Dictando).* En la villa primada de Baracoa, en esta muy fiel y católica Isla de Cuba, a los diecisiete días del mes de…

Apagón.

Escena VII

Sala del tribunal ya conocido pero con otros adornos y muchos más bancos. En la mesa presidencial se encuentran: el Juez, el Gobernador y el Presbítero. A un lado de la mesa se encuentra sentada Enriqueta, que ahora viste ropas de mujer y se halla peinada y pintada bellamente. Al otro lado de la mesa se encuentra el licenciado Vidaurre. En los primeros bancos se encuentran sentados: Don Teodoro, Don Pedro, Pablo, Amalia, Carmen, Buenaventura, Hortensia, la Gobernadora, Joaquina, Juana, Mercedes. En los restantes bancos: multitud de curiosos en los cuales abundan más mujeres. Convenientemente situados el sargento de dragones y otro dragón sin grados.

JUEZ. Bien, una vez leída el acta de acusación pasemos al juicio. Acusada Enriqueta Faber, ¿oyó y entendió usted bien todas las acusaciones?

ENRIQUETA. Sí, señor Juez.

JUEZ. ¿Qué alega usted en su defensa?

ENRIQUETA. Que las acusaciones son enteramente falsas y por lo tanto me declaro inocente ante Dios y los hombres.

PRESBÍTERO. ¿Es falso que usted adoptó una vestimenta impropia de su sexo?

ENRIQUETA. Eso es cierto.

PRESBÍTERO. ¿Y es falso que usted profanó los sacramentos de la Iglesia al contraer matrimonio con una persona de su propio sexo?

ENRIQUETA. Es cierto; pero no profané los sacramentos ya que ningún acto sexual o pecaminoso se llegó a realizar jamás.

GOBERNADOR. Enriqueta Faber, le suplico exponga usted las razones que le asistieron para ocultar su verdadero sexo con vestimentas masculinas, a obrar y vivir como hombre siendo mujer y a contraer matrimonio con otra persona de igual sexo que usted.

ENRIQUETA. Las leyes no pueden castigarme por usar ropas masculinas, ya que las mismas leyes me obligaron a ello.

JUEZ. Se le permite la defensa a condición de que no alegue usted insensateces, señora acusada.

ENRIQUETA. No estoy alegando insensateces, señor Juez. *(Pequeña pausa)*. Desde que tuve uso de razón comprendí la grande e injusta distancia que media entre los derechos del hombre y los de la mujer. *(Aplausos femeninos)*.

JUEZ. ¡Prohíbo terminantemente esas expresiones ruidosas impropias de una Sala de Tribunal! *(Silencio)*. Prosiga usted, señora acusada.

ENRIQUETA. De niña, muchos placeres me vedaron: bañarme en el río, correr loma arriba y loma abajo, patinar en el hielo, jugar a policías y ladrones, montar a caballo, batirme con espadas de madera o tirar con honda a los pájaros. A mis deseos de niña sana siempre me oponían una odiosa frase: «Porque eres una hembrita y las hembras no hacen tales cosas…». De adolescente me vedaron una mayor cantidad de placeres: leer una inmensa cantidad de libros, conversar o bromear con varones de mi edad, aprender un oficio o una profesión, salir sola a la calle como si yo fuera una imbécil que necesitaba que la cuidaran, o pronunciar jamás una gran cantidad de palabras consideradas bochornosas, prohibición absoluta de expresar libremente mis sentimientos y pasiones en nombre de la buena educación, y tantas otras prohibiciones que hoy día me asusta el enumerar. Y yo entonces, al inquirir los porqués, se me contestaba invariablemente: «Una señorita decente no hace nada de eso…». Ya mujer, aumentaron las prohibiciones. Comprendí entonces plenamente que todo aquello que me arrebataban, era dado y permitido con creces a los hombres. Si todo se me iba a hacer difícil en la vida como mujer, si para los hombres eran todos los privilegios y libertades y nosotras las mujeres a cargar con todas las barreras y sufrimientos, ¿por qué dudar? ¿por qué vacilar como una cobarde? Y fue entonces que adopté valientemente las vestimentas masculinas. *(Aplausos femeninos)*.

JUEZ. ¡Silencio!

ENRIQUETA. Pero antes de adoptar definitivamente las ropas de hombre, me enamoré y casé con un médico francés oficial de los ejércitos napoleónicos. Como deseaba correr la suerte del hombre que amaba, me vestí por primera vez de hombre y lo seguí por los accidentados caminos de la guerra. De él, empecé a aprender medicina en los campos de batalla. En la batalla de Wagram lo hirieron y murió en mis brazos. Yo continué su labor y deber haciendo toda la campaña de Rusia. Al regresar a Francia traté de estudiar medicina como mujer; pero no me lo permitieron. Fue entonces que me decidí a adoptar definitivamente la indumentaria masculina. Como hombre estudié y me gradué de médico. De ahí en adelante como hombre siempre he podido hacer el bien a mis semejantes que como mujer me negaban. *(Aplausos femeninos)*.

JUEZ. ¡Silencio!

ENRIQUETA. En cuanto a mi casamiento con la señorita Juana de León, me impulsó y obligó la estupidez, la ceguera y la injusticia de la sociedad en que vivimos.

JUEZ. *(Sin esperar los aplausos)*. ¡Silencio!

ENRIQUETA. El mismo padre me prohibió seguir visitando la casa y continuar costeando la curación. ¡Tanto poder corruptor tiene esta sociedad en sus entrañas!

JUEZ. *(Sin esperar los aplausos)*. ¡Silencio!
ENRIQUETA. La misma Juana aquí presente puede jurar que al proponerle matrimonio le aclaré reiteradas veces que yo no la amaba como hombre a mujer, que solo me casaba con ella buscando su bien físico y social. Lo cumplí sin mancillar en un ápice su honor o el mío.

Juana se levanta rápidamente.

JUANA. ¡Enriqueta dice la verdad! Yo puedo…
JUEZ. *(Interrumpiéndola)*. ¡Juana de León, nadie le ha dado aún permiso para declarar! *(Juana vuelve a sentarse)*.
PRESBÍTERO. La sociedad, Enriqueta Faber, la sociedad y la religión otorgan a la mujer derechos y deberes muy de acuerdo con su constitución orgánica. Le otorga los placeres, derechos y deberes del hogar, la maternidad, el velar por el bien familiar, en fin, todo aquello inherente a la femineidad.
ENRIQUETA. Señor presbítero, la mujer solo se producirá plenamente cuando el hogar deje de ser una cárcel, la maternidad una pesada cadena y la familia un peso agobiador que aplaste todas las humanas aspiraciones y derechos de la mujer a un desarrollo total de sus facultades, tanto civiles como espirituales. Cuanta más libertad obtenga la mujer para un pleno desarrollo de sus facultades, más femenina será, porque al igual que la flor, la mujer regalará un mejor perfume si la tierra en que se asientan sus raíces está bien abonada por la libertad y la igualdad con el hombre, su compañero, no su amo.
JUEZ. *(Sin esperar los aplausos)*. ¡Silencio! *(Pero las mujeres aplauden frenéticamente)*. ¡Silencio o las mando a todas para sus casas! *(Siguen los aplausos femeninos)*.
PRESBÍTERO. ¡Silencio, hijas mías, silencio! *(Cesan los aplausos. Total silencio)*. Enriqueta Faber, tus ideas anormales, contrarias a nuestras leyes, usos y costumbres, te han conducido a esta desgraciada situación en que te encuentras.
ENRIQUETA. *(Con firmeza)*. No me arrepiento ni me arrepentiré jamás de mis ideales, señor presbítero. Yo no quiero ser el reptil que vegeta apacible encerrado en su oscura cueva, sino la palma, el águila o la montaña que sucumben batidas por el huracán.
JUEZ. *(Sin esperar los aplausos)*. ¡Silencio!

Escena VIII

VIDAURRE. ¿Puedo interrogar a Juana de León, señor Juez?
JUEZ. Puede usted, señor licenciado. Juana de León, póngase de pie.

Juana se levanta.

VIDAURRE. ¿Es verdad o mentira, Juana de León, que Enriqueta Faber, cuando le propuso matrimonio, le advirtió que una vez casados se comportaría con usted como un hermano?
JUANA. Sí, licenciado, así mismo fue.
VIDAURRE. ¿Y por qué usted aceptó tan extraño matrimonio?
JUANA. Porque papá se oponía a que Enriqueta me siguiera pagando los gastos de mi curación.
VIDAURRE. ¿Y por qué su padre se oponía?
JUANA. Porque aquí en Baracoa se hablaba de que ella lo hacía porque estaba… bueno, viviendo conmigo…

VIDAURRE. ¿Y era cierto eso?
JUANA. No, licenciado. Al contrario…
JUEZ. ¿Y a usted no le extrañó, Juana de León, que un hombre hiciese una cosa tan absurda como esa?
JUANA. No, no me extrañó, señor Juez. Para mí él era como un ángel caído del cielo, un santo.
PRESBÍTERO. *(Irónico).* Y ese ángel, ese santo, después de casados, ¿se comportó angélica y santamente?
JUANA. Sí, señor padre… Más santamente que antes.
JUEZ. Señor licenciado, ¿tiene algunas preguntas más que hacer a la testigo?
VIDAURRE. Por el momento no, señor Juez. Muchas gracias.

Se levanta Santa.

SANTA. Con el permiso del honorable tribunal, voy a hacer entrega de un documento oficial de la sociedad femenina «Pro liberación de la mujer». *(Santa camina hasta la mesa del tribunal y deposita sobre ella unas cuantas hojas de papel).* En este documento, firmado por 416 mujeres de esta villa, pedimos la absolución y libertad inmediata de Enriqueta Faber.
JUEZ. ¿A título de qué se persona usted ante este tribunal?
SANTA. A título de vicepresidenta de dicha sociedad «Pro liberación de la mujer».
JUEZ. Usted es la vicepresidenta, muy bien. ¿Y quién es la presidenta?
SANTA. Doña Beatriz del Monte, honorable esposa del Gobernador Militar de esta villa y su comarca… *(Se pone en pie la Gobernadora).*
GOBERNADOR. *(Colérico).* ¡Ya lo dije no ha mucho! *(Señala para Enriqueta).* ¡Que esa corrompida iba a minar todas nuestras costumbres y moral! *(A la Gobernadora).* ¡Beatriz, te ordeno que regreses a casa inmediatamente!
GOBERNADORA. *(Retadora).* ¡Soy mayor de edad y estoy en mis cabales para decidir y responsabilizarme con mis actos! ¡Me quedo aquí, señor Mandón de Cuartel! *(Aplausos femeninos).*
JUEZ. *(A las mujeres de pie).* Siéntense, por favor. *(Las mujeres de pie se sientan. Santa vuelve a su sitio).* Que se ponga de pie la esclava Mercedes de la Cueva para ser interrogada. *(Mercedes se pone en pie. Está muy nerviosa).* ¿Fuiste tú, Mercedes, la que descubrió que el doctor Faber era mujer?
MERCEDES. Sí, yo, su mercé.
JUEZ. Mercedes, ¿presenciaste o viste alguna vez ciertas expansiones sexuales entre Enriqueta Faber y la señorita Juana de León?
MERCEDES. Sí, su mercé.

Juana se levanta.

JUANA. ¡Mentira! ¡Mentira! ¡Esta negra endemoniada miente como una loca!
JUEZ. ¡Siéntese, y espere su turno para hablar! *(Juana se sienta llorando).* Mercedes, tú como esclava de la casa de Enriqueta Faber, ¿no viste o presenciaste otras cosas anormales?
MERCEDES. No entiendo, su mercé…
JUEZ. ¿Que si Enriqueta Faber solo tenía esas expansiones sexuales anormales nada más que con Juana de León o con algunas otras personas también?
MERCEDES. Sí, con otras personas, con otras mujeres también.
JUEZ. ¿Están ellas aquí presentes?
MERCEDES. Sí.

JUEZ. Señálalas.

MERCEDES. *(Señalando a Hortensia, a Santa y a Joaquina).* Esa… esa… y esa…

Estas tres últimas se ponen de pie rápidamente.

LAS TRES. ¡Mentira!

SANTA. ¡Esta negra está loca!

JOAQUINA. ¡Alguien la ha obligado a mentir tan puercamente!

HORTENSIA. ¡Esta negra merece que la maten!

JUEZ. ¡Silencio! ¡Silencio!

PRESBÍTERO. ¡Cálmense, hijos míos, por el amor de Dios!

Poco a poco se hace el silencio y la calma.

JUEZ. Mercedes, ¿tú viste, con tus propios ojos, tales abominaciones?

MERCEDES. Bueno, su mercé… Yo solo veía cuando el doctor se metía en su cuarto con las cuatro mujeres y se estaban allí trancados horas y horas.

JUEZ. Enriqueta Faber, ¿niega usted tales hechos?

ENRIQUETA. *(Que hasta entonces ha permanecido como de piedra. Con voz baja y cansada).* Lo niego, señor Juez… Desde mi casamiento con Juana de León, esas tres señoritas jamás visitaron nuestra casa… Le ruego que termine lo más pronto posible esta farsa. Necesito descanso… soledad…

JUEZ. *(A Mercedes).* Puedes sentarte… *(Mercedes se sienta y empieza a llorar. Llorará todo el tiempo que dure esta escena).* Señor licenciado Vidaurre, ¿tiene usted algo más que alegar en defensa de la acusada Enriqueta Faber?

VIDAURRE. Sí, señor Juez… Quiero aclarar que esto se ha convertido en una olla de grillos, en un aquelarre…

JUEZ. Cíñase usted a su alegato de defensa y déjese de apreciaciones literarias personales.

VIDAURRE. No soy literato, señor Juez, sino licenciado en leyes que solo desea demostrar la inocencia de la acusada.

JUEZ. Somos nosotros, y no usted, quienes debemos decidir si la acusación es inocente o no.

VIDAURRE. Desgraciadamente, así es, señor Juez… Mi intervención será breve porque los alegatos de mi defensa ya están expuestos en los documentos que hice entrega a este tribunal, y además, porque mi defendida se ha sabido defender con razones harto valederas para el reconocimiento de su inocencia. Solo me queda por alegar y asegurar respetuosamente a este tribunal que la juzga, que Enriqueta Faber no es una criminal ni una pervertida sexual como consta en las actas de la acusación. La sociedad es más culpable que ella desde el momento en que ha negado a la mujer los derechos civiles y políticos. *(Se vuelve hacia Enriqueta).* Vuestro nombre, Enriqueta, pasará a la historia de esta Isla con los respetos de las almas grandes y de los corazones generosos. Por mi parte, la absuelvo completamente y sin reservas. *(Al tribunal).* Y ahora, señor Juez, mejor dicho, señores jueces, en vuestras conciencias dejo el fallo… *(El licenciado Vidaurre se sienta).*

JUANA. *(Débil).* Señor Juez, es hora de que yo declare una cosa muy importante… El culpable de todo esto, de esta sarta de mentiras y calumnias, es Pablo de la Cueva. *(Señala a Pablo).* Él obligó a la negra Mercedes…

JUEZ. *(Interrumpiéndola)*. ¡Se suspende el juicio hasta nuevo aviso! Pueden retirarse.
JUANA. ¡Usted tiene que oírme, señor Juez!
JUEZ. ¡He dicho que se ha suspendido el juicio! Despejen todos la sala.

Empieza el mutis de todos. Pablo se las arregla para hacerlo por el lado de Enriqueta. Al pasar a su lado se detiene.

PABLO. *(A Enriqueta, bajo)*. Mi venganza no terminará hasta el fin del mundo.
ENRIQUETA. ¡Marica!

Todos continúan el mutis. Apagón.

Escena IX

Celda del Monje agonizante. Este y el Abad.

AGONIZANTE. Su Paternidad… Se ensañaron en mí. Diez años de cárcel. Si ahora muero, y Dios me destina al infierno, el peor de los infiernos que Él me pueda dar es uno igual a aquella cárcel de la capital de la Isla en donde cumplí mi condena.
ABAD. ¿Sufriste mucho, Frater Enrique?
AGONIZANTE. Más allá, mucho más allá de lo que sufrió Prometeo encadenado a la roca… Sufrí tanto, que llegué a cortarme las venas… La sangre corrió por debajo de la puerta de mi celda y fue descubierta por un carcelero… Y fui salvada… Salvada porque me ataron las manos a la espalda durante siete años de martirios… Cuando me soltaron ya era la ruina que soy ahora… fue entonces que regresé a Francia, envejecida y tísica… Y pedí asilo en la antesala del sepulcro… *(Se sienta en el camastro trabajosamente)*. Su Paternidad, pedid a Dios por el descanso de mi alma… Su Paternidad, perdonadme que haya nacido mujer… Perdonádmelo… Perdonádmelo… *(El agonizante cae de espaldas en el camastro. El Abad lo ausculta para ver si ha muerto. El Abad hala la soga que pende sobre el camastro y se oyen campanadas lejanas. Poco después la celda empieza a llenarse de monjes trapenses)*.
ABAD. Frater Enrique ha muerto… Oremos e imploremos la gracia del Altísimo para este hermano que acaba de dejar este mundo que le fue tan cruel…

Todos empiezan a cantar un salmo litúrgico.

FIN

Raúl de Cárdenas

EL PASATIEMPO NACIONAL

Obra en dos actos

Raúl de Cárdenas (La Habana, 1938). Dramaturgo. Antes de su salida de Cuba en 1961 había estrenado sus primeras obras, entre ellas la que quizás sea su pieza más conocida: *La palangana*. Obtuvo el Premio Letras de Oro 1988-1989 por su obra *Un hombre al amanecer*, basada en la vida de José Martí, que fue publicada por el North-South Center de la Universidad de Miami en 1991. En su amplia producción dramática destacan *En el barrio de Colón*, *El barbero de Mantilla*, *Recuerdos de familia*, *Dile a Fragancia que yo la quiero*, *La Ceci*, *Suite Miami* y *UMAP*. Sus obras han sido llevadas a escena en Nueva York, Los Angeles, Miami y Puerto Rico. En 1992 obtuvo el Premio del Cuban American Cultural Institute, con sede en California. En 2010, año en que recibió el Premio René Ariza que otorga el Instituto Cultural del mismo nombre, se publicó su antología *Cuatro obras escogidas*, que incluye *Sucedió en La Habana*, *Las Carbonell de la calle Obispo*, *Nuestra Señora de Mazorra* y *El pasatiempo nacional*.

Si está interesado en solicitar la autorización para el montaje de esta obra, puede escribir directamente a: **silverlakeru@aol.com**

PERSONAJES

Miguel Ángel
Yuri
César
Natacha

A fines de 2003 y principios de 2005. La Habana, Cuba.
Miguel Ángel puede tener entre 34 y 40 años. Yuri puede tener 28 años, preferiblemente mulato. César, el padre de Miguel Ángel, de 50 a 65 años. Natacha, hermana de Yuri, 24 años, aproximadamente, preferiblemente mulata.
La escena representa la sala y el comedor de una pobre y descuidada residencia, en el piso alto de un edificio de la Habana Vieja. De la parte del comedor, una salida que conduce a la cocina. De la parte de la sala, una salida que conduce a las dos habitaciones y el baño. Al fondo, la puerta de entrada a la casa. Una o dos ventanas que dan para la calle. Sentado en un viejo sillón, César mira la televisión. De vez en cuando, dormitando, da un cabezazo. Se escuchan vítores revolucionarios y un discurso de Fidel Castro. A pesar del deterioro existente, en una pared cuelga una flamante foto del Che Guevara donde descansan, cruzadas, dos banderitas, la cubana y la del 26 de Julio. También en la pared, o sobre cualquier mueble, la foto de una bonita mujer. Al comenzar la acción, esta área de la escena no está completamente iluminada. Después de un breve instante, el discurso y los vítores cesan, facilitando el desarrollo de la primera escena.

Dedicada a la memoria del escritor Reinaldo Arenas

ACTO PRIMERO

Escena primera

Al mediodía.

Yuri y Miguel Ángel practican una serie de lanzamientos de béisbol. Yuri es el lanzador —pitcher— y Miguel Ángel, el receptor —catcher—. Están situados en el proscenio, cada uno en extremos opuestos del escenario, sin ninguna conexión con la casa. Visten ropa corriente y modesta. Al lado de Miguel Ángel, en el suelo, un bate. En cualquier extremo de la escena, dos bicicletas. Mientras practican los lanzamientos dialogan con buen humor y camaradería. La acción de los lanzamientos puede realizarse en pantomima sin necesidad de una pelota. La terminología del béisbol —palabras como «catcher», «pitcher», «strike», etcétera, deben pronunciarse con acento cubano, y nunca correctamente, como se pronuncian en inglés.

MIGUEL ÁNGEL. *(Al recibir un lanzamiento de Yuri).* ¡No, no, no!... Ese fue un lanzamiento pésimo. Ya estás perdiendo velocidad. ¿Estás cansado?
YURI. ¡Qué voy a estar cansado! A mí no me cansa nadie... Esa bola no fue tan mala, Miguel Ángel.
MIGUEL ÁNGEL. *(Sonríe).* Si llego a tener el bate en la mano... ¡ay, mi hermano! Esta pelota te la hubiera puesto en casa del carajo. *(Le devuelve la pelota a Yuri).* ¡Sin control, estás perdido! Tómate tu tiempo. Qué es lo que te digo siempre, ¿eh?
YURI. Eso... mantener el control... *(Hace gesto de fuerza con el puño).*
MIGUEL ÁNGEL. Y... ¿qué mas? Control no es todo, ¿sabes? ¿Cuáles son las reglas de un buen lanzador? Y no me digas que ya te las sabes... ¡Dímelas, que las quiero oír!
YURI. *(Sonríe).* ¡Coño, mira que tú jodes con eso!
MIGUEL ÁNGEL. Yuri, tú sabes perfectamente que la parte teórica es quizás la más importante, y si no te la repites mentalmente... cada vez... oye bien... cada vez que vas a hacer un lanzamiento, estás perdido. Así que vamos, que estoy esperando...
YURI. Coñoooo, no es lo que jodes, sino lo seguidito... *(Burlón).* Mire, maestro, las reglas de un buen lanzador son... *(Enumera con los dedos).* Tener confianza en mí mismo... *(Miguel Ángel asiente).* Concentrarme en cada lanzamiento y anticipar dónde quiero colocar la pelota... Analizar las cualidades y las debilidades de cada bateador... y...

MIGUEL ÁNGEL. *(Interrumpe)*. Conocer cuál es tu mejor lanzamiento y saber usarlo cuando tienes problemas… Saber comunicarte con el catcher. Es básico. *(Fingiendo gran seriedad)*. La comunicación con tu catcher es primordial. Mucha comunicación. *(Se da cuenta de que Yuri está fingiendo atención)*. Tú sabes… los mandriles, según Darwin, utilizan el culo como medio de comunicación social. *(Una breve pausa y ambos estallan en carcajadas)*.

YURI. Me lo dijiste tan serio que por poco te lo creo.

MIGUEL ÁNGEL. Oye, eso no es mentira. Eso es verdad.

YURI. Entonces… ¿eso quiere decir que antes de cada lanzamiento tengo que enseñarte el culo?

MIGUEL ÁNGEL. *(A carcajadas)*. Tú… tú… tú me enseñas el culo y yo te enseño… otra cosa… *(Con doble sentido)*. Muchaaaacho, tú no sabes lo que yo te puedo enseñar… *(cambia de tono)* …como lanzar una «bola de nudillos».

YURI. *(Casi llorando de la risa)*. ¿Qué clase de entrenamiento es ese?

MIGUEL ÁNGEL. ¡Chico, entrenamiento del béisbol cubano! ¡O enseñas las nalgas o te sacan del juego! *(Breve pausa. Calmándose)*. Fuera de bromas… Todo eso te lo tienes que repetir las veinticuatro horas del día, si de verdad quieres llegar a ser el mejor pitcher de la liga… Por eso el béisbol es… ¡Yuri, no hay un deporte como el béisbol!

YURI. *(Sonríe)*. Migue, cada uno cree que su deporte es el mejor. El que corre, porque corre y el que nada, porque nada; todos piensan que no hay como el que uno practica. Trata de convencer a un sudamericano de que el soccer no es el mejor deporte del mundo.

MIGUEL ÁNGEL. *(Con cierta sorna)*. ¿El soccer? ¿Darle patadas a una «pelotica»? ¡Hazme el favor, Yuri! *(Firme)*. El béisbol es el mejor de todos. No me lo puedes comparar con ningún otro deporte. ¡Mira, el béisbol es como una religión! Requiere más esfuerzo, más disciplina, más dedicación que cualquier otro. Además… Es el deporte más elegante. ¿Estás oyendo lo que te digo? E-le-gan-te. Es como una coreografía… como un ballet… todos los jugadores tienen que estar sincronizados…

YURI. ¿Y el boxeo?

MIGUEL ÁNGEL. ¡No jodas! ¡El boxeo es una salvajada! No me lo quieras comparar con un juego de pelota. Darse golpes en la cabeza hasta que te dejen sin conocimiento… ¡hasta que te saquen las entrañas! ¡Ni los animales hacen eso! El que pegue más fuerte es el que gana. Eso es una bestialidad. ¿No te acuerdas cuando vino a La Habana Mohamed Alí? Fue el mejor boxeador del mundo y ahora está hecho una berenjena… Casi no podía hablar. Me dio una pena…

YURI. Verdad que daba lástima.

MIGUEL ÁNGEL. *(Mirando su reloj de pulsera)*. Oye… tenemos que irnos que se hace tarde. Llevamos aquí como tres horas.

YURI. *(Sonríe bromeando)*. Ah… Ya se me cansó el «viejo». En cuanto se pone a sudar, se derrite. Yo sabía que no ibas a aguantar este «agosto» en diciembre. Te dije que iba a hacer calor…

MIGUEL ÁNGEL. *(Ríe)*. Mira… huevón… Aquí lo único que yo no aguanto es la perorata en que vivimos todos los días. Déjame decirte que yo tengo más energía que la que tú tienes. ¡En agosto y en diciembre! Y si quieres te lo demuestro cuando quieras. *(Recibe el lanzamiento de Yuri)*. Ves, bola baja y afuera.

YURI. ¡Coño, y de contra, ciego!

MIGUEL ÁNGEL. Espérate-espérate-espérate… *(Avanza hacia Yuri, en tono bromista, actuando como un umpire)*. ¿A quién tú llamas ciego? ¿Tú quieres que te saque del juego?

YURI. *(Protestando)*. Eso no fue una bola; eso fue un strike. ¡Y lo vio todo el mundo! *(Yuri también avanza, replicando en la misma forma, en tono de broma, retándolo a modo de un jugador disgustado)*.

MIGUEL ÁNGEL. ¡Pero yo digo que fue bola y se acabó la discusión!
YURI. No, aquí no se acabó la discusión. Lo que pasa es que tú estás miope.
MIGUEL ÁNGEL. ¿Miope, eh? ¿Miope? ¡Yo te voy a enseñar lo que es miope, coño!

> *Se enredan los dos en una lucha amistosa, pero con resultados inesperados para los dos. Hay una pausa, se quedan inmóviles por unos segundos, en posición un poco comprometedora. Ambos se separan sacudiéndose el polvo de la ropa.*

MIGUEL ÁNGEL. Los lanzamientos se cantan como son… *(Pausa)*. Como los cantaba Amado Maestri… Una bola es una bola, y un strike es un strike.
YURI. ¿Y quién carajo es Amado Maestri, Migue? Tú sales con cada nombres… ¡Eres una puñetera enciclopedia!
MIGUEL ÁNGEL. Ven acá, Yuri… A ti, por lo que veo, ¿no te han enseñado nada de la historia del béisbol nacional? Oye, mi hermano, Amado Maestri, me contaban mis tíos, fue uno de los mejores umpires que tuvo el béisbol cubano. ¡Y ese hombre nunca se equivocaba!
YURI. Ya llevo cinco juegos ganados. ¡El mejor lanzador de los Industriales! Así que no te me quejes.
MIGUEL ÁNGEL. ¿Gracias a quién?
YURI. ¿Cómo que gracias a quién? ¡Gracias a este brazo que Dios me dio!
MIGUEL ÁNGEL. *(Sonríe)*. ¡Qué ingrato y malagradecido es el mundo, caballero!
YURI. *(Sonríe)*. Yo no soy tan malagradecido, Migue. Mira… mira… si quieres te doy mi autógrafo.
MIGUEL ÁNGEL. *(Sonríe)*. ¡Malagradecido y vanidoso! Mira… agarra tu bicicleta, y vámonos que se hace tarde. Acuérdate de que por culpa de ese mierdero desfile, no hay guaguas, ni camiones. Así que «métele mano» a las pantorrillas y comienza a pedalear.
YURI. Un rato más, Migue.
MIGUEL ÁNGEL. No, no. Vámonos. Ya es hora de irnos. *(Recoge el bate y se acerca a Yuri)*. ¿Tú sabes una cosa, Yuri? Lo que más me duele no es que no me dejen jugar, sino que no me dejen verte jugar. Que me tengan prohibido entrar en el estadio, como si yo fuese un leproso… Y de contra, esto de tener que irnos tan lejos de La Habana y casi escondernos, como si estuviéramos haciendo algo malo, solo para que no te vean practicando conmigo y no perjudicarte.
YURI. No le hagas mucho cerebro a eso, Miguel Ángel. *(Le echa el brazo por los hombros)*. Para mí no hay nadie como tú. No estarás en el estadio, pero estás conmigo, aquí, donde de verdad importa. *(Se lleva la mano al pecho, y se toca el corazón)*.
MIGUEL ÁNGEL. Tú no sabes lo que significa para mí poder compartir estos momentos. *(Breve pausa)*. ¡Qué existencia más jodida! ¡Estamos entre la espada y la pared! ¡A esto no se le puede llamar vida!
YURI. No hables de eso ahora, chico, que te vas a joder el día.
MIGUEL ÁNGEL. Trato… ¿Pero qué hago con lo que siento? Me paso el tiempo callándomelo todo porque es lo único que puedo hacer. ¡Pero coño…! A veces tengo ganas de gritar… De pararme en el malecón para que todos me oigan… El mes que viene hace fecha de la muerte de Rolando… ¿Por qué se tuvo que matar? ¿Eh? ¿Por qué se tuvo que quitar la vida siendo tan joven? Porque no pudo más con todo esto… Ahora, cada día, lo comprendo más y más… Tú no sabes cómo lo extraño…
YURI. Por favor, Migue, chico, deja eso… Mira qué bien la hemos pasado hoy.
MIGUEL ÁNGEL. Sí… pero ¿no sería mejor que todos los días fuesen así? Cada noche, cuando me acuesto, pienso que por la mañana todo será distinto… Y cuando me despierto me doy cuenta de que es la misma pesadilla…

YURI. Esto no puede ser eterno. ¿No dicen que para cada madrugada hay un amanecer? Algún día tendremos que salir de todo esto de una forma u otra, ¿no? Piensa... ¿Te imaginas si pudiéramos irnos a jugar en las grandes ligas... eh? ¿No sería fantástico? Si nos fuéramos...

MIGUEL ÁNGEL. ¿Irse? ¿Quién se puede ir de aquí, Yuri? Ya yo estoy marcado. Eso no es tan fácil.

YURI. Yo no estoy diciendo que es fácil. Pero, mira, ahora con las olimpiadas a lo mejor se puede hacer algo, es la oportunidad perfecta. De seguro que voy con el equipo a Grecia. Y una vez que esté allá puedo ver qué es lo que se puede hacer... Lo principal es estar fuera del país y a lo mejor...

MIGUEL ÁNGEL. *(Interrumpe).* ¿Tú estás loco, muchacho? ¿Tú sabes cómo esa crápula los va a vigilar a ustedes en Atenas? Los van a tener oliéndoles el fondillo a cada minuto. Capaz que sospechen algo y entonces sí que más nunca vuelves a jugar pelota. Mira lo que le acaba de pasar a Kendry Morales en Panamá.

YURI. Sí, pero si uno tiene cuidado...

MIGUEL ÁNGEL. *(Interrumpe nuevamente).* ¿Cuidado de qué, Yuri? Si dicen que Kendry solamente estaba hablando con alguien que la gente de la Seguridad no conocía y enseguida inventaron eso de que tuvo que regresar por asuntos familiares. Ya le dieron de baja del equipo y ya le jodieron las olimpiadas. El año pasado lo tenían en un pedestal... Que si era una verdadera revelación, que si jugaba cualquier posición, que era lo mejor del béisbol cubano en largo tiempo, y ahora... Ahora no lo dejan llegar ni a la esquina. ¿Tú quieres que a ti te pase lo mismo? *(Yuri mira a Miguel Ángel intensamente).* Vamos, anda...

Miguel Ángel y Yuri se montan en sus bicicletas y salen de escena mientras que la casa se ilumina. Después de breves momentos, Miguel Ángel entra con su bicicleta, que deja en algún sitio de la sala.

Escena segunda

Unas horas más tarde.

CÉSAR. Coño, Miguel Ángel, ¿dónde estabas metido? ¡Mira la hora que es!

MIGUEL ÁNGEL. *(Deshaciéndose del guante y el bate).* Estaba practicando con Yuri. ¿Tú me estabas esperando? ¿Para qué? ¿Adónde tienes que ir?

CÉSAR. Me prometiste que hoy me ibas a afeitar. Tú sabes bien que yo no puedo hacerlo con esta maldita artritis.

MIGUEL ÁNGEL. ¡Ay, papá! Aquí hay gente que hace cuarenta años que no se afeita. Así que todavía estás a la moda y la navajita te dura más. Te afeito mañana. *(Se dirige al televisor y lo apaga).* No estoy para discursos.

CÉSAR. Tú nunca estás para nada. Pero para jugar pelota, sí. Para desaparecerte, sí.

MIGUEL ÁNGEL. Deja eso ya.

CÉSAR. ¿Por qué te tardaste tanto?

MIGUEL ÁNGEL. El tráfico del desfile ese.

CÉSAR. Si hubieras visto la cantidad de gente que fue al desfile.

MIGUEL ÁNGEL. *(Con sorna).* Dirás la cantidad de gente que obligaron a ir al desfile. A oír la misma mierda de siempre. Aquí no perdonan ni porque es Navidad.

CÉSAR. *(Como que lo ignora).* ¿Almorzaste? Ahí en el refrigerador hay una sopa de pollo que me trajo Nilda.

MIGUEL ÁNGEL. *(Burlón)*. Oye, cómo te quiere la vieja Nilda, papá. Te lleva «de contén a contén». Yo creo que está metida contigo. Se preocupa demasiado por ti. ¿No será que está buscando otra cosa?

CÉSAR. Ella es muy buena conmigo...

MIGUEL ÁNGEL. *(Burlón)*. ... porque te tiene a ti con tu periscopio desde esa ventana vigilando la vida y milagro de todo el barrio. Gracias a ti la pusieron al frente del Comité. ¿Por qué no le pediste que te afeitara?

CÉSAR. No jeringues. Tengo suerte de que esté ahí, puerta con puerta, en caso de que tenga una emergencia cuando tú no estás. Por cierto que no sabe como la sopa que hacía tu madre. Tu madre sí sabía cocinar.

MIGUEL ÁNGEL. Mamá sabía hacer muchas cosas bien, viejo. A veces todavía me parece, después de tanto tiempo, oír su voz. ¿Será verdad que hay un más allá? Si solo pudiera hablar con ella otra vez... *(Pausa)*. ¿Tú la extrañas, papá?

CÉSAR. Claro que la extraño. ¿Cómo no la voy a extrañar? Para mí no hubo otra mujer en mi vida que tu madre. ¿Por qué no te sirves un poco de sopa? Quizás sepa mejor después de que la calientes. Yo la encontré un poco amarga.

MIGUEL ÁNGEL. *(Prueba la sopa)*. ¡Ñoooo...! ¡Esto sabe a rayo encendido! Ni aunque la hierva. ¿Tú estás seguro de que esto es de pollo? *(Miguel Ángel se inclina frente al padre agarrando los brazos del sillón. Riéndose)*. Yo creo que esa sopa es de aura tiñosa, papá. ¿Tú de verdad quieres sopa de pollo? Dame dólares y yo te busco tremendo pollo, con tremenda pechuga y tremendos muslos. Dame dólares y yo te busco lo que tú quieras. Y si te descuidas, ¡hasta faisán! Así que confórmate con la sopita del Comité. Yo no la quiero, no tengo hambre. *(Breve pausa)*. ¿Ya te tomaste la pastilla?

CÉSAR. No. Estaba esperando por ti.

MIGUEL ÁNGEL. Viejo, ¿para qué tú tienes que esperar por mí? ¡Levántate de ese condenado sillón y tómate la pastilla mañana! Te pudiste haber afeitado... Tú no estás paralítico.

CÉSAR. Mijo, no pensé que te ibas a demorar tanto.

MIGUEL ÁNGEL. ¿Ven acá, y si me arrolla una máquina? ¿Te vas a quedar ahí sentado hasta el fin del mundo? ¡Eres del carajo! ¡No en balde tu hermano Pepe decía que tú eras un vago!

CÉSAR. Es que me duelen las piernas... y la espalda...

MIGUEL ÁNGEL. Si no te pasaras las veinticuatro horas frente a ese televisor te sentirías mejor. Haz algo, sale, camina, limpia la casa, friega los platos... Ayúdame, viejo, ayúdame. Tienes que hacer ejercicio. Con solo subir y bajar las escaleras es suficiente.

CÉSAR. ¿Y si me caigo?

MIGUEL ÁNGEL. Te levantas, chico.

CÉSAR. Ya yo no puedo subir y bajar esas escaleras. Yo dependo de ti. Tú eres lo único que tengo en este mundo. ¡Ay! Mira, mira... Dame un masaje en la pierna, mijo. Siento que me va a dar un calambre, de verdad.

MIGUEL ÁNGEL. ¡Ya se te pasará! Tú no eres la única persona que padece de artritis. Si hicieras algo te sentirías mucho mejor. Mira, ¿por qué no coges la escoba y barres un poco esta casa? Pásale un trapo a los muebles. ¡Mira cómo está esta casa, que parece que se la va a comer la mierda! ¡Para lo socialista que tú eres me saliste bien burgués!

CÉSAR. Si en los muelles ese saco no me hubiera caído encima no necesitaría de tu ayuda. Tú sabes lo que dijo el médico de mi espalda.

MIGUEL ÁNGEL. Sí. Dijo que evitaras cargar sacos de azúcar, pero no dijo nada de que no podías barrer. Eso pasó hace ya más de cuatro años y quien te oiga hablar a ti dirá que fue ayer. Y si no lo haces tú, lo tengo que hacer yo.

CÉSAR. Yo te lo agradezco, Miguel Ángel. Sin ti...

MIGUEL ÁNGEL. Sí... sí... Ya no me lo repitas que no me gusta el melodrama.

CÉSAR. Te prometo que mañana, cuando me levante, te ayudo con lo de la casa. Perdona, hijo.

MIGUEL ÁNGEL. Siempre la misma cosa. Estás como tu ídolo, que promete y promete y nunca cumple nada. No te preocupes de eso, papá. Si lo tengo que hacer yo, lo hago. Total, qué más da. ¿No me han puesto a recoger basura por contrarrevolucionario?

CÉSAR. Tú no eres así, Miguel Ángel.

MIGUEL ÁNGEL. ¿No soy así? ¿Entonces por qué me hicieron lo que me hicieron, viejo? Dime... ¿por qué? *(Va al refrigerador y de una jarra se sirve un poco de limonada).*

CÉSAR. *(Intenta cambiar la conversación).* Mira, si no te vas a tomar la sopa, ¿por qué no me la calientas a mí?

MIGUEL ÁNGEL. ¿La quieres ahora mismo? ¿Tan temprano? ¡Con este calor que parece que no va a haber invierno! ¿Quieres un poco de limonada?

CÉSAR. *(Hace un gesto negativo).* No, no, que después me da acidez.

MIGUEL ÁNGEL. ¿Dónde están tus pastillas?

CÉSAR. Están en el baño. *(Miguel Ángel se encamina hacia el interior de la casa).* El día que me muera, hijo, ya no tendrás por qué preocuparte más por mí. *(Miguel Ángel se detiene).*

MIGUEL ÁNGEL. Ay, viejo, ya. No empieces ahora que tú no te vas a morir. Y si te mueres, chico, te entierro. Todo el mundo se tiene que morir. Se murió mamá y se murieron mis abuelos. Aquí el único que se tiene que morir, no se muere. *(Desde el interior de la casa).* Oye, viejo, ¿cuántas veces te tengo que decir que hales la cadena del inodoro? *(Reaparece en escena con las pastillas).* ¡Hala la cadena! ¡Cada vez que entro en el baño es la misma cosa, coño!

CÉSAR. Es que hay que ahorrar agua.

MIGUEL ÁNGEL. *(Molesto).* Entonces baja y caga en el malecón, como hace media Habana. Ya te he dicho que si quieres ahorrar agua llenes la bañadera. Coge un cubo y échalo en el inodoro. *(Le da una pastilla a César).* Toma. *(Le da un vaso de agua).*

CÉSAR. Tienes un carácter tan difícil... Por eso no hay mujer que se te acerque. *(Se toma la pastilla).* Tu madre y yo debimos haber tenido más hijos...

MIGUEL ÁNGEL. ¿Para qué? ¿Para tener más esclavos o para ver si uno salía como tú?

CÉSAR. *(Lo ignora).* Ya podría tener nietos.

MIGUEL ÁNGEL. ¿Y para qué tú quieres nietos? Para que vivan enjaulados y sin futuro en esta mierda.

CÉSAR. Chico, ¿tú no puedes hablar de otra cosa? ¡Tú todo lo tienes que relacionar con el sistema o la política!

MIGUEL ÁNGEL. ¿Y qué otra alternativa hay si aquí no se puede hablar de otra cosa? Lo que pasa allá afuera repercute aquí adentro. Todo gira alrededor del mundo de los que gobiernan este país. Lee el periódico y mira a ver si publican otra cosa que no sea la misma mierda. Estoy harto de la misma historia.

CÉSAR. Contigo no se puede hablar.

MIGUEL ÁNGEL. Cómo me hubiera gustado haber vivido en otra época. En el pasado o en el futuro, pero no ahora. Lo que sé de cómo era Cuba lo sé por mis abuelos. Quien no tuvo abuelos no pudo haber conocido Cuba.

CÉSAR. ¡Gusanos!

MIGUEL ÁNGEL. Tómate la cabrona pastilla.

CÉSAR. ¡Ya me la tomé, coño!

La escena se oscurece lentamente.

Escena tercera

Al atardecer.
    Nuevamente César sentado, mirando la televisión. Se escucha un locutor con las noticias del día. Breve pausa. Se escucha que alguien llama a la puerta.

César. *(Molesto).* ¿Quién carajo será ahora? *(Apaga el televisor y se dirige a la puerta. La abre. Al ver a Natacha se yergue como para aparentar más vitalidad).*
Natacha. Buenas tardes.
César. Buenas.
Natacha. ¿Está Miguel Ángel?
César. No, salió.
Natacha. ¿Usted sabe si regresa pronto?
César. Salió sin la bicicleta, así que anda por ahí cerca. Entra y espéralo, no creo se demore mucho.
Natacha. Estoy apurada, tengo muchas cosas que hacer. Solo quería darle un recado a Miguel Ángel.
César. Pero pasa, muchacha, entra, no te quedes en la puerta que aquí no se come a nadie. *(Natacha entra).* Estás en tu casa. Yo soy el papá de Miguel Ángel.
Natacha. Encantada, señor. Yo soy Natacha, la hermana de Yuri.
César. ¿Yuri? Ah… Claro que sí… Es ese muchacho que juega para los Industriales y que practica con Miguel Ángel. Según Miguel Ángel, él tiene mucho futuro. Pero siéntate, que no vas a crecer más.
Natacha. No, gracias. Si me voy enseguida.
César. Yuri y Natacha… Dos bonitos nombres *(Breve pausa).* Miguel Ángel simpatiza mucho con tu hermano. Siempre me está hablando de él. ¿A ti te gusta la pelota?
Natacha. ¡A mí sí! ¡Mucho! Yuri también dice que Miguel Ángel es muy buen pelotero.
César. Miguel Ángel pudo haber llegado a ser uno de nuestros mejores peloteros, pero lo botó todo por la ventana. Si no fuese tan cabezón y tan bocón todavía pudiera estar jugando. Pero uno educa a los hijos y a veces ellos se desvían del buen camino. Mira que traté de darle consejos, que pensara en su futuro… ¿Quieres un poco de limonada? Con el calor que hace…
Natacha. No, gracias, ya le dije que me voy enseguida. No se moleste.
César. Si no es molestia. *(Con inesperada agilidad se mueve a servir la limonada).* No está muy dulce, pero refresca. Yo tenía un ventilador pero se rompió. Cuando se acabó el verano pensé que ya no me tendría que preocupar hasta el próximo, pero me equivoqué. *(Sonríe).* ¿Sabes qué…? Lo que de verdad nos hace falta es un aire acondicionado. Yo me paso todo el día sudando… Uno piensa que en diciembre el tiempo va a refrescar pero el calor no reconoce meses… ¡Figúrate que lo que tenemos es sopa de pollo para la comida! A mí me gusta mucho la sopa de pollo, ¿pero quién quiere sopa con este calor? ¿Verdad? Pero siéntate, por favor. *(Natacha se sienta. Le da la limonada y le toca el pelo).* ¡Qué pelo tan lindo tienes!
Natacha. Gracias. *(Algo incómoda).* Sí, hace calor, pero en cuanto venga un «norte» usted verá que refresca.

CÉSAR. ¿Y tú tienes novio? *(Natacha asiente).* ¿Y cómo se llama?

NATACHA. *(Con cierta timidez).* Arturo. Pero le dicen Turo… Usted sabe… Turo González, el que juega short stop en el equipo de mi hermano.

CÉSAR. Sí, sí, ya sé quién es. ¿Tú practicas algún deporte?

NATACHA. Estoy con el equipo de relevo de natación.

CÉSAR. Ah… no en balde tienes tan buena figura. ¿Piensas ir a las olimpiadas?

NATACHA. No… Me hubiera gustado, pero no clasifiqué. Yuri piensa ir. *(Sonríe).* Con Yuri tenemos asegurada una medalla de oro.

CÉSAR. En mis tiempos yo practicaba muchos deportes. Jugaba béisbol, boxeaba, pero tuve problemas con una hernia y me tuvieron que operar. Mira la cicatriz que me dejaron. *(Cómicamente, se levanta la camisa, se baja el pantalón y muestra su estómago).* Mira, tócala.

NATACHA. *(Apenada).* Por favor, señor…

CÉSAR. ¡Mira esta cicatriz! Y eso que me dijeron que con el tiempo desaparecería.

NATACHA. *(Impaciente).* ¿Usted cree que Miguel Ángel se demore?

CÉSAR. Tómate la limonada mientras esperas. Así me haces un poco de compañía. Los viejos siempre estamos solos. Miguel Ángel debe estar al llegar. *(Se acerca a Natacha).* A lo mejor fue hasta la esquina a buscar algo. Tú tienes unas piernas muy bonitas. *(Natacha finge interés en la bicicleta para separarse de César).*

NATACHA. ¿Esta es la bicicleta de Miguel Ángel? *(César asiente).* Se ve que la cuida, parece como nueva. Yo quiero cambiar la mía…

CÉSAR. *(Se le acerca).* Eso sí, Miguel Ángel es muy cuidadoso con sus cosas. En eso salió a su madre.

NATACHA. *(Rápidamente).* Lo siento, pero me tengo que ir. Se me hace tarde. Dígale a Miguel Ángel…

CÉSAR. Ay, no te vayas todavía. Quédate un ratico más. Estoy seguro de que Miguel Ángel está al entrar por esa puerta.

NATACHA. No, no puedo. Tengo muchas cosas que hacer. *(Dirigiéndose hacia la puerta).* Dígale a Miguel Ángel que esta noche nos vamos a reunir en casa… Tenemos una fiestecita…

CÉSAR. ¡Ay, qué sabroso! ¿Una reunión de Navidad?

NATACHA. No, no… Es una bobería de última hora. Resulta que le dieron permiso a mi tía, una hermana de mi papá, y nos vamos a reunir en casa para despedirla.

CÉSAR. ¿Y adónde va?

NATACHA. A Miami.

CÉSAR. ¿A Miami? ¿De visita?

NATACHA. No, a quedarse.

CÉSAR. ¿A quedarse? ¡Qué barbaridad! Me imagino que a tu padre no le haya hecho mucha gracia eso…

NATACHA. *(Inocentemente).* Ay, ¿y por qué?

CÉSAR. No sé… pensé que ustedes… *(Enfáticamente).* Yo sé que él hace tiempo estudió en la Unión Soviética.

NATACHA. Ah, sí… Pero eso no quiere decir nada. Es más, por lo que nos cuenta siempre, aquello no le gustó.

CÉSAR. ¿Que no le gustó?

NATACHA. Para nada. Uno tiene que hacer cosas que a veces a uno no le gustan, porque es la única forma de vivir. Dígale a Miguel Ángel, por favor, que venga a casa que nos vamos a reunir después de las ocho. Solamente va a reunirse la familia. No queremos hacer mucho aspaviento… Usted sabe… Y si quiere venga con Miguel Ángel.

CÉSAR. No te preocupes, que en cuanto Miguel Ángel llegue se lo digo.
NATACHA. Gracias. *(Sale)*.
CÉSAR. *(En la puerta)*. Hasta luego, mija. *(Espera unos momentos, sin cerrar la puerta)*. Conque fiestecita de despedida… ¡Cabrones! Aprovechándose de la Revolución para después irse a que los americanos les toquen las nalgas. Esa fiesta se las jodo yo. *(Mira para cerciorarse de que ya Natacha se fue, y llama)*. ¡Nilda! ¡Nilda! *(Sale de escena)*.

Oscuridad repentina.

Escena cuarta

Un poco más tarde.
La escena se ilumina lentamente, con tonos oscuros. César aparece sentado mirando la televisión. Segundos después entra Miguel Ángel.

CÉSAR. Chico, ¡dónde te metiste, mira la hora que es!
MIGUEL ÁNGEL. *(Irritado)*. ¡Cada vez que entro en esta casa y me dices lo mismo, me enciendes la sangre! Estaba en la azotea cogiendo fresco, papá, y vi a Tito en la esquina y bajé hasta la acera a conversar con él. Yo quisiera saber cuál es el problema tuyo con la hora si aquí no hay nada que hacer. ¿O es que tengo que reportarme cada quince minutos?
CÉSAR. ¿Quieres ver las noticias antes de comer?
MIGUEL ÁNGEL. ¿Qué noticias?
CÉSAR. Las noticias.
MIGUEL ÁNGEL. ¿Algo nuevo?
CÉSAR. Está bien. No tengo ganas de discutir.

Miguel Ángel se percata del vaso de limonada.

MIGUEL ÁNGEL. Creí que la limonada te daba acidez. *(Irónicamente)*. Y te la serviste tú mismo.
CÉSAR. *(Evita mirar a Miguel Ángel y pretende prestarle atención a la televisión)*. Es que… es que hay tanto calor que quería refrescarme un poco…
MIGUEL ÁNGEL. Vete para la calle. Yo creo que tú eres el único habanero que no se sienta en el muro del malecón. *(Con intención)*. Chico, tú no sabes lo sabroso que es sentarse en el malecón a coger fresco y mirar el mar… hacia el norte…
CÉSAR. *(Sin mirar a Miguel Ángel)*. Mañana mira a ver si hay alguien por ahí que me pueda arreglar el ventilador. Este año no hay frío.
MIGUEL ÁNGEL. *(Toma el vaso de limonada)*. ¿No quieres más? *(César hace un gesto negativo, sin mirar a su hijo. Miguel Ángel se dirige al comedor, coloca el vaso en el refrigerador. Breve pausa. Miguel Ángel mira a su padre como esperando a ver si César dice algo)*. ¿Nadie vino por aquí?
CÉSAR. *(Atento a la televisión)*. ¿Por aquí? No, nadie. ¿Quién va a venir?
MIGUEL ÁNGEL. Verdad, nadie… Si aquí nadie viene, a no ser que te vengan a traer sopa de aura tiñosa o a que le cuentes algún chisme.
CÉSAR. Hay gente que se preocupa por mí. Deberías estar agradecido.
MIGUEL ÁNGEL. Sí, mucho. Yo sé que Nilda es un ángel. ¿Por qué no le dices que te arregle el ventilador? Estoy seguro de que con su influencia ella te puede conseguir las piezas de re-

puesto. Y mira, de paso pídele que te consiga un pollo, ah… y una libra de jamón. *(Breve pausa).* Entonces… nadie vino por aquí. Tú no has hablado con nadie… Tú has estado aquí solito… Tú y el televisor… *(Apaga el televisor y visiblemente molesto mira a César).*

CÉSAR. ¿Por qué me apagas el televisor? *(Mira a Miguel Ángel, y con cierto temor finge recordar).* Ah, sí… vino… cómo se llama esa muchacha… la hermana del pelotero… eh… ¡Natacha!… Sí, Natacha pasó por aquí.

MIGUEL ÁNGEL. *(Imita la voz y la actitud de César).* Sí, Natacha pasó por aquí.

CÉSAR. Pasó para saludar.

MIGUEL ÁNGEL. *(Irritado, con sorna).* Pasó para saludar. Iba por la calle y se dijo, «déjame subir cuatro pisos a ver cómo está César que está tan solo»… Qué curioso, ¿verdad? Se te olvidó que habíamos tenido visita. ¿O es que la cabeza también te está fallando? ¿Tienes amnesia?

CÉSAR. No fue una visita, Miguel Ángel. Entró y salió.

MIGUEL ÁNGEL. Entró y salió.

CÉSAR. Sí. *(Intenta cambiar el giro de la conversación).* Por cierto que es muy bonita. Tiene unas piernas muy lindas.

MIGUEL ÁNGEL. *(Insiste).* Y no dijo nada. ¡Solamente que subió a saludarte especialmente a ti, cuando ella ni te conoce ni un carajo!

CÉSAR. Te conoce a ti; tú juegas pelota con su hermano. Me dijo que quería conseguirse una bicicleta nueva.

MIGUEL ÁNGEL. No me digas… Vino expresamente a decirte que se quería conseguir una bicicleta. *(Con voz irritada).* ¿Quieres que te prepare la sopa?

CÉSAR. No, deja, no tengo hambre ahora.

MIGUEL ÁNGEL. *(Casi amenazadoramente).* Mejor que te la tomes ahora que se hace tarde. *(Toma la sopa del refrigerador, la sirve en un plato y se la da a César).* No quiero que tengas una mala digestión. Cuando vea a Nilda le voy a dar las gracias por su generosidad. Mira a ver si está buena. *(Coloca el plato de sopa frente a César).*

CÉSAR. No, no tengo ganas. Está fría. ¿Por qué me apagaste el televisor?

MIGUEL ÁNGEL. Hazte la idea de que es gazpacho. Los españoles se lo sirven frío.

CÉSAR. No tengo ganas, mijo.

MIGUEL ÁNGEL. Déjate de «mijo». ¡No seas hipócrita, coño! Que tú sabes bien que Natacha me estaba buscando. Vino hasta acá porque en su casa la mandaron a que viniera a invitarme. Si no me la llego a haber encontrado allá abajo en la acera, no me hubiese enterado de nada. ¡Y tú no me hubieras dicho ni pío! *(Amenazadoramente).* ¡Tómate la sopa!

CÉSAR. *(Se resiste).* ¡No tengo ganas! ¡No me gusta!

MIGUEL ÁNGEL. Lo que pasa es que tú no me querías decir lo de la fiesta de la tía porque se va para Miami, porque a ti te revienta que la gente se vaya. ¡Tómate la sopa! *(Toma la cuchara y su padre se resiste).* ¿Tú no crees que a mí me gustaría pasar un rato agradable de vez en cuando en vez de estar mirando esa puñetera televisión? *(Duramente).* ¡Tómate la sopa, coño!

CÉSAR. *(Se resiste).* ¡No! ¡Coño! ¡Esa gente es contrarrevolucionaria!

MIGUEL ÁNGEL. ¡Ah, sí, contrarrevolucionaria! ¡Están fomentando la destrucción del Gobierno! ¡Poniendo bombas! ¡Repartiendo propaganda subversiva en cada esquina! ¡Acabando con la quinta y con los mangos!

CÉSAR. Yo no dije eso.

MIGUEL ÁNGEL. Yo quisiera que una vez en tu vida no te metieras en la mía. Qué ganas tengo de hacer lo que me salga de los cojones sin estar controlado por todos lados.

CÉSAR. El día que yo me muera lo podrás hacer.

MIGUEL ÁNGEL. No me hagas decir una barbaridad. ¡Tómate la sopa!

CÉSAR. ¡No quiero! ¡Coño! ¡Bótala o ponla en el refrigerador! *(Miguel Ángel mira a su padre con ira. Toma el plato de sopa y lo lleva al comedor. Una pausa).* Tú no pensarás ir ¿no? Ya el Comité sabe quiénes son esos oportunistas.

MIGUEL ÁNGEL. Por supuesto que voy a ir. ¿No vinieron a invitarme? Y sabes una cosa, le daré un fuerte abrazo a esa señora para que tenga un buen viaje y mucha suerte *(rimbombante)* en los Estados Unidos de Norteamérica. *(Rápidamente cambia de tono).* Y si el Comité sabe lo que sabe o lo que se quiera imaginar, no hay dudas de quién se lo reportó. *(Irónicamente).* Viejo, después de que te hicieron, botaron el molde. Eres único.

Miguel Ángel se pone a silbar el himno de los Estados Unidos mientras se dirige al interior de la casa. Lentamente la escena se oscurece.

Escena quinta

Después de la medianoche.

La escena en penumbras. Entran Yuri y Miguel Ángel. Se nota que han estado bebiendo. Yuri canta unas estrofas de la «Guantanamera» o de alguna canción de moda.

MIGUEL ÁNGEL. *(Riendo).* ¡Ssssh! Cállate, que vas a despertar a papá y entonces sí que se nos va a complicar la fiesta. *(Prende una lámpara solamente, que está al lado del sofá. La iluminación debe ser tenue).*

YURI. Qué… ¿no canto bien?

MIGUEL ÁNGEL. *(Sonríe).* Mejor que te quedes jugando a la pelota, creo que tendrás mejor futuro.

YURI. *(Sonríe).* Ah, carajo, si yo cuando chiquito cantaba en el coro de la escuela, todos los maestros me decían que yo cantaba muy bien… ¡De los pioneros yo era el mejor! ¿Quieres que te cante el himno revolucionario?

MIGUEL ÁNGEL. Sssssh… *(Sonríe).* Deja, que estoy un poco mareado y no quiero vomitar. ¿Quieres que haga un poco de café?

YURI. ¿Café? Con lo sabroso que uno se siente con este vacilón. Mejor me das un poco de ron. Tú me dijiste que tenías ron. Así que no te eches pa'trás.

MIGUEL ÁNGEL. Sí tengo, pero si sigues tomando no va a haber quien te levante mañana. Mira… Si no quieres café, tengo limonada. *(Ríe).* A ver si orinas todo lo que has tomado.

YURI. *(Sonríe).* Pero a esa limonada hay que ponerle sabor. Échale un poco de ron a ver si inventamos un nuevo daiquirí. En este país no podemos vivir sin ron. El ron es el afrodisíaco criollo, el que le pone sabor a la vida y nos ayuda a olvidar todas las penas.

MIGUEL ÁNGEL. *(Ríe).* Eso me suena a tango…

YURI. *(Reacciona cómicamente tarareando y marcando unos pasos de algo que él cree es un tango).* Dame un poco de ron, chico.

MIGUEL ÁNGEL. *(Llevándose la mano a la boca como para que se calle).* Ssshhhh… No, no, que se te va a joder el juego de mañana y después me vas a echar la culpa a mí que te dejé tomar demasiado. Mejor vete a dormir. Mira la hora que es.

YURI. Yo no tengo sueño. Por eso vine para acá contigo. Si este jaleo acaba de comenzar ¿cómo es que tú ya lo quieres terminar?

MIGUEL ÁNGEL. Baja la voz. *(Esconde una sonrisa).* Tienes que sacrificarte. El que quiera ser buen pelotero necesita tener disciplina. Sin disciplina estás jodido.

YURI. *(Ríe y hace como si fuese a lanzar una pelota).* Sacrificio… Disciplina… Dedicación… Coñoooo… olvídate de la pelota por una noche. A ti sí que ya te lavaron el cerebro. ¡Háblame de otras cosas, chico! A ver, dime, dime… ¿Tú sabes cuál es el mayor problema del cabrón ese que ahora le ha dado por ponerse cuello y corbata? *(Breve pausa).* Tú sabes de quién te estoy hablando, ¿verdá? *(Ríe).* El de la barba canosa y hasta hace poco el tabaco en la boca… Porque tú sabes que él dejó de fumar… ¿Tú sabes cuál es su mayor problema? ¡Que es tremendo pesao! Y en Cuba tú puedes ser socialista… comunista… marxista-leninista… capitalista tapiñao… de todo… de todo menos pesaooo. *(Se tambalea. Miguel Ángel lo sostiene. Se recuesta a Miguel Ángel).* Vamos… Vamos a bailar… Pon el radio que yo sé que tú te defiendes… A ver si están tocando una conga sabrosa.

Cómicamente hala a Miguel Ángel y le hace marcar unos pasos.

MIGUEL ÁNGEL. *(Ríe y se deshace de Yuri).* Carajo, baja la voz y siéntate antes de que acabes con lo poco que hay en esta casa.

YURI. *(Insiste).* No, no, no… Vamos a seguir el fiestón que esta noche estoy jacarandoso. Ya que los degeneraos esos nos jodieron la fiesta, vamos a seguirla aquí.

MIGUEL ÁNGEL. *(Ríe).* Sí, sí, sí… Vamos a seguirla, pero sentado, y calladito.

YURI. *(Saluda militarmente y se sienta).* Lo que usted diga, compañero. Yo siempre hago lo que me dice el compañero entrenador.

MIGUEL ÁNGEL. Si tú hicieras todo lo que te dice el compañero entrenador no hubieses tomado tanto esta noche. Prepárate, que mañana te vas a levantar con tremendo dolor de cabeza y si en tu casa no hay aspirinas, te jodiste.

YURI. Oye, Migue… ¡Qué suerte tiene mi tía, viejo! ¡En cuarenta y ocho horas se va a poder cagar en la madre de todos estos comemierdas sin que nadie le diga nada! ¿No sería fantástico llevarse un bote y desaparecerse de aquí?

MIGUEL ÁNGEL. *(Bromeando).* ¡Coño! Tú sigues con lo mismo. ¿Tú te quieres ir del paraíso? ¿No te gusta tu tierra?

YURI. Mi tierra, sí. Ellos, no. Yo no me explico cómo se enteraron de que nos íbamos a reunir en casa. Total, lo único que hicieron fue aguarnos la fiesta. *(Sonríe).* Tía pensó que era una redada, que ya no se podía ir.

MIGUEL ÁNGEL. Yo tengo mis sospechas de quién fue el que se los dijo.

YURI. *(Sin pensar en lo que Miguel Ángel ha dicho).* Pero… ¿Es que hasta reunirse la familia es tan malo?

MIGUEL ÁNGEL. Eso lo hacen para meterle miedo a la gente, para que los que se queden sepan que están vigilados.

YURI. Por eso te digo… El que tiene oportunidad de irse, que se vaya… ¡pa'l carajo!

MIGUEL ÁNGEL. Cuidado, compañerito… Mira que la cosa no es como antes. Si te agarran los guardacostas americanos te tienen en el Combinado del Este en menos de lo que canta un gallo. Y eso, si es que tienes suerte. Porque si te acusan de que secuestraste un bote que era propiedad del Estado te fusilan sin más contemplaciones. Tú sabes que esta gente son expertos en juicios relámpagos. En lo que tú dices «señor juez, quiero apelar la decisión» te tienen en el paredón con más agujeros que un par de calzoncillos con polillas.

YURI. *(Se pone de pie con cierta inseguridad. Miguel Ángel, atento, reacciona para asistirlo. Yuri hace un gesto de que está bien).* Si a mí se me da un chance, coño, espanto la mula más rápido que un cohete ruso. Aquí siempre alguien se está yendo. ¿No te irías tú? Imagínate si nos pudiéramos ir de aquí... Hacer de la vida lo que uno quiera... Entrar y salir cuando a uno le dé la gana... No hay un pelotero aquí que no ambicione jugar por lo menos una vez en el estadio de los Yankees...

MIGUEL ÁNGEL. ¿Tú crees que todos los que se van saben lo que les espera allá? La vida en los Estados Unidos es muy diferente a la de aquí. Un enigma que muchos no están preparados para poder descifrar. Ahora... si tienes suerte y te haces famoso se te resolvió el rompecabezas. *(Sonríe).* Dinero... fama... entrevistas por televisión... contratos... mujeres... y más dinero, mucho dinero para pagar los divorcios.

YURI. *(Sonríe).* ¡Coño! ¡Ibas por buen camino, pero ya me jodiste la existencia! ¿Divorcios? Todavía no me he casado y ya me estás divorciando.

MIGUEL ÁNGEL. Así pasa con los famosos, tienen que pagar millones, y tú algún día te tienes que casar.

YURI. ¿Por qué? Tú no te has casado y tú no te estás quejando.

MIGUEL ÁNGEL. *(Sonríe).* ¡Yo nunca tuve toda esa retahíla de chiquillas que te siguen por todas partes! Esta noche tenías a Carmita, no te creas que no te vi, la amiguita de Natacha, que si «le pedías el pescao», te lo daba sin preguntarte si lo querías frito o en escabeche. Allá en los Estados Unidos ibas a tener a las americanitas cayéndoseles la baba. Así que prepárate.

YURI. Yo no tengo ninguna retahíla de chiquillas, ¿quién te dijo eso, Migue?

MIGUEL ÁNGEL. Bueno, no será una retahíla, pero por lo menos unas cuantas. Cada vez que tú picheas es el mismo alboroto, que tu hermana me lo ha dicho, que enseguida sale el corito de «Yuri, Yuri, Yuri». ¡Están loquitas por ti!

YURI. *(Ríe).* Sí... el harén de Alí Babá y sus cuarenta cabronas.

MIGUEL ÁNGEL. *(Ríe).* Sssssh... No te me vengas haciendo el santico que seguramente te pasas el tiempo comiendo calientico... Calientico... Hay algunos que tienen que hilarla fino, pero a ti se te regalan. Lo que pasa es que tú no haces alardes.

YURI. *(Sonríe).* ¡Coño! Aquí lo meten a uno en la cama sin que uno se dé cuenta.

MIGUEL ÁNGEL. Te conozco, mascarita.

YURI. *(Sonríe).* Mira, sociólogo de pacotilla, dame un poco de ron con limonada y no jodas más. Y no seas tacaño... que se sienta el ron.

MIGUEL ÁNGEL. *(Hace lo que dice Yuri y le prepara un trago).* Óyeme, conmigo no tengas pena. *(Sonriendo).* No me vengas con el cuento de que tú eres santo, puro y casto. Eso se lo puede creer tu vieja, que te quiere mucho y su Yuri es perfecto... Pero yo, no. A otro perro con ese hueso. Ahora... si lo que tú me estás tratando de decir es que no te gustan... eso queda entre tú y yo. *(Breve pausa).* Aprovecha...

YURI. ¿Aprovecha, qué?

MIGUEL ÁNGEL. *(Sonríe).* ... que estás un poco tomado. No hay nada como echarle la culpa a los tragos cuando uno comienza a confesar sus pecados. Mi tío Luis era muy callado, pero cuando se tomaba unas copas se formaba el titingó. Una vez se le fue que le había pegado un tarro a su mujer y por poco tienen que entablillarle el pito. *(Se ríen).*

YURI. *(Sonríe).* ¿Qué tú crees? ¿Tú que lo sabes todo? ¿Crees que tengo muchos pecados que confesar?

MIGUEL ÁNGEL. Confiesa, hijo mío, confiesa... *(Sonríe).* Tú asustarías al Papa.

YURI. Naaa… Lo que pasa es que yo ahora no estoy pensando en esas cosas. Por el momento el matrimonio no me interesa. No es que me sea totalmente indiferente, después de todo a uno lo crían de esa manera, y a la corta o a la larga hay que casarse. Pero yo me siento tan bien así como estoy… Mira, tú haces lo que te dé la gana, no tienes que contar con nadie.

MIGUEL ÁNGEL. Ojalá…

YURI. Tú sabes lo que yo quiero decir. *(Sonríe).* Algunos son vegetarianos y otros no… Unos son budistas y otros no… Unos son comemierdas y otros no… *(Riéndose).* Y aquí hay vegetarianos a la fuerza, y budistas porque ya no saben a quién rezar, pero… comemierdas, cantidá, ¡montón pila burujón puñao!

MIGUEL ÁNGEL. *(Ríe).* Entonces… con franqueza… entre amigos… ¿nunca te has acostado con nadie?

YURI. *(Sonríe).* Ay, viejo… ¡Acostarse, cualquiera se acuesta! Pero yo soy un romántico… Sí, sí, no te me rías… Un pelotero romántico… Uno solo debe acostarse por amor.

MIGUEL ÁNGEL. Aaah… Tú todavía no sabes lo que es el amor…

YURI. ¿Y tú no te has enamorado nunca?

MIGUEL ÁNGEL. *(Esquivando mirar a Yuri).* Yo… no… no sé… quizás…

YURI. ¿Quizás? En esto no hay quizás. Sí o no. Todos tenemos que querer a alguien.

MIGUEL ÁNGEL. El que quiere siempre corre el riesgo del desengaño.

YURI. Oye, ¿tú todavía tienes el uniforme de cuando jugabas pelota? *(Miguel Ángel asiente).* Déjame verlo.

MIGUEL ÁNGEL. ¿Para qué tú quieres ver mi uniforme?

YURI. Anda, chico, déjame verlo…

MIGUEL ÁNGEL. Yo no sé ni dónde está…

YURI. Está bien. Si no me lo quieres enseñar, no me lo enseñes. Entonces, me voy.

MIGUEL ÁNGEL. *(Cede).* Coño, cómo tú jodes. Espérate un momentico a ver si lo encuentro. Y hazme el favor, siéntate, no te vayas a caer. *(Miguel Ángel sale. Yuri se sirve más ron en el vaso de limonada. Se quita los zapatos, el pantalón y la camisa y se queda en calzoncillos. Miguel Ángel regresa con el uniforme).* Yuri, ¿qué estás haciendo?

YURI. Quiero ver cómo me queda tu uniforme. A ver… Dame acá… *(Cómicamente se tambalea).*

MIGUEL ÁNGEL. Te vas a caer.

YURI. *(Ríe).* Ayúdame, coño. *(Con cierta inseguridad se pone el uniforme, asistido por Miguel Ángel).*

MIGUEL ÁNGEL. *(Sonríe).* Ten cuidado, que este uniforme está embrujado. El que se lo pone, se jode.

YURI. *(Riendo).* A mí no me jode nadie. ¿Cómo me queda? Pintado, eh. *(Se lleva la mano a la nariz para cambiar su voz como la de un locutor).* Nuevamente les damos la más cordial bienvenida a la vigésima octava olimpiada en la ciudad de Atenas. Después de haber sido testigos de un maravilloso despliegue beisbolero por parte de los equipos de Canadá y Cuba, hoy se enfrentan como finalistas para discutir la medalla de oro. Hace solamente nueve meses que se creía que los Estados Unidos y Cuba podrían encontrarse nuevamente en estas olimpiadas, pero el equipo norteamericano, derrotado por México, no clasificó para los juegos olímpicos. Esta tarde, el lanzador canadiense es Mike Johnson, que a su vez le proporcionó a los mexicanos la derrota que eliminara en Panamá a los aztecas de estas olimpiadas. Por Cuba, tenemos en el montículo a Yuri Castellanos, el lanzador del brazo de oro, vistiendo el uniforme de esa gloria del béisbol cubano, Miguel Ángel Gutiérrez. *(Durante esto Miguel Ángel sonríe. Yuri comienza sus lanzamientos. Hace como si le prestara atención a las señas del catcher).* Strike uno... Strike dos... Strike tres... *(La dirección escénica puede montar esta escena libremente, si lo desea con más lanzamientos, con la intervención de Miguel Ángel comentando algunas bolas en vez de strikes. Al hacer el último lanzamiento, repentinamente, Yuri se queja de dolor).* Coñooo... me jodí el hombro, ¡me cago en diez!

MIGUEL ÁNGEL. ¿Qué te pasó?

YURI. No sé... Me dio como un corrientazo aquí en el hombro. Debo haber hecho un mal movimiento... ¡Coño!

MIGUEL ÁNGEL. Espérate... espérate... a ver... ¿dónde?

YURI. Aquí... *(Le señala donde le duele).* Por eso te decía que aquí había tantos comemierdas y yo, el primero. A ver si no puedo pichear mañana.

MIGUEL ÁNGEL. Siéntate, siéntate... Déjame ver. *(Yuri se sienta y Miguel Ángel toca donde Yuri ha dicho).*

YURI. Coño... ¡ahí mismo! ¡Ay, cómo duele, carajo!

MIGUEL ÁNGEL. Sssssh... Espérate, no te muevas. *(Con cuidado Miguel Ángel le frota el hombro).*

YURI. Con cuidado, Migue, con cuidado...

MIGUEL ÁNGEL. A ver, quítate la camisa. *(Miguel Ángel ayuda a Yuri a quitarse la camisa).* Relájate... Relájate, chico... *(Miguel Ángel le da un masaje).* Tú verás que no fue nada...

YURI. Por comemierda y payaso...

MIGUEL ÁNGEL. Relájate, tú verás...

Esta escena también puede ser montada libremente. Miguel Ángel le puede pedir a Yuri que levante y baje el brazo, etcétera. Miguel Ángel está situado detrás de Yuri. Después de breves instantes, sin voltear el rostro, Yuri agarra la mano de Miguel Ángel, la hala suavemente y la coloca sobre su corazón. Miguel Ángel intenta retirar la mano, pero Yuri no lo deja. Por breves segundos permanecen estáticos.

MIGUEL ÁNGEL. *(Sonríe).* Hay hombre en primera. Cuidadosamente observa los lanzamientos del pitcher, esperando la primera oportunidad para avanzar...

YURI. *(Recuesta su rostro en el brazo de Miguel Ángel).* ¿Se arriesgará a llegar a segunda?

MIGUEL ÁNGEL. Si sabe cuándo, se la puede robar.

YURI. Pero... ¿podrá anotarse una carrera?

MIGUEL ÁNGEL. Si no lo sacan del juego... *(Aún a sus espaldas, Miguel Ángel lo abraza y lo besa en la cabeza).* Ahora las bases están llenas...

YURI. *(Se levanta y mira de frente a Miguel Ángel).* ... en la novena entrada, y el juego empatado. El bateador ha llegado al conteo de tres y dos. Ahí viene el lanzamiento... *(Besa a Miguel Ángel).* Es un hit...

MIGUEL ÁNGEL. *(Apasionadamente, besa a Yuri).* No. Es un jonrón. *(Apaga la lámpara).*

La escena se oscurece lentamente, a la vez que se acomodan en el sofá.

Escena sexta

A la mañana siguiente.

El uniforme de Miguel Ángel sobre una silla, y la ropa y los zapatos de Yuri en donde los dejó al quitárselos. César entra con paso lento, cruza la escena, hacia la cocina, esperando encon-

trar a Miguel Ángel. Regresa y se percata del uniforme y de la ropa de Yuri. Le da una ligera patada a los zapatos de Yuri, pensando que son de Miguel Ángel.

CÉSAR. ¡Y después se queja de que a esta casa se la está comiendo la mierda! *(En voz alta).* ¡Miguel Ángel, mira la hora que es! ¿No vas a hacer un poco de café? *(Prende el radio y busca la emisora Radio Reloj, que constantemente da noticias. Alza el volumen para despertar a Miguel Ángel).* ¡Miguel Ángel! ¡Acábate de levantar que me tengo que tomar la pastilla! ¿No es hoy cuando tenemos que ir al médico? ¡Levántate que no quiero llegar tarde! Después hay que esperar dos horas para que pase la guagua y me voy a achicharrar con el calor que hace. ¡Miguel Ángel! ¿Tú estás sordo? Acábate...

YURI. *(Entra en calzoncillos).* Buenos días...

CÉSAR. *(Sorprendido).* Buenos días...

YURI. ¿Cómo está usted, César? *(Recoge su ropa y se viste apresuradamente).* Yo soy Yuri...

CÉSAR. Ah... verdad... No te reconocí, muchacho... *(Extrañado).* ¿Tú dormiste aquí?

YURI. *(Con cierta timidez).* Sí. *(Sonríe).* Perdóneme la facha. Hubiera querido levantarme más temprano, pero se nos pegaron las sábanas. ¿Quiere que le haga un poco de café? Yo no soy muy cafetero, pero me defiendo. Miguel Ángel está en el baño.

CÉSAR. *(Con cierta irritación).* La pachanga fue en grande, ¿eh?

YURI. *(Sonríe).* Sí, creo que nos pasamos de la raya. Pero un día es un día, ¿verdad? Y en las condiciones que estaba, Miguel Ángel no me dejó que me fuera, me dijo que me quedara. ¿No le molesta si baja el volumen del radio? Tengo un dolor de cabeza...

CÉSAR. *(Apaga el radio).* Se me va a hacer tarde para el médico.

YURI. Miguel Ángel sale enseguida. Con su permiso, déjeme que haga café. *(Se dirige a la cocina. Hasta la entrada de Miguel Ángel, Yuri puede dialogar desde la cocina, asomándose momentáneamente).* Debió haber venido anoche. La fiesta quedó muy buena. La hubiera pasado muy bien. Aunque el Comité vino a que se acabara la celebración. Nos dijeron que estábamos haciendo mucha bulla.

CÉSAR. *(Ignora el comentario).* A mí no me gusta llegar tarde al médico. Después hay que meterse tres horas más esperando a que lo atiendan a uno.

YURI. No se preocupe que este cafecito está en un minuto.

CÉSAR. ¿Cuándo se va tu tía?

YURI. Mañana.

CÉSAR. Yo no sé por qué la gente se quiere ir. Si se quedaran... ¿Este es tu uniforme de pelota?

YURI. No, es el de Miguel Ángel. ¿Dónde está el azúcar?

CÉSAR. Creo que Miguel Ángel la pone en una lata para que no le entren las cucarachas. *(Breve pausa).* Aquí siempre se ha jugado muy buen béisbol. Cuando chiquito yo iba a los juegos de pelota allá en la cervecería La Tropical, hasta que fabricaron el estadio del Cerro, que después se convirtió en el Latinoamericano. Y los americanos venían todos los años a jugar con nosotros durante la temporada de invierno. Nunca tuvimos que envidiarle nada a las grandes ligas. Roberto Ortiz... Camilo Pascual... Orestes Miñoso... Edmundo Amorós...

YURI. ¿Usted cree que antes se jugaba mejor béisbol que ahora?

CÉSAR. Oh, no. Ahora todos ustedes son estrellas de estrellas. Yo reconozco que el béisbol de antes era bueno, pero muy comercial, dominado por los americanos. Si los americanos no ven el dólar, la cosa no funciona. Han hecho del béisbol un negocio, lo han corrompido. Aquí se juega béisbol de verdad, por amor al deporte. La Revolución...

MIGUEL ÁNGEL. *(Entra)*. La Revolución ha hecho que los mejores peloteros pidan asilo o se escapen como puedan.
CÉSAR. Coño, Miguel Ángel, mira la hora que es. Vamos a llegar tarde al médico.
MIGUEL ÁNGEL. La cita con tu médico no es hasta las once.
YURI. Ya casi está el café. ¿No lo huelen?
MIGUEL ÁNGEL. ¿Lo encontraste todo bien?
YURI. Sí.
CÉSAR. Yo sé que es a las once, pero no quiero llegar tarde.
MIGUEL ÁNGEL. Son las siete de la mañana, papá. *(Yuri trae el café en unos vasos)*. ¿Dónde es que está tu médico? ¿En Camagüey?
YURI. No encontré tazas.
MIGUEL ÁNGEL. Ni las encontrarás. La última taza se rompió hace diez años. *(A César)*. Qué buena memoria tienes para lo del médico, pero ayer en tres segundos te dio un ataque de amnesia… *(A Yuri)*. Cuando tu hermana vino a avisarme, no me dijo nada.
CÉSAR. ¡Qué sangre más gorda tienes!
YURI. *(Interrumpe)*. ¿Cómo quedó el café? ¿Me defiendo o no?
MIGUEL ÁNGEL. Definitivamente te defiendes *(sonríe)*, pero no dejes de jugar béisbol.
CÉSAR. *(A Miguel Ángel)*. ¿A qué hora quieres salir de aquí?
MIGUEL ÁNGEL. Si salimos a las nueve tenemos tiempo de sobra.
YURI. Yo me voy enseguida. Mi juego comienza a las dos.
CÉSAR. *(A Yuri)*. Si tienes juego hoy, no debiste haber trasnochado. Hazme el favor, muchacho, y oye bien lo que te digo, si quieres ir por buen camino, no le prestes mucha atención a Miguel Ángel.
YURI. *(Sonríe inocentemente)*. ¿Usted cree que me pueda corromper? Una copa de ron se la toma cualquiera, César. *(Mira a Miguel Ángel con mucha intención)*. A lo mejor yo soy el que lo corrompe a él…
MIGUEL ÁNGEL. Lo que papá te quiere decir es que yo te pudiera llevar por el camino en contra de la…
CÉSAR. *(Interrumpe)*. Si el muchacho tiene futuro, no se lo eches a perder.
MIGUEL ÁNGEL. Como hicieron conmigo, ¿verdad? Yuri no tendrá problemas. Mientras que le sea fiel al gobierno, el gobierno le será fiel. Pero que no se salga de ahí. Que se quede como un perrito amaestrado, entrenado para hacer lo que le diga su amo.
YURI. *(Discretamente)*. Mejor que vaya caminando, que quiero pasar por casa primero.
MIGUEL ÁNGEL. *(Afectuosamente)*. No, Yuri, no te vayas, chico. Si todavía es temprano. Tómate tu café.
CÉSAR. *(A Yuri)*. No te dejes convencer.
MIGUEL ÁNGEL. *(Irritado)*. ¿Convencer de qué, papá? ¿De que acabaron conmigo? ¿Que te avergoncé? ¿Que tu hijo era un traidor? ¿Por qué no le cuentas de verdad lo que pasó? Anda… ¡Habla, coño!
YURI. Por favor, Miguel Ángel…
MIGUEL ÁNGEL. Es que me jode. ¡Cuidado con Miguel Ángel! ¡Peligro con Miguel Ángel! ¡Después de dieciséis años, sigue con la misma mierda! *(A César)*. Anda, ¿por qué no le dices a Yuri lo que pasó? Cuéntaselo.
CÉSAR. Yo no tengo nada que contar… Tú estás enfermo…
MIGUEL ÁNGEL. Sí, ¡estoy enfermo! Para ti, para tu Gobierno, para tu amo. Enfermo porque ustedes me querían enfermo, ¡porque era la única manera de justificar esta mierda! Lo único que quería era ser libre. Nada más. Pero tú no me querías así…

CÉSAR. Tuviste tantas oportunidades. Nadie jugaba a la pelota como tú. ¡Eras la mejor segunda base y el orgullo del país! ¡Y la Revolución te lo ofreció todo!

MIGUEL ÁNGEL. ¡Y todo me lo quitó! Querer vivir es un pecado en este país. Nunca quise nada de ellos y nada les pedí. Si era bueno en el béisbol, era por mí, por mi dedicación, por mis esfuerzos. Y cuando intenté irme… No, no, no cuando intenté irme, cuando se enteraron de que quería irme…

CÉSAR. Ibas a traicionar a la Revolución, a tu patria… Me ibas a traicionar… a mí. Me ibas a comprometer… A tu padre… Al que te dio la vida, lo más grande que hay…

MIGUEL ÁNGEL. Tú me diste la vida una vez y ellos me la quitaron cien veces. Lástima que no te la pueda devolver. ¡Me la diste sin que yo te la pidiera, así que jódete!

CÉSAR. *(Levanta la mano para darle una bofetada, pero Miguel Ángel le retiene el brazo).* ¡Eres un bochorno!

MIGUEL ÁNGEL. ¡Cuidado, papá! ¡Cuidado!

YURI. Por favor… dejen eso.

MIGUEL ÁNGEL. Sí, un bochorno… Un bochorno para ti. *(A Yuri).* ¿Sabes lo que me hicieron? Lo que mi padre, ¡mi padre!, permitió… que hasta vergüenza me da contártelo… Me sacaron de aquí con una camisa de fuerza y me llevaron al Hospital Psiquiátrico.

CÉSAR. Cállate, Miguel Ángel.

MIGUEL ÁNGEL. *(A Yuri).* Como si estuviera loco. Todo porque había comentado con varios de mi equipo la posibilidad de jugar en los Estados Unidos, de irnos de aquí… Me llevaron al Psiquiátrico de La Habana. *(Mira a César).* ¿Sabes dónde está, papá? Porque allá fuiste a firmar todos esos papeles que te dijeron tenías que firmar autorizando el tratamiento…

CÉSAR. ¡Cállate! *(Intenta salir de escena).* No quiero saber nada de ti. *(Miguel Ángel lo impide).*

MIGUEL ÁNGEL. ¿A dónde vas? Me lo he callado y por más que trato de olvidarlo, no puedo…

YURI. Ya, Miguel Ángel…

CÉSAR. Déjame pasar.

MIGUEL ÁNGEL. No. Siéntate. *(César vacila).* ¡Siéntate te digo! *(César se sienta. Miguel Ángel se coloca a sus espaldas y pone sus manos sobre los hombros de César, como para impedir que se levante).* Quiero que Yuri lo sepa y que tú lo oigas, por si me equivoco. No fueron suficientes todas las humillaciones, los interrogatorios, las amenazas… Me trataron como a un loco. Vinieron a buscarme y mi padre, el que me dio la vida, como tú dices, ni siquiera me defendió. Le dijeron que esa era la única forma de reeducarme, que yo era muy inestable… Me llevaron primero al Psiquiátrico y después a Mazorra por seis meses. ¿Y tú sabes lo que hicieron? Me dieron electroshocks. Unos corrientazos salvajes… y ni siquiera se molestaron en protegerme la boca. Me quemaron las sienes. Me drogaron. Perdí casi todo el pelo. Me metían la cabeza en un cubo de agua, hasta casi ahogarme. Cuando cogía la respiración, me volvían a meter la cabeza en el cubo, y así lo repetían una y otra vez… hasta que perdía el conocimiento. Cuando me dejaron salir no pesaba ni cien libras, parecía un esqueleto… y me advirtieron que no se lo dijera a nadie. Y papá mintiendo, diciendo que yo había tenido una crisis nerviosa. Con tal expediente ni siquiera puedo intentar conseguir una visa. Porque a donde quiera ir piensan que estoy loco y me rechazan.

YURI. Olvídate de eso, Migue. Eso está en el pasado.

MIGUEL ÁNGEL. No, eso todavía es mi presente y lo vivo cada día en esta casa. ¿Verdad, papá?… ¿Verdad?

Oscuridad total.

Fin del acto primero

ACTO SEGUNDO

Escena primera

A principios de 2005.
En una esquina del proscenio, independientemente del resto de la escena, Yuri y Miguel Ángel. Es de noche y acaban de salir del cine. Si el área escénica del teatro tiene un proscenio alto, usarlo como el malecón. Se sientan mirando hacia el mar.

MIGUEL ÁNGEL. Estás muy callado. ¿No te gustó la película?
YURI. Sí, sí… No es mala…
MIGUEL ÁNGEL. ¿No es mala y nada más? *(Sonríe).* Tú que siempre tienes una opinión para todas las películas que vemos.
YURI. No sé… Es un poco triste. ¿No hubiera sido mejor que tuviera otro final?
MIGUEL ÁNGEL. *(Sonríe levemente).* Bueno, así es la vida. No todo termina color de rosa.
YURI. Pudiera haber acabado de otra forma. Ya yo estoy como los viejos, que quiero ir al cine para entretenerme, no para deprimirme. Bastantes tragedias tiene uno…
MIGUEL ÁNGEL. *(Interrumpiéndolo).* ¿Adónde quieres ir ahora? *(Mira su reloj de pulsera).* Todavía es temprano.
YURI. No sé, donde tú quieras…
MIGUEL ÁNGEL. *(Sonríe).* Siempre me dices lo mismo. Dime tú.
YURI. De verdad que no sé. No se me ocurre nada. Podemos dar una vuelta por ahí o, si quieres, quedémonos aquí en el muro. Total… La noche está de lo más sabrosa.
MIGUEL ÁNGEL. ¿Qué es lo que te pasa?
YURI. *(Evasivo).* Nada.
MIGUEL ÁNGEL. *(Sonríe).* ¿Nada? Que te conozco muy bien. No me digas que la película te afectó tanto.
YURI. No. Claro que no.
MIGUEL ÁNGEL. *(Trata de conversar).* Qué tranquilo está el mar… No sé cuándo me gusta más, si así, cuando parece que puedes caminar sobre él, o cuando hay mal tiempo y las olas rompen contra el muro. ¿Verdad que el malecón es bonito? *(Yuri asiente).* Yo creo que no hay una persona en el mundo que no lo reconozca. Es como el emblema de La Habana. Mamá siempre decía que de noche las luces del malecón parecían como un collar de brillantes. Siempre le estaba pidiendo a papá que dejara la televisión para que se fuera a caminar con ella. *(Breve pausa. Miguel Ángel mira a Yuri intensamente).* ¿Estás preocupado por lo que planeaban Aníbal, Leonardo y Danilo?
YURI. No me lo puedo quitar de la cabeza.
MIGUEL ÁNGEL. Yuri, lo que sea, tarde o temprano, se sabrá.
YURI. Pero es que hace cuatro días y aún no se ha sabido nada.
MIGUEL ÁNGEL. Hay que tener paciencia. Tú estás contando cuatro días, pero tú no sabes lo que pasó. Mira, quizás no pudieron salir el día que lo tenían planeado y se han quedado por allá, esperando el momento oportuno. La parte esa de la costa de Isabela de Sagua y Caibarién está muy vigilada. O quizás había mal tiempo y el mar estaba picado… ¿quién sabe?

Tienes que darles tiempo, tú verás. *(Breve pausa).* Tú sabes… si yo fuera a irme… lo haría por donde menos esa gente se lo espera.

YURI. ¿Por dónde?

MIGUEL ÁNGEL. Por la costa de Pinar del Río. Es mucho más peligroso porque la distancia es mayor, y hay menos islas y cayos en caso de una emergencia, pero por eso mismo, no hay tanta vigilancia.

YURI. ¿Tú te arriesgarías? *(Rápidamente).* Porque si otros lo han hecho, ¿por qué nosotros no?

MIGUEL ÁNGEL. *(Sorprendido).* ¿Estás hablando en serio?

YURI. Como que me llamo Yuri. *(Breve pausa).* Migue, ¿qué otra alternativa le ves tú a todo esto? ¡Tú y yo estamos de más en este país! De aquí hay que irse.

MIGUEL ÁNGEL. Coño, vamos al cine, te pregunto adónde quieres ir, pienso que nos vamos a tomar una cerveza, y me dices que hay que espantar la mula…

YURI. No sé qué otra cosa podamos hacer. ¿A ti se te ocurre algo? Porque ni aunque se muera ese degenerao esto va a cambiar. La gente se figura que el día que lo entierren, muerto el perro, se acabó la rabia, y eso no va a ser así. *(Breve pausa).* Mira, Miguel Ángel, para qué andar con rodeos… La situación se me está poniendo cada vez más difícil. Esto de la desaparición de Aníbal, Leonardo y Danilo no le ha hecho mucha gracia a los de la Comisión de Deportes.

MIGUEL ÁNGEL. ¿Y qué tienes tú que ver con eso?

YURI. Migue, porque son mis amigos y porque tú sabes que esa gente es peligrosa, en cualquier momento me hacen a mí lo que te hicieron a ti. No quería decirte nada para no preocuparte, pero cuando vieron que no se aparecieron para el juego al día siguiente, al primero que interrogaron fue a mí.

MIGUEL ÁNGEL. *(Alarmado).* ¿Que te interrogaron?

YURI. Sí, y yo ni siquiera soy del equipo de ellos. ¿Cuántos juegos llevo sin pichear? Ni siquiera me ponen de relevo. Con el récord que tengo, ¿tú crees que eso es normal? Después de tanta expectativa, ya me dejaron una vez embarcado con lo de las olimpiadas, y yo, a esos hijos de puta, no les voy a dar el gusto de que me eliminen y me pongan a barrer pisos como hicieron con El Duque.

MIGUEL ÁNGEL. ¿Y qué piensas hacer?

YURI. *(Respira profundamente).* Bueno… *(Pausa).* Mi tía me está haciendo las gestiones y me va a ayudar. Ella conoció a uno de esos que se dedica a sacar gente de aquí. Tiene una de esas lanchas súper rápidas que pueden evadir los guardacostas. Le tienen que dar cinco mil dólares por persona. Pero si me voy y juego allá, se lo puedo pagar todo. *(Breve pausa).* Dime algo, Migue, por favor…

MIGUEL ÁNGEL. ¿Qué te puedo decir? No sé… Yo no contaba con esto, Yuri. No sabía que estabas planeando irte… y dejarme.

YURI. ¡Coño, viejo, no seas injusto! No lo digas en esa forma. Tú sabes que yo no te voy a dejar nunca.

MIGUEL ÁNGEL. ¿Ah, no?

YURI. ¡No! Y tú lo sabes muy bien. Escúchame. *(Miguel Ángel aparta la mirada).* Miguel Ángel, escúchame, que tú y yo nunca hemos tenido ni un sí ni un no. Cualquier decisión que tomemos tiene que ser por el bien de los dos. ¡Y tenemos que estar de acuerdo los dos! Una vez que esté allá, yo puedo hacer lo mismo por ti.

MIGUEL ÁNGEL. *(Interrumpe).* ¿Y si la cosa no sale bien, Yuri? Eso es peligroso. ¿Y si te descubren? Lo que tú quieres hacer no es como irse en balsa, ni como irse en un barco camaronero. Tú vas a pagar por irte. Y eso es peor que tratar de irse en un neumático.

YURI. ¡No puedo pensar en eso! ¡Hay que arriesgarse!

MIGUEL ÁNGEL. *(Mira a Yuri intensamente).* La verdad que uno se hace tantas ilusiones, aun en medio de este infierno, que… No sé… Algo me decía que lo nuestro no podía durar. Hay que cerrar los ojos y seguir adelante, como si nada hubiese pasado. No nos queda otro remedio… Y si eso quiere decir que tengo que vivir sin ti, qué se le va a hacer.

YURI. Comprende, Migue. No es solo que no me dejen pichear. ¿Y nosotros qué, viejo? ¿Qué futuro podemos tener aquí? Dime. ¡Por favor, dime! Nosotros no podemos seguir viviendo así, tú en tu casa, yo en la mía… Teniendo que conformarnos con vernos de vez en cuando, como si fuésemos criminales… Esperando que no haya nadie en casa para estar juntos… ¿Quién puede vivir así? No nos dejan ni respirar. Si me voy, todo puede cambiar…

MIGUEL ÁNGEL. Si te vas, yo me quedo sin ti. Y no es solo eso… ¿Y si pasa lo peor? *(Rápidamente).* No, no, no me digas que no, porque puede pasar. ¡Y ha pasado! Y seguirá pasando. ¡No quiero ni pensarlo! ¿Tú sabes cuántos muertos hay en el fondo del mar? Un día de estos vamos a poder caminar hacia la Florida por arriba de tantos desaparecidos… De solo hablar de ello me entra una desesperación… Si lo he podido aguantar todo, todo, es porque te tengo a ti. Tú sabes perfectamente que desde que se murió mamá, mi casa no fue más nunca mi casa. Y mi padre es un infeliz, un pobre ignorante que se ha tragado toda la propaganda de esta porquería. *(Breve pausa).* Aquí ya se perdió la costumbre hasta de hablar con libertad de los sentimientos, y el que tiene, como nosotros, un cariño, se lo tiene que callar, tiene que disimularlo… Lo único que me da fuerzas es lo nuestro. Esa ansiedad de esperar el momento en que podamos estar juntos y creer que el tiempo no existe… Reír, contarnos cosas, ir al cine y pegar mi brazo al tuyo en la oscuridad, sin que nadie se dé cuenta… Saberte a mi lado… Tocarnos, aunque solamente sea un roce, mientras practicamos la pelota… *(Breve pausa).* ¿No comprendes que esa es mi vida y no tengo otra? Si te vas… ¿qué me queda?

YURI. *(Ambos se miran intensamente. Un momento de silencio).* No hay otra salida, Migue. Yo me voy.

MIGUEL ÁNGEL. *(Después de un silencio).* ¿Cuándo lo piensas hacer?

YURI. No lo sé. Primero quería hablar contigo. Ahora tengo que hablar con tía a ver lo que ella me dice.

MIGUEL ÁNGEL. Así que lo tienes decidido.

YURI. Tú verás que todo saldrá bien… Tú lo verás… *(Abraza a Miguel Ángel).*

MIGUEL ÁNGEL. *(Separándose).* Cuidado, que la gente está mirando.

YURI. *(El área del proscenio comienza a oscurecerse paulatinamente).* ¿Ves? ¿Ves lo que te digo? ¡Nos estamos volviendo locos! ¡Ni siquiera te puedo dar un abrazo, coño! ¡Los árabes se dan besos cuando se saludan y nadie dijo que Yasser Arafat fuera maricón! ¿Tú crees que es justo vivir pretendiendo lo que no se es? Fingiendo, fingiendo y fingiendo para evitar no solo el qué dirán, ¡sino para hacer lo que el Gobierno quiera! ¡En la calle, en el estadio, en los desfiles! ¡Qué ganas tengo de hacer lo que me dé la gana! Yo no puedo quedarme aquí.

Oscuridad en el área del proscenio. La casa en penumbras.

Escena segunda

Una hora más tarde.

Miguel Ángel entra en la casa. En la penumbra puede tropezar con algo o tumbar algún objeto. Deja escapar una exclamación. Prende una lámpara. Se nota malhumorado. Desde el interior se escucha a César.

CÉSAR. ¿Eres tú, Miguel Ángel?

MIGUEL ÁNGEL. No. Es el espíritu del Che. ¿Quién coño va a ser, papá? Porque si es un ladrón, con las tres mierdas que hay en esta casa, hay que pagarle para que se las lleve.

CÉSAR. *(Entrando en escena).* Es que no te esperaba tan temprano.

MIGUEL ÁNGEL. ¿Qué tú haces despierto a esta hora?

CÉSAR. No tenía sueño y…

MIGUEL ÁNGEL. … y querías hablar conmigo. ¿Crees que no te conozco? Lo que sea lo hablamos mañana. *(Se dirige al interior de la casa).* No tengo ganas de…

CÉSAR. *(Rápidamente).* La gente de la Seguridad del Estado estuvo aquí.

MIGUEL ÁNGEL. ¿Y…?

CÉSAR. ¡Preguntando por ti! Están buscando a unos peloteros que se han desaparecido y no se sabe dónde están.

MIGUEL ÁNGEL. *(En el mismo tono).* ¿Y…?

CÉSAR. Me preguntaron si tú sabías algo…

MIGUEL ÁNGEL. ¿Y para eso tú me estabas esperando? *(Molesto).* ¡Para eso tú me estabas haciendo posta! ¡Mierda! Ni que yo fuera el gran personaje. ¿No se te ocurrió mirar debajo de mi cama? ¡Esto sí que es del carajo! Se fue la putica de la esquina, vamos a preguntarle a Miguel Ángel. Se fue el rapero de Luyanó, vamos a preguntarle a Miguel Ángel. Por favor, papá. Yo creía que la Seguridad del Estado era más eficiente. Si yo ni siquiera puedo entrar en el estadio, ¿qué tengo que ver yo con eso?

CÉSAR. Hace más de cuatro días que Aníbal Urquídez, la primera base de los Matanceros, y otros tres o cuatro peloteros se desaparecieron, y se les acusa de salida ilegal del país y complicidad en un acto de piratería.

MIGUEL ÁNGEL. *(Con sarcasmo).* ¡Coñooo! ¡Qué crimen tan grande! ¡Como para llevarlos al paredón! ¿Nada más que se desaparecieron y ya están acusados?

CÉSAR. Quieren saber quiénes están implicados en esa deserción.

MIGUEL ÁNGEL. ¿Y por qué creen que yo pueda ayudarlos en algo? ¿Tú crees que todo el que se quiere ir me lo tiene que contar a mí, papá? ¿O es que mi forma de pensar es como un virus y ha contagiado a todo el que juega béisbol?

CÉSAR. ¿Tú te crees que son comemierdas, chico? Hasta ahora se han hecho de la vista gorda, pero ellos saben perfectamente bien que tú los conoces a todos, que eres amigo de todos, que tú practicas con Yuri…

MIGUEL ÁNGEL. *(Interrumpe).* Si lo saben todo es porque tú los mantienes informados. Y mejor que dejes a Yuri fuera de eso. El hecho de que él practique conmigo no quiere decir nada.

CÉSAR. No querrá decir nada para ti, pero atando cabos se llega al fin del mundo. Si esos tipos son unos desertores, y tú los conoces, y son amigos de Yuri, lo más natural es que la Seguridad piense que a lo mejor tú sabes algo…

MIGUEL ÁNGEL. *(Vuelve a interrumpir).* La paranoia en este país ya está llegando a proporciones estratosféricas. Nos quieren convertir a todos en conspiradores. Yo ni me acuerdo cuándo fue la última vez que vi a Aníbal Urquídez. Y si se fue o no se fue, eso es asunto de él y no mío. ¡Suerte que tienen algunos que se pueden ir pa'l carajo y yo todavía tengo que meterme este paquete, y aguantarte la descarga!

CÉSAR. Óyeme lo que te voy a decir. Yo no quiero que tú te metas en más líos…

MIGUEL ÁNGEL. ¿Yo, papá? ¡Ay, viejo, despierta! Aquí no hay quien se meta en líos. Aquí te meten en uno te guste o no te guste. Mira, yo no sé nada de esa gente y ya me están enredando

a mí. Que vayan por donde viven los que se fueron e investiguen. ¿No son ellos los de la Seguridad del Estado? Entonces, que averigüen.
CÉSAR. Eso es lo que están tratando de hacer, de ver quiénes son los cómplices. Esto puede ser una conspiración. Pero todo el mundo dice lo mismo. Nadie sabe nada.
MIGUEL ÁNGEL. Entonces que no jodan y me dejen tranquilo. *(Con sorna)*. Si quieren saber dónde está la gente, y que nadie se vaya, que pongan a todo el país bajo arresto domiciliario como hacen con los que protestan. *(Breve pausa)*. Yo no sé qué puñeta se trae el Gobierno con los peloteros. *(Irónicamente)*. Los Van Van, van y vienen, y son una gloria de Cuba. Alicia Alonso parece que tiene las zapatillas de ballet montadas en patines y no para de viajar. Pero si un pelotero dice que quiere jugar en las grandes ligas, ¡se armó la jodedera!
CÉSAR. El béisbol en los Estados Unidos ya no es un deporte, es una corrupción. Se quieren llevar a nuestros mejores jugadores.
MIGUEL ÁNGEL. Chico, viejo, para ti todo lo de los Estados Unidos es una corrupción. Los americanos no pueden ni respirar sin que los acusen de algo. Que fracasó la zafra, culpa de los americanos. Que se va un músico, culpa de los americanos. ¡Que Elián se orinó en los pantalones, culpa de los americanos!
CÉSAR. ¡Tú eres muy gracioso! Pero es verdad, porque todo lo pervierten con los dólares. Allá no se juega al béisbol por amor al deporte, por amor al juego como se juega aquí... Allá es por avaricia, por amor a los dólares. Allá todo tiene un precio.
MIGUEL ÁNGEL. ¿Y aquí qué? ¿Cuál es el precio de aquí? ¿Servirles de trofeo a la Revolución? ¿Tú te figuras que la gente se va de aquí porque piensan que en Estados Unidos van a hacer millones en un mes? ¡Se van de aquí para hacer de sus vidas lo que les dé la gana!
CÉSAR. Se van de aquí porque no quieren a su país.
MIGUEL ÁNGEL. ¡No jodas, papá! Nadie arriesga su vida por irse de compras a Miami. Mira cuántos han muerto tratando de cruzar las famosas noventa millas.
CÉSAR. Si se hubiesen quedado tranquilitos en su casa, nada hubiese pasado.
MIGUEL ÁNGEL. *(Frustrado)*. Hablar contigo es tiempo perdido. Mira, déjame irme a dormir que ya se va haciendo tarde y yo tengo otras cosas en mi cabeza. *(Se detiene)*. Pero déjame decirte una cosa, que todos esos muertos, que todos esos ahogados, que todos esos desaparecidos son culpa de este Gobierno que tú quieres tanto. Y si ese grupo de peloteros que se fue y están buscando no llega a los Estados Unidos, que no le echen la culpa a los americanos. *(Se encamina al interior)*.
CÉSAR. *(Despectivo)*. No, no te preocupes que esos no van a llegar.
MIGUEL ÁNGEL. *(Nuevamente se detiene)*. ¿Que no van a llegar? ¿Por qué dices eso?
CÉSAR. ¿Quieres saber por qué? Porque los sorprendieron cerca de Cayo Fragoso y en vez de entregarse, se resistieron. El barco donde iban se hundió y todos se ahogaron.
MIGUEL ÁNGEL. *(Irritado y herido)*. ¡Coño, papá! ¿Por qué tú eres así? ¡Tú eres del carajo, viejo! Si tú sabías lo que había pasado, ¿por qué todo ese paripé? Que si tú sabes, que si no sabes...
CÉSAR. Porque quería estar seguro de que tú no sabías nada.
MIGUEL ÁNGEL. ¿Y tú piensas que yo soy tan comemierda que si sabía algo te lo iba a decir? Chico, ¡ni aunque me hubieras cortado los huevos!
CÉSAR. *(Sorprendido)*. Entonces, ¿tú sabías que se habían ido...?
MIGUEL ÁNGEL. *(En el mismo tono)*. ¿Qué tú crees...?

Apagón.

Escena tercera

Unos meses más tarde.
César abre la puerta de la casa. Yuri entra.

CÉSAR. Pasa, pasa. *(Llama)*. ¡Miguel Ángel!
YURI. ¿Cómo está usted, César?
CÉSAR. *(Con amabilidad)*. Yo bien, no me puedo quejar. ¿Cómo estás tú?
YURI. Bien, bien...
CÉSAR. *(Nuevamente llama)*. ¡Miguel Ángel!
MIGUEL ÁNGEL. *(Desde adentro)*. ¡Ya voy!
CÉSAR. Hace tiempo que no te veo pichear, ¿qué es lo que pasa?
YURI. *(Inventa una excusa)*. Es que... es que tengo un problema en la espalda y me da un dolor muy grande cada vez que hago un lanzamiento.
CÉSAR. Ah, caray, no en balde no te veía en ningún juego. Bueno, me imagino que has visto al médico, ¿no?
YURI. Sí, sí. Me dijo que no me preocupara, que es muscular, que lleva tiempo, pero que me cuide...
MIGUEL ÁNGEL. ¡Hola! ¿Cómo estás?
YURI. *(Sonríe)*. Aquí...
CÉSAR. *(Sonriente)*. Bueno, los dejo. Me tienes que disculpar, Yuri, pero es que mi vecina, Nilda, me invitó a comer y como yo soy todo un caballero no quiero hacerla esperar. Hizo chilindrón, y a mí el chilindrón me encanta.
YURI. Chilindrón, un plato muy criollo. Usted debe ser muy popular con su vecina.
MIGUEL ÁNGEL. Sí, pero no te vayas a pensar que ese chilindrón es de chivo. No, no. La cocina de Nilda es muy creativa. Ese chilindrón es de gato. *(Yuri ríe)*. Ya no queda uno en el barrio.
CÉSAR. ¡Hazme el favor! Cómo te gusta joder. *(Rápidamente)*. ¡No, cómo te gusta joder, no! ¡Cómo te gusta joderme! *(Saliendo)*. Hasta luego, Yuri.
YURI. Hasta luego, César.

César abandona la escena.

MIGUEL ÁNGEL. ¿Cómo estás? *(Se acerca y lo abraza)*.
YURI. Yo bien, ¿y tú?
MIGUEL ÁNGEL. *(Sonríe)*. Como agua para chocolate, ¡aún esperando el chocolate! *(Ligeramente, lo besa. En ese momento se escucha la puerta de la calle y ambos se separan atropelladamente)*.
CÉSAR. *(Entra)*. Óyeme, Miguel Ángel, si salen no cierres la puerta que no tengo llave. No quiero quedarme esperando allá afuera hasta las mil y quinientas hasta que tú regreses.
MIGUEL ÁNGEL. No te preocupes.
CÉSAR. Hasta luego. Que se diviertan. *(Nuevamente abandona la escena. Miguel Ángel y Yuri se miran y se echan a reír)*.
YURI. ¡Coño! Por poco nos agarran in fraganti. *(Ríen)*. Mira lo que te traje. *(Saca una pelota de béisbol)*. Para que no te olvides de mí.
MIGUEL ÁNGEL. ¿Tú crees que yo me puedo olvidar de ti?

YURI. *(Sonríe y bromea).* Bueno, por ahí hay unos cuantos que no tienen mal tipo y que necesitan aprender un poco más de béisbol. Y tú en eso... tú en eso eres el maestro. *(Breve pausa).* Esta es la pelota de nuestra última práctica. Y te la firmé. Así que si me hago famoso, esta pelota puede valer millones.

MIGUEL ÁNGEL. *(Toma la pelota. Serio).* Me conformo con que llegues a la Florida sin ningún percance. *(Revisa la pelota. Bromea).* ¿Ni siquiera una dedicatoria? Nada más que pusiste Yuri, a secas. ¿Yuri quién?

YURI. No quería cometer una indiscreción... por si acaso. *(Sonríe).* Hazme el favor de esconderla hasta que yo me haya ido, no vaya a ser que tu padre la vea, sospeche algo, y entonces sí que de aquí no sale nadie.

MIGUEL ÁNGEL. *(Coloca la pelota sobre la mesa).* En menos de una semana todo se me volverá recuerdos...

YURI. *(Optimista).* ¡En menos de una semana comenzaremos una nueva etapa! Tú veras qué rápido pasa el tiempo.

MIGUEL ÁNGEL. Para ti... Para los que se quedan en la misma mierda de siempre el reloj no camina.

YURI. Tú crees que no camina, pero de verdad camina, Migue, y tan pronto como tenga el dinero tú te podrás ir. No te puedes forjar fantasmas.

MIGUEL ÁNGEL. ¿No es eso lo que hemos hecho desde que tenemos uso de razón? Después de tantos años sin usar, como que la esperanza se atrofia. Ya me había acostumbrado a vivir sin tener que elegir...

YURI. Pero llegué yo, y ahora es diferente. Ahora es el momento de volver a descubrir la vida, y descubrirla juntos. Cuando nos volvamos a reunir ya no tendremos nada que ocultar.

MIGUEL ÁNGEL. *(Sonríe cansado).* Hice limonada... para recordar la primera noche que estuvimos juntos. Y tengo hielo. ¿Quieres que le ponga un poco de ron?

YURI. Más tarde. *(Sonríe).* Yo me conseguí otra cosa para olvidar las penas. *(Saca un cigarrillo de marihuana).*

MIGUEL ÁNGEL. *(Ríe).* ¿De dónde tú sacaste eso, Yuri?

YURI. Tengo conexiones... *(Lo prende).* ¿Tú no dices que el que tiene dólares puede conseguir lo que le dé la gana? Pues tú no eres el único, yo también lo mismo te consigo una libra de malanga que un pito de marihuana.

MIGUEL ÁNGEL. *(Sonríe).* Tú eres del carajo... ¿Y cómo lo hiciste?

YURI. Ay, Migue, si eso es lo más fácil del mundo. La gente se figura que aquí la marihuana no existe. Vete por la universidad y verás qué rápido haces tu negocio. La cuestión es conocer a alguien. *(Sonríe).* Esta es de la cosecha que le venden a los estudiantes que vienen del exterior.

MIGUEL ÁNGEL. *(Sonríe).* ¡Cómo te voy a extrañar!

YURI. Y yo a ti.

MIGUEL ÁNGEL. *(Con cierta preocupación).* Oye, ¿y si el viejo regresa de nuevo y nos sorprende fumando esto?

YURI. Ah, no te preocupes. Inventamos cualquier cosa. Que me conseguí unos cigarros turcos que no huelen como los cubanos.

MIGUEL ÁNGEL. *(Ríe).* Por eso tú no tuviste un hermano gemelo, porque como tú no hay dos.

YURI. Métele mano. *(Fuma).* Esta hierba es oro cubano, y del bueno. Hay que fumarla despacio para que nos dure. *(Durante esta parte del diálogo compartirán el cigarrillo como es costumbre con la marihuana).* Tenemos que hacer como Colón... como Cristóbal Colón. Todo el mundo decía que la tierra era plana y él decía que no *(imita acento español)* que es redonda,

¡coño!, como las nalgas de su majestad *(continúa normalmente)* y tanto insistió hasta que consiguió que la Reina Isabel lo ayudara… y se arriesgó… se arriesgó a cruzar el Atlántico en las tres carabelas… *(Sonriendo).* La Niña, que decía que era la Santa María, pero resultó ser tremenda Pinta *(ambos ríen)* y mira lo que descubrió. El Almirante sí que fue valiente. Que nadie me diga otra cosa, que había que tenerlos bien puestos para navegar hacia lo desconocido. *(Breve pausa).* Nosotros tenemos que hacer lo mismo, Migue. Tenemos que mirar al futuro y dejarlo que se convierta en pasado.

MIGUEL ÁNGEL. *(Sonríe).* Yo te sabía buen pitcher pero no filósofo. ¿De dónde sacaste tú eso? Y no me digas que eso es la inspiración que tienes por lo que estamos fumando.

YURI. No, chico, no. *(Se detiene).* Bueno, a lo mejor sí. ¡Tú sabes que esta hierba es la musa de los poetas! *(Breve pausa).* Si queremos ser felices tenemos que arriesgarnos.

MIGUEL ÁNGEL. Desde que me dijiste que te ibas, le tenía miedo a que llegara esta noche. Hubiera dado todo por alargar los días.

YURI. Hay que ser positivo, Migue.

MIGUEL ÁNGEL. Para eso te tengo a ti. Lo malo es que te me vas.

YURI. *(Sonríe).* No, no, no… No quiero oír cosas tristes. Si estas son las últimas horas que vamos a pasar juntos, hasta que podamos reunirnos de nuevo, vamos a pasarla bien. Quiero irme de aquí con una sonrisa…

MIGUEL ÁNGEL. Entonces déjame preparar tu trago favorito. *(Comienza a preparar los tragos de ron y limonada).* Tú siempre me has hecho reír. Desde la primera vez. Lo primero que noté fue tu sonrisa, amplia, fresca, sincera…

YURI. *(Sonríe).* Tú sabes que una sonrisa es la distancia más corta entre dos personas. *(Oscuridad repentina).*

MIGUEL ÁNGEL. *(Riéndose).* Mira, ya se volvió a ir la puñetera luz. Esta es la cuarta vez esta semana. Nos vamos a convertir en murciélagos.

YURI. Mejor así. A lo mejor se enteraron de que yo venía por aquí. Tú ves, el Gobierno no es tan malo. *(Se acerca a Miguel Ángel).* A veces los apagones conspiran con uno. *(Lo abraza por la espalda).*

MIGUEL ÁNGEL. *(Riéndose).* Tú no pierdes tiempo.

YURI. *(Lo besa en la nuca).* ¿Tú crees que yo soy bobo?

MIGUEL ÁNGEL. *(Se voltea, riendo).* No, yo sé que tú eres muy inteligente, de bobo no tienes nada. *(Lo besa ligeramente en los labios).* Déjame buscar las velas. *(Intenta separarse).*

YURI. *(Riendo, lo aguanta).* ¿Y si no te dejo? ¿Y si te aguanto así, conmigo, sin que te puedas mover, para sentirte bien cerca de mí, para que sepas cuánto te quiero?

MIGUEL ÁNGEL. *(Riendo).* Pues nos quedamos en la oscuridad, pero vas a tener que enfrentarte a las consecuencias. *(Se separa).* Mira, tómate tu trago y déjame buscar las velas.

YURI. *(Toma el vaso. La conversación continúa mientras Miguel Ángel busca las velas, los fósforos, las enciende, etcétera. La escena quedará en una tenue penumbra).* Yo te quiero, Miguel Ángel.

MIGUEL ÁNGEL. Y yo a ti, Yuri. No sé, quizás desde el primer momento. *(Sonríe con cierta nostalgia).* Nunca se me olvidará cuando nos conocimos.

YURI. *(Pícaramente).* Ni a mí. *(Mirando a Miguel Ángel de arriba abajo).* Yo me dije, este tiene probabilidades… ¡Tiene que jugar en mi equipo o lo hago jugar yo! *(Ríe).*

MIGUEL ÁNGEL. *(Sonríe).* Y a mí ni me pasó por la mente que tú…

YURI. *(Sonriendo, interrumpe).* ¡Pero mira que tú tienes la cara dura, Miguel Ángel! ¡Tú sabías lo que había detrás de todo aquello!

MIGUEL ÁNGEL. *(Con doble sentido)*. ¡Detrás y delante! *(Ríen. Fingiendo inocencia)*. Yo solo quería jugar un poco de pelota, yo no tenía otra intención…

YURI. *(Sonríe)*. Sí, tú no tenías *otra* intención. Tú tenías *una* intención. ¡Pero mira que tú eres descarado! Venirte a hacer el santo ahora. Yo aprendí más de ti que tú de mí.

MIGUEL ÁNGEL. *(Sonríe)*. Eres un pícaro… ¡Tú parece que no rompes un plato, pero acabas con la vajilla! *(Breve pausa)*. ¿Te acuerdas? *(Yuri asiente)*. Ustedes estaban jugando en aquel parque de La Lisa, en Marianao, y yo pasé en bicicleta y cuando los vi me detuve…

YURI. *(Sonríe)*. ¡Te detuviste porque me viste, qué caray!

MIGUEL ÁNGEL. ¡Y de contra, vanidoso! Me detuve porque me llamó la atención lo bien que estaban jugando. Y Turo, cuando me vio parado allí, como un bobo, me dijo que les faltaba uno para completar la novena.

YURI. Y te invitamos a que jugaras con nosotros. Y nos sorprendiste, cabronzote. Yo me preguntaba, ¿quién es este tipo que juega tan bien? Hasta que nos dijiste quién eras. Cuando mencioné tu nombre en casa, mi padre supo quién eras tú inmediatamente. Se quedó muy sorprendido, dijo que tú eras una estrella del deporte. Y que más nunca se había sabido de ti. *(Breve pausa)*. ¡Cuánto me hubiera gustado haberte visto jugar en la liga con tu uniforme! Yo siempre he dicho que tú eres el mejor. Y comencé a quererte sin que tú lo supieras. Y no sabía cómo decírtelo. Tenía miedo. No estaba seguro de que tú fueras como yo. *(Breve pausa)*. Eso es otra cosa que le tengo que agradecer a mi tía, porque si no se hubiese ido para Miami, no hubiese habido fiesta. ¿Sabes una cosa? Los días más alegres no eran cuando tenía que pichear un juego, no… Los más alegres eran cuando me iba a jugar contigo, tú y yo, solos… *(Breve pausa)*. Yo podría estar solo contigo todos los días del mundo.

MIGUEL ÁNGEL. *(Respira profundamente con el comentario de lo inevitable)*. Pasado mañana, ¿eh?… ¿Lo tienes todo listo?

YURI. *(Asiente)*. Todo. *(Sonríe)*. Una botella de agua y unas naranjas.

MIGUEL ÁNGEL. Déjame ir contigo hasta Quiebra Hacha.

YURI. *(Afectuosamente)*. Nooo…

MIGUEL ÁNGEL. Nada más que hasta Quiebra Hacha. Después tú sigues hasta Bahía Honda.

YURI. No… Ya te dije que es mejor así. Así nadie se compromete…

MIGUEL ÁNGEL. ¡Pero si a mí no me importa un carajo comprometerme!

YURI. Pero a mí sí. Papá quería ir y le dije que no. Esta noche contigo, mañana me paso el día con él. Y se acabó. Me voy yo solo.

MIGUEL ÁNGEL. Está bien, lo que tú digas. Tú te vas solo y yo me quedo solo.

YURI. Tú verás, Migue, tú verás…

MIGUEL ÁNGEL. Yuri, no podemos tapar el sol con un dedo. No importa la vuelta que le demos a este asunto… ni que piense positivamente, como tú dices. El caso es que tú te vas y yo me quedo. Y eso es todo, esa es la realidad. *(Sonríe cansado)*. Cuba hoy es como la red de un pescador, que nos atrapa y nos aleja de todo lo que al principio fue noble y hermoso… Cuando tú te hayas ido, todo volverá a ser como antes. *(Le da un fuerte abrazo)*. Ay, Yuri… Parece que tú y yo siempre nos estamos despidiendo. *(Se besan tiernamente. Se separan y se miran por breves segundos)*.

YURI. Ahora más que nunca quisiera estar contigo.

MIGUEL ÁNGEL. *(Lo toma de la mano)*. Ven…

YURI. ¿Adónde?

MIGUEL ÁNGEL. *(Sopla y apaga las velas)*. A la azotea. ¿No dices tú que a veces la oscuridad conspira con uno? *(Salen)*.

En la azotea del edificio donde vive Miguel Ángel. La escena totalmente envuelta en penumbras.

YURI. *(Sonríe).* Así que esta es tu base de operaciones…

MIGUEL ÁNGEL. *(Sonríe).* Mi base de operaciones, no. Solamente mi base de escape, donde puedo refugiarme y alejarme de todo y, como ves, hoy la noche está perfecta. Ni siquiera hay luna.

YURI. No quieres testigos, ¿eh?

MIGUEL ÁNGEL. Solo te quiero a ti. *(Lo abraza. Yuri lo besa en la mejilla).* Por eso le pedí al cielo que esta noche nos dejara solos.

YURI. Tienes influencia. Te complacieron. *(Miguel Ángel se separa y le pasa un brazo por los hombros).*

MIGUEL ÁNGEL. Mira. *(Miguel Ángel señala en una dirección).* Para que no se te olvide todo esto que vas a dejar, que aunque se está cayendo a pedazos, sigue siendo tu Habana… Para allá, esa sombra redonda es el Capitolio… *(Yuri sonríe. Miguel Ángel señala en otra dirección).* Y ves, allá está el Habana Libre que una vez se llamó Hilton… *(Miguel Ángel sonríe y señala en otra dirección).* Y para allá está la «raspadura», el monumento de Martí, en la que una vez fue la Plaza Cívica… Y para allá, el faro del Morro, pero esta noche se fundió…

YURI. *(Se voltea).* ¿Tú crees que porque deje esto me voy a olvidar de todo? Te tengo a ti aquí, y eso jamás lo podré olvidar, y te juro que no descansaré hasta que pueda tenerte conmigo. Te lo juro, Miguel Ángel, te lo juro. *(Lo besa).*

MIGUEL ÁNGEL. Yo jamás podré terminar de decirte lo mucho que te quiero. Las horas se me hacen eternas cuando no estoy contigo, y ahora…

YURI. Ssssh… No tengas miedo, no te desesperes. Yo le voy a encontrar una solución. Quiero tener el privilegio de quererte sin miedos, sin tener que esconderme. Cuando llegue mañana, nuestras vidas cambiarán. Tú lo verás. Del otro lado del mar hay un mundo donde la vida es diferente y allí es donde te voy a llevar…

Miguel Ángel comienza a desabotonar la camisa de Yuri o quizás, para simplificar la escena, Yuri pueda vestir un pulóver que Miguel Ángel le sacará por la cabeza.

MIGUEL ÁNGEL. Donde tú estés, ahí es donde yo estoy. *(Lo besa. Por unos segundos le sostiene el rostro entre sus manos).* ¿No te cansas de oírme decir que te quiero?

YURI. Nunca. *(Lo besa y, en el beso, lentamente se arrodillan).* Me quejaría si no me lo dijeras. Uno inventa mentiras porque aquí esa es la única forma de vivir, pero resulta que te conocí, y tú eres verdad. Tú eres real.

MIGUEL ÁNGEL. Yo no podría dejar de quererte, Yuri. *(Se abrazan).*

YURI. Cuando volvamos a reunirnos haremos lo que nunca hemos hecho…

MIGUEL ÁNGEL. *(Sonríe pícaramente).* Creí que ya lo habíamos hecho todo.

YURI. No, hay cosas que hasta hoy no hemos podido hacer. Son las cosas más simples, las de todos los días, pero hasta ahora, para nosotros, prohibidas. Es despertarme a tu lado, saber que por las noches estás junto a mí, sentir tu piel tibia, tu cuerpo bien pegado al mío y mis brazos alrededor de tu pecho, apretándote contra mí… Mi boca sobre tu nunca… Y poder besarte… Besarte hasta que te duermas o te despiertes…

MIGUEL ÁNGEL. No me olvides, Yuri, no me olvides.

YURI. Jamás.

Se besan apasionadamente. En la distancia se escucha la sirena de un auto de la policía.

Oscuridad.

Escena cuarta

Seis meses más tarde.
César tiene dificultades para sintonizar un programa de televisión. Tocan a la puerta. César la abre y es Natacha.

CÉSAR. Ah, Natacha, entra. Tanto tiempo sin venir por aquí. Hace media hora que estoy tratando de sintonizar el juego de pelota.
NATACHA. A ver, déjeme a mí, César. A lo mejor yo tengo mejor suerte.
CÉSAR. *(Se aparta de la televisión y deja que Natacha lo intente).* Siempre pasa lo mismo. Después de que se va la luz es una lucha sintonizar ese aparato.
NATACHA. *(Sonríe mientras intenta sintonizar la televisión).* Es que este televisor es muy viejo, César.
CÉSAR. No hay otro. Es el único que tenemos.
NATACHA. A veces dándole un golpecito… *(Le da unos ligeros golpes al televisor).* A lo mejor tiene un bombillito flojo… Mire, mire, ¿no le dije que yo tenía mejor suerte? Ya se ve mejor, aunque el volumen no está muy bueno.
CÉSAR. *(Sonríe).* Deberías venir más a menudo por aquí, así tendría quien me arregle el televisor. ¿Tú crees que me podrías arreglar el ventilador?
NATACHA. *(Extrañada).* ¿El ventilador?
CÉSAR. Son bromas mías. No me hagas caso. Lo que pasa es que mi ventilador está roto y estoy tratando de encontrar a alguien que me lo arregle antes de que llegue de nuevo el calor.
NATACHA. ¿Quiere que se lo deje encendido?
CÉSAR. Sí, déjalo así, sin el volumen, no se me vaya a fastidiar otra vez y el juego de pelota ya está al empezar.
NATACHA. ¿Está Miguel Ángel? Tengo una carta de Yuri para él.
CÉSAR. No. No sé a dónde habrá ido. A veces pienso que está por aquí, y cuando vengo a ver se me ha desaparecido. Seguramente que se encontró con alguien. Miguel Ángel es muy sociable cuando le da la gana. Si quieres, deja la carta aquí y yo se la doy cuando él llegue.
NATACHA. Déjeme esperarlo un ratico nada más. *(Señalando hacia el televisor).* Mire, ya comenzó el juego. *(Breve pausa).* Es una lástima que Miguel Ángel no pueda jugar pelota.
CÉSAR. Él hubiera podido jugar pelota hasta el día de su muerte. Pero no. Él tiene que hacerse el rebelde y hacer lo que le dé la gana. *(Señala el guante y el bate de Miguel Ángel).* Mira, ahí están el guante y el bate muriéndose de risa y cogiendo polvo. No los ha vuelto a tocar. Él sí ha tenido oportunidad de hacerse de algo. Yo nunca la tuve. Yo tuve que ponerme a trabajar. Ni a la escuela pude ir y teníamos que comer. Mi padre se murió cuando yo era muy joven.
NATACHA. No todo el mundo tiene la suerte de tener un hijo como Miguel Ángel. Yuri siempre me decía todo lo que había aprendido en el béisbol con Miguel Ángel. Eran inseparables.
CÉSAR. Él ha botado su vida. Ni se ha casado, ni tiene futuro.
NATACHA. Es que cada uno tiene su forma de pensar, César. Además no todo el mundo está listo para el matrimonio.
CÉSAR. Yo ya debería tener nietos. *(Pausa).* Pero, dime, ¿y qué cuenta tu hermano?
NATACHA. Parece que le va muy bien en Miami.
CÉSAR. Nosotros no somos como nos quieren pintar en Miami… pero es una lástima que haya echado su futuro por la borda también. Pudo haber llegado, como Miguel Ángel, muy

lejos… a ser una gloria del béisbol cubano. Miguel Ángel cambió radicalmente desde la muerte de su madre.

NATACHA. *(Enfáticamente).* Hace mucho tiempo que murió, ¿verdad?

CÉSAR. Hace más de veinte años, de cáncer… Fue algo horrible. Era muy joven para que se me muriera tan rápido. Yo siempre había pensado que nos íbamos a poner viejos juntos, y que a la hora final… pero se me fue. Los médicos hicieron lo imposible pero fue inútil.

NATACHA. Hace veinte años no se sabía lo que se sabe hoy sobre el cáncer.

CÉSAR. Nooo… Si hubiésemos podido conseguir las medicinas, ella estaría viva. El bloqueo ese maldito, me la mató. Pero a esa gente no le importa que uno se muera.

NATACHA. *(Excusándose para no discutir de política).* Se me hace tarde. Tengo que irme.

CÉSAR. Vete y no te preocupes. Dame la carta y yo se la doy a Miguel Ángel en cuanto llegue.

NATACHA. Por favor, César, que no se le olvide. *(Le entrega un sobre).*

CÉSAR. ¿Cómo se me va a olvidar, muchacha? *(Sonríe).* Oye, yo estoy viejo, pero no senil.

NATACHA. No, pero es que mi hermano me pidió que se la diera a él mismo.

CÉSAR. Vete tranquila. Y no pierdas la costumbre. Ven más a menudo.

NATACHA. *(Asiente por delicadeza y sonríe levemente).* Y gracias… Me saluda a Miguel Ángel.

CÉSAR. Sin falta. *(Natacha sale. César cierra la puerta y espera unos segundos. Pasa un pestillo para tener la seguridad de que no será sorprendido si Miguel Ángel regresa. Abre el sobre, toma la carta y la lee. Su rostro se transforma en una mueca de ira y repugnancia).* Maricón. ¡Hijo'e puta y maricón! *(Se dirige a la puerta de la casa, la abre y llama).* ¡Nilda! ¡Nilda! ¡Nilda! *(Se guarda el sobre en un bolsillo y sale con paso rápido mientras lentamente las luces pierden intensidad. Oscuridad absoluta).*

Escena quinta

Dos días más tarde.

La escena vacía. Alguien llama a la puerta. Miguel Ángel entra en escena desde el interior de la casa y se dirige a la puerta. Natacha entra visiblemente excitada.

NATACHA. *(Abrazándose a Miguel Ángel. Sollozando).* Ay, Miguel Ángel, qué bueno que estás aquí. Lo que ha pasado, Miguel Ángel.

MIGUEL ÁNGEL. ¿Qué es lo que pasó?

NATACHA. ¿Dónde está tu papá? ¿Está aquí?

MIGUEL ÁNGEL. Está en su cuarto, durmiendo la siesta. ¿Qué es lo que pasa? ¿Por qué estás así?

NATACHA. *(Baja la voz).* ¡Se los llevaron, Miguel Ángel! ¡Se los llevaron a todos!

MIGUEL ÁNGEL. ¿A quiénes? ¿Qué pasó? ¡Cálmate, por favor! Dime, ¿qué paso?

NATACHA. ¡Se llevaron a Turo, a Octavio y a los jimaguas! ¡Los han acusado de traidores! ¡De que se querían ir del país! ¡Que estaban planeando otra deserción!

MIGUEL ÁNGEL. Pero… ¿por qué? ¿Qué fue lo que pasó?

NATACHA. En cuanto me enteré vine para acá a ver si te encontraba. Quería estar segura de que no habían venido a buscarte.

MIGUEL ÁNGEL. *(Impaciente).* Pero, ¿por qué, muchacha? ¿Por qué me iban a venir a buscar?

NATACHA. No sé, no sé, fue un presentimiento. No sabía qué hacer. Después de que Yuri se fue, no nos quitan el ojo de arriba, como si fuésemos criminales. Como tú los conoces a todos ellos, pensé que a lo mejor también te podrían haber arrestado.

MIGUEL ÁNGEL. Yo no los he visto a ellos desde antes de que Yuri se fuera. *(Miguel Ángel va en busca de un vaso de agua para Natacha).*
NATACHA. Gracias. ¿Qué es lo que les van a hacer ahora, Miguel Ángel? ¿Qué es lo que les van a hacer? Yo no quiero que le pase nada a Turo.
MIGUEL ÁNGEL. Por favor, Natacha, serénate y dime qué fue lo que pasó.
NATACHA. No sé… no sabemos… Todo está muy extraño. ¡Rarísimo! Le dijeron a papá que Turo, Octavio y los jimaguas planeaban hacer como Yuri. Que se habían conseguido el mismo contacto en Miami y estaban preparándose para irse de aquí. Dijeron que tienen pruebas de que se iban en una lancha súper rápida que se dedica al tráfico ilegal. La Seguridad del Estado los arrestó a todos.
MIGUEL ÁNGEL. Pero… ¿Es cierto que planeaban irse?
NATACHA. No sé. ¿Quién no se quiere ir? A mí me da la impresión de que Turo estaba planeando algo, pero no me lo quería decir, quizás para no comprometerme o porque todavía no tenía nada seguro. No sé… Nadie ha podido hablar con ninguno de ellos y lo único que sabemos es lo que nos dice la gente de la Seguridad.
MIGUEL ÁNGEL. Pero, si es verdad, ¿cómo se enteraron? ¿Con quién hablaron? Alguien los delató, ¿no?
NATACHA. ¡No se sabe, Miguel Ángel, no se sabe! Turo no me había dicho nada. La gente de los jimaguas tampoco sabía nada. Todo esto nos ha cogido por sorpresa y no sabemos qué hacer. En casa de Octavio entraron como fieras y acabaron con todo. Lo acusaron de ser el coordinador de la fuga. Me dijo su hermano que mientras más gritaba y protestaba, más le pegaban. Lo sacaron a patadas. Le partieron la nariz. Todos están en Villa Marista. En casa de Turo hicieron lo mismo, lo registraron todo. Les dijeron que les debía dar vergüenza que, después de que la Revolución había hecho tanto por su hijo, se hubiera convertido en un traidor. Su madre está desesperada.
MIGUEL ÁNGEL. ¿No tienen a nadie que los ayude? Tú sabes que siempre hay gente que denuncia por denunciar, por envidia. Alguien siempre se puede beneficiar. Arturo es muy popular con los fanáticos, y alguien de la Comisión de Deportes…
NATACHA. *(Interrumpe).* Todo el mundo le ha dado la espalda. Cuando esto se sepa, si es que lo publican en el periódico, lo pasearán como un traidor, si no es que pide perdón y se arrepiente. Cuando se entere Yuri… Gracias a Dios que a ti no te pasó nada.
MIGUEL ÁNGEL. ¿Se han podido comunicar con él?
NATACHA. No, no hemos podido. Papá ha tratado de comunicarse pero no hay manera de que le den la llamada. Yo creo que lo están haciendo a propósito. ¿Qué vamos a hacer, Miguel Ángel, qué vamos a hacer? ¿Tú crees que tu padre pueda hacer algo?
MIGUEL ÁNGEL. ¿Papá?
NATACHA. Sí, como él es tan del Gobierno y amigo de la gente del Comité…
MIGUEL ÁNGEL. Papá no puede hacer nada, Natacha. Si les dice algo, le dirán que sí, que tratarán de ayudarlo, pero no van a hacer nada.
NATACHA. Pobre Turo. Si no puede volver a jugar…
MIGUEL ÁNGEL. Se acostumbrará, como me acostumbré yo.
NATACHA. *(Vacila).* Hay otra cosa…
MIGUEL ÁNGEL. ¿Qué cosa?
NATACHA. Pasó lo que no quería que pasara. Estoy en estado. *(Se abraza a Miguel Ángel).* Turo no lo sabe todavía. Quería estar segura antes de decírselo. Tú eres el primero.
MIGUEL ÁNGEL. ¿Qué piensas hacer?

NATACHA. No sé… no sé…

MIGUEL ÁNGEL. Cálmate. Tienes que empezar por decírselo a Turo.

NATACHA. Se lo digo, ¿y qué? ¿Qué puede hacer él?

MIGUEL ÁNGEL. Habla con tus padres.

NATACHA. *(Firme)*. Miguel Ángel, yo no quiero tener este hijo. ¿Para qué voy a tener un hijo? ¿Para que se lo lleven? ¿Para que hagan de él lo que ellos quieran, sin yo poder hacer nada? Mi hijo no será mi hijo, será de ellos, de la Revolución. Me han quitado hasta la ilusión de ser madre. Cuando conocí a Turo pensé que algún día nos casaríamos, que tendríamos una familia. Pero me estaba engañando. La realidad no es como la que yo me inventé. Aquí nadie puede decidir su vida. La deciden por ti. Y tengo miedo… Miedo de traer al mundo esta criatura. Lo más duro es que quería ser madre y no lo puedo ser… Qué triste… ¿verdad? *(Breve pausa)*. Tú y Yuri no tendrán nunca este problema.

MIGUEL ÁNGEL. ¿Qué quieres decir con eso?

NATACHA. Antes de irse, Yuri me contó lo de la relación de ustedes. *(Sin perder tiempo)*. No, no te preocupes que eso queda entre nosotros.

MIGUEL ÁNGEL. Natacha… Cada uno tiene su cruz… A veces, lo que está del otro lado parece más sencillo, pero… *(Breve pausa)*. ¿Tú has pensado alguna vez lo que es escalar el Pico Turquino?

NATACHA. *(Comprende apenada)*. Perdóname, no quise…

MIGUEL ÁNGEL. No es fácil, Natacha.

NATACHA. Lo sé, Miguel Ángel. *(Lo abraza fuertemente y lo besa en la mejilla)*. ¿Qué podemos hacer?

MIGUEL ÁNGEL. Nada. Esperar.

NATACHA. ¿Esperar?

MIGUEL ÁNGEL. Sí, a eso también uno se acostumbra. *(Breve pausa)*. Lo primero que debes hacer ahora es hablar con tus padres. Y si pueden hablar con Yuri, dile que lo extraño… mucho.

NATACHA. Está bien.

MIGUEL ÁNGEL. Mañana trataré de pasar por tu casa a ver qué se sabe. *(Natacha le da otro beso)*.

NATACHA. *(Saliendo)*. Ten cuidado.

Miguel Ángel cierra la puerta, pensativo. Lentamente, da unos pasos, como el que no sabe qué hacer. Se dirige hacia el comedor, toma la botella de ron y un vaso. Se sirve un trago y se lo bebe de un golpe. Se sienta. Se sirve otro trago y se lo bebe nuevamente todo de un golpe. Se sirve nuevamente. Momentos más tarde, del interior de la casa, entra César.

CÉSAR. *(Estirándose)*. Si me quedo en la cama no duermo esta noche. ¡Qué fresco más sabroso! ¿Con quién estabas hablando?

MIGUEL ÁNGEL. ¿Eh…? No, no era nadie… Estaba oyendo el radio.

CÉSAR. ¿Y qué haces sentado ahí?

MIGUEL ÁNGEL. Nada.

CÉSAR. *(Se percata de la botella de ron)*. ¿Estás tomando?

MIGUEL ÁNGEL. *(Seco)*. Sí.

CÉSAR. ¿Y eso?

MIGUEL ÁNGEL. Tenía ganas de darme un trago. *(Toma otro trago)*.

CÉSAR. ¿Por qué estás tan serio?

MIGUEL ÁNGEL. ¿Serio?

CÉSAR. Tienes una cara…

MIGUEL ÁNGEL. La única que tengo, papá.

CÉSAR. ¿Te pasa algo?

MIGUEL ÁNGEL. ¿Qué me va a pasar? Estaba pensando.

CÉSAR. ¿En qué?

MIGUEL ÁNGEL. Boberías… Nada de importancia… ¡Coño! ¡Qué interrogatorio! ¿No puedo pensar?

CÉSAR. Tú te preocupas mucho por todo, Miguel Ángel.

MIGUEL ÁNGEL. ¿Tú crees? Pues mira, eso es algo que tenemos en abundancia… Preocupaciones.

CÉSAR. ¿Sabes una cosa, mijo? Si hay alguien a quien de verdad le hubiera convenido casarse, es a ti, y estoy convencido de que por ahí debe haber muchas que hubieran dado cualquier cosa por haberse casado contigo. Si te hubieses casado, te aseguro que otras serían tus preocupaciones.

MIGUEL ÁNGEL. La gente lo resuelve todo con el matrimonio.

CÉSAR. Cuando uno forma una familia, uno no tiene tiempo para estar analizando el mundo y ver por dónde le entra el agua al coco.

MIGUEL ÁNGEL. Tú crees que el matrimonio lo soluciona todo.

CÉSAR. Para eso se hicieron el hombre y la mujer. Es la ley de la naturaleza. Ya ves, yo me casé con tu madre y…

MIGUEL ÁNGEL. *(Interrumpe)*. Tú te has metido en la cabeza y quieres convencer a todo el mundo de que mamá fue feliz contigo. Quizás nunca le jugaste cabeza, ni la engañaste como hacen tantos por ahí, pero con tu carácter, viejo, con tus gritos… ¿Quién podía ser feliz? Parece que se te olvidó cómo la hacías llorar, las veces que me la encontré con los ojos hinchados y tratando de disimular para que yo no me diera cuenta. *(Rápidamente, antes de que su padre le conteste)*. Pero mira, dejemos eso ahora, que no es el momento. *(Breve pausa)*. Cada día trato de convencerme de que, como están las cosas, es imposible que puedan empeorar. Y al día siguiente pasa algo más y me doy cuenta de que me equivoqué. *(Se toma otro trago)*.

CÉSAR. ¿Y qué es lo que pasa ahora?

MIGUEL ÁNGEL. Nada. *(Rápidamente)*. ¿Tú nunca has tenido una pesadilla, una de esas en las que te ves solo, en un cuarto vacío, del que quieres salir, y cuando abres la puerta te encuentras en otro cuarto vacío? ¿Y cuando quieres salir de ese cuarto y abres otra puerta, te vuelves a encontrar en otro cuarto vacío? ¿Y vuelves a hacer lo mismo? La única forma de salir es despertándote.

CÉSAR. Bah… Yo no entiendo de esas cosas. Esas son comemierderías. Todo el mundo tiene pesadillas.

MIGUEL ÁNGEL. Yo las tengo todos los días, papá. Dormido y despierto.

CÉSAR. Lo que sí sé es que yo nunca puedo hablar contigo.

MIGUEL ÁNGEL. ¡Ni yo contigo, papá! ¿Y tú sabes por qué? Porque siempre terminamos en lo mismo.

CÉSAR. Pero no tiene por qué ser así. No tenemos por qué discutir.

MIGUEL ÁNGEL. Papá, mis batallas no son las tuyas. Tú estás por un lado y yo por el otro. Fíjate que tú nunca estás de mi parte. Esa idea que tú tienes de la familia es un mito, una ilusión que tú te has creado para convencerte a ti mismo o para convencer a la gente.

CÉSAR. Tú sabes que después de que tu madre se nos fue, nos quedamos sin más nadie en este mundo. Solos. Y así hemos tenido que andar. Tú me tienes a mí y yo a ti. Punto.

MIGUEL ÁNGEL. ¿Tener…? *(Repite)*. Tú me tienes a mí y yo te tengo a ti… Qué palabra más rara para demostrar afecto. Suena como una obligación.

CÉSAR. Soy tu padre. Sabes que debe existir un cariño, ¿no? Es lo normal.

MIGUEL ÁNGEL. Ay, viejo… El cariño no es para que se sepa, sino para que se sienta. Eso no hay que informarlo. ¿Qué cariño sientes tú por mí?

CÉSAR. Eres mi hijo. ¿Tú no sabes que te tengo cariño?

MIGUEL ÁNGEL. Mira, papá, y te juro que hoy no estoy para pelearme con nadie… Si lo supiera no tendría que preocuparme. Y si lo sintiera, quizás viviríamos un poco más tranquilos. *(Toma otro trago).*

CÉSAR. *(Hace un gesto señalando el bate y el guante de béisbol).* ¿Por qué no sales y juegas un poco ahora que no hace tanto calor? ¿Qué tiempo hace que no practicas? Con lo que te gusta… El ejercicio te vendría bien y te serviría de distracción.

MIGUEL ÁNGEL. *(Toma el bate y lo abanica varias veces).* A mí ya se me olvidó cómo jugar a la pelota.

CÉSAR. No jodas, chico, qué se te va a olvidar…

MIGUEL ÁNGEL. ¿Con quién voy a jugar?

CÉSAR. ¿Cómo que con quién? ¡Por favor, Miguel Ángel! No me digas que tú no conoces a nadie. Alguien que quiera jugar un poco de béisbol contigo. Los muchachos del barrio…

MIGUEL ÁNGEL. *(Interrumpe).* Papá, ¿tú crees que Cuba es feliz? *(Se deshace del bate).*

CÉSAR. *(Sorprendido).* ¿Cuba?

MIGUEL ÁNGEL. Sí, Cuba. ¿Tú crees que Cuba es feliz?

CÉSAR. Cuba es feliz a su manera.

MIGUEL ÁNGEL. ¡No me vengas con esa respuesta, por favor! Tú sabes lo que te estoy preguntando. Contéstame. ¿Tú crees que Cuba es feliz?

CÉSAR. ¿Y por qué no?

MIGUEL ÁNGEL. Entonces, ¿por qué hay tanta miseria? ¿Por qué la gente se quiere ir? ¿Por qué la gente está tan desesperada por salir de aquí que haría cualquier locura con tal de escaparse? ¿Por qué hay esas colas inmensas solicitando visas para irse para los Estados Unidos? ¿Por qué se fue Yuri? ¿Eh?

CÉSAR. Se fue porque le dio la gana. Porque él, como tú, tenía un futuro en este país y lo botó por la ventana. Y el que no quiere a su patria, no quiere a nadie. Se fue a olerle las nalgas a los americanos porque allá todo es grande y maravilloso, porque ellos son los mejores… y nosotros somos mierda. Todos ellos son iguales… El Yuri y sus amiguitos solamente piensan en dólares.

MIGUEL ÁNGEL. ¿Amiguitos? ¿Qué amiguitos?

CÉSAR. *(Sarcástico).* ¿Qué amiguitos? Dime con quién andas y te diré quién eres.

MIGUEL ÁNGEL. *(Insiste).* ¿Qué amiguitos, papá?

CÉSAR. El de esos ma… *(se detiene)* … los de su grupo. Tú sabes lo que quiero decir.

MIGUEL ÁNGEL. No, yo no sé lo que tú quieres decir. ¿A qué grupo te refieres? ¿Ya tú sabes algo de lo que pasó?

CÉSAR. Yo no sé nada y no me interesa.

MIGUEL ÁNGEL. *(Insiste).* Tú sí sabes algo. ¡Como si no te conociera! ¿Por qué lo dices en ese tono? ¿Qué amiguitos son esos? ¿Qué grupo? ¿Tú has hablado con alguien? ¿Alguien ha venido por aquí?

CÉSAR. Tú sabes perfectamente que por aquí no viene nadie. Simplemente hay cosas tan obvias que se caen de la mata. No hay que ser adivino. Y por donde salió uno, querían salir… *(Nuevamente se detiene).*

MIGUEL ÁNGEL. ¿Quién, coño, quién? ¿Quién quería salir? Termina lo que ibas a decir. ¿Qué te han dicho? ¿Con quién has hablado?

CÉSAR. Ya te he dicho que no he hablado con nadie, Miguel Ángel.

MIGUEL ÁNGEL. ¡Carajo! ¿Tú te crees que yo soy idiota? ¿Con quién hablaste? ¡Dime, coño!

CÉSAR. No he hablado con nadie.

MIGUEL ÁNGEL. ¡Dime!

CÉSAR. ¿Tú ves? ¿Tú ves? Ya comenzaste. ¿No decías que hoy no estabas para pelearte con nadie? Siempre haces lo mismo, cuando hay un problema, lo resuelves gritándome. Contigo no hay quien hable. Estás borracho y no la vas a coger conmigo.

MIGUEL ÁNGEL. Yo no estoy borracho.

CÉSAR. Sí. ¡Lo estás! Siéntate que te vas a caer.

MIGUEL ÁNGEL. No… Estoy bien así… *(Breve pausa)*. ¿Tú sabes quién estuvo por aquí mientras tú dormías la siesta? Natacha, la hermana de Yuri. Vino aterrorizada. ¿Sabes por qué? Porque se han llevado a su novio y a otros tres peloteros. Los están acusando de deserción y de intento de salir ilegal del país. ¿Es esa la felicidad de Cuba? ¿Que uno ni siquiera se puede mover porque le caen arriba y se lo comen a palos? La pobre… Vino a ver si tú, tú que eres taaaan revolucionario, la podías ayudar. Me lo contó todo.

CÉSAR. Entonces, si te lo contó todo, ¿para qué me estás preguntando y jodiendo como si no supieras lo que estaba maquinando ese grupo de gusanos? ¡Yo solo hice lo que tenía que hacer! ¡Era mi deber de padre y de cubano! Por eso se lo conté a Nilda. La carta de ese degenerado era una desvergüenza.

MIGUEL ÁNGEL. ¿Qué carta?

CÉSAR. *(Titubea)*. La carta… No me dijiste que Natacha…

MIGUEL ÁNGEL. *(Interrumpe violentamente)*. ¿Qué carta? ¡Coño! *(Sorpresivamente toma el bate y golpea el piso con él)*. ¿Qué carta!

CÉSAR. *(Con cierto nerviosismo)*. La carta que te envió Yuri…

MIGUEL ÁNGEL. ¿Una carta de Yuri? ¿Dónde está? ¡Dámela!

CÉSAR. Hazme el favor y baja la voz.

MIGUEL ÁNGEL. ¿Quién la tiene? ¿Qué hiciste con ella?

CÉSAR. Se la iba a dar a Nilda, pero me dio vergüenza. ¡Tú no eres así!

MIGUEL ÁNGEL. ¿Por qué? ¿Por qué siempre te empeñas en arruinar mi vida?

CÉSAR. *(Se impone)*. Por tu bien. Porque estaban planeando irse de aquí y te iban a comprometer. ¡Por eso los tuve que denunciar! ¡Porque querían que te fueras con ellos y eso yo no lo podía permitir!

MIGUEL ÁNGEL. Dame la carta, coño, o no respondo de mí. *(Lo amenaza con el bate)*.

CÉSAR. *(Busca en sus bolsillos y le da la carta a Miguel Ángel)*. Vaya… Aquí la tienes. Y déjame decirte, por si no lo sabías, y cuando la leas no te coja de sorpresa, que ese Yuri es un maricón. ¡Un maricón de los grandes! Escribiéndote de cómo te extraña, y que quiere estar contigo para vivir juntos, y todas esas mierdas… como si tú fueses una puñetera mujer. ¡Es un maricón! ¡Déjalo que se pudra allá para que los americanos le den por el culo!

MIGUEL ÁNGEL. *(Furioso)*. Maricón, ¿eh? ¿Maricón porque es la única persona que ha sabido darme cariño?

CÉSAR. ¡Eso no es cariño ni es nada! ¡Esas son mariconerías! ¡Da asco!

MIGUEL ÁNGEL. Bueno, entonces déjame asquearte aún más, porque si Yuri es un maricón, yo también lo soy. Aunque no lo quieras aceptar, aunque te quieras convencer de que no es así, yo también lo soy. Tantos años aguantando y aguantando, recibiendo órdenes como si fuese un muñeco, sal, entra, escúchame, ayúdame… ¡Pero hasta aquí llegó la mierda! ¡Se acabó! ¿Me oyes bien? ¡Se acabó! ¡Porque no voy a seguir tragándome este buche de vinagre! ¡Porque lo quiero, papá, lo quiero y mucho! ¡Porque estoy loco por él! ¡Porque yo también lo extraño! ¡Porque me acosté con él, y por primera vez desde que mi madre murió supe que alguien de verdad me quería!

CÉSAR. *(Le da una bofetada).* ¡Eres un puerco!

Miguel Ángel levanta el bate amenazadoramente. César se retrae. Miguel Ángel golpea una lámpara o cualquier otro objeto, arroja el bate al piso y sale de la casa. Las luces se apagan lentamente.

Escena sexta

Unas horas más tarde.

MIGUEL ÁNGEL. *(Acostado en el piso, en el proscenio. La escena totalmente oscura. Una tenue luz ilumina la escena. Tiene una botella de ron de la cual bebe durante su soliloquio. Es obvio que ha bebido más de la cuenta).* Cuando yo era chiquito y miraba al cielo lo veía lleno de estrellas... y yo le decía a mamá que las iba a contar todas... y subía a la azotea con ella y trataba de contarlas. Mamá se reía y me decía que nunca podría contarlas, que eso era imposible. Pero yo seguía hasta que me confundía y perdía la cuenta. Y me dolía el cuello de tanto mirar para arriba. Yo quería contar esas estrellas. Me pasaba horas mirándolas. Hoy no parece haber tantas. Parece que también se han ido... como se fue mamá... y Yuri. Mi vieja, todavía estoy tratando lo imposible. ¿Tú me oyes? Pero alguien se ha robado mis estrellas. Y las que quedan no son tan brillantes como las de antes. ¿Te acuerdas? ¡Oyeee, Miami! ¡Oye, Miami! ¡Es Miguel Ángel! ¡Migue! Te has llevado todo lo que yo más he querido: mis estrellas, mi amor, mi vida. ¡Oye, Miami! ¡Oye! Qué lejos estás. Tan lejos... ¡Allá está Yuri! ¡El pelotero! Cuando lo veas dile que pienso en él... Y dile que ahora lo necesito más que nunca... ¿Me oyes? Que estoy al borde del precipicio... Que no puedo más... Ahora me duele el alma por mirar hacia tus costas. ¿Cómo se llega a ti? ¿Cómo? ¿Podrá una ola arrojarme en tus playas? Tú estás muy lejos... Aquí dicen que estoy loco. Eso mismo, ¡loco! Si me quiero ir, no me dejan, y si me quedo, me hacen la vida imposible. ¿Qué tú crees, Miami? ¿Quién está más loco, yo o ellos? Mira, mira... Déjame brindar por ti, por las estrellas, mamá. ¡Por lo imposible! Yuri quiere que me vaya para allá. ¿Estás oyendo eso? Quiere que me vaya para allá... Pero ¿cómo? ¿Cómo carajo me voy a ir? ¿Cómo carajo me voy a ir? ¿Cómo carajo me voy a ir?

Lee algo de la carta en voz alta y, al leer, después de un breve instante, se escucha la voz de Yuri, al unísono, declamando el mismo texto.

MIGUEL ÁNGEL Y YURI. «... quizás no lo comprendan, o quizás, no lo quieran comprender, pero algún día podremos vivir nuestra propia vida. A veces pienso, cuando tocan a la puerta, que cuando la abra serás tú. Quiero que sepas que lo que nos une, vengas o no, nadie lo podrá destruir». *(Al decir esto, Yuri aparece en el extremo de la escena, producto de la imaginación de Miguel Ángel).*

MIGUEL ÁNGEL. Dímelo, por favor, que lo quiero oír...

YURI. ¿Qué te puedo decir? Que nos queda toda una vida para vivirla dos veces, por el hoy y por lo que dejamos de vivir ayer. Viviremos cada segundo, cada minuto, cada hora, todo el tiempo que no hemos vivido. Y seremos felices porque tenemos derecho a nuestra felicidad. ¿Qué te puedo decir? ¿Qué palabras pueden llenar el vacío de nuestra distancia? Una vida no es posible sin la otra. No te fijas en que el mar no puede estar sin las olas, que el cielo no puede estar sin las nubes… Cada día que pasa te quiero más. Ya ves, te sigo esperando. No me puedo olvidar de ti.

MIGUEL ÁNGEL. Ni yo de ti.

YURI. Por las noches, me quedo dormido pensando en ti.

MIGUEL ÁNGEL. Por la mañana, tú eres lo primero que viene a mi mente.

YURI. Se hace tarde, Migue. Estoy impaciente por que acabes de llegar. No te demores, que te espero. No quiero pensar que pueda perderte, quiero ser tan feliz como lo fui cuando estábamos juntos. Tú y yo tenemos ese derecho, Migue. Te lo ruego, acaba de llegar, acaba de llegar…

Lentamente Yuri desparece.

MIGUEL ÁNGEL. *(Guarda la carta).* Nos van empujando, nos ponen en filas, y cuando volvemos la cara, ya no están aquellos con los que íbamos hablando. Se desaparecieron. Me lo han robado todo… ¡todo! No te asombres, que yo no soy el único. ¿Cuántos Miguel Ángel hay por ahí? Y desde que se enteró de lo nuestro la cosa es peor. Le doy asco. ¿Cómo tú crees que eso me hace sentir? Le doy asco a mi padre.

Se da otro trago. Solloza calladamente. Después de unos momentos, toma la botella y abandona la escena. La acción continúa sin interrupción. Segundos más tarde, Miguel Ángel entra en la casa. Se deshace de la botella, se sienta en cualquier sitio y se queda dormido. Paulatinamente la escena se ilumina con la luz del amanecer. La iluminación de esta escena debe acentuarse a medida que transcurre la acción para llegar a una diáfana claridad al final de la misma. Momentos más tarde, César entra en escena. Se percata de Miguel Ángel. Nota la botella de ron vacía. Cruza la escena y se dirige a la cocina. Después de breves momentos regresa.

Escena séptima

A la mañana siguiente.

CÉSAR. *(Con cierta brusquedad).* Miguel Ángel… Miguel Ángel… Oye, vete para tu cuarto, anda.

MIGUEL ÁNGEL. *(Se despierta, confundido).* ¿Eh?… ¿Qué cosa? ¿Qué es lo que pasa?

CÉSAR. *(Irritado).* Vete a dormir la borrachera a tu cuarto. Mira el tipo que tienes.

MIGUEL ÁNGEL. ¿Qué hora es?

CÉSAR. Son las siete. Si tanto te quieres ir de aquí, ¿para qué regresaste? Te podías haber quedado por ahí por la calle o en casa de uno de tus amigos.

MIGUEL ÁNGEL. Esta es mi casa.

CÉSAR. Bueno, levántate de ahí y vete para tu cuarto. ¡Tienes un aspecto del carajo!

MIGUEL ÁNGEL. Déjame. Estoy bien aquí.

CÉSAR. ¡Me tienes harto! ¡Parece que te gusta sacarme de mis casillas! ¡Cada día es una jodienda distinta! No me gusta ver borrachos en mi casa. Así que no quiero se repita. Yo no sé a quién coño tú saliste.

MIGUEL ÁNGEL. ¡A ti!

CÉSAR. ¿Ah sí? No. A mí tú no saliste. Yo soy hombre de pueblo. Tú lo único que sabes hacer es discutir, pelear, protestar… El que se lo sabe todo. Y tampoco estoy en borracheras como tú, ni tengo vicios, ni soy…

MIGUEL ÁNGEL. …¡maricón!

CÉSAR. ¡Hazme el favor de callarte la boca!

MIGUEL ÁNGEL. ¿No era eso lo que ibas a decir? ¡Tu hijo, tu único hijo, maricón! Pues mira, si no te gusta, escoge, consígueme el permiso para irme de aquí y así más nunca me ves la cara.

CÉSAR. Si yo fuera tú bajaba la cabeza del bochorno. ¡Eres un degenerado! ¡Meterte en la cama con un hombre! Eres anormal.

MIGUEL ÁNGEL. ¿Anormal? ¡Te equivocaste, viejo! ¿Tú sabes por qué? Porque aunque no te guste, soy el mismo de ayer, y el mismo de la semana pasada, y el mismo del año pasado. El mismo que te da las pastillas, el mismo que limpia la casa y el mismo que te lleva al médico. ¡Lo único es que ya no pretendo ser lo que no soy! ¡Ni soy lo que tú quieres que sea!

CÉSAR. ¿No te da vergüenza ir en contra de la propia naturaleza?

MIGUEL ÁNGEL. ¡Déjame tranquilo! ¡Cada uno es lo que es!

CÉSAR. Para eso te quieres ir, ¿verdad? Para irte detrás de ese desvergonzado que se fue buscando dólares y se figura que va a ser el pitcher estrella en la Serie Mundial?

MIGUEL ÁNGEL. Eso es lo que de verdad a ti te molesta. Pero, ¿qué puedo hacer, papá? ¿Tú quieres que cambie? ¿Qué quieres que te diga? ¿Que del día a la mañana ya no soy Miguel Ángel? No puedo cambiar, papá. Nací así. No puedo dejar de querer a Yuri. No puedo dejar de ser lo que soy.

CÉSAR. ¡Cállate la boca!

MIGUEL ÁNGEL. ¡Sí, cállate la boca! ¡Cierra el pico! ¡Con eso lo resuelves todo! Tú eres el único que puede hablar. ¡Todo el mundo boca abajo! ¡De rodillas! Y cuidado con contradecirte.

CÉSAR. Esta es mi casa y se hace lo que yo digo. Así que no te queda más remedio, te guste o no te guste.

MIGUEL ÁNGEL. ¡Lo que he venido haciendo desde que nací! Viviendo la vida como si fuese un rompecabezas.

CÉSAR. *(Cada vez más irritado).* ¡No empieces con esa descarga de filosofía barata!

MIGUEL ÁNGEL. *(Lo ignora).* En la caja se ve muy bonito y crees que es fácil de armar, pero cuando lo abres… coñooo… te encuentras con mil piezas y no sabes por dónde empezar. Hay piezas que al principio no encajan porque no sabes dónde colocarlas. Hay otras muy fáciles de encontrar, pero poco a poco todo, tarde o temprano, se va componiendo hasta que cada pieza se coloca en su lugar. ¡Mi rompecabezas ya se completó y eso es lo que a ti te jode!

CÉSAR. ¡No! Lo que a mí me jode es que mi hijo no sea macho, hombre, varón, como su padre, con huevos… ¡Lo que me jode es que no se case, que no forme una familia y que no tenga hijos! ¡Eso es lo que me jode! ¡Cuando pensaba que mi hijo me llenaría de orgullo! ¡Cuando creí que algún día tú serías algo! Mira, no… no… no… no me des más cuerda… ¡mejor que ni hablemos de eso!

MIGUEL ÁNGEL. Eso es lo que siempre hacemos, papá. Nunca hablamos de nada. Censura absoluta. En cuanto tocamos un tema que a ti no te conviene, es mejor no hablar de eso. Lo enterramos todo y no resolvemos nada. Borrón y cuenta nueva.

CÉSAR. Ya… ya… ya… se acabó. ¡No sigas hablando mierdas! *(Breve pausa).* Yo tenía tantas esperanzas… ¡Tú eras mi único hijo! Quería verte crecer, quería verte jugar a la pelota, formar una familia… La Revolución te lo iba a dar todo. ¡Pero nooo! ¡La Revolución te apestaba! Poco a poco nos fuimos convirtiendo en enemigos, ¡como si te hubieras propuesto destruirme! Echar abajo lo que se estaba construyendo. Yo pensé que algún día aprenderías… ¡pero nada! Día a día, año tras año… Total… ¿para qué?

MIGUEL ÁNGEL. Año tras año. ¿Qué años? ¿Los tuyos? ¿Los míos? ¿Diez años atrás? ¿Veinte? ¿Treinta? ¿Qué años, papá? Si desde que tengo uso de razón es la misma cosa. Vivimos en un círculo vicioso donde todo se repite, donde todo es lo mismo, donde nada cambia. ¡Aquí es mejor tirarse por el hueco de la escalera y salir de una vez de esta cárcel para siempre!

CÉSAR. ¡Entonces acaba de tirarte y no jodas más! ¡Mátate y déjame tranquilo! ¡Eso es lo único que saben hacer los maricones que no tienen cojones para luchar!

MIGUEL ÁNGEL. ¡Ah, verdad, verdad! ¡Se te olvidaba, Miguel Ángel! ¡Esta es una tierra de valientes! ¡De héroes! ¡De hombres y mujeres dispuestos a darlo todo por la Revolución!

CÉSAR. ¡Eres lo más bajo del mundo! Cómo te gusta revolver la mierda.

MIGUEL ÁNGEL. La mierda se revuelve porque vivimos en ella. El que no entre por el aro y haga piruetas, ¡se jodió! ¡Lo destruyen! ¡Lo anulan! ¡Aquí hay que hacer la mierda que ustedes digan! Ustedes, tú y Nilda y la gente del Comité y los que van a aplaudir las consignas, son más responsables de esta puta mierda que el mismo Gobierno. *(Desesperado).* Dios, cuando pienso en aquella época… ¡Yo era chiquito pero me daba cuenta! ¡Aquellos días de alegrías, llenos de proyectos y esperanzas! ¡Iba a ser una nueva vida!

CÉSAR. Yo no tengo remordimientos. ¡Se ha hecho lo que había que hacer!

MIGUEL ÁNGEL. *(Con sorna).* ¡Coño, no me hagas reír, viejo, que tengo el labio partido! ¿Lo que había que hacer? ¿Una nación que impone una condena a aquellos que se atreven a abandonarla?

CÉSAR. Si la hubieses querido, como dices quererla, no tendrías que intentar irte. ¡Y ya! ¡No quiero oír otra palabra! Si no te gustan las mujeres, yo voy a hacer que te gusten, así que mira a ver si te buscas por ahí una jinetera que te eduque y te quite toda esa comemierdería. ¡Y si no te la buscas tú, te la busco yo! ¡Y se acabó! ¡Tú te has empeñado en hacerte el infeliz!

MIGUEL ÁNGEL. Y tú te encargaste de que así fuera.

CÉSAR. ¡Te dije que ya! ¡No jodas más! Que es muy temprano y me da pena con los vecinos. No gastes más saliva. ¿No te das cuenta de que tú aquí no vas a ganar?

MIGUEL ÁNGEL. Entonces, ¿qué quieres tú? ¿Por qué no me dejar ir?

CÉSAR. Porque este es nuestro mundo, ¡porque aquí es donde debemos estar!

MIGUEL ÁNGEL. ¡Es tu mundo, papá! ¡Tu mundo! ¡No el mío! ¡Yo aquí no tengo nada que hacer! ¡Yo solo quiero vivir mi vida!

CÉSAR. ¡Pues vívela aquí que es donde tienes que vivirla!

MIGUEL ÁNGEL. ¿Eso es lo que esperas de mí? ¿Que me resigne a seguir viviendo en este infierno? Mientras tú y yo nos despedazamos, los que gobiernan este país viven como príncipes.

CÉSAR. Por lo menos han hecho que a Cuba se le respete.

MIGUEL ÁNGEL. ¿Y tú me respetas?

CÉSAR. Miguel Ángel, pensé que tú entenderías este proceso, que sabrías adaptarte, por tu bien, y por el bien de la familia. Pero ya es muy tarde. Te guste o no, no te queda más remedio que quedarte aquí, conmigo, para siempre. ¿Lo oyes bien? ¡Tú de aquí no te vas!

MIGUEL ÁNGEL. ¿Que no me voy? ¿Que no me voy? ¿Quién me lo va a impedir? ¡Dime! ¿Quién me lo va a impedir? ¿Tú te vas a parar frente a esa puerta y no me vas a dejar pasar? *(Toma la botella de ron, la rompe y la sostiene por el cuello, amenazadoramente, como si fuese un arma)*. ¿Tú? ¿Tú me lo vas a impedir? ¿Eh? ¿Tú me lo vas a impedir? ¿Eh? ¡Dime, dime, coño! ¡Tú me lo vas a impedir?

CÉSAR. ¡Estás loco! ¿Tú crees que me vas a asustar? ¿Tú crees que voy a empezar a dar gritos como un maricón? ¡Yo no te tengo miedo, chico! ¡Vamos! Si tienes lo que tienen los hombres, haz algo. ¡Olvídate de que soy tu padre! *(Desafiante)*. ¡Vamos! ¡Mátame! ¡Hazme picadillo! *(Miguel Ángel se contiene)*. ¡Mira, mira, quítate del medio y no me jodas más! *(Se dirige al interior de la casa)*. ¡Tú no sirves pa' na!

MIGUEL ÁNGEL. *(Inesperadamente, se le abalanza por la espalda, lo agarra por el cuello y lo amenaza con el pico de la botella)*. ¿Quién me lo va a impedir, papá, eh? ¡Dime! *(César intenta liberarse)*. ¿Tú me lo vas a impedir? ¿Tú me vas a amarrar para que no me vaya? ¿O Nilda? ¿Tú crees que Nilda me lo impida? ¿Tú crees que ese bollo viejo me lo puede impedir? ¿Eh?

CÉSAR. ¡Suéltame!

MIGUEL ÁNGEL. *(Lo aguanta fuertemente, siempre utilizando el pico de la botella como arma)*. ¿O le corto la lengua para que no delate a más gente? ¿Eh? Si le corto la lengua a nadie le puede decir que yo me quiero ir de aquí. ¡Muerta la perra se acabó la rabia!

CÉSAR. *(Forcejea para liberarse)*. ¡Suéltame te digo, coño!

MIGUEL ÁNGEL. ¿Que te suelte? ¿No te gusta, eh? ¿A quién le va a gustar? ¿No es así como ustedes me han tenido? ¿Eh? ¿Amarrado como a un perro? ¡Pero ya me cansé! ¡Y este perro ladra y muerde! Ahora me toca a mí. Ahora me toca verte jodido. *(Con el pico de la botella casi hiriendo a César)*. Dicen que cuando se cortan las venas, la vida se va poco a poco, sin dolor, como cuando uno se queda dormido. ¿O prefieres que te dé un corrientazo en los huevos, eh? ¿Eh? ¡Dime, dime! ¿Qué clase de hijo le hace esto a su padre, eh? Un hijo que desgració el nombre de la familia, que se cagó en la Revolución. Si no les sirvo para nada, ¿para qué me quieren aquí, eh? ¿Este es el paraíso que íbamos a construir entre todos? Pero ya yo me aprendí la lección de ustedes, para poder ser feliz hay que hacerle daño a alguien. ¿No es así? ¡Antes, aquí, el pasatiempo nacional era el juego de pelota. Ahora se ha convertido en hacerle daño a alguien. ¡Ese es el pasatiempo de ustedes! Pero no puedo más, ¿me oyes, papá? ¡No puedo más!

CÉSAR. *(Forcejea, tratando de liberarse, pero Miguel Ángel lo aguanta firmemente)*. ¡Tú no tienes cojones para hacerlo! ¡Vamos, hazlo! ¿Qué esperas? ¡Haz lo que tú quieras! ¿Qué te puede hacer este viejo si tú eres más fuerte que él? ¡Vamos, coño! ¡Acábame de matar! ¿Ves? Uno como tú, no puede… no sabe cómo hacerlo. ¿Quién eres tú? ¿Eh? ¡Un infeliz! ¡Un equivocado! ¡Vamos, vamos! ¡No te hago resistencia! ¡Mátame, coño! ¡Mátame!

Miguel Ángel, enloquecido, se contiene, lucha consigo mismo. Hace amagos como para cortarle la garganta a César, pero violentamente se detiene. Grita adolorido, como impotente. Suelta a su padre y deja caer el vidrio de la botella. César se zafa pasándose la mano por el cuello. Miguel Ángel cae de rodillas, sollozando.

CÉSAR. *(Continúa)*. ¿Ves? ¿No te lo dije? ¡Eres un mierda! ¡Tú para lo único que sirves es para que te den…!

MIGUEL ÁNGEL. ¡Papá! ¡Tú eres mi padre!

CÉSAR. ¡Degenerado! ¡Yo no soy tu padre y tú no eres mi hijo! ¡Se acabaron las contemplaciones! ¡Y si esperas que te defienda, te equivocaste! Tú te vas a ir de aquí, pero no para donde tú quieres, sino para donde debes de estar, ¡en Mazorra! *(Furioso, se dirige a la puerta de la calle y llama)*. ¡Nilda! ¡Nilda! ¡Nilda, ven acá!

Miguel Ángel se levanta y se abalanza a cerrar la puerta con gran estrépito. César, sorprendido, no tiene tiempo de reaccionar. Miguel Ángel, desesperado, vuelve a agarrar al padre por el cuello y le tapa la boca. César intenta deshacerse de su hijo, pero no puede. Momentos más tarde, se desvanece, muerto. Miguel Ángel, llorando, se desploma, de rodillas, al lado de su padre.

MIGUEL ÁNGEL. *(Por breves momentos, abraza a su padre).* ¿Por qué, viejo? ¿Por qué? ¿Por qué tuvo que ser así? ¿Por qué nos hemos hecho tanto daño, papá, por qué? ¿Por qué dejaste que nos convirtieran en extraños? Lo único que yo quería era que tú me quisieras como era, pero lo único que tú supiste hacer fue enseñarme a vivir sin esperanzas, y cuando la encontré, después de tanto tiempo, no me dejaste vivirla. Preferiste que siguiera viviendo en este infierno sin poder mirar al cielo. ¿Por qué, papá, por qué? *(Recorre el suelo de la escena con la vista, ve el pico de la botella y prácticamente arrastrándose, lo recoge).* El día que se fue… fue quizás el día más triste de mi vida. Lo que viniese luego, ya no me importaba. Y me decía, y me repetía, yo sé que él está pensando en mí dondequiera que esté. Y ahora… ahora también quizás en este momento está pensando en mí… Pero ya es muy tarde, ya la vida se acabó… *(Con el pico de la botella, aún de rodillas en el suelo, se corta las venas de las muñecas).* ¿Eso era lo que tú querías, papá? ¿Que me quedara aquí? Lo lograste. *(Mostrándole sus muñecas al cuerpo inerte de su padre).* Mira, como tú lo querías… Ya no me puedo ir… Ya llegamos al final de esto… Me quedo contigo… *(Con cierta dificultad, se incorpora y se dirige hacia la puerta de la calle. La abre).* ¡Nilda! ¡Nilda! ¡Nildaaaaaa! *(Cae muerto).*

Lentamente las luces disminuyen hasta llegar a una oscuridad absoluta.

Nilo Cruz

LA BELLEZA DEL PADRE

Título original: *Beauty of the Father*.
Traducción al español: Teresa María Rojas y Nilo Cruz

Nilo Cruz (Matanzas, 1960). Dramaturgo y director. A finales de la década de los sesenta emigró con su familia a Estados Unidos. Estudió teatro en Miami y Nueva York, y obtuvo el grado de Master of Fine Arts en la Universidad de Brown en 1994. Ha enseñado teatro en universidades como Brown y Yale, entre otras. Recibió en 2003 el Premio Pulitzer de Drama por su obra *Anna in the Tropics*. Entre las numerosas distinciones que ha recibido resaltan el American Theatre Critics Steinberg New Play Award y el Kennedy Center Fund for New American Plays Award. Otras obras de su autoría son *Dancing on Her Knees*, *Night Train to Bolina*, *A Park in Our House*, *Two Sisters and A Piano*, *A Bicycle Country*, *Lorca in a Green Dress* y *Hurricane*.

Si está interesado en solicitar la autorización para el montaje de esta obra, puede escribir directamente a: **pwwagy@aol.com**

Personajes

Federico García Lorca, tiene 38 años
Emiliano, pintor y padre de Marina, de casi 48 años
Paquita, ex amante de Emiliano, pasa de los 50 años
Marina, hija de Emiliano, tiene 25 años
Karim, ex amante de Emiliano, tiene 25 años

Ambientación

Verano de 1998, Salobreña, España.

Decorado

Una terraza de una casa que está cerca del mar. La terraza se ha convertido en un atelier de pintura.

Para María Sanz

ACTO I

Escena 1

Un destello de luz blanca. Vemos a Emiliano con un par de alpargatas en las palmas de sus manos. Se escucha una música flamenca.

EMILIANO. Esta es la foto de las alpargatas que te compré. Nosotros en el sur de España usamos alpargatas en el verano. Aquí te espera un par si por fin vienes a Salobreña. Ahora que tu madre ya no está, ¿por qué no vienes a vivir conmigo? Con cariño, tu padre, Emiliano.

Un destello de luz blanca. Vemos a Marina con una jaulita de pájaros colgando de la mano.

MARINA. Esta es la foto de la jaulita que compré en el mercado. Ahora quiero un periquito verde. Así la casa se sentirá menos sola. No me acostumbro a vivir sin mamá. Creo que te iré a visitar.

Marina sale. Un destello de luz blanca. Vemos a Emiliano con un nido.

EMILIANO. Esta es la foto de un nido que encontré en una caminata por el bosque. He estado haciendo esculturas desde que me dijiste que vendrías. Quiero ser tu padre otra vez después de tantos años. No compres el periquito verde. ¡Ven a España!

Cambio de luz. Se oye el sonido de campanas. Aparece Federico García Lorca bajo una luz anaranjada, vestido con un traje de hilo blanco. Apunta algo en un librito de anotaciones.

LORCA. Las cinco de la tarde. La hora en que mueren los toreros. Nadie murió esta tarde, no, hoy no se ha anunciado ninguna muerte. Quizás una herida. Es que siempre hay alguna herida en el mundo, mostrándose al que quiera mirarla. Con un cubito de arena para que caigan las lágrimas. Hoy yo hubiera cumplido cien años. Sí, yo, Federico García Lorca. Pero ahora que ya estoy muerto, no hay diferencia entre una voluta de humo y mi persona, así es que tengo que estar constantemente recordándome que ahora soy un espíritu y que tengo que ver la vida a distancia y no involucrarme demasiado con la humanidad. Lo que pasa es que los seres vivos tienen siempre el poder de llamarme a través de oraciones, a través del arte y es natural que respondamos ya que, como espíritus, todavía tenemos alguna atadura con el mundo y siempre nos queda algo por hacer.

Paquita entra corriendo.

PAQUITA. ¡Ya llegó!, Emiliano. Llamó desde el aeropuerto. Tomó un vuelo más temprano desde Madrid.
EMILIANO. ¿Hace cuánto que llamó?
PAQUITA. Veinte minutos.
EMILIANO. ¿Cómo me veo? ¿Por qué no me llamaste?
PAQUITA. Te llamé pero nadie contestó el teléfono.
EMILIANO. ¿Dónde están las llaves del auto? Tengo que cambiarme de camisa.
PAQUITA. No, quédate tú aquí. Mandé a Karim a que la fuera a recoger en tu auto.
EMILIANO. ¿Cómo la reconocerá? Nunca la ha visto.
PAQUITA. ¡Vale, hombre! ¡Cálmate! Él ha visto fotos de ella.
EMILIANO. ¡Hostias! Yo quería ir al aeropuerto.
PAQUITA. Le diré a Tomasa que ya puede preparar la comida.

Paquita sale. Emiliano se queda con Lorca.

EMILIANO. Es mi hija.
LORCA. ¡Qué bueno!
EMILIANO. Tengo que recoger un poco.
LORCA. ¿Hace cuánto que no la ves?
EMILIANO. Casi diez años.
LORCA. ¿Por qué tanto tiempo?
EMILIANO. Su madre pensaba que yo era un mal padre.
LORCA. ¿Qué demonios quieres decir con eso?
EMILIANO. Creo que sabes a lo que me refiero.
LORCA. ¡Bah! Eso es como decir que una mujer no puede ser mujer si no sabe tejer, ordeñar las vacas y cortar un chorizo.
EMILIANO. Tengo que cambiarme de camisa.
LORCA. Bueno, pues cámbiate, hombre, y lávate la cara. Has estado en el campo recogiendo nidos y has de oler a cabra.

Emiliano sale para cambiarse de camisa.

EMILIANO. *(Desde afuera).* Sí, no quiero que tenga una mala impresión de su padre. En verdad, no nos conocemos muy bien. Me fui de la casa cuando ella era todavía una niña. *(Entra).* ¿Con esta camisa me veo mejor, no?
LORCA. Mucho mejor. ¡Cuánto me hubiera gustado haber tenido una hija!

Emiliano ve el desorden que hay debajo de su mesa y comienza a recoger sus tubos de pintura.

EMILIANO. Tengo que recoger estas pinturas. Y, discúlpame, Federico, no creo que debas estar aquí cuando ella llegue.

LORCA. ¿Te da vergüenza presentarme a tu hija?
EMILIANO. No. ¿Pero qué pensará si me ve conversando con un muerto?
LORCA. Gracias, mi amigo. Mejor es que me vaya.
EMILIANO. No, no quise decir… Tú no eres solo un muerto, querido amigo, eres Federico García Lorca. ¿Tuviste algo que ver con su llegada?
LORCA. ¿Qué? ¿Piensas que soy capaz de hacer milagros?
EMILIANO. No lo sé. Eres el primer muerto que he llegado a conocer.
LORCA. Ido, Emiliano, averiado. Estas son las palabras que pueden aliviar la realidad.

Paquita entra corriendo.

PAQUITA. Ya llegaron. Están sacando las maletas del auto. ¡Ay! ¡Es más bella que en las fotos! ¡Y habla español!
EMILIANO. ¿Cómo me veo?
PAQUITA. ¡Te ves bien! ¡Te ves bien! ¡Vámonos! ¡Vámonos! Oh, espérate. ¿Qué le vas a decir a tu hija si te pregunta acerca de mí?
EMILIANO. Le diré que tuviste una lobotomía y que has olvidado quién eres.
PAQUITA. ¡Baboso! *(Le da un manotazo).*

Paquita y Emiliano comienzan a salir. Emiliano le indica a Lorca que se vaya.

LORCA. Vas a comenzar una nueva vida, Emiliano. Ahora podrás recuperar tu lugar en el mundo… y dejarás de ser un padre en el exilio.
MARINA. No te imaginas lo que pasó, papá. ¿Se lo cuento?
EMILIANO. No me digas que llegó tarde a la estación.
KARIM. Ella me da risa.
MARINA. Si vas a enojarte con él, no te lo cuento.
EMILIANO. Hoy nada me puede disgustar. *(Cambia el tono).* Karim, ¿qué hiciste?
KARIM. *(Mira a Marina y empieza a reírse).* Tu hija me da risa.
MARINA. Tuvimos un pequeño accidente.
EMILIANO. ¡Oh! Eso sí que me molesta.
PAQUITA. ¡Vale, hombre! Deja que te expliquen lo que pasó.
MARINA. No fue su culpa, papá.
EMILIANO. ¿Qué significa un «pequeño accidente», Karim?
KARIM. *(No puede mirar a Marina sin contener su risa).* No la puedo mirar sin…
MARINA. En la carretera, justo en una curva, se apareció de repente un venado. Karim intentó desviarse pero las llantas patinaron y el auto empezó a ir en círculos.

En broma, Karim indica las vueltas que dio el carro.

PAQUITA. ¿Se lastimaron?
MARINA. No, todo bien. Pero era como si estuviéramos en una montaña rusa, ¿no?
KARIM. ¿Dime que no es graciosa? Dime que no es bella.

Karim mira a Marina y sonríe.

EMILIANO. ¿Tenía puesto el radio muy alto?

MARINA. *(Mira a Karim sonriendo).* Yo fui la que le dije que lo subiera. Rodeada de tantas montañas, sentí que tenía tanto espacio para ser libre, con tanto espacio para respirar y abrazar la vida… ¡Le pedí acelerar y que subiera la música a todo volumen!

KARIM. Tienes una hija preciosa.

MARINA. Creo que es la primera vez que me siento así desde que murió mamá.

EMILIANO. Bueno, aquí estás y es todo lo que importa ahora.

PAQUITA. ¿Le pasó algo al venado?

KARIM. No, le salvamos la vida.

PAQUITA. Bueno, entonces la verdad es que no pasó nada. Nada le pasó a Marina. Nada te pasó a ti. Nada le pasó al venado. No tenemos ninguna preocupación. A tomar café. ¡Bienvenida a España, Marina! ¡Bienvenida a Salobreña!

EMILIANO. ¿Y mi auto?

PAQUITA. ¡Ah, hombre! ¡No le pasó nada! Tomemos café. Marina, no me digas que no tomas café.

MARINA. Claro que sí.

PAQUITA. Qué bueno. Tienes nuestros dulces hábitos. Espero que también te guste fumar.

MARINA. No, no fumo.

PAQUITA. Ah, no te preocupes. Yo fumaré por las dos.

Paquita y Karim salen.

MARINA. ¿Ellos son así siempre?

EMILIANO. Después de seis vasos de vino ya te acostumbrarás.

MARINA. Me caen bien.

EMILIANO. ¡Qué bueno!

MARINA. Así que no estás tan solitario como pensé.

EMILIANO. No, me he vuelto casero. Me he creado una familia y ahora, contigo, estamos completos.

MARINA. Compré un billete de ida y vuelta.

EMILIANO. Me parece bien. Son más baratos.

MARINA. No, me refiero…

EMILIANO. No lo uses y ya.

MARINA. ¿Y la universidad?

EMILIANO. Aquí tenemos universidades.

MARINA. Es que…

EMILIANO. Cálmate. Respira. Quiero que te quedes.

MARINA. *(Camina, mira a su alrededor).* Fácil de convencerme. La casa es hermosa y está tan cerca del mar. ¿Siempre hay esta brisa?

EMILIANO. Sí, siempre. *(La mira lleno de ternura).* Ven aquí. Déjame verte.

Marina no avanza, se ve incómoda ahora que está sola con su padre. En vez de avanzar camina hacia una ventana.

MARINA. Parezco un espantapájaros. No dormí en el avión. Estoy cansadísima. Desde que mamá murió, no he dejado de trabajar. He tenido que atender tantas cosas. Jamás he trabajado tan duro.

EMILIANO. ¿Por qué tardaste tanto en decirme que murió tu madre?

MARINA. Le prometí no decírtelo. Me dijo que esperara un tiempo.
EMILIANO. ¿Por qué?
MARINA. No quería que fueras al entierro.
EMILIANO. ¿Por qué no?
MARINA. No quiso que la vieras muerta.
EMILIANO. ¿Le permitió a Roberto ir al entierro?
MARINA. ¿Y por qué no? Él era su marido.

Emiliano se siente confundido y se dirige al lado opuesto de la sala.

EMILIANO. ¡Cómo me molesta todo eso…!
MARINA. Es simplemente otra manera de amar. ¿Es esto lo que estás pintando ahora?
EMILIANO. Sí. ¿Conoces a Lorca?

Entra Lorca.

MARINA. Mamá tenía todos sus libros. Siempre me decía: «Si quieres llegar a conocer a tu padre, primero tendrás que conocer a Lorca».

Lorca sonríe.

EMILIANO. ¿Y los conoces?
MARINA. Sí. *(Marina ha seguido inspeccionando a su alrededor, y ahora se dirige a la mesa donde están los nidos que Emiliano colecciona).* ¿Son estos los nidos que encontraste?
EMILIANO. Sí.
MARINA. *(Coge uno de los nidos).* ¿Y no te duele robarlos?
EMILIANO. Son nidos abandonados.
MARINA. Dicen que los pájaros siempre regresan a sus nidos.
EMILIANO. Bueno, yo siempre les pido permiso. Yo tengo modales. Son ellos los que son maleducados. Hacen nidos en el tejado sin pedirme permiso.
MARINA. ¿Son estas las alpargatas?

Karim entra.

KARIM. Paquita quiere que salgan al patio. Está sirviendo allí el café.
EMILIANO. Dile que ya vamos.
MARINA. ¿Por qué las esculturas de nidos?
EMILIANO. Porque venías tú. Porque quiero mimarte.
MARINA. Ya no soy una niña.
EMILIANO. Eres mi niña, no importa la edad que tengas. Vámonos. *(La acaricia).* Tú y yo estamos comenzando desde el principio. Tú eres Marina y yo soy Emiliano y la vida nos ha vuelto a unir. Tomemos café. Tu primer café en España.
LORCA. Muy bien, mi amigo, lo has hecho muy bien. Después tienes que mostrarle el mar. Explícale que aquí es donde termina España y que aquí las rocas saltan por las orillas dándole la bienvenida a todos los que vienen buscando consuelo para sus dolencias.

Se escucha una música flamenca. Las luces cambian.

Escena 2

Emiliano está frente a una pintura de Lorca, limpiando una brocha con un paño. Lorca está sentado en el lado opuesto, ambos llevan rato conversando animadamente.

EMILIANO. Lo que quiero decir es que estos fueron hombres que lo dejaron todo para venir a España y pelear en la Guerra Civil. Mi padre fue uno de ellos… Se compró su uniforme en una tienda del ejército. Se disfrazó de turista y zarpó en un barco que lo llevó a Francia, tomó un tren hasta un pueblo cerca de los Pirineos y allí se unió a las tropas internacionales. ¿Podrás creer que esos hombres lucharon en esa guerra igual que si estuvieran peleando por su propia tierra? Algunos no sobrevivieron. Mi padre perdió su pierna derecha en esa guerra. Lo bueno es que cuando mi padre regresó a casa, trajo a su esposa, la mujer que llegó a ser mi madre. Hasta el último momento de su vida repitió el mismo chiste sobre su pierna: «Dondequiera que me pare, siempre tendré un pie en España». Ven conmigo y te mostraré cómo va progresando. Venga… *(Le muestra la pintura).* Esta parte está incompleta y a esta le falta un último toque. Pero ya más o menos puedes ver la composición completa.

LORCA. Maravilloso.

EMILIANO. Por ahí va.

LORCA. Increíble. Poco a poco estás dándole cuerpo a mi cuerpo… Mis huesos, mi piel, mi clavícula. El cuello que antes sostenía mi cabeza. Poco a poco me estás rescatando del lodo, de la tierra, de los gusanos, de las hormigas, de los otros cuerpos que tiraron a la fosa. Las balas que salían de mi cuerpo. Los cuervos negros. El olor a pólvora. El golpe de la muerte. Todo eso está dentro de esta pintura. Pero nadie quiere hablar de estas cosas. Nadie quiere hablar de los muertos.

EMILIANO. No se podía cuando Franco estaba en el poder. Pero España ha cambiado. Deberíamos encontrar todas las fosas, identificar a las víctimas y darles sepultura.

LORCA. Serían millones de huesos. A mí me mataron como se mata a un animal. Por ser poeta y tener ideas propias. «Maten al maricón», dijeron. «Maten al comunista y dejen abiertos sus ojos para que pueda ver por qué lo matan». ¿Sabes que si entierran a un hombre con los ojos abiertos nunca podrá descansar? Sabes que soy como un niño al que sientan en la primera fila y que lucha por comprender la lección pero que no sabe lo que realmente tiene que aprender. Lo cierto es que siempre tengo frío. Un viento norteño siempre me rodea. Un temblor. Y ya ves, soy de aquí, del sur, donde hay calor, girasoles, gitanos.

MARINA. *(Desde afuera).* ¡Papá!

EMILIANO. *(En voz alta).* ¿Sí?

MARINA. *(Desde afuera).* ¿De quién son los sombreros que están guardados en la caja azul?

EMILIANO. *(En voz alta).* De la señora que vivía aquí antes.

MARINA. *(Desde afuera).* ¿Y qué hay en la caja blanca?

EMILIANO. *(En voz alta).* Cosas mías. No la abras. No te ofendas, Federico, pero te pido que vuelvas luego.

LORCA. Dios santo, ¿otra vez con lo mismo? No te preocupes, siempre me puedo hacer invisible.

EMILIANO. ¡Vete! ¡Anda!

Aparece Marina con un sombrero y una caja. Lorca se queda a observar. Emiliano se siente molesto con la presencia de Federico.

MARINA. ¿Cómo me veo? ¿Me lo regalas?
LORCA. Te ves maravillosa. Quédate con él.
EMILIANO. *(Disimulando).* Te ves maravillosa. Póntelo.
MARINA. Este es mi favorito. Pero también me gusta este para la primavera y este para la playa. Mamá decía que los sombreros tienen su propio lenguaje. Hay un sombrero para cada ocasión y para cada estado de ánimo. Creo que este serviría para los melancólicos.

Marina se prueba otro sombrero. Lorca se va poniendo los que ella ha sacado de la caja.

LORCA. No, melancolía no queremos.
EMILIANO. Nada de melancolía.
MARINA. Hay sombreros que tienen misterio.
EMILIANO. Ese es muy misterioso.
MARINA. Como para visitar la Alhambra en un día de lluvia. Dime. ¿Qué te parece este para una cita de amor?
EMILIANO. No me digas que ya conociste a alguien. Acabas de llegar.
MARINA. No, pero me gustaría enamorarme aquí, en Granada.
LORCA. Entonces este.
EMILIANO. *(Disimulando).* Me gusta más el primero que te pusiste.
LORCA. Tu hija es un amor, Emiliano.

Marina se pone otro sombrero.

MARINA. Mamá tenía un sombrero igual. Hermoso, ¿no crees?
EMILIANO. Sí.
MARINA. Estaba tan bella el día que murió. Nadie lo hubiera pensado… Se fue con tanta gracia. Esa tarde me dijo: «Alcánzame la bolsa, quiero verme la cara». Abrió su polvera, y mirándose al espejo dijo: «Ah, me veo bien». Luego quiso oír música. Pero solo fados. Busqué algo de Amália Rodriguez, y de pronto su rostro comenzó a brillar, como si del espejo hubiese brotado su último rayo de vida. Entonces quiso que bailara con ella. «¡Escucha esa voz! ¡Esa claridad! ¡Esa pureza!» Después, volvió a su silla y dejó de respirar escuchando la voz de Amália Rodriguez. Ese día me sentí muy orgullosa de mí misma. No me puse histérica ni nada por el estilo. No llamé al doctor ni pedí ayuda. No. Quería tenerla un poco más, antes de que me la quitaran. La peiné, la empolvé, le pinté los labios y le perfumé el cuello. La dejé con la música. Salí al jardín, corté unas flores y arrojé todos los pétalos sobre ella… Estuve largo rato mirándola, como si se tratara de una pintura, una obra maestra de la vida. Después, abrí las ventanas, por si su alma quería irse ya. Cuando llegaron los socorristas comenzaron a hacerme preguntas, a qué hora pasó esto, a qué hora pasó aquello, y no supe qué contestar… Les dije que mi madre recién había llegado de España, de un baile con mi padre… *(Sonríe).* Seguramente pensaron que yo estaba loca.
EMILIANO. Ven. No estés tan triste.

Entra Paquita.

PAQUITA. ¡Ah, pero todavía están despiertos! Acabo de ver tres estrellas fugaces esta noche.
MARINA. ¿Pediste un deseo?

PAQUITA. Sí. Pedí tres. Y mañana compraré tres billetes de lotería y jugaré bingo. Buenas noches.
EMILIANO. Que duermas bien.
MARINA. Yo también me voy a la cama.
EMILIANO. Que duermas bien, hija.

Sale Marina.

EMILIANO. ¿La oíste?
LORCA. Claro que sí.
EMILIANO. ¡La madre bailando conmigo!

Entra Karim con una escopeta.

KARIM. ¡Hola! ¿Los demás se fueron ya a la cama?
EMILIANO. Sí. ¿Qué haces con esa escopeta?
KARIM. Voy a matar al zorro que ha estado rondando la casa. Anoche trató de entrar a la jaula de los conejos, y como no pudo, comenzó a escarbar hasta que alcanzó las patas de los pobres animales. Cuando me desperté esta mañana, encontré cuatro conejos muertos sin patas. Murieron desangrados.
EMILIANO. ¿Vas a estar fuera toda la noche?
KARIM. No. Ese cabrón regresará pronto. Cuando un zorro sabe que hay comida, siempre regresa por más. Ya le puse una trampa. Esta vez se va a llevar una sorpresa.

Emiliano se acerca a Karim.

EMILIANO. Después de que lo mates, ¿qué vas a hacer?
KARIM. Lavarme las manos e irme a dormir.
EMILIANO. *(Con seducción).* ¿Qué te parece si vienes a mi cuarto para darme una sorpresa? Ven a darte un trago conmigo.
KARIM. Vamos, Emiliano…
EMILIANO. ¿Y por qué no?
KARIM. Ya te dije…
EMILIANO. ¿Qué me dijiste?
KARIM. ¡Vamos! Tu hija está aquí.
EMILIANO. ¿Y?
KARIM. Te dije que no quería…
EMILIANO. Te gusta mi hija, ¿verdad?
KARIM. No.
EMILIANO. Sí.
KARIM. Vamos, deja eso.
EMILIANO. Te esperaré en mi cuarto.

Karim lo mira y después se va.

LORCA. Este muchacho, Karim, va a acabar contigo.

EMILIANO. ¿Qué quieres decir?
LORCA. Que lo veo todo.
EMILIANO. Entonces sabes que desde el principio ha sido muy difícil. Desde el momento en que lo recogí de la calle.
LORCA. ¿Por qué insistes?
EMILIANO. Porque soy un tonto romántico y no lo puedo dejar.
LORCA. Yo fui tan tonto como tú. No recuerdo haber encontrado un amor verdadero. Solo caras y cuerpos. Para mí el amor era como un bosque oscuro. Y yo un animal atrapado que añoraba los árboles.

Sonido de un disparo. Lorca se asusta, le viene el recuerdo del día que fue asesinado. Emiliano lo mira. Lorca se despoja del recuerdo.

LORCA. ¡Ah! ¡Ya lo cazó!

Cambio de luces. Se escucha una música marroquí.

ESCENA 3

Karim está sentado en el piso. Tiene varios frasquitos de perfume sobre un paño de arabescos. Usa un gotero para medir el perfume que está trasladando de un frasco a otro. Marina entra secándose el pelo con una toalla.

KARIM. Violetas africanas, vetiver, aceite de bergamota, especie del Cairo… ¿Cuál quieres probar?

Marina se acerca a Karim.

MARINA. Este.
KARIM. Y aquí tenemos ámbar gris, civeto, jazmín de Sidi Bou Said…
MARINA. Este.
KARIM. Este es almizcle.
MARINA. Bueno. ¿Y este?
KARIM. Luna de Marrakech.
MARINA. ¿Y este?
KARIM. Noches de Túnez.

Paquita entra con un sacudidor y una alfombra persa.

PAQUITA. ¿Podrás creer que estoy casada con un perfumista, pero que todos sus perfumes me hacen estornudar?

Comienza a sacudir la alfombra.

KARIM. ¿Y puedes creer que estoy casado con una mujer que no me deja ni besarle los dedos de los pies?
MARINA. No entiendo. ¿Ustedes dos están casados?

PAQUITA. ¿Qué? ¿Pensabas que no yo no podría pescar a alguien tan joven?

Entra Emiliano.

EMILIANO. Paquita, ¿tienes la llave del sótano?
MARINA. Papá, ¿es cierto que ellos dos están casados?
EMILIANO. Sí, es cierto.
PAQUITA. Cuéntale que él me pega por las noches.
KARIM. Cuéntale que ella se entiende con el lechero.
MARINA. ¡Basta! ¡Díganme la verdad!
PAQUITA. No nos cree, Emiliano.
MARINA. No, no les creo. Ni siquiera duermen en el mismo cuarto. Papá, dime la verdad.
EMILIANO. Bueno, están y no están casados.
MARINA. ¿Qué quieres decir?
PAQUITA. Lo tengo que aguantar hasta que consiga los documentos de residencia. Pero tan pronto los obtenga, le plantearé el divorcio y me casaré con tu padre.
EMILIANO. Al ritmo que vamos, tendremos setenta años.
PAQUITA. Bueno, usaré el pelo blanco como velo de novia. Aquí tienes la llave.

Sale Emiliano.

MARINA. ¿Qué vas a hacer cuando seas ciudadano español?
KARIM. Seré un gitano más en este país.
PAQUITA. Yo le he dicho que vaya al colegio y que estudie.
KARIM. ¿Qué voy a estudiar? *(Le da otro frasco).* Prueba este.
PAQUITA. Algo interesante como astronomía, arquitectura... Mira, podrías estudiar álgebra. Los moros son buenos en álgebra.
KARIM. ¿Y para qué me servirá eso? Cuando Y es igual a Marruecos X es igual a España y eso significó la expulsión de los moros de este país en 1492. ¿Solución al problema? Tendrán que transcurrir mil años para que un moro sea igual a un español.
PAQUITA. Eso no es álgebra.
KARIM. Miro alrededor y hago las cuentas.
MARINA. ¿Qué hay en este frasco?

Vuelve a entrar Emiliano y se queda observando a Karim y a Marina.

PAQUITA. Un aceite oriental muy peligroso. Tendrás que estar vigilante cuando vayas al mercado conmigo.
MARINA. ¿Por qué?
PAQUITA. Nos seguirán los hombres.
MARINA. Eso me parece muy bien.
PAQUITA. ¡No! No cuando estoy haciendo las compras. Los hombres y la comida no se deben mezclar. No me dejan concentrarme y a mí me gusta leer los ingredientes uno por uno.
MARINA. ¿Cuál me pongo entonces? ¿Gardenia?
PAQUITA. Peor. Nos seguirían las abejas.

EMILIANO. Vámonos, Karim.
MARINA. ¿Y este?
KARIM. *Janat al Naim*.
MARINA. Me gusta cómo lo dices. Lo voy a comprar.
KARIM. Tómalo. Te lo regalo.
EMILIANO. Si quieres que te lleve, vámonos ya. Te espero en el auto.

Sale Emiliano. Karim empieza a recoger los perfumes y los envuelve en el paño de arabescos con un nudo. Paquita sacude la alfombra mientras escucha.

MARINA. *Janat al Naim*. Hay gente que debería hablar en otros idiomas todo el día, aun si nadie los entiende. ¿Te imaginas empezar una frase en francés y terminarla en mandarín? Pienso que lo que cuenta es la música en la palabra. Karim, tú hablas así.
KARIM. ¿Yo?
MARINA. Di algo en árabe o francés.
KARIM. ¿Qué quieres que diga? ¿Algo amable?
MARINA. Sí, algo amable.
KARIM. *El-hamdulellah ennek gaity*.
MARINA. *El-hamdulellah ennek gaity*. ¿Qué quiere decir?
KARIM. Que le doy gracias a Dios porque estás aquí.
MARINA. Di una mala palabra.
KARIM. Me tengo que ir.
PAQUITA. Vete o Emiliano llegará tarde a la reunión.
KARIM. Tu padre me está esperando. Adiós.

Karim sale.

MARINA. *El-hamdulellah ennek gaity*. ¿Cuánto hace que conoces a mi padre?
PAQUITA. Desde hace muchos años. Lo conocí a través de sus pinturas y me enamoré de él por su obra. Tu padre y yo… somos pareja pero no hacemos… No hay nada de eso entre nosotros. *(Recuerda. Se ríe)*. Bueno, algunas noches sí… Cuando estamos un poco borrachos. Yo amo a tu padre de la misma forma en que me amo a mí misma. Tu padre es como esa joya costosa que nos deslumbra en el cristal de la vidriera… pero que nunca podremos adquirir… Solo contemplarla.
MARINA. ¿Por qué?
PAQUITA. ¡Ah! No creo que lo entiendas… Eres tan joven… A tu edad hay que satisfacer otros apetitos… La carne manda… A mi edad la vida se concentra en otras partes del cuerpo. Para mí el sexo es una casa en la playa, que hemos cerrado porque llegó el invierno. Eso no quiere decir que uno no quiera abrirla de vez en cuando. ¡No, señor! Si un hombre de repente me mueve el piso, ya eso es otra historia. Pero por el momento, lo que quiero es compañía. Tu padre me entiende. ¿Ves aquella luz? Así es como yo lo quiero. Como esa luz que está llena de respeto por la vida.

Se escucha música flamenca.

Escena 4

Entra Emiliano, seguido por Lorca.

EMILIANO. Necesito dormir. ¡Son más de las cinco de la mañana! ¿Dónde estarán Marina y Karim?
LORCA. Estarán bailando todavía.
EMILIANO. ¡Tan tarde!
LORCA. ¡Otra vez con la preocupación!

Emiliano pasea, preocupado.

EMILIANO. Claro que sí. ¡Son más de las cinco! El camino desde Granada es peligroso de noche. Hay muchas curvas y a Karim le gusta tomar demasiado.
LORCA. Venga, toma un poco de vino. *(Le da una botella de vino).* Te calmará. Siéntate. *(Trae una silla y lo sienta. Se quita la chaqueta y la usa como un delantal para cortarle el pelo).* Te cortaré el pelo.
EMILIANO. Me lo acabo de cortar. *(Arroja la chaqueta).*
LORCA. Déjame afeitarte.
EMILIANO. ¡No!
LORCA. Pues te corto los pelos de la nariz. *(Lo vuelve a cubrir con la chaqueta).*
EMILIANO. ¡No te atrevas!
LORCA. Entonces ponte a pintar.
EMILIANO. No puedo pintar cuando estoy nervioso. *(Se levanta de la silla).*
LORCA. Vamos, dibuja cualquier cosa. Te calmará. Te buscaré un lápiz. Yo siempre llevaba mis penas a una página en blanco. Alejaba las preocupaciones escribiendo poemas o escenas para mis títeres. *(Le da un lápiz).* Aquí tienes un lápiz. Seré tu modelo. Te haré compañía. *(Se agacha para quitarle los zapatos).* Deja que te quite los zapatos.
EMILIANO. ¡No, déjamelos puestos!
LORCA. Es para darte un masaje en los pies.
EMILIANO. ¡Déjame los pies quietos!

Paquita entra. Viene vestida con una bata de casa. Emiliano trata de ocultar la presencia de Lorca y se pone a limpiar sus zapatos.

PAQUITA. ¿No han vuelto todavía?
EMILIANO. No.
PAQUITA. Vete a la cama, Emiliano.
EMILIANO. Ya me voy, ya me voy.
PAQUITA. ¿Necesitas algo?
EMILIANO. No, estoy bien.
PAQUITA. ¿Quieres que me quede contigo?
EMILIANO. No, vete y descansa.
PAQUITA. Vale, mi amor.

Paquita sale.

LORCA. ¿Sabes que una vez estuve enamorado de una mujer? Ana María, la hermana de Salvador Dalí.
EMILIANO. ¿Y?
LORCA. Primero me había enamorado de su hermano. ¡Ah, fue terrible!
EMILIANO. *(Mira la hora en su reloj)*. Espero que no les haya pasado nada.
LORCA. *(Saca un papel de su bolsillo)*. Te quiero leer esto. «Es contra la ley robar nidos o huevos. El robo de estos resultará en una multa».
EMILIANO. Ya lo sé.
LORCA. Entonces sabes que es contra la ley…
EMILIANO. ¿Ahora eres policía?
LORCA. ¡No, Dios me libre! Pero eso denota que no te criaste aquí. Da mala suerte robártelos.
EMILIANO. ¿Quieres decir que ahora tengo un maleficio? ¿Es por eso que estás aquí? ¿Para llevarme contigo?
LORCA. ¡No seas ridículo! ¡Llevarte conmigo! *(Se ríe)*.
EMILIANO. A veces me das mucho miedo. Ya te he visto en mis sueños como el ángel de la muerte.
LORCA. *(Vuelve a reírse)*. Cuando le asignan un ángel a un hombre que está a punto de morir es porque ese hombre ya está muerto. La misión del ángel es darle un beso y recoger su último aliento. Y como ves, yo estoy aquí y tú no te estás muriendo. A no ser que creas que te estás muriendo.
EMILIANO. No, no lo creo.
LORCA. ¿Será porque estás pintando mi muerte?
EMILIANO. No.
LORCA. ¿Entonces, será que vas a batirte en un duelo en el que yo voy a ser tu padrino?
EMILIANO. No.
LORCA. Bueno, entonces déjate de tonterías. *(Le enciende un cigarrillo)*. Aquí tienes, fuma. No te preocupes más. Eso es lo que pasa cuando uno visita a los vivos, siempre sospechan que tenemos motivos ocultos.

Afuera se escucha el sonido de un auto que se estaciona, y el de las puertas del carro que se cierran.

EMILIANO. ¡Qué bueno, ya están de regreso!

Entran Marina y Karim.

MARINA. Fuimos hasta Málaga. No sabía que era una ciudad tan grande. En una discoteca, conocimos a una pareja de Madrid. Nos llevaron a una fiesta. Y luego a otra. Nunca he bailado tanto en mi vida. No puedo imaginarme la vida sin bailar. Vámonos a la playa, Karim. Veamos el amanecer. Luego va a haber un eclipse.
EMILIANO. ¿No estás cansada? ¿No quieres dormir un poco?
MARINA. *(Dando vueltas por todas partes)*. ¿Dormir? ¿Quién quiere irse a la cama? Mañana y pasado mañana dormiré. He empezado a vivir de nuevo, papá. Ven con nosotros a ver el amanecer. Ya has dormido lo suficiente.
EMILIANO. Es que no he dormido nada. Me tenían preocupado.
MARINA. Papá, ya no somos unos niños. *(Le coge la mano para bailar)*. Quiero celebrar la vida.
EMILIANO. Marina, te has vuelto loca.
MARINA. ¿Por qué dices eso? ¿No quieres que yo sea feliz? Baila conmigo. *(Hace al padre dar una vuelta)*. ¿Quién quiere irse a la cama? Uno puede morirse durmiendo.

Paquita entra medio dormida.

PAQUITA. ¿Qué pasa?
MARINA. Bravo. Estás despierta. *(Halándola del brazo)*. Vámonos a la playa. Vístete.
PAQUITA. ¿A dónde vamos?
EMILIANO. Acaban de regresar.
PAQUITA. ¿A dónde me llevan?
MARINA. A bailar.
PAQUITA. No puedo ir así como estoy. ¿Alguien me puede decir lo que está pasando?
MARINA. ¡Vamos a bailar en la playa!
PAQUITA. ¿Ahora? ¡Ay no! Yo me vuelvo a la cama.

Paquita sale.

EMILIANO. *(Le acaricia la cara)*. Te voy a preparar algo calentito para tomar.
MARINA. No. Me voy a cambiar de ropa. Me voy a llevar tu música a la playa, Karim.

Marina sale.

EMILIANO. ¿Qué es lo que está pasando?
KARIM. No quiere irse a la cama.
EMILIANO. ¿Está drogada?
KARIM. Tomó. Nos dimos un par de tragos.
EMILIANO. No me mientas. ¿Qué tomó?
KARIM. Déjala. Se está divirtiendo. Estaba triste…
EMILIANO. Tú estás tan drogado como ella.
KARIM. ¡Vale! No sigas.
EMILIANO. Ni me puedes mirar a los ojos. ¿Qué tomaron? Dime, ¿qué tomaron?
KARIM. Éxtasis.
EMILIANO. ¡Karim!
KARIM. Yo no lo compré.
EMILIANO. Claro que lo compraste tú. ¿Cómo va a saber ella dónde comprarlo?
KARIM. Ella lo compró y me lo puso en la boca.
EMILIANO. Y, como todo un idiota, te lo tragaste. Tengo que hablar con ella.
KARIM. No formes un escándalo. Déjala en paz. Y no le cuentes que yo te lo dije.
EMILIANO. Le voy a preparar algo para tomar.

Emiliano va a salir.

KARIM. Emiliano.
EMILIANO. ¿Qué?
KARIM. Ven conmigo mañana a Granada. Hay una tienda que se alquila en la calle Tetería. Te la quiero mostrar.
EMILIANO. ¿Y?
KARIM. Empecemos un negocio.

EMILIANO. Así que, ¿esta droga éxtasis te da ideas chifladas?
KARIM. Es una tienda lindísima, pequeña y tiene de todo: vitrinas, sillas…, hasta una registradora. Es un lugar ideal para una tienda de perfumes. Antes era una joyería. Además en esa zona están todos los bares, y otras tiendas que venden alfombras y cosas de Marruecos. El negocio mío encajaría muy bien.
EMILIANO. No necesito más trabajo del que tengo.
KARIM. Pero yo seré quien lo hará todo. El encargado seré yo. Mira, te devolveré toda la pasta.
EMILIANO. Mira, si te doy el dinero es para que te regreses a tu país.
KARIM. ¿Y es eso lo que quieres?
EMILIANO. A veces, sí.
KARIM. ¿Por qué siempre dices esas cosas? Si en verdad me tienes cariño, ¿por qué siempre me amenazas? Ven aquí. Abrázame.
EMILIANO. Estás arrebatado.
KARIM. No es por eso. *(Se acerca a él y trata de abrazarlo).* Ven aquí.
EMILIANO. *(Rechaza el abrazo).* Estás totalmente fuera de ti.
KARIM. *(Le agarra las manos).* Abrázame.
EMILIANO. Así que el éxtasis a ella la hace feliz y a ti te pone cariñoso.
KARIM. No tiene nada que ver con la droga. Ven acá.
EMILIANO. ¿Qué quieres de mí? ¿Por qué quieres que te abrace?
KARIM. Porque te quiero. Porque eres como un padre.
EMILIANO. *(Indignado).* ¡Basta! No soy tu padre. Quisiera poder verte como un hijo. Pero eso no es posible. Escucha, cuando tú me dijiste que estabas confundido con lo nuestro yo te prometí que te daría tiempo para pensar las cosas, y hasta ahora no me has dado una respuesta. ¿De verdad quieres que te abrace?
LORCA. ¡Ah, el silencio! No creo que realmente él quiera que lo abraces.
KARIM. No importa.

Karim se aparta.

LORCA. Amar es un absurdo, mi amigo. No amamos a la persona que creemos, amamos a otra que hemos inventado. Cerramos los ojos y nos entregamos a ella aun cuando intuimos el peligro. Aun cuando tenemos en el pecho la flor de un cuchillo sangriento. Creamos nuestra propia noche para entregarnos a cualquier desconocido, en la oscuridad que diluye la lógica.
EMILIANO. Voy a prepararle algo a Marina.

Emiliano sale. Karim pasea de un lado a otro, preocupado. Marina entra con un radio CD portátil tocando música moderna, estilo techno. *Viste ropa de playa y trae tres sombreros.*

MARINA. Estoy lista para la playa. Ponte este sombrero, Karim. *(Le pone un sombrero).* Este es para papá y este para Paquita. *(Le pone otro sombrero encima del que tiene puesto).* ¿Se nota que estoy volada?
KARIM. Parece que acabas de regresar de Plutón.
MARINA. Vamos al mar.
KARIM. Prefiero irme a dormir.
MARINA. ¿Qué pasó?

KARIM. Nada. Tu padre.

MARINA. ¿Qué dijo?

KARIM. Nada. Nada. Es que estoy cansado y tengo que hacer varias diligencias para tu padre temprano.

MARINA. Ah… Karim, Karim. *(Lo coge de la mano).* ¿Por qué estás tan serio?

KARIM. Estoy bien.

MARINA. ¿Se te está yendo la nota? *(Le da vueltas).* Karim, Karim, no te pongas así. Karim, ¿qué quiere decir tu nombre?

KARIM. *(Sonríe).* ¿Mi nombre?

MARINA. *(Jugueteando).* Sí. ¿Qué quiere decir? ¿Qué quiere decir?

KARIM. *(Entregándose al juego).* Mi nombre es uno de los nombres del Profeta.

MARINA. ¿Y cuántos nombres tiene el Profeta?

KARIM. Doscientos uno.

MARINA. ¿Y cada uno tiene un significado diferente?

KARIM. Karim quiere decir «el generoso».

MARINA. ¿Y tú eres generoso?

KARIM. Lo puedo ser.

MARINA. Si es así, ven conmigo a la playa y allí me dices todos los nombres del Profeta y todos sus significados.

KARIM. *(Con sensualidad).* Y a cambio de eso, ¿tú qué me darás?

MARINA. Te diré los nombres de todos mis primos.

KARIM. Eso no sería justo.

MARINA. ¿Por qué no?

KARIM. Tú tienes solo dos primos.

MARINA. Entonces te daré algo que siempre ocurre cuando hacemos la señal de la cruz.

KARIM. ¿Y eso qué es?

MARINA. Un beso en la punta de los dedos.

KARIM. ¿Así que me darás un beso?

MARINA. Uno por cada primo.

KARIM. Me gusta ese juego. Serán doscientos un besos.

MARINA. Comienza.

KARIM. Muhammad, el más elogiado. *(Marina le da un beso en las nalgas).* No me beses ahí.

MARINA. No soy religiosa.

KARIM. Pero es ofensivo para mí.

MARINA. Entonces aquí. *(Le da un beso en la mano. Él comienza a seducirla mediante los nombres).*

KARIM. Ahmad, el que vive siempre. *(Le besa la frente).* Munir, el que ilumina el mundo. *(Le besa los ojos).* Mad'u, el que aceptó la llamada de Alá. *(Le besa las rodillas).* Shafi, el que cura los corazones.

MARINA. Ese debiera ser tu nombre.

KARIM. Kashif al-Karb, el que borra las penas y el dolor.

Con un beso traza toda el aura de su cuerpo. Karim se le acerca.

KARIM. Fatih, el que abre la puerta del corazón. *(Le da un beso en la boca).* Kamil, el que es perfecto. *(Ella le devuelve el beso).*

MARINA. Vámonos al mar.

Los dos caminan hacia el mar. Lorca no tarda en expresar su desaprobación, y se les queda mirando. Emiliano entra con una taza de chocolate caliente.

EMILIANO. ¿Dónde están?
LORCA. En la playa.
EMILIANO. Voy a buscarlos.

Emiliano va por ellos. Lorca le corta el paso.

LORCA. No, no vayas.
EMILIANO. Pero le preparé chocolate.
LORCA. Ella no quiere eso. Dámelo a mí.
EMILIANO. ¿Qué haces?
LORCA. Se lo tomará el gato.
EMILIANO. No tengo gato.
LORCA. Entonces las hormigas.
EMILIANO. Pero lo acabo de hacer para mi hija.
LORCA. A las hormigas les gusta mucho el chocolate. ¡Vengan, hormiguitas!
EMILIANO. Voy a buscarlos.

Emiliano sale.

LORCA. Emiliano, ¡quédate! ¡No vayas, Emiliano!

Cambio de luces. Música.

Escena 5

Paquita entra, lleva gafas de sol y una pamela.

PAQUITA. Marina, trae tus gafas de sol para que puedas ver el eclipse. Ya va a empezar a oscurecer.

Entra Marina.

MARINA. Ah, qué maravilloso el universo.
PAQUITA. Lleno de misterios. No has dormido.
MARINA. ¿Quién quiere dormir? Hay que celebrar que estamos vivos.
PAQUITA. Por supuesto que sí, yo me despierto cada mañana llena de gratitud.
MARINA. Yo también. Cada día, cada hora, cada minuto yo siento que tengo que ayudar al mundo. Le hiciste un gran bien a Karim casándote con él.
PAQUITA. Así soy a veces. Loca como una cabra.
MARINA. Me imagino que es difícil encontrar trabajo si no eres ciudadano de este país. Es difícil en Estados Unidos.

PAQUITA. Tu padre me pidió que me casara con el marroquí para ayudarlo, porque la vida en este país no es fácil para un extranjero. Entonces miré al muchacho, con esa carita de niño que tiene —su sonrisita tan simpática—, miré a tu padre... y claro como yo tengo un corazón más grande que un melón... pues de pronto me vi con un ramo de flores parada delante del notario casándome con el moro. Pero lo hice para mantener las apariencias, porque en este pueblecito, el aire siempre está cargado. La gente lo ensucia con su mala lengua. Lo hice por tu padre para que pudiera estar con Karim.

MARINA. *(En estado de shock).* ¿Cómo? Yo no sabía que Karim es..., que él y mi padre...

PAQUITA. Ah, bueno pero sí sabes... bueno... hay hombres como tu padre que prefieren... No sé cómo decirlo... confraternizar.

MARINA. Claro que lo sé.

PAQUITA. Qué bien. Por un momento temí...

MARINA. No sabía que mi padre y Karim... Karim trabaja para él ¿no?

PAQUITA. Sí, ayuda a tu padre, pero...

MARINA. *(Alejada).* ¿Por qué no me lo dijo? Mi padre siempre ha sido un extraño para mí.

Emiliano y Lorca entran.

EMILIANO. Ah, aquí están.

Emiliano está despeinado, parece que no ha dormido.

PAQUITA. Sí, vinimos a ver el eclipse. ¿Tienes tus gafas?

EMILIANO. No, me olvidé de traerlas.

PAQUITA. Ve a buscarlas.

EMILIANO. No pienso quedarme. Ya he visto muchos eclipses en mi vida.

MARINA. Quédate.

PAQUITA. Quédate. Yo te las traigo.

Paquita sale. Hay un vacío entre Marina y Emiliano.

EMILIANO. ¿Has estado despierta?

MARINA. Sí.

EMILIANO. Marina, te drogas.

MARINA. Ha sido la primera vez. Te lo juro.

Karim entra. Solo lleva una trusa y una toalla colgada del cuello. Ha estado nadando en el mar.

KARIM. ¡El agua está tan tibia! ¡Tienes que ir a nadar! Voy por algo de tomar. ¿Quieres algo?

MARINA. No.

KARIM. ¿Y tú?

Karim sale.

MARINA. ¿Por qué no me cuentas sobre Karim y tú?

EMILIANO. No quiero hablar de eso.

MARINA. Lo siento. No sabía que entre tú y él…
EMILIANO. Bueno, ya lo sabes.
MARINA. Si lo hubiera imaginado…
EMILIANO. Es mejor no hablar de eso.

Silencio. Él mira hacia la distancia lleno de dolor y remordimiento.

MARINA. Mamá y yo nos contábamos todo.
EMILIANO. ¿Qué te contó de mí?
MARINA. A veces tenía mucha rabia.
EMILIANO. ¿Eso fue lo que cambió tus sentimientos hacia mí? No soy un padre normal.
MARINA. ¿Qué significa ser un padre normal?
EMILIANO. Puede que alguien como Gregory Peck en la película *Matar a un ruiseñor*.
MARINA. En ese caso, yo no sería la hija idónea para él.
EMILIANO. ¿Por qué Karim?
MARINA. Quizás porque heredé los ojos de mi padre.
EMILIANO. No son mi mejor característica.
MARINA. Lo mismo se podría decir de mi corazón.

Todo esto es difícil para ella. Sus ojos se llenan de lágrimas.

EMILIANO. Un hombre honesto no se comportaría así, delante de mis ojos, con mi propia hija.
MARINA. ¿No crees que podría decirse lo mismo de mí?
EMILIANO. ¡Pero tú no lo sabías!
MARINA. No. Ninguno de los dos me lo dijo.
EMILIANO. Quizás no debiste venir.

Esto es lo peor que le pudo haber dicho, pero ella lo oculta. Karim entra y se da cuenta de lo que está pasando.

KARIM. ¿Ha comenzado el eclipse?
MARINA. Parece que sí.
KARIM. Nunca he visto un eclipse.
MARINA. Ni yo.

Paquita entra. Todos se ponen sus gafas y miran al cielo, menos Emiliano.

PAQUITA. Aquí están las gafas. Mira, ya comienza. Póntelas. Escuchen los pájaros. Piensan que viene la noche. Todos los animales del mundo creerán que es de noche.

Se escucha un sonido delicado pero extraño al mismo tiempo, como cuando uno frota el borde de una copa de vino. Lorca también se pone sus gafas de sol.

LORCA. Ahora las cosas comienzan a cambiar. El universo está dando vueltas y moviendo todo lo que existe. Giramos en nuestra propia esfera. Hasta el corazón ha sido creado para que no se detenga. Sin embargo, ahora, todos caeremos bajo el influjo de esa breve oscuridad. ¡Ah, el eclipse! El eclipse muestra que el cielo sí se puede detener, cuando la Luna pasa entre el Sol y la Tierra.

El sonido se escucha más alto, se extiende, mientras las luces de color ámbar comienzan a cambiar a un azul tenue. Después la oscuridad desciende como un manto que cubre toda la tierra.

FIN DEL PRIMER ACTO

ACTO II

ESCENA 1

Música flamenca. Hay una serie de objetos rotos encima de una tarima con ruedas. La familia está celebrando el día de San Juan, y están disfrutando de un picnic en la playa. Sobre un mantel hay pan con chorizo, frutas y vino. Emiliano tiene una botella en la mano y está bailando. Todos están gozando de la música y riéndose. Paquita coge su chal y se lo pone a Emiliano y baila alrededor de él. Karim y Marina empiezan a dar palmas.

LORCA. Las cinco de la tarde. Hay fiesta en el aire. Emiliano, es necesario reír y a bailar. Venga, invita a las estrellas a que jueguen en tu barriga. No hay pecado en que un hombre se ría si está contento. ¡Ríete, ríete! Libera los jilgueros de tu boca. Así, Emiliano. Tengo a la luna atada en un hilo, luego cuando todo esté bien oscuro, tú y yo la llevaremos a pasear.

La canción termina. La familia aplaude. Lorca saluda con la mano a Emiliano. Paquita ve a Lorca por primera vez.

PAQUITA. ¿Quién es ese hombre tan interesante vestido de blanco?
EMILIANO. *(Pretendiendo no verlo).* No veo a nadie.
PAQUITA. Parece ser de otra época.
EMILIANO. Será algún astrónomo persiguiendo los eclipses.

Lorca los saluda con la mano.

PAQUITA. *(Le devuelve el saludo).* Me está saludando. Qué extraño…, juega con un globo… como si fuera un niño.
EMILIANO. Paquita, ¡no lo mires tanto! ¡Tú tampoco, Marina! Seguro que el globo es de la hija que debe estar buscando conchas en la playa.
MARINA. Parece un extranjero.
EMILIANO. Se ha dado cuenta de que estamos hablando de él. No lo miren.
PAQUITA. Me ha vuelto a saludar. Voy a preguntarle si quiere pan con salchicha.
EMILIANO. ¡No!
MARINA. ¿Por qué no, papá?

Lorca desaparece.

EMILIANO. Porque no tengo ganas de ponerme a conversar. Además, puede que sea vegetariano.
PAQUITA. Mira que eres raro, cariño.
KARIM. No discutan. Ya se ha ido.
EMILIANO. ¿Qué estaba diciendo antes de que esta tonta me interrumpiera?
PAQUITA. Marina, ¿le echaste perejil a la salchicha? Emiliano no ha parado de hablar desde que empezamos a comer.
EMILIANO. ¿No quieres que hable? Pásame otro pedazo de salchicha.
PAQUITA. El perejil hace hablar a los loros.
MARINA. Creo que estabas hablando de tus pies.
PAQUITA. ¡Ay, no! Que no hable de los pies cuando estamos comiendo.
KARIM. ¿Por qué no?
PAQUITA. Porque no es de buena educación.
KARIM. Mira esta, como si fuéramos a comerle los pies. A no ser que tengas muchas ganas de hacerlo.
PAQUITA. Karim, no tienes modales. No más vino para ti.
KARIM. Dame mi vino.
PAQUITA. Este con un vaso de vino ya no sabe lo que dice.
KARIM. ¿Viste? Se toma mi vino y dice que yo no tengo modales. Cúbranse los pies. Puede que Paquita se los coma.
PAQUITA. Bueno, a mí me gustan las patitas de cerdo.

Todos ríen.

EMILIANO. ¡Ajá! Sale a relucir la verdad. *(Con la cuchara suena la copa de vino para solicitar la atención de todos).* ¡Mucho cuidado, señoras y señores! Tenemos a una devoradora de pies entre nosotros.
PAQUITA. ¡Qué cabrón eres!
EMILIANO. Esta noche tendremos que esconder los pies debajo de la almohada.

Paquita le empieza a dar con la servilleta. Emiliano sale corriendo. Paquita corre detrás de él.

KARIM. *(La agarra por el brazo).* ¿Por qué me esquivas?
MARINA. *(Se aparta de él).* No quiero hablar contigo ni volverte a ver.
KARIM. ¿Por qué? ¿Por qué?

Se escuchan risas. Emiliano y Paquita vuelven a entrar.

PAQUITA. Ya estoy lista para encender la fogata.
EMILIANO. Aún no se ha puesto el sol.
PAQUITA. A esta hora es cuando se prende la hoguera de San Juan. Así es como se hace en mi pueblo. Este es mi día favorito, Marina, porque es cuando hacemos limpieza de la vida, y damos paso a todo lo nuevo. El día de San Juan acostumbramos a quemar las cosas que ya no importan. Lanzamos a las llamas la ropa que ya no sirve, los guantes viejos, los peines sin dientes, las sillas sin patas, quemamos los sueños viejos, las noches truncadas, los amores imposibles… Así el fuego, como un volcán hambriento, va comiéndose todo lo que le damos. Yo aprovecho este día para quemar hombres.

MARINA. ¿Quemas hombres?

EMILIANO. *(Bromeando).* Los achicharra.

PAQUITA. ¡No te burles! ¡Es cierto, Marina!

EMILIANO. ¿Cuántos hombres? ¿Cuántos?

PAQUITA. ¡Muchísimos! Quemé a todos los que me maltrataron: Tito Carnero, Chucho Escalante, Juan José Amado, Melino Tucci… ¡Cómo puedo olvidarlo! Quemé al carpintero de Cerdeña, que prometía construirme casitas junto al mar y… ¡Ja!, a Rodrigo Bagaria, ese fue otro… Pascual Trinidad. A mi hoguera le encanta comer hombres… *(Ríe).* O quizás es que me gusta ver cómo se los come.

MARINA. ¿Cómo los quemas?

PAQUITA. No, no los quemo de verdad. Solo echo en la hoguera algo de ellos. Lo mismo puede ser un cordón del zapato que una carta de amor vieja… ¡Ay! ¡Hoy me siento con ganas de quemarlo todo! Vamos a buscar más cosas para alimentar bien la fogata. Emiliano, ve por tu escopeta.

EMILIANO. ¿Para qué?

PAQUITA. Para que dispares al aire. Tenemos que festejar.

Paquita, Marina y Karim salen. Lorca se acerca a Emiliano.

EMILIANO. ¡Ya voy!

LORCA. Hola, Emiliano.

EMILIANO. Te pusiste a payasear.

LORCA. Solo saludaba.

EMILIANO. Me di cuenta. Todo el mundo te vio. Y luego te desapareciste como un fantasma.

LORCA. ¿Hay otra manera de desaparecerse?

EMILIANO. Este no es el momento adecuado.

Marina y Paquita entran. Traen bolsas llenas de madera y objetos rotos.

Lorca se aleja de Emiliano.

PAQUITA. Emiliano, ¡muévete!

EMILIANO. Ya voy.

PAQUITA. *(A Marina).* Trae más madera.

Emiliano y Marina comienzan a salir. Lorca los sigue.

KARIM. ¿Quieres que te ayude?

PAQUITA. Ella no necesita ayuda. *(Paquita saca una camisa de la bolsa).* Voy a quemar esta camisa.

KARIM. Es mía. *(Trata de quitarle la camisa, pero ella la retira).*

PAQUITA. Sí, lo sé, por eso la estoy quemando.

KARIM. ¡Dámela!

PAQUITA. Crees que no sé lo que está pasando entre tú y Marina. También sé que las cosas no andan bien entre tú y Emiliano. Al principio te fingías muy enamorado. Pero tan pronto me casé contigo lo dejaste, porque era ir contra tu religión. ¡Qué tomadura de pelo!

KARIM. ¡No te metas en lo que no te importa!
PAQUITA. Cuando nos divorciemos dejaré de meterme. ¿Lo entiendes?

Karim se va indignado.

PAQUITA. *(Con la camisa en la mano. En voz alta).*
Ay, San Juan, ¡que este fuego lo haga desaparecer!
Ay, San Juan, ¡que los papeles del divorcio lleguen pronto!
¡Desaparécelo, San Juan! ¡Desaparécelo!

Entran Emiliano y Marina. Emiliano tiene su escopeta.

EMILIANO. ¿A quién estás tratando de desaparecer?
PAQUITA. ¿Te lo digo? Voy a buscar más cosas para la fogata. Hoy tengo el diablo encima.

Paquita sale.

EMILIANO. No quemes la casa. *(Sonríe).* Ella es capaz de quemar la casa si la dejo.
MARINA. ¿Tú qué vas a quemar?
EMILIANO. *(Desdeñoso).* ¡Bah! Eso es un mito, una tradición antigua. ¿Qué estoy haciendo con esta escopeta? Yo no creo en estas cosas.
MARINA. A mí me gustaría creer en algo.
EMILIANO. ¿Y tú qué vas a quemar?
MARINA. Si fuera verdad que estas fogatas funcionan, yo quemaría muchas cosas. Y comenzaría por el principio.
EMILIANO. ¿Y cuál es el principio?
MARINA. El día en que te fuiste de casa. ¿Qué recuerdas de aquella niña?

Él prefiere evadir los malos recuerdos. Le ofrece una sonrisa y la mira lleno de amor y ternura.

EMILIANO. Que no le gustaba dormir de noche. Y yo tenía que mecerla largo rato en mis brazos antes de acostarla.
MARINA. ¿Y qué recuerdas de la madre?

Emiliano mira hacia la distancia ahora que todo ha llegado a un punto más delicado. Pero los dos hablan como viejos amigos.

EMILIANO. La madre..., la madre no fue generosa conmigo.
MARINA. ¿Será porque la olvidaste como mujer?
EMILIANO. Eso debiste preguntárselo a ella.
MARINA. ¿Por qué nunca escribiste?
EMILIANO. ¿Adónde? Tu madre siempre estaba viajando..., su trabajo...
MARINA. Ella trabajaba en las Naciones Unidas. Pudiste contactarla.
EMILIANO. Ella también pudo contactarme a mí. ¿No crees?
MARINA. Bendita sea. Ella hizo mucho.

EMILIANO. Sí, eso era parte del problema. Hizo demasiado.
MARINA. No le quedó otro remedio. ¿Dónde estabas tú?
EMILIANO. *(Algo explosivo).* ¿Cómo iba a estar? Si ella hacía todo lo posible para separarnos.
MARINA. Tú también estabas muy ocupado con tus pinturas, papá.
EMILIANO. Sí, comenzaba mi carrera de pintor. ¿Pero qué tiene que ver una cosa con la otra? ¿Por qué no me permitía verte?
MARINA. Porque hubiera sido una carga demasiado grande para ti.
EMILIANO. Eso no es cierto, Marina.
MARINA. ¿Por qué no reclamaste tus derechos de padre?
EMILIANO. ¿Para qué? ¿Para que entonces me acusara de ser maricón? Mira, tú eras muy niña para recordar aquello…
MARINA. Tenía ocho años, papá, pero ya me sentía como si tuviera veinte. No me digas que era una niña.

Silencio.

EMILIANO. Perdóname. No ha sido mi intención…
MARINA. Es mi culpa, papá. No debí alentar esta conversación. Es que su muerte me dejó desamparada. Pienso en ella constantemente. La veo en todas partes y la siento en todo lo que hago. De repente su cara aparece en mis pensamientos: el color de sus labios.

Emiliano trata de diluir el momento y le ofrece una sonrisa.

EMILIANO. Ella siempre supo escoger un buen creyón de labios.
MARINA. *(Sonríe con ternura).* Sí, le gustaba el rojo ruleta como en los casinos. Cualquier hombre se hubiera jugado la vida por sus labios. Ya sé que estoy obsesionada. Pero es que quiero llegar a comprender por qué nos separó.
EMILIANO. Tú eras su única arma contra mí.
MARINA. ¡Pero eso también me castigaba!
EMILIANO. Tienes razón.
MARINA. Al mirarme te veía a ti.
EMILIANO. Claro, eres mi hija.
MARINA. Ella seguía amándote.
EMILIANO. Eso no es amor.

Se escucha la voz de Paquita.

PAQUITA. ¡Marina! ¡Ven a ayudarme! ¡Marina!
MARINA. Tengo que irme.

Marina besa a su padre y se va. Emiliano se queda mirándola con cariño. Lorca entra y se le acerca.

LORCA. Hola Emiliano…
EMILIANO. Hola Federico.
LORCA. Aquí estoy todavía.

EMILIANO. Mirándolo todo.
LORCA. A eso me dedico últimamente. ¿Por qué no caminamos un poco?
EMILIANO. No esta noche. No ahora. Federico, ¿consideras que he sido un hombre egoísta?
LORCA. ¿Por qué dices eso? Los artistas somos egoístas. El artista defiende su libertad.
EMILIANO. ¿Será por eso que fracasé como padre?
LORCA. No diría eso, amigo mío. Creo que, como padre, te dejaste llevar por las circunstancias. ¿Me equivoco? ¿O hubieras sido capaz de arrancar a tu hija de los brazos de su madre?
EMILIANO. No.
LORCA. Y pienso que no quisiste acudir a la ley para evitarle a tu hija el sufrimiento de un juicio.
EMILIANO. Así fue.
LORCA. Ahí tienes la respuesta. Preferiste sacrificarte. Eso no es egoísmo.
EMILIANO. A veces pienso que vivo tres vidas, como tres personas distintas, con tres almas, tres corazones, y tres cerebros diferentes. El artista que lleva una vida muy privada. Luego está el hombre solitario que se busca a otros hombres, mi lado oscuro. Y por último está el padre, un ser despojado, a quien realmente no conozco.
LORCA. Amigo mío, no te hace ningún bien continuar culpándote de todo. Eres un artista y un artista es padre de muchos hijos. Veré si me explico: un cardiólogo escucha millones de latidos con su estetoscopio; sin embargo, nunca llega a comprender el lenguaje secreto del corazón. Un peluquero, por ejemplo, nunca alcanza la intimidad de los pensamientos con su peine. Pero tú eres un creador, y tú sí puedes descubrir esos misterios. Lo terrible es que estamos condenados a la soledad. Venga, prendamos la hoguera. *(Prende la hoguera).* Que arda el pasado. Fíjate cómo danzan las llamas. ¡Venga, hombre! Los rituales son importantes. Todo tiene un comienzo y un final. ¡Mira cómo se ríen! ¡Cómo arden! Escucha lo que se dicen. ¡Bailemos!
EMILIANO. ¡Estás loco!
LORCA. No. Baila conmigo.

Lorca toma a Emiliano del brazo y comienzan a bailar alrededor del fuego. Paquita entra con una botella de vino y ve a Lorca bailando con Emiliano. El poeta la saluda.

PAQUITA. Prendieron el fuego sin mí.
LORCA. Ven y baila con nosotros.

Los tres bailan en torno al fuego.

PAQUITA. ¿Quién eres? ¿Quién es tu amigo, Emiliano?
LORCA. ¡Soy un actor!
PAQUITA. ¡Qué bien baila!
EMILIANO. Sí, es un actor que representa el papel de Lorca en una obra.
PAQUITA. Ay sí, se le parece.
LORCA. Ay sí, nos parecemos. Todo el mundo me lo dice.
PAQUITA. ¿Y dónde presentan la obra?
LORCA. ¡En un teatro que se llama el mundo!
PAQUITA. ¡Está bromeando!
EMILIANO. No, lo dice en serio. Él hace giras por el mundo.

PAQUITA. Iremos a verlo.
EMILIANO. No podemos. Esta noche fue su última actuación.
PAQUITA. Ay, ¡qué pena!
LORCA. No importa. Habrá otras.
PAQUITA. Entonces, a beber y tomar toda la noche.

Paquita le pasa la botella a Lorca.

EMILIANO. Él no puede tomar. Mañana viaja a otro pueblo.

Emiliano le quita la botella.

LORCA. Es verdad. Barcelona, Madrid, Salamanca…, la luna…
PAQUITA. Ah, ¡la luna!
LORCA. ¡Que viva el día de San Juan!
PAQUITA. ¡Que viva San Juan!

Los tres salen. Marina y Karim entran. Marina coge el frasquito de perfume que Karim le había regalado y lo lanza al fuego.

MARINA. *Janat al Naim.* ¿Es *Janat al Naim* otro nombre del Profeta?
KARIM. No, ¿por qué?
MARINA. Acabo de lanzar el frasquito al fuego.
KARIM. ¿Sabes lo que eso significa?
MARINA. Sí, lo sé. Mejor dime qué significa mi padre para ti.
KARIM. ¿Emiliano? Es como un padre para mí.
MARINA. Paquita me contó algo bien diferente.
KARIM. *(Defensivo).* Paquita habla demasiado. ¿Qué sabe ella de mí? Marina, yo no conocí ni a mi madre ni a mi padre, murieron cuando era niño. Crecí con una tía, sin familia. Por eso siento que Emiliano es como mi padre.
MARINA. Pues entonces desde ahora tendré que acostumbrarme a verte como un hermano.
KARIM. Eso sería muy difícil.
MARINA. No. Mirándote bien tenemos cierto parecido.
KARIM. Ninguno. *(Tratando de seducirla).* Ven aquí, *habibi.*
MARINA. No te acerques. Vamos a retroceder el tiempo y comenzar de nuevo. Yo acabo de llegar a Granada…
KARIM. ¿Por qué me hablas así?
MARINA. ¡Porque tendré que convertirme en tu hermana! ¡Porque no hay otro remedio y estoy rabiosa y dolida por haber sido tan estúpida y tan débil!
KARIM. *(La coge del brazo).* *Habibi*, por favor. Mira, tengo un amigo que tiene una habitación con vista a los jardines del Alhambra. Podríamos vernos allí.
MARINA. No. Allí estaría la presencia de mi padre. Karim… ¿Por qué no me hablaste claro?
KARIM. Porque todo entre nosotros ocurrió muy rápido, como una caída. No podía pensar.
MARINA. Se trataba de mi padre, Karim.
KARIM. Vamos a vernos en el piso de mi amigo Hamid.
MARINA. ¿Tu amigo también vive con un hombre?

KARIM. ¿Por qué me preguntas eso?
MARINA. ¡Porque quiero comprender!
KARIM. ¡Esa fue mi primera vez y no me agradó!
MARINA. ¿Y si no te agradó por qué le mentiste?
KARIM. Porque una cosa se encadenó a la otra. De pronto todo se oscureció donde antes había luz. Tu padre me pidió que me quedara y acepté. Y me hospedó en el cuarto que ya él había destinado para ti desde hacía muchos años, el mismo donde duermes ahora. Esa habitación estaba esperando tu llegada, las cortinas, los muebles, los retratos. Recuerdo que todo estaba aguardando por ti.
MARINA. Hablas como si mi padre hubiese planeado nuestro encuentro.

Karim la besa. Emiliano entra y lo ve todo.

KARIM. Esa misma noche, tuve una visión muy clara de ti, te imaginé tal y como eres...
EMILIANO. Marina...

Marina se separa de Karim.

MARINA. Sí.
EMILIANO. Vengan. Abrí otra botella de vino.
MARINA. Enseguida voy.

Emiliano sale.

MARINA. Olvídalo todo. Vine para estar con mi padre, no a robarle su amante.
KARIM. Ya no existe nada entre él y yo, te lo juro...
MARINA. Existe mi padre. *(Silencio).* Hay que encontrar una solución... Voy a pedirte algo.
KARIM. ¿Qué?
MARINA. Quiero que vuelvas con él..., que todo sea como antes.
KARIM. ¡Te has vuelto loca! ¿Sabes lo que me estás pidiendo? ¿Acaso no te importa lo que yo siento? Lo que me pides es imposible.
MARINA. ¡Y lo que me pides tú a mí es absurdo! ¿Quieres que siga contigo sabiendo que mi padre sufre por ti?
KARIM. Dame una razón por la cual tendría yo que hacer eso.
MARINA. Porque quiero hacerlo feliz y que sepa que lo acepto tal y como es.
KARIM. ¿Y nosotros?
MARINA. Te enseñaré a amarlo tanto como me amas a mí.
KARIM. ¿De veras crees que podrás lograr eso?

Él le acaricia el rostro. Ella lo mira llena de ternura y deja que sus manos se deslicen por los hombros de Karim.

MARINA. Sí. Poco a poco... Revélale todos los nombres sagrados que respetas, hasta que se conviertan en uno solo, en un sonido, libre y eterno como los nombres de Dios.
KARIM. Solo contigo hablaría de Dios.

Los dos están hechizados.

MARINA. Tú eres una ofrenda divina para mi padre.
KARIM. ¿Y nosotros? Contéstame, Marina. Haré lo que me pidas... Regresaré con él, si realmente eso es lo que quieres. Lo haré por ti. Lo haré por ti, si me aseguras que no voy a perderte.

Marina sale.

KARIM. Marina... Marina...

Karim sale, siguiendo los pasos de Marina. Emiliano y Paquita entran.

PAQUITA. ¿Dónde está tu amigo el actor? Me cayó tan bien.
EMILIANO. Tuvo que irse.
PAQUITA. ¡Ay me gustaría bailar con él otra vez!

De repente ve la belleza de Paquita y la mira con deseo.

EMILIANO. Te ves muy bella en esta luz.
PAQUITA. ¿De verdad? Mentiroso. Malo. ¿Por qué solo me dices cosas lindas cuando bebes?

Él comienza a juguetear con ella y la invita a bailar.

EMILIANO. Porque oigo música de *foxtrot* y eres una mujer y soy un hombre y... *(Canta).* Tarairirará... tariará...
PAQUITA. Yo oigo un tango.
EMILIANO. Ah, tú oyes un tango... Tan, tan, tan, tan, tan...
PAQUITA. Contigo me siento tristemente feliz. No sé cómo explicarlo. Pero a tu lado soy más feliz y más desdichada que con nadie en la vida.

Ella recuesta la cabeza en su pecho.

EMILIANO. En ese caso necesitamos una rumba para quitarte la tristeza.
PAQUITA. No, rumba no. Nada. Solo la música del silencio. La música de nuestro aliento.
EMILIANO. ¿Y cómo bailaremos al ritmo de la respiración?
PAQUITA. Así.

Ella lo besa. Después del beso él se aparta de ella.

EMILIANO. Buenas noches, cariño. Te amo.

Él le acaricia la cara y sale. Ella se queda desolada. Se escucha un fado. Las luces cambian.

Escena 2

Lorca juega con uno de sus títeres a las adivinanzas.

LORCA. Vamos a jugar el juego de las adivinanzas. ¿Si fuera un árbol?
TÍTERE. Sería un olivo.
LORCA. ¿Si fuera un palacio?
TÍTERE. El Alhambra.
LORCA. ¿Si fuera un objeto?
TÍTERE. Un paraguas.
LORCA. ¿Por qué un paraguas?
TÍTERE. Porque si lloro, tendrías que usar un paraguas.
LORCA. ¿Y eso?
TÍTERE. Porque tengo nubes en los ojos.
LORCA. ¿Así que eres una marioneta triste?
TÍTERE. No, soy una marioneta feliz.
LORCA. ¿Qué te gustaría ver en el teatro?
TÍTERE. *Hamlet.*
LORCA. ¿*Hamlet*? ¿Y no una de mis obras?
TÍTERE. No conozco tus obras.
LORCA. ¿Nunca has visto mis obras?
TÍTERE. No, nunca las he visto.
LORCA. Ssshh. Viene alguien.

Emiliano entra.

LORCA. Él es Emiliano. Este es Hilario.
EMILIANO. Gusto en conocerlo.
TÍTERE. ¿Y él es el pintor?
EMILIANO. Creo que sí.
LORCA. No preguntes tanto y duérmete. ¡Duérmete ya!

Lorca guarda el títere. Emiliano comienza a pintar.

EMILIANO. Federico, hoy en el periódico apareció un artículo sobre las fosas comunes.
LORCA. Lo leí. ¿Crees que no leo los periódicos?
EMILIANO. ¿Por qué tu familia se opone a la exhumación?
LORCA. Para ellos es muy difícil.
EMILIANO. Quizás no se dan cuenta de que tú no solo perteneces a la familia García Lorca, sino también al mundo, a la historia.
LORCA. No te preocupes, nada pasará.
EMILIANO. ¿Hace rato que estás aquí?
LORCA. Lo suficiente como para enterarme de lo que pasa en tu casa con tu familia.
EMILIANO. ¿Y qué has descubierto?
LORCA. Ten cuidado con ese muchacho.
EMILIANO. ¿Por qué?
LORCA. Lo veo muy perdido. Sabes, algunas veces creo que todavía queda algo dentro de mí.
EMILIANO. ¿Algo como qué?
LORCA. Un vacío que podría llenar de amor.

EMILIANO. ¿Con qué?

LORCA. No con una persona.

EMILIANO. ¿Entonces con qué?

LORCA. Puede ser una guitarra, una de tus pinturas, un barco. Pero con una persona no, el ser humano es muy complicado.

EMILIANO. ¿Amaste mucho a Dalí?

LORCA. Una vez intenté besarlo y le dio un ataque de tos. Dijo que le tenía terror a las lenguas, porque le recordaban a las culebras.

EMILIANO. ¿Y aquel escultor de quien estuviste enamorado?

LORCA. ¿Has visto alguna vez a un animal hambriento devorando un trozo de carne?

EMILIANO. Entiendo.

LORCA. Mi vida amorosa fue como una corrida de toros.

Entra Karim.

KARIM. Emiliano.

EMILIANO. Sí.

KARIM. Quiero hablar contigo.

LORCA. Sé amable, Emiliano. El muchacho sufre. Imagínate que está dormido. La gente dormida siempre es inocente.

EMILIANO. Hablemos.

LORCA. Bien. Con mesura para que encuentres las palabras correctas.

EMILIANO. Te escucho.

KARIM. No sé… No sé cómo empezar… He estado pensando…

LORCA. Cuidado, Emiliano.

KARIM. ¿Recuerdas cuando arreglamos la casa, y lo cambiamos todo de lugar? Recuerda lo felices que éramos.

EMILIANO. Sí.

KARIM. Pues ahora deberíamos arreglar lo que está roto entre nosotros.

LORCA. ¡Qué complicados son los seres humanos!

KARIM. Vamos a intentarlo al menos.

LORCA. Silencio. Así es…, piénsalo bien.

EMILIANO. Toma mucho tiempo olvidar. Mucho tiempo. Yo preferiría la distancia, porque la distancia y el tiempo curan. Ambos tienen remedios misteriosos. El problema en este caso es que vives aquí.

KARIM. Ya lo sé. Ya me lo has dicho.

EMILIANO. ¿Qué sugieres para arreglar lo nuestro?

KARIM. *(Sensual).* Regresar a la primera noche. Cuando me trajiste aquí, me diste de comer, y después me preguntaste que cuánto cobraba. Recuerda que yo te respondí, nada.

EMILIANO. Mejor hubieras cobrado.

KARIM. ¿No comprendes que entonces nunca me hubiera quedado?

EMILIANO. Ahí es donde quería llegar.

KARIM. Pero me quedé, anocheció y me dijiste que podía quedarme a dormir en el cuarto de tu hija.

EMILIANO. Explícame, por favor, ¿por qué ha sucedido esto, con Marina, mi propia hija?

KARIM. Emiliano, no quiero hablar de ella.

EMILIANO. ¡Basta, Karim! No mientas más. Tarde o temprano habrá que encarar la verdad. Y la verdad es que te has enamorado de mi hija. Tengo que reconocer que hacen una bonita pareja. ¿Harás como en Marruecos? Bueno, en verdad, no conozco las costumbres de tu tierra. ¿Cómo se hace? Creo que el novio va con músicos a visitar la casa de la novia. ¿Cuándo vas a pedirme su mano?
KARIM. ¡Estoy tratando de arreglar las cosas entre nosotros!
EMILIANO. Y yo también.
LORCA. Mesura. Mesura.
KARIM. No quiero hablar de Marina.
EMILIANO. ¿Entonces de qué? ¿Piensas que voy a creerme otra de tus historias?
KARIM. No es lo que piensas.
EMILIANO. ¡Mientes! Usas a las personas como te viene en gana, para después deshacerte de ellas. Eso es lo que estás haciendo con Marina. No lo voy a permitir. Con ella no. Con ella no.
KARIM. Escúchame, por favor.
EMILIANO. Quiero que te vayas de mi casa.
KARIM. ¿Me estás echando?
EMILIANO. ¡Vete!

Karim está desesperado, camina de un lado a otro.

KARIM. Me das lástima, Emiliano.
EMILIANO. Me da igual.
KARIM. Siempre lo mismo. Siempre has pensado que yo soy un ladrón.
EMILIANO. ¡Porque lo eres!

Lorca trata de calmar a Emiliano dándole unas palmadas en la espalda.

KARIM. Lo ves. En el fondo siempre me has juzgado mal. Eres un cobarde. En realidad siempre me has querido comprar. Siempre me has tenido acorralado dándome sobras. Vives con temor a perder lo que tienes. Desconfías de la gente como yo y de donde yo vengo. Crees que todos somos criminales. No me mires así.
EMILIANO. ¡No tenemos nada más que hablar!
KARIM. ¡Eres un mierda! ¡Con tus dibujos y tus pinturas y tus malditos nidos!

Karim arroja todas las pinturas y los nidos al suelo. Paquita y Marina entran.

MARINA. ¿Todo bien, papá?
KARIM. Tu padre me acaba de echar.
EMILIANO. Así es.
KARIM. Ven conmigo.
EMILIANO. ¡Cómo te atreves!
KARIM. No te hablo a ti. Le estoy hablando a Marina. Voy por mis cosas. Piénsalo.

Karim sale.

PAQUITA. ¿Qué pasó?

EMILIANO. No lo quiero aquí. Lo quiero lejos de ti.
PAQUITA. No te atrevas a irte con él.

Karim entra, lleva consigo sus perfumes en un bulto.

KARIM. ¿Qué decías, Paquita?
PAQUITA. ¡Le estoy dando mi opinión!
KARIM. Nadie te la pidió.
EMILIANO. Eres libre para decidir.
KARIM. Vámonos ahora mismo.

Karim va a salir.

PAQUITA. *(En voz alta).* ¡Tendrás que lidiar conmigo!
KARIM. *(En voz alta).* No te inquietes. Yo deseo el divorcio tanto como tú.
PAQUITA. Bueno, ¡entonces nos vemos el lunes en la oficina del abogado!
KARIM. ¡El lunes en la oficina del abogado!

Karim sale.

PAQUITA. Ven, Marina. Entremos a la casa.
MARINA. No.
EMILIANO. Ve con ella.
MARINA. Quiero quedarme contigo.

Paquita toma a Marina del brazo. Marina se resiste. Karim regresa.

KARIM. Vámonos.
MARINA. Déjame.
KARIM. Vámonos.
EMILIANO. Dijo que la dejaras.
MARINA. Suéltame.
KARIM. Sé que vas a cambiar de idea. Estaré esperándote.

Karim vuelve a salir.

EMILIANO. Ve con Paquita, hija.
PAQUITA. ¡Vamos!

Paquita y Marina salen corriendo. Emiliano coge la escopeta y sale. Lorca se queda observándolos a los dos.

LORCA. Ahora están hablando. Dan vueltas. Pelean por la escopeta. Gritan, no se escuchan. Solo pueden ver lo que está en sus ojos: la muerte. Y no saben que el que mata y el que muere tienen el mismo destino en común: el impacto de la bala. El que muere la recuerda en el pasado y el que mata la recuerda en el futuro. Así es. De nuevo yo recibiré un disparo.

Se escucha un disparo. Otro disparo. Vemos a Lorca en una lluvia de luz.

LORCA. Es tan breve. Recordaré todo lo que vieron mis ojos… los ruidos… el fango… voces lejanas… los guardias… el viaje… la celda y las preguntas: «¿Qué crimen cometí?» «¡Cállate, maricón!» «¿Qué crimen he cometido?» «Cállate, comunista…». Y más golpes… patadas… Y luego la luna… La carta a mi padre: Dale por favor al portador de esta nota mil pesetas para que me saque de este lugar… este infierno…

Las luces cambian a un tono natural. Emiliano regresa jadeando.

EMILIANO. ¿Estoy muerto? Federico, ¿estoy muerto?
LORCA. No, no estás muerto.
EMILIANO. Pero me dispararon…, me dispararon.
LORCA. ¿Estás sangrando?
EMILIANO. No, no estoy sangrando.
LORCA. Entonces no estás muerto. El muchacho no tiene puntería. Uno no muere hasta que no le toque el turno. Venga, confía en mí.
MARINA. *(Desde afuera).* ¡Papá!
LORCA. Venga, hombre. A arreglarse esa ropa. Ahí llega tu familia.

Marina entra.

MARINA. Papá, ¿estás bien?
EMILIANO. *(Sin dejar de mirar a Lorca).* Nada pasó.
MARINA. ¡Pero oímos disparos!
EMILIANO. Unos tiros pero nada pasó. Aquí estoy, vivo, no hay sangre en mi camisa.

Marina mira a su padre llena de compasión. Emiliano le devuelve la mirada. Hay un gran vacío entre los dos. Paquita entra. Emiliano recoge un nido del piso. Paquita hace lo mismo. Marina recoge el bulto de perfumes.

MARINA. ¿Se fue?
EMILIANO. No lo sé.
MARINA. Dejó sus perfumes.
PAQUITA. Regresará por ellos.
EMILIANO. Mejor que no regrese.
MARINA. Tienes razón. Mejor que no regrese.
PAQUITA. Bueno ya está bien. Alégrate, hombre. Aquí no ha pasado nada. Nada te pasó a ti y nada le pasó a Marina. Así que todo está en paz. Miren esa luz. Cuando oí esos tiros, me acordé de las corridas de toros y de cuando yo estaba comprometida con el torero Amado Tenerife. Ah, él siempre me reservaba un asiento en la tercera fila, decía que yo le traía buena suerte. ¡Imagínense ustedes una persona como yo, que se desmaya en cuanto ve sangre! Pues imagínenme sentada en una plaza de toros… Por eso siempre tenía en mi cartera un frasquito de amoníaco, por si acaso me venía un mareo. Y cada vez que Amado Tenerife clavaba una banderilla en el cuello del toro, tenía que sacar la botellita y oler amoníaco. Y el pecho me brincaba como

un caballo de carreras. Y la cara se me ponía colorada. Y entre la excitación del toreo y el olor a amoníaco, yo creo que se afectó mi corazón porque a veces siento…

EMILIANO. ¿Sientes dolor?

PAQUITA. Siempre cuando llega esta hora mi corazón se asusta.

MARINA. Eso nos pasa a todos.

EMILIANO. Sí.

MARINA. ¿Qué puedo hacer para borrar este daño?

EMILIANO. ¿Borrar qué?

MARINA. Todo lo que ha pasado desde que llegué.

EMILIANO. Solo sé mi hija.

MARINA. Solo eso quiero ser.

Emiliano recoge un pincel.

EMILIANO. Recojamos un poco.

Se oye el sonido de campanas. La familia comienza a poner todo en orden. Lorca saca su librito de anotaciones y escribe.

LORCA. Hoy no murió nadie a las cinco de la tarde. No tengo que reportar ninguna muerte. Eso sí, me encontré un padre, su hija, y un muchacho jugando con sus corazones, mientras una mujer lloraba porque ya no tenía lágrimas. Sin duda hubo un gemido callado. Pero lo más exacto sería decir que se mojó el pincel para pintar la vida.

Guarda el librito en el bolsillo de su chaqueta.

Ahora seguiré mi camino, siempre listo a visitar la vida cuando alguien me evoque en sus sueños. Después de todo, en este mundo la gente depende de nuestras historias, y es importante prestarles nuestros ojos y mostrarles el hilito de sangre que aún brota de nuestras heridas.

Lorca se abre el chaleco y nos muestra el lugar donde las balas perforaron su cuerpo.

FIN

Enrique R. Mirabal

Si el mundo es un teatro, en Cuba…

LA VIDA ES UN CARNAVAL

Enrique R. Mirabal (Matanzas, 1949). Dramaturgo, guionista y crítico. Licenciado en Pedagogía por el Instituto Enrique José Varona, adscrito a la Universidad de La Habana. Realizó estudios de posgrado en Lengua y Literatura Hispánicas. Se radicó en México, donde se ha desempeñado como docente en varios centros de altos estudios —la Universidad La Salle, por ejemplo— y como crítico de artes escénicas en *El Heraldo de México*, *Vogue* y en publicaciones del Grupo Medios Editores. En su catálogo como guionista de cine para largometrajes de ficción y documentales destacan títulos como *La noche más venturosa* (2006), *Remedios Varo, misterio y revelación* (2013, producido por Aube Breton), *El último testigo* (2016, Museo Casa de León Trotsky) y *Wolfgang Paalen*, este último en proceso de post-producción para la Colección Phares. Ha escrito también para teatro el monólogo *Sola* (1996) y *La última cena*, pieza en tres actos estrenada en octubre de 2009 en el Teatro Roxy de Miami bajo la dirección de Eduardo Corbé.

Si está interesado en solicitar la autorización para el montaje de esta obra, puede escribir directamente a: **enromirabal@gmail.com**

Personajes y disfraces

Candelario: mulato cuarentón y maricón a la antigua, robusto y pasado de libras. Casi analfabeto y patéticamente revolucionario. Rey Momo del carnaval.
Angelito: treinta años, blanco, delgado y siempre alegre; ilumina la escena con su vitalidad.
Fidel: nacido con la Revolución, rubio y atlético, rudimentario. Chulo socialista.
Diana: prostituta por vocación, hija de puta gracias a la Revolución.
Lazarito: muchacho de barriada, noble pero atado al *modus vivendi*. Héroe del pueblo a la fuerza.
Rita: medio tiempo, mercader de las penurias.
Vecinos, vigilantes, hombres y mujeres del carnaval cubano de cada día.

La acción a finales de los años 70 y primeros meses de 1980 en la ciudad de La Habana. Atmósfera de encierro y miseria moral.

PRIMERA PARTE

Obertura carnaval

Soy mulata, yo no lo niego... tengo fuego pa' regalar

Malecón habanero. 1970 y tantos. Carnaval. Se prenden las luces de la sala mientras se escucha la introducción al Himno Nacional cubano. Desde el fondo del lunetario, entran bailando los actores que intervienen en la obra. Llevan caretas y bromean con el público: «Te conozco, mascarita...». Se retiran. Quedan sobre el escenario Candelario y Angelito, ambos visten con ropas de colores vivos, el primero, a pesar del calor, lleva un pañuelo al cuello, ocultando sus arrugas.

CANDELARIO. *(Secándose el sudor).* ¡Qué es esto! Me va a dar un solmenayer. Angelito, párate, por lo que tú más quieras.
ANGELITO. *(Burlándose).* Los años, Candela, los años. *(Tocándole el vientre).* Y las libritas...
CANDELARIO. Acuérdate que estoy fuera de *training*, hace más de quince años que no venía al carnaval.
ANGELITO. Porque te da la gana, nadie te obliga a estar recluida como una monja socialista.
CANDELARIO. Yo me retiré de todo, tú sabes que desde que empezó la Revolución no he vuelto a bailar con nadie... De la casa al trabajo y del trabajo pa' la casa.
ANGELITO. A ponerse «en busca del tiempo perdido»... Sigue el ejemplo de «las muchachas en flor». *(Destaca su figura).*
CANDELARIO. Bueno, a ti puedo contártelo, al fin que eres como mi hija. Cuando la Crisis de Octubre, me acuartelaron y le eché mano a un miliciano... Cuando la lucha contra bandidos *(cuenta con los dedos),* como dos o tres compañeros. Pero gente seria y decente, todos casados y revolucionarios, nada de gusanos ni lumpens.
ANGELITO. Más pronto cae un hablador que un cojo. *(Siguiendo con la mirada a un personaje imaginario).* Ay, mira, ahí va Relevé.
CANDELARIO. Y esa, ¿quién es?
ANGELITO. Una pobre cojita. *(Simula su cojera).* Las locas le pusieron Relevé porque cuando camina hace igualito que un paso de balé.
CANDELARIO. Antes no éramos tan enrelevesadas para poner nombretes. Estaba la Carruaje Luis XV, la Marisa Pavan, la Rita Hayworth... Por tu vida, hablando de la reina de Roma... *(Como si viera un fantasma y señalando a su derecha).* Qué vieja y jodida está... Yo pensé que se había muerto o se había ido del país.

ANGELITO. *(Hacia un lugar indefinido)*. Mata-Hari, mi amiga. *(Saluda con la mano y grita)*. ¡Divina!
CANDELARIO. No saludes a esas locas tan fuertes. *(Asustado de recordar el pasado)*. Me voy para mi casa.
ANGELITO. De eso nada, usted se queda conmigo y va a bailar, a tomar cerveza y quién sabe si hasta a…
CANDELARIO. No me revuelvas el pasado. *(Se ilumina su rostro)*. Si me hubieras visto en mis buenos tiempos, otra no había quien se igualara a mí cuando por el Prado bailaba así. *(Baila)*. Dejaba más estragos que el ciclón del 26, mi hermana.
ANGELITO. ¿Ibas de alacrán o de guarachera?
CANDELARIO. De jardinera. En los guaracheros no admitían gentes con algo de color.
ANGELITO. Negros, querrás decir.
CANDELARIO. O mulatos claros como yo. Y a mucha honra.
ANGELITO. *(Abre los ojos, incrédulo)*. Si hasta pareces rusa.
CANDELARIO. Soviética, Angelito, soviética. Los rusos son muy susceptibles, hay que decirles soviéticos.
ANGELITO. ¡Qué propio! *(Hacia un paseante imaginario)*. ¡Tremenda cosa!
CANDELARIO. Te dije que te comportaras. Date a respetar. Nunca se sabe. Siempre hay alguien que te está viendo.
ANGELITO. Candela, ¿a quién vamos a engañar? *(Se señala a sí mismo y a su interlocutor)*. ¿Ya se te olvidó cómo nos conocimos? Yo daba mis primeros pasos vestida de blanco y ya usté era calcañar de indígena. La verdá, te agradezco muchas cosas que aprendí.

Se acerca, desde el lunetario, un vigilante uniformado que ha pedido identificaciones al público.

VIGILANTE. *(A Ángel)*. Su carnet de identidad…
ANGELITO. *(Que apenas escucha)*. ¿Mi verdadera identidad?
VIGILANTE. *(Subiendo el tono y molesto)*. Su carnet de identidad. ¿Se hace el sueco o qué?
ANGELITO. *(Con voz cavernosa y distante)*. I want to be alone.
CANDELARIO. *(Al vigilante)*. Disculpe, compañero, él no oye bien —lo que no le conviene— y con esta música… *(Mete una mano en su camisa y saca del pecho un pañuelo que contiene, entre otras cosas, una mota para polvearse, busca su CI mientras Angelito se toca los bolsillos traseros y se soba sus glúteos para escandalizar al vigilante)*. Tenga.
VIGILANTE. Candelario Aldama… ¿Un solo apellido? *(Candelario asiente)*. Vecino de… *(Se diluyen algunas frases en el ruido)*. Habana Vieja… Nacido el 2 de febrero de mil novecientos treinta y…

Angelito cuenta con sus dedos maliciosamente.

CANDELARIO. *(Se apresura a interrumpir)*. No se fije en la foto… La noche anterior a que me la tomaran había hecho guardia en el Comité de Defensa del cual soy presidente y quedé… ¡Horroroso!… *(Contrae los labios)*.

El vigilante, con expresión de desprecio y odio, le devuelve de mala gana el CI y recoge el de Angelito.

VIGILANTE. Ángel de la Trinidad Blanco Amaro… *(sonríe malicioso)* ocupación maestro. ¡¿Maestro?! *(Lo cala de arriba abajo)*. Nacido el… de 1949.
ANGELITO. *(En voz baja y revisándose las uñas)*. Juventud, divino tesoro…

Candelario se acomoda sus objetos personales en el pecho.

VIGILANTE. *(Mecánicamente).* ¿Por qué no se ponen su careta?
CANDELARIO. ¿No estaban prohibidos los disfraces en el carnaval?
ANGELITO. *(Distante).* En abril, florecen las acacias en Líbano.
CANDELARIO. *(A un personaje imaginario).* ¿Le sirvo una taza de té?
VIGILANTE. Aquí todos tenemos que llevar una máscara y un disfraz. Son las reglas y el que no entra en el juego debe atenerse…
ANGELITO. *(Ausente).* Cuando Fiodor Mijáilovich descubrió el lunar que Olga Fedorovna tenía en el…
VIGILANTE. *(Al público).* El mejor fertilizante para el tabaco es el excremento de homosexuales en cautiverio… *(Se aleja disertando).* Hay que encerrarlos a todos, meterlos en un barco y echarlos en altamar como hicieron en China para que se los coman los tiburones. *(Pensativo).* Pa'qué tanto trabajo, mejor llevarlos a la Ciénaga de Zapata a un criadero de cocodrilos… No, se me ocurre otra cosa… *(Sale).*
ANGELITO. *(Recobra su tono habitual).* Solavaya, hasta que se fue. Parecíamos un par de actorcitos de Teatro Estudio y es lo peor que le puede pasar a quien aspire a ser un buen actor. *(Dictando cátedra).* Nunca declames ni enfatices, interioriza tu papel, siéntelo, que no parezca que recitas el texto, cuida tu *(arrastrando la palabra)* dirción, no imites a la Revuelta o a la Martínez, no se les entiende nada. Que hasta el menor sonido se escuche en la última fila. Practica con trabalenguas como este: Tres tristes tigres *(Pausa, mira alrededor, se le traba la lengua).* trigo tragaron. Vamos a cambiar por uno que se pueda decir en Cuba. *(Piensa).* Erre con erre cigarro, erre con erre Raúl, rápido corren las pajarracas… *(Se oye una sirena). (A personajes imaginarios).* Control, muchachas, es una ambulancia. *(Continúa su lección).* No subrayes la cubanidad, de todas formas en cuanto abras el pico se nota, ni confundas lo cubano con ese dejo solariego de las figuritas del ICAIC de cuyo nombre nadie se acuerda. *(Para sí).* Todavía hay clases. Ni se te ocurra hacerte *(con el acento de cada país)* la *ezpañola (enarca las cejas),* la mexicana o la argentina. ¿Ya me oís, vos? No imites *(retorciendo los labios o recitando a voz en cuello, a medida que menciona a los dos actores)* a Marlon Brando ni a Olivier, ni Actor's Studio ni Old Vic, en un cubano sería fatal. Nuestro acento es feo… pero es nuestro acento. Huye como de la peste del realismo socialista y del extrañamiento *(con acento alemán)* brechtiano…
CANDELARIO. *(Le toca la frente).* ¿Te sientes mal o te dio la locura de verdá? Despierta, niña. Ay, Dios mío… Con La China, La Marquesa y el Caballero de París ya es suficiente. ¡Ni una loca más en La Habana!
ANGELITO. *(De regreso).* ¿Dónde estoy? ¿Quién soy? Doctor Froierbaj, ¿soy Angelito de nuevo?, ¿se fueron las otras dos, las malas?
CANDELARIO. *(Le estampa una bofetada). (Aparte).* Hace tiempo tenía ganas de hacerlo.
ANGELITO. *(Tambaleándose).* Animala, no tienes sicología para tratar a una criaturita que padece de trastornos de la conducta. ¿No sabes que yo tengo tres personalidades?
CANDELARIO. No hable mierda. Tres buenas galletas es lo que le hace falta.
ANGELITO. *(Mientras se pasea por la escena).* Mi destino quedó marcado en la más tierna infancia por el número tres… A los tres años, mi mamá me obligó a besar a mi abuelita muerta y ahí empezó el desdoblamiento. Cuando cumplí nueve años, el regalo de mi padrastro fue violarme y apareció la tercera personalidad: la venenosa. He tenido tres compromisos. Me pasé tres años en la UMAP, tengo clavadas tres cruces en el hígado de una hepatitis que

me dio a los veintitrés. Pertenezco al tercer sexo, tuve un marido de apellido Sar-tré, estoy trabajando en esta obra que es una trilogía…

CANDELARIO. Si todavía hubiera bolita, le jugaba al tres.

ANGELITO. Tengo tres personalidades diferentes. Tienes que entenderme, a veces soy un pan dulce, otras estoy muy intelectual; en ocasiones, muy venenosa y agresiva, pero las tres mujeres que habitan en mí son ¡lindas, lindas! *(Canta y baila).* Tres, tres… lindas cubanas.

CANDELARIO. *(Aparte).* A esta le han hecho algún daño, eso no es normal. O será como todas las pájaras que se inventan parientes de la nobleza o tragedias familiares. *(Coge a Angelito del brazo y lo inmoviliza).* ¡Estese quieto y cállese, Ángel número 1!

ANGELITO. *(Sereno).* ¿Sabes, Candela? Lo que nos hace falta a los dos es una buena… *(mide con sus manos)* cerveza fría. *(Sale).*

CANDELARIO. Derechito por la cerveza, nada de andar pajareando por los baños y cuidado al cruzar el malecón, no te vaya a pasar igual que a María Valero.

A los acordes de música militar, entra Fidel. Está enmascarado, se pavonea indiferente como si no existiese nadie más. Las luces se desvanecen y se detiene la música. Los dos personajes que están en escena reciben luz directa. Fidel se queda en el centro como estatua. Candelario, atónito y tímido, no encuentra acomodo. Da vueltas alrededor de Fidel y lo examina para después regresar a una esquina. Luces. Ángel regresa con dos vasos de cartón encerado en las manos, se lleva ambos a la cabeza al ver a Fidel y apresura el paso.

ANGELITO. ¿Viste eso? Los Pinos Nuevos. La generación del chícharo, mi hermano.

CANDELARIO. Calma, pueblo, ¿qué va a pensar el compañero?

ANGELITO. *(Para ser oído).* Que somos un par de locas calientes.

CANDELARIO. No estoy para esos papelazos… a mi edad…

ANGELITO. Sí, abuelita… *(Fidel se quita la máscara y se acerca a ellos aunque finge no verlos).* Está para tu cartón, mi amiga. Es hora de hacer un retorno triunfal.

Angelito hace aspavientos para llamar la atención, Candelario está como colegiala modosa. Uno empuja al otro y se hacen señas entre sí sobre quién debe abordar a Fidel. Cuando Ángel se decide a hablarle, Fidel se dirige a Candelario con un cigarro en la mano.

FIDEL. Compañero, ¿tiene candela?

ANGELITO. Es lo que le sobra. *(Se celebra su chiste él solo).*

CANDELARIO. *(Registrándose los bolsillos).* No… pero se la buscamos enseguida. *(A Angelito).* Angelito, ¿vas por unos fósforos, por favor?

Ángel le da su vaso de cerveza a Candelario, se da media vuelta y alza la frente fingiendo orgullo. Candelario sonríe nervioso y no se decide a hablar, Fidel está impasible. Candelario busca el ángulo y la iluminación que le favorezcan.

CANDELARIO. ¿Usté trabaja o estudia?

FIDEL. *(Cortante).* Ninguna de las dos cosas.

CANDELARIO. Ah, qué bonito.

FIDEL. *(Presumiendo).* Estoy en las Fuerzas Armadas Revolucionarias.

CANDELARIO. ¡No me diga! Debe ser tan emocionante estar en el ejército entre tantos hombres sin mujeres...
FIDEL. Igualito a una prisión. *(Candelario se atemoriza)*. Bueno, quiero decir... por tanta gente junta.
CANDELARIO. *(En confianza)*. No es de La Habana, ¿verdá?
FIDEL. ¿Se me nota lo guajiro?
CANDELARIO. No, qué va. Si hasta pensé que era extranjero al principio.
FIDEL. *(Se toca su ropa)*. No se burle.
CANDELARIO. Lo importante es lo de adentro, no la ropa. *(Se acomoda su camisa como señora, luego insinuante)*. Aunque siempre se puede conseguir ropa de afuera si uno tiene la manera. ¿No gusta una cerveza? *(Le entrega la de Angelito y se queda con la mano extendida. Fidel no comprende)*. Mi nombre es Candelario Aldama, para servirle a usted *(con doble sentido)* en lo que se le ofrezca.
FIDEL. *(A regañadientes)*. Fidel... Fidel Castrillejo.
CANDELARIO. ¡Fidel! Qué nombre tan bonito... Y qué bien le queda.

Llega Angelito con los fósforos y se los da a Fidel haciendo una reverencia.

ANGELITO. ¿Se les ofrece algo más?
CANDELARIO. Sí *(saca su billetera, le da un billete a Ángel y abanica muchos billetes más ante los ojos de Fidel)*, cómprate una cerveza o las que quieras; si te demoras, no te preocupes, ya sé que hay cola. *(Con intención)*. Aprovecha para ir al baño.

Ángel se ajusta la ropa en la cintura imitando los movimientos de las sirvientas. Sale.

Gradualmente, se desvanece la conversación, más bien monólogo de Candelario, a medida que sube la música del carnaval. Pasa gente bailando, la temperatura comienza a subir entre los danzantes, las insinuaciones y el contacto físico son más frecuentes. Candelario mira a Fidel con abierto deseo, ambos comienzan a caminar, previsiblemente hacia la casa del primero; Candelario gesticula y señala aquí y allá con alardes de gran conocedor. Cuando salen de escena, aparece Angelito con el vaso de cerveza. Se molesta por no encontrarlos, mueve la cabeza y se incorpora poco a poco al baile. El vigilante detiene a un actor y hace señas a policías imaginarios para iniciar una redada. Se oye una voz que grita: «¡La jaula!». Gritos y confusión. Ángel va detrás de un hombre que, provocativo, lo invita a seguirlo.

I. La reina del solar

Chancleteras y chulos

Un gran alboroto reina en el solar de paredes mohosas y cortinas de yute en que vive Candelario. Los vecinos se divierten con la pelea que protagonizan Diana y Rita. Gritos superpuestos con lluvia de insultos como Torre de Babel.

RITA. Desgraciá, esta fue tu última rumba con mi marido.
DIANA. Pa' lo que sirve...
RITA. Ya te pica. ¿Entonces por qué lo provocas? Si él no se mete con nadie y menos con las de tu tipo. Debes estar podrida de restregarle el culo a tanto marinero.

DIANA. ¿Ya te viste en un espejo? Estás tan mala que ni a los perros.

RITA. Aguántenmen porque la mato. *(Va sobre ella y la detienen otros vecinos que tratan de calmarla con frases de ocasión: «Deja eso, no te ensucies las manos», etcétera).*

Al entrar Candelario y Fidel, la gritería cambia de tono, los vecinos le hacen reverencias al recién llegado.

TODOS A CORO. ¡Viva, viva siempre, Candelario, la reina del solar! La mulata que es bella como flor.

Saludan a Candelario como la gran diva de la zarzuela. Dos vecinos lo toman cada uno de un brazo para conducirlo al centro del escenario. Asumiendo poses de vedette mezcladas con ademanes de dirigente revolucionario y la típica gesticulación solariega, Candelario intenta poner el orden.

CANDELARIO. Gracias mil, yo no merezco todo lo que oí. Dulce es el trato que me dan… *(A Fidel).* Y para ti suena mi voz: ¡Pero qué pasa aquí, caballero! Se me callan todas ya. ¡Pero que yaaa!

Todos quieren explicar lo sucedido y Candelario oye una y otra opinión.

CANDELARIO. Diana, ya es el colmo. No te conformas con andar por el puerto y Parque Central detrás de cuanto marinero griego llega a La Habana, para también meterte con el marido de Rita, que mirándolo bien… *(Risas).*

RITA. Tampoco, no se me equivoquen, él tiene lo suyo pero es muy tímido. Lo que esta tipa abusa de la gente noble. Ya le estaba sacando la billetera en lo que le tocaba la portañuela.

DIANA. Mentirosa, seré de todo menos ladrona. *(Intenta retirarse y la detiene Candelario).*

CANDELARIO. De eso nada, ni te lo sueñes, que esto no se queda así. *(En complicidad con la agraviada).* Esto será un solar, pero decente. *(Mira a Fidel, que hasta ese momento pasaba inadvertido).* Qué va a pensar el compañero que es de las Fuerzas Armadas. *(Hay un gesto de burla en todos los rostros).*

En medio del caos, aparece el vigilante.

VIGILANTE. ¿Qué sucede aquí, compañeros?

CANDELARIO. Una antisocial que ha provocado un escándalo público.

DIANA. Qué escándalo ni qué ná. La que armó todo fue tu amiguita. *(Señalando a Rita).*

RITA. *(Al vigilante).* Compañero, permítame decirle que a esta *suidadana*, fletera de oficio, ya no le basta *prostri*… eso mismo… en la calle. Ahora también se dedica a sonsacar a la clase trabajadora.

VIGILANTE. ¿Hay alguien del Comité de Defensa?

CANDELARIO. Yo, compañero, Candelario Aldama para servirle, soy el *(enfatiza orgulloso mientras observa a Fidel que incómodo no sabe cómo ocultarse)* presidente de este Comité de Defensa de la Revolución #47 Alfredo Guevara del Ruso, Zona Habana Vieja.

VIGILANTE. ¿Corrobora usté lo dicho por la compañera? *(Señala a Rita).*

CANDELARIO. Y se quedó corta. La verdad es que ya no podemos aguantar más este mal ejemplo de vicio para nuestra juventú. Proceda, compañero.

El vigilante tira a Diana del brazo, esta se resiste y, amenazante, se dirige a Candelario en medio de los gritos y las carcajadas burlonas de los vecinos del solar.

DIANA. Me las vas a pagar, pájaro de mierda, te voy a partir la vida por el culo. Acuérdate de mí. *(Salen seguidos por la turba que parece bailar en el carnaval).*

Candelario se queda pensativo, luego conduce a Fidel a su cuarto. Los vecinos regresan de la calle, los contemplan entre burlas y risas solapadas, cuchichean entre ellos y permanecen como espectadores.

II. Gran dúo: Loca por tu amor

El cuarto de Candelario. De las paredes cuelgan tanto afiches de colores chillones como los clásicos borrachitos recostados a un farol, carteles de propaganda revolucionaria y pinturas de ninfas regordetas a la orilla de un lago con nenúfares. Por el piso, cojines de terciopelo raído, una caja de tabacos ilustrada y un tocadiscos de plástico de los años 50 junto a varios long plays *de la misma época. Por los movimientos de los actores, se adivinan otros espacios reducidos que sirven de cocina, a un lado, y el dormitorio al fondo. Candelario oculta con un trapo un foco que pende del techo, siempre procura estar en penumbras para no mostrar su deterioro físico.*

CANDELARIO. Esta es mi casa… y suya también. *(Mientras habla, Fidel reconoce el lugar con desprecio, parece no atender a la incesante habladuría de Candelario).* ¿No gusta una cerveza o algo de comer? *(Sale de escena y regresa con platos de queso, jamón y galletas. Los deja en el piso).* Siempre tengo cosas ricas de comer, es que, ¿sabe? *(Orgulloso).* Soy administrador de una pizzería. Tengo muy buenos contactos para resolver cualquier cosa, bueno, casi… Me consiguen mesas en los cabarés sin hacer cola ni nada. Ser tan conocido tiene sus ventajas, aquí donde me ve, trato a mucha gente importante; compañeros de los sindicatos, artistas *(se regodea)*, los más importantes y les consigo su quesito, su jamoncito. Nunca falta en esta casa la comida. *(Fidel come sin cesar).*

Candelario pone un disco. Un bolero cantado por Olga Guillot inunda la habitación, Fidel corta otro pedazo de queso y una rebanada gruesa de jamón. Candelario, poseído por la cantante, la imita y dobla su voz, se desplaza lentamente por la habitación, se acerca a Fidel y le acaricia el cabello, este sigue comiendo. Candelario prende un puro, Fidel tose por el humo que le desagrada en extremo, Candelario lo toma del brazo y lo lleva al dormitorio, Fidel alcanza a coger una rebanada más de jamón. Durante toda la escena y la siguiente, los vecinos escuchan por las paredes o se asoman a la escena como espías de los CDR, parecen estar tomando nota de lo que ocurre.

Con luces muy tenues y sin dejar de escucharse los boleros, Candelario deja el puro en el suelo, oculta con un paño una imagen que se aprecia de perfil y comienza a desnudar a Fidel que, como autómata, se deja. A punto de acostarse y ante los incesantes ayes, exclamaciones y golpes que Candelario se propina a sí mismo, Fidel lo detiene.

FIDEL. Oye, vaya, que yo quiero aclararte que yo…

CANDELARIO. Lo que tú digas, mi vida. *(Al desnudarlo casi totalmente)*. ¿Pero, qué es esto? Ay, Fidel, qué grande es tu Revolución.
FIDEL. Yo soy hombre y que quede muy claro.
CANDELARIO. Todo un macho y no tienes que aclarármelo, por eso me fijé en ti. Yo estoy para complacerte en lo que quieras. *(Saluda como militar)*. Tú, ordéname como si estuvieras en el ejército, Comandante en Jefe, y te obedezco en todo. *(Sorprendido y cambiando el tono)*. Ay, qué pena, lo estoy tuteando, Comandante.

Las luces se apagan y encienden alternadamente para dejarnos ver algunos instantes del dúo de amor. Candelario se arrodilla ante Fidel con gestos grandilocuentes, Fidel contempla sus músculos en un espejo imaginario, se peina. Candelario le prende un cigarro... La escena queda completamente a oscuras y se escucha la música con mayor intensidad. Pausa. En silencio, las luces suben indicando el amanecer. Fidel se incorpora y comienza a vestirse, Candelario despierta poco a poco y no da crédito a lo que contemplan sus ojos, se levanta tarareando el último bolero que se ha escuchado en la noche y se acerca a Fidel para acariciarle este lo rechaza y se dirige a la puerta, Candelario lo sigue.

CANDELARIO. Espera, amado, es temprano aún, no partas. ¿No oyes el canto del ruiseñor que bendice la noche?
VOZ DE MUJER. *(Fuera de escena e interrumpiendo)*. Llegó el papel sanitario a la bodega después de un año.
CANDELARIO. ¿O es una tojosa? *(Desconsolado)*. ¿El viernes, entonces? Te voy a preparar un tremendo banquete con un platón de pierna de puerco *(mide con sus manos)* pa' que te la comas tú solito. Tienes que estar muy bien alimentado. Y acuérdate que vamos a ver el *show* del Capri. *(Aparte)*. No voy desde la última vez que cantó Olguita.

Fidel coge del suelo otra rebanada de jamón, lo piensa y recoge la pierna completa y se encamina a la puerta sin mirar a Candelario.

CANDELARIO. *(Alargando sus brazos como si quisiera retenerlo)*. Regresa cuando se te acabe el jamón, cuando llegues al hueso. *(Candelario lo bendice en el momento que Fidel cierra la puerta. Al quedar solo, corre por la habitación mientras eleva sus manos al cielo y llora de felicidad)*. ¿Cuándo será eso? *Domani*. ¡Qué locura! ¡*Folía*! ¡*Folía*! *(Recapacita)*. Todo fue un sueño. Es demasiado bonito para que me haya pasado a mí.
FIDEL. *(Fuera de escena)*. Un jamón entero. Quiero un jamón entero.
CANDELARIO. *(Se huele las manos)*. Fidel, sí *estuvistes* aquí, conservo tu olor en mis manos. Es real y me pasó a mí. *(Bailando)*. Pudiera así pasarme toda la noche bailando. Nadie me había llevado a bailar en años. *(Se detiene)*. Qué envidia le va a dar a Angelito cuando le cuente con detalles... *(Recupera el tono inicial)*. Va a regresar, va a regresar... porque aquí tiene su comida asegurada. *(Ríe estruendosamente y baila por la habitación. Se desploma sobre los cojines, prende un puro y fuma)*.
(Al público). La actriz española Leticia Reyna fumó más de cien tabacos en la filmación de *Cecilia Valdés* en los años cincuenta.

Se desvanece la iluminación hasta verse solo la lumbre del puro.

Tres vecinos que fisgoneaban en la escena anterior, se reúnen frente al público, sacan sus libretas de notas.

VECINO 1. Recibe visitas del militarcito dos o tres veces por semana. Sábado y domingo se queda a dormir. Lava sus uniformes y los cuelga descaradamente en las tendederas como si fuera la mujer de un militar.
VECINO 2. Últimamente no viene tanto, ¿se han fijado?
VECINO 3. Compra ropa extranjera en la bolsa negra para regalarle al soldadito. ¿Se fijaron qué diferencia de edades?
VECINO 2. Eso no es nada, cuando está aquí se oyen ruidos raros en la noche. A Candelario parece que le están dando golpes o se le sube el santo.
VECINO 1. Oyen música contrarrevolucionaria. *(Tararea).* Tú me *acostumbrastes…*
VECINO 3. La conducta del compañero Candelario ha cambiado notablemente en las últimas semanas, descuida sus deberes como cederista, se pasa hasta dos días sin ir a trabajar, no nos cita para hacer las guardias. La vigilancia ha decaído en la cuadra y el enemigo está al acecho.
VECINO 1. Mientras hacía lo que le ordenábamos y se dejaba manipular, no importaba cómo fuera, al contrario, tenía que agradecernos que le soportáramos… su debilidad. Basta de tolerancia con lo mal hecho. Ya es hora de renovar los cuadros de la cuadra.

III. Dos lindas cubanas

Tiples cómicas y rumberas

Candelario está de espaldas al público y con el trasero empinado. Lleva un pañuelo de lunares en la cabeza, en la mano derecha un plumero y, sobre su ropa, un delantal. Comienza la limpieza general: mueve la cintura y marca con un golpe de cadera el ritmo, sacude aquí y allá, se mueve cadenciosamente como las mulatas del tradicional teatro bufo cubano y tararea una melodía alegre. Un actor caracterizado de Gallego viejo verde aparece en bata de casa.

CANDELARIO. *(Sorprendido).* ¡Cómo!, ¿amaneció?
GALLEGO. Y con mucha hambre.
CANDELARIO. ¿Qué se le ofrece para el desayuno, caballero?
GALLEGO. *(Se pasa la mano por la barbilla).* A ver, a ver… Ya lo tengo. Un par de huevos.
CANDELARIO. Los que hay en esta casa están cluecos. Pero, en fin ¿cómo los quiere?
GALLEGO. Pasados por agua.
CANDELARIO. *(Al público).* Hasta que se le ocurrió bañarse. *(Con un movimiento circular de caderas).* A mí, el revoltillo de huevos me queda de maravilla, ¿no se le antoja?
GALLEGO. Hazme con los huevos lo que quieras pero que sea pronto porque me desmayo. *(Malicioso y frotándose las manos).* Se me está antojando también una rica frutabomba, grande, jugosa…
CANDELARIO. Pa'llá, pa'llá, que no está el horno para roscas.
GALLEGO. ¿Ya se le acabó esa frutabomba coloradita que le vi el otro día en la cocina?
CANDELARIO. Ahí sigue. Un poco mosqueada y con guasasas, pero entera y en su lugar.
GALLEGO. Pásele un trapito mojado y échela pa'cá.

El Gallego baila detrás de Candelario e intenta tocarlo, este le da un manotazo pero sigue muy coqueto sacudiendo hasta que mueve la cabeza afirmativamente.

CANDELARIO. Por favor, don Tomás, la puntica nada más que soy doncella.

GALLEGO. *(Saca de su portañuela una larga media rellena de papel que salta como resorte).* Nada, nada, toda ella y los huevos además.

CANDELARIO. Esa longaniza se la puede mandar de regreso a Galicia… ¡a su madre! *(Candelario le pega con el plumero y lo corretea hasta sacarlo de escena, luego canta).* Si me pides el *pescao* te lo doy, te lo doy, te lo doy… *(Sale un momento de escena para regresar con una falda de plátanos machos y seguir cantando. Se para desafiante ante el auditorio).* Esta canción me la compuso *(señala su pelvis)* mi bollón. *(Tira los plátanos fuera de escena. Se seca el sudor con el pañuelo que llevaba en la cabeza y se lo pone ahora en el cuello. Lo usará en el resto del cuadro con diferentes significados). (Al público).* Pueden aplaudir todo lo que quieran que aquí no coartamos la libertá de expresión como esa vieja pesá de la Sara Bernal que dijo que los habaneros éramos unos indios con levita. ¡Francesa de Francia!

Candelario continúa su actividad. Revisa una caja de ropa vieja que hay en el suelo. Entra Angelito.

ANGELITO. *(Remedando la manera de declamar de Luis Carbonell, subrayando su pintoresquismo y afectación de mulata ridículamente fina).* Oh, Candelariooo. Oh, Candelariooo. ¿Dónde está esa mulata Candelariooo?

CANDELARIO. Hija mía, ven a mis brazos. *(Se abrazan y se besan efusivamente).* Aquí en limpieza general. *(Sacude los dedos. Saca ropa vieja y objetos personales de la caja. Los muestra al público: una foto de Olga Guillot autografiada, un pantalón negro de fines de los 50 con trabillas en la parte trasera, una camisa rojo sangre con lentejuelas, otra de palmeras en vivos colores, un pañal manchado, una máquina de uso manual para moler carne).*

ANGELITO. *(Le arrebata la máquina a Candelario y la revisa extrañado).* ¿Para qué sirve esto?

CANDELARIO. ¿Nunca has visto una máquina de moler carne?

ANGELITO. ¡¿Moler qué?!

CANDELARIO. Carne, de res, de puerco, pollo…

ANGELITO. Ni quien se acuerde. *(Regañón).* Candela, todavía tienes algunos rezagos del pasado, mira que se considera diversionismo ideológico la idolatría de falsos dioses como la carne. *(Sermoneando).* No comerás carne de ningún tipo. Es aberrante. Denunciarás a tu padre o a tu madre cuando escuches o veas que atentan contra la Revolución. No desearás la mujer de tu prójimo —ni a ninguna— *(con mueca de desagrado)* mientras esté cumpliendo una misión internacionalista…

Angelito curiosea en la caja y saca varios libros. Los ojea.

ANGELITO. *La confusión de los sentimientos.* En un tiempo, algunos se confundieron leyéndolo pero no aporta nada al entendimiento. *Demián*, otra malinterpretación del mito. *(A Candelario).* ¿Te has leído estos libros?

CANDELARIO. *(Ofendido).* ¿Yo? No pierdo mi tiempo en eso. Los guardo porque me los dejó mi patrón cuando se fue de Cuba y me pidió que se los guardara por si regresaba pronto. ¡Pobre! Ya pasaron casi veinte años.

ANGELITO. *(Prosigue su inventario). El pozo de la soledad.* Fue el libro de cabecera de las lesbianas en los 50. Ya muy *(afectado) pasé. Corydon*, un análisis del asunto escrito por otro que coqueteó con el comunismo hasta que se dio cuenta de la realidad. Puede conservarse. *(Admirado).* ¡*Fabrizio Lupo*! Un digno ejemplo de literatura comprometida. Deberías leerlo. *(Sigue registrando).* Poemas de Lorca, Walt Whitman, obras escogidas de Oscar Wilde, sonetos de Shakespeare, *Antes que anochezca… (Sorprendido).* Debe ser un error histórico o moviste la máquina del tiempo. *(Coge unas revistas y fotos de hombres desnudos).* ¿Y esto? Se pone interesante el asunto…

CANDELARIO. Deja esa pornografía. ¡Qué indecencia! Estos son los males del capitalismo que erradicó la Revolución. Voy a quemar esta basura. *(Le arrebata los libros y las fotos a Angelito).*

ANGELITO. *(Rescatando tres libros y una foto).* Déjame estos y si quieres quema lo demás.

CANDELARIO. *(Moralista).* Basura. Pura basura. Por eso yo quemaría todos los libros del mundo. Nada más sirven para volverle loca la cabeza a uno.

ANGELITO. *(Saca de la caja una foto de Camilo Cienfuegos).* Camilo. *(Con intención).* Dicen las malas lenguas que Fidel lo mandó a matar porque… *(Sonríe sarcástico).*

CANDELARIO. *(Guardando sus pertenencias).* Si te oye alguien del G-2 o un chivato que siempre hay en todas partes, no la vas a pasar muy bien que digamos.

ANGELITO. Siempre hay que callarse. Nunca se puede decir lo que uno siente o está pensando. Hipócritas. En Cuba todos somos hipócritas. ¡Qué ganas de gritar, Dios mío…!

CANDELARIO. No me grites, perdida. ¿Por qué me habías abandonado?

ANGELITO. El casado, casa quiere. Entre marido y mujer, nadie se debe meter…

CANDELARIO. En boca cerrada no entran moscas.

ANGELITO. *(Tocándole el trasero).* Y, ¿cómo está «El Anón de Virtudes»?

CANDELARIO. *(Sarcástico).* Dichosas las que tenemos la comida asegurada.

ANGELITO. *(Como gata).* No todas tenemos que hacer ruido. Eso sí, Fidel debe estar comiendo muy bien: quesito amarillo, jamón, carne de res, en fin, la comida del pueblo. Por cierto, mami, te la devoraste con la camisa roja de encaje tipo marinero que se puso el mes pasado. ¡Qué bien le queda!

CANDELARIO. ¿Viste? Un tiro… *(Rectifica).* Se la compró con sus ahorritos.

ANGELITO. Coño, cuántos ahorros, porque los zapatos de charol tienen que haberle costado un carajal.

CANDELARIO. Venenosa, ya sé por dónde vienes. Sí, ¿y qué? Yo se lo compré, con mi dinero que me gano trabajando y puedo hacer con él lo que me salga de *(se toca el trasero).* Fue un regalo por su ascenso a teniente.

ANGELITO. Con sus condiciones, ese llega a Comandante.

CANDELARIO. Qué envidiosa eres. Claro, tú te conformas con irte hasta con otras pájaras. ¡Qué asco!

ANGELITO. Gente igual que yo, ¿o acaso tú crees que los activos no son también homosexuales? El tiempo de los *(al público)* perdonando la palabra pero aparece en el *Quijote*, bugarrones, ya pasó. *(Burlón).* Gracias a la Revolución, ahora son reclutas, brigadistas, soldaditos… el lumpenproletariado. Allá tú, será que a mí no me gusta que me den golpes ni me quiten el dinero. *(Se tapa la boca).*

CANDELARIO. *(Ajeno a las palabras de Ángel).* Nada, nada, esos inventos de ahora de besarse en la boca dos hombres y que si hoy tú boca abajo y mañana yo y no se sabe quién es quién, conmigo eso no va. *(Subrayando la paradoja).* Ser hombre es dar uso a una parte del cuerpo que la mujer no tiene pero desea y yo, sin ser mujer, deseo lo mismo que ellas. Entonces, dos hombres que arrejuntados apunten y banqueen a la vez, ¡qué extraña aberración! Todavía el

hombre que deja de comer por haber comido, no tiene nada perdido, porque
Quien dejare de comer
lo que Natura ofrece
si sustituye a mujer
deberá comer con creces.
(Aspira con fuerza). Uno hace el papel de mujer y necesita un hombre para estar completo. Hay que dejarlos que se desahoguen, que hagan sus cosas.

ANGELITO. *(Irónico)*. Qué sabios consejos. Contigo se aprende tanto…
CANDELARIO. Si yo sé que Fidel algún día se va a ir, se casará, tendrá sus hijos…
ANGELITO. *(Al público)*. Adivinen quién va a ser la madrina…
CANDELARIO. Siempre con tus puyitas.
ANGELITO. Así somos las amigas sinceras que venimos de donde nace La Palma, Diez de Octubre.
CANDELARIO. ¿Amigas? Pues puede ser que mueras de su mordida.
ANGELITO Y CANDELARIO. *(En un tono de comedia musical, sujetándose de la cintura y agitando las manos)*. Pero no manches tu vida hablando mal de tu amiga. Amigas, más que amigas…
CANDELARIO. Como Gisela y Olga.
CANDELARIO Y ANGELITO. Mujeres, tremendísimas mujeres.
ANGELITO. Como Melba y Haydée.
CANDELARIO. Como Diana y Rita.
CANDELARIO Y ANGELITO. Amigas más que amigas.

Aparece la vecina Rita con un envoltorio de periódicos.

RITA. ¿Interrumpo?
CANDELARIO. Usté siempre es bienvenida, aquí con Angelito dándole a la sinhueso.
RITA. Tal y como te prometí. *(Le entrega el paquete)*.
CANDELARIO. Ahorita te doy lo otro. *(Hace el intento de salir)*.
ANGELITO. Mi madre, qué misterio.
RITA. Candela, enséñaselo a tu hermano pa' que se le caiga la quijá…

Candelario se lo entrega de mala gana, Angelito abre el paquete y saca un suéter a rayas, lo levanta y lo toca con aspavientos, se lo prueba.

ANGELITO. Qué divino. Gracias, mi hermano *(lo besa)*, siempre con esos detallitos de acordarte de mi cumpleaños.
CANDELARIO. *(Se lo quita molesto)*. Es para mí y no tienes que andar de curioso.
RITA. No se peleen, niños, hay dulce para todos *(A Angelito)*. Voy a la casa por otro de rombitos que ni mandado a hacer para ti. Ya tú sabes, conmigo se consigue de todo: ropa de afuera, leche condensada, carne de puerco, café, ron, cigarros, una buena limpieza *(se sacude los hombros)* y hasta compañía por un rato. *(Empuja a Ángel con el codo)*. Y no hay tema, mi clientela incluye a los más respetables dirigentes sindicales, militantes del Partido, honorables federadas y… ¡todo el Comité!
CANDELARIO. Rita, Angelito no tiene ni donde caerse muerto con su sueldito de maestro.
ANGELITO. No administraré una pizzería pero lo que es cultura y educación, ¡me sobran!
RITA. *(Muerta de risa)*. Me voy que dejé los frijoles a la candela. Ya tú sabes, cualquier cosa, Rita es el Ten Cents ambulante de la Habana Vieja. *(A punto de irse)*. Adivinen quién sale

el lunes. *(Ángel y Candelario se encogen de hombros).* A la Diana la sueltan por buena conducta en menos de seis meses. Con lo tranquilo que estaba el solar. Eso sí, mi hermano, a la primera gracia que le saque a mi *marío*... *(Remeda el corte de una navaja en su rostro).*

CANDELARIO. Ojalá le *haiga* servido de lección el Nuevo Amanecer y se componga porque en esta cuadra no vamos a permitir desviaciones ni gente que haga *bisne* con su *puerco*.

Rita asiente y sale.

ANGELITO. *(Con doble intención y midiendo el suéter).* ¿No está un poco chiquito para ti? Vas a tener que cambiarlo.
CANDELARIO. *(Se lo arrebata).* Ya sabes para quién es, no te pases de comemierda.
ANGELITO. Qué agresividad se desarrolla en la menopausia.
CANDELARIO. *(Se arregla el pañuelo en el cuello).* Prefiero morirme antes que envejecer.
ANGELITO. Pues ve escogiendo la caja y la funeraria. ¿Caballero o Rivero?
CANDELARIO. Qué perra con su madrina.
ANGELITO. *(Sonríe).* Tuve un buen maestro.
CANDELARIO. Yo sí tuve un tremendo maestro.
ANGELITO. ¿Grau San Martín?
CANDELARIO. Mi patrón, Ray, el mejor modisto que ha tenido Cuba, ¡qué loca tan divina!, esa sí era regia. *(A Ángel, con falso desprecio).* No como las de ahora.
ANGELITO. Toda esa gente se fue de Cuba, el relevo somos las de mi generación.
CANDELARIO. *(Parece soñar).* Qué casa tenía Ray. Y el *morbiliario* Juan Luis XV.
ANGELITO. Tremendo trabajo la limpieza, ¿verdad?
CANDELARIO. Le hacía el aseo y a mucha honra. Ray no era déspota ni nada, al contrario, me trataba con *diferiencia* y me regalaba su ropa casi nueva. Él iba todas las semanas a El Encanto y se compraba unas maravillas, todo importado y de primera. Imagínate que las empleadas lo saludaban como de la familia. La de paquetes que tenía que cargar una servidora cada vez que Ray iba de compras.
ANGELITO. Su clientela era gente rica y famosa, ¿no?
CANDELARIO. Todas las artistas de verdá de antes y las mujeres de los políticos.
ANGELITO. ¿Tú conociste a alguna?
CANDELARIO. A varias y de las más famosas. Que no estoy un día sacudiendo la consola Imperio y suena el teléfono *(recreándolo: primero camina sujetando un teléfono imaginario y después se recuesta en los cojines y voltea la cabeza como en un monólogo)*: Aló. *(Pausa).* El señor Añorga no se encuentra pero si desea dejarle algún recado. *(Pausa).* Está arreglándole un vestido a la señora Martha Fernández de Batista. *(Pausa).* No, qué va a quedarle mal si todo lo que Ray cose es una *chea de hebra*. *(Pausa).* No, no dije chévere, dije *(casi deletreándolo) chea de hebra*, bueno, así le oigo decir a la gente que viene aquí y son muy *curtos* y *apreparados*, pero usté sabe, la Primera Dama crece una pulgada por semana con esa enfermedá rara, por eso tiene tantos hijos. *(Pausa).* Sí, yo le digo que usté habló, ¿quién me dijo? *(Le muestra un brazo a Ángel y se pasa los dedos por la piel).* ¿Olga Guillot? *(A Angelito).* La carne se me puso de gallina, temblaba como si tuviera fiebre. Y Olga por el bejuco: oigo, oigo. Me tuve que sentar y ni sé lo que contesté pero no paré hasta que Ray me llevó a verla al Capri. *(Le muestra la foto autografiada que saca de la caja).* Dedicada con su puño y letra.
ANGELITO. ¿Ray fue de los primeros en irse pa' Miami?

CANDELARIO. No, se aguantó hasta el 61 o 62. Ya las cosas se empezaron a poner malas para la gente que no quiso cambiar.

ANGELITO. Y, ¿por qué tenían que cambiar?

CANDELARIO. Con la Revolución no van las mariconerías. Figúrate a Ray en un camión con gente de Regla yendo a cortar caña. Él, que ni un pelito se le salía de su lugar, las uñas de las manos con *polisuar*, la ropa apretadita… Se lo hubieran comido vivo. Y luego empezaron las recogidas. Al que le vieran la pinta de maricón, a la jaula. Él cayó en una famosa redada que no se escapó ni el gato. Me contó que había una pájara escritora que decía: yo soy *damaturgo*, están equivocados, llamen a no sé quién, él puede responder por mí. Y las punto fijo con experiencia de estación de policía, burlándose de ella.

ANGELITO. ¿No te carteas con Ray?

CANDELARIO. Al principio, me mandó tarjetas del *Ampaya Estate* y de la mujer esa con la tea en la mano, de Las Vegas y qué sé yo. Las cosas se van enfriando con la distancia y el tiempo. Yo me integré enseguida y era mal visto que uno se carteara con la gusanera.

ANGELITO. Y qué te parece ahora como están regresando los de la comunidad, cargados de ropa, dinero… Quién quita y se aparezca Ray un día por esa puerta.

CANDELARIO. No creo, en definitiva yo no fui más que un criado. De confianza, eso sí, pero criado al fin y al cabo.

ANGELITO. Ama de llaves suena más elegante. *(Suspirando)*. Me muero de envidia por esa gente que vivió La Habana cuando era Habana. Felo Bergasa tocando el piano a dúo con Juan Bruno Tarraza, Marlon Brando y Arturo de Córdova haciendo de las suyas, los bares donde bailaban hombres con hombres, al que le daba la gana se vestía de mujer, los transformistas… ¿Conociste a Musmé, el que imitaba a la Guillot? *(Candelario niega con la cabeza)*. Pero los bares, ¿sí los conociste? *(Candelario niega)*. Era como la visita de las siete casas en Semana Santa: El Lucero, para tomarse una copa en la tarde; en la noche, El Tourist, El Intermezzo. *(Suspira)*. Todo eso lo sé porque me lo han contado. Cuando me tocó salir al ruedo, llegó el Comandante y mandó a parar.

CANDELARIO. Tú sabes, el giro mío estaba en la calle. Y pasé mis susticos. No todo era color de rosa para los maricones, la policía te chantajeaba y hasta te obligaban a quitarles el atraso.

ANGELITO. ¿Qué?, ¿me vas a decir que era peor que ahora? Bien que te la pasaste Prado arriba, Prado abajo, Playa de Marianao, baños de Cuatro Caminos, carnavales…

CANDELARIO. Pero también hice mi labor revolucionaria. *(Ante la incredulidad de Ángel)*. Como lo oyes…

ANGELITO. A ver, que esa historia de Guerrillera Urbana no me la sabía.

CANDELARIO. Sí, fíjate. Una noche, sería como a mediados del 58, yo me estrenaba este pantalón que Ray me regaló. *(Lo saca de la caja de ropa vieja y se lo muestra)*. Me quedaba que ni Pedrito Rico. Imagínate, con este perro *(se toca el trasero)* y andaba fleteando por la Terminal de Trenes. Una noche floja, la verdá, ya iba a coger por Monserrat para seguirme a la parada de La Sortija cuando veo en los portales a un tipo tocándose el… miembro y haciéndome señas *orsenas*, yo seguí muy digna… por un segundo y me le acerqué. ¡Ay, qué susto, Angelito! Yo no sé de dónde salió el otro pero en un pestañazo me tenían los dos tipos arrinconada contra la pared y después me llevaron a un banco del parque de enfrente, era tardísimo y no había casi nadie por allí, yo me cagaba pensando que eran policías, pero no *(enfático)*, eran del Movimiento 26 de Julio y que me dicen: «Te hemos estado observando por varios días y eres la persona indicada para confiarte un trabajito que te agradecerá el pueblo de Cuba». Y mientras me decía todo aquello que yo no entendía nada, dale y dale que se tocaba la cosa, y se le puso como carpa de circo. El otro, que me pasa el brazo por encima y me empieza a toquetear los pechos, yo estaba en la gloria. Y quién te dice que me prometen que si yo hacía lo que ellos me dijeran, íbamos a pasar muy buenos ratos juntos los tres y todo eso. *(Toma aire)*.

ANGELITO. Sigue hablando, don Rafael del Junco, que esto va mejor que *El derecho de nacer*.

CANDELARIO. Deja eso para la segunda parte y concéntrate en lo que te cuento. Me citaron para el día siguiente en el Parque de San Juan de Dios, me dieron una jaba bastante pesada que yo no podía revisar ni nada y tenía que entregarla en una fonda de Luyanó. Y ahí va la loca en la 54, siempre vestida con mi pantalón de trabillitas, con mis camisas de palmeras y con maquillaje de Avon. A ellos les encantaba que me arreglara así y me lo pedían para todas las veces que nos veíamos —además, me jamoneaban de lo lindo—. Qué buen gusto, ¿verdá?

ANGELITO. No seas comemierda, Candela, no ves que con la pinta de maricón se supone que no levantarías sospechas y en caso de que te agarraran con una bomba o lo que fuera, ¡qué importa un maricón muerto! No fuiste el único, mi amor, estos señores del 26 y de la Sierra utilizaron a muchos homosexuales y después cuando les estorbaron, ¡al paredón! El caso de Marquitos es muy famoso. En la Sierra Maestra, cuando le veían el plumaje a alguien, lo mandaban a primera fila a ver si lo mataban rápido. Las malas lenguas dicen que era idea del Che.

CANDELARIO. Yo no creo que hicieran esas cosas. Tú oyes muchos infundios que inventan esas pájaras gusanas que están esperando visa para irse a Miami, luego, Dios mío, no quieren que las odien, tan…

ANGELITO. Mejor síguele con tu aventura. ¿Nunca viste lo que llevabas?

CANDELARIO. Bueno, la última vez que nos encontramos —yo pensé que al fin iba a llegar mi pedacito de domingo— me dijeron que se iban a una misión en el interior y que me buscarían cuando Cuba fuera libre, para lo del rato agradable, tú sabes. Yo me quedé desconsolado y me fui pa' mi guagua casi llorando. En el asiento de atrás de la guagua, abrí un poquitico la jaba y alcancé a ver unos paquetes muy bien envuelticos, debajo de la frutabomba que siempre ponían arriba pa' tapar el muerto.

ANGELITO. *(Interrumpiendo)*. ¡Qué frutabomba oriental la tuya después de todo!

CANDELARIO. En eso sube un policía de azul y me empieza a mirar desde el asiento que está al lado del chofer. Niña, yo me quería desaparecer. Y que no se levanta el muy cabrón y con la guagua vacía, se sienta al lado mío, *pacatán* que se acomoda la pistola… Yo me dije: Virgen de La Candelaria, protege a tu ahijada y que en ese momento me empieza a sacar conversación, que a dónde iba, que si venía del *mandao* y ¡zúmbale que me agarra la frutabomba!

ANGELITO. *(Aparte)*. ¡Una guagua llamada Deseo!

CANDELARIO. No me interrumpas tanto que me cortas la inspiración. Yo le dije: por favor, no me la magulle que es para mi abuelita. Yo seguía muerta de miedo. Entonces, me dice el hombre que lo acompañara en la siguiente parada y me hala del brazo y yo que no y él que sí y me baja y empieza a caminar despacito por una calle oscurísima y siempre tocándose la pistola.

ANGELITO. ¿De qué calibre?

CANDELARIO. La pistola de verdad, la de hierro, y me dice que no hable que me va a llevar a un lugar que nadie puede saber y más vale que no se lo cuente a nadie. Llegamos a un apartamentico muy arregladito, vaya, con toque femenino como este, y se empieza a quitar la ropa y a decirme que me encuere y yo con la jaba en la mano cuidando que la frutabomba no se saliera. Cuando me ve en esa, me dice que no la cuidara tanto que lo que «er» quería era la otra frutabomba.

ANGELITO. ¿Para batido?

CANDELARIO. No, niña, para lo que tú sabes. El gusto que se dio y yo desesperada porque acabara y este era de los que se demora, que si ahora de frente y al ratico de lado, ¿qué iba a hacer? Le puse motor al asunto y *sanseacabó*. Cayó rendido el hombre. Entonces, corre y ponte la ropa con el *sigilio* que no se vaya a despertar. Y quién te dice que en el momento de agarrar la jaba tiro al piso un retrato del policía con una mujer y unos niños y oigo una voz que dice: «¿A dónde vas, mulata?». Con mi abuelita que está enferma, le respondo.

ANGELITO. Caperucita Roja en el clandestinaje.

CANDELARIO. Y se levanta y después de amenazarme que si contaba algo o volvía por allí me mataba, salí como bala por tronera de nerviosa y cuando llego a la acera, ¿qué crees? Con el apuro, había dejado la jaba y allá vuelve a subir porque si no, me matan los del Movimiento pero si el policía revisaba la jaba... Toco suavecito y nada, más fuerte y que sale aquel con la pistola en la mano y dígome yo: «loca muerta en cumplimiento del deber». «Que no volvieras por aquí, ¿no entiendes?». ¿La jaba?, me mira y dice, espérate aquí, y yo, no se moleste, yo la cargo y vuelve el forcejeo hasta que me trae la jaba y me dice que está muy pesada para ser mandado que va a ver qué hay dentro. Y yo de ocurrente le digo que me voy a hacer santo y que lo de la jaba era para mi madrina y el hombre me saluda y me abraza porque también caminaba, y se despidió de beso y todo.

ANGELITO. A los del Movimiento, ¿no los viste nunca más?

CANDELARIO. A cada rato veo a uno por la televisión.

ANGELITO. *(Emocionado).* ¿Es artista?

CANDELARIO. Pincho. Dirigente. *(Le susurra el nombre en el oído a Ángel y el rostro de este va creciendo en asombro hasta gritar).*

ANGELITO. Con lo serio que se ve y anduvo toqueteando a la Candela.

CANDELARIO. De esto, ni jota a nadie.

ANGELITO. Ni que fuera chismosa. De esta boca no sale ni una palabra como que soy la mejor bailarina exótica de este país.

CANDELARIO. Báilame un poco. *(Angelito se hace de rogar).* Anda, chico, si tú lo haces muy bien.

ANGELITO. Mi madre me llevaba al cine Habana, ahí pasaban todas las películas mexicanas de rumberas y luego me peleaba en la casa por imitarlas. Nada, cuando el niño lleva en el alma «la bayamesa», no la salva ni el médico chino. Como leí en un cuento afrocubano, esta es una isla donde los hombres tenemos suaves caderas. ¿Te acuerdas de la película de Amalia Aguilar en que ella se las quiere dar de *fista* y mucha cosa y dice que es una marquesa y empieza a bailar un minué así muy fina y seria y de pronto, se suelta la chancleta y se bota una rumba...?

Angelito baila desenfrenadamente por el cuarto, menea la cintura y mueve los hombros frente a Candelario que fácilmente pasa de la risa al llanto.

CANDELARIO. ¡Bravo! ¡Bravo! La mejor rumbera de la Habana Vieja y sus municipios *aryacentes*. *(Se abrazan).*

ANGELITO. Ay, madre... Algún día voy a ser una gran estrella de Broadway y de Hollywood, me voy a cambiar el sexo en Dinamarca igual que Christine Jorgensen y montaré un espectáculo homenaje a las grandes locas del mundo. Le llamaré *Elogio de la locura*. Será un homenaje a todas las grandes pájaras, como un tratado de ornitología.

CANDELARIO. Orni...

ANGELITO. ...tología. Ciencia que estudia las aves. Me imagino mi *show* en orden cronológico, empezando con las mártires de Sodoma y Gomorra, pasando por Adriano. *(A Candelario).* No te preocupes, habrá notas en el programa para la gente con baches culturales. Paso por alto la Edad Media para evitar la censura eclesiástica y sigo con el Renacimiento. Ahí sí que hay tela por donde cortar: Leonardo, Miguel Ángel, Shakespeare... Saltamos a los reyes de Francia que son muchos... Ya me veo en Europa, que son tan cultos, triunfando como la Alonso.

CANDELARIO. ¿Alicia?

ANGELITO. Esa no es ni la chancleta de nuestra Chelo Alonso, la única cubana que ha triunfado en el cine europeo. ¿Nunca viste *Goliat contra los bárbaros* con el Míster Universo Steve Reeves que también le gustaba lo mismo que a nosotros? Ahí bailaba la Alonso en medio de los bárbaros... *(Simula una danza exótica).* Bueno, déjalo, porque con mi cultura cinematográfica... En fin, esta obra es toda tuya y no quiero que pienses que te estoy robando cartel. Tú sabes que yo sería incapaz... *(Le pellizca una nalga y le pone la mejilla para que lo bese).*

CANDELARIO. Considérate besada. Oye, ¿no crees que es hora de hacer un intermedio? El público debe estar mareado con tanta mariconería...

ANGELITO. Me parece muy bien.

CANDELARIO. *(Al público).* Despiértenselas que deben tenerlas dormidas, cámbienle el agua a los pescaditos y coman algo. *(Sale de la escena y regresa con una caja de golosinas que se cuelga del cuello con una banda y baja al lunetario ofreciendo sus mercancías. Se encienden las luces de la sala).* Chicharritas, chicharrones. Mariquitas... Papas fritas.

Angelito no soporta la competencia y sale para regresar con un cesto con flores que ofrece por los pasillos también.

ANGELITO. *(Canta).* Clavelitos, que los traigo yo aquí para ti, con la esencia, presencia y potencia que solo hay en mí.

CANDELARIO. *(Esforzándose por competir).* Maní, manisero se va. Cómpreme un *cucurrucho* de maní...

ANGELITO. A mí esta no me va a ganar. Yo soy más fina y española. *(Canta).* Por la calle de Alcalá, con la falda arremangá y los nardos apoyaos en la cadera...

CANDELARIO. *(Cambia de tonada y baila entre las lunetas).* El yerberito llegóooo. Traigo ruda, pa'l que'stornuda. Albahaca pa' la loca flaca...

ANGELITO. *(Contoneándose).* Violetas. Violetas... *(Canta).* Llé-ve-meus-té señorito *(pausa)*, lléveme usté este ramito *(pausa)*, pa' lucirlo en el ojal... *(Alarga exageradamente la última sílaba).*

Los pregones suben de tono y ambos contrincantes se desafían abiertamente, se tiran sus productos a la cabeza, suben al escenario y se apagan las luces del lunetario. Alguien toca a la puerta pero no contestan, el vigilante aparece en la habitación, Candelario le tira un manojo de yerbas a Ángel, este lo esquiva y va a dar en el rostro del recién llegado que comienza a tomar nota en una libreta de todo lo que ambos hablan.

ANGELITO. *(A Candelario).* Mira pa'í lo que pasó *pol* tu culpa.

CANDELARIO. Quien te manda *asel* tan zafia. *Noome plovoque* que me *jarto* y me importa un pepino que'l *señol*...

VIGILANTE. *(A Angelito).* ¿Usted vivió de pequeño en Las Villas?

ANGELITO. Sí, nací en Trinidad, ¿por qué?

VIGILANTE. Y… ¿pasó una temporada en Camagüey?
ANGELITO. *(Molesto)*. Tres años en la UMAP. *(A Candelario)*. ¿Este tipo es del G-2 o fundador de los Comités?
VIGILANTE. *(A Candelario)*. Usted ha vivido siempre en la Habana Vieja en esta calle, aunque pasa algunas horas del día en Santos Suárez, ¿no es así?
CANDELARIO. *(A Ángel)*. Yo creo que tiene poderes o es espiritista… *(Al hombre, invocando sus poderes)*. Oiga, ¿me van a dar casa pronto? ¿En qué acaba la novela? ¿Dónde ha estado Fidel últimamente? Un número pa' jugarle… *(Aparte)*. Se me olvidó que en Cuba ya no se juega.
VIGILANTE. Nada de eso, yo soy materialista ateo, no es ningún truco. Por las noches y para no perder mi puesto, estudio Lingüística en la Escuela de Letras para trabajadores, adonde van muchas personas como ustedes, quiero decir, artistas y escritores caídos en desgracia después del Primer Congreso de Cultura, actrices retiradas… Ahí aprendí un poco de Fonética y ahora me la paso tratando de ubicar a todo el mundo en su universo sociolingüístico.
CANDELARIO. ¿Socio de quién?
ANGELITO. Mejor cierra la boca, ignorante.
VIGILANTE. *(A Candelario)*. Si me lo propongo, en tres meses puedo enseñarle a hablar como un intelectualoide de izquierda de esos que van a la Cinemateca o pertenecen a la Casa de las Américas y la UNEAC y después presentarlo como si fuera un marxista argentino y nadie se daría cuenta del engaño.
CANDELARIO. ¿Cuánto me cobraría? Yo puedo pagarle con queso o jamón. Me gustaría tanto darme *caritate* delante de Fidel.
VIGILANTE. *(A Candelario)*. ¿Es usted el Presidente del Comité?
CANDELARIO. Un servidor.
VIGILANTE. Vengo del ICAIC a hacer una verificación de un trabajador del organismo que vive en esta cuadra.
CANDELARIO. Adelante, compañero. *(Viendo a Ángel)*. Él es de toda confianza.
VIGILANTE. *(Saca sus planillas de un file)*. Se trata de Nelson Almendares que vive en el 512.
CANDELARIO. *(Pensativo)*. Almendares, Almendares… *(Llevándose las manos a la cabeza)*. Ni me lo mencione. *(El encuestador se sorprende de la reacción)*. Ese individuo, ese ciudadano jamás participa en las labores del CDR, ni asiste a las reuniones, ni a los trabajos productivos. Con decirle que un día lo citamos como a todo el mundo a un círculo político y dijo que tenía guardia en su trabajo. Y adivine a dónde fue: al Ballet de Alicia Alonso, lo sé de muy buena tinta porque una amiga lo vio salir del *García Loca*. *(Ve de reojo a Ángel. Este escucha la conversación sin dar crédito a las palabras de Candelario)*. Y usté sabe la clase de elemento que va al balé, con decirle que hasta el marido de La Vieja… *(Dobla la mano y aletea)*.
VIGILANTE. Teatro García Lorca, por Federico García Lorca. *(Con voz de locutor)*. Poeta español republicano, asesinado por la reacción, debido a sus ideas revolucionarias.
ANGELITO. *(Aparte)*. Y por homosexual. Cuando estuvo en La Habana, lo primero que pidió fue una champola de guanábana y un negro. *(Recita unos versos de Lorca alusivos a las denominaciones de los homosexuales)*.
Pájaros de La Habana,
Jotos de México,
Sarasas de Cádiz,
Adelaidas de Portugal.

La siguiente escena debe representarse como un concertante de las óperas de Rossini, las voces se enciman y se repiten algunas frases, siempre in crescendo.

VIGILANTE. Pargo, cherna, pato y ganso.
ANGELITO. Invertidos, desviados.
CANDELARIO. Pervertidos, desquiciados.
ANGELITO. Corrompidos, corruptores.
CANDELARIO. Entendidos, promotores.
VIGILANTE. Enfermos, infractores.
ANGELITO. Criminales, pajaritos.
CANDELARIO. Mujercitos, feminoides.
ANGELITO. Putos, lilos, *queens and drags*.
CANDELARIO, ANGELITO y VIGILANTE. ¡GAYS!
ANGELITO. Afeminados, sodomitas.
CANDELARIO. Aberrantes pederastas.
VIGILANTE. Marginales, apestados. Lacras del pasado.
ANGELITO. Condenados por la Biblia. Al infierno confinados.
CANDELARIO. Ambidiestros. Por la derecha y por la izquierda fustigados.

Se detienen súbitamente y recobran la supuesta propiedad de la verificación.

CANDELARIO. Prosigo con mis funciones. No es que yo me meta en lo que no debo, porque mis obligaciones de revolucionario no son las de estar en el chisme pero a su apartamento entran gentes muy raras, usté sabe…
VIGILANTE. No, no entiendo en qué consiste lo raro.
CANDELARIO. Hombres un poco raritos, de sandalia, pelo largo, ropa estrafalaria, con un *etalage*… *(El encuestador revisa la vestimenta de Candelario).* Todos llevan siempre un librito o un disco… Artistas. Invertidos, usté me entiende…
VIGILANTE. *(Aclarándose la voz).* Ejem… Usté quiere decir que Almendares manifiesta una «conducta impropia» y no está realmente integrado a las labores del CDR…
CANDELARIO. Eso mismo, me quitó las palabras de la boca… Como se nota que está en la Universidad. *(Indicándole en la planilla).* Faltó lo de invertido, *homosesual*.
VIGILANTE. Bueno, gracias por su colaboración. Me firma aquí, por favor. *(Le extiende la planilla).*
CANDELARIO. *(Firma con dificultad).* Claro. Si no es indiscreción, ¿para qué lo están investigando?
VIGILANTE. Almendares fue propuesto para un curso de fotografía en Cataluña y debemos estar muy seguros de qué tipo de persona va a representar a Cuba en el extranjero.
CANDELARIO. *(Entregándole la planilla).* Mire para ahí el error que se hubiera cometido.
VIGILANTE. Todavía no se decide… Gracias, compañero, buenas tardes. *(Sale).*
CANDELARIO Y ANGELITO. Hasta luego.
ANGELITO. *(Encolerizado).* Candelario, qué hijo'eputa eres.
CANDELARIO. Hasta que tuve la oportunidad de echarle tierra al maricón.
ANGELITO. No te das cuenta de que también te estás echando tierra a ti mismo, a mí, a todos.
CANDELARIO. *(Sin escuchar).* Mariconcito bitongo. Tan blanquito. Se cree mucha cosa con sus ropitas de afuera, con esos pantaloncitos apretados. Si por ese fuera…

ANGELITO. Por muy envidioso que seas, no es para desgraciarle la vida al pobre muchacho, ¿para qué te habré dicho lo del ballet?

CANDELARIO. Y la importancia que se da, no mira a nadie, ni saluda ni ná.

ANGELITO. Por gentes como tú, Candelario, me mandaron a la UMAP. ¿Sabes lo que es la UMAP? No, claro, ya nadie se acuerda, no conviene acordarse. Los nazis que enjuiciaron en Nuremberg tampoco sabían de campos de exterminio. En Rusia —o la Unión Soviética—, nadie se acuerda de los crímenes de Stalin y en China... *(Se reconoce a sí mismo).* No sabía que estuviera tan politizada. *(Recobra el estado de ánimo inicial).* Tres años rompiéndome el lomo en Camagüey, dándole el culo al asqueroso teniente que se encarnó en mí, con esos dientes podridos me besaba en la boca diciéndome «mima, mima»; viendo cómo hacían caminar sobre vidrios molidos a los invertidos antisociales como dices tú para que se convirtieran en machos revolucionarios. No, Candela, eso no se olvida ni en mil años. *(Mira de frente a Candelario).* Coño es que... No me busquen la lengua que bastante hay que mordérsela en este país todos los días. Y tú. *(Dirigiéndose a Candelario, se espera un instante).* ¡Métete al CDR por el culo! ¡Y que te aproveche!

Angelito sale casi corriendo y sin mirar a Candelario. Este hace un gesto, no encuentra palabras para retenerlo.

CANDELARIO. No entres al baño de la pizzería de 12 y 23 que dicen... *(en voz baja mientras se sienta)* que el administrador es chivato. Ya cayó uno del Partido que se suicidó en su celda...

IV. INTERNACIONALISTAS, REGENERADOS Y CURROS DEL MANGLAR EN EL TREMENDO COMITÉ

Reunión del Comité. Los vecinos están entre el público, Candelario preside el acto sentado a una mesa frente al auditorio. Unas cadenetas que cuelgan de las paredes y cajas de cerveza anuncian fiesta. El comportamiento de los personajes y toda la atmósfera son de pesadilla.

CANDELARIO. Compañeros, por favor, atención. *(El relajo no cesa).* Rita, mi amor, cállate o no acabamos nunca. Compañeros... *(Alterado).* El del Partido, la secretaria de Organización... Ya cállense, carajo. Comienza *La Tremenda Corte* en el tremendo Comité. La orden del día dice que hay que leer un discurso del Comandante, *discutil er materiar idiológico* y asuntos generales, antes de pasar a *(sonríe y mueve los hombros)* la fiesta sorpresa para nuestro héroe de Angola que por suerte todavía no llega. Pase de lista: Rita Quintana...

RITA. ¡Aquí como todos los días!

CANDELARIO. Diana Rico...

TODOS A CORO. ¡A la reja!

CANDELARIO. Cállense, que ya anda por aquí y los va a oír. Tampoco hay que reírse de ella, pobrecita. Poniéndonos pa' las cosas, Rita, ¿a qué hora llega Lazarito de la fábrica? ¿A las *dié*?, bacán. Arriba, si quieren cerveza y bocaditos hay que terminar esto primero.

VECINO 1. Me parece que un círculo político no se debe tomar tan a la ligera.

CANDELARIO. *(Aparte).* Ya metió la cuchareta el del Partido. *(Contestando).* Ni tiene que mencionarlo, compañero, pero imagínese, todos estamos muy contentos de recibir a un combatiente *internascionalitas* que peleó en Angola. *(Voces de aprobación).* A ver, ¿quién empieza leyendo el discurso de Fidel de la semana pasada en conmemoración de los albinos albaneses? ¿O será el de la antepasada dedicado a las madres solteras con hijos bobos? *(Para sí)*. Cómo gasta saliva ese hombre... *(Al Vecino 1)*. Usté que lee tan bonito, compañero.

VECINO 1. *(Se para frente al público y lee, nadie le presta atención)*. Discurso pronunciado por el Comandante en Jefe Fidel Castro en la clausura del Decimoquinto Congreso de combatientes de la Sierra con hemorroides... *(Los vecinos chismean, se levantan a husmear en la comida, alguien intenta abrir una botella de cerveza y Candelario corre para evitarlo, lo lleva del brazo a su asiento como maestra de escuelita. Entre el relajo generalizado se alcanza a escuchar una que otra frase del discurso)*. «Elevar la productividad... La disciplina es fundamental para el desarrollo del socialismo... A medida que seamos más conscientes... Eliminar actitudes negativas...» *(Algunos vecinos hacen compras de mercado negro entre el público. Otros roban a sus vecinos)*. «La diaria labor desinteresada de los heroicos cederistas... Patria o muerte...»

CORO DE VECINOS. *(Responden felices de que haya terminado)*. «Comeremos». *(Se lanzan a la mesa)*.

CANDELARIO. Calma, pueblo, calma, que todavía *fartan* dos puntos. *(Exclamación unánime de desaprobación)*. Ya les dije, vamos a ponerle asunto y acabamos rápido. Lo siguiente *(revisa el libro de actas)* es la discusión del capítulo 158 del *Capitar de Carlo Mar*. *(Levanta unas hojas impresas)*. A ver, ¿quién se acuerda lo que es la *pusvaría*?

VECINO 1. En el capitalismo, la diferencia entre el valor de los bienes producidos y el salario del trabajador, o séase, la tajada que se come el capitalista a costa del proletariado.

Aplauden los reunidos y le hacen señas a Candelario de que se apure.

RITA. Se va a dormir el público. *(Hace señas con los ojos y el pulgar)*.
CANDELARIO. Una última pregunta: Según *Mar*, ¿cuál sería el primer país socialista?
TODOS A CORO. *(Aplauden)*. ¡Cuba!
VECINO 1. *(Preocupado)*. Marx dijo que sería Alemania.
RITA. *(Desafiante)*. ¿Usté no oye los discursos de *Fider*? Cuba es el primer país socialista.
VECINO 1. *(Irritado)*. No, no, eso es en América pero Marx habló de...
RITA. ¿Está diciéndole mentiroso a Fidel? Por favor, todo el mundo sabe muy bien que si alguien jamás dice una mentira en este país, ese es Fidel...
CANDELARIO. ¿Me quieren dejar tranquilo a Fidel, carajo?

Entre gritos y manoteos, Candelario intenta retomar la dirección, le cuesta cada vez más trabajo dominar la situación.

CANDELARIO. Compañeros, esta información es para callarle el hocico a los enemigos de la Revolución. Hay muchos cubanos luchando en Angola, Etiopía, Siria y quién sabe. Otros compañeros se han ido a la República Democrática Alemana a cortar árboles en la Selva Negra a treinta grados bajo cero, otros están en la URSS, trabajando en Siberia, otros en Libia, en el Congo. Pero lo están haciendo para frenar al imperialismo y ayudar a la Revolución. Si oyen comentarios en las colas o en las guaguas o en su casa, párenlos.
CORO. Cuba no exporta revoluciones ni mano de obra barata.
CANDELARIO. Seguimos con asuntos generales. *(A personajes imaginarios)*. Inasistencias y incumplimientos de los honorables miembros de este comité. No quiero *erscusas* ni *pretesto*: Los compañeros Estorino, Arrufat y Barnet, encargados de los jóvenes en *edá* militar, no

han trabajado en cinco meses. No se sorprendan si no les dan el viajecito a Bulgaria. Los compañeros Vitier y Diego dejaron de hacer su labor de rescate de periódicos viejos los domingos por la mañana y se nos van a misa. ¿Qué pasó? Decídanse, están con Dios o con el... *(Levanta su mirada y el pulgar)*. Sus deslices quedan registrados en este libro. *(Toca el libro de actas)*. No queda ni un movimiento de ustedes que se nos escape en esta Corte del pueblo. Nadie se queje después si no alcanzan refrigerador o becas para sus hijos o cambio de vivienda. Los estamos vigilando para que sean mejores revolucionarios, el que no cumpla, aténgase a las consecuencias. Antes de darles la palabra en forma ordenada y democrática como siempre, tengo una petición de los compañeros trabajadores del municipio encargados de la limpieza pública. *(Se escucha una voz que grita: «Los barrenderos, pa'cabar pronto»)*. Sí, los barrenderos me piden que los exhorte y yo les suplico que no tiren los cartuchos de *eses fiscales* a la calle. *(La misma voz le grita: «Se pronuncia mierda»)*. Eso mismitico, pa' que me entiendan. Y no es mentira, me ha tocado venir a lavar mis zapatos porque pisé esos cartuchitos, que los tiran sin mirar quién viene y ¡allá va eso! Compañero del Partido, para ser más directos, su esposa también está en el equipo de lanzadores. *(Voces de protesta)*. Ya sé, ya sé.

VECINO 2. ¿Dónde quieren los barrenderos que echemos nuestros regalitos si hace más de un año que las letrinas del solar están tapadas? Luego uno va y deposita el cargamento, nunca hay agua, cuando hay agua se sale to'a la porquería al pasillo y nuestros hijos nadando en mierda, infectándose. Ya tuvimos muchos casos de *tifo* el año pasado.

RITA. Yo llevo más de veinte años en este solar y no se hace nada. Que si van a resolver los del Poder Popular, que nos van a dar una vivienda indecorosa y ná. No es que yo ande de alardosa, en toda la Habana Vieja pasa lo mismo, en el Cerro, en Centro Habana y tranquilo *(se menea)* con mis nalgas en vaivén, de Santiago a Camagüey...

VECINO 2. Yo me metí a la microbrigada de la construcción y en un final le dieron los apartamentos a los chilenos... Y como eso hay miles de cosas más. Caballero, ¡aquí hay algo podrido! *(Todos lo miran en suspenso)*. Me refiero a la escalera de madera.

CORO. ¡Ah!

VECINO 2. El gordo de Lezama que vive allá arriba en el Paraíso, un día, no le va a aguantar el peso y se va a matar el pobre hombre. Esa escalera es del tiempo de la Colonia y ya está podrida.

CANDELARIO. Volviendo con lo mismo, dicen los de la basura que con la brujería no hay problema que ellos tienen cría de gallinas y el maíz seco les viene bien y los cocos se los salcochan a los cochinos pero *(al del Partido)* perdonando la palabra, que no tiren más mierda.

VECINO 2. Y dígale usté que pasen aunque sea una vez a la semana y limpien bien. La Habana es un basurero gigante.

CANDELARIO. Pasamos al asunto de los desechos sólidos. Hay que formar brigadas de recolección...

VECINO 2. *(Asombrado)*. Ahora quieren que vayamos puerta por puerta pidiéndole a la gente su mierda. *(Risas)*.

CANDELARIO. *(Dirigiéndose a personajes imaginarios)*. A los pintores de brocha gorda: Portocarrero, Servando y Martínez, no que mucha cosa por la cuadra, el Comité y la Revolución, que iban a pintar las fachadas con lechada. Si no tienen una botella de ron, nada. A ver cuándo hacen algo que valga la pena. Sí, Portocarrero, ya sé que Milián está enfermo y tiene que cuidarlo, pero, coño, hagan algo. Y esos escritores que iban a hacer los letreros de propaganda, a ver cuándo se dejan de comer de lo que pica el pollo y doblan el lomo de verdá. Don Nicolás y los de su Unión, ¿tienen algo que decir? ¿No? Entonces...

La acción se detiene por una aparición. Desde el fondo del lunetario y destacada por un seguidor, aparece Diana vestida de negro y con un cigarrillo en los labios, su maquillaje y ademanes caracterizan a la mujer fatal del cine de los años 30. Se escucha la canción tema de la película La mujer del puerto: «Vendo placer a los hombres que vienen del mar...». *Se acerca a la mesa que preside Candelario. Los del solar se quedan sin habla. Al enfrentarse a Candelario parecería que se va a desatar una tormenta, se miran fijamente. Candelario rompe el hielo y la abraza. Diana le estampa un sonoro y prolongado beso en la mejilla. La acción continúa.*

CANDELARIO. *(Al público).* Caballero, démosle la bienvenida que se merece a la compañera Diana. *(Momento de silencio en el que nadie sabe qué hacer).* Arriba, señores, un aplauso que todos tenemos derecho a regenerarnos. El que esté libre de *curpa*, que tire la primera *piedrá*. *(Aplausos. Diana se echa a llorar).* Ya, vamos, mi amor, lo pasado, lo enterramos y desde hoy, amigos. *(Al público).* ¿No es así, gente? *(Se abrazan de nuevo).*

DIANA. *(Pide la palabra).* Compañeros, en estos cinco meses que todos saben estuve en un combinado cumpliendo una sentencia que me merecía... *(Gestos de Candelario negándolo).* Sí, Candela, ¿te puedo llamar así?

CANDELARIO. No faltaba más.

DIANA. Como decía, tuve tiempo de sobra para reflexionar sobre el daño que le estaba haciendo a la sociedad y a mí misma. Pero esta Revolución es muy grande. *(Mide con sus manos en clara referencia a un falo pequeño).* ¡Más grande que nosotros mismos! Y muy generosa. Gracias a la ayuda de varios compañeros, entendí qué es lo que está bien y qué no. De verdá, compañeros, que la Revolución es lo más hermoso que nos podía haber pasado a todos los cubanos. Yo los estaba oyendo allá atrás y lloraba de pena al ver todo lo que me había perdido en estos años que estuve alejada de la gran familia revolucionaria que es la organización de los Comités de Defensa de la Revolución. Ustedes son mi familia y quiero que me perdonen y me acepten en su seno. *(Candelario se acomoda la camisa en el pecho).*

Mientras Diana recita su discurso, va desplazando a Candelario de su lugar en la mesa, Rita se niega a creer lo que escucha y ve. Los restantes vecinos están a punto de llorar convencidos por el acto de contrición. El Vecino 1 parece haber encontrado lo que buscaba.

DIANA. Si ustedes creen que soy digna de que regrese a este hogar, recíbanme. Les prometo que no los defraudaré. Desde hoy seré la más consciente y aguerrida cederista en la lucha contra las lacras del pasado.

Enardecidos aplausos y vivas. Diana baja triunfante y es felicitada por todos, menos Rita que al pasar junto a ella, voltea la cabeza. El Vecino 1 se lleva aparte a Diana y conversan.

RITA. *(A Candelario).* Si no te espabilas, Mariano, la putica regenerada nos va a poner a gozar a todos. Mírala.

CANDELARIO. Tú siempre tan mal pensada, te entiendo, después de lo de tu marido...

RITA. Serás comemierda... Allá tú.

Candelario va con Diana, la toma de la cintura y le toca el cabello, asiente con la cabeza. Rita resopla del enojo, abre una cerveza y bebe de ella compulsivamente. Se percata de la llegada de Lazarito, joven vecino recién llegado de Angola. Un ojo vendado y un brazo en cabestrillo son las marcas de la guerra.

RITA. Llegó Lazarito, señores.

Gritos de alegría, se pelean por abrazarlo, se arma el carnaval. Despliegan pancartas que rezan: «Bienvenido, héroe internacionalista, orgullo de este CDR».

TODOS. Que hable, que hable.
LAZARITO. No, yo soy muy guajiro pa' eso del discurso, además vengo muy cansado de la fábrica, tengo que cargar sacos con brazo malo y to'o…
RITA. Si Candelario se atreve a hablar…

Empujan a Lazarito al centro del escenario, golpeándole el brazo herido. Hace un gesto de dolor.

LAZARITO. Coño, me salvé en Angola y me van a matar aquí.
VECINO 1. *(Acallando).* Seguramente tendrás unas riquísimas experiencias que relatarnos.
LAZARITO. ¿Riquísimas? No joda, compadre, la guerra es de ampanga.
VECINO 1. No me entendiste bien, Lazarito, me refería a la riqueza moral y revolucionaria que te proporcionó enfrentarte al enemigo imperialista.
LAZARITO. Al enemigo imperialista, al paludismo, al hambre, al cambalache de los cuadros del ejército que se hicieron ricos traficando con marfil, armas, droga… Los rusitos de mandamás y los cubanos de carne de cañón. Los angoleños que no entienden lo que es un país y ni luchan ni trabajan… ¡Cómo han muerto cubanos! Y los que regresan como yo, todo jodidos, enfermos, con sicosis…
VECINO 1. *(Tose nervioso).* Mejor cuéntanos una anécdota edificante.
LAZARITO. Ah, ya se enteraron aquí. El cuento del edificio…
VECINO 1. Edificante, es decir, constructiva.
LAZARITO. A eso voy. Un edificio que estaban construyendo en la época de los portugueses y se quedó a medio hacer como todo en Angola. Nos albergaron a todo el batallón allí pero no había ni luz ni agua ni nada y Cheíto, el *jabao* del solar de Aguacate que estaba en el mismo pelotón mío, por cierto fue de los primeros en morir en combate, el pobre, comió por la noche unos frijoles angoleños de esos rarísimos que parecen zambumbia y al día siguiente se levanta con tremendo dolor de barriga y como no había baño ni ná, apuntó pa'l terreno de abajo. Con tan mala suerte que el teniente del batallón y unos soldados estaban haciendo unas reparaciones en la caja de la bomba del agua y en eso le dice el teniente a un soldado, pásame la mezcla y que le cae la cagá de Cheíto en medio de la cara. Pa' qué fue aquello. Cero pase a todo el batallón hasta que nos fuimos al frente. Pregúntele a cualquiera que estuvo allá por el Batallón Mierdero y va a ver lo que le cuentan.
VECINO 2. Pa' que vea Candelario que en Angola también tiran mierda.
VECINO 1. *(Sin dar crédito a lo que escuchó).* Muy edificante, Lazarito, muy edificante.

En medio de la alharaca, aparece Fidel vestido con la ropa que Candelario le ha regalado: camisas de pésimo gusto, pantalones a cuadros, zapatos de charol. Candelario deja con la palabra en la boca a Rita. La atención de todos se centra en el encuentro. Fidel rechaza la in-

vitación de Candelario de tomar una cerveza. La música impide escuchar lo que hablan pero los gestos son muy obvios. Después de alegar para que Fidel se quede, Candelario, derrotado, saca su billetera del bolsillo y muestra unos billetes. Hay súplica en sus ademanes. Fidel le arrebata el dinero y sale sin mirarlo. Con los hombros caídos y la mirada en el piso, Candelario regresa a la fiesta. Diana y el vecino del Partido han estado observando y confabulando entre ellos. Rita regaña a Candelario que no parece escuchar del abatimiento, se dirige a la mesa y carga el libro de actas.*

CANDELARIO. *(Entre carcajadas y música, todos le dan la espalda).* Sin nada más que tratar, se da por terminada… *(Irrumpe en sollozos y se tapa con el libro).*

Los vecinos se viran un instante para ver el cuadro y regresan a su diversión. Todos bailan y toman. La luz se apaga lentamente al compás de los sollozos de Candelario y la música de la fiesta.

V. Calla, por Dios

Candelario escucha sus discos favoritos sentado en sus cojines. En escena se materializan sus pensamientos: Fidel se pavonea, destaca su musculatura, adopta poses de castigador, Candelario simula un baile amoroso en contrapunto con Fidel. Cuando cree abrazarlo, la visión desaparece. Desconsolado, se sienta. Entra Angelito.

ANGELITO. *(En voz baja).* ¿Se puede?
CANDELARIO. *(Reponiéndose).* ¿Quién es? *(Indiferente).* Adelante.
ANGELITO. *(Aparte).* Este es el Ángel número 3, el hijo'eputa. *(Hipócrita).* ¿Estás enfermo? ¿Pasa algo?
CANDELARIO. Qué preocupado. Hasta que te acuerdas de que existo.
ANGELITO. No digas eso, tú sabes que eres mi mejor amigo. *(Enarca las cejas y mueve los labios como la villana arquetípica).*
CANDELARIO. Vaya, si no me lo dices, ni me entero.
ANGELITO. *(Se acerca y le pone un brazo en el hombro).* A veces uno se deja llevar por los impulsos.
CANDELARIO. Ahora no tiene importancia.
ANGELITO. ¿Ha pasado algo entre Fidel y tú?
CANDELARIO. No, qué va, todo va viento en popa. *(Contiene el llanto).*
ANGELITO. Candela, para algo estamos los amigos.
CANDELARIO. Sentimental que se pone uno con la menopausia.
ANGELITO. Vamos, vamos, ¿quieres un té? *(Enfatizando su hipocresía).* ¡Qué no haría por ti!
CANDELARIO. Cuéntame qué hay de nuevo.
ANGELITO. Lo de siempre. Redadas en Coppelia —aunque algunas pájaras intelectualoides pretendan escamotearlo—, gentes del G-2 disfrazadas de bugarrones en el Cinecito, patrullas que te piden el carnet de identidad después de las diez de la noche, juicios populares que arman de hoy para mañana y te condenan por peligrosidad social y te echan a la cárcel por tiempo indefinido, chantajes de la policía a las locas que alquilan casa en la playa, depuración en la Escuela de Letras y Arquitectura, limpieza de intelectuales que puedan hacerle sombra a los dirigentes burócratas en la UNEAC y otras yerbas amargas, actores y bai-

larines trabajando de mecánicos, escritores censurados o presos por ser homosexuales u opositores al régimen, unas colas de madre en todas partes. Acabo de comerme la cuota de carne del mes y se me quedó en una caries. No es que yo sea pitonisa pero en diez años no va a haber ni huesos. En mi evaluación de la escuela me pusieron que era amanerado y perdí el cambio de nivel y... *(Jadeante)*. Esto parece un informe para la Comisión de Derechos Humanos. *(Al público)*. Para el caso que le hacen, si fuera de Chile, El Salvador o Vietnam, enseguida armaban su titingó, pero con Cuba, «nadie escuchaba». Defendernos es hacerle el juego al imperialismo. *(Recupera su tono)*. Por lo demás, todo muy bien.

CANDELARIO. ¿Nada nuevo, entonces?

ANGELITO. *(Con intención)*. No he visto a casi nadie conocido. Salvo a Fidel que lo vi el sábado pasado... nadie más.

CANDELARIO. *(Desesperado se levanta y sacude a Angelito)*. ¿Dónde? ¿Dónde lo viste? Dímelo, por tu madre santa.

ANGELITO. No es para tanto, si él viene todos los fines de semana por aquí. ¿Verdá?

CANDELARIO. Sí, pero estuvo de maniobras el mes pasado.

ANGELITO. Ya estamos a veintiocho.

CANDELARIO. Angelito, por lo que tú más quieras, dime dónde lo viste.

ANGELITO. *(De corrido)*. En la parada de guaguas que está a la salida del Túnel, en la Avenida del Puerto. Ahí se baja siempre que viene de su unidad, si no me equivoco.

CANDELARIO. Creo yo. *(Inquisitivo)*. ¿Qué hizo? ¿Adónde fue?

ANGELITO. Adivina ya dije que no soy, pero me atrevería a decir que al Vedado.

CANDELARIO. ¿Al Vedado? ¿Por qué te lo imaginas?

ANGELITO. *(Gozando las palabras)*. Porque el médico de ojos azules que lo recogió con su carro, vive en el Vedado.

CANDELARIO. *(Con el pecho oprimido)*. Calla, por Dios. Médico, Vedado, Niño Blanco... No es verdá, eres una envidiosa, siempre me envidiaste a Fidel.

ANGELITO. *(Roñoso)*. No me gustan los chulos.

CANDELARIO. No puede ser verdad... No... Me da algo... *(Cae sofocado en sus cojines)*.

ANGELITO. Pues muérete si eres tan cobarde, porque si fuera yo... Ay, mi vida, lo esperaba en esa parada hoy sábado y les armaba tremendo escándalo a los dos con Máximo Gómez como testigo.

CANDELARIO. ¿Estás seguro? ¿Era Fidel? Con uniforme todos se parecen.

ANGELITO. Lo conocí enseguida por el suéter que le regalaste y el caminaíto ese que tiene, echao pa'lante y de culito parado.

CANDELARIO. Gracias, Angelito, pero el orgullo es lo último que se pierde. Además, tú sabes que yo no soy ni chusma ni mal educado como para dar un escándalo. Tengo una reputación que mantener.

ANGELITO. Si ya te sientes mejor, te dejo para que descanses.

CANDELARIO. Gracias, mi amor, dale un beso a tu mami.

Ángel se encamina a la puerta dejando a Candelario al borde del colapso nervioso. Antes de salir, lo contempla.

ANGELITO. *(A Candelario)*. El mediquito es blanco y joven, está muy bien por cierto. *(Feliz y para sí)*. Misión cumplida, Nemesia.

Candelario llora sin consuelo. Se repone, sale de escena y regresa con su pañuelo de lunares anudado en el cuello. Se dispone a salir.

VI. Mulata infeliz

Avenida del Puerto. Sábado en la tarde. Ruido de autos y sonidos ambientales. Candelario está apostado esperando a Fidel. Denota nerviosismo, mira a uno y otro lados, hasta que su mirada se detiene en un punto fijo, se repliega a una esquina para no ser visto. Por su rostro, pasan todos los matices y expresiones que nos permiten imaginar lo que está viendo. Ha constatado la información de Angelito. Se encamina a su casa derrotado. Canta algunos compases de la romanza de la zarzuela María La O, *cambiando el nombre de la protagonista por el suyo: «Candelari…O, todo se acabó».*

El trío de vecinos se reúne frente al público.

VECINO 1. Las cosas han llegado a un punto en que no es posible esperar más.
VECINO 2. No es nada nuevo lo de Candelario.
VECINO 3. El descaro es lo nuevo. ¡Qué ejemplo tienen nuestros hijos!
VECINO 1. A este Comité hay que inyectarle sangre nueva: Diana.
VECINO 2. Ojalá no esté contaminada.
VECINO 1. Diana es nuestro futuro. El relevo está garantizado.
VECINO 3. Ella acaba de salir de un combinado. Deberíamos evaluarla antes.
VECINO 1. Yo me encargo de darle su aval. Si perdemos tiempo se nos pueden adelantar y perderíamos el control.
VECINO 2. Control. Control.
VECINO 1. Tenemos que preparar al detalle un plan para deshacernos de Candelario.

Se reúnen en círculo cerrado a confabular en voz muy queda, interrumpen su conciliábulo para carcajearse.

LOS TRES A CORO. Candelario, te vamos a dar candela como al macao.

VII. Todo se acabó

Al iluminarse la escena, Candelario está en el centro, arrodillado y despidiéndose de sus santos, se sienta a la usanza japonesa. Dos actores que han estado en el fondo, se acercan y lo ayudan a incorporarse y a vestirse, le acomodan una bata de flores con motivos orientales como en un ceremonial. Le entregan, primero, un machete y Candelario se levanta y gesticula, arengando a su auditorio como una caricatura de Yukio Mishima.

CANDELARIO. Japoneses, es hora de rebelarse contra la basura occidental. Recobremos nuestras raíces. *(Niega con la cabeza y cambia de actitud).* Una orgullosa geisha siempre cantará: «Un bel di vedremo…»

Candelario levanta el machete y lo observa con miedo. Lo lanza a una esquina, entonces los actores le alcanzan sendos frascos de refresco de cola y de tinta rápida con sus correspondientes etiquetas que identifican el contenido. Candelario hace una mueca y voltea el rostro, los actores le retiran los frascos y regresan con una botella de alcohol y una caja de fósforos. Salen. Candelario recorre la habitación con sus ojos, cierra la puerta, intenta destapar la botella.

CANDELARIO. Morir quemada, convertida en un trozo de carne chamuscada, prieta como un tizón… Ironías de la vida, yo que siempre quise pasar por *Blanche* y me voy al otro mundo más negra que un carbón. Candela me llaman y candela me voy a dar. Y no hay quien me detenga.

Unas voces lejanas interrumpen su acción.

VOZ MUJER 1. Escucha la palabra del Salvador: Candelario, detente, deja eso.
VOZ MUJER 2. Él condena al infierno a los que atentan contra su vida.
VOZ MUJER 1. Fuegos fatuos nublan tu vista.
VOZ MUJER 2. Escucha su palabra por intermedio nuestro.
CANDELARIO. *(Cae al suelo en éxtasis y, poseso, entorna sus ojos).* Ya sabía yo que tenía poderes. Mis voces me responden a punto de morir quemada. *Mediunidad* como decía mi madrina. Puedo oír a los muertos. *(A las voces).* ¿Me comunican con mi madrina, por favor? Ella es la única que puede ayudarme a salir de este trance.
VOZ MUJER 1. Nosotras te ayudaremos. Permítenos entrar para darte las buenas nuevas. El día final se acerca y debes estar preparado. Lee *La Atalaya*.
VOZ MUJER 2. Desnúdate ante Jehová y renuncia a tu vida de pecado.

Candelario escucha atentamente las últimas palabras saliendo de su arrebato místico para transformarse en una furia.

CANDELARIO. ¡Coño! Que ni morirse tranquilo dejan a uno las Testigos de mierda de Jehová! ¡Solavaya! Tiñosas. Sálganse, este es un hogar católico, yoruba y *malsista*.
VOCES 1 Y 2. Arrepiéntete, estás a tiempo.
CANDELARIO. A tiempo están ustedes de largarse antes de que salga y les entre a escobazos, brujas… *(Silencio).* Yo no quiero tener Testigos de Jehová ni del carajo para lo que voy a hacer. *(A sí mismo).* ¿Qué estaba haciendo?

Tocan a la puerta, se queda inmóvil y después sigue con sus preparativos. Se escucha la voz de Fidel. Candelario tira todo al piso y corre a abrir.

FIDEL. Abre, Candelario. Soy yo, Fidel.
CANDELARIO. *(Abre la puerta).* Fidel, has vuelto. *(Se lanza a su cuello llorando).* Has vuelto… Gracias, Dios mío, madrina…
FIDEL. *(Entra. El cambio de vestuario es notorio, ahora usa ropas de calidad. Trata de zafarse de Candelario).* A qué viene toda esta *picuencia*.
CANDELARIO. Perdóname, mi vida, por ser tan cursi pero así es el amor. *(Sorprendido).* Lo he podido decir: Amor, tu nombre quema mis labios. *(Le intenta besar las manos, Fidel lo rechaza).*
FIDEL. Quítese, quítese, no me babosee.
CANDELARIO. Te compré cantidá de cosas, yo sabía que volverías. *(Lo calla).* Ni una palabra. No necesitas explicarme nada: *estuvistes* de maniobras, pero ya estás aquí y todo va a ser como antes…

FIDEL. Tranquila, cállese. *(Sale de escena y regresa con objetos que mete en un maletín, se encamina a la puerta).*
CANDELARIO. *(Deteniéndolo).* ¿Ya te vas? ¿No quieres comer? *(Tentándolo).* Tengo filete especial para ti y aceitunas. *(Saca de un bolsillo de su bata muchos billetes).* Para ti, toma.
FIDEL. Payaso. No necesito tus limosnas. *(Mete una mano en un bolsillo y saca una cantidad superior a la de Candelario).* Mira, mira... *(Se los restriega en la cara).* Es más, te puedo pagar todo lo que me diste... *(le mete entre sus dedos unos billetes)* y quédate con el vuelto.
CANDELARIO. *(Reconsiderando la situación).* Ya veo que te ha ido muy bien. Te atiende de maravillas el mediquito ese, ¿verdá?
FIDEL. ¿Atenderme? Vivo como Carmelina, en tremendo apartamento en el Vedado, con televisor a color, aire acondicionado y un maquinón para llevarme adonde me dé la gana.
CANDELARIO. Ha de estar muy enamorado...
FIDEL. Qué sé yo, ni me importa, mientras me mantenga como a mí me gusta.
CANDELARIO. Y, ¿qué hice yo todos estos meses? Darte lo que tú querías sin pedirte más que un ratico conmigo, acariciarte... *(Intenta acariciarle el cabello).*
FIDEL. No me despeines. Bueno, menda se va.
CANDELARIO. No te vas a ninguna parte. *(Le cierra el paso, Fidel trata de escaparse).* Primero muerto, piénsalo bien, Fidel. *(Proyectando la voz al público y con la postura de una soprano).* Aunque tenga que matarte y con sangre escriba tu nombre, Fidel. No me quieres ni me amaste jamás, pero no te voy a regalar a nadie.
FIDEL. ¿Cuándo me compraste?
CANDELARIO. *(Nostálgico).* Aquella noche de carnaval, con el mar como testigo. Desde ese día eres mío.
FIDEL. Coño, qué suerte tengo. *(Adoptando la postura de un tenor).* Tendré que decirte que nunca te quise. Mírate en un espejo. ¿Tú crees que yo estuve aquí por mi gusto? Asco, asco me dio siempre que me tocaras con esas manos mantecosas con olor a cebolla de pizzería. *(Lleva a Candelario debajo del foco que pende en el centro del escenario y arranca el trapo que lo cubre, le quita el pañuelo que lleva al cuello).* Mírate las arrugas, tienes miles de arrugas y patas de gallina. *(Lo echa a un lado).* Anda, quítate antes de que te dé un piñazo y te saque toda la manteca.
CANDELARIO. Mátame mejor. A sangre fría.
FIDEL. Si no fuera por el paredón, te hacía el favor. *(Lo empuja).*

Candelario le hala la camisa por la espalda, rasgándosela, y lo deja en camiseta, lo tira al piso, comienza a subir la intensidad de los gritos. Al oírse el ruido de los golpes y los objetos rotos, los vecinos se agolpan junto a la puerta. Diana viene acompañada del vigilante. Tocan a la puerta.

VIGILANTE. Abran o tiramos la puerta, abran que es la policía.
CANDELARIO. *(Cogiendo la botella de alcohol).* Nunca debiste haberme traicionado. Mira cómo me pongo, ni La Lupe me gana. *(Se golpea el pecho y los muslos).* Me prendo candela después de matarte. Si no eres mío, de ninguno. *(Lanza el alcohol al pecho de Fidel. Este, horrorizado, grita y abre la puerta. Entran de golpe el vigilante y vecinos para detener a Candelario, que está a punto de prender un fósforo).*
VIGILANTE. Quedan detenidos por escándalo público y alteración del orden. *(Entre varios los sujetan).*
DIANA. *(Sonriente).* Perdóname, Candela, el deber de revolucionaria está por encima de la amistad.

Candelario se estremece, Fidel lo ve con odio y trata de zafarse.

FIDEL. *(Al vigilante).* ¡Llévensela a ella! Yo no tengo nada que ver en esto, vine un momento a buscar una cosa y este individuo armó la bronca para perjudicarme. Mire, compañero, revise mi cartera, soy militante de la Juventud y teniente de las Fuerzas Armadas. Yo soy hombre y revolucionario. De verdá. ¡A mí, no! ¡A ella!

VIGILANTE. Lo que sea, aclárelo en la dependencia.

DIANA. Bien hecho, con más razón, si es del ejército no debería andar con este elemento. *(Señala a Candelario).*

CANDELARIO. *(Abnegado hasta el sacrificio).* Yo tengo la culpa de todo. Siempre he tenido la culpa. *(Se zafa y camina al proscenio como en gran final trágico).* ¡Déjenme morir! ¡Morir es mejor que sufrir el dolor de la pena de su traición! ¡Déjenme morir!

El vigilante empuja a Candelario, que se regresa al proscenio y repite desgarradoramente su último parlamento hasta que lo empujan de nuevo al lunetario. Todos salen de la escena bailando. Fidel repite su inocencia y culpa a Candelario. Este grita su culpabilidad. Diana va al frente disfrutando su triunfo.

DIANA. Este fue el primer golpe para obtener el poder y la primera parte de mi venganza. Pero aquí no para la cosa, Candelario Aldama. Todavía tengo que gozar más mi *vendetta*. Espérate a la segunda parte de la obra y vas a saber lo que es bueno.

Las voces se enciman y el movimiento de los actores deviene ritmo de comparsa mientras salen todos por entre el lunetario.

SEGUNDA PARTE

VIII. Los buenos en el cielo y los malos… pa' Miami

Ha pasado más de un año. Son los días del éxodo masivo por el puerto del Mariel. En los pasillos del teatro se reproduce una escena callejera cotidiana: una turba de encapuchados semejante a los de la Inquisición persigue a un joven atado de manos, las ropas rasgadas y pintarrajeadas, una cruz roja pintada en la frente; lo insultan, lo golpean y lo detienen en el escenario. El juicio comienza.

CORO DE INQUISIDORES. *(Grita).* ¡Que se vaya!

ENCAPUCHADO. *(Arengando).* Este ciudadano que está frente a ustedes ha presentado hoy su petición para abandonar el país. Ha preferido largarse con la gusanera a los Estados Unidos, a engrosar las filas de los enemigos de la Revolución. No importaría tanto si no fuera porque este sujeto que lloriquea y pide clemencia como un mariquita, se ha beneficiado de todas las oportunidades que la Revolución, generosa como ninguna, le ha brindado. *(Al joven).* Diles, ¿te hubiera podido pagar tu madre una carrera? No, claro que no, si toda la familia vivía de lo poco que ganaba ella lavando para afuera. Y llegó el Comandante y te dieron una beca. No pagaste un centavo por tu educación. Te la pagó el pueblo de Cuba. *(Señalando al público).* Y este pueblo de trabajadores sacrificados que dejó de comer para darte una carrera, te repudia hoy.

CORO. ¡Que la pague! ¡Que la pague!

ENCAPUCHADO. Los buenos revolucionarios que disfruten este cielo azul. Los malos... que se vayan al suelo extranjero.

JOVEN. *(Frente al público).* Soy técnico medio en refrigeración. Los cuatro años que pasé como becario, me los pasé también comiendo chícharos y harina en mazacote, trabajando en el campo los siete días de la semana. Una vez graduado, tuve que ir a Etiopía a trabajar sin sueldo por cuatro años, ahí contraje unas fiebres que hasta hoy día no se me quitan. Creo que ya pagué con creces la dichosa beca. Gracias.

Los encapuchados se abalanzan sobre el joven, lo tiran al suelo, lo patean incesantemente hasta dejarlo desmayado. Se escuchan gritos desde el escenario y al fondo del lunetario: «Que se vayan», «Que se vaya la escoria». Entra Candelario. Su aspecto es de abatimiento y cansancio. Sus zapatos y ropas indican que ha trabajado duramente en la tierra. Con absoluta naturalidad, lleva en la espalda un sombrero sujeto a dos listones de colores amarrados al cuello con irresistible femineidad. En su brazo derecho, lleva una jaba con flores bordadas. Los inquisidores lo exhortan a unírseles, Candelario también grita sin entender de qué se trata, repite como autómata las frases de moda: «¡Que se vayan los maricones! ¡Que se vaya la gusanera!» La manifestación adquiere tintes de carnaval. Los manifestantes salen.

Bailando a duras penas, Candelario sube al escenario. En el solar, nadie le habla, todos le miran con sorna y desprecio, murmuran a su entrada.

CANDELARIO. Buenas tardes.
VECINO 2. *(Canta).* Estaba la pájara pinta, sentada en su verde limón...

Al entrar a su cuarto, los vecinos sueltan la carcajada.

IX. Dos por uno: «El derecho de nacer» y «Cocina al dedillo»

El cuarto de Candelario está descuidado. Los cuadros se ven ladeados y polvosos. Hay poca luz. Candelario cuelga su jaba y su sombrero de un clavo y pone un disco. Arranca una flor de su sombrero y la huele. Se recuesta en sus cojines como si fuese una chaise longue. *Saca un tabaco de una caja que está en el suelo y lo prende. Un acceso de tos le impide continuar y con un pañuelo recoge la hemoptisis. Se pasa una mano por la cabeza y grita al ver que un mechón de cabellos se le ha desprendido. Entre toses y sollozos, estruja la flor y va quedándose dormido. La luz baja. Como si se tratara del ballet de Fokine* El espectro de la rosa *en criollo, desde el fondo avanza un joven vestido como chulo cubano de los años cincuenta, con pantalones de batahola, zapatos de dos tonos, una camisa de vivos colores y sombrero puntiagudo. Se acerca a Candelario. Comienza a escucharse la melodía «Damisela encantadora» de Ernesto Lecuona. El joven le tiende una mano a Candelario, este se incorpora con los ojos cerrados y comienzan a bailar un vals. El romántico baile termina cuando el joven lanza con desprecio a Candelario sobre los cojines para luego desaparecer en la penumbra. Candelario, sin abrir los ojos, emite unas palabras incoherentes. Un fuerte ronquido y una voz que le llama, lo despiertan.*

ANGELITO. ¡Candela!
CANDELARIO. Mi vida, pasa, pasa, estaba echando un pestañazo antes de bañarme. Llego deshecho en menudos pedazos después de doce horas de cavar tumbas como fingida princesa jardinera.

ANGELITO. ¿Cómo te has sentido? Tu cara es un «espejo de paciencia», mulato.

CANDELARIO. Como «el amargo pájaro de la vejez».

ANGELITO. ¿Lo de la taquicardia, la falta de aire y la tos?

CANDELARIO. Cómo quieres que esté, trabajando de sepulturera en el Cementerio de Colón. Ni te preocupes, mi cielo. Yerba mala, nunca muere.

ANGELITO. Quería asegurarme de que estabas mejor y además venía a…

CANDELARIO. *(Lo interrumpe).* Ni una palabra más. Si tú eres el ser más noble que he conocido. Ni una hija se habría portado mejor.

ANGELITO. Ay, Candela, no me lo recuerdes, pensar que por mi lengua larga… Si no hubiera venido con el chisme…

CANDELARIO. Por ti o por cualquiera, yo sabía bien que *(toca madera y coloca los dedos como cuernos)* no puedo decir su nombre, andaba en malos pasos. Más tarde o más temprano tenía que pasar. Pero la verdadera culpable fue la Dianita. Yo, que la reinserté en la sociedad, la recibí en el Comité…

ANGELITO. Cría cuervos… Y lo digo por mí.

CANDELARIO. Mi cielo, lo malo que *pudistes* hacer, lo *compensates* portándote como una Hermanita de la Caridad, yéndome a visitar al Morro cada vez que te dejaban y llevarme mis tabacos y mis laticas de leche condensada quemá.

ANGELITO. Lo que has de haber pasado allá adentro, con tanto criminal…

CANDELARIO. Casi dos años, los más negros de mi vida. Me tocó ver y padecer de todo en ese «perro mundo».

ANGELITO. ¿Te acuerdas del día en que hundiste al muchacho de la cuadra por envidiosa? Lo más probable es que no lo dejaran salir al extranjero y eso es un mal menor. Yo fui a la UMAP; Diana, al Combinado; tú, al Morro; Fidel, a La Cabaña. En Cuba, el que más y el que menos ha pagado su quilo prieto de sufrimiento.

CANDELARIO. Es el destino de cada cual… O el castigo por ser de esta manera.

ANGELITO. El castigo lo inventaron los que nos odian.

CANDELARIO. El que me partía el alma era Reynaldo. Le hicieron un número ocho así de grande *(mide con sus manos)* y allí estaba el muchacho, un magnífico escritor, olvidado por todos. Le escribió a una tal Severina, que vive en París para ver si le ayudaba y nunca le contestó. No hay peor cuña que la del mismo palo.

ANGELITO. Las peores pájaras son las que traicionan su condición o las que colaboran con los gobiernos que reprimen. Y en esta Cuba la Bella, se pintan solas las traidoras. «Antes que anochezca» te las menciono a casi todas. *(Como por arte de magia, saca una foto en la que aparece Ignacio Villa,* Bola de Nieve, *abrazando a Fidel Castro. La muestra al público).* Pero esta, esta bola de mierda es la peor de todas. *(Rompe la foto y la pisotea histéricamente).*

CANDELARIO. ¡Sacrilegio! Esa loca es monumento nacional.

ANGELITO. Muy bien que le hubiera caído un tiempecito en el restorán El Morro, a ver qué tal cantaba la Madame Juliana con un frac a rayas.

CANDELARIO. ¡Qué perra eres! Yo quedé tan impresionado con los horrores que vi —y viví— que hasta pensé escribir una obra de teatro.

ANGELITO. La Genet cubana.

CANDELARIO. En un tiempo, me pusieron en la celda a un preso político plantado que me pedía que le contara y le actuara películas de las antiguas. Hasta pensé en escribirlo pero no sé por dónde empezar.

ANGELITO. Qué congruente con la literatura latinoamericana contemporánea pero ya se te adelantaron con el tema, Mujer Araña.

CANDELARIO. Mejor ni recordar esos días. Ahora estoy tan triste, me siento tan solo. Lo he perdido todo. «Toitico me lo han quitao. Po, po, po…» En el trabajo, ni las gracias me dieron y lo único que conseguí, a mis años, fue en el cementerio. Levántate a las cinco de la mañana y trabaja doblando el lomo hasta la noche. En el Comité, me degradaron y me quitaron todos mis cargos y medallas. Po, po, po… Expulsión deshonrosa. Ahora soy como la peste, ni los buenos días me dan. Hasta Rita me dio la espalda. Y eso es algo que no soporto… *(coqueto)* que me den la espalda.

ANGELITO. ¿Y la Diana?

CANDELARIO. Esa es ahora la prostipresidenta del Comité. Te imaginarás cómo están las cosas. Se ha ensañado conmigo, no puedo ni asomarme para ir al excusado. Me tiran quilos prietos en la puerta, me ponen alpiste en la ropa tendida… Soy una desgraciá. *(Al cielo).* Madrina, ¿por qué no me dejaste morir? Nunca debí haber nacido.

ANGELITO. Todos gozamos de *(solemne)* «El derecho de nacer», además, ¿qué tiene que ver la pobre de tu madrina, Candela?

CANDELARIO. Si te contara mi historia…

ANGELITO. Nunca me la has contado y ya es hora de que lo hagas. Estamos en la parte final de la obra.

CANDELARIO. *(Se para en medio del escenario, gesticula con grandilocuencia y muy sobreactuado).* Madrina nunca pudo tener hijos con ningún hombre, pero su más grande ilusión era ser madre. Bien dice el dicho, la fe es lo último que se pierde. Ella iba los 7 de cada mes a Regla a pedirle a la Virgen que hiciera el milagro, pero en febrero de un año de cuyo número no quiero acordarme, tenía que salir fuera de La Habana en el susodicho día 7 y se fue a Regla cinco días antes, *oséase*, el 2, día de la Candelaria. Rezó como siempre, prendió sus velas y se regresó en la lancha que cruza la bahía. Nada, que esas cosas que tienen algunas personas, un sexto sentido, poderes para ver más allá o lo que tú quieras, estaba mirando pa'l mar y, ¿qué crees que vio?

ANGELITO. Una canasta flotando con un niño adentro. ¡Moisesa! ¡Redentora de tu pueblo! Ya sabía yo que usted era algo muy serio.

CANDELARIO. Qué canasta ni qué ocho cuartos. Vio saliendo de entre las aguas a un niño precioso que le extendía sus bracitos para que lo cargara. Na'más de contarlo me pongo mal. *(Se sacude del escalofrío).* Y después desapareció. Hasta oyó su risa.

ANGELITO. Corte a comerciales. *(Imita unos arpegios de comercial jabonero y canta).* Hay que tener fe que todo llega. Jabón Rina es el único que da casas y… niños.

CANDELARIO. Madrina fue para su casa, *oséase*, este cuarto, con la corazonada de que algo iba a pasar. Y pasó. Parece que unos tamales que se comió en Regla le hicieron daño y salió corriendo pa'l excusado y en medio de la tormenta de las *eses fiscales*, oye el llanto de un niño. Y mientras más daba del cuerpo, más lloraba el niño. Madrina se levantó muerta de miedo pero se acordó de la visión en el mar y gritó: «Milagro, milagro». Y ahí va una vecina que vivía antes aquí que se llamaba Milagrito y le pregunta qué quiere. Y Madrina le grita: «En lugar de parir un niño, lo he *cagao*». Imagínate el show en el solar. Levantaron el excusado y allá abajo estaba tu amiga toditica embarrada de mierda.

ANGELITO. Y, ¿nunca se supo quién fue tu *mare*?

CANDELARIO. Si madrina lo sabía, se lo llevó a la tumba. Además, ¿para qué saberlo? Una ingrata que tuvo gandinga para abandonarme en un excusado, esa no es madre.

ANGELITO. ¿Ni un rastro de ella? ¿Nada?

CANDELARIO. La ropita que llevaba puesta tenía un dibujito.

ANGELITO. A ver, ¿la conservas?

CANDELARIO. *(Sale de escena y regresa con un pañal manchado).* Esta es.

ANGELITO. *(Tapándose la nariz y tomándolo con los dedos como pinzas).* Mira pa'í. Esta es la marca de… *(Cuchichea al oído de Candelario).*

CANDELARIO. ¿De verdá?

ANGELITO. De muy buena tinta. Si algún día vas por Estados Unidos, busca a esta familia y reclámales tu herencia. Mi amiga, eres asquerosamente millonaria.

CANDELARIO. Ni voy a ir nunca a ese país ni me interesa ser millonaria. Yo fui feliz en este solar con mi madrina que Dios guarde en su Santa Gloria, aquí di mis primeros pasos y mis primeros tropezones, aquí también pasé momentos amargos *(la voz se le va quebrando)* y otros… *(Solloza).*

ANGELITO. Ya, Candela, olvida que nacista cagá.

CANDELARIO. *(Con gran ansiedad).* Cuando me acuerdo de mi pasado y lo que estoy viviendo ahora, ¿sabes de lo que me dan ganas?

ANGELITO. Ni me lo menciones, esa es la solución de los cobardes y usté es muy fuerte en todos los sentidos para…

CANDELARIO. Me entran unas ganas de… *(oculta el rostro entre sus manos como si fuera a estallar en llanto y luego con gran deleite)* comerme un plato de arroz con frijoles negros, plátano maduro frito y un picadillo con aceitunas…

ANGELITO. *(Se pone de pie y hace preparativos imaginarios de cocinar frente al público como en un programa de televisión).* Pues a comer se ha dicho. Compañeras, amigas, hoy le vamos a dar un gran golpe al imperialismo. Vamos todas a hacer picadillo sin carne y tortilla… ¡sin huevos! *(A Candelario que se incorpora y finge ayudarle como humilde sirvienta).* MargoLydia, a trabajar. Ella trabaja conmigo desde hace más de veinte años pero nuestra relación no es la de ama y sirvienta. La condición de la mujer en nuestra Cuba socialista ha cambiado radicalmente. Antes no había más que de dos. O trabajar de criadas o prostituirse en las calles por unos centavos o casarse con un escritor rusofrancéscubano e irse a París a vivir del presupuesto público. Hoy en día, la mujer cubana se ha emancipado, ahora trabaja en la calle todo el día, hace colas, se sube a las guaguas repletas y llega a su casa para seguir trabajando e inventando qué hacerle al güevón de su marido. Y la prostitución es un mal que se ha erradicado definitivamente. Bueno, como les decía, esta infeliz mulata, qué hubiera hecho si no hubiéramos tenido Revolución. Gracias a Fidel, hoy MargoLydia es una trabajadora doméstica *(le pega en un brazo)* respetada y querida. La discriminación racial o de cualquier tipo son palabras del pasado. Fíjense cuánto negro hay en las altas esferas del Partido y del Gobierno. A ver… *(Cuenta con los dedos de una mano).* Mejor seguimos con la receta de la tortilla. *(Con acento rusofrancés).* Esta antigua receta de barrocos procedimientos, proviene de Sudamérica y ha pasado de tortillera a tortillera —así se les llama a quienes elaboran el platillo, no sean suspicaces— hasta llegar a las experimentadas manos de la primera esposa de Alejo Carpentier, ella le enseñó los misteriosos y realmaravillosos ingredientes a Mirta Aguirre, que aportó las cenizas de cigarro a la receta —siempre tenía un cigarro colgando de sus viriles labios—. Pastorita se la dio a probar a Melba Hernández, quien a su vez, se la pasó a Vilma, con quien yo aprendí a hacerla en una reunión de federadas —Celia siempre se mantuvo aparte—. Por cierto, los rumores que corren acerca del marido de Vilma, hermano del susodicho, que si es medio rarito, que si la vocecita, que si le encantaba llevar su colita de caballo… No hay que hacer caso de los chismes y murmuraciones. El enemigo está al acecho… Prosiguiendo con las recetas sanas y nutritivas que siempre damos en esta «Cocina al dedillo» *(levanta el dedo del medio)*, les comentaré que ya estamos a la altura de los países del Primer Mundo en cuanto a una dieta balanceada y libre de colesterol. Las carnes de todo tipo son veneno puro para el hombre. Elevan los niveles de grasa en la sangre y provocan infartos. El huevo es más dañino aún y los azúcares y almidones solo sirven para engordar. Por eso, la Revolución, siempre velando por el bienestar del pueblo cubano, ha eliminado estos verdaderos enemigos de la salud y los ha sustituido por alimentos naturales como… *(Sin saber qué decir)*. La mayor satisfacción es la de ser el primer país del mundo libre de gordos. En Estados Unidos hay millones de gordos por comer tanta hamburguesa. Las carnes *(enfático)* rojas serán la perdición del Imperio. Aprovecho la ocasión para anunciarles el lanzamiento de mi libro *Sobre el daño que hace la carne*, con cientos de recetas mágicas a partir de yerbas tropicales, raíces, desperdicios y todo un manigual de recursos que los primitivos habitantes de la Isla tenían como dieta básica. Volvemos a nuestras raíces, a la antigua y mágica cocina de los siboneyes y los negros cimarrones. Un gran amigo del líder, Gabriel García Márquez, me ha honrado prologando el libro. A él dedico mi receta de aporreado de mariposas amarillas con hojas de coca y ron cubano. Ya que estamos en el contexto culinario *(se soba el trasero)*, les diré que, en mi libro, he pretendido rendir un homenaje a cada uno de los sectores de nuestro pueblo que han sido fuente e inspiración de este recetario. A nuestro máximo líder, dedico un tasajo de caballo viejo y capado; a los trabajadores cubanos, nada mejor que una ropa vieja con aroma de cebolla. Para todos los ex dirigentes y miembros del Partido que han salido como bala por tronera, papilla con leche agria. Para mis adorados cederistas que se la pasan de guardia toda la noche, un criollísimo mojón de sereno. A Vilma Espín y a todas las federadas, un batido de frutabomba apolismada —hay que aprovecharlo todo—. Para el Viceprimer, todo un rabo encendido que le hará agua la boca. A los ideólogos del Partido, unos sesos de ratón a la vinagreta, de-li-cio-sos. A nuestros economistas, platillos a base de cangrejo de alcantarilla. *(Se dirige a Candelario)*. Ya te estoy robando la obra sin proponérmelo. *(Hipócrita)*. Para lo que me queda en el convento…

CANDELARIO. ¿Qué se me puede robar a mí? Ya no me queda nada más que el casco… *(se delinea su figura con ambas manos)* y la mala idea.

ANGELITO. *(Serio y cabizbajo)*. Candela, vine a despedirme.

CANDELARIO. ¿A dónde vas a estas horas?

ANGELITO. Me voy del país. Hoy mismo me fui a registrar como escoria en la estación de policía.

CANDELARIO. No estoy pa' jueguitos.

ANGELITO. *(Lo abraza llorando)*. Candela, mi hermano, no te volveré a ver en mi vida.

CANDELARIO. *(Sin saber qué hacer)*. Es verdá entonces…

ANGELITO. Vente conmigo, yo te acompaño a apuntarte. Es muy fácil, llevas tu baja de prisión y ya está. Con mis papeles de la UMAP fue rapidísimo. Te apuntas hoy y en menos de tres días van a buscarte a tu casa y ¡directo al Mariel!

CANDELARIO. *(Apartándose)*. Aquí nací y aquí me enterrarán.

ANGELITO. Pero no tan pronto. Qué puedes esperar de un país donde todos te desprecian y te humillan. Trabajando como tus antepasados africanos, de sol a sol para llegar a tu casa y comerte un boniato sancochado.

CANDELARIO. Es mi destino.

ANGELITO. No es el destino, mi amor, sino el intestino. Esto no da más.

CANDELARIO. Te doy mi bendición y vete sin mirar pa'trás.

ANGELITO. *(Lo abraza de nuevo).* Candela… *(Sale corriendo).*

CANDELARIO. *(Le grita).* No quiero cartas ni postales del *Ampaya*. *(Deambula por la habitación. Su mirada fija en el piso. Sollozando).* Solo, solito como vine al mundo. *(Al cielo).* Madrina, llévame contigo.

Un golpe en la puerta y voces que suben de tono hasta hacerse perceptible el grito «Que se vaya» sobresaltan a Candelario.

VIGILANTE. *(Fuera de escena).* Candelario Aldama… Candelario Aldama.

CANDELARIO. *(Caminando hacia la puerta).* Ya va. *(Abre la puerta y se asoma el vigilante, que le entrega una citación. Las voces de los vecinos se hacen más nítidas).*

VIGILANTE. Firme aquí de recibido. *(Le extiende un pliego y un lápiz. Luego autoritario).* Tiene que presentarse hoy mismo en la dirección que se le indica con sus antecedentes penales. ¡Hoy mismo! ¿Me oyó? *(Los gritos de júbilo de los vecinos se acrecientan. Golpean latas y palos).*

CANDELARIO. *(Asiente y recoge su papel mientras cierra la puerta. Los gritos de «Que se vaya» y «Candelario escoria» continúan).* ¿Que me vaya? ¿A dónde? *(Lee con dificultad).* Presentarse en menos de 24 horas a la Séptima Estación… *(Al cielo).* Madrina, te pedí llevarme contigo, no a los Estados Unidos. *(Se desvanecen luces y gritos).*

Aparece Diana, quien con los brazos en jarra se para frente al público.

DIANA. *(Desafiante).* A ver, ¿quién más quiere largarse de este bendito país? Díganmelo, que enseguida mando mi informe. Es muy fácil. Si ha sido preso político. Si estuvo en la UMAP. Si lo han botado de su trabajo o de la escuela. Si ha estado en la cárcel por cualquier tipo de delito. Todo sirve. ¿Testigo de Jehová? Vale. ¿Católico practicante? Bueno. ¿Maricón o invertida? Más que mejor. ¿Negocios en bolsa negra? ¿Le pegó los tarros a su marido? ¿Cansado de las colas, de la libreta, del Comité? ¿Delirio de persecución? ¿Quiere vestirse como le da la gana o tener el pelo corto o largo? ¿Hace años que no le dejan publicar un libro, exponer sus cuadros, tocar su música o filmar su película? Clasifica. Todos clasifican. Hasta por tener ganas de gritar es suficiente para presentarse en la estación de policía, decir que usted es un antisocial, una escoria y quiere abandonar el país. Váyanse todos y así me quedo dueña de Cuba, del Comité, de los marineros, de todos los hombres. Apúrense que las colas llegan al malecón. ¡Se está yendo media isla y la otra mitá lo está pensando! Póngase su disfraz de maricón —suponiendo que no lo sea— y… ¡A Miami! Pa' luego es tarde, no digan que no se los advertí. El que se quede, va a saber qué es lo bueno con Diana en el poder.

X. PERRO GÜEVERO, AUNQUE LE QUEMEN EL HOCICO…

Una cola de gentes del pueblo, frente a un escritorio al que está sentado el vigilante. Este clasifica las solicitudes de salida. Reina el relajo, algunos simulan hacer barras de ballet, otros modelan. Casi hay un carnaval. Candelario llega asustado, con su jaba de flores en la mano.

VIGILANTE. *Organícensen o paro esto o nadie se va. (A un hombre maquillado y con ropas rosadas).* Mariconcito, mete a esta gente en el aro o te vas a cortar caña por un buen rato.
HOMBRE DE ROSA. *(Aplaude y agita las manos).* Se me organizan todas, locas de mierda, que no me voy a quedar por su culpa. *(A un personaje imaginario).* Mata-Hari, coño, chica, ¿te quieres regresar al Combinado? Entonces, tranquila, que esta no es la cola para el ballet. *(Zafio, al vigilante).* Prosiga, compañero.
VIGILANTE. ¿Yo, compañero suyo? Ni que fuera maricón. Oficial, Oficial, para ustedes, muchachitas. ¿Eh?
CANDELARIO. *(Interrumpiendo).* Compañero, ¿me podría decir…?
VIGILANTE. *(Encolerizado).* ¿No acabo de decir que para ustedes, ciudadanos, soy El, El Oficial?
TODOS. *(A gritos).* A la cola, a la cola.
HOMBRE DE ROSA. *(A Candelario, viéndolo de arriba abajo).* Óyeme, esta niña, la Revolución nos enseñó que ¡todas!, ¡todas! somos iguales, así que pa' la cola. *(Murmullo de aprobación).*
CANDELARIO. Es que mi caso es diferente al suyo, no somos iguales. *(Carcajadas).* Yo soy revolucionario y me quedo en mi país.
HOMBRE DE ROSA. ¿Revolucionaria? Ni en la ropa, mi'jita.
VIGILANTE. *(A gritos y dirigiéndose a Candelario).* ¿Revolucionario? ¿Un maricón revolucionario? ¿Cómo se atreve a levantarle falsos testimonios a la Revolución? Si algo hemos repudiado desde el principio, han sido los maricones y antisociales. Y llegó la oportunidad perfecta para deshacernos de ustedes. Entiéndanlo bien, no queremos maricones en Cuba. Este país es de machos, para los machos y por el bien de los machos. Los pocos maricones que quedan o los que hemos aguantado, ha sido por conveniencia, pero ya se acabó. *(Saca de una gaveta una foto de Alfredo Guevara con Castro y la muestra al público).* Este es el único sobreviviente y eso porque en los años 50 fue compañero del Comandante en la mafia universitaria.
CANDELARIO. *(Insiste).* No me quiero ir del país. Esto es un error. Yo estuve en el clandestinaje cuando Batista, participé en la lucha del Escambray, fui presidente de un Comité, administrador de una pizzería, eché pa'lante a muchos antisociales…
VIGILANTE. *(Le arrebata su citatorio y lo lee, después a Candelario).* Déjeme ver. ¿Tiene antecedentes penales?
CANDELARIO. *(Titubeando).* Fue un error, yo no hice nada pero se vengó de mí una que mandé al Combinado y…
VIGILANTE. ¿Por qué estuvo preso?
CANDELARIO. *(Baja la cabeza y apenas susurra).* Por escándalo público.
VIGILANTE. Más alto que no se oye.
CANDELARIO. Escándalo público. *Homosesual.*
TODOS. *(A gritos).* Homosexual. *(Carcajadas).* Loca. Pajarito. Antisocial. Escoria. ¡Que se vaya! ¡Que se vaya! *(Bailan).*
CANDELARIO. Cállense, las odio, por su culpa nos juzgan a todas igual.
VIGILANTE. *(A Candelario).* Óigame bien, haga la cola y no se le ocurra escaparse. Si no se quiere ir para Estados Unidos, le espera una buena temporadita a la sombra por peligrosidad social. Tiene todo el tiempo para pensarlo. O se va o pa' la cárcel de nuevo.

Candelario, apesadumbrado, se pone al final de la cola. Se voltea hacia el público.

CANDELARIO. No me lo merezco. Ustedes son testigos y testigas que yo siempre actué de buena fe. ¿Qué hago? *Aconséjenmen.*

Una engolada voz de locutor radial, pregrabada, se escucha desde el fondo del lunetario. El acompañamiento musical recuerda los viejos programas radiales de consejos femeninos.

VOZ DE LOCUTOR. Amiga mía, su carta nos ha dejado sin palabras de consuelo. Sufrir ha sido su destino, marcada desde el nacimiento por la desgracia, traicionada por todos, expulsada de su propio país con saña y dolo. ¿Qué aconsejarle? Su vocación para el sufrimiento es fuerte, debe resignarse y sopesar lo que más le conviene. Rece mucho, haga promesas aunque no pueda cumplirlas, prenda una vela *(cambia el tono solemne por el coloquial)* pero no sea comemierda. Váyase ahora que tiene la oportunidad. Váyase, que la cosa se va a poner peor. Candelario, no sea bobo, lárguese hoy mismo. Posdata: Su madrina estuvo en el estudio y nos pidió que le dijéramos que ella le espera, en espíritu, en Miami.
CANDELARIO. *(Comienza a reír demencialmente y canta. Su voz se apaga con las luces).* Ríe, que tu risa es como un carnaval…

XI. RECITATIVO Y ARIA CON MORALEJA: EL QUE LA CAGA, LA PAGA

Candelario abre la puerta de su cuarto y entra arrastrando su jaba, la deja tirada en un rincón. Se mete los dedos en el cabello y lo levanta. Un mechón de cabellos queda en sus manos.

CANDELARIO. Sola, *perduta*, abandonada… *(se recuesta en el suelo a llorar)* y echada de mi país. *(Evocador).* Pasajes de mi vida dan vueltas en mi cabeza. Oh, tiempos pasados. Cualquier cosa es preferible a quedarse solo. Madrina, Angelito… Fidel. Contigo empezó la salación. Me hundiste hasta abajo, me regresaste al excusado para quedar toda embarrada… Yo también tengo mi parte de culpa, por estúpida de pensar que un hombre joven se iba a fijar en mí sin ningún interés. Pero ya pagué, ahora quiero paz. ¡*Pace, pace, mio Dio!*

Un grupo de vecinos, encabezados por Diana, se coloca frente a la escena a manera de coro.

DIANA. *(Al público).* Con los marineros griegos, aprendí esto del coro. *(Se incorpora al grupo).*
VECINO 1. Mírate al espejo, Candelario. Ya estás viejo, gordo y feo. Tus pecados saltan a la cara.
CANDELARIO. Pero tuve mis quince. Los hombres me piropeaban en la calle, me pellizcaban las nalgas. Alguna vez fui codiciada en La Habana.
VECINO 2. Tu mariconería ya pasó de moda. Esas carnes fofas ya no gustan. Hoy, las locas van al gimnasio, se ponen musculosas, se visten de *cowboy*.
CANDELARIO. Los hombres siempre necesitarán de una pájara que sea como su mamá.
VECINO 1. No siempre te comportaste como una buena persona. Hiciste daño a tus semejantes, denunciaste a gente inocente o que al menos cometían tus mismos errores.
CANDELARIO. Era mi deber de revolucionario…
VECINO 2. Eso te hicieron ver. Te enseñaron a denunciar y a traicionar y les seguiste la corriente porque te convenía. Tuviste poder, un poder de mierda que se te subió a la cabeza y se te fue por el culo.
CANDELARIO. Estoy arrepentido. Quiero cambiar, encontrarme con el hombre de mi vida y vivir feliz aquí en mi cuartico. No pido más.
VECINO 1. Tu destino cambió. Mira la palma de tu mano. Hay un cruce de caminos. Ahora te toca enfrentarte a otro mundo.

CANDELARIO. ¿Qué voy a hacer en los Estados Unidos? Ya estoy viejo, enfermo. *(Tose)*. Apenas puedo hablar el español y allá todo el mundo habla inglés.

DIANA. Por el inglés no hay problema. También aprendí un poquito con los marinos.

Salta al escenario y se para como maestra frente a Candelario. Los demás vecinos se sientan en el suelo simulando una clase.

XII. La lección de inglés

DIANA. Empecemos por lo más fácil. *(Recita)*. *Tom is a boy. Mary is a girl.* (A Candelario y a los actores, luego convoca al público). Repitan conmigo: Tom is a boy… que quiere decir: Tomás es un niño. María es una niña.

CANDELARIO. ¿Y Candelario qué es?

DIANA. *Candelario is gay.* Pero no tienes que decirlo. Aprende que en Estados Unidos hay derechos constitucionales y no hay por qué ocultar tu homosexualidad ni tampoco cantarla a los cuatro vientos. Los números son importantes. *One, two, three* es: Uno, dos, tres. Repitan como una cancioncita.

CANDELARIO. *(Bailando un chachachá)*. Guan, tu, tri, cha-cha-chá. Guan, tu, tri, cha-cha-chá. *(Repite hasta dominar el ritmo y grita)*. *I get it. I get it.* Tengo que aprenderme bien los números. *(A Diana)*. Maestra, ¿en los Estados Unidos hay bolita?

DIANA. Bolita, lotería y lo que quieras.

CANDELARIO. Chévere, aquello se parece cada vez más a Cuba. Yo quiero vivir en los Estados Unidos.

DIANA. *(Mientras baila)*. *I want to live in America.*

Candelario y los vecinos se incorporan al baile. Diana les ordena sentarse.

DIANA. Pasemos a los colores. *White* es blanco. *Black* es negro. Por ejemplo, la paloma es *white*. La bolsa negra es *black market*. La brujería es *black magic*…

CANDELARIO. ¿Allá hay bolsa negra y brujería?

DIANA. No lo sabes bien…

CANDELARIO. Todo lo malo es blac. *Candelario is juait-blac.*

DIANA. No, allá eres *Hispanic*, es decir, de origen hispánico y ahí entra todo el mundo

CANDELARIO. Eso es racismo.

DIANA. Se lo dices a los americanos cuando llegues.

CANDELARIO. Hay cosas que no acabo de entender. Candelario no es ni *boy* ni *girl*, ni *black* ni *white*… En Estados Unidos, voy a ser *more or less*… *Nothing*-Nada.

DIANA. En Cuba eres menos que nada. *So*, no seas ingrato. ¿Ok? Ahora aprende a despedirte de la gente del solar. Adiós se dice *good-bye*…

Todos se paran y se ponen en fila frente al público.

CANDELARIO Y VECINOS. *(Despidiéndose con las manos)*. *So long, good-bye, farewell*… *So long, good-bye, farewell*… *(Cada uno, antes de salir, se lleva un objeto del cuarto, hasta dejar solo el viejo tocadiscos. Candelario queda en escena repasando lo aprendido)*.

CANDELARIO. One, black… Mary le dijo a Tom que no era *boy* porque le dio el… a Cuchilanga. Bernabé es gay porque agarró una Burundanga. Tom le dio a Bernabé, Mary le pegó a Cuchilanga…¡Qué lío! *(Se sienta junto al tocadiscos y pone un bolero de Olga Guillot. Se deleita. Un golpe sordo se escucha).* El cañonazo de las *nine o'clock*. *(Sigue el golpe más quedo en la puerta).* ¿Quién será? *(Se levanta a abrir).*

XIII. Lázaro se levanta, camina y hasta corre

LAZARITO. *(Con voz muy queda y mirando tras sí).* ¿Puedo pasar?

CANDELARIO. *(Algo turbado).* Claro… si no te importa que te vean entrar. *(Lazarito, vestido con un pulóver a rayas y jeans, se introduce rápidamente y Candelario cierra la puerta).* Siéntate. Me da mucha pena pero hasta los cojines se han llevado. Todo el mundo se ha quedado con algo mío. *(Recapacita).* Ay, Lazarito, ya no queda nada que valga la pena. Los que se metieron a gritarme que me fuera, cogieron lo primero que encontraron. Rita vino a pedirme la cuota de arroz, el café y los cigarros y ropa para su marido. Diana *(ante la incredulidad de Lazarito),* sí, Diana, se llevó la televisión y el refrigerador que me vendieron por el trabajo. Al fin que es la presidenta del Comité… Al del Partido le encantaba el cuadro de ahí *(señala)* y también lo cogió.

LAZARITO. Yo no vengo a pedirte nada… *(Tímido).* Quería despedirme.

CANDELARIO. Lazarito, qué bonito gesto de tu parte.

LAZARITO. Tú sabes, no se puede hacer esto delante de la gente del solar. Luego te lo sacan en la primera asamblea o lo informan al trabajo…

CANDELARIO. Me sé de memoria el cuento.

LAZARITO. Pues ná… te quería desear un buen viaje…

CANDELARIO. A mí no me engañas, tú quieres decirme algo más. No te preocupes, nada me asusta ya.

LAZARITO. No, Candela, no vine a echarte más de lo que te han hecho. Es que…

CANDELARIO. Desembucha.

LAZARITO. *(De golpe).* Cuando estuviste en el Morro, vino por aquí un tipo medio raro a buscarte y yo le dije lo que pasaba.

CANDELARIO. ¿Un tipo medio raro?… ¿Como yo?

LAZARITO. Exactamente.

CANDELARIO. Toda la gente rara que yo conocía se ha muerto o se ha ido del país. Angelito era el último y ya debe estar en los Estados Unidos.

LAZARITO. De allá precisamente venía, es un amigo tuyo de hace años.

CANDELARIO. ¿Alto, de pelo negro y muy elegante?

LAZARITO. Alto y elegante pero con el pelo rojo y vestido muy…

CANDELARIO. Ese es Ray que se pintó el pelo.

LAZARITO. *(Saca un sobre de su bolsillo).* Te dejó esto.

CANDELARIO. *(Nervioso y leyendo con dificultad).* Sí, es Ray y aquí viene su dirección de… I… ai… lea, Flá. Gracias, Dios mío, madrina y todos los santos. *(A Lazarito).* Dios aprieta pero no ahoga.

LAZARITO. *(Acomodándose el pulóver).* Te dejó algo además de la carta.

CANDELARIO. ¿Otra cosa? *(Sin interesarse y dando vueltas).* Voy a ir a casa de Ray, le volveré a lavar su ropa, a cocinarle el rabo encendido que tanto le gustaba, a contestar el teléfono… *(Se detiene pensativo, luego una sonrisa ilumina su rostro).* Sí, seguro que ella le llama, volveré a contestarle al teléfono, a oírla, a oírla cantar… Sí, sí, volveré a oírla. *(Canta un bolero de Olga Guillot mientras mueve sus dedos).*

LAZARITO. *(Se toca la ropa)*. Yo me quedé con este pulóver, este pantalón, las medias, los jabones Maja y hasta con una revista *Vanidades*.

CANDELARIO. *(Ausente)*. Y, ¿qué más?

LAZARITO. ¡Coño! ¿Te parece poco? Me volé todo lo que te dejó con mi vieja. Claro, ella insistió, me dijo: «Lazarito, te pasaste dos años peleando en Angola, regresaste todo jodido, con una cicatriz en el brazo, sigues trabajando en la fábrica y ni un aumento de sueldo. Ya es hora de que tengas tu ropita de afuera. Total, Candelario ni se va a enterar...»

CANDELARIO. ¿Esa ropa me la trajo Ray? *(Ríe)*. Pobrecito, todavía cree que mido 90-60-90. Lazarito, esa ropa no me queda ni en una nalga... *(Ríe escandalosamente, Lazarito se incorpora poco a poco)*. Veinte años, veinte años... Cómo cambia uno en veinte años... *(La risa da paso al llanto)*. Vieja y fea, soy una vergüenza en cualquier parte, ¿tú crees que una gente tan elegante como Ray va a dejar que una criada tan vieja y fea como yo atienda a sus invitados? Imagíname sirviendo la cena de *Crisma* o la de *Tanguive*. *(Al público)*. Me estuve instruyendo en las costumbres americanas. Ya sé lo que es el *Alogüí*, el *Tanguivi* y el *Ister*.

LAZARITO. Si de verdá te quiere Ray, y creo que te lo ha demostrado con todo lo que te trajo, te va a ayudar a levantar cabeza.

CANDELARIO. *(Tose)*. Y a curarme esta tosecita *(se toca la cabeza)* y a ponerme un peluquín. ¿Me vería bien con una peluca color caoba?

LAZARITO. En Estados Unidos hay pelucas de todos los colores. A mí me quedaría bien de verde. *(Se tapa la boca)*.

CANDELARIO. Ay, Lazarito, con lo machito que eres, no te burles...

LAZARITO. Es que... yo quería decirte, como ya te vas...

CANDELARIO. *(Lo mira inquisitivamente)*. Decirme qué.

LAZARITO. Que yo entiendo muy bien la manera de ser tuya porque...

CANDELARIO. Qué vas a saber... tan mujeriego, tan varonil, tan... *(Lo detalla con coquetería)*.

LAZARITO. *(Virando la cabeza)*. Candela, a mí también me gustan los hombres.

CANDELARIO. *(Apoyándose en la pared y con las manos en la cabeza)*. Me puede dar algo, tú sabes que ando mal del corazón... Lazarito, esto es algo muy serio...

LAZARITO. Candela, las apariencias engañan, aquí todos disimulamos, nos escondemos, fingimos...

CANDELARIO. La careta...

LAZARITO. Exacto, nos ponemos una máscara para pasar por lo que no somos, si no... No tengo que decírtelo.

CANDELARIO. De veras que todo está al revés, patas pa'rriba. Antes si uno no se anunciaba, no comía. Ahora no se puede confiar en nadie. *(Observándolo)*. Mira pa'í.

LAZARITO. En Angola me di cuenta de lo que era. En el baño, viendo a todos en cueros y cuando llegó él... el capitán, el Matancero. Le decían así no porque fuera de Matanzas que tantos hijos ilustres ha dado sino por los de la UNITA que se echó. Yo era su favorito: Lazarito para arriba, Lazarito, lleva este mensaje. Después, Lazarito, cuídate, no te vayan a joder. Y al final, Lazarito ven a ver lo que me pasó. Ahí estaba, en su tienda, en pelotas y con el mandao para regalo. Se me aflojaron las piernas, me puse hirviendo y no podía disimular la hinchazón debajo del pantalón. Ahí fue donde la mula tumbó a Jenaro.

CANDELARIO. Abusador, corruptor. ¿Y te dejaste?

LAZARITO. Me gustó... *(rectifica)* cantidá.

CANDELARIO. No me faltó nada por ver en Cuba. Traiciones, rejas, sorpresas...

LAZARITO. Se dieron otros casos en el batallón pero a nosotros dos nunca nos cogieron en ná. Por desgracia, al Capi, una mina le reventó los testículos y lo mandaron a una casa de reposo en el reparto Siboney. Después me enteré que se suicidó.

CANDELARIO. Cuídate, mi vida, lleva tu vida muy discreto, sigue vistiéndote así, machito, agárrate los huevos de vez en cuando, camina echaíto pa'lante, habla con la boca de medio lao, grita, dile asere a tus compañeros de trabajo y conversa por las noches con los cheos que se reúnen en la esquina, maltrata a las mujeres, ríete de las mariquitas, juega a la pelota los sábados, toma mucha cerveza hasta que agarres barriguita, córtate el pelo bajito y con moticas a los lados, denuncia a quien sea…

LAZARITO. Tranquilo, tranquilo.

CANDELARIO. Ya no hay hombres en este mundo.

LAZARITO. Hombres somos todos.

CANDELARIO. *(Molesto)*. Yo, ¡no!

LAZARITO. No te pongas bravo por lo que voy a pedirte, también vine a ver si me dejabas una cosa tuya.

CANDELARIO. Si queda algo, es tuyo.

LAZARITO. Esos discos bonitos que siempre pones.

CANDELARIO. *(Sorprendido)*. ¿Te gusta la Guillot? *(Lazarito asiente)*. Me quitas una preocupación de encima. Para mí esos discos son como parte de mí mismo. Me los regaló Ray, el que trajo la ropa. Durante años, fue mi único recuerdo del pasado, a lo único que me aferré, mi verdadero mundo… Dejártelos es saber que están en buenas manos, con una persona que aprecia lo bueno y no los cantanticos de basura de ahora. *(Simula tocar una guitarra)*. Ojalá no termines tan mal como yo. *(Se enjuga una lágrima)*.

LAZARITO. *(Abraza a Candelario)*. Nada de llanto, piensa en la vida que te espera en la Yuma. Háblale a Ray en cuanto llegues, él te va a ayudar, te va a conseguir trabajo. Quién quita y vaya a buscarte con la Guillot.

CANDELARIO. *(Sonríe)*. ¿Tú crees? Ni me van a conocer de viejo y gordo.

LAZARITO. Ray no se veía de quince…

CANDELARIO. Más de veinte años… Encontrarme con gentes que ya había enterrado.

LAZARITO. Mucha fe. Peor que aquí no puede ser.

CANDELARIO. Voy a extrañar las colas, la libreta, el guaricandillaje, el chisme del Comité, la bolsa negra, vigilar a los vecinos, atravesarme en la vida de los demás…

LAZARITO. Funda un Comité en Miami y remedio santo. Me voy, Candela, ahora no hay nadie afuera, están todos en un mitin de repudio contra otro vecino que se va del país. Vaya, yo…

CANDELARIO. Date la vuelta y no mires para atrás, así le digo a todo el que se despide de mí.

LAZARITO. *(Coge el tocadiscos y los discos y se encamina a la puerta)*. El día menos pensado te caigo en Miami. *(Sale)*.

CANDELARIO. Que Dios te bendiga, mi hijo. *(Aparte)*. ¿Lazarito maricón?

Candelario mantiene su expresión de incredulidad mientras bajan las luces hasta apagarse.

XIV. Al partir

(Ah, ah, ah, Candelario ya se va)

El lunetario se ilumina. Los vecinos, con sus rostros cubiertos por máscaras, se colocan entre el público. Cantan y bailan como en una comparsa: «Ah, ah, ah, Candelario ya se va». El vigilante, en medio de ellos, Diana, a su lado.

VIGILANTE. *(Frente al escenario)*. Candelario Aldama, hijo natural, mulato, cuarentón y con antecedentes penales por escándalo público. *(Se vira hacia el público. Cómplice)*. Maricón. *(De frente al escenario)*. Arriba, te tocó la hora de largarte. Te llevamos pa'l Mariel. Candelario, en Cuba no queremos gente como tú.

VECINOS. ¡Que se vaya! ¡Que se vayan los maricones!

DIANA. Candelario, tu solar te despide como te mereces. No tengas miedo, sal y déjanos verte la cara.

TODOS. ¡Que se vaya! ¡Que se vaya la escoria!

Desde el fondo del escenario avanza Candelario. Viste sus viejas ropas guardadas en una caja. El pantalón negro y con trabillas en la parte trasera, apenas le cierra a la altura de la pelvis. La camisa roja, corta y apretada, a punto de reventar y con algunos ojales abiertos, deja ver una parte considerable de su vientre. Se acerca al proscenio. Algunos vecinos le tiran piedras. El rostro de Candelario, maquillado en exceso y con descuido, contribuye a dar una imagen sumamente patética. Todos callan.

CANDELARIO. *(Como escolar modoso)*. «Al partir», de Gertrudis Gómez de Avellaneda. *(Recita con grandilocuencia y gesticulación desbordada)*.

¡Perla del mar! ¡Estrella de Occidente!
¡Hermosa Cuba! Tu brillante cielo
la noche cubre con su opaco velo,
como cubre el dolor mi triste frente.

¡Voy a partir!… La chusma diligente, *(Señala a los vecinos)*.
para arrancarme del nativo suelo
las velas iza, y pronta a su desvelo
la brisa acude de tu zona ardiente.

¡Adiós, patria feliz, edén querido!
¡Doquier que el hado en su furor me impela,
tu dulce nombre halagará mi oído!

¡Adiós!… Ya cruje la turgente vela…
el ancla se alza… el buque, estremecido,
las olas corta, y silencioso vuela.

Los vecinos se quitan sus máscaras y aplauden emocionados y gritan bravos. Candelario, iluminado, baja al lunetario. Le lanzan serpentinas y confeti. Desde el fondo del lunetario y subiendo de intensidad hasta el final de la obra, se escucha una canción interpretada por Olga Guillot que parece atraer como un imán a Candelario. Este, con la mirada ausente y una sonrisa casi mueca dibujada en los labios, se desplaza lenta y ceremoniosamente entre el público hasta desaparecer por la puerta de entrada.

YA. ¡SE ACABÓ!

Abel González Melo

CHAMACO

Informe en diez capítulos
(para representar)

Abel González Melo (La Habana, 1980). Licenciado en Teatrología por el Instituto Superior de Arte de Cuba (2002), donde impartió Dramaturgia y Análisis Teatral. Cursó la Residencia Internacional del Royal Court Theatre de Londres. Estudió en el Teatro Máximo Gorki de Berlín, tras haber obtenido con la obra *Talco* el Primer Premio Cubano-Alemán de Piezas Teatrales 2009, otorgado por el Instituto Goethe. Su dramaturgia, en la que destacan obras como *Nevada*, *Por gusto* y *El hábito y la virtud*, ha sido traducida, publicada y representada en diversas partes del mundo. Con *Chamaco* —Premio de Dramaturgia de la Embajada de España en Cuba 2005 y estrenada mundialmente en 2006 en el Teatro Nacional de Cuba por Argos Teatro— ha logrado su éxito más rotundo, con múltiples ediciones, producciones y una película. Es también narrador, poeta y guionista de cine. Con el libro *Festín de los patíbulos. Poéticas teatrales y tensión social* mereció el Premio Alejo Carpentier de Ensayo y el de la Crítica Literaria en 2009. En 2014 obtuvo los dos premios de dramaturgia más importantes de Cuba: el José Antonio Ramos de la Unión de Escritores y Artistas de Cuba (UNEAC) con *Mecánica*, y el Virgilio Piñera del Ministerio de Cultura con *Epopeya*, así como una mención de honor del Premio Casa de las Américas con *Sistema*. Dirige el Aula de Teatro de la Universidad Carlos III de Madrid.

Si está interesado en solicitar la autorización para el montaje de esta obra, puede escribir directamente a: **abelitogonzalezmelo@yahoo.es**

PERSONAS IMPLICADAS

Protagonistas

Kárel Darín, un muchacho
Alejandro Depás, abogado
Miguel Depás, su hijo
Silvia Depás, su hermana

Testigos y fisgones

Roberta López, guardaparques
Felipe Alejo, tío de Kárel
La Paco, florista
Saúl Alter, policía

Para Ariel Díaz Cid

ESTRUCTURA DEL INFORME

I. Escombros

II. Un espía en la casa del amor

III. El mundo moral

IV. Las rentas

V. Feliz a corto plazo

VI. Mañana será otro día

VII. Escarceos

VIII. Los padres y los hijos

IX. Redada

X. Punto de fuga

Toda la acción en La Habana, entre el lunes 23 y el jueves 26 de diciembre, cualquiera de estos años.

CAPÍTULO I

Escombros

Si se prefiere, el aire libre. Primeros minutos de la madrugada de Navidad. Parque Central con fuentes en las esquinas y la estatua del héroe al medio. Un héroe cualquiera, no el nuestro, que aún tardará en aparecer.

El cuerpo de un muchacho yace tendido en el suelo.

Roberta López dejó de barrer hace un rato. Cruzó hasta La Revoltosa, por si se demoraban en cerrar y le daba tiempo de calentarse. Pero el cajero ya se había marchado: a cenar, tal vez, tardíamente, o a desayunar muy temprano al calor de la familia. Luego anduvo ante las altas puertas de cristal del cine, se asomó, observó su imagen reflejada. Quiso confiar en alguien, optar por algo. Ningún auto se detenía al doblar del parque. Y el cuerpo permanecía allí. Todo eso ella lo dictaría luego para la redacción última del informe, de una manera exhaustiva y organizada.

Ha regresado al parque y queda quieta. La escoba junto al latón.

Por la acera pasa La Paco, casi una muchacha que vende flores. Lleva una cesta y en ella los ramitos envueltos en capullos de ligerísimo vidrio. Aunque hay frío solo usa minifalda de satín y blusa de organdí, muy ajustadas. Gorro con cuernos de alces navideños. Se detiene en la esquina.

ROBERTA. *(Se acerca despacio. La mira detenidamente).* Tú eres un tipo.
LA PACO. Y tú eres una vieja.
ROBERTA. *(No quiere ofenderla, «ofenderlo», piensa).* No, no…
LA PACO. Vieja revieja.
ROBERTA. Cuidadito… Yo soy la guardaparques.

La Paco no la mira. Silba.

ROBERTA. Vigilo la estatua del héroe.
LA PACO. Qué importante.
ROBERTA. Como está bien iluminada, no hay problemas casi nunca.
LA PACO. Qué bueno.
ROBERTA. En realidad no, no es bueno. Tampoco es importante, me parece. Para mí por lo menos. Paso el rato.

El viento que se filtra entre las ramas pesa más.

ROBERTA. Una ve cosas.
LA PACO. Además de la estatua, las farolas, los árboles y los bancos, muchas cosas, ¿no?
ROBERTA. Tú estás esperando a alguien.

Silencio total.

ROBERTA. Tú estás en algo.
LA PACO. Señora, regrese a su puesto de trabajo, por favor. Casi me obliga a bajar a la calle. Me van a arrollar.
ROBERTA. Chica, si hace rato que no pasa ningún carro. Mejor te digo chico. Chico, si hace rato…
LA PACO. Oiga, no puedo más. ¿Qué quiere que haga? Vendo flores. No le regalo ninguna porque a veces me dan un dólar por ellas en El Floridita. ¿Quiere saber más? Espero a mi marido. Es policía, ¿le suena?
ROBERTA. Mejor que no venga un policía.
LA PACO. *(Detesta la cantaleta. Intenta explicar. No le ve mucho sentido, pero explica).* Va a venir, claro que va a venir. Váyase a un banco. Duerma. Y feliz Navidad.
ROBERTA. Voy a tener pesadillas de tanto mirar a ese niño ahí tirado.
LA PACO. *(Observa).* Por eso yo nunca bebo, para que no me encuentren tirada en medio de la calle. Será un borracho.
ROBERTA. No.
LA PACO. ¿Es algo suyo?
ROBERTA. No.
LA PACO. Mi consejo sano: olvídelo.
ROBERTA. Caminé un rato tratando de olvidarlo… Desde niña me da miedo la sangre.
LA PACO. ¿Tiene sangre?

Roberta señala, se aguanta al poste de la esquina. La Paco se aproxima al cuerpo, se agacha, va a tocarlo y ve el charco de sangre. Se tapa la boca. Pone la cesta en el suelo.

LA PACO. *(Retorna adonde Roberta).* Es un niño.
ROBERTA. Un niño.
LA PACO. Y está muerto.
ROBERTA. No, no.
LA PACO. *(La zarandea).* Sí, sí, está muerto. Tiene la boca abierta y los ojos en blanco y está quieto. *(Regresa junto al cuerpo).* Siento tibia todavía la piel de su cara. Es un niño lindísimo, por Dios. Y no fue el domingo, ni el lunes. Fue hace un rato, se murió hace un rato… Un lío, seguro se armó un lío. Broncas de mal gusto. Jueguitos de mano que terminan fatal… Yo me cuido, conozco el negocio y me cuido. Paso siempre por esa cuadra, frente al cine, me meto con cualquiera de los muchachos y dejo que se metan conmigo. Les gusto, sé que les gusto. Les digo dos o tres cosas a los fuertotes que usan camisas apretadas y me estrujo con ellos detrás de las columnas. Pero hasta ahí: ni un teléfono apuntado, ni citarme dos veces con el mismo… Para evitar problemas. Son peligrosos. Los ves con cadenas, con tatuajes en el hombro y no te lo imaginas. Llevo años dando vueltas por aquí, he vivido horrores, y sin embargo nunca, por mi madre, nunca había visto esta tranquilidad en un hombre. Ni una palabra. Solo el aliento del cigarro junto a los labios. Me da pánico, vieja. Me entra un salto en el estómago… Ay, el estómago del niño… ¿Cómo se llamaría, Dios santo? Ayúdame, vieja, ven acá.

Roberta no abandona el poste: desde allí lo mira todo, estática. Con mucho esfuerzo La Paco vira completamente boca arriba el cuerpo. Husmea en el pantalón, sin resultado. Revisa el abrigo. De uno de los bolsillos saca un carné.

LA PACO. *(Suspira. Lee).* Miguel Depás. Qué nombre suave para morir así, lleno de sangre un 24 de diciembre.

Una moto se parquea en la esquina. Saúl Alter se baja de ella. No lleva uniforme, no suele usarlo. Se detiene junto a Roberta. Enseguida percibe a La Paco y se le acerca.

SAÚL. ¿Cuál es la esquina para ti, chica? *(Ve el cuerpo).* ¿Y ese qué tiene? *(La sangre).* Coño… *(Se agacha).*
LA PACO. La vieja me lo enseñó. Se llama Miguel…
SAÚL. ¿Lo tocaste?
LA PACO. Me acerqué.
SAÚL. ¿Por qué lo tocaste?
LA PACO. Ay, Saúl, lo toqué y ya. Cualquiera pudo haberlo hecho. Lo mataron, ese es el asunto. Estaba ahí tirado, junto a esa andrajosa que cuida el parque. Ahora esto luce como un desierto pero hace dos horas a lo mejor… Me estoy muriendo de frío.

Saúl se quita el abrigo y se lo pone a ella. La abraza. La Paco solloza. Saúl le acaricia el pelo, largo y rojo.

Roberta se aproxima.

LA PACO. *(A Saúl).* ¿Ya comiste? Si quieres me quedo un rato.
SAÚL. *(Abre su cartera y le da un billete).* Coge un taxi, ve.

La Paco guarda el billete, le da un beso en la mejilla a Saúl, toma su cesta de flores. Mira a Roberta. Mira el cuerpo de Miguel y le pone una flor en el pecho. Se aleja.

ROBERTA. Yo nunca lo había visto.
SAÚL. ¿Al que lo mató? ¿Al muerto?
ROBERTA. Casi nevaba y pensé que se iba a congelar.

Algunas zonas del parque, hasta ahora en oscuridad, se iluminan débilmente y dan paso al relato de Roberta.

CAPÍTULO II

UN ESPÍA EN LA CASA DEL AMOR

Nuestro héroe está sentado sobre un banco y juega ajedrez.

Soledad que roza con el miedo. Las doce menos veinticinco de la noche del martes 24 de diciembre. Mucho frío, según suele en invierno en cualquier ciudad decente, como esta.

Roberta López barre. Kárel Darín desplaza las piezas sobre el tablero. Una luz blanca se refleja en sus caras y enseguida se aplaca.

ROBERTA. Niño, ya no pasa nada… Están cerrando La Revoltosa, mira. Si tuviera tres pesos correría hasta allá enfrente y le pediría a Punche que me vendiera un trago. Pero si no me trago la saliva y aspiro y vuelvo a tragar, no me cae nada en el estómago. Ni un pedacito de microbio. Nunca había encontrado tan vacío este latón de basura, como si un gato reptil se hubiera subido persiguiendo las sobras de las pizzas y las butifarras. El cine sin función desde las once, yo que iba a ver la tanda de medianoche de esa película que se llama… ¿cómo…? *Belleza americana*… Ya tú la viste, ¿no? ¿Y de verdad está buena? Anoche preferí comerme un paquete de churros, y eso que Punche me insistió en que viera la película, que me iba a gustar, que me prestaba dos pesos si quería. Ni muerta, después me trata de tocar. Y hoy ni el cine ni el churro ni un trago ni un buche de café que me caliente. La escoba, el piso, el viento colándose por los laureles con un sonido finito como de puerta que no acaba de cerrarse, y un frío que me entra por debajo de la saya… Con ese pulóver te vas a congelar.

Aparece un muchacho. Va a cruzar la calle pero mira a Kárel, que levanta la vista. El muchacho se acerca.

MIGUEL. Mi hermana tiene un novio que se parece a ti.

Sonríe y se aleja. Kárel torna la mirada al tablero. En este segundo desea que el muchacho regrese, al menos hace quince minutos que no pasa nadie. Miguel vuelve. Debió cruzar la calle, desaparecer, correr las pocas cuadras que lo separan de su casa, pero vuelve.

KÁREL. ¿Juegas?
MIGUEL. Pero al duro…
KÁREL. ¿Cuánto llevas?
MIGUEL. No sé. Siete dólares.
KÁREL. Por cinco echamos un partido.
MIGUEL. No juego hace tiempo. Además, hay frío.
KÁREL. Frío yo. Tú llevas por lo menos tres abrigos.
MIGUEL. Uno gordo.
KÁREL. Bueno.
MIGUEL. Las blancas. Siempre las blancas me dan suerte.
KÁREL. ¿Las jebitas también?

La segunda sonrisa. Miguel se sienta. Arman el partido. Kárel juega ajedrez desde los quince años y ahora tiene veintiuno y once meses. Aprendió dos semanas después de llegar a la ciudad. Miguel sabe ajedrez de toda la vida, su padre le enseñó desde la escuela primaria. El partido parece dinámico. Juegan y hablan.

KÁREL. Cuidado con esa reina, no la dejes solita.
MIGUEL. La dejo, ¿y qué? Sabe protegerse.
KÁREL. ¿Con ese caballo dando vueltas todo el tiempo? Yo prefiero posarlo, lo coloco aquí y él se detiene. No arma estruendo. Ni siquiera relincha.

MIGUEL. Tu caballo es mudo, el mío es bocón.
KÁREL. Era.
MIGUEL. No muevas tan rápido.
KÁREL. ¿Tú no eras el príncipe de las blancas?
MIGUEL. Sí, príncipe de las negras.
KÁREL. Tu jeba debe ser mulatica.
MIGUEL. Cuando la veas me cuentas.
KÁREL. Porque te cuadran las jebas, ¿no?
MIGUEL. ¿Y a ti te cuadra perder tantos peones?
KÁREL. Los peones no importan. ¿No te lo enseñaron?
MIGUEL. ¿Y las torres tampoco?
KÁREL. Las torres sí.
MIGUEL. Torre que se cae.
KÁREL. Torre que se cae.
MIGUEL. Es tardísimo. Ahorita amanece.
KÁREL. Con un cigarrito me dejo ganar.
MIGUEL. Coño, compadre…
KÁREL. Con un cigarrito no me dejo ganar.

Prefiere fuertes, pero Miguel fuma mentolados. A Kárel le dio un poco de náuseas la última vez que probó un cigarro mentolado, y si le da un poco de náuseas no se va a sentir bien, y si no se siente bien puede portarse de una manera inexacta, debemos aclarar.

KÁREL. Suave me funde.
MIGUEL. Cógelo.
KÁREL. No insistas.

Como Miguel insiste aunque Kárel se niega, solo porque insiste, nuestro muchacho puede asumir un rasgo de heroísmo en el minuto de aceptar. Prende el cigarro y fuma.

KÁREL. ¿Y por qué tú andas con tanta plata en el bolsillo?
MIGUEL. No es tanta.
KÁREL. Te pueden asaltar.
MIGUEL. ¿Quién me va a asaltar?
KÁREL. Digo yo, por hacerte la maldad.
MIGUEL. La gente no es tan mala.
KÁREL. La gente se vuelve mala de pronto. Mira. *(Le mete miedo con una mueca).*
MIGUEL. *(Sonríe).* Hay cosas que me asustan más.
KÁREL. ¿Qué vas a hacer con la plata si me ganas?
MIGUEL. Reunirla.
KÁREL. ¿Para casarte con tu mulatica…? ¿Para un alquiler? ¿No eres de La Habana?
MIGUEL. Sí, soy de aquí.
KÁREL. Pero no te gusta tu casa.
MIGUEL. ¿A ti te gusta la tuya?
KÁREL. Yo tengo un hambre, que si te gano voy corriendo a comprarme una pizza. De las buenas.

MIGUEL. Eso es si dejo que me ganes.

Reanudan la partida.

KÁREL. ¿Qué me decías de tu hermana?
MIGUEL. ¿Cuándo te hablé de mi hermana?
KÁREL. Dijiste que me parecía a su novio.
MIGUEL. No seas bobo.
KÁREL. ¿Y es bonita?
MIGUEL. Cállate y juega.
KÁREL. No es bonita.
MIGUEL. Sí.
KÁREL. De vez en cuando me gusta visitar a una muchacha bonita. Tiene su gracia, ir por las tardes después que uno sale del gimnasio, coger un carrito si ella vive del otro lado del túnel y aparecerse con una orquídea. Todo eso si uno tiene dinero para pagar el gimnasio, pagar el carro y pagar las flores, claro. Yo podría. Cuando gane bastante plata lo voy a hacer con tres jebitas a la vez, o con cinco… Juega. El ajedrez resulta completamente mecánico. ¿Tú sabes de mecánica?
MIGUEL. Déjame pensar.
KÁREL. Llevas un minuto para mover el alfil. Muévelo hasta aquí, creo.
MIGUEL. Ssss. La torre mejor.
KÁREL. Segunda torre que cae y queda la reina al descubierto.
MIGUEL. Amenazo a tu rey.
KÁREL. Y yo me como el caballo que amenaza.
MIGUEL. Regreso con el alfil.
KÁREL. Y la dama se va del aire. Jaque.
MIGUEL. Me llevo este caballo, que me asusta.
KÁREL. Y yo me llevo el alfil. Mate. ¿A cómo tocamos?

El viento hiela una oreja de Miguel.

MIGUEL. Chst…
KÁREL. ¿A cómo tocamos?
MIGUEL. *(Observa en silencio. Inclina su rey blanco. Se levanta).* Otra noche será. Voy en pira.
KÁREL. La plata.
MIGUEL. ¿Cómo?
KÁREL. Los cinco dólares. Saca la cartera y dame los cinco dólares.
MIGUEL. Déjalo ahí y una noche de estas nos vemos.
KÁREL. *(Se levanta).* ¿Estás loco? Dame el dinero.
ROBERTA. *(A unos pasos, husmea en el latón de basura).* No armes lío, chico, que es Nochebuena. Dame el dinero y yo se lo paso… *(Canta).* Si yo tuviera un peso me compraría una noche buenita y un lindo día…

Miguel da media vuelta y se apresura.

KÁREL. *(Lo sujeta por detrás).* Que me lo des, cabrón.

MIGUEL. Suéltame, coño, yo no tengo...
KÁREL. *(Le aprieta la nuca. Es un susurro).* Págame. Te gané, cabrón, dame el dinero y te vas.
MIGUEL. No tengo un quilo...
KÁREL. ¿Qué?
MIGUEL. Mira el bolsillo, me ahogo, coño...
KÁREL. ¿Qué? ¿Qué?

Roberta no barre: contempla. Se fajan. Miguel golpea con furia. Durante unos segundos no se separan. Algunas piezas caen al suelo. Kárel va perdiendo fuerzas, se toca las nalgas. Creo que esta mañana dejó la cuchilla sobre la mesita del cuarto, por suerte no la trae, una cuchilla con hoja de ocho centímetros de largo que le sirve para pelar las naranjas. Creo pero me equivoco. La trae, la saca. Se la clava en el vientre a Miguel. Una, dos veces. Parecen abrazados. Miguel va cayendo despacio, no puedo precisar el sonido que emite. Kárel se mira las manos e inmediatamente las restriega contra su pulóver. Ahora se ve que el tablero es de cartón porque nuestro héroe lo dobla y se lo guarda en un bolsillo del jean, junto a la cuchilla, así también las piezas en un saquito de lana. Observa otra vez el cuerpo de Miguel y huye.

ROBERTA. *(Se aproxima. Acerca su pie al pecho de Miguel. Se inclina y registra los bolsillos pero no encuentra dinero. Suspira).* Te vas a congelar, te vas a congelar...

La sangre brota.

Ni un auto que pase.

CAPÍTULO III

El mundo moral

El comedor aparece amueblado de una manera sencilla pero sin mal gusto. La mesa, de madera oscura, posee dos trinquetes pequeños en sus laterales, de modo que se le pueden añadir paneles para ampliarla en caso de que acudieran muchos invitados a cenar. Sin embargo, Silvia es una imagen sola a un extremo de la mesa. Hay servicio para tres personas, con platos de cerámica y juegos de cubiertos completos, una cazuela semitapada que contendrá frijoles negros humeantes, humo pertinaz que no abandona el recipiente de golpe sino que se escurre, acompasada y monótonamente, brindando cierta calidez a la Nochebuena de los Depás.

Alejandro Depás regresa del baño. Solo un aseo. Se seca las manos con un paño de franela.

SILVIA. A lo mejor no llega. Se habrá ido con alguna novia.

Alejandro entra a la cocina.

SILVIA. Van a dar las doce y no llega. Te sugiero comer y guardarle para el desayuno. Tú merendaste algo, ¿no? Yo regresé temprano del hospital. A eso de las cuatro cogí un carro en

Quinta y 82 y me bajé en el mercado de Cuatro Caminos. Como es fin de año la carne estaba más cara, por supuesto, y medio verdosa, le insistí al hombre y me sacó un pedazo de pernil a treinta y cinco la libra. Eso cociné. Me dio un buen trozo y medio pomo de grasa para freír los buñuelos. Pero los buñuelos no quedan buenos con manteca de puerco, qué va. Igual, si quieres, los pruebas, pero sé que no van a estar buenos. Tampoco los doblé bien, me cansé de darle vueltas al rodillo, no tengo paciencia como mamá... Luego el arroz, con raspa porque el gas subió de pronto. Los frijoles fueron lo último. Ah, y la ensalada, pura zanahoria, lucía tan linda en el mostrador... *(Abre la cazuela y pierde su vista en el caldo oscuro. Siete, ocho segundos. Vuelve a sentarse).* Me avisas cuándo sirvo.

ALEJANDRO. *(Junto a la puerta de la calle).* Sirve y come si tienes hambre.

SILVIA. No, no, te espero.

ALEJANDRO. Come.

SILVIA. Traigo el resto de las cosas. *(Se levanta y sale).*

Alejandro podría tomar un baño. Va y en ese lapso regresa Miguel. Va y no regresa. Silvia puede aconsejarle que tome un baño y así daría tiempo, pero se halla demasiado ocupada en la cocina: abre la olla de presión, revuelve el arroz, mezcla con un tenedor la raspa y los granos blancos porque le gusta el sabor amargo que deja el metal. Nada de esto será visible, tal vez. Vuelve a la mesa y coloca la olla sobre una servilleta, levísimo ruido que hace al padre observarla.

ALEJANDRO. A veces pienso que si te casaras nos llevaríamos mejor. Sí. Vivirías lejos, en la playa, y nos visitaríamos de vez en cuando. O nos llamaríamos por teléfono para comprobar que todo anda en orden. Esas llamadas de ocasión que lo reconfortan a uno, como se ve en las películas, simples llamadas que te llenan de alegría los domingos y te convencen de que en verdad vinieron muy bien el matrimonio, la casa propia y la distancia.

SILVIA. A veces pienso que si te casaras otra vez...

ALEJANDRO. Ni lo digas.

SILVIA. *(Una sequedad, un falso deseo).* Me encantaría probar la sazón de tu mujer.

Vuelve a salir.

ALEJANDRO. ¿Te alcanzó el dinero? *(Más alto).* Digo si te alcanzó el dinero.

SILVIA. *(Desde adentro).* Lo compré todo.

ALEJANDRO. Pero querías manzanas.

SILVIA. Las guardé en el frío. Voy a darle la sorpresa a Miguel.

ALEJANDRO. No va a llegar nunca, ¿no?

SILVIA. *(Vuelve con la fuente de buñuelos. Se sienta con ella en las piernas).* Es natural, papá. Tú insististe pero él no quería pasar esta noche en casa. Insististe y yo pensé que a lo mejor dabas en el clavo, con algo se embullaba, no sé, cuadraba la caja en la cantina y llegaba temprano, nunca esperé que a las ocho o las nueve, por eso cociné tarde, sin apuro. Imaginé que sobre las diez y media quizás caería. Las once. Las once y media. Un silencio en esa cerradura desde que entraste que me da un escalofrío... Ya es Navidad y andará metiéndose rones con algún socio. Dentro de dos semanas tiene exámenes. Con buen tiempo lo verás en su cuarto, estudiando o durmiendo, para año nuevo.

Silvia coloca en la mesa la fuente de buñuelos. Va a probar uno pero desiste. Con el índice de su mano derecha recorre el borde de la fuente, de un cristal traslúcido y delgado. Le brinda al padre, que se niega y toma asiento frente a ella.

SILVIA. ¿Qué tal el día?
ALEJANDRO. Pasó, ya ves. Corriendo pasó.

Por segunda vez Silvia pudiera sugerirle al padre que se bañe, encender el calentador o poner un jarro de agua en la hornilla. Nada de esto hace. Ella sí se bañó temprano, antes de picar las zanahorias, y en la cocina no sudó porque en realidad hay mucho frío. Tanto que por la ventana que da al patio entra de pronto una corriente de aire helado.

Se escucha la voz de Roberta López, que entona una melodía densa.

ALEJANDRO. ¿Quién canta eso?
SILVIA. Alguna vecina.
ALEJANDRO. Qué triste.
SILVIA. Viene de lejos. Da miedo.
ALEJANDRO. La he oído antes.
SILVIA. Claro. La hemos oído siempre.
ALEJANDRO. ¿Era tu madre quien la cantaba?
SILVIA. No creo. Me parece que la oí en el cine.
ALEJANDRO. Será.

Cesa la canción.

ALEJANDRO. ¿Cuánto fue todo, entonces?
SILVIA. ¿Todo?
ALEJANDRO. La comida, digo.

Silvia lleva la cuenta de todo en su mente. Siempre la lleva.

SILVIA. No sé, como trescientos pesos, ¿no? Un poquito más. A ver… Doscientos cuarenta y cinco la carne. Doce las zanahorias. Quince las cebollas y las papas para el asado.
ALEJANDRO. Ah, traje una botella de sidra. Está ahí, en el maletín.
SILVIA. Teníamos arroz en casa y no compré aceite, así que el total fue… Catorce pesos las dos libras de yuca. Dos huevos y una barrita de mantequilla. Se me queda algo. Sumé seis dólares para las manzanas. Como quinientos en total, si te pones a ver.
ALEJANDRO. Mi salario del mes.
SILVIA. El mío.
ALEJANDRO. Pongo la botella a enfriar.

Va al cuarto y vuelve enseguida con la botella de sidra, no se detiene en el comedor, sigue hasta la cocina. Abre el refrigerador, coloca la botella, ve las manzanas y piensa en Miguel.

ALEJANDRO. Cuando subía por la avenida me asomé a la Iglesia del Ángel a ver si escuchaba al menos un pedacito de la Misa de Gallo. Faltaba bastante para que empezara, claro. Me dio un embullo repentino, no te sé explicar…

SILVIA. Si no estoy cansada, entro y miro. Me siento, hablo conmigo misma. Pero por lo general me da pereza o no tengo tiempo. Entre el trabajo y Miguel…

ALEJANDRO. Le pedí que no faltara. Ahora llega de madrugada y la comida es un plomo.

SILVIA. En cuanto quieras te sirvo.

ALEJANDRO. ¿No te asusta?

SILVIA. Un tin, nada más. Sabe cuidarse, papá. Tiene veintidós años.

ALEJANDRO. A esa edad uno quiere tenerlo todo.

SILVIA. A tu edad uno quiere tenerlo todo. Me da igual que salga. Estoy segura de que la pasa bien y no corre peligro. A menudo regresas tarde. Sabes que en esta ciudad a nadie le pegan un tiro.

Un bloque en la mente de Alejandro es la idea de la muerte.

SILVIA. Acompáñame y prueba el arroz. Le tapamos un pedazo grande de carne. En cuanto llegue se lo come.

El padre coge el abrigo de encima de una butaca. El informe asegura que este abrigo es color café, como los ojos de Kárel Darín.

SILVIA. No irás a buscarlo…

Alejandro se apresura hacia la puerta de la calle y desaparece. Silvia insiste en el sonido de una cuchara al costado de la olla de arroz.

Los frijoles ya no humean.

CAPÍTULO IV

Las rentas

Un farol alumbra el muro descascarado. Las paredes del resto de la habitación fueron pintadas hace muchos años, sin duda con esos barnices de aceite destinados a la madera que sobre el ladrillo acentúan la apariencia de suciedad. De modo que para dar una mano de pintura habría que raspar todas las superficies con un cepillo de alambre o con una espátula.

No hay ventanas. Una puerta de entrada, una al fondo y una al lateral derecho que permite el acceso a la cámara contigua, perfectamente visible en este momento, donde duerme Kárel Darín casi todas las noches.

La llave se traba en la cerradura. Sale y vuelve a penetrar. Al fin Kárel entra, el pecho descubierto, tira la puerta con un pie, avanza hacia su cuarto. Lleva las llaves y la bolsa de lana en la mano izquierda y en la derecha su pulóver envuelto. Ya dentro de su habitación asegura la puerta con el pestillo. Desenvuelve el pulóver, levemente ensangrentado.

Felipe Alejo entra por la puerta del fondo, medio dormido. Unos tragos de más, pudiera ser. Viene de su cuarto. Un gorro viejo de Papá Noel. Un pijama de raso. Va junto al muro. Queda suspendido a la luz del farol.

FELIPE. ¿Eres tú, verdad? Volviste ya. Y yo añorando toda la noche que te hubieras largado para siempre. O no, que regresaras. Quiero decir, que te perdieras.

Kárel no escucha muy bien pues la puerta los separa. Percibe el murmullo pero no le interesa. Saca el tablero de ajedrez y lo coloca en una mesita. Sobre él despliega las piezas, muy despacio. Las ubica en su sitio exacto y cavila. Luego se quitará los zapatos y el jean. Felipe prosigue.

FELIPE. Es una mierda la Nochebuena. Cualquier otro día uno tiene más ganas de comer y de reírse. Con estos colmillos que se me están partiendo no puedo morder ni un chicharrón. Y como no salgo no hay quien me busque una carne blandita, un fileteco de pargo o una pechuguita para adobar. Andabas payaseando, ¿no? Dándole vueltas a una chiquilla que se acuesta contigo por tres dólares. ¿De dónde los sacas, eh? Aguántalos mejor. Aprieta el culo y no los sueltes. Ya me debes dos meses, Darín, el 31 estarás debiéndome tres y no voy a esperar a tu cumpleaños para que me digas que quieres una camiseta nueva, un par de tenis, «unos popis», me suplicarás, por el Día de Reyes: los necesito, tío, para trabajar. Porque te estoy oyendo, como cada diciembre, como cada vez que estás frito, te estoy oyendo y lo veo venir: más bonito, más atento que nunca, más modoso, corriendo a buscar el pan por las mañanas y zumbándote la cola del periódico, y yo cedo y me compadezco y te empiezo a mirar y te miro y otra vez te miro y hasta dejas que te toque. Pero este año no será así. No me da la gana de que te pierdas y al final de la historia me implores como si yo fuera un imbécil, que lo soy, que te escucho y me da cosa y lo dejo pasar, una noche y otra y otra más. Esa gente que traes aquí y no conozco... Ni me presentas a tus amigos. Me hago el de la vista gorda, todo por un roce, un cariñito, una tarde a la semana, una tarde al mes, una tarde al año. ¡De rodillas, quiero verte de rodillas! Y ni siquiera así me dará lástima. Tú no tienes lástima de mí. No te da pena. Me brindas la mano y sé que preferirías ponerla en otra parte, en un lugar desconocido, a mil kilómetros de la casa. ¡Pues vete! ¡Si no vas a pagar nunca, vete! *(Se acerca a la puerta de Kárel y la golpea)*. ¡Darín! ¡Darín! ¡No estás durmiendo! ¡Abre! ¡Darín! Acabas de llegar. Lo sé. Hay noches en las que solo tengo oídos para ti. *(Un silencio)*. ¿Ves? Hablo bajito. Sal, por favor. Quiero desearte felicidades en esta Navidad.

Kárel está en calzoncillos, sin medias. Hace un bulto con la ropa ensangrentada y se aproxima a la puerta. Observa la cuchilla, que ha caído al piso. La alcanza, la limpia con las telas y la coloca en la mesita, junto al tablero de ajedrez. Guarda la ropa en una gaveta. En sus manos queda la huella de la sangre que ha salpicado y ahora está seca, completamente seca. Se escupe los dedos y con ellos se frota las manos, acción que coincide con las últimas palabras de Felipe. Tras lo cual Kárel desorganiza aún más las sábanas de su cama y grita:

KÁREL. Qué pasa... *(Se acerca a la puerta, la abre, se abriga con los brazos y bosteza)*. ¿Qué hay?
FELIPE. No tienes tiempo de estar durmiendo ya.
KÁREL. Llevo rato rendido.
FELIPE. Ni que yo fuera bobo... Sé exactamente cómo suena tu llavero. No es el de al lado ni el de la casa de la esquina.

KÁREL. Chst... *(Va a cerrar)*.
FELIPE. No cierres, no. Quería desearte feliz Navidad.
KÁREL. Mejor lávate la boca después de tomarte el pomo de ron. *(Insiste en cerrar)*.
FELIPE. *(Lo sujeta)*. Ponte un suéter y festeja conmigo. O quédate en cueros si quieres. Yo no puedo, ves, empezaría a toser. *(Tose)*. He estado tan solito en espera de la Navidad, sin fuerzas, muriéndome de frío, sin una gota de calor. Te he necesitado tanto, Darín. *(Lo abraza)*.

Kárel suspira. A menudo Felipe lo ha abrazado así. Le grita, lo sujeta, le impide que cierre la puerta y lo abraza. Por eso se conforma. No es agradable, más bien Kárel detesta el gesto, pero lo soporta. Alza las manos y de nuevo suspira.

KÁREL. Tengo sueño, viejo. Acuéstate ya. Mañana será otro día.
FELIPE. *(Solloza, pero no se desprende del pecho de Kárel)*. Un día igual que hoy. Llegarás tarde.
KÁREL. Llegaré temprano y me acostaré a dormir, como haría ahora si me dejaras.
FELIPE. Mentira. Sabes que me dices una mentira y sabes que lo sé. Regresas en la madrugada, piensas que duermo y en realidad ni siquiera cierro los ojos.

Kárel lo aparta de una vez. Va al fregadero, llena un vaso de agua. Bebe.

FELIPE. Pero ya no tienes tiempo de nada. Ese no fue el pacto, Darín, así no fue el pacto.
KÁREL. No hago bulla. No te toco a la puerta porque no estoy loco. Déjame en paz, anda, vete a la cama y cuando estés mejor, hablamos.
FELIPE. Nunca voy a estar mejor que ahora. No tomé casi nada, medio vasito de añejo que me tranquiliza y me pone las cosas claras. Comes aquí y gozas afuera. Aquí te bañas, de mi cisterna sacas el agua para quitarte el churre y lavarte las orejas. Cuando llegaste a esta casa tenías las uñas negras y yo te las corté para que no parecieras un pordiosero.
KÁREL. Está bueno ya, anda.

Va a regresar al cuarto pero Felipe se para ante la puerta.

FELIPE. Si me da la gana no entras más.
KÁREL. Suave, para que no haya lío.
FELIPE. ¡Suave, suave! No me asustas.
KÁREL. *(Intenta colarse en el cuarto)*. Déjame pasar, viejo.

Felipe hace presión. Kárel da media vuelta, camina y mira al suelo. Con el puño de la mano izquierda golpea la palma de la derecha muy débilmente. Tararea alguna canción.

FELIPE. Nunca vas a saber lo que te quiero. Acepté que vinieras a esta casa, que durmieras en ese cuarto, esperando que pudieras olvidarte para siempre de ese campo de basura en que vivías, donde se te llagaban las manos con la guataca y la tierra. Me dije que sí, que al fin había llegado el tipo. Y te lavo la ropa y te preparo la comida y te atiendo si te enfermas.
KÁREL. Y me lo cobras todo.
FELIPE. Lo cobro pero lo hago.

KÁREL. He escuchado eso tantas veces… Y coño, que la cabeza me va a reventar, que es día de fiesta, que salí a la calle para buscar unos quilos…

FELIPE. ¡Pero si te pasas la vida allí, del otro lado de esa puerta! Bajo el sol, bajo la luna, con calor y con frío y te da lo mismo llegar empapado o seco. ¿Si buscas tanto por qué no acabas de encontrar? Pon el dinero en la mesa, billete sobre billete. ¿Es muy difícil? Sí, sé que es difícil. La calle está dura. Pero si no tienes dinero tienes veinte años. Págame como sea, perro malagradecido.

Kárel lo empuja y lo tira al piso. Entra a su cuarto y cierra la puerta. Se sienta en la cama.

FELIPE. ¡Abre o grito! ¡Mira cómo grito! *(Golpea).* ¡Grito! ¡Grito!

Kárel se tapa los oídos. Se levanta. Se mueve rápido. Un punto en que no alcanza serenidad. No podría comportarse ahora como un héroe. No podría acostarse ni salir, dormirse ni colocar la mejilla para el golpe. Comienza a vestirse mientras los gritos de Felipe persisten. Otro jean. Otra camiseta ligera aunque sabe que hace frío. No hay tiempo para colocar las piezas de ajedrez en la bolsa: deja el partido armado, sobre el tablero. Coge la cuchilla y la guarda en el bolsillo, junto a la billetera. Sale. Tranca su habitación. Abre la puerta de la calle y se pierde en la madrugada. Es más de la una.

Felipe lo persigue con los ojos. Queda mudo un segundo.

FELIPE. ¡Regresa, Darín! ¡Ya estoy calmado! ¡Ven! ¡Vuelve! ¡Te invito a cenar conmigo!

Se arrastra hasta el umbral y golpea furiosamente su cabeza contra la puerta.

CAPÍTULO V

Feliz a corto plazo

La Acera del Louvre se extiende frente al Parque Central y junto al Gran Teatro. Procura un tono francés de lujo venido a menos, con bares encendidos y pastelería fina, donde toda la madrugada puede uno comerse un croissant o tomarse un café con leche de mediana calidad.

Kárel, sin embargo, prefiere la opacidad de la acera de enfrente, adonde los destellos del Louvre llegan por extensión. Luces intermitentes persiguen sus pasos. Piensa que no vuelve a casa del tío. Piensa inmediatamente que tiene que volver, no hay otra alternativa. Mira al suelo y mira al frente. Teme la proximidad del parque, la sangre, la cuchilla. Frialdad y vacío.

Alejandro ha salido de su casa y ha bordeado la Fuente de la India. En el instante que Kárel pasa ante la librería, él fuma pegado a una columna. Kárel se detiene despacio, retorna, lo mira y se mete las manos en los bolsillos del jean. Alejandro se percata. Kárel se acerca a la columna y se recuesta a ella. La suela del zapato izquierdo contra la pared.

KÁREL. ¿Fuerte?

ALEJANDRO. Suave. *(Le brinda de la cajetilla).*
KÁREL. Ni muerto. Me funde.

Alejandro lo observa con detenimiento. Kárel cruza los brazos.

ALEJANDRO. Frío, ¿no?
KÁREL. Un poco. *(Bosteza. Se estira).*
ALEJANDRO. ¿Hambre o sueño?
KÁREL. El sueño se me quitó ya.
ALEJANDRO. *(Saca unas monedas del bolsillo y se las da).* Cómprate una pizza en La Revoltosa.
KÁREL. Qué va. Son casi las dos de la mañana. Hoy cerraron antes.
ALEJANDRO. *(Le pone el dinero en la mano).* Cruza al Louvre, son mejores. Y tráeme una.
KÁREL. ¿Alcanza?
ALEJANDRO. Si no alcanza me dices, chamaco.

Kárel cruza corriendo y se pierde del ángulo visual. El informe refiere la persistencia de las luces de la otra acera. Sonido de ambulancia o patrulla policial lejana. Alejandro voltea la cabeza pero no se mueve de su sitio. El muchacho regresa con dos pizzas.

ALEJANDRO. Qué rápido, ¿no?
KÁREL. Es que el camarero quería ver lo que pasa en el parque.
ALEJANDRO. ¿En el parque?
KÁREL. No sé. Ni me acerqué.
ALEJANDRO. *(Muerde y empieza a comer).* ¿Hay gente?
KÁREL. Una bronca, seguro. Alguna puta. *(Muerde).* Está rica. Caliente, por lo menos. No comía desde el mediodía.
ALEJANDRO. ¿Y tu Nochebuena?
KÁREL. Bien, gracias.
ALEJANDRO. ¿Y tu gente?
KÁREL. *(Mastica y habla).* Me encanta el queso. *(Se aparta. Mira hacia el parque. Regresa junto a Alejandro).* Tú comiste en tu casa.

Alejandro niega con la cabeza.

KÁREL. Entonces esta es tu Nochebuena.
ALEJANDRO. La compartimos, ya ves.
KÁREL. *(Se ríe).* No jodas. Es 25 hace rato.
ALEJANDRO. Pues casi estamos desayunando.

Pasa La Paco frente a ellos, fugazmente.

KÁREL. Me gusta esa niña.
ALEJANDRO. Es un niño.
KÁREL. Pero hace las mismas cosas que una niña.
ALEJANDRO. Y de pensarlo nada más se te para el tubo.

KÁREL. ¿Quieres tocarlo?

Otra sirena de patrulla.

ALEJANDRO. La policía está junto al cine, creo.
KÁREL. En lo suyo.
ALEJANDRO. A veces me gusta arrimarme al crimen. Debería mantenerme lejos, pero me arrimo.
KÁREL. ¿Trabajas por aquí?
ALEJANDRO. Al doblar.
KÁREL. En La Revoltosa.

Ríen otra vez.

ALEJANDRO. En el tribunal.
KÁREL. ¿Fiscal?
ALEJANDRO. Abogado. Juez, fiscal, ¿qué más da?
KÁREL. Difícil…
ALEJANDRO. Escuchas. Observas las caras con atención. Tomas una decisión más o menos justa.
KÁREL. ¿Y no pifias?
ALEJANDRO. Pifio constantemente, estoy seguro.
KÁREL. Das el veredicto con la cuchilla en el cuello.
ALEJANDRO. Na. Es un trabajo como otro cualquiera.
KÁREL. ¡Yo he escuchado cada cuento! Dicen que hubo un músico famoso que era juez. El día antes del juicio lo mató el mismo tipo que él iba a condenar. Era un mafioso del tiempo de antes…
ALEJANDRO. Vives con mucho miedo.
KÁREL. No mucho. Y tú tampoco, me imagino.
ALEJANDRO. Yo sí.

Tercera sirena. Alejandro se aparta de la columna y camina mirando al parque. Han terminado de comer.

KÁREL. Y sin embargo me llamas, me hablas.
ALEJANDRO. Yo no te llamé. Tú te acercaste y me pediste candela. No, me pediste un cigarro.
KÁREL. Y entonces me preguntaste tú.
ALEJANDRO. ¿Quieres otra pregunta?
KÁREL. Si me llevas a tu casa, todas las que quieras.
ALEJANDRO. Ahora no.
KÁREL. Vamos a pasarla bien.
ALEJANDRO. Yo lo sé pero ahora no.
KÁREL. Mañana, pasado. Dime.
ALEJANDRO. Necesitas una cama, ¿eh?

Una ráfaga de viento se cuela entre las columnas.

KÁREL. Necesito dinero. Azul, verde, rojo, dinero como sea. Debo tres meses de alquiler. Hace frío, todo el mundo está en su casa. Eres el único tipo en todo esto y me diste entrada. No quiero que te escapes. No puedo virar sin un quilo. *(Se aleja un poco. Retorna)*. ¿Qué vuelta?
ALEJANDRO. *(Lo observa. Abre otra vez la cartera y saca dos dólares)*. Tira esta noche. Es poco pero resuelve.
KÁREL. *(Los toma)*. Vamos a algún lado y me la chupas.
ALEJANDRO. Cuidado…
KÁREL. Embúllate.
ALEJANDRO. Mañana.
KÁREL. Mañana, mañana… Ahora. Sabes que mañana no vas a venir. Es una excusa para largarte.
ALEJANDRO. ¿Y si no? ¿Y si vengo?
KÁREL. Chst.
ALEJANDRO. Te lo prometo, dale. Pase lo que pase, vengo. Dime.
KÁREL. Pon la hora. Tengo un cuadre sobre las ocho. Lo mato rápido.
ALEJANDRO. Nueve y media. No, diez y media.
KÁREL. ¿Dónde?
ALEJANDRO. Aquí mismo.
KÁREL. Hay demasiada gente hasta las doce.
ALEJANDRO. Mejor en el Parque de las Mentiras. Frente a la Iglesia del Ángel, junto a la parada de la 15.
KÁREL. *(Sonríe)*. No me dirás una mentira…
ALEJANDRO. Quedamos. *(Lo pellizca)*. Deja ver por fin qué pasó allí.
KÁREL. Oye, ¿y si llueve?
ALEJANDRO. Yo tengo paraguas.

Kárel sonríe y se queda con los brazos cruzados, junto a la columna. Alejandro avanza hacia el parque.

Saúl viene en moto, por la calle. La apaga, se baja.

SAÚL. ¿Tú sabes quién es ese que va por la esquina?
KÁREL. Nada más me dio candela.
SAÚL. Síguelo y queda en algo con él.
KÁREL. No, no. Es un tipo chévere.
SAÚL. Por lo mismo.
KÁREL. Me voy a dormir. *(Trata de irse)*.
SAÚL. *(Lo agarra por la nuca, con alguna violencia)*. Ven acá. Todavía no te vas. Escúchame. ¿No lo habías visto? Pues pasa todos los días por esta acera. Se detiene junto a la columna y empieza a fumar. Busca muchachos. Les da unos pesos y los pone a hacer cuclillas en cueros en cualquier casa de alquiler. ¿Y sabes dónde trabaja? Te lo dijo, ¿no? Está podrida la calle. Además de esas mierdas de maricón se pasa los juicios por el culo.
KÁREL. Yo no sé nada de eso, coño, suéltame…
SAÚL. Ay, no sabes nada, pobrecito. *(Duro)*. Pues vas a saber. Ese tipo siempre viene solo. Pero tiene familia, una hija, un hijo… En esta ciudad nadie gana plata para gastarla con muchachos todas las noches. ¿De dónde la saca? *(Lo aprieta)*.
KÁREL. *(Se suelta)*. ¡Ya, ya!

SAÚL. *(Vuelve a agarrarlo).* Averigua.

KÁREL. No lo voy a hacer, no quiero...

SAÚL. *(Al oído).* Te dejo tranquilo hasta enero, ¿te gusta? Libre hasta enero, ni un carné pedido, ni una noche en el calabozo. Negocio redondo. Búscalo, sabes cómo hacerlo. Eres bonito y todavía no se la has metido. Te perseguirá. Querrá que lo asedies. *(Le toca una nalga).*

KÁREL. *(Se zafa, agitado).* ¡Cabrón!

SAÚL. *(Lo agarra. Se le pega).* ¿Te cuadra?

KÁREL. *(Vuelve a zafarse).* ¡Eres un cabrón!

SAÚL. Cabrón es el que acaba de matar al chiquito en el Parque Central. ¿No andabas por allí?

KÁREL. No sé nada de eso.

SAÚL. Si tú lo dices... Acuérdate. Dame algo y te dejo tranquilo. Ahora vete. *(Se sube a la moto).* Sobre las tres regreso. Piérdete ya. *(Arranca y desaparece).*

Las luces de la Acera del Louvre llenan el rostro de Kárel de manchas de colores.

CAPÍTULO VI

Mañana será otro día

El amanecer en casa de los Depás, que no han dormido. La luz del sol navideño se filtra por la ventana que da al patio: toda claridad proviene del fondo. Así se distinguirá casi a contraluz la imagen de Alejandro apoyado sobre la mesa, completamente quieto, con la cara escondida entre los brazos. Y de súbito, cuando el resplandor se hace un poco más intenso, surge el cuerpo de Silvia, de pie en el umbral, con dos manzanas, una en cada mano.

SILVIA. Me llamo Silvia Depás y tengo veintinueve años. A los diecisiete comencé a estudiar Medicina. A los veinte interrumpí la carrera para operarme de miopía. El restablecimiento fue corto, el dolor no tardó en desaparecer, por suerte. Durante seis años me enseñaron, lo tenía claro pero lo entendí con precisión, que lo más importante era la vida. Me gustaba el voleibol pero nunca lo jugué. Me gustaba el teatro pero nunca tenía tiempo de ir. Dedicaba las mañanas y las noches y las madrugadas y las tardes a meterme en el baño o en la cocina con las libretas y los tomos inmensos para comprender en lo profundo las causas de la respiración. Y las que hacían que cesara. Después de ser doctora, durante cuatro años más estudié Cirugía. El olor del quirófano incrustado en la nariz. Con un bisturí piqué, primero sobre la goma y después sobre la piel. No me dio asco la peste. No me dio miedo la sangre. Abrí, extraje, cosí. Los cuerpos apagados, inertes, ni una protesta, ni un murmullo. Y luego el alivio. Saber que en mis manos y en la habilidad para coser y en la forma de colocar las gasas vivía el milagro. Y el hombre vivía. ¡Casi diez años en esto! Un poco más y juraría que me he puesto vieja... Reconfortada, feliz de vez en cuando, halagada con un regalo y sin embargo boba como una niña. Sin temer. Construyendo una isla de cristal. ¡Tanto tiempo gastado en esta mierda y no estaba preparada para ver a mi hermano muerto! Porque a lo mejor sí, una se imagina que esas cosas les pasan a otras gentes, a otros hermanos y que jamás te va a ocurrir. No puedes ir por la calle y que el ladrillo caiga sobre ti, ni ahogarte en la piscina. Eso está lejos... ¡Tan lejos que lo veo, lo toco, lo siento junto a mí! ¡Dios! ¡Arráncame las manos que no pudieron aguantarlo! Un hermano. Se dice fácil. ¿Pero ahora cómo le doy yo estas manzanas a mi hermano?

Cae rendida en una silla. El padre levanta la vista. No la toca. La hija llora. Él apenas se mueve. No parpadea.

ALEJANDRO. Respira. Y traga. Es tu costumbre. Ayer lloraste también. Yo estaba en el rellano y me detuve. Pensaste que no los había escuchado, que irrumpí de pronto en el comedor, pero mi oído permaneció atento todo el tiempo.

Un ángulo del comedor, del lado donde se halla Silvia, se ilumina desde el frente: de este modo queda privilegiado ante el contraluz del resto de la habitación. Silvia suspira, cesa de llorar. Miguel entra en short y chancletas, viene de su cuarto. Se estira. Silvia le sonríe. Se besan. Es el amanecer del día anterior.

SILVIA. Hice café.
MIGUEL. No me siento bien de la barriga.
SILVIA. Anoche habrás comido tardísimo, como siempre. Llegas a las mil y quinientas…
MIGUEL. Ya, Silvi, ya. No me pelees. Tuve vómitos.
SILVIA. ¿Ahora estás mejor?
MIGUEL. Sí, es solo una resaca.
SILVIA. Puedo traerte algo del hospital.
MIGUEL. No te molestes. Seguro esta noche no vengo.
SILVIA. Voy a asar carne de puerco con papas.
MIGUEL. Yo quisiera comerme una manzana.
SILVIA. Ay, están baraticas en La Revoltosa.
MIGUEL. No jeringues. Con un dólar no me alcanza ni para dos.
SILVIA. Ahorra un poquito.
MIGUEL. Ayúdame a ahorrar.
SILVIA. Haz las cosas como se debe, Migue. No sé… Deja todas las novias que tienes por ahí.
MIGUEL. Coño, vieja, estás igualita que papá. A veces pienso que si fuéramos más viviendo juntos la cosa marcharía mejor.
SILVIA. Tres personas es demasiado.
MIGUEL. Sobre todo si una es como él.
SILVIA. Él no tiene la culpa.
MIGUEL. La tengo yo.
SILVIA. Te exige como todos los padres.
MIGUEL. ¿Tú qué haces para conseguir dinero?
SILVIA. Trabajo de día y de noche.
MIGUEL. Yo prefiero la noche.
SILVIA. Y yo el día porque en la noche me da sueño. Hago la guardia igual pero me duermo.
MIGUEL. Cuando estás operando no.
SILVIA. Depende de la operación.

Ríen.

MIGUEL. Me voy de la casa.
SILVIA. ¿Qué?
MIGUEL. Me escapo. No viro.
SILVIA. ¿Qué estás diciendo, Migue?
MIGUEL. Lo soñé.
SILVIA. ¿Cómo que lo soñaste? Esas cosas no se sueñan. No se hacen y punto.
MIGUEL. Me despierto todas las mañanas con dolor de cabeza.
SILVIA. Tómate una pastilla pero no lo cojas con tanta furia.
MIGUEL. No tengo furia pero la cantaleta de papá persiste. Mira que trato de venir poco, de llegar tarde para no tropezarme con él… No entiende. A ti siempre te ha entendido.
SILVIA. No hablas en serio, ¿eh?

Miguel encoge los hombros.

SILVIA. ¿Te dijo algo? *(Un silencio).* Te dijo algo.
MIGUEL. La próxima vez no se lo aguanto. Ni este alarido. Se altera y grita. Cualquier día me pega como si fuera un niño. Y te juro que no se lo dejo pasar, Silvia, te lo juro. Dime qué otra cosa puedo hacer. Estudio por el día y trabajo el turno que me toque en el bar. No, no me va mal en la escuela. ¿Eso no es lo que importa? Pensé dejarla, concentrarme en alguna pincha que me guste y no sea solo la cantina. ¿Pero en qué? Si no tienes título te piden que hables inglés, y puedo irme a un hotel si pago cien, doscientos dólares por la plaza. ¿Qué resuelvo sin el idioma?
SILVIA. Nadie te pide que dejes la escuela.
MIGUEL. Pero papá dice que no valgo un quilo.
SILVIA. Nunca te ha dicho eso.
MIGUEL. Me lo dice, Silvia, de otra forma pero me lo dice. Quiso que fuera abogado como él, o médico como tú… Eso lleva tiempo y tranquilidad, y paz para vivir y estudiar, y calma para que no tengas todo el tiempo la presión en tus espaldas. Él ha guardado dinero, tiene su cuenta, no le pido siempre pero hay días que meto la mano en el bolsillo y nada más me toco el muslo.

Por un segundo Silvia piensa en la tranquilidad. Una lágrima. Dos.

MIGUEL. *(Le acaricia los hombros).* Ya, ya… No llores. No me gusta que llores.

La hace levantarse. La abraza.

SILVIA. Subo a cambiarme.
MIGUEL. ¿Por qué esta noche no invitas a comer al muchacho del cine?
SILVIA. *(Sonríe).* ¿Me viste?
MIGUEL. Sí, pero no te lo dije.
SILVIA. ¿Y tú qué hacías por allí?
MIGUEL. Buscando una novia.
SILVIA. ¡Otra! No hay nada escondido…
MIGUEL. Por eso mismo, tráelo. A lo mejor le cae bien a papá.

SILVIA. Ni que estuviera loca. *(Va a la cocina. Desde adentro).* ¿Ya tienes hambre?
MIGUEL. *(Canta).* Tengo lágrimas negras…
SILVIA. *(Sale).* Puse la mantequilla sobre la meseta y hay pan en la despensa. *(Le da un beso en la frente).* Haz lo posible, Migue, ven aunque sea tarde.
MIGUEL. Sería solo por ti. A ver si conozco al tipo ese que te lleva a pasear y le advierto dos o tres cosas.
SILVIA. ¡Qué gracioso! Voy a cambiarme.

Miguel ríe.

La luz de frente baja veloz y el contraluz vuelve a delinear las siluetas de Silvia y Alejandro.

ALEJANDRO. Ahí estaban todas sus palabras. Las tengo clavadas, las escucho todavía. No lloro. ¡No voy a soltar ni una lágrima!
SILVIA. Esperas que me incomode. Que ceda, que acepte. Pero no. Aunque me lo pidas no lo voy a tocar. Si quieres vístelo, péinalo, págale a alguien que lo haga. No puedo mirarlo.
ALEJANDRO. *(Un golpe de pavor).* ¡Y esos dos huecos en la barriga!

El padre gime un instante, secamente. Silvia no se resiste y va a abrazarlo. Él se contiene.

ALEJANDRO. Me baño y salgo. Me arrimaré al portal, nada más. No creo que entre. Desde la puerta velaré las caras. No soportaría que me preguntaran boberías. El policía seguro insiste.
SILVIA. Te acompaño.
ALEJANDRO. Mejor no.

Entra al baño. El resplandor se aplaca sobre Silvia, que tiene los ojos inyectados.

Se oye el agua de la ducha que cae.

CAPÍTULO VII

Escarceos

La mañana de Navidad no ilumina demasiado la casa de Felipe Alejo. Idéntica mugre. Idéntica distribución del espacio, con el cuarto de Kárel dentro del ángulo visual.

El informe especifica que a las diez y veinticuatro de la mañana el inspector Saúl Alter hizo la siguiente pregunta:

SAÚL. ¿Existe algún parentesco entre usted y Kárel Darín?

El informe también aclara que Felipe duda. Se mordisquea las uñas de la mano izquierda y responde:

FELIPE. Soy su tío.

SAÚL. ¿Su tío de verdad? No llevan los mismos apellidos.
FELIPE. No hay por qué. Fui esposo de la hermana de su padre, que ya murió.
SAÚL. ¿La hermana o el padre?
FELIPE. Los dos.
SAÚL. ¿Usted vivió siempre aquí en la ciudad?
FELIPE. Aquí.
SAÚL. Y Kárel Darín es del campo.
FELIPE. Nació en el campo pero ya está instalado en la ciudad.
SAÚL. Dice usted que anoche él lo tiró contra el aparador y le hizo esos moretones.
FELIPE. Me sentí inseguro y llamé a la policía. No pensé que vinieran tan rápido. Como es Navidad…
SAÚL. También la gente mata en Navidad.

Felipe asiente.

SAÚL. En concreto, ¿lo acusa por la golpiza?
FELIPE. Y por patrañas y cosas malas.
SAÚL. ¿Cuáles?
FELIPE. A lo mejor no puedo precisarlas pero sé que las hace.
SAÚL. ¿Desde cuándo?
FELIPE. Mucho tiempo.
SAÚL. ¿Semanas?
FELIPE. Meses.
SAÚL. ¿Y por qué esperó hasta ahora para incriminarlo?
FELIPE. Comprenda que es difícil para mí. No querría comprometer a un familiar querido.
SAÚL. ¿Lo acusa o no lo acusa?
FELIPE. Me acosa. Todas las noches me acosa.
SAÚL. ¿En qué sentido?
FELIPE. Me pide dinero, me dice que quiere irse de rumba.
SAÚL. ¿Irse de rumba?
FELIPE. Bailar, beber, joder por ahí. Va a cumplir veintidós años.
SAÚL. Es lo que hacen los muchachos a esa edad…
FELIPE. Todo lo multiplica. No es sano. Cualquier día se enferma o amanece con la cara picada.
SAÚL. ¿Ahora mismo dónde está?
FELIPE. ¿Usted lo sabe? Menos sé yo. Me preocupo, es imposible dejar de preocuparme.
SAÚL. ¿Duerme aquí todas las noches?
FELIPE. Cuando no se queda por los bancos del parque.
SAÚL. ¿Cuál parque?
FELIPE. El único que les interesa a los chiquillos de ahora. El Parque Central, claro. Allí juegan a lo que sea. A las cartas, al ajedrez. Apuestan y pierden. Y cuando pierden se arman broncas.
SAÚL. ¿Él se lo ha contado?
FELIPE. Mantiene ocultas algunas zonas de su vida privada. Y yo no insisto. Me da miedo. Ya ve cómo se enfurece…
SAÚL. ¿Comió aquí esta Nochebuena?
FELIPE. Lo invité pero no quiso.
SAÚL. ¿Usted le cobra por dormir en esta casa?

FELIPE. ¡Por favor! Es mi sobrino…
SAÚL. Creí que tal vez… La calle está tan mala.
FELIPE. Dígamelo a mí.
SAÚL. En fin, señor, ¿tiene alguna otra cosa contra Kárel Darín?
FELIPE. Son los días de fin de año y sé las compañías que puede echarse. Por eso espero. Él cree que duermo pero aguardo su llegada. Anteanoche me dijo que iba al cine y yo me desvelé. Serían las once y media cuando abrió la puerta.

Luz en la puerta de la calle que va avanzando hacia el cuarto de Darín. Entran Kárel y Silvia. Casi medianoche del día 23.

SILVIA. Este lugar siempre me parece un tugurio.
KÁREL. Tuyo y mío. ¿No te gusta?
SILVIA. Me gustas tú.

Lo abraza. Él la aprieta y la besa. Entran al cuarto. Kárel tranca la puerta y se sienta en la cama. La hala junto a él. Dan una vuelta sobre el colchón.

SILVIA. Creo que mi hermano estaba en el cine.
KÁREL. Lo hubieras llamado. Pude pedir tu mano en un momento.
SILVIA. Ni que estuviera loca.
KÁREL. ¿Tú crees en mí?
SILVIA. *(Canta).* Déjame creer en ti…
KÁREL. Bajito, que mi tío se despierta.
SILVIA. Si conocieras a papá…
KÁREL. Tú no eres ninguna niña.
SILVIA. Pero vivo con ellos dos. A una mujer entre dos hombres se le pegan manías, celos, miedos.
KÁREL. Depende de la mujer.
SILVIA. Depende de los hombres.
KÁREL. ¿Y este qué te parece?
SILVIA. Ya te probé. Y ya te dije.
KÁREL. Tú eres dura, muchacha.

Se observan. Parece una eternidad pero apenas corren unos segundos. Kárel le hace un rizo en el pelo a Silvia. Juegan.

KÁREL. *(Una melodía).* Cucarachita Martina, qué linda estás.
SILVIA. *(Un susurro).* Como no soy bonita, te lo agradezco más.
KÁREL. ¿Te quieres casar conmigo?

Ella podría seguir el juego e imaginar que la vida es un cuento para niños. Podría ilusionarse con ser feliz junto a un muchacho cualquiera, no un médico creído, sino un tipo sin oficio que vive en una casita destartalada. Pero no sabe. Nunca sabe.

SILVIA. Mañana te digo.

KÁREL. Mañana será otro día.

SILVIA. ¿Eso es bueno o es malo?

KÁREL. Podemos pasar juntos la Nochebuena. Yo no tengo mucha costumbre pero…

SILVIA. Voy a estar en la casa.

KÁREL. ¿Y te veo?

SILVIA. Déjalo para el miércoles.

KÁREL. Lo dejo, si quieres lo dejo.

SILVIA. Como a las siete y media, o a las ocho. Igual tengo que irme rápido, es mi día de guardia.

KÁREL. ¿En el Parque de las Mentiras?

SILVIA. Bueno.

KÁREL. No me dirás una mentira.

SILVIA. Bobo. Voy a estar.

Se separan.

SILVIA. Ay, chico, se me olvidaba… *(Abre la cartera y saca dos cajitas).* Las pastillas que me pediste. ¿Crees que puedas venderlas a buen precio? La gente se las traga con alcohol. Para volar, dicen.

KÁREL. Yo tengo un fondo de ron en una botella.

SILVIA. Oye, ni muerta. Y tú no lo vayas a hacer… Allá el que esté acostumbrado… Júrame que no lo vas a hacer.

KÁREL. *(Alza las manos).* Lo juro.

SILVIA. Esto también es para ti. *(Saca una foto).*

KÁREL. ¿Verdad?

SILVIA. Así estoy aunque no esté.

KÁREL. ¿Me la dedicas?

SILVIA. El miércoles.

KÁREL. Son demasiados compromisos para el miércoles. *(Se levanta y va a la mesita. Alza el cristal que la cubre y desliza la foto. El juego de ajedrez, armado sobre ella, ni se tambalea).* Junto a la mía.

SILVIA. Es tarde.

KÁREL. Luego te acompaño.

SILVIA. ¿Y te vas a quedar dando vueltas por ahí?

KÁREL. Tú me conociste dando vueltas por ahí.

SILVIA. Pero la calle es una furia, Kárel.

KÁREL. Yo no le tengo miedo al lobo. *(La abraza).*

El cuarto se oscurece.

FELIPE. Se enredaron y apagaron la luz.

SAÚL. ¿Cómo pudo verlo todo tan claramente?

FELIPE. *(Señala la puerta del cuarto de Kárel).* Tiene un agujero. Es imperceptible. Lo hice para vigilarlo.

SAÚL. ¿Lo observa por la noche?

FELIPE. Cuando mete niñitas…

SAÚL. ¿A las niñitas o a él?
FELIPE. A ellas, claro. ¿Qué se piensa? No soy ningún viejo maricón.
SAÚL. Disculpe… ¿Tiene alguna foto de su sobrino?
FELIPE. Allá adentro.
SAÚL. ¿Llave?
FELIPE. La guarda él. Siempre tranca. Pero sin pena, derribe la puerta. Estoy cansado de aguantarle los desplantes. ¡Vamos, túmbela!

Saúl se acerca a la puerta. La toca. Da un golpe con el hombro. La madera se resiste. Toma impulso y regresa. La cerradura cede. Entran a la habitación.

FELIPE. Desde que él duerme aquí yo nunca había podido entrar. No me dejaba. Vea este juego de ajedrez. ¿Cree que Darín tiene cabeza para el ajedrez? *(Corre levemente el cristal que cubre la mesita y saca una foto).* Mírelo.
SAÚL. *(Toma la foto).* Exacto. Este es Kárel Darín.
FELIPE. ¿Lo ha visto?
SAÚL. No, no.
FELIPE. *(Saca otra foto).* Y esta es la niña que le conté. Juntos bajo el cristal. Como no tiene marquitos…
SAÚL. *(La toma y la observa).* ¿Me trae un poco de agua?
FELIPE. Claro.

Felipe sale. Saúl se guarda las fotos en el bolsillo. Registra las gavetas con avidez. Advierte el bulto de ropa ensangrentada. Separa las piezas. Vuelve a liarlas y a meterlas en la gaveta, que cierra enseguida. Felipe regresa.

FELIPE. ¿Algo de interés?
SAÚL. Nada que lo culpe. *(Bebe el agua).*
FELIPE. No se habrá fijado bien. Ese tablero de ajedrez podría ser una pista.
SAÚL. ¿Pero juega o no juega?
FELIPE. Es un decir.

Abandonan el cuarto.

FELIPE. ¿Hay más preguntas?
SAÚL. No.
FELIPE. Una final, como en todos los interrogatorios…
SAÚL. ¿Por qué le dice Darín y no Kárel?
FELIPE. Era el apellido de su padre. Me gusta que lo recuerde siempre. Tenía los pantalones bien puestos.
SAÚL. Le traeré noticias.
FELIPE. Cómo no.

El único farol de la sala de Felipe Alejo se apaga de repente.

CAPÍTULO VIII

Los padres y los hijos

Otro hombre que no fuera Alejandro Depás se hubiera quedado en casa. Rumiaría su dolor junto a la hija e intentaría dormir. Una taza de tilo al regresar del cementerio y un montón de pastillas.

Sin embargo parece fuerte, sereno, calmado, cuando el informe lo enfoca caminando por el Parque de las Mentiras, apenas a media cuadra del Prado, a las diez y cuarenta de la noche del día 25. Va a sentarse en el banco más cercano a la parada de la 15 pero ve que está ocupado, en su extremo derecho, por una vieja que husmea en varias bolsas de nailon. Despacio se acerca al extremo izquierdo y se sienta.

El banco es amplio. Un metro y medio separa a Roberta López de Alejandro Depás. La luz intermitente de un faro los ilumina.

ROBERTA. ¿A usted el café no le quita el sueño?
ALEJANDRO. ¿Eh?
ROBERTA. A mí sí. Como tengo que estar despierta toda la madrugada, cuelo dos cafeteras y las echo en este pomito. Café mezclado, claro. Con el tiempo he llegado a preferirlo.

Le sirve en un vaso plástico y le brinda.

ROBERTA. Cójalo, por Dios. Si me da un peso mejor pero no importa si...

Alejandro se registra el bolsillo y saca una moneda.

ROBERTA. No, no...

Él insiste y toma el vaso.

ROBERTA. Bueno... No se crea que cuelo siempre. Imposible hacerlo todas las noches. Si supiera que ni las chucherías del cine me hacen tanta falta como un buchito de este pomo... ¿Está rico? Sí, me queda rico. Qué remedio. Una no hace ningún esfuerzo. Con azúcar no hay modo de que sepa mal.

Él le entrega el vaso.

ROBERTA. Este lugar es agradable nada más que un rato. Más temprano hay gente en la parada y me compran. Después se largan. Pasa la guagua y lógicamente se van a dormir sobre un colchón. ¡Es mejor un colchón que estos barrotes de madera! O que los bancos de piedra del Parque Central.

El Parque Central. El banco de piedra. Alejandro se estremece.

ROBERTA. Sí, hace frío, usted tiembla de frío. Yo podría hacerle compañía toda la noche… Qué va, no se preocupe, estoy sucia, lo sé. Además, para mí no tiene sentido este parque. Si subo Prado y me quedo cerca del cine, por lo menos puedo vigilar la estatua del héroe. Está más iluminado. Quizás pasa alguien que tiene un peso para gastar en un vasito de café. Alguien que de pronto, sin dudarlo, se para bajo un farol convencido de que no hay peligro.

Alejandro persigue los ojos de Roberta. Ella advierte que Kárel se aproxima por la acera de enfrente. Guarda el pomo y los vasos dentro de las bolsas y se levanta.

ROBERTA. Si el café no le quitó el sueño, mejor que se vaya a dormir.

Desaparece. Alejandro quiere seguirla pero llega Kárel. La misma ropa de la madrugada. No ha ido a la casa. Sabrá Dios qué ha hecho durante todo el día de Navidad.

KÁREL. ¿Qué quería esa vieja?
ALEJANDRO. Me brindó café.
KÁREL. Dicen que el café es malo.
ALEJANDRO. *(Alegre y denso en su idea de la maldad).* Se te hizo un poquito tarde.
KÁREL. No me crees si te digo que estuve aquí hace un rato.
ALEJANDRO. ¿Para tu cuadre de las siete y pico?
KÁREL. Una muchacha. Pensé que podía ser bonito, nada más. No comimos en Nochebuena porque iba a estar con su familia, con el padre, con el hermano, y quedamos para hoy. Me dejó plantado. Ilusiones estúpidas que uno se hace con las mujeres.
ALEJANDRO. Cualquier lío. La gente se complica. Tú no sabes lo que le pasó, ni tienes idea… Estará en otra parte de la ciudad, resolviendo su vida, los millones de problemitas de todos los días que se vuelven monstruos… Piensas que tienes el mundo por delante y no ves el precipicio. Una locura… *(Se aprieta los ojos con las manos, no puede contener el llanto).*
KÁREL. ¿Qué pasa? *(Le da una palmada en la espalda).*

Alejandro llora sin estruendo, ásperamente.

KÁREL. Oh… Estás mal, compadre. ¿Te compro un refresco? ¿Una cerveza? ¿Te voy a buscar algo?
ALEJANDRO. *(Se seca la cara con los brazos).* No, no.
KÁREL. *(Saca su pañuelo).* Límpiate.

Con el pañuelo abierto Alejandro se tapa otra vez la cara. Llora.

KÁREL. No, coño… vamos a pasarla bien. Ya, ya… ¿Qué hay?

Alejandro saca una botella.

KÁREL. Este es bastante bueno.
ALEJANDRO. Cualquier ron sirve.
KÁREL. Hace frío, viene bien.
ALEJANDRO. En cuanto te lo tomas te mueres de calor.

Beben directamente de la botella. Kárel se frota los brazos desnudos.

ALEJANDRO. ¿Quieres ponerte mi abrigo?
KÁREL. Na, na, ya se me pasa.

Faro. Olor del agua salada. Un trago de la botella, otro.

ALEJANDRO. *(Despacio).* Me gusta este parque. Uno se sienta y ve el mar aunque sea oscuro… Toda la tranquilidad del mundo, el olor de las olas si te acercas, el sonido del agua contra las rocas. Arrimarse al malecón, bordearlo si te da la gana… Y en el horizonte, unidos por un mismo tono de índigo, el aire y el agua. Sin línea, a esta hora de la noche casi sin línea divisoria. El faro que no da reposo y de repente la sombra. ¡El infierno mismo!

El faro parece demorarse. O es el relato que viene.

ALEJANDRO. Yo quería a mi hijo… ¿Cómo me dijiste que te llamas?
KÁREL. Kárel. Kárel Darín.
ALEJANDRO. Pues digo Kárel, chamaco, y digo Miguel. La misma edad, me imagino, la misma idea del mundo. Tal vez, fíjate, tal vez no lo supo… Pero yo lo adoraba… Ayer estaba hablando con su hermana y yo lo escuché todo desde la escalera. No interrumpí. Pude hacerlo pero no interrumpí. Esperé que Silvia se metiera en el cuarto.
KÁREL. Silvia…
ALEJANDRO. Y entonces bajé.

Al fondo del parque surge un fragmento del comedor de los Depás. Deformado, incompleto, rajado, como Alejandro tiene la cabeza.

Miguel en short y chancletas. Come un pedazo de pan con mantequilla. La mañana del día 24, una vez más.

ALEJANDRO. *(Entra).* ¿No vas a la escuela hoy? *(Va a la cocina. Desde allí).* El día feriado es mañana.

Miguel no contesta. Alejandro se sirve leche en un vaso. Toma pan de la despensa. Va a la mesa.

ALEJANDRO. ¿Perdiste la lengua? *(Mientras come).* Tu hermana va a comprar la carne para esta noche y seguro carga también cebollas y papas. Si no vas a la escuela podrías ayudarla…
MIGUEL. *(Da un manotazo sobre la mesa).* ¡Sí voy! ¡Claro que voy! ¡Me voy ahora mismo para la escuela! *(Se levanta y camina).*
ALEJANDRO. No me levantes la voz.
MIGUEL. Ay, que no te la levante y tú te pasas la vida gritando…
ALEJANDRO. Siéntate, Miguel.
MIGUEL. Tengo que vestirme.
ALEJANDRO. Si llegaras más temprano, si cuando el bar cierra vinieras para acá…
MIGUEL. ¿Qué cosa? ¿Qué cambiaría?
ALEJANDRO. Empezaría a creerte.

MIGUEL. No me repitas el discurso de anoche.

ALEJANDRO. No me pidas dinero.

MIGUEL. Para guardarlo, ¿no? Se te va a poner mohoso.

ALEJANDRO. Pago todo en esta casa, Miguel. La electricidad, el gas, el agua…

MIGUEL. El mes pasado le di cincuenta pesos a Silvia para el teléfono. Y conseguí el plomero que arregló el baño.

ALEJANDRO. *(Aplaude. Se incorpora).* Lo que te he enseñado toda la vida. Que no se da media vuelta sin tener cubiertas las espaldas. Que donde se come no se caga.

MIGUEL. Hace años, papá, me senté y te lo dije bien claro. Era pequeño todavía y a lo mejor no me creíste. Cosas que se borran con el tiempo, habrás pensado. Te dije: Quiero vivir solo. Y te reíste. Lo tenías todo, una casa para gobernarla como te entrara en ganas, una hija a punto de graduarse de Medicina, un excelente cargo en el tribunal… Lo tenías todo y te reíste. Yo era un niño y lo veías como capricho. Pero entendía claramente.

ALEJANDRO. ¿Entendías qué?

MIGUEL. Que mamá era un estorbo para ti.

ALEJANDRO. ¿Qué coño…?

MIGUEL. No, no. La querías. Estoy convencido de que la querías. La ibas a recoger en el carro, la llevabas a pasear. *(Se toca la cabeza con el dedo índice).* Aquí están los fines de semana en la playa, las tardes en el zoológico, todos juntos… No lo he olvidado. La abrazas, la besas, le regalas una rosa blanca. Y llegas tarde. En el tribunal te suelen dar las mil y quinientas… Incluso muy tarde, de madrugada.

ALEJANDRO. Siempre hay papeles que arreglar, planillas, firmas…

MIGUEL. Espérate, no hay que justificar nada. El abogado eres tú. Yo no te juzgo.

ALEJANDRO. Pero escucho tu voz y presiento por dónde vienes, no lo quiero suponer pero casi me…

MIGUEL. Y mamá callaba. Aguantando ahí, como una perra. Se tragaba la lengua y callaba. La comida lista, el agua caliente para bañarte… Siempre callaba. ¿Cuántos años de matrimonio? Como veinte, ¿no? Por lo menos dieciocho… Multiplícalos por trescientos días laborales en el año. Creo que nunca te preguntó. Tú me dirás pero me parece que no lo hizo. *(Un gesto con los dedos).* Ni esta duda tuvo. No se metía en eso y evitaba un montón de problemas. No se metía en nada y te daba libertad, defendía tu libertad. Tuve una infancia feliz también gracias a ella, a su silencio, a su paciencia… Lo que hicieras fuera de casa, perfecto, ni le pasaba por aquí. *(Se toca la frente. Muy cerca del padre).* Y hacías cosas por las noches, ¿no? Seguro hacías. Sigues haciendo.

Alejandro le da una bofetada.

MIGUEL. *(La voz a punto de rajarse pero ni una lágrima).* Eres… De todas formas eres grande para mí, papá. *(Sale).*

Desaparece el ángulo de la casa de los Depás.

ALEJANDRO. Me lo mataron anoche en el Parque Central. Yo estaba contigo, ¿recuerdas?, y sentía una cosa rara, hasta que nos despedimos y fui a ver. ¡Maldita sirena! Me lo mataron y no tengo cabeza para imaginar por qué, quién fue, con qué sentido. Me lo mataron sin que pudiera decirle que sí, que tenía toda la razón, que no soy un padre, que soy una mierda…

Pero que de todas formas lo quería, coño… Con este corazón de mierda lo quería, lo quiero… Y la cosa podía cambiar, ser mejor, vivir separados si así ganábamos… Sabía todo eso pero no se lo dije. Le pegué y se me cerró la boca.

Silencio.

ALEJANDRO. Y ese cabrón suelto por ahí, esperando a otro chiquito bobo en otro parque, en la feria, dentro del cine… El policía no insistió, no buscó más huellas. Trabajan por inercia. ¡Un horror!

Kárel no dice una palabra.

ALEJANDRO. La ilusión de tener al asesino delante de mí, en el tribunal, para preguntarle… *(Le acaricia el pelo a Kárel).* ¿Qué podría preguntarle, chamaco? ¿Qué coño podría preguntarle? *(Llora).*

Las olas del mar chocan intensamente contra el arrecife.

CAPÍTULO IX

Redada

Un rincón del Prado. No se ve el mar, pero aún se escucha. Laureles que se agitan. Casi es medianoche del día 25.

Kárel fuma, sentado sobre un muro. Humo en la boca, humo en la cabeza.

Pasa La Paco, con premura. Lleva la cesta de flores.

LA PACO. *(Lo distingue en la oscuridad).* ¿Kárel? *(Se acerca).* Qué desierto este lugar… Como si el frío se hubiera tragado a la gente. Vendí tres flores en La Magdalena y estoy desde las dos de la tarde en la calle. Si no subes hasta el Parque Central no te empatas con nada… ¿Te quedas? Esperas a alguien, seguro. Qué rincón para citarse este… Yo malamente vendo, ves. Ni me ocupo de los hombres. Y andar sola me da pánico. Ese policía me vigila, es bueno tenerlo porque así me libro de las broncas, ¡pero siempre me vigila! Andará dándome vueltas por aquí. En cualquier minuto aparece. ¿Sabes de quién te hablo? Me gusta, sí, para un rato, comer con él, que me apriete… Pero a la larga me canso. No de la cama, sino de esa cosa pesada que tienen los policías aunque no usen uniforme… Una piensa que siempre te ocultan algo. Y si te dieran garantía, vivir juntos o tener un bebé… *(Se ríe).* Claro que no podemos tener un bebé. El miedo, la inseguridad. Esta ciudad que no mejora. Anoche mismo, en el parque, ese niño que mataron… ¿Te enteraste? El suelo está manchado todavía…

Las ramas de los árboles no cesan de batir.

LA PACO. *(Saca un cigarro).* ¿Me prestas candela?

Kárel le brinda la fosforera. La Paco enciende y fuma.

LA PACO. Una amanece muerta en cualquier esquina.

Un farol de moto los alumbra. Kárel se cubre la cara.

LA PACO. Creo que ahí viene el tipo. Luego te veo.

Va a escaparse pero se cruza con Saúl.

SAÚL. ¿No ibas a estar en La Magdalena?
LA PACO. Vacía como el refrigerador de mi casa. Me llego hasta El Floridita, a ver si tengo suerte.
SAÚL. ¿Quién es ese que hablaba contigo?
LA PACO. Un niño. Déjalo tranquilo, anda, no lo fastidies.
SAÚL. ¿Qué niño?
LA PACO. Uno cualquiera, deja la bobería. *(Lo besa).* Recógeme dentro de un rato.

Saúl le da una nalgada. La Paco sale corriendo.

SAÚL. *(Se adelanta).* Así que un niño… Kárel Darín.

Kárel se baja del muro.

SAÚL. Estuve en tu casa esta mañana.
KÁREL. ¿Dónde?
SAÚL. Tu tío llamó a la estación. Y yo escogí hacerte la visita.
KÁREL. ¿Y eso?
SAÚL. Dice que le buscas problemas, que te metes hasta tarde en la calle. Cosas de los tíos. Le partiste la cara contra el aparador…
KÁREL. ¿Está loco? Nos llevamos bien.
SAÚL. Pero anoche no comieron en familia. Ni dormiste allí.
KÁREL. Tengo una novia. Me fui a su casa.
SAÚL. ¿Una novia o un novio?
KÁREL. ¿Qué te pasa?
SAÚL. No te hagas el machito conmigo. ¿Qué hay del tipo que te dije?
KÁREL. No sé de ningún tipo.
SAÚL. *(Lo agarra por el cuello).* El de las columnas, el abogado. ¿Averiguaste algo? Seguro te lo bailaste ya. Y te pagó, ¿no? ¿Cuánto te pagó?
KÁREL. Suelta…
SAÚL. *(Al oído).* A lo mejor le hiciste una rebaja. Como mataste a su hijo…
KÁREL. ¿Qué coño estás diciendo?
SAÚL. Que las cosas se hacen bien o no se hacen.
KÁREL. Yo no hice nada.
SAÚL. *(Lo arrastra junto a la moto. Prende las luces. Saca una foto del bolsillo).* ¿Sabes quién es esta niña?

KÁREL. ¿Y esa foto? ¿Por qué tienes esa foto?
SAÚL. *(Lo aprieta)*. ¿Cómo se llama?
KÁREL. Silvia…
SAÚL. Silvia Depás. ¿Te suena? ¿Sabes hermana de quién? *(Hace ripios la foto)*.
KÁREL. ¡Suelta, suelta!
SAÚL. De Miguel Depás. ¿Quién es Miguel Depás? ¡El chiquito que asesinaste! Hijo de Alejandro Depás, ¡el maricón que te paga para que le cojas el culo!
KÁREL. ¡Es mentira! ¡No lo asesiné!
SAÚL. ¡Con una cuchilla! ¡Sé que le clavaste una cuchilla!
KÁREL. No tengo cuchilla…
SAÚL. ¡Un punzón, una navaja! Los médicos dirán. Pasado mañana a más tardar se sabrá todo. ¡Tus huellas están en su ropa! La guardaparques no te conoce, o te protege, pero dijo que jugaban ajedrez… ¡Imbécil! *(Lo tira al suelo. Lo patea)*. ¡Hasta para matar hay que tener cabeza!

Kárel puede levantarse, tiene alguna fuerza, pero queda desplomado en el medio de la acera. Escucha. Escucha. Escucha.

SAÚL. Vi tu pulóver lleno de sangre en la gaveta y lo guardé. Tu tío quería acusarte y yo lo detuve, le dije que esperara. Un trato es un trato. Pero vienes, no me dices nada de ese tipo, ni me das un dato, ni un hueco por donde meterme.

Con torpeza Kárel intenta sacar la cuchilla. Saúl lo descubre y se la arrebata.

SAÚL. ¿Qué pensabas hacer con esta mierda? *(Lo patea aún más)*. ¡Habla! ¡Habla!

Kárel levanta las manos. Va a hablar. Va a decir algo.

Uno piensa que el héroe al final siempre tiene que decir algo. Para que no se apague su llama. «Para emanciparme», piensa Kárel recordando los libros de Historia de la Patria. Pero calla.

Saúl tira sobre Kárel la cuchilla, que choca contra el asfalto.

SAÚL. ¡Qué asco!

Escupe y desaparece en la moto.

Kárel Darín es un cuerpo que jadea en un rincón de la ciudad.

CAPÍTULO X

Punto de fuga

Alejandro Depás no luce elegante. Es media mañana del día 26. El informe ha omitido hasta este minuto que se trata de un hombre entrado en años que mantiene todos los encantos de su juventud.

Una luz lo ilumina desde arriba.

ALEJANDRO. Juro que no tenía nada en su contra. Lo conocí hace dos días entre las columnas del frente de la Acera del Louvre, la misma noche que mataron a mi hijo. Me cayó bien y le pedí que regresara. Tenía el corazón roto pero no obstante lo esperé, muy cerca, apenas a unas cuadras, en el banco del Parque de las Mentiras que queda justo tras la parada de la 15. Bebimos juntos. Un ron cualquiera. Me habló poco esa noche. En cambio, oyó mucho. Le hablaba y era como si tuviera a Miguel delante de mí. Escuchó las cosas que yo me había callado la mañana del día anterior y no replicó, ni me hizo preguntas. ¡Tantas palabras importantes y soltarlas así, delante de un extraño! Creo que en su silencio me pareció hermoso. Un muchacho distinto para las calles de esta ciudad. La misma edad, Dios mío, y la misma mirada de Miguel. *(Un ahogo).* Hoy muy temprano nos vimos. Fue a la casa, ¡lo que nunca hago!, fue a mi casa porque Silvia estaba de guardia. ¡Tener a un hijo acabado de enterrar y pensar en un chiquillo! Pero era la misma cosa. Sé que cuesta trabajo entender pero eran una misma cosa Miguel y Kárel cuando lo vi en el umbral. Una mala noche, sin duda. Magullado, como golpeado… Las ojeras, el cansancio, pensé. Bebió media lata de cerveza. Nos revolcamos sobre la cama. ¡Puro entusiasmo! Un beso. Dos. Me habló al oído cuando acabamos: No quiero ni un quilo. Cogió su pantalón, sacó la cuchilla. Qué espanto, dijo el chamaco, como si fuera su primera vez, y se la clavó en el cuello, junto a la nuez de Adán.

Queda quieto. Quizás muy quieto. Cesa la luz.

Norge Espinosa Mendoza

TRÍO

Una obra para solitarios

Norge Espinosa Mendoza (Santa Clara, 1971). Dramaturgo, poeta, crítico y ensayista. Licenciado en Teatrología por el Instituto Superior de Arte (ISA). Tiene publicados los poemarios *Las breves tribulaciones, Las estrategias del páramo* y *Los pequeños prodigios*, este último para niños. Poemas suyos han sido incluidos en varias antologías de Cuba, España, México y Estados Unidos. Textos dramáticos de su autoría han sido llevados a escena por grupos como Pálpito, Teatro de las Estaciones o El Público. Su ensayo *Carlos Díaz: Teatro El Público: la trilogía interminable* fue distinguido con el Premio Calendario 2001 y se publicó al año siguiente por la Casa Editora Abril. Con *Cintas de seda* obtuvo el Premio de Teatro José Jacinto Milanés en 2006. Su obra *Un mar de flores* le valió el de Dramaturgia para niños y de títeres Dora Alonso 2010 y *Mito, verdad y retablo: el Guiñol de los hermanos Camejo y Pepe Carril*, libro escrito en coautoría con Rubén Darío Salazar, se alzó con el de Teatrología Rine Leal 2009. En 2010 la Editorial Letras Cubanas publicó *Ícaros y otras piezas míticas*, compilación de cinco de sus obras dramáticas. Su libro *Cuerpos de un deseo diferente. Notas sobre homoerotismo, espacio social y cultura en Cuba*, se publicó en 2012 por Ediciones Matanzas.

Si está interesado en solicitar la autorización para el montaje de esta obra, puede escribir directamente a: **norgenator@gmail.com**

Personas

ADORACIÓN, una diva del travestismo, 60 años
ISMAEL, un pintor de marinas, 40 años
ISAAC, su amante, 27 años
ÁNGEL, un objeto de deseo, 22 años

La acción, en un apartamento en los altos de un edificio de La Habana, a fines de los años 90. Un espacio como a medio habitar, delimitado por dos puertas en laterales opuestos que conducen a un cuarto y a una cocina, invisibles para el espectador, a semejanza de la puerta principal que no existe a la vista del público. Además, escasos muebles en orden arbitrario y una amplia ventana al fondo, en un segundo nivel, que conduce a un balcón; según la arquitectura interior de los años 50, aunque el lujo de la misma es ya apenas perceptible en esta habitación en la que faltan cuadros, cortinas, detalles que han desaparecido. Y, pese a ello, algo del antiguo esplendor de este apartamento todavía puede percibirse, gracias a unas pocas trazas de un lujo casi desvanecido. A través del ventanal, se admira la ciudad, delimitada por la línea del malecón. Y es de noche. Y se escucha persistentemente el sonido del mar.

NOTA DEL AUTOR

Probablemente esta obra no existiría de no habérseme permitido la participación en el taller para dramaturgos emergentes que Elyse Dodgson, April de Ángelis e Indhu Rubasingham han venido desarrollando en Cuba desde septiembre del año 2002. Bajo la influencia y el desarrollo de una conciencia del oficio que estas representantes del Royal Court Theatre han logrado animar en quienes hemos sido sus alumnos, Trío *ha podido convertirse en una obra tan real como discutible, lo cual es un doble sinónimo de vida. Posteriormente, la posibilidad de trabajar sobre este mismo texto durante la Residencia Internacional que el Royal Court produce anualmente en su sede en Londres, me permitió revisar el texto desde una ya saludable distancia. Agradezco, pues, al British Council y a las personas mencionadas, así como también a quienes fueron mis cómplices durante la Residencia: el dramaturgo Robert Holman, la directora Hettie MacDonald, los actores Peter Eyre, Danny Cerqueira, Russell Barr y Clive Wedderburn y el traductor Gwynne Edwards; así como a mis colegas cubanos, a los que debo otra voluntad de estímulo, y una amistad crecida a lo largo de las etapas del taller. Ya a la altura en que culmino una quinta versión del texto, en abril de 2004, esta pieza ha sido leída por actores ingleses en el Jerwood Theatre Upstairs del Royal Court, bajo la dirección de Richard Wilson y con el desempeño de Sir Ian McKellen, Michael Maloney, Daniel Evans y Hans Matheson, dentro de la semana de Nueva Dramaturgia Cubana que ha servido de colofón al extenso proceso del taller. Al Departamento Internacional del Royal Court y a todos los nombrados en este párrafo, va el agradecimiento profundo de un autor que ha aprendido de todos y cada uno, en pro de su particular visión acerca de esta obra que hemos compartido. Pero sería injusto si no mencionara también, en calidad de agradecimiento, a quienes durante varios años de amistad devenida investigación lenta y provechosa, compartieron conmigo los recuerdos y vivencias que animan a mis personajes. Aun desde el anonimato, esas personas son parte de una trama que no existiría de no haber podido entrar en esas otras vidas, en esas otras piezas de un drama posible que ellos protagonizaron, y todavía protagonizan, desde un silencio que va haciéndose cada vez más audible. Gracias pues, a todos, en el abrazo de este* Trío.

Norge Espinosa Mendoza
Abril de 2004

1

En la escena, Adoración. La imagen que debe contemplar el público es la de una mujer madura, que luce una peluca cuidadosamente peinada, un tanto demodé en sus atavíos y maneras, pero una señora digna, cuyo verdadero sexo se descubre solo mientras avanza el monólogo. Con su cuerpo cubierto por una larga bata de seda: un modelo calcado de los años 50 que remeda un kimono, Adoración ataca su recitativo, como si se dispusiera a acometer un aria di bravura, con la mirada fija en el espectador, prácticamente sin inflexiones, sin excesos. Indudablemente, espera que cuando termine su tirada, el público le ofrezca una cerrada ovación.

ADORACIÓN. Entonces sí que era algo ser un maricón en La Habana… La Habana, muchacho, ¿qué sabes tú? Me gustaba salir a la calle para admirar a esos hombres del puerto, marineros negros y blancos que ya te conocían y estaban dispuestos a todo. No era como hoy, cuando te miran de arriba a abajo solo para adivinar el tamaño de tu casa, o tu punto débil, en el que te golpearán hasta quitártelo todo… Esa Habana yo la vi, y la viví. Pero ya no existe… El otro día, se me antojó pasar junto al Sloppy Joe's. ¿Sabes lo que era eso, muchacho? Algo más que un bar: era un estado de ánimo. Vivir es un estado de ánimo, y esta ciudad ha perdido eso. Por eso ya no la reconozco. Y sin embargo, acabo siempre volviendo aquí. Buscando a esos marineros negros y blancos. Queriendo tomarme un trago dulce y tremendo con Pepe en el Sloppy Joe's… Un trago, sí, necesito un trago… Pepe, el pobre. Hace ya tanto que está muerto… Todo se va muriendo, ¿lo ves? ¿No te das cuenta? ¿Es que no me oyes? *Damn it, I need a drink!* ¿A quién carajo van a importarle los recuerdos de un maricón enfermo de tanta nostalgia? *(Con un gesto violento, se arranca la peluca).*

2

Rápido, entra Ismael con una toalla húmeda en las manos. Viste con una discreta elegancia, con una corrección que también es perceptible en sus gestos, para gusto de Adoración, en la frente de quien, con delicadeza, coloca la toalla.

ISMAEL. Está bueno ya. Se te va a rajar la cabeza si sigues alzando la voz y recordando tanto.
ADORACIÓN. *(Acomodando la toalla en su cabeza).* Ay, Ismael, es que tú no me entiendes. Si no recuerdo, si no alzo la voz aunque sea para oírme a mí mismo, me voy a perder sin remedio

entre tantas ruinas y calor. *For Christ sake,* ¡se me parte la cabeza! Pero, ¿cómo, no trajiste mi trago? *(De inmediato, antes de que Adoración pronuncie otra queja, Ismael corre fuera de escena en busca del trago. Adoración, sin embargo, no deja de protestar).* No, si cuando yo lo digo: llegar a viejo y maricón es lo último. Nadie se acuerda de tus gustos, nadie adivina dónde está el Tylenol cuando te duele la cabeza. Y mucho menos cuándo necesitas un trago para que se produzca el Nirvana. No, y para colmo, no te gustan los negros. Con lo eficaces que han sido siempre como criados. *(Se ha arreglado la toalla a manera de turbante. Adopta su pose de diva lista para las cámaras, y sonríe cuando Ismael regresa trayendo un vaso rebosante de ron en una bandeja).* Bueno, ahora ya puede uno sentirse toda una dama.

ISMAEL. Aquí está su trago, señorita Adoración.

ADORACIÓN. Adoración de la Cabada y Revillagigedo; que soy un transformista con *pedigree*, Ismaelito. *(Se bebe el trago de un solo impulso).*

ISMAEL. ¿No te hará daño el ron, y además las pastillas?

ADORACIÓN. Muchacho, déjame hacer lo que me venga en gana, ¿está bien? Cuando joven me cuidé tanto que nunca supe qué cosa era una sífilis. Y al sida, como ves, he llegado demasiado tarde. De algo tengo que morirme, ¿no?… Ah, ¡ya empieza a hacer su efecto! Un poco de ron basta para no sentirme tan torturada en esta Isla, para no recordar lo desagradable, e imaginar que me esperan en CMQ, la mejor emisora de Cuba.

ISMAEL. Me encantas cuando deliras. CMQ no existe desde hace un carajal de años.

ADORACIÓN. Pero yo sí, Ismael. Yo *existo*. Yo vuelvo a esta ciudad y a veces, ya solo a veces, me parece que existe lo que yo deseo que exista. No soy entonces ni Adoración ni Everardo Martínez, no soy un actor retirado ni un travesti con olor a momia francesa. Recorro esas calles con la cara lavada y tengo veinte años, y voy a la emisora a ver y oír a las estrellas de Cuba. Las conozco a todas desde que era niño. Ellas me adoran, me ayudan a conseguir algún trabajo, me piden un consejo sobre qué vestido usar, qué perfume… Los perfumes existen, Ismael, aunque se evaporen. Yo también acabaré evaporándome. Como esta ciudad. Como ellas. Blanca, Rita, Rosa, Celia, Myrta, Minín… *(Canturrea un bolero, entrecerrando los ojos).* «Yo estoy decepcionada de la vida…». *Damn it*, necesito otro trago. Trae la botella, y apúrate, que me inspiré.

Ismael corre a por el trago. Adoración recupera su pose y continúa monologando hacia el público, sin dirigirse exactamente a Ismael, que vuelve de inmediato con la botella y le sirve un nuevo vaso, que Adoración bebe ahora a pequeños sorbos.

ADORACIÓN. ¿Dónde estaba…? ¡Ah, sí, los perfumes! Quizá La Habana de esa época era un perfume. En cualquier caso, yo vivía embriagado con ese aroma: Old Spice, Lanvin, Chanel… Divago, sí, y hasta confundo el sudor del primer hombre de mi vida con ese perfume. ¿Te conté alguna vez lo de mi primer hombre? *(Ismael, situándose tras Adoración, comienza a masajearle los hombros. Adoración se relaja aún más, dejándose llevar por el recuerdo).* Yo tenía catorce años, Ismael… ¿No se llamaba Ismael también ese primer hombre? ¿Estaba aquel cuarto horrible donde nos acostamos en la calle Zanja? ¿Era gorda o tísica la mujer que nos alquilaba el cuarto? Ay, ya no sé. Lo que sí recuerdo es que me pidió que le cantara mientras me desvestía para él. Un tipo fuerte, nada educado, ¿sabes? Un chofer. ¿O era carnicero? ¡Carajo, se me olvida todo, hasta el primer hombre de mi vida! Qué más da, *whatever*, chofer o carnicero, si como carniceros me trataron siempre todos. Después vendrían tantos, tantos cuartos en la calle Zanja, tantas gordas y tantas tísicas… Y le canté… Yo me desnudaba por primera vez para un hombre y le cantaba un éxito del momento... *(Canturrea nuevamente).* «Yo estoy decepcionada de la vida...». *(Ríe).* Y me aplaudió, ¿sabes? Delirantemente. Fue de todo eso lo que más me gustó. Porque a decir verdad, no tenía «aquello» tan grande como yo esperaba... ¡Ay, Ismael, si quitándome el maquillaje pudiera quitarme también estos recuerdos!

ISMAEL. A mí tampoco me gusta recordar. Pero debe ser porque no puedo hacerlo como tú, que lo vuelves todo... tan vívido.

ADORACIÓN. No soy yo, Ismael. Son los hombres de mi vida los que me hacen recordar. *(Con un gesto rápido, detiene las manos de Ismael, y volviéndose a él, lo mira frente a frente. Por un segundo, le sostiene la mirada, muy cerca de su rostro. Hasta que con un ademán de actriz rompe la atmósfera y se reclina en el mueble, cambiando el tono hacia una inesperada familiaridad).* Cosas de vieja loca. Pero así y todo como me ves, hecha una ruina totémica, agradece que seas mi sobrino, y que por un simple pudor familiar no pueda hacerte conocer ahora mismo a la verdadera Adoración de la Cabada y Revillagigedo. *(Ambos se ríen. Adoración bebe y mira su dorado reloj de pulsera).* Óyeme, niño, ¿y a qué hora viene ese desgraciado? ¿Es que le caigo tan mal que ni siquiera va a venir a despedirme?

ISMAEL. *(Separándose, se sirve un trago).* Isaac está al llegar, tío. Sabes muy bien que nunca llega tan temprano.

ADORACIÓN. *(Despojándose de la toalla y apretándose las sienes).* ¡Isaac! A alguien como él debe encantarle andar por esas calles tan siniestras que alguna vez fueron tan iluminadas. Esta no es ya La Habana, Ismaelito, créeme. Esta es su caricatura en una película de horror clase Z. Y ese, tu Isaac, debe ser su Bela Lugosi...

ISMAEL. *(Trayéndole la peluca).* Pues Isaac y yo te hemos preparado una sorpresa para esta noche. Algo tan espectacular como para que regreses a este «espanto» de capital no en un año, sino la próxima semana.

ADORACIÓN. ¿Una sorpresa? ¿Y tan «espectacular» como para hacerme volver de inmediato a este simulacro tropical? Como no sea la repentina caída del gobierno y la inmediata devolución de mis bienes...

ISMAEL. Tú no cambias, tío. *(Adoración hace un rictus al oírlo. Ismael trata de corregirse).* Es decir, usted no cambia, señorita Adoración.

ADORACIÓN. *That's better.* Ya sabes lo poco que me gusta que me digan tío cada cinco minutos. Adoración suena mejor: me ha costado tanto convertirme en ella. Y conste, que si este apartamento *que fue mío* conservara todo lo que en él dejé, solo permitiría que mientras estuviera aquí me llamaran por ese nombre.

ISMAEL. Esta no es ya La Habana de los sesenta, *tío*. Y tú lo sabes bien. Algunos muebles se rompieron sin que ya nadie pudiera arreglarlos, o sin que pudiéramos conseguir el moaré que tanto te gustaba. Otros, es verdad, tuvimos que venderlos cuando todo empeoró.

ADORACIÓN. *(Colocándose la peluca).* Sí, sí, sí. Ya me sé toda esa historia: mucha marcha combatiente, mucha recogida de papas, pero también mucha insensibilidad para con el patrimonio. Menos mal que la Catedral es de piedra dura, porque si se cae, la reconstruyen con yeso... Si no te lo echo en cara, Ismaelito. Es que me hacía ilusión volver y encontrar *al menos* parte de lo que yo te dejaba.

ISMAEL. Mamá trató de conservarlo todo igual mientras se pudo.

ADORACIÓN. Mi hermana nunca tuvo el buen gusto que a mí me sobró, mira nomás cómo le fue con los hombres... ¡Ay, mis candelabros, mis lámparas *art nouveau*...! No se puede ser maricón si no te rodeas de cosas bellas, Ismael... Ser maricón es un arte tan difícil. Bien que me lo decía Pepe... Y yo que pensaba que mi sobrino pintor iba a comprenderme.

ISMAEL. *(Sirviéndole un nuevo trago)*. Y te comprendo. Y hasta Isaac también te comprende.

ADORACIÓN. De ti, eso puedo creerlo. De ese bandido no. En mi última visita, ¿recuerdas? Él aún no existía, y podíamos caminar La Habana como verdaderos familiares. *(Lo mira con orgullo)*. ¡Mi sobrino Ismael, el pintor de una familia en la que yo fui, y aún soy, el primer artista!

ISMAEL. *(Lo aplaude)*. ¡Bravo!

ADORACIÓN. Claro que ahora es bien distinto todo. No se puede pasear La Habana porque en sus parques no hay un jodido banco donde poner el culo. Y eso, sin hablar del asedio a todo lo que huela a extranjero. Y tú, lo que eres tú, ni pintas ni diseñas. No haces más que obedecer a ese al que insistes en llamar «tu novio». A ver, ¿ya se lo dijiste, ya le contaste para qué estoy aquí?

ISMAEL. No, todavía no. No me has dado tiempo en los últimos días, pidiéndome siempre que te lleve a ver algo más de la ciudad.

ADORACIÓN. ¿Es que no te das cuenta de que ya no tienes nada que hacer aquí, Ismael, y que debes decidirte…? Te estoy esperando, sobrino. Y sigues sin darme una sola respuesta.

ISMAEL. Tío, yo te prometo que esta noche…

ADORACIÓN. Promesas, promesas, promesas… Los hombres de mi vida nunca me hicieron más que promesas… Yo mismo era aquí una gran promesa de la actuación… *(Terminando el trago)*. Ismael, díselo esta noche. Díselo ya. No puedo pasarme el resto de mi vida esperando… Pero está bien. Por ahora, punto en boca sobre el caso Isaac. Ven, acércate, creo que la peluca ya está bien colocada. *(Abre los brazos hacia su sobrino)*.

ISMAEL. *(Abrazándolo)*. Me alegro tanto de que hayas vuelto.

ADORACIÓN. Y yo me alegro tanto de poder abrazarte. Algún día te pediré que me hagas un retrato así, maquillado, con la peluca perfecta…

ISMAEL. Tendría que hacer un esfuerzo para acordarme de cómo pintar…

ADORACIÓN. *(Sin escucharlo, en un tono lúgubre)*. Y yo querré conservar ese cuadro conmigo hasta el día de mi muerte… *(Con una transición rápida)*. Claro, que si un día antes de guardar el carro, algún yanqui millonario se antoja en comprármelo, ¡te mando la mitad del cheque y la otra me lo gasto en champán y Cuba libre!

Ríen juntos. Adoración contempla a su sobrino durante un breve silencio. Es como si dibujara el inicio de un beso que no se producirá. Ismael levanta una mano para acariciar a su tío, pero la detiene en uno de los rizos de la peluca.

ISMAEL. Así está mejor. Ahora sí luce perfecta. Ahora sí luces perfecta, *tía* Adoración.

Ríen nuevamente. Adoración se lleva sus manos a los ojos. Risa o llanto, los dos están estremecidos. Se oye, fuera de la escena, el sonido de una puerta que se abre y con él crece el rumor del mar. Ismael, rápido, se levanta.

ISMAEL. ¡Las diez de la noche! Aquí está Isaac.

3

De inmediato Adoración se recompone y adopta una expresión hierática, con la cual pone distancia entre la pareja de su sobrino y él mismo. Entra Isaac, un joven de veintisiete años que, a diferencia de Ismael, muestra su edad en cada uno de sus gestos. Ágil, pragmático, viste con algo que podría entenderse como leve descuido, menos preocupado por los detalles que su amante, al que besa en los labios como saludo.

ISAAC. Hola, Picasso; ya estoy aquí. *(Con frialdad, a Adoración).* Buenas noches, Everardo.

Al oír su propio nombre, Adoración se estremece de disgusto. Ismael mira a Isaac con reprobación, pero éste no le hace el menor caso, disfrutando el efecto de su saludo.

ISMAEL. Ya tío me había preguntado por ti. Se preocupaba por la hora y hasta pensaba que no vendrías a despedirlo.
ISAAC. Dile a tu tío que aunque no nací en una cuna de oro habanera, en Santa Clara también enseñan a ser educado. Y la verdad es que no entiendo tanta preocupación. Total, si a mí me *encantan* las despedidas.
ADORACIÓN. *(Sin mirarlo nunca, le responde).* A mí, en cambio, me sacan de quicio. Siempre me parece que se me olvida algo: una joya, un guante, un zapato… Y los aeropuertos me desquician: familias que se dividen, extraños que se encuentran… Claro, que quien no ha viajado *nunca* no puede entender nada de esto.
ISAAC. A mí no me gusta viajar. No me gusta que *nada* me separe de Ismael.
ISMAEL. Yo tampoco he viajado nunca. Recuerdo que una vez un crítico malintencionado me preguntó por qué solo pintaba marinas, que si yo nunca había visto otra clase de paisajes. Un tipo que, por cierto, poco después se fue del país.
ADORACIÓN. Y tú te quedaste. Pintando marinas, litorales, tormentas… A mí también me fascina el mar. Es la prueba que Dios nos regaló de su existencia. Pero ya nadie cree en Dios, y tú tampoco pintas. Y el mar de esta isla ha quedado para cementerio de balseros. Así es el mundo de imperfecto… Entonces, ¿ya tienen confirmado mi vuelo?
ISAAC. Sí, sobre las seis de la mañana. Si quiere, yo mismo le llamo un taxi.
ADORACIÓN. ¡Hum, este hombre está ansioso por ver llegar el fin de su tortura! ¡Me imagino los horrores que harán en cuanto yo me vaya!
ISAAC. Nada que no hayamos hecho estando usted aquí. *(A Ismael, en voz baja).* ¿Le anunciaste lo de «la sorpresa»?
ISMAEL. Más o menos. ¿Crees que aparecerá?
ISAAC. Ya verás cómo no falla. *(Enfrentando a Adoración).* Confieso, Everardo, que con mucho gusto voy a darle este último regalo.
ADORACIÓN. *That's hideous!* Regalo, sorpresa, misterio… ¿Qué se traen ustedes conmigo? Óiganme bien: ya muy pocas cosas aquí pueden sorprenderme. Y me conozco esta ciudad como la palma de esta mano, vieja y huesuda, que cuando salgo a escena recubro de diamantes. Dudo que algo me pueda sorprender en esto que alguna vez fue La Habana.
ISMAEL. Vamos, tío, no seas incrédulo. Prepárate, es la hora de tu último show.
ISAAC. ¿Y con qué va a deleitarnos hoy nuestra eximia vedette, si se puede saber?
ADORACIÓN. Con mi aparición más celebrada, la más aplaudida de todas. En La Habana, New York, Miami, y hasta en París, donde no he actuado nunca pero donde se habla de mi merecida fama. Un bolero, extraído del repertorio de una de las más grandiosas gargantas de esta isla, que no debiera haber dado políticos sino músicos y deportistas. *(Con un gesto detiene la respuesta de Isaac).* Usted no conoce a esa cantante, usted no había nacido cuando

yo entraba en su camerino a dejarle un ramillete de gardenias. Consuélese; esta noche, voy a mostrarle un destello de lo que nunca conoció.

ISMAEL. ¿Y también hoy será un solo número?

ADORACIÓN. Uno solo, en efecto. Como la Virgen María, me gusta aparecer una sola vez y dejar a todos deslumbrados. Si un milagro se repite, se convierte en algo vulgar. Y lo vulgar, sobrino, ya nos acosa *demasiado*. *(Isaac, molesto, se aleja. Adoración, satisfecho, comienza a retirarse, llevándose el vaso lleno)*. Esta noche, Ismael, también tú y yo tenemos que compartir una sorpresa. No me defraudes, sobrino. No quiero irme sin oír el mejor de tus aplausos.

4

Adoración desaparece. Isaac, irritado aún, trata de separarse de Ismael pero este lo retiene. Acaban abrazándose. Dialogan con alivio, a media voz.

ISAAC. ¡Se va, coño, se va! Casi no puedo creerlo.

ISMAEL. Tranquilo, santaclareño, ten paciencia. En cuanto haya peinado sus ciento ochenta pelucas y nos haya dejado sin un trago, se montará en el avión y no lo veremos más en un par de años. Y todo será como te gusta, como debe ser.

ISAAC. *(Apartándose, bebe directamente de la botella)*. Quince días aguantándole sus críticas, viéndolo estirar sus trapos, restregándome en la cara su alcurnia habanera... Tenía que haberme ido con mis padres, como lo pensé...

ISMAEL. *(Apoderándose de la botella)*. ¿Para quedarte con las ganas de molestarlo, recordándole su edad y diciéndole su verdadero nombre? Si te encanta provocarlo...

ISAAC. A mí me gusta llamar a las cosas por su nombre. Por eso, a los dieciocho años, senté a mis padres y les conté: quién yo era y con quiénes me acostaba...

ISMAEL. Y gracias a esa sinceridad, terminaste cogiendo un tren para La Habana, huyendo de la casa de la que te botaron como un trapo. No le veo la gracia a tanta franqueza.

ISAAC. Muy sencillo, tiempo ganado. Al menos yo no me casé ni pretendí ser un decente hombre de familia.

ISMAEL. Claro, pero no te vas, tampoco regresas a Santa Clara. Porque me quieres, todavía me quieres... Y porque no te gustaría volver a la calle, ¿verdad?

Isaac, herido, vuelve a apartarse. Ismael, violento, lo atrapa, lo estrecha contra sí, y lo obliga a tomar un último trago de ron pese al forcejeo de Isaac, que finalmente, se deja abrazar, vencido. El acto debe ejecutarse con una agresividad que, sin embargo, tenga también algo de rutina: es uno de los juegos de fuerza que esta pareja tiene ya por costumbre. Isaac habla, y se advierte en su tono que ya el juego no lo divierte.

ISAAC. A veces me parece que no has aprendido nada, Ismael. Absolutamente nada.

Ismael lo besa, violentamente. Isaac trata de resistirse pero, pese a todo, también se excita. La voz de Adoración, desde el cuarto, los interrumpe.

ADORACIÓN. ¡Ismael, empieza a mover los muebles! ¿O es que quieres que regrese a Miami con la peluca torcida y una pierna destrozada?

ISAAC. *(Aprovechando para separarse, limpiándose la boca con la mano).* Mueve los muebles, anda, sigue obedeciéndolo hasta que se vaya. Me encanta verte en el papel del mayordomo.

ISMAEL. *(Disimulando, en voz alta).* ¡Enseguida, tío, ya casi todo está listo! *(A Isaac).* Con tal de que tú hayas cumplido con tu papel… A ver, ¿dónde está el ron? Te apareciste aquí con las manos vacías.

ISAAC. No te preocupes, Picasso. No iba a dejar que Su Majestad se quedara sin la ambrosía que lo mantiene vivo. Le di el dinero a Ángel para que nos traiga un par de botellas.

ADORACIÓN. *(Desde el cuarto aún, su voz corta la reacción inmediata de Ismael, que al oír a Isaac se sobresalta).* ¡Ismaelito, recuerda la lámpara! Mira que no quiero romper esa última reliquia. En ese apartado de antigüedades, aquí ya solo quedamos ella y yo…

ISMAEL. *(Continuando el juego, pero ahora verdaderamente irritado).* ¡Despreocúpate, tío! *(A Isaac, rápido).* Pero, ven acá, ¿tú estás bien de tu cabeza? ¿Tú te volviste loco, Isaac Fernández Valdés? ¿Cómo se te ocurre traer aquí a un tipo como ese?

ISAAC. Te lo explico de este modo, Picasso. Me pasé toda la noche buscando un comprador. Y después que encontré a uno ya no tenía más tiempo para ponerme a la caza de un desconocido. Lo siento, pero esta noche, Ángel es el hombre.

ISMAEL. Tú sabes que eso puede ser muy peligroso.

ISAAC. No si hay dinero limpio de por medio. Además, lo que tú quieres solo puede hacerlo un profesional. A un novato no va a encantarlo una vieja maquillada…

ISMAEL. *(Amenazándolo con la botella).* ¿Y si la vieja maquillada es más inteligente que tú y que él y lo descubre todo? Vas a tener que salir a la calle para sobrevivir…

ISAAC. Ya lo hice una vez, y así nos conocimos tú y yo. A lo mejor, si me tocara volver a hacerlo, acabo teniendo hasta más suerte. *(Ismael levanta la botella en actitud de golpearlo. Isaac, seguro de sí, lo detiene y le arrebata la botella. Lo mira directamente a los ojos, muy cerca ya de él).* No tengas miedo, Picasso. Tú conoces a Ángel muy bien. No va a descontrolarse cuando hay tanto dinero en juego. Yo le expliqué los detalles, y además, le enseñé las fotos… Él es el hombre. Confía. Aunque sea una última vez, confía en mí.

Están ya frente a frente, casi rozándose por unos segundos. Ismael comprende que no tiene alternativa. La voz de Adoración vuelve a ponerlos en guardia.

ADORACIÓN. ¡Ismael! Ven acá y súbeme la cremallera, que si sigo intentándolo sola voy a salir más torcida que la Constitución Socialista del 76. *Oh, my God*, con lo flexible que fui siempre cuando joven, ¿verdad, Pepe?

ISAAC. Ya está hablando sola con su eterno fantasma. Ayúdalo, anda, antes de que se estrangule. *(Ismael empieza a retirarse pero Isaac lo detiene).* Oye, ¿a qué se refería con eso de una sorpresa que tú y él están preparando? ¿Es que te ha pedido algo más?

ISMAEL. No sé, cosas suyas… En todo este tiempo solo me ha pedido pastillas y ron.

ISAAC. *(Abrazando a Ismael repentinamente, con sinceridad).* No quiero que nada nos separe… Le tengo miedo, no sé qué quiere de ti, siempre disfrazándose, tratando de arrastrarte a no sé qué… *(Se separan).* Ve, o despertará al edificio con otro de sus gritos. Dejé la puerta entreabierta para que Ángel llegue a mitad del show. O si tiene suerte, cuando la abuela de Miss Universo haya terminado. ¿Quieres ahora el dinero?

Ismael se lleva un dedo a los labios y negando con la cabeza, sale de escena llevándose la botella vacía. Isaac queda solo, frente al ventanal.

5

Tras unos segundos en los que contempla la vista de la ciudad, Isaac se vuelve al público. Piensa por un momento llevándose la mano al bolsillo de su pantalón, de donde saca un puñado de billetes. Dólares. Los cuenta rápida aunque cuidadosamente, atento al rumor que proviene del cuarto donde Adoración habla con su sobrino acerca del traje, los guantes a usar, etcétera, una conversación banal que el espectador escucha solo como un murmullo. Isaac se acerca a un mueble y esconde el resto del dinero en una gaveta. Vuelve a la ventana, tratando de controlar sus nervios. Pero en el último instante, saca nuevamente el dinero de la gaveta, vuelve a contarlo, separa la mitad del dinero y la guarda en su bolsillo, dejando el resto en la gaveta que cierra evitando hacer demasiado ruido. Avanzando hacia el ventanal, parece respirar más aliviado. Justo a tiempo, porque ya regresa Ismael, y tras él, aún invisible, Adoración da órdenes rápidas.

6

Ismael entra trayendo en sus manos el kimono que cubría a Adoración y un velo de tul rojo, con el que disimula el haz de la lámpara que ilumina la escena: una lámpara de pie que sobrevive en el apartamento desde los años cincuenta. Isaac, ya acostumbrado al ritual, se hunde en una vieja y cómoda butaca, tratando de aparentar tranquilidad, pero la voz de Adoración lo obliga a levantarse mientras Ismael, bajo la andanada de órdenes, acondiciona el espacio para el show inmediato.

ADORACIÓN. *(Fuera de la vista del público)*. ¿Así que ya habías corrido los muebles? Todas las noches es lo mismo, en cuanto te dejo solo con ese santaclareño te olvidas de mí… Coloca el velo sobre la lámpara. ¡Bravo! Se ve de lo más *chic*, ¿verdad? Ahora mueve ese butacón; mis ojos ya no son los de hace treinta años y ayer, cuando realizaba mi salida triunfal, por poco me voy de cabeza. Deja el kimono en el sofá y apaga las luces. Y siéntate cerca de él, pero no a su lado. *(Ismael, que se había acomodado junto a Isaac, obedece, alejándose de su amante)*. Bien, así me atenderás solamente a mí: cuando un artista de verdad aparece, no deben distraernos ni siquiera esos a lo que *decimos* amar. *Anyway*, ¡aquí voy! ¡Sobrino, deja que se escuche esa canción! La Habana, por unos minutos, va a ser de nuevo una capital.

Ismael apaga las luces y el apartamento queda a media luz mientras Adoración aparece, transfigurado. La imagen de la primera escena ya se ha completado: la mujer madura del inicio es ahora una diva de la canción, vestida con un traje que realza su cuerpo y sobre el cual centellean sus joyas: todo en ella destila una rara y antigua perfección. En la penumbra ha empezado a escucharse un bolero, cuyos acordes transforman la habitación en un misterioso escenario de cabaret. Con pasos medidos pero gráciles, Adoración sube al nivel de la ventana. A sus espaldas, La Habana también se metamorfosea: en la vista de la ciudad se encienden lumínicos antes no advertidos, como devueltos a la vida por la propia canción. La orquesta, una verdadera orquesta acompañante, hace un segundo de silencio antes de que la voz de la cantante se deje oír. Adoración hace suya esa voz, es Esa Voz. La Voz, cuyo canto hace que La Habana se recuerde a sí misma. Los gestos de Adoración subrayan cada frase, sin excesos. Su interpretación del bolero, cursi y memorable, es la de un profesional que no pierde nunca dominio de sí. Solo al final, sobre las últimas notas, se estremece en un estudiado simulacro de llanto. Está tan concentrado que no advierte que en la oscuridad alguien ha entrado y permanece de pie junto a la puerta. El bolero se esfuma. Los aplausos que alguna vez fueron para la cantante, son ahora para Adoración, que se inclina a recibirlos. La iluminación habitual regresa, deshaciéndose el hechizo. Ismael, Isaac y el recién llegado, cada uno a su modo, aplauden.

7

Con paso decidido, Ángel —un joven de rasgos muy finos, tras los cuales se adivina una lejana ascendencia mestiza, y cuerpo elástico trabajado minuciosamente en el gimnasio— deja sobre una mesa un par de botellas de ron y se adelanta para poner a los pies de Adoración un vistoso ramo de flores blancas, al tiempo que lo aplaude con una ensayada efusividad. Adoración, aún estremecido por el esfuerzo, lo contempla intrigado. Isaac e Ismael se cruzan una mirada cómplice.

ÁNGEL. ¡Bravo, bravo! Por un momento me pareció estar en París o Nueva York, *madame*.
ADORACIÓN. *(Recogiendo las flores con un gesto de diva)*. *Mon Dieu, c'est incroyable!* Todavía quedan en esta ciudad gentes con sensibilidad para el gran arte. Ismaelito, ayúdame a bajar de este escenario de segunda mano y dime quién es este intruso tan amable.
ISMAEL. Esta es la «sorpresa» que Isaac y yo teníamos para ti. Tengo el gusto de presentarte a un amigo que te admira y se moría por conocerte. Ángel, Adoración. Adoración, Ángel.
ÁNGEL. *(Besándole una mano con un cinismo encantador)*. A sus pies, señora.
ADORACIÓN. No me llame señora. Llámeme Estrella, Ilusión, Fantasma. Eso es lo que soy, bajo estas ropas que me aprietan tanto… Hermosas flores. Nadie en estos días me regaló unas así. Tuvo que aparecer un hermoso desconocido en mi última noche para que La Habana me regalara unas rosas. Pero explíqueme algo… ¿cómo me dijo que se llamaba? ¡Ángel! ¿Cómo es posible que me admire, si nunca alguien de su edad pudo verme brillar en esta isla de un único profeta? Hace ya tanto que dejé de ser un mito habanero…
ISMAEL. *(Adelantándose a la respuesta de Ángel, a una señal de Isaac)*. ¿Recuerdas las fotos que me dejaste, tío? ¿Aquellas de tus últimas apariciones en no sé qué bar de New York, vestida a lo Liz Taylor, toda púrpura y violeta?
ADORACIÓN. ¿Qué fotos? ¿Yo, como Liz Taylor? *Jamais…!* Siempre he sido demasiado tropical. En todo caso, a lo más sería una Rita Moreno. Aunque… hay quien dice que mis ojos, bajo determinada luz, son también violetas.
ISMAEL. ¿Ves como las recuerdas? Me las trajiste en la última visita. Y Ángel las vio aquí y se quedó prendado. Cuando le dije quién eras en realidad, no quiso creerme…
ADORACIÓN. *(Pasando junto a Ángel, estudiándolo)*. La juventud es siempre tan incrédula.
ISMAEL. Por eso, aprovechando tu visita, lo invitamos a venir, para que te viera con sus propios ojos y se convenciera de todo tu talento.
ADORACIÓN. *(Dándole una flor a Ángel)*. Puede considerarse afortunado, joven; ya solo hago apariciones especiales en esta ciudad que alguna vez fue mía. Yo soy la diva de los *happy few*… Y ahora, señor Escéptico… ¿está ya convencido?
ÁNGEL. *(Recogiendo la flor, adulador)*. Convencido, y encantado. Soy un fanático del mundo del espectáculo. Y usted, créame, es un espectáculo nunca visto.

ISAAC. *(Sin poder contenerse, ya en su segundo trago)*. Ay, Ángel, no exageres. Aquí en La Habana, y en toda Cuba, hay muchos que hacen lo mismo a riesgo de sus vidas.

ÁNGEL. Sí, hay muchos, y la verdad es que conozco a bastantes. Pero ninguno es capaz de crear algo tan… tan…

ADORACIÓN. ¡Hipnótico! Dígalo sin miedo. Soy una mantis religiosa, una vampiresa que de pronto se materializa. Y usted acaba de darse cuenta. Usted puede ver lo que la gente vulgar no reconoce. Este país se llenó una vez de gente vulgar y muchos tuvimos que hacernos invisibles. Pero aún quedan unas pocas almas ante las cuales podemos descubrirnos.

ÁNGEL. *(Conduciéndolo al sofá)*. Por favor, no se engañe. Yo solo soy un admirador. No se vaya a creer que he leído muchos libros.

ADORACIÓN. *So what?* ¿Ha visto al menos un ballet en su vida, ha oído hablar del David de MichelÁngelo, le gusta que le regalen una prenda de color azul? Eso es siempre un buen principio. Y aunque en Cuba no haya grandes museos, le queda ese mar azulísimo, y todavía una buena compañía de ballet.

ISMAEL. *(Sirviéndoles ron)*. Precisamente, Ángel es un devoto del ballet. Creo que Isaac y yo lo conocimos en una función de *Giselle*, o *El lago*…

ISAAC. Sí, no se puede negar que a Ángel le gusta estar rodeado de cisnes…

ÁNGEL. *(Lanzándole, con Ismael, una mirada fulminante que Adoración finge no advertir, concentrado en sus flores. Isaac, como respuesta, se aleja hacia el fondo)*. Voy al ballet como parte de… mi oficio. Me gusta conocer gente en los teatros, alguien con quien pueda conversar de algo que no sea el calor o el deporte. Una buena función, luego unos tragos, y después un paseo para mostrarles La Habana… Dicen que todavía es una ciudad maravillosa. Usted debió haberla visto sin derrumbes ni despintada. Es algo que le envidio.

ADORACIÓN. ¡Qué lástima que nos conozcamos cuando me debo marchar! Es la historia de mi vida: un día antes de desaparecer, viene a sucederme todo. No se avergüence, mi sobrino tampoco sabía nada de esta ciudad. Hace seis o siete años, cuando lo visité por última vez, lo llevé a varios lugares para que conociera el esplendor que aún sobrevivía en esta capital, y que él aún no había descubierto, ocupado únicamente en pintar el mar. ¿Sabe usted que La Habana tiene un palacio florentino y una catedral neogótica? De haber tenido tiempo, le hubiera mostrado todo eso.

ÁNGEL. Todavía tenemos toda una noche.

ADORACIÓN. Error: menos de una noche. Apenas unas horas.

ÁNGEL. Suficiente. Desde chiquito, yo siempre he sabido aprender muy rápido.

ISAAC. Sí, sobre todo lenguas extranjeras. *(Ismael logra que se calle, agarrándolo del brazo)*. Está bien, está bien, Picasso. Vámonos a la cocina, anda. De repente me ha entrado un hambre feroz. Supongo que yo también quiero un pedazo de carne.

ISMAEL. *(Empuja a Isaac hacia la cocina, y se inclina a recoger el ramo del regazo de Adoración)*. Será mejor que las ponga en agua. Aquí empieza a hacer calor. Volvemos en un momento. Un momento más o menos largo. Suficiente como para que Ángel te pregunte todo lo que quiera saber sobre aquellas fotos. *(Besa a Adoración en la mejilla)*. Tú sí sabes cuáles, tío.

Adoración reacciona al sentir el beso, tratando de decir algo a su sobrino, pero este se aleja arrastrando a Isaac, que riendo, antes de desaparecer, se apodera de la botella aún cerrada, llevándosela con un gesto rápido. Adoración y Ángel quedan solos.

8

Se produce un momento de silencio. Como fondo, se oye una sorda discusión entre Isaac e Ismael, ya en la cocina. Luego, solo el mar. Adoración tiene la vista clavada en Ángel, que la mira a su vez, mientras juega con la cadena dorada que lleva al cuello. Con un movimiento rápido, Ángel va a acercarse más pero Adoración, más ágil, lo detiene con un gesto de su mano cargada de falsos brillantes.

ADORACIÓN. Muy bien, joven. Dejémonos de juegos. Dígame la verdad. *Su verdad*, ahora que ninguno de esos dos puede inventarle las respuestas. No crea que me derrito delante de cualquier veinteañero que aparece para decirme que soy un espectáculo.

ÁNGEL. *(Retrocediendo, cambiando su estrategia)*. No... comprendo... ¿qué usted quiere decir?

ADORACIÓN. Vamos, no pretenda seguir engañándome. Me basta con mirar a una persona para saber enseguida qué hay detrás. Mi sobrino nunca me presentó a ningún amigo. Y resulta que ahora, de golpe y porrazo, cae usted aquí. Bello, encantador, con un ramo de flores, la noche misma de mi despedida... Me gusta seducir, pero no ser seducido. Me gusta ser la ilusión, y no que otros pretendan ilusionarme. Yo soy un viejo maricón disfrazado de diosa. Y usted un muchacho demasiado precioso, en busca de no sé qué. ¿Por qué las flores? ¿Por qué hoy mismo? ¿Por qué me hace hablar de La Habana como si supiera que ese tema me vuelve más frágil? ¿De dónde me conoce usted?

ÁNGEL. ¿Yo...? *(Protegiéndose, calculando las frases)*. De... las fotos. Esas que usted dice que no recuerda. Hace dos años que Ismael me las enseñó, aquí mismo, en esta sala.

ADORACIÓN. Yo... no recuerdo ninguna foto. Casi nunca dejo que me retraten vestido y maquillado. No quiero que quede de mí más que el recuerdo de los espectadores. Usted me engaña, Ángel o como quiera que se llame: esas fotos no existen.

ÁNGEL. *(Con más aplomo, como si ya supiera con qué recurso recomenzar. Se acomoda en el sofá y saca un cigarro)*. ¿Le molesta que fume? *(Adoración no responde, esperando por su explicación. Ángel sonríe y empieza a fumar. Adoración, escuchándolo, se transforma a medida que recuerda)*. En esas fotos usted aparece vestido y maquillado, aunque ahora no lo quiera recordar. Está en un bar muy estrecho, con varios amigos de su edad, también disfrazados. Usted lleva un traje violeta, que no le queda mal. Y sonríe mirando a la cámara, junto a un viejo que lleva una peluca espantosa y que sonríe como usted, pero sin dientes. Usted tiene quizá... quince años menos. Y parece una estrella de cine en esas fotos. Fue lo que pensé el día en que a Ismael se le cayeron de una gaveta delante de mí, y le pedí que me las enseñara. Y así nos conocimos. Usted en una fotografía que le mandó a su sobrino desde Nueva York. Y yo aquí, como cada domingo, después de una función de ballet. ¿No se acuerda?

ADORACIÓN. Una foto que ha de estar ya descolorida o rota, en la que sonrío con una flor artificial en la mano, y en la que tengo tantos años menos... Esa foto no tiene nada que ver con New York. Nunca me retrataron allí, nunca fui tan importante... Es una foto que me hice aquí, en La Habana. En el apartamento de Gerardo.

ÁNGEL. *(Fingiendo interés)*. ¡Ah, Gerardo!... Y ¿se puede saber quién es Gerardo?

ADORACIÓN. El viejo maricón de la espantosa peluca rubia. En 1984 vine por primera vez desde que salí de Cuba, jurando no poner un pie nunca más en esta isla condenada. Lo juré, y lo incumplí: siempre hago algo de lo que me arrepiento. Volví para darme cuenta de que yo era ya un extranjero: habían desaparecido tantas cosas. Mamá y papá habían muerto. Mi hermana, lo único que podía importarme, no hacía más que aguantarle tarros a su marido: un homofóbico con la cara y la grisura propias de los militares. Mi sobrino tenía veinticinco años y acababa de casarse con una mujer también gris, aunque no militar, solo para que nadie sospechara que era tan maricón como su tío, el apestado que huyó bajo los gritos de una Revolución que empezaba a usar muy sofisticadas guillotinas. Estaba solo en La Habana: los vi un par de veces, les traje algo de vestir, pero esa no era mi familia.

ÁNGEL. *(Lanzándole al rostro una bocanada de humo).* Todavía no me ha dicho qué hacía en casa de Gerardo.

ADORACIÓN. *(Mirándolo con más dominio de sí).* Ahora lo sabrá. Pero antes sírvame un trago. *(Ángel lo obedece).* Gerardo había sido un amigo de mi juventud. Un pájaro feo pero alegre, amante de la ópera. Una loca enloquecida por Verdi. Cuando la Tebaldi, Renata Tebaldi quiero decir, vino a La Habana, los que no pudieron pagarse un palco iban a la casa de Gerardo, y él les cantaba con una voz tan maravillosa como la de aquella diva las arias que no podrían oír. Pepe y yo nos divertíamos tanto con él...

ÁNGEL. Pepe... ¿y quién es Pepe?

ADORACIÓN. Yo no quería, en esa visita, ver a ninguno de mis amigos. La mayor parte se había muerto, y la otra me odiaba porque yo sí pude escapar de este país. Sin embargo, un día antes de irme, como hoy, me atreví y me fui a casa de Gerardo. Y allí estaba él, era su cumpleaños. ¿Usted ve este apartamento que alguna vez fue lujoso y estuvo lleno de muebles magníficos? Así era la casa de Gerardo, pequeña pero muy acogedora, amueblada con buen gusto, nada de adornos de yeso ni de plástico. Porcelanas auténticas. Y de pronto allí, en esa fiesta celebrada a escondidas de los vecinos, estábamos reunidos un grupo de aquellos infelices maricones que en 1959 creyeron que la Revolución iba a redimirlos... Pepe ya no estaba allí.

ÁNGEL. *(Ofreciéndole otro trago).* Ah, y entonces la fotografía se la hicieron en esa fiesta...

ADORACIÓN. La casa estaba decorada como si fuera un bar, una imitación inocente de un bar de locas neoyorquinas, y Gerardo se había vestido para cantar un aria. O quizás la «Salida» de *Cecilia Valdés*. Lo cierto es que todos decidimos disfrazarnos. Como cuando éramos jóvenes. El traje violeta pertenecía al guardarropa de Gerardo, la peluca también. Nada era mío, salvo mi rostro y mis años de menos. Y por un momento nos creímos rejuvenecidos, libres de cualquier pecado y persecución. Y nos hicimos esas fotos con mi cámara: una última ridiculez.

ÁNGEL. *(Ofreciéndole un cigarro).* Ridiculez, no. Llámelo locura. Y piense que gracias a esa locura es que ahora estamos conociéndonos.

ADORACIÓN. *(Rechazando el cigarro con elegancia, sin interrumpir su historia).* Yo me llevé el negativo y le prometí a Gerardo que le mandaría las fotos con un propio. Pero nunca apareció nadie lo suficientemente confiable. Cuando volví a esta isla, en 1995, fui a casa de Gerardo para mostrárselas. Pero Gerardo había muerto, y no sabía dónde encontrar a los demás. Su casa no tenía ya uno solo de aquellos hermosos muebles. Y ahí vivían, hacinados, una pila de negros. No es que tenga algo en contra de los negros, pero, ¿qué hubiera dicho de eso el exquisito de Gerardo? Donde quiera que esté, debe estar cantando a voz en cuello, para que lo oigan a él, únicamente a él. Y nunca, nunca, a Renata Tebaldi.

ÁNGEL. Entonces, ya ve, usted *sí* recuerda esas fotos.

ADORACIÓN. Ahora sí, casi puedo verlas. Se las dejé a Ismael porque no quería llevármelas de regreso: temía que en el aeropuerto las descubrieran y me hicieran preguntas; y porque él no tenía ninguna foto mía. Entonces ya se había divorciado y empezaba a aceptarse tal cual.

Mi hermana estaba hospitalizada todo el tiempo, y yo había vuelto solo para verla morir… En las tardes en que podíamos dejar el hospital, Ismael y yo nos aliviábamos recorriendo La Habana. Por primera vez nos sentíamos parientes, y nos confesamos tantas cosas. Decidí ayudarlo, me alegraba saber que él viviría en la que fue mi casa, lejos de su padre, y que aquí podría pintar sin ocultarse nunca más.

ÁNGEL. *(Cómplice)*. Pero… Ismael ya no pinta. Al menos yo nunca lo he visto con un pincel.

ADORACIÓN. No, usted tiene razón. Ya no pinta ni siquiera aquellas horribles marinas… Me gustaría ver de nuevo aquellas fotos. Una sola vez antes de irme, para creer que el tiempo no ha pasado… Disculpe mi desconfianza, ahora veo que no miente. Yo recuerdo esas fotos porque usted las recuerda. Al menos ya tenemos una cosa en común.

ÁNGEL. Podríamos tener más. Las personas como usted siempre me han atraído. Transformándose, cambiando siempre, capaces de engañar a quien no se dé cuenta del truco. Usted, ahora mismo, parece que alumbra este apartamento.

ADORACIÓN. Yo no soy más que una sombra, muchacho. *(Parodiando)*. «Un ensueño, una ficción»… Si me arrancara esta peluca, si me borrara el maquillaje…

ÁNGEL. Yo seguiría viendo a la misma persona de aquellas fotos. ¿No quiere mostrarme La Habana? Todavía tenemos unas horas. *(Quitándose la camisa)*. Usted me habla de La Habana de ayer y yo le muestro La Habana de hoy.

ADORACIÓN. *(Admirando el torso perfecto de Ángel)*. No, sería inútil; no me comprendería. Usted puede respirar bajo el agua en que esta ciudad se ha hundido. Pero yo, yo me ahogo.

ÁNGEL. *(Quitándose ya la camiseta)*. Haga un esfuerzo. Piense que le he dedicado toda la noche, a cambio de saber un poco sobre esas ciudades que usted seguramente ya vio. París, Nueva York, Madrid… Yo no las conozco, hábleme de ellas… Otros no desaprovecharían esta oportunidad.

ADORACIÓN. Eso no puedo dudarlo. Pero me pide demasiado. Verlo ahora, tan cerca… me paraliza. Hace tanto tiempo que no veo de cerca a la Belleza.

ÁNGEL. *(Sonriendo)*. Por favor, no repita lo que me han dicho ya otras veces. Siga siendo usted mismo. Hable como si nos conociéramos de siempre. *(Están ya muy juntos, Adoración trata de ocultar un leve temblor)*. No piense en Isaac ni en Ismael. Ellos saben lo mucho que yo deseaba oírlo, aprender de usted. Me costó mucho convencerlos para que me dejaran venir. No me eche a perder la fiesta.

ADORACIÓN. Está bien. Voy a intentarlo. *Please*, déme ahora un cigarrillo. *(Ángel le ofrece uno, que le enciende él mismo. Adoración aspira el humo y lanza una amplia bocanada con estilo. Es el comienzo de una nueva actuación. La luz del apartamento comienza a ser más tenue)*. Hace tanto que no fumo. Muchas gracias, Ángel… Bonito nombre ese. Bonito y oportuno. Sin embargo, mi intuición femenina me dice que no es su nombre verdadero. Hay algo en ese rostro que… no va con ese nombre.

ÁNGEL. *(Riendo, al saberse descubierto)*. Maikel. Mi verdadero nombre es Maikel. Pero mis amigos, y otras personas, han preferido siempre llamarme Ángel… Es usted hasta adivino: no deja de sorprenderme.

ADORACIÓN. *(Acariciándole la cadena dorada)*. Y aún puedo sorprenderte mucho más, Mai-kel. Qué nombre tan curioso, parece que te lo hubieran escrito en la frente… Ya en La Habana nadie se llama Julián o José María, nadie tiene nombre de poeta o pintor célebre.

ÁNGEL. Es el nombre de un famoso cantante. Me lo puso mi madre. Parece que de ella heredé el gusto por el mundo del espectáculo. Pero si quiere puede ponerme cualquier otro nombre. Ángel es uno más. Yo puedo ser, ahora, lo que usted quiera.

ADORACIÓN. Bien. Entonces... serás Pepe. Un nombre breve y rápido, que me recuerda tantas cosas. Tú no te pareces en nada al verdadero Pepe, pero esta noche será así. Si te llamaras Pepe, esa Habana que quieres que te descubra estaría ya a tus pies.

ÁNGEL. *(Recogiendo de la mano de Adoración el cigarrillo para terminar de fumárselo).* Muy bien. Me llamo Pepe. Pero si voy a ser Pepe, necesito un poco menos de luz, y alguna música. Cualquiera, eso no importa. Me siento mucho mejor si se oye alguna música.

Adoración, sonriente, alza su mano en un gesto y con él desaparece la luz, quedando ambos casi a oscuras, iluminados únicamente por la lámpara de pie. Con su gesto, también, empieza a escucharse una balada que debió ser popular a fines de los cincuenta o principios de los sesenta. Una de esas melodías que puede crear la atmósfera de otro tiempo dondequiera que se la escuche. El ventanal, a sus espaldas, se transparenta, como si la vista de la ciudad entrara en la habitación con el resplandor de sus lumínicos.

ADORACIÓN. Así está mejor, Pepe. Tú siempre tan exigente. Conocías todos los parques de la ciudad pero en ninguno te sentías contento. Odiabas las alamedas de La Habana y admirabas las ramblas de Barcelona, que nunca viste. Pero eras tan hermoso como para perdonarte esos caprichos. Y la verdad es que La Habana estaba enamorada de ti. Nuestra Habana, quiero decir... Buenas noches, Pepe. Me alegro tanto de que hayas vuelto.

ÁNGEL. Aquí me tiene. Diga lo que quiera, disfrútelo... Déjate llevar, Adoración.

ADORACIÓN. Nunca me llamaste Adoración. Tampoco querías verme así, aunque todos te dijeran que mis transformaciones eran realmente notables. Traté de convencerte para que fueras a esos bares del puerto donde me aplaudían, para que comprendieras que no había diferencia entre las mujeres a quienes doblaba y mi verdadero arte. Pero tú nunca te interesaste de verdad en mi carrera de actor. Y mira qué cosa, fue en un teatro donde nos conocimos.

ÁNGEL. *(Encendiendo otro cigarro).* Y... ¿había muchos teatros en esa Habana que recuerdas?

ADORACIÓN. Algunos. Muchos. Poquísimos. Pero había teatro. No digas que no te acuerdas... Nos conocimos en el 55. Hacíamos de extras en una producción de *Calígula*. Adela, una actriz maravillosa, hacía la emperatriz. Y tú te reías cuando yo rezaba porque se enfermara alguna noche, para pedirle al director que me dejara reemplazarla. Yo tenía diecisiete años, Pepe. Tú, un par más. Y te conformabas con aparecer en escena para cobrar la miseria que pagaban por aquello. Yo deseaba más. Deseaba ser una emperatriz y te deseaba. Al menos, una de esas cosas me fue concedida. *(Toma el cigarro y fuma).* Qué bello eres en mi recuerdo todavía, Pepe.

ÁNGEL. *(Rodeándolo).* Tócame, recuérdame. No pienses nada más.

ADORACIÓN. Dame un trago. *(Ángel le llena el vaso).* Menos mal que esos dos nos dejaron algo, beben como dos carretoneros... Tampoco te gustó nunca que bebiera, Pepe, que no pudiera salir a escena sin probar aunque fuera un sorbo. Ni siquiera cuando nos acostábamos, en lugares imposibles... Por ti le dije adiós a mi familia, que soñaba con tener un hijo abogado en su honroso patrimonio. ¡Abogado yo, el especialista en causas perdidas! Lo nuestro fue también una causa perdida, Pepe. Pero cómo gocé mientras se iba perdiendo todo...

ÁNGEL. *(Abrazándolo, ya solo tiene puesto el pantalón).* ¿Qué perdiste?... ¿Dinero?

ADORACIÓN. *(Riendo).* ¿Dinero? No vine a saber qué cosa era el dinero hasta que me fui de este jodido país. No, Pepe, perdí otras cosas. Tuve que convertirme en una persona distinta con tal de no rendirle cuentas a nadie. Si la gente supiera el valor de la independencia... No habría pactos, ni familias, Pepe. Y yo no quería ser abogado, quería ser actor, iba a dejar la universidad. Les bastó con saber eso para despreciarme. Si se hubieran enterado, además, de cómo me gustaban los hombres, hubieran reventado. Desaparecí antes de que se enteraran de eso… Hay que ser caritativo, Pepe. Solo la pobre de mi hermana insistió en saber de mí, cuando me fui de la casa. Por ti. Detrás de ti.

ÁNGEL. ¿Fue entonces cuando te convertiste en un… cómo dijiste… «mito habanero»?

ADORACIÓN. Había que sobrevivir, Pepe. Y con unos libretos en la radio y un papel en esas obras que no iba a ver nadie, no podía uno pagarse la vida. La media vida que podía llevarse en un cuarto de alquiler, cerca del puerto. Y los trajes de seda siempre me quedaron bien… Sí, no digo que mucho prestigio no podías ganar al subirte al escenario de Morín o de Andrés Castro, pero el prestigio no se come, querido. Tal vez por eso desapareciste también tú. Si hubiera podido servirte mi prestigio en una bandeja de plata…

ÁNGEL. Yo no me he ido a ninguna parte. Estoy aquí, estás acariciándome. Si quieres, te beso y te lo demuestro.

ADORACIÓN. Tampoco me besaste nunca. ¿Es que no lo recuerdas? Eras tan extraño… Siempre te sentí más cómodo en plena calle, y no cuando estábamos solos en esos cuartos alquilados. Te gustaba tanto enseñarme La Habana, a la que querías transformar con tus sueños de estudiante de Arquitectura. ¿No te das cuenta de que esto nunca será París, que la bendita peste del Sena no podrá compararse nunca al hedor del Almendares?, te decía yo, mientras tú inventabas avenidas y puentes. Me encantaba molestarte con esas bromas… *(Cambiando ligeramente el tono, al notar que Ángel se queda silencioso).* No se quede callado. Respóndame ahora. Vamos, siga con su papel.

ÁNGEL. No sé qué decirle. Me habla de tanta gente a la que no conozco. No se me ocurre qué podría contestarle el tal Pepe. ¿No sería mejor dejarlo tranquilo y pasar a otras cosas?

ADORACIÓN. No se equivoque, muchacho. Usted no se llama ahora ni Ángel ni Pepe. Déjeme manejarlo. Yo sabré cuándo se puede pasar a «otras cosas». Si me diera la gana, puedo hasta detener la noche. Siga hablando, dígame cualquier cosa. Diga que el Hotel Nacional le parece espantoso, que el Faro del Morro es un insulto a la modernidad. Todavía el Cristo no está mirando la bahía. Y tú, Pepe, quieres que La Habana parezca una verdadera capital.

ÁNGEL. *(Volviendo al juego).* No hay una verdadera capital sin grandes teatros, o un verdadero cabaret. Si yo los construyera, tú serías la estrella de esos teatros y ese cabaret.

ADORACIÓN. *(Riendo, abriéndole el pantalón. Ángel terminará la escena cubierto solo por su prenda interior).* ¡Hipócrita! Te gustaban más las plazas, los hospitales, los edificios con grandes escalinatas. El teatro valía poco para ti, pero te contrataban para que las locas de la platea vinieran a preguntar quién era ese muchacho tan lindo que jamás decía un bocadillo. Las locas, y las mujeres. Tuve que aprender a controlar mis celos…

ÁNGEL. *(Disfrutando el papel).* No era culpa mía que la gente viniera a pedirme autógrafos, o que vinieran a hablar conmigo. A mí nunca me ha costado atraer a los demás. ¿Qué tú quieres, que me borre la cara, que no los oiga?

ADORACIÓN. No. De mandarlos al carajo ya me encargaba yo personalmente. Me costó darme cuenta de lo mucho que disfrutabas todo eso. Pero me consolaba pensando que nos quedaba La Habana de esas tardes que me enseñabas solo a mí, con su palacio florentino y sus ventanales *art déco*. Cuando tú desapareciste, desapareció también La Habana.

ÁNGEL. Te digo que *yo* no he desaparecido. Y La Habana sigue ahí, delante de nosotros. *(Lo abraza, girándolo hacia el ventanal).* ¿Vas a seguir quejándote? ¿Quieres más ron?

ADORACIÓN. *(Alejándolo unos pasos)*. No, Pepe. Ya no quiero tomar más. No quiero recordarte más. Un cuarto de alquiler vacío, donde ya tú no estabas. Un día de 1958, no se me olvida: hacía tanto calor. Nunca te gustó verme tomar, Pepe. ¿Por qué me invitas ahora? *(Ángel empieza a reaccionar ante el delirio de Adoración, tomando distancia)*. Era agosto o julio, ya no recuerdo. Las calles estaban medio vacías, la gente no se arriesgaba a salir demasiado. Había recorrido todas las emisoras, tratando que me hicieran un contrato, pero este país de mierda andaba tan revuelto que nadie quería confiar. Y volví al cuarto para decirte que estaba bueno ya de vivir del aire, que acabaríamos muriéndonos de hambre. Y que nadie iba a dar un centavo por los cadáveres de un actor de segunda y de un estudiante de Arquitectura que jamás llegó a graduarse de nada. Y que volvería a convertirme en Adoración, aunque te molestara. Ella siempre supo sacarnos de tantos líos... Iba decidido, Pepe. Dispuesto a levantarte de la cama de la que no te movías, pensando Dios sabe qué cosas. Ahora me doy cuenta de que no te atrevías a decirme que te irías, que te habías cansado del maricón que te mantenía, de los cuartos de alquiler, de La Habana que jamás sería París... ¡No dejaste ni una nota, hijo de puta! Pero yo supe enseguida que te habías largado. Sabía que iba a pasar, y no quería convencerme... Un cuarto vacío en un solar del puerto. Todavía no puedo sacarme ese calor de la cabeza. *(Se aparta bruscamente, volviendo al primer plano. La iluminación vuelve a ser la del principio)*.

ÁNGEL. Oiga, ¿qué le pasa? ¿Se siente mal?

ADORACIÓN. No, no es nada... Es solo que... Recordar tanto me hace daño... Déme otro trago... ¡No, mejor no me dé nada! No debiera tomar más. *(Le tira la bata)*. Tome, vístase, cúbrase. Lo siento, déjeme solo. Necesito estar solo, no recordar. Necesito que te vayas, Pepe... Es decir, que se vaya... Debe ser el efecto del ron y las pastillas, Ismael tenía razón... Váyase... Necesito que me deje... Ahora, necesito descansar...

ÁNGEL. *(Con la bata en las manos, aún sin entender)*. Pero, ¿qué le pasa? ¿Es que hice algo que no funcionó?

ADORACIÓN. No... no. Todo ha sido culpa mía. *(Mirándolo, exasperado)*. ¿Qué hace todavía parado ahí? ¡Vete, Pepe! *(Le tira uno de los vasos, descontrolado)*. ¡Váyase... Ángel! ¡Váyase!

ÁNGEL. *(Comprendiendo que no se trata de otra interpretación, esquiva el vaso y avanza, molesto)*. ¡Un momento! ¿Qué cosa es esa de que me vaya? Yo vine aquí, conversé, lo soporté todo... ¿Y ahora quiere me desaparezca? Aquí tiene que haber un error...

ADORACIÓN. *(Tratando de salir)*. Déjeme... Todavía tengo que recoger algunas cosas. Siempre olvido algo cada vez que viajo... Váyase. Después yo mismo lo despido de Ismael.

ÁNGEL. Óigame bien, fue su sobrino el que inventó todo esto: lo de las fotos, y mi visita. Si no me lo hubieran pedido Isaac y él, no hubiera aceptado; tengo mejores cosas que hacer. Ahora usted no se va, no sale de aquí hasta no me pague, ¿me oye?

ADORACIÓN. *(Recuperándose, sin entender)*. ¿Pagarle...? ¿A usted? Pero, ¿qué quiere decir?

ÁNGEL. *(Abandonando ya completamente el papel que representó desde su llegada y revelándose tal cual, en una transformación que irá ganando matices a medida que su rabia se hace creciente)*. ¡Déjese de actuar y hacer payasadas! Estoy hablando de dinero, ¡mi dinero! Págueme y se va, ¿usted no es el que lo paga aquí todo?

ADORACIÓN. *(Con una risa levemente histérica)*. ¿Cómo? ¿Que yo tengo que pagarle? ¿Pagarle, por qué? ¿Usted se ha vuelto loco, Ángel o como quiera se llame? Me parece que lo mejor será que se vista y se largue de una condenada vez. No crea que porque soy un viejo va a sacar de mí lo que quiera. ¿O es que prefiere que llame a mi sobrino?

ÁNGEL. ¡Llámelo, vamos, ahora mismo! Y así de paso él me explica en qué clase de maraña me ha envuelto. La conversación con Isaac fue clara: haces esto y esto y se te paga. ¿Dónde está mi dinero?

ADORACIÓN. ¡Me parece que usted se está pasando de la raya! El hecho de que mi sobrino lo haya dejado verme actuar, y de que yo me beba con usted unos tragos no le da ningún derecho a insultarme, Ángel o como quiera se llame!

ÁNGEL. *(Agarrándolo por la manga).* ¡Ya le dije que me llamo Maikel, Mai-kel, viejo maricón! ¡Y si no me paga ahora mismo, va a aprenderse todos los apellidos de mi familia!

ADORACIÓN. *(Librándose de un tirón).* ¡Aquí debe haber una equivocación, y usted se está sobrepasando, o yo no lo comprendo! ¿Qué quiere usted, dinero? Todo el mundo en este país quiere dinero. Pero no piense que voy a pagarle. Pagarle, ¿por qué? ¿Dónde están las tardes de ballet, el tono educado con el cual me trató hace un rato…? ¡La gente es tan desconsiderada! Debiera ser usted quien me pagara por todo lo que ha aprendido aquí sobre esta ciudad de la cual no sabe nada.

ÁNGEL. Esa ciudad que usted me pinta ya no existe, acabe de darse cuenta de una jodida vez. Yo sé más de esta ciudad de lo que se imagina, sé moverme en ella de una manera que usted no puede entender. Yo no vivo aquí, ¿se da cuenta? Yo *sobrevivo* aquí. Y necesito ese dinero. ¡Así que démelo, coño, o no va a regresar a La Habana nunca más!

ADORACIÓN. *(Tratando de ridiculizarlo).* Bonito lenguaje para alguien que dice llamarse Ángel.

ÁNGEL. ¡Ya te dije que no me llamo Ángel! Maikel: métetelo en la cabeza: me llamo Maikel. Maikel, El Melódico. Así me dicen los pájaros de La Habana, las locas del ballet y los viejos que tengo que tragarme por unos dólares de mierda. El Melódico, porque me gusta oír música cuando me meto en la cama con alguien, con quien sea, con tal de que me pague. La música me ayuda a no mirarles la cara, a no preguntar la edad, o si es casado, cubano, español, disidente o ministro. ¡Maikel: óyelo bien! Así me puso mi madre, que quiso un hijo músico que la sacara de tantas necesidades; un músico más en una familia de músicos. Negros, mulatos, blancos: los Pimentel. ¡Maikel Pimentel, el niño lindo que nació sin ninguna aptitud para la música! Pero lo suficientemente bonito como para ganarse la vida tocando en otro tipo de orquestas, oyendo otra clase de música para poder trabajar. ¿Te das cuenta ahora de que no estoy haciendo un chiste? ¿Te parezco más lindo así, maricón, ahora que no me llamo Ángel ni Pepe? *(Adoración, que ha soportado toda la tirada como paralizado ante la violencia de las palabras, asiente, tratando de rehuir un golpe. Ángel, satisfecho del temor que provoca en el viejo, lo empuja hacia el sofá).* Entonces, págame. Me pagas y desaparezco. Esa es la dinámica. Tu sobrino, que sí me conoce, lo sabe muy bien.

ADORACIÓN. *(Apretándose las sienes, trata de mentir).* Yo… yo no tengo ya dinero para pagarle. ¿Qué se piensan ustedes, que soy una mina? Un viejo como yo necesita de pequeños lujos, y esta ciudad sabe cobrar muy cara su nostalgia. El resto del dinero… se lo dejé a Ismael. Váyase, váyase. ¿Es que no ve que no me siento bien?

ÁNGEL. *(Bajando la voz, amenazador).* Peor se va a sentir si no me paga. A mí y a mi novia nos hace falta ese dinero. Ahora mismo, esta noche. Fue por eso que acepté, se lo dije a Isaac muy clarito. Así que usted se va a quedar quieto ahí, hasta que me den lo que me deben, o usted no se monta en ningún avión.

ADORACIÓN. *(Fingiendo recordar algo, trata de escaparse).* ¡Dios mío, el avión! ¿Qué hora es? Tengo que acabar de recoger, de guardarlo todo con mucho cuidado… Hable con Ismael, que le pague lo que sea y por lo que sea. Necesito acabar de hacer mis maletas.

ÁNGEL. *(Golpeándolo, despojándolo de su peluca).* ¡Te dije que te quedaras quieto, maricón!

Adoración, cubriéndose la cabeza, cae al suelo. Ángel avanza hacia él dispuesto a repetir el golpe, pero lo detiene el ruido de una puerta a sus espaldas. Rápido, antes de que entren Ismael e Isaac, se cubre con la bata.

9

Entran, atraídos por los gritos de Adoración, Isaac e Ismael. Ambos sudorosos, con el torso desnudo. Isaac, que trae en su mano derecha la botella casi vacía, reacciona ante lo que ve de manera muy distinta a la de Ismael, que corre a ayudar a su tío. Más bien, parece divertido y satisfecho con lo que observa.

ISMAEL. *(Levantando a Adoración del suelo y llevándolo al sofá).* Tío, ¡tío! Soy yo… Ismael. No te quejes más, mírame. Soy yo, ¿estás bien?

ISAAC. *(Riendo).* Caramba, Angelito, te pedimos que te ocuparas del viejo por un rato, no que lo enterraras.

ÁNGEL. Óyelo bien, santaclareño de mierda. El único enterrado que va a haber aquí dentro de muy poco vas a ser tú, si no me pagan como me dijiste.

ISAAC. Siempre acabas sorprendiéndome, Angelito Pimentel. Nunca entenderé bien cómo puedes pasar de ser un mulato encantador a una puta que no se desentiende de su oficio. ¿Y fue por el dinero que armaste todo esto? Tienes que estar muy desesperado…

ÁNGEL. *(Alzando un brazo, amenazándolo).* ¡Mejor cállate, maricón!

ISAAC. *(Esquivándolo).* No, si ya me callo. No quiero que todo el edificio se entere de lo que están haciendo *cuatro* maricones ante esta hermosa vista de La Habana. *(Cambiando el tono, a Ismael).* ¿Tú crees que la reliquia pueda montarse en el avión?

ISMAEL. Isaac, cuando te tomas dos tragos tienes la maravillosa virtud de convertirte en alguien francamente insoportable… Parece que sí, no está herido… Asustado, nada más.

ISAAC. No digo yo si va a estar asustado. ¿Cuánto tiempo hace que no tiene delante a un hombre como este, ofreciéndole algo que ya casi ni recuerda? Creo que se te fue la mano, Pimentel… Y nosotros que creíamos que eras un profesional.

ÁNGEL. ¡Yo soy un profesional, óyelo bien, comemierda! ¿O tú crees que se me para la pinga delante de viejos como este por arte de magia? Métete en esa cabeza de guajiro que hay que ser muy bueno, muy vivo, para sobrevivir en un oficio como este. Tú no lo pudiste resistir.

ISAAC. Yo nunca caí tan bajo. Claro, tampoco cobré tan caro nunca. Ni se me ocurrió mantener a una familia metiéndome en un oficio… tan antiguo. Pero tu novia y tú lo tienen todo calculado, y se las dan de verdaderos profesionales, ¿no? Tú en lo tuyo y ella en sus manejos. Hasta que consigan agarrar un avión y se vayan a morirse de frío a Suecia o a Alaska, a cualquier lugar del mundo donde todavía un cubano morenito sea una atracción exótica.

ÁNGEL. ¡Yo no me meto con tus aspiraciones! Allá tú si nunca has querido largarte de aquí. ¿No te conformabas con un apartamento en La Habana y un novio artista? Pues lo que yo quiero, en la vida real, es dinero. Tú, que vendes antigüedades y porquerías de esas, sabes muy bien que todo, absolutamente todo, tiene un precio. Y yo sé muy bien cuál es el mío. Y voy a cobrarlo, a mí no se me escapa nadie.

ISMAEL. *(Auxiliando a Adoración, que empieza a recuperarse)*. ¿Se pueden callar los dos? ¿Es que no pueden discutir esa basura en cualquier otro momento? Isaac, deja de reírte como un imbécil y busca un vaso de agua. Y tú, Ángel recoge y lárgate. Ya te hemos soportado lo suficiente por hoy. *(A Isaac, que empieza a salir)*. ¡Ah, y prepárate! Me parece que todavía tienes que explicarme qué es todo esto que está pasando.

ISAAC. *(Avanzando hacia la cocina)*. Yo creía que Su Majestad solo bebía alcohol. Y si no quieres irte, quédate, Ángel. Te invito yo, esta *también* es mi casa. A lo mejor ocurre un milagro y este vejestorio no recuerda nada, y hasta te paga el estrujón que le diste. *(Ya a punto de desaparecer, volviéndose hacia Ismael, provocador)*. Cuando quieras hablamos, Picasso, cuando tú quieras.

Sale de escena, dejando a Ismael y su tío con Ángel, que los mira desafiante. Adoración comienza a tranquilizarse, poco a poco recobra el dominio de sí. Mira a su alrededor, como si le costara reconocer la habitación, acostumbrándose a la luz nuevamente. Al descubrir a Ángel, le enfrenta la mirada, hasta que el joven, tras sostenerle la vista por un segundo, se marcha tras Isaac, derrotado. En el silencio, empieza a escucharse más intensamente el sonido del mar.

10

Al escuchar el portazo con el cual Ángel desaparece, Adoración suspira en paz, llevándose las manos a las sienes. Solo entonces descubre que no tiene puesta la peluca. Rápido, la busca con la vista hasta encontrarla tirada en el suelo, pisoteada. Inmediatamente, trata de recogerla, pero un dolor en su costado le impide levantarse, arrancándole además un gemido sordo. Ismael lo detiene, obligándolo a sentarse nuevamente. Durante toda la escena, por diversos medios, tratará de no revelar a su tío el verdadero sentido de lo que acaba de ocurrir.

ISMAEL. Ya está bien, ya pasó, ya acabó todo… No te levantes todavía, estás demasiado nervioso… Todo fue un malentendido. ¿Te sientes mejor? Tranquilízate, tío, y no pienses en nada… Yo después me encargo de esos dos.

ADORACIÓN. Todo me da vueltas. ¡Dame mi peluca, dámela! *(Ismael se la alcanza)*. Sin ella me siento desnudo. *(Se abraza a la peluca)*. Así está mejor, el susto ya se me va pasando… Tienes que cuidarte mucho, Ismael. No se le puede abrir la puerta a cualquiera. Mira a ese, un delincuente disfrazado de balletómano veinteañero. Claro, que también te engañó a ti. Seguro que te lo presentó Isaac, esos dos son de la misma calaña. Tengo frío… Una peluca carísima. Y con el trabajo que cuesta peinarla… En La Habana siempre fue así, bien que me lo advertía Pepe. Recoges a un recluta precioso y acabas siempre golpeado, sin nada en los bolsillos, y eso en caso de que te dejen los pantalones… Dios mío, la peluca está hecha un asco. Mi preferida, habrá que rehacerla rizo por rizo… Esa clase de gente no te conviene, Ismael. Sácalo de esta casa, sácalos. Solo de esa manera me sentiré en paz, en los días que me quedan…

ISMAEL. *Esa gente* son mis amigos, tío. Mejores o peores, son los únicos que tengo. Isaac es mi novio y no voy a abandonarlo. Te lo he dicho ya demasiadas veces. Y la verdad es que fui yo quien conoció primero a Ángel… Todo lo que ha pasado aquí es solamente culpa mía.

ADORACIÓN. Si vas a insistir en defenderlos, ese es tu problema. Mi problema eres tú, y ese avión en el cual voy a largarme de este país repleto de mulatos delincuentes. Todos pidiendo dinero, dinero; como si yo fuera una alcancía ambulante… ¿Tú le debes algo? ¿De dónde tú lo conoces? ¿Se creyó que estoy aquí para hacer obras de caridad? *Oh God*, tengo que contarle todo esto a Charlie. Con lo que le gusta venir y recoger gente en los teatros. *(Trata de levantarse nuevamente)*. ¡Ay, coño, la cadera!

ISMAEL. No te levantes todavía, espera a que te traigan el vaso de agua. *(Adoración obedece de mala gana mientras Ismael trata de organizar su versión de los hechos)*. Óyeme bien, tío, a ver si lo entiendes todo. A Isaac y a mí se nos ocurrió invitar a Ángel para hacerte sentir mejor en tu última noche con nosotros. Queríamos que conocieras a alguien agradable, con el cual pudieras hablar, recordar mejor *esta* Habana. Nunca imaginamos que se comportaría así… No sé, a lo mejor es solo una impresión mía, pero en este viaje te he notado distinto, callado, como si el tiempo no te alcanzara para nada. ¿Es que hay algo que te desagrada? *(Adoración responde con una mueca)*. Algo que no sea Isaac, por supuesto. ¿Tienes problemas de dinero? ¿Es que ya no te importo tanto?

ADORACIÓN. Me importarías más si me oyeras, si respondieras mis cartas, si cuando te llamo por teléfono no me respondieras con monosílabos. Si pintaras, si tuvieras cada centímetro de esta casa que le dejé a mi hermana para ti cubierto por tus cuadros… Pero hace más de quince años que no te veo con un pincel en la mano…

ISMAEL. *(Levantándose, molesto al oír la misma queja)*. Tío, por favor, no empieces otra vez…

ADORACIÓN. *(Haciéndolo callar con un gesto)*. Aunque no te guste oírme, *voy* a empezar otra vez, Ismael. Tengo muchas preguntas, y la verdad es que no creo que el tiempo me alcance para conseguir todas las respuestas… Tú mismo sigues negándome la única que me ha hecho volver aquí. ¿Es que no te das cuenta de lo mucho que me cuesta regresar, volver a esta isla, a esta casa, solo para verte, para creer que puedo verme también en ti? Ya no sé si te reconozco… Ahora mismo, no sé qué clase de idea tendrás tú de mí, trayendo a ese bruto para hacerme «mejor» la noche…

ISMAEL. Ya te dije que fue todo un malentendido…

ADORACIÓN. *(Incorporándose penosamente)*. En un par de horas voy a volar: el pájaro va a volar, Ismael. El pájaro viejo y maltrecho que regresa otra vez al Imperio donde quizás va a morirse solo y sin un cuadro firmado por su sobrino… ¿Es que ni siquiera eso voy a tener de ti…? Suena patético, ¿verdad? Me pregunto cómo se te ocurrió prepararme todo esto…

ISMAEL. *(Controlándose, en un esfuerzo por cambiar el tema de conversación)*. ¿Sabes por qué ya no pinto nada, tío? ¿Quieres saber por qué hace tanto que no me ves con un pincel en las manos…? Cuando nos visitaste en el 84, ¿recuerdas?, solamente pintaba marinas. Hiperrealistas, con un cuidado en el detalle casi increíble. Una ola me costaba horas, días, semanas. Pero cuando firmaba el cuadro, esa ola parecía viva, lista para romperse en esas playas que pinté y a las que tantas veces quise irme… ¿Sabes por qué pintaba marinas, tío? Era mi forma de escapar. Mamá lo sabía, por eso nunca hizo un comentario delante de mis cuadros. Mi mujer, en cambio, creía que las pintaba para vender, y era lo único que le importaba. Que su marido vendiera a los extranjeros y a los pocos coleccionistas un paisaje de mar, en un tiempo en el que nadie se interesaba por esos temas. Le preocupaba menos que pensar a dónde se iba su esposo casi todas las noches, en casa de qué amigos se quedaba para regresar cada vez más tarde… Aquella vez quise regalarte una marina, tío. Y no la aceptaste.

ADORACIÓN. Bueno, no había tiempo para... legalizarla. ¿Qué hubiera pasado en el aeropuerto si me descubren llevándome una obra de arte? No quiero problemas con la policía de este país, de ningún país. Y menos en los aeropuertos.

ISMAEL. Yo la había pintado especialmente para ti. Y en el reverso, puse una dedicatoria: «A mi tío, que cruza el mar y siempre regresa, esta playa para no escapar más». Pero el cuadro se quedó de frente a la pared, durante mucho tiempo, hasta que un día se lo vendí a un matrimonio de rusos que también huía de este país. Fue una de las últimas marinas que pinté con verdadera inspiración. Luego, después del divorcio, cuando mi esposa se dio cuenta de demasiadas cosas, seguí pintándolas, pero ya no era lo mismo. Con un trazo resolvía una ola, pintaba una tempestad en una sola tarde. Me di cuenta de que todo eso era basura y que yo no era un verdadero pintor.

ADORACIÓN. No exageres. Las que yo recuerdo eran... muy bonitas. Mejor que esos murales llenos de consignas que pintaban otros. Quién sabe, a lo mejor hasta hubiera podido venderte algunas allá... Se verían muy bien en el *living* de algunos que conozco.

ISMAEL. *(Concentrado ya en su historia).* Entonces hice una última prueba. Y preparé diez lienzos grandes, los más grandes que nunca antes había puesto frente a mí, jurándome que nunca más pintaría marinas. Y cuando moví el pincel sobre el primero de esos lienzos, supe que todo cambiaba. Tú nunca viste esos cuadros. Ni mamá, ni mi mujer. Papá mucho menos. Se morirían de haberlos visto. ¿Sabes lo que pinté en esos diez lienzos, tío? Hombres. Hombres bellísimos y terribles. Hombres desnudos, devorándose unos a otros, amándose y destruyéndose, bajo fuego y azufre. Hombres azules, rubios, negros, rojos, verdes, confundiéndose. Un torso con un muslo, una mano con un rostro, unos ojos con una boca púrpura que en mis sueños había visto tantas veces. Diez lienzos, diez multitudes de hombres. Ni una sola mujer, ni una sola marina, ni una sola consigna, envueltos en un golpe de color indefinible. Los pintaba y al mismo tiempo reía y lloraba, y me pintaba yo mismo, pintaba mi cuerpo de rojo, azul, verde rabioso, esmeralda. Verde. Nunca un color fue tan real entre mis manos... A ti también te hubieran dejado sin palabras, tío. Te hubieras enorgullecido de mí si hubieras podido verlos...

ADORACIÓN. Aún estamos a tiempo. Muéstramelos. Siempre y cuando ninguno de esos dos te hayan servido de modelos.

ISMAEL. No, tío. No voy a mostrártelos. No te irás de La Habana con uno de esos lienzos. No vas a verlos ya. Esos cuadros no existen.

ADORACIÓN. ¿Cómo que no existen? ¿También te los robaron? Seguro que uno de esos...

ISMAEL. No, tío. No me los robaron. O tal vez sí, eso qué importa. Los pinté, los firmé, me gustaron, ya no existen. Así de simple. Ni tú ni ellos los vieron nunca. Quizás lo mejor fue que nadie nunca los vio.

ADORACIÓN. ¡Pero eso es una locura! *So,* ¿cómo vas a haber pintado tus mejores cuadros sin que nadie los haya celebrado? ¿Es que los críticos y galeristas de este país están ciegos?

ISMAEL. A lo mejor el ciego era yo, tío. Los miré tanto que no me di cuenta de lo que esos cuadros representaban. Piénsalo bien, tío: hombres. Hombres hermosos, desnudos, abrazándose sobre un fondo turbio. Nadie los vio, los escondía en el clóset cuando salía de casa, porque sabía que mamá lo registraba todo. Por esos días se anunció la convocatoria de un salón de pintura. Y sin darme cuenta de lo que hacía, inscribí tres de esas piezas. No para ganarme un premio, sino para darme el orgullo de reconocerme otra vez como pintor, y demostrarle a unos cuantos lo que podía significar un pincel en mis manos. Y mandé las obras. Y esperé al día de la inauguración.

ADORACIÓN. *(Sentándose, temiendo el fin de lo que cuenta su sobrino).* Y... ¿entonces?

ISMAEL. Me estaban esperando. Se abrió la exposición, pero en ninguna pared estaban mis cuadros. El director de la galería y los organizadores del salón se reunieron conmigo en cuanto me identifiqué. Uno de ellos, que había estudiado conmigo y acabó pintando batallas mambisas, me dijo que había tratado de salvar al menos las piezas. ¿Tú sabes el significado de la palabra «inspección», tío? *(Antes de que Adoración responda, continúa).* La exposición fue «inspeccionada» antes de abrirse al público, y mis cuadros atrajeron mucha atención. No porque fueran mejores ni peores, sino por lo que esos hombres de mis lienzos parecían estar gritando. Todavía conservo el catálogo donde aparece mi nombre y el título de mis piezas. No pudieron borrarlo a tiempo: el nombre de un fantasma que pintaba obras fantasmas. No está bien que dos hombres se abracen sobre un fondo de azul turbio, un verde acerado, un rojo funesto... Desautorizaron las piezas, tío. Y a un miembro del jurado que propuso darles una triste mención por poco acaban botándolo de su trabajo. Me las devolvieron en un paquete tan cerrado que parecía contener una bomba, la *Monna Lisa* de la mariconería. Una estaba rota, no sé si con intención. La lancé al mar. En esta islita, como tú dices, todo se lo traga el mar. Pagué una a una mis marinas echando esos cuadros al mar, despedazados... Hace ya más de diez años que vendí mis últimos pinceles.

ADORACIÓN. *(Extendiendo su mano para rozar a Ismael. El sonido del mar es ahora bien audible).* Perdóname. No lo sabía. Si me lo hubieras contado antes, nunca te hubiera atormentado hablándote de marinas, pidiéndote un retrato. Estoy ya demasiado viejo para darme cuenta de algunas cosas.

ISMAEL. A lo mejor fue para bien que ocurrió todo eso. Mamá no se murió del susto leyendo en el periódico que su hijo había ganado una mención pintando cochinadas que no vio nunca. Y papá se quedó sin otro motivo por el cual quejarse. Pero yo no pude pintar más.

ADORACIÓN. Está bien. Te comprendo. Yo tampoco volví a sentirme actor nunca, después de la persecución aquí, y de la indolencia con que casi siempre recibían allá a un cubano que se atreviera a presentarse como «artista», sin ser cantante de guarachas. Pero al menos, tuve el alivio de convertirme en Adoración. *(Acariciando la peluca).* ¿Qué sería de mí sin ella...? No hay tiempo, carajo. ¡Nunca nos alcanza el tiempo! Tengo que cerrar mis maletas, no quiero dejar atrás un guante, un zapato, los condenados aretes que no acaban de aparecer... Y tenemos que hablar todavía, Ismael, antes de que yo me vaya...

ISMAEL. Vamos a hablar ahora. Vamos a decírnoslo todo. Yo también quiero conversar.

ADORACIÓN. *(Lo contempla por un instante, como decidiéndose al diálogo, conmovido por la sinceridad de la última frase de su sobrino. Pero al escuchar los ruidos y risas que vienen desde la cocina, se yergue; vuelve a ser la Adoración firme y cortante de la primera escena).* No, ahora no. Primero, saca a esos dos de mi casa. No me importa si regresan luego, mañana o nunca... Pero sácalos. ¡Y decídete de una vez! Díselo todo, si es que finalmente estás convencido... No me hagas creer que no ha valido la pena hacer este último viaje.

Con un gesto rápido, acaricia la cabeza de su sobrino. Antes de que este pueda alzar los ojos para mirarlo, retrocede hasta el lateral extremo. Cojea un poco, pero trata de ocultarlo con una mezcla de dolor, patetismo, ridiculez y dignidad que describe entero al personaje. Sale dejando la puerta entreabierta. Los ruidos y risas se escuchan, en la cocina, ahora en un tono más elevado.

Entra Isaac, riendo aún de alguna broma cruzada con Ángel, trayendo un vaso de agua en la mano, que sostiene fingiendo afectación. Aparentando asombro al no encontrar a Adoración con su sobrino, se dirige a este manteniendo el tono de broma, que irá transformándose desde los síntomas de su embriaguez hasta llegar a una descarnada sinceridad. Ismael también empezará a transformarse, convirtiendo la escena en un tenso juego de poder.

ISAAC. Pero, ¿cómo? ¿Ya se esfumó Su Majestad, abandonándonos en este país donde le nacionalizaron hasta el nombre? ¡Qué lástima, Picasso, con la despedida tan bonita que estábamos preparándole!

ISMAEL. *(Arrebatándole el vaso).* Vas a botar el agua, comemierda. Deja ese tono y habla más bajo. Mi tío está en el cuarto cerrando las maletas. Y creo que vas a tener que explicarme qué es todo este bonito fin de viaje que se te ocurrió hacerle.

ISAAC. *(Pasando a la defensiva, rectificándolo).* Que se *nos* ocurrió, me parece recordar. No fui yo el que se pasó todos estos días temblando ante los caprichos del viejo, cagándose de pensar que pudiera desencantarse de la nulidad de su sobrino, el «pintor», y decidiera no mandarle más el dinero que recibías puntualmente...

ISMAEL. Te dije que hablaras más bajo...

ISAAC. *(Sin escucharlo).* Y tampoco fui yo el que pensó lo bueno que sería regalarle un último recuerdo de La Habana, capaz de ablandarlo y hacerlo volver, a él y a su dinero, sin que hiciera demasiadas preguntas.

ISMAEL. *(Comenzando a organizar la historia, aprovechando la indiscreción que la embriaguez provoca en Isaac, y enfureciéndose a medida que lo descubre).* Claro, y por eso te comportabas de un modo insoportable.

ISAAC. Tú sabes que no resisto a los maricones que tienen que vestirse de lo que no son para creerse mejores que los otros. Por culpa de gente como esa nos juzgan a todos, como si nos gustara hacer lo mismo. Y yo no necesito de su dinero para sobrevivir.

ISMAEL. Pues permíteme recordarte que mi tío es, simplemente, tan maricón como tú. Que con el dinero que me manda, comías y te vestías. Y que es, contigo, lo único que puedo considerar una familia. La única diferencia que hay entre él y tú son los años; en todo lo demás son demasiado parecidos. Y eso te molesta, Isaac, te da rabia que tengan tantas cosas en común.

ISAAC. En eso estamos de acuerdo. Tú entre ellas. Pero yo no voy a salir corriendo de esta casa aunque él quiera borrarme. Yo voy a quedarme aquí. Aquí y contigo.

ISMAEL. Me parece que eso lo decido también yo. Y no te da ningún derecho a insultarlo.

ISAAC. ¿Pero tú no te das cuenta de que ha estado tirándome a un lado todo el tiempo, muriéndose de disgusto cada vez que me besabas? En todos estos días no me has dado un verdadero beso, Ismael. Y todo porque él está aquí, metiéndose entre nosotros.

ISMAEL. *(Acercándosele lentamente).* Claro, y como tú, que me quieres *tanto*, deseabas terminar con eso, le hiciste creer a Ángel que sería todo distinto a como lo planeamos.

ISAAC. *(Evadiendo una respuesta sincera).* Yo le expliqué a Ángel lo que tú querías. Que viniera y se encargara del viejo. Y que después cobrara y se desapareciera. Nada más.

ISMAEL. ¿Nada más? ¿Estás seguro de eso, Isaac Fernández? ¿O le hiciste creer que mi tío le pagaría, y no yo, como siempre? ¿No fue eso lo que hiciste, eh, Isaac? *(Isaac trata de respon-*

der, justificándose. Pero es evidente que se siente descubierto. Ahora es Ismael quien puede dominarlo, y quien lo agarra con violencia del brazo, haciéndolo quejarse). ¡Respóndeme, cojones! ¿No es esa la verdad?

ISAAC. Me estás… haciendo… daño.

ISMAEL. Me da igual. A ti te gusta. Te encanta verme cuando me molesto. Y si hiciste todo lo que me imagino, *sabías* que iba a molestarme.

ISAAC. *(Tratando de zafarse del lazo de Ismael, sin conseguirlo).* Lo único que yo quería es que nos dejara tranquilos. ¡Me vas a romper el brazo!

ISMAEL. *(No lo suelta).* Si te lo rompo, también te va a gustar. Con tal de que después me quede contigo, cuidándote, ¿verdad? *(Apretándolo aún más violentamente).* Y si te rompo los dos, vas a ser el maricón más feliz de La Habana, porque entonces voy a tener que bañarte, vestirte, alimentarte, sin dejarte solito ni un momento. Y quizás entonces extrañes a mi tío, cuando no haya con qué vestirte ni darte de comer. Y quizás entonces quieras irte de nuevo a Santa Clara. Pero con los brazos rotos no vas a poder coger un tren. Ni siquiera vas a poder abrir la puerta. Pero voy a estar contigo también en ese momento. Y me voy a reír, aunque tampoco entonces pueda abandonarte. Porque yo… nunca… te voy a abandonar… *(Susurrando en su oído).* Me cago en tu madre, Isaac Fernández Valdés. *(Isaac está verdaderamente asustado. Todo su cuerpo se tensa esperando un golpe aún mayor. Pero Ismael está consciente de su fuerza. Y tras una pausa rápida, besa muy suavemente a su novio en los labios. Tras el beso, que sorprende a Isaac, lo deja libre y se aleja).* ¿No era eso lo que tú querías? Anda, métete en la cocina con tu amigo El Melódico y sigan emborrachándose, en lo que trato de resolver este reguero de mierda que has armado con mi tío.

ISAAC. *(Tratando de recuperarse, lloroso de rabia).* No, sabes muy bien que no es eso lo que yo quería. Y no te vas a sentar aquí a despedir a tu tío sin oírme de una jodida vez.

ISMAEL. La puerta del cuarto está abierta. Si sigues hablando tan alto, lo va a escuchar todo y entonces será peor.

ISAAC. ¿¡Y qué!? ¡Que me oiga! A estas alturas, alguien tan inteligente como tu ilustre tío tiene que haberse dado cuenta de todo. ¿No te preguntó de dónde sacamos a Ángel?

ISMAEL. Yo solo quería que se calmara. Intenté no responderle esas preguntas.

ISAAC. Peor todavía, ahora sospechará más. Debiste habérselo dicho todo, Ismael. Contarle qué hacemos con su dinero, qué cuadros tan *maravillosos* te ayudo a pintar, y qué vida llevamos en este apartamento que ha ido vaciándose de lo que para mucha gente debiera ser una vida normal, decente, limpia.

ISMAEL. Quieres decir: a gente normal, como tu propia familia.

ISAAC. Sí, porque al menos yo *tengo* una familia. Él no, eso que busca ya no existe. La Habana que fue suya ya no está. Yo creía que las paredes vacías, las porcelanas que faltan, los muebles rotos, iban a explicárselo. Pero no: le alcanza con ese balcón y el mar para creer que el tiempo no ha pasado. ¡Y el tiempo sí ha pasado, Ismael, está pasando sobre nosotros y nos está borrando! ¿O es que tampoco tú te das cuenta?

ISMAEL. Lo único de lo que puedo darme cuenta es que todavía yo soy su sobrino. Y eso lo tienes que respetar.

ISAAC. *(Recobrando dominio de la situación).* No, Ismael. Ya tú no eres esa persona. Eres mi pareja, sencillamente eso. Y no voy a permitir que se pase la vida dominándote, aquí o en Miami, apareciéndose siempre como un cabrón fantasma. ¿Tú crees que no me he dado cuenta de todo, que me volví ciego y sordo en cuanto entró por esa puerta como una jodida emperatriz? ¿Qué cosa es esa que habla siempre contigo, en cuanto les doy la espalda? A ver, dímelo. ¿Qué quiere ese viejo de mierda de ti?

ISMAEL. Nada que no sea conversar en paz con su sobrino.

ISAAC. Aquí no queda nada de ese sobrino ideal que Everardo viene buscando. Mira: no hay un cuadro en esta casa que le recuerde quién fue.

ISMAEL. Eso se lo conté. Le dije por qué ya no pinto más. Creo que se lo debía, como una manera de pagarle por todo.

ISAAC. *(Acariciándose el brazo adolorido).* Siempre has sido un mal negociante. Ni con todos los cuadros que puedas pintar en tu vida vas a pagarle. Hay cosas que no pueden devolverse. Te lo dije la primera vez que me trajiste aquí y quisiste pagarme con tus dólares. *Sus* dólares... Yo no quería ese dinero. A otros se los hubiera reclamado, pero a ti no. Cuando pasabas cerca de mí, en un parque, en el malecón, lo único que quería era que me llamaras, que me pidieras un cigarro o me preguntaras la hora. El juego de siempre. Y me preguntaba por qué te ibas con los otros, y no conmigo. Con lo mucho que me gustaban entonces tus ojos... Aún me gustan tus ojos, Ismael. Y tus manos. Manos de pintor. Hasta que una noche, al fin, me llamaste. Y no pediste un fósforo, ni querías saber la hora. Un poco borracho sí que estabas. Y me lo propusiste. Y vine. Contigo y con otro. Y después quisiste pagarme.

ISMAEL. *(Sentándose, coge el vaso de agua).* ¡Verdad que te gusta reinventarlo todo! Cuentas lo que quieres y como lo quieres. Yo no lo recuerdo exactamente así.

ISAAC. ¿Ah, no? ¿Y se puede saber cómo lo recuerdas?

ISMAEL. *(Concentrándose en el vaso de agua hasta que termina de beberla).* Yo recuerdo unas noches en el malecón, en los peores años de esta década. Y gente que sabía que yo pagaba, y que los traía a este apartamento. Algunos hasta sabían que yo había sido pintor, y que mi madre había muerto hacía poco... ¿Nunca has pensado en las ventajas de ser huérfano, Isaac? No, seguro que no: todos tus parientes están vivitos y coleando en Santa Clara. La ventaja de ser huérfano, entiéndelo bien, empieza con la soledad. Una soledad que quieres llenar de gente, con cualquier clase de gente... Yo recuerdo esas noches. Cuerpos, muchos cuerpos. Y tu mirada, tan ansiosa que me daba miedo. Traté siempre de rodearme de gente a la que no le importara nada lo mío. Tipos que venían, se revolcaban conmigo, cobraban y desaparecían. Limpio y sencillo, más sencillo que pintar una marina. Hasta que una noche no encontré a nadie en el malecón. O se habían ido todos en una balsa o la policía se los había llevado como trabajo fácil. Pero estabas tú. Tú y uno más. Y acabé invitándote... Es verdad que luego no quisiste cobrar, pero yo insistí hasta que nos quedamos solos... Esa noche yo no estaba nada borracho. Te invité a volver porque también a mí me gustaban tus ojos. Me gustan todavía... ¿A quién no van a gustarle los ojos de un muchacho de veinte años? *(Pausa, levantando el vaso).* Por favor, tráeme un poco de agua.

Isaac, tras un momento de duda, se decide a acercársele. Extiende la mano de su brazo lastimado y se estremece cuando Ismael la acaricia, apartándola rápido con el vaso. Avanza hacia la puerta de la cocina, pero antes de salir, se vuelve hacia Ismael, que está sentado en el sofá, pensativo, de espaldas a él. Lentamente Isaac saca de su pantalón el dinero, mirando los billetes, como si pensara entregárselos a su amante. Pero cuando parece decidido ya a hacerlo, se abre la puerta tras él. Isaac, de inmediato, vuelve a guardar el dinero, con el tiempo justo para que Ismael se vuelva y no lo descubra.

En la puerta, detrás de Isaac, aparece Ángel. Ya está más tranquilo, pero en su mano derecha sostiene, alerta, la botella de ron de la cual falta ya la mitad. Todavía está cubierto por la bata de seda.

ÁNGEL. *(Dirigiéndose a Isaac, pero con la vista clavada en Ismael, que se ha vuelto al oírlo entrar).* Yo… no quería interrumpir, pero… Bueno, el ron está al acabarse… ¿Y… el viejo? ¿Ya se tranquilizó?
ISAAC. Tranquilo, campeón. Ahora mismo está metiendo sus pelucas en la maleta. *(Arrebatándole la botella).* Déjame tomarme lo que queda, anda. Ahora soy yo el que necesita un trago.
ÁNGEL. Ismael, tú sabes que yo no quería tumbarlo, y matarlo mucho menos. Tú sabes que yo no soy de esa clase de gentes. Tú me conoces bien… Pero cuando trató de desaparecerse sin pagarme…
ISMAEL. *(Interrumpiéndolo).* Está bueno ya, Angelito, está bueno ya. Si yo hubiera podido controlarlo todo, tú sencillamente no hubieras venido esta noche.
ÁNGEL. ¿Por qué? Yo intenté que la cosa saliera como lo planearon.
ISMAEL. Y es verdad. Empezaste muy bien con el ramo de flores, tu francés de mala muerte y el ballet. Y te aprendiste todo el cuento de las fotos. Pero la cagaste, Angelito, como casi siempre. *(Por Isaac, que bebe en la puerta).* Si este no me lo hubiera pedido como un gesto de confianza, yo no te hubiera ni dejado entrar.
ÁNGEL. *(Acercándosele).* Antes no era así, Ismael, cuando eras tú el que me buscaba siempre. «Necesito modelos», me decías, y venía contigo y con alguno más. Siempre un trío. Desconocidos que te gustaban porque no preguntaban nada, y confiabas en mí para localizártelos. Llegué hasta a venir cuando tenía detrás a un extranjero. Claro, es preferible estar con alguien como tú y no con un viejo apestoso. Yo nunca quise saber tu nombre ni de dónde sacabas el dinero, sé muy bien cómo tratar a mis clientes. Pero hoy alguien quiso jugarme sucio, y tú sabes que eso no me gusta.
ISMAEL. Eso también es verdad. También a mí me jugaron sucio. Pregúntale a tu amigo el santaclareño qué cosa inventó para que provocaras todo esto.
ISAAC. *(Enfrentándolos, bebiendo con rapidez).* Si lo que quieres es que lo diga y lo reconozca delante de su cara, prepárate para escucharlo. Sí, Angelito, yo te engañé. Te dije que el viejo iba a pagarte. Pero el dinero lo tengo yo, siempre lo tuve yo. *(Sacando los billetes de la gaveta en que los guardó).* Salí a vender una porcelana para pagarte luego. Y entonces se me ocurrió cambiarlo todo.
ÁNGEL. Pero, ¿qué coño tú quieres decir?
ISAAC. Quiero decir que te conozco, Ángel Pimentel, y que sabía lo que ibas a armar si el viejo te decía que no tenía con qué pagarte.
ÁNGEL. *(A punto de golpearlo).* ¿Y se puede saber por qué carajo hiciste todo eso?
ISMAEL. Eso te lo puedo decir yo. Para que pasara exactamente lo que acaba de pasar. Para que mi tío se fuera de Cuba sin el deseo de volver nunca, espantado ante el sobrino que usaba su dinero pagándole a tipos con los que acostarse, en vez de comprar lienzos, pinturas y defenderse como el nuevo artista de la familia. Para que se esfumara y jamás volviera a entrometerse en nuestra relación, porque piensa que el viejo maricón puede separarnos… Para quitarse de encima un poco de tanta inseguridad. Y para no tener que volver a la calle. O a Santa Clara.

ÁNGEL. *(Rápido, a Isaac).* ¡Dame acá ese dinero!

ISAAC. *(Corriendo al balcón, extendiendo su mano con los billetes hacia la vista del malecón).* ¡Me das un solo golpe y todo esto se va a la calle! O se hunde en el mar, ¡desaparece! Lo siento, Angelito, te portaste tal y como yo lo esperaba, pero no vas a tener este dinero. No hasta que yo sepa que el viejo se va y no va a joderme más nunca: este también es *su* dinero: me lo busqué vendiendo una porcelana de las suyas. Y es el mismo dinero con el que pagó nuestros encuentros. Unos dólares de mierda con los que quiere separarme de Ismael.

ISMAEL. ¡Estás más obsesionado conmigo que mi tío! Cuando yo lo digo: son idénticos.

ÁNGEL. *(Retrocediendo, ante la actitud de Isaac).* Contigo, o con esta casa. A cualquiera le gustaría vivir en el Vedado.

ISAAC. ¡O fuera de este país! Tú no tienes otra idea en la cabeza. Yo hubiera preferido seguir viviendo en alquileres antes que continuar acostándome con gente que no me gustaba.

ÁNGEL. Eso lo dices porque tuviste la suerte de encontrarte a Ismael, que te recogió y te sacó de los parques y los hoteles. Y porque hasta ahí llegaban tus aspiraciones, santaclareño. Las mías no. Mi novia y yo vamos a levantar el pie, ¿te das cuenta? Ni más ballet, ni más viejos apestosos arriba de mí o de ella. Ni más noches de «modelaje». Ismael, todavía estoy esperando que me pagues esta.

ISMAEL. ¡El trato era que pasaras la noche con él hasta la hora de mandarlo al aeropuerto! Y que lo complacieras, y lo dejaras encantado. De eso dependía tu dinero, Ángel Pimentel… *(Pausa, trata de calmarse).* Hace tres meses que mi tío no me manda nada. Isaac tuvo que empezar a vender otra vez lo poco que quedaba aquí. Primero me dijo que estaba ahorrando para el viaje, pero desde que llegó ha estado contando cada centavo. Yo llegué a pensar que se había enterado de todo, de lo que hacíamos con sus dólares, y que venía dispuesto a comprobarlo y a no dejarme nada más. Por eso inventamos lo de la despedida: una idea estúpida, ahora me doy cuenta, pero que podía ser la única solución…

ÁNGEL. *(Mirando con odio a Isaac, que se mantiene alerta, la mano con el dinero sostenida en el aire).* Claro, si a este se le hubiera ocurrido joderlo todo, ¿no?

ISMAEL. A lo mejor ya todo estaba jodido desde el principio. Debí haber pensado en lo que podía ser esto para mi tío. Inventarle un nuevo Pepe en esta Habana no iba a darle más que dolor. Un novio en La Habana de los noventa, que le hiciera olvidar qué viejo está, qué pasado de moda, y lo hiciera regresar lleno de ilusiones, con los bolsillos repletos de dinero… No sé. Quizás si hubiéramos traído a otro, las cosas hubieran salido bien.

ÁNGEL. ¡Hubieran salido bien si este hijo de puta no me hubiera enmarañado, y si hubieran hablado claro desde el principio! Está bien, no quiero *ese* dinero. Pero el viejo tiene que haberte dejado algo más. Págame con eso. *(Señalando la lámpara de pie).* O si no, vende esta lámpara.

ISAAC. *(Descuidándose por un momento).* ¿Y tú qué te crees, Pimentel? ¿Que lo que manda ese viejo alcanza para todo, para pagarle a gente como tú y además mantenernos? Si nos alcanzara, esta casa no estaría como la ves, medio vacía y sin cortinas. Y si el tío de Miami deja de ser nuestro banquero, vamos a tener que vender lo que nos queda para sobrevivir. Eso a mí no me da miedo. *(Por Ismael).* Pero este no quiere ni pensarlo… La gente como tú siempre sale muy cara, Pimentel. Y yo que pensaba que la vida de puta te había enseñado algo…

Con un gesto rápido, Ángel se lanza sobre Isaac tratando de abatirlo y apoderarse de los billetes. Isaac no puede evadir el golpe pero reacciona lanzando el dinero, que desaparece hacia el mar. Ángel, con mayor violencia, vuelve a golpearlo, fallando bajo los efectos de la rabia o la bebida, pero haciéndolo caer al centro de la escena, mientras Ismael trata de detenerlo. Cuando la pelea parece llegar a su clímax, Adoración hace su última entrada.

13

Con un paso ya seguro, Adoración se adelanta, dirigiéndoles una orden con una voz de mando de insospechada potencia y deteniéndolos en plena lucha. Es parte de su última transformación, ya a la vista del público.

ADORACIÓN. ¿Podrían hacer el favor de dejar pasar a una dama? *Jesus*, ¿es que ni siquiera se puede tener la tranquilidad de una verdadera despedida?

Ismael, Isaac y Ángel se separan de inmediato, mirando a Adoración con auténtico asombro. Ya no viste el traje de noche, ni lleva la peluca, ni está maquillado. Ante ellos está sencillamente Everardo, el tío de Ismael, sin ningún truco ni disfraz: un hombre mayor, afectado sin duda, aunque un poco menos frágil bajo estas ropas; una persona que maneja su talento de actor para no mostrarse demasiado incómodo en el saco que viste, con su corbata y su pantalón cuidadosamente planchado. Indudablemente, anticuado ya. Indudablemente, aún elegante.

ISMAEL. Nosotros... Perdona, tío. No sabíamos que... estabas ahí, oyéndonos pelear... por nada. ¿Están listas las maletas?
ADORACIÓN. *(Avanzando al centro)*. Ya están. Por una vez creo que no dejo nada. Yo mismo estoy listo para desaparecer.
ÁNGEL. *(Recogiendo su pantalón y tratando de volver a la cocina)*. Creo que yo también... debiera desaparecerme.
ADORACIÓN. ¡Quédese donde está! ¿No espera que se le pague por su trabajo? Bien, yo le pagaré. Usted me ha sido extremadamente útil.

Ángel duda por unos momentos, pero agarra su camisa y trata de escabullirse. Isaac se interpone entre él y la puerta.

ISAAC. ¿Adónde vas, Pimentel? ¿Tú no oíste que quieren que te quedes? Estás de suerte: van hasta a pagarte. Siéntate y no jodas más, que ya por poco me rompes la cara.
ADORACIÓN. Cuando yo lo digo: extremadamente útil. Debieron contratarlo desde el primer día.
ÁNGEL. *(Enfrentándolo)*. ¡No voy a quedarme aquí a soportarle sus chistes! *(Por Isaac)*. Ni a aguantar el descaro de este comemierda. *(Saliendo al balcón)*. Cuando decida pagarme, avíseme. Creo que necesito un poco de aire fresco.
ADORACIÓN. ¡Ay, joven! Eso era algo que hace mucho, mucho tiempo, abundaba en esta ciudad...

Ángel, sosteniéndole la mirada, sale al aire libre, llevándose la botella con la cual entró. Su figura se recorta contra la vista de la ciudad durante toda la escena.

ISMAEL. Tío... No sé lo que habrás oído, pero no creas que quisimos...

ADORACIÓN. *(Cortándolo)*. Lo oí todo, sobrino. Lo suficiente, lo que quería saber. Pepe siempre me aconsejó no acercarme demasiado a las puertas entreabiertas. Pero es una vieja manía de la que nunca pude librarme… Ahora comprendo las paredes vacías, la ausencia de muebles, las noches en que no podías quedarte a pintar…

ISMAEL. Tío, eso no tiene nada que ver…

ADORACIÓN. *(Sin interrumpirse)*. Ahora comprendo por qué eran tan vívidas tus descripciones de lo jodido que estaba este país, y para qué necesitabas el dinero cada mes. Y hasta comprendo por qué gentes como estas son tus únicos amigos.

ISAAC. Oiga, Everardo, yo no le permito…

ADORACIÓN. *(Deteniéndolo con un gesto)*. ¡Después hablará usted! Si es que quiere defenderse o justificarse. Ahora estoy conversando con mi sobrino. Haga el favor y no se entrometa.

ISAAC. ¡Pero sucede que su sobrino es mi pareja, mi novio, mi amante! Aunque a usted le reviente todo eso. Tengo perfecto derecho a meterme entre los dos.

ADORACIÓN. ¿Está de verdad tan seguro?

Cruzándole la mirada, Isaac comprende y se aleja, sentándose en el suelo, cerca del balcón, siempre observado por Adoración, que espera a verlo separado de Ismael para acercarse a su sobrino.

ADORACIÓN. Todavía tenemos que hablar tú y yo, Ismael; me queda una cosa importante que resolver contigo. O más bien, tenía… Ahora que sé demasiado, no tengo ninguna decisión clara en mi cabeza. Salvo la de montarme en ese avión, llegar a mi apartamento y dormir, dormir por tres o cuatro días seguidos. Como si ya no quisiera despertar más nunca…

ISMAEL. Estoy aquí, tío. Dime lo que tú quieras. Como hace tantos años, vamos a hablar…

ADORACIÓN. Sí, Ismael, como hace tantos años… Óyeme bien, *óiganme bien*: si vine esta vez fue para pedirte algo. Un favor nada sencillo y al mismo tiempo, tan simple… *(Con un esfuerzo, a Isaac)*. Quería pedirle a mi sobrino que se fuera conmigo, que me dejara llevármelo a Miami. Necesito alguien que me acompañe allá.

ISAAC. *(Incorporándose)*. ¡Yo lo sabía! Me lo imaginé desde el primer momento. Quejándose por todo, siempre separándonos… ¡Sepa que Ismael no se va a ir así como así!

ADORACIÓN. ¿Podría callarse, por favor? ¿Podría, si no le molesta, dejarnos definitivamente solos?

ISAAC. ¿Para qué, para salirse con la suya y acabar riéndose de mí? ¡No va a ser tan fácil, Everardo! *(A Ismael)*. ¡Ismael, dile que no te vas! Dile que no vas a dejarme. ¡Ismael!

ISMAEL. *(Sentándose, abatido)*. Por favor, por favor, Isaac. Es lo mejor… Déjanos solos. Es mejor si hablamos esto solos. Mi tío y yo. ¿Por favor…?

Isaac, derrotado, los contempla por un momento y luego sale al balcón. Ángel, de inmediato, se aparta de él. Ambos, contra la vista del fondo, parecen parte de una marina. A medida que avanza la escena, irán acercándose en una conversación que no podrá oír el público, en la que aparentemente se reconcilian, bebiendo juntos de la misma botella. Sobre el sonido del mar, Ismael y Adoración reanudan el diálogo.

ADORACIÓN. *(Viendo salir a Isaac)*. ¡Pobre muchacho! *(A Ismael)*. Tranquilízate, Ismael. Dije que esa *era* mi idea… No que lo fuera ya. El sobrino que yo quería llevarme y para el cual empecé a preparar los papeles y hasta un cuarto en mi apartamento con vista al mar, no es la persona que acabo de encontrarme… Probablemente, nunca lo fue.

ISMAEL. Yo no te entiendo, tío. La verdad es que no te entiendo ¿Para qué se lo dijiste a Isaac?

ADORACIÓN. Para que lo supiera de una vez, porque tú *nunca* ibas a decírselo. Porque nunca ibas a tener el valor de contárselo. Porque lo necesitas a él más que a mí. *(Con una mueca, cínico).* Y reconozco que eso me da rabia. Perdóname, no pude evitar el hacerlo sufrir. Confieso que me gusta disfrutar, aunque sea un poco, mis pequeñas venganzas.

ISMAEL. *(Con una sinceridad hasta ahora no advertida en él).* Óyeme bien, tío. Óyeme bien, Everardo. Yo no voy a irme contigo. Yo no voy a dejar a Isaac. Debí habértelo dicho desde el primer día, pero no me atreví. No quería estropearte el regreso a La Habana, a *tu* Habana. ¿Para qué...?

ADORACIÓN. *(Riendo, con amargura).* Querido, creo haber aprendido que ya *esta* no es mi Habana...

ISMAEL. Pero es la única ciudad del mundo a la que siempre vas a volver. Durante todos estos años, vi a tanta gente salir de La Habana... Luego ni cartas, ni postales. El mundo es tan grande que la gente se desaparece. Y yo nunca quise desaparecer así. Mi madre murió aquí, mi padre, aunque no me quiera, está también aquí. Los demás se fueron, se van o quieren irse. Ángel, su novia, tú... Yo no. A mí no me da la gana de irme. La Habana se quedó vacía pero yo no puedo imaginarme en otro sitio. ¿Para qué? ¿Para acabar como tú, que no puedes vivir sin ese mar, sin dejar de venir otra vez y otra vez?

ADORACIÓN. ¿Recuerdas el significado de la palabra «cáncer», Ismael...? Cuando tu madre estaba postrada en la cama del hospital, decíamos esa palabra a media voz, para que ella no pudiera oírla y no descubriera todo lo que sabíamos. Ahora no tengo más remedio que decírmela a mí mismo cada noche, para comprender lo que me pasa. Es muy distinto leer esa palabra en el diagnóstico de una persona ajena, a tener que pronunciarla como si formara parte de tu nombre... Soy una persona vieja y enferma. La nostalgia, creía yo, era mi única enfermedad. Hace unos meses supe que esa palabra que nunca dijimos en alta voz me pertenece, se quedó en mi garganta y ahora me roba el tiempo de volver a esta ciudad que sigo extrañando tanto...

ISMAEL. Tío, perdona... Nunca imaginé...

ADORACIÓN. Los médicos han querido convencerme de que no estoy tan mal, y de que me quedan aún un par de años. Pero si les hubiera dicho que iba a hacer este viaje, me lo hubieran impedido. Aquí, en La Habana, tengo que beber, fumar, *ser* Adoración... Ser yo mismo, y reencontrar a mi familia. Aunque esa familia ya solo seas tú, Ismael... Y ahora tenga que darme cuenta de que no vale la pena llevarte conmigo...

ISMAEL. No digas esas cosas... Discúlpame... Yo no sabía...

ADORACIÓN. No te disculpes, yo tampoco lo sabía. Y no quería entender que una muerte a solas puede ser algo terrible. Por eso decidí volver, a convencer a mi sobrino pintor para que se preparara a venir conmigo. A un país extraño, donde ya todo me es también extraño, y en el que quizás solo alguien de mi mismo apellido pudiera aliviarme... ¡A veces me duele todo tanto!... *(Pausa).* ¡Dame un trago!

ISMAEL. ¿Un trago? Pero, ¿no acabas de decirme...?

ADORACIÓN. *(Enérgico).* ¡Que me des un trago, carajo! De ron, de alcohol, de lo que sea... *(Alargándole un vaso).* De todas maneras, me voy a morir, ¿no?

ISMAEL. *(Obedeciéndolo, impresionado por la voz de mando).* Creo... que en una botella queda algo de ron... Aquí... *(Le sirve un poco de ron que su tío bebe con avidez).* ¿Estás seguro de que te hará bien?

ADORACIÓN. *(Tranquilizándose a medida que bebe).* ¿Y eso qué me importa ya? No entiendes nada, Ismael, ya no vas a comprenderme... Yo quería tener conmigo al sobrino que mantenía, diciéndome que quizás pudiera darle una oportunidad como la que aquí nunca consiguió con sus pinturas; aunque en Miami la mayoría de los artistas se muere de hambre y nadie va a interesarse en el retrato de un viejo maricón vestido de damisela encantadora. Quería convencerme de que no estaba tan solo, y de que mi sobrino era una persona limpia y honrada, por la que valía la pena arriesgarme de nuevo. Me he arriesgado por tantos, y he recibido tan poco a cambio... Un muchacho talentoso que me saludaría cada mañana, y no un extraño con el cual no puedes hablar ni siquiera del tiempo... Pero volví a equivocarme de nuevo...

ISMAEL. Yo creía que no siempre te habías equivocado. Por ejemplo, con Pepe...

ADORACIÓN. ¡Pepe! ¡El hermoso y siempre inevitable Pepe! Entérate de una vez, Ismaelito, Pepe nunca existió. O existió en todos y cada uno de esos muchachos con los que me acosté, y que ya están muertos, o muriéndose como yo de cáncer. Todo lo devora el cáncer, Ismael. Hasta a Pepe se lo llevó el cáncer...

ISMAEL. *(Tratando de quitarle el vaso)*. Tío, disculpa, pero no creo que debas tomar más...

ADORACIÓN. *(Aferrándose al vaso con más fuerza)*. Siempre te dije que Pepe desapareció, ¿no es cierto? Pues bien, Pepe, o ese muchacho con el que siempre acabo confundiéndolo, se me hizo por el contrario demasiado visible. Fue de los que se levantó a decir mi nombre, dispuesto a limpiar el suyo de cualquier mancha, mandándome a trabajar en un campo de Camagüey, tan lejos de La Habana y sus teatros... ¿Te imaginas a tu tío limpiando de yerbas un surco de sol a sol? ¿Sin sus trajes, pelucas, su maquillaje perfecto...? Ay, sobrino, no quisiera recordar y, sin embargo... Me equivoqué de nuevo, Ismael. *(Volviendo la espalda a su sobrino, mira hacia Ángel e Isaac, que beben en el balcón, aparentemente ajenos)*. Toda la vida no he hecho más que equivocarme. La Habana tiene sus encantos, y sus precios. Nunca imaginé que los conocieras tan bien. Y yo que creí ser el último experto...

ISMAEL. No me hables así, tío. Di lo que quieras, pero no me hables así. Tú no te imaginas lo difícil que es vivir de este lado.

ADORACIÓN. ¿Y vivir del otro, Ismael, alguna vez te has puesto a pensarlo? La soledad no es aprender a estar solo, óyeme bien, sino aprender a no estar con los demás. Yo siempre creí que mi familia acabaría reuniéndose un día, y que me aceptaría tal cual soy. Yo siempre imaginé que los teatros volverían a llenarse con los actores que tanto admiré, y que mis cantantes favoritas regresarían a la Tropical. Me pasé la vida esperando que algo así pasara. Y me he puesto viejo, y me he quedado sin nadie, y la única cosa que heredé de mi familia es una enfermedad que me va a matar el día menos pensado.

ISMAEL. *(Sentándose a su lado)*. No estás tan solo, tío. Aquí me tienes a mí. Vas a poder volver siempre porque yo voy a estarte esperando. Y pintando para ti...

ADORACIÓN. Tú nunca vas a pintar de nuevo, Ismael. Nunca vas a ser el artista que yo quería tener en mi familia. Porque te rompieron ese cuadro, sí. Pero también porque no tuviste lo que hacía falta para levantarse y volver a empezar. Yo tuve que volver a empezar muchas veces. Sigo siendo el único artista de la familia.

ISAAC. *(Regresando del balcón, ha estado atento a la conversación desde que Adoración se volvió a mirarlos)*. ¿No le parece que es muy fácil decir eso? ¿Venir por unos días, hacerse unas fotos frente a los escombros y largarse? Usted no sabe nada de lo que he vivido yo con Ismael.

ADORACIÓN. *(Por primera vez, se dirige a él directamente)*. Créame que mucho no sabré, pero ya voy aprendiendo algo. Cálmese, no pienso llevarme ya a mi sobrino. Tendría que averiguar muchas más cosas sobre él, sobre usted, y ya no me queda tiempo... Y pese a todo mi egoísmo, puedo entender que no tengo ningún derecho a convertirlo en algo que no quiere ser, que probablemente ya nunca pueda ser… Hay cosas a las que es mejor enfrentarse completamente solo. Aunque uno sepa que el final vaya a dolernos demasiado, y no nos quede ya ni un centavo en el bolsillo.

ISAAC. ¿Usted cree que todo esto yo lo he hecho por dinero, eh? ¿Que estoy con su sobrino desde hace casi tres años por el dinero que usted le manda? Usted es de los que piensa que porque nadie nunca lo quiso verdaderamente, a los demás tiene que pasarles lo mismo. Pero déjeme decirle que está muy equivocado, Everardo…

ISMAEL. *(Tratando de callarlo).* Isaac…

ISAAC. ¡Déjame decírselo, Ismael, por una sola vez déjame que se lo diga! *(Adoración, con un gesto, hace que Ismael deje hablar a Isaac. Y se reclina en el sofá, ya seguro de sí, dispuesto a resistir la tirada del joven, sonriente).* Usted me da lástima, Everardo. Entérese: yo sí quiero a Ismael. No al sobrino de quien usted nunca supo demasiado. No al niño de nueve años que no pudo despedirlo cuando usted se fue, ni al muchacho de veinticinco que iba a casarse para guardar las apariencias cuando regresó en el 84. Ese pariente con el que sueña, y el pintor sin obra que lo ayudó a enterrar a su hermana, no son ya la misma persona. Yo sí conozco a Ismael. *(Lo señala).* A este Ismael. Mejor que usted y que su propia madre.

ISMAEL. ¡Isaac!

ADORACIÓN. *(Sirviéndose otro trago, ridiculizándolo).* Parece que el ron cubano sigue despertando habilidades secretas. O usted es un arrogante que no se sabe callar.

ISAAC. *(Yendo hacia él, le arrebata la botella).* Diga lo que quiera, vamos, insúlteme. Pero ahora me tiene que oír a mí. Ese Ismael que usted ve tampoco es el que me recogió una noche y me trajo hasta aquí. Este es un hombre; aquello era un despojo que se pasaba los días mirando las fotos de su madre muerta, tratando de vender algo para no morirse. Un día cogí yo mismo una porcelana, salí a la calle y la vendí. Y volví con el dinero. Y le demostré que no iba a abandonarlo, que podía confiar en mí… Me costó toda una colección de porcelanas el poder quedarme.

ADORACIÓN. *(Alzando el vaso).* Ya lo ve, para eso un maricón necesita de buen gusto. ¿Qué hubiera sido de usted si en vez de porcelanas mi colección hubiera sido de imitaciones y yesos?

ISAAC. *(Llenándole el vaso con soberbia).* Hubiéramos sobrevivido, Everardo, también hubiéramos sobrevivido. Yo siempre me las he arreglado para sobrevivir… Con esas porcelanas, y sus dólares, las cosas mejoraron algo. Yo sabía que podía controlar sus borracheras, sus depresiones, pero que no podía quitarle el deseo de otros cuerpos.

ADORACIÓN. *(Mirando a Ismael fijamente).* Como el cuerpo de… Ángel… por ejemplo.

ISAAC. Sí. Y el de otros. ¿No cambiaría usted una porcelana auténtica por el placer de acariciar un buen cuerpo? Un cuerpo que Ismael necesita junto al mío, y el suyo, para creer que podía pintarlos una vez más. Siempre un trío, confundiéndonos los unos con los otros: un torso con un muslo, unos ojos con una boca púrpura… A lo mejor usted también se escandaliza. Al principio yo pensaba que era solo una especie de aberración, luego me di cuenta de que nos necesitaba para recuperar otras cosas… Sus cuadros…

ADORACIÓN. *(Con una carcajada).* Pero ¿cómo? ¿Ahora quiere convencerme de que todo no era más que un acontecimiento… artístico? ¿Por quién me toma usted?

ISAAC. ¿Él no le contó nada de eso? ¿No le describió uno de esos cuadros? *(A Ismael). ¿*Es que no le habías contado todo, Ismael? *(Ismael se aleja. Isaac se vuelve hacia Adoración. La vehemencia con que habla hace que este deje de reírse).* Todavía sigue «pintándolos» algunas noches, sobre mí y sobre esos desconocidos, a los que paga para poder recobrar esos lienzos que ninguna galería le aceptará. Usted no puede entenderlo, está ya demasiado viejo, demasiado solo. Pero yo sí. Es mi manera de quererlo. Un día encontré unos bocetos y el catálogo de una exposición donde se mencionaban tres piezas. Y descubrí el por qué de todo. Y lo acepté. Y me gusta pensar que cada noche soy el cuadro que su sobrino vuelve a pintar, contra ese mar del fondo, para seguir siendo un verdadero artista. Al menos, para mí, a pesar de lo difícil que pueda ser resistirlo y comprenderlo. Y es por él que sigo aquí, en esta casa que fue suya, y estaré todavía si dentro de otro par de años usted tiene tiempo para volver.

ADORACIÓN. *(Bebiendo de un sorbo su trago).* Créame que estoy pensando en ahorrarle esa tortura. Por esta vez ya he descubierto demasiado… *(Señalando al balcón).* Pero no crea que me escandalizo: yo también tengo una vida llena de acontecimientos… «artísticos». Y no es por eso que no me lo piense llevar. Por favor, dígale a su amigo que lo necesito. En los últimos minutos, todos tendrán que estar pendientes de mí. *(Isaac, mirándolo a él y a su sobrino, sale a buscar a Ángel, que entra enseguida. Adoración, antes de que pueda hablar, le dicta una orden).* ¡Usted, vaya al teléfono y llámeme un taxi! Si quiere que le pague, tendrá que trabajar. *(Ángel, sin chistar, desaparece por la puerta del cuarto. Adoración vuelve a dirigirse a Isaac).* Si usted supiera, yo también he dicho esas palabras muchas veces; en tantas solemnes e inútiles ocasiones he hablado en nombre del amor. Y lo volvería a hacer, si un hombre educado, algo mayor, me brindara su casa en un buen barrio de la capital, y yo no fuera más que un hombre de provincias, de pocos estudios, sin más talento que el de negociar con mi cuerpo y algunas antigüedades… No se engañe, Isaac, ¿cómo cree usted que me hice de este apartamento: diciendo cuatro bocadillos en episodio radial y actuando en obras que no veía nadie…? No siempre hay que venir desde tan lejos a la capital para encontrar una verdadera casa… Nos parecemos mucho, sí. Por eso no nos soportamos. Y es que también somos tan diferentes…

Isaac, enfrentándolo, vuelve a servirle un trago de ron. Adoración, satisfecho, lo bebe a su salud. Isaac, comprendiéndolo, se retira junto a Ismael.

ADORACIÓN. Sobrino, ¡te dejo La Habana! La Habana y todos sus lugares espléndidos y peligrosos. Vivir en una capital es siempre muy peligroso. Vivir en cualquier lugar del mundo, hoy, es un peligro constante. Mucho más si tu familia y tus recuerdos se esfumaron ya. ¡La familia, carajo, la sagrada familia! Abrázame, ya casi me voy.

ISMAEL. *(Acercándose).* Tío, perdóname, todo está mal. Todo lo he hecho mal. Lo que oíste, la cita, lo que pensaba de tu viaje, Isaac y yo… ¿No quieres quedarte un par de días más? ¿No quieres hablar conmigo como antes, tranquilamente? Estoy seguro de que Isaac…

ADORACIÓN. Isaac se tira por ese balcón si me quedo una hora más de lo previsto… Tal vez sea verdad que él sí sabe cómo cuidarte. Yo no, yo solamente sirvo para hablar de mí, repetir mis recuerdos, ponerme una peluca y creer que todos los aplausos son auténticos… Siempre tuviste los ojos de mi hermana, Ismael. La recuerdo tanto cuando te veo cerca, así…

Los dos se abrazan. En el tiempo que dura el abrazo, Ángel regresa del cuarto, pero se queda junto a Isaac, para no interrumpirlos. Isaac le brinda un trago de ron, que él rechaza. Emocionados, Adoración e Ismael se separan.

ADORACIÓN. No tienes nada que hacer en Miami, Ismael. Y nadie puede obligarte a que te vayas de aquí, si es en esta ciudad donde quieres quedarte. Y mucho menos a convertirte en el enfermero de un transformista insoportable... Obligarte a que me entierres sería una forma demasiado cruel de cobrarte el dinero que te mando.

ISMAEL. Si lo necesitas por tu enfermedad, estoy seguro de que Isaac y yo podemos...

ADORACIÓN. *(Interrumpiéndolo)*. Yo pensaba que con ese dinero arreglarías tu vida, comenzarías de nuevo tu carrera, te harías «un hombre de bien». Claro, no me di cuenta de que para eso tendrías que arreglar tantas cosas aquí, que ni convirtiéndome eternamente en Adoración podría mandarte los suficientes dólares. Empezando por el calor... No te preocupes, tampoco dejaré que te mueras de hambre. Ante todo, somos una familia. Despedazada, patética, lo que quieras. Pero una gran familia...

ISMAEL. Gracias, tío. Gracias...

ADORACIÓN. Claro, que no sé si te mandaré tanto como para que sigas pagándole a gente así. A veces, óyeme, es mejor morirse solo. Al menos tú tienes a Isaac. O él te tiene a ti. Se tienen. Yo tengo un apartamento en Miami, más chiquito que este, y una colección de discos... Me gustaría que me mandaras una foto de esta habitación en unos meses, y que las paredes estuvieran llenas de cuadros...

ISMAEL. Tío, yo te prometo...

ADORACIÓN. ¡Sobre todo, no me prometas nada! Tal vez ni siquiera llegue a vivir ese tiempo, y no sirva de nada el que me mandes esa foto... Mándame mejor una marina, sobrino. Una de tus horribles y vivísimas marinas. Morir mirando el mar debe ser algo muy hermoso.

ÁNGEL. *(Carraspeando, displicente, pero atento en espera de su pago)*. Perdone, pero... En unos minutos estará aquí el taxi, señor. ¿Quiere que vaya sacando sus maletas?

ADORACIÓN. *Wonderful!* Eso se llama un magnífico servicio. Tráigalas, están bien cerradas. Yo mismo las bajaré. Así no tendrá que vestirse para ayudarme en las escaleras. Será mejor si me voy teniendo de usted este recuerdo. *(Ángel, como si la mirada de Adoración lo desnudara, se ciñe la bata y vuelve a la habitación. Adoración habla para sí, estirándose el traje)*. Una bonita pieza de porcelana... Pepe también hubiera hablado así... *(Repentinamente, descubre algo en sus bolsillos, que saca en su mano)*. ¡Caramba, los aretes de Olga! Al fin aparecieron, y yo que creía que los había extraviado! *(A Isaac)*. ¿Qué hora es, todavía estoy a tiempo?

ISMAEL. Sí, tío, todavía tenemos tiempo. Podemos quedarnos otra hora, conversar. No sé de qué, pero al menos conversar. No de La Habana, sino de nosotros. Cada vez que venías, era lo mismo. Y cuando te ibas, era como si nada hubiera pasado, como cuando no me gustaba un cuadro y encima de ese lienzo empezaba a pintar otro, y enseguida todo lo anterior se me olvidaba. Quédate conmigo. Vamos a hablar de ti y de mí.

ADORACIÓN. No, ya es tarde. Por una vez, prefiero los aeropuertos. Vas a seguir olvidándolo todo, es un mal de familia. Yo también me olvido de por qué me fui, y siempre regreso. Ahora me voy. Que sea rápido y digno; odio esa costumbre hipócrita que son las despedidas. *(A Isaac)*. ¡Usted! Deme un último trago. Gracias.

ISMAEL. Al menos, ¿me vas a llamar?

ADORACIÓN. *(Saboreando el trago)*. No te preocupes, estarás al tanto de todo. Cuando entre al hospital, te haré llegar el número. Miami es una ciudad horrible, no se puede caminar, está todo tan disperso... Y los cubanos, ¡lo peor son los cubanos! ¿Por qué no me habré quedado en New York? Pero, bueno, ya es inútil lamentarse. Si quedara alguna porcelana, me gustaría llevármela. *(Mirando a Isaac)*. Aunque ya sé que aquí no se puede nunca pedir demasiado...

ÁNGEL. *(Entrando)*. Aquí tiene las maletas.

ADORACIÓN. ¡Magnífico! Es ya hora de ir bajando. (Deteniendo a Isaac y a Ismael). No se molesten, yo puedo con ellas. He cargado esos trajes y pelucas por medio planeta. No soy un moribundo todavía, verán como podré. (Con dificultad, carga las maletas). Cuídense. Cuídense todos. Les agradezco infinitamente sus aplausos.
ISMAEL. Al menos déjanos acompañarte hasta la entrada, tío. ¿Quién sabe lo que puedes encontrarte ahora en la calle?
ADORACIÓN. Me encontraré un taxi amarillo, con un chofer joven, hermoso y despreocupado, que conducirá descuidadamente hasta el aeropuerto. Si no estuviera lejos de mi camino, le pediría que pasara por la calle Zanja. Pero está tan deslucida, la pobre, que si lo hace acabaría deprimiéndome. Lo mejor será huir sin demora, mirando únicamente el malecón. *(El sonido del mar comienza a ser más intenso).* Una ciudad a la orilla de un mar cálido y azulísimo: así debiera empezar el paraíso. *(Va a salir con las maletas pero la mirada de Ángel lo detiene. Como si recordara algo, se detiene junto a él y le entrega los aretes).* Tenga, regáleselos a su novia. Dígale que pertenecieron a una diosa. Y quédese con la bata, hace un bonito juego con su color de piel. Que no se diga no soy caritativo con las personas a las que doy empleo. Eso sí, no crea nunca demasiado: los aretes son una imitación. Y ahora… voy a pagarle. *(Sorpresivamente, lo besa en la boca. Ángel no tiene tiempo para reaccionar. Cuando Adoración se aparta, levanta la mano para golpearlo, pero Adoración se lo impide con un gesto).* Mucho cuidado, joven: jamás golpee a una persona enferma de tanta nostalgia. *(Ángel, atribulado, se aparta. Adoración se esfuma hacia el ventanal, cargando sus maletas. Se funde con la imagen de La Habana, diciendo sus textos finales sobre el rumor creciente de las olas).* ¡Nunca encontrarás una ciudad como esta, Ismael! De eso puedes estar seguro. La Habana no es nada sin mí, ni yo soy real cuando me alejo de ella… ¡Ay, Pepe, al menos eso sí lo he aprendido! Definitivamente, ser maricón en La Habana es algo que va a resultar difícil, muy difícil, siempre.

14

Se produce, entre los personajes, un largo silencio. Adoración ha desaparecido, como un fantasma, a través de la pantalla. Isaac, lentamente, se acerca a Ismael, pone una mano en su hombro. Se vuelven al público. Ismael, por primera vez con verdadera ternura, lo abraza. Ángel, abriéndose la bata, alza la botella casi vacía.

ÁNGEL. Bueno, al menos aquí quedan dos dedos de ron. El viejo no tomaba tanto como ustedes me dijeron. *(Ofreciéndoles).* ¿No quieren un poco? Miren que me lo tomo yo todo.
ISMAEL. *(Avanzando hacia él y quitándole la botella).* Está bueno ya, Maikel. Deja el juego ya. No tienes por qué seguir haciéndote el chulo decente con nosotros. En esta casa ya no queda ningún juego por jugar. Ni siquiera el tuyo. Y ahora me está empezando a doler la cabeza. Gracias por haber venido… Es una lástima que no hayas podido demostrarle a mi tío todo de lo que eres capaz…
ÁNGEL. ¿Ah, pero tú insistes en botarme? ¿Ahora, en plena madrugada…? ¿Y si te repito que no me voy, que hasta que no me pagues con algo no me voy? *(Se sienta, decidido).* ¡Es más, que no me voy!
ISAAC. ¡Mira que tú tienes la cabeza dura, Pimentel! No hay cosa que no mires ni hagas a la que no le pongas un precio… ¿Tú no te das cuenta de que aquí no ha pasado nada? O casi nada. Alguien llega, se entera de tres o cuatro cosas que estaban más o menos escondidas, pero la

familia sigue a salvo. Lo que queda de ella. Y todo se mantiene igual. Claro, a veces ayuda saber que uno se asfixia guardando tantos secretos. Pero esa ayuda es como el ron, no deja otra cosa que resaca… Aquí no ha pasado nada: yo sigo con Ismael. Y lo que eres tú, no has hecho hoy ninguna clase de trabajo.

ÁNGEL. Porque alguien se empeñó en joderme y no dejarme terminarlo. Con lo inspirado que yo estaba… Pero todavía puedo hacer algo. *(A Ismael)*. A ver, tú, ¿no tienes ganas de pintar?

ISMAEL. *(Mirando al balcón)*. Hoy no. No sé… Creo que tengo ganas de pintar una marina.

ÁNGEL. *(Acercándose a ellos)*. Pinta una marina. Imagínate que estamos ahogados. Ahí mismo, en el malecón. Una marina en el balcón de tu casa. Si te queda bonita, puedes vendérsela a tu tío. *(Los acaricia)*. Estoy seguro de que le va a encantar.

ISMAEL. *(Volviéndose)*. No hables más de mi tío. Recoge tus cosas y mejor te vas.

ISAAC. *(Interponiéndose)*. Quédate, Ángel. Quédate. Yo te invito. Recuerda que *también* esta es mi casa. *(A Ismael)*. No seas cobarde. Pinta esa marina, esos ahogados. ¿Qué más te da? Si no es más que otro lienzo. Una capa de pintura borra a la otra. Lo que nos dijimos o no quisimos decir nunca. *(Abrazándolo)*. Píntanos, no me hagas creer que estás aburrido ya. Y no te deprimas. No te desesperes. Por encima de todo, Picasso, no te desesperes.

Ismael los contempla por un momento. Con un gesto de pintor, roza la cara de su novio y el torso de Ángel, que beben el último trago. La luz comienza a bajar, el sonido del mar es ya muy intenso. Lentamente, comienza a unirse a ellos. Un único haz de luz acabará iluminándolos, mientras va guiando los cuerpos con sus manos. Pero Ángel, una vez más, lo detiene.

ÁNGEL. Claro, claro… Esto les va a salir un poco más caro. A mí me hablaron para que me encargara de un solo cliente. Cuando son dos, el precio ya es distinto… Y no sé si tengan con qué pagar…

ISAAC. *(Sacando los billetes que guardaba en su bolsillo)*. No te preocupes, Ángel. Los desesperados siempre tenemos un último recurso.

ÁNGEL. *(Sonriente, jugando con ellos a dominarlos)*. Ah, pero eso sí. También necesito música. Acuérdate que me dicen El Melódico. Si no tengo música, no voy a estar a plena capacidad. Y ustedes saben lo que se pierden…

ISMAEL. *(Entrando francamente al juego)*. Está bien. Entonces, ¿puede ser esta? *(A un gesto suyo comienza a escucharse el bolero de Adoración)*. Si no te molesta, claro…

ÁNGEL. No, esa está bien. No me molesta. A mí ninguna música me molesta. Lo único que yo no quiero es recordar.

Mientras el bolero va haciéndose más potente y mezclándose con el sonido del mar, los cuerpos van uniéndose. El haz de luz cambia de color a medida que los cuerpos se desnudan, van entretejiéndose. Azul, verde, rojo, conducidos por la mano de Ismael, que dibuja y reinventa esos miembros. La luz va desapareciendo definitivamente, cuando ya no se adivina más que un trío indisoluble, confundiéndose los unos con los otros: un torso con un muslo, una mano con un rostro apenas insinuado, unos ojos con una boca púrpura. El sonido del mar vence definitivamente. Es lo único que se escucha cuando triunfa la oscuridad.

Salvador Lemis

MADAME YOURCENAR Y MISS GRACE

(De Mont Noir a Mount Desert)

Salvador Lemis (Holguín, 1962). Dramaturgo y director teatral. Egresado de las especialidades de Teatrología y Dramaturgia del Instituto Superior de Arte (ISA), y Máster en Psicoterapia Colaborativa. Ha impartido talleres y cursos de teatro en varias instituciones docentes como la Universidad Veracruzana, la Universidad Nacional Autónoma de México, la Universidad Autónoma de Yucatán, el Instituto Kanankil, y la Escuela Latinoamericana del Arte de los Títeres, entre otras. Fue Director del Centro de Investigaciones Escénicas de Yucatán (CINEY) y perteneció a la Presidencia de UNIMA-México. Es Premio Nacional de Obra de Teatro del Instituto Nacional de Bellas Artes de México y del Instituto de Cultura de Baja California. Publicado ampliamente y estrenado en más de una decena de países, entre sus textos se destacan *Galápago, Mascarada Casal, Tres tazas de trigo, Konrad, Kassandravana, Rompecabezas-México, Las inquietudes pasajeras, El extraño caso de los espectadores que asesinaron a los títeres, La venganza de las margaritas* y *La ciruela*.

Si está interesado en solicitar la autorización para el montaje de esta obra, puede escribir directamente a: **salvadorlemis@gmail.com**

DRAMATIS PERSONAE

MADAME MARGUERITE YOURCENAR
MISS GRACE FRICK
VOZ EN *OFF* O PRESENCIA de WALTER KAISER, amigo de Madame.

TRES ESTADIOS

I. 10 AÑOS DE FELICIDAD

II. 15 AÑOS DE SUFRIMIENTO

III. 15 AÑOS DE INFIERNO

Dedicada a Astrid Romero Sabogal, Gloria María Martínez y Luis Casasco Zenobi.

ESCENA I. LA ESCRITURA

Largos instantes de atmósfera creativa. Entrecruzamientos de miradas. Tecleo de dos viejas máquinas de escribir.

GRACE. *(Al público).* Ssshhhh, Madame está trabajando…

Madame escribe y consulta notas. Muestra una a Grace. Labores cotidianas de ambas mujeres en Petite Plaisance: trabajos de traducción, concentración en la escritura.

MADAME. ¿Qué le parece este pasaje?
GRACE. *(Lee).* No está mal…
MADAME. ¿Solo puede decir eso?
GRACE. ¿Espera más?
MADAME. No.
GRACE. Bueno.
MADAME. *(Murmura).* La convivencia… *(Frase en francés).*
GRACE. ¿Ha vuelto a su molesta costumbre de hablar sola?
MADAME. Sí.
GRACE. Ya veo.
MADAME. ¿Le incomoda?
GRACE. Cuando viven dos personas solas es muy incómodo.
MADAME. Para mí es algo… intrascendente.
GRACE. Me pone irascible con esa actitud.
MADAME. Lo siento.
GRACE. No. Usted ya no siente nada.
MADAME. Por favor…
GRACE. *(Rabiosa, en falsete).* Ya. Ya. Ya.
MADAME. ¿Va a leer el pasaje, sí o no? *(Cambia a tolerante).* Me es muy útil su opinión, Grace.
GRACE. Ya lo he leído.
MADAME. No me pareció.
GRACE. Bueno, lo releeré solo para que esté tranquila.

MADAME. Gracias.

GRACE. *(Se detiene en frases).* «La felicidad que poseo es algo que usted jamás comprenderá. Yo soy una mujer a quien nadie puede amar. Desde niña, nadie me ha amado. Por eso hasta ahora estuve siempre sola. No solamente eso; llegué hasta pensar que si alguna persona me amara, la odiaría. […] Mientras el amor de esa persona no sea retribuido, su alma me pertenece». *(Pausa, piensa).* ¿Para qué es? Quiero decir… ¿con qué intención lo escribió?

MADAME. No es mío. Es de Yukio Mishima.

GRACE. *(Va hacia el buró de Madame).* Ah, del japonés suicida. Pareciera escrito por Usted. *(Burlona).* ¿Quién transcribe a quién?

MADAME. No es gracioso.

GRACE. No intenté ser graciosa. Si me conociera…

MADAME. La conozco. Sé cuándo se trata de sarcasmo. La socarronería es inútil: al menos entre nosotras.

GRACE. Descuide. Tome el escrito. No me interesa. Debo hornear el pan que vamos a vender en el muelle. *(Sin prestar atención).* Ayer nos gritaron brujas, ¿Usted lo escuchó?

MADAME. No.

GRACE. ¡Mejor! Usted vive en otro mundo, en otro tiempo.

MADAME. Estoy en el siglo II. ¿Le afecta eso?

GRACE. Al menos en la convivencia sí. No sé si estoy viviendo con un fantasma del Renacimiento o con una díscola romana.

MADAME. Lo siento.

GRACE. *(Tajante).* Más lo siento yo. *(Madame le entrega un libro y Grace lo deja sin hacerle caso).* Y ahora déjeme en paz, debo atender cosas importantes. Al menos para mí. Para Usted ya nada es importante más que esos… bosquejos de obra. Siento que ha perdido un camino para hallar otro.

MADAME. Eso es. Tal vez lo exprese mejor Usted. De todos modos, gracias, miss Frick, pues ya me ha regalado sin querer el tema de mi próxima pesquisa, de mi búsqueda.

GRACE. *(Alejándose al interior).* ¡Que el diablo la lleve!

MADAME. *(Cruza dedos).* Nada de conjuros o maldiciones. Al menos no en Petite Plaisance.

GRACE. Se quema el pan, *excusez-moi!* *(Mutis. Madame sigue escribiendo).*

ESCENA II. BAJO EL PARAGUAS

Londres. Grace permanece bajo un paraguas, al fondo. Llueve torrencialmente. Madame la contempla desde el buró de trabajo, sentada. La describe.

MADAME. 1.- Estoy viendo a esa mujer. Está tan pálida como la nieve, como la muerte o como el rostro blanco de las leprosas.

2.- Sus ojos son cuevas que se hunden para escapar de la luz del día.

3.- Todos los días se arrancará una nueva cana y estos hilos de seda pálida pronto serán tan numerosos como para tejerle una mortaja.

4.- Llora su juventud, como si fuera una mujer que la hubiese traicionado. Llora su infancia, como si se tratara de una niña que hubiera muerto.

5.- *(Grace gira).* Está muy flaca: cuando se baña, se da la vuelta para no ver sus senos tristes en el espejo. Va errante de ciudad en ciudad, con tres grandes maletas…

6.- *(Madame se incorpora hacia ella).* ¡Criatura imantada! Con demasiadas alas para estar en la tierra y demasiado carnal para estar en el cielo…

7.- Nació en una isla, lo que ya es un principio de soledad. *(La señala).* Morirá en una isla. *(Se sienta en una columna tronchada).* Todas las mujeres aman a una mujer: se aman apasionadamente a sí mismas. Y su propio cuerpo suele ser la única forma que ellas consienten en hallar hermosa.

8.- *(Junto a ella, se coloca una manta. La asusta).* Todo le da miedo. *(Ambas se guarecen bajo el paraguas. La lluvia arrecia).*

GRACE. *Entrez! S'il vous plaît!*

MADAME. *Merci. Bon soir…*

GRACE. *Bon nuit.*

MADAME. *Comment vous s'appelez vous?*

GRACE. *Je m'appelle Grace. Miss Grace Frick. Et vous?*

MADAME. Marg.

GRACE. *(Sorprendida).* ¿Marg?

MADAME. Marguerite Antoinette Jeanne Marie Ghislaine Cleenewerck de Crayencour. *(Ríen).* Marguerite de Crayencour.

GRACE. *(Pausa larga).* No sé si me atreva o esté fuera de lugar… Es Usted muy hermosa.

MADAME. Quisiera poder decir lo mismo de Usted. *(Ríen el chiste, largo rato: disfrute).*

GRACE. *(Decidida).* ¿Caminamos?

MADAME. *Allez!* *(Le da el brazo. Caminan juntas y luego Madame la abandona. Grace queda sola y amargada detrás. Sentimiento).*

GRACE. *(Cierra el paraguas).* Dejar de ser amada es convertirse en invisible. *(Con resentimiento).* Ya no se da cuenta de que poseo un cuerpo.

Grace cierra violentamente el paraguas. Lo cambia por la escoba. Danza. Gritos feroces. Hace la danza diabólica de la escoba: hasta el límite. Cambio de color y luz. Marguerite se le escapa. Se acuesta en una tumbona. Pesadillas: menciona a sus personajes preferidos.

Madame queda acostada en la tumbona de plata. Grace le ofrece un té. Se escuchan aires de tambores gigantes japoneses.

GRACE. *(Palpa su frente).* ¿Tiene calentura? ¡No debería abusar tanto de su cuerpo ni de su mente! Le prepararé una tisana de hierbas aromáticas. *(Sale).*

ESCENA III. LA LLAMADA DE JACQUES Y LAS DALIAS

GRACE. *(Entra como una exhalación).* ¡¡¡Si cree Jacques que las cosas de París que ha contado nos interesan, se equivoca!!!

MADAME. ¿Hasta qué punto puede ser tan celosa, Grace?

GRACE. *(Ofendida).* No estoy celosa.

MADAME. *(Incorporándose, va hacia su sitio de trabajo).* Deje de preocuparse por el mundo de afuera, hay que dar respuesta al abogado sobre el pleito con Gallimard… Hay que corregir galeras y continuar la traducción de los blues…

GRACE. ¿Me pide Usted que no haga caso del mundo de afuera…? ¿Quién, entonces, dígame, hará frente, dará la cara ante los chismorreos que pululan por esta isla…? ¿Quién?

MADAME. Déjelos.

GRACE. Nos llaman *witches, witches, witches*: *(grazna como cuervo)* brujas. *(Pausa)*. ¿No ha escuchado a los niños? Ayer, allá en el jardín… No, en el bosquecillo del fondo, para ser precisa.

MADAME. He oído decir a la gente sus cosas, que se sienten orgullosos de que esté aquí, precisamente aquí…

GRACE. ¡Claro! El hecho de que «el gran talento» eligiera este pueblo, esta isla del estado de Maine, Mont Desert, como lugar de residencia, los puede llenar de orgullo, pero… ¡se les antoja absurdo!

MADAME. *(Sonriendo, pero burlona)*. Si no usara sus horripilantes *monk-cape*, todas esas capuchas y vestidos estrafalarios, jamás seríamos objeto de burla.

GRACE. ¡¿Qué?! ¿Ahora me culpa a mí? *(Enumera)*. Todos hablan de mi sentido del humor *(ejecuta bailecillo grotesco)* ¡extraordinario!: invito a los niños a tomar el té. Los invito a jugar en el gran jardín, también… Les llevo pasteles a los vecinos. Soy bien querida. Soy aceptada. *(Pausa)*. ¿Y Usted, qué sucede con Usted? *(Pausa)*. Siempre será «Madame»…, imagínese que han llegado a preguntarme si Usted hablaba inglés. Y yo le dije: «Solo francés».

MADAME. Siempre estoy trabajando, no tengo tiempo de… «fraternizar».

GRACE. Usted siempre está recluida. No sale excepto a dar sus paseos.

MADAME. ¿Le incomoda?

GRACE. Me preocupa. Es por eso que se enferma tanto. Mientras yo voy a la iglesia, formo parte de la comunidad…, ¡aunque me juzguen «excéntrica»!, ¿qué hace Usted?… Se enfada y me recrimina. *(Tajante)*. Alguna de las dos tiene que dar la cara al mundo, Madame.

MADAME. Prefiero que esa sea Usted.

GRACE. Ah, no, no, no, no… *(Golpea la mesa)*. ¡Explíquemelo!

MADAME. Dee Dee Wilson, la esposa del doctor, por ejemplo, vino a verme…, no solo a causa de la pelea que Usted tuvo con su marido, sino también porque empieza a exasperarla su manera de meter las narices en todas partes, y a dar continuamente consejos a la gente que no se los pide, Grace. Y me ha contado que va Usted a dar golpecitos en el cristal para indicar que la mesa está mal puesta, o que el vaso para el vino no es el que corresponde. *(Pausa)*. Sé que lanza discursos y peroratas en las tiendas del pueblo, que entra en las casas como una intrusa, para dar opinión sobre todas las cosas… *(Pausa)*. ¿Qué se puede hacer? *(Pausa)*. Queríamos pasar inadvertidas. Y ya ve lo que ha logrado. ¡Que todos se enteren de que estamos aquí!

GRACE. ¡Qué me importa!

MADAME. Ah, es Usted incorregible. *(Van a sentarse y dejan las nalgas al aire, se paran de nuevo, al unísono. Transición)*. ¡¡Ah, en cuanto al episodio de las dalias…!!

GRACE. ¡¿Qué?! ¿Otra vez esa chismosa de Dee Dee Wilson?

MADAME. Sí. La encontró en su jardín cortando sus dalias. ¿Y qué hizo cuando fue sorprendida?

GRACE. Solo le dije: «Ve Usted, siempre hay que llevar un cubo lleno de agua cuando se va al jardín a cortar flores…». *(Pausa)*. Ella se quedó sin voz. *(Pausa larga)*. Pero estoy segura que desde ese día, jamás ha vuelto a cortar flores sin llevar un cubo. *(A Madame)*. ¿Agua, desea una copa de agua?

MADAME. No. *Merci*.

ESCENA IV. ME SIENTO...

Juego con escoba y mantilla plateada: cadena de acciones.

GRACE. Me siento mal. ¿Abatida?
MADAME. Me siento estupendamente.
GRACE. Me siento incomprendida por Usted.
MADAME. Me siento algo... aislada.
GRACE. Me siento casi inútil.
MADAME. Me siento poderosa... como si tuviera aún veintidós años.
GRACE. Me siento desplazada por todos.
MADAME. Me siento en el siglo II... antes de Cristo.
GRACE. Me siento robotizada.
MADAME. Me siento amplia, llena, inconmensurable.

Transición súbita.

GRACE. Me siento estupendamente.
MADAME. Me siento mal. ¿Abatida?
GRACE. Me siento algo... aislada.
MADAME. Me siento incomprendida por Usted.
GRACE. Me siento poderosa... como si tuviera aún veintidós años.
MADAME. Me siento casi inútil.
GRACE. Me siento en el siglo II... antes de Cristo.
MADAME. Me siento desplazada por todos.
GRACE. Me siento amplia, llena, inconmensurable.
MADAME. Me siento... *(Duda).* ¿Y qué es sentir?

Desmayo de Grace. «Me siento mal...». Gritos de Madame pidiendo auxilio, trágica griega: «Secours! ¡Dee Dee! ¡Ayuda! ¡Ayuda! Help!».

Bramido y eco. El camastro-tumbona queda cerca del centro. Madame permanece acostada llorando encima del cuerpo de Grace... Esta, pícaramente, le hace cosquillas y la asusta como fantasma. Ríen. Se revuelcan. Busca Madame una manzana y la muerden. Juego perverso.

ESCENA V. LA MANZANA

Trabajo escénico sobre la sensualidad femenina y lésbica. Flashback: enamoramiento y año de 1955 del siglo XX. Temporada de estudio en Wagram. Ríen. Grace le arrebata una manzana a Marguerite. Ella la persigue. Le da alcance: se comen, devoran la manzana como dos lobas hambrientas: simulando beso. Se quedan mirando con los labios anhelantes. Marguerite sonríe extasiada, se abre de brazos en el suelo y mira las nubes que pasan.

Grace se levanta, se arregla el vestido y se coloca un pañuelo chillón en la cabeza. Retoma la actitud (10 años de sufrimiento) de madurez-vejez. Se escuchan aires del Réquiem, *de Fauré. Coro angélico.*

GRACE. *(Regañona)*. ¡¿Qué hace ahí?!
MADAME. *(Éxtasis)*. Recordaba.
GRACE. Es impropio para su edad.
MADAME. No lo creo. Así dormí una noche en la villa Adriana…, bajo la constelación de Escorpio.
GRACE. Pero, ¿qué hace ahí? ¿Por qué continúa ahí? ¡Levántese! *(Levantándola)*. La ayudo.
MADAME. *(Temblor de voz)*. Grace…
GRACE. ¿Sí?
MADAME. ¿Recuerda acaso la manzana?
GRACE. *(Como perdida)*. ¿Manzana? ¿Qué manzana?
MADAME. No importa.
GRACE. *(Preocupada)*. ¿Se siente bien de su cabeza? Mandaré al doctor Wilson a que le haga unas radiografías. Encefalograma, así le dicen ahora.
MADAME. Estoy bien.
GRACE. *(Poniéndola a prueba)*. ¿Cómo se titula el primer libro que Usted escribió?
MADAME. *Alexis o el tratado del inútil combate*. ¿Asunto?: la homosexualidad reconocida. Y la frigidez.
GRACE. ¿Su novela favorita?
MADAME. *Adriano… Mémoires d'Hadrien…, pour quoi?*
GRACE. Bien. Creí que era *L'Œuvre au noir*.
MADAME. *(Incorporándose)*. La *Obra en Negro*, sabe que prefiero llamarla *Opus Nigrum*… Creo que a la que le está fallando la cabeza es a Usted, Grace. *(Transición)*. Hace buen fresco… ¿Qué le parece si hoy comemos junto al mar, en Southeast Harbor…, *oui*?
GRACE. Cociné pescado. Salmón a las finas hierbas, para ser precisa.
MADAME. Bueno…
GRACE. De todos modos el sabor del pescado siempre evoca el mar. Es inevitable.
MADAME. Debe tener razón.
GRACE. Además, acaba de salir de una de sus crisis… A ese ritmo la *Obra en Negro*…, sorry, *Opus Nigrum*… será su última novela. Indefectiblemente. *(Alejándose)*. Pescado, comeremos pescado. Usted y yo: solas.
MADAME. *(Rememora* Fuegos*)*. «El amor es un castigo. Un castigo al miedo de no haber podido quedarnos solos».

Madame se sienta a la mesa. Secuencia de la mesa de té al aire libre. Todos los objetos que usan, tazas y platillos, son de casas de muñecas, miniaturas exquisitas. Juegan a comer. Van girando alrededor de la mesa en un juego imperceptible de cambiar de sitio las sillas. La voz inconfundible de madame Edith Piaff en el aire…

ESCENA VI. LA SEDUCCIÓN

Madame la contempla desde lejos y decide acercarse.

GRACE. *(Canturreando sobre la música, que se va en* fade*)*. Finalmente vino a la cita.
MADAME. ¿Cómo se le ocurre que me lo podía perder? Soy curiosa.
GRACE. ¿Está nerviosa?
MADAME. No. ¿Y Usted?
GRACE. Quizá…, por…, será por el té… Es de bergamota.
MADAME. *(Asiente)*. Lady Grey…, de la condesa de Grey. *(Beben)*. Y dígame, Grace…, ¿qué es lo que más le gusta de este lugar…, Londres…, Wagram?
GRACE. Pues…, las palomas en los tejados… Los días en que asoma el sol… ¿Ha visto Usted?
MADAME. Le gustan los animales.
GRACE. Sí.
MADAME. ¿En qué piensa?
GRACE. Sueño con un lugar donde los animales…, ya sabe… ¡vivan libres! Y una misma.
MADAME. Su idea. He estado pensando en su idea. No quita el dedo del renglón, como se dice corrientemente. Un lugar apartado es ideal para vivir juntas… ¡Claro, es un desafío! *(Piensa)*. Allá podríamos tener un zoológico. *(Ríen)*.
GRACE. Me apasionan esencialmente los perros.
MADAME. ¡Y a mí! Quisiera tener uno que se llame Monsieur…, Valentine, Fu-Ku…
GRACE. ¡Qué nombrecitos!
MADAME. Soy extravagante. Lo sé.
GRACE. Y yo, Marg, y yo. *(Bebe)*.
MADAME. Eso no puede negarlo. *(Ríe)*. ¿Y de comidas? ¿Qué le gusta? Quizá coincidimos en eso también.
GRACE. *(Abstraída, erotizada)*. ¡Las ostras! Me gusta la sensación de la ostra viva en mi boca; la suavidad, la sensación de tragarla y que se funda en mi interior… *(Recapacita)*. ¿Y escribe algo ahora?
MADAME. Siempre estoy escribiendo. Es mi oxígeno. *(Fantasea)*. Se trata de una novela que aún no tiene título.
GRACE. ¿Sí? ¡Qué emocionante, Marg! *(Transición)*. ¿De?
MADAME. La muerte, soledades, la manera de vivir, la genialidad, la convivencia, la decadencia de todo…
GRACE. ¿Bebe?
MADAME. Bebo, suelo beber. Frangelico… Licor de ajenjo… Vinos… *Cognac, surtout*.
GRACE. Cuando bebo absintio recuerdo a Rimbaud. Hada verde… ¿Quién sabe por qué? Ese niño maldito… Lo he estudiado.
MADAME. ¿Es su autor favorito?
GRACE. Él. Algunos. Cocteau, Colette, Mishima, Alain Fournier, Baudelaire, de su lengua.
MADAME. ¿Y qué le gusta de Charles Baudelaire?
GRACE. *(Incorporándose hasta rozarle el rostro a Madame)*. Su *maldad*.
MADAME. Hummm… ¡Me ha convencido, Grace!

ESCENA VII. COMIDA, BELLEZA Y SEXO

Comen. Siguen en el cafetín londinense. Aires de Sonata en A Mayor para piano y violín, de César Franck.

MADAME. Grace, ¿ha tenido *pareja* alguna vez?

GRACE. Pues..., amigas..., compañeras..., nada del otro mundo.
MADAME. ¿Amantes?
GRACE. Nada serio.
MADAME. A mí siempre me ha atraído la Belleza. Así, con mayúscula.
GRACE. Yo puedo ubicarla ahí: en la Belleza con mayúscula.
MADAME. Recuerdo esas palabras suyas... Bajo el paraguas, con la lluvia resonando... Ha sido reciente y pareciera que pasaron cuarenta años...
GRACE. *(Pensativa).* ¡Cuarenta años! ¿Dónde estaremos Usted y yo en cuarenta años?
MADAME. *(Miran a ambos lados, abstraídas).* Seguramente lejos. No debajo de un paraguas, bajo la lluvia de Londres. *(Cae la servilleta de Madame al suelo. Cuando Grace la va a agarrar, Madame le toma la mano).*
GRACE. *(Rememora).* Los zapatos mojados. Estuve tosiendo toda la noche.
MADAME. Sí. A mi lado. Desnudas. Usted no me dejó dormir en aquel hotelito.
GRACE. No me ruborice, *please*... *(Le tira la servilleta al rostro. Madame ríe).* Usted tampoco me dejó dormir.

ESCENA VIII. PRIMERA MUERTE DE GRACE

Miss Grace siente dolores inauditos por el cáncer. Escena de ayuda de Madame: le inyecta morfina, cambia vendas, etcétera. Grace se medio incorpora y le grita a Madame.

GRACE. ¡¡Salga inmediatamente de mi cuarto!!

Madame duda, sale con respeto. Grace muere sola entre estertores. Madame entra. La amortaja. Abre la cajita de música. También la ventana. Mira al público:

MADAME. No sé..., pero dicen que hay que dejar que el alma escape libremente.

Llora junto al camastro. Instantes. Al concluir la música de la cajita, regresa a la mesa del cafetín londinense. Se sienta. Llega Grace, recompuesta y retocándose el maquillaje. Édith Piaf insiste desde el éter.

ESCENA IX. LA DECISIÓN DE VIVIR JUNTAS

Continúa la secuencia del cafetín londinense.

MADAME. *(Canturreando sobre la música, que se va en* fade*).* Finalmente vino a la cita.
GRACE. ¿Cómo se le ocurre que me lo podía perder? Soy curiosa.
MADAME. ¿Está nerviosa?
GRACE. No. ¿Y Usted?
MADAME. No.

Pausa.

GRACE. ¿Pensó en mi propuesta?

MADAME. Vivir solas. Es una decisión algo… arriesgada. Hay mucha gente que lo desea y jamás da el primer paso. Mujer con mujer, hombre con hombre. Siendo «natural».

GRACE. ¿*Natural*? ¡Yo estoy dispuesta! *(Transición)*. Conozco *una isla*. En el estado de Maine, Estados Unidos de América…

MADAME. *(Nerviosa)*. Ya me contará de eso, ya me lo contará, Grace. *(Transición)*. ¡Por ahora, una sorpresita!

GRACE. *(Mira)*. ¡Siempre me ponen nerviosa los regalos! No me siento merecedora. *(Abre el papel plateado y saca una cajita de música que toca)*. «Para Elisa», de Beethoven. ¡Qué fineza! *(Acercan caras. Madame cierra la cajita bruscamente)*.

MADAME. ¡Hagamos un trato! Esa cajita tendrá un sitio especial en *su isla* encantada.

GRACE. *(Con raro acento)*. Monte Desierto.

MADAME. ¿Cómo dice? Su acento…

GRACE. Así le llamaron los franceses: Mont Desert.

MADAME. Pues será Mont Desert. No se hable más… O nos arrepentiremos. Y a mí no me gusta arrepentirme de nada.

GRACE. Seremos dichosas. No sienta miedo.

MADAME. Yo le temo a todo. El cáncer, un resfriado, la humillación, la vejez, la soledad, la guerra, la destrucción… *(Piensa)*. A que mi mente… ¿Pedimos más té?

GRACE. No, mejor nos vamos.

MADAME. *Oui*. Estaría bien.

GRACE. ¿Entonces se decide? ¿Vivimos juntas?

MADAME. Sí. Siempre que pueda llevar mis libros. ¡Muchas maletas!

GRACE. *(De pie)*. Ah, casi lo olvidaba, qué torpeza la mía. ¡Yo también le traje un suvenir!

MADAME. *(Abre el regalo: es una reproducción de una columnita trajana)*. ¡Justo la novela que estoy escribiendo! ¿Cómo lo adivinó?

GRACE. Sé que le apasiona Grecia. Roma. La península itálica… Todos esos sitios donde el mármol se empecina en recordarnos que nada es inmutable. La he visto cada mañana en la sección de la Biblioteca dedicada a… al Imperio.

MADAME. Sí, me apasiona Grecia. *(Transición)*. Grace. Grace. Su nombre es *Grecia*… también.

GRACE. ¿Cómo le llamaremos a nuestra casa? *(Caminan hacia el bosquecillo)*.

MADAME. *Petite Plaisance*.

GRACE. ¡Pequeñísimo Placer! *(Pensativa, ambas de frente al público)*. Nuestro «pequeño placer en el monte desierto»… *(Se acaricia vientre y sexo)*. Suena algo… *freudiano*, eh.

MADAME. *(Ríe)*. Petite Plaisance.

GRACE. ¿Nos vamos?

MADAME. ¡No! ¡Antes brindaremos con coñac! *(Llama)*. Garçon!

ESCENA X. EL PRIMER AMOR

Sevillanas. Viaje a Andalucía, España. Tras bailar, Madame se marea. Tiene una visión. La auxilia El Hombre de la Máscara. Grace lo aparta con brusquedad. El Hombre permanece en la sombra.

MADAME. *(Mareada, como extraviada en el tiempo)*. Extraño. Tuve una visión. Por un momento vi que estábamos juntas en Sevilla… Los colores… La hermana de Federico García Lorca…, la finca de San Vicente… El viaje… Evocar algo no vivido… aún. *(La guía al camastro)*.

GRACE. No ha sido nada. El coñac. Y este clima horroroso…
MADAME. Mejor…
GRACE. Mejor hablamos de otra cosa. Me gusta estar con Usted. *(Le acaricia la mano).* Evocar… el primer amor…, la primera sensación. El nerviosismo y el cuerpo excitado… ¿Su primer amor?
MADAME. ¿Amor? «Amor, mi duro ídolo»… *(Transición).* La primera vez que me enamoré no fue precisamente de una niña.
GRACE. ¿Ah, no?
MADAME. Fue… de un niño.
GRACE. Pues yo… de una prima de Texas. Una amazona. Me llevó a la caballeriza… Me lanzó sobre el heno… entre los desperdicios… Y después, ella me comió a besos. Literalmente. Me comió. Estuve tres días con un ardor insoportable en la boca, entre los muslos, por aquí… Los senos… ¡Y creí que estaba marcada, que todos en la familia se daban cuenta! ¡Qué vergüenza!
MADAME. *(Pensativa).* Curioso. Ese niño solo me besó la mano: Egon de Vietinghoff.
GRACE. ¿El niño? ¡Qué tierno!
MADAME. Y también de algún modo amé a su madre, Jeanne de Vietinghoff… Y a su apuesto padre: Conrad de Vietinghoff. *(Transición).* ¿No soy un desastre? *(Ríen).* Pero mi último amor… sin duda será Usted, Grace Frick.
GRACE. ¿Me promete fidelidad así en la Vida como en la Muerte?
MADAME. *(Pícara y rápida).* Me está poniendo una trampa, ¿verdad?

Madame se encoge de hombros y sale leyendo un libro. Mutis.

ESCENA XI. LA SOLEDAD DE GRACE

Escena de soledad de Grace. Primero llena su rostro de espuma de rasurar. Comienza a afeitarse. Madame la sorprende. Ella avergonzada.

MADAME. ¡¿Qué hace?! ¡¿Cómo se le ocurre semejante disparate?! ¡Eso es «cosa de hombres»!
GRACE. *(Hilo de voz).* Tenía unos pelitos aquí… Será por el medicamento… Unos pelitos por aquí…
MADAME. No vuelva a hacerlo. Para eso existe la cera virgen… ¡de abejas, claro!

Grace se aleja. Madame vuelve a su lectura. Se adormila. Mira a todos lados. Busca espejo. Se autoexamina. Se baja la blusa, mira sus pechos. Toca levemente hasta descubrir sospechosos y peligrosos nódulos alrededor del seno. Se espanta. Examina su aliento a ver si apesta. Se siente fea, aterrorizada e inútil.

Madame escribe ensimismada. Grace gime, aterrorizada. Se cubre la boca para no ser escuchada por Madame. Corre al interior, sale, duda en decirle, se recompone. Vuelve a entrar. Se sienta frente a su máquina de escribir y la usa como piano. Toca en el aire…

ESCENA XII. «TU NOMBRE»

Cadena de acciones de ambas mujeres. Recitan el poema de Yourcenar «Tu nombre».

GRACE. Como una gota de miel venenosa,
   tu nombre, el que te dio tu madre,
   se derrama amargamente en mi garganta.
   Bajo distintos cielos clamé tu nombre,
   lo lamenté en todos los lechos;
   leí tu nombre en filigrana en la página de mi desdicha,
   claro como el sollozo que vierte sobre nosotros un ángel.
MADAME. Tu nombre, con el que duermo,
   lastima mi boca como si fuera un talismán,
   y me arrastra, como una sentencia, hacia el destierro.
   Tu nombre, como un niño bello y desnudo,
   se revuelca en todos los fangos.
GRACE. Gimo tu nombre como limosnera
   frente a las puertas de la ciudad en llamas.
   Manchado por las bocas —chismes de la infamia—,
   y la gente pronuncia vulgarmente tu nombre,
   X desconocida, tú misma.
MADAME. Tu nombre de bautismo
   inscrito en los registros negros del diablo
   y en el libro de oro de Dios.
   Tu nombre es la única cosa que jamás te podré regresar;
   no importa que lo repita mil veces,
   nadie me lo podrá arrebatar.
   Cada letra de tu nombre es de mi Pasión... un clavo,
   y lo único, quizás, que nunca podré olvidar
   hasta que llegue el día de la Resurrección.

ESCENA XIII. EL CASTAÑO EN OTOÑO

Gnossienne n. 3, *de Erik Satie. Grace toca el piano en la máquina de escribir. Madame entra con una taza de té. Grace deja de tocar al percatarse. Cesa la música.*

MADAME. A menudo pienso que lo que más se parece a las fases monótonas del Amor, son las repeticiones infatigables..., sublimes..., de esas locuras de Erik Satie, *Gnossiennes*... *(Grace hace ademán de irse).* ¿Se puede saber por qué se marcha?
GRACE. *(Gesto obsceno).* ¡Ya estoy harta!
MADAME. Ya he visto esas explosiones de obscenidad en algunas mujeres de la isla. Ya se les parece *un peau. A little!*
GRACE. Poco me importa. Todo suele ser siempre falso. Y Usted lo sabe. Trabaja con la palabra. La palabra siempre es fuente de malentendidos... Las coartadas del lenguaje, ¿no? *(Pausa).* Desgraciadamente...
MADAME. *(En guardia).* ¿Qué intenta decirme esta vez?
GRACE. No, cállese, se lo suplico, ahora me toca hablar a mí. ¡A su secretaria, su perra, su esclava o como Dios le dé bien llamarme! *(Transición).* Desgraciadamente, le decía, hace ya mucho tiem-

po que Usted y yo no logramos comunicarnos. Y parece ser que solo en el trabajo encontramos la justificación que aún nos mantiene tan «cerca». *(Transición)*. Esa es la «única» verdad.

MADAME. Laméntese de aquella decisión que tomamos: «juntas»…

GRACE. Es difícil, con Usted «tan cerca», dejar de lamentarse. Por esto, por lo otro.

MADAME. *(Sarcástica)*. ¿Sabe lo que me extraña? *(Pausa larga)*. Que a pesar de haber vivido diez años de felicidad, quince de sufrimiento y este infierno que hemos construido, ¡aún no esté arrepentida de vivir a su lado!

GRACE. *(Seria, la agarra de los brazos: directa)*. Yo la he ayudado a «soportar» la crueldad del mundo. Reconózcalo.

MADAME. *(Para sí)*. Sí, sí. Creo no obstante que está mal no tener miedo. *(Pausa)*. Si yo hubiera sido feliz… Hubiera sido tan insípido ser feliz… *(Transición, pensativa)*. Tampoco Usted es feliz, Grace.

GRACE. A veces.

MADAME. *(Va hacia ventana, tose levemente y lo oculta)*. ¿Se fijó? Están cayendo las hojas del castaño otra vez… *(Señala)*. ¡Y mire a nuestra ardillita…! ¡George, George! ¿De qué vivirá cuando no estemos?

GRACE. *(Le toma la barbilla interponiéndose)*. George durará menos que nosotras. Al fin y al cabo es solo un roedor. Me da como un frío aquí…, muy helado, como las flechas de San Sebastián… Es extraño…, pues no debería importarme la Muerte, ¿no le parece?

MADAME. *(Ataque de risa)*. ¿Se fija? Siempre cambiamos de tema. Un tema y otro y otro. *(Chiste)*. Gracias a los dioses no empleo esa estructura en mis novelas. No hubiese ganado ni siquiera el Premio Fémina.

GRACE. De todos modos así ocupamos los días de un extraño ritual: la Amistad.

MADAME. Después de estos últimos quince años seguimos siendo «amigas».

GRACE. Sí.

MADAME. La Amistad es «certidumbre»; a diferencia del Amor. Una vagina, unos senos, unos labios, eso pasa. Pasa como arena, así…

GRACE. Sí.

MADAME. No sé cómo me las arreglaría sin Usted.

GRACE. Ni yo.

MADAME. *(Sonriendo)*. Al menos nunca he maldecido el día extraño en que la conocí y decidí huir con Usted, Grace. *(Acceso de tos)*.

GRACE. *(Ocultando algo, con rencor)*. Sí. Supongo.

ESCENA XIV. SEGUNDA MUERTE DE GRACE Y *EL PRINCIPITO*

Miss Grace siente dolores inauditos por el cáncer. Escena de ayuda de Madame: le inyecta morfina, cambia vendas, etcétera. Grace se medio incorpora y le grita a Madame.

GRACE. ¡¡Salga inmediatamente de mi cuarto!!

Madame duda, sale con respeto. Busca varios libros escritos por ella. Los muestra a Grace.

MADAME. ¿Le leo algo de *Anna, soror*; o de *Fuegos*; o de los *Cuentos orientales*, *El denario del sueño*, *Un hombre oscuro*; o quizá *Adriano*…?

GRACE. Nooooo…

MADAME. *Voilá!* Mire quién aparece… *(Como a una niña).* Le Petit Prince… *(Para sí).* Un libro maldito. *(Lee).* «Las estrellas no significan lo mismo para todos. Tú tendrás estrellas como nadie ha tenido… Yo estaré en una de ellas. Yo estaré riendo en una de ellas.

»Cuando te hayas consolado (porque uno siempre se consuela, Grace), estarás contento de haberme conocido. ¿Sabes? Esta noche no vengas… Parecerá como si estuviera enfermo…, como si fuera a morir…, y no será verdad.

»Es por la serpiente… Las serpientes son malas y a veces muerden por gusto…

»¿Comprendes? Tengo que volar demasiado lejos y no puedo cargar este cuerpo. ¡Pesa tanto un cuerpo! (¡¿Te fijas, Grace?! ¡Es una alegoría del alma!) *(Pausa).*

»¡Es ahí! Déjame ir solo. Ahí está… eso es todo. *(Pausa, solloza).*

»Murió sin hacer ruido, cayó dulcemente, como cae un árbol. *(Pausa).*

»Este es para mí el paisaje más hermoso y más triste del mundo. Fue aquí donde el principito apareció sobre la tierra para luego desaparecer. ¡No me dejen tan triste!»

El Pequeño Príncipe, escritor francés: Antoine de Saint-Exupéry. Dibujos del autor. Ediciones Gallimard, París, Francia, 1955.

Grace muere dulcemente. Madame la amortaja. Abre la cajita de música —una golosina de Joseph Haydn—. También la ventana. Mira al público:

MADAME. No sé…, pero dicen que hay que dejar que el alma escape libremente.

Instantes. Al concluir la música de la cajita, regresa a su mesa de trabajo, muy cansada. Le duele la cabeza y tose continuamente. Se sienta. Grace se levanta y sale, inquieta. Regresa con agua y jarra para ayudar a Madame que tose: resfriada…

ESCENA XV. LA LLAMADA DE NATALIE Y LAS PIEDRAS

Marguerite tose y siente mareos frente al trabajo que escribe. Grace trae solícita la palangana con agua y un paño húmedo. Madame está recostada en su silla de trabajo y Grace le coloca el paño en la cabeza. Madame tose y bebe de una copa de coñac. De vez en vez escribe algo. Grace no se atreve hasta que dice…

GRACE. Le informo que acaban de llamarle por teléfono…

MADAME. ¿Quién? *(Lanza el paño).* ¿Por qué no me avisó?

GRACE. Su amiga. Natalie. Natalie Barney.

MADAME. Necesitaba hablar con ella. *(Tira su silla).*

GRACE. No lo consideré apropiado. Me tomé la libertad de decirle que padecía Usted de una fuerte jaqueca.

MADAME. *(Comienza una fuerte discusión).* ¡¡¡Una suposición que considero impertinente e innecesaria!!!

GRACE. ¡¡Trato de liberarle de compromisos que pudieran distraerla de su escritura y no me lo agradece!! *(Tira todas las notas y papeles de apuntes).* ¡¡¡Esta situación se está haciendo insoportable!!

MADAME. Por lo menos debería compartirme las decisiones que Usted tome.
GRACE. ¡¡Agradézcame que la libre de esos buitres del más allá!! *(Lanza piedras, que Madame evita con el camastro).*
MADAME. ¿Llama «buitre» a Natalie? Ella siempre ha sido buena con Usted, como Hortense y las demás… ¿Por qué ahora esa actitud?
GRACE. *(Se sube al camastro).* No permitiré…, mientras viva y seguramente Usted ha de morir primero…, que nada ni nadie la importunen con… *asuntitos sin importancia.*
MADAME. Le repito: se toma atribuciones que van más allá de…
GRACE. *(Arrastrándose en el suelo, llora, recoge los papeles tirados).* ¿De qué? ¡No se me va a aparecer ahora con que somos esto o lo otro! ¡Si quedaba algún rescoldo de amor entre nosotras, ya debe haberse percatado de que fue Usted misma quien…!
MADAME. Continúe.
GRACE. *(Toma aliento).* Quien lo destrozó para siempre.
MADAME. *(Aplaude).* ¡Bravo! ¡Qué excelente discurso!
GRACE. ¿Sí?
MADAME. Muy digno de Usted.
GRACE. *Thank you.*
MADAME. *Je vous en prie!*
GRACE. Ah, Natalie le dejó este número. Lo anoté aquí.
MADAME. No entiendo los números. ¿Los escribió dormida acaso?
GRACE. O estoy perdiendo la facultad de escribir claramente, o Usted, Madame, se está quedando ciega.

ESCENA XVI. EL ÍDOLO DE ANTÍNOO

Secuencia con busto grecorromano de Adriano emperador. Ambas cargan el busto y juegan con él sobre la tumbona plateada. Se escucha el coro de los esclavos hebreos del Nabucco, *de Giuseppe Verdi.*

MADAME. «Algunos de mis amigos salen *(elevan busto)* del mundo de los sabios, en torno a ellos el Universo *(girando ambas)* se disipa como el humo, cerca de esos fríos estanques *(se miran como Narciso)* donde se mira la imagen de las cosas, las pesadillas *(plantan el busto en el camastro)* merodean como tigres domesticados *(lo acuestan).*
»He conocido a jóvenes que pertenecían al mundo de los dioses. *(Caricias).* Sus ademanes recordaban la trayectoria de los astros; nadie podría extrañarse de hallar insensible su duro corazón de Porfirio *(agarra pene)*; si tendían la mano *(inclinándose hacia atrás)*, la codicia de aquellos exquisitos a mendigos era un vicio de dioses. *(Sexo).* Como todos los dioses, revelaban inquietantes parentescos con los lobos, los chacales, las víboras: *(guillotina con la mano y Grace, golpeada, gime)* si los hubieran guillotinado, hubieran adquirido el aspecto lívido de los mármoles decapitados. *(Busto de pie. Le acaricia el pecho, lame y hace el amor con el busto).* Hay mujeres y jovencitas que proceden del mundo de las madonas: *(acaricia las nalgas del busto)* las peores amamantan a la esperanza como a un hijo prometido a futuras crucifixiones. *(Acaricia la espalda y cae rendida).* Amor, mi duro ídolo, tus brazos tendidos hacia mí son vértebras de alas. *(Vuela acostada. Señalando a Grace).* He hecho de ti mi virtud y mi pecado».

Grace le limpia con su pañuelito los labios y las manos. La ayuda a incorporarse. Se miran. Madame la abraza.

MADAME. *(Susurrado, con un beso en los labios).* Por las noches, en los tugurios adonde vamos juntas, tu cuerpo se parece a un ángel encargado de velar por tu alma.

Grace limpia con su pañuelito las partes pudendas de la estatua —en el fondo ya— al ritmo del teclado de Madame.

ESCENA XVII. LA NIÑA QUE NACIÓ

Madame cuenta la historia de la niña que es ella misma. Juega con un muñeco bebé y un cochecito de madera. Prende una vela en un candelabro.

MADAME. 1.- La niña tiene seis semanas. Parece una criatura muy vieja y que va a rejuvenecer. Ha atravesado los siglos, pero ella no lo sabe y es mejor así. Tiene la cabeza cubierta de una pelusilla negra como el lomo de un ratón; los dedos de sus puñitos cerrados, cuando los abre, parecen delicados filamentos de plantas.
2.- Vivirá unos tiempos que son los peores de la historia. Verá al menos dos guerras llamadas mundiales. Con un Partenón que se desmorona y al que proponen rodear de cristal, con una catedral de Estrasburgo corroída, una Venecia podrida por los residuos químicos y una Giralda bajo un cielo que ya no es tan azul. *(Comienza a descuartizar al bebé).*
3.- Cientos de especies de animales serán aniquiladas dentro de unos años por motivos de lucro y brutalidad. *(Desmembrando el cuerpecito).*
4.- El hombre arrancará sus propios pulmones: los grandes bosques verdes. El agua, el aire, y la protectora capa de ozono, prodigios casi únicos que han permitido la vida en la tierra, serán manchados y desperdiciados.
5.- La niña que acaba de llegar a Mont Noir es socialmente una privilegiada; seguirá siéndolo. No ha padecido la experiencia del hambre, no ha sufrido, hasta ahora, la tortura, no ha tenido que «ganarse la vida» en el sentido monótono y cotidiano del término.
6.- No se verá apenas obstaculizada, como tantas mujeres en nuestros días, por su condición de mujer.
7.- Caerá y volverá a levantarse con las rodillas despellejadas; aprenderá, no sin esfuerzo, a utilizar sus propios ojos abiertos.
8.- Pero es harto temprano para hablar de ella —de mí—, lo demás tal vez sea menos importante de lo que creemos.

Paralelamente, Grace recibe unos grandes sobres de manila. Los abre en otro ángulo y observa detenidamente. Son sus radiografías. Llora.

ESCENA XVIII. RADIOGRAFÍAS DEL CÁNCER

Madame deja de jugar. Va hacia Grace con el candelabro y la sorprende con las radiografías. Hablan con ternura y comprensión infinitas. Observan.

GRACE. Es cáncer. Del peor. Tengo el estadio número 4. *(Transición)*. No hay estadio 5.
MADAME. Eso ya lo sabíamos, Grace.
GRACE. Quiero decir. Ha avanzado… mucho. Es… «insidioso»… Estoy minada, completamente, para ser precisa. *(Pausa)*. Hizo metástasis.
MADAME. *(Lee en voz alta los resultados clínicos auténticos de una hoja escrita por un doctor)*. Puedo interpretar «las palabras», pero esto…
GRACE. *(Cambiando)*. Fíjese bien. *(Señala)*. ¡Parece el mapa de Mont Desert! ¡El que venden para turistas! *Funny!!!*
MADAME. *(Señala)*. ¡Y aquí el océano!
GRACE. *(Asiente)*. Es hermoso. *(Se oscurece)*. Pero es terrible. Por lo que implica.
MADAME. *(Señala)*. Aquí veo jardines… ¿O son los bosques de Northeast Harbor? *(Riendo)*. ¡El que está lleno de ardillas! Donde Usted se cayó y la rodilla… sangrante…
GRACE. *(Pausa larga)*. ¿Ya no hay remedio, verdad?
MADAME. Ha soportado Usted veinticinco años conviviendo con ese odioso cáncer.
GRACE. Y conviviendo con Usted. *(Transición súbita)*. ¡No me haga caso, *s'il vous plaît*! Es solo una broma. *A joke!* *(Pausa)*. Estoy amargada, oscura.
MADAME. *(La abraza)*. Dijo el doctor Wilson que hay que atacar de lleno… Un tratamiento extremadamente «agresivo».
GRACE. *(Rompe a llorar, se deshace)*. ¡¿Más?! *(Transición)*. No sé si se pueda.
MADAME. Me tiene a mí, Grace Frick. Es mi turno. Yo la ayudaré.
GRACE. ¿Por dónde empezamos?
MADAME. Sssshhhh…, el cáncer avisa. *(Va y toma a Valentine, la perrita, que se la entrega El Hombre de la Máscara)*. Ahora no hay que pensar en nada. En nada. En nada…

ESCENA XIX. LA PERRA VALENTINE

Madame acuna a su perrita Valentine.

MADAME. ¿Verdad, preciosa? *(Canta canciones de cuna)*. «Fai la nina, fai la nana, puppo bello de la mama… Nina uooo, nina uooo…». *(Pausa)*. «Pajarito que cantas en la laguna, no despiertes a la niña que está en la cuna, ea la nana, ea la nana, duérmete pajarito, por la mañana…».
GRACE. Nuestro perro es norteamericano. No entiende las canciones en francés.
MADAME. Este sí. Me contaron su historia.
GRACE. Sí, seguramente la engatusaron con eso de que unos marinos franceses lo dejaron tirado en nuestra costa… En todo caso debería llamarlo Robinson.
MADAME. Es perra. Y se llama Valentine.
GRACE. ¡Claro, le recuerda algún amor! *(Celosa)*. ¿Con qué Valentine se acostó Usted, dígame?
MADAME. Ninguna, no he conocido a ninguna Valentine.
GRACE. *(Estallido de cólera)*. ¡Sí, seguro que sí! ¿Una bailarina, alguna amiga de Dolly Wilde, de la condesa, de Djuna Barnes…, de Natalie? ¡¿Quién es la tal Valentine?!
MADAME. Ya le he dicho: la perrita. ¿Le gusta?
GRACE. Horrorosa. Prefiero los perros altos, delgados, que sepan proteger y morder.
MADAME. Yo pensaba todo lo contrario. Por eso la he comprado.

GRACE. *(Muy amarga)*. Usted no sabe muchas cosas, Marguerite. Muchas veces he fingido para contentarla, para que termine algún capítulo, un cierre de ensayo…, unas letras… *(Llora)*. ¡He estado fingiendo durante treinta años de mi vida! ¡Treinta y tantos, casi cuarenta! ¿Tiene idea de lo que es que a una no le agrade, por ejemplo, el salmón…, o el coñac…, y tener que tragarlo durante treinta años para darle gusto a alguien que… que ni siquiera tiene la decencia de darme las gracias…, de… de acariciarle a una la colita cuando menos para ladrar *(ladra)* agradecida…?

MADAME. No tenía idea.

GRACE. Nunca tiene idea más que para los personajes muertos a los que logra dar vida. *(Pausa)*. Nosotros, los vivos, no contamos para Usted… ¿Y sabe por qué, Madame? ¡Porque ya Usted está tan muerta como ellos! *(Corre y abre una cajita)*. ¿Me preguntaba si recuerdo la manzana? *(Saca unas semillas secas)*. ¡Claro que sé de qué manzana me habla! ¡De esta! ¡Estas son sus semillas! *(Llora)*. ¡Yo guardé las semillas de aquella manzana con la que nos besamos la primera vez! *(Transición)*. ¡Y me gustaba verlas cuando estaba sola, cuando Usted no estaba delante con esos ojos de lechuza…, hasta las llevaba a mis labios y las chupaba! *(Pausa)*. A veces…, incluso…, y me da vergüenza decirlo… A veces las inserté en mi vagina… como para sembrarlas ahí y que prosperaran. ¿Y todo para qué?

MADAME. *(Va hasta ella)*. Grace…, mi Grace.

GRACE. Aléjese. *(En un impulso lanza las semillas a través de la ventana y se va llorando. Marguerite acaricia a Valentine)*.

MADAME. ¿Sabes por qué te puse de nombre Valentine, preciosa? *(Lentamente)*. Una jovencita púber en un jardín de Babilonia… sube a un arco altísimo y orina desde allí. *(Ríe)*. Descaradamente. Y su líquido dorado cae sobre las flores del oleandro, entonces… *(Piensa. Apasionada, recuerda)*. ¡Valentine…! ¡Valentine…! ¡Nunca volví a verte, pero aquellos besos bastaron para recordarte por toda la eternidad! Amor, mi duro ídolo. *(Camina)*. ¿Por qué estoy tan vieja, Dios mío? ¿Por qué mi piel no obedece? ¿Por qué solo el recuerdo? *(Pausa)*. Sola y vieja. Vieja y sola. La vida siempre nos deja inconclusos. *(Pausa)*. El amor también…, el amor… *(Clamando)*. ¡Hermógenes, sálvame! Quiero ver al menos un instante a mi Valentine desnuda, allá, en el balneario de Taormina… *(Grito sensual)*.

Grace sale de detrás de la mampara: gime con un pañuelito. Vuelve a entrar. Ha escuchado todo.

ESCENA XX. LOS COMPROMISOS SOCIALES

Grace regresa con una larga lista. Madame tiene la perrita, Valentine, en su regazo.

GRACE. ¿Tiene tiempo?

MADAME. ¿Para?

GRACE. *(Eufórica y desafiante)*. ¡Al fin hemos triunfado! ¡Viví para verlo y la Muerte no me ganó esta partida! *(Muestra la lista)*. Le organizo la ceremonia donde la consideran la más grande escritora del siglo XX…

MADAME. ¿La más «grande» en edad? *(Ríe)*. ¡Por favor, continúe, Grace!

GRACE. No es gracioso. *(Transición)*. Siempre me ocupo de que no la molesten. Debo organizar la fila de los que irán a saludarla al sofá donde descansará después del homenaje. Usted solo apruebe con la cabeza y ya. *(Lee. Madame va asintiendo o negando, según el caso..., ad líbitum)*. Jean Cocteau, Walter Kaiser, Germaine Beaumont, Mistress Neydi, Romaine Brooks, Lady Carnavon, Joe Carstairs, Guli, la duquesa Clermont-Tonnerre, Giuseppe Ramón Enríquez, Lady Romero Sabogal, la sexóloga Rocío Chaveste, Nancy Cunard, Rémy de Gourmont, Laila, la arquitecta estrella de risa contagiosa, Vyvyan Holland, Edmond Jaloux, María «ojos de esmeraldas», Mina, Toupie, la Nazímova, Liane de Pougy, Gertrude Stein, Casasco Zenobi, Paul Valéry, Renée Vivien, la *mère* Morine Salomón, Virginia Woolf, tan fea y narizona, el fotógrafo Cecil Beaton, Truman Capote, la cocinera Berthe Cleyrergue, Francesco Marín, la pintora y fotógrafa excéntrica Elizabeth Eyre de Lanux, ¡insoportable!, Janet Flanner, la guapísima Rossana, Djuna Barnes, más lesbiana que un bombero, Bettina Bergery (le explico que es una de las tres hermanas Jones, bellezas estadounidenses para las que se inventó la frase «estar a la altura de las Jones», ¡puafff!), Lady Jane Wilde, la familia Harris, Jerry Wilson, Sophia «Lily», Willie Wilde. Y la gran *salonnière* Natalie Barney. Nuestra amiga, que ha puesto el dinero, el caviar dorado y el champán.

MADAME. ¡Perfecto!

Grace se lleva a Valentine y deja a Madame acostada. Le prepara el camastro con agilidad. Sábanas, cojines, etcétera. Madame se acuesta con su ayuda. Se ve muy pálida y mal. Grace sale, haciendo correcciones a la lista y asintiendo.

Un viento fuerte mueve las hojas. Aires del Réquiem, *de Gabriel Fauré:* Libera me, In Paradisum. *Madame queda sola. Siente los síntomas de una embolia. Le da una isquemia y su cuerpo se le paraliza. Dolor en el brazo. Llama con hilo de voz a Grace. Grace ya no está. Ha muerto hace unos años.*

ESCENA XXI. MADAME MORIBUNDA

Depauperación de Madame en soledad tras la muerte de Grace. Decadencia. Tiene media parte del rostro paralizada tras una embolia. Irreconocible. Alucinaciones. Madame se acurruca en el camastro, cubriéndose.

MADAME. ¿Grace? ¿Está ahí? ¿Dónde? Me siento sola. ¿Recuerda aquel juego? Tampoco está Jerry. Nadie soportó a Jerry, ni siquiera Usted misma... Abominable que piensen que teníamos sexo en común. La sola palabra me ofusca... Todo artista necesita de la juventud, de la belleza de un cuerpo, un rostro, una espalda, un pecho... cerca, muy cerca... Rozar con el olfato lo que ya no se puede tocar con las manos. ¡Ese aliento de fruta, *mon Dieu*! ¡Esa mirada chispeante, caladora, febril..., que nos acomete en cada instante: sonriendo cerca de nuestro oído, sirviéndonos amablemente el té! *(Pausa)*. ¿Qué mundo es este que condena la cercanía de la decrepitud no asumida con la Belleza tierna? *(Pausa)*. De fertilidad está hecho el camino del hombre... *(Pausa, grita)*. ¡Poderosa Muerte, ¿por qué me arrebatas a la gente que más he amado?! *(Pausa, conjura)*. «¡Muerte, has de morir!» ¿Era un poema de Donne? ¿Borges? ¿Cavafis? ¿De quién era?

GRACE. *(Como Dee Dee)*. Era triste ver cómo un ser superior, alguien tan lúcido como ella, no estaba exento de la decadencia de perder sus facultades, de perder la memoria... Creía ver a Grace en mí, que la cuidaba noche y día… En ocasiones yo le preguntaba: «¿No me reconoce, Madame?».

MADAME. ¡Por supuesto! Eres Grace.

GRACE. *(Como Dee Dee)*. Soy la señora Deirdre Wilson, Madame, la esposa del doctor. Somos vecinas.

MADAME. Claro que lo sé. No estoy tan mal ni soy tan tonta como para no darme cuenta. ¿Me acerca mi libro *El denario del sueño*? Creo que falta una coma en la página 224.

GRACE. *(Lo revisa)*. No hay ningún error.

MADAME. Será en la edición de Alfaguara de *La voz de las cosas*… *(Piensa)*. Quizá. *(Pensativa)*. ¿Sabe por qué mi último libro se llama así? Grace. Grace, Gracia, ayúdeme, amor mío. ¡Todo es tan deliciosamente inmediato! Quiero dormir, descansar. Grace me va a traer el desayuno a la cama, Dee Dee. *(La mira)*. ¡Es tan buena! ¡Usted, claro! *(Transición)*. ¡Y cada día se parece más a Grace Frick! Pero…, no me haga caso.

GRACE. ¿Recuerda aquel poema turco…, cómo era, Dios, cómo era?

MADAME. *(Rememora)*. Aún debemos navegar el más hermoso de los mares,
aún debemos vivir el más hermoso de los días,
y yo, aún debo decirte lo más hermoso,
en alma y corazón… o tan solo al oído.

ESCENA XXII. EL FUNERAL DE MADAME

Walter Kaiser, Jeannie y Dee Dee —Grace, actriz—, cargando la perrita, se encuentran en el bosquecillo. Muy elegantes en negro, plata y blanco. Ritual donde preparan en una cesta las cenizas de Madame Marguerite Yourcenar.

VOZ EN *OFF* O PRESENCIA DE WALTER KAISER. En el discreto y encantador pequeño cementerio de Somesville, Jeannie, la secretaria que sustituye a miss Grace Frick, Dee Dee, el perrito Fu-Ku y yo, Walter Kaiser, devolvemos a la tierra helada los últimos restos temporales del gran espíritu que hoy honramos.
El mismo día es todo de marfil y oro. A ella le hubiese gustado este día, en enero de 1988… Siguiendo sus instrucciones, preparamos sus cenizas.
Primero las depositamos en una estola blanca. Aquí. Ahora hay que recubrirlas con esta estola que tiene el símbolo budista de grullas volando.
Van dentro de esta cesta india, con hierbas aromáticas.
También envueltas en un chal de seda blanca… Es el mismo que Marguerite Yourcenar llevaba el día de su ingreso en la Academia Francesa.
En esta pequeña tumba, depositamos la cesta, ¡con cuidado, con cuidado! Y derramamos unos pétalos de rosa. *Satis, amice*.

Grace escapa del cementerio o bosquecillo. Va hacia el camastro donde dejó a Madame Yourcenar, quien se siente cada vez peor, aunque apacible. La observa.

GRACE. *(Susurra el poemilla fúnebre del emperador Adriano)*.
Animula, vagula, blandula…
Hospes comesque corporis…

Pequeña alma, errante y blanda,
huésped y compañera de mi cuerpo,
pronto partirás a lugares
pálidos, rígidos, desnudos,
ya nunca, como solías, bromearás...
Nec, ut soles, dabis iocos...

ESCENA XXIII. LA MUERTE DE MADAME

Madame desvaría un poco. Grace entra. Le toma los latidos en el brazo. Se percata de que ha dejado de existir. La termina de amortajar. Abre la cajita de música. Pieza de Franz Joseph Haydn. También la ventana. Mira al público:

GRACE. No sé..., pero dicen que hay que dejar que el alma escape libremente.

Grace va hacia el público, inquieta. Recorre la salita. Mira como águila a cada uno.

GRACE. Ssssshhh, Madame está trabajando.

Se escucha el eco de una vieja máquina de escribir.

FINAL

Alberto Sarraín

SOLEDADES

Alberto Sarraín (La Habana, 1949). Graduado de la Facultad de Psicología de la Universidad de La Habana y Máster en Ciencias de la Educación. Trabajó como psicólogo asesor del grupo Teatro Estudio en Cuba. Fue uno de los miembros fundadores del Festival Internacional de Teatro Hispano de Miami y durante cinco años el director de su programa educativo, mientras que se desempeñaba como director artístico y productor del Grupo Teatro Avante. En 1995 fundó el Grupo Cultural La Má Teodora, un proyecto que, bajo su dirección, produjo teatro, editó una revista trimestral de artes escénicas y patrocinó el Festival Internacional del Monólogo de Miami. Ha enseñado teatro en Venezuela, Colombia, Chile, República Dominicana, Miami y Nueva York. En dos oportunidades ha ganado el Premio Fulbright de teatro para profesores norteamericanos (1988 Colombia, 1989 Chile) y entre otras distinciones recibió el Pen/Newman Award, otorgado por el PEN Club de Nueva York. En 2007 dirigió el estreno absoluto en Cuba de *Los siete contra Tebas*, la mítica pieza de Antón Arrufat censurada durante cuarenta y nueve años. Ha publicado varias antologías y traducciones de obras teatrales.

Si está interesado en solicitar la autorización para el montaje de esta obra, puede escribir directamente a:
sarrain.sarrain@gmail.com

Los personajes de la historia

Adrián, en los treinta
Luis, en los treinta

Los personajes del recuerdo

Los niños

Adrián niño, siete u once años según la escena. Inteligente, fantasioso
Luis niño, siete u once años según la escena. Hosco, huraño, agresivo, religioso
Ricardito, siete u once años según la escena. Amanerado, mujercita
Tato, trece, catorce años. Mulato. Todo sexualidad

Las mujeres de la casa

La Madre, dependiendo del recuerdo estará en sus veinte o en sus cincuenta
Abuela, dependiendo del recuerdo estará en sus cincuenta o en sus ochenta
Tía Delia, dependiendo del recuerdo estará en sus treinta o en sus sesenta
Tía Horta, dependiendo del recuerdo estará en sus veinte o en sus cincuenta

Otros personajes

El Padre
Doctor Mendoza
Orador
Sacerdote
Bedel
La Esposa
Secretaria
Superiora
Sor Engracia
Yara
Coro, Gente de luto, Gente de la fiesta, Monjas, Empleados del sanatorio

Las siguientes páginas son
el recuerdo de un olvido.
Luis Cernuda

A mi amigo Armando Africano,
que me brindó aliento y casa
para escribir esta obra.

La pieza que usted va a comenzar a leer está concebida dentro de la estética del recuerdo. En ella prevalecen imágenes del inconsciente, de lo onírico. Tal y como recordamos (¿u olvidamos?) lo vivido. Nada es lógico ni coherente, en el sentido que tiene la lógica de la realidad.

El escenario está completamente vacío al principio y al final de la obra. Se ha construido en él un nivel superior hacia el foro, conectado por rampas con el centro y el proscenio del escenario. El vestuario es simple, borroso, apenas manchas que marcan a ciertos personajes tipo y será confeccionado teniendo en cuenta cambios muy rápidos entre un episodio y otro. Todo tiene esa pátina del olvido, a veces acentuando las incongruencias con la realidad. Casi todos los actores interpretan varios personajes durante la obra, a algunos solo les basta un cambio de intención, de actitud. Otros cambiarán de traje, pero sin pretender esconder al actor. Los rostros repetidos en uno y otro espacio de la vida de los protagonistas forman parte de este sueño. Luz y música han sido diseñadas como figuras estelares de la pieza para permitir la multiplicidad de espacios o su concomitancia. Siempre será mejor trabajar en el escenario vacío, que pretender vestir con pesada utilería la escena y transformar el ritmo delirante del recuerdo en un latoso despliegue de producción. Las hipótesis científicas planteadas por los protagonistas son mera invención y no pretenden otra cosa.

PRIMEROS EPISODIOS

> *Cómo llenarte, soledad,*
> *sino contigo misma.*
> Luis Cernuda

Episodio 1

Adrián está parado en medio del escenario con una carpeta de papeles en la mano reconociendo la soledad del espacio. Ahogado en llanto. Lo sorprende la entrada del recuerdo. De repente descubre a su madre y a sí mismo en un espacio recóndito de su memoria.

LA MADRE. *(Entrando con Adrián niño).* Los niños finos juegan en su casa. ¿Qué es eso de estar todo el día en la calle como si no tuvieras familia? Entretente aquí. Aquí están tus juguetes y tus tías que se pasan el día haciéndote cuentos. *(A Adrián hombre).* A este muchacho no le gusta nada. Nos hemos gastado una fortuna en juguetes y se pasa todo el día jugando con esos pollitos de colores que se ganó en la rifa de la fiesta.
ADRIÁN NIÑO. Mamá, lo único que quería era ver a los niños patinando sentado en el quicito de la acera.
TÍA DELIA. *(Entrando).* ¡Que ni se te ocurra encapricharte con los patines! Y a ti, Rita, que ni te pase por la mente comprárselos. Eso es un horror.
ADRIÁN NIÑO. Pero, tía, si mis primos aprendieron y no les pasó nada.
ABUELA. *(Entrando. Le habla a Adrián hombre).* Porque la madre con tal de quitárselos de arriba es capaz de cualquier cosa. ¿No los ves? Andan como unos andrajosos, llenos de rasponazos y chichones. ¡Qué conveniente para que ella tenga tiempo de ir a la peluquería!
TÍA HORTA. *(Entrando).* ¡Ay, está bueno ya! Dejen al pobre niño tranquilo. Ven, mi amor, que te voy a hacer el cuento de una niña que vivía en Kansas, la tierra de los remolinos, y resulta que dos brujas, una buena y otra mala...

Adrián trata de hablarles, pero salen de escena sin prestarle atención.

Episodio 2

Por el fondo del escenario entra Luis, se sienta en el suelo. En la mano trae una muñeca desnuda. Mira a su alrededor y suavemente golpea el suelo con la cabeza de la muñeca.

ADRIÁN. ¿Quién eres tú?

Luis lo mira y va a hablar, pero El Padre entra al escenario, se acerca a Luis y lo agarra por el pelo y le golpea la cabeza contra el piso. Luis logra zafarse y se levanta, siempre con la muñeca en la mano. Todo es muy rápido. Adrián está petrificado.

EL PADRE. Le robaste la muñeca a tu hermana. Lo hiciste de mala idea, para mortificarla. ¡Ven acá! *(Luis se aleja)*. Dame la muñeca o te voy a matar a golpes.

Luis mira la muñeca y la rompe y le lanza los pedazos a El Padre. Luis huye, el hombre lo persigue. Salen del escenario.

Episodio 3

Desde atrás avanza hacia el proscenio un grupo compacto de personas vestidas de negro. Todas llevan velas encendidas, sombreros o mantillas y paraguas abiertos. Es un cortejo fúnebre cuyo referente no es la realidad sino el cine. El cortejo llega al borde del proscenio, bajan los paraguas al unísono, se santiguan, apagan las velas y suben de nuevo los paraguas. Una mujer se aferra al brazo de Adrián. El grupo se divide en dos, lentamente, sobre la clave de alguna música fúnebre, y salen por los laterales del proscenio. Adrián hombre se detiene un momento antes de salir y contempla su soledad en el niño que han dejado solo en el centro del escenario.

ADRIÁN. *(Como hablando con alguien invisible, en un susurro)*. Yo quiero ser igual que tú.
LA MADRE. *(Entra y lo golpea en el hombro)*. ¿Igual que quién? ¿A quién te quieres parecer? Me tienes la vida acabada. Tú no estás loco y los locos son los que hablan solos. *(La mujer que está con Adrián hombre lo hala por el brazo y lo saca de escena)*. Ni siquiera en el entierro de tu padre te comportas como una persona normal. ¿Tú no tienes sentimientos? Óyeme bien lo que te voy a decir, que sea la última vez que te vea hablando solo.
ADRIÁN NIÑO. No estaba haciendo nada malo.
LA MADRE. ¿Eso es lo que tú piensas? Tú estás de luto. Óyeme, ¿tú sabes lo que es un muerto?
ADRIÁN NIÑO. No.
LA MADRE. Pues ya es hora de que lo aprendas. Si sigues en la bobería de hablar con esa niña invisible, habrá que hacerte bucles y vestirte de mujercita. *(Adrián sonríe a su amiga invisible. La Madre se indigna con la risa de Adrián y le pega duro en la cara)*. No sabes lo que es un muerto, pues te lo voy a decir. Un muerto es una persona que se están comiendo los gusanos y que no puede hacer nada para evitarlo. ¿Te das cuenta? Ahora mismo tu padre está ahí debajo de la tierra, con la boca y los ojos llenos de gusanos. Y se lo comerán todo, todo, hasta que no queden nada más que los huesos. Eso será tu padre. *(Adrián llora desesperado)*. No llores, coño, que los machos no lloran. Te voy a hacer un hombre aunque te tenga que matar.

Episodio 4

Las mujeres rodean al médico. El doctor está enfrente.

LA MADRE. *(Desesperada, llorosa, melodramática)*. Es que no puedo más, doctor. No puedo con este niño. Tiene diez años, pero es más fuerte que yo. Me tiene la vida acabada. No tengo vida. Doctor, por caridad, le ruego que me ayude.

DOCTOR MENDOZA. Debe tener paciencia, señora, porque nos queda un largo camino por delante. A ver si nos entendemos, ¿cuál es para ustedes el mayor problema que tiene el niño?
TÍA DELIA. Mire, verdaderamente no sabemos. Lo hemos tenido que cambiar cinco veces de colegio. Ningún colegio lo aguanta más de dos meses.
DOCTOR MENDOZA. ¿Come y duerme bien?
LA MADRE. Hace de todo bien, pero al revés.
ABUELA. Ahora mismo nos hemos atrevido a molestarlo en su casa, porque hace cuatro horas que está subido en el árbol de la esquina y cada vez que tratamos de que baje, dice que se va a dejar caer.
EL PADRE. *(Entrando detrás de Luis. Le pega con una correa. Mientras más duro le pega más fuerte se ríe Luis).* ¡Llora, coño, llora! ¡Dime que no te pegue más!
DOCTOR MENDOZA. Por favor, no le pegue más, no va a conseguir nada así. *(El Doctor Mendoza le quita la correa. La Madre y El Padre se abrazan).* Ven, Luis, vamos a hablar, ven.

Luis se acerca, le sonríe y de repente le arranca la correa de la mano y se pega con ella. Ahora sí grita y llora. De pronto la tira lejos y comienza a pegarse con los puños cerrados en la cabeza mientras sale de escena.

Episodio 5

TATO. ¡De París! *(Risa incontenible de Tato. Adrián se mueve sobre su cajón).* Ustedes sí que son bobos. Los niños nacen por la chocha. Sí, por ahí mismito.
ADRIÁN. Y, ¿cómo pueden salir por ahí?
TATO. Tú no sabes nada de la vida, compadre. A las mujeres se les pone la chocha inmensa, abierta como un boquete, como una cazuela por donde sale el niño. Si no, cómo iba uno a meterle una morronga tan grande como esta que yo tengo. *(Se agarra el pantalón y con las dos manos va remarcando su sexo inmenso).*
ADRIÁN. ¿Y cómo se hace el niño ahí?
TATO. Porque el marido se lo hace. Primero el tipo se la mete y se la parte. Después le deja una leche adentro y de eso se hace el hijito.
ADRIÁN. ¿Y a la mujer no le duele?
TATO. Claro que le duele, echan sangre y todo cuando se la parten. Pero eso es al principio, después les gusta y quieren que uno tenga la pingona más grande y más grande. Y mientras más grande la tienes, más quieren que te crezca. Las mujeres son así, al principio mucho cuento, pero después si no la tienes bien grande no te quieren para nada.
ADRIÁN. ¿Y la mía también crecerá?
TATO. A ver, caballeros, que cada uno de ustedes se saque el tubo y me lo enseñe. Yo les diré cuántas manuelas tienen que hacerse al día para que se les ponga como esta.

Episodio 6

Luis entra con su mano izquierda metida en el bolsillo, va musitando alguna cosa que no logramos entender. Desde el fondo del escenario entra un sacerdote.

SACERDOTE. ¡Alfonso! *(Luis se detiene como paralizado).* Es muy feo que un jovencito de su edad ande por la escuela con la mano en el bolsillo. No solo es feo, sino sucio. Los niños tienen el alma blanca como los ángeles y la manchan cuando empiezan a tocarse. ¿No sabe cómo se les llama a esas partes que usted se anda sobando tan tranquilamente, después de haber salido de misa? Se les dicen las vergüenzas. Y ninguna vergüenza se debe tocar porque mancha. *(Luis quiere decir algo, pero el Sacerdote no lo deja).* Hemos tenido bastantes problemas con usted, y ahora que pensábamos que el amor de Dios le había tocado, ahora, lo encuentro cometiendo esa horrible porquería. *(Luis trata de explicar algo).* Usted y yo tendremos que conversar mucho sobre los pecados de la carne. Vaya a ver a su confesor y después de limpiarse de esos pensamientos lascivos y lujuriosos, pase por la rectoría, tendremos que poner usted y yo algunas cartas sobre la mesa. Y le advierto que si le encuentro un agujero en el bolsillo lo voy a suspender una semana de clases.

El Sacerdote sale. Luis está solo en el centro del proscenio, de frente al público, muy angustiado. Saca su mano del bolsillo y mira el rosario que tiene cuidadosamente enrollado en ella. Lo besa, pero rápidamente lo lanza con fuerza hacia un lateral. Sale corriendo y gritando desesperado.

Episodio 7

Luz sobre Ricardito entrando al escenario con una bolsa de papel en la mano.

RICARDITO. *(Llamando en alta voz).* Buenas tardes, señora Rita. ¿Está Adrián?
TODAS LAS MUJERES DE LA CASA. *(Saliendo desde distintos lugares del escenario. Hablan a coro).* Buenas tardes, Ricardito. Adrián no puede salir ahora porque está terminando de merendar.
RICARDITO. *(Echándole una mirada a todas).* ¿Podría esperarlo aquí?
TODAS LAS MUJERES DE LA CASA. *(Acercándose al mismo tiempo y al mismo ritmo. Hablan siempre en coro).* Claro, mi amor. Siéntate. *(Ricardito se sienta. Pausita. Juntas de nuevo).* ¿Y para qué buscas a Adrián?
LA MADRE. Si se puede saber. *(Ricardito va a hablar, pero La Madre lo interrumpe).* No es que nos interese porque realmente ya Adriancito es un hombrecito, pero…
TÍA DELIA. Como no ha hecho su tarea todavía.

Ricardito va a hablar, pero Tía Horta lo interrumpe.

TÍA HORTA. Mi amor, y ¿tú ya hiciste la tarea?
RICARDITO. No, por eso vine porque quería hacerle una pregunta a Adrián de literatura, como él es el mejor de la clase.
TODAS LAS MUJERES DE LA CASA. *(En coro).* ¡Ahhhh!

Entra Adrián. Le da la mano a Ricardito y se lo lleva a otra parte del escenario. Las mujeres salen. Adrián mira para todas partes, con mucho sigilo. Hablan en voz baja.

ADRIÁN. ¿Trajiste eso?
RICARDITO. *(En el mismo tono que Adrián).* Aquí lo traigo. *(Le muestra la bolsa).*
ADRIÁN. ¿Estás seguro de que es tu mamá quien los deja en el baño?
RICARDITO. Sí.

ADRIÁN. ¿Desde cuándo?

RICARDITO. Desde hace tres días. Me parece que es algo grave porque tuvo que inyectarse para el dolor y fue a la farmacia y compró más vendaje.

ADRIÁN. ¿Y cómo sabes que es... *(con intención)* ahí... el problema?

RICARDITO. Porque no se le ve nada puesto en ninguna parte.

ADRIÁN. Déjame ver eso.

RICARDITO. *(Con mucho cuidado abre la bolsa y saca un paquetico muy bien envuelto, hecho con papel periódico. Lo pone en el suelo, ambos se arrodillan frente a él).* Aquí está. Siempre envuelve los vendajes de esta forma. Yo vigilo cuando va al baño y entro inmediatamente y los encuentro ahí.

ADRIÁN. *(Abre con cuidado el paquetico en el que hay envuelta una toalla sanitaria manchada de sangre. Se queda perplejo).* ¡Anoche tu padre le partió la chocha a tu mamá!

Apagón rápido.

Episodio 8

Ricardito y Adrián entran cada uno por un lateral del escenario y se encuentran. Adrián mira al suelo.

RICARDITO. ¿Y qué?

ADRIÁN. Nada.

RICARDITO. Pero me llamaste.

ADRIÁN. Sí.

RICARDITO. ¿Para qué?

ADRIÁN. ¿Has vuelto a encontrar aquello?

RICARDITO. ¿El vendaje? *(Adrián afirma con la cabeza).* Sí. Pasaron muchos días y no encontré nada. Pensé que se habían dejado de eso. Pero después aparecieron como una semana seguida. Me da pena que se pongan en esa cochinada.

ADRIÁN. El problema mío es más grande.

RICARDITO. ¿Por qué?

ADRIÁN. Porque he descubierto que la única mujer decente de la casa es mi abuela.

RICARDITO. ¿Por qué?

ADRIÁN. Un día descubrí entre los papeles del baño un vendaje igual que el de tu mamá. Y me puse a vigilar, y vi cómo todas mis tías y mi madre se metían a curarse y... ¿tú sabes lo que les dijo mi abuela en la cocina? Que esa nueva moda de que él bajara para todas a la vez era una desgracia, porque con el cuento de que se sentían mal, todo el trabajo lo tenía que hacer ella.

RICARDITO. ¡Coño! El mismo tipo se las parte a todas y tu abuela está de acuerdo.

Apagón.

Episodio 9

Luz sobre las mujeres de la casa que conversan en una esquina de proscenio.

TÍA DELIA. Y me miró con unos ojitos y me preguntó: tía, ¿qué quiere decir la regla? *(Reacción de todas)*. Yo me quedé muerta y me le fui por la tangente. ¿La regla? Bueno, hay muchas reglas. Por ejemplo, la que tú usas en la escuela, también a las leyes que gobiernan a las cosas, a las instituciones, se les llama reglas. Y hay algunas congregaciones religiosas que se conocen con el nombre de reglas. Él me mira con cara de no muy convencido y me dice: ¿y esas congregaciones religiosas son de monjas? Figúrense ustedes lo que me estaba insinuando. Yo le contesté como para dar por terminado el asunto: no, también hay hombres en las reglas religiosas. Entonces me mira y me dice muy bajito: esa no es la regla de la que yo te estoy preguntando. Quiero saber qué es la-re-gla, la de la herida que echa sangre.

TÍA HORTA. Yo siempre lo dije, cuando este niño crezca sin un hombre en la casa, en buen problema nos vamos a meter.

LA MADRE. Yo quisiera saber quién es el cochino que le mete esas porquerías en la cabeza. Porque la verdad es que él, con doce años, no tiene por qué saber esas cosas todavía.

TÍA DELIA. Pero bueno, algo hay que decirle. Peor es que vaya por ahí averiguando. Sabe Dios lo que le digan.

ABUELA. De eso me encargo yo. Cansada estoy de explicar cosas difíciles, de dar malas noticias, muertos, desempleos, ciclones, terremotos. Vamos. *(Se enciende la luz sobre una mesa en la que Adrián hace sus tareas. El grupo de mujeres se acerca en procesión. La abuela se sienta en la mesa, frente a Adrián)*. Dice tu tía Delia que estabas interesado en saber qué cosa era la regla.

ADRIÁN. ¡Chismosa! Sí, quiero saber.

ABUELA. Bueno, es lógico que a tu edad te intereses por las cosas que no sabes. Pero la realidad es… que si no te hablamos de ellas es porque son cochinas, asquerosas y uno quiere hablar lo menos posible de ellas. *(Muy categórica)*. La regla es el castigo que le mandó Dios a la mujer por haberlo traicionado con la serpiente en el Paraíso. *(Mira a sus hijas que la observan horrorizadas)*. ¡Ya está!

Apagón.

Episodio 10

Luz sobre Adrián que viene desde el fondo del escenario con un periódico debajo del brazo. Está apurado. Ricardito lo intercepta a mitad de camino.

RICARDITO. Hola.
ADRIÁN. Hola.
RICARDITO. Ya no me llamas para jugar.
ADRIÁN. Mi madre no quiere que me junte contigo.
RICARDITO. Ya sé. Oí cuando te decía que no quería verte con el mariquita de Ricardito. Pero tú eres mi amigo, ¿verdad? *(Llorando)*. ¿Te da pena que te vean jugando conmigo?
ADRIÁN. No, pero es que ya estamos muy grandes para estar pensando en brujas y en torbellinos en Kansas, los reyes magos no existen, los niños no vienen de París. Las cosas son distintas. Me estoy volviendo un hombre. ¿Tú no?
RICARDITO. Yo no.
ADRIÁN. Bueno, ya te llegará.

RICARDITO. ¿Ahora te gusta jugar a la pelota?
ADRIÁN. No, pero uno tiene que hacer un esfuerzo para ser como los demás.
RICARDITO. Los que sí son hombres son los que van a jugar contigo.
ADRIÁN. ¿Te fijaste?
RICARDITO. Sí.
ADRIÁN. ¿En qué?
RICARDITO. En el bulto que se le marca a Eric cuando se pone el traje de pelotero. ¿Te fijaste?
ADRIÁN. Sí.
RICARDITO. A ti no se te marca tanto.
ADRIÁN. Porque él ya desarrolló y yo todavía. Pero ya verás, a todo el mundo le pasa.
RICARDITO. No creo que a nosotros se nos ponga tan grande.
ADRIÁN. ¿Y a Eric se le pondrá tan grande como la de Tato?
RICARDITO. Dicen que a los negros les crece más, pero a lo mejor... ¿O será que él sí hace lo que Tato dice que hay que hacer?
ADRIÁN. Eso me da miedo. Dicen que uno puede volverse loco.
RICARDITO. ¿Y qué llevas dentro del periódico?
ADRIÁN. Un libro que el papá de Eric le consiguió para que se enterara de muchas cosas. Dice todo lo que un hombre debe saber.
RICARDITO. ¿Y tiene fotos?
ADRIÁN. Algunas. Pero no he podido verlas porque me da miedo que me cojan en el brinco.
RICARDITO. Escóndete en el baño. ¿Cómo se llama el libro?
ADRIÁN. *(Bajando la voz). En el umbral de la vida.*

Apagón.

Episodio 11

ABUELA. Adrián, apúrate que me tengo que bañar. *(Desaparece por el lateral izquierdo).*
ADRIÁN. *(Off).* Voy.
TATO. *(Subido en un nivel superior en el centro del escenario. Muy popular).* Señores y señoritos, Tato, el mago de la batuta, les dará hoy la primera lección de paja por correspondencia, sin carta. *(Hablando sobre el toque de una tumbadora y moviéndose a su ritmo).* Todos los aquí presentes,/ pongan mucha atención,/ afinen el diapasón/ y no rechinen los dientes,/ que una pajita caliente/ es tremendo vacilón...
LA MADRE. *(Entrando por el lateral izquierdo).* No te puedes pasar todo el día en el baño, niño. ¿Ya te enjabonaste?
ADRIÁN. *(Off).* Todavía, es que tengo dolor de estómago. ¡Coño, en esta casa no se puede ni cagar en paz!
LA MADRE. *(Saliendo por el lateral derecho).* Es que hay un solo baño y todos los días es el mismo cuento.
TATO. *(Igual).* Hay que hacerlo cosa fina,/ con maestría sin par./ Si la piensa menear,/ apriete el palo, mi amigo,/ y no lo vaya a soltar,/ hasta hacerlo vomitar/ como canta un gallo fino./ Ki-ki-ri-quí, ki-ki-ri-quí.
TÍA HORTA. *(Entrando por el lateral derecho, trae en la mano una taza sobre un plato).* Mi amor, te traje una taza de manzanilla. ¿Te duele mucho el estómago? Fueron los chicharrones que te comiste anoche, te lo dije.

ADRIÁN. *(Off)*. Llévate esa porquería que tú sabes que no me gusta. Además ya me siento mejor y me voy a meter en la ducha.

TÍA HORTA. *(Saliendo por el lateral izquierdo)*. Bueno, entonces apúrate, tu abuela tiene que entrar a bañarse, que tiene consulta con el médico.

TATO. *(Igual)*. Te paras por la mañana/ que se te quiere partir,/ y la tienes que maltratar/ hasta que la veas morir./ La agarras por el pescuezo/ y se lo aprietas con ganas/ y no lo sueltes ni a tiros/ hasta pasado mañana.

LA MADRE. *(Entrando por el lateral izquierdo)*. Esta es la última vez que tú te encierras en el baño. Mañana le quito el pestillo a esa puerta. Sal de una vez, Adriancito, que me estás buscando un problema con tu abuela. *(Sale por el lateral derecho)*.

TATO. *(Igual)*. Te imaginas a una jeba/ que comienza a modelar,/ mostrándote un par de tetas/ que no se deja agarrar./ Ella camina bonito,/ se mueve de aquí pa'llá/ y mientras menea el culito/ te empiezas a castigar./ La aprietas de arriba a abajo/ y si no quiere rodar,/ con un poco de saliva/ te va a poner a gozar./ Si sientes que estás a punto/ de no poder aguantar,/ para la mano, mi hermano,/ que si no, vas a acabar./ Pero si el tiempo te apremia,/ y no puedes continuar/ suénala duro, mi amigo,/ y gózala hasta el final.

TÍA DELIA. *(Entrando por el lateral derecho)*. O sales o te saco, que me meo. *(Sale por el lateral izquierdo)*.

ADRIÁN. *(Off)*. ¡Que ya voy!

EPISODIO 12

Adrián va a recibir clases de baile de las mujeres de su casa. Minuciosa preparación para su primer baile en compañía de una muchacha. Parece que las mujeres están organizando su propia fiesta.

TÍA DELIA. *(Bailando con La Madre)*. Fíjate que el chachachá es muy fácil. *(Muy didácticas las dos)*. Tres pasitos para alante, tres pasitos para atrás, tres para este lado y tres pa'el costado. De nuevo, un dos tres, cha, cha, cha; un, dos, tres; cha, cha, cha.

TÍA HORTA. *(Con un disco de la orquesta Aragón en la mano)*. Ahora con música.

LA MADRE. Sí, con música.

TÍA HORTA. ¿Cuál pongo?

TÍA DELIA. Pon «El bodeguero».

LA MADRE. ¡Ay no, no! Mejor «La engañadora».

ABUELA. Sí, «La engañadora» es mejor, porque así, además de bailar, aprende a conocer a las mujeres.

TÍA DELIA. Todas las mujeres no son iguales, mamá.

ABUELA. ¿Como cuáles, por ejemplo?

TÍA DELIA. Nosotras, por ejemplo.

ABUELA. Por eso todas se quedaron solteronas. Por distintas. Y la única que enganchó marido, ya ves con lo que vino a dar. Mejor le habría valido quedarse solterona.

LA MADRE. No empieces, mamá.

TÍA HORTA. Ya está, ahí va la música.

Suena «La engañadora». La Madre y Delia bailan. Eric entra, la música se enrarece hasta perderse mientras las mujeres en una distorsión del chachachá comienzan a salir de escena. Eric trae una botella de ron en la mano. Se acerca a Adrián.

ERIC. ¿A quién se le ocurre aprender a bailar chachachá a estas alturas y con esos vejestorios? Más cuando tu socio Eric es el mago de las pistas de baile.
ADRIÁN. Es lo único que ellas saben. Bueno, también saben danzón, pasodoble y tango. El chachachá me pareció lo más movido. Me daba pena decirte que no sabía bailar.
ERIC. Mira, lo primero que tienes que hacer es echarte un buen palo de ron para que se te quite un poco el miedo y después para que tu cuerpo se acostumbre. No vaya a ser que cuando estés con la chiquita vayas a hacer el ridículo. Toma. *(Le pasa la botella. Adrián toma un buche grande que casi lo ahoga. Risa incontenible de Eric).*
ADRIÁN. ¡No te burles, coño!
ERIC. Si no me burlo, pero te das cuenta del papelazo que hubieras hecho delante de una mujer si no ensayas conmigo antes. *(Le quita la botella).* Mira cómo se hace. *(Eric respira profundo, toma un buche pequeño y después exhala sonoramente).* ¿Ves? La cosa es que no vayan a creer que eres tan flojito que no sabes ni tomarte un trago de ron. *(Pequeña pausa. Le sonríe a Adrián. De pronto da un salto como un gran presentador de variedades).* Tú haces de la jeba. Te fijas bien cómo yo te llevo y después solo tienes que volverte loco, gritar, brincar y halarla y así te la echas en un bolsillo, se vuelven loquitas. *(Extiende la mano y lo invita a bailar. Adrián se deja guiar por la locura del rock and roll. La música cesa, Adrián regresa a su sitio. Está despeinado y jadeante con la camisa por fuera del pantalón).* Has estado súper. Si bailas así en la fiesta me vas a dejar sentado toda la noche. Todas van a querer bailar contigo.
ADRIÁN. *(Eufórico, sin aire para hablar).* Con un maestro como tú hasta ballet aprendo.
ERIC. ¡Ay, ballet, qué mariconcito!
ADRIÁN. No jodas. Dame otro trago de ron.
ERIC. Así se habla, pero dale suave que te voy a tener que llevar cargado para tu casa. *(Le pasa la botella).*
ADRIÁN. *(Adrián repite el ceremonial tal y como Eric le enseñó).* ¡Ahhhh! *(Limpiándose la boca con el dorso de la mano).* ¿Y ahora qué?
ERIC. *(Toma otro trago).* Ahora viene lo mejor. Ya cuando estés entonadito, empieza la música suave para bailar apretadito. Ven sin complejo que también te enseño.
ADRIÁN. ¿Bailar apretados tú y yo? No, compadre.
ERIC. ¿Por qué no? Nosotros somos dos hombres y podemos. Los hombres pueden hacer cualquier cosa y siguen siendo hombres. Tú eres mi socio y quiero que hagas un buen papel en la fiesta de mañana. *(Se escucha «Yesterday»).*
ADRIÁN. Bueno, pero no tenemos que pegarnos. Enséñame los pasos y ya.
ERIC. Venga. Primero le agarras esta mano suavecito y cuando ella piense que vas a bailar normal, le colocas sus dos brazos alrededor de tu cuello y tú le pones las manos ligeritas alrededor de sus caderas. No vayas a apretar de principio.
ADRIÁN. *(Nervioso).* Buena idea.
ERIC. Recuerda que uno tiene que dominarla con el cuerpo, ella tiene que sentir tu calor, así... cerca... *(Lo va apretando).* Y entonces pegas tu mejilla con la de ella, *cheek to cheek.*
ADRIÁN. Oye, no aprietes tanto, compadre.
ERIC. ¿Tienes miedo?
ADRIÁN. ¿Miedo a qué?
ERIC. A que te guste bailar apretado conmigo.
ADRIÁN. ¡Ah, no jodas!
ERIC. O a que te dé un beso, que es la próxima lección.

ADRIÁN. Si sigues hablando mierda me voy.
ERIC. Mentira. Tú no te vas nada.
ADRIÁN. ¿Quieres ver que sí me voy?
ERIC. Sí.
ADRIÁN. *(Forcejea un poco en brazos de Eric)*. Está bueno ya. Déjame.
ERIC. Tú no te vas nada porque la lección no ha terminado. *(Lo aprieta fuerte y lo besa. La luz se va en fade)*.

Episodio 13

EL PADRE. A ver si no me haces quedar mal.
LUIS. Realmente, papá, no sé por qué me haces pasar por esto. Tú sabes que yo detesto las visitas y los cumplidos sociales.
EL PADRE. Es un favor que te pide tu padre. ¿Qué trabajo te cuesta?
LUIS. Está bien.
EL PADRE. A esta amiga mía le gusta mucho la poesía, y cuando le dije que a ti también te gustaba se mostró muy interesada en conocerte. La pobre, no tiene con quién hablar de eso. La verdad es que yo no entiendo nada de poesía. Aquí está. *(Por lo bajo)*. Por favor, compórtate.

Aparece Yara. Es una mulata de cuarenta años bastante pasada de peso. Está maquillada como para actuar en un cabaret. Tiene puestas una camisa de dormir semitransparente y una bata del mismo material encima. Todo en ella es esperpéntico.

YARA. Bienvenidos, mis amores.
EL PADRE. Yara, te presento a mi hijo.
LUIS. Mucho gusto, señora.
YARA. *(Dándole un beso en la mejilla)*. Hola, ¿cómo estás, cariño? ¡Qué ganas tenía de conocerte! Me han hablado mucho de ti. Así que tú eres el poeta que en el aire las compone.
LUIS. ¿Yo...?
EL PADRE. Ustedes me van a disculpar un momento, pero me quedé sin cigarros. Bajo a comprar una cajetilla y regreso enseguida.
YARA. No te apures, que así disfruto más de tan «dilerta» compañía.

El Padre sale.

YARA. *(Acercándose)*. ¿Y qué me cuentas?
LUIS. Bien, gracias.
YARA. A mí me gusta mucho la poesía. ¿Tú conoces a Juan de Dios Pesa?
LUIS. Claro, uno de los poetas más cursis del romanticismo mexicano del siglo XIX.
YARA. ¡Ay, no sabía que era mexicano! A mí me encanta «Sola». Bueno, sola nada más que me gusta esa poesía. Todo lo demás me gusta acompañada, y bien acompañada... como ahora.
LUIS. Gracias, muy amable.
YARA. Hay unos versos de ese poema que a mí me ponen los pelos de punta. *(Declamando)*. «Los jóvenes me miraban de soslayo y sonreían/ y todos me conocían pero no me saludaban./ Hombre caprichoso y vano que a solas lloras conmigo,/ pero en habiendo algún testigo ya

me retiras la mano/ y culpas mi liviandad y me declaras proscrita/ sin dar nada todo quita la hipócrita sociedad». ¿No te gusta?

LUIS. No. Es un homenaje a una meretriz. Es pretender darle vuelo poético a un acto sucio y decadente.

YARA. ¿Meretriz?

LUIS. Sí, una mujer de la mala vida.

YARA. ¡Ay, mi amor! A ti lo que te hace falta es una mujer que te dé buena vida, que te sacuda un poco y te quite toda esa bobería que tienes arriba. ¿Tú nunca te has acostado con una mujer, papi?

LUIS. El acto sexual fue concebido por Dios como una comunión de cuerpos para la procreación. Convertirlo en una burda diversión es rebajar una acción divina a un chiquero.

YARA. *(Quitándose la ropa)*. Mi amor, esto es como el chocolate: después que lo pruebas te envicias.

Le enseña sus descomunales tetas. Luis está en estado de completa parálisis, Yara termina de quitarse la ropa y enseñarle su monstruosa humanidad.

LUIS. ¡Nooo! ¡No quiero! Ninguna fuerza del mal me obligará a cometer un pecado. Quiero estar limpio.

Apagón.

Episodio 14

Luz sobre Adrián que se está subiendo el zíper del pantalón. Desde el oscuro, Eric le lanza la camisa. Poco a poco, mientras habla, va entrando la luz. Adrián comienza a llorar mientras Eric habla.

ERIC. Toma tu camisa y déjame decirte una cosa, no te equivoques conmigo. Yo sí que no entro en mariconerías. Yo no soporto a los maricones. Si esto ha pasado es porque te aprovechaste de que tenía dos tragos encima y me calentaste. Después de todo uno es hombre y un hueco es un hueco. Te advierto que de ahora en adelante no vengas a mi casa cuando te dé la gana, no quiero que la gente ande diciendo que estamos empatados. Porque todo el mundo sabe lo tuyo, ¿o tú piensas que la gente cree que tú eres un hombrecito? Yo no quería creerlo, hasta hoy. Pero me sobran pruebas de lo que realmente a ti te gusta. Te había agarrado mirándome la tranca, pero no quería creerlo. *(Pausa)*. Así que espera que yo te busque para venir. Y te advierto, si cuentas algo de lo que pasó hoy aquí a algún maricón amigo tuyo, porque ustedes andan como los patos en bandadas, le digo a todo el mundo que fuiste tú el que te me echaste encima. Y nadie va a creer lo que tú digas, porque la fama de mariconsón no soy yo el que la tiene.

Eric sale de la luz. Adrián se queda sentado en el suelo llorando. Una luz descubre a Luis idénticamente sentado en otro espacio del escenario. Apagón.

FIN DE LOS PRIMEROS EPISODIOS

EPISODIOS INEVITABLES

> Allá, allá lejos;
> donde habite el olvido.
> Luis Cernuda

La acción transcurre como en los primeros episodios. Las escenas no son consecutivas en el tiempo, sino en el caos de la memoria. Un recuerdo hace saltar hacia otro sin orden preciso. Tampoco podemos decir que las acciones son reales. Más bien son síntesis incompletas de las acciones reales, acabadas por la selectividad del recuerdo y la conciencia. Diríamos que estamos frente a la estética del recuerdo en el mismo sentido que los surrealistas hablaban de lo onírico como estética.

Episodio 15

Dos sillas. Antesala del consejo científico de la capital del país. Luis está sentado, vestido con ropas al estilo hindú, camisa y pantalón blanco. Tiene una mochila colocada a su lado. Lleva lentes gruesos y está leyendo un libro completamente absorto. Entra Adrián. Está impecablemente vestido. Lleva un elegante maletín portafolio y viene hablando por un teléfono celular.

ADRIÁN. *(Al teléfono).* Te dije que me cancelaras todas las citas, ¿no puedes entender eso? *(A Luis).* ¿No hay nadie que atienda aquí? *(Luis no se da por aludido. Adrián al teléfono).* Llámame dentro de un rato a ver qué fue lo que pasó. *(Guarda el celular y se dirige a Luis).* Buenos días. *(Luis emite un sonido como una respuesta sin levantar la vista del libro).* Amigo, ¿le cuesta mucho trabajo contestar un saludo?

LUIS. Sí. *(Adrián se sorprende tanto que le da un ataque de risa).* ¿Tengo cara de payaso? No sé por qué la gente se empeña en molestar a los demás.

ADRIÁN. Discúlpeme, no fue mi intención ofenderlo. ¿Está esperando para ser atendido en presidencia?

LUIS. No, estoy esperando el próximo autobús para el zoológico.

ADRIÁN. *(Risas).* ¿Le molesta la conversación?

LUIS. Conociéndolo en esta oficina debo asumir que usted es psiquiatra.

ADRIÁN. Sí. ¿Le molestan los psiquiatras?

LUIS. No, me aburren.

ADRIÁN. *(Riéndose).* Gracias. *(Entre risas).* Para que vea que no soy tan aburrido le voy a hacer un cuento sobre la incompetencia de la burocracia. Algo parecido a esto que nos pasa, sentados aquí en la oficina de la presidencia del Consejo Científico y que no haya nadie que atienda.

LUIS. Le agradezco, pero no me gustan los cuentos.

ADRIÁN. Usted ve, y después dice que los psiquiatras son aburridos. ¿A qué se dedica?

LUIS. Yo... *(Siguiéndole el juego).* Me dedico a repartir papeles por las diferentes oficinas de la nación.

ADRIÁN. ¿Mensajero? ¿Motorizado?

LUIS. *(Pausa, sonríe).* Se nota que es un buen psiquiatra. Efectivamente, tengo un motor.

ADRIÁN. Ahora comprendo su mal humor. El tráfico de esta ciudad puede enloquecer a cualquiera. La gente en el medio de la calle agrede a los carros.

LUIS. *(Siguiendo el juego).* Ahora que estamos en confianza, ¿le puedo hacer una pregunta?
ADRIÁN. Por supuesto, ¿qué otra cosa nos queda mientras la burocracia se decide a recibir los papeles y me pasa al despacho para la entrevista?
LUIS. ¿Usted es casado?
ADRIÁN. Felizmente casado.
LUIS. Felizmente... ¿y desde cuándo no se tiempla a su mujer?
ADRIÁN. ¿Cómo?
LUIS. Que desde cuándo no se la... *(Hace la acción).*
ADRIÁN. Pero... Oye, creo que te equivocaste. Si he sido amable contigo...
LUIS. ¿Y quién le pidió amabilidad? Así que usted tiene el derecho de interrumpir lo que estoy haciendo, solo porque está aburrido o tiene miedo de lo que le dirán allá adentro, y yo no puedo hacerle preguntas de lo que me interesa. Sí, eso es lo que me interesa. Veo a un tipo como usted, disfrazado de ejecutivo, con sonrisa de vendedor de carros y me pregunto: ¿cuánto tiempo hace que este tipo no le da una buena singada a su mujer? Eso es lo que me interesa. Usted se lo buscó, siendo psiquiatra no se dio cuenta de que entablaba conversación con un maniático sexual. Y eso no es nada, cuando se levante, como ya no estaré leyendo mi libro, por su culpa, le miraré las nalgas y apostaré mentalmente si pertenece o no al tipo de hombres que no aguanta más de dos rones para aflojarlas.
ADRIÁN. Si piensas que provocándome vas a hacerme perder el control, te equivocas. Averiguaré aquí para quién trabajas y daré las opiniones que crea oportunas a tu jefe. *(Silencio. Luis ha vuelto a sacar su libro).* ¿Me oíste?
LUIS. *(Muy molesto vuelve a cerrar el libro).* Por lo que veo, ¿tampoco se hace pajas a menudo? *(Adrián no sabe qué responder).* ¿Ni de vez en cuando?
SECRETARIA. *(Entrando, muy gentil. Hacia ellos).* ¡Doctor, qué gusto verlo! *(Adrián va a saludarla, pero la Secretaria camina hacia Luis).* Con su permiso, enseguida lo atiendo. *(Llega hasta donde está Luis sentado y le da un beso).*
LUIS. ¿Cómo estás?
SECRETARIA. Feliz de verlo, creo que hay buenas noticias para usted. *(Adrián está perplejo. La Secretaria se vuelve hacia él).* ¿En qué puedo ayudarlo?
ADRIÁN. *(Tartamudeando).* Recibí una citación para presentarme hoy...
SECRETARIA. Su nombre, por favor.
ADRIÁN. Doctor Adrián Marimón.
SECRETARIA. *(Buscando en una lista).* Ma, ma, mar... Marcos... Mari... Mari... Marimón. Aquí está. Sí, Doctor, su trabajo ha sido seleccionado entre los diez finalistas. Precisamente es uno de los que el Doctor Alfonso ha pasado tan gentilmente a buscar para su revisión final. ¿Se conocen? Permítanme presentarlos. El Doctor Luis Alfonso, miembro del jurado y ganador el año pasado, por un brillantísimo trabajo sobre la esquizofrenia. El Doctor Adrián Marimón, autor de uno de los proyectos que usted valorará. *(Adrián le extiende la mano, Luis continúa sentado. Lo mira un momento, luego le ofrece la mano. Ninguno de los dos dice nada).* Doctor Alfonso, aquí tiene los trabajos que le fueron asignados y... ¡Sorpresa! El cheque con el primer subsidio para su investigación. *(Adrián está petrificado).*
LUIS. Gracias, mi amor. *(Recoge sus cosas y trata de colocarlas en la mochila).*
SECRETARIA. *(A Adrián).* Y usted, Doctor Marimón, me firma aquí para darle la invitación oficial para la entrega de premios.

Adrián firma automáticamente. Todavía no sale de su estupor. Recoge el sobre y va a salir sin despedirse. Luis terminó de guardar sus cosas y mira atentamente la salida de Adrián.

LUIS. Doctor... *(Adrián se para en seco y gira hacia Luis).* Me gustaría oírlo hablar antes de revisar su proyecto. ¿Me acepta una invitación a almorzar y... un par de rones?
ADRIÁN. ¿Un par de rones?

Luis se echa a reír. Adrián también. Se acercan. La luz se concentra solo en ellos.

Episodio 16

De repente corren hacia proscenio como niños divertidos. Se dejan caer en el suelo. Están en una playa desierta. Ambos continúan vestidos como anteriormente y llevan sus respectivas cargas. Risas de alguna conversación empezada.

LUIS. Te hacen bien un par de rones.
ADRIÁN. Y a ti el agua mineral. ¿Nunca tomas?
LUIS. No. *(Pausita).* Tomo medicamentos.
ADRIÁN. *(Pausa).* ¿En qué hospital trabajas?
LUIS. Trabajo en un convento.
ADRIÁN. *(Se ríe).* ¿En un convento? ¿Atiendes a curas locos?
LUIS. Es un convento de monjas.
ADRIÁN. ¿Monjas locas?
LUIS. Realmente creo que el único loco del convento soy yo. No, en serio. Tengo un proyecto con la Arquidiócesis. Ellos me han facilitado una antigua quinta de huéspedes ilustres para que yo pueda hacer mi trabajo. Un grupo de monjas dedicadas a la atención de enfermos está al frente de la casa.
ADRIÁN. O sea que es un hospital completamente experimental.
LUIS. Exacto.
ADRIÁN. ¿Y tú eres el único médico?
LUIS. No, la Superiora de la casa es médico. Una mujer que se consagró tarde, cuando ya tenía una carrera. Ella es muchas cosas para mí. Y claro, es una gran ayuda, pero sus funciones principales son religiosas y administrativas. Esa es una de mis grandes preocupaciones, encontrar un médico que pueda quedar al frente si yo faltara.
ADRIÁN. ¿Eres muy religioso?
LUIS. Iba a ser cura, pero no me dejaron.
ADRIÁN. ¿Tu familia?
LUIS. No, el obispo. Creía que tenía razones para no dejarme continuar. Probablemente las tenía. Solo estuve dos años en el seminario, pero siempre continué teniendo excelentes relaciones con la Iglesia. Yo diría que morbosas.
ADRIÁN. ¿Y nunca te casaste?
LUIS. Muchas veces, pero siempre por detrás de la Iglesia.
ADRIÁN. Entonces todavía estás a tiempo.
LUIS. No, ahora mi misión es otra. Mis enfermos...
ADRIÁN. ¿Qué haces con ellos?

LUIS. Terapia de la libertad.

ADRIÁN. ¿Terapia de la libertad?

LUIS. Sí, por ejemplo, le digo a un tipo como tú que está sentado a las cinco de la tarde a la orilla del mar con un amigo, que se quite la camisa, el saco, que bote el celular y el maletín.

ADRIÁN. ¿Y qué hacen los tipos como yo?

LUIS. Los tipos inteligentes, como tú, descubren que esa ropa es una camisa de fuerza.

ADRIÁN. *(Bajo la influencia del alcohol tiene una euforia atípica en su conducta. Se levanta y comienza a quitarse la ropa, se queda en ropa interior. Luis se ríe divertido).* ¿Así? Ahora vamos a meternos en el mar.

LUIS. Vamos. *(Se levanta y se quita la ropa).*

La única diferencia entre ellos es que Luis no tiene ropa interior, está completamente desnudo. Apagón.

Episodio 17

La luz regresa, un actor vestido de bedel barre todas las cosas que ambos hombres dejaron en el suelo. Inmediatamente se escucha una salva de aplausos sobre el sonido de una multitud. Poco a poco entran todos los actores a la ceremonia de entrega del premio científico nacional. En el podio un orador. Hay una nota de decadente tercermundismo burgués en el vestuario. Mujeres que se asfixian con abrigos de piel, gordos que no pueden cerrar el botón del cuello de la camisa. De la multitud sale un murmullo. El presidente de la asociación lee su documento sin la menor intención de ser escuchado. Un acto plenamente onanista.

ORADOR. *(Grandilocuente).* … que resucitaría, como a Lázaro de su sepulcro, la investigación científica. *(En el colmo del absurdo).* Quisiera decirles un sinnúmero de palabras científicas, pero me han prevenido de que no entenderán ni siquiera la mitad. Por esto he realizado una síntesis de todas esas palabras que me hacía ilusión decirles y he logrado reducirlas hasta llevarlas exactamente a su mitad. Teniendo en cuenta que el sentido de estas palabras se complicaría si se construyen con ellas oraciones de carácter científico, he decidido decirlas solas, para que así puedan disfrutar de los distintos fonemas que las componen y darle definitivamente a este acto el revestimiento científico que se merece. Patognomónico, etiología, hipotalámico, esquizofrenizante, hebefrenia, disociación ideo-afectiva-cognitiva, ideas delirantes de grandeza, megalomanía, mitomanía, tricotilomanía, esquizo-paranoide, desmielinización, individuo bineuronal y monosináptico. Para terminar… solo me resta anunciar el trabajo ganador del premio científico anual, que este año ha recaído sobre una joven promesa. La comisión evaluadora del premio ha estado presidida por el Doctor Luis Alfonso, a quien rogamos suba al podio a anunciar el veredicto.

Luis sube con un sobre en la mano.

LUIS. *(Abriendo el sobre).* El premio de este año es otorgado al Doctor Adrián Marimón, por su trabajo «El desarrollo del proceso ideativo en la hipertrofia cognitiva de la tríada esquizofrénica».

Aplausos. Adrián sube al podio, alguien se acerca con un trofeo y un sobre. Estrechones de manos, abrazos. La luz se concentra en Adrián y Luis, los aísla. El resto de los presentes desaparece en el oscuro.

LUIS. No has ido a verme.
ADRIÁN. Mucho trabajo.
LUIS. Quería hablar contigo.
ADRIÁN. ¿De qué?
LUIS. Yo… yo… quisiera decirte… que… Como los erizos, ya sabes, los hombres un día sintieron su frío. Y quisieron compartirlo. Entonces inventaron el amor. El resultado fue, ya sabes, como en los erizos… ¿Qué queda de las alegrías y penas del amor cuando este desaparece? Nada, o peor que nada; queda el recuerdo de un olvido. Y menos mal cuando no lo punza la sombra de aquellas espinas; de aquellas espinas, ya sabes. *(Sin dejar traducir ninguna emoción).* Es una pena que investigadores tan serios como usted se ganen un premio y no sepan nada de ellos mismos.
ADRIÁN. *(Lleno de rabia, pero contenido).* Es una pena que la literatura esté perdiendo en la investigación científica un proyecto de poeta como usted. Es bonito ese poema, ¿lo escribió en mi honor?
LUIS. *(Igual).* Es una pena que algunos científicos no tengan la menor información poética y no puedan reconocer el trabajo de un poeta como Luis Cernuda.
ADRIÁN. *(Igual).* Es una pena que los amantes de la poesía sean tan agresivos.
LUIS. *(Igual).* Es una pena que los especialistas en esquizofrenia, como usted, se empeñen en mutilar su afectividad. *(Se va violentamente).*
ADRIÁN. *(Gritándole).* No se vaya, quiero hablar seriamente con usted. ¿Dónde nos podemos encontrar para hablar civilizadamente?
LUIS. *(Declamando).* Allá, allá lejos, donde habite el olvido.
ADRIÁN. ¿Donde habite el olvido?

Apagón.

Episodio 18

Las mujeres entran en un cambio de luz inmediato por diferentes lugares del escenario y se reúnen en el centro.

LA MADRE. ¡Loco! ¡Este niño está loco! ¿Qué es eso de que ahora no quiere comer carne?
ABUELA. ¡Y con lo que trabaja! Sabe Dios si el día menos pensado nos lo traen con un pasmo del cerebro.
TÍA HORTA. ¡Ay, mamá, qué antigua eres! Esas cosas ya no se dicen.
TÍA DELIA. Tú ves, eso es lo que yo no entiendo del modernismo. Ahora se ha puesto de moda que la carne hace daño. Y entonces los tigres y los leones, ¿eh? Yo quiero que me digan qué pasa con los tigres y los leones.
TÍA HORTA. Bueno, ¿y por qué tanto aspaviento? Porque yo no sé de tigres ni de leones que viven allá en el África, pero sí sé de chivos. Y los chivos son animales muy fuertes y muy vitales, corren y saltan y lo único que comen es hierba.

TÍA DELIA. Pero los chivos no piensan, ni trabajan todo el día con el cerebro.

TÍA HORTA. ¿Y los tigres y los leones sí?

LA MADRE. Bueno, no podemos hacer nada más. Después que descubrió que le hacíamos trampa en la comida, dice que no come más aquí. Me lo dijo hoy por la mañana cuando se levantó. Me dejó con el alma partida en dos pedazos. Y apenas pudimos ponerle un poco de consomé en las espinacas de anoche.

TÍA DELIA. Y la descarada de la mujer, porque hay que ver que esa tipa es fresca, tan campante como si no pasara nada. Yo me acerco a ella, destruida por supuesto como estoy, y le digo: Elena, qué te parece la nueva moda de Adriancito de no querer comer carne. Y me contesta tan fresca: ¿Y qué?

ABUELA. ¿Cómo que y qué? ¡Qué fresca!

TÍA DELIA. Me quedé de una pieza, y le eché una de esas miradas que tumban cocos…

LA MADRE. ¿Y a ti te parece que ella las nota? Esa está en lo suyo, hija.

TÍA DELIA. … Y le dije, ¿cómo que y qué? ¿A ti te da lo mismo que tu marido se muera de una anemia perniciosa?

TÍA HORTA. ¡Qué mala costumbre la de ustedes de estarse metiendo con esa muchacha! Un día van a buscar un problema entre ella y el niño.

TÍA DELIA. Sigue defendiéndola, boba. ¿Sabes qué me contestó? *(Pausita)*. Que no sabía cómo Adrián no había salido maricón, con tanta vieja diciéndole niño y mimándolo como si fuera de porcelana.

LA MADRE. Le voy a tener que cantar las cuarenta a esa descarada. Primero por decirnos viejas y segundo por hablar tan ligero con personas mayores como nosotras. *(Pausita)*. Dije mayores, no viejas.

ABUELA. Cuidado que ahí viene el niño.

Adrián sale todo vestido de blanco. Se comporta de manera diferente. Ahora se ve pausado, tranquilo, con cierto aire místico.

LA MADRE. Mi amor, ¿no vas a trabajar hoy?

ADRIÁN. No, me cogí el día libre.

TÍA HORTA. ¡Te quedó muy bien la ropa!

ABUELA. ¿Ya empezaste de nuevo a hacerle disfraces?

TÍA DELIA. Mi vida, ¿ya tú no eres católico?

ADRIÁN. ¿A qué viene esa pregunta?

ABUELA. Es que estás tan raro. No comes nada, te pasas horas encerrado en la azotea solo, nos prohíbes acercarnos. Ahora no vas a trabajar y te apareces disfrazado de Mahatma Gandhi.

LA MADRE. Yo no creo que tú te hayas metido en la santería. Un científico como tú.

ADRIÁN. Es que voy a visitar a un amigo loco y me ha pedido que vaya así.

LA MADRE. ¿Eh? ¿Pero desde cuándo se les hace caso a los locos?

TÍA HORTA. Por favor no se metan más en lo que no les importa. Si alguien sabe cómo tratar a los locos es él.

ADRIÁN. Adiós.

ABUELA. No se dice adiós, mi vida, sino hasta luego.

Adrián camina lentamente hacia el fondo del escenario.

TODAS LAS MUJERES DE LA CASA. *(A coro).* Hasta luego. Que Dios te bendiga.
TÍA HORTA. Ni un beso nos dio.
LA MADRE. Yo soy la que tengo que consultar a un brujo.
ABUELA. Algo le han echado a este niño. Ay, Caridad del Cobre, protégelo.

Salen.

Episodio 19

Adrián y Luis se encuentran en el fondo del escenario. Los dos llevan trajes blancos idénticos. Se reconocen. Se sientan. Pausa. Luis enciende incienso.

ADRIÁN. *(Desconcertado, un poco en broma...).* ¿Qué es esto, una sesión espiritista?
LUIS. No, es un rito. ¿No hay un rito para comer, otro para estudiar, bañarse, afeitarse, hacer el amor? ¿Por qué no puede haber un rito para encontrarse con un amigo?
ADRIÁN. ¿Quieres sugestionarme? Yo no soy un paciente. Vine porque tenía muchas ganas de verte y para que me hablaras de tu trabajo. Pura curiosidad científica.
LUIS. ¿Ah, sí? Pues precisamente quería hablar contigo sobre la posibilidad de que te interesaras en mi investigación. Me parece que en tu trabajo hay conceptos muy interesantes que tienen que ver con lo que estoy tratando de hacer.
ADRIÁN. ¿Tú crees?
LUIS. Yo sí. ¿Tú no?
ADRIÁN. La verdad es que no me doy cuenta de a qué conceptos te refieres.
LUIS. ¿Me tienes miedo?
ADRIÁN. ¿Miedo? ¿Por qué?
LUIS. Porque siempre que trato de hacer cosas en conjunto te evades.
ADRIÁN. Es que quieres que haga cosas que no entiendo. Cosas que no quiero hacer.
LUIS. Si no quisieras hacer cosas conmigo no vinieras. Adrián, yo lo que quiero es tenderte una mano.
ADRIÁN. ¿Tenderme una mano?
LUIS. *(Tirándolo a broma).* Sí, ya sabes, aquello de que todo el que estudia psicología o psiquiatría lo hace buscando respuestas.
ADRIÁN. ¿Ah, sí?
LUIS. Sí. Pero ya veo que lo que tú encontraste fue una máscara, un escondite para encubrir los problemas.
ADRIÁN. ¿Y qué encontraste tú?
LUIS. Bueno, me hicieron un diagnóstico de esquizofrenia muy temprano en mi vida. Así que encontré una perspectiva para ver cómo progresa eso en mi interior. Esto se pone bueno, sigamos como en Alcohólicos Anónimos, el primer paso es reconocerse. Yo ya cumplí. Ahora te toca a ti.
ADRIÁN. Estás loco.
LUIS. Sí. ¿Te lo dije, no?
ADRIÁN. ¿Le ofreces tratamiento a todos los tipos que se acuestan contigo?
LUIS. No, solo a los que necesitan un par de rones para hacerlo.
ADRIÁN. ¡Qué simpático!
LUIS. ¿Eres feliz?

ADRIÁN. ¿Quién es feliz, Luis?

LUIS. Yo. Estoy feliz porque te tengo sentado aquí frente a mí.

ADRIÁN. Me tomé dos rones y perdí la cabeza, un acto animal sin mayores consecuencias. Después... me ha interesado tu trabajo, tu manera de ver la vida, tu experiencia como científico...

LUIS. Y entonces, ¿no te interesaría trabajar conmigo?

ADRIÁN. La cosa no es tan fácil. Tengo responsabilidades económicas, una mujer, una hipoteca que pagar, una consulta que atender. No puedo dejarlo todo porque los instintos más atávicos se aprovecharon de un par de rones y salieron a bañarse en el mar.

LUIS. Ahí tenemos un ejemplo de cómo ven la cordura y la locura un mismo asunto en la vida. Los dos pensamos que pasamos un buen rato aquel día. Tú piensas que fue un simple acto animal, pero me buscas, me llamas, te vistes como yo. Aceptas mi filosofía de vida desde lejos, pero eres incapaz de aceptar una cosa tan normal como tu propia sexualidad. Tú no quieres trabajar conmigo porque tendrías que verme todo el tiempo.

ADRIÁN. A mí me parece perfectamente lógico que haya un control entre instintos y conducta. O a estas alturas voy a tener que explicarte la personalidad según Freud.

LUIS. Y además de no revolcarte conmigo, ¿a qué otro impulso instintivo has renunciado por ese famoso control freudiano?

ADRIÁN. *(Turbado)*. Cambiemos de tema, por favor. Hablemos de cosas serias. Me interesa mucho saber lo que piensas de la evolución afectiva del esquizofrénico.

LUIS. ¿Te das cuenta de lo que acabas de decir? Me estás mandando un mensaje de que te interesa el trabajo. *(Lo mira)*. Tú ves, me miras de una forma que me obliga a hacer cosas que no quiero, al final es lo mismo. Tú llegas y yo he pensado toda la noche mandarte al carajo. Entonces me miras así y me pierdo. Creo que tienes razón. Es mejor no trabajar juntos. Te voy a pedir un favor. Prometo que no te volveré a tocar el tema de lo personal, pero ahora, por última vez, ¿podrías repetir esos versos que te aprendiste del libro que te regalé?

ADRIÁN. *(Turbado, emocionado)*. Si el hombre pudiera decir lo que ama,/ Si como muros que se derrumban,/ Para saludar la verdad erguida en medio,/ Pudiera derrumbar su cuerpo, dejando solo la verdad de su amor,/ La verdad de sí mismo,/ Que no se llama gloria, fortuna o ambición,/ Sino amor o deseo,/ Yo sería, al fin, aquel que imaginaba;/ Aquel que proclama ante los hombres la verdad ignorada,/ La verdad de su amor verdadero./ Libertad no conozco sino la libertad de estar preso en alguien/ Cuyo nombre no puedo oír sin escalofrío;/ Alguien por quien me olvido de esta existencia mezquina,/ Por quien el día y la noche son para mí lo que quiera,/ Y mi cuerpo y espíritu flotan en su cuerpo y espíritu/ Como leños perdidos que el mar anega o levanta/ Libremente, con la libertad del amor,/ La única libertad que me exalta,/ La única libertad por que muero./ Tú justificas mi existencia;/ Si no te conozco, no he vivido;/ Si muero sin conocerte, no muero, porque no he vivido.

La luz comienza a disminuir hasta que solo queda la luz de las velas. Al final los dos están dentro de un altar votivo. De repente Adrián abraza fuertemente a Luis y ambos comienzan a apagar las velas que los rodean hasta el oscuro total.

EPISODIO 20

Luz en proscenio. Desde un lateral alguien lanza la ropa de Adrián y una maleta. Entra La Esposa, muy descompuesta. Trae en las manos más ropa que sigue tirando al suelo. Grita hacia el lateral por donde salió.

LA ESPOSA. Y óyeme lo que te voy a decir, estoy hasta el último pelo de tus investigaciones. Me importan un carajo las esquizofrenias. Yo lo que quiero es un marido. ¿Me entiendes? Déjame ponértelo más fácil. Un-ma-ri-do. No alguien que pague los gastos del mes, porque, gracias a Dios, nunca me hizo falta. Quiero alguien con quien divertirme en una fiesta.

Entra Adrián por el mismo lateral que entró La Esposa. Adrián trae otro bulto de ropa en las manos. Se agacha junto a la maleta y comienza a empacar. Mientras, el fondo del escenario se enciende. La Superiora y Sor Engracia entran a poner orden en el cuarto de Luis. Inmediatamente después de ellas entran unos empleados del sanatorio con dos camas y otra mesa. Las monjas van poniendo orden hasta dejar montada una habitación con dos camas, dos mesas de trabajo, dos sillas y dos lámparas. El texto de La Esposa se escucha mientras transcurre la escena de preparación de la habitación.

LA ESPOSA. ¿Tú te crees que yo no tengo ganas de ir a una fiesta? ¿Qué tiempo hace que tú y yo no compartimos un domingo como marido y mujer, desde la cama hasta la cena? ¿Te das cuenta de que hace once meses prácticamente no sabes qué es lo que pasa en mi vida? ¿Ese loco te embrujó? ¿Qué es lo que quieren, convertirse en Pierre y Marie Curie? ¿Te parece que la vida no es nada más que trabajo? Yo no quiero eso, no lo aguanto más.

Adrián ha terminado de empacar, las monjas también han acabado su faena y salen, queda el foro iluminado, pero vacío.

ADRIÁN. Tú tienes razón, lo mejor es divorciarnos. *(Agarra la maleta).*
LA ESPOSA. ¿Cómo?
ADRIÁN. *(Sale por el lateral opuesto al que entró).* Mañana hablo con mi abogado. *(Inmediatamente entra en la habitación del foro y comienza a desempacar).*
LA ESPOSA. *(Hacia el lateral por donde salió Adrián).* ¡Tú no me puedes hacer esto! ¡A mí ningún hombre me deja! ¡Me las vas a pagar! ¡Prepárate con mi padre! *(Desde el interior de la casa salen corriendo Delia y Tía Horta).*
TÍA HORTA. ¿Qué pasó?
LA MADRE. ¡La dejó como una papa caliente!
TÍA DELIA. Me alegro.
TÍA HORTA. ¡Ay, chica, no hables así!
TÍA DELIA. ¡Me alegro, me alegro y me re-que-te-a-le-gro!
LA MADRE. Y yo también. Es que no dejaba vivir al pobre muchacho.
TÍA HORTA. Acuérdense que entre marido y mujer…
TÍA DELIA. Se mete el que le da la gana, como yo. Parece mentira, pero esa niña, que parecía tan decente, no hacía más que pensar en… en eso.
LA MADRE. ¿Será ninfómana?
TÍA DELIA. ¿Y eso qué es? *(Tía Horta se acerca y le dice algo al oído).* ¿Te das cuenta cómo han cambiado los tiempos? A eso en mi época se le decía puta.

Episodio 21

La luz se concentra en la habitación donde Adrián ha terminado de desempacar. Entra la Superiora.

SUPERIORA. Bienvenido a casa.
ADRIÁN. Gracias, doctora.
SUPERIORA. Sor Constanza, servidora de Dios y de usted, doctor.
ADRIÁN. ¿Y Luis?
SUPERIORA. Me ha permitido que tenga con usted algunas palabras, a propósito de su integración al equipo. ¿Me permite sentarme?
ADRIÁN. Por favor.
SUPERIORA. No sé si el Doctor Alfonso ya le habrá explicado cómo estamos trabajando. La verdad es que sentimos que el trabajo funciona. Especialmente con los enfermos muy agitados. La terapia de la libertad, como la ha llamado el doctor en sus trabajos, ha permitido una remisión de los síntomas más molestos de la enfermedad.
ADRIÁN. La terapia de la libertad. Sí, algo hemos hablado sobre esa terapia.
SUPERIORA. Me imagino que él le explicará en detalles. Pero en términos generales podría decirle que consideramos la esquizofrenia, no como un proceso de fragmentación interior de la mente, sino como un defecto en la comunicación de esa mente con el mundo exterior. Si el paciente no puede comunicarse entonces tendríamos que considerar el vivir hacia adentro como la única forma posible de vida psíquica, para ellos.
ADRIÁN. En otras palabras, si no existieran el teléfono, el telégrafo o el radio tendríamos que vivir sin comunicarnos con... París, por ejemplo, en vez de tratar de descubrir la telefonía, ¿es eso lo que me quiere decir?
SUPERIORA. La diferencia entre un esquizofrénico y nosotros radicaría en que, al no tener ese teléfono, o mucho mejor, ese sistema de procesos que permitiría introducir el teléfono como medio de comunicación, nosotros insistimos en que ellos se comuniquen desde aquí con París... con señales de humo.
ADRIÁN. La clave está, entonces, en considerarlos diferentes.
SUPERIORA. Eso es lo que estamos haciendo. Consideramos a los internos no como enfermos exactamente, sino como una población diferente. En vez de presionarlos a que actúen como nosotros, estimulamos lo que otras terapias quieren eliminar. Por ejemplo el autismo como síntoma. No estimulamos la tendencia de vivir hacia adentro, pero la entendemos como una forma diferente de vivir. Si el paciente logra comunicarse con él mismo, si logra entender, no a la población de donde procede, o sea a nosotros, sino a su propio grupo, a su propio mundo, en fin a sí mismo, entonces aunque estos individuos no sean nunca como usted y yo, tendrán su propia vida, una vida diferente, y podrán establecer, como de hecho lo están haciendo, comunicación efectiva con otros individuos de su comunidad. Es un lenguaje que nosotros no entendemos y al que a lo mejor tendríamos que dedicarle más atención.
ADRIÁN. ¿No le parece peligroso tratar de construir un mundo de locos? ¿No estaríamos en camino de crear otra minoría, cierto tipo de segregación?
SUPERIORA. Ese mundo ya existe. La única diferencia sería que al concedérseles categoría de posible, de personas diferentes, entonces habría que ver cómo nuestra sociedad haría la valoración ética del grupo. De plano pasarían al llamado mundo de las minorías, como los negros en las sociedades blancas o los hispanos en las sociedades anglo, o los homosexuales en la mayoría de las sociedades, los invidentes, los parapléjicos, en fin... Habría que esperar qué etiqueta les pondríamos.
ADRIÁN. ¿Y los enfermos están medicamentados?

SUPERIORA. Solo cuando entran. En la medida en que se les facilita la comunicación con su mundo interior, disminuyen las drogas que interfieren en su proceso de pensamiento, obligándolos a pensar como nosotros.

ADRIÁN. ¿Y cuáles son los resultados?

SUPERIORA. El primero y más grande es que hemos logrado eliminar los diferentes tipos de esquizofrenias. Aquellos síndromes que las caracterizan desaparecen. Lo que demuestra que estos no son más que mecanismos de defensa contra las agresiones que nuestra actitud hacia ellos provoca.

ADRIÁN. Eso las equipararía a las esquizofrenias infantiles, hablaríamos de autistas y no esquizofrénicos.

SUPERIORA. Exactamente. *(Pausa)*. Quiero decirle algo bajo estricta confidencialidad profesional.

ADRIÁN. Puede contar conmigo.

SUPERIORA. Durante muchos años la gran preocupación del Doctor Alfonso fue encontrar a alguien en quien pudiera delegar la continuidad del trabajo. Le hablo de esto porque el Doctor Alfonso me ha contado que tiene una comunicación abierta con usted y sé lo importante que resulta su presencia aquí y en su vida afectiva y profesional. Luis ha sido mi paciente durante los últimos seis años y ahora usted no solo será ese esperado relevo sino que tiene un lugar privilegiado para observar conducta y tratamiento. Le pido que me mantenga informada de sus impresiones y que cualquier sugerencia me la haga llegar. *(Entra Sor Engracia)*. Todo listo. La hermana lo acompañará para que conozca las instalaciones. Ya hablaremos.

Sor Engracia y Adrián desaparecen por un lateral. La Superiora mira a su alrededor y después sale.

Episodio 22

Hay un cambio de luz sobre el mismo espacio, una luz mortecina baña la habitación. Luis entra con un montón de papeles. Adrián lo sigue cargado también. Ambos personajes están despeinados y con la ropa desarreglada. Se nota que llevan horas de trabajo y discusión.

LUIS. *(Exaltado)*. ¡Prácticamente me estás acusando de conducir a mis pacientes a la muerte!

ADRIÁN. No te estoy acusando. Estoy afirmando que el estado involutivo que se produce como consecuencia de la regresión y el autismo profundo conduce certeramente a la muerte. *(Agarra un legajo)*. Aquí están las estadísticas.

LUIS. Yo estoy hablando de calidad de vida. No de sobrevivencia.

ADRIÁN. A nadie le va a interesar una hipótesis cuyo resultado es la muerte.

LUIS. Claro, una sociedad esquizofrenizante no quiere tener sentimientos de culpa. Prefiere prolongar una vida llena de horrores que aceptar la muerte como algo natural...

ADRIÁN. No nos estamos entendiendo.

LUIS. Tú sabes cómo es la vida en los manicomios, incluso en aquellos que tienen recursos. ¿Y cómo es la vida de aquellos que viven en las calles y que son el escarnio de la sociedad? ¿De qué muerte estamos hablando?

ADRIÁN. Estamos hablando de una cultura que sustituye los polos vida-muerte por bueno-malo.

LUIS. Pero, ¿por qué vamos a aceptar lo que ellos digan? ¿Por qué no podemos imponer un criterio nuevo mostrando las ventajas que tiene una vida corta, pero digna?

ADRIÁN. Porque habría que preguntarse si no estamos haciendo algo mejor por ellos. Tendríamos que buscar una manera de devolverlos a la normalidad.

LUIS. ¿De qué normalidad me estás hablando? ¿De una comparación matemática con la mayoría? ¿De unos valores agrupados bajo una curva normal?

ADRIÁN. Si tú que eres el genio aquí, no has inventado otra manera de hacer mediciones científicas, entonces no veo cómo.

LUIS. *(Hiriente, muy agresivo)*. ¿Tú sabes lo que pasa?, que los esquizofrénicos no tienen la oportunidad de esconder su anormalidad como cierto tipo de maricones, por eso no es conveniente para ellos ser medidos con la misma vara.

ADRIÁN. ¿Qué tú quieres decir?

LUIS. No quiero, estoy diciendo que un hombre como tú, que ha tenido que esconder su homosexualidad toda la vida, no debería patentar ese patrón de comparación. Sino por el contrario debería luchar por que la mayoría acepte que hay grupos diferentes no comparables.

ADRIÁN. Tú no eres loco, tú eres un hijo de la gran puta y solo buscas ofender cuando la gente no piensa como tú. Por lo que veo ya te has dado cuenta de que no soy tu ideal platónico para este trabajo. Si me vuelves a agredir te vas a arrepentir.

LUIS. ¿Qué es lo que te agrede? ¿Que te diga maricón? ¿Sí? Pues óyeme bien. ¡Maricón! ¡Maricón! ¡Maricón! *(Adrián se abalanza sobre Luis y lo golpea. Luis se ríe a carcajadas y repite la palabra maricón. Adrián está cegado y le pega fuertemente. Luis, repuesto de la risa, usa toda su fuerza y somete a Adrián, está sobre él a horcajadas, aguantándole ambos brazos sobre el piso. Acerca su rostro al de Adrián).* ¡Maricón! *(Lo besa. Adrián le corresponde, pero de repente lo muerde violentamente).* ¡Ayyyyyy! *(Soltando a Adrián).* Estás aprendiendo de los pacientes, cuando quieres besar muerdes, eso se llama ambivalencia afectiva. ¡Maricón!

ADRIÁN. ¡Maricón, tú!

LUIS. *(Riéndose inadecuadamente, muy burlón)*. ¡Bueno, maricones los dos! ¿Y qué?

Adrián se queda mirando perplejo, pero poco a poco la risa de Luis lo va contagiando y termina riéndose. Ambos se abrazan y precipitadamente comienzan a quitarse las ropas. La luz se va en fade.

EPISODIO 23

Luis y Adrián entran al mismo espacio. Otro momento. Ahora llevan batas blancas largas. Luis va hasta su escritorio y le entrega una carpeta llena de papeles a Adrián. Este la toma como si tuviera en sus manos una prenda querida. Se sienta en su escritorio y comienza a hojearla. Luis, parado por detrás, sigue la lectura. Lo acaricia mientras lee.

ADRIÁN. *(Gira hacia Luis que se sienta en el borde de la cama)*. Todo me parece fantástico. Solo estoy en desacuerdo con una cosa.

LUIS. ¿Con cuál?

ADRIÁN. Que tú seas el conejillo de Indias. Hay tantos enfermos que podrían ocupar ese lugar.

LUIS. ¿No te parece una hipocresía olímpica?

ADRIÁN. No, porque tú haces falta. Tú eres el comandante de esta guerra.

LUIS. Pero soy un comandante herido. ¿Hasta cuándo podré seguir con los medicamentos sin convertirme en un escarnio público? ¿Hasta cuándo voy a ser la negación de todos los planteamientos teóricos de mis trabajos?

ADRIÁN. Atiéndeme. Estamos en el comienzo de un túnel, sabemos que encontramos una entrada, no sabemos qué hay en la salida. Hagamos esta experiencia primero con otra persona que esté en un estado de deterioro sin marcha atrás. Preservemos al comandante.

LUIS. No quiero renunciar a mi destino. Así como tú has aceptado el tuyo plenamente, dejando a tu mujer y viniendo a vivir conmigo, yo quiero entregarme al mío. No tengo miedo. Ahora estoy aquí amarrado por esos medicamentos, sin poder ser quien soy realmente. Ahora soy como ustedes quieren que yo sea, cuando suelte las amarras entonces seré yo, perteneceré a esa especie, a mi especie. ¿Te das cuenta? Déjame sentir al que realmente soy. *(Adrián está llorando, Luis le limpia las lágrimas y lo besa)*. Ahora el comandante eres tú. *(Se levanta, sale brevemente y luego regresa acompañado de la Superiora que trae una bandeja con diferentes utensilios)*.

SUPERIORA. *(A Adrián)*. ¡Que Dios nos acompañe!

ADRIÁN. ¿Usted está de acuerdo?

SUPERIORA. Luis hizo un gran esfuerzo por llegar hasta aquí. Sufrió mucho y se sometió a todas las pruebas posibles por este trabajo. Su único afán es encontrar un camino de dignidad para los suyos. Exorcizar para siempre la imagen del orate, irrespetado, sucio, considerado una carga social que nadie quiere asumir. Quiere dejar de ser la vergüenza de la familia, el hastío de los médicos, el asco de los enfermeros, el lucro de los sanatorios, la piedad de los religiosos. Está llegando a un proceso de tolerancia medicamentosa y el control es cada vez menos eficiente. Él ha encontrado un camino, yo no lo estimulo a que lo transite porque es un camino peligroso, pero no me puedo oponer y no quiero ni siquiera preguntar qué piensa la Iglesia. Creo que desde el punto de vista moral es correcto, porque en definitiva su propuesta no es más que aceptar el desarrollo natural de los acontecimientos.

ADRIÁN. ¿Puede ser para un médico la muerte el desarrollo natural de los acontecimientos?

SUPERIORA. Para cualquiera lo es.

LUIS. Pero, por qué tienes que hablar de muerte. Realmente no sabemos a dónde vamos a llegar.

ADRIÁN. Pero no lo hemos excluido.

LUIS. De todas formas la muerte me tienta, me atrae poderosamente, porque en definitiva podría ser el principio de una segunda etapa.

ADRIÁN. Eres un egoísta, no piensas en los que te queremos y te necesitamos.

LUIS. No. Porque sé que cada uno de ustedes tendrá que seguir su camino el día que yo rompa. Así también con la muerte.

SUPERIORA. *(A Adrián)*. Usted queda al frente del trabajo, yo seré su copiloto y que Dios me auxilie. Hoy mismo suspenderemos los medicamentos. Empezaremos con los antidelirantes y solo después los anticonvulsivos.

ADRIÁN. ¿Stelazine y Dilantín?

SUPERIORA. Exacto. Lo mantendremos sedado e hidratado para que pueda pasar del control en que se encuentra ahora a la liberación total. Solo después lo induciremos a la entrada del túnel. Te voy a poner el suero.

ADRIÁN. No, todavía no. Permítame una última conversación. Yo me encargo de todo.

SUPERIORA. Estaré en la capilla. Si me necesita, mándeme a buscar con la hermana que está de guardia.

Sale. Adrián la acompaña y regresa enseguida. Se queda detenido en la entrada.

ADRIÁN. Acepto.

La Superiora entra al centro de la escena, se arrodilla y comienza a leer un libro de oraciones. Atrás Adrián y Luis en laterales opuestos avanzan y después se acercan hasta encontrarse en el centro de la habitación. Luis le toma la cabeza a Adrián, comienza a despedirse. Cantos gregorianos. Se oye el rezo de la Superiora.

LUIS. Adiós.
ADRIÁN. Adiós, no. Hasta luego.

La zona de Adrián y Luis se apaga.

Episodio 24

La Superiora cierra el devocionario, se santigua, se para. Entra Sor Engracia.

SUPERIORA. ¿Y bien?
SOR ENGRACIA. ¿Quiere un café?
SUPERIORA. No quiero, gracias. ¿Me tienes alguna noticia? ¿Me ha mandado a llamar?
SOR ENGRACIA. Ha llegado el día. Le ha suspendido el sedante que le tocaba y le ha quitado el suero. Está esperando que se despierte.
SUPERIORA. Solo iré si me llama. Recuérdele que cuando se despierte debe alimentarlo.
SOR ENGRACIA. Está todo listo.
SUPERIORA. Y usted no se aleje. Podría necesitarnos.
SOR ENGRACIA. No se preocupe, ya sabe que la casa entera está pendiente.
SUPERIORA. Y mucha oración. Estaré en mi cuarto. Que Dios la bendiga.
SOR ENGRACIA. Amén. *(Salen).*

Episodio 25

Se escucha «La resurrección» de Mahler. La luz regresa. Las acciones narradas a continuación representan distintos momentos en el transcurso del tiempo. La luz, fundamentalmente, y la entrada de unas monjas que barren el escenario, marcan el paso del tiempo durante el año que dura el experimento. De manera que los espectadores no percibirán dichas acciones como consecutivas. Luis se balancea sentado en el centro de la habitación. Tiene puesta una bata de hospital y un calzoncillo. Adrián sentado en el escritorio lo observa y escribe. Una monja comienza a barrer un montón de papeles estrujados desde el lateral hasta el centro. Luis se mueve hacia Adrián y le tiende una mano. Adrián deja lo que está haciendo y corre a su lado. Luis le toma la cara y se acerca como para darle un beso, pero repentinamente lo muerde en la mejilla. Adrián grita. Otra monja se incorpora a barrer más papeles. Adrián regresa al escritorio. Luis se quita la bata de hospital, llora amargamente y de súbito se ríe. Otra monja trae con su escoba más papeles. Sor Engracia entra en la habitación con una bandeja. Adrián le hace señas de que no hable ni haga ruido. Sor Engracia le pone la comida delante a Luis que la mira extrañado. Observa a su alrededor y lenta-

mente regresa a la bandeja, la huele, mete sus manos en ella y las limpia en su ropa. Acerca su cara al plato y prueba la comida con la lengua. Hay una pausa en la que degusta. Acto seguido tira la bandeja al suelo y musita. Se quita la ropa interior. Cuatro monjas entran en la habitación y empiezan a llevarse todo lo que hay en ella. Solo queda el escritorio de Adrián. Y el sillón balancín donde Luis se mece desnudo. Las cuatro monjas después de sacar las cosas inundan la habitación con papeles estrujados que vienen barriendo desde el foro. Luis se levanta, trata de dar unos pasos, pero su equilibrio es precario, recuerda al de un niño que empieza a dar sus primeros pasos, cae al piso y Adrián corre en su auxilio. Otra monja entra a llevarse la silla. Regresa barriendo papeles. Adrián está en el piso, tiene entre sus brazos a Luis. Dos monjas entran a sacar el escritorio de Adrián. Solo dejan el legajo de las anotaciones en el suelo cubierto de papeles estrujados. Las monjas regresan y se unen al grupo con su carga de papeles estrujados. La cabeza de Luis cuelga, sus músculos no la sostienen. Adrián la levanta cuidadosamente y Luis sonríe, sonríe feliz. Adrián cree entender, lo abraza fuertemente hasta que lo siente exánime, lo deja en el suelo. Se aparta hasta donde está el legajo de la investigación. Las monjas comienzan a barrer coreográficamente los papeles hacia el centro y hacia proscenio con el fin de agruparlos todos allí. El cuerpo de Luis rueda entre ellos, ha quedado sepultado entre papeles. Las monjas sacan sábanas que sacuden. Una sábana cada dos monjas formando una breve cortina hacia el lateral que permita la salida de Luis sin ser visto por el público. Inmediatamente las doblan en parejas todas a la vez. El cuerpo de Luis ha desaparecido. Las monjas salen barriendo los papeles divididas en dos grupos. Uno hacia el lateral derecho y otro al izquierdo. Adrián está arriba, durante todo el tiempo ha estado revisando el legajo y contemplando la desaparición de Luis. Todos los actores entran a escena.

ADRIÁN. (*Caminando lentamente a proscenio entre los personajes inmóviles. Reconociendo la soledad del espacio que está lleno de fantasmas. Ahogado por el llanto*). Donde habite el olvido,/ En los vastos jardines sin aurora;/ Donde yo solo sea/ Memoria de una piedra sepultada entre ortigas/ Sobre la cual el viento escapa a sus insomnios./ Donde mi nombre deje/ Al cuerpo que designa en brazos de los siglos,/ Donde el deseo no exista./ En esa gran región donde el amor, ángel terrible,/ No esconda como acero/ En mi pecho su ala,/ Sonriendo lleno de gracia aérea mientras crece el tormento./ Allá donde termine este afán que exige un dueño a imagen suya,/ Sometiendo a otra vida su vida,/ Sin más horizonte que otros ojos frente a frente./ Donde penas y dichas no sean más que nombres,/ Cielo y tierra nativos en torno de un recuerdo;/ Donde al fin quede libre sin saberlo yo mismo,/ Disuelto en la niebla,/ Ausencia, ausencia leve como carne de niño./ Allá, allá lejos;/ Donde habite el olvido.

La luz cambia sobre él en la soledad del escenario. La Madre y Adrián niño comienzan de nuevo la escena primera. Inmediatamente el resto de los actores repite a la vez alguna escena anterior. Apagón.

Rogelio Orizondo

VACAS

Premio David 2007

Rogelio Orizondo Gómez (Santa Clara, 1983). Licenciado en Dramaturgia por el Instituto Superior de Arte (ISA) en 2009. Con su obra *Vacas* obtuvo el Premio David en 2007, y con *Ayer dejé de matarme gracias a ti Heiner Müller* el Virgilio Piñera en 2010 y de la Crítica Literaria al año siguiente. Textos suyos se han estrenado en Cuba y en las ciudades alemanas de Jena y Konstanz. Su obra *Antigonón, un contingente épico*, dirigida por Carlos Díaz, fue un suceso cultural en La Habana y ha participado en varios festivales internacionales como el Wiener Festwochen y el de Buenos Aires en el 2015. Otras obras de su autoría son *La hijastra, Este maletín no es mi maletín* y *Yellow Dream Road*.

Si está interesado en solicitar la autorización para el montaje de esta obra, puede escribir directamente a: **rorizondo@gmail.com**

Personajes

Liuba
Eva
Betina

A Nara Mansur

1

Betina se cura una herida en la boca.

BETINA. Betina llega a la puerta del cabaret y se para frente al portero. Un cigarrito, dice, uno solo. Betina es una negra hermosa y el portero no la mira. Será por mi vestido viejo, piensa. Y en una noche desolada como esta, Betina solo puede levantarse el vestido, enseñarle su crica al portero y soltar un chorro de orine exactamente a sus pies. Y el portero no la mira. La empuja tan fuerte que Betina siente que uno de sus dientes se le escapa. Y ve sangre, mucha sangre, iluminada por la luz de la luna.

2

Liuba, Eva y un casete de video.

LIUBA. No dices nada, es la misma con la que huyó mi madre de Rusia, la misma con la que vine de casa de mi madre, le di cepillo y se destiñó, quería que tuviera mi olor, no el suyo, por eso empecé a llenarla con vestidos, cada tres meses he comprado uno y lo he guardado, todos ahí, sin usar, esperando conocer la madre patria, esperando cubrir mi cuerpo en el lugar donde saldré adelante.
EVA. Dónde está.
LIUBA. Segura, tan bien guardada de ti que la humedad alcanzó los vestidos, ayer compré uno nuevo y cuando fui a echarlo, descubrí que el último, el negro, tenía manchas blancas, ahora tendré que lavarlos todos, si ese, que fue el último, ya tiene manchas, el resto también debe tener.
EVA. Dónde está.
LIUBA. No te diré dónde, la verás una sola vez, un solo momento que será definitivo, aquí, en mis manos.

Eva se ríe.

LIUBA. Pensé que lo sabías, la mitad de mi sueldo durante dos años, qué pensabas, un viaje, un cuchillo especial, un auto, es verdad que en esta casa el dinero no es tan importante, la carne la traes del matadero, comemos carne en cazuela, carne asada, bistec picot, bistec frito, picadillo, con eso nos llenamos la barriga, los otros gastos son mínimos, ahora que lo pienso en qué demonios gastas tu dinero, porque no te compras nada nuevo hace años, sigues con tus tres *jeans* y tus camisetitas cortas, me gusta la de Marlon, con esa te conocí, Marlon, ay, en qué película, recuerdo que fuimos a verla al cine, como era vieja no había nadie, tú te agachaste y me abriste las piernas, no me acuerdo qué película era, al final él acababa gritando, y yo empecé a decirte Marlon porque tú también acabaste gritando, por qué terminé hablando de esto.

EVA. Hoy. Te dice algo esa palabra.

LIUBA. Hoy, fue un día terrible, tuve que limpiar la sala de oncología, esas mujeres calvas, con los huesos de la cara pegados a la piel, maldita sala de oncología, cuatro habitaciones llenas de mujeres enfermas que te miran fijamente como si tú fueras la culpable de que la muerte se les caiga encima, y yo pasando la bayeta como quiera, mirando las losas mojadas por tal de no sentir la muerte así tan de cerca y me da un dolor aquí, aquí, y me caigo, maldita sangre, me había desmayado por la sangre de una mujer calva a la que se le había salido el suero, es curioso lo ligada que está una mujer como yo a la palabra sangre.

EVA. Y hoy. Te dice algo hoy.

LIUBA. Hoy, estás extraña hoy, por lo que te dije, siempre lo advertí, regresaría.

EVA. Frío. Frío.

LIUBA. Hoy, casi nunca digo hoy, no sé por qué utilizo mañana, mañana acabaré más rápido de limpiar, mañana sabré en qué parará la telenovela, mañana me compraré un vestido nuevo, mañana llamaré a mi madre, mañana me iré, por fin mañana me iré, y todos los días así, como si la palabra mañana y el día de mañana fueran la misma jodida cosa.

EVA. Tampoco.

LIUBA. Hoy, eso, quieres que te enseñe la maleta, quieres hoy, que te lo he dicho, destrozar la maleta.

EVA. Ya sé dónde la escondes.

LIUBA. Por eso te reíste, eres zorra, zorrísima.

EVA. Piensa.

LIUBA. Hoy.

EVA. Mira y piensa.

Liuba mira. Agarra el casete.

LIUBA. No lo había visto, tan cansada, tan cansada de limpiar todo el maldito día, que llego aquí y me siento y no miro nada, a qué se debe, es la de Marlon.

EVA. No.

LIUBA. Déjame ver, cochina, una porno.

Eva ríe.

LIUBA. *La vulva africana*, de mujeres nada más, por supuesto, y negras, negras africanas haciendo tortilla, debe estar divina, por qué hoy.

EVA. Piensa.

LIUBA. Hoy, coño.

EVA. Dos años.
LIUBA. Perdóname, no compré nada, qué te regalo yo ahora.
EVA. Ya me regalaste.
LIUBA. Qué.
EVA. La sorpresa.
LIUBA. Qué.
EVA. Tu maleta.
LIUBA. No.
EVA. Los vestidos que te pondrás sin mí.
LIUBA. No.
EVA. Venga, dame un beso.

Liuba la besa, pero se aparta con asco.

LIUBA. Hueles a sangre.

3

Eva ve fotos de su hermana.

EVA. Soy la administradora del matadero de vacas. El único lugar que realmente conozco en la vida es ese matadero de vacas. Es un local más bien pequeño con una sala principal de descuartizamiento, donde al final hay una escalera que da a mi oficina. Puedo ver a cada trabajadora con sus delantales rojos decapitando a las vacas y colgando sus cabezas en los ganchos de la pared. Hileras de cabezas de vacas, con los ojos abiertos y las lenguas afuera, mirando directamente a mi oficina.
Hoy en el matadero ocurrió un acontecimiento completamente inusual: un asalto. Veinte mujeres encapuchadas irrumpieron en el pacífico local con enormes machetes en las manos. Vinieron en motos. Todos creían que era una caravana de las organizaciones feministas. Y gritaban los estúpidos lemas de los derechos de la mujer. Pero no, eran mujeres hambrientas. Entraron en la sala de descuartizamiento y cuando iba a llamar a la policía una de ellas llegó hasta mi oficina y me puso un machete en el cuello. Llenaron sacos y sacos de trozos de vacas y se montaron en sus motos y se fueron por todo el camino chorreando sangre. Antes de irse, la mujer que me amenazaba, se quitó la capucha y me dio una mordida en la cara.
Ahora, no lo puedo creer. Todas mis sospechas eran ciertas. Esa mujer que me mordió la cara tenía el mismo rostro de mi hermana. Idéntico a como está aquí, a punto de cumplir los dieciséis y quedar embarazada.
Mi hermana, que hace exactamente dos años y dos meses que murió. Y a la que me dediqué a cuidar casi toda mi vida.

4

Liuba lleva a Betina para la casa de Eva.

LIUBA. Por eso pensé que debí traerla, a fin de cuentas hay espacio de sobra, dime, hice mal, hice mal, estaba sola en la calle con ese vestido viejo cantando frente a un cabaret, me quedé mirándola un rato, tan cansada, tan cansada vengo del maldito hospital que oír esa canción fue un escape al olor de la sala de oncología, entonces el portero del cabaret salió con una escoba y empezó a darle escobazos a la pobre, fui para allá a decirle sus verdades en la cara, el portero me gritó, que no me metiera, que yo no sabía lo que decía, y ella aprovechó y, sabes lo que hizo, adivina, se orinó en la misma puerta del cabaret, las dos salimos corriendo y empezamos a reírnos, entonces me dijo que no tenía familia y yo pensé, por qué no llevarla para la casa.

BETINA. Un cigarrito. Uno. No tienen uno por ahí.

EVA. En esta casa no se fuma.

LIUBA. Yo se lo dije, verdad que te lo dije, Betina, ah, se llama Betina.

BETINA. Betina.

LIUBA. Yo soy Liuba y ella es Eva, aunque a ella le gusta que le digan Marlon, sabes, por aquella película, ay, dile, Eva, cómo se llama la película.

EVA. No sé.

LIUBA. Es la mala hora, a esta hora siempre está de mal humor, trabaja en un matadero de vacas, y cuando viene a la casa, sigue pensando en el número de vacas y ahora que hubo un asalto, no piensa en otra cosa que en vacas, anoche estaba hablando dormida y decía ochocientas y pico para la exportación, no sé cuántas para las escuelas, dile, Eva, dile.

BETINA. Carne de vacas.

LIUBA. Por qué, no te gusta.

BETINA. Hace tantos años que no como carne de vacas.

LIUBA. Ya te aburrirás, de todo se aburre uno en la vida, Betina, no hay nada que no llegue al estado en que definitivamente deba ser reemplazado, no crees, fíjate, yo misma siempre veo la novela del canal seis, cada noche aunque llueva y relampaguee estoy sentada en el sofá viendo si por fin algo relevante pasará en la vida de esas personas, pero no pasa nada, Betina, nada, y llega el momento en que me aburro y necesito para seguir viéndola, de un complemento adicional, entonces pruebo con las rositas de maíz, pero enseguida me canso y tengo que empezar a utilizar los chupachupa, pero también me aburren, además, mira, me dejan la lengua pelada, entonces por suerte Eva comprende mi desesperación y me dice que le diga Marlon y me repite lo mismo que me hizo en aquella película, y por supuesto, también, también ayuda que en la novela empiezan a pasar cosas interesantes y todo vuelve a su normalidad.

BETINA. Si fumaras no padecieras de aburrimiento.

LIUBA. Eva no soporta el humo, yo fumé, una vez fumé, pero cuando la conocí, tuve que dejarlo.

BETINA. Entonces, por qué, Eva, no empiezas a fumar. Y así me das un cigarrito, que estoy como loca. Ayer me dieron un peso afuera del cabaret y me compré dos. Tres semanas mendigando un cigarrito, uno solo, pero nada. Y desde ayer tengo el sabor en la boca.

EVA. No creo que puedas quedarte en esta casa.

LIUBA. Pero, Eva.

EVA. Estas cosas pueden ser tan complejas como una repentina maternidad. Dime, por qué no tienes familia.

BETINA. Porque no tengo.

EVA. Muertos.

BETINA. Todos.
EVA. Entonces dónde vives. En algún lado tienes que vivir: un albergue, un asilo, una casa de monjas.
BETINA. En el cabaret.
EVA. Cómo.
BETINA. Por la parte de atrás hay un techito y un banco. Es incómodo. Pero es donde único quiero estar.
EVA. Y tienes otra opción.
BETINA. Quiero cantar en ese cabaret.
EVA. Pero tienes casa.
BETINA. Está en un edificio derrumbado. Yo estaba dentro cuando se empezó a caer. Todavía mi apartamento sigue en pie y no puedo entrar. Hay un portero que me da escobazos. Por eso me da la gana de orinarme. Porque es mío. Porque ahí nací.
EVA. Debe existir asistencia social. Alguna ayuda por parte del gobierno. Las organizaciones feministas, por ejemplo.
BETINA. Yo era publicista. La más solicitada publicista y me dedicaba a hacer carteles donde las africanas se morían de hambre y de sida. Niñas con uniforme abriendo las piernas. Mujeres con uniforme bajando la cabeza. Todo era capaz de reflejarlo en esas pancartas, *spots* publicitarios y pulóveres con el nombre de la organización. Millones de mujeres marchaban por las calles clamando por el fin de la masacre en África, con la imagen que yo diseñaba. Yo que no tenía la más remota idea de lo que sucedía en África. Y me pregunto para qué, por qué. Por eso cada vez que paso por las oficinas me le orino al portero en los pies. Y me siento, miren, liberada.
EVA. No pienso que puedas quedarte aquí.
LIUBA. Por qué, dime, por qué.
EVA. La policía me interrogó todo el día sobre el asalto. Dije la verdad, que no sabía nada. Preguntaron por la mordida en la cara y aseguré que había sido una loca. No me creyeron. Querían sacar una muestra de la marca de la mordida. Una mascarilla especial, no sé. Así podrían reproducir la dentadura y tener una pista sobre una de las ladronas. Creo que me vigilan. Piensan que encubro a la mujer. Pero no quiero decir la verdad. No imaginaba que las mujeres pasaban tanta hambre como para asaltar el matadero. Además con esos antecedentes. No, de ninguna manera.
LIUBA. Tienes miedo.
EVA. Es que no te importa. Una extraña rondando por el cuarto. Que cuando salgas al baño pueda estar allí. Que te mire todo el tiempo y tengas que buscarle conversación. Un olor más dentro de estas paredes. Una boca más.
BETINA. Mejor me voy. Está claro que mi presencia puede ocasionar el caos. Pero no me hagas haber venido hasta aquí por gusto. Dame un cigarrito. Uno solo. O un dinerito y voy a dormir a mi banco. Y déjame ir al baño, me orino.
LIUBA. No hice mal, sé que no hice mal, con ella puedes ver alguna película, comer rositas de maíz, no crees, cómo se llamaba esa que trajiste hace poco, era de África, dile, Eva, dile, cómo se llamaba, ay, chica, no me acuerdo, podrán verla juntas, a mí me encantó, Betina, las africanas son unas actrices estupendas.
EVA. Cállate.
BETINA. Yo me largo. Me largo y me meo. Dónde está el baño.

LIUBA. Te quedarás, Betina.
EVA. No.
LIUBA. Eva, mírame.

Betina se orina. El orine llega hasta los pies de Liuba. Eva le pega a Betina. Esta cae y se da fuerte en la cabeza.

LIUBA. Marlon, mírame.

5

En el hospital, Liuba y Eva esperan a Betina.

LIUBA. Entonces debo ir y decirle te perdono, tú también me perdonas, solo tengo que atravesar esta sala y pararme frente a ella, ni que fuera tan fácil, crees que me haya visto, qué estará haciendo aquí a esta hora, está más flaca, y ese horrible pelado que se hizo no le va con su cara, no sé qué podría decirle, no sé siquiera si me escucharía, a lo mejor me da la espalda, esa cara rígida y blancuza, crees que me parezco a ella, se veía rara, hace tiempo que no me la encontraba, la última vez la seguí, ella no me vio, llegó hasta el aeropuerto y se quedó en la reja de la pista, viendo cómo salían los aviones, te he dicho que siempre me llevaba allí cuando era niña y me contaba historias de Rusia, a mí me gustaba tanto que me agarraba con gran fuerza a la reja, no me quería ir y lloraba, como aquel día lloraba agarrada a la reja, empezó a llover y seguía llorando, llovía más fuerte y seguía llorando, qué puedo decirle, Eva, no quiere saber nada de mí, no me mira, y yo tampoco quiero saber nada de ella, ni verla, ni hablarle.
EVA. Puedes callarte.
LIUBA. Claro, tú me dirías, es tu madre, haya pasado lo que haya pasado, es tu sangre, te parió, puedes pensar algo más original, no volveré a pasar por aquella sala, no.
EVA. Estoy harta de esta situación.
LIUBA. Me callaré, hasta que salga Betina, me callaré.

Silencio.

LIUBA. Maldito hospital.

Silencio.

LIUBA. Esta mañana ingresaron a una mujer que se hizo una inseminación artificial, estaba tirada en la cama con la panza enorme, yo pasaba la bayeta y ella me miraba y me miraba, hasta que me cansé, qué te pasa, tengo monos en la cara, huelo a cloro, a salfumán, no, me dijo, a perfume barato y te ves extremadamente ridícula, me lo gritó, la muy puta me lo gritó en toda la sala, tenía ganas de coger la bayeta y de metérsela en la panza, pero seguí limpiando, y me sentí tan mal, quién se cree que es, que porque tiene dinero para hacerse esa cosa puede burlarse de mí, horrible se veía con su barriga cochina, estoy convencida, no hay nada más horrendo que parir.

Silencio.

LIUBA. Mamá siempre quiso volver a Rusia, no sé por qué se habrá quedado aquí trabajando en la tienda de canastillas, quemándose la piel con este horripilante sol, la he visto en la tienda vendiendo las ropas para bebés, he tenido ganas de entrar y decirle, buenas, deme una canastilla completa para hembra, sí, pero no para usarla en este clima tropical, sino en un país donde cae mucha nieve, en Rusia, aquí debe costar más barata, usted no cree, qué cara pondría, y se daría cuenta de que al final voy a hacer lo que ella no hizo, y voy a hacerlo sola, y se moriría de envidia.

Silencio.

EVA. Y parió.
LIUBA. Quién.
EVA. La mujer.
LIUBA. Una niña gordísima, feísima.

Silencio.

LIUBA. De verdad que huelo a perfume barato.

Silencio.

LIUBA. Ahí está Betina.

Llega Betina. Liuba la abraza.

6

Liuba juega con llamar a la madre.

LIUBA. No intentes quitármelo de la cabeza, lo sé, lo tengo, y me está comiendo poco a poco, no quiero hacerme las pruebas, le tengo terror a hacerme las pruebas y que me ratifiquen, sí, es cierto, la señal es verdadera, ese dolor aquí, cada vez que me toca limpiar la sala de oncología, de qué otra cosa iba a ser, dice la gente que es por la sangre, que me desmayo cuando la veo, pero tú sabes que es mentira, nunca me he desmayado con la sangre, es que estoy podrida, mamá, no voy a durar mucho tiempo, por eso tengo que irme rápido, coger ese avión y llegar a la madre patria, donde cae mucha nieve, abriré una peluquería y teñiré a todas las rusas de rojo, de negro, de verde, de violeta, de rubio, y cuando no pueda más, y se me empiece a caer el pelo y me ponga flaca como una grulla, mis clientas llamarán a un pintor famoso, que me hará un retrato y lo colgarán en un inmenso museo de arte, y las niñas rusas del futuro me verán ahí, y se preguntarán si la rubia teñida de ese cuadro habrá sido realmente rusa, y entonces leerán un pie que dirá «esta joven conoció a su madre patria y murió en ella», nunca te perdonaré, te quedarás con mi cara en la conciencia para siempre, te morirás pensando en mí, en la hija que botaste de tu casa, que le pegaste y que te pegó, y que fue lo que más odiaste en la vida.

Llega Betina. Sirve la mesa.

BETINA. Se molestará. No debí hacerte caso. Hace mucho que no cocino y la carne se me quemó un poco. Ahora me volverá a pegar y me dirá que me vaya. Tendré que volver al banco. Aunque lo extraño. Extraño el olor a cabaret. Se molestará. Me botará como a una perra. No querrá comérsela. Volverán a discutir por mi culpa. Es mejor que me vaya, Liuba se molestará.
LIUBA. Liuba soy yo, Betina.
BETINA. No he fumado. Cuando no fumo la cabeza se me pone mala. Si al menos pudiera fumar uno solo. No crees que pueda. Liuba no se va a enterar.
LIUBA. Liuba soy yo.
BETINA. Me olerá la boca.

Silencio.

LIUBA. Tú crees que soy ridícula, Betina.
BETINA. Deja eso.
LIUBA. Hoy tenía pánico salir a la calle y que todas las mujeres se rieran de mí, sentí que todo el mundo me señalaba con el dedo y me veían como a una payasa, qué tengo de raro, el tinte, la boca, la nariz.

Silencio.

LIUBA. Por qué no quieres decirme, de verdad que me veo ridícula, a mí sí me gustan todas estas boberías, los pellizquitos, los cintillitos, los brillitos, los collarcitos, los topecitos, los calentitos, por qué no tengo derecho, por qué no puedo usarlos, tú crees que huelo a perfume barato.
BETINA. A sangre. Aquí huele a sangre.
LIUBA. Es Eva la que huele a sangre por el matadero, ese maldito matadero que no la deja vivir, anoche volvió a tener pesadillas, si cuatrocientas y pico para los hoteles, si doscientas para las escuelas, se está volviendo loca, seguro la oíste.

Llega Eva. Betina se sienta en la mesa.

EVA. No fuiste a trabajar.
LIUBA. Tuve que limpiar la sala de oncología, me volví a desmayar y me mandaron a casa, Betina hizo la comida, tan cansada, tan cansada estaba que no he podido pararme de aquí.
BETINA. La carne se me quemó un poco.

Eva se sienta en la mesa, Liuba la sigue. Comen.

LIUBA. Anoche dormiste mal, volviste a tener pesadillas.
EVA. Sí.
LIUBA. Con qué.

Eva mira a Betina.

EVA. Con las vacas.
LIUBA. Estabas húmeda, pensé que te habías orinado, y tuve miedo, pero no era orine, no.

Silencio.

BETINA. Cómo está.
LIUBA. Un poquito quemada, pero está rica, verdad, Eva.
EVA. Sí.
BETINA. Entonces me darás un cigarrito. Yo me lo fumo allá afuera. Uno solo. Uno y nada más.

Silencio.

LIUBA. *La vulva africana*, así se llamaba la película.

Silencio. Eva mira a Betina.

BETINA. Uno solo.
LIUBA. Era una historia en la sabana, de cómo unas negras prisioneras se convierten en pastel, pues te cuento, una manada de leonas capturan a tres negras en el desierto, uno piensa que las leonas se comerán a las negras, pero no, las leonas le llevan las prisioneras a otras negras, que encierran a las presas y las amarran, después una por una de las negras va arrancando un pedazo de las prisioneras, una oreja, un labio, un pezón, y cada una hace un pastel y después...
EVA. Puedes callarte.

Silencio.

BETINA. Me gustaría cantar en el cabaret, pero para eso tengo que ponerme un diente. Si me pongo el diente que me falta, me dejarán cantar.

Eva la mira y se para de la mesa.

LIUBA. Se me olvidaba.

Liuba saca un sobre de entre sus tetas.

LIUBA. Llegó hoy.

Eva coge el sobre.

EVA. Es un telegrama.
LIUBA. De la policía.
EVA. Del cementerio.

7

Eva se lava la cara.

EVA. En el matadero entraron la semana pasada ochocientas treinta y cinco vacas. De las cuales quinientas veintisiete se destinaron a la exportación y trescientas ocho al consumo nacional. Este se distribuyó en: doscientas veinticuatro para las cadenas hoteleras, cincuenta y cinco para las escuelas públicas y solo veintinueve para las carnicerías.

En el cementerio hay dos mil quinientas tumbas, entre panteones, bóvedas y fosas en la tierra. Solo el que tiene dinero como para malgastar se compra una tumba decente para la familia. Los pobres tienen que conformarse con un trozo de tierra en usufructo por un período de dos años. Si vence el plazo y perdura la necesidad de seguir disfrutando de ese trozo de tierra, dan un año adicional, no más. Entonces hay que mudarse para la estrechez de una cajita de cemento. Y es cuando cobran el servicio prestado: te convierten en una pared.

Dieciocho años, tres meses y dos días tenía yo cuando mi madre murió en el parto precipitado de mi hermana. A los tres días de nacida, decidí ponerle Estela. Y dieciséis años respiró mi mismo aire hasta que, inesperadamente, se dio candela en la cocina de esta casa. Todas las horas que le ofrendé, todas las horas que pasamos juntas estaban hoy deshechas en ese cementerio. Tenía la ilusión de que como habían pasado solo dos años encontraría a Estela aún joven. Tenía la esperanza de que se repitiera aquel milagro y cuando abriéramos la caja estuviera entera y abrazada al bebé. A la niña que no tuvo. Entonces dejaría que la niña creciera un año más, que un año más estuviera con su madre en ese alquiler del cementerio, para entonces llevármela yo y criarla como lo hice con Estela. Pero no había niña y mi hermana estaba completamente deshecha. Tuve que imaginarme que estaba en la sala de descuartizamiento y arrancar los trozos de los huesos, y limpiarlos, y limpiarlos otra vez y dejarlos allá en una cajita de cemento para que la incrustaran en el muro. Ahí quedaron dieciséis años de mi vida, con un nombre que el año próximo estará borrado por la humedad. A diferencia de esta maldita mordida que no se me quita, por agua y agua que me eche en la cara.

Esta semana entraron al matadero novecientas cuarenta y ocho vacas. De las cuales trescientas treinta y dos las destiné para la exportación, ciento diez para las cadenas hoteleras, treinta y cinco para las escuelas públicas y cuatrocientas setenta y una para las carnicerías. La diferencia entre la semana pasada y esta, de ciento trece vacas, la elevé en las carnicerías a una distribución de trescientas cuarenta y dos vacas por encima de la semana anterior.

Si cada semana logro aumentar las cifras de las carnicerías, las mujeres no tendrán miedo de tener hijos, ni de expulsar calorías, ni extensas lubricaciones en los orgasmos y crecerá el número poblacional femenino, saludable y feliz.

8

Eva entra al cuarto de Betina con un cuchillo. Betina duerme. Eva alza el cuchillo para clavárselo en el cuello. Betina agarra y tira el cuchillo, tumba a Eva sobre el suelo y le tapa la boca.

BETINA. Te esperaba. Sabía que vendrías esta noche. Calculé todos tus posibles acechos y este fue el que más rápido me dio como resultado. Pero eres solo una aficionada. Qué enciclopedia te tomaste el trabajo de leer. No se viene a la guerra sin cultura. Eva, la que me prohíbe fumar y la que dice Liuba que huele a sangre. Mentira, es ella la que huele a sangre. Tú hueles a luna. Pues te diré, Eva, que las leonas cazan al atardecer, no a las tres de la madrugada. Esperan que la presa esté a una distancia adecuada, no la atacan a traición. Siempre es vital la carrera. Una vez atrapada le muerden con fuerza el cuello para matarla por asfixia.

Betina le destapa la boca a Eva y le pone el cuello. Eva la muerde. Betina le vuelve a tapar la boca.

BETINA. Usan sus dientes a pesar de que les falte uno. Nunca sus garras. Es el contacto con la presa, de boca a cuello, lo que les produce el éxtasis. Ya eso es suficiente para satisfacer el hambre. Después dejan que el macho se harte. Eva, no se puede ser tan vulgar y ordinaria cuando se quiere matar a alguien.

Betina muerde en el cuello a Eva. Ya no le tapa la boca.

BETINA. Me gusta tu sabor. Me recuerda a los mejores años de mi vida cuando era niña y metía mi nariz dentro de los jarros de leche de vaca. Llegué a obsesionarme de tal forma con la leche que la bebía de la misma vaca. Y después, cuando me metía en el río, parecía un carbón hirviendo en contacto con el agua. El humo llenaba el aire y a mí me daba un placer, Eva, que no te lo pudo explicar. Más intenso que todo, que cualquier cosa en la vida, era sentir que de mi cuerpo salía ese humo, esa pequeña neblina, cada vez que mamaba directamente de la vaca.
Y desde que Liuba me trajo a esta casa, he sentido tu olor a leche, a luna, esperando por mí, ahí dentro de tu cuerpo. Si vuelvo a sentir ese humo, no tendré que fumar nunca más. Nunca más tendré que mendigar un cigarrito. Uno solo.

Betina se quita la blusa con la que estaba acostada y se la arroja a Eva.

BETINA. Yo sé que yo también te volví loca. Nada más preciso para conocer a una mujer que buscarle la mirada. Y si esa mujer no es capaz de sostener la tuya todo el tiempo, si no es capaz de sostenerla solo un minuto, entonces es irremediablemente tuya. Tú sabes que yo soy experta en capturar la mirada femenina. Si logré que millones de mujeres persiguieran mis pancartas y gritaran mis lemas como si sintieran orgasmos, acaso no podía atraer la tuya, atraer, y dominar la tuya. Solo esperaba que vinieras con esas ganas de matar. Con esa fuerza descomunal a clavarme el cuchillo.
EVA. Me gustan mucho tus tetas. Me encantan tus tetas. Quiero comerme tus tetas y que crezcan en mí como una niña deforme. Voy a morderte las tetas. Mujer de África. Voy a comerme tus tetas.
BETINA. No puedo culparte por ser vulgar. Sé que te gustan mis tetas. Por eso las he movido para ti. Por eso ahora se mueven para ti. Míralas.

Eva intenta chupar las tetas de Betina pero esta le da un bofetón.

BETINA. Me gustan las cosas con medida. No quieres saber si realmente estoy loca. Qué número exacto de locura irradia mi cuerpo. No te interesa saberlo, Eva, no quieres saberlo.
EVA. Me encanta que estés loca. Tu olor a cuerpo desvelado, a banco de cabaret, a orine seco.
BETINA. No soy ninguna asquerosa. Lo único que he mendigado ha sido cigarros. Lo único que realmente he querido es volver a sentir aquel humo. Y solo puedo hacerlo en un cabaret. Cantando y que el humo me salga de adentro. Júrame que me harás sentirlo aquí, ahora.

Eva se le acerca, intenta morder sus tetas. Betina le pega más fuerte.

BETINA. Soy muy escrupulosa. Mis antepasadas antes de ser esclavas, cuando se quedaron solas en África, morían de felicidad. Pero cuando los esclavistas descubrieron que las negras también podían traer otra negrita al mundo, se convirtieron en el centro del negocio, de la ganancia y del dolor.

Eva somete a Betina. Se besan y se muerden. La sangre del cuello de las dos, cae al suelo y corre.

9

Afuera de la clínica dental, Eva y Liuba esperan a Betina.

LIUBA. Me llamó y me puse blanquísima, helada, me detuve un rato sin saber qué hacer, oír su voz después de tantos años diciendo mi nombre, Liuba, Liuba, tengo que hablar contigo, entonces pensé que había ido al hospital solo para verme, que me estaba esperando en ese banco para volverme a decir que no quería saber nada de mí, que podía morirme que no iba a ir a mi entierro, o no, Liuba, a lo mejor viene a pedirte perdón, o a decirte, mira, compré dos pasajes para Rusia, uno para ti y uno para mí, nos vamos mañana, ya tienes preparada la maleta, sí, mamá, hace años tengo la maleta preparada, llena de vestidos como a ti te gustaba verme, juntas abriremos una peluquería en Rusia, pero y si me decía, Liuba, te ves tan ridícula con esa ropa y esos adornos de adolescente enferma, por qué te bañas en ese perfume malo y apestoso, y ese tinte, cuántas veces te he dicho que tu color natural de pelo es el que te queda bien, tú naciste en Rusia y eres rusa como yo, no importa de qué color tengas el pelo, y entonces escucho las carcajadas en todo el hospital y me muero, Eva, entonces sí me muero, por eso me quedé con la sangre helada en el pecho en medio de esa maldita sala sin mirar para ningún lado, y cuando sentí que se acercaba, cuando sentí su olor ya arriba de mí, tenía mucho frío, un hielo en todo el cuerpo, en las venas, tiré la bayeta y empecé a correr, escuché que ella lloraba, que seguía llamándome, pero hasta la casa no paré, y me encerré en el baño y me eché a reír, me morí de la risa porque la dejé llorando en ese maldito hospital, la dejé tirada como ella me botó a la calle, y abrí la ducha hirviendo, y me metí en la ducha y me reí y vi la sangre y me reí, y vi la sangre y me reí.

Silencio.

EVA. Lleva mucho tiempo ahí dentro. Crees que haya pasado algo.
LIUBA. Poner un colmillo puede demorarse toda una década, esperarás tanto tiempo, Eva, podrás esperar.
EVA. No será un colmillo sino un diente de oro.
LIUBA. Ahora le darán trabajo en el cabaret. Seguramente empezará a cantar canciones fuertes y llegarán más viejas a la sala de emergencias, que con las borracheras y las lágrimas afuera, sufrirán infartos y apoplejías, todo por un maldito diente de oro.
EVA. Lo pagué yo. Tú no tienes que ver con ese asunto.
LIUBA. Podría pagarte a ti por un beso, a cuánto está, con cincuenta tendrá suficiente, o prefieres un *striptease* aquí, en la clínica dental, para que las estomatólogas cansadas y aburridas en-

loquezcan con mi cuerpo, puedo poner un sombrero en el suelo y ellas bajarán y echarán las moneditas y Betina se quedará con la boca abierta, esperando allá arriba que le pongan su diente, mientras yo tomo el dinero y te lo doy por un besito, uno solo, te sirve el negocio.

Eva intenta pegarle pero se contiene.

LIUBA. No sé qué me pasa. Por qué te digo esto, tengo que pensar en cosas más importantes como lavar los vestidos de la maleta y sacar mi pasaje para Rusia, nada de ataques de histeria, cuando uno toma una decisión tiene que enfrentar las consecuencias con decoro.

Silencio.

LIUBA. Mamá estaba triste, nunca había dicho mi nombre tan triste, ni cuando lo dijo con asco aquella vez, crees que deba ir a su casa, podré ir a su casa, si al menos tú me acompañaras, pero sola, sola, y qué le diría, qué mierda le diría.

Silencio. Llega Betina.

EVA. Por fin.

Eva abraza a Betina.

EVA. Cómo te fue.

Betina abre la boca y le enseña el diente.

10

Liuba lava los vestidos.

LIUBA. Estas manchas no se caen, no se caen, tengo ganas de llenar la palangana de cloro y darle con un cepillo, fuerte, bien fuerte, hasta que desaparezcan estas manchas blancas, malditos vestidos, maldita madre patria, maldita casa que resistió el peso de su cuerpo, se mató, le habían dicho que era cierto, que todas mis señales eran ciertas, que ese dolor aquí no era por la sangre, que lo tenía adentro como una maldita mancha que no se cae, que por mucho que pases la bayeta o le des bien fuerte con las manos, sigue ahí la muy cabrona, comiéndoselo todo, se lo dijeron, que se iba a morir en este país, que no tendría tiempo ni de coger un avión y volver para la maldita Rusia, y ella qué podía hacer, si estaba sola, qué otra cosa podía hacer si no colgarse del techo y sacarme la lengua para que yo la viera, prieta, se colgó y a su lado me colgó a mí, un vestido de novia hecho de pequeñitas batas de bebé, con trocitos suaves de encajes, de muchísimos colores como ella sabía que a mí me gustaba, y lo colgó allí, a su lado, la policía cuando revisó la casa encontró un cuarto con jabas de nailon cerradas hasta el tope, llenas de toda la basura de estos años que vivió sin mí, una peste horrorosa y unas lombrices blancas te saltaban a la cara, ese fue su legado a este país, pero a mí me dejó dos cosas que marcarán mi vida, el único vestido que no tenía en mi maleta, un vestido para casarme, y una jicotea con un pequeño cartelito, «Liuba, yo soy Daschenka», pero no puedo quitar estas malditas manchas, cómo pueden caerse, qué puedo hacer, o será que, claro, soy burra como una gallina, claro, no son manchas, Liuba tonta, no son manchas, son lunas, son lunas.

11

En el cabaret, Betina, muy elegante, sentada con Eva.

BETINA. Al final todo ha salido estupendo, no crees.
EVA. Sí.
BETINA. Me acabo de enterar en el camerino de que el portero se murió. Así mismo. El muy imbécil fue a un banco de semen y parece que quiso vender tanto que le dio una hipoglicemia y la enfermera lo encontró blanco y tieso como una momia. Qué te parece. A mí hasta me da un poco de sentimiento porque extrañaré mi orine corriendo por sus patas. Y a ti cómo te fue en el matadero.
EVA. Aumentaron la cantidad de vacas esta semana.
BETINA. Se las robarán. De nuevo se las robarán.
EVA. Ya no tendrán que robar.
BETINA. Qué pasó. Una distribución gratuita para todo el país.
EVA. Casi. La policía nos informó que atraparon a una de las ladronas. Creo que está embarazada. Pero no ha confesado ni un solo nombre y aún la tienen presa. Entonces hay una manifestación de mujeres debajo de la comisaría que están pidiendo su liberación.
BETINA. Y qué hiciste. Les llevaste un trocito de carne a las manifestantes.
EVA. No, autoricé un envío completo a las mujeres embarazadas del país. Mil ochocientas treinta y dos vacas para las mujeres embarazadas.
BETINA. Bravo.
EVA. Estás contenta.
BETINA. Llena de humo.
EVA. Y mira. Se me quitó.

Betina la besa donde estaba la marca. Llega Liuba, con un pastel y la jicotea Daschenka.

LIUBA. Me perdí la primera canción, cómo quedó, bien, es que preferí comprar este pastel, para celebrar, estás hermosa, Betina.
BETINA. Tú también.
LIUBA. Mentira, soy fea como una rana.
BETINA. Te ves muy bien. No es verdad, Eva, que está hermosa.
EVA. Mejor.
LIUBA. Gracias, ya no se te ve la mordida.
EVA. Ya no.
LIUBA. Vieron a quién traje, Daschenkita, no quiero separarme de ella, ya está grandísima, así mismo la llevaré en el avión, verdad que no me vas a cagar, Daschenkita, verdad que no.

EVA. Sacaste el pasaje.
LIUBA. Sin escala.
EVA. Para cuándo.
LIUBA. Pasado mañana.

Silencio.

LIUBA. Y por supuesto, por fin pedí la baja en el hospital, ya no limpiaré más pisos en mi vida, una prima lejana me va a ayudar hasta que pueda abrir mi propia peluquería, debo confesarlo, le tengo un miedo al frío, quizás, aunque tenga corazón de rusa, no pueda soportarlo, pero lo soportaré, tendré que hacerlo, y otra cosa, me sé muy pocas palabras en ruso, me llevo un diccionario que estaba en casa de mamá, si ella pudo aprender español, yo también puedo aprender ruso, y me llevo la película de Marlon, sí, la compré, tengo miedo que allá la vendan en ruso, ustedes creen que las rusas tengan mucha peste en el pelo.
BETINA. Seguro que no.
LIUBA. Y por fin, te contrataron.
BETINA. Y me pagarán bastante. Vendré a cantar por las noches. Aunque tengo que educarme un poco la voz, es la falta de práctica. En el banco de allá afuera, solo cantaba cuando la luz de la luna era muy fuerte. Pero ahora es como si la luna la tuviera aquí.
EVA. La tienes.
LIUBA. Y qué más harás, Betina, por el día tienes que hacer algo para pasar el tiempo.
BETINA. Quizás vuelva a diseñar. Pero no propagandas feministas. No sé. Por ahora no es más que una idea. No quiero adelantar nada.
LIUBA. Y todo irá bien, por eso compré este pastel, como en aquella película, te acuerdas, Eva, para celebrar por nuestra nueva vida.

Silencio.

LIUBA. No creerás que lo habré envenenado, echarle un pedacito de carne podrida, entonces las dos caerían muertas delante de mí y yo me iría para Rusia vengada, tonta, nunca me conociste, no soy tan humanitaria para llevar por gusto a una mujer a la casa, que me haya dolido un poco, es verdad, un poco no, bastante, pero eso siempre lo supe, y sabía que si lo hacía, en este momento me dolería mucho menos, no van a comer pastel, es chocolate, como tú, Betina.
BETINA. Tengo que cantar. Y será para ti, Liuba. No se lo coman todo. Espérenme. Ya vuelvo.
EVA. Suerte.

Betina se va.

LIUBA. Me equivoqué, Eva, crees que me haya equivocado.
EVA. No.
LIUBA. Te conozco, te quiero y te conozco.

Betina se para en el escenario.

LIUBA. Bravo, bravo.

Eva pica el pastel. Betina empieza a cantar y el humo sale.

12

Aeropuerto. Liuba sentada. Eva sentada. Ambas de frente, sin mirarse. Y Betina.

BETINA. Nunca más volveré a fumar, Betina se lo asegura a Eva y a Liuba, ya no me hace falta el cigarro, dice, ya puedo dejarlo, a fin de cuentas, tampoco fumé mucho, porque entre el que me daban y el que no me daban, lo que más añoraba era fumar, pero el acto mismo de fumar, fue muy poco tiempo. Betina piensa que si habla de los cigarros podrá apaciguar un poco la situación. Una escena bien triste, piensa. Liuba se irá. Nunca en su vida, desde que llegó cuando tenía un año, ha salido de esta ciudad. Y ahora irse para un lugar que es totalmente desconocido, lejano. Pero es lo que siempre ha querido. Y es bueno que se vaya. Se irá. Y Betina sabe que nunca volverá a verla. Y aunque Liuba aparenta estar contenta se muere de miedo. Tan nerviosa, que es incapaz de mover sus pestañas. Ahí está. Con su maleta desteñida y su jicotea de nombre ruso. Tratando de sonreír y tragándose las lágrimas. Y Eva, como siempre, lo más callada posible. Está triste, Betina la conoce bastante bien y sabe que está triste. En el fondo se querían. Pero Betina sabe que los sueños a veces pueden ser fríos como una luna. Yo siempre quise tener una familia, Liuba, dice Betina, y ya la tengo gracias a ti, todavía no, dice Eva, todavía no. Por qué habrá dicho eso. Por qué. Si yo sé que me quiere y que yo la quiero más, piensa Betina. Y dice, Liuba, he decidido empezar a diseñar postales, postales, pregunta Liuba, sí, dice Betina, postales, para aniversarios, día de las madres, fiestas de quince, abriré una tienda que venda postales, y así no iremos a la ruina porque ahora con el despido de Eva. Eva calla. No está arrepentida, no. Pero ha trabajado siempre. Aun cuando cuidaba a la hermana, trabajaba. Creo que es una magnífica idea, dice Liuba, ya me contarán, porque me escribirán verdad, claro que te escribiremos, dice Betina. Mientras piensa lo rara que ha sido toda esta vida y lo rara que seguirá siendo. Llaman para el vuelo sin escala directo a Rusia y Liuba se para, coge su maleta. Eva mira la maleta. Se dan un beso en la cara. Ambas intentan sonreír. Y Betina no sabe qué pensar. Pero abraza a Liuba y le dice, buena suerte. Liuba da la espalda y ni llora ni vuelve a mirar para atrás. Eva pregunta, nos vamos, y Betina dice, vamos. Pero se queda pensando. Por qué habrá dicho eso. Por qué todavía no seremos una familia.

13

Betina y una torta. Llega Eva con un casete en la mano.

EVA. Quería sorprenderte. Pero cerraste temprano la tienda. Por qué. Vendiste todo.
BETINA. Crees que no me acordé.
EVA. Hoy.
BETINA. Hoy.

Se abrazan.

BETINA. Un año entero. Parece increíble.
EVA. Ha pasado volando.
BETINA. Hice una torta blanca. Y le puse nuestros nombres. Cuando mis antepasadas quedaron solas en África porque los esclavistas se llevaron a todos los negros fuertes, formaron La tribu de la luna. Se tatuaban una luna en la frente y las noches de luna llena se amaban soltando el fuego interior hasta que se encendían las hogueras del campamento. Y también prohibían la salida de la tribu a cualquiera de sus integrantes. A no ser que buscaran otra mujer, de otra tribu, la tomaran como prisionera, y que esta ocupara su lugar. Las noches de luna llena mis antepasadas eran las más felices de la tierra. Se convertían todas en diosas y podían dar lugar al fuego y al amor. Por eso hice esta torta blanca, para esta noche.
EVA. Yo tengo dos sorpresas.
BETINA. Liuba escribió. Al fin se acordó de nosotras.
EVA. No esa no.
BETINA. Ya sé. Veo el casete. Me trajiste aquella película porno que viste con ella, la de las mujeres africanas.
EVA. Tibio. Tibio. No es la misma. Es otra: *La verdadera historia de la vulva africana.*
BETINA. Entonces será una noche africana.
EVA. Pero hay algo mejor.
BETINA. No me digas. No me digas. Hicieron una ley que obliga a dar carne de vacas a las mujeres embarazadas.
EVA. Frío. Frío.
BETINA. Me vas a matar del corazón. Abrirás un matadero particular.
EVA. Helado. Algo haré. Pero no por ahora.
BETINA. Entonces, dime.
EVA. Me hice una inseminación artificial hace tres semanas. Y sí, quedé embarazada.

FIN

Christian Medina

FRANJAS DE LUZ

Christian Medina (Cienfuegos, 1976). Actor titiritero, dramaturgo, diseñador y narrador. Director artístico de El Arca, Teatro Museo de Títeres. Entre sus obras estrenadas se encuentran *En el jardín durmió un vampiro*, *Fábulas de escritorio* y *La muchachita del mar*, esta última distinguida con el Premio Villanueva de la Crítica en 2014. Ha impartido talleres en el Instituto Superior de Arte (ISA) y en la Escuela-Teatro Escalante, de España. *Teatro sombrío para niños curiosos*, una selección de sus textos teatrales, se publicó en 2016 por Ediciones Alarcos.

Si está interesado en solicitar la autorización para el montaje de esta obra, puede escribir directamente a: **christiandelagua@gmail.com**

Personajes:

Fernando, 25 años
Samuel, 24 años
Oscar, 18 años, hermano de Samuel
Roly, 28 años
Daniel, 26 años

CUADRO I

Noche. Habitación en penumbras.
Sobre la pared del fondo están dibujadas varias franjas de luz. Es la luna que se filtra a través de una ventana. Solo por ellas descubrimos que alguien reposa en una de las dos camas. La puerta del cuarto se abre. Sobre la claridad del umbral se recorta una silueta tambaleante. La puerta se cierra y poco después una sombra cruza las franjas lunares.
Crujir de bastidores. Suspiro de dolor y alivio simultáneos.

SAMUEL. Fernando. ¿Eres tú?
FERNANDO. Claro.
SAMUEL. Yo no estoy dormido, puedes encender la luz si quieres.
FERNANDO. No hace falta.
SAMUEL. De veras que no me molesta.
FERNANDO. Duérmete.
SAMUEL. Bien. Hasta mañana.
FERNANDO. Anjá.

Silencio.

SAMUEL. Fernando.
FERNANDO. ¿Mmm?
SAMUEL. Fernando.
FERNANDO. ¿Qué?
SAMUEL. ¿Te fijaste en la hora?
FERNANDO. No.
SAMUEL. Enciende la luz para ver.
FERNANDO. ¡No! Son las tres o las tres y media.
SAMUEL. ¿Estás seguro?
FERNANDO. Sí. Duérmete, por favor.

Silencio largo.

SAMUEL. Fernando, ¿tienes sueño?

FERNANDO. Mucho.
SAMUEL. Yo no logro dormirme. Creo que es la luna.
FERNANDO. Cierra la persiana.
SAMUEL. De todas maneras está ahí. La siento caminar por el cielo. Hoy está muy grande y redonda. Me busca. Me vela. No me deja dormir.
FERNANDO. Pero a mí sí. Tú eres el que no me deja.
SAMUEL. Está bien. Me callo.
FERNANDO. Eso es.

Cruje el bastidor y esta vez lo acompaña un quejido profundo.

SAMUEL. Fernando. ¿Te pasa algo?
FERNANDO. Sssssh.
SAMUEL. Te oí quejarte, ¿qué sucede?
FERNANDO. Nada. Mañana hablamos.
SAMUEL. Mañana no. Ahora. Voy a encender la luz.
FERNANDO. Déjame en paz, por favor.
SAMUEL. Estás muy raro. Siempre que llegas eres tú quien me despierta para contarme tus líos y hoy...
FERNANDO. Hoy me tocó ser diferente. ¿No tengo derecho?
SAMUEL. Es cierto. Yo voy a hacer uso de mi derecho también. Dios te salve María llena eres de gracia el Señor es contigo...
FERNANDO. ¿Qué haces?
SAMUEL. Rezo el rosario, me ayuda a conciliar el sueño. Bendita tú eres entre todas las mujeres y bendito es el fruto de tu vientre Jesús...
FERNANDO. Rézalo bajito.
SAMUEL. Déjame encender la luz. Santa María madre de Dios ruega por nosotros los pecadores...
FERNANDO. Me estás jodiendo.
SAMUEL. No me importa. Ahora y en la hora de nuestra muerte amén Dios te salve...
FERNANDO. Me siento mal.
SAMUEL. Quiero ayudarte. María llena eres de gracia el Señor es contigo...
FERNANDO. Cállate entonces.
SAMUEL. La luz. Bendita tú eres entre todas las...

El bastidor estalla. Sobre las franjas de luz se entabla una batalla. Finalmente una sombra triunfa enlazando el cuello de su oponente con el cordón del rosario.

FERNANDO. A que te callas ahora.
SAMUEL. ¿Me vas a ahorcar, eh, cabroncito?
FERNANDO. Ya verás si no dejas de resingar.
SAMUEL. Aprieta más que me faltan cuarenta y siete avemarías.
FERNANDO. Por favor, por favor...
SAMUEL. Te digo que aprietes. A ver si te acabas de quedar solo.

Fernando rompe a llorar. Las franjas de luz vuelven a ser liberadas poco a poco.

SAMUEL. Fernando... ya, ya. Discúlpame. Me pasé. Lo siento. Es que me preocupas. Déjame verte, anda. Deja que te ayude.
FERNANDO. ...
SAMUEL. Voy a encender la luz. ¿Puedo?
FERNANDO. Sí.

CUADRO II

Hilera de seis asientos plásticos. Tan incómodos como los ruidos ambientales de la terminal de ómnibus en la que se encuentran. En uno de ellos, el de la extrema izquierda, Fernando lee una revista aunque sin mucha atención pues evidentemente espera a alguien que llegará de un momento a otro. Samuel aparece cargando su enorme mochila y sin escoger mucho se deja caer en el último a la derecha. Fernando ha registrado completamente la llegada de Samuel y, con disimulo, lo estudia a la vez que sigue pendiente de su entorno. Finalmente encuentra un pretexto.

FERNANDO. Esa guagua era de Cienfuegos, ¿verdad?

Samuel lo mira al descuido y asiente con la cabeza. Un breve silencio.

FERNANDO. ¿A qué hora salió de allá?
SAMUEL. Debió ser a las seis de la mañana, pero arrancó a las siete y media.
FERNANDO. ¡Qué bárbaro! No han cambiado nada. Hace casi un año que no voy a mi tierra y siguen cogiéndolo todo con la misma calma. Supongo que el reloj de la catedral sigue parado.
SAMUEL. Así es.
FERNANDO. Por eso nunca avanzamos. El tiempo en Cienfuegos se ha detenido. Y con él todo lo demás. Hasta el mar.
SAMUEL. ¿El mar?
FERNANDO. ¿Nunca has visto el malecón de La Habana? Aquí el mar siempre está furioso, templándose a la tierra, tragándose a la gente.
SAMUEL. El de Cienfuegos es un mar liso, manso, impotente, sin hambre.
FERNANDO. Bien dicho.
SAMUEL. ¿Hace mucho que vives aquí?
FERNANDO. Precisamente mañana hará un año. *Veni, vidi, vici.* ¿Y tú, vienes de visita?
SAMUEL. No... Vengo a vivir aquí.
FERNANDO. Bienvenido entonces.

Fernando extiende su mano pero Samuel está tan absorto en un repentino pensamiento que pasa por alto el gesto. Fernando, con cierta vergüenza, se recoge y vuelve a atender las llegadas de otros ómnibus. Después de unos minutos, Samuel reacciona.

SAMUEL. Perdón. ¿Dijiste algo? Es que a veces me distraigo, pero me pareció...
FERNANDO. *(Se ilumina y avanza dos asientos).* Nada importante, te daba la bienvenida.
SAMUEL. *(También se corre dos asientos y estrecha su mano).* Gracias.
FERNANDO. Poco a poco estamos colonizando La Habana.

SAMUEL. Sí. O es ella quien nos está recolectando a nosotros.
FERNANDO. Me gusta sentarme aquí de vez en cuando. Es divertido ver llegar la gente a la capital. Después de un poco de entrenamiento con solo ver los rostros y el equipaje ya sé a lo que vienen, si van a sobrevivir o si nunca se adaptarán.
SAMUEL. Entonces… dime…
FERNANDO. ¿Qué cosa?
SAMUEL. A qué vengo.
FERNANDO. Veamos… Tu mochila tiene muchos ángulos salientes, parecen esquinas de libros. Son demasiados para ser «de cabecera». Debes necesitarlos bastante para viajar con tanto peso, sobre todo si vienes a instalarte. Ya sé. Vas a vender libros en la feria. Eso da bastante. Hay muchos intelectuales que…
SAMUEL. Despacio, despacio. Solo te acercaste un poco. En Cienfuegos me dedicaba a ilustrar ediciones para niños. Los traigo de muestra para ver si consigo trabajo en una editorial. Tengo algunas recomendaciones.
FERNANDO. ¡Otro artista!
SAMUEL. Sigue.
FERNANDO. ¿?
SAMUEL. Te falta decirme si tengo cara de sobreviviente.
FERNANDO. No recuerdo haberte visto antes en Cienfuegos. ¿De qué parte eres?
SAMUEL. Vivía en los alrededores del parque Martí. Después tuve que mudarme… un poco lejos del centro.
FERNANDO. Definitivamente no te recuerdo.
SAMUEL. Tampoco es que yo sea muy notable que digamos. Además, hacía mucho que ya no salía a la calle, excepto para trabajar.
FERNANDO. Tiene que ser eso último, porque de lo contrario yo te hubiera distinguido. Tienes un tipo particular.
SAMUEL. ¡!
FERNANDO. Disculpa. Eso sonó un poco raro. No es lo que…
SAMUEL. No me importa que sea lo que pienso. Te miré así porque nadie me había dicho eso antes.

Fernando no sabe dónde meterse, se pone de pie y mira a ambos lados con impaciencia.

SAMUEL. Oye, no te preocupes. Siéntate, que a mí no me molestas.
FERNANDO. Es que… espero a alguien… ¿sabes? Es extraño que no haya llegado todavía. Su guagua seguro también se retrasó.
SAMUEL. ¿Un pariente?
FERNANDO. ¡No, qué va! Un amigo. Él es de… ¡viene de Trinidad! ¿Y tú? ¿Vienen a buscarte o estás descansando un rato?
SAMUEL. Ni lo uno ni lo otro.
FERNANDO. ¿Cómo entonces?
SAMUEL. No tengo a dónde ir.
FERNANDO. ¡!
SAMUEL. Me senté a pensar en mi próximo paso. Supongo que sea buscar un alquiler.
FERNANDO. Tú sí que eres valiente. Y pensar que cuando yo vine con casa y trabajo me asusté del «gran cambio que daría mi vida».

SAMUEL. Lo mío no es valentía. Más bien es idiotez.
FERNANDO. Pues ya quisiera yo ser ese tipo de idiota.
SAMUEL. A lo mejor fue ese «tipo particular» lo que viste en mí.
FERNANDO. No, eso no es todo. Pero bien, ¿no tienes ni idea de dónde meterte? ¿Vienes así, a lo que sea?
SAMUEL. De todas maneras no será por mucho tiempo. Hasta que todo termine.
FERNANDO. *(Bromeando).* ¿Vas a suicidarte?

Samuel se estremece y lo mira con una mezcla de furia y asombro.

FERNANDO. Oye, eso fue un chiste.
SAMUEL. ...
FERNANDO. Mira, voy a cambiarlo por «¿te vas del país?»
SAMUEL. Algo así. Por lo que sé, allá adentro es como si fuera otro país.
FERNANDO. ¿Dónde es adentro?
SAMUEL. Me caes bien, pero acabamos de conocernos, hay límites ¿sabes?

Silencio embarazoso.

FERNANDO. Lo del suicidio fue un muy mal chiste.
SAMUEL. No tan malo. Acuérdate que soy un «tipo particular».
FERNANDO. Bien, pero «tipo particular» no será tu nombre.
SAMUEL. Samuel, mi nombre es Samuel.
FERNANDO. Como el profeta.
SAMUEL. Tú debes ser clarividente. Mi mamá era muy religiosa y me puso el nombre por él. Dios lo llamó varias veces en la noche…
FERNANDO. … y Samuel no supo quién lo llamaba. El mío es Fernando. Me lo pusieron por mi padre, que no es profeta y si Dios lo llama por la noche va a tener que mandarle un rayo para despertarlo. Me siento más orgulloso pensando que representa a mi tierra natal: la antigua villa Fernandina.
SAMUEL. ¿Y tú qué prefieres ser: Fernando o Fernandina?
FERNANDO. Depende de la hora. Oye, estás quebrantando límites.
SAMUEL. Lo siento.
FERNANDO. Pues yo no. Ahora puedo preguntarte, por ejemplo, si tienes novia.
SAMUEL. Traigo sus pedazos en la mochila.

Ríen a carcajadas.

FERNANDO. ¿No has escrito ninguno?
SAMUEL. ¿?
FERNANDO. Libros. Te pregunto si solo los pintas o si también los escribes.
SAMUEL. Para escribir se necesita tenerlo todo muy claro: el mundo, la gente, uno mismo. Yo prefiero dibujar. Que otros hagan el trabajo sucio de entenderlo. *(Transición oscura).* Tengo cosas viviendo dentro de mi cabeza y solo pintando puedo sacármelas de ahí.
FERNANDO. Vas a terminar asustándome.
SAMUEL. No jodas.

FERNANDO. Por mi madre. Pusiste una cara de muerte. Te lo digo yo, que la veo todos los días en el trabajo.
SAMUEL. ¿Eres sepulturero?
FERNANDO. ¡Peor que eso! ¡Yo soy el que está antes!
SAMUEL. ¿Un asesino en serie?
FERNANDO. Estudio Medicina, que es lo mismo. Estoy haciendo las prácticas de geriatría en un asilo de ancianos.
SAMUEL. Ah, entonces vives en un albergue.
FERNANDO. ¿Tú estás loco? ¡Eso no es vida! Tan pronto pude me conseguí un alquiler en el mismo Vedado.
SAMUEL. Yo no sé mucho de La Habana, pero me parece que son muy caros.
FERNANDO. ¡Y bien que lo son!
SAMUEL. ¿Cómo haces para pagarlo?
FERNANDO. Soy un niño mimado del reparto Punta Gorda. Mi mamá alquila para extranjeros y mi padre está en Venezuela como entrenador deportivo. Un perfecto burgués de nuevo tipo.
SAMUEL. Ya lo veo.
FERNANDO. Pura suerte. ¿Y tu familia qué dice de tu aventura habanera?
SAMUEL. *(Evasivo)*. Se me hace tarde. A lo mejor nos vemos luego. Por ahí.

Samuel se levanta y toma el asa de la mochila.

FERNANDO. *(Deteniéndolo)*. Atiéndeme un momento. Si nos ponemos a la mitad con el pago del alquiler vamos a salir ganando los dos. Hay suficiente espacio. ¿Qué dices?
SAMUEL. Pero... ¿así? ¿Ya? ¿Qué tú sabes de mí para...?
FERNANDO. Sé lo suficiente. No habrá problemas siempre y cuando no sienta una voz terrible a medianoche que diga: ¡Samuel, Samuel, Samuel!
SAMUEL. Esto me parece algo loco. Déjame invitarte a una merienda mientras lo pienso.
FERNANDO. De ninguna manera. Ni lo vas a pensar ni me vas a invitar a nada que tú eres el visitante. Vamos, se nota que tienes hambre. Tú necesitas un almuerzo, es cerca de aquí.
SAMUEL. ¡Pero tú estabas esperando a alguien!
FERNANDO. *(Lo piensa un instante)*. No va a llegar. Seguro que no llega.

Fernando ayuda a Samuel a colocarse su mochila y lo guía fuera de la terminal de ómnibus.

CUADRO III

Cuarto del asilo de ancianos.
  Cama de hierro esmaltada en blanco. Suero, oxígeno, crema para las escaras. Una silla sobre la que hay fundas y sábanas cuidadosamente dobladas. En el suelo una palangana y un jarro mohoso.
  Sobre la cama un viejo inmóvil. Fernando ordena algunos paños con diligencia. Roly aparece sofocado.

ROLY. Hola tú. Ya sé que es tarde, corazón, pero es imposible con el tráfico. No el de los carros, sino el de los hombres. Acabo de tropezarme con un trío de... En fin *(señalando al viejo)*, volvamos a la decrépita realidad. ¿Quién empieza?

FERNANDO. Hoy te toca a ti.
ROLY. Verás que de levantar la sábana me vomito.
FERNANDO. Haz la gracia y te dejo igualito que él, con manguera y todo.
ROLY. Hablo en serio. ¿A quién se le ocurre que el huevo frito es almuerzo para quien debe limpiar… esto?
FERNANDO. Pues coge el pomo de alcohol, date un trago bien largo, aguanta la respiración y piensa que estás masajeando a un modelo de la Calvin Klein.
ROLY. Por favor, la imaginación tiene sus límites. Mira, asume el «muerto», que bien que me desgraciaste el fin de semana.
FERNANDO. ¿Y yo qué te hice, míster neurosis?
ROLY. ¿No dejaste un asuntico pendiente el viernes, al mediodía?
FERNANDO. *(Haciéndose el tonto)*. Que yo recuerde.

Fernando levanta la sábana de un tirón.

ROLY. *(Tapándose la nariz)*. Ufffff. Es una bomba lacrimógena.
FERNANDO. *(Poniéndose a limpiar)*. Cállate, que te va a oír.
ROLY. Si despierto era sordo de cañón, ahora que está en coma… Además, ¿qué me va a hacer?
FERNANDO. No es por ti, animal.
ROLY. No le tengas tanta lástima, tú. Dicen que era un dirigente hijo de puta que le desgració la vida a más de uno.
FERNANDO. Yo no se lo voy a cobrar. Alcánzame los paños y la palangana.
ROLY. Si es que tú no deberías llamarte Fernando, sino Francisco. Yo creo que, si no fuera por «lo otro», serías santo.
FERNANDO. ¿Y los santos no pueden ser maricones?
ROLY. Al menos no públicamente. *(Transición)*. Oye, y no te creas que no me doy cuenta de lo que estás tratando de hacer. De mí no te escapas, «cara linda». ¿Sigues sin hacer memoria?
FERNANDO. Ayúdame a voltearlo, anda.
ROLY. Terminal de ómnibus, Canadá… ¿No te son familiares esas palabras?
FERNANDO. ¡Aaaaaaaaaaaaaaaaah!
ROLY. ¿Aaaaah? ¿Eso nada más?
FERNANDO. Si quieres te lo hago con las otras cuatro vocales: eeeeeh, iiiiih…
ROLY. A que te meto la cuña por la bocota esa.
FERNANDO. ¿Por qué tienes que ponerte así? Simplemente no tenía ganas.
ROLY. Con las ganas no se imprimen billetes ni se acuñan monedas. Hay que ser profesional en el trabajo.
FERNANDO. ¡Dentro de poco hasta me pones a marcar tarjeta!
ROLY. Debería hacerlo. A ver si coges un poco de disciplina.
FERNANDO. ¡Disciplina! ¡Ahora la putería también es disciplinada! Pásame el ungüento.
ROLY. Eso. Tírame a mierda. Pero que no se te olvide de dónde salió el dinero para dejar nuestro «pantano natal». No te lo dio tu mamacita, por cierto.
FERNANDO. No me eches más en cara tu asistencia que ya te pagué todo lo que te debía.
ROLY. ¿Y la enseñanza quién me la paga?
FERNANDO. Gracias a tus enseñanzas me tuve que ir de la casa. Chequea el suero.
ROLY. No. No te fuiste. Te botaron.

FERNANDO. Si mamá no hubiera encontrado aquellas revistas tuyas… ¡Cabrona suerte! No voy a olvidarlo nunca.
ROLY. Sí. Es bueno que no olvides nunca lo mal que te trataron. ¿Y quien vino a salvarte? ¡Roly, el hada madrina!
FERNANDO. Otra cosa sería demasiado pedir para un camionero y una maestra de preescolar.
ROLY. Qué va. No se puede ser tan cordero en esta vida. Míralos ahora, lo contentos que se ponen cuando les mandas un «regalito». Ellos saben muy bien de dónde sale pero… chitón, chitón.
FERNANDO. Déjalos que se den sus gustos. Ya son viejos y ganan una mierda de salario. No es justo que se mueran sin haber saboreado el primer mundo.
ROLY. Entonces volvemos al punto de partida. Hay que «luchar» para salvar a nuestros padres tercermundistas.
FERNANDO. Las fundas están sobre la silla.
ROLY. ¿Quieres acompañarme a una fiesta hoy por la noche?
FERNANDO. ¿Una fiesta gay, quieres decir?
ROLY. No, anormal. Una fiesta de quince. ¿Te embullas?
FERNANDO. Ya me aburren un poco.
ROLY. ¡Mira qué cosas, tú! Ahora resulta que eres un expediente X.
FERNANDO. Chico, es que no me da la gana de que me empujen a un gueto.
ROLY. ¿No ves que ahí está nuestra fuerza? ¡Somos locas, pero somos muchas!
FERNANDO. ¡Y yo todavía te escucho!
ROLY. Mis palabras alimentan.
FERNANDO. ¿Nunca te hartas?
ROLY. *Never.*
FERNANDO. ¿No has pensado en que pueda aparecer… alguien?
ROLY. No en este país. Aquí hace demasiado calor y el amor se deshidrata.
FERNANDO. *(Señalando al viejo).* ¿No tienes miedo de llegar a eso y estar solo?
ROLY. Entonces echaré mano de mis ahorritos.
FERNANDO. Roly, tú no puedes pensar así.
ROLY. ¡Esa cabrona manía tuya de complicarte las cosas! ¡No hay nadie, Fernando! ¡Nadie! Ninguno se queda el tiempo suficiente. Todos tienen su precio bien puesto y siempre habrá quien pueda pagar más que tú.
FERNANDO. Hay que cambiar las sábanas.
ROLY. Anda. Te reto a que me digas un solo nombre que valga la pena.

Fernando lo mira fijamente. Sus labios se entreabren pero está muy confundido para articular palabra.

ROLY. ¡Me basta!
FERNANDO. La suerte existe. Un día a lo mejor te lo encuentras de casualidad… y te dará la sensación de que lo conoces de toda la vida. Como un hermano al que puedes amar completamente.
ROLY. *(Con una sonrisa amarga).* Tal vez, pero estoy seguro de que aunque él sea un ángel yo voy a joderlo todo. Estamos malditos, Fernando. Por eso nos dicen «pájaros». El pájaro tiene que volar. Volar para comer y volar para que no se lo coman.

FERNANDO. Si tú lo dices.

ROLY. Lo digo, lo digo. Así que si alguna vez sueñas con una pareja eterna, recuerda esto: Estamos malditos. Vamos, repite conmigo: Estamos malditos.

FERNANDO. Malditos.

ROLY. Eso es. Cuando terminemos aquí vas a comprarte una muda de ropa presentable y sexi. ¡La vas a necesitar! Me dijeron de buena tinta que a esta fiesta va a ir mucha gente de lugares lejanos. Paso a recogerte a eso de las diez de la noche.

FERNANDO. ¡No! Yo… prefiero que nos encontremos en el parque de la esquina.

ROLY. ¿Y no vas a dejar que el «Roly Dior» te dé el visto bueno?

FERNANDO. Ya tienes lo que querías, voy a ir contigo. Lo demás es cosa mía. Está decidido: nos vemos en el parque.

ROLY. Aquí hay gato encerrado.

FERNANDO. *(Con incomodidad evidente).* Tú eres el que tiene ratones en la azotea.

ROLY. *(Divertido).* ¡Perra! ¡Ya caigo! ¡No es un gato lo que está escondido!

FERNANDO. *(Furioso).* ¡Te dije que no te metieras!

ROLY. Está bien, bobito. Pero tú sabes que conmigo es solo cuestión de tiempo.

FERNANDO. *(Señalando al paciente).* Busca una colcha para taparlo, esta noche va a hacer frío.

Fernando sale. Roly hace una mueca de desgano y le cierra la boca al viejo moribundo.

CUADRO IV

Cuarto de alquiler en el Vedado. Pequeño pero en orden. Dos camas personales y entre ellas una mesa de noche. No hay espacio para más. Tal vez una taquilla estrecha y una silla para colocar los libros. En la pared del fondo el sol proyecta franjas a través de la ventana. Sobre una de las camas está sentado Samuel, que desempaca sus accesorios de dibujo. De debajo de la cama saca un tablón que coloca sobre sus piernas. Busca una hoja de papel, empuña el carboncillo y tras un minuto de meditación comienza a dibujar. Al principio con mucho cuidado, casi parece estar forzado a hacerlo, pero después se hace cada vez más frenético. Mientras lo hace, las franjas solares se van desplazando hasta alcanzar el único rincón no iluminado del cuarto. Allí está Oscar, el hermano de Samuel, en blanco y negro, con uniforme militar apenas bocetado. Una mancha oscura resbala por su sien derecha y gotea en su hombro. Samuel detiene los trazos.

OSCAR. Hoy has dibujado la mancha más negra que de costumbre. ¿Significa eso algo para ti?

SAMUEL. Sí, que apreté demasiado el carboncillo.

OSCAR. A mí me parece que es una cosa… no sé… más… íntima.

SAMUEL. No soy psicólogo. Para mí es solo una chapucería.

OSCAR. Veo que te acuerdas muy bien de mi rostro. Pero insisto en que no sé por qué siempre lo pintas con esa dichosa mancha.

SAMUEL. Si te molesta tanto puedo pintarte la gorra.

OSCAR. No. No me molesta en realidad. Pienso que hasta es bonita. Que te trae cosas interesantes a la mente. Me gusta lo que sientes cuando la pintas y…

SAMUEL. ¡Es suficiente, Oscar!

OSCAR. ¿Te hago daño?

SAMUEL. ¿Qué ganas tú haciéndote insoportable?
OSCAR. Nada. ¿Me ves cara de satisfecho?
SAMUEL. No sé por qué sigo dibujándote si no dejo de sentir miedo.
OSCAR. Yo tampoco he dejado de sentir miedo. Aquel mismo miedo, aunque ahora ya no tiene ningún sentido. Pero eso es bueno. El miedo es lo que nos ha unido siempre.
SAMUEL. También hay cosas poderosas que me unen a mamá. ¿Por qué no viene entonces?
OSCAR. Dibújala. Ahí. A mi lado. Quién sabe si resulte.

Samuel retoma el carboncillo, se inclina sobre el tablón e intenta esbozar algo. Es inútil.

OSCAR. ¿Qué pasa?
SAMUEL. No me acuerdo. A veces tengo su imagen muy clara dentro de mi cabeza, pero cuando intento dibujarla se vuelve humo. Solo puedo pintarte a ti. ¿Por qué?
OSCAR. No lo sé. Simplemente sucede.
SAMUEL. Descansa ya. Descansa y déjame descansar a mí también.
OSCAR. Tú puedes cerrar los ojos, recostar tu cuerpo, relajar tu mente y ellos te arrastrarán al sueño. Incluso puedes tomarte una pastilla que te apague por un tiempo. Pero ¿qué hago yo sin el peso suficiente que me hunda en el descanso? No puedo sobornar a mi vigilia.
SAMUEL. Pero tiene que haber un lugar, un modo.
OSCAR. No, Samuel. Todos permanecemos. Unos más visibles que otros.
SAMUEL. Entonces permanece de otro modo. Quiero ver a mi hermano Oscarito. Para quien hice mis primeros dibujos. Al que enseñé a montar bicicleta. Al que ayudaba con las matemáticas cuando mamá se rendía. A quien bañaba en el hospital cuando aquel accidente porque a nadie más dejabas hacerlo. A quien llevé comida todos los fines de semana mientras estuviste en el preuniversitario…
OSCAR. A quien abandonaste cuando más te necesitaba.
SAMUEL. ¡No! ¡No te abandoné! ¡Lo sabes! ¡Lo tienes que saber más que nadie! ¡No pude llegar a ti! ¡No me diste tiempo!
OSCAR. Ya el tiempo no me pertenecía.
SAMUEL. Hablé con todos los que pude.
OSCAR. No fueron los indicados.
SAMUEL. Te escribí casi tres cartas por semana.
OSCAR. Durante demasiadas semanas.
SAMUEL. No me dejaron verte.
OSCAR. Inútil.
SAMUEL. No te pasaron mis llamadas.
OSCAR. Inútil.
SAMUEL. Tenías que aguantar solo un año. Un año nada más.
OSCAR. *(Violento).* No digas «nada más». Estoy harto de que me digas «nada más». Me revienta ese «nada más». Nadie tiene el derecho de decidir lo que para mí es «nada más». Nunca logré ver ese año por más que me lo repitiera. Me parecía que había estado siempre allí y que nunca iba a salir del fango, de las quemaduras del sol, la saliva del oficial salpicándome cada vez que me daba una orden, las planchas arriba de la mierda de vaca, el hambre, la peste de cien botas en el albergue, la ración de golpes que me tocaba en el baño por ser el más débil. Yo te lo contaba todo. TODO. ¿Y tú qué me decías? ¡Dime, Samuel! ¿Qué me respondías, hermanito mayor? ¡Habla!

SAMUEL. *(Entre dientes).* Que te hicieras hombre.

OSCAR. ¡Pues entérate! ¡Yo no quería ser la clase de hombre que aquel lugar iba a hacer de mí!

SAMUEL. No eras el único.

OSCAR. ¿Y por qué no fuiste tú a fabricar la hombría cuando te tocaba?

SAMUEL. Yo estoy seguro de que si mamá y papá hubieran estado, habrían hecho lo mismo para que tú no fueras.

OSCAR. Estabas tú.

SAMUEL. ¿Y qué podía hacer yo? ¿No recuerdas dónde vivíamos? ¿Pude evitar que nos confiscaran la casa? ¿Pude evitar que papá se montara en una balsa tres semanas después de que a mamá se la comiera el cáncer? ¿También esperabas que evitara la muerte de mamá? Yo solo tenía dos años más que tú. ¿Por qué coño crees que te veo así? Yo tuve que lavarte y vestirte. Vi cómo te rellenaban la boca con papel de periódico y te cosían los labios por dentro. Y al final hubo que velarte tapado porque era imposible disimular aquel agujero. ¿Cómo voy a tener otra cosa en la cabeza? ¿Cómo voy a pintar a mamá? ¿Cómo sigo?

OSCAR. Para eso has venido a La Habana. Tenemos un plan.

SAMUEL. «Tenemos».

OSCAR. ¿Estás dudando?

SAMUEL. Solo veo que hay otras opciones.

OSCAR. De una vida normal.

SAMUEL. ¿Me lo permitirías?

OSCAR. ¿Qué tú crees? Es precisamente eso lo que me debes: una vida normal.

SAMUEL. Ve a cobrársela a papá. ¿Está demasiado lejos para ti o tal vez no quieres que te responda lo mismo que a mí en su última llamada telefónica?

OSCAR. También es por ti que debes hacerlo. A la larga te sentirás mejor.

SAMUEL. ¿Y si te dijera que ya me siento un poco mejor?

OSCAR. ¿Aquí?

SAMUEL. Tengo trabajo, casa, nuevos amigos.

OSCAR. Un solo amigo.

SAMUEL. Por ahora es suficiente.

OSCAR. Yo no estaría tan seguro de él.

SAMUEL. …

OSCAR. Especialmente por las noches.

SAMUEL. Cállate.

OSCAR. Lo haré un día, definitivamente. Solo si sigues el plan. Nuestro plan. En el fondo sabes que es la única solución duradera. La única que puede traernos la paz a ambos.

SAMUEL. ¿Paz?

OSCAR. Y, quién sabe, a lo mejor puedas dibujar a mamá.

SAMUEL. ¿Lo juras?

Oscar sonríe y camina hacia el rincón. Las franjas de luz ya han cambiado de lugar y no pueden revelar su presencia. Samuel dobla la hoja de papel donde lo ha dibujado y la esconde entre dos libros que están sobre la silla. Duda un poco, abre la taquilla y saca su mochila vacía. Comienza a empacar. No bien ha guardado alguna ropa llega Fernando. Está radiante y tira sobre la cama de Samuel una lata de refresco y un emparedado.

FERNANDO. Vaya. Ahí tienes. Hoy me dieron merienda en el trabajo y esta me la robé para ti. *(Se da cuenta de que Samuel está empacando).* ¿Qué tú haces?
SAMUEL. Gracias por todo. Ahora te doy mi parte del dinero. Fue bueno estar aquí.
FERNANDO. ¿A dónde vas? ¿Regresas a Cienfuegos?
SAMUEL. No… no… es que… conseguí otro alquiler.
FERNANDO. Pero si no te hace falta. A mí no me estorbas para nada. ¿Es por mí? ¿Algo que hice?
SAMUEL. Nada. No te preocupes. Solo que…
FERNANDO. Ah, ya entiendo. Quieres intimidad. Bueno, eso es muy fácil, el día que vayas a traer a alguien nos ponemos de acuerdo y yo duermo en casa de un amigo. ¿Ves que todo se resuelve?
SAMUEL. Tampoco es eso. Yo ahora no tengo cabeza para estar con nadie.
FERNANDO. ¿Tienes miedo de mí?
SAMUEL. ¡NO! Se te ocurren cada cosas…
FERNANDO. Entonces se me acabaron las razones lógicas. Al final me parece que no quieres irte de verdad.
SAMUEL. ¿Por qué?
FERNANDO. Porque hace rato que podías haberme inventado una buena mentira. Por ejemplo…
SAMUEL. No me gusta mentir.
FERNANDO. Di mejor que no sabes mentir.
SAMUEL. …
FERNANDO. No has conseguido ningún otro alquiler y yo no te voy a dejar en la calle con esa cara de bobo. Si no tienes dinero yo lo pago completo hasta que puedas devolvérmelo. Pero hazme el favor de vaciar esa mochila ahora mismo.
SAMUEL. Tú no entiendes.
FERNANDO. No. No entiendo.

Samuel observa el borde de la hoja que sobresale de entre los dos libros, donde está dibujado su hermano. Más que a Fernando, le responde al papel.

SAMUEL. Me quedo solo dos días más. Es lo necesario.

Fernando sonríe, le da una palmada en la espalda a su amigo y se tira en su cama. Samuel se voltea para desarmar el equipaje. Entonces Fernando descubre la hoja y siente curiosidad. Se levanta con sigilo, va a la silla, toma el pliego y lo desdobla.

FERNANDO. ¿Y este quién es?

Samuel se ha vuelto hacia él y al ver lo que hace se lanza para arrebatarle el dibujo.

SAMUEL. *(Con furia).* ¡Déjalo!

Fernando se ha quedado perplejo. Samuel baja la cabeza avergonzado mientras arruga el papel y lo guarda en uno de los bolsillos del pantalón.

SAMUEL. Disculpa. Es un mal dibujo.

FERNANDO. Pues no me pareció tan malo.
SAMUEL. Un boceto para otro libro.
FERNANDO. Supongo que no sea un libro infantil.
SAMUEL. No. Es una novela de… se me olvidó el nombre.
FERNANDO. ¿Puedes pintarme a mí?
SAMUEL. No sé hacer retratos.
FERNANDO. Hazte cuenta que soy un personaje de uno de esos libracos. Puedes inventar lo que te dé la gana sobre mí y aun así te quedarás corto.
SAMUEL. Lo intentaré. *(Saca el tablón y los carbones)*.
FERNANDO. ¿Cómo tengo que ponerme?
SAMUEL. Como quieras siempre y cuando te estés quieto.

Fernando baja los libros de la silla, se quita la camisa y se sienta frente a Samuel. Hay un instante minúsculo en que ambos se contemplan en silencio.

SAMUEL. No puedo pintar si me miras tan fijamente.
FERNANDO. Si cierro los ojos me quedo dormido.
SAMUEL. Entonces acuéstate en la cama y te pinto mientras duermes.
FERNANDO. *(Burlón)*. Pero no te vayas a aprovechar de mí.
SAMUEL. Payaso.

Fernando se acuesta en la cama y cierra los ojos.

FERNANDO. ¿Así está bien?
SAMUEL. Perfecto. *(Comienza a trazar)*. Dicen que al dormir es cuando únicamente mostramos nuestro verdadero rostro.
FERNANDO. ¿Sí? ¿Y cómo es el mío?
SAMUEL. No te has dormido todavía.
FERNANDO. Estate alerta, ocurrirá de un momento a otro. Hoy he tenido un día agotador.
SAMUEL. A propósito. Tu mamá llamó al mediodía.

Fernando se incorpora sobresaltado.

FERNANDO. ¿Qué quería?
SAMUEL. No dijo. Se sorprendió un poco al oír mi voz. Me hizo unas cuantas preguntas de rigor y colgó. Te llamará más tarde.
FERNANDO. *(Volviendo a acostarse, más tranquilo)*. Chequeo de rutina. Ojalá que no llame muy tarde, hoy por la noche tengo guardia en el asilo.
SAMUEL. ¿No tuviste ayer?
FERNANDO. Voy a cubrir a un compañero. *(Transición)*. ¿Por casualidad me estás controlando tú también?
SAMUEL. Es para saber qué le digo.
FERNANDO. Ah, yo creía. Porque nunca te pregunto dónde te metes cuando no estás en el trabajo.
SAMUEL. Unas veces voy a la iglesia.

FERNANDO. ¿A rezar?
SAMUEL. Más o menos. Prefiero decir: «a descansar».
FERNANDO. A ti te falta un tornillo.

Pausa.

SAMUEL. ¿Ella sabe?
FERNANDO. Anjá.
SAMUEL. ¿Y?
FERNANDO. Divina.
SAMUEL. ¿Y tu papá?
FERNANDO. Bien, gracias. Ojos que no ven, corazón que no siente.
SAMUEL. Eres afortunado.
FERNANDO. *(Adormilado).* Y mucho.
SAMUEL. Fernando.
FERNANDO. *(Casi dormido ya).* ¿Mmmm?
SAMUEL. El día que nos conocimos… nunca me respondiste la segunda pregunta.

Fernando está profundamente dormido.

SAMUEL. ¿Sobreviviré?

Samuel ha terminado. Desmonta la hoja del tablón y se acerca con ella a su amigo. Vuelve a contemplarlo pero esta vez con mucha calma. Despacio, para que no se despierte, coloca el dibujo bajo la almohada y sale de la habitación.

CUADRO V

Baño del asilo. Dos inodoros. Fernando y Roly empuñando sendos cepillos.

ROLY. ¡Qué lindo! ¡Qué lindo! ¡Es un primor de blancura y perfume! Yo no sé por qué no les ponen una sonda a todos. ¡Por delante y por detrás!
FERNANDO. *(Riendo).* Vamos a ponerte una a ti en la cabeza para que botes toda la porquería que tienes dentro.
ROLY. Estoy seguro de que no va a apestar tanto como la tuya.
FERNANDO. Arrodíllate y friega, anda, que con estos dos terminamos.
ROLY. ¿Y cuál es el apuro?
FERNANDO. ¿Tan cómodo te sientes entre la mierda?
ROLY. Tanto como tú ayer en esa fiesta. Mira que a los pájaros nos cuesta trabajo ponernos de acuerdo en algo, pero todos los presentes coincidimos en que eres un ácido.
FERNANDO. ¿Porque no me fui con nadie?
ROLY. Bueno, en realidad ni miraste a nadie. Tenías a un batallón de mangos pintándote fiesta, ofreciéndote tragos y a esa hora te dio por decir que eras abstemio. Para colmo, el yuma mejor parecido que he visto en mi vida, con un «melón» soberbio, se puso de lleno para tu

cartón. ¿Qué hace el niño? Se va corriendo a las doce de la noche como la Cenicienta, y ni por cortesía le dejaste tu zapato.

FERNANDO. Te juro que no me di cuenta.

ROLY. Estoy por pensar que tienes trastornos hormonales.

FERNANDO. Será que por fin estoy madurando...

ROLY. *(Interrumpiéndolo)*. Ay, ahora viene la clase de moral.

FERNANDO. ¿Qué clase ni clase? Iba a contarte otra cosa... pero mejor no.

Silencio largo. Fernando limpia su inodoro mientras Roly espera impaciente.

FERNANDO. Sigue raspando que yo no voy a hablar.

ROLY. A que lo sé.

Fernando finge no atender.

ROLY. Si solo me falta por averiguar el nombre, pero hasta sé que pinta muñequitos.

FERNANDO. ¡!

ROLY. ¿Por cuánto tiempo creíste que ibas a guardarte la exclusiva? ¡Estamos en todas partes, mi amor! ¿No sabes que en la CIA de cada tres espías hay uno gay? Yo solo me estaba haciendo el zonzo para medir la temperatura de confianza que me tienes.

FERNANDO. No es asunto de confianza. Es que prefiero mantenerlo apartado. Él está en el único espacio limpio que me queda.

ROLY. ¡Palabras mayores! ¿Tan bueno es?

FERNANDO. ¿Bueno?

ROLY. ¡En la cama!

FERNANDO. Te equivocaste.

ROLY. ¿Eh?

FERNANDO. Nosotros no... no... no somos nada. Ni siquiera me parece que sea gay.

ROLY. *(Fingiendo asombro)*. ¡No me digas! *(Transición)*. ¿Tú te crees que porque cuido a estos viejos estoy tan chocho como ellos? Alguno de los dos está mintiendo: tú a mí o él a ti.

FERNANDO. Por eso mismo olvídate de que hablamos.

ROLY. ¡De eso nada, papito! Tengo derecho a saber lo mínimo de quien me está perjudicando el negocio.

FERNANDO. Oye, ten cuidado que yo no soy ninguna puta tuya para que...

ROLY. Calma, calma. Fue una manera de decir. Son... celos míos. Te tiene como hipnotizado. Del asilo a las clases, de las clases a estudiar en la casa. Hace noches que no quieres salir a ningún lado y después me dicen que te vieron con un muchacho en una exposición o entrando al teatro. ¿Desde cuándo te gustan esas cosas? ¿Y quieres hacerme creer que no tienen una relación? ¡Por favor! Por lo menos di que ustedes no lo saben, pero aun así ¡la tienen!

FERNANDO. No es de la gente que uno desee llevarse a la cama al primer momento. Pero sabes que, cuando lo hagas, desearás que se quede allí, contigo, para siempre.

ROLY. Entonces, ¡lo hicieron!

FERNANDO. ¡Pero ¿qué coño tienes en la cabeza?!

ROLY. *(Golpeándose la frente)*. Una mente despejada, práctica y muy bien enfocada.

FERNANDO. Sí, debo reconocer que a la gente como Samuel y yo nos haría falta una inyección de Roly para sufrir menos. Sobre todo a él. Lo que lo hace más hermoso es precisamente lo que parece estarlo matando.

ROLY. Y dentro de poco a ti con él.

FERNANDO. ¡No! Yo voy a descubrirlo. Sé que puedo curarlo. Y casi estoy seguro de que él lo sabe también.

ROLY. En fin, mientras juegas a los doctores, espero que me dediques un tiempo a mí, que, en definitiva, te lo estás dedicando a ti. Te anuncio que viene otro «amigo». Así que vete preparando, no vayas a embarcarme, que esta entrada sí promete ser grande.

FERNANDO. Roly, no te pongas bravo, pero yo me desapunto.

ROLY. ¡¿!

FERNANDO. Me salgo. No quiero. Terminé.

ROLY. ¿Serás idiota, tú? Yo entiendo lo de tu «nosequé» con ese chiquito, pero cada cosa en su lugar.

FERNANDO. ¡Eso! Estoy poniendo cada cosa en su lugar. Entre los dos estamos pagando el alquiler y si es necesario nos buscamos uno más barato, aunque no sea en el centro. Yo he ahorrado, por ahora tengo todo lo que necesito para una vida más o menos normal y...

ROLY. ¡¿Vida normal?! ¡¿Más o menos?! ¡Fue ese Samuel! ¡Te ha hecho sentir culpable!

FERNANDO. Él no sabe nada. Ya te dije que lo he mantenido aparte de todo. Y no siento ni un carajo de culpa. Hice lo que hice y punto. Me ayudó mucho pero ¡ya! ¡Basta! Cerré esa etapa.

ROLY. Como si eso fuera tan sencillo. Tienes la marca, querido. No eres tú solo el que decide cambiar. Hay todo un mundo a tu alrededor. Gente, lugares, hechos. ¿Vas a borrarlo todo con un «basta»? ¡Qué va, «cara linda»! Te metiste en la mierda hasta el cuello y ya conoces lo que pasa. Aunque te limpies con cloro la peste va a seguir bajo tus uñas.

FERNANDO. ¡Me corto los dedos!

ROLY. A lo mejor y hasta te cortan el cuello.

FERNANDO. ¿Quién, tú?

ROLY. Voy a tranquilizarme porque sé que estás drogado con ese juguete nuevo. Ahora mismo estoy seguro de que él tiene sus propios planes. Ya vendrás tú llorando a verme, porque no te incluyó en ellos.

FERNANDO. Eso también lo he pensado, sabiondo. No me importa. Voy a elegir. Yo quisiera conservarte Roly, y voy a parecerte injusto o mal agradecido, pero si no quieres ser parte de mi nuevo mundo, lo siento mucho...

ROLY. Pues sí, bien malagradecido que eres. Y en lo último también tienes razón. Lo vas a sentir.

Roly tira su cepillo dentro del inodoro y sale. Fernando se sienta en el suyo, medita un rato y saca un teléfono celular, lo estudia con resignación. Lentamente, la luz se concentra en un círculo sobre él.

FERNANDO. Bueno, supongo que esta va a ser mi última llamada por aquí.

CUADRO VI

Continuación del cuadro anterior. Se abre un nuevo círculo de luz donde aparece Samuel, sentado en una silla con un teléfono sobre las rodillas. Espera una llamada. Fernando marca en su celular y suena el teléfono de Samuel. Este último descuelga ansioso.

SAMUEL. ¿Papá?
FERNANDO. ¿Mamá?
SAMUEL. Sí. Soy yo, Samuel.
FERNANDO. ¿Quién va a ser? Fernando.
SAMUEL. Habla más alto.
FERNANDO. De aquí, de La Habana. Yo dejé bien claro que por allá no volvía.
SAMUEL. ¿Cuándo?
FERNANDO. Mira. No vamos a gastar más tiempo en discutir ese tema. Yo no he dejado de ser tu hijo y tú puedes venir a verme cuando quieras, pero papá es otra historia.
SAMUEL. ¿No era hasta cinco años el máximo?
FERNANDO. Nunca he dudado que me quisiera pero debería perfeccionar sus métodos.
SAMUEL. Yo te necesitaba más pronto. En realidad te necesito siempre.
FERNANDO. Pero, ¿tú te crees que yo no sé que lo hiciste por el terror que le tienes?
SAMUEL. ¿Miedo a qué? Si hubieras visto lo que yo.
FERNANDO. Sí, claro que él también puede venir, aunque solo si él quiere. Sabes que no se lo voy a pedir.
SAMUEL. Unas amigas de mamá y dos o tres compañeros del Servicio.
FERNANDO. No es cosa que me interese demasiado.
SAMUEL. Nadie, me tuve que encargar de todo.
FERNANDO. Yo no soy cura para perdonar a nadie. ¡Y no me llores más por teléfono que me pone nervioso! Si sigues con el chantaje emocional cuelgo y hasta que no vengas no volvemos a conversar.
SAMUEL. Supongo que lo que pasó con ella me preparó para este tipo de cosas.
FERNANDO. Eso es mejor. Todo va muy bien, ya casi termino el año.
SAMUEL. Como pueda.
FERNANDO. Sí, sobre eso quería hablarte. Ya no me llames más al celular. Con esta llamada se me acaba todo el crédito.
SAMUEL. Lo de la casa no tuvo remedio.
FERNANDO. No, a lo mejor lo venda.
SAMUEL. Te hubieras quedado.
FERNANDO. Oye, no averigües tanto, simplemente ya no lo puedo pagar.
SAMUEL. Se te mató un hijo ¿ok?
FERNANDO. Te he dicho mil veces que esas cuestiones no me gusta tratarlas contigo, es muy incómodo por mucho que te hayas «civilizado».
SAMUEL. No, perdóname tú a mí. Es que ha sido muy intenso. Comprendo que a ti todo llega como a un siglo de distancia.
FERNANDO. Confórmate con saber que se acabó.
SAMUEL. Donde mismo.
FERNANDO. Samuel.
SAMUEL. Fernando.
FERNANDO. Cubano.
SAMUEL. Eso no es asunto mío.
FERNANDO. ¿Tú, tú también me vas a salir con eso?
SAMUEL. Y si así fuera…
FERNANDO. ¡Lo invento, chica! ¡Lo invento! ¡Habrase visto, mi propia madre me habla como un proxeneta!
SAMUEL. No te preocupes, eso no está en mis planes. Pero te advierto que el camino que he escogido no te va a parecer mejor.

FERNANDO. ¡Ah, porque el monstruo soy yo!

SAMUEL. Cuando nos veamos en persona te enterarás.

FERNANDO. Entonces lo que no se puede es ser maricón a secas. Hay que ser maricón y puto ¿no?

SAMUEL. De alguna manera tendrás que entender lo que significa realmente hacer tu propia vida.

FERNANDO. Pues dime de qué otra manera se puede interpretar eso.

SAMUEL. Ah, soborno. Si tienes miedo de que me vaya tras de ti, puedes dormir tranquilo. Ya escapaste una vez de tus hijos, no quiero verte hacerlo de nuevo.

FERNANDO. Me parece que debes revisar la idea que tú tienes de lo que es «mi bien».

SAMUEL. Si recuerdas, solo con Oscar yo fui más cariñoso que eso.

FERNANDO. A él lo dejas en paz que ni lo conoces.

SAMUEL. Por favor, no es buena idea hablar de culpa ahora, de eso tengo bastante.

FERNANDO. ¡Estoy harto, mamá, estoy harto! ¡Ya veo que estoy podrido de raíz! La cosa venía en sangre.

SAMUEL. Creo que sí te quiero, pero a veces me parece que tú también has muerto. Que tú, mamá y Oscar están juntos al otro lado y que he sido yo el que se marchó.

FERNANDO. Es la segunda vez que me llaman malagradecido en el día de hoy. ¡Pues los mando a todos para el carajo!

SAMUEL. Quizás ambos estamos muertos en mundos distintos. ¡No cuelgues, por favor, un minuto más! ¿Me necesitas? ¿Me necesitas? ¿Me quieres vivo? ¡Dime! ¡Papá, eres el único que puede quererme vivo! *(Su círculo de luz va perdiendo intensidad)*. ¡Papá! ¡No cuelgues! ¡Discúlpame, papá! ¡Soy yo, Samuel! ¡El hermano de Oscar!

FERNANDO. No, ya no quiero que vengas. Hoy terminaste de dejarme solo. Y al final siempre me parece que no puedo elegir lo que soy. Todos resbalamos hacia el mismo tragante, mamá. Allá nos vemos. *(Cuelga)*.

SAMUEL. ¡Papá! ¡Papá! *(Su círculo de luz termina por apagarse)*.

Vuelve a hacerse la luz sobre toda la habitación. Fernando está furioso, tira su celular contra el piso y patea la taza del inodoro. De pronto reaparece Roly, quien viene guiando a Samuel.

ROLY. *(A Fernando)*. ¡Vaya, hablando del diablo...! ¡Mira quién ha venido a verte! *(A Samuel)*. Aquel que está allí... ese es Fernando.

SAMUEL. *(Ácido)*. Yo lo conozco.

ROLY. *(Mira de reojo a Fernando)*. No, no me parece que lo conocieras muy bien.

FERNANDO. Cuídate la boca.

ROLY. Y tú las espaldas. *(A Samuel con ironía)*. Pase y siéntese, no tenga pena, hay un trono para cada uno. *(Sale)*.

Samuel lo mira hasta que desaparece. Entonces se vuelve hacia Fernando.

SAMUEL. Un poco repugnante el tipo. ¿Es tu amigo?

FERNANDO. No le hagas caso. *(Reparando en los ojos rojos de Samuel)*. ¿Qué te pasa?

SAMUEL. De pronto quise verte.

FERNANDO. Ven. Salgamos de este lugar. Yo también tengo cosas que contarte.

SAMUEL. ¿Crees que después de haber subido esas escaleras acompañado de tu «amigo» me quede algo por saber?

FERNANDO. ¡Voy a matar a ese maricón! ¿Qué fue exactamente lo que te dijo?
SAMUEL. …
FERNANDO. En fin, ya está hecho. Hubiera querido ser yo pero…
SAMUEL. No era necesario.
FERNANDO. Sí, claro que lo era.
SAMUEL. ¿Qué diferencia hace?
FERNANDO. No te entiendo.
SAMUEL. Ahora sé lo mismo que todos ya sabían de ti.
FERNANDO. Sigo sin entender.
SAMUEL. Significa que no soy diferente de los demás.
FERNANDO. ¿Preferías que te siguiera mintiendo?
SAMUEL. *(Con una sonrisa amarga)*. ¿Me crees imbécil? ¿En algún momento pensaste realmente que me engañabas? ¿Me llevé alguna sorpresa cuando vi a un estudiante de Medicina limpiando inodoros? ¿Piensas que porque no tengo madre no me bastaron tres palabras por teléfono con la tuya para saber lo que sucedía? Y además, no eres el único que sale a caminar de noche cuando está desvelado…
FERNANDO. ¿Entonces, me estabas probando?
SAMUEL. Al contrario. Me daba placer que quisieras ser otra persona para mí.
FERNANDO. Pero ahora voy a serlo de verdad. También para ti.
SAMUEL. Selo para ti. De todas maneras yo no voy a estar.
FERNANDO. ¡Coño! ¡Te he dicho que no me hables más así! Desde que te conozco te pasas la vida amenazando con un lugar misterioso al que debes irte de un momento a otro. Ya hasta tengo ganas de que acabes de largarte para enterarme.
SAMUEL. Mañana, a primera hora.
FERNANDO. No tienes que tomarte a pecho todo lo que digo.
SAMUEL. Entro al Seminario.
FERNANDO. ¿Cómo?
SAMUEL. Me han admitido en una orden religiosa… Franciscanos.
FERNANDO. ¿Por eso viniste a La Habana? ¿Allá ibas todas las tardes después del trabajo?
SAMUEL. …
FERNANDO. Samuel, quiero que me beses.
SAMUEL. Fernando…
FERNANDO. No tienes que hacer nada. Yo me encargo. Cierra los ojos.

Lo besa.

FERNANDO. Eres muy tierno. Juraría que permaneces virgen. Podría haberte robado todo el aliento si quisiera. Temo por ti.
SAMUEL. Tengo que terminar unos dibujos.
FERNANDO. No entres allí.
SAMUEL. No soy el único. No estoy enfermo de nada. Yo necesito estar allí.
FERNANDO. ¿Para qué? Amigo mío, las buenas obras nunca serán suficientes. Quizás para dormir tranquilos una noche, pero solo una noche.
SAMUEL. Nunca vas a entenderlo pero yo DEBO estar allí.
FERNANDO. Mira, atiende bien lo que te voy a proponer. Quiero que seas mi pareja.

SAMUEL. ¿Qué?

FERNANDO. Olvida todo lo que sabes de mí. O mejor, recuerda solo lo que aparentaba ser.

SAMUEL. Fernando, yo no soy... tú sabes...

FERNANDO. Tú aún no eres nada, esto será tan nuevo para ti como si fuera con una mujer, lo sentí cuando me besaste. Quiero que te quedes, que estés, que permanezcas, quiero saber que cuando tu nombre venga a mi cabeza como sucede mil veces al día voy a mirar hacia un sitio en el que estarás tú o tus huellas aún calientes.

SAMUEL. Hablas como si me fuera a morir.

FERNANDO. Te vas a morir, ya estás medio muerto.

SAMUEL. *(Explotando).* ¡Cállate! ¿Qué tú sabes de la muerte? ¿Crees que por haber visto morir a cuatro viejos ya lo comprendiste todo? ¿Tienes que dar tantas vueltas para acostarte conmigo? ¿Ahí quieres llegar por fin? ¡Y pensar que, de todo lo que me dijo ese tipo, eso fue lo único que no me entró en la cabeza!

FERNANDO. ¿De qué estás hablando?

SAMUEL. ¿Cuánto te apostaste?

FERNANDO. Samuel, tú no puedes pensar que...

SAMUEL. ¿Va a darte algo por el beso o eso no cuenta?

FERNANDO. ¿No ves que te está manipulando?

SAMUEL. ¿Y tú qué has hecho hasta hoy?

FERNANDO. Es injusto.

SAMUEL. Dime si estas no fueron exactamente tus palabras: «No es de la gente que uno desee llevarse a la cama al primer momento».

FERNANDO. *(Ya confundido).* Sí, pero lo...

SAMUEL. Te creí menos torpe, Fernando. *(Sale corriendo).*

Fernando permanece atónito unos segundos.

FERNANDO. ¡A la mierda! ¡Todo se va a la mierda! *(Sale como una exhalación).*

CUADRO VII

Noche. Fernando pasea por una calle oscura. De cuando en cuando un auto pasa iluminándolo fugazmente. No se desplaza en ninguna dirección precisa, a menudo vuelve sobre sus pasos y busca entre las sombras.

Aparece un muchacho atractivo y musculoso. Se mueve con la misma intención errática pero su actitud denota más seguridad y descaro, como un animal en su territorio de caza.

Ambos se descubren.

Después de un cortejo de miradas y signos muy particulares puede entablarse el diálogo.

FERNANDO. ¿No te he visto antes?

DANIEL. Puede ser. La Habana es más pequeña de lo que parece.

FERNANDO. ¿Eres de aquí?

DANIEL. Ahora sí. ¿Y tú?

FERNANDO. Yo también… ahora.
DANIEL. Mmmm.
FERNANDO. Fernando.
DANIEL. Daniel.
FERNANDO. ¿De verdad?
DANIEL. ¿Qué?
FERNANDO. Que te llamas Daniel.
DANIEL. ¿No se puede?
FERNANDO. Quiero decir, que a veces en estos lugares la gente se cambia el nombre. Yo, por ejemplo, a veces me llamo Samuel.
DANIEL. Eso es estúpido.
FERNANDO. Es una protección.
DANIEL. ¿De qué?
FERNANDO. Por si no te conviene que alguien te llame en plena calle, fuera de aquí.
DANIEL. Le rompo los dientes.
FERNANDO. Si te molesto me voy.
DANIEL. Quédate si quieres.

Silencio.

FERNANDO. Del malecón.
DANIEL. ¿?
FERNANDO. Que te conozco del malecón, lo recuerdo, te he visto allí. Siempre con otro amigo.
DANIEL. Ah, sí, trabajando.
FERNANDO. ¿?
DANIEL. En la lucha.
FERNANDO. Comprendo.
DANIEL. ¿Tienes algún problema con eso?
FERNANDO. ¡No, qué va! ¿El otro es pareja tuya?
DANIEL. A veces. ¡Cuidado, ahí viene la patrulla! Camina para allá.

Se desplazan. Pasa la luz del carro sobre ellos pero sigue de largo.

FERNANDO. Este lugar me pone nervioso.
DANIEL. A mí me divierte.
FERNANDO. Es peligroso.
DANIEL. Yo soy más peligroso todavía.
FERNANDO. ¡!
DANIEL. Tranquilo, tú estás a salvo.
FERNANDO. Haces ejercicios ¿verdad?
DANIEL. Voy al gimnasio seis días a la semana. Hay que cuidar la mercancía. *(Muestra sus bíceps).* ¿Ves?
FERNANDO. ¿Puedo tocar?
DANIEL. ¿Puedes pagar?
FERNANDO. ¡Ah!

DANIEL. Bueno, no te voy a llevar recio. A lo mejor quieres llevarte el resto.

Fernando palpa el bíceps de Daniel, este gira el brazo para que explore sus tríceps, pero cuando avanza hacia el torso lo detiene.

DANIEL. *Stop*. Eso no va en la muestra.
FERNANDO. ¡Qué lástima! ¡Ahora no tengo presupuesto!
DANIEL. Sí, qué lástima.

Se separan un poco. Fernando mira a otra parte. Daniel le silba bajito.

DANIEL. La conversación no la cobro.
FERNANDO. No pensé que estuvieras interesado.
DANIEL. Qué poquito tú piensas.
FERNANDO. No creo que te guste mi modo.
DANIEL. ¿Y cuál es tu modo?
FERNANDO. A veces solo quisiera tomarte de la mano y caminar, así de simple. Cuanto más un beso tibio, sin mirar quién viene calle arriba. Un conocimiento lento y silencioso. Poseer tu alma y que el cuerpo solo sea un accidente natural.

Daniel se echa a reír descaradamente.

FERNANDO. Te lo dije. *(Aparenta irse)*.
DANIEL. ¡Espera! No te pongas bravo. Es que hace rato no me encontraba uno de tu especie.
FERNANDO. Mira, tuviste suerte después de todo. Adiós.
DANIEL. *(Lo toma del brazo)*. Te dije que te quedaras.
FERNANDO. Suéltame.
DANIEL. Relájate. Voy a ser bueno contigo. Para que veas que tus poemitas no son inútiles.
FERNANDO. Sabes que no tengo dinero.

Daniel lleva la mano de Fernando a sus pectorales y desliza la suya hasta el trasero de este.

DANIEL. Pero tienes otra cosita. Ven, vamos para un lugar más cómodo.
FERNANDO. ¿Es seguro?
DANIEL. Yo te llevara para mi casa pero no vivo solo. No tengas miedo. Es mi nido de amor.
FERNANDO. ¿Y si hay alguien más?
DANIEL. Imposible, es mi lugar secreto, vamos.

Fernando se deja guiar por Daniel.

DANIEL. Es aquí.
FERNANDO. No se ve casi nada.
DANIEL. Eso es lo mejor.

Fernando trata de besarlo en la boca pero Daniel lo detiene.

DANIEL. Conoces las reglas. En todas partes menos en la boca y allá atrás. Ya es bastante con que no pagues.

Fernando lo besa en el cuello y comienza a descender a medida que zafa uno a uno los botones de la camisa. De la oscuridad salta otro muchacho, atrapa a Fernando por la espalda y le acerca un cuchillo al rostro. Daniel permanece impasible.

FERNANDO. ¡Daniel!
DANIEL. Se conocen ¿no?

El recién llegado empuja a Fernando y este, al voltearse, reconoce en el primero a Roly, su ex compañero de trabajo. Intenta decir algo pero Roly lo golpea inmediatamente.

ROLY. *(A Daniel).* Te demoraste. Casi me comen los mosquitos.
DANIEL. Es que tuve que soportarle un poema y todo para que cayera.

Daniel lo golpea. Entre los dos lo desvisten, le quitan el reloj, la cadena y los zapatos. Una vez en ropa interior continúan golpeándolo.

DANIEL. ¿Se te hizo agua la boca, puta? *(Golpe).*
ROLY. Esto es lo que vas a tocar. *(Golpe).*
DANIEL. Dame un besito aquí. *(Señala su puño y lo golpea en la boca).*
ROLY. ¿Querías que te partieran el culo? Pues coge. *(Lo patea en el trasero).*

Fernando no atina a gritar. Soporta en silencio sin ánimos de defenderse. Cuando terminan está tendido en el suelo.

ROLY. Vámonos ya. Voy a chequear si la calle está limpia. *(Se va).*

Daniel se demora un poco más, agachado junto a Fernando.

DANIEL. ¿Te gustó, poeta? Ya sabes, si me ves algún día… recto como una velita ¿ok?

Aparenta irse pero vuelve.

DANIEL. ¡Ah, se me olvidaba! Daniel no es mi nombre, lo inventé para ti… poeta.

Le da su última patada y se va corriendo con una carcajada poderosa.

CUADRO VIII

Cuarto de alquiler en el Vedado. Afuera ya está muy oscuro y el foco que está en el techo no consigue iluminarlo completamente. Samuel entra muy alterado. Se sienta en su cama. Se levanta al momento y va a la taquilla. Busca entre sus ropas hasta que encuentra el pantalón. Mete la mano en uno de sus bolsillos y saca un papel estrujado. Vuelve a la cama y saca su tablón de dibujo. Sobre él alisa la hoja donde está dibujado su hermano. Oscar emerge del rincón más sombrío del cuarto.

OSCAR. No me asombra. No me asombra nada.
SAMUEL. Mañana tendrás lo que quieres.
OSCAR. ¿Por cuánto tiempo?
SAMUEL. ¿?
OSCAR. ¿Te supo bien?
SAMUEL. …
OSCAR. ¿Te gustó?
SAMUEL. Mañana… mañana… todo estará bien, Oscar. Te lo prometo.
OSCAR. Por un momento casi lo echas a perder.
SAMUEL. Yo… lo tenía todo bajo control. Solo quería ver hasta dónde…
OSCAR. Sé sincero, hermanito mayor. ¿Crees que baste con encerrarte allí?
SAMUEL. Es nuestro plan. ¿Recuerdas? Voy a entregarme a Dios, al buen Dios de mamá. Voy a entregarle todo lo que tú perdiste. Estaremos a mano.
OSCAR. Y yo me iré.
SAMUEL. Sí, eso, te irás.
OSCAR. ¿Y después, Samuel?
SAMUEL. ¿Después… qué?
OSCAR. Después de que yo me vaya. ¿Qué garantías tengo de que no romperás el pacto?
SAMUEL. Soy tu hermano.
OSCAR. Estás vivo.
SAMUEL. Siempre puedes volver.
OSCAR. ¿Y si se te olvida pintarme, como a mamá?
SAMUEL. No podría hacerlo, ¿cómo se te ocurre?
OSCAR. Hubo un diminuto instante en el que pasó. Me borré de tu mente. ¡Sabes a lo que me refiero! ¿Cómo pudiste hacerme eso?
SAMUEL. No fue mi intención. Pero mira, ya estoy aquí. Si quieres empaco y me voy a dormir a un parque hasta que amanezca.
OSCAR. No hay que esperar a mañana.
SAMUEL. Pero a esta hora de la noche dudo que me reciban en el convento.
OSCAR. No tienes que entrar en el convento para cumplir nuestro plan.
SAMUEL. ¿Cómo es eso?
OSCAR. Después de hoy ya no puedo confiar en ti, y hay solo una manera de asegurarme de que no me traicionarás.
SAMUEL. ¿Qué me estás pidiendo?
OSCAR. Es justo que los hermanos estén juntos.
SAMUEL. ¡!
OSCAR. Nosotros dos y mamá. Juntos, sí, es lo mejor.
SAMUEL. Es absurdo… yo… papá no lo…
OSCAR. *(Irónico).* ¿Papá? *(Ríe).*
SAMUEL. Oscar, no me hagas eso. Mamá no me lo pediría nunca.
OSCAR. ¿Y por qué tiene que pedírtelo ella? Es a mí a quien me lo debes.
SAMUEL. Quiero verla. Quiero hablar con ella.

OSCAR. ¡Dibújala!
SAMUEL. ¡Ya sabes que no puedo! ¡No puedo!
OSCAR. Entonces ven. Es el único modo de tenerla.
SAMUEL. Yo… yo sé que Dios no me abandonará. Allá adentro, en el claustro, cuando me consagre, será como si no viviera. Al menos no será para mí que viviré. Lo verás. El buen Dios de mamá lo arreglará todo. Él va a darnos la paz.
OSCAR. Me aburres. El Dios de mamá, como tú dices, te ha jugado la broma más pesada del universo: no existir. Solo estamos tú y yo. Y así será siempre. No va a haber diferencia en la vida que tomes. Será igualmente inútil.
SAMUEL. Tú no eres Oscar.
OSCAR. ¡Abre la ventana!
SAMUEL. ¡Me haces daño!
OSCAR. ¡Será fácil, ya verás!
SAMUEL. Tiene que haber un modo…
OSCAR. Podrás cuidarme otra vez. Salta.
SAMUEL. No puedo…
OSCAR. Ahora no fallarás. No podrás fallar. Salta.
SAMUEL. Oscar…
OSCAR. Estoy muy solo aquí y tú allá. Ven, salta. Todo estará bien.
SAMUEL. …
OSCAR. ¡Salta! ¡Salta! ¡Salta!
SAMUEL. ¡Cállate! ¡Está bien, te abandoné! ¡Estaba harto de cuidarte! ¡Decidí que ya era hora de que aprendieras a vivir sin mí! ¡Pero no quise que murieras! ¡No quería deshacerme de ti hasta ese punto! ¡Lo siento, lo siento, lo siento, Oscar!
OSCAR. ¡Ven! ¡Yo te perdono!
SAMUEL. No, Oscar. No voy a morir. No me esperes. No en los próximos años.
OSCAR. Me volveré tu sombra.
SAMUEL. Aprenderé a tenerte por sombra. Tú sabrás que no soy feliz y ese es el único pago que recibirás. Pero tendrás que verme fingir, tendrás que soportar saber que lo deseo con todas mis fuerzas. Para empezar, hagamos un experimento: ahora apagaré la luz. Cuando la encienda de nuevo tú no vas a estar. Quizás será solo por un segundo, pero no vas a estar. ¡NO VAS A ESTAR!

Samuel apaga la luz. Por un instante solo tendremos las franjas que la luna envía a la pared del cuarto. Samuel enciende la luz y en lugar de su hermano encuentra a Fernando, cubierto de golpes y llorando como un niño.

CUADRO IX

Continuación. Samuel observa indeciso. Fernando aún no se atreve a mirarlo y permanece volteado contra la pared. Finalmente, Samuel se encoge de hombros y ayuda a Fernando a virarse boca arriba. Revisa sus golpes y hace ademán de salir del cuarto.

FERNANDO. ¿Adónde vas?
SAMUEL. A buscar algo con qué curarte eso.

FERNANDO. No hace falta. Prefiero que te quedes conmigo.
SAMUEL. Aunque sea un poco de hielo para el ojo.
FERNANDO. Verás que sana enseguida. Yo tengo carne de gato.
SAMUEL. Te dieron con roña.
FERNANDO. Supongo que me lo merecía.
SAMUEL. Un poco.
FERNANDO. Ahora atiéndeme bien. *(Incorporándose a duras penas)*. Debes irte de aquí. Sigue tus planes. Métete en el convento y olvídate de todo esto. Roly tenía razón, estamos malditos.
SAMUEL. ¿Qué sucede?
FERNANDO. ¿Debería sucederme algo? Eso espero. Que no pase una hora más sin que me suceda algo. Algo que me ayude a regresar, que corte las sogas, que borre la marca. Y creo que solo cerca de ti suceden esas cosas. Pero ya no tenemos tiempo.
SAMUEL. Acuéstate.
FERNANDO. Te va a tocar de un momento a otro. Ellos no perdonan.
SAMUEL. ¿Quiénes?
FERNANDO. Ellos. ELLOS.
SAMUEL. Yo no les tengo miedo.
FERNANDO. Mira lo que me hicieron. Contigo puede ser peor.
SAMUEL. Descansa.
FERNANDO. ¡Que te vayas te digo!
SAMUEL. ¿Pero yo qué les hice?
FERNANDO. ¡Nada! Simplemente porque no soportan que estés limpio todavía. ¡Sal de aquí!
SAMUEL. Me quedo.
FERNANDO. ¡Imbécil! Yo no puedo cuidarte a toda hora. Mañana mismo te pierdes si no quieres que te saque a patadas.

Samuel lo mira impertérrito. Fernando cae vencido y se tapa la cara con la almohada. Tras unos segundos Samuel lo cubre con la sábana. Después va hacia el dibujo de Oscar que yace en el tablón, sobre el piso. Lo levanta para contemplarlo mejor. La luz del cuarto se va haciendo cada vez más tenue.

SAMUEL. La luna está tan grande que parece de día. Pero ya no me busca. *(Mete el tablón bajo su cama)*. Creo que voy a poder dormir un poco.

Samuel se acuesta junto a Fernando. A medida que la luz se extingue van apareciendo las franjas que la luna proyecta sobre la pared del fondo.

SAMUEL. ¿Todavía sientes dolor?
FERNANDO. Ya está pasando.
SAMUEL. Entonces, ¿puedo abrazarte?

El cuarto ha desaparecido por completo. También las siluetas de Samuel y Fernando. Solo quedan las franjas de luz sobre la pared. A su tiempo, también se irán borrando.

TELÓN

Eugenio Hernández Espinosa

GLADIOLA LA EMPERATRIZ

o Zunzún Babaé

Eugenio Hernández Espinosa (La Habana, 1936). Dramaturgo y director. Entre sus obras, importante patrimonio de la literatura dramática nacional, pueden citarse, entre otras, *María Antonia, Alto riesgo, Odebí el cazador, La Simona* (Premio Casa de las Américas 1977), *Mi socio Manolo, Los peces en la red, Emelina Cundeamor* y *Oyá Ayawá*. Varios de sus textos han sido llevados al cine. Ostenta la Medalla Alejo Carpentier y la Distinción por la Cultura Nacional. Fundador y director general de Teatro Caribeño, recibió en 2005 el Premio Nacional de Teatro por la obra de toda la vida.

Si está interesado en solicitar la autorización para el montaje de esta obra, puede escribir directamente a: **elpapi@cubarte.cult.cu**

En efecto, el hombre quiere y respeta al hombre mientras no le sea posible juzgarle, y el anhelo resulta ser siempre el producto de un conocimiento incompleto.

Thomas Mann

ZUNZÚN. Cada vez que regreso a este lugar, de nuestra infancia, me invade la nostalgia, después sobreviene la tristeza, con ella la angustia de la ausencia.

(Canturrea).

Por la calle de Amargura
va la Virgen preguntando
que si han visto a Jesucristo,
a Jesucristo su amado,
que llevaba en la cabeza
una corona de espinas,
sobre las piedras caía…

Aún me parece escuchar a mamá en esa canción al despertarla el sol cada mañana.
—¿Qué ganas con buscar una infancia que ya no existe?
—¡Protección!
—¿Protección?
—Ayuda a reaccionar, a ejercer plenamente mi voluntad de vivir con la pasión que pongo en todas las cosas que amo.
—¿Por cuánto tiempo vas a permanecer encerrado en esa estancia impregnada de desolación y tristeza? ¿Por cuánto tiempo? ¿Eh?
—Es una especie de dolorosa introspección de mis deseos.
—¿La nostalgia?
—No me va ya tan mal la nostalgia.
—¿Te reconforta?
—Digamos más bien que me libera de las contingencias sociales ridículas. Y ya eso es algo, ¿no crees? ¡El auténtico salto de los excluidos!
—En ese estado de ánimo no podrás nunca percibir las impresiones agradables de la vida.
—¿Quién dice? Te equivocas. No te asustes. Es solamente una súbita sensación de sosiego.
—¿Comiste?

—Apenas; pero no te preocupes. Me siento con el intenso gozo de haber comido. Ah. ¿Por qué me miras así?
—¿Así cómo?
Ah, la hora del crepúsculo. La hora adorable para el té de albahaca y jazmín. Té de ensueños y quimeras. Eres semejante a esos cactus erizados de púas. Impenetrables. No tienes por dónde cogerte, mi hermanita Eleuterea. ¿Eleuterea? ¡Fó! Necesitas un nombre suave, luminoso, significativo. Con ese nombre no irás de aquí a la esquina, mi amor. ¡Tantos años…! ¿Por qué se me habrá escapado ese detalle?
—Me siento bien con ese nombre.
—Pero los demás no. Es muy agresivo, ¿eh? Irrita.
—Es el nombre de abuela.
—Pero no deja de ser hostil ella y su nombre y sus bollitos de carita todos los fines de semana. Solo me gustaban el quimbombó con harina y el ochinchín. Me siento bien. Muy bien. ¿Por qué lo dudas? No tienes derecho a saber cómo me siento por el hecho de haber estado en el mismo vientre. Tú estabas a la derecha y yo a la izquierda.
—¿De verdad te sientes bien?
—¿Por qué lo dudas?
—¿Recuerdas que los dos estuvimos juntos en el mismo vientre?
«Es uno de esos días en que el alma parece replegarse sobre sí misma y sentir, con una intensidad dolorosa y sombría, la inutilidad final del esfuerzo humano». Es fácil imaginar la reacción de papá si me sorprende en esta facha. ¡Le da un infarto masivo! ¡Que se joda! Semejante a una casa abandonada invadida por una vegetación que la destruye poco a poco. ¡Soy yo!

(Transición).

¡Ya sé, *my brother*! Te llamarás Teodora. ¡Niña! ¿Cómo se te ocurre decir que es más feo que Eleuterea? ¡La puta bizantina más regia! La hija de Procopio, que de actriz y cortesana pasó a ser, nada más y nada menos, que la emperatriz Teodora, esposa de Justiniano I. ¿Cómo te cae? ¡Inculta! ¡Mírame a los ojos! ¡Fijamente! Sin pestañear. ¡Así! ¿Qué ves en mi expresión? *(Juguetón).* Melancolía, casi desconcertante, ¿verdad? No. Resignación y tristeza temerosa como la del carnero que va al sacrificio propiciatorio. No puedes negar que estoy trágica hoy. Me acosan cada vez más los execrables cromañones del Cro-Magnon.

(Transición).

Es bueno que hayas venido. Aunque, conste, no te mandé a llamar. Los recuerdos de mi infancia, más que los de mi adolescencia, acosan cada vez más mi memoria. Me hacen sentir inestable, indefensa. La indefensión es tal que apenas puedo dormitar. Pero no quiero escucharte *(la imita)*: «No hay que olvidar; pero sí evitar aquellos pensamientos que puedan llevarte a ser injusta en las apreciaciones».
¿Injusta yo? Todo ese mundo caótico de mi infancia, de nuestra infancia, tenía cierto encanto envolvente; sobre todo en los atardeceres apacibles. Jugábamos con mamá en el patio, alrededor del tamarindo. Entre vicarias y jazmines; entre azucenas y claveles. ¡Ah, toronjil! Toronjil de la mañana sin espina. ¿Por qué me llega la albahaca mora deshojada? *(La tristeza la invade).* En uno de esos atardeceres mamá nos dejó para siempre. El patio se llenó de maleza. Súbita-

mente sobre nosotros se nos echó, como perros rabiosos, el cautiverio. Todo en esta casa se ha apagado. Las paredes se impregnan de humedad, los pisos se hunden, el techo se resquebraja y se desploma; la basura se acumula en el patio. En la cocina parlotean los cromañones con el Cro-Magnon, tomando chispa'e tren y jugando dominó como si jugaran al ajedrez. Semejan cucarachas y ratas de alcantarillas. La peste a ron se mezcla con la fetidez del baño. Todo en esta casa se ha apagado. Y parece ser definitivo. Todo está muerto en este perdido rincón del mundo. Y lo peor, creemos que existimos y no existimos; porque existir para uno y no para los demás es no existir. *(Transición)*. ¿Por qué no jugamos y hundimos este perentorio malestar? *(Ligeramente entusiasmado)*. ¿Jugar…? ¿Como lo hacíamos antes? Pero… no está mamá. Pero… sí claro. Está por siempre en nuestra existencia. *(Le invade de nuevo la angustia)*. Desde que me obligué a mí misma jugar en la vida, perdí la ingenuidad para jugar con habilidad y astucias. Es un juego macabro. Un juego insaciable. Un juego morboso donde eres y no eres. Sientes y no sientes. Estás y no estás. Me aburro. ¡Ah, mi hermanita del alma querida! Voy a morir sin haberme convertido en crisálida, sin haber podido alcanzar el sentido sacro de mi existencia: ¡Artista! ¡Trascender entre telones y luminarias! *(Con un grito estentóreo, como el guerrero en el umbral de la batalla)*. ¡Luminarias! *(Canta. Se desplaza por todo el espacio. Silencio)*. ¿Para qué he nacido? Asumo mi papel de frustrada; pero me duele reconocer esa estadía fatídica que nos revela el destino. He renunciado a tener un espacio vital en este mundo de sórdida miseria espiritual. ¡Si fuera fémina! Me metería a monja, como Sor Juana Inés de la Cruz. Ni sacerdotisa puedo ser. ¡Qué vida más limitada, por Dios! *(Transición)*. No me gusta reaparecer en la escena con el nombre de Zunzún. Apareceré esta vez con el nombre de Gladiolo, aunque sería mucho más orgánico con mi diversidad hormonal Gladiola. ¡Gladiola! ¿Qué te parece? ¡Gladiola la Emperatriz! *(Transición)*. ¿Fue un error de dosificación o una voluntad eutanásica lo que provocó la muerte de mamá? A él no le gustaba verla sufrir. Mamá estaba desahuciada. Él aceleró su muerte. ¡Mientes, cabrón, mientes! ¡No miento, no miento! *(Como una idea fija)*. ¿Cuántas veces mamá pidió, suplicó, que acabáramos con ese sufrimiento? ¡No lo recuerdes! ¿Por qué omitir esa posibilidad, entonces? ¿Tú lo hubieras hecho? ¿Matar yo a mamá? ¿Tú estás loca? ¿Qué inclemencia es esa? ¡Yo la amaba más que a mi vida! ¡Papá también la amaba más que a su vida! ¡Mentira! ¡Mentira! ¡Los cromañones no aman! ¿Sabes cómo se llamaba mamá? Eutanasia. ¿Y sabes lo que significa «Eutanasia»? El término deriva del griego *eu* (bien) y *thánatos* (muerte), y significa «buena muerte». Desde un punto de vista jurídico es la muerte provocada por propia voluntad y sin sufrimiento físico, en un enfermo incurable, a fin de evitarle una muerte dolorosa. *(Transición)*. Ya no veo en ti la complicidad a la que me tenías acostumbrada. Tus visitas se convierten en más desagradables, poco fructíferas, poco estimulantes. Si me vas a querer, quiéreme. ¿Por qué ese vuelco? ¿Pérdida de la personalidad? Tú me invades de confusión. No me ayudas a reaccionar. Es hermoso amar a plenitud. Es hermosa la pasión sin convencionalismos, ni atavismos. Poder ejercer plenamente lo que uno siente. Dar rienda suelta a nuestras facultades con aquellos que uno ama de verdad, furiosamente apacible.

¡Quiero ser lo que realmente soy! Demasiadas cosas nos atan a la piedra como a Prometeo. *(Transición)*. Desando mi andar andariego, por primera vez en mi vida. My Big Father, en un rapto de debilidad masculina congénita: «histerismo machista», me cortó el pelo, me prohibió oír a los Beatles, me cortó el yin, me rompió mis sandalias. Un poco más y me cose el ano con pita de pescar. Ganas no le faltaron. Su histerismo machista mariconil lo hizo arrastrarme por el brazo hasta un campo de marabú. Histérico llamó al responsable e histérico

y estentóreo le gritó: ¡Aquí te traigo este maricón de mierda y no me lo devuelvas hasta que no me lo hagas macho machón! Me metieron en una barraca con mis iguales, por supuesto. Todas estaban mosqueadas de tristezas y melancolías. Pero les levanté el ánimo. Teñí los mosquiteros de rosa. Las literas las convertimos en pista de cabaret. Inventé un *show* a lo Rodney. Los sombreros los convertimos en pamelas ornamentadas con flores de romerillo. Hicimos regios vestidos con lentejuelas, con vidrios de las botellas de cristal. Nuestras túnicas estaban impregnadas de diminutas luces que centelleaban bajo los faroles de kerosene. Durante mi rehabilitación convertí la barraca en un Folies Bergère y yo su estrella, por supuesto. Fui famosa por mi estilo llamativo y extravagante y, hay que joderse, por mi talento. La primerísima yo. El *show* empezaba después de que salíamos del comedor. Algunos custodios se enteraron porque —a ex profeso— hicimos correr la bola. Nos miraban, algunos, no todos, los más alante, con insinuada tolerancia. Bailé como Joséphine Baker. ¡Divina! Con platanitos en la cintura. De pronto, Carlota la bizcorneada dio un chillido de guayabita histérica e *ipso facto* se desmayó. Todas las pájaras corrieron hacia mí en vez de correr hacia ella. Revoloteaban asustadizas a mi alrededor. De repente me percaté de que mi túnica se coloreaba de un rojo carmesí. En una de mis piruetas los vidrios, como furiosas navajas, rajaron mi piel. Estaba ensangrentada. El pánico cundió entonces. Uno de los gladiadores custodios irrumpió, corrió a mi protección y, ni corto ni perezoso, me cargó y, como los héroes de la Mesopotamia, me llevó entre sus brazos hercúleos para la enfermería. ¡Ah! ¡Qué manera de desordenarme! Me sentí la pájara más afortunada en medio de aquel purgatorio y, por ende, la más feliz del campamento. Al mes el *show* había trascendido las fronteras de la campiña. Mi fama corrió de campamento a campamento, de granja a granja. Era mucho con demasiado. Yo, como La Única no, pero sí La Excepcional con mi cuadrilla de bailarinas, las del Moulin Rouge: la Goulue (la Glotona), Grille d'Égout (Rejilla de Alcantarilla), la Momie Fromage (la Momia Queso), Rayon d'Or (Rayo de Oro) y Nini Pattes-en-l'Air (Nini Patas al Aire*)*.
Los custodios me devolvieron a My Big Father más pájara que cuando entré. La psicoterapia campestre me hizo más indomable, con más contradicciones obsesionantes que me proporcionaban una actividad independiente, un sueño superior y libre permeado de las energías de las civilizaciones contemporáneas más avanzadas. ¿Existe? En Groenlandia con las esquimalas. Bueno, el caso fue que en términos de oposición logré ser más delicada y sabia: ¡me amé a mí misma! Nada ni nadie pudo alcanzar ni poseer mi esencia. Me he podido envolver en las redes de mis propios sueños y me sumerjo y emerjo en el tiempo de la eternidad.

(Canta y baila).

Soy eterna. Muero porque no muero. ¡Pobre My Big Father! Me conmueve su naturaleza enfermiza, su particularidad instintiva, su orden que no modifica, sus confusiones lujuriantes que le devoran su plenitud humana. Me aíslo, provisionalmente. Así tendré la oportunidad de liberarme de las contingencias. Debemos encarar la vida en toda su plenitud y en todos sus aspectos. Transitar por ella por las variaciones del claro al oscuro. Mientras el temblor de tierra exista —independientemente del sismógrafo y las variaciones barométricas fuera de los trazos del curso de la vida— existirán horizontes más amplios, mucho más allá de los Big Fathers incapaces de comprender las formas en el espacio. Y el espacio en las formas. Es donde reside la obra de arte. Yo soy la forma incrustada en el espacio sideral. Soy yo, pues, una obra de arte bajo el imperio de la perspectiva. Apta para extrañas paradojas. Somos y sin embargo jamás hemos sido.

(Baila y canta. De repente cesa de bailar. Extrae de un bolso una pistola).

¿Seré verdaderamente libre? ¿Procuraré matarme porque mis actos no hallan cabida en vosotros? My Big Father, vosotros no lo conocéis; mas yo lo conozco, y si dijere que no lo conozco, sería mentirosa como vosotros; pero le conozco. Aún tengo muchas cosas que decir; pero ya se me acabó el tiempo para hablar de cosas que habrán de venir.

(A medida que declama, mejor, dice, el poema, alza la pistola con la mano derecha. Abre los brazos en cruz sin abandonar la pistola).

No me mueve, mi Dios, para quererte
el cielo que me tienes prometido;
ni me mueve el infierno tan temido
para dejar por eso de ofenderte.

Tú me mueves, Señor; muéveme el verte
clavado en una cruz y escarnecido;
muéveme ver tu cuerpo tan herido;
muévenme tus afrentas y tu muerte.

Padre, en tus manos encomiendo mi espíritu.

(Apunta la pistola a su cabeza. Dispara pero la bala se resiste a salir. Resignada deja caer la pistola al suelo).

¡Dios mío, Dios mío! ¿Por qué no me has abandonadooooo?

(De súbito irrumpe la música. De súbito la canción que canta con frenesí: «Zunzún Babaé»).

¡Ni pitocha!
Gladiola la Emperatriz.

(Como una gran diva se mueve bailando y cantando por todo el espacio. Libre y soberana. Deja de cantar).

Se cogieron el culo con la puerta los que creyeron que yo me iba del aire. Si del aire vengo y del aire soy o pregúntenselo a Zunzún Babaé o Rosa la Coimbra.

(Retoma la canción. Las luces se van apagando lentamente. Mas no su voz).

Carlos Celdrán

DIEZ MILLONES

Carlos Celdrán (La Habana, 1963). Director y dramaturgo. Licenciado en Dramaturgia por el Instituto Superior de Arte (ISA) en 1986 y Máster en Artes Escénicas por la Universidad Rey Juan Carlos en 2011. En 1986 se incorporó a Teatro Buendía y se desempeñó como asesor dramático, asistente de dirección y director artístico. En 1997 fundó Argos Teatro, con el que ha llevado a escena textos canónicos de la dramaturgia occidental —*El alma buena de Se Chuan*, *La vida es sueño*, *La señorita Julia*, *Final de partida* o *El tío Vania*, entre otros— y clásicos del teatro cubano como *Aire frío* y *Chamaco*. Sus puestas en escena han sido reconocidas en múltiples ocasiones con el Premio Villanueva de la Crítica, y se han presentado en importantes festivales de Estados Unidos, Latinoamérica y Europa. En 2006 Ediciones Alarcos publicó su libro *La escena transparente*. Recibió en 2016 el Premio Nacional de Teatro por la obra de toda la vida.

Si está interesado en solicitar la autorización para el montaje de esta obra, puede escribir directamente a: **argost@cubarte.cult.cu**

Personajes

Él
Madre
Padre
Autor

Sillas. Una mesa. Sobre ella, cosas: vasos, celulares, una caja de pizza familiar. Una Cola, una botella de agua, libros, fotos. Quizás los propios guiones del texto que sigue. No es un ensayo, pero nada se opone a que lo sea.

Los cuatro actores. También son los personajes. En esa habitación, en ese set. Un escenario desprovisto, vacío.

Visten como actores, como personas, como personajes.

Comen, beben, escuchan, deambulan, esperan. Hablan al público o entre ellos mismos. ¿A una cámara?

Las acciones que hagan posible estar allí, en público.

PRIMER MOMENTO

Prólogo

AUTOR. No soy el autor. No escribo este texto. Lo digo en su nombre. En nombre del autor. Del que escribe las palabras que digo ahora, estas. Digo: soy el autor. Mientras estudio teatro becado en Nueva York, escribo. Es el año 2001. Y es verano. Un profesor pregunta durante un ensayo: *¿Quién es ella para ti? ¿Quién es la madre para ti en esa escena?* No lo sé. Y lo sé. Escribo para saber. Hay también en la escena un padre ausente, anulado, extirpado. Entonces, escribo, respondo la pregunta. Escribo: sueño. Lo primero es el sueño. Recurrente hasta hoy.

Sueño

ÉL. Es la casa. Desde la acera, la luz fría del portal parpadea, el jardín oscuro, quieto, vacío, de tierra y arbustos, la puerta cerrada, la hora, cualquier hora, la noche, es noche. Frío, silencio. El silencio de madrugada, del pueblo. Su humedad. En la mano, el maletín con la ropa, la del mes acordado. En el portal, solo, bajo la luz fría. Espero.
Me impaciento, toco en la puerta, afuera, con fuerza. Llamo.
Miedo a estar allí, solo, a que no abran, a que él no abra. No esté. Mi padre. Es la casa de mi padre. En el pueblo.
Por fin escucho cómo descorre los cerrojos. Abre. Soy yo. Allí. En la puerta. Más alto, más delgado. Con trece años, quizás diez, ocho. No sé. Yo. Con el maletín en la mano. Con frío. El de la madrugada. El del pueblo.
Adormilado me sonríe, toca mi cabeza, me hace pasar a la sala apagada.

PADRE. *¿Qué pasó?, pensé que ya no vendrías. Todo el día estuve esperándote.*

ÉL. Le hablo de mi madre, la justifico: *no pudo mandarme temprano, por su trabajo.* Miento, pero a él le da igual, sabe cómo es, la conoce bien.

PADRE. *Tranquilo, tranquilo.*

ÉL. Me besa.

PADRE. *No importa. Ya estás aquí, ¿comiste?*

ÉL. Asiento.

PADRE. *Ven, la cama está lista.*

ÉL. Caminamos en la oscuridad hacia el cuarto. Mientras voy a su lado, sé que mi padre no vive allí. Se fue hace ¿décadas? Esta no es la casa. Su casa. Lo sé, pero igual sigo con él, me desvisto, a oscuras busco la almohada a su lado en la cama y escucho cómo me susurra bajito: *buenas noches*. En la oscuridad, sigo despierto, quieto: no es la casa, hay otros viviendo allí; al entrar, en lugar de la verja, veo un muro de bloques, el jardín de tierra cementado convertido en garaje, el framboyán rojo de la acera, cortado, veo señales, pero igual sigo en la cama junto a él, fingiendo dormir, bajo el mosquitero, angustiado, sin saber decir lo que sé, lo que veo, las señales, los cambios.

Duermo pensando qué pasará si despierto.

Viaje hacia mí

PADRE. Es el mes acordado de estar conmigo. En casa. En el pueblo. Un mes en el verano, durante las vacaciones de verano. Solo un mes. Es el acuerdo. Ni un día más. Él pasa el año esperando a que llegue, por fin, el momento de venir y hacer lo que hace aquí, lo que solo puede hacer aquí. En casa. Durante el verano. Una vez al año. En el mes acordado del año. En ningún otro lugar.

Antes de partir, está esa resistencia de la madre a dejarlo ir, la irritación con la que da órdenes al chofer, molesta, dura: *Lo dejas en casa del padre y vuelves rápido para La Habana, que estoy apurada.*

Siempre apurada, en un trabajo sin fin. Reuniones, crisis, problemas. La zafra y los diez millones de azúcar que nos salvarán. Su obra, su misión personal. Desviar el carro y al chofer de la acción implica un desajuste que cae sobre Él (que tiene que ir a esa casa, a ese pueblo, con ese hombre, ese día preciso lleno de emergencias de última hora), un desajuste que convierte el viaje acordado en un estorbo, una imprudencia, una desconsideración: *Qué desconsideración,* grita sin acabar de dar la orden.

Desde la mañana Él está listo, maletín en mano, esperando la salida. Finge, como estrategia, no querer ir, no estar interesado en venir, pero ella sabe que le encantan las vacaciones en esa casa, mi casa, la casa del padre, lo sabe y la mentira empeora las cosas en el último momento.

Terapias

MADRE. *No me lo niegues.*

ÉL. Yo niego y niego, pero ella no cree. No me cree. Insiste, presiona. Amenaza.

No hablan delante de mí, lo juro. Nunca. De política, nunca.

MADRE. *¡Mentira! Mírame. Es peligroso. No sabes el mal que te hacen. A tu futuro. ¡No tienes idea del peligro que corres allí, cada vez que vas allí! ¡A esa casa! No pienso, para que te enteres, no pienso dejarte ir hasta que digas la verdad. Lo que dicen. Todo lo que hablan delante de ti. Porque sé que hablan.*

ÉL. Entonces hablo. Para ir, para que me deje ir, de las burlas, de las críticas, de la política, de todo lo que hablan. De todo lo que escucho. Lo que imagino que hablan. Hablo y *exagero*.

Ella escucha y asiente.

Entonces *veo*, mientras hablo sin parar, cómo se relaja, cómo afloja algo en ella. Cómo se sienta a mi lado, me sonríe y me mira de otro modo. Cómo en vez de gritar *no irás más a esa casa,* me aconseja con una sinceridad muy especial que tengo que ser firme, fuerte en mis principios. Y enfrentarlos, con coraje, sin miedo. Yo solo. Sin ella, sin ayuda de nadie. Solo. Como un hombre. Que tengo que entender, porque soy inteligente, que el enemigo está dentro, no afuera, en la cabeza, en el corazón, en la debilidad, en ese carácter apático, susceptible, *¡el carácter de tu padre!*, me dice, que me hará fallar.

Los ojos de ella en los míos, los míos en los de ella. Un instante, aterrados.

Fallar es lo último, fallar es todo. Fallar es fallar. A ellos. A la imagen. A su imagen. A la gran imagen que flota por encima de ella, de mí, del mundo. Yo siempre tiendo a fallar, lo sé, sé que ella sabe que yo veo eso en mí, el que falla, el que va a fallarle a ella, a todos, pero a ella más que a todos.

Es bueno ganar su confianza, es bueno este momento con ella. Sentado allí con ella. Por eso me importa poco contarle lo que quiera oír sobre mi padre, sobre cualquiera, pero sobre todo sobre mi padre, sobre él en mí, sobre mí como él, sobre el peligro de ser él a su lado fallando como un error, una herencia, una desgracia. Sentados hablando de cosas serias, de traición, de futuro, fallo, fallo, *delato y mato a mi padre*.

Sin que puedan detenerme: fallo.

MADRE. *No me lo niegues.*

ÉL. *No hablan delante de mí, lo juro. Nunca. De política, nunca.*

MADRE. *¡Mentira! Mírame. Es peligroso. No sabes el mal que te hacen. A tu futuro. ¡No tienes idea del peligro que corres allí, cada vez que vas allí! ¡A esa casa! No pienso, para que te enteres, no pienso dejarte ir hasta que digas la verdad. Lo que dicen. Todo lo que hablan delante de ti. Porque sé que hablan.*

ÉL. Entonces hablo. Sigo hablando, de todo, de política, de lo que hablan, exagero, mato, miento, para ir.

MADRE. *(Al chofer). Llévalo, déjalo en casa del padre y regresa volando. Estoy apurada.*

Viaje hacia mí

PADRE. Es la despedida.

Él no mira atrás; de un salto, sube al estribo del *jeep* y huye. Roba el viaje amenazado, culpable, *desconsiderado*. Un viaje a casa del padre.

Un viaje hacia mí.

El campo abierto, cañaverales a cada lado del camino, humo en el horizonte, calor, el aguacero que golpea la lona del *jeep*, atraviesa los huecos, las ranuras, y empapa los asientos, la ropa, la cara, nubla los cristales. El campo empañado por los cristales, por los relámpagos, las calles empañadas del pueblo, mi casa empañada en la lluvia, yo parado mojado en la puerta.

Él, que baja mojado hacia mí.

Cada viaje, un estorbo, pero vale la pena, le digo, después. Un viaje condenado, peligroso, pero vale la pena, le repito, y Él, que entiende lo que le digo, cómplice, asiente.

Encuentros

PADRE. *Buenas...*

MADRE. *¿Qué es esto? (A Él). ¿Tú sabías algo de esto?*

PADRE. *¿Puedo pasar?*

MADRE. *(Al Padre). Te he pedido que no vengas aquí. A mi casa. Esta es mi casa. Por favor, podemos hablar donde tú quieras, pero no aquí.*

PADRE. Nos divorciamos antes de que Él pudiera vernos juntos. Por eso, tenernos a los dos, ahora, frente a frente en una habitación, le resulta insólito, doloroso. En cada encuentro, está este desprecio de ella hacia mí que provoca en Él, lo sé, una rara vergüenza, y miedo. Vergüenza por ser responsable de que ella tenga que soportarme y hablarme (cada vez que nos encontramos, como ahora, es por culpa de algo oscuro relacionado con Él), y miedo, porque teme que ella lo odie, que lo desprecie por eso, lo que sin duda pasa. *No soporto que venga aquí, díselo la próxima vez*, le dice, al final, cuando me voy.

Disculpa… yo… ¿Puedo pasar o no?

MADRE. *Dime hora y lugar e iré a donde sea, pero, por favor, te lo repito, no aquí. No ahora.*

PADRE. Puedo irme, alejarme de todo esto, pero no, sigo allí, intimidado, inseguro, frágil, como disculpándome de estar frente a ella, bajo el peso de esa especie de vergüenza que también logra que yo sienta en su presencia.

MADRE. *(A Él).* ¿No te dije que le dijeras que no viniera? *(Al Padre).* Te lo dijo, ¿no? ¿Qué no quedó claro, entonces?

PADRE. Sí, hay siempre mucha vergüenza en estos encuentros, mucho desprecio contenido en ella, desprecio que Él no puede entender. No lo miro, evito mirarlo, pero sé que Él está de mi parte, de mi lado, lo ¡siento!, apenado por mí, desprotegido como estoy frente a la furia helada de ella, a sus miradas altivas, a su impaciencia. Ella está siempre impaciente por terminar el encuentro, apurada por concluir la conversación o el asunto que le roba tiempo de hacer cosas más importantes; ella es una mujer ocupada, importante, con una vida y un trabajo de verdad, *cosa que tu padre jamás tendrá*, le grita luego, y me lo hace ver en estos encuentros con todas sus fuerzas. Jamás se sienta cuando está frente a mí ni me invita a hacerlo, me atiende de pie, cerca de la puerta, dispara frases cortas que van al centro del problema (su oscuro comportamiento), tajantes, precisas, monosílabos e interjecciones que cierran rápido las cosas como cuando se trata con un subalterno, ella es especialista en tratar con subalternos, con personas de menor categoría que están bajo su mando y que la molestan innecesariamente con imprudencias. En esos casos, es implacable y no tiene escrúpulos en ponerlos en su sitio con rapidez y eficacia *(dime, de acuerdo, qué quieres, qué necesitas, en verdad, te lo repito, no tengo tiempo)*, es una mujer que sabe mandar y para ello no anda con susceptibilidades. Yo, entonces, parezco no tener prisa, justo cuando ella arrecia su estrategia favorita, los nervios, el orgullo o el desconocimiento de eso en lo que se ha convertido ella me dan por apelar a una conversación más detenida, más educada *(pero sentémonos, hablemos con calma, escúchame, entiende lo que te digo)*. No puedo dejar de ser educado, formal y apelo y apelo a que nos sentemos, a que hablemos como amigos, como personas civilizadas, lo que hace que la situación se haga más insoportable y ridícula a cada segundo que pasa para Él, que *sabe* lo que vendrá a continuación, que además *sabe* que yo *sé* que Él está presente observando esta humillación que yo me empeño en revertir, en ocultar, en superar. Para ella no existe la menor posibilidad de tener conmigo un comportamiento cotidiano, formal, educado, lo que provoca que acabe echándome sin siquiera mirarme de frente ni levantar la voz ni alterarse lo más mínimo, como se despide a un chofer o a un criado.

MADRE. *Vete, por favor, estoy ocupada.*

PADRE. Lo dejo dentro. Con ella. Con el desprecio.

MADRE. *(A Él).* ¿Qué hemos hablado? ¿Qué te he dicho de que venga aquí? ¿Cuántas veces debo repetir lo mismo? ¿Dime?

PADRE. No es odio ni despecho hacia mí por el pasado. No. Es claro para Él que no es eso. Es claro para Él, *lo sé*, que ella no guarda ese rencor hacia mí, el rencor tras el divorcio que colinda con el amor que hubo. El clásico odio del amor de los padres. No. Es otra cosa. Lo sabe. Sé que lo sabe. Es pura, simple aversión, una aversión visceral, fría, petrificada, sin pasión. La misma aversión que cae sobre Él, que debe continuar oyendo a su lado las recriminaciones por tener que aguantar que la visite, que me le acerque. *No lo quiero más aquí, nunca*, le grita.
Un miedo paralizante, frío. Le tiene miedo, mucho miedo a ese frío, al rechazo que me tiene, que por desprendimiento le tiene a Él, que es quien provoca lo indeseable, lo intolerable: el encuentro. Por su oscuro comportamiento. Le tiene miedo a esa frialdad donde no hay odio ni gritos ni insultos ni golpes ni celos ni despecho ni reclamos ni chantajes ni escenas de histeria, sino algo bien distinto, que da mucho miedo y mucha vergüenza.
(A Él). Tranquilo, no pasa nada, estoy bien. Me voy ya, se me hace tarde, nos vemos en las vacaciones, ¿okey? Llámame. Un beso.
Huyo de allí, de aquello.
Del frío.
También de mí, de Él. De los dos. Algo superior a mis fuerzas. Que dejo atrás y me salvo.

Terapias

ÉL. *¡Pelea!* Tengo los guantes de boxeo amarrados a los puños. Escucho la orden por segunda vez, con más fuerza ahora, *¡pelea!* El otro niño en posición de defensa con las manos levantadas enfundadas en unos guantes enormes iguales a los míos espera por mi golpe. Soy el nuevo. Él ya es viejo aquí y se siente superior. Ha golpeado antes. No está a prueba. Yo sí. Debo pasar la prueba de golpear para que me aprueben los médicos. La farsa de golpear. Sigue frente a mí, espera, pese a su sonrisa de alarde y a los saltos de boxeo que hace frente a mí, tiene miedo, está aterrado de que lo golpee. Veo sus ojos clavados en los míos y sé lo que le pasa, lo que siente que es lo mismo que siento yo. Miedo. Vergüenza. Inhibición. Aunque él esconde todo eso mejor que yo. Aprendió a actuar. Baila y se mueve como un boxeador, sonríe en son de burla, está congraciándose. Al momento descubre en mi vacilación que no soy de peligro, que tengo vergüenza de actuar como él actúa, entonces aprovecha para tomar ventaja y anotarse puntos, me grita algo, alardea, se expone, hace bufonadas en mi cara. *Pelea, ponte firme*, grita el médico, molesto, indignado, me empuja por la espalda, choco con el otro, que me rechaza con fuerza y ríe de su victoria. Es débil, flaco, feo, siento que ha encontrado su oportunidad. La aprovecha. Me da pena ser como él, actuar para los otros, humillarme hasta ese punto. No voy a ceder. Odio estar allí. Todos odian estar allí, pero actúan para recibir un premio, una aprobación. Yo no sé hacerlo. Prefiero llorar. Lloro. Es la oportunidad de golpearme, me golpea en la cara. *Defiéndete*, me ordenan, *¡no seas pendejo!* No lo hago. Siento cómo, a pesar de su debilidad, el otro se enfurece de verdad y logra ser aplaudido por los que miran, que dejan de burlarse y se confunden al punto de celebrarlo. Se levantan de las sillas y lo cargan, lo pasean por el salón en hombros, él sigue actuando, ríe, y da risa, es triste su mentira, su bajeza, su triunfo frente a los médicos. Quedo en medio del salón, destrozado.
Les basta que actuemos el juego, les basta el espectáculo que luego cuentan a los padres, afuera. En el salón de espera. No puedo actuar. Es ridículo. La terapia consiste en tareas, boxear, armar, desarmar carros de juguete, golpearse las cabezas con almohadas, luchar

cuerpo a cuerpo, darse alcance por el salón mientras nos observan desde las mesas. Todos los otros parecen contentos allí, yo no, sé qué traman, qué buscan, qué están haciendo con nosotros. Estoy paralizado. Saber me paraliza, me quita ventajas. Nadie es feliz aquí, ¡mentira!, siempre la mentira, imitan, actúan para que los dejen tranquilos. Para que los padres, afuera, estén contentos, esperanzados con los reportes de los médicos. Lo sé y eso me perjudica.

Al principio es un murmullo en la casa, una amenaza a mi alrededor que crece, me miran y murmuran, tras las puertas discuten sobre qué hacer conmigo. Yo los oigo. Siempre lo oigo todo. Lo que pasa. Lo que miran en mí. Empiezan a vigilarme, a hacerme preguntas raras. Sé desde el primer momento las respuestas a esas preguntas y no respondo, los confundo. También hay regaños: *baja las manos, no hables así, no manotees, no juegues con eso, sal a la calle.* No hago caso. Odio cumplir esas órdenes, sigo así, sin hacer nada, sin cambiar nada. Encerrado en mí. Contra ellos. Cuando se determina que hay que *tratarme*, mi padre se niega, mi madre insiste en hacerlo, pero él se niega, así que de seguro muchos de sus encuentros son para eso, para decidir qué hacer conmigo. Mi padre quiere que viva un tiempo con él en el pueblo, en su casa del pueblo, es una solución, un padre real, un ejemplo para un niño con problemas, yo tengo *problemas*, pero mi madre se niega rotundamente y mi padre tiene que aceptar que me traten.

Coge la tiza, ve y dibuja en la pizarra a un hombre y a una mujer. Todos siguen atentos, curiosos, a la expectativa, lo que haré. Yo *sé* lo que buscan. Lo que quieren ver en mi dibujo. Siempre sé todo. Es lo peor, mi inteligencia. Desde el principio la sintieron y la odiaron, otro obstáculo allí. Ser inteligente. Voy y dibujo a un hombre y a una mujer, dos palitos y una cabeza. Nada de caderas, de hombros, de tetas. *¿Eso es un hombre, eso una mujer? ¿Estás seguro? No sé dibujar*, les digo. Piden un voluntario, otro va y dibuja a un hombre y a una mujer en la pizarra, ya sabe cómo hacerlo sin que vean nada extraño en el dibujo, es viejo allí, está vendido, es de ellos, pálido, con cara de niña, me odia, allí todos son así, odian, detestan ser amigos, son amigos de ellos, los médicos, que los usan para cosas, para que les compren meriendas, para que los entretengan dándole golpes al nuevo, a cualquiera. Ellos se prestan, sumisos se fajan entre ellos frente a los médicos en el salón, se arañan, se muerden, ruedan por el suelo entre los gritos de los otros, que apuestan al que gane, tratan de pasar la mañana como sea, ganar como sea; yo no, sigo apático, pasivo, no le gusto a nadie, los médicos son jóvenes, un poco más grandes que nosotros, están aburridos, matan el tiempo, la mañana, la tarde con nosotros. Los padres esperan, confiados, los reportes del día, las mejoras del día de los hijos, afuera, el éxito de la terapia. Los médicos meriendan frente a nosotros mientras hablan de mujeres, nos cuentan lo que les hacen a las mujeres, los otros ríen como si les interesara, como si supieran *de eso*, el que sabe más, gana, el que cuenta algo *sobre eso*, gana. Los médicos cuentan cómo se pajean, se tocan y nos muestran lo que es, cómo se hace, ninguno de nosotros sabe nada todavía, nos dicen, pero hay que saber, son hombres, somos hombres, cosas de hombres, es de poco hombre contarles a los padres *esto*, nadie cuenta lo que pasa allí, aprendes eso, a estar de parte de ellos, a hacer lo que ellos dicen que hay que hacer. *¿Ves? Eso es un hombre y una mujer. Inténtalo otra vez. No me estás escuchando, coge la tiza,* la cojo, *¡dibuja!, ¿eres estúpido o qué?* Quieren caderas, cinturas, hombros, pechos. No se los puedo dar. Puede ser peligroso. Si dibujo bien, sabrán algo de mí.

Hablan a solas con mi madre en el salón de espera, veo cómo le dan quejas. Cómo hablan de mí, el desastre que soy, sin remedio, no les gusto, conmigo no funciona, no reacciono. No mejoro.

Más bien empeoro. Ella me mira furiosa, de lejos, defraudada. Están molestos. Entendieron rápido que mi negativa tenía otro corte. Soy incorregible. Peligroso. No debo estar allí, perjudico al resto. Al progreso del resto. Sé algo que los demás no saben, no deben saber. A esa edad. Mi edad. Eso no lo dicen, pero yo sé que lo piensan, lo sienten. No parezco de esa edad. No vuelvo más. Me expulsan, desahuciado. Incorregible. Desisten de llevarme allí, con los médicos.

Álbum 1

MADRE. *(Mira las fotos).* Perdón, pero no tengo memoria de esto. De las relaciones con él. De cómo fuimos juntos. Cómo éramos juntos. Son fotos extrañas. De desconocidos. De estos dos que veo aquí. Fotos de ellos. No nuestras. De dos desconocidos que no somos ya. Hablo de cuando nos conocimos y fuimos los clásicos novios de un pueblo de provincia, o durante la luna de miel soñada por todas las muchachas, que, como yo, llegaban en ese entonces vírgenes al matrimonio. *Algo no funcionó desde la primera noche. Desde la primera vez,* decían. No funcionó para ellos, para estos dos que continuaron juntos durante el embarazo hasta que vino el odio, la repulsión. El olvido de este álbum.

Los veo ahora. En esta foto. Son ellos abrazados junto al mar. El brazo de él alrededor de sus caderas, de su vestido de florecitas escotado, ceñido a la cintura y ajustado a las rodillas, típico de los cincuenta. El pelo corto, castaño de ella, batido por el aire del mar, que a su vez infla como un globo la camisa de algodón oscura de él dejando ver parte de su pecho desnudo. El mar detrás, negro y rizado. El mar de las fotos viejas en blanco y negro. Las caras tersas, adolescentes, la risa, la suavidad, jóvenes, desconocidos. Ellos. Ella sonríe a la cámara, al parecer feliz, con una sonrisa que ya anuncia lo que sé vendrá después. Esa especie de incomodidad, de impostura que también veo aquí, en las fotos de la boda, una sonrisa posada, artificial, que esconde algo que ni puedo definir, pero que sé la hace sentir incómoda, trabada en el traje de novia, diciendo adiós con la mano desde el carro rodeada por los invitados, por la familia, algo que siento solo al mirar estas fotos de una boda que ya no reconozco, esa falta de espontaneidad en los momentos en que las cosas no son de su agrado y debe actuar, no obstante, como si lo fuesen. A su lado está él, feliz, de verdad feliz, lo veo, riendo en todas las imágenes, ajeno a lo que está pasando con ella. A pesar de ella. De sí misma. No entiendo qué pasaba allí. Lo sé, pero no lo entiendo ya. ¿Cómo llegaron a eso, a tanto? Quizás el pueblo, la presión, la edad. La costumbre. Un error. Todo es error en ellos. Sin embargo, el mar rizado, negro, el pelo castaño de ella, corto, batido por el aire, el pecho suave y entrevisto de él, merecían más. Un destino. Una noche feliz, completa, que no tuvieron. ¿Por estupidez? No recuerdo. Son fotos que no merecen guardarse, nadie las quiere, ni las tuvo, ni las valora. Ni las *siente* propias. No somos nosotros. Somos nadie. ¡Son ellos! Dos jóvenes. Extraños en una playa, en una boda, hace tanto tiempo. No son recuerdos de nadie, de nada. Nada de eso ocurrió ni fue real. Ni siquiera es pasado. Ni siquiera es recuerdo, porque nadie lo recuerda. Para que sea pasado, alguien debe recordar. La playa, el aire, la camisa. Es nada. Fotos malogradas de dos que no fuimos.

Terapias

ÉL. *Cámbialo de escuela, de la escuela del barrio, bécalo lejos, donde la abuela no llegue ni nadie lo mime,* le aconsejan. Estoy en segundo grado. A mitad del segundo grado. Un día no voy más a clases, ella no espera el final del curso, me saca en mitad de las clases y me beca.

Es una beca en las afueras de la ciudad, me internan allí de lunes a viernes, una beca llena de otros niños que no conozco, extraños, de todas las edades, ¿de dónde vienen? Una beca cerca del mar. Hablan de la playa, de la maravillosa beca con playa, los niños murmuran que si todo va bien un día nos bajarán a la playa. La beca está en lo alto, en las lomas; la playa se escucha abajo, no la vemos, solo la oímos, y la sentimos, la sal, el ruido de las olas, la brisa del mar, es un lugar de mar. Vivimos en casas confiscadas a la burguesía, casas bellas, grandes, que ahora no tienen ventanas ni puertas, destartaladas y llenas de literas donde duermen los niños. Duermo en una litera, por el hueco de la ventana de mi cuarto se ve un bosque de pinos, se oye el ruido del mar, en la madrugada hace frío, los muchachos grandes hablan toda la noche, no paran, sentados en las literas fuman y hablan, yo los escucho, no entiendo bien qué dicen. Por las mañanas, marchamos en pelotones para ir al comedor, también para ir a las aulas, todo se hace en pelotones militares, un guía canta los pasos mientras marchamos por las calles de aquel barrio que es la escuela, todo el tiempo marchamos, es lo único que funciona, lo único que está organizado.

Nos bañamos en el patio, al fondo de la casa, todos a la vez, a la intemperie. Hay en la casa un solo baño con un chorro de agua fría en lugar de ducha, te mojas en el chorro y rápido tienes que salir afuera, a la carrera, al césped del patio a secarte mientras otro niño entra al baño. No hay jabón ni toallas, solo agua, fría, dura, a presión. Te secas con el aire, con la ropa que tienes, un profesor vigila en la puerta y da las órdenes, *dale, rápido, entra tú, apúrate, ¿qué coño estás haciendo?, sal ya*. Conoce a algunos y los llama por sus nombres, a otros, como a mí, ni idea de quiénes somos, no le importa, no parece ser su trabajo. No sabe mi nombre, nadie sabe allí mi nombre, ni siquiera los otros muchachos lo saben, yo tampoco sé ningún nombre, de nadie, estoy solo, en los pelotones, en las aulas, en el comedor, nadie me apunta a una clase, ni me presenta a ningún maestro, ni me explica qué debo hacer, ni cuándo, ni a dónde ir. Me siento en la primera clase que encuentro al llegar a las casas que sirven de aulas, cada día me siento en un pupitre al fondo y escucho sin entender la clase que el maestro da. A él no le interesa saber qué hago allí ni quién soy yo, un nuevo, supone, otro más, quién sabe. Yo escucho y no entiendo nada de lo que pasa, algunos niños ya saben algo y responden al maestro, para mí es chino lo que oigo, todo consiste en pasar como sea la mañana, no ser descubierto y avergonzado ante los otros. Al siguiente día, me cuelo en otro grupo, en otra aula, con otro profesor y otros niños. Una mañana una niña me descubre sentado a su lado y me dice con mucha seguridad que ese no es mi grupo, le pregunto cómo lo sabe y me dice que mi grupo es otro, que yo soy de otro grupo, no sé cuál. Me escabullo de allí cuando ella insiste en denunciarme al profesor. Me da vergüenza no saber a qué grupo pertenezco, me da vergüenza preguntar, finjo estar, pasar inadvertido, ya entenderé, ya me acomodaré como los demás. No tengo libretas, no tomo notas, no tengo nada, solo la muda de ropa que llevo puesta, no recuerdo si es un uniforme o si es mi propia ropa, la llevo todo el tiempo, todos los días, todas las semanas que estoy allí.

Un día no vuelvo más, mi madre decide sacarme de allí. ¿Por qué? No lo sé. Hablan de corrupción, de maestros con alumnas, de fiestas por las noches en la dirección, de escándalos, de denuncias. No sé, pero lo sé. Siempre sé. Sé lo que ella evita, lo que teme. Me saca y me lleva a otra escuela. Otra prueba, otro empezar. Terapia: pasar trabajo, hambre, estar solo, lejos. Sin contemplaciones. Conozco esas palabras que repiten a mi alrededor. Las conozco y hago que no funcionen. Estar aparte, odiar todo, esperar. No hacer nada por complacerla. Me *asquea* colaborar con eso, con ella.

No he terminado aún segundo grado. Es el mismo año todavía, una vida, una eternidad. Ella tiene razones, yo las conozco, pero no colaboro. Me lleva de un lugar para otro, con ella, pero lejos de ella, me deja en aquellos sitios, bajo vigilancia, un encargo que a veces oigo: *que trabaje, que luche, que sea uno más*. Ser siempre el nuevo, el de la ciudad, el raro con niños raros, ahora campesinos, con maestros brutos, violentos. Con directores chivatos que me vigilan para luego contarle y ganar puntos con ella. Lejos de casa. Entre extraños.

Esta vez la escuela queda cerca del central azucarero que ella dirige al sur de la provincia (los años setenta, la zafra de los diez millones). Ella escala, crece. Se hace importante. Termino el curso allí con notas buenas. Pese a los cambios, los traslados, el trasiego. Ser inteligente, no dejarse aplastar. Lo sé. Es mi camino.

Vivo en casa de una familia de campesinos con muchas hijas que me acogen y me tratan bien. Duermo en el cuarto del fondo de la casa, a medio construir, en una cama de hierro con una colchoneta encima. Desayuno con ellos en la cocina de madera, luego voy solo a la escuela del pueblo, enseguida entiendo el pueblo, las calles, juego con niños de la cuadra al regreso de la escuela, uno más, uno menos.

A veces ella pasa en su *jeep* a toda velocidad por el centro del pueblo, y la gente al verla pasar grita: *la capitana, ahí va la capitana*, así la llaman, montada en su *jeep*, bella, dominante, es el misterio, la heroína, la dueña de todo. Pronto me empiezan a llamar *el hijo de la capitana*. No la veo hasta el sábado, que me recoge y me lleva a mi casa, a mi cuarto. A un cuarto. En la ciudad.

Política

MADRE. ¿La política para mí? ¿Para mi generación? Lo digo rápido: fue una pasión. Una revelación, algo arrasador. Ya no lo es, por suerte. No ahora. Para él, no, para él la política fue una desgracia, el fin, la catástrofe. La que desbarató todo. Todo lo anterior. Los sueños. La vida como era. Sin embargo, la política hizo que yo despertara, que me rebelara contra el destino de ser la mujer que soñaba él y toda su familia, destino al que estaba atada como cualquier muchacha de ese pueblo de no haber triunfado, en el momento en que triunfó, la Revolución.

Toda la pasión de la que era capaz se reveló en ese momento como un contagio, un ensanchamiento, que él, apegado a los intereses de su familia pequeñoburguesa, acomodada, mediocre, ni siquiera sintió, ni pudo entender. Así de simple, así de triste. Fue un despertar que arrasó con el sueño de convertirme en la buena mujer casada, madre obediente del primer hijo varón. Esos sueños, por los que tanto suspiré, por los que me casé con él, se volvieron ridículos en un segundo con la Revolución.

Él se redujo a nada, un hombrecito mediocre que buscaba en la rutina familiar la felicidad. De golpe, dejó de ser el buen partido que mis amigas me envidiaban, un muchacho de buena familia, bien parecido, joven, educado, con porvenir.

La Revolución fue donde experimentar en grande la libertad. Me entregué a ella, a la política, con un frenesí que enfrió toda pasión por él, toda vida con él, que, no obstante, resignado, impotente, esperaba en la casa a que llegase en las madrugadas, tarde, sucia, agotada de aquellas jornadas de trabajo que me imponía con felicidad fanática.

Puedo imaginar la vergüenza por no poder controlarme. Por tener que suplirme en la casa y aguantar en silencio la humillación que eso implicaba para un hombre en un pueblo pequeño donde todo se sabe. Él esperaba que volviera a la normalidad, que la locura pasase. Contaba con eso. Estaba enamorado, enamorado no solo de mi belleza, que fue notable, sino también de la fuerza, la indomabilidad, la destreza y el carácter sorprendente que tenía. Que quizás ya no tengo. Ahí es donde de verdad perdió el juego, era incapaz de combatir ese empuje porque en el fondo estaba demasiado aturdido y fascinado para disuadirme con firmeza. Detestaba la falta de firmeza, su debilidad, *la debilidad de tu padre*, te decía, acusándote de esa herencia peligrosa. Sí, fui una fanática de la firmeza, una fanática de la virilidad, del coraje en la vida, y él no es que careciera de ello completamente, sino que estaba hechizado, sorprendido por la cantidad de firmeza, fuerza, coraje que había en mí. Comencé a ocupar cargos de dirigencia cada vez más estratégicos, visibles, en la política del pueblo. Una persona importante, confiable, con poder, embriagadora para todos, hasta para él. Una mujer con poder era algo tan inaudito e inconcebible en ese tiempo que me dio rápidamente un aura de atracción, un magnetismo que capté y usé a mi favor con sagacidad, un golpe de efecto que me catapultó hacia arriba a una velocidad que dejó a todos anonadados. Una mujer con poder es más fuerte que un hombre con poder. Hechiza doblemente, perturba, desconcierta, más si es bella en el sentido tradicional en que yo lo era. En menos de dos años, él es ya un hombre de otra época, sin futuro, un ejemplar de un mundo desaparecido, un muchacho superficial de una clase media aniquilada e inútil con el que estaba casada y del que debía salir a como diera lugar.

Terapias

ÉL. Los campos de caña, quemados. La zafra. Ella quiere que esté allí cuando queman caña. Otra terapia: los campos ardiendo horas, en la noche, la madrugada entera hasta el amanecer, los hombres luchando con el fuego, contrarreloj, en combate, unidos, enloquecidos. *Para que aprenda, que esté ahí, que sepa cómo es*, dice. El fuego en todas partes, el humo en columnas, negro, hacia al cielo, los hombres en los camiones subidos en los estribos con la ropa sudada, quemada, las caras prietas, manchadas, dando órdenes a gritos, *¿y este niño qué cojones hace aquí?*
Dormimos en las cabinas de los camiones. Con el fuego, el humo alrededor. Vigilando la quema.
Hambre, mucha hambre, un pan, una bandeja de calamina, arroz, potaje, agua con azúcar, siempre hambre, siempre hombres con caras prietas, máscaras. Son máscaras. No veo caras de verdad, lavadas, limpias, no veo cómo son esas caras. Nunca. Se van a otra zafra. Desaparecen.
No hay tiempo para descansar, amanecemos allí, en las cabinas, en pleno campo, ¡la zafra de los diez millones! Veo lo que es la terapia.
¿Quién es? El hijo de la capitana, murmuran bajito, en la oscuridad, apilados a mi lado, los hombres, las caras negras, las máscaras, *¿y qué hace aquí? Ayudando con la quema.*

Álbum 2

MADRE. *(Mira el álbum)*. Sí, es ella. Supongo. En la misma foto, que se repite y repite. Siempre hablando en tribunas, el dedo en el aire, el rostro encendido frente a teatros llenos que la escuchan con una atención que, supongo, la convence de un talento natural. En todas aparece en botas y boina, rodeada de gente desconocida, optimista, amazona de una era nueva, desafiante, divertida.

Son fotos divertidas. Donde ella se divierte. Estoy segura de que se divierte. Es joven. Y es libre por primera vez. Es ella. La que fue. La auténtica ella. En el cénit de su vida. Feliz. La de esos años. La que realmente fui. La que ya no puedo ser. Ni deseo ser.

No dejo de pensar en lo divertido que fue el juego de la política y la Revolución para ella, para la vida rutinaria, pueblerina que llevaba ella (la que fue en estas fotos, no yo ahora) y lo aburrido que se le presentaría, de pronto, lo anterior. La diversión, el vértigo, el ritmo, la celeridad de los hechos despertaron algo, supongo, que la alejó de lo precedente, de ese breve primer acto de su vida. La mirada puesta en cosas grandes, trascendentales, divertidas, justas o no, pero sí divertidas, poderosas, vertiginosas, embriagadoras. La juventud elige la intensidad vital como la verdad más interesante. La justicia social tiene ante todo que ser intensa, veloz, cambiante, enérgica, no aburrida ni gradual. Y ella es joven en estas fotos y no puede desprenderse de esa primera conexión con la Revolución, que la preserva adolescente, peligrosamente adolescente hasta mucho después, cuando, súbitamente, cambia y se va. Cuando me voy. Cuando me fui.

Supongo.

Terapias

ÉL. *Ahí no te robarán*, dice mi abuela mientras prepara el maletín, camisas, calzoncillos, pares de medias limpias para cada día de la semana. *Esta sí que es una escuela*, repite mientras la hace. Estaré bien, presiento. En la televisión veo el edificio de albergues limpios, largos, luminosos, con alumnos en uniformes azules, con el abrigo para el invierno del cinto a la cintura y la hebilla de metal, con la corbata más oscura, más azul, para el pase. Los edificios sobre pilotes de cemento, modernos, en medio del campo. *Una escuela de verdad*, murmura ella.

Él juega voleibol. Al principio no lo veo, tiene granos, la cara cubierta como una lepra, deformada. Duerme al fondo del cubículo. No me fijo en él, callado, invisible, parece bueno en eso del voleibol, pero qué importa.

En la primera semana pierdo la sábana, llego de clases y no está, nadie sabe, nadie vio nada, a nadie le parece mal que no tenga sábana. Después desaparece la almohada, de golpe desaparecen las medias del maletín, los cinco pares para cada día de la semana. Las de mi abuela. Cuento, vuelvo a contar cada pieza de ropa, busco, rebusco en el fondo, quizás ella olvidó ponerlas como dijo, no recuerdo bien. No puede ser. Luego desaparecen los calzoncillos, la leche condensada, los panes, los lápices, las libretas. ¡Shock! ¡Shock! ¡Shock! Vacío el maletín, desinflado en la taquilla al regresar de clases, estropeado, rasgado, abierto hasta el fondo, me mira destripado, muerto, sin lo que había dentro, el mundo que había dentro. Tampoco nadie sabe, nadie vio a nadie. Es así. Entiendo allí. De golpe. Es esto. Esto es esto. ¡Cuidado! No hay medias para cada día de la semana aquí. Nadie tiene tantas medias aquí. Después ya no tengo medias, ni calzoncillos, ni comida propia, ni libretas. Solo la que llevo doblada en el bolsillo de atrás del pantalón a cada clase que voy para aparentar que escribo, aunque no lo hago, garabateo y grabo en la mente para aprobar.

A él le roban también, duerme sin sábana, desnudo o con el uniforme puesto si hace frío, en la colchoneta manchada, sucia, sobre la tabla de bagazo de la litera al fondo del cubículo, sin protestar. ¿Protestar? ¿A quién? ¿Quién oiría qué? ¿A quién le importa algo? Lo sé ya. Lo sé desde hace tiempo, desde el principio, pero lo vuelvo a saber. Con fuerza. Para siempre, aquí. Nada que decir, no quejarse, no reclamar, hacer algo, salir de esto. No hay nadie.

Nada. Un vacío allá afuera. Indiferente a ti.

Intento robar otra sábana por el frío, él me ve hacerlo, no dice nada, es extraño, feo, daba igual que me viera, es callado, calla, no me denuncia. Nadie denuncia nada.

Yo leo, hay una biblioteca a la que nadie va, nadie entra allí, yo voy, entro un día y saco un libro. Después sigo yendo, a leer, a estar tranquilo, solo en aquel sitio al que nadie entra. Un sitio que aburre, que no existe. Leo también en los pasillos, al fondo del aula, en el campo, durante el trabajo en el campo. Leo. Es hacer algo o no hacer nada. Leo allí, por tedio. Leo *El Rojo y el Negro*. Una y otra vez. El mismo libro. Así comienza lo de leer, lo de leer a tiempo completo. Por *El Rojo y el Negro*. Pero sobre todo por Julián Sorel. El protagonista. Odiado por los hermanos en el aserradero soy yo, con un libro trepado a un árbol, leyendo, soy yo, otro yo. Todo comienza con Julián Sorel, por él busco más, en la biblioteca, día y noche. Subido al árbol con un libro contra los hermanos que desde abajo le tiran piedras, me convierto en el que lee a tiempo completo, en el aula, en la plaza, en el lugar que no existe.

Al año siguiente, el segundo curso allí, llega con la cara limpia, sin acné, sin granos, los ojos se ven, son grandes. Cae en la litera a mi lado, es muy blanco, le salen manchas en la piel que debe curar con una poción, no le llegan las manos a la espalda, hasta donde están las manchas, y me pide ayuda. Yo froto las manchas en su espalda con un algodón, me mancho los dedos con la poción amarilla que huele a hierro, a azufre. Es algo entre él y yo, las manchas amarillas en los dedos, mi sacrificio. Lo hacemos cuando no hay nadie cerca, a veces en el baño, en los inodoros. Yo, restregándole la espalda. Es un secreto por necesidad, él necesita mi ayuda, yo se la doy. Es una complicidad a la fuerza. No quiere tener manchas, las odia como odia sus granos, por eso me pide ayuda y acepta que nos escondamos. Me pide que me quede en el albergue cuando salen los demás, yo me quedo, entonces él saca el pomito y el algodón y se esconde en el inodoro, cerramos la puerta y yo lo curo. Al hacerlo, veo sus ojos, brillan pardos, grandes, aparecidos. Se ven, antes no. Quizás es el descubrimiento de sus rasgos, de su rostro que aparece, la sorpresa de ver en qué se convierte lo que me hace ver su cuerpo, armónico, blanco, desnudo, el rostro nuevo hace que veas que hay un cuerpo, una cintura, unos pies blancos, abajo.

Se me acerca, *¿Qué lees?* Una novela. *¿Cómo se llama?* El Rojo y el Negro. *¿Para qué? ¿Qué? ¿Para qué la lees?* No sé qué decir. *Porque sí, me gusta. ¿Qué?, ¿qué es lo que te gusta?* Leer. *¿Por qué?* No sé. *Sí sabes, sabes mucho.*

Me muestra cómo se viene, la cantidad, tiene en la mano la cantidad. Está orgulloso de eso. Me pregunta cuánto me vengo yo, le digo, me habla de mujeres. No indaga en lo que yo pienso, solo me cuenta, cosas, deseos. Entonces lo sigo en eso del voleibol, veo qué es ser bueno en eso, lo entiendo por él. Mirándolo. A tiempo completo. Leo y lo miro jugar a tiempo completo. No hago nada más allí. Leer y mirarlo jugar. Veo que todos lo descubren igual que yo. Las muchachas, también los duros, los que roban, fascinados con él, con su cara, esa cara aparecida, nueva, que sale al encuentro de todos y que obliga a ver el cuerpo blanco, sudado, que salta y golpea la pelota en el aire y que sonríe con una sonrisa que ahora se ve. Veo cómo se admira, cómo pasa eso. Por primera vez. Cómo nace de pronto, *eso*. La admiración. Mirándolo saltar, caer, triunfar. Cada día, cada semana. Siento cómo lo miran todos, a la vez, junto conmigo, a través de mí, de mis ojos, cada tarde, cada partido, cada victoria en la cancha. Lo sigo a donde vaya, después de clases, al comedor, al receso, al campo. Mi tiempo es suyo. Lo vi antes que nadie, lo ayudé con las manchas, ahora que la espalda reluce es también mi descubrimiento. Todos están orgullosos de él, lo quieren cerca, es el mejor, pero él no me abandona, no se aparta, no me usa. Tiene sábana, nadie se la roba ya, también yo tengo sábana por él. Me dice: *Tú harás algo*, lo dice porque leo, por los libros, porque le impresionan los libros, aunque no lea.

Que no tenga privilegios, que sea uno más, que busque su sitio, que vea cómo es, dice siempre ella. Al fin entiendo lo que quiere decir: me fugo a los pueblos con él, a deambular, a buscar comida. Salto a las turbinas de agua con él. Robo exámenes, escupo con él sobre la mierda de los profesores.

¿Estás bien?, pregunta mi abuela. *¿En la escuela? ¿Estás bien? ¡¿Bien?!* Claro que estoy bien, abuela, entre el orine y la mierda de los albergues, con el descaro de los profesores que no enseñan, con la putería y el abuso a mi alrededor. Está él.

Parecen hermanos, dicen los otros. Él no responde, pero siente orgullo de que nos vean hermanos. Aprendemos eso allí, la lealtad, escondidos del trabajo, fugados por el campo, bajo lluvia, sol, comiendo naranjas para llenarnos, compartiendo el jabón, la ropa, las botas, la peste, la fiebre, los chistes. No aprendo allí nada más que eso. No aprendo otra cosa que él. No tengo nada mío, una sábana, una muda sucia para la semana, *El Rojo y el Negro*. Lo demás me lo robaron. Estaba él.

MADRE. *Lo dejas de una vez en casa del padre y regresas enseguida, que estoy apurada.*

El último verano

PADRE. Parten, al fin, a toda velocidad en el *jeep* verde olivo. Un viaje largo por la Carretera Central. Entran por la puerta de Las Lomas desde donde ven el pueblo, el valle, el río. Se detienen frente al jardín, Él se baja corriendo con el maletín en la mano y se abraza a mí, que ya estoy en la puerta esperándolo sin camisa, en short, con los brazos abiertos. Le acaricio la cabeza, el pelo. Lo hago entrar a la lentitud, a la penumbra de la casa. *Has crecido mucho este año, estás más flaco*, le digo. Cada año está más flaco, más alto, más crecido. Luego Él recorre los cuartos, la cocina, el lavadero, los pasillos, se asoma a las ventanas, al patio de tierra lleno de gallinas, piedras y conejos encerrados en jaulas de madera con alambre, conejos de ojos rojos, blancos, nerviosos, que crío y mato para comer, el patio por donde cruza la zanja fría de agua verdosa, llena de limo, de ranas. Lo sigo mientras le voy preguntando por la escuela, los exámenes, las notas, lo que por fin va a estudiar. Él no entiende. No puede entender lo que es. Lo que pasa. Le quito la camisa sudada, la pongo a secar en el respaldo de una silla, le sirvo el almuerzo y me siento al otro extremo de la mesa a verlo comer, callado, sonriendo de tenerlo allí, otra vez, otro verano.

¿No tienes hambre?

ÉL. *Sí.*

PADRE. *Come.*

ÉL. *¿Y tú no comes?*

PADRE. *Me gusta verte comer.*

Puedo sentir la desesperación de esos momentos, la mía. No la de él. En cualquier momento me iré, lo sé, mientras Él disfruta su verano. Un verano conmigo. Uno más entre los que vendrán. No entiende, no puede entender.

Te tengo un regalo guardado, es una sorpresa.

Siempre tengo un regalo que ha llegado en algún paquete de Miami. Mis hermanos, sus tíos, mi madre, desde hace años están allá y mandan paquetes con cosas para los que se han quedado.

ÉL. *¿Qué es?*

PADRE. *No sé. No lo abrí todavía.*

Vivo solo en esa casa del pueblo desde que a mis hermanos les llegó la salida y se fueron. La vida se reduce a esperar. Como el permiso de salida se retrasa, la vida pasa mientras espero empezar en otra parte. Tengo mujeres, pero no familia de verdad, excepto cuando viene Él el mes acordado durante las vacaciones de verano. Por eso tengo todo el tiempo para dedicárselo, un tiempo enorme que vuelco en Él con la paciencia del que está condenado.

ÉL. *Son globos.*

PADRE. *¿Nada más? ¿Seguro? Yo vi algo más.*

ÉL. *Chicles.*

PADRE. Para Él hay siempre globos en esos paquetes y chicles. Le inflo los globos, que huelen a nuevo, a plástico, les pongo unos zapatos de cartón en la embocadura para que queden parados en el suelo como si estuvieran amaestrados, son unos globos alargados, tersos como plantas de goma, que deslumbran por sus colores nuevos, y lo obligo a jugar todo el tiempo con ellos para que los aproveche antes de que se vaya. Al final, cuando se va, los globos inflados quedan parados en una esquina de la sala, un jardín de globos, a la espera del próximo verano. *Guárdamelos*, dice tapándolos con una sábana y se va. Ni soñar con que pueda llevárselos. Son globos clandestinos. Allí se quedan inflados, en una esquina de la sala, hasta que poco a poco, con los días, revientan solos. Cuando el permiso de salida te llega, tienes que partir a la carrera, a la hora que llegue, lo mismo de madrugada que de noche, o a media mañana, justo con lo imprescindible, sin tiempo de llamar por teléfono (llamar a la ciudad por operadora es difícil y lento) y despedirte. Este verano puede ser el último, el penúltimo, el antepenúltimo quizás. Nadie lo puede prever. Nadie sabe cómo funciona el mecanismo. El gran mecanismo de las salidas. La intensidad con que lo atiendo le resulta lo más normal del mundo, lo justo, lo que jamás acabará. No entiende. No puede entender. Yo sí, por eso son esos días los días que son para los dos, juntos, siempre solos, desandando las calles del pueblo, entre los hierbazales del patio de tierra con los conejos, al fresco en el portal por las tardes o en la oscuridad del taller de mecánica donde trabajo castigado por haber pedido la salida definitiva del país.

En mi casa duerme la siesta conmigo, bajo el mosquitero, en la cama grande, come con servilletas de tela, en vajillas de verdad, con cubiertos de plata, lee los cómics que colecciono desde niño, *El pato Donald*, *La perra Lazzie*, *Supermán*... amarillentos, también clandestinos, coloreados, en una caja de cartón, que es su caja de leer. No sabe. No puede saber.

Montados en bicicleta recorremos las calles, yo en la silla, pedaleando, Él en el estribo entre mis brazos aferrados al manubrio. La bicicleta, Él y yo, por el pueblo, bajo el calor. Un centauro parecemos. Mitológico. El verano acaba, puede ser el último, temo que sea el último, o tal vez no, tendremos otros. No sé. Nadie sabe. Inescrutable el mecanismo no habla, no da señales. Solo sorpresas.

Él vuelve a la ciudad con la madre, a la beca.

Presiento que ya no lo alcanzaré.

SEGUNDO MOMENTO

Masa y Poder

AUTOR. Memorias de algunos meses de 1980.

ÉL. Dicen mi nombre por el audio, que me presente con urgencia en Recepción. Al llegar, veo a mi abuela. Algo ha ocurrido para que venga entre semana a la beca. *Tu madre no sabe que vine, tenemos que hablar*, me dice. Nos sentamos en el parqueo, dentro del carro alquilado que la trajo de la ciudad. Saca entonces de su cartera una carta que un pariente le ha enviado desde el pueblo a modo de explicación, de información por los actos de mi padre. ¿Mi padre? ¿Qué pasa con él? Allí relatan lo que ha pasado. Lo que está pasando. Lo que seguiría pasando. Lo que pasó. Escucho, pero no escucho, no entiendo lo que escucho hasta mucho después, semanas incluso. Mi abuela lee la carta mientras me sostiene la mano. En ella cuentan cómo había corrido la noticia de que una embajada estaba dando asilo político a los que lo quisieran, cómo, junto a otros del pueblo, mi padre, durante la noche, había viajado en un camión a la ciudad, cómo había entrado a la fuerza en esa Embajada, cómo aún estaba dentro esperando a que le dieran la salida del país, que reclamaba, que reclamaban los delincuentes, marginales, traidores refugiados allí.

¿Mi padre?

Las imágenes de lo que sucede en la Embajada están en la televisión. En la carta condenan lo que mi padre ha hecho, *imperdonable, una barbaridad*, escriben dándonos ánimos, en particular a mí, al hijo, que sea fuerte, que no tenga miedo, que cuente con el afecto y el apoyo de quien quiera que fuese el que escribía aquello. No fijo detalles del relato. Demasiadas palabras, demasiados afectos. ¿De quiénes son esos afectos? ¿Esos consejos? No quiero esa solidaridad. No la necesito. Al terminar de leer, mi abuela dice que nada me pasará, que por esa parte esté tranquilo. *¿Qué parte?*, pienso, pero que no cuente lo sucedido a nadie. Menos en la beca. Es importante no hablar. Y lo repite otra vez: *No te harán nada por eso*. ¿Quién? ¿Por qué? ¿De qué habla? Se va asustada, llorosa. Vuelvo a las clases, no sé bien qué pensar, en realidad no pienso nada, por supuesto no digo a nadie qué ocurre. ¿Pero ocurre? ¿Está ocurriendo? Parecen hechos ajenos. De otro mundo.

La televisión pasa el día entero imágenes de la Embajada ocupada, repleta de gente, cuentan cómo los primeros en entrar lo hicieron matando a un custodio. No paro de mirar esas imágenes, las miro mientras las repiten y no entiendo qué tienen que ver conmigo, con él. La ira crece entre los maestros y los alumnos en la beca. En los matutinos, durante la semana, no se nos habla de otra cosa. Las condenas que coreamos formados en el patio central nos enardecen. ¿Qué pienso, qué siento? No lo recuerdo. Lo borré. Coreo con los demás cada condena, cada consigna, indignado de lo que veo, de lo que escucho que está sucediendo, *algo inaudito, sin precedentes*. Convencido de eso. Molesto de lo que pasa, allí, en las imágenes. Lo desagradable de aquellas secuencias, de aquellas caras. Caras tan distintas a la de mi padre. No lo relaciono. No obstante, sé que no debo hablar. Pero no lo relaciono. No entiendo.

Hacia mediados de semana informan en el matutino que antes del pase desfilaremos frente a la Embajada ocupada junto a cientos de estudiantes que protestarán al lado del pueblo por los sucesos. No me niego a ir, no invento fiebre, catarro, ningún malestar. Voy. No es conmigo.

El día del pase. Salimos en las guaguas. Al llegar al lugar de los hechos, en la ciudad, organizamos grupos. Nos dan carteles, banderas. Lentamente nos unimos en bloque a los que marchan ininterrumpidamente, desde hace días, por la Avenida frente a la Embajada.

La ira crece, se convierte en fuerza, en energía, la gente corea repitiendo consignas, por los altavoces se oyen himnos a todo volumen que acompañan como una banda sonora la marcha y los gritos de protesta de la procesión. A unas cuadras de la casa donde está la Embajada tomada, empiezo a entender la situación en que me encuentro, hasta ese momento recuerdo mi euforia por la aventura, por todo aquello, por estar allí, en el desfile. En la medida en que nos acercamos a la Embajada, veo cómo los que me rodean dejan de jugar, cambian. También yo cambio. Justo al aproximarnos a la fachada, al centro del fenómeno, comienza el malestar. Mi malestar. *Entiendo* lo que está pasando, lo excepcional, lo desesperado que está pasando: mi padre está allá dentro, puede asomarse a una ventana, verme pasar, o verlo yo a él. Yo estoy afuera gritando, maldiciendo, condenándolo, él sigue dentro, recibiendo aquel desprecio, yo afuera en su contra sin que él lo sepa. Empiezo a *sentir* qué significa la situación. Estoy *con aquello* en el gentío. Ahora es un gentío y yo soy yo, solo, sin ayuda. Sin lógica. Arrastrado hacia allí. Hacia adelante. Hacia él. Contra él. Sin remedio.

A unos metros de la entrada de la casa, ya pueden verse subidos en el techo algunos de los ocupantes. La gente a mi alrededor comienza, ya no más verlos, a gritar las condenas con una furia nueva, imprevista. Al estar justo frente a la fachada de la Embajada, tantas veces vista en esos días en la televisión, una conmoción corre por entre el grupo que está a mi lado, el verla en directo, al compás de los himnos que salen de los altavoces, con mucho más volumen ahora que estamos en el sitio, produce un estremecimiento compacto, profundo, en bloque, en todos nosotros, que hace que al unísono levantemos las manos y gritemos con furia desconcertante, sorpresiva. También yo grito. De modo inesperado, automático. Grito, vuelvo a gritar lo que gritan, lo que tenemos que gritar. Lo que nos han dicho que gritemos. Lo que se grita allí. En los poquísimos segundos que transcurre la pasada por frente a la casa ocupada, busco con ansiedad la cara de mi padre entre los que se asoman a las ventanas. A la vez que grito, repitiendo los coros, lo busco, con miedo, con ansiedad, grito y lo busco, las dos cosas juntas en un mismo impulso contradictorio, imprevisto, incontrolable. De pronto, recuerdo, bajo las manos, dejo de gritar, una reacción que ninguno a mi alrededor ve ni entiende. Al momento siguiente recuerdo que lloro, por mi padre dentro y yo afuera, por aquellos gritos que doy, que dan, por el desprecio, por esa emoción que nos une y nos aleja, por no ser y ser ellos, distante y unido a eso, a eso que pasa y no debe pasar, que desprecio y apoyo, lloro y el llanto borra las últimas imágenes de la fachada de la Embajada. El río de la marcha nos empuja hacia delante, a la realidad. Volvemos a ser los que buscan la salida, el punto de las guaguas en las entrecalles, las bromas, el griterío por encontrar asiento.

La banalidad del mal

MADRE. Llega eufórico. Lo esperaba; al verlo en ese estado, le doy ánimos. Aliviada, lo felicito, lo abrazo. *Tu padre ha actuado mal, terriblemente mal*, recuerdo que le repito, *no pensó en ti, pensó en él. Optó por él. No por ti.* Tenía que entender la situación en la que lo dejaba para huir, tenía que ser firme frente a lo que él había hecho. Al daño irreparable que había hecho. Asiente. Me entiende. Veo que comprende que el instante es trascendental. *Hay que defi-*

nirse, le digo, *ser claro, no vacilar en un momento así*. Está de acuerdo. Coincide conmigo. ¡Por fin! ¡Un gran alivio! Temía que no entendiera, que complicara las cosas. Pero no, no es así. Y me alegro. Y lo felicito otra vez, lo abrazo, lo beso. Le digo lo orgullosa que estoy. De él, de su fuerza, de su carácter. De tener el valor, el coraje de ver lo esencial, lo importante. Está emocionado. Por mis palabras. Por él mismo. Lo apoyo, le digo que tenemos la razón, que ya se dará cuenta, que confíe en lo que hace. La casa arde, recuerdo, el barrio, los vecinos, por lo que pasa a cada minuto, a cada instante. Por todas partes. Un momento único, definitivo.

Le pido que no salga a la calle, por seguridad. Todo está revuelto, confuso allá fuera. Es mejor aislarse, descansar, olvidar todo. Esperar tranquilo unos días a que se aclaren las cosas. *Es tu padre, nadie sabe lo que puedan pensar de ti, lo que pueda pasar*. Acepta. Comprende. Estamos juntos en esto, unidos por primera vez.

Pasa el fin de semana encerrado, cuidado por mí, atenta a que el padre no lo contacte por teléfono, si es que lo intenta, si es que se atreve, una vez que lo devuelvan a la casa a la espera de la salida que les están ofertando. Por las noticias, no paramos de ver las noticias, sabemos que los están devolviendo a las casas para después sacarlos del país.

Son días buenos para los dos esas semanas, recuerdo. Parece encantado de que lo cuide, que esté atenta, a su lado, sin pelearnos como otras veces. En la misma frecuencia. Unidos. Como nunca.

Lentamente la crisis pasa. Cesan las imágenes, las condenas en la televisión, en los periódicos, en la calle. Otra vez es la vida de antes, la nuestra. Entonces retorna a la beca. A sus clases. Yo a lo mío. Al trabajo. A los problemas, que no dejan tiempo para más. Una empresa requiere el ciento por ciento de nosotros. El día y la noche, sin respiro, sin vida. Un sacrificio que solo entienden quienes me conocen. Quienes estaban allí y saben que era así, que se vivía así.

Por familiares sabe que el padre sale del país en un barco junto a otros como él. Sin embargo, no hablamos de ello. De ese final, de esa salida. De los detalles de ese viaje. Cómo fue, cuándo, en qué condiciones. Preferible así. Saltar, abstraer el asunto. Las imágenes que puedan quedar de ese asunto. Tampoco soy buena en eso. En conversar. Creo mejor en lo que arregla el olvido. El país olvida. Y es lo que él necesita. El padre se fue para siempre. Un hecho sin vuelta atrás. Sin arreglo. Algo definitivo con lo que no hay que lidiar. Como la muerte. Irse así, como se fue él, es morir, desaparecer. Punto. Por otra parte, no parece afectado. No habla, no pregunta. No le interesa saber. De algún modo, le basta con lo que sabe. Con lo poco que sabe le es suficiente. Lo veo tranquilo, seguro, conforme. Sin inquietud. Como tiene que ser. ¿Hablar entonces de qué? ¿Para qué? De si llovía cuando zarpó, de si había tormenta o sol. De si corrió peligro o no durante la travesía. Simplemente hubo un viaje, una salida. Una traición.

Dejo de vigilar el teléfono y poco a poco cierro el caso.

Hasta hoy, que me piden hablar, volver a aquello. ¿Qué tengo que decir, en realidad? ¿Qué cosa evocar? Puedo reconstruir algo, hechos, quizás algunas ideas en juego, sin embargo, son ideas del pasado, ya superadas, que solo puedo rehacer, dramatizar ahora para ustedes. Y cuando haces esto, no son las ideas, las grandes ideas políticas que fueron, son fantasmas de ideas. Lo que pueda decir es inservible para lo que se busca en esta obra: *saber* qué fuimos.

En cuanto a eso, una última consideración y hago mutis de este texto: quizás no actué bien, no obstante, esa era la persona que yo era en ese momento y creía en esa persona y estaba

apoyada por la mayoría que creía que actuar así era justo. Lo correcto. Lo digno. No existe arrepentimiento, es un melodrama, una hermosa ficción que ojalá pudiéramos tener a mano: arrepentirnos de verdad. Cuando nos arrepentimos, ya somos otros y el pasado no tiene conexión con lo que pensamos o somos ahora. Estamos viejos, vemos las cosas de modo diferente a como las veíamos, cambiamos de parecer y seguimos adelante. Quejarse de lo que pasó, exigirnos ahora por lo que fue o no fue, por lo que hicimos o no hicimos, es tonto, porque nadie escucha ese pedido, esa queja, no hay nadie para escucharla, para hacer algo real con ella. No estamos allí. Si la escuchamos, es tarde, somos ya otros bien distintos y el reclamo no produce nada que resuelva nada. La justicia no existe, ni la real reparación, solo ocupa el presente, seguir, continuar, luchar, existir.
Soy otra.

Camino hacia sí mismo

PADRE. No es hasta el próximo verano que vuelve al pueblo con la abuela, me cuentan mucho después. Al final de esa visita, antes de regresar a la ciudad, deciden ir, quizás por formalidad, a ver a la hermana paterna, mi otra hija, que vivía a cuadras de mí. Por ella se enteran de que la casa continúa deshabitada, sellada desde la salida. *Cómo has crecido*, le dice, me contó ella que le dice al verlo en la puerta, y se lo dice, me cuenta, como le decía yo cada verano en que reaparecía más alto, más crecido. Lo besa en la mejilla y los invita a almorzar. Aceptan.

En algún momento de la tarde, después de la comida, en el instante en que están casi por irse, con mucho cuidado, ella, la hermana, comienza a contarles lo ocurrido después del regreso de la Embajada a la casa, los sucesos de aquellos días del año anterior, que Él no supo o no quiso saber, o no le dejaron que supiera.

Ella le cuenta que, a la salida de la Embajada, en vez de regresar directamente a casa para esperar la salida, decido, quizás por miedo, pasar esos días de espera en casa de unos primos en otro lugar donde no me conocieran. Los primos están en la misma situación que yo, le cuenta, por lo que pienso que estaré más seguro allí. A salvo.

A la mañana siguiente de llegar a esa casa, organizan frente a ella, afuera, un mitin de repudio. Ella entonces le describe, me dijo, lo que sabemos ocurre en esos mítines. Cientos de personas reunidas frente a la casa que comienzan a gritar insultos, consignas, a tirar huevos, piedras contra la fachada, las ventanas, la puerta de la calle.

Estamos al fondo, en la última habitación, por el suelo, por las esquinas, contra las paredes, en la oscuridad, no hay luz, las ventanas cerradas, calor, mucho calor. Alguien en la desesperación propone salir por atrás, por el techo para alcanzar otro techo, y huir. Por todas partes que nos asomamos, hay gente apostada, esperando, con palos, piedras, que nos gritan. Estamos sitiados. Los vecinos han sitiado la casa. Por el patio, por los pasillos, por la azotea. Regresamos adentro, a la oscuridad, al suelo, por miedo a una pedrada que atraviese los cristales. Hay hambre, no hay comida desde ayer, ni agua. Solo podemos esperar, pase lo que pase, sin conciencia, sin realidad, sin tiempo, con miedo.

Tuvo miedo, le dice, *¿te imaginas? Es importante verlo, sentirse allí dentro con él y verlo*, esto último no lo dice, me dijo que pensó decírselo, pero que no pudo. Le dio pena con Él. Durante dos días cercan la casa, cortan la luz, el agua, el teléfono. El día en que por fin llega la salida a los primos, los que están afuera son avisados de antemano. Como saben que ellos tienen obligatoriamente que salir por la puerta principal si quieren irse, los están esperando. Al aparecer el padre, al que no conocen (porque todos se conocen, los de adentro, los de afuera, son vecinos de toda una vida y él un extraño al que no conocen), lo golpean en la cara, en las costillas, lo tiran al piso entre patadas, lo izan en el aire, por sobre las cabezas de la multitud, lo lanzan una y otra vez contra el suelo hasta dejarlo semiinconsciente, le cuenta, como yo le conté a ella, lo que fue, lo que es.

Él no pudo irse en ese mismo momento con los primos, le explica ella tras una pausa, una pausa donde nadie habla en esa sala, esa tarde. Su salida debe realizarse, según la ley, desde la dirección real, así que lo devuelven a su casa en ese estado a que espere turno, le dice. Ella cuenta cómo tiene que entrar por el patio, gracias a la complicidad de un vecino, para verlo. El padre tiene, le describe, costillas fracturadas, dientes delanteros rotos, la cara inflamada, hematomas por dondequiera, en el pecho, en las piernas, apenas puede tragar, hay que llevarle, cada vez que puede entrar, y no siempre se puede, algo blando, puré o algo así, para que se alimente. Cuenta cómo el padre intenta llamarlo por teléfono cada día, obsesivamente, para hablarle, y cómo las llamadas, una por una, cada vez son rechazadas por la operadora. Le cuenta cómo ella, al final, saca de la casa la jaula de los canarios porque, le aclara, prohibieron llevarse muebles, adornos, ropas, fotos...

En el pueblo, sin embargo, los vecinos se niegan en silencio a dar un mitin al padre, le dice, nadie lo visita, pero nadie lo molesta tampoco, lo dejan tranquilo esos días finales en su casa cerrada. Cuando se marcha, está enfermo, con dolores, hace así la travesía en barco hasta allá. Me contó ella, cómo Él, después de que ella termina de hablar, después de otra pausa, de un tiempo sentados allí en silencio, le comenta que Él vio cosas en la televisión, por ahí, en la calle, los golpes, los gritos, los tumultos, las carreras, que las vio de lejos, en el barrio, en otros barrios, andando y viniendo, que oyó historias de gente a la que al irse le pasó eso, pero que no lo relacionó. *¿Por qué?*, le pregunta ella. *No pensé que pasara, no a él*, le responde Él. *¿Cómo no ibas a pensar que pasaría si lo estabas viendo?*, insiste: *No sé, no entiendo.* Y calla, supe después.

Pienso que ahora, en este momento, Él trata, el que escribe en Nueva York, el que siguió escribiendo, trata de entender ese *no entiendo* dicho esa vez a la hermana, esa tarde, en aquella sala, después de la pausa. Trata de recordar qué pasa con él, dentro de ese él que era, pero que ahora, como le hizo decir a la madre, también ya es otro y no recuerda. Es extraño no recordar quién fue uno, ¿no? O por qué uno fue así, de esa manera que ya no reconocemos. Quiere, pero no encuentra camino hacia sí mismo, hacia el que era, el que no pregunta, no indaga, no reacciona, no relaciona.

Ajeno, abstraído, estuvo esos meses, a la espera del cuento de la hermana. Cuento que conocí después, años después, cuando ya no importaba, cuando no importa. También soy otro, lo siento. Un viejo. Un hombre cualquiera que trabajó duro para abrirse paso. Acá. Lejos. Alguien que tuvo que seguir, borrar y cortar, como tantos. Ni más padre ni menos padre que nadie. Uno que huye, que abandona, que se rehace. Que hizo lo que pudo.

¿Qué más da lo que escriban o representen después, ahora? Lo que Él escriba o confiese. ¿Qué importa la verdad después, ahora? ¿Qué hacer con ella ahora? ¿Con este texto?

Sueño

ÉL. Salimos a la calle, mi abuela no habla, en la parada digo que soy culpable, que ella también lo es. Culpables. Ella llora y calla, y me pide por mi bien, por mi futuro, que calle, y le hago caso. Callo. Volvemos a la ciudad, callados.

Luego vuelvo al pueblo, a casa de mi padre. En sueños. Cruzo el jardín, toco la puerta. Lo llamo. Me impaciento. Vuelvo a llamar. Grito. Espero a que abra. Adormilado, sonriente. Y me deje pasar a la oscuridad de la sala. Algunas veces abre, otras no. Entonces quedo afuera, con el frío, el maletín en la mano, en la noche. Siempre consciente de que no abrirá, sigo allí, en la puerta, bajo la luz fría que parpadea, sin dónde dormir, sin dónde esperar la mañana.

Epílogo

AUTOR. Epílogo escrito en La Habana en 2012.

Mi padre no regresó, no lo volví a ver en los treinta años siguientes. Es un hombre mayor, a punto del retiro, crió a otros hijos y rehízo su vida. En el exilio.

Con el tiempo, también ella, mi madre, de un modo desconcertante, decide irse, un proceso difícil y muy largo, de años, llegar a romper con todo, con ella misma, pero llegado el momento crítico lo hace y se va. Escribo se va. Punto. Se va. Ella. También. También. Punto. Vive fuera, sola, gana dinero. Ha tenido éxito en el negocio.

Ninguno de los dos volvió a verse otra vez. Hablo de ellos. De mis padres. Los dos que un día fueron muchachos de un pueblo. Nunca tuvieron que volver a tratarse por algo oscuro relacionado conmigo. Sus ideas políticas son ahora bastante parecidas, difieren solo en matices, mi padre es republicano y ella adora a Obama.

Cuando los he visitado, en años recientes, me han recibido con amabilidad en sus respectivas casas, he conocido finalmente a sus familias, a sus amigos, a sus allegados, he visto los lugares donde han transcurrido sus vidas (lejos de la mía), me han sacado a pasear por las ciudades donde viven, durante esos viajes míos, me han dado dinero las veces que no he tenido el suficiente (hago teatro, viajo con el teatro y el teatro nunca da para nada). Me han llevado a cenar, hemos conversado y he dormido en sus casas. Les he dado las gracias por la atención y he prometido, antes de irme, escribirles más seguido. Desde que ha sido posible, recibo correos electrónicos de felicitación por fin de año, por cumpleaños, también fotos de sus nietos, nietas, sobrinos y sobrinas, de vez en cuando los encuentro en Facebook, les dejo mensajes, saludos. Es caro llamarlos, aunque es mejor escribir, es sencillo escribir *hola, saludos, besos, que estén bien, feliz año, recuerdos y abrazos a todos*. Escribir es más sencillo. Hablar es caro, imposible.

ÍNDICE

Agradecimientos	9
Escenarios Para Un Deseo Diferente	11
Obras Citadas	42
Esta Edición	44
ESTA NOCHE EN EL BOSQUE	47
Acto Primero	50
Acto Segundo	62
Acto Tercero	72
EL VELORIO DE PURA	83
Acto Único	86
CANCIONES DE LA VELLONERA	105
Preludio	109
Cuadro Primero	110
Cuadro Segundo	111
Cuadro Tercero	114
Cuadro Cuarto	116
Cuadro Quinto	118
Cuadro Sexto	120
Cuadro Séptimo	121
Cuadro Octavo	124
Coda	128
SANGUIVIN EN UNION CITY	131
Primer Acto	134
Segundo Acto	153
EL GRITO	169
NOCTURNO DE CAÑAS BRAVAS	187
Escena I	191
Escena II	194
Escena III	198
Escena IV	200
Escena V	201
Escena VI	202
Escena VII	204
Escena VIII	205
Escena IX	206

- Escena X ... 208
- REMIENDOS ... 213
  - I. Ensayo General ... 216
  - II. Última Función ... 217
  - III. Reseña ... 219
  - IV. Reseña ... 219
  - V. Comentarios De Los Espectadores ... 220
  - VIi. Textos Omitidos En La Representación ... 220
- LAS MARIPOSAS SALTAN AL VACÍO ... 223
- MILK OF AMNESIA/ LECHE DE AMNESIA ... 255
- LA NOCHE ... 271
  - Episodio Primero ... 274
  - Episodio Segundo ... 275
  - Episodio Tercero ... 276
  - Episodio Cuarto ... 279
  - Episodio Quinto ... 279
  - Episodio Sexto ... 280
  - Episodio Séptimo ... 280
  - Episodio Octavo ... 281
  - Episodio Noveno ... 282
  - Episodio Décimo ... 283
  - Episodio Decimoprimero ... 283
  - Episodio Decimosegundo ... 285
  - Episodio Decimotercero ... 286
  - Episodio Decimocuarto ... 289
  - Episodio Decimoquinto ... 290
  - Episodio Decimosexto ... 291
  - Episodio Decimoséptimo ... 292
  - Episodio Decimoctavo ... 292
  - Episodio Decimonoveno ... 293
  - Episodio Vigésimo ... 293
  - Episodio Vigesimoprimero ... 294
  - Episodio Vigesimosegundo ... 296
  - Episodio Vigesimotercero ... 299
  - Episodio Vigesimocuarto ... 300
  - Episodio Vigesimoquinto ... 301
  - Episodio Vigesimosexto ... 302
  - Episodio Vigesimoséptimo ... 303
  - Episodio Vigesimoctavo ... 304
  - Episodio Vigesimonoveno ... 305
  - Episodio Trigésimo ... 307
  - Primer Final Posible ... 308
  - Segundo Final Posible ... 309
  - Tercer Final Posible ... 310
- OTRA HISTORIA ... 311

Primer Acto	315
Segundo Acto	333
PAS DE DEUX SOBRE EL MURO	343
EL ÚLTIMO BOLERO	367
SANTERA	389
DE HORTENSIAS Y DE VIOLETAS	399
Cuadro I	402
Cuadro II	407
Cuadro III	417
ESCÁNDALO EN LA TRAPA	421
Primer Acto	424
Segundo Acto	436
Tercer Acto	450
EL PASATIEMPO NACIONAL	461
Acto Primero	464
Acto Segundo	482
LA BELLEZA DEL PADRE	505
Acto I	508
Acto II	527
LA VIDA ES UN CARNAVAL	543
Primera Parte	546
Segunda Parte	575
CHAMACO	589
Personas Implicadas	591
Capítulo I	593
Capítulo II	595
Capítulo III	599
Capítulo IV	602
Capítulo V	605
Capítulo VI	609
Capítulo VII	612
Capítulo VIII	617
Capítulo IX	621
Capítulo X	623
TRÍO	625
Nota Del Autor	628
1	629
2	629
3	632
4	634
5	636
6	636
7	637
8	639
9	646

10	647
11	651
12	654
13	656
14	663
MADAME YOURCENAR Y MISS GRACE	665
Escena I. La Escritura	668
Escena II. Bajo El Paraguas	669
Escena III. La Llamada De Jacques Y Las Dalias	670
Escena IV. Me Siento…	672
Escena V. La Manzana	672
Escena VI. La Seducción	673
Escena VII. Comida, Belleza Y Sexo	674
Escena VIII. Primera Muerte De Grace	675
Escena IX. La Decisión De Vivir Juntas	675
Escena X. El Primer Amor	676
Escena XI. La Soledad De Grace	677
Escena XII. «Tu Nombre»	677
Escena XIII. El Castaño En Otoño	678
Escena XIV. Segunda Muerte De Grace Y El Principito	679
Escena XV. La Llamada De Natalie Y Las Piedras	680
Escena XVI. El Ídolo De Antínoo	681
Escena XVII. La Niña Que Nació	682
Escena XVIII. Radiografías Del Cáncer	682
Escena XIX. La Perra Valentine	683
Escena XX. Los Compromisos Sociales	684
Escena XXI. Madame Moribunda	685
Escena XXII. El Funeral De Madame	686
Escena XXIII. La Muerte De Madame	687
SOLEDADES	689
Primeros Episodios	693
Episodios Inevitables	704
VACAS	719
1	722
2	722
3	724
4	724
5	727
6	728
7	730
8	731
9	733
10	734
11	735
12	737

13

Franjas De Luz	739
Cuadro I	742
Cuadro II	744
Cuadro III	747
Cuadro IV	750
Cuadro V	755
Cuadro VI	757
Cuadro VII	761
Cuadro VIII	764
Cuadro IX	766
Gladiola La Emperatriz	769
Diez Millones	777
Primer Momento	780
Segundo Momento	794

www.ingramcontent.com/pod-product-compliance
Lightning Source LLC
Chambersburg PA
CBHW080717300426
44114CB00019B/2405